KB068872

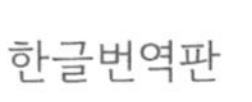

· 보정판 ·

실천이성비판

부록: 순수이성비판 연구

칸트 저 | 최재희 역

박영사

Kant, an engraving by Raab, after painting by Döbler 1791

역자의 말

1. 실천이성비판에 관하여

「실천이성비판」의 사상내용을 완해하기 위해서는, 칸트의 「순수이성비판」과 「도덕철학서론」의 두 책을 먼저 읽어두어야 한다.

1788년 처음으로 나온 이 <제2비판>은 간단히 말해서 <생활의 정대한 길>을 제시한 동시에 그런 길이 있다는 것을 증명한 것이다. 생활의 정대한 길은 칸트 자신은 도덕법 혹인 무상명령(정언명령)에 따라 사는 것이라고 표현했다. 이런 의미에서 「실천이성비판」은, 도덕적 자유 가능성의 증명, 선과 악의 개념 규정 및 도덕적 동기가 인간 심성에 주는 영향 등을 이론적으로 서술한 고전이다.

그의 도덕적 자유는 <원인의 절대적 자발성>으로서의 선험적 자유가 있을 수 있다는 것을 이론철학상 전제하고서 비로소 가능한 것이었다. 이런 도덕적 자유는 단순히 그것에만 그치는 것이 아니라, 법철학·정치철학·인류의 항구평화론 등에 포함되어 있는 칸트의 전사회철학 건축의 근본 지주로 되어 있는 것이다.

「실천이성비판」 사상의 형성에 루소의 「에밀」의 영향을 많이 받았다는 것은 주지의 사실이지마는, 결과적으로는 감상적이 아닌 현상주의, 인격주의, 실존주의로 귀착한 것이요, 사상사적으로는 계몽사조의 한갓 개인주의를 넘어서려고 한 것이다.

인식의 근저에 보편타당한 자연법칙이 있다고 하듯이, 결의의 근저에 선천적인 도덕법칙이 있을 것이다. 이런 도덕법칙, 즉 도덕법을 인간생활의 법칙, 즉 규범으로 삼는 점에 칸트적 윤리의 장점이 있는 동시에 약점이 있다.

장점은 전인류에 보편적이고 필연적인 인간성 —— 인간의 본질 —— 이념을 확립했다는 것이다. 약점은 역사적·특수적 사회의 윤리를 소홀히 했다는 것이다. 칸트는 <인간성 일반>에만 예의주시한 나머지, 국민으로서의 상대적 윤리의 양상을 소외한 면이 없지 않다. 그러나 인간성 일반을 상실한 국민생활이 과연 견고할는지 의심스로운 바도 있다.

번역은 Immanuel Kant: *Kritik der praktischen Vernunft*, Philosophische Bibliothek Bd. 38.(K. Vorländer 간행, Felix Meiner사)을 대본으로 삼았다. 역주에는 A. Messer, *Kommentar zu Kants ethischen und religionsphilosophischen Hauptschriften* 중의 <제2편 실천이성비판> 주석 부분을 가장 많이 참조하였다.

원래 이 고전을 우리말로 옮겨 보기 시작한 것은 일제 때의 젊은 시절이었다. 해방 후의 1957년 문교부 판권의 전역이 청구출판사에서 처음 나왔고, 1960년에 박영문고로 초판이 나왔다가 같은 해에 박영사의 교양선서로 개간된 후로 1973년까지 4판을 거듭하였다. 이번에 이 책과 「도덕철학서론」「철학서론」의 세 권을 합해서 교양선서 중의 <해설>과 <부록>을 제외하고 박영사에서 국판으로 내게 될 무렵에, 구역을 통람해서 전면적인 개정을 하였고 역문을 부드럽게 하는 데에 다소의 유의를 하였다. 이런 일을 끝냈을 무렵에 「얼마나 자신이 모르는가를 자기가 쓴 것을 다시 다 읽어서 비로소 깨닫는다」고 한 발레리(Valéry P.)의 말이 절실한 감을 준다.

<제3장 순수실천이성의 동기>론에서 가령 아욕에 사애와 자만을 구별했듯이 날카로운 심리적인 묘사가 있고, 도덕법에 대한 존경의 의식을 강조한 것은 동양 성리학자의 거경론에 통한 것이기도 하다.

역어에 관해 몇 가지 주의를 한다. Selbstliebe를 사애라고 하고 Eigenliebe를 자기애로 옮긴 것은, 형식상의 구별이요, 뜻은 같은 것이다. 최상(oberst)과 최고(höchst)의 구별, 객관(Objekt)과 대상(Gegenstand)의 구별 같은 것은 형식상의 구별 외에 내용상으로도 뜻이 다를 때가 있다. 칸트의 용어에 있어 실천적(praktisch)이라는 말은, 행동적 실천이 아니라 그것 이전의 <의지 결정>에 관한 실천을 의미한다는 것에 주의해야 한다. <실천이성>이, 칸트 자신이 말했듯이, <의지>인 한에서, 「실천이성비판」은 결국 <의지 비판>이라는 뜻이다.

아무튼 <제3비판>의 반성적 판단력 사상이 제2비판의 선험적 방법론에 비쳐 있는 것은 흥미롭다는 말도 해두고 싶다.

2. 도덕철학서론에 관하여

대상을 과학적으로 인식하는 데 있어서는 상식은 불완전한 것이요, 그것으로써 엄밀한 과학적 사고를 할 수 없다. 그러나 어떻게 사는가의 생활태도의 문제에 있어서는 상식이 중요한 역할을 하는 것이다. 이런 견해를 이 책에서 뿐만 아니라 칸트는 「실천이성비판」에서도 자주 표명하였다. 즉 우리의 양심은 상식 중에서 도덕성의 원리를 직람하고 있다. 따라서 칸트의 인생철학은 평범한 상식을 중시하였고 이 점은 데카르트가 양식(bon sens)을 존중한 것에 대조될 것이다. 그리고 상식이 직각하고 있는 것을 논리적·사상적으로 정돈함으로써 도덕법 혹은 무상명령이라는 도덕의 최상원리를 제시하고 확립하며 또 증명하려고 했다.

이 책의 제1장과 제2장은 비교적 흥미롭게 읽을 수 있으나, 제3장의 독해에는 「순수이성비판」의 변증론에서 전개된 「셋째 이율배판」(第三 二律背反)에 대한 예비적 지식이 있어야 한다.

「도덕철학서론」(*Grundlegung zur Metaphysik der Sitten*, 도덕의 형이상학에 대한 원론의 약칭)이 간행된 것은 「실천이성비판」이 나오기 1년 전인 1785년의 일이요, 칸트의 생전에 제4판까지 거듭하였다. 번역의 대본은 1959년의 Reclam판으로 하였다. 이것은 1786년의 제2판을 복간한 것이다. 또 한편 Paton의 영어본 *Groundwork of the Metaphysic of Morals*, 1964, Harper Torchbooks에 의거하여, 대본에는 없었던 항목들을 세별해 넣었다. 세별된 항목의 삽입은 독자에게 상당한 도움이 될 줄로 생각한다.

「실천이성비판」의 머리말에서 칸트는 <모든 도덕성의 새로운 원칙을 가져와서, 도덕을 이제 와서 처음으로 발견한 것이 아니라>는 취지를 표명하였다. 이런 표명은 그가 도덕의 새로운 이상을 내걸은 것이 아니라, 자체적으로 있을 도덕을 천명하고자 한 것을 말한다.

이 책의 정언명법에서 상대적일 수 있는 준칙이 동시에 보편적 법칙이 될 수 있도록 개별인의 의지가 행위할 것을 칸트가 주장하였는데, 이것은 이상주의의 구도정신을 표명한 것이다. 이런 사상은 중용에서는 <誠者는 天道요, 誠之者는 人道>라고 한 것과 통하는 사상이라고 보아질 수 있다.

이 책을 평가한 페이턴의 말을 끝으로 적어 둔다.

원서는 하나의 소저(小著)이지만 참으로 훌륭한 책이다. 그것은 작은 크기와는 거의 우스꽝스럽게 반비례해서 인간 사상에 대단한 영향을 미쳐왔다. 도덕철학에서 그것이 차지하는 위치는 플라톤의 「이상국(理想國)」과 동등하고 또 아리스토텔레스의 「니코마코스 윤리학」과 동등하다. 아니, 일부는 기독교 현상의 전파를 통해서 또 과거 이천년 동안의 인류의 오랜 경험을 통해서, 그것은 어떤 점에 있어서는 이 두 책보다도 더 깊은 통찰을 보인 것일 게다.

3. 철학서론에 관하여

이 책의 원명은 「학으로서 나타날 수 있는 미래 형이상학에 대한 서론」 *Pro egomena zu einer jeden zukünftigen Metaphysik, die als Wissenschaft wird au ftreten können*(1783)이지마는, 「철학서론」이라는 약칭을 붙였다. 이런 약칭은 원서가 비판철학, 특히 그 「순수이성비판」에 대한 입문서인 점에서 부당하지 않을 것으로 안다. 1968년에 Walter de Gruyter사가 복간한 칸트 전집 Ⅳ 중에 수록된 것을 번역의 대본으로 삼았고(이것은 프러시아 주립 학술원 간행 칸트 전집의 복사판임) 1927년 R. Schmidt간행의 Reclam판도 참조하였다. 역출에 있어서는 P. Caurs의 영역 *Kant's Prolegomena to any future Metaphysics*, 1926, Chicago, Open Court사판, 탕본 화남의 일역, 1973, 현상사 간, M. Apel, *Kommentar zu Kants Prolegomena*, 1923, Meiner사 등을 참고했다.

「철학서론」은 칸트가 60세 때의 저술이다. 1781년에 「순수이성비판」이 처음으로 나온 후 2년째 되는 해에 해당한다. 「순수이성비판」의 근본사상을 독자를 위해 쉽게 설명한 것이다. 이 책 끝의 <부록>에는 제일비판이 출간된 당시의 속평에 대한 칸트 자신의 비평도 실려 있다.

E. Mach가 15세 때에 이 서론을 읽고 감명을 받았다고 했고, 쇼펜하우어는 칸트의 중요 저작 중에서 가장 미문이요, 또 이해하기 쉬운 책이라고 했다. 좌

우간 그것은 한 책에 대한 서론이 아니라 한 학문, 아니 칸트 자신의 철학에 대한 서론이다. 그러나 실은 이 「서론」 역시 그다지 안이하게 읽어갈 수 있는 것이 아님을 경고해 두고 싶다. 이 책 13절에 대한 세 개의 주석도 단순한 주석으로 가볍게 볼 것이 아니다.

중요한 술어에 대한 역출은 졸역「순수이성비판」에 나온 역어와의 통일에 유의하였다. 한 가지 예를 들면, Prädikabilie를 <언표의 양식>이라고 옮긴 것과 같다.

<분석적>이라는 말의 세 가지 어의를 분간하면서 이 책을 읽어가야 한다. ① 「순수이성비판」의 선험적 논리학에서 분석론과 변증론을 구분했을 적에 분석론은 진리의 논리학이요, 오성이 대상을 확실하게 인식하는 과정을 증명한 것이다. 이에 반해 변증론은 거짓 논리학을 타파한 것이다(즉 현정에 대해 파사인 것이다). 분석론의 분석적은 직관적이 아닌 논증적(demonstrativ)·추론적(diskursiv)의 말뜻이다. ② 칸트가 이 「서론」의 분석적 방법(혹은 교법)과 저 「비판」의 종합적 방법(혹은 교법)을 구별했을 때, 전자는 순수수학과 순수자연과학이라는 학문의 주어진 사실에서 출발하여, 그것을 가능하게 하는 조건을 소급해서 따지는 서술 방식을 말한 것이요, 후자는 반대로 이런 조건, 즉 인식원리를 순수이성의 한계 근원에서 먼저 발견한 뒤에 직관으로 내려가면서 증명하는 서술방식을 말한 것이다. ③ 분석적 판단(혹은 명제)과 종합적 판단(혹은 명제)을 분별했을 적에, 전자는 주어의 개념 내용을 밝힌 설명판단이요, 후자는 일상의 허다한 경험적 지각을 지시한 것이로되, 지각이 반드시 확실한 인식인 것은 아니다. 그러나 칸트에 의하면, 개별과학 중에는 「선천적 종합판단」과 같은 확실한 것(보편타당한 것)도 있는 것이다.

칸트의 삼대비판서는 어떤 의미에서는 인간이성의 풍부한 경험을 지·의·정의 세 면에서 해부하는 중에 그 순경험적 요소와 선천적 요소를 구별한 동시에, 특히 제삼비판에서 미의식, 생명체의 합목적성 및 역사세계도 돌보면서 목적론적인 종합적 체계를 제시했다고 할 수 있다. 그런데 「순수이성비판」(제일비판)에 대한 입문서가 이미 말했듯이 이 「철학서론」이다. 이 점은 「실천이성비판」(제이비판)에 대한 입문서가 「도덕철학서론」인 것과 흡사하다. 그러나 이러한 흡사한 점 이외에 중대한 차이점도 있다. 그것은, 「실천이성비판」의 지

식 없이 「도덕철학서론」을 비교적 쉽게 읽을 수 있음에 대해, 「순수이성비판」의 어느 정도의 지식 없이는 「철학서론」을 해독할 수 없다는 것이다. 이것은 역설적을 들릴지 모르나 사실이 그러하다.

「실천이성비판」「도덕철학 서론」「철학서론」의 번역서 외에 「칸트의 순수이성비판 연구」라는 저작도 이 책에 함께 붙여 두었다는 말도 적어둔다.

1975. 6. 12.

옮긴이 최재희

이번 중판에서 지면이 허락하는 범위 내에서 오식을 수정하였고, 다소의 첨삭도 하였다.

1981. 6. 23.

머리말(Vorrede)

① 나는 이 비판책에 「순수한 실천이성의 비판」이란 이름이 아니라, 단지 「실천이성 일반의 비판」이라는 이름을 붙였다. ── 실천이성을 사변이성과 비교하여 「순수한 실천이성의 비판」이란 이름이 요구될 법하지마는. 그러나, 내가 이런 이름을 붙인 까닭은 이 책의 논술 자체가 충분히 증명해 줄 것이다. 우리의 진술은 순수한 실천이성이 있음을 오로지 명시(dartun)하려고 하고, 이러한 목적을 위해서 이성의 실천적 능력 전체를 비판하고 있다. 이 점에 관해서 내 논술이 만일 성공하는 것이라면, 이성이 제 분수에 지나친 소위 「순수한 능력」에 의해서 자기의 본령(本領)을 넘어서지나 않는가 하는 것을 감시하고자, (이런 일이 사변이성에서는 확실히 나타났다), 이 비판은 순수한 [실천] 능력 자체를 비판할 필요가 없다. 왜냐하면, 이성이 순수한 이성으로서, 사실상 실천적[의지를 규정하는 것]이라면, 이성은 자기의[1] 실재성과 자기 개념[선과 악]의 실재성을 행실(Tat)을 통해서 증명하겠고, 실천적인 가능성에 반대하는 모든 궤변은 헛된 것이기 때문이다.

② 이 순수한 [실천이성의] 능력과 함께, 선험적인 자유(die transzendentale Freiheit)도 이제야 확고한 것이 된다. 여기에 확고하게 되는 선험적 자유란, 사변 이성이 원인성(Kausalitaet)의 개념을 사용할 때에, 이율배반(Antinomie)에 빠지지 않고자, 필요로 했던 그러한 절대적 의미의 것이다 ── 사변이성은 인과적인 결합의 계열에 있어서 무제약자(das Unbedingte)를 생각하려 할 즈음에, 그것은 반드시 이율배반에 빠졌었다.

사변이성은 자유의 개념을 단지 있을 듯이 생각할 수 있는 것으로만 제시할 수 있었고, 자유개념의 객관적 실재성을 확보하지는 못했다. 이것은, 사변이성이 자유를 적어도 생각할 수는 있다고 인정해 줘야 할 것을 거짓되게 그것조차 불가능하다고 말함으로써, 그 본질이 타격받으며, 회의론의 심연에 빠지지

1) 이 실재성은 경험적, 객관적인 실재성이 아니라, 이상적·절대적 양심의 보편적 타당성이다.

않기 위한 것이었다.

③ 그런데, 자유의 개념은 그것의 실재성이 실천이성의 의심할 나위 없는 법칙(Gesetz)에 의해서 증명되는 한에서, 순수한 이성[일반]의, [따라서] 사변이성까지의, 전체계의 요석(Schlusstein)[1]이다. 그리고 아무런 지지도 받음이 없이 한갓 이념(Idee)으로 사변이성 중에 남았던 모든 다른 개념(하나님과 영혼불멸성의 두 개념)은 이제야 자유의 개념에 연결하고, 그 개념과 함께 또 그 개념을 통해서, 비로소 존립하게 되며 개관적인 실재성을 얻는 터이다. 다시 말하면, 그 다른 개념들의 [실재] 가능성은 자유가 현실로(wirklich) 존재하기 때문에 증명되는 것이다. 이는 도덕법(moralisches Gesetz)이 자유의 이념을 알려주(offenbaren)기 때문이다.

④ 그러나 자유는 또한 사변이성의 모든 이념 중에서도, 그것의 가능성을 [대상적으로] 우리가 통찰(einsehen)하는 것은 아니나, 선천적(a priori)으로 [즉, 경험에 앞서서] 아는바, 단 하나의 이념이다. 왜냐하면 자유는, 우리가 잘 아는 도덕법의 조건이기에* 말이다.

* 내가 지금 자유는 도덕법의 조건이라고 일컫고 나서, 아래의 진술에서 도덕법이 맨처음에 비로소 우리한테 자유를 「깨닫도록」 하는 조건임을 주장할 적에 전후에 당착(Inkonsequenz)들을 발견한다고 사람은 잘못 생각할는지 모른다. 이런 망상을 없애고자 나는 자유는 확실히 도덕법의 존재근거(ratio essendi)이기는 하나, 도덕법은 [도리어] 자유의 인식근거(ratio cognos cendi)임을 지적하려고 한다. 이는, 사람이 도덕법을 인간의 이성 중에 아예(eher) 명백히 생각하지 않았더라면, 자유로서(als) 존재하는 무엇을(비록 이 자유가 불합리한 것이 아니라 하더라도) 가정(假定)하는 권리를 우리는 도저히 인정할 수가 없기 때문이다. 그러나 자유가 도무지 없으면 도덕법은 인간에게 전혀 발견될 수 없겠다. [그러므로, 자유는 도덕법의 존재근거이다].

이에 대해서, 하나님과 영혼불멸의 이념은 도덕법의 조건들인 것이 아니라,

1) 요석(要石)은 아치(arch)의 머리 꼭대기에 끼어 있는 돌이요, 이 돌이 있어서 아치의 전(全)건축이 굳건하여진다.

오직 도덕법에 의해 결정된 의지의 필연적인 객관[최고선, 혹은 최상선]의 조건들이다. 바꿔 말하면 우리의 순수한 이성의 한갓 실천적 사용의 조건들이다. 따라서 우리는 이 두 개념에 관해서도, 그것들의 현실성은 말할 필요도 없고, 그것들의 가능성까지라도 인식하며 통찰한다고 주장할 수는 없다. 그러나, 이 두 이념은 도덕적으로 규정된 의지를, 이 의지가 선천적으로 가지는 대상(최고선)에 적용하는 조건이다. 따라서 이 두 이념의 가능성은 실천적(도덕적)인 관점에서 가정(annehmen)될 수 있고 또 가정되지 않을 수 없다——비록 그 가능성을 이론적으로 인식하고 통찰하지는 못할망정. 이러한 가정의 요구에 대해서는 실천적 관점에서 이 두 이념이 아무런 내적 불가능성(모순)도 포함하지 않는다고 하는 그것으로써 족한 것이다.

그런데, 사변이성과 비교해서, 단지 주관적인 승인의 근거가, 실천적 관점에서는 있는 것이다. 그리고 이런 근거는 [사변이성과] 마찬가지로 순수하면서도, 실천적인 이성에 대해서는 객관적으로 타당하는 것이요, 이로 인해서 하나님과 영혼불멸성의 이념에 자유의 개념을 매개로 하여 객관적인 실재성이 주어지고 그런 이념들을 가정하는 권리, 아니 주관적인 필연성이(즉, 순수한 이성의 요구가) 주어진다. 그러나 그렇다고 해서 이성의 이론적 인식이 넓혀진 것이 아니다. 오직 이전에는 문제적이었던 것(Problem)에 불과했으나, 이제는 확실한 것으로(확정) 될, 가능성이 주어졌을 뿐이다. 따라서 이성의 실천적 사용이 이성의 이론적 사용의 요소들과 조화하게 된다.

그리고 이런 요구는 사변의 임의적(beliebig)인 의도——이런 의도는 이성을 최후까지 사용하고자 사변의 실마리를 찾아올라 가려고 할 때에 「그 무엇」을 가정하지 않을 수 없다——에서 오는 가언적인 요구가 아니라, 필연적으로 「그 무엇」을 가정하는 법칙적(gesetzlich)인 요구이다. 그 무엇[하나님과 영혼의 불멸성]이 아예 있으므로 해서, 사람은 그의 행동 목적으로서 반드시 있어야 할 것[최고선 혹은 최상선]이, 비로소 생길 수 있는 것이다.

⑤ 우리의 사변이성은, 이런 도(廻)는 길을 잡지 않고, 이상(以上)의 문제들을 제 단독으로 해결지어, 확실한 통찰자로서 그 문제들을[이성의] 실천적 사용을 위해서 보존해 있음이, 그렇게 안 하는 것보다도 더 만족을 주겠다. 그러나 우리의 사변능력은 문제들을 단독으로 해결할 만치 좋은 경지에 있지는 않

다. 무릇, 그런 경지의 인식을 자랑하는 사람이 있다면 그는 그런 인식을 비밀리 갖고 있지 말고, 공개하여 [타인의] 검토와 고평(高評)을 받아야 할 것이다. 그들이 자기들의 인식을 증명하고자 하면 얼싸 증명해 볼지어다. [만일 증명만 하면] 우리의 비판철학은 승리자로서의 그네들의 발 앞에 무기를 내놓고 항복하리라. [그러나] 「너희들은 증명하지 않고 왜 그대로 서 있을까? 그들은 사실은 증명할 뜻이 없도다. [증명한다면] 그들은 행복하겠지마는[1]」 —— 그들은 사실상 [증명할] 뜻이 없기 때문에 아니 증명할 수 없기 때문에, 우리는 무기를 또다시 손에 쥐어 사변이 그것들의 가능성을 충분히 증명 못하는바, 하나님과 자유와 영혼불멸성의 개념들을 이성의 도덕적인 사용 중에서 탐구하며, 이런 사용 위에 확립하지 않을 수 없다.

⑥ 여기에 비로소 비판[철학]의 수수께끼가 설명된다. 즉 「어째서 우리가 사변에서는 범주들[최고의 오성개념들, 가령 원인성의 개념이나 실체성의 개념]의 초감성적인 사용에 대하여 그 객관적 실재성을 거부했으면서도, 순수한 실천이성의 객관[선과 악]들에 관해서는 그 사용의 실재성[타당성]을 인용(zugestehen)할 수 있느냐?」 하는 수수께끼가 설명된다. 이런 말은 [이성의] 실천적 사용을 그저 명목상으로만 알고 있는 동안, 우선은 반드시 전후가 당착하는 것처럼 생각될 것이다. 그러나 이제 [이성의] 실천적인 사용의 완전한 분석을 통해서, 여기에 말한 실재성이 범주를 이론적으로 규정하는 것에 귀착하지도 않으며, 인식을 초감성적인 것으로 확장하는 것에 귀착하지도 않고, 그 실재성이 지적하는 바가, 오직 실천적인 관점에서 범주들에 객관(Objekt)[2]이 언제나 귀속한다는 뜻인 것을 우리가 알고만 보면, —— 왜냐하면 [실천적 관점에서] 범주들은 필연적인 결의 중에 선천적으로 포함되어 있거나, 혹은 결의의 대상[선악의 개념]과 불가분적으로 결합되어 있기 때문에 —— 전후가 당착한다는 저 의혹은 저절로 소멸하여 버린다. 이는, 우리가 이런 개념 [범주]들에 관하여 사변이성이 요구하는 사용과는 다른 사용을 하고 있는 까닭이다.

---

1) 이것은 로마의 유명한 시인 호라티우스의 풍자시다. Quid Statis? Nolunt. Atqui licet esse beatis. "Was steht ihr untaetig da? Sollten sie etwa nicht wollen? Und doch koennten sie gluecklich sein"라고 독역(獨譯)된다.

2) 이 객관은 목적관념을 말한다. 내용상으로는 자유·하나님·불멸의 영혼 등이다.

이에 대해서, 이제야 사변적 비판의 당착없는 사고방식(konsequente Denkart)의 ── 뜻밖이면서도 무척 만족할 만한 ── 확인이 나타난다. 즉, 사변적 비판은 경험의 대상 그것들을 ── 이런 대상들 중에 우리 자신의 주관까지도 포함되지만 ── 단지 형상들이라고 생각하고, 그럼에도 현상들의 근저에 물자체들을 두며, 따라서 모든 초감성적인 것을 가상물로 보지 않고, 모든 초감성자의 개념을 내용상 허무한 것으로 보지 않음을 가르쳐 주었고, 그러므로, 이제야 실천이성은 독자적으로, 사변이성과 아무런 협의 없이, 원인성이란 범주의 초감성적인 대상 즉, 자유에다, 실재성을 부여하며, (이런 자유는 실천적인 의미로서 오직 실천적으로만 사용되는 것이로되), 따라서 사변이성의 비판에서는 단지 생각될 수만 있었던 것[자유]을 실천이성은 [양심]의 사실(Faktum)에 의해서 확증하고 있다[이 점에, 실로 당착 없는 사고방식의 확인이 나타나는 바이다].

그런데, 이즈음에 사고하는 주관까지도 내적인[심리적인] 직관에 있어서는 그 주관 자신의 한갓 현상에 불과하다는, 사변이성의 비판이 내린, 기이하나마 부정할 수 없는 주장은, 그와 동시에 실천이성의 비판에 있어서 실로 완전한 인정을 받는 터이다. 그리고 이런 인정은, 사변이성의 비판이 가령 그러한 주장의 명제를 증명하지는 않았다 치더라도*, 그런 인정에 도달하지 않을 수 없을 그만큼, 의당(宜當)한 것이다.

* 자유로서의 원인성과 자연적 기계성으로서의 원인성과의 조화는(이 중의 전자는 도덕법에 의해서, 후자는 자연법칙에 의해서, 그러면서도 동일한 주관 안에 즉, 인간 안에 엄존하는 것이다) 인간을 전자에 관해서는 「본질 자체 그것」으로서 후자에 관해서는 반대로 「현상」으로서 생각함이 없으면, 바꾸어 말하면 전자는 「순수」한 의식 중에서, 후자는 「경험적」인 의식 중에서, 생각함이 없으면, 불가능한 일이다. 이런 처리가 없고 보면, 이성의 자기 자신과의 모순은 도저히 피할 수 없다.

⑦ 이상으로써, 나는 또한 지금까지 내가 봉착한, 「비판철학」에 대한 가장 눈에 뜨이는 비난들이, 두 요점을 중심삼아 있는 이유를 양해한다. 두 요점이

란 한편에서 가상체[1](Noumen)들에 적용된 범주들의 객관적 실재성을 내가 이론적인 인식에서는 거부했으면서, 실천적인 인식에서는 그것을 주장하고 있다는 것과, 다른 편에서는 자기를 자유의 주체로서는 가상체[혹은 본체]라고 하면서 그와 동시에 [신체적] 자연에 관해서는 자기 자신의 경험적 의식 중의 현상체(Phaenomen)라고, 역리(逆理)인 듯한 요구를 하고 있다는 것이다.

무릇, 자유와 도덕성(Sittlichkeit)에 관해서 아무런 확호한 개념도 가지지 않았던 동안은, 한편 소위, 현상(Erscheinung)의 근저에 무엇이 가상체로서 두어질 것인가, 다른 편 애초에 순수한 오성의 모든 개념[범주]들을 그 이론적 사용에서 오로지 현상에만 적용했다면, 가상체를 일반적으로 과연 생각이라도 할 수 있는 것인가, 이런 것들을 사람은 예측도 할 수가 없었기에 말이다.

오직 실천이성의 자세한 비판만이 이런 모든 오해[즉, 비난]를 없앨 수 있으며, 또 비판철학의 가장 훌륭한 공적인바, 당착없는 사고방식을 밝혀 낼 수 있다.

⑧ 순수한 사변이성의 —— 벌써 특수한 비판적인 검토를 받은 —— 개념들과 원칙들이, 이 책에서 누차 또다시 검토를 받게 되는 이유를 변명하는 일은 이만 정도로 해 둔다. 이런 검토는 다른 보통의 경우이면 세워질 학문[철학]의 체계적인 행정에 대해서 확실히 부적합한 일이다(판결 받은 사건들은 정당하게 단지 인용만 될 것이지, 또다시 토의될 것이 아니기 때문에). 그러나 우리의 검토는, 이 책의 이곳에서 마땅히 허락될 일이었고, 필요하기도 한 일이었다. 앞에서 말한 [세] 개념들에 관해서, 우리는 이성을 사변이성 비판에서 사용한 것과는 아주 다른 사용으로 옮겨서 고찰하기에 말이다.

그러나 이런 옮김은 새 길을 옛 길과 구별하는 동시에, 양자의 관련을 깨닫게 하고자, 옛적 사용과 새 사용을 비교함을 필요로 한다. 그러므로, 독자는 이런 종류의 고찰들을 그 중에도 특히 순수이성의 실천적인 사용에서 다시 한번 자유의 개념을 향해서 하여진 고찰을, 사변이성의 비판적인 체계의 결함들을 보충하기 위해서만 —— 비유해서 말하면 서둘러서 지어진 건축에 흔히 생기듯이, 나중에 새삼스러이 지주(支柱)와 측주(側柱)들을 가져오기 위해서만 —— 유

1) 단수는 Noumenon이라고도 한다. 복수는 Noumena다. 가상과 혼동하지 말아야 한다.

용한 터인, 끼어 넣은 잡물로 보지 말 것이다(사변이성의 체계는 그 자신의 관점에서 봐서 완전한 것이니까). 저 사변이성비판에서 단지 있을 듯하다고 생각되었던 개념들을, 이제야 실천이성비판에서 실재적이라고 표현하여, 그런 개념들을 통찰하기에 이르고자, 독자는 우리의 고찰을 전체 체계의 연관을 밝히는 참된 지절(肢節)처럼 보아야 할 것이다.

이러한 주의는 특히 자유의 개념에 관계하고 있는 것이다. 이 개념에 관해서 우리는 놀라면서 다음의 사실들을 관찰하는 바이다: 숱한 사람들이 그 개념을 단순히 심리적인 견지에서 고찰함으로써 그것을 완전히 통찰하며, 그것의 가능성을 설명할 수 있다고 자랑하는 사람, 그러나 그 개념을 미리 선험적(transzendental)인 견지에서 엄밀히 고찰했다면, 그들은 사변이성의 완전한 사용에 있어서 있을 듯한 개념으로서의 그 개념[자유]의 불가결성과 동시에 순전한 불가해성을 인식했을 사실, 그리고 많은 사람들이 나중에 이 개념의 실천적인 사용으로 옮아가면, 그들은 이러한 사용의 원칙들에 관한——다른 경우이면 받아들이기를 매우 꺼리는——규정에 저절로 도달하지 않을 수 없는 사실, 등등이다.

자유의 개념은 모든 경험론자들에게 대해서는 그들을 엎어지게 하는 돌이지마는, 비판적인 도덕론자들에게는 그들이 가장 숭고한 실천원칙들에 도달하는 열쇠다. 후자는 자유의 개념에 의해서 자기들이 반드시 이성론적(rational)인 방법을 취해 가야 할 것을 통찰한다. 이러하매, 나는 독자에게 내가 [이 책 본문의] 분석론의 맨 마지막[비판적 정사]에서 자유의 개념에 관하여 말한 것을 가볍게 봐 넘기지 말기를 바란다.

⑨ 순수한 실천이성에 관하여 「이 비판」에서 전개된 체계가 무엇보다도 「비판」의 전모습을 정당하게 표현할 수 있게 하는 올바른 관점을 잃지 않고자, 과연 어느 정도의 노력을 기울였는지, 나는 이런 종류의 저술을 잘 아는 인사들의 비판에 맡기지 않을 수 없다. 이 체계는 확실히 이전[1785년]에 나온 「도덕의 형이상학 원론」(*Grundlegung zur Metaphysik der Sitten*, 이하에서 「도덕철학서론」으로 약칭)을 전제로 한다. 그러나 이는, 그 책이 단지 의무의 원리를 미리 알게 하며, 의무의 일정한 공식(Formel)을[즉, 무상명령의 명제를] 규정·변명하는 한에서만 그러하다.*

* 「도덕철학서론」에서는, 「도덕의 새 원리가 아니라 오직 새 표현공식이 세워져 있을 따름이라」고 말함으로써, 그 책을 비난하는 말을 하려고 한 비평가가 있다. 그러나, 이 비평가는 자기 자신의 예상보다도 더 잘, 꼭 맞는 말을 하였다. 누구가 도대체, 모든 도덕성(Sittlichkeit)의 새로운 원칙을 가져와서, 마치 이전의 세상 사람이 의무의 무엇임을 알지 못했거나 혹은 전혀 그릇 생각했던 것처럼, 도덕을 이제 와서 처음으로 발견하려고 했단 말인가? [나는 그런 일을 도무지 하지 않았다]. 수학자에 대해서 그 문제를 풀고자 마땅히 해야 할 것을 아주 엄밀히 규정하여 그릇치는 일이 없게 하는 공식이 얼마나 중대한가 하는 것을 아는 사람이면, 누구나, 모든 의무일반에 관해서 같은 작용을 하는 공식을, 무의미하며 무용하다고 생각하지는 않을 것이다.

그 외의 다른 점에서는 이 [제2비판]체계는 자체적으로 성립한다. 그리고 모든 실천적인 과학의, 사변이성이 했음과 같은 완전한 분류가 함께 붙여져 있지 않은 데 대한 정당한 근거는, 실천적인 인식능력의 본성 가운데서 발견되는 바이다. 왜냐하면, 의무들을 분류하기 위해서 인간의 의무로서의 여러 의무를 특히 규정[분류]할 수 있음은, 오직 이러한 규정의 주체가(즉 인간이) 현실로 갖추고 있는 —— [유한한] —— 성질이, 비록 의무 일반에 관하여 필요한 한도 내에서라도, 먼저 알려져 있을 때뿐이기 때문이다. 그러나 인간 의무의 이러한 규정은, 실천이성의 가능성·범위·여러 한계 등에 관한 원리들을 [유한하고 이원적] 인간성[1](menschliche Natur)에 특히 관계시킴이 없이, 완전히 지적하려는 「실천이성 일반의 비판」이 할 일에 속하지는 않는다. 따라서 여러 의무의 분류는 이 경우에 [경험적인] 과학의 체계에 속하는 것이요, [선험적인] 비판철학의 체계에 속하는 것이 아니다.

⑩ 「도덕철학서론」에서는 선의 개념이 도덕의 원리보다도 먼저 확립되어

1) 여기의 인간성은 자발성과 수용성, 오성과 감성(쾌·불쾌의 감정) 혹은 가상적 성격과 경험적 성격을 동시에 갖고 있는, 이원적인 존재의 성질을 의미한다. 「순수한 이성비판」 초판의 머리말에도 「내가 여기서 비판이란, 책들이나 체계들의 비판이 아니다. 이성이 모든 경험에서 독립하여 추구할 수 있는 모든 인식들에 관계하는 이성능력 일반의 비판이다. 따라서 그것은, 형이상학 일반의 가능여부의 결정, 형이상학의 원천·범위·한계 등의 규정이다. 그러나, 이런 일을 모두 원리들에 기본해서 나는 한다」고 하였다.

있지 (그들의 의견을 따르면 선의 개념이 먼저 필요했으되) 않다고* 항의함에 의해서, 진리를 사랑하고 두뇌가 명석하며 따라서 언제나 존경할 만한, 그 책[도덕철학서론] 비평가[의 말]에 대해서, 나는 이 책 분석론의 제2장에서 충분한 대답을 해 두었는 줄로 믿는다. 그 외에 또 진리의 발견을 명심해 있는 뜻을 알아보게 하는 인사들로부터, 내가 직접 받은 다른 여러 항의에 관해서도, 나는 역시 관심을 가졌다(이는, 자기들의 낡은 체계에게만 집착하여, 시인 혹은 부인되어야 할 것을 비판 없이 미리 결정하고 있는 사람들은, 그들의 사적 의도(Privatabsicht)에 반대하는 설명을 도무지 찾지 않는 폐단이 있기 때문이다). 나는 이처럼 항의에 귀를 기울이기를 앞으로도 중지하지 않으리라.

* 세인(世人)은 왜 내가 욕망능력이나 쾌감의 개념을 미리 설명하지 않았는지, 항의를 나에게 할는지 모르겠다. 그러나 이런 항의는, 사실은 부당한 것이겠다. 왜냐하면, 그런 설명은 심리학에서 벌써 하여져 있는 것으로 정당히 예상될 터이기에 말이다. 물론, [심리학에서는] 쾌감을 욕망능력을 규정하는 기초에 두는 (종종 사실로 있듯이) 정의를 마련해 있을 수 있다. 그러나 이로 인해서 실천철학의 최상원리는 반드시 경험적[인 것]으로 귀착하여 버리겠다. 허나 [경험적이냐, 아니냐의] 문제는 최초에 해결되어야 할 것이요, 이 [실천이성] 비판에 있어서는 경험적인 원리는 완전히 부정된다. 그러므로, 우리의 논쟁점을 이론의 모두에서 [비판 없이 함부로 쾌감이 기초에 있다고 결정짓지 않음이 정당하겠기로, 여기에 나는 그런 정당한 입장에서 다음의 설명을 내려 보고자 한다.
삶(Leben)은 한 존재자가[인간이] 욕망능력의 법칙을 좇아서 행위하는 힘이다. **욕망능력**(das Begehrungsvermoegen)이란, 한 존재자[사람]의 표상에 의해서 그 표상의 대상[즉, 목적]을 실현케 하는 원인인, 존재자의 능력이다.
쾌(Lust)란, 대상 혹은 행위가 삶의 「**주관적**」인 조건들과 일치한다는 관념이다. 다시 말하면 [대상 혹은 행위가] 표상의 대상[목적]의 실현에 관해서 —— (혹은 그 대상을 산출하는 행위를 하도록 주관의 [신체적인] 힘들을 결정케 하는 데에 관해서) —— 표상의 원인성인 능력과 일치한다는 관념이다.
심리학에서 빌려온 개념들을 비판하고자, 이 이상 더 나는 말할 필요가 없겠다. 이 이상의 것은, 「이 비판」 자체가 [본론에서] 말할 것이다. 「쾌」가 항상 욕망능력의 기초에 두어져야 하는지, 혹은 「쾌」는 어떤 조건 아래서 단지 욕망능력이 [자기] 결정을 한 뒤에 수반하는 것인지, 이 문제는 여기서 한 설명에 의해서는 어디까지든지 미결이다. 이러한 점을 독자는 쉽사리 깨달을 것이다. 왜냐하면, 여기의 설명은 전혀 「순수한 오성」의 순 표징들만으로써 조직되었기 때문이다. 즉 경험적인 것을 조금도 포함하지 않는, [순형식적] 범주들로써 조직되었기 때문이다.

이런 용의는 철학 전체에 있어서 대단히 권고할 만하되, 왕왕 등한시되어 있다. 무릇 이런 용의는 개념 [내용]의 완전한 분석을 (이 분석을 먼저 해야 할 것이나 흔히 아주 뒤에서야 하게 되지만) 하기 이전에 대담히 정의를 내림으로써 제멋대로 예단하지 않기 위해서이다. 이론이성과 실천이성의 「비판」의 전 도정을 통해서 사람은 또한 다음의 사실을 깨닫겠다. 즉 옛날의 독단적인 철학 방법에 있는 많은 결점을 보충하고, 뭇 개념들에 관해서 이성을 사용하기(ein Gebrauch der Vernunft)까지는 알려지지 않던 여러 잘못을 수정하는 많은 기회가 발견되는 사실이다. 그리고 여기 [비판철학]서 이성의 사용이란, 실로 이성의 전체에 상관하여 있는 것이다.

⑪ 인간 마음(menschliche Seele)의 특수한 능력을, 그것의 원천들·내용들·한계들에 따라서 규정[연구]함이 문제이다. 이때에, 우리는 확실히 인간 인식의 본성에 의해서, 「인간 마음」의 [조직] 부분들부터 다루기 시작하고, 이런 부분들의 엄밀·완전한(우리가 이미 얻은 지식의 현대 상황에 따라서 가능한 데까지) 진술부터 시작하지 않을 수 없다. 그러나 이보다는 한층 더 철학적 건축술적인 둘째의 유의가 있다. 이것은 전체의 이념을 정당하게 파악하는 것이다. 이런 이념에 기본해서, 상관해 있는 모든 부분들을 전체라는 개념에서 유도하면서 순수한 이성 능력에 의해서 고찰하는 일이다. 이러한 검토와 이러한 보증은, 체계[조직]를 속속들이 잘 알고 있어서만 가능하다. 그리고 첫째 [부문에서 시작하는]의 연구에 관해서 염증을 느낀 사람, 따라서 이러한 방면을 잘 아는 노력을 할 만하지 않다고 생각한 사람은 둘째 단계에 즉, 이전에 「분석적」으로 주어진 것에 「종합적」으로 다시 돌아가는 개관적 태도에, 이르지는 못한다. 그리고 이때에 그네들이 도처에서 전후의 당착을 발견하더라도, 그것은 조금도 놀랄 일이 아니다. 사실 당착을 추측하게 하는 결함들은 체계 자체에서가 아니라, 단지 그를 자신의 맥락이 없는 사고과정에서 발견될 수 있는 것이다.

⑫ 이 책에서 새 언어를 이끌어 넣으려 했다고 말한 비난을 나는 조금도 두려워하지 않는다. 이는, 여기서 취하고 있는 인식의 방법은 자연히 일반에게 알려지기 때문이다. 이런 비난은 「제일 비판」(die erste Kritik)의 경우에도 다만 그 책의 책장만 넘겼을 뿐이 아니라, 적어도 심사숙려한 사람이면 누구나, 상상할 수 없었던 것이다. 언어가 주어진 개념들의 표현으로서 아무런 결함도 가지지 않았음에도, 새 낱말들을 억지로 만드는 일은, 새롭고 참다운 사상에 의해서가 아니다. 옛 옷에 새 헝겊을 붙임으로써 군중 중에서 자신을 눈에 띄게 하려고 하는 종류의 유치한 짓이다. 그러므로, 「제일 비판」의 독자들이 만약 [내용적] 사상에 여전히 적합하면서도, 내가 생각한 것보다도 더 통속적인 언어들을 알고 있다면, 혹은 [그 책의]사상들 자체의 공허함과, 따라서 그와 동시에 그런 사상을 표시한 언어의 공허함을, 담대히 지시해 준다면, 전자[통속어]에 의해서 나는 그들한테 대단한 은혜를 입었을 것이다. 이는, 내가 [내 책이] 독자에게 오로지 이해되기를 원하기 때문이다. 그러나, 후자[공허한 사상]에 관해서는 그들은 철학에 대하여 이바지하는 것이 될 것이다. 그러나마, 무릇 [내용적] 사상이 변함없이 존립하는 동안, 나는 그런 사상에 대하여 적합하고도 보다 더 통속적인 언어들이 발견될 수 있음을 매우 의심스러워한다.*

* 「제일 비판」의 난해보다도 「제이(第二)비판」이 몇 가지 「언어 표현」에 관해서 간혹 생기는 오해를 나는 더 두려워한다. 그 표현들은 그것이 지시하는 개념을 오해시키지 않으려 해서 무척 마음을 써서 선택한 것이다.
실천이성의 범주표[65면]의 양상 중의 표제에 있는 허락된 일과 허락 안 된 일(das Erlaubte und Unerlaubte, 실천적·객관적으로 가능한 일과 불가능한 일)은 바로 그 다음에 오는 의무와 의무에 위반되는 일(die Pflicht und Pflichtwidrige)의 범주와 보통 쓰는 언어에 있어서는 거의 같은 의미를 가진다. 그러나, 여기서 전자는 그저 가능적인 실천적 훈계와 일치 혹은 모순 —— 가령 기하학·역학의 모든 문제의 해결처럼 —— 됨을 의미하고, 후자는 이성일반 중에 현실로 존재하는 법칙과 일치 혹은 모순되는 관계에 있음을 의미한다. 의미의 이러한 구별은 보통 쓰는 언어에서도 비록 노상 있는 일은 아니로되, 전혀 모르는 일도 아니다. 가령 연사(演士) 그 자신은 새 낱말이나 새 문구를 지어내는 일이 허락되지 않으나, 시인에 있어서는 어느 정도 허락된다. 연사와 시인의 양자의

경우에는 이때에 결코 의무 여부가 문제되지 않는다. 이는, 연사의 명성을 해치고자 하는 자에게 대해서 아무도 그런 일을 [의무적으로] 막을 수 없기 때문이다. 여기서는 개연적·확연적·절대필연의 규정근거 중에서 오직 명령[주장]들의 차이만이 문제이다.

마찬가지로, 나는 각종 철학학파의 「실천적 완전성에 관한 도덕적 개념들을 서로 대립시킨 주해[변증론 둘째 가름 제4절의 주해]에서, 지혜(Weisheit)의 이념과 신성성(Heiligkeit)의 이념을 구별하였다. 그러나, 사실 이 양자는 궁극에 있어서 또 객관적으로 보아서 같은 것이라고 나는 설명하였다. 그렇지마는 나는 그곳에서 지혜의 이념 아래 오직 인간이(즉, 스토아 학도가) 참칭하며, 따라서 주관적으로 사람에게 속한 성질이라고 한, 그런 지혜를 이해했을 뿐이다(스토아 학도가 어지간히도 과장해서, 지혜 대신에 「덕」이라고 말한 언어 표현은, 이 학파의 특징을 한층 더 잘 표시할 수 있겠다).

이에 대해서, 순수한 실천이성의 요청이란 언어는 만약 사람이 그것을 순수한 수학의 요청[공리]이 가지는 필연적 확실성을 갖추고 있는 의미와 혼동한다면, 고작으로 오해를 일으킬 것이다. 수학의 공리는 그 대상이 빈틈없는 확실성을 가지고 실천적·이론적으로 실현될 가능성이 미리 알려진, 그러한 행위 가능성을 요청한다. 그러나 전자(즉, 실천적 요청)는 대상(하나님과 영혼불멸성) 자체의 가능성을 절대 필연적인 실천법칙으로 인해서 따라서 오직 실천이성을 위해서 요청한다. 그러므로(da denn) 요청된 가능성의 이러한 확실성은 결코 이론적이 아니요, 따라서 필연적인 것도 아니다. 다시 말하면, 그 확실성은 대상에 관해서 인식된 필연성이 아니라, 주관에 관해서 실천이성의 객관적이나 실천적인 법칙[도덕법]을 지키고자 필연적으로 가정된 것이다. 이에, 그 확실성은 그저 필연적인 가설(Hypothesis)이다. 나는 이 주관적이나마 참되며 무제약적인 이성필연성(Vernunft－notwendigkeit)에 대해서 [요청보다] 더 좋은 언어를 발견할 줄을 몰랐다.

⑬ 이처럼 하여, 이제야 인간 심성(Gemuet)의 두 능력 즉, 인식능력과 욕망능력의 선천적인 원리들이 발견되었고, 그런 언어 사용의 조건들·범위·한계 등이 규정되었으며, 이로써 [엄밀한]학으로서의 체계 있는 이론철학과 실천철학에 대한 기초가 놓여졌다.

⑭ 그러나 이런 [나의] 능력에 대해서 어떤 사람이, 선천적(순수 이성의) 인

식이란 일반적으로 도무지 있지 않고, 또 있을 수도 없다고 뜻밖인 발견을 했을 때만큼, 좋지 못한 항의에 나는 부닥치지는 않았을 것이다. 그러하되, 이런 좋지 못한 항의는 조금도 걱정될 것이 없다. 그 발견은, 어떤 사람이 [일반으로] 이성이 존재하지 않음을 이성에 의해서 증명하려는 것과 꼭 마찬가지겠다. 왜냐하면, [반대로] 우리가 이성에 의해서 「그 무엇」을 인식한다고 하는 것은, 비록 「그 무엇」이 경험(Erfahrung) 중에 나타나지 않았더라도, 그 무엇을 알 수 있었음을 자각할 때에, 하는 말이기 때문이다. 그러므로, 이성인식(Vernunfterkenntnis)과 선천적 인식(Erkenntnis a priori)은 동일하다. 하나의 경험적인 명제로부터 필연성을(속돌에서 물을 짜내듯이) 짜내려고 하며, 이런 필연성에 의해서 또한 참된 보편성을——(이 참된 보편성이 없으면 이성적인 추리도 없으며 따라서 유추로부터의 추리도 역시 없다. 유추는 적어도 가정된 보편성이요, 객관적인 필연성이며, 그러므로 항상 보편성과 필연성을 예상하고 있다)——판단에 부여하려고 하는 것은, 정말 모순이 아닐 수 없다.

「선천적인 판단」들에서만 존재하는 객관적인 필연성 대신에 주관적인 필연성, 즉 습관을 바꾸어 놓는 일은, 이윽고 대상에 관해서 판단하는 능력 즉, 대상과 대상에 속한 것[경험적 직관내용]을 인식하는 능력을 이성으로부터 빼앗는 것을 의미한다. 그것은 가령 어떤 먼저 일어난 상태에 누차로 혹은 노상 연달아서 생기는 다음의 어떤 사건에 관하여, A 상태로부터 B 상태를 추리할 수 있음(왜 추리할 수 있느냐 하면, 이런 일은 객관적 필연성과 선천적인 연결의 개념을 의미하기 때문이다)을 의미하지 않고, 유사한 경우만을 기대해야 할 것을 (동물이 그런 것과 같이) 의미한다. 다시 말하면, 습관은 「원인」의 개념을 근본에 있어서 거짓된 것으로서, 한갓 사상의 사기로서, 내어버림을 의미한다.

객관적 타당성과 이것에 연달아 생기는 보편적 타당성과의 이런 결핍을 없애는 데에, 인간의 다른 이성존재자에게 [습관과는] 다른 어떤 표상방식(Vorstellungsart)을 부여하는 아무런 근거도 모른다는 것에 의거한다면, 또 이런 일이 만일 올바른 추리의 노릇을 한다면, 무식함이 우리의 인식을 확장하기에 모든 반성(Nachdenken)보다도 더 많은 이바지를 우리에게 할 것이다. 왜냐하면, 인간 이외의 다른 이성존재자들을 우리가 모른다는, 단지 그 이유로 인해서, 그런 존재자들이, 우리가 자신들을 [습관적인 연상 능력만을 가진다고] 인식하는 것과 같은 성질을 가진다고 가정하는 권리를, 우리가 가지게 되겠기 때문이다. 다시 말하면 [그 성질을 알지 못하면서도] 인간 외의 이성존재자들을 참으로 아는 척하는 것이 되겠기 때문이다.

[주관적·습관적인] 승인(Fuerwahrhalten)에서 오는 보편성이, 판단에서 오는 객관적 타당성(즉, 인식으로서의 판단의 타당성)을 증명하지 않는다는 것, 비록 승인에서 오는 보편성이 우연적으로 존재한다 하더라도, 그런 일이 판단의 객체와 [객관적으로] 일치함을 증명할 수 없다는 것은, 내가 일부러 언급할 필요조차 없다. 객관적인 타당성만이 필연한 보편적 일치의 근거를 형성하는 것이다.

⑮ 흄(Hume)은 원칙상으로는 이런 보편적인 경험론의 체계에 확실히 자못 만족하겠다. 왜냐하면 그는, 세상에 알려져 있듯이, 원인의 개념 중에 있는 필연성의 모든 객관적인 의미 대신에, 단지 주관적인 의미 즉, 습관을 하나님·자유·영혼의 불멸성 등에 관한 이성의 모든 판단을 거부하고자 가정함을 요구했을 뿐이었기 때문이다. 그리고 그가 이런 [경험론적] 원리들을 받아들인 이상, 논리적인 일관성을 다하여 그런 원리로부터 여러 결론을 추리하는 것을 확실히 잘 알고 있었다. 그러나 흄이었을망정, 수학마저 그 [경험론] 가운데 포함할 만치, 그의 경험론을 보편화하지는 않았다. 그는 수학의 명제들을 분석적이라고 생각했고, 만일 이런 생각이 옳은 것이었다면, 수학의 명제들은 사실상 필연적인 것이겠다. 하지만, 이러한 일로부터 철학에 있어서도 필연적인 판단들을 즉, (인과성의 명제처럼) 종합적(synthetisch)인 판단들을 내리는 이성의 능력(ein Vermoegen der Vernunft)이 결론될 수는 없겠다. 무릇 원리상의 경험론을 어디까지나 철저히 가정한다면, 수학도 그 중에 [마땅히] 포함되어 있어야 할 것이다.

⑯ 그런데, 수학은 단지 경험적(empirisch)인 원칙들만을 인정하는 [이론] 이성과 모순된다. 이런 모순은 이율배반에 있어서 불가피했다. 왜냐하면 수학은 공간의 무한한 분할성을 문제없는 [분석적으로] 증명하지마는 경험론은 그런 분할성을 허락할 수 없기 때문이다. 이렇게 보면, 최대로 명백할 수 있는 [수학적] 논증은 경험적 원리들에서 나온 소위 결론과는 확실히 조화하지 않는다. 그래서 이제야 우리는 체셀든(Cheselden)[영국의 해부학자]이란 장님 모양으로 시각이나 촉각 중의 어느 것이 나를 속이는가를 묻지 않을 수 없다(왜냐하면,

경험론은 감각적으로 느껴진 필연성에 기본하되 이성론은 통찰된 필연성에 기본하기에 말이다). 이리하여 보편 [철저]한 경험론은 순전한 회의론으로 나타난다. 그러나 이런 회의론을 무제한의 의미에서 휴움에게 귀속*시킴은 잘못이다. 순전한 회의론은 경험의 아무런 시금석도 절대로 허가(이 시금석은 오직 선천적인 원리들에서만 발견될 수 있다)하지 않겠지만, 그는 적어도 경험의 확실한 하나의 시금석을 남겨 놓고 있다. —— 경험이라도 사실은, 단지 감정[감각]들로써만 성립하지 않고, 판단들로써도 성립하고 있는 것이로되.

* 한 교파를 표시하는 이름들은 어느 때나 많은 부정을 수반해 왔다. 마치 「아무개는 관념론자」라고 말했을 적처럼. 왜냐하면, 그 아무개 [칸트]는 외물에 대한 우리의 표상에 외물의 현실적 대상 [인식의 대상]이 대응함을, 단호히 인정할 뿐더러 주장까지 하더라도, 그는 필경 외물을 직관하는 형식은 외물에 아니라, 인간의 심성에 의존함을 말하고자 하기 때문이다.[1)]

⑰ 그러하되, 이 철학적·비판적인 우리 시대에 있어서는 「경험론」은 진지한 것일 수 없고, 생각건대 그것은, 오직 판단력을 수련하고자 제시되고, 또 [경험적 원리들과] 대조함으로써, 선천적인 이성적 원리들의 필연성을 한층 더 밝혀 내고자 제시되는 것이겠다. 그러하매, 우리는 그 점 외에는 일반으로 아무런 가르침도 없는 [경험론의] 노작(勞作)에 애쓰려는[흄 같은] 인사들한테, [도리어 이성적 원리들의 필연성을 역설적으로 밝혀내는] 그 점에서는 감사해도 좋을 것이다.

1) 이 주석은 선천적 직관으로서의 시간·공간의 주관성이라는 칸트의 학설이, Berkeley의 질료적 관념론과 혼동될 것을 경계해서 붙인 것이라 하겠다.

머리말을 대신해서

칸트철학의 여러 저작들 중에서 「순수이성비판」이 차지하는 대표적 위치는 구구한 변명을 필요로 하지 않을 것이다.

이러한 순수이성비판을 필자가 국역하는 동안에, 아니 국역을 끝낸 뒤에도 그것에 대한 주역을 겸한 연구서가 하나 있어야 하겠다는 생각이 늘 염두에 떠올랐다. 이 책은 평소의 이런 생각을 구현한 것이다.

이 책은 원서의 각 장절 내용을 낱낱이 검토하면서 마련된 것이다. 그리고 「순수이성비판」 졸역에서 붙인 주석 같은 것을 여기서는 되도록 반복하지 않기로 했다. 그러므로 졸역과 이 책을 함께 구비해 있기만 하면, 원서의 사상파악에 상당한 도움이 될 것으로 믿는다. 아니 그 사상파악에서 진일보하여, 자신의 독자적인 철학적 사색에 매진할 수도 있을 것이다.

무릇, 순수이성비판 같은 책의 해석은 그 해석자 자신의 주관을 도저히 무시할 수 없다. 그렇기에, 신칸트학파의 코헨(H. Cohen)은 시간을 수다성의 범주에, 공간을 전체성의 범주에 각각 집어넣음으로써 「감성의 분할」을 마치 제거하려고 한 성싶은 해석을 하였다. 그러나 하이데거는 감성과 오성의 뿌리로서의 선험적 구상력을 가장 중시하여 「그것이 존재론적 종합의 근원적 통일을 가능하게 하고, 그것이 근원적 시간에 뿌리박고 있다」고 해석하였다. 이런 예시들을 보더라도 해석이 단순한 것이 될 수 없고, 해석자 자신의 주관을 필요로 하는 것임이 알려질 듯하다. 이런 사정에 처해서, 이 책에서 우리는 되도록 공정한 객관적 해석을 도모하기는 했으나, 우리 자신의 주관적 해석이 부분적으로 들어가는 것을 회피할 수 없었다.

칸트 철학을 한국적 사상과의 관계에서 논의해 볼 의의도 있다.

칸트 철학은 단순히 서양철학으로서가 아니라, 이제야 근대화하는 한국인의 사상적 양분으로 포섭되어 마땅하다 할 수 있지 않을까. 우리의 선인들이 유교철학과 불교사상을 포섭해서 그들의 비약적 정신의 양분으로 삼았듯이 당대의 한국인은 칸트의 사상을 자신의 것으로 소화해서 자신의 근대적 근본 정신의 영양소로 삼아도 좋을까 싶다.

책 이름은 「칸트의 순수이성비판 연구」라고 하였다. 아주 독창적 연구라고 하기에는 미급한 것이나 단순한 주석서보다는 정도가 좀 높은 것이라고 볼 수 있기 때문이다.

순수이성비판의 가치에 관해서, 현대의 마르틴(G. Martin)과 이미 언급한 코헨은 다음과 같이 진술했다:

> [순수이성비판]의 새 해석이란 단지 칸트 사상의 무진장성(無盡藏性)의 새 증명일 뿐이다. 칸트의 저작에서 반짝이는 무진장성은 호머의 서사시·바흐의 수난곡·괴테의 시작에서 반짝이는 것과 동일하고, 플라톤·아리스토텔레스·아퀴나스의 저작에다 깊이와 넓이를 주는 무진장성과 동일하다(Martin, *Immanuel Kant*, S.7, 1960, Köln대학 출판부)
> 세계의 철학문헌은 고전성[모범성]의 성격에 있어서 「순수이성비판」에 비교될 만한 작품을 별로 가지지 않는다. 이 모범성의 기원은 [칸트] 개인에 있다. 이 책은 한 천재의 이설이요, 고백이다. 거의 그 모든 장과 면에서 인류를 교화하고 개선하려는 사람의 충언이 들려온다. 그 연구의 철저성과 신중성도 그의 사명에 대한 이러한 자각에 일치하는 것이겠다(Cohen, *Kommentar zu I. Kants K.d.r.V.*, 1920, S. Ⅲ－Ⅳ, Meiner사).

이상 두 사람의 진술과 이하의 제1장 전부 및 제2장의 1절까지는 「순수이성비판 연구」의 제하(題下)에서 서울대 논문집 1971, 제17집에 실었던 글을 수정해서 된 것이요, 맨 끝 장은 원래 「쇼펜하우어의 칸트 철학비판의 고찰」의 제하에서 김계숙 박사의 고희기념논문집에 기고했던 것이다.

(통례대로, 이 책에서도 순수이성비판(K.d.r.V.)의 인용면 숫자 앞의 A는 그 초판을, B는 그 재판을 표시한 것이다)

1975. 6. 12.

지은이 최재희

일러두기

1. (…)은 원서의 괄호
2. *은 원 저자의 주
3. 1), 2) 등은 역주이다. 원문이 게스펠트로 된 것은 방점으로 표시했고, 원문이 고딕으로 되어 있는 것은 여기서도 고딕으로 표시했다.
4. 인용된 「순수이성비판」의 초판 면은 A.○○, 재판 면은 B.○○이라고 표시하는 통례에 따랐다.
5. 「실천이성비판」 원서의 문단마다 역자가 번호를 붙였고, 너무 긴 것은 역자가 새 번호를 붙이지 않고 쪼갠 대목도 있다. 특히 「실천이성비판」의 머리말과 들어가는 말은 「순수이성비판」의 이해 없이는 이해하기 어려울 것이다. 비판철학에 예비지식이 없는 독자는 본문 제1장부터 읽기 시작하는 것이 좋을지 모른다.
6. 부호 표시에 관한 한, 이상의 일러두기는 「도덕철학서론」과 「철학서론」에도 타당한다.

차 례

제2부 순수한 실천이성의 방법론

◆ 도덕철학서론

도덕철학서론

◆ 철학서론

철학서론

◆ 칸트의 순수이성비판 연구

칸트의 순수이성비판 연구

들어가는 말

실천이성비판의 이념[1]

① 이성의 이론적 사용은 단지 인식능력의 대상을 연구했으며, 이런 사용에 관한 이성의 비판은 원래 오직 순수(rein)한 인식능력에만 관계하였다. 왜냐하면, 인식능력은 그것이 경솔하게 자기의 한계를 함부로 넘어서서, 도달할 수 없는 대상들 사이나 혹은 서로 모순되는 개념들 사이에 종적을 감추고 말, 의심을 품게 했기 때문이다. 이 의심의 정체는 나중에 확실히 알려지기는 하였다. 실천적 사용에서는 사정은 [이론적 사용의 경우와] 전혀 다르다. 실천적 사용에서는 이성은 의지를 규정하는 근거들을 다룬다. 의지는 표상에 대응하는 대상들을 낳는 능력이거나, 이런 대상들을 낳도록 자기를 규정하는 능력(대상들을 낳는 물리적인 능력이 충분하든 못하든 간에) 즉, 자신의 원인성을 규정하는 능력[2]이거나이다. 이는, 실천적인 사용에 있어서는 이성은 적어도 의지를 규정하기에 족한 까닭이요, 의욕(das Wollen)만을 문제로 삼는다면 또한 항상 객관적 실재성 —— [보편적 타당성] —— 을 갖는 까닭이다. 그래서 여기에 나타나는 첫째 문제는, 순수한 이성은 의지를 규정하기 위해서 자신만으로(fuer sich allein) 충분한 것이냐, 혹은 그것은 오직 경험적으로 제약된 이성[3]으로서(als)만 의지의 규정근거일 수 있느냐, 하는 것이다. 그런데 이 즈음에 「순수이성의 비판」에 의해서 시인은 되었으나 경험적인 제시는 할 수 없었던 원인성의 개념, 즉 자유의 개념이 나타난다. 만일 우리가 이제 자유의 성질이 인간의지에 (따라서 또 모든 이성존재자의 의지에도) 사실상 속해 있는 것을, 증명하는 근거들을 발견할 수 있다면, 이로 인해서 순수한 이성이 실천적일 수 있음이

1) 여기의 이념은 제일비판의 변증론에서 말한 인식의 「통제원리」를 의미하는 엄밀한 것이 아니라, 실천이성비판의 개념을 표시한 것이다.
2) 쉽게 말하면, 목적을 실현하는 능력이거나, 혹은 목적을 실현하도록 결의하게 하는 능력이다.
3) 경험적으로 제약된 이성은 내용적으로 여러 가언명령을 낳게 하는 이성이다.

단지 증명만 될 뿐더러, 경험적으로 한정된 이성이 아니라 순수한 이성만이, 무제약적으로 실천적인 것이 또한 증명되는 터이다. 이 결과로 우리는, 순수한 실천이성의 비판이 아니라, 오직 실천이성일반의 비판을 다루어야 할 뿐이다. 이는 순수한 이성의 실재함이 아예 벌써 증명된 경우에는, 순수한 [실천] 이성 [자체]은 아무런 비판도 필요로 하지 않기 때문이다. 순수한 [실천] 이성이야말로 자기의 [선천적인 또 경험적인] 모든 사용을 비판하는 표준을 포함하는 바로 그것임에 틀림이 없다. 그러므로, 실천이성일반의 비판은, 경험적으로 제약된 이성이 [순수한 실천이성을] 배척하면서 자기만이 의지의 규정근거를 결정하려 하는 월권을 제지할 의무가 있다. [따라서] 순수한 [실천] 이성의 존재가 확정되기만 하면, 그러한 이성만이 내재적(immanent)이다. 그리고 전제를 함부로 행사하고 있는 경험적으로 제약된 [이성의] 사용이 도리어 초절적(transzendent)이며, 이런 사용은 순수한 이성의 경지를 넘어 서는, 그러한 요구들과 명령들로 화해서 나타난다. 이는 사변적으로 사용하는 순수이성에 관해서 우리가 말한 것과 정반대의 관계이다.

② 그러나 순수이성의 인식이 우리의 실천적인 [이성]사용의 기초에 놓여 있는 한에서, [실천적 인식이되, 이론적 인식의 경우와] 변함이 없이 여전히「순수한 이성[1]」이기 때문에, 실천이성비판의 분류는 일반적인 윤곽에서 보면, 사변적 이성의 비판을 좇아서 배치되지 않을 수 없다. 그래서 우리는 제2비판에서도 그 원리론(Elementarlehre)과 방법론(Methodenlehre)을 갖는다. 제1부인 전자 가운데, 다시 진리의 규칙으로서의 분석론(Analytik)과, 실천이성의 판단에 있어서의 가상의 표시와 및 그 해결로서의 변증론(Dialektik) 등을 가지지 않을 수 없다. 그러나 분석론의「자세한 분류」(Unterabteilung)의 순서는, 순수한 사변이성의 비판 중의 순서와는 아주 바꾸어진다. 이는, 실천이성의 비판에서는 우리는 원칙들(Grundsaetze)에서 출발하여 개념들(Begriffe)로 나아가고, 또 이 개념들로부터 될 수 있으면 비로소 감관들(Sinne)로 나아가겠으나, 이와 반대로 사변이성에는 우리는 감관들로부터 출발하여 원칙들에서 끝맺어야 했던 까

1) 순수한 이성, 즉 경험에서 독립하여 작용하는 이성은, 이론적이거나 실천적이거나 간에, 마찬가지로 순수하다는 뜻이다.

닭이다. 그런데, 이렇게 되는 이유는 다음과 같은 점에 있다. 즉, 우리는 방금 의지를 문제 삼아야 하며, 또 이성을 대상들에 관계해서가 아니라, 의지와 그 원인성과의 관계에서 고찰해야 하는 점이다. 이러므로 마땅히 경험적으로 제약되지 않은 원인성의 원칙들이 시초가 되어야 하며, 그 뒤에 비로소 이런 의지를 규정하는 근거에 관한 우리의 [선악] 개념들을, 그 다음에 이런 개념들의 대상 [행위 현상]들에 대한 적용을, 마지막에 주관과 그 감성에의 적용을 순차로 확립하려 하는 기도(企圖)가 나서게 될 수 있다.

자유에서의 원인성(die Kausalitaet aus Freiheit)의 법칙이, 다시 말하면, 어떤 순수한 실천 원칙이, 의지의 경우에는 불가피하게 시초를 이루며, 또 법칙만이 적용되는 대상들을 [선 혹은 악이라고] 규정한다.

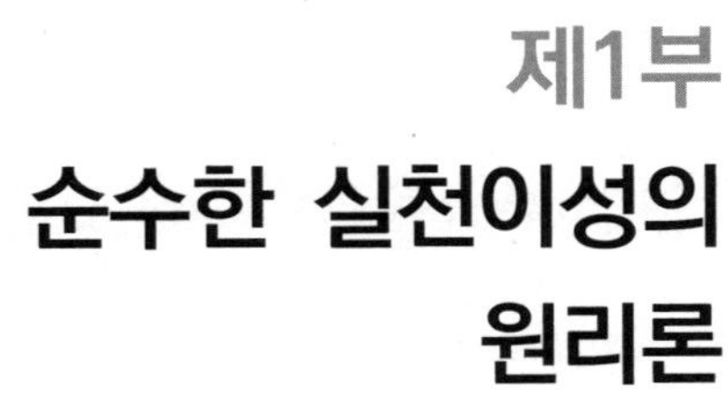

제1부 순수한 실천이성의 원리론

제1편 순수한 실천이성의 분석론

제2편 순수한 실천이성의 변증론

제1편 순수한 실천이성의 분석론

제1장 순수한 실천이성의 원칙

제1절 정의(Erklaerung)

① 실천 원칙[1]들은, 의지의 보편적 규정을 포함하는 명제들이다. 그리고 의지의 이러한 규정은 자신 안에 실천 규칙(Regel)[2]들을 가지고 있다. 실천 원칙들은, 주관이 제약을 주관의 의지에 대해서만 타당하는 것으로 본다면, 주관적이다. 즉, 준칙(Maxime)들이다. 그러나 주관이 제약을 객관적으로 타당하는 것으로, 다시 말하면 모든 이성 존재자의 의지에 대해서 타당하는 것으로 인식한다면, 실천 원칙들은 객관적이다. 즉 실천 법칙(Gesetz)들이다.

주석

② 순수한 이성이 실천적(praktisch)이기에, 즉 결의케 하기에, 충분한 근거를 자신 중에 포함할 수 있음을 우리가 가정한다면, 실천 법칙들은 존재하는 것이요, 그렇지 못하면 모든 실천 원칙은 준칙일 뿐이다. 이성존재자의 감각에서 촉발된 의지에 있어서는, 이성존재자 자신이 인식한 실천 법칙들에 대해서, 준칙들의 반항이 생길 수 있다. 예를 들면, 「어떠한 모욕이든 앙갚음하지 않고 참는 일이 없음」을 누구든지 자기의 준칙으로 삼을 수 있다. 그러나 그와 동시

---

1) 실천적인 여러 원칙은 준칙과 법칙으로 나뉜다. 아침 5시에 일어남을 나는 하나의 원칙으로 삼을 수 있다. 이 원칙이 나한테만 제시되면, 그것은 준칙이다. 그러나 모든 사람이 그 원칙에 좇아야 한다면, 그것은 하나의 법칙이다.

2) 가령 「성격 없는 인간과는 교제하지 않는다」고 하는 것은 하나의 실천 「원칙」이 될 수 있다. 이런 원칙에서 볼 때에, 남을 무단히 비방하는 것은 성격 없는 것이요, 따라서 남을 무단히 비방하고 있는 B란 인간과 나는 앞으로 교제하지 않겠다고 내가 정하면, 이것은 하나의 실천 규칙(Regel)이다. 전자는 행위의 여러 가능성에 관계하고 후자는 어떤 구체적인 하나의 경우에 관계한다. 하나는 수다성의 범주에, 다른 하나는 단일성의 범주에 관계함을 의미한다. 이 때문에 원칙이 자신 안에 여러 규칙을 가질 수 있다. ——양자의 원바탕은 같은 것이지마는.

에 누구나 통찰할 수 있는 것은, 그 같은 일이 실천 법칙이 되지 않고, 오직 그 사람의 준칙임에 불과하며, 따라서 준칙과 반대로 그런 일을 모든 이성존재자의 의지에 대한 규칙으로 한다면, 그로 인해서 동일한 준칙 중에 자기모순이 생길 수 있다는 것이다[내가 앙갚음해야 한다고 하여, 모든 사람이 보편적으로 앙갚음해야 할 법이 없기 때문이다].

자연인식(Naturerkenntnis)에 있어서는 —— 예를 들면, 운동 전달에서의 작용과 반작용의 상등(相等)원리처럼 —— 발생하고 있는 현상의 원리들이 동시에 자연의 법칙들이다. 왜냐하면, 이성의 사용이 여기서는 이론적이요, 객체(Objekt)의 성질에 의해서 규정되는 까닭이다. 실천적인 인식, 즉 의지의 규정근거들을 문제삼는 인식에 있어서는, 사람이 마련한 원칙들이, 그렇다고 해서 사람이 반드시 그 지배를 받지 않을 수 없는 법칙들일 수는 없다. 이성은 실천적인 것에 있어서는 주관(Subjekt)을 즉, 욕망능력(Begehrungsvermoegen)을 문제 삼고, 이 욕망능력의 특수한 성질에 따라서 규칙은 가지각색으로 변할 수 있기 때문이다. 실천규칙은 항상 이성이 낳은 것이다. 어째서냐 하면 실천규칙은 목적으로서의 결과에 대한 수단으로의 행위를 지시하는 까닭이다. 그러나 이런 규칙은, 이성만이 의지의 규정근거가 아닌 존재자 —— [즉 인간] —— 에 대해서는 명령(Imperativ)이다. 다시 말하면 행위의 객관적인 강제를 뜻하는 당위에 의해서 표시되는 규칙이다. 이성이 만약 의지를 전적(全的)으로 규정한다면, 행위는 반드시 그런 규칙을 좇아서 일어날 것을 의미한다. 그러므로 명령들은 객관적으로 타당하고, 주관적인 원칙으로서의 준칙과는 아주 다른 것이다. 그러나 명령들은 작용하는 원인(wirkende Ursache)으로서의 이성존재자의 원인성이란 제약들을, 오직 하나의 결과와 그 결과를 낳는 데 충분한 점에 관해서만 규정하거나, 혹은 오직 의지만을 그것이 하나의 결과를 낳는 데 충분하고 안 함을 묻지 않고 단적으로 규정하거나, 이 둘 중의 어느 것이다. 전자는 가언적 명령들이겠고, 단지 숙달(Geschicklichkeit)의 훈계들만 포함하겠다. 후자는 반대로 정언적(kategorisch)이겠고, 이것만이 실천법칙[무상명령]들이겠다.

따라서, 준칙들은 확실히 원칙들이기는 하되, 명령들은 아니다. 그러나 명령들 자신은 만약 그것이 조건적(bedingt)이라면, 즉 의지를 단적으로 의지로서

(als) 규정하지 않고 욕망된 결과에 상관해서만 의지를 규정한다면, 다시 말하면 가언적 명령들이라면, 그것은 확실히 실천적 훈계(Vorschrift)들이기는 하나 결단코 법칙(Gesetz)들은 아니다. 후자는 [즉 실천법칙들은], 욕망된 결과에 필요한 능력을 내가 과연 갖고 있느냐 혹은 그런 결과를 낳고자 내가 무엇을 해야 하느냐, 이런 것을 자문하기 이전에, 단지 의지로서의 의지를 넉넉히 규정한다. 법칙은 따라서 정언적[절대적]이다. 그렇지 않으면 그것은 법칙이 아니다. 왜냐하면, 훈계에는 이러한 필연성이 없기 때문이다. 필연성은 그것이 실천적이어야 한다면, 감각적인 조건에서, 따라서 의지에 우연히 붙어 있는 조건에서 독립해 있는 것이다.

가령 [여러분이] 누구에게 노년에 고생하지 않고자 청년 시절에 노력을 많이 해서 저축해 두어야 한다고 말한다고 하자. 그러면, 이것은 의지의 정당하고도 중대한 실천적인 하나의 「훈계」이다. 그러나 우리가 이윽고 알 수 있는 것은, 의지는 여기서 어떤 다른 것 [노년에 고생하지 않음]의 지시를 받으며, 이 다른 것에 의해 무엇을 욕망함을 예상한다는 것이다. 그리고 그가 스스로 재산을 저축하지 않아도 다른 구조물을 미리 봐두고 있거나, 노년까지 살기를 전혀 바라지 않거나, 혹은 장래의 곤경에도 간신히 견디어 갈 것을 생각하거나 —— 이런 욕망들 중의 어느 것을 택하는가는, 모두 행위 당자에게 맡겨져 있다. 필연성을 포함해야 하는 모든 규칙이 발생하는 유일의 근원인바, 이성이 그의 훈계에 확실히 필연성을 주기는 하나, (이런 일이 없으면, 훈계는 아무런 명령도 아니기 때문에) 그 필연성은 주관적으로 제약되어 있으며, 따라서 모든 주관에 대하여 일률적으로 같은 훈계가 예상될 수는 없다. 이성이 법칙을 수립하고자 요구되는 것은, 이성이 오직 이성 자신만을 전제하는 것을 필요로 한다는 것이다. 왜냐하면 규칙은, 그것이 우연적인 주관적 조건들 없이 (이런 조건들이 이성존재자를 그 외의 다른 존재자와 구별하지마는) 타당할 적에만, 객관적·보편적으로 타당한 것이기 때문이다.

이제 [여러분이] 어떤 사람에게 그가 결코 거짓 약속을 해서는 안 된다고 말한다고 하면, 이것은 오직 그의 의지에만 관계하는 하나의 규칙이다. 사람이 가질 수 있는 의도(Absicht)들은 그 사람에 의해서 달성될 수도 있고, 안 될 수도 있다. 그러나 [거짓 약속을 해서 안 된다는] 규칙에 의해서 아주 선천적으로 규정되어야 하는 것은, 순전한 의욕일 따름이다. 그런데 이런 규칙이 실천적으로 정당한 것임이 알려지면, 그것은 법칙이다. 왜냐하면 이런 규칙은 하나의 무상명령(ein kategorischer Imperativ)이기 때문이다. 그러므로, 실천법칙은 오직 의지에만 관계하고, 의지의 원인성에 의해서 무엇이 수행되는가는 불문이다. 실천법칙을 순수히 가지고자, (감관계에 속하는 것으로서의) 「의지의 원인성」을 우리는 멸시할 수 있다.

제2절 정리 I

③ 욕망능력의 객관――실질―― 을 의지의 규정근거로 전제하는 모든 실천원리는, 통털어서 경험적이요, 결코 실천법칙들을 내 줄 수 없다.

④ 나는 욕망능력의 실질이란 말로써, 우리가 실현화하기를 욕망하는 대상을 의미한다. 이러한 대상에 대한 열망(Begierde)이 실천규칙에 앞서고, 실천규칙을 원리로 삼는 조건일 때에는, 나는 (첫째로) 이 경우에 이러한 원리는 항상 경험적이라고 말한다. 왜냐하면 자의[1](Willkuer)를 결정하는 근거는 이 경우에는 객관의 관념과 이 관념의 주관에 대한 관계요, 이런 관계에 의하여 욕망능력은 객관을 실현(Wirklichmachung)하도록 규정되기 때문이다.

[관념의] 주관에 대한 이러한 관계란, 대상의 현실에 대한 쾌(Lust)를 말하는 것이다. 그러므로 이런 쾌가 자의를 결정할 수 있는 조건으로서 전제되지 않을 수 없다. 그러나, 대상[목적]의 관념에 관해서는 어떠한 관념이건간에, 그것이 쾌 또는 불쾌를 낳을는지, 혹은 쾌도 불쾌도 아닌 중성이 될는지, 우리는 결코 선천적으로 인식할 수가 없다. 따라서 이런 경우에 자의의 규정근거는 항상 경험적이 되지 않을 수 없으며, 이러한 규정근거를 조건으로 전제하는 실천적인 실질적 원리도 역시 그렇지 않을 수 없다.

⑤ 그런데 (둘째로) 쾌·불쾌(이것은 항상 경험적으로만 인식될 수 있고 모든 이성

1) 자의와 의지는 다르다. 전자는 대상을 산출(선택)하는 행동능력의 의식과 결합해 있고, 후자는 이러한 자의의 규정근거에 관계한다.

존재자에 대해서 똑같이 타당할 수 없다)의 감수성이라고 하는 주관적인 조건에만 기인하는 원리는, 그러한 감수성을 가진 주관에 대해서 확실히 준칙으로서 쓰일 수는 있으나, [타인에게 대해서 뿐 아니라] 그 주관 자신에게 대해서도 선천적으로 인식되어야 하는 객관적인 필연성이, 이 원리에는 없기 때문에, 법칙으로서 쓰일 수는 없다. 그러므로, 이러한 원리는 결코 실천법칙을 내줄 수 없다.

제3절 정리 Ⅱ

⑥ 모든 실질적인 실천 원리는 자체상으로는 전혀 동일한 종류요, 사애(Selbstliebe), 즉 자기행복(eigene Glueckseligkeit)의 보편적인 원리에 속한다.

⑦ 사물의 실존(Existenz)[1]이라는 관념에서 생기는 쾌는, 그것이 사물에 대한 욕망을 규정하는 근거여야 하는 한에서 주관의 감수성(Empfaenglichkeit)에 기인하는 것이다. 왜냐하면, 쾌는 대사의 현존(Dasein)에 의존하기 때문이다. 따라서 그것은 감관(즉, 감정)에 속하고 오성에 속하지 않는다. 오성은 개념들을 좇아서 관념이 객관에 대하는 관계를 표시하되, 감정들을 좇아서 관념이 주관에 대하는 관계를 표시하지는 않는다.

이에 쾌는, 주관이 대상의 현실에서 기대하는 쾌적감(die Empfindung der Annehmlichkeit)이 욕망능력을 규정하는 동안만, 실천적이다. [즉, 자의를 결정한다] 그런데, 이성존재자[인간]의 전현존에 끊임없이 수반되는 쾌적한 삶이라는 의식은 행복의 [의식]이다. 그리고 이 행복을 자의를 규정하는 최고 근거로 삼는 원리는, 사애의 원리이다. 따라서 자의를 규정하는 근거를 대상의 현실에서 느껴질 쾌 혹은 불쾌에다 두는 모든 실질적인 원리는, 그것이 죄다 사애 혹은 자기행복의 원리에 속하는 한에서, 전혀 동일한 종류라고 할 것이다.

1) 칸트 철학에서 실존(Existenz)이니 현존이니 하는 것은, 실존철학에서 말하는 실존·현존과 연관시킬 필요가 없다. 대체로 현실로 있다는 뜻으로 쓰인 것이다.

계(系)

⑧ 모든 실질적인 실천규칙은 의지의 규정근거를 저급한 욕망능력[1])에다 두는 것이다. 그리고 의지[자체]를 족히 규정하는바, 의지의 순형식적 법칙들이 아주 없다면, 고급한 욕망능력도 용납(einräumen)될 수 없을 것이다.

주석 I

⑨ 다른 경우에는 총명한 사람들이 저급한 욕망능력과 고급한 욕망능력의 구별을, 쾌감(das Gefuehl der Lust)과 결합해 있는 **관념들**의 근원이, 감관들에 있느냐 오성에 있느냐고 하는 것을 묻는 점에서 발견한다고 어떻게 믿을 수 있는지 우리는 의아하지 않을 수 없다. 왜냐하면, 우리가 욕망의 규정근거를 문제 삼아서 그 근거를 무엇으로부터 기대된 쾌적에 둔다고 하면, 이 만족[쾌적]을 주는 대상의 관념이 어디서 유래하느냐 하는 것은 도무지 중대하지 않고, 오직 그 관념이 분량상으로 얼마만큼 많은 만족을 주느냐 하는 것이 중대하기 때문이다.

한 관념이 오성에 그 소재와 근원을 갖든 안 갖든 간에, 그것이 주관의 쾌감을 전제함에 의해서만 자의를 결정할 수 있다면, 그것이 자의를 결정하는 근거인 것은, 전혀 내감의 성질[심리적 주관]에 의존한다. 다시 말하면, 쾌적이 관념에 의해서 내감을 촉발할 수 있는 것에 의존한다.

대상들에 관한 관념들은 자못 서로 종류가 다를 수 있다. 그것은 감관적 표상에 대립한 오성적 표상일 수도 있고, 심지어 이성적 표상일 수도 있다. 그러나, 여러 관념으로 하여금 원래 의지의 규정근거이도록 하는 쾌감은(쾌적, 다시 말하면 관념으로부터 기대하며, 대상을 낳도록 활동하게 하는 만족은), 그것이 항상 그저 경험적으로만 인식될 수 있는 한에서, 동일한 종류이다. 뿐더러, 그것이 욕망능력 중에 나타나는 동일의 활력(Lebenskraft)을 촉발하고, 또 이 점에서 오직 정도상으로만 각기 규정근거를 서로 달리하고 있는 한에서, 역시 동일한 종류이다. 만약 그렇지 않다면, 욕망능력을 가장 촉발[자극]하는 규정근거를 택

1) 저급한 욕망능력, 고급한 욕망능력 같은 말은 Schola 철학자가 이미 썼다.

해 잡고자 관념의 종류상 전혀 서로 다른 두 규정근거를 어떻게 우리는 분량적으로 비교해 볼 수 있을 것인가?

동일한 인간이, 사냥하는 기회를 잃지 않고자, 단지 한번만 손에 들어오는 유익한 책을 읽지 않고 돌려보낼 수 있다. 정각의 끼니[식사]에 너무 늦어지지 않고자, 재미있는 연설의 중도에서 떠나갈 수도 있다. 도박대에 좌석을 잡으려 해서, 평소에는 퍽 중히 여기던 진지한 대화의 낙을 버릴 수도 있다. 희극에 입장권을 사는 데 소요되는 것보다 더 많은 돈이 지갑에 마침 없기 때문에, 평상시는 가난한 사람에게 자선하기를 즐겨했건마는, 그때만은 가난한 사람을 배척하는 수도 있다. 만일 결의(willensbestimmung)가, 동일한 인간이 어떤 원인으로부터 기대하는 쾌적이나, 불쾌적의 감정에 기본한다면, 그 사람이 어떤 종류의 관념에 의해서 촉발되든 간에, 이런 일은 그 사람에 대해서 전혀 무관한 것이다. 오직 얼마나 세게, 얼마나 길게 또 얼마나 쉽게, 쾌적이 얻어지며 또 잦게 반복되느냐 하는 점만이, 선택을 결정하는 데에 중요할 뿐이다.

지출할 금화가 필요한 사람에게 있어서는, 그것이 모든 곳에서 같은 가치로서만 인정되면, 그 금화의 실질, 즉 황금이 산에서 파내어졌느냐 혹은 모래에서 씻어 나와졌느냐 하는 것은, [상관할 것 없는] 전혀 동일한 일이다. 이와 마찬가지로, 어떤 사람에게 인생의 쾌적만이 중대한 경우에는 그 쾌적의 표상이 오성적 표상인가, 혹은 감관의 표상인가 하는 것을 묻지 않는다. 그는 오직 표상들이 얼마만치 다량막대한 만족(Vergnuegen)을 가장 긴 시간까지 자기에게 주는가를 물을 따름이다. 아무런 감정도 전제함이 없이 의지를 규정하는 능력을 순수이성에 대해서 부인하려 하는 사람[쾌락주의자]만이 자신이 애초에는 동일한 원리에 귀착시킨 것을, 그랬음에도 나중에는 아주 다른 종류의 원리라고 설명할 만큼 그 사람 자신의 설명이 혼란할 수 있다. 예를 들면, 그저 힘을 사용하든, 우리의 기도에 대적하는 장애를 이겨낼 때에 자기의 심력을 의식[자각]하든, 혹은 자기의 정신적인 재능들을 계발하든, 또 그 외의 일이든 간에, 이런 일들로 해서 만족이 발견될 수 있음을 우리는 안다. 또 이런 만족을 사람은 [수동적인 것보다] 한층 더 오묘한 기쁨·즐거움이라고 말하는 것도 정당하다. 왜냐하면, 이런 기쁨들·즐거움들은, 다른 것보다도 더 우리의 힘에 달려 있고, 결코 아주 다 사용해 버리지 못하며, 그것들을 더욱더 많이 누리는 감정을 도리어 굳세게 하고, 우리를 위안하는 동시에 계발하기에 말이다.

그러나, 그렇다고 해서 그것들을 그저 감관에 의하는 것과는 다른 종류의 「의지 규정」이라고 말하는 것은, ―― 왜냐하면, 기쁨·즐거움은, 만족이 가능하기 위해서 [만족, 즉] 쾌락의 첫째 조건으로, 그것을 노리는 주관 안의 감정을 예상하기 때문에 ―― 형이상학에 함부로 용훼하고 싶어 하는 무식배가, 물질의 원질을 미소한 것, 너무나 미소한 것으로 생각하는 나머지, 드디어 [보고 있는] 그 사람 자신의 눈이 어지러워질 만하다고 말하며, 이같이 말해서 그것을 정신적이면서도 동시에 연장적인 존재인 것으로 알아냈다고 믿는 것과 같다.

만일 우리가 애피쿨[에피큐로스]과 함께 덕(Tugend)을 단순한 만족에 기본시키고, 덕이 단순한 만족을 약속하여 결의케 하는 것이라 하면, 그[에피쿨]가 이런 만족[쾌락]을 가장 비루한 관능의 만족과 전혀 동일시했다고 해서, 우리는 그를 이제 와서 질책할 수는 없다. 왜냐하면 이런 만족감을 우리의 심중에 일으키는 관념들을 그저 신체적인 감관들에만 귀속시켰다고 에피쿨에게 강제할 근거를 우리는 가지지 않기에 말이다. [만족을 일으키는 관념들의 유래를 오성에도 그는 인정할 수 있었다] 우리가 아는 한, 에피쿨은 숱한 관념들의 근원을 고급한 인식능력의 사용에서도 마찬가지로 구했었다.

그러나, 이런 일은 위에서 말한 [만족이, 즉 덕이라는] 원리에 기준해서 언제나 이지적인 표상들이 우리한테 주는 만족, 이지적인 표상들로 하여금 의지를 규정하는 근거이게 하는 만족 자신을 [모두] 아주 동일한 종류라고 그가 생각함을 방해하지 않았고, 또 방해할 수도 없었다.

전후에 당착이 없는 것이 철학자의 최대의 의무로되, 그런 일은 아주 드물게만 발견된다. 고대의 희랍 학파들은 현대의 절충적인 세대에서 발견되는 것 이상으로, 시종일관된 실례를 우리에게 보내주고 있다. 현세대에서는 무성의와 천박이 가득 찬 모순된 원칙들의 [소위] 어떤 조화적인 체계가, 만들어 내져 있다. 이것은, 모든 일에 관해서 조금씩은 알지마는 전체에 있어서는 아무것도 모르며, 따라서 어떤 학설에든지 영합하는 데 만족하고 있는 대중한테, 그런 짓이 더욱더 마음에 들기 때문이다.

자기 행복의 원리는 ―― 그 원리를 위해서 오성과 이성이 여하히 많이 사용되었더라도 ―― 의지에 대해서 그 저급한 욕망능력에 적합하는 근거 이외의 아무런 다른 규정근거를 포함하지 않을 것이다. 이러하므로 고급한 욕망능력이 아주 존재하지 않거나, 그렇지 않으면, 순수한 이성이 단독으로 실천적이게 되지 않을 수 없다. 다시 말하면, 순수한 이성은 아무런 감정의 전제도 없이, 따라서 언제나 원리들의 경험적인 제약인 「욕망능력의 실질」로서의 쾌적이나 불쾌적의 관념 없이, 실천규칙의 형식에만 의해서 의지를 규정하지 않을 수 없다. 이때야말로 이성은, 그것이 애착(Neigung)에 봉사하지 않고 오직 자신만으로 의지를 규정하는 한에서, 참으로 고급한 욕망능력이요, 이 능력에, 감각에서 규정되는 욕망능력이 종속한다. 그리고 이성[고급한 욕망능력]은 진실로 아니 종자적으로 후자[감각적인 욕망능력]에서 구별되고, 따라서 후자의 충동을 극히 조금만 섞더라도 그 자신의 굳은 힘과 우수성을 해치게 된다. 이것은, 마치 수학적 증명의 제약으로서의 최소한 경험적인 성질도, 그 증명의 권위와 세력을 낮추고 없애는 것과 비슷하다. 실천법칙에 있어서는 이성은 직접 의지를 규정하고, 이성과 의지의 양자 사이에 들어오는 쾌와 불쾌의 감정에 의해서 [의지를] 규정하지 않으며, 실천법칙에 붙어서 생기는 감정에 의해서도, [의지를] 규정하지 않는다. 이성이 「순수한 이성」으로서 실천적일 수 있는 것만이, 이성으로 하여금 법칙을 수립할 수 있도록 한다.

주석 Ⅱ

⑩ 행복하다는 것은, 이성적이며 유한한 존재[인간]의 누구나가 필연적으로 요구하는 것이요, 따라서 그런 존재의 욕망능력을 불가피하게 규정하는 근거이다. 왜냐하면 현존(Dasein)에 아주 만족함은, 인간이 원래 가지고 있지 않는 것이요, 비의존적인 자족의식을 전제하는 정복(Seligkeit)도 아니기에 말이다. 현존에 만족한다는 것은 인간의 유한한 본성 자체에 의해서 인간이 짊어진 [미결의]문제이다. 이런 까닭은, 인간[의 본성]이 부족한 것이기 때문이다.

이런 부족성(Beduerfnis)은 그의 욕망능력의 실질에 상관한다. 이 실질은, 주관의 밑바닥에 있는 쾌·불쾌의 감정에 관계하는 「그 무엇」이다. 인간이 자기 [현존] 상태에 만족하기 위해서 무엇이 필요한가를, 쾌·불쾌의 감정이 규정한다. 그러나, 이 실질적인 규정근거를 주관이 그저 경험적으로만 인식할 수 있는 까닭에, [행복 추구의] 과제를 법칙으로 볼 수는 없다. 왜냐하면, 법칙은 객관적인 것으로서 모든 경우와 모든 이성존재에 대해서 정말로 의지의 동일한 규정근거를 포함해야 하기 때문이다.

행복의 개념은 여러 객관이 욕망능력에 대하는 실지 관계의 근본에 사뭇 놓여 있기는 하나, 그것은 필경 오직 주관적인 규정근거의 일반적인 명칭임에 불과하며, 「특수적」으로 규정하는 것이 없다. 그러나, 실천적 과제에 있어서는 특수적으로 규정하는 것이 문제요, 이런 특수한 규정 없이는 실천적 과제는 도저히 해결될 수 없다.

즉, 각자가 그의 행복을 어디다 두어야 하는가는, 쾌·불쾌에 대한 각자의 특별한 감정에 좌우된다. 그것은, 동일한 주관에 있어서도 이 감정의 변화에 따르는 요구의 차이에 좌우된다. 이에, [심리적](자연법칙으로서) 주관적으로 필연인 법칙은, 객관적으로 자못 우연한 실천 원리이다. 우연한 실천 원리는 여러 주관에 있어서 매우 서로 다를 수 있고 또 다르지 않을 수 없으며, 따라서 결코 법칙을 내줄 수 없다. 왜냐하면, 행복의 열망에 있어서는 법칙에 적합하는 형식이 아니라, 오직 실질(Materie)만이 문제이기에 말이다. 즉, 내가 법칙을 준수할 적에, 과연 또 얼마만큼 만족을 기대할 것인가, 그것이 문제이기에 말이다. 자기애의 원리들은 확실히 (목적들에 대한 수단들을 발견할 터인) 숙달의 일반적 규칙들을 포함할 수 있으되, 이 경우에 그것은 오직 이론적인 원리들이다. 가령 빵을 먹고 싶어 하는 사람이 제분차를 생각해 내야 하는 것과 같다. 그러나 이론적인 원리들에 기본한 실천적인 훈계들은 결코 보편적일 수 없다. 욕망능력을 규정하는 근거가, 보편적으로 동일한 대상들을 노리는 것으로 생각될 수 없는, 쾌·불쾌의 감정에 기본하기 때문이다.*

수학과 자연과학에서 실천적(Praktisch)이라고 불리는 명제들은, 원래 기술적(technisch)이라고 불러야 할 것이다. 무릇 이런 명제들은 「의지 규정」을 다루는 것이 아니다. 그것들은 어떤 결과를 낳는 데 충분한, 기능적인 행위의 여러 종류를 지적할 따름이다. 이에 그런 명제들은 원인과 결과의 결합을 언표(aussagen)하는 모든 명제 모양으로, 죄다 이론적이다. 그런데, 어떤 결과에 뜻을 갖는 사람이면, 그것[결과]의 원인을 또한 인정하지 않을 수 없다.

⑪ 유한한 이성존재자들이, 만족과 고통에 관한 그들 감정의 객관들이라고 가정해야 할 것에 관해서 서로 일치한다 하더라도, 이익고 또 만족을 얻고 고통을 피하고자 그들이 이용해야 하는 수단들에 관해서까지, 비록 전혀 서로 일치한다 하더라도, 자기애의 원리를 그들이 실천법칙이라고는 부를 수는 도저히 없을 것이다. 이런 일치 자신이 요컨대 다만 우연한 것이기 때문이다. [이때 의지의] 규정근거는 항상 결국 오직 주관적으로만 타당하겠고, 순전히 경험적이겠으며, 모든 법칙에서 생각되는 필연성을 즉, 실천적인 근거들에서 생기는 객관적인 필연성을 가지지 않겠다.——이 필연성을 실천적인 것으로 [이성이 의지를 규정하는 것으로] 해석하지 않고, 오직 물리적인 것으로, 즉 남들이 하품하는 것을 보고 우리도 하품하듯이, 행위가 우리의 애착에 의해서 불가피적으로 강제되는 것으로 해석한다면, 별문제이다.

주관적인 원리들이 실천법칙들——이 법칙들은 전혀 객관적인 필연성을 가질 뿐이오, 주관적인 필연성을 가지지 않으며, 또 반드시 선천적인 이성에 의해서 인식되며, 경험에 의해서 인식되지 않는다. (이 경험이 경험상으로는 비록 어떻게 일반적이라 하더라도)——의 지위로 오르게 되는 것보다, 우리는 차라리 아무런 실천법칙도 존재하지 않고, 오직 우리의 열망들을 위해서 충고(Anratung)들만이 존재한다고 주장하는 것이 좋겠다. 일치하는 [자연] 현상들의 규칙들까지라도, 그 규칙들이 사실 선천적으로 인식되는 경우에나, 혹은 우리의 통찰이 더 깊어 갈 때에는 결국 객관적인 근거들에서 선천적으로 인식됨이 가정되는 경우(화학 법칙들처럼)에만, 자연법칙(Naturgesetz)이라고 (가령 역학적 자연법칙이라고) 일컫게 된다. 그러나, 다만 주관적인 실천원리들에 있어서는, 그 기초에 선택에 대한 객관적인 조건들이 아니라, 선택(Willkuer)에 대한 주관적인 조건들이 있다는 것, 따라서 그런 원리들은 항상 준칙이라고는 생각되지마는, 결코 실천법칙으로 생각될 수는 없다는 것, 이런 것들이 명백히 [그런 원리들의] 조건으로 된다.

이 주석 Ⅱ는 얼른 봐서 그저 말뜻의 천착처럼 보일는지 모르나, 그것은 실천적인 연구에서만 고찰하게 되는, 가장 중요한 구별 [준칙 혹은 충고와 법칙과의 구별]에 관한 언어규정이다.

제4절 정리 Ⅲ

⑫ 이성존재자가 그의 준칙들을 실천적인 보편법칙들이라고 생각해야 한다면, 그는 준칙들을 실질상으로가 아니라 단지 형식상으로, 의지의 규정근거를 포함하는 원리로 생각할 수 있을 뿐이다.

실천원리의 실질은 의지의 대상이다. 이 대상은 의지의 규정근거이거나 혹은 아니거나이다. 그것이 의지의 규정근거이면, 의지의 규칙은 경험적인 조건(즉, 규정하는 표상이 쾌·불쾌의 감정에 대하는 관계)에 예속하고 따라서 아무런 실천법칙도 아니겠다. 우리가 법칙으로부터 모든 실질을 즉, 규정근거로서의 의지의 모든 대상을 내버릴(absondern) 때에, 법칙에서 남는 것은 「보편적인 법칙수립」이라는 형식뿐이다. 그러므로 이성존재자는 그의 주관적인 실천원리들, 즉 준칙들을 주관적인 동시에 보편적인 법칙으로 전혀 생각할 수 없거나, 그렇지 않으면 준칙들을 보편적인 법칙수립에 적합하게 하는바, 준칙들의 형식만이 홀로 준칙들을 실천법칙이게 하는 것으로, 이성존재자는 가정하지 않을 수 없다.

주석

⑬ 준칙에 있어서의 어떠한 형식이 보편적인 법칙수립에 적합하며, 어떠한 형식이 반대로 부적합한가 하는 것은, 가르침이 없어도 상식이 구별할 수 있다. 가령, 내가 확실한 수단을 다 써서 나의 재산을 늘리는 것을 나의 준칙으로 삼았다고 하자. 지금 내 수중에는 하나의 위탁품이 있다. 이 위탁품의 주인은 죽었고 위탁에 대한 아무런 증서도 남아 있지 않다. 말할 여지도 없이, 이것은 나의 [재산 증가의] 준칙에 해당하는 경우이다. 나는 오직 이 준칙이 과연 보편적인 실천법칙으로서 타당할 수 있나 없나를 알고자 한다. 그러므로, 나는 그 준칙을 현재의 경우에 적용하여 그것이 과연 법칙의 형식을 취할 수 있나 없나, 따라서 내가 나의 준칙에 의해서 동시에, 과연 법칙을 (즉, 위탁품인 것을 증명할 수 있는 사람이 도무지 없을 적에는, 누구든지 위탁품임을 부인해도 좋다는 법칙을) 내줄 수 있나 없나를 묻는다. 이윽고 나는 이러한 원리가 법칙으로서 그

자신을 부정함을 안다. 왜냐하면, 그런 원리는 일반적으로 위탁품의 존재가 없도록 하기 때문이다.

내가 실천법칙이라고 인정하는 실천법칙은, 「보편적인 법칙수립」의 바탕을 가져야 한다. 이것은 동일[1]명제요, 따라서 자체상으로 명백하다. 내가 이제, 내 의지가 실천법칙 아래 서있다고 말한다면, 나는 나의 애착을(예를 들면 현재의 경우에는 나의 탐욕을) 보편적인 실천법칙이 되기에 적합한 「의지의 규정근거」라고 지적할 수는 없다. 왜냐하면 그것[탐욕]은 보편적인 법칙수립에 적합하기는 커녕, 만약 그것을 보편적 법칙의 형식으로 삼으면, 도리어 자기 자신을 말살하지 않으면 안 되기 때문이다.

⑭ 그러므로, 행복에 대한 열망이, 따라서 또한 모든 사람이 행복을 그 의지의 규정근거로 삼는 준칙이, 보편적임은 사실이나, 그렇다고 하여 그것을 보편적인 실천법칙이라고 지적함을, 어떻게 해서 명민한 사람들이 생각해 냈는지, 기이한 바이다. 왜냐하면 다른 경우이면 보편적인 자연법칙은 모든 것을 조화롭게 하지마는, 우리가 이제 준칙에다 법칙의 보편성을 주려고 하면, 조화의 극반대, 즉 준칙 자신과 그 의도와의 최악의 항쟁 및 [양자의] 전적인 파멸이, 생기는 까닭이다. 즉, 이때에는 모든 사람의 의지는 동일한 객관을 가지지 않고, 각인이 저마다 자기의 객관(즉, 자기 자신의 안전을 노리는 것)을 가진다.

이 객관은 확실히 우연적으로 다 같이 이기적인 타인의 목적들과 조화할 수 있으나, 어지간해서 법칙이 될 만한 정도는 못된다. 왜냐하면 우리가 가끔 만들 만한 예외는 한정이 없어서, 보편적인 규칙으로 포괄될 수 없음이 확호하기 때문이다. 이 같은 상태에서 생기는 조화는 서로 행복을 파괴하는 부부 양인의 마음의 조화에 관한 어떤 풍자시가 「어허! 놀라운 조화여! 그 남자가 노리는 것을 그 여자도 노린다」고 묘사하는 조화와 비슷하다. 혹은 [불국의] 프란츠 1세(1494－1547, 재위 1515－1547)가 [독일의] 카를 5세 황제(1500－1558, 재위 1519－1556)에게 행한 맹서에 관해서 「나의 형제 카를이 가지려 하는 땅(마이랜드) —— [이 땅은 스위스 남쪽에 있다] —— 을 나도 역시 가지려 한다」고 전해

1) 논리적으로 말하면, 실천법칙은 실천법칙이라고 밖에 말할 수 없기에 「동일 명제」이다. 논리적인 무모순성이 윤리성의 한 특징으로 표시된다. 윤리의 논리화가 「비판적」 윤리학의 한 특색이다.

지는, 조화에 유사하기도 하다. 경험적인 규정근거들은 아무런 보편적인 「외적 법칙수립」에 쓰일 수 없거니와, 「내적 법칙수립」에 쓰일 수도 없다. 왜냐하면 각인은 자기의 주관을, 다른 사람은 다른 주관을, 애착의 기초에 두고 있고 또, 동일한 주관 자신에 있어서도, 어떤 때는 이 애착에다, 다른 때는 저 애착에다, 우세한 영향을 인정하기 때문이다. 이에, 여러 애착을 모두 전면적으로 조화시키는 그러한 조건 아래서 지배하는 법칙을 발견하는 것은 절대로 불가능하다.

제5절 과제 I

⑮ 준칙들의 법칙수립적인 한갓 형식만이 의지의 충분한 규정 근거인 것을 전제하고, 그런 형식에 의해서만 규정될 수 있는 의지의 성질을 발견하는 것.

[답] 법칙의 순전한 형식은 단적으로 이성에 의해서만 생각될 수 있고, 따라서 감관들의 대상이 아니며, 그러므로 또한 현상들에 속하지 않는다. 이에, 의지의 규정근거로서의 형식이란 관념은, 인과법칙에 따르는 자연사상의 모든 규정근거와는 다른 것이다. 왜냐하면 자연사상에 있어서는 규정하는 근거들 자신이 반드시 현상들이기 때문이다. 그러나 오직 저 보편적인 법칙수립의 형식 이외의, 의지의 어떠한 다른 규정근거도 의지에 대해서 법칙으로 쓰일 수 없다면, 이러한 의지는 현상들 사이에 관한 자연법칙, 즉 인과성의 법칙에서 아주 독립하는 것으로 생각되어야 한다. 그런데, 이러한 독립성(Unabhaengigkeit)이, 가장 엄밀한 의미에서, 즉 선험적인 의미(transzenentaler Verstand)에서, 자유(Freiheit)이다. 그러므로, 준칙의 「법칙수립적」인 순형식만을 법칙으로 삼을 수 있는 의지가 곧 자유의지(ein freier Wille)이다.[1)]

1) 과제 I의 해결은 도덕법을 전제하고, 의지가 자유(자율)임을 알게 한 것이다. 도덕법을 자유의 인식근거로 했다.

제6절 과제 Ⅱ

⑯ 의지가 자유임을 전제하고, 의지를 필연적으로 규정하는 데에 쓰이는 유일의 법칙을 발견하는 것.

[답] 실천법칙의 실질, 즉 준칙의 대상은 틀림없이 경험적으로만 주어질 수 있으되, 그러면서도 자유의지는 경험적인(즉 감성계에 종속하는) 제약에서 독립하는 것으로서, 규정될 수 있는 것이어야 한다. 그러므로, 자유의지는 법칙의 실질에 의존하지 않으면서, 규정근거를 법칙 중에 발견해야 한다. 그러나, 법칙의 실질 이외에 법칙 중에 포함되는 것은, 다름 아닌 법칙수립적인 형식이다. 따라서, 법칙수립적인 형식은, 그것이 준칙 안에 포함되어 있는 한에서, 자유의지를 규정하는 근거일 수 있는 유일의[1] 것이다.

주석 [자유와 도덕법의 선후 관계]

⑰ 그러니, 자유와 무조건적 실천법칙과는 서로 예상하는 관계에 있다. 그런데, 이 둘이 사실은 서로 다른지 혹은 무조건적 법칙은 단지 순수한 실천이성을 자각함이요, 이런 실천이성은 자유의 적극적인 개념과 전혀 동일한지, 이런 것을 나는 여기서 문제삼지 않는다. 「조건없이 실천적인 것」에 대한 우리의 인식이 애초에 어디서 출발(anheben)하는가, 즉, 그것이 자유에선가 혹은 실천법칙에선가, 이것을 나는 문제삼고자 한다. 그런데 「조건없이 실천적인 것」의 인식이 자유에서 기시할 수는 없다. 왜냐하면, [하나는] 자유에 대한 최초의 개념은 소극적이기 때문에, 우리는 자유를 직접으로 의식할 수 없기에 말이요, [또 하나는] 경험은 우리로 하여금 오직 현상들의 법칙을, 따라서 자유의 정반대인 기계적인 자연(Mechanismus der Natur)을 인식하게 하기 때문에, 경험으로부터 우리가 자유를 추리할 수 없기에 말이다. 따라서 (사람이 그 자신 의지의 준칙들을 생각해 내자마자) 사람이 직접으로 의식하는 것은 실로 도덕법

1) 과제 Ⅱ는 의지가 자유임을 전제하고, 법칙수립적인 형식, 즉 도덕법을 발견하는 것이다. 칸트는 자유를 도덕법의 존재근거로 삼았다.

(das moralische Gesetz)이다. 도덕법이 먼저 우리에게 나타난다.

이성이 도덕법을 어떠한 감성적 제약에 의해서도 극복할 수 없는 규정근거, 아니 그러한 제약에서 독립한 규정근거라고 표시함으로써, 도덕법에서 [출발하여] 다름 아닌 자유의 개념에 도달하는 것이다.

그러나, 어찌해서 저 도덕법의 의식이 나타날 수 있느냐? 우리가 순수한 실천법칙들을 의식할 수 있는 것은, 우리가 순수한 이론적 원칙들을 의식하고 있는 것과 마찬가지다. 즉, 이성이 우리 앞에 도덕법을 명시하도록 하는바, 필연성과, 이성이 우리에게 지시하는 바 모든 경험적인 제약을 버리는 것과, 이 두 가지에 우리가 주목함에 의해서 실천법칙들을 의식할 수가 있다. 순수한 오성의 의식[즉, 의식일반, Bewusstsein ueberhaupt]이 순수한 이론적 원칙들에서 발생하듯이, 순수한 의지의 개념은 순수한 실천법칙에서 비로소 발생한다. 이와 같은 것이 우리의 두 개념[자유와 법칙]에 관한 참된 순서이다. 도덕성(Sittlichkeit)이 우리에게 아예 자유의 개념을 열어보이고, 따라서 실천이성이, 이 개념으로써 가장 불가해의 문제를 우선 사변이성에게 제시하며, [실천이성이] 그 개념을 통해서 드디어 이론이성으로 하여금 최대의 곤경에 떨어뜨린다. 이런 점을 명백하게 해주는 것은 다음의 사실이다.

즉, **[첫째]** 자유의 개념에 의해서는 현상들을 하나도 설명할 수 없고, 현상들에 있어서는 자연적 기계성이 항상 영도하고 있다. **[둘째]** 그 외에 또, 순수한 이성이 원인들의 계열에 있어서 무제약자까지 추구하려 할 때에, 순수이성의 이율배반은 자유와 기계성의 어느 경우에든지 곤경에 빠지되, 그러면서도 후자(기계성)는 적어도 현상들을 설명하는 데 역시 유용하다. 이렇기 때문에, **[셋째]** 만일 도덕법과 그와 함께 [순수한] 실천이성이 새로이 군림하여 [자유의] 개념을 우리에게 절실히 내주지 않았더라면, 우리는 자유를 학문에 이끌어 넣는 모험을 결코 하지 않았을 것이라는 사실이다.

그러나 경험이 또한 인간에 있어서의 두 개념의 이런 순서를 증명하고 있다. 어떤 사람이 그의 색정적인 애착에 관해서, 만일 마음에 든 대상[여자]과 그 대상을 얻는 기회가 그에게 나타날 때, 그가 이런 애착에 도저히 저항할 수 없다고 말한다고 하자. 그런데, 그가 이런 기회를 만나는 그 집 앞에, 교수대가, 색정을 향락한 뒤에 곧 그를 결박하고자 세워져 있을 적에도 그 사람은 자기의 애착을 과연 제압하지 못하겠는가? [그에게 물어보라] 그가 무슨 대답을 할지, 우리는 길게 추측할 필요도 없다. 그러나, 그 사람의 군주가 역시 즉시로 사형에 처한다고 위협하면서, 거짓 구실로써, 한 의인을 죽이고자 이 의인에게 대해서 위증할 것을 명령할 때에, 생명에 대한 사랑이 아무리 대단하더라도, 그 사랑을 능히 이길 수 있다고 생각하나 안 하나 하는 것을 그 자에게 물어보라. 당자가 [사형을 받아도 위증하지 않는] 행위를 할지 못할지는 아마 감히 확언하지 않을 것이다. 그러나 그가 그런 행위를 할 수 있음을 그는 서슴지 않고 용인(einräumen)하지 않을 수 없다. 따라서 그는, 자기가 무엇을 「해야 한다」(soll)고 의식하기 때문에, 자기는 무엇을 「할 수 있다」(kann)[1]고 판단하며, 도덕법이 없었으면 보통은 자기가 잘 알고 있지 못했을 자유를 마음속에 인식하고 있는 것이다.

제7절 순수한 실천이성의 근본법칙

⑱ 「너 의지의 준칙이 항상 [주관적인] 동시에 보편적인 법칙수립이라는 원리로서 타당할 수 있도록 행위하라.[2]」

Handle so, dass die Maxime deines Willens jederzeit zugleich als Prinzip einer allgemeinen Gesetzgebung gelten koenne.

주석

⑲ 순수 기하학은 실천적 명제들로서의 요청들을 가진다. 이 실천적 명제들은, 「그 무엇」을 해야 함이 요구된 때에, 사람이 「그 무엇」을 할 수 있음을 전

1) 「Du kannst, denn du sollst」라는 Schiller에 의해서 유명해진 구(句)의 기원이 여기에 있다.
2) 이것은 「비판윤리학」의 생활원리라고 할 중요한 것이다. 명제 중에서 너 의지, 준칙, 보편적 법칙의 세 낱말에 주의해야 할 일이다. 보편적 법칙을 동양철학의 도라고 한다면, 상대적인 준칙 중에서도 개별의지가 구도적 정신에 정진하는 것을 지시했다고 말할 수 있다. Hegel이 구체적인 국민도의를 절대시한 데 대해서, Kant의 인류적인 보편도덕, 즉 윤리적 휴머니즘은 오늘날 민주시대에 재평가될 의의가 있을는지 모른다.

제하는 것 이상의 것을 포함하지 않는다. 요청들은 현존에 관계하는 기하학만이 가지는 명제들이다. 따라서 이러한 명제들은 의지의 개연적 조건 아래 있는 실천규칙들이다.

그러나 순수한 실천이성의 규칙은, 「사람이 단적(schlechthin)으로 어떠한 방식에서 행위해야 한다」고 말한다. 따라서 이때의 실천규칙은 무조건적이요, 그러므로 절대적(kategorisch)으로 선천적·실천적인 명제라고 생각된다. 이런 실천적 명제는 단적으로 또 직접적으로, (따라서 이 경우는 법칙인 실천규칙 자체에 의해서) 의지를 규명하며, 객관적[보편타당적]으로 규정한다. 순수한 이성, 그 자신 실천적인 이성이 여기서는 직접, 법칙을 수립하기 때문이다. 의지는 경험적인 조건에서 독립한 것으로 생각되고, 그러므로 순수한 의지로 생각되며, [다시 말하면] 단지 법칙의 형식에 의해서만 규정되는 것으로 생각된다. 그리고 의지의 이러한 규정근거는 모든 준칙의 최상의 조건으로 보아[간주]진다. [의지에 관한] 이런 일은, 매우 희귀한 일이요, 이외의 모든 실천적 인식에 있어서는 그것[그런 의지규정]에 비길 만한 것이 전혀 없다. 왜냐하면, 보편적일 수 있는 법칙의 수립이라는 선천적 사상은——따라서 이 사상은 순전히 가정적인 것이지마는——경험에서나 혹은 어떤 외적인 의지에서 그 무엇을 빌려오는 일이 없이, 법칙으로서 무조건 요구되기 때문이다.

그런 사상은, 사람이 욕망한 어떤 결과가 있도록 하는 행위를 발생시키는 훈계가 아니라, (훈계인 때는 규칙은 물론 언제나 물리적으로 제약될 것이다.) 단지 의지를 그 준칙들의 형식에 관해서 선천적으로 규정하는 규칙이다. 그리고 이때에, 원칙들의 주관적인 형식을 위해서만 쓰이는 법칙을 [동시에] 법칙일반이라는 객관적인 형식에 의한 규정근거라고 생각하는 것은, 적어도 불가능한 일이 아니다.

[제7절의] 근본법칙의 의식을 우리는 「이성의 사실」(ein Faktum der Vernunft)이라고 이를 수 있다. 왜냐하면, 우리는 그 근본법칙을 이성에 앞서 있는 소여(Datum)들에서, 가령 자유의 의식에서, (이 의식은 원래 우리에게 미리 주어져 있는 것이 아니다) 궤변적으로 이끌어낼 수가 없기 때문이요, 그 근본법칙은 순수한 직관이든 경험적 직관이든 그 어떠한 직관에도 기본하지 않은 「선천적인 종

합적 명제」(synthetischer Satz a priori)[1)]로서 자체상 우리에게 닥쳐오기 때문이다. 이 명제는, 사람이 만일 의지의 자유를 전제한다면, 사실 분석적이다. 뿐더러, 적극적 개념[의미]의 「의지의 자유」[2)]를 위해서는 도저히 인정될 수 없는 일종의 지성적 직관[3)]이 요구될 것이다.

요컨대, 이 근본법칙을 오해없이 [이성적으로] 주어진 것으로 보고자 우리가 항상 명념할 것은, 이 근본법칙이 결코 경험적 사실이 아니라 순수이성만이 갖는 사실 [절대적 양심의 사실]이라는 것이다. 순수이성은 근본법칙에 의해서 자신이 본래 법칙수립적임을 알리는 바다. 즉, 내가 이처럼[보편타당하게] 의욕하기에,[4)] 나는 이처럼 명령한다고 알린다.

---

1) 종합적 명제[판단]와 분석적인 명제[판단]는 Kant철학에서 중요한 것이요, 현대철학에도 많은 논의를 일으키고 있는 것이다.
분석적인 명제는 한 판단의 주개념에서 빈개념이 저절로 풀려져 나오는(herausloesend) 판단인 것이요, 종합적 명제는, 경험에 호소해서 비로소 빈개념을 주개념에다 결합시키는 판단이다.
실천철학에 있어서, 가언명령은 분석적인 실천명제이다. 어떤 목적의 의욕에서 저절로 그 목적달성의 수단이 풀려져 나오기 때문이다. 목적이 조건으로서 제시된 이상, 「목적에 대한 수단」은 논리적으로 저절로 생기지 않을 수 없다. 그러나, 무상명령 혹은 「순수한 실천이성의 근본법칙」은, 종합적인 실천명제이다. 왜냐하면, 무상명령 혹은 이른바 근본법칙은 모든 이성존재자의 의지와 당위를(즉, 이성법칙에의 복종과를) 조건 없이 단적으로 결합하기 때문이다. 결과를 생각하지 않고 무조건적으로, 주관적인 준칙과 객관적인 법칙(의무)과를 결합하기 때문이다.
인식론적으로 「의지의 자유」를 증명할 수는 없으나, 만약 의지의 자유를 전제한다면 인간의 자유[자율적]의지는 저절로 객관적 법칙에 좇을 것이니까, 소위 종합적 명제는 분석적(56면)이라고 할 수 있겠다고 한 것이다.

2) 적극적인 개념의 「의지의 자유」란, 보통의 소극적 의미의 「의지의 자유」에서 도덕적·자율적 자유로 넘어가는 단계에서 이론적으로 상정되는 선험적인 자유를 말한 것이다(순수이성비판의 제3 이율배반 참조).

3) 「지성적 직관」은 초감성적인 것(das Uebersinnliche)을 감성적·경험적으로 본다는 뜻이다(하나님을 눈으로 본다고 하듯이). 이런 직관이 사람에게 불가능함은 물론이다. 사람은 무엇을 단지 경험적으로만 직관할 수 있을 뿐, 초감성적·지성적으로 직관할 수는 없다. 의지의 자유는 감성적·경험적 직관에 주어져 있지 않고 「초감성자를 파악하는」 지성적 직관에 의해서만 인정되겠다.

4) 로마시인 Juvenalis는 원 라틴구는 Hoc volo, sic iubeo, sit pro ratione voluntas(내가 의욕하니, 내가 명령한다. 이유 대신에 의지로써 족하다)로 되어 있다.

계(系)

⑳ 순수한 이성은 그 자신만으로 실천적이요, 우리가 도덕법(das Sittengesetz)이라고 부르는 보편적인 법칙을 (사람에게) 준다.

주석

㉑ 위에서 말한 「이성이 사실」은 거부될 수가 없다. 사람들이 그들 행위의 합법칙성(Gesetzmässigkeit)에 관해서 판단을 오직 분석해 보기만 하면 좋다. 그렇게 할 때에, 비록 어떠한 애착이 행위의 합법칙성을 방해할지언정, 인간의 이성이 깨끗이 또 자기 힘에 치밀려서 행위에 있어서의 「의지의 준칙」을 항상 순수한 의지에 순종시키고 있는 것을, 사람은 항상 발견할 것이다. 다시 말하면 이성이 자신을 선천적으로 실천하는 것[의지를 규정하는 것]으로 보면서, 의지의 준칙을 이성 자신에 순종시키고 있는 것을 발견할 것이다.

그런데, 이러한 도덕성의 원리를 이성은, 의지의 모든 주관적인 차이를 돌보지 않고 그런 원리를 의지의 형식적인 최상 규정근거로 삼는바, 보편적인 법칙수립을 위해서, 동시에 모든 이성존재자의 법칙이라고 언명한다. 그러나 이것은, 다만 모든 이성존재자가 일반적으로 의지, 즉 그들의 원인성을 규칙[원칙] 관념에 좇아서 규정하는 능력을 가지는 한에서 하는 말이요, 따라서 이성존재자들이 「원칙 있는 행위」를, 그러므로 또한 선천적인 실천원리에 따르는 행위를(이러한 실천원리만이, 이성이 원칙에 대해서 요구하는 필연성을 가지기 때문에) 할 수 있는 한에서 하는 말이다. 그러니까, 도덕성 원리[의 타당성]는, 단지 인간에게만 국한되지 않고, 이성과 의지를 갖는 모든 유한존재자 ——[천사]—— 에게도 미친다. 아니, 최상 예지자로서의 무한존재자[하나님]에게까지 미친다.

그러나, 전자[인간적 존재]의 경우에는 법칙은 명령의 형식을 취한다. 왜냐하면, 이성존재자인 인간에서 우리는 확실히 하나의 순수한 의지를 전제할 수 있으나, 각종 요구들과 감정적 동인들과의 자극을 받는 존재자인 인간에게 있어서는 신성한 의지(heiliger Wille)를 즉, 도덕법에 항쟁하는 준칙들을 느낌이 없는 의지를 예상할 수 없기 때문이다. 이에 인간에 있어서는 도덕법은 명령이 되며, 이 명령은 정언적(kategorisch)이다. 정언적이라 함은, 도덕법이 무조건적이기 때문이다.

이러한 [신성하지 못한] 의지의 도덕법에 대한 관계는, 책임이란 이름 아래 있는 종속(Abhaengigkeit)이다. 책임은, 비록 [순전히] 이성과 이성의 객관적인 법칙을 통해서이기는 하나, 행위하도록 하는 강제(Noetigung)를 의미하고, 이런 강제가 틀림없이 의무(Pflicht)이다. 왜냐하면 감각에서 촉발된 자의는——(이것이 비록 감각에 의해서 규정되지 않고, 따라서 항상 자유라고 하더라도) ——소망을 지녔고, 이 소망은 주관적 원인에서 발생하여, 순수한 객관적 규정근거에도 가끔 대립하기 때문에, 내면적이로되 이지적인 구속(Zwang)이라고 불릴 수 있는 「순수실천이성」의 반항을, 도덕적인 강제로서 필요로 하기 때문이다.

고작 자족인 예지자[하나님]의.자의는, 동시에 객관적인 법칙일 수 없는 준칙을 느끼지 않는다고, 우리가 생각해서 마땅하다. 예지자이기 때문에 그에게 부여되는 신성성의 개념은, 그 예지자로 하여금 사실 모든 실천법칙을 무시해 있도록 하지는 않으나, 모든 「실천적으로 구속하는」 법칙들을, 따라서 책임과 의무를 무시하여[넘어서] 있도록 한다.

그러나, 의지의 이러한 신성성은 반드시 원형(Urbild)으로 쓰여야 하는 실천이념이요, 이 원형에 끝없이 접근하는 것은, 모든 유한한 이성존재자(인간)에게만 허여되는 일이다. 이러하매, 그 자신이 신성하다고 하는 순수한 도덕법은 이 [실천]이념을 부단히 또, 정당히 이성존재자들의 눈앞에 두는 (이상, 현상으로 삼는) 바이다. 이처럼 의지의 준칙이 한없이 나아가는 진보와 구원한 진보에 대한 이성존재자의 불변성과, 이런 일들을 확보해 있는 일, 즉 덕(Tugend)은, 유한한 실천이성이 이룩할 수 있는 최고의 것이다. 그리고 덕 자체로 말하면, 그것은 적어도 자연적으로 얻어진 능력으로서, 도저히 완성되어 있을 수 없다. 「덕」의 경우에는 확실성은 결코 의심할 나위 없는 확실성이 되지 않고, 그러므로 설교로서의 확실성[확실성을 함부로 설교함]은 자못 위험한 일이다.

제8절 정리 Ⅳ

㉒ 의지의 자율(Autonomie)은, 모든 도덕법과 그것을 따르는 의무들의 유일한 원리이다. 이와 반대로 자의의 모든 타율(Heteronomie)은, 아무런 책임도 확립하지 않을 뿐더러, 도리어 책임의 원리와 의지의 도덕성에 대립해 있다. 즉, 법칙의 모든 실질(곧 욕망된 객관)에서 독립인 점과, [그와] 동시에 준칙이 가질 수 있는, 전혀 보편적인 법칙수립의 형식에 의해서 의지가 결정되는 점과, 이 두 가지 점에만 도덕성의 원리는 존립한다. 저 독립성은 「소극적인 의미의 자유」이나, 이 순수하고도 본래 실천적인 이성 자신의 법칙수립은 「적극적인 의미의 자유」이다. 그러니, 도덕법은 순수한 실천이성의 자율, 즉 「자유」 이외의 아무것도 아니요, 이 자유는 자신 모든 준칙의 형식적인 조건이며, 이 형식적 조건 아래서만 준칙은 최상의 실천법칙과 합치할 수 있다. 그러므로, 법칙과 결합된바, 열망의 객관[대상]임에 틀림없는, 의욕의 실질이, **실천법칙의 가능조건**으로서 실천법칙 안에 들어올 때에, 그로 인해서 자의의 타율이 즉, 어떤 충동이나 애착에 따르는, 자연법칙에의 종속이 나타난다. 그리고 [이때에] 의지는 자기 자신에게 법칙을 주지 않고, 오직 감각에 의존하는 법칙(pathologisches Gesetz)들을, 합리적[타산적]으로 지키기 위한 훈계를 줄 뿐이다. 그러나, 이런 식으로 결코 보편적·법칙수립적인 형식을 자신 속에 포함할 수 없는 준칙은, 이래서는 아무런 책임도 세울 수 없을 뿐더러, 순수한 실천이성의 원리에도 대립하고 따라서 도덕적 심정(Gesinnung)에도 대립한다.—— 비록 그런 준칙에서 발생하는 행위가 합법칙적이더라도.

주석 I

㉓ 그러하매, 실질적(따라서 경험적) 조건을 지니는 실천 훈계를 사람은 결코 실천법칙으로 보아서는 안 된다. 자유[자율]인바, 순수한 의지의 법칙은 의지를 경험적인 분야와는 다른 분야에 넣어 놓으며, 그 법칙이 표시하는 필연성은 (그것이 자연필연성일 턱이 없으므로) 법칙일반을 가능하게 하는 형식적인 조건 안에서만 존립할 수 있기 때문이다. 실천규칙들의 모든 실질은, 이성존재자에

대해서 틀림없이 조건적인 보편성 ——(내가 이것이나 저것을 욕망할 때에 그것을 실현하고자 내가 그 무엇을 해야 하는가라고 말하듯이) —— 만을 주는바, 항상 주관적 제약에 의존하며, 이런 규칙들은 모두 자기 행복의 원리에 종속하는 것이다. 그런데, 모든 의욕이 대상을, 그러므로 실질을, 가지지 않을 수 없음은 확실히 부인할 수 없다. 그러나 그렇다고 해서 이 실질이 바로 준칙의 규정근거요, 또 조건인 것은 아니다. 왜냐하면, 만약 그렇다고 하면, 이 준칙은 보편적으로 법칙을 수립하는 형식 중에 나타날 수 없기 때문이다. [준칙이 형식 중에 나타날 수 없는] 까닭은, 이때에는 대상의 실존을 기대하는 것이 자의를 결정하는 원인이 되며, 또 욕망능력이 그 어떤 사물의 실존에 의거하는 것이 의욕의 기본에 있게 되는 데에 있다. 그리고 이런 의거는 언제나 오직 경험적 존재들에서만 찾아지며, 그러니까 절대로 필연적·보편적인 규칙에 대한 근거를 주지 못한다. 대체로 타인의 행복이 이성존재자의 의지의 객관일 수 있겠으나, 그러나 타인의 행복이 준칙의 규정근거라면, 우리는 타인의 안락(Wohlsein)에서 수동적인 만족을 얻을 뿐더러, 일부 인간의 동정적인 기질이 초래하는 [심리적인 자기 만족의] 욕구를 또한 발견하는 것을 전제하지 않을 수 없다.

그러나, 이러한 욕구를 나는 [애착이 없는] 모든 [순]이성존재자에게서는 ——(더구나 하나님에게는 조금도) —— 예상할 수 없다. 이에, 준칙의 실질이 물론 남기는 하지마는, 그 실질이 준칙의 조건이어서는 안 된다. 만일 실질이 조건이 되면, 준칙은 법칙이 될 수 없을 것이다. 그러므로, 실질을 제한하는, 법칙의 순전한 형식이 [그것과] 동시에, 실질을 의지에 보태기는 하되, 그 실질을 예상하지는 않는 근거여야 한다.

예를 들면, 실질이 내 자신의 행복이라고 하자. 내가 이 실질을 모든 사람에게 허여할 적에, (사실 내가 유한한 존재자[인간]에게 그렇게 해서 좋은 것처럼) 내가 타인의 행복까지도 그 실질 안에 포함할 때에만, 그 실질은 비로소 객관적인 실천법칙일 수 있다. 그런 즉, 타인의 행복을 촉진[하라고 명령]하는 법칙은, 이 행복이 모든 사람의 자의의 대상이라는 전제에서 발생하는 것이 아니라, 사애의 준칙에 법칙의 객관적인 타당성을 주는 조건으로서, 이성이 요구하는바, 보편성의 형식이, 의지의 규정근거가 되는 데에서 발생한다. 따라서 (타인의 행복이라는) 객관[실질]이 순수한 의지의 규정근거가 아니었다. 준칙에다 법칙의 보편성을 주고자, 그러므로 준칙을 순수한 실천이성에 적합하게 하고자, 애착에 기인한 나의 준칙을 제한한 것은, 순전히 법칙수립의 형식일 뿐이었다. 그래서 자기애의 준칙을 타인의 행복에까지 넓히는 책임의 개념은, 실로 이러한 제한에서만 발생할 수 있고, 외적인 동기를 보태는 데에서 발생할 수 있는 것이 아니다.[1)]

주석 Ⅱ [행복주의의 비판]

㉔ 자기 행복의 원리가 의지의 규정근거로 된다면, 도덕적인 원리의 정반대다. 자기 행복의 원리로 보아야 할 것은, 벌써 내가 위에서 지적했듯이, 법칙으로 되어야 할 규정근거를, 준칙의 법칙수립적인 형식 이외의 어떤 곳에 두는 「모든 것」이다. 그러나 [도덕성과 자기 행복 사이의] 이러한 항쟁은 경험적으로 제약된 규칙들 사이에 —— 이러한 규칙들을 사람이 만약 필연적 인식원리들로 높이려고 할 때에 —— 생기는 항쟁처럼, 비단 논리적일 뿐만 아니다. 그러한 항쟁은 실제적이다. 그리고 만일 이성의 소리가 의지 속에 들어가서 자못 명백하게 되고 막을 수 없게 되며 가장 평범한 사람이라도 그것의 소리를 능히 들을 수 있지 않다면, 그런 항쟁은 도덕성을 온통 근절해 버릴 것이다. 그러나 사실은 그럴 수 없기 때문에, 자기 행복[의 원리]은 아무런 깊이 생각할 값이 없는 이론을 유지하고자, 이성의 저 고귀한 소리에 귀를 기울이지 않을 그만큼 대담한 학파의 혼돈된 사색에서만 보존될 수 있을 뿐이다.

㉕ 가령 다른 점에서는 네 마음에 드는 한 동료가 위증에 관해서, 너를 향하여 아래와 같이 자신을 변명한다고 스스로 생각한다고 하자. 즉, 첫째로 그는 「자기의 행복」이라는 그의 소위 신성한 의무를 진술하고, 그 다음에 이 의무에 의해서 얻는 모든 이익을 열거하며, 비밀의 모든 발각에서 안전하고자 심지어 너 자신이 발각함에서도 안전하고자 —— 그는 비밀을 너에게 토로하되, 이 토로를 언제나 또한 부인할 수 있기 위해서 한다. —— 그가 착안한바, 영리성(Klugheit)을 지시한다고 하자. 그리고도 이때에 그는, 아주 진심으로 참된 인간의무를 수행했던 것을 자칭한다고 하자. 이럴 때에 너는 면대하여 그를 조소하거나 혹은 염증을 내며, 그로부터 물러갈 것이다. 사실 누구든지 자기의

---

1) 이 대목에서 공리주의를 칸트 자신의 이론적 근거에서 시인하고 있다.

이익[행복]을 노려서만 그 행위원칙을 세운다고 하면, 이러한 처세태도에 대하여서 너는 조금도 비난해서 안 되겠지마는.

혹은 어떤 사람이 여러분의 모든 사건을 맹목적으로 맡길 수 있는 사람을 비서로 추천하고, 다음에 여러분에게 신뢰심을 불어넣고자, 그가 자기 자신의 이익[행복]을 잘 이해하는 현명한 사람인 것을 칭찬하는 동시에, 이익을 얻는 기회를 결코 이용하지 않고 허송하는 사람이 아닌, 부단의 활동가인 것도 칭찬하며, 마지막에 그의 비열한 이욕에 대한 [여러분의] 근심이 방해함을 없애고자 그를 또 칭찬해서, 어떻게 참으로 고상하게 생활할 줄 잘 알고 있는가 하는 것을 즉, 그가 「돈 모으기」에나 야비한 방종에 만족을 구하지 않고, 지식을 넓히며 유익한 교제를 택하며 심지어 빈자에게 자선하는 일 등에 만족을 구한다는 것을 말하며, 그 외에 그러나 [만족의] 수단에 관해서는 (그에 있어서는 수단들의 가치 유무는 오직 목적이 결정하여 준다) 별로 숙려함이 없이, 그가 발각되지 않으며 방해되지 않고 할 수 있는 것을 알기만 하면, 남의 돈과 재산이라도 목적을 위해서는 마치 자기 자신의 돈이요, 재산인 것과 흡사히 쓴다고 하자. 이런 식으로 말한다면, 여러분은 그 추천자가 여러분을 조롱하는 것으로 믿거나, 그렇지 않으면 추천자를 정신없는 사람으로 믿을 것이다.

이와 같이 도덕성과 자기애의 경계는 명백하고 확실하다. 그러므로 가장 평범한 안목이라도, 어떤 것이 전자에 속하며 혹은 후자에 속하는가 하는, 구별을 잘못할 수 없는 바이다. 이처럼 명확한 진리인 때문에, 다음에 하는 약간의 주의는 사실은 쓸데없을 듯이 보일지 모르나, 그러나 상식의 판단에 명석성을 얼마큼 더 보태는 것에 적어도 유익한 것이다.

㉖ 행복의 원리는 확실히 준칙들을 줄 수는 있으나, 비록 보편적인 행복이 대상이 될 때라도, 의지의 법칙들로서 쓰이는 준칙들을 줄 수는 없다. 무릇, 행복에 관한 인식은 단순히 경험적인 소여에 의거하고, 행복에 관한 모든 판단이 각인의 자기 의견에 — 뿐더러 이 의견은 자신 [한 개인에 있어서도] 무척 변화하기 쉽다 —— 의존하기 때문에, 그것[행복의 원리]은 일반적인 규칙[1](generelle

1) 일반적 규칙은 과학적이지 못하고 예외를 인정하는 것이다. 보편적 규칙은 「학적」이어서 예외없이 타당하다.

Regel)들을 줄 수는 있으되, 보편적인 규칙(universelle Regel)들을 줄 수는 없다. 다시 말하면 평균하여 가장 적합하는 규칙들을 줄 수는 있으되, 항구적·필연적으로 타당해야 하는 규칙들을 줄 수는 없는 것이다. 따라서 어떠한 실천법칙들도 그것[행복의 원리] 위에 세워질 수는 없다.

이때에 자의의 객관이, 그런 자의의 규칙의 기초에 놓여 있고, 그러므로 [객관이] 규칙에 앞서 있지 않을 수 없으므로, 이런 규칙은 인간이 감수하는 것 이외의 것에 기인할 수 없다. 이에, 규칙은 경험에 관계되며, 그것에 근거를 두게 되고, 이 경우에 판단의 차이는 한없게 되어 버리지 않을 수 없다. 그러니까, 이런 원리는 모든 이성존재자에 대해서 동일한 실천규칙들을 —— 설령 이러한 규칙들이 공통되게 「행복」이라는 이름 아래 속해 있더라도 —— 지시하지는 않는다. 그러나 도덕법은 그것이 이성과 의지를 갖는 모든 사람에게 대해서 타당해야 하는 것이므로, 객관적으로 필연하다고 생각된다.

㉗ 사애 —— 즉 영리 —— 의 준칙은, 그저 충고하기만 하되 도덕성의 법칙은 명령한다. 우리가 하도록 충고하는 것과 우리가 하도록 책임지우는 것 사이에는 대단한 구별이 있는 것이다.

㉘ 선택의 자율의 원리에 좇아서 무엇을 해야 하는가 하는 것은 보통의 「상식」이라도 전혀 쉽게 의혹 없이 통찰할 수 있다. 선택의 타율의 전제 아래서 무엇을 해야 하는가 하는 것은 어려운 일이요, 세간적 지식을 요구한다. 다시 말하면 의무가 무엇인가 하는 것은, 모든 사람에게 자명적으로 나타나되, 무엇이 진실로 연속해서 이익을 가져오는가 하는 것은, 이 이익이 전현존에 뻗칠 적에, 통찰하기 어려운 불명 중으로 휩쓸린다. 또 실지로 이익에 기본한 규칙을, 적당한 예외를 허하면서 [행복이라는] 인생의 목적들에 적합하게 하기 위해서도, 이익획득 여부는 많은 영리성을 필요로 한다. 그러나 도덕법은 모든 사람에게 명령하고, 그런 중에도 엄격한 준수를 명령한다. 하기에, 도덕법에 따라서 무엇을 해야 하는가 하는 것의 판정은, 가장 평범한 훈련 없는 사람이라도 처세적인 영리성 없이 정당히 그것(도덕법)을 적용할 줄 모를 만큼, 어려울 리가 없다[적용할 줄 알 만큼 쉽게 판정을 내린다].

㉙ 도덕의 무상명법(das kategorische Gebot)을 만족시키는 것은, 모든 시대의 모든 사람에게 가능하다. 행복에의 —— 경험적으로 제약된 —— 훈계를 만

족시키는 것은, 고작으로 드물게만 가능하고, 단 한 가지 점에 관해서도 모든 사람에게 대개는 불가능하다. 그러한 원인은, 전자에 있어서는 문제는 진정(echt)하며 순수한 준칙에만 달려있지마는, 후자에 있어서는 문제는 욕망한 대상을 실현하는 역량과 자연적인 힘에 달려 있기 때문이다. 모든 사람은 자신이 행복하도록 애써야 한다고 하는 명령은 어리석다 하겠다. 각자가 스스로 불가피하게 욕망하는 것[행복]을 우리는 각자더러 [새삼스러이] 명령하지는 않기 때문이다. 우리는 다만 [욕망 실현의] 수단을 각자에게 명하여야 하며 혹은 차라리 제공해야 한다. 왜냐하면, 각자는 그 욕망하는 것 일체를 실현할 수는 없기 때문이다. 그러나 의무의 이름 아래서 도덕성을 명령하는 것은 매우 합리적(vernuenftig)이다. 어째서냐하면, 도덕성의 지령이 애착과 항쟁할 적에, 누구든지 처음에는 즐겨서 도덕성의 지령에 복종하려 하지 않으나, 각자가 어떻게 도덕[법칙]을 준수할 수 있는가 하는 수단에 관해서는, 여기서 가르칠 필요가 없기 때문이다. 즉, 이 수단에 관해서는 각자가 가지려고만 하면(will), 그들은 또한 가질 수 있는(kann) 것이기 때문이다.

㉚ 노름을 해서 돈을 잃은 사람은, 아마 자신과 자신의 불분명함에 대해서 분개할 것이다. 그러나, 그가 [반대로] 사기쳤음을 (비록 그렇게 해서 돈을 땄더라도) 자각할 때에 그는 자신을 도덕법과 비교하자마자, 자기를 멸시하지 않을 수 없다. 그러므로 도덕법은 끝까지 자기 행복의 원리와는 반드시 다른 어떤 것이다. 왜냐하면 설사 내 지갑에 돈이 가득 찼더라도 나는 가치 없는 인간이다라고 자기 자신에게 대해서 말해야 하는 것과, 스스로 자신을 찬양하여 내 금고에 돈이 가득 찼으니 나는 영리한 인간이다라고 말하는 것과, [이 두 가지 일은] 판단의 서로 다른 기준을 가져야 하기 때문이다.

㉛ 끝으로 우리의 실천이성의 이념 중에는 도덕법에의 위반에 수반하는 어떤 것 즉, 가형벌성(Strafwuerdigkeit)도 존재한다. 그런데, 행복을 누리는 것과 형벌 자체의 개념과는 [서로 배반되고 그러므로] 도저히 서로 결합할 수 없다. 왜냐하면, 이제 형벌을 과하는 자는, 그 형벌로 하여금 동시에 [행복이라는] 목적을 노리는 다정스러운 의향을 가질 수 있더라도, 받는 형벌은 여전히 아예 형벌로서(als), 다시 말하면 [불행인] 순 화악(Uebel)으로서, 자체적으로 긍정되어야 하기 때문이요, 따라서 형벌받는 자는, 그런 일이 끝끝내 형벌임에 그치

고, 그런 혹형의 배후에 숨어 있는 호의를 설령 통찰하지 못할지언정, 당자는 형벌이 자기에게 정당히 과해졌으며, 자기의 운명이 자기가 저지른 행위에 완전히 합당함을 스스로 인정해야 하기 때문이다. 모든 형벌에는 자체상 무엇보다도 먼저 정의가 있는 것이며, 이 정의가 형벌 개념의 본질이다. 정의에는 확실히 [형벌 없는] 다정도 결합할 수 있으나, 「형벌을 마땅히 받을 만한 자」는 자기가 한 행위로 인해서, 그러한 다정을 기대할 턱이 조금도 없다. 이러하기에, 형벌은 육체적인 해악이다. 이 해악은 자연적인 결과이요, 도덕적인 악(Boese)과 연결된 것은 아니로되, 그것은 도덕법 수립이라는 원리에 따른 결과로서 필경 도덕적인 악과 결합되어야 한다.

모든 범죄는 그 죄를 저지른 자에게 대한 육체적인 결과를 생각함이 없어도 자체상 형벌받을 만하다. 즉, [적어도 일부분의] 행복을 손실해야 한다. 사실이 이렇거늘, 범죄의 본질이, 범죄자가 스스로 자기한테 처벌을 구해 온 동시에, 자기 자신의 행복을 파멸한 점에 존립했다고 ── (사애라는 원리에 의하면 이것이 모든 범죄의 소위 진정한 개념이 되는 모양이다) ── 말하는 것은, 명백히 배리일 것이다. 이런 식으로 말하면, 무슨 행위를 범죄라고 일컫는 근거는, [위반된 행위가 아니라 결과적인] 형벌에 있겠고 정의는 차라리 모든 처벌을 없애며, 자연적인 처벌까지도 막는 데 있게 되겠다. 그러나, 이렇고 보면, 행위에 있어서의 「악」이란 도무지 없게 될 것이다. 왜냐하면, 보통 행위 뒤에 붙고, 그렇기 때문에만 행위를 「악」이라고 말하는, 해악은 이제야 막아지기 때문이다. 그러나, 모든 형벌과 보상을 [정의]보다도 높다는 힘이 좌우하는 기관으로 보는 일은 즉, 이성존재자로 하여금 그의 종극의 의도(행복)를 위해서만 활동하게 하는 데 쓰이는 기관으로 보는 일은, 이성존재자의 의지의 자유를 부인하고 의지의 기계성만을 인정한다는 것은 너무나 명백하다. 하기에, 우리는 이런 견해에 구애될 필요가 없을 것이다.

㉜ 어떤 도덕적인 특수감관(moralischer besondere Sinn)을 인정하는 사람들의 언설은, [행복설과]마찬가지로 잘못된 것이나, 더 교묘한 것이 있는데, 그것은 도덕법을 규정하는 것은 도덕적인 특수감관이요, 이성이 아니라고 한다. 이 언설에 의하면, 덕의 의식은 직접 만족과 쾌락에 결합해 있고, 반대로 악덕의 의식은 「마음의 불안」과 고통에 결합해 있다. 이래서 결국 모든 것이 자기 행

복의 요구에 달려 있게 된다. 벌써 [내가] 한 말을 여기에 되풀이할 것 없이, 나는 이 경우에 나타난 잘못만을 지적하려고 한다. 악덕자를 그 범죄의식을 통해서 불안에 고민하는 자라고 생각하기 위해서 [특수감관설의] 논자는, 그 자를 그 성격의 가장 고귀한 근저에 있어서는 적어도 어느 정도로 아예 「도덕적으로 착했다」고 생각하지 않을 수 없다. 또 논자는 합의무적 행위를 했다는 의식으로 인해서 스스로 기뻐하는 자에게도, 아예 「덕성이 있었다」고 생각하지 않을 수 없다. 따라서 도덕성과 의무와의 개념은 [심리적] 만족을 돌보기에 앞서 있어야 하며, 이 만족이 있으므로 비로소 그런 개념이 이끌어 내지는 것은 아니다.

그런데, 도덕법에 적합했다는 의식에 있어서의 만족과 도덕법에 어긋났음을 자책할 수 있을 때의, 쓰라린 뉘우침(Verweis)과를 느끼려고 하면, 우리가 의무라고 부르는 것의 중요성과 도덕법의 존엄과 도덕법을 준수할 때에 인격(Person) 자신의 눈이 알아보는 직접의 가치가 먼저 존중되어야만 한다. 그러므로 사람은 이런 [심리적]만족이나 불안[과 같은 감정]을 책임의 인식에 앞서 느낄 수 없으며, 그것을 책임의 근저로 할 수도 없다. 그러한 감정들에 관한 관념을 얻을 수 있기 위해서도, 우리는 적어도 반은 아예 의로운 사람(ehrlicher Mann)이 되어 있어야 한다.

그러나, [자율적] 자유[가 있기] 때문에 인간의 의지가 도덕법에 의해서 직접 규정될 수 있듯이, 도덕법에 의한 규정근거에 합치해서 하는 실천이 잦음에 따라, 주관적으로 드디어 만족의 감정을 낳게 할 수 있는 것을 나는 결코 부정하지 않는다. [아니] 도리어 진정으로 도덕적 감정이라고 사람이 마땅히 부를 만한 그런 감정만을 확립하고 가꾸는 일은, 그 자신 의무에 속하는 것이다.

그러나 의무의 개념을 도덕적 감정에서 이끌어낼 수는 없다. 만일 이처럼 이끌어낸다면, 우리는 법칙 자신의 「감정」을 [먼저] 생각해야 할 것이요, 「이성만이 생각할 수 있는 것」을 [잘못] 감각의 대상으로 해야 할 것이다[이것은 확실히 모순이다]. 이런 일이 명백한 모순이 안 된다면, 그것은 의무의 모든 개념을 아주 부정하고, 그 대신에 비교적 조잡한 애착과 왕왕 충돌하는 비교적 고상한 애착들이 기계적으로 날뛰는 것만을 내세우는 것이 될 것이다.

㉝ 그런데, 우리가 순수한 실천이성의 형식적인 최상원칙(의지의 자율로서의)

을, 종래의 모든 실질적인 도덕원리와 비교하면 유일의 형식적[1] 원칙을 내놓고서는, 사실로 가능한 모든 다른 경우들이 죄다 동시에 포섭되는, 하나의 표해 중에 일반적인 모든 원리를 명시할 수 있다. 그리하여 내가 이제 진술한 것과는 다른 원리를 찾음이 헛된 일인 것을 [직접] 눈으로 보게 해서 증명할 수 있다——즉, 의지를 [실질적으로] 규정할 수 있는 모든 근거들은 단지 주관적이요, 따라서 경험적이거나, 혹은 객관적이요, 이성적(rational)이다. 그리고 [주관적 근거와 객관적 근거의] 양자는 또 외적이거나 혹은 내적이다.

도덕의 원리에 있어서의[2] 실천적인 실질적 규정근거

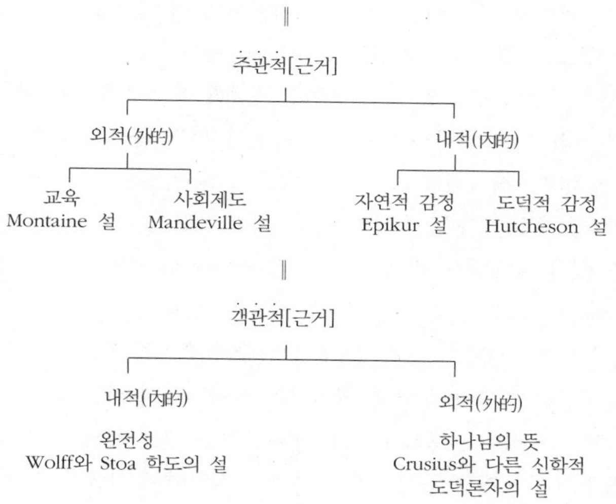

1) 「형식적」은 다음 줄의 「이제 진술한 것과는 다른」의 다음에 올 것이라고 Vorländer가 주석하고 있다.

2) 도덕적 규범들이 통용되며 혹은 서로 다르게 되는 근거를 프랑스의 철인 Montaine (1533~1592)는 각 시대를 지배한 교육에 돌렸고, 1714년에 나온 「꿀벌의 우화」의 저자로 유명한 영국인 Mandeville(1670ca~1730ca, 원래는 화란출생의 의사)은 그런 근거를 시대마다 달랐던 국법(Staatsgesetz), 즉 사회조직에 돌렸다. 이들은 도덕의 원리를 규정하는 근거를 외적으로 경험적인 실질에 둔 사람들이다.

Epikur은 개인 행복주의(Eudaemonismus)의 대표자요, 이는 우리의 물리적, 자연적 감정을

㉞ 상편에 있는 것은 모두 경험적이요, 명백히 도덕의 보편적 원리로 쓰이지 않는 것이다. 이와 반대로 하편의 것은 이성에 기본하고 있다(왜냐하면, 사물들의 바탕(Beschaffenheit)으로 생각된 완전성과 최고의 완전한 실체 즉, 하나님과는 어느 것이나 이성 개념만이 생각하는 것이기에 말이다).

그러나 첫째의 개념, 즉 완전성의 개념은 이론적 의미로 해석될 수 있다. 이때에는 완전성의 개념은 틀림없이 각 사물의 독특한 선험적인 완성[1](Vollkommenheit)이거나 혹은 전혀 「사물일반」으로서의 사물의 완성(형이상학적 완성)[2]이요, 우리는 여기서 이런 의미들의 완성을 다루지 않는다. 이에 대해서 실천적 의미에서의 완전성의 개념은, 한 사물이 여러 목적에 대해서 유용하거나 부족함이 없는 것을 의미한다. 이와 같은 완전성, 즉 인간의 바탕인 완전성, 따라서 내적인 완전성은 틀림없이 재능이요, 이런 재능을 촉진하거나 완성하는 것은 숙달(Geschicklichkeit)이다. [둘째로] 최고의 완전한 실체, 즉 하나님은 따라서(실천적 관점에서 고찰하여) 「외적 완전성」은 이런 존재자[하나님]가 모든 목적일반에 대해서 부족함이 없는 것을 의미한다.

그런데, 사리가 이러하기 때문에, 목적들이 아예 주어져 있어야 하고 이런 목적들과 연관해서만 완전성의 개념(인간 자신에 의한 내적 완전이든, 하나님에 의한 외적 완전이든)이 의지의 규정근거가 된다. ―― 그러나, 목적은 객관으로서 경험적이다. 목적이 실천규칙에 의한 의지규정에 앞서 있고, 이런 규칙의 가능

만족시키고 즐겁게 하는 쾌락(hedone)을 선으로 보았다. 그러나 최고의 행복을 부동심(ataraxia, 정적의 쾌)에 둔 것은 유명하다. Hutcheson(1694~1747)은 박애의 감정을 기초로 하여, 최대다수의 최대행복을 주장하였다. 이는, Schaftesbury의 감정윤리를 이어서 도덕감관(moral sense)을 인정하였고 David Hume, Adam Smith와 함께 「감정윤리」의 대표자이기도 하다.

Stoa철학의 창립자인 고대의 Zenon과 독일의 계몽철학자인 Wolff(1679~1754)는 선은 「완전」과 같다고 했다.

Crusius는 Kant보다 나이가 많았고, 같은 시대의 Leipzig 대학교수요, 「선」을 「하나님의 뜻하신 것」이라고 하였다. 「신앙」에 자리를 내어주고자 지식을 버려야 한다는 견해만은 양자에 공통된다.

1) 선험적인 완성(transzendentale Vollstaendigkeit)이란, 그저 경험을 부단히 전진시켜 그 이상 더 추구할 필요가 없는 무제약자에까지 도달하는 것을 말한다. 여기서의 transzendental은 인식논리의 선험적이라는, 엄밀한 의미가 아니다.
2) 「형이상학적 완성」은 Platon의 idea, 혹은 Aristoteles의 eidos(형상)에 해당하겠다.

근거를 포함한다. 따라서 의지의 규정근거로서 받아들인 의지의 실질(Materie)은 항상 경험적이다. 이렇기에, 의지의 실질은 행복설인 에피쿨의 원리일 수는 있으되, 도덕론과 의무와의 순수한 이성의 원리일 수는 없다. ── (사실 재능과 그것의 촉진은, 그것들의 인생의 이익에 이바지함으로써만 의지의 동인이 될 수 있고, 혹은 하나님의 뜻은 하나님의 이념에서 독립·선행하는 실천원리 없이 하나님의 뜻에 일치함을 의지의 객관[목적]으로 하게 되었으매, 우리가 그런 일로부터 기대하는 행복에 의해서만 의지의 동인이 될 수 있다)

이상과 같은 사정이고 보면, 첫째, 여기에 제시된 원리들은 실질적(material)이며, 둘째, 그것들은 가능한 실질적인 원리를 죄다 망라한 사실이 나타난다. 그리고 이런 사실로부터 마지막에 생기는 결론이 있다. 그것은 실질적인 원리들은 최상의 도덕법(Sittengesetz)이 되기에 전혀 부적합하므로 (이는 이미 증명한 바다), 우리의 준칙에 의해서 가능한 보편적인 법칙 수립의 형식만을 의지의 최상이면서도, 직접적인 규정근거로 하는바, 순수한 이성의 형식적인 실천원리가, 유일의 가능한 원리라는 것이다. 이 [형식적 실천]원리는 무상명령들이 되기에 즉, (행위들을 의무이게 하는) 실천법칙들이 되기에, 적합하다. 그것은 또 일반적으로, 행위를 판정하고자 하는 동시에 결의할 때의 의지에 적용하고자 하는 도덕성의 원리가 되기에 적합하다.

Ⅰ. 순수한 실천이성의 원칙들의 연역[1)]

① 이상의 분석론은, 순수한 이성이 실천적일 수 있다는 것, 즉 순수한 이성이 「모든 경험적인 것」에서 독립하여 단독으로(fuer sich) 의지를 규정할 수 있다는 것을 명시한다. 이런 일은 우리의 순수이성이 현실로(in der Tat) 실천적임을 표시하는 사실에서 증명되고 있다. 다시 말하면 순수한 이성이 의지를 행동으로 규정하도록 하는, 도덕상 원칙 중의 자율에서 명시되고 있다.

이상의 분석론은, 동시에 [양심의] 사실이 의지의 자유라는 의식과 불가분적으로 결합해 있다는 것, 아니, 이런 의식과 동일하다는 것을 지적한다. 그러므

1) 원칙들의 연역, 즉 그 권리 증명은, 실패한다는 것을 이하에서 전개한다. 40면 참조.

로, 이성존재자의 의지는, 그것이 감성계(Sinnenwelt)에 속하는 것으로는, 다른 작용적 원인과 마찬가지로, 반드시 인과성의 법칙에 예속한다고 인식되지마는, 그와 동시에 실천적인 것에서는, 즉 타면에 본질 자체로서는, 사물의 가상적 질서(intelligibele Ordnung)에 규정될 수 있는 자신의 존재를 의식한다. 그런 중에서도, 자기 자신의 특수한 직관에 따라서가 아니라, 자기의 원인성을 감성계에서 규정할 수 있는 어떤, 역동적 법칙(dynamisches Gesetz) ―― [선험적 자유가 편입된 자연법칙] ―― 에 따라서 의식한다. 왜냐하면, 자유가 우리에게 부여되면, 그것이 우리를 사물의 가상적 질서에 옮겨 넣는다는 것은, 나의 다른 저서[1])에서 충분히 증시되어 있기 때문이다.

② 그런데 우리가 실천이성의 분석론을 순수한 「사변이성의 비판」[제일비판]의 분석적 부분과 비교한다면, 양자의 뚜렷한 대조가 나타난다.

후자에 있어서는 원칙들이 아니라, (시간과 공간의) 순수한 감성적 직관이 최초의 소여였고, 이 소여가 선천적 인식을 가능하게 했으며, 그런 중에서도 감관들의 대상들에 대해서만 가능하게 했다.

직관이 없는 단순한 개념들(blosse Begriffe ohne Anschauung)로부터는, 종합적 원칙들은 불가능했다. 반대로 원칙들은 감성적이었던 직관에 관계해서만, 따라서 「가능적인 경험」의 대상들에 관계해서만, 생길 수 있었다. 오성의 개념[범주]들은, 직관과 결합해서만, 우리가 「경험」이라고 부르는 인식을 가능하게 했기에 말이다.

경험의 대상들을 넘어서서는, 그러므로 가상체들(Noumena)로서의 사물들에 관해서는, 사변이성이 모든 적극적인 인식을 거부한 것은 십분 정당하였다.

그러나 사변이성은 단지 가상체들의 개념, 즉 가상체들을 생각할 가능성, 아니, 필연성을 확실하게 하는 정도의 일을 했다. 그래서 그것은 가령 소극적으로 생각된 자유를 가정(annehmen)하는 것이, 순수한 이론이성의 원칙들과 제한과에 모순되지 않는다고 [설명]하여, 모든 비난에 대항했으되, 이런 대상[가상체]들에 관해서는 아무런 명확한 것·확장적인 것을 인식하게 하지 않고, 도리어 이런 인식에 대한 모든 기대를 완전히 없애버렸다.

---

1) *Grundlegung zur Metaphysik der Sitten*, 제3장 참조.

③ 이에 대해서 도덕법은 비록 아무런 기대도 주지 않으나, 감성계의 모든 소여(Datum)와 우리의 이론적인 이성사용의 전범위로부터는 절대로 설명될 수 없는 [양심의] 사실을 보내준다. 이 사실은 우리에게 순수한 오성계 ── [가상계] ── 를 알려 주는 것이요, 아니, 그런 오성계를 적극적으로 규정하기까지도 하는 것이며, 우리로 하여금 [순수] 오성계에 관한 그 어떤 것을, 즉, [도덕] 법칙(Gesetz)을 인식하도록 하는 것이다.

④ 이 법칙은 감성적 자연으로서의 감성계에다 ── (이성존재자에게 관계하는 한에서) ── 초감성적 자연으로서의 「오성계」라는 형식을, 감성계의 기계성을 깨뜨림 없이, 부여해야 하는 것이다.

그런데, 가장 일반적 의미에서의 「자연」이란, 법칙 아래 있는 사물의 현존인 것이다. 이성존재자 일반의 「감성적 자연」이란, 경험적으로 제약된 법칙 아래 있는 이성존재자의 현존인 것이고, 따라서 이성에 대해서 타율이다. 이와 반대로 같은 이성존재자의 「초감성적 자연」이란 모든 경험적 제약에서 독립된 법칙, 따라서 순수이성의 자율에 속하는 법칙 아래 있는, 이성존재자의 현존인 것이다. 그리고 사물의 현존을[이성의] 인식에 의존시키는 법칙은, 실천적[의지 규정적]이기 때문에, 초감성적 자연은, 우리가 그것을 이해할 수 있는 한에서, 순수한 실천이성의 자율 아래 있는 자연일 수밖에 없다. 그러나 이런 자율의 법칙은 도덕법이다. 그러므로, 도덕법은 초감성적 자연의 근본법칙(Grundgesetz)이요, 순수한 오성계의 근본법칙이다. 이런 오성계에 대응한 것(Gegenbild)이, 동시에 감성계에 있을 터이로되, 그렇다고 해서 감성계의 법칙을 깨뜨리는 일은 없는 것이다.

사람은 전자를, 단지 이성만이 인식하는 원형적 자연urbildliche Natur, natura archetypa)이라고 말할 수 있겠고, 후자[오성계에 대응한 것]를, 모형적 자연(nachgebildete Natur, natura ectypa)이라고 말할 수 있겠다. 후자는 의지의 규정근거로서의 전자의 이념에서 가능한 결과를 내포하기에 말이다. 여기에 실로, 도덕법은 그 이념에 따라 우리를 자연 속에 옮겨 놓는 것이다. 이런 자연에서는 만일 순수한 이성이 자기에 적합하는 물질적 힘을 수반하는 것이라면, 순수한 이성은 최고선을 낳을 것이다. 그리고 도덕법은 이성존재자의 전체로서의 감성계에 형식을 부여하고자 우리의 의지를 규정하는 것이다.

⑤ 이런 이념이 사실로 이를테면 도안으로서 우리의 의지 규정의 모형(Muster)으로 되어 있다는 것은, 자기 자신에게 아주 조금만 주의해보면 확증되는 일이다.

⑥ 내가 한 증거를 댈 즈음에 따르기로 생각하고 있는 준칙을, 실천이성이 검토한다고 하자. 이때에, 나는 이 준칙이 「보편적인 자연법칙」으로서 타당하다면, 그것이 어떻게 될는지를 생각해 본다. 이렇게 하면, 모든 사람에게 성실성(Wahrhaftigkeit)이 강요되는 것은 명백하다. 왜냐하면, 자기의 진술을 증언으로 하면서, 그 진술을 고의로 거짓되게 하는 일은, 자연법칙의 보편성과 조화할 수 없기 때문이다. 마찬가지로, 내가 내 생명의 자유 처리[즉 자살]에 관해서 취하는 준칙은, 자연이 그 자신의 법칙에 좇아서 자신을 유지하고자 하면, 그런 준칙이 어떤 것이 되어야 하는가를 내가 자문할 때에, 즉시로 결정되는 것이다. 이 자연에 있어서는 명백히 누구든 임의로 자기 생명을 없앨 수 없을 것이다. 생명이 없어지는 상태는 아무런 항구적인 자연질서(Naturordnung)도 아니겠기에 말이다. 다른 모든 경우에 있어서도 사정은 마찬가지이다.

헌데, 경험의 대상인 현실적[현상적] 자연에 있어서는, 자유의지는, 「보편적 법칙에 좇아서 자연에 근거를 줄 수 있는」 준칙을 [채용하도록] 저절로 결정되어 있는 것이 아니요, 혹은 보편적 법칙에 좇아서 배열되어 있는 자연에 저절로 적합할 그런 준칙으로 되어 있지 않다. 도리어 개인적 애착들이 감각적(물리적) 법칙에 따르는 전자연으로 되어 있고, 개인적 애착들은 순수한 실천법칙에 따르는 우리의 의지에 의해서만 가능한 자연을 형성하지 않는 것이다.

그러나 우리는 이성을 통해서 [도덕]법칙을 의식하고 있다. 그리고 우리의 의지에 의해서 동시에 마치 하나의 자연질서가 생겨야 하듯이, 우리의 모든 준칙은 이 법칙에 종속하고 있다. 그러므로 이 법칙은 경험적으로 주어지지 않는 자연, 그러나마 자유를 통해서 가능한 자연, 따라서 초감성적 자연의 이념임에 틀림이 없다. 이런 자연에 우리는 적어도 실천과의 관계에서 객관적 실재성을 주고 있다. 왜냐하면 우리는 그런 자연을 순수한 이성존재자로서의 인간의지의 객관으로 간주하기 때문이다.

⑦ 하기에, 의지가 종속해 있는 자연의 법칙들과, (의지와 그 자유행위의 관계에 관한 한에서) 의지에 종속해 있는 자연의 법칙들과의 구별은 다음과 같

은 점에 있다. 즉, 전자에 있어서는 반드시 객관들이 관념들의 원인이요, 이런 관념들이 의지를 규정하되 후자에 있어서는 의지가 객관들의 원인이요, 따라서 객관들의 원인성은 그 규정근거를 단적으로 이성능력 중에 갖고 있으며, 그러므로 이성능력을 우리는 순수한 실천이성이라고 부를 수 있다는 점이다.

⑧ 이에, 순수이성이 한편에서는 어떻게 선천적으로 객관들을 인식할 수 있느냐 하는 과제와, 다른 편에서는 순수이성이 어떻게 직접 의지의 규정근거일 수 있느냐, 즉, 대상[목적]의 실현에 대해서 어떻게 직접 이성존재자의 원인성의 규정근거일 수 있느냐 (단지 법칙으로서의 「이성 자신의 준칙의 보편타당성」이라는 사상에 의해서만) 하는 과제와, 이 두 과제는 서로 매우 다른 것이다.

⑨ 첫째 과제는 순수한 사변이성비판에 속하는 것으로서, 어떻게 해서 직관들이 ―― (이것 없이는 일반적으로 아무런 객관도 주어질 수 없고, 따라서 어떠한 객관도 종합적으로 인식될 수가 없다) ―― 선천적으로 가능한가 하는 것이, 아예 설명되는 것을 요구한다.

그리고 사변이성비판의 해답은, 다음과 같은 것이 되었다. 즉, 직관들은 죄다 감성적이기 때문에, 가능한 경험이 도달하는 것보다도 더 멀리 가는, 아무런 사변적 인식도 가능하도록 하지 않는다고 하는 것이요, 따라서 순수한 사변이성의 모든 원칙들은 경험을(주어진 대상들에 관한 경험이거나, 무한히 주어질 수 있을는지 모르되, 결코 완전히 다 주어지지는 않는 대상들에 관한 경험이건 간에) 가능하게 하는 것보다도 더한 일을 할 수 없다는 것이다.

⑩ 둘째 과제는 실천이성의 비판에 속하는 것으로서, 욕망능력의 객관들이 어떻게 가능하냐 하는 설명을 요구하지 않는다. 이런 설명은 이론적인 「자연인식」의 과제로서 「사변이성의 비판」에 맡겨져 있기에 말이다. 둘째 과제는 단지 이성이 어떻게 의지의 준칙을 규정할 수 있느냐, 즉 이 규정이 규정근거들로서의 경험적 개념들에 의해서만 생기느냐, 그렇지 않고 순수이성은 실천적인 것이라서 경험적으로 불가인식이로되 가능한 자연질서의 법칙인 것이냐, 하는 것의 설명을 요구할 뿐이다.

이런 초감성적 자연 (초감성적 자연의 개념은 동시에 우리의 자유의지에 의해서 현실화하는 근거일 수 있다)이 가능하려 하면, 가상계(intelligibele Welt)에 관한 아무런 실천적 직관도 필요로 하지 않는다. 이러한 직관은 여기서는 초감성적이기 때문에, 우리에게 틀림없이 불가능하다. 왜냐하면 여기서의 문제는 오직 의욕(Wollen)의 준칙에 있어서의 의욕의 규정근거뿐이기 때문이다. 즉, 그 규정근거가 경험적이냐 혹은 (이성의 합법칙성일반에 관한) 순수이성의 개념이냐, 또 그 규정근거가 어떻게 이런 개념일 수 있느냐, 하는 것이 문제이기 때문이다.

의지의 원인성(Kausalitaet)이 객관[목적]들을 실현하기에 충분하냐 안하냐 하는 것은, 의욕 대상들의 [실현] 가능성에 대한 연구로서, 「이성의 이론적 원리[1)]들」에 맡겨져 있는 것이요, 이론적 원리가 그런 충분성 여부를 판정할 것이다. 이에 의욕 대상의 직관은 실천적 과제에 있어서는 전혀 그 과제 내용이 되지 않는다.

여기서 다루는 것은 오직 의지결정[결의]의 문제이다. 또 자유의지로서의 「의지의 준칙」을 결정하는 근거이다. 성과를 다루는 것이 아니다. 왜냐하면 만일 의지가 순수이성에 대해서만 합법칙적이라면, 의지의 수행 능력이 어떠하든 그것은 무관하기 때문이다. 「가능한 자연의 법칙수립이라는 준칙을 좇아서, 이러한 자연이 과연 [결과적으로] 생기느냐 안 생기느냐 하는 것은 [실천이성]비판이 관심할 바가 아니다. 이 비판은, 단지 순수이성이 과연 실천적이며 또 어떻게 실천적이냐, 다시 말하면 순수이성이 직접 결의할 수 있나 없나, 하는 것을 연구하는 것이다.

⑪ 그러니까, 이 책에서의 비판적 연구는 순수한 실천법칙들과 그런 법칙들의 현실성에서 마땅히 출발할 수 있고 또 출발해야 한다. 그러나 우리의 연구가 실천법칙들의 밑바닥에 두는 것은, 직관이 아니라 가상계에서 실천법칙이 현존한다는 개념 즉, 자유의 개념이다. 왜냐하면, 이 개념은 별난 의미가 있는 것이 아니라, 저 실천법칙들은 오직 의지의 자유에 관계해서만 가능하며, 「의지 자유」의 전제 아래서는 반드시 있어야 하기에 말이다. 뒤집어 말하면, 저 실천법칙들이 실천적 요청들로서 필연적이기 때문에, 의지의 자유는 반드시 있는 것이다.

1) 내용상 가언적 명령을 지시하겠다.

그런데 도덕법의 의식이, 같은 말이 되나 혹은 자유의 의식이, 어떻게 가능하냐 하는 것은, 이 이상 더 설명(erklaeren)될 수가 없다. 단지 자유의 가허용성(Zulaessigkeit)만은, 이론적 비판에서 충분히 변명되어 있다.

⑫ 실천이성의 최상원칙의 해설(Exposition)은 이제야 끝났다. 즉, 첫째로, 원칙의 내용이 무엇인가, 즉 그것이 전혀 선천적으로 경험적 원리들에서 독립하여, 자체상으로 있다는 것과 둘째로 어떤 점에서 그 최상원칙이 다른 모든 실천원리와 다르냐 하는 것, 이 두 가지가 지적되어 있다.

무릇 연역[1]에 의해서, 즉 원칙의 객관적·보편적 타당성의 시인과 이러한 선천적 종합명제의 가능성에 대한 통찰에 의해서, 순수한 이론적 오성의 원칙들이 도달한 것 정도의 성공을, 우리는 기대해서는 안 된다. 왜냐하면, 이론적 오성의 원칙들은 가능한 경험의 대상들에, 즉 현상(Erscheinung)들에 관계했기 때문이다. 현상들의 [자연]법칙[즉, 원칙]들에 기준해서 범주들 중에 포섭됨에 의해서만, 우리는 현상들을 경험의 대상들로서 인식할 수 있다는 것을, 따라서 모든 가능한 경험은 법칙[즉 원칙]들에 적합해 있어야 한다는 것을, 사람은 증명할 수 있었기 때문이다.

그러나 도덕법의 연역에 있어서는 이러한 길을 나는 취할 수 없다. 이 연역은 어떤 외부로부터 이성에 주어지는 대상들의 성질을 인식하는 데 관계하지 않고, 자기 자신이 대상[사건]들의 존재에 대한 근거가 될 수 있는 한의 인식에 관계하고, 또 이성이 이성존재자에 있어서 원인성을 갖게 하는 한의 인식에 관계하기 때문이다. 여기서의 이성은 직접 의지를 규정하는 능력으로 보아질 수 있는 순수한 이성을 말하는 것이다.

⑬ 그런데, 인간의 모든 통찰은, 우리가 근본력 즉, 근본능력에 도달하자마

1) 형식논리에 있어서는 특수에서 보편을 이끌어 내는 것을 귀납이라고 하는 데 대해서 보편에서 특수를 이끌어 내는 것을 연역이라고 한다. 여기에서는 이런 의미가 아니다.
법학자는 사실심리에 관한 사실문제(quid facti)를 밝힌 다음에, 권리근거에 관한 권한문제(quid juris) ——제일 비판 B.116면 ——를 따로 다루고, 이 후자를 특히 연역이라고 한다. 이것을 본받아 Kant는 여기서, 순수실천이성의 근본법칙이 객관적 타당성을 지니는 권리근거를 증명하려고 한다. 간단히 말하면, 양심의 사실(Faktum)을 인정한 뒤에, 그렇게 결정할 수 있는 권리를 증명하려고 한 것이다. 그러나 이 증명은 Kant 자신의 말처럼 허사였다. 도리어 자율적인 「의지의 자유」를 증명했을 뿐이다.

자 막혀 버린다. 근본능력의 가능성은 어떤 것에 의해서도 이해될 수 없고, 제멋대로 만들어 낼 수도, 또 가정될 수도 없기 때문이다.

그러므로, 이성의 이론적 사용에 있어서, 근본능력을 가정하는 권리를 우리에게 주는 것은, 경험뿐이[었]다. 그러나, 선천적인 인식원천에서 연역하는 대신, 경험적인 증명을 대는 대용품(Surrogat)을, 이제 순수한 실천적인 이성능력에 관해서는 우리가 가지지 못한다. 이성능력의 현실존재의 증명근거를 경험에서 빌려오는 것을 필요로 하는 것은 어떤 능력이든지 그 가능근거로 봐서 경험적 원리들에 속해 있는 것이로되, 순수하고도 실천적인 이성은 그것의 본질에 의해서 이러한 것으로 생각될 수 없기 때문이다.

도덕법은 필경 이를테면 순수이성의 사실(ein Faktum der reinen Vernunft)로서 주어져 있고, 그것을 우리는 선천적으로 인식하며, 그것을 절대적으로 확신한다. —— 그것이 엄밀히 지켜지는 실례를 우리가 경험에서 비록 발견하지 못할지언정, 이에, 어떠한 「연역」이라도 즉, 이론적·사변적·경험 의지적 이성의 노력이라도, 도덕법의 객관적 실재성을 증명할 수가 없다. 따라서 우리가 비록 도덕법의 절대적 확실성을 단념하려고 해도 그것[의 불확실성]이 경험에 의해서 확인될 수 없고, 그러므로 후천적으로 증명될 수 없으되, 그럼에도 도덕법의 객관적 실재성[타당성]은, 자신만으로(fuer sich selbst) 확실한 것이다.

⑭ 「도덕적 원리의 연역」을 추구한 것이, 허사였지만는, 그 대신에 다른 전혀 예기하지 않았던 일이 나타났다. 그것은 즉 도덕적 원리 자체가 거꾸로, 다캐낼 수 없는 한 [근본]능력을 연역하는 원리로 쓰인다는 것이다. 이 [근본]능력을 어떠한 경험도 증명할 수 없으되, 사변이성은 —— (그것의 우주론적 이념중에서 사변이성이 자가모순에 빠지지 않고자, 인과적으로 무제약자를 발견하기 위해서) —— 그런 능력을 적어도 가능한 것으로 가정하지 않을 수 없었다. 이것은 즉, (선험적)자유의 능력(das Vermoegen der Freiheit)이다.

그리고 그 자신 변명할 근거들을 필요로 하지 않는 도덕법은, 다만 [선험적] 자유의 가능성을 증명할 뿐만 아니라, 자유의 현실성까지도, 도덕법이 자신을 구속한다고 인식하는 존재자[인간]에 즉해서 증명한다.

도덕법은 실로 자유를 통한 인과성의 법칙(ein Gesetz der Kausalitaet durch Freiheit)이요, 따라서 초감성적 자연을 가능하게 하는 법칙이기도 하다. ——

마치 감성계에 있는 사건(Begebenheit)들의 형이상학적 법칙이 감성적 자연의 인과성의 법칙이었던 것처럼. 이에, 전자[도덕법]는, 사변철학이 미결인 채로 방임해 두지 않을 수 없었던 것, 즉 사변철학에서 그 개념이 오직 소극적이었던바, 일종의 원인성[자유를 통한 원인성]의 법칙을 규정하고, 따라서 이 법칙에다 객관적 실재성을 보내주는 것이다.

⑮ 도덕법에 대한 이런 종류의 신임장(Kreditiv)은, 도덕법 자신이 자유(순수이성의 원인성)를 연역하는 원리로서 제시된다. 그러므로, 그런 신임장은 모든 선천적인 변호 대신에 이론이성의 요구를 보충하기에 (이론이성은 적어도 자유의 가능성을 가정하지 않을 수 없었기 때문에) 아주 족한 것이다. 무릇, 다음의 사정을 통해서 도덕법은 그것의 실재성을, 사변이성의 비판까지도 만족시킬 만큼 증명하는 것이다. 즉 도덕법은, 그저 소극적으로 생각된 원인성에다 ―― (이런 원인성의 가능성은 사변이성이 이해할 수 없었으나 그것을 가정하지 않을 수 없었다) ―― 적극적인 규정을 보탠다. 다시 말하면 의지를 ― (의지의 준칙의 보편적인 법칙적 형식이라는 조건에 의해서) ― 직접으로 규정하는 「이성의 개념」을 보탠다. 도덕법이 비로소 이성에다 ―― (이것은 사변적 태도를 취했을 때에 그것의 이념들과 함께 항상 월경적이게 되었다) ―― 실천적이면서도 객관적인 실재성을 줄 수 있다. 또 도덕법이 이성의 초절적(transzendent) 사용을, (이성이 경험의 분야에서 이념들 자신에 의해서 작용하는 원인일 수 있도록) 내재적(immanent) 사용으로 전환시키고 있다[고 하는 사정들을 통해서이다].

⑯ 감성계 자체 중에 있는 존재자[자연존재자]의 원인성의 성질(Bestimmung)은 결코 무제약적일 수 없다. 그러나 제약들의 모든 계열에 대해서 반드시 어떤 무제약자가 있어야 하고, 따라서 자신을 전혀 자기 자신이 규정하는 원인성이 있어야 한다. 이에, 절대적 자발성(absolute Spontaneitaet)으로서의 자유의 이념은, 순수한 사변이성의 요구가 아니라, 자유의 가능성에 관한 한, 순수한 사변이성의 분석적[1] 원칙이었다.

현상들로서의 사물들의 원인들 중에는 절대로 무제약적인 「원인성」의 규정은

1) 「분석적」이란, 순수한 이론이성의 탐구적 본질에서 논리 ―― 필연적으로 생긴다는 뜻이다. 제일비판의 「셋째 이율배반」 참조.

발견될 수 없기 때문에, [자유의] 이념에 적종한 실례를 경험 중에서 드는 것은, 불가능하[였]다. 그러므로, 자유로 행위하는 원인(frei handelnde Ursache)이란 사상을, 타면 가상체로도 보아지는 한의, 감성계에 있는 존재자[이원적 인간]에 적용할 때에, 우리는 그런 사상을 [제일비판에서] 단지 변호(verteidigen)할 수 있었다. 즉, 우리는, [인간] 존재자의 행위가 현상인 한, 그것을 자연적으로 제약되어 있다고 보는 동시에, 행위의 원인성을 행위자가 오성적 존재자인 한에서, 자연적으로 제약되지 않은 것으로 보며, 이래서 자유의 개념을 이성의 통제적 원리(regulatives Prinzip)로 삼는 일이, 아무런 모순도 되지 않는다는 것을, 우리는 지적하였다.

이런 통제적 원리를 통해서, 나는 [자유의] 원인성이 주어지는 대상을, 그것이 「무엇」이라고 인식하지는 않았다. 그러나 일면은 세계사건의 설명에 있어서, 따라서 이성존재자의 행위들의 설명에 있어서도, 제약된 것에서 제약으로 무한하게 올라가는 자연필연성의 기계성(Mechanismus)을 나는 공평하게 다루었고, 그러면서도 타면은 사변이성에 대해서 공허한 장소를, 즉 가상적인 것(das Intelligibele)을 보류해 두어서, 무제약자를 그런 장소에 옮겨 놓음으로써 나는 장애를 없애버렸던 바이다.

그러나 나는 이런 사상을 실제화할 수는 없었다. 즉, 그런 사상을 자유로 행위하는 존재자의 인식으로 변하게 할 수는 없었다——「행위하는 존재자」의 가능성에 관해서만이라도 인식할 수는 없었다.

그런데, 순수한 실천이성은 가상계에서의 원인성의 어떠한 법칙에 의해서(자유에 의해서), 즉 도덕법에 의해서, [이론이성에 대해서] 공허한 그 장소를 메꾸어 준다.

이로 인해서 사변이성은 자기의 통찰에 관해서는 물론 아무런 것도 얻음이 없으나, 자유라는 있을 듯한 개념[개연적 개념]을 확보(Sicherung)하는 데 관해서는 얻음이 있다. 이 개념에다, 오직 실천적이면서도 의심할 나위 없는 객관적인 실재성을 주는 것은, 순수한 실천이성이다.

원인성이라는 개념의 적용과 따라서 개념의 가치와는 원래 단지 현상들을 경험들에 결합하고자 (제일비판이 증명했듯이) 현상에 관계해서만 있는 것이로되, 그런 원인성의 개념까지라도 사변이성은, 상술한 한계를 넘어서도록 확장하지는 않는다. 왜냐하면, 사변이성이 그러한 일을 하기에 이르면, 그것은 근거와 귀결과의 논리적 관계가 어떻게 감성적 직관과 다른 종류의 직관에 있어서, 종합적으로 쓰일 수 있느냐 다시 말하면 어떻게 가상적 원인성(causa noumenon)이 가능하냐 하는 것을 지적하려고 해야 하기 때문이다. 이런 일을 사변이성은 할 수가 없거니와, [가언명령을 내리는] 실천이성으로서의 이성도 이런 일을 돌보지 않는다.

왜냐하면, 이성은 (주어져 있는) 감성적 존재자로서의 인간의 원인성의 규정근거를 오직 순수한 이성에만 두기 때문이다(하기에, 이러한 이성은 실천적이다). 따라서 이성은 원인 그 자신의 개념을——이 개념을 이론적 인식을 위해서 이성이 객관들에 적용하기를 여기서는 전혀 사상할 수 있다(이 개념은 여기서는 모든 직관에서 독립하여 항상 오성 중에 선천적으로 발견되기에 말이다).——대상들을 인식하려 해서가 아니라, 「대상들 일반」에 관해서 원인성을 규정하려고 해서 사용하고, 그러므로 실천적 관점 이외의 다른 관점에 사용하지 않으며, 따라서 의지의 규정근거를 사물의 가상적 질서(intelligibele Ordnung)에 옮겨놓을 수 있기 때문이다.

한편 이와 동시에, 원인의 개념이 [가상적 질서 중의] 사물을 인식하고자, 어떤 종류(was fuer eine)의 규정[목적]을 가질는지, 그것을 [우리가] 전혀 이해하지 않는다는 것을, 이성은 자진해서 고백한다.

감성계에서의 「의지 행위」에 관한 원인성을 이성은 확실히 어떤 방법으로써 인식해야 한다. 그렇지 못하면, 실천이성은 아무런 행동도 실제로 낳을 수 없을 것이기에 말이다. 그러나 실천이성이 가상체로서의 자기 자신의 원인성[자유]에 관해서 만드는 개념을, 실천이성은 그런 원인성의 초감성적 실존(uebersinnliche Existenz)의 인식을 위해서 이론적으로 규정할 필요가 없고, 따라서 그런 동안, 그러한 원인성의 개념에 아무런 의의도 줄 수가 없다. 그 개념은, 이론적으로 규정되지 않더라도, 단지 실천적 사용을 위해서 즉, 도덕법을 통해서로되, 의의를 가지기 때문이다.

또 이론적으로 고찰하면, 이 [원인성의] 개념은 여전히 대상들에 적용될 수 있는 순수한 오성개념, 선천적으로 주어진 오성개념이다.——그 대상들이 감성적으로 주어지든 비감성적으로 주어지든 간에.

비감성적으로 주어지는 경우에는, 사실은 이 개념은, 일정한 이론적[인식론적]인 적용과 의의를 가지지 않고, 객관들 일반(Objekte ueberhaupt)에 관한, 오성의 형식적이되 본질적인 사상[형식논리적인 원인의 개념]이다. 이성이 도덕법에 의해서 그 개념에다 주는 의의는, 어디까지든지 실천적이다. (의지의) 원인성의 법칙이라는 이념은, 그 자신 원인성[자기 원인성]을 가지거나 혹은 원인성의 규정근거이기에 말이다.

Ⅱ. 순수이성의 사변적 사용에서는 자체 가능하지 못한 확장에 대해서, 순수이성이 실천적 사용에서 가지는 확장의 권한

실천적 사용에서의 확장의 권한

① 도덕적 원리에 즉해서 우리는 「원인성의 법칙」을 제시했는데, 이런 법칙은 그 원인성을 규정하는 근거를 감성계의 모든 제약을 넘어선 곳에 두었다. 또 「가상계」에 속하는 것으로 규정될 수 있는 의지를, 따라서 이런 의지의 주체(인간)를 순수한 오성계에 속하는 것이라고 우리는 생각 —— 설사 이 주체에 관해서 우리가 모르기는 하되 (순수한 사변이성비판에 의하면 그럴 수 있었다) —— 하였다. 그뿐만이 아니라, 감성계의 그 어떤 자연법칙이라고 볼 수 없는 한 법칙[도덕법]을 통해서, 그런 원인성에 관해서 [자유]의지를 우리는 또한 규정하였고, 따라서 우리의 인식을 감성계의 한계 이상으로 우리는 확장하였다. 「순수이성의 비판」은 이런 월권을 모든 사변[1]에서 하는 헛된 일이라고 선언한 바이지만.

그러면 이제 순수이성의 실천적 사용은, 그것의 이론적 사용과 이성능력의 한계규정에 관해서 어떻게 조화할 수 있는 것인가?

② D. 흄은 순수이성의 철저한 연구를 필연적이도록 한 바 「순수이성의 권리」에 대한 전공격을, 진정으로 하기 시작했다고 말할 수 있거니와, 이러했던 흄은 다음과 같이 결론하였다: 「원인의 개념은 서로 다른 사물의 —— 참으로 사물이 서로 다른 한 —— 실존을 결합하는 필연성을 내포한다. 그래서 A가 세

1) 「철학 서론」 27절에서 30절까지 참조.

워져 있을 때에, A와는 전혀 다른 것 즉, B가 필연적으로 존재해야 할 것을, 나는 인식한다. 그러나 양자의 결합에 필연성이 주어질 수 있는 것은, 그것이 선천적으로 인식되는 한에서이다. 경험은, 이런 결합[이 있다는 것]을 인식시키기는 하되, 그것이 필연적으로 그렇다는 것을 인식시키지는 않기 때문이라」고.

흄은 말한다: 「서로 다른 두 사물(혹은, 한 성질과 이것과는 아주 다른 딴 성질) 사이에 성립하는 결합은, 그 두 사물이 지각 중에 주어지지 않는다면, 그것을 선천적·필연적 [결합]이라고 인식할 수가 없다. 따라서 원인의 개념 자신은 거짓되고, 기만이다. 적이 겸손해서 말하면, 원인의 개념은 죄책 없는 기만이다. 왜냐하면, 어떤 사물(혹은 어떤 성질)들이 가끔 동시적이거나 계기적으로 그것들의 실존에 관해서 동반하는 것으로 지각하는 습관(주관적 필연성)이, 알지 못하는 중에 대상들 자신 안에다 이러한 결합을 두는 객관적 필연성으로 거꾸로 생각되어 있기 때문이다. 이래서 우리는 원인의 개념을 속임수로 얻었고 정당히는 얻지 못했다. 아니, 정당히는 결코 얻을 수도 없고 시인할 수도 없다. 원인의 개념은 그 자체상 헛된 결합, 환상적인 결합, 어떠한 이성도 지지할 수 없는 결합을 요구하기 때문이다. 이런 결합에 대응하는 아무런 객관도 있을 수 없다」고.

이리하여, 사물의 실존에 관계하는 한의 모든 인식에(따라서 수학은 이 중에서 제외되어 있다) 관해서, [흄은] 우선 첫째로 경험론을 원리들의 유일한 원천으로서 [철학에] 이끌어 넣었다. 그러나, 경험론과 함께 동시에 지독한 회의론이 (철학으로서의) 전자연과학에 관해서까지도 나타났다.

[무릇, 흄다운] 「경험론」의 원칙들에 따라서는, 사물의 주어진 성질로부터 앞으로 존재할 귀결을 우리가 추리할 수가 없고, (이렇게 추리하자면, 이런 [인과적] 결합의 필연성을 포함하는, 원인의 개념이 요구되겠기에 말이다) 단지 상상력의 규칙을 좇아서, 평소의 경우와 비슷한 경우를 기대할 수 있을 뿐이다.

그러나 이런 기대는 그것이 여하히 가끔 들어맞더라도, 결코 [절대적으로] 확실하지는 않다. 아니, 어떠한 사건에 부닥쳐서도 우리는 다음과 같이 말할 수 없겠다. 즉, 「그 한 사건에 앞서서 이런 사건을 필연적으로 생기게 하는 어떤 사건이 먼저 나타나 있었어야 한다. 다시 말하면 한 사건은 그것의 원인을 가져야 한다」고.

따라서 우리는 그러한 사건이 앞섰던 경우를, 그런 경우로부터 어떤 규칙이 이끌어 내질 수 있었던 만큼 가끔 되풀이해서 경험했더라도, 그런 까닭에서 언제나 또 필연적으로 그처럼 생기는 것으로 그 사건을 생각할 수는 없다. 그러므로, 사람은 「이성의 모든 사용」을 중지시키는 맹목적 우연(blinder Zufall)의 [존재] 권리를 허락해야 하겠다.

이런 일은 실로 결과에서 원인으로 캐 올라가는 추리에 관해서 회의론을 확립하는 것이요, 회의론을 불가피하도록 하는 것이다.

③ 그러나 수학은 언제나 다행스럽게도 [회의론의] 화를 면했다. 왜냐하면 흄은 수학의 명제들이 모두 분석적이라는 것, 다시 말하면 [논리학의] 동일률 까닭에, 따라서 모순율에 따라서, 한 성질에서 다른 성질로 진행하는 것이라고 생각했기 때문이다(그러나, 이러한 생각은 잘못이다. 수학의 명제들은 모두가 반대로 종합적이기에 말이다. 가령 기하학은, 사물의 현존을 다루지 않고, 가능한 직관에 있어서의 사물의 「선천적」인 규정만을 다루지만, 즉 기하학은 마치 「인과개념」에 의하는 듯이 A라는 규정에서 이것과는 아주 다른 B라는 규정으로 이행하되, 그러면서도 A와 B와의 결합은 필연적이다).

그러나 절대필연적 확실성 때문에 자못 존중되었던 학문[수학]도, 흄이 원인의 개념 중에다가 객관적 필연성 대신에 [주관적]습관을 포함시킨 것과 똑같은 이유로부터, 결국 원칙적인 경험론(Empirismus in Grundsaetzen)에 굴복해야 하고, 따라서 그 학문은 그것이 자신의 온갖 자랑에도 불구하고, 선천적인 규정을 명령하는 그 대담한 요구들을 각하하는 데 동의해야 하며, 관찰자들의 동정에 의해서 그 학문은 겨우 그 명제들의 보편타당성에 대한 찬사를 기대해야 한다. 여기서 동정하는 관찰자란, 기하학자가 원칙이라고 진술하는 것을, 자기[흄]도 증인으로서 항상 진술하는 그대로 지각했다고 하여, 기하학의 원칙이 비록 필연적이 아니었을망정, 장래에도 역시 필연적일 것이라는 기대를 허용해야 한다는 것을 고백하기에 서슴지 않는 사람을 말한다.

이와 같이, 흄의 원칙상 경험론은, 수학에 관해서까지도, 따라서 이성의 모든 학적인 이론적 사용에 있어서도 (이런 사용은 철학에 속하거나 혹은 수학에 속하기 때문에) 불가피적으로 회의론에 도달하는 것이다.

(사람이 인식의 중요부분에 있어서 부닥치는 것을 보는바, 이상과 같은 무서운 파멸

——[인과성 범주의 파멸]——에 당면해서) 상식적인 이성사용이 보다 더 잘 성공을 거둘는지, 혹은 반대로 모든 지식이 이런 파멸 중에 회복할 도리 없이 휩쓸려 들어갈는지, 따라서 보편적인 회의론이 동일한 원칙[흄의 경험론]으로부터 생기지나 않을는지 (이런 회의론의 타격을 물론 학자들만이 받겠지마는), 이런 것에 대한 평가를, 나는 우리들 각자 자신에게 맡기려고 한다.

④ 그런데, 순수한 [이론]이성의 비판[제일 비판]에서 내가 한 노력에 관해서 말한다면——그 노력은 확실히 흄의 회의론에 의해서 자극받았으나, [흄보다도] 더 깊이 들어가서 종합적으로 사용하는 순수한 이론이성의 전분야 따라서 우리가 일반적으로 형이상학이라고 부르는 것의 전분야를 총괄한 것이었다——나는 인과성의 개념에 관한 스코틀랜드의 철학자[흄]의 회의에 관해서 다음과 같은 태도로 대했다. 만약 흄이 경험의 대상들을 사물들 자체 그것으로 생각했다면,——(이런 일은 거의 도처에서 생기지마는)——그가 원인의 개념을 속임수요, 거짓인 환영(Blendwerk)이라고 언명한 점에서, 그는 아주 정당했다. 왜냐하면, 사물 자체들과 그것들의 규정들 자체에 관해서는, A가 정립되었다 하여, 그와 아주 다른 B[결과]가 어떻게 필연적으로 정립되느냐 하는 것을, 우리는 도저히 통찰할 수 없기 때문이다. 따라서 흄은 「사물 자체들」에 관한 그러한 선천적 인식을 결코 인정할 수가 없었다.

뿐더러 예리한 그 사람[흄]은 [사물 자체란] 개념의 경험적인 근원을 허용할 수도 없었다. 이 개념은, 인과성이란 개념의 본질인바, 필연적인 결합에 정말로 배치하기에 말이다. 따라서 그 개념은 파문을 당했고, 그 대신에 지각과정을 관찰할 즈음에 있는 습관이 나타났다.

⑤ 그러나 내 연구에서 얻은 성과는, 우리가 경험 중에서 다루는 대상들은 결코 「사물들 자체 그것」이 아니라 「현상들」일 뿐이라는 것이었다. 또 「사물들 자체 그것」에 있어서는 A가 세워졌을 때에 A와는 전혀 다른 B를 세우지 않는 일이 어떻게 모순인가 하는 것(즉, 원인인 A와 결과인 B와의 필연적인 결합)을 도저히 알아챌 수 없으며, 아니 통찰할 수 없으되, 현상으로서의 그것들[A와 B]은 하나의 경험 중에서 그 어떤 방식으로——(가령 시간 관계에서)——반드시 서로 결합해 있어야 하고, 경험을——경험 중에서만 그것들은 대상이게 되고 우리에게 인식된다.——가능하게 하는[인과필연적] 결합에 배치하고

서만 그것들을 서로 분리할 수 있다고 명백히 생각될 수 있다는 것이었다. 이것이 진상이었다. 그러므로, 나는 원인의 개념을, 「현상의 대상들」에 관해서, 그 개념의 객관적 실재성에 따라서 증명할 수 있었다. 뿐만 아니라, 그 개념이 갖는 「필연적 결합」 까닭에, 선천적 개념이라고도 연역할 수 있었다. 즉, 그 개념의 가능성을, 경험적인 원천을 기다리지 않고, 순수한 오성에서 명시할 수 있었다.

이리하여, 「원인개념」의 기원에 관한 [흄의] 경험론을 제거한 뒤에, 그런 경험론의 불가피적인 결론인 「회의론」을, 가능한 경험의 대상들에 관계하는 두 학문 중에서 첫째로 자연과학에 관해서, 나는 없앨 수 있었고, 둘째로 전혀 같은 이유에서의 귀결인 까닭에 수학에 관해서 없앨 수 있었다. 이로 인해서, 이론이성이 통찰한다고 주장하는 「모든 것에 대한 전체적 회의」를 나는 근본적으로 없앨 수 있었다.

⑥ 그러나 인과성의 이 범주를——(다른 범주들도 역시 그러하다. 이런 범주들이 없으면, 현존하는 것의 인식이 성립할 수 없기에 말이다)——「가능한 경험의 대상인 것이 아니라 이 경험의 한계를 넘어서 있는」 사물들에 적용하는 일이, 어떻게 생기는가? 나는 이런 개념[범주]들의 객관적 실재성을 가능한 경험의 대상들에 관계해서만 연역할 수 있었기에 말이다.

그러나 이 경우에 한한 일일망정, 나는 그런 개념들을 구제했던 일 즉, 그런 개념들이 「객관」들을 선천적으로 규정하지는 않으나 「객관」들을 사고할 수 있음을 내가 지적했던 일은, 순수한 오성 중에서 그러한 개념[범주]들의 좌석을 주는 것을 의미한다. 그리고 순수한 오성에 의해서 그러한 개념들은 「객관일반」과——(감성적인 객관이든 비감성적인 객관이든간에)——관계를 맺는 것이다.

만약 그 외에 「무엇이 없는 것」이 있다면, 그것은 범주들을 그 중에서도 특히 인과성의 범주를 대상들에 적용하는 조건 즉, 직관이다. 직관이 주어져 있지 않고 있는 그러한 조건은, 가상체로서의 대상의 이론적 인식을 위한 [범주의] 적용을 불가능하게 한다. 따라서 그러한 적용을 감히 함부로 한다면, (순수이성비판에서 그랬듯이) 그런 일은 전혀 거부당하는 것이다.

그럼에도 불구하고 [인과성의]개념의 객관적 실재성은 여전하게 남아 있고, 「가상체」에 관해서도 사용될 수 있으나 그러나, [이 경우에] 이 개념을 조금만이라도 이론적으로 규정할 수 없고 이 개념을 통해서 인식을 결과할 수는 없다. 왜냐하면, 이 개념이 객관[대상]에 관계해도 불가능할 것이 없다는 것은, 같은 개념이 감관의 대상들에 적용될 때에 언제나 순수오성 중에 그 개념의 좌석이 확인되었던 것에서 증명됐기 때문이다. 그 후에 이제야 이 개념이 「물자체 들」에 (이것은 경험의 대상들이 아니다) 관계했을 적에는, 그것이 이론적 인식을 위해서 일정한 대상을 의식하는 성질을 가질 수는 없지마는, 같은 개념이 어떤 다른 목적을 위해서(아마 실천적 목적을 위해서) 적용되는 성질은 여전히 가질 수 있을 것이다.

그러나 흄을 따라서 이 인과성의 개념이 일반적으로 도저히 생각될 수 없는 성질의 것이라면, [실천적 목적을 위한 사용도] 없을 것이다.

⑦ 이미 말한 [인과성의] 개념을 가상체에 적용하는 조건을 발견하고자, 왜 우리는 이 개념을 경험의 대상들에 적용하는 데에 만족하지 않고, 그 개념을 또한 「물자체들」에 사용하고 싶어하는가 하는 이유를, 우리는 회고만 해 보면 좋겠다.

이때에 그런 사용을 우리로 하여금 반드시 하도록 하는 것이, 이론적 목적이 아니라, 실천적 목적인 것이 즉시로 명백하여진다. 비록 이런 일이 성공했더라도[명백해졌더라도], 자연인식에 있어서나 또 일반적으로 우리에게 어떻게든 주어질 수 있는 대상들에 관해서, 우리는 사변[인식]을 위해서 아무런 것도 얻은 것이 없겠다. 도리어 우리의 인식을 그 근거상으로 완성하고자 또 그 한계를 정하고자, 「감성적으로 제약된 것」에서 ――(이것에만 만족하여, 원인의 연쇄를 어디까지든지 탐구하는 일만으로써도 벌써 충분한 일이다) ―― 초감성적인 것으로, 항상 우리는 더 전진해야 하겠다. 그러나 저 인식의 한계[초감성적인 것]와 우리가 아는 것[감성적인 것] 사이에 벌어진 끝없는 틈(간격)은 역시 메꾸어지지 않은 채로 있어, 우리는 확실한 지식욕보다도 [결국] 오히려 헛된 호기심에 귀를 기울였을 것이다.

⑧ 그러나, 오성은, (이론적 인식에 있어서) 대상들에 대하는 관계 이외에, 욕망능력에 대하는 관계를 가진다.[1] 그러므로 이런 욕망능력을 의지(der Wille)

1) 여기서 오성·의지·순수오성(이성)·순수의지(순수실천이성) 등의 욕망능력에 대한 관계가 드러나 있다.

라고 말한다. 그리고 순수오성이 ―― (순수오성은 이 경우에는 이성이라고 부른다) ―― 법칙의 관념을 통해서만 실천적[의지 결정적]인 한에서, 욕망능력은 「순수의지」라고 말한다. 순수의지의, 혹은 같은 말이 되나, 「순수실천이성」의 객관적 실재성은, 도덕법에 있어서는 이를테면 [양심의] 사실(Faktum)에 의해서 선천적으로 주어져 있다. 왜냐하면, 불가피적인 결의를, 비록 그것이 경험적 원리들에 의존하지 않더라도 사실이라고 말할 수 있기 때문이다.

그러나, 의지의 개념 중에 원인성의 개념이 벌써 포함되어 있고, 따라서 순수의지의 개념 중에 「자유를 가진 원인성」(Kausalitaet mit Freiheit)의 개념이 포함되어 있다. 즉 이 원인성은 자연법칙(Naturgesetz)들에 의해서 규정될 수 없는 것이요, 따라서 그것의 실재성을 증명하는 것으로서 경험적 직관이 필요함을 느끼지 않는 것이다. 그러나마 이 원인성은, 선천적인 순수한 실천법칙에 있어서 그것의 객관적 실재성을 온통 정당화(rechtfertigen)한다. 이것은 (쉽게 통찰될 수 있듯이) 이성의 이론적 사용을 위해서가 아니라, 이성의 실천적 사용을 위해서이다.

그런데, 자유의지를 갖는 존재자라는 개념은, 가상적 원인(causa noumenon)의 개념이다. 그리고 이런 개념이 모순되지 않는다는 것은, 다음과 같은 사정이 이미 보증하는 바이다.

즉, 원인의 개념은 전혀 순수오성에서 발생하여 있는 것이요, 동시에 그것의 객관적 실재성의 개념도 대상들 일반에 관하여 연역이 확인할 수 있는 것이다. 이즈음에 원인의 개념은 그것의 근원상 모든 감성적 제약에서 독립하여, 따라서 그것만으로 현상들의 제한을 받지 않을 수 있는 것이다(우리가 그 개념을 이론적으로, 규정적으로 사용하려 하지 않는다면). 그래서 [우리가]「순수한 오성적 존재」들로서의 사물들에, 원인의 개념을 적용할 수 있다[는 사정이다].

그러나 이러한 적용의 근본에 직관이 ―― 이것은 항상 단지 감성적일 수 있을 뿐인데 ―― 도무지 없으매, 가상적 원인은 이성의 이론적 사용에 관해서는 가능하며 생각될 수 있는 개념이기는 하나, 공허한 개념이다.

이에, 한 존재자가 순수의지를 가지는 것인 한에서, 그런 존재자의 성질을 이론적으로 알기를 나는 요망하지 않는다. 나로서는, 그런 존재자를 오직 이런 자[순수의지를 갖는 자]라고 지시하고, 따라서 원인성의 개념과 자유의 개념과를

(또 이 자유의 개념과 떨어질 수 없는 것이나, 자유의 규정근거로서의 도덕법과를) 결합하는 일로써 족하다.

그리고 원인 개념의 순수한 비경험적인 근원에 의해서, 나에게는 물론 그러한 권한이 있다. 왜냐하면 원인 개념의 실재성을 결정하는 도덕법에 관계해서만, 원인 개념을 사용할 만한 권한, 즉, 오직 실천적 사용을 할 만한 권한이 있다고 나는 생각하기 때문이다.

⑨ 흄과 함께 만일 내가 원인성의 개념으로부터, 이론적[원전의 실천적을 수정한 것임] 사용에 있어서의 그 객관적 실재성을, 「물자체들」(초감성적인 것)에 관해서 뿐만 아니라 감관의 대상들에 관해서도 거부한다면, 그 개념은 모두 의의를 상실하겠고, 이론상 불가능한 것으로서 전혀 사용할 수 없는 것이라고 선언될 것이다. 그리고 일반적으로 없는 것이 사용될 수는 없기 때문에, 이론상 공허(theoretisch－nichtig)한 개념을 실천적으로 사용한다는 것은, 전혀 이치에 맞지 않는 것이다.

그런데 경험적으로 제약되지 않은 「원인성의 개념」은 이론상 확실히 공허(그 개념에 대응하는 직관이 없이)하기는 하되, 항상 가능한 것으로, 불확정인 객관(ein unbestimmtes Objekt)에 ―― [물자체] ―― 관계한다. 그러나, 그 대신에 이런 원인성의 개념은 도덕법에 즉해서, 따라서 실천적 관계에서 의의를 가지는 것이다.

이에, 나는 그 개념의 객관적인 이론적 실재성을 확정하는 직관을 가지지 않으나, 그럼에도 그 개념은 구체적(in concreto)으로 심정(Gesinnung) 중에나 준칙 중에 보이는바, 현실적 적용을 가지고 있다. 다시 말하면, 지적될 수 있는 실천적 실재성을 가지고 있는 것이다. 이런 사정이 가상체에 관해서도 그 개념이 [작용한다고] 시인하기에 충분하다.

⑩ 초감성적인 것의 분야에서의 「순수한 오성개념」[원인성 개념]의 객관적 실재성[타당성]이 이미 이끌어 넣어지고 보면, 이 객관적 실재성은 이제야 모든 다른[1] 범주들에도 ―― 이 범주들이 순수의지의 규정근거(도덕법)와 항상

1) 이 범주들의 사용이 의미하는 내용은 제2편 변증론에 나오는 최고선설과 요청 등에서 드러난다(Messer, 주석서 71면, 이 책 112면, 150면 참조).

필연적으로 결합하는 한에서이지마는——객관적 실재성을 주는 것이다. 그러면서도 이 객관적 실재성은 대상들의 이론적 인식을——순수이성에 의하여 대상들의 본성[현상]을 통찰한다는 뜻에서 인식을——확장하는 데 최소의 힘이라도 미치지 않고, 틀림없이 단지 실천적으로만 적용될 수 있는 객관적 실재성을 주는 것이다.

그리하여 우리가 다음 장에서 발견하듯이, 이런 범주들은 항상 오직 예지(Intelligenz)들[영혼·천사·하나님]로서의 존재자들에게만, 이런 존재자들에 있어서도 이성의 의지에 대한 관계에만, 따라서 항상 오직 실천적인 것에만 관계하고, 그런 관계 이상으로 대상들을 인식한다는 월권을 범하지는 않는다.

이런 범주들과 결탁하여, 초감성적 사물들을 이론적으로 표상하는 방법에 수반하는바, 「그 어떠한 성질들」이 가져와지더라도, 우리는 이런 성질들을 모두 지식으로 볼 것이 아니라, 그런 성질들을 단지 가정하고 전제하는 권한(실천적 목적에서는 필연성)으로 보는 것이다.

사람이 (하나님으로서의) 초감성적 존재자를, 유추에 의해서 즉, 우리가 감성적 존재자에 관해서 실천적으로 사용하는바, 순수한 이성[이 맺는]관계(reines Vernunftverhaeltnis)에 의해서, 가정하는 경우에 있어서도 역시 그러하다.

그러므로 이 경우에, 오직 실천적 견지(praktische Absicht)에서이지마는, 이성을 「초감성적인 것」에 적용함을 통해서, 「공상적인 것」에 열중하도록 우리가 순수한 이론이성을 뒤에서 조금이라도 원조하는 것이 아니다.

제2장 「순수한 실천이성의 대상」의 개념

① 실천이성의 대상이란 개념 아래서, 나로서는 자유를 통해서 가능한 결과로서의 객관(Objekt)이라는 관념을 의미한다. 그러므로 「실천적 인식 자체의 대상이라」고 하는 것은, 단지 의지의 행위에 대한 관계만을 의미한다. 행위가 대상[선] 혹은 그 반대[악]를 실현하겠다. 그리고 무엇이 순수한 실천이성의 대상인가 아닌가를 판정한다는 것은 만일 우리가 그것에 필요한 능력(이 능력에 관해서는 경험이 판단하지 않을 수 없다)을 가졌다면, 그로 인해서 객관[즉, 선 혹은 악]이 실현되는 행위를 의욕(wollen)할 수 있느냐 없느냐 하는 것을 식별하는 것이다.

만일 객관이 우리의 욕망능력의 규정근거로서 가정된다면, 그것이 인간능력들의 자유사용에 의해서 자연적으로 실현이 가능한 것이냐 하는 것은, 그것이 [순수한] 실천이성의 대상이냐 아니냐의 비판에 선행해야 한다[즉 경험이다].

이와 반대로 만약 선천적 법칙이 행위의 규정근거로 보아질 수 있다면 따라서 순수한 실천이성이 행위를 규정하는 것으로 보아질 수 있다면, 무엇이 순수한 실천이성의 대상이냐 아니냐 하는 판단은, 인간의 자연적 능력과 비교하는 것에 전혀 의존하지 않는다.

이래서 문제는, 만일 객관[선·악]을 우리가 지배할 수 있다면, 그런 객관을 존재하게 하는 것을 노리는 행위를 우리가 과연 의욕해야 할 것이냐 하는 것뿐이다.

이에 행위의 도덕적 가능성(moralische Moeglichkeit)이 선행해야 한다. 이때에는 대상이 아니라 법칙이 행위를 규정하는 근거이기에 말이다.

② 이렇기에, 순수한 실천이성의 객관들(Objekte)은 오로지 선·악이라는 객관들뿐이다. 왜냐하면 사람은 선에 의해서 욕망능력의 필연적 대상을 의미하고,[1] 악에 의해서 혐오능력(das Verabscheuungvermoegen)의 필연적 대상을 의미하

1) 쉽게 말하면, 순수이성에 의해서 규정된 [법칙적] 의지가 반드시 의욕하는 것이, 일반적으로 선이요, 「순수이성에 의해서 규정된 의지」가 반드시 거부하는 것이, 일반적으로 악이라는 뜻이다. 그러므로, 선·악의 규정은 형식적이요, 따라서 보편타당하기도 하다.

되, 선·악의 양자가 다 「이성의 원리」에 좇아서 있기 때문이다.

③ 만약 선의 개념이, 그것에 앞서 있는 실천법칙에서 이끌어 내지지 않고, 도리어 실천법칙의 기초가 되어야 한다면, 그것은 내용적인 무엇의 개념일 수 있을 뿐이다. [내용적인] 무엇이란, 그것의 존재가 쾌락을 약속하는 것이요, 그것을 낳고자 주관의 원인성을, 즉 욕망능력을 결정하는 것이다.

그런데, 그 어떤 관념이 쾌락을 수반하고, 그 어떤 관념이 반대로 불쾌를 수반하는지, 이것을 선천적으로 통찰할 수는 없기 때문에, 무엇이 직접 「선」 혹은 「악」인가를 결정하는 것은 오로지 경험에 달려 있다.

경험은 주관에 관계해서만 하여질 수 있고, 이런 주관의 성질은 내감에 속해 있는 수용성으로서의 쾌·불쾌의 감정이다. 이렇기에 무엇이 직접 선이냐 하는 것의 개념은, 만족감(die Empfindung des Vergnuegens)이 직접 결합해 있는 것에만 관계하겠고, 단적 악(das Schlehthin－Boese)의 개념은 직접 고통을 자극하는 것에만 관계하지 않을 수 없겠다.

그러나 이런 짓은 쾌락과 선, 불쾌와 악을 서로 구별하는 용어의 관례에 이미 어긋나 있고 「이성이 항상 선악을 비판할 것을」 요구한다. 따라서 개별적 주관과 그 감수성과에 국한되는 한갓 감각이 [선악을 판정할 것이] 아니라, 보편적으로 알려지는 개념이 선악을 판정할 것을 요구하건마는, 쾌 혹은 불쾌는 그 자신에 있어서는 「객관」의 관념과 도무지 선천적으로 직접 결합할 수 없다. 이러한 사정인 까닭에 쾌감을 실천적 판정의 근본에 두지 않을 수 없다고 생각하는 철학자는, 쾌락을 얻는 수단인 것을 선이라고 말할 것이요, 불쾌와 고통의 원인인 것을 악이라고 말할 것이다. 왜냐하면, 수단의 목적에 대한 관계를 판정하는 것은, 확실히 [가언명령적] 이성에 속하기에 말이다.

그러나, 수단과 그 의도와의 결합을 통찰할 수 있는 것은 이성만이라 하더라도, ——(따라서 의지는 여러 목적 능력이라고 정의될 수 있다. 목적들은 언제나 원리에 의해 욕망능력을 규정하는 근거들이기에 말이다) ——이제 말한 선의 개념으로부터 단지[쾌를 얻는] 수단으로서만 생기는바, 실천 준칙들은 그 어떤 자립선(etwas fuer sich selbst Gutes)을 의지의 대상으로서 포함하는 것이 아니라, 오직 무엇을 위한 어떤 선(etwas irgend wozu Gutes)을 의지의 대상으로서 포함하는 것이다.

이러고 보면, 선은 항상 유용한 것에 불과하겠다. 무엇을 위해서 유용한 것은, 항상 순수한 의지 바깥의 감각 중에 있지 않을 수 없다. 만일 이 감각이 쾌적감으로서, 선의 개념과 구별되어야 한다면, 직접적으로 선인 것은 일반적으로 존재하지 않고, 선은 오직 어떤 다른 것에 대한 수단, 즉 쾌적에 대한 수단 중에서만 구해지지 않을 수 없다.

④ 「선의 근거 아래서(sub ratione boni)가 아니면 우리는 아무런 것도 욕구하지 않고, 악의 근거 아래서(sub ratione mali)가 아니면 우리는 아무런 것도 배척하지 않는다.」 —— 이것은 교본의 오래된 신조이다.

사람은 이 신조를 흔히 정당히 사용하나, 철학에서 사람은 가끔 매우 해롭게 사용하기도 한다. 이것은 bonum(선)과 malum(악)이란 말의 뜻이 불명하기 때문이다.

이런 형편에 대한 책임은 언어의 불충분성에 있다. 이 까닭에 그 두 말은, 이중의 뜻을 느낄 수 있고, 따라서 실천법칙들을 반드시 의심스럽게 한다. 철학은 그 두 말을 사용할 무렵에, 같은 말에서 서로 다른 뜻을 깨닫지마는, 다른 뜻에 대한 각기 다른 특수한 말을 발견하지 못하매, 나중에는 사람들이 일치할 수 없는 「미묘한 구별」을 하지 않을 수 없도록 한다. 왜냐하면, 이런 구별을 아무런 적당한 말도 직접 표시하지 못했던 때문이다.*

* 게다가, (sub ratione boni) 선의 근거 아래서란 말도 불명하다. 이 말은 우리가 무엇을 욕망(의욕)할 적에 또 욕망하기에, 그 무엇을 「선」이라고 생각하는 것을 지시할 수 있으되, 우리가 무엇을 「선」이라고 생각하기에 그 무엇을 욕망하는 것을 지시할 수도 있다.
이에, 욕구가 선으로서의 객관의 규정근거이거나, 혹은 「선」의 개념이 욕망(의지)의 규정근거이거나다.
이리하여 「선의 근거 아래서」란 말은, 첫째 경우에는 「선」의 이념 아래서 무엇을 의욕하는 것을 의미하겠고, 둘째 경우에는 의지의 규정근거로서의 의욕에 앞서야 하는, 선 이념의 결과로 무엇을 의욕하는 것을 의미하겠다.

⑤ 「독일 말」에는 다행하게도 그런 구별을 봐 넘기지 않게 하는 표현을 가지고 있다. 라틴 사람[고대 로마 사람]들이 bonum이라는 하나의 말만 든 데 대

해서 「독일 말」은 두 개의 매우 다른 개념과 [그것에 적합한] 두 개의 다른 표현을 가지고 있다. 즉 bonum에 대해서 선(das Gute)과 복(das Wohl), malum에 대해서는 악(das Boese)과 화(das Uebel) 혹은 불행(Weh)이란 표현이다.

이에, 우리가 수행한 행위에 있어서 그 행위의 선과 악을 고찰하느냐 혹은 복과 화를 고찰하느냐 하는 것은, 두 낱의 아주 다른 판정을 의미한다.

이로부터 생기는 결과는 다음과 같다. 즉, 위에서 말한 심리적 명제는, 그것이 「우리는 틀림없이 오직 우리의 복 혹은 화를 욕망한다」고 번역될 때에는 적어도 아직 자못 불확실하되, 반대로, 「우리는 이성의 지시에 따라서(nach Anweisung der Vernunft) 선 혹은 악이라고 생각되는 한도 안의 것만을 오로지 의욕한다」고 번역될 때에는, 그 명제는 의심할 여지없이 확실하게 표현되고, 동시에 아주 명백하게 표현된다.

⑥ 복이나 화는, 항상 쾌적이나 불쾌적, 즉 만족과 고통이라는 우리의 감정상태에 대한 관계만을 의미한다. 그러므로, 우리가 어떤 객관을 욕망하거나 혐오한다면, 그런 일은 객관이 우리의 감성과 객관이 낳는 쾌·불쾌의 감정과에 관계하는 한에서만 생기는 것이다.

그러나, 선이나 악은 항상 이성의 법칙(Vernunftgesetz)에 의해서 무엇을 의지의 객관[대상]으로 하도록 의지가 규정되는 한에서의, 의지에 대한 관계를 의미한다.

[순수한] 의지는 실로, 객관과 객관의 표상과에 의해서 결코 직접 규정되지 않고, 「이성의 규칙」을 행위의 동기로 하는 능력이다(이 동기를 통해서 객관은 실현될 수 있다).

이렇기에 선이나 악은, 원래 인격(Person)의 행위들에 관계 맺는 것이요, 인격의 감정상태(Empfindungszustand)에 관계 맺는 것이 아니다. 그리고 「그 무엇」이 단적으로 (그리고 모든 점에 있어서 또 다른 조건 없이) 선 혹은 악인 때에는, 또는 선 혹은 악이라고 생각될 때에는, 그것은 오직 행위태도(Handlungsart)·의지의 준칙·따라서 선인 혹은 악인으로서의 행위하는 인격 자체를 말[1]하는 것이겠

1) 「도덕철학서론」에서는 이와 같은 사상을 「이승에서나 이승 밖에서나 무제약적 선이라고 불려질 것은, 선의지[양심]뿐이라」고 말했다.

고, 선 혹은 악이라고 불리는 물건(Sache)을 말하는 것이 아니겠다.

⑦ 스토아 학도는 가장 심한 통풍[관절이 붓고 아픈 병]의 고통에 있어서 「고통이여! 네가 여하히 나를 괴롭히더라도, 나는 네가 무슨 악(kakon, malum)이라고는 인정하지 않겠다」고 부르짖었다. 세인은 이런 스토아 학도를 조롱할는지 모른다. 그러나 스토아 학도의 말은 옳았다. 그것은, 악이 아니라 화를 의미했던 것이다. 스토아 학도는 그것을 화라고 느꼈고, 그의 부르짖음은 화인 것을 증명하였다.

그러나, 그로 인해서 스토아 학도는 자기한테 악이 붙어 있었다는 것을 승인할 원인을 가지지 않았다. 고통은 그의 인격가치를 깎는 것이 아니고, 오직 그의 상태가치를 깎을 뿐이기에 말이다.

만일 그가 오직 하나의 거짓말이라도 한 것을 의식했더라면, 그것은 그의 용기를 꺾었을 것이다. 그러나 그가 아무런 부정행위에 의해서 고통을 짊어질 죄책이 있은 것이 아니요, 또 그것으로 인해서 형벌을 받을 만하지 않았다는 것을 의식했을 적에, 고통은 오히려 스토아 학도를 분발케 하는 인연이 되었을 따름이다.

⑧ 우리가 선이라고 불러야 할 것은, 모든 이성적 인간의 판단에 있어서 욕망 능력의 대상이 아닐 수 없으며, 또 악은 만인이 보아서 혐오의 대상이 아닐 수 없다. 따라서 선악의 판정을 위해서는 감관 이외에 이성이 필요하다. 거짓의 반대인 성실에 있어서도, 폭행의 반대인 정의(Gerechtigkeit)에 있어서도, 사정은 마찬가지이다.

그러나 우리는 모든 사람이 동시에, 때로는 간접으로 때로는 직접으로 선이라고 언명해야 하는 「그 무엇」을 화라고 이를 수 있다. 외과수술을 받는 사람이, 그런 수술을 받음을 「화」라고 느끼는 것을, 의심할 것이 없으되, 이성에 의해서 그와 다른 모든 사람이 그것을 「선」이라고 언명한다.

그러나 평화를 사랑하는 백성을 학대하기를 좋아하고 백성을 불안하게 하는 어떤 자가, 드디어 붙잡혀서 매로써 가혹하게 두들겨졌다면, 이것은 확실히 화로되, 모든 사람이 그런 일을 찬동하고, 비록 그런 찬동에서 아무런 결과도 생기지 않았다 하더라도, 그런 일을 자체선이라고 생각한다. 아니, 화를 입은 당자도, 자기의 이성에 의해서 그렇게 되는 것이 당연하다고 인식하지 않을 수 없다. 왜냐하면, 그는 이성이 그의 앞에 필연적으로 내놓는 비례적 조화 —— 행복과 선행[혹은 불행과 악행]과의 조화 —— 가 여기에 정확히 시행된 것을 보기 때문이다.

⑨ 물론 우리의 복(Wohl)과 불행(Weh)은, 우리의 실천이성의 판정에 있어서 매우 중대한 것이다. 우리의 행복이 과도적 감각에 의해서가 아니라, 이 우연성[감각]이 우리의 전현존과 현존에의 만족감에 대한 영향에 의해서, 판정 —— 이성이 이렇기를 특히 요구하듯이 —— 된다면, 감성적 존재자로서의 우리의 본성에 관계하는 한에서 만사가 우리의 행복에 달려 있다.

그러나 만사가 절대적으로 행복에 달려 있는 것은 아니다. 인간을 그가 감성계에 속하는 한에서, 그는 늘 「부족을 느끼는 존재」(ein beduerftiges Wesen)이다. 그런 동안, 인간은 그가 거절할 수 없는 감성측의 주문을 갖는다. 이것은, 감성의 이익을 돌보기 위해서요, 또 이승생활의 행복과 되도록이면 저승생활의 행복을 노려서도 실천준칙을 만들기 위해서다. 그러나 인간은 이성이 독자적으로 말하는 모든 일에 대해서 전혀 무관심일 그만큼, 그래서 이성을 단지 감성적 존재로서의 그의 요구를 만족시키는 도구로 쓰기만 할 그만큼, 완전히 동물인 것은 아니다.

왜냐하면, 만일 이성이 인간에 대해서, 동물에 있어서 본능이 하는 그런 일을 하자고만 쓰일 것이라면, 인간이 이성을 갖는다는 것은 가치상으로 인간을 순동물성보다 조금도 더 높이지 않기 때문이다.

그렇다면, 이성이란, 동물보다도 더 높은 목적을 규정하는 일이 없이, 동물에 준 목적과 동일한 목적을 인간에게 정하고자, 자연이 사용한바, 특수한 솜씨임에 지나지 않겠다.

이에 인간은, 그에게 이미 마련된 자연조직[생명 있는 자의 애착심]을 따라서, 그의 복·불행을 항상 고찰하고자, 물론[가언명령적] 이성을 가지지마는, 인간은 그것 외에 한층 더 높은 사명을 위해서 또한 [무상명령적] 이성을 가지고 있다.

이 높은 사명이란 것은, 자체상 선 혹은 악인 것을 —— 이에 관해서는 순수해서 감각에 전혀 관심이 없는 이성만이 판단할 수 있다. —— 숙려하려고 할 뿐만 아니라, 이런 [순수한] 판정과 저런 [감성적] 판정을 완전히 구별하여, 전자를 후자의 최상 조건으로 하고자 하는 것이다.

⑩ 복과 화에 관계해서, 상대적으로 선이요, 악이라고 불리는 것과 구별해서, 자체선과 자체악을 판정함에 있어서, 다음의 여러 가지 점이 중요하다.

즉, 이성의 원리는, 욕망능력이 가능케 하는 객관들을 돌봄[고려]이 없이, 이미 자체적으로 의지를 규정하는 근거라고 생각된다(이성의 원리는 따라서 준칙의 법칙적인 형식에 의해서만 생각된다). 이때에는 이성의 원리는 선천적인 실천법칙이요, 순수한 이성은 그 자신만으로 실천적이라[의지를 규정한다]고 가정된다. 이때에는 법칙이 직접 의지를 규정하고, 법칙에 적합한 행위는 자체선이다. 의지의 준칙이 항상 법칙에 적합하는 의지는, 단적(schlechterdings)으로 모든 점에 있어서 선하고, 또 모든 선의 최상조건이다.

만약 이상과 같지 않다면, 욕망능력을 규정하는 근거[객관]가 의지의 준칙에 앞선다. 욕망능력의 규정 근거는 쾌·불쾌의 객관을 전제하고, 그러므로 만족을 주고 혹은 고통을 주는 「그 무엇」을 전제한다. 그리고 쾌를 촉진시키고 불쾌를 피하게 하는 「이성의 준칙」은, 행위를 규정하기는 하되, 이런 행위는 우리의 애착과 관계해서 상대적으로 선인 것이요, 따라서 간접적으로만 ―― (즉, 다른 목적을 돌보아서, 이런 목적에 대한 수단으로서) ―― 선인 것이다.

이성의 준칙들은, 이때에는 법칙들이라고 이를 수는 없으나마, 이성적인 실천 훈계들이라고 이를 수는 있다.

목적 자신 즉 우리가 구하는 [심리적인] 만족은, 이 후자의 경우에는 선이 아니라 복이다. 이성의 개념이 아니라 감정의 대상에 관한 경험적[1]인 개념이다.

「복」을 위한 수단의 사용, 즉 행위는, ―― (이런 행위는 이성적인 사려를 요구하기 때문에) ―― [상대적으로] 선이라고 이르기는 한다. 그러나마, 그것은 단적으로 선인 것이 아니라, 쾌·불쾌의 감정에 상관하는 우리의 감성에 관계해서만 선이라고 이르는 것이다.

그러나 의지의 준칙이 쾌·불쾌의 감정에 의해 촉발되는(affiziert werden) 의지는 순수한 의지가 아니다. 순수한 의지는 순수한 이성이 자신만(für sich selbst)으로 실천적일[의지를 규정할] 수 있는 「것」에만 관계한다.

1) Kant 철학에서 경험적(empirisch)인 것은, 인상을 수용하는 것일 뿐만 아니라, 심리적·기분적이어서 보편타당성을 주장할 수 없는 것이기도 하다.

⑪ 선악의 개념은 도덕법 이전에 규정되지 않고, (얼른 보면 선악의 개념이 도덕법의 근본에 두어져야 할듯 하되) 오직 도덕법 이후에 또 도덕법을 통해서 (여기서도 그랬듯이) 규정되어야 한다. 이것이, 실천이성비판에서의 「나의」 방법이 그른 것 같되, 실은 옳은 주장이지만, 이런 주장을 설명해 둘 장소가 바로 이곳이다.

즉, 비록 우리는 도덕성의 원리가 순수한 법칙이요, 의지를 선천적으로 규정하는 법칙임을 알지 않았더라도, 원칙들을 전혀 근거 없이(umsonst, gratis) 가정하는 일이 없고자, 의지가 다만 「경험적」으로 규정되는 근거들만을 갖는지, 혹은 순수하고도 선천적으로 규정되는 근거들을 갖는지, 이것을 적어도 애초에 미결인 채로 남겨두어야 하겠다. 왜냐하면 이제부터 결정해야 할 것을 미리 가결된 것으로 아예 가정하는 일은, 철학적 방법의 모든 근본규칙에 위반하기 때문이다.

그런데 우리가 선의 개념에서 출발하여 그것에서 의지의 법칙을 이끌어내려 했다고 가정한다면, 대상(좋은 대상)에 관한 「선의 개념」이 동시에 이 대상을 의지의 유일한 규정근거로서 들겠다. 그런데 이런 「선 개념」은 그것의 기준으로서 아무런 선천적인 실천법칙도 가지지 않으므로, 선 혹은 악의 시금석은 대상이 우리의 쾌고감에 일치하는 것 이외의 아무런 다른 것에도 두어질 수가 없겠다. 그리고[이때에는] 이성의 사용은, 일부는 생존의 모든 감각과 전체적으로 연관해 있는 쾌·불쾌를 규정하는 점에서만 성립할 수 있겠고, 다른 일부는 쾌·불쾌의 대상을 우리에게 주는 수단을 규정하는 점에서만 성립할 수 있겠다.

그런데 무엇이 쾌감에 적합하는가 하는 것은 오직 「경험」만이 결정할 수 있고, 이런 진술에 의하면 실천 법칙은 조건으로서의 쾌감에 기본할 것이다. 그러므로, 선천적인 실천법칙들의 가능성은 정말 배제되겠다. 이런 결과로 된 까닭은 의지의 대상이 선의 개념으로서 의지의 보편적이면서도 경험적인 규정근거로 되어야 하고, 이런 대상을 의지를 위해 발견하는 것이, 아예 필요하다고 생각했기 때문이다.

그러나 먼저 연구할 필요가 있었던 것은, 과연 사실로 의지의 선천적인 규정근거가 없느냐 하는 것이다(이런 규정근거는 틀림없이 순수한 실천법칙 중에서만 발견되겠다. 실천법칙이 대상을 돌봄이 없이, 준칙에다 오직 법칙적인 형식만을 지시하는 한에서 사실 그럴 것이다).

그러나 선과 악의 개념에 의해서 사람이 대상을 미리 모든 실천법칙의 근본에 두어서, 대상이 그것에 앞서 있는 법칙 없이 오직 경험적인 개념에 의해서 생각될 수 있었던 때문에, 사람은 순수한 실천법칙을 생각만이라도 할 수 있는 가능성을 아예 빼앗겼던 것이다.

반대로 만일 우리가 후자[실천법칙]를 아예 분석적으로 탐구했더라면, 대상으로서의 「선 개념」이 도덕법을 규정하고 가능케 하는 것이 아니라, 거꾸로 도덕법이 「선의 개념」을——도덕법이 단적으로 선의 이름을 가질 만한 한에서——규정하고 가능케 하는 것임을, 우리는 발견했을 것이다.

⑫ 한갓 최상적 도덕 연구의 방법에 관하는 것인 이상의 설명은 중대한 것이다. 이 설명은 최상의 도덕원리에 관한 철학자들의 모든 혼란을 일으킨 원인을 단번에 천명하는 것이다.

왜냐하면, 철학자들은, 대상을 법칙의 실질로 하고 법칙의 근본으로 하고자, 의지의 대상을 구했기에 말이다(이때에는 법칙은, 쾌·불쾌감에 즉해서 가져와진 대상을 통해서, 직접이 아니라[간접으로] 의지의 규정근거일 것이다).

그러나 그 대신에 그들은 실상은 무엇보다도 먼저 선천적으로 또 직접적으로 의지를 규정하는 법칙을, 이런 의지에 적합해서 비로소 대상[선악]을 규정하는 법칙을 탐구할 것이었다.

그런데, 그들은 선의 최상개념을 줄 터인 쾌의 대상을, 행복 중에, 완전성 중에, 도덕적 감정에, 혹은 하나님의 뜻 중에 설정하려고 했다. 따라서 그들의 원칙은, 타율이었고, 그들은 필연적으로 도덕법의 경험적인 조건들에 부닥치지 않을 수 없었다. 그들은, 의지의 직접적인 규정근거로서의 대상을, 언제나 경험적인바, 「감정에 대한 의지의 직접 태도(Verhalten)」에 의해서만 선 혹은 악이라고 말할 수 있었기에 말이다. 원래는 형식적인 법칙만이, 즉 준칙의 최상조건으로서 이성의 보편적인 법칙 수립이라는 형식 이상의 아무런 것도 이성에 보내 주지 않는 그런 법칙만이, 실천이성의 선천적인 규정근거일 수 있는 것이다.

그러나 고대인들은 도덕의 연구를 전혀 최고선(das hoechste Gut)의 개념을 규정하는 데에 두었으며, 따라서 [먼저] 대상의 개념을 규정하는 데에 두었으나, 뒤에 와서는 이 대상 [최고선]을 도덕법에 있어서의 「의지의 규정근거」로 삼고자 생각하였다. 이 때문에 고대인은 [타율이라는] 결함을 감춤 없이 폭로한 것이다. 훨씬 후기에 와서 도덕법이 자신만으로 보증되어 있고, 또 의지의 규정근거라고 시인되어 있지만, 이런 후기에는 저 객관[최고선]은 이제야 형식상에서 선천적으로 규정된 의지에 대해 그 대상으로 생각될 수 있는 것이[었]다. 이 점의 진술을 우리는 [제2편의] 「순수한 실천 이성의 변증론」에서 도모하고자 한다.

근세인들에 있어서는 최고선의 문제의 [연구]는 쇠퇴한 듯 하고, 적어도 단지 부차적인 것이 된 듯하거니와, 이들은 상술한 결함을 막연한 말로써, ——(다른 많은 경우와 같이) ——감추어버리고 있다. 그러나마 우리는 이들의 [사상] 체계에서 그러한 결함을 엿보는 바이다. 왜냐하면 이때에는 그 체계는 실천이성의 타율을 도처에서 폭로하고, 타율로부터는 선천적·보편적으로 명령하는 도덕법은 도저히 발생할 수 없기 때문이다.

⑬ 그런데, 선과 악의 개념은 선천적인 의지규정의 결과로서 순수한 실천원리를 전제하고, 따라서 순이성의 원인성을 전제한다. 그러므로 선과 악의 개념은 오성의 순수한 개념들처럼, 혹은 이론적으로 사용된 이성의 범주들처럼 (주어진 직관들의 다양을 하나의 의식에 있어서 종합적으로 통일하는 성질로서의), 원래는 객관[현상]들에 관계하지 않는다. 선과 악의 개념은, 도리어 객관들을[순수이성의 원인성에서] 주어진[1] 것으로 전제한다.

선과 악의 개념은 최다 유일한 범주, 즉 원인성의 범주의 양상(Modi der Kategorie der Kausalitaet)이다. ——이 점은 원인성의 규정근거가 「원인성의 법칙」이라는 이성관념 중에 존립하는 한에서 그러하다. 원인성의 법칙은 「자유의 법칙」이요, 이성이 그런 법칙을 자기 자신에게 주는 것이요, 그로 인해서 자신이 선천적으로 실천적임을 증명하는 것이다.

그러나, 행위는 한편에서는 확실히 자연법칙(Naturgesetz)이 아니라 「자유의 법칙」인, 하나의 법칙에 속한다. 따라서 가상적 ——[초감성적] ——존재의 태

1) 외적·내적 자연의 인식에 있어서는, 순수직관이 선행해야 한다. 그러나 선악의 인식에 있어서는, 순수직관이 선행할 필요가 없고, 논리적으로 오직 도덕법만이 선행한다. 도덕법의, 이를테면 자기규정으로서 선과 악의 객관이 발견된다. 이런 의미에서 주어진 것으로 전제한다.

도에 속한다. 행위는 다른 편에서는 감성계의 사건으로서, 현상들에 속하기도 한다. 그러므로, 실천이성의 규정들은, 현상에 관계해서만 생길 수 있다. 따라서 그것은 확실히 오성의 범주들에 적합하지마는, 오성의 이론적 사용의 견지에서 (감성적인) 직관의 다양을 선천적인 의식 아래 가져오도록 통일하기 위해서가 아니라, 오직 욕망의 다양을 도덕법에 의해서 명령하는 실천이성의 통일적 의식에, 즉 선천적인 「순수의지」의 통일적 의식(die Einheit des Bewusstseins)에 종속시키기 위해서 생길 수 있다.

⑭ 「자연의 범주들」로서의 이론적 개념들에 대해서 우리가 [범주는 범주이지만] 자유의 범주들(Kategorien der Freiheit)이라는 명명을 한다면, 이러한 자유의 범주들은 자연의 범주들에 대해 명백히 다음의 장점을 갖는다. 즉, 후자는 우리에게 가능한 모든 직관에 대해서 객관들 일반(Objekte ueberhaupt)을 보편적 개념에 의해 무규정적[비개별적]으로 표시하는 사고형식(Gedankenform)들임에 지나지 않되, 반대로 전자는 자유의지(freie Willkuer)의 규정에 관계한다(자유의지에 완전히 대응하는 직관은 도무지 주어질 수 없으나, 그러나 자유의지의 근본에는 순수하게 선천적인 실천법칙이 놓여 있다. 이런 일은 「우리 인식능력」의 이론적 사용의 개념들에 있어서는, 도무지 생길 수 없다). 그러므로 직관형식(시간과 공간) 대신에 —— 이것은 이성 자신 중에 존재하지 않고, 다른 곳으로부터, 즉 감성으로부터 취해 오게 되지만 —— 실천적인 기본개념(Elementarbegriff)들인 「자유의 범주들」은 이성 중에 있는, 따라서 사고능력 자신 중에 있는 순수의지의 형식을 [이를테면] 주어진 것으로서, 근저에 갖고 있는 것이다.

이로 인해서 사실 생기는 일은, 순수한 실천이성의 모든 훈계에 있어서는 다만 의지의 규정만이 문제요, 목적 수행의 자연적 제약(즉 실천능력[1])은 문제되지 않으므로, 선천적인 실천개념[선·악]들은, 자유의 최상원리에 관계해서 그대로 인식[지혜]이 되지마는, 의의를 얻고자 직관들을 기다릴 필요가 없다는 것이다. 그러면서도 선천적인 실천개념들은 그것들이 관계하는 것의 현실성(즉, 의지의 심정) 자체[2]를 낳는다고 하는 주목할 만한 근거에서 그러하다는 것이다. 여

1) 이 실천능력은 선천적인 것이 아니므로, 선악의 물리적·물질적·신체적·자연적 실현가능성을 말한다. 이것은 오히려 이론이성의 문제다.
2) 가치에 주목한 M. Scheler의 선악 규정은 당위에 주목한 칸트의 그것과 대조적이다.

기서 현실성을 낳는다는 것은, 이론적 개념들이 상관하는 일이 아니다.

자유의 범주들은 오직 실천이성 일반에만 관계하고, 그러므로 그것들의 순서는 [아래의 범주표와 같이] 도덕적으로는 아직 규정되지 않고 감성적으로 제약된 것[범주]들에서, 감성적으로 제약되어 있지 않으나 도덕법이 규정하는 것[범주]들로, 진행한다. 이 점만은 우리가 가장 잘 알고 있어야 한다.

선과 악에 관한 자유의 범주표

1. 분량	[단일성] 주관적 준칙에 따르는 것(개인 의지의 사견들=[준칙들]) [수다성] 객관적 원리에 따르는 것(훈계들)=[행복에 관하는 가언적 명령] [전체성] 「자유의」 선천적 · 객관적인 또 주관적인 원리(법칙들)=무상명령
2. 성질	[실재성] 하기의 실천규칙(권고)들 [부정성] 안하기의 실천규칙(금지)들 [제한성] 제외하기의 실천규칙(제한)들
3. 관계	[실체성] 인격성 [도덕적 실체]에 대한 관계 [인과성] 인격의 상태[행복의 증진이나 손해]에 대한 관계 [교호성] 한 인격과 다른 인격의 상태와의 상호적 관계
4. 양상	[가능성과 불가능성] 허락된 일과 허락 안 된 일 [현존성과 비현존성] 의무와 의무에 위반하는 일 [필연성과 우연성] 완전한 의무와 불완전한 의무[1]

⑮ 여기서 사람은 곧 다음의 것을 안다.

즉, 「범주표」에서 자유는 경험적인 규정근거에 종속하지 않는 종류의 원인성이로되, 그런 자유는 자신에 의해서 가능한 [신체적]행위들——감성계의 현상들——에 상관해서 고찰되고, 따라서 감성계의 자연적 가능[Naturmoeglichkeit,

ㄱ. 선은 의욕의 영역에 있는 가치요, 적극적 가치의 실현에 밀접하게 결합해 있다.
ㄴ. 악은 의욕의 영역에 있는 가치요, 소극적 가치의 실현에 밀접하게 결합해 있다.
ㄷ. 선은 의욕의 영역에서, 보다 더 높은(최고) 가치의 실천에 결합한 가치다.
ㄹ. 악은 의욕의 영역에서, 보다 더 낮은 가치의 실현에 결합한 가치다.
위의 선악은 작용과 그것의 주체인 인격에만 있는 선천적인 실질가치, 즉 인격가치다.

1) 완전한 의무는 자살 또 거짓 약속을 하지 않는 것이요, 불완전한 의무는 자타에 대한 공적적 의무다. 도덕철학 서론 224면 참조.

즉 물리적 가능]에 관한 범주들에 관계하기는 한다. 그럼에도 불구하고, [불량·성질·관계·양상에 입각한 자유의] 모든 범주는 그 어느 것이든지, [사견일반·훈계일반이라고 하듯이] 일반적으로 말하기 때문에, 그런 종류의 원인성의 규정근거는 가상적[초감성적] 존재자의 성질인 자유——감성계 바깥——중에 있다고 가정될 수도 있다. 이래서 드디어 「양상의 범주들」은 실천원리 일반에서, 도덕성의 실천원리로—— 비록 단지 개연적이기는 하되——옮아가는 것을 도입하고 있다. 도덕성의 원리들은, 뒤에 와서 도덕법에 의해 비로소 정설적(dogmatisch)이라고 이를 수 있다.

⑮ 현재의 「범주표」를 설명하고자, 나는 이보다도 더 붙일 것이 없다. 그 표는, 자체적으로 충분히 이해되기에 말이다. 원리에 좇아서 된 이런 분류는, 그것의 철저성과 가해성 때문에, 모든 학문에 매우 유용한 것이다.

가령 사람은, 그 표와 그것의 처음 숫자——[분량의 범주]——로부터 곧, 실천적 고찰에 있어서 무엇으로부터 출발해야 하는 것을 안다. 즉, [처음에는] 각인이 자기의 애착에 기인케 하는 준칙에서 [출발하고, 다음에는] 이성존재자들이 어떤 애착들에 있어서 서로 일치하는 한의 일단의 이성존재자들에게 타당하는 훈계에서[출발하며], 드디어 애착에 상관없이 만인한테 타당하는 「법칙」에서 출발해야 하는 것이다.

이리하여 사람은, 그가 반드시 해야 할 것의 전체 계획을, 또 해답해야 하는 실천철학의 모든 문제를, 동시에 지켜져야 할 질서를, 대관하는 바이다.

순수한 실천적 판단력의 전형

① 선과 악의 개념들이 의지를 위해 비로소 [그 의지의]객관을 정한다. 그러나, 선과 악의 개념들 자신은 이성의 실천규칙에 종속한다. 이성이 순수이성일 때에, 이 규칙은 의지의 대상에 관해서 의지를 선천적으로 규정한다.

헌데 감성에 있어서 우리가 할 수 있는 행위[눈이 보이는 행동]가, 실천규칙에 종속하는 것이냐 아니냐 하는 것은, 실천적 판단력[1]이 결정할 일이다. 이

1) 판단력(Urteilskraft)은 특수를 보편 아래 포섭하는 능력이다. 이러한 판단력은 구상력(Einbildungskraft)을 통해서, 감성을 오성으로 높이는 것이요, 이런 것이 인식적 판단력의 작용이다.

판단력이, 규칙 중에서 일반적·추상적으로 말해진 것을 행위에다 구체적(in concreto)으로 적용하는 바이다. 그러나 순수이성의 실천규칙은 첫째로 실천적[의지 규정적]인 것으로서, 한 객관의 존재(die Existenz eines Objekts)에 관계하고, 둘째로 순수이성의 실천규칙으로서 행위의 존재(das Dasein der Handlung)에 관계하는 필연성을 지니기 때문에 그것은 실천법칙이다. 그러면서도 이 실천법칙은, 경험적인 규정근거들에 의한 자연법칙이 아니라, 「자유의 법칙」이다. 자유의 법칙에 의해서, 의지는 모든 경험적인 것에서 독립하여(단지 법칙일반의 관념과 법칙의 형식과에 의해서) 규정될 수 있을 것이다. 그러나마 가능적 행위로 나타나는 모든 경우는, 오직 경험적일 수 있다. 즉, 경험과 자연에 속할 수 있다.

이상과 같은 까닭에, 감성계에 있는 한에서, 항상 자연법칙에 종속하지마는, 그러함에도 「자유의 법칙」의 적용을 허락하는 경우를, 또 감성계에 구체적으로 표현되어야 할[도덕적 선]의 초감성적인 이념이 적용될 수 있는 경우를, 감성계에서 발견하려고 하는 일은 배리일 듯하다. 이에, 순수한 실천이성의 판단력은 순수한 이론이성의 판단력과 마찬가지로 곤경에 빠져 있다.

그러나마, 이론이성의 판단력은 이런 곤경을 벗어나는 수단을 가지고 있었다. 즉, 이론적 사용의 경우에는 오성의 순수한 개념들이 적용될 수 있는 직관들이 문제였고, 이러한 직관들은(비록 감관들의 대상들에 관계하되) 선천적으로 주어질 수 있었으며, 따라서 직관 중의 다양의 결합에 관계하는 한에서, 선천적인 오성의 순수한 개념들에 적합해서 (도식[1])들로서)주어질 수 있었다.

실천적 판단력은 개개의 행위(즉, 특수)가 과연 보편적인 법칙(혹은 규칙)에 적합해 있느냐의 여부를 판정하는 것이다.

인식적 판단력이나 실천적 판단력이나 다같이, 규정적 판단력이다. 보편적인 것을(인식적 원칙이건 실천적 법칙이건), 특수한 경험적 관념(구상력의 산물인 도식이나, 혹은 여기서 설명된 전형 Typus, 영어의 pattern)에 의해서 규정하는 것이기 때문이다.

규정적 판단력에 대해서 반성적 판단력이 있다. 이것은, 특수적인 것만이 주어져 있는데, 그것에서 아직 「주어지지 않은」 보편적인 것을 주관적으로 반성(즉 투사)하는 능력이다. 이때의 원리는 각종의 합목적성이다. 특수적인 걸음걸이를 보고, 누구인 것을 간주하는 것도 합목적성의 원리에 의한 일종의 판정이다. 그러므로 반성적 판단력을 기교적 판단력이라고도 Kant는 말했다.

1) 도식은 「오성의 순수한 개념」과 직관 내용과의 서로 이질적인 것을 결합하는 「구상력」의 산물이다. 원어 Schema의 말뜻은 Bild(심상)이다.

이와 반대로, 도덕적일 선은 대상상으로 초감성적인 것이요, 그러하매, 어떠한 감성적 직관에 있어서도 그것[도덕적 선]에 「대응하는 것」이 발견될 수 없다.

따라서 순수한 실천이성의 법칙에 종속하는 판단력은, 특수한 곤경에 빠져 있는 듯하다. 이런 곤경은, 「자유의 법칙」이 「감성계에서 생기고 그러한 동안 자연에 속하는」 사건으로서의 [현상적] 행위들에 적용되어야 하는 점에서 기인하는 것이다.

② 그러나 순수한 실천적 판단력에 대해서 유리한 전망이 여기에 다시 전개된다. 감성계에서 우리에게 가능한 [특수]행위를 순수한 실천법칙 아래 포섭함에 있어서, 감성계의 사건으로서의 행위가 가능하냐 하는 것은 문제되지 않는다. 그러한 포섭은, 오성의 하나의 순수개념인 「인과성」의 법칙에 따라서 이성을 —— 이것은, 오성의 개념[범주]을 위해서 감성적 직관 중에서 도식을 갖는다 —— 이론적으로 사용함을 판정하는 일에 속하기 때문이다.

자연적인 원인성이나 혹은 그런 원인성이 생기도록 하는 제약은, 자연개념의 하나이고, 자연개념들의 도식은 선험적 구상력(transzendentale Einbildungskraft)이 기획하는 것이다.

여기[실천이성비판]서는 법칙에 따를 경우의 도식이 중요하지 않고, 법칙 그 자신의 도식이 —— (이런 말이 만약 여기에 적합하다면) —— 중요하다. 왜냐하면 다른 규정근거를 기다리지 않고, 법칙에 의해서만 하는 의지규정은 —— (의지규정의 결과에 관계된 행위가 아니라) —— 원인성의 개념을, 자연의 결합(Naturverknuepfung)을 이루는 제약들과는 아주 다른 제약[결국 전형]들에 결합하기 때문이다[이 대목의 법칙은 자연법칙이다. 역자].

③ 감성적 직관의 대상들 자신이 종속하는 법칙으로서의 자연법칙에는, 도식이 대응한다. 도식이란, 법칙이 규정하는 「순수한 오성개념」을 감관에다 선천적으로 나타내는 구상력의 일반적 [작용]방식이다.

그러나 (감성적으로 전혀 제약되지 않는 원인성으로서의) 「자유의 법칙」의 기본에는, 따라서 또한 무제약적 선의 기본에는, 그것을 적용하고자 아무런 직관도 있을 수 없고, 그러므로 아무런 도식도 구체적으로 있을 수 없다.

따라서 도덕법(Sittengesetz)은 자연의 대상들에 대한 도덕법의 적용을 매개하는 것으로서, 오성(구상력이 아니라) 이외의 인식능력을 가지지 않는다. 이런 오성은 「이성이념」의 근저에 감성의 도식이 아니라 법칙을, 그러면서도 감관의 대상들에 즉(卽)해서 구체적으로 나타내는 법칙을 둘 수 있고, 따라서 단지 형식상의 연자법칙을, [실천적] 판단력을 위한 법칙으로서 둘 수 있다. 그러므로 이런 법칙을 우리는 도덕법의 전형[1](Typus)이라고 말할 수 있다.

④ 순수한 실천이성의 법칙에 종속하는 판단력의 규칙(Regel der Urteilskraft)은 다음과 같다.

즉, 「네가 꾀하는 행위가 너 자신도 그 일부인 자연법칙에 따라서 생긴다면, 그런 행위를 네 의지에 의해서 가능한 것으로 네가 과연 볼 수 있느냐, 하는 것을 자문하라」[2]고 하는 것이다.

이 규칙에 좇아서 모든 사람이 행위가 도덕적으로 선인가 혹은 악인가를 사실로 판정하고 있다. 이래서 사람은 말한다: 「만일 모든 사람이 각기 자기의 이익이 된다고 생각할 때에, 사기하는 것을 스스로 허용한다면 혹은 그가 전적으로 생에 대한 한 권태증에 걸리자마자, 자살하는 것이 옳다고 생각한다면, 혹은 타인의 곤궁을 전혀 냉정하게 본다면, 그리고 네가 또한 세상사의 이러한 질서에 속해 있다고 한다면, 너는 어떻게 동의해서 그런 질서에 안주하겠는가?」라고.

그런데 사람이 몰래 남을 속이기를 자신에게 허락하더라도, 그렇다고 해서 다른 모든 사람이 그런 짓을 자기에게 하지는 않을 것이라는 것을, 누구나 잘 알고 있다. 혹은 부지중에 그가 남에게 동정이 없었더라도, 모든 타인이 자기에게 냉정하지는 않을 것을 누구나 잘 알고 있다.

그러므로, 각인 행위의 준칙을 보편적 자연법칙과 비교하는 일이, 곧 각인[자신]의 의지를 규정하는 근거가 되는 것은 아니다.[3]

그러나 자연법칙은 도덕적 원리들에 좇아서 행위의 준칙을 판정하는 전형이다. 만약 행위의 준칙이 자연법칙 일반의 형식에 즉해서 검정받아도 좋을 성질

1) 도덕법의 전형은, 실천적 판단력을 위한 이를테면, 도식이기 때문에 판정적·평가적이다. 이에 대해서 인식을 위한 도식은 구상력의 산물이기 때문에 감성적이다.
2) 실천적 판단력의 규칙은, 「너 행위의 준칙이, 너의 의지에 의해서 마치 보편적인 자연법칙이 될 수 있을 듯이, 행위하라」고 「도덕철학서론」에서는 표시하고 있다.
3) 만약 의지를 규정하는 근거가 된다면, 도덕법의 보편성과 자연법칙의 보편성은 아무런 차이도 가지지 않을 것이다. 하기에, 이 대목처럼 에고이즘이 가능한 것이다.

의 것이 아니라면, 그런 준칙은 도덕적으로 불가능한 것이다.

상식(der gemeinste Verstand)이더라도 이처럼 판단하는 것이다. 자연법칙은 모든 극히 일상적인 판단의 기본에 항상 놓여 있고, 학적 경험판단(Erfahrungsurteil)들의 기본에도 항상 놓여 있기에 말이다. 이에 상식은 자연법칙을 항상 손 앞에 가지고 있다. [상식과 자연법칙의 관계는] 상식은, 「자유에서의 원인성」이 판정받아야 할 때에, 자연법칙을 자유법칙(das Gesetz der Freiheit)의 전형으로 삼는 것뿐이다. 왜냐하면, 상식은 경험의 경우에 실례로 삼을 수 있는 것을 손 앞에 가지지 않고서는, 순수한 실천이성의 법칙을 실용(Gebrauch in der Anwendung)할 수 없기 때문이다.

⑤ 그러므로 감성계의 자연을 가상적 자연(intelligibele Natur)의 전형으로 쓰는 일이 허용되어 있는 것은, 내가 직관과 직관에 의존해 있는 것을 가상적 자연에 옮겨 넣지 않고, 오직 합법칙성 일반의 형식 ―― (이 개념은 가장 평범한 이성사용[즉, 상식]에서도 발견되지마는, 이성의 순수한 실천적 사용을 위하는 것 이외의 다른 의도에서, 선천적으로 확호하게 인식될 수는 없는 것이로되) ―― 만을 가상적 자연에 관계시키는 동안뿐이다. 왜냐하면, 법칙들 자신은, 그것의 규정근거를 어디서 이끌어 내든 간에 [합법칙성 일반의 형식이란 점에 관한 한에서] 동일하기 때문이다.

⑥ 뿐더러, 모든 가상적인 것[하나님, 자유, 영혼] 중에서 (도덕법을 매개로 해서) 오직 자유만이 단적으로 실재하고, 이 자유도 그것이 도덕법과 떨어져 있을 수 없는 하나의 전제인 한에서만 실재하며, 또 도덕법이 인도함을 따라서 이성이 우리로 하여금 도달케 할지 모르는 「모든 가상적 대상들」은 틀림없이 오직 도덕법과 순수한 실천이성의 사용과를 위해서만, 우리에게 그것이 실재[타당]하는 것이로되, 순수한 실천이성은 자연을(이것의 순수한 오성의 형식에 의해서) [실천적]판단력의 전형으로서 당연히 사용할 수 있으며, 또 사용하지 않을 수 없다. 이에 이제 말한 주의는, 단지 [선·악] 개념의 전형에만 속하는 것을 개념들 자신으로 [우리가] 보지 않도록 막는 데에 유용하다.

따라서 [선 혹은 악] 개념의 「전형」은 판단력의 전형으로서, 실천이성의 경험주의(Empirismus)를 경계한다. 이 경험주의는 선·악의 실천 개념들을 다만 경험적 결과(소위 행복)에 기본시키는 것이다.

그러나, 행복과 자애(Selbsthilfe)에 의해서 결정된 의지의 무한한 이익적 결과와는, 만일 의지가 자기 자신을 동시에 보편적 자연법칙으로 삼는다면, 도덕적 선에 대해서 확실히 적절한 전형일 수 있겠다. 그러나 도덕적 선과 똑같지는 않은 것이다.[1)]

마찬가지로 [선·악 개념의] 전형은 실천이성의 신비주의를 경계한다. 이 신비주의는 단지 상징(Symbol)으로서만 쓰이는 것을, [함부로] 도식으로 삼는다. 즉, 현실적이기는 하나 비감성적인 직관(보이지 않는 「하나님의 나라」의 직관)을 도덕적[선·악] 개념의 기본에 둔다. 그래서 초험적인 것(das Ueberschwengliche)으로 들어가고 만다.

오직 판단력의 이성주의만이, 도덕적[선·악] 개념의 사용에 적합한 것이다. 이 이성주의는 감성적 자연으로부터 순수이성이 자신만으로 생각할 수 있는 것만을 취한다. 즉, 감성적 자연에서 그 합법칙성만을 취한다. 그리고 반대로 자연법칙 일반의 형식적 규칙에 따르는 감성계에서의 행위에 의해 현실적으로 드러나는 것만을, 「초감성적 자연」에다 가져다 넣는다.

그런데 실천이성의 경험주의에 대한 예방은 훨씬 더 중대하고 또 훨씬 더 권고할 만하다. 왜냐하면, 신비주의는 도덕법의 순수성·숭고성과 조화할 [수도 있지만], 그 외에 인간의 상상력을 초감성적 직관에 도달한 만큼 긴장시키는 것은 자연스럽지도 않고, 보통의 사고방식에 적합하지도 않으며, 따라서 신비

1) 반환에 대한 거짓 약속으로 돈을 빌리는 것과 같은 자기애의 원리는, 보편적 자연법칙이 될 수 없다. 이런 일이 보편적 자연법칙이 되리라고는 논리적으로 사고할 수가 없다.
그러나 도덕적 선은 논리적으로 모순이 없는 사고 이상의 것이다. 내가 타인에서 원조를 청할 필요가 없기 때문에, 자기도 타인에게 자선을 하지 않는다는 준칙은 보편적 자연법칙이 될 수 있다. 즉, 논리적으로 모순 없는 사고일 수 있다. 그러나 도덕적으로 이런 준칙이 보편적 자연법칙이 될 것을 의욕(wollen)할 수는 없다.
그러므로, 논리적인 무모순, 즉 도덕적 선에 대한 전형과, 도덕적 의욕, 즉 본래의 도덕적 선은, 서로 같지 않다. 도덕적 의지는 자신을 보편적 자연법칙인 것처럼 하는 것 이상의 어떤 의욕을 가지는 것이다.
자기애에 연관해서 Kant의 세 가지 에고이즘을 적어둔다. 논리적 에고이즘(자기의 판단만을 옳다고 보아, 기교한 말을 하는 것)과 미적 에고이즘(자기의 취미만을 최상으로 알아 타인의 판단을 듣지 않는 것)과 실천적 에고이즘(자기의 쾌락만을 돌보아서 의무 관념이 없는 것)이 즉 그것이다.

주의의 편은 그것의 위험이 그다지 일반적이 아니기 때문이다.

이에 대해서 [실천이성의] 경험주의는, 심정도덕(die Sittlichkeit in Gesinnung)을 ——(인간이 행위를 통해서 자신에게 줄 수 있고 또 주어야 하는바, 높은 가치는 심정 중에 존립하고, 단지 [외면적] 행위 중에 존립하지 않는다) —— 근절하고, 심정과는 전혀 다른 것을, 즉 애착 일반과 몰래 교섭하는 경험적 관심을, 의무에 대신해서 —— 바로 이 때문에 모든 애착을 가지고서 —— 내주는 것이다. 애착은(그것이 어떠한 외모를 가지든 간에), 그것이 높여져서 최상의 실천원리의 존엄을 갖게 될 때에는 인간성(Menschheit)을 타락시키며, 그러면서도 만인의 감성에 추파를 보내는 것이다. 바로 이런 원인에서 경험주의는, 많은 사람의 지속적 상태일 수 없는 모든 광신(Schwärmerei)보다도 훨씬 더 위험한 것이다.

제3장 순수한 실천이성의 동기

① 행위들의 도덕적 가치의 본질은, 도덕법이 의지를 직접 규정하는 점에 의존한다. 도덕법에 합치하였더라도, 어떤 종류의 것이든 간에 감정을——이것이 도덕법이 충분한 결의 근거가 되고자 예상된다.——매개해서만 결의한다면, 따라서 [도덕] 법칙[자신]을 위해서 결의하지 않는다면, 행위는 실로 적법성을 포함하되, 도덕성을 포함하지는 않을 것이다.

그런데, 동기(Triebfeder, elater animi)가 한 존재자의——이 존재자는 자기의 본성상 객관적 법칙에 반드시 합치하지는 않는 이성을 가진다——의지를 주관적으로 결정하는 근거라는 뜻이라면, 이로부터 첫째로 다음의 사실이 결과할 것이다.

즉, 하나님의 뜻에는 아무런 동기도 부여될 수 없으며, 인간 의지(또 하나님이 창조하신 이성존재자[천사]의 의지)의 동기는 도덕법 이외의 다른 것일 수 없다는 것이다. 따라서 객관적인 규정근거[도덕법]는 항상 또 전혀 그것만이 동시에 주관적으로 충분한 「행위의 규정근거」가 아닐 수 없다는 것이다.——행위란 것이 법칙의 정신*을 포함함이 없이 단지 법칙의 글자만을 메꾸어 있는 것이 아닐 터이라면.

* 법칙[자신]을 위해서 생긴 것이 아닌 「모든 합법칙적인 행위」에 대해서, 그 행위는 오직 글자상으로 봐서 도덕적인 선이로되, 정신상(심정상)으로 봐서는 도덕적인 선이 아니라고, 우리는 말할 수 있다.

② 따라서 도덕법을 위해서, 또 도덕법이 의지에 미치는 감화력을 갖고자 이즈음에 도덕법의 동기를 없앨 수 있는 다른 아무런 동기도 우리는 구해서는 안 되는 바다.——왜냐하면 도덕법 외의 동기는 모두 영속성 없이 위선만을 낳기 때문이요, 또 (이익의 동기와 같은)도덕법 이외의 다른 약간의 동기를 함께 활동시키는 것이 두렵기(bedenklich)도 하기 때문이다. 그러므로 우리에게 남아 있는 일은, 어떻게 도덕법이 동기가 되는가 하는 것과, 그렇게 됨으로써

「도덕법의 규정근거」의 영향을 받은 것으로서의 「인간의 욕망 능력」이 어떻게 되는가 하는 것과, [이 두 가지를] 주의해서 규정하는 것이다.

대개 어떻게 해서 법칙이 자체상으로 직접적으로 의지의 규정근거일 수 있느냐 ―― (이것은 실로 모든 도덕법의 본질이다) ―― 하는 것은 인간 이성으로서는 풀 수 없는 문제요, 자유의지가 어떻게 가능하냐 하는 문제와 동일한[1] 문제이다. 따라서 도덕법이 무엇에 유래해서 단독으로 동기력을 주는가 하는 근거를 지시해야 하는 것이 아니라, 그것이 이런 것인 한에서 동기가 심성(Gemuet)에 무엇을 낳는가 [좀 더 자세히 말하면, 낳지 않을 수 없는가) 하는 것을 우리는 선천적으로 지시해야 하겠다.

③ 「도덕법을 통한 의지의 모든 규정」에서 본질적인 것은, 의지가 자유의지로서 오직 법칙에 의해서만 규정된다는 것이다. 따라서 단지 감성적 충동의 협동(Mitwirkung)이 없을 뿐만 아니라, 감성적 충동을 모두 배척하고 또 모든 애착도 ―― 이것이 법칙에 배치할 수 있는 한에서 ―― 끊어버림으로써, 오직 법칙에 의해서만 규정된다는 것이다.

그러므로, 그런 동안에는 동기로서의 도덕법의 작용은 한갓 부정적 ―― [끊어버림] ―― 이다. 또 부정적인 것으로서의 이 동기는 선천적으로 인식될 수 있다. 모든 애착과 모든 감성적 충동은 감정에 기본하여 있고 (애착을 끊어버림에 의해서의)[2] 감정에 대한 부정적 작용도 그 자신 감정이기에 말이다.

따라서 우리는 다음의 사실을 선천적으로 통찰할 수 있다. 즉 그것은 의지의 규정근거로서의 도덕법이 우리의 모든 애착을 방해함에 의해서, 그 자신 하나의 감정을, 즉 고통이라고 불릴 수 있는 하나의 감정을 산출해야 한다는 것이다. 그리고 여기에 우리는 선천적인 개념으로부터 인식(여기서는 순수한 실천이성의 인식)의 쾌·불쾌의 감정에 대한 관계를 규정할 수 있는 최초의 경우를 가지며, 아마 유일한 경우를 가질 것이다.

모든 애착은 ―― (이것들은 그것에 알맞은 하나의 체계로 포괄될 수 있다. 이때에 애착들을 만족시킴이 「자기행복」이라는 것이다) ―― 죄다 아욕(Selbstsucht, solipsismus)

1) 이런 대목에는 철학 이전에, 칸트의 근본적 도덕적 체험이 엿보인다.
2) 원문 「durch den Abbruch, der den Neigungen geschieht」를 의역한 것이다.

의 내용이다. 아욕은 사애(Selbstliebe), 즉 자기 자신에 대한 극도의 호의(Wohl－Wollen, 즉 희랍어의 philautia)에 관한 것이거나, 혹은 자기 자신에 대한 만족(Wohlgefallen, arrogantia)에 관한 것이다. 전자를 특히 자기애(Eigenliebe)라고 하고, 후자를 자만(Eigenduenkel)이라고 한다.

순수한 실천이성은 자기애를 오직 끊어버릴 뿐이다. 자기애는 자연적이요, 도덕법에 앞서서 심중에 날뛰고 있는 것이며, 순수한 실천이성은 이러한 자기애를 도덕법에 일치[조화]하는 조건으로 제한하기에 말이다. 도덕법과 일치할 때에 자기애는 이성적인 사애라고 불린다.

순수한 실천이성은 자부도 아주 쳐부순다. 도덕법과 일치하기 이전에 하는 「자존에의 모든 요구」는 헛된 것이요, 그 권한이 도무지 없기에 말이다. 또 도덕법에 합치하는 「확고한 심정」이야말로, 인격의 모든 가치의 첫째 조건이요, (이 점은 얼마 안 가서 아래서 명백하게 되겠다) 도덕법에 합치하기 이전의 가치들의 참칭은 모두 거짓되며 법칙에 위반하기에 말이다.

그런데, 자조의 성벽(Hang)은 자존이 한갓 감성에 기본하는 한에서 도덕법이 끊어버려야 할 애착의[1] 하나이다. 따라서 도덕법은 자부를 쳐부순다.

그러나 도덕법은 그 자신 어떤 적극적 [긍정적]인 것이다. 다시 말하면, 지성적인 원인성(intellektuelle Kausalitaet)의 형식, 즉 자유의 형식[작용]이다. 하기에, 그것은 우리 심중의 주관적인 반항, 즉 애착에 대항하여 자부를 약화함에 의해서 동시에 존경의 대상이 된다. 뿐더러 도덕법은 자부를 쳐부수기까지 즉, 굴복시키기까지 함에 의해서 최대한 존경의 대상이 된다. 따라서 경험에 근원을 가지지 않은 선천적으로 인식되는 하나의 적극적 감정의 근거가 되기도 한다. 이에, 도덕법에 대한 존경[2](Achtung fuers moralische Gesetz)은 이지적[자발적]인 근거에서 생기는 감정이요, 이런 감정은 우리가 전혀 선천적으로 인식하는 유일한 감정이며, 그러므로 그것의 필연성을 우리는 통찰할 수 있다.

---

1) 성벽(Hang, propensio)은 애착(Neigung, inclinatio)과 다르다. 전자는 어떤 향락을 바라는 예비된 성향이다. 대상의 개념에 선행한 어떤 욕망을 자극받는 주관적 가능성이다. 애착은 향락을 경험한 뒤에 그 향락에서 생기는 것이다. 이러므로 애착은 「습관적인 감각적 욕망」이라고 말할 수 있다.

2) 성리학자의 「거경」에 통하는 사상이다.

④ 앞[제2]장에서 우리가 안 것은 도덕법 이전에 의지의 객관으로 나타나는 것은 모두, 실천이성의 최상조건으로서의 도덕법 자신이, 무조건적 선이란 이름 아래서, 「의지의 규정근거들」로부터 배제한다는 것이었다. 또 준칙들의 보편적 법칙수립에 적합하는 데에 존립하는 순실천적 형식이 자체선 또 절대적으로 선인 것을 최초로 규정하며, 「순수한 의지」의 준칙을 확립한다는 것이었다. 순수한 의지만이 모든 점에서 선인 것이다.

그런데, 감성적 존재자로서의 우리의 본성은, 다음과 같은 것임을 우리는 안다.

즉, 욕망능력의 실질이 ——(상에 대한 희망이건 벌에 대한 공포이건 간에, 애착의 대상들인 것) —— 최초에 우리에게 나타나며, 감각적으로 규정할 수 있는 우리의 자아가 —— 비록 이런 자아가 자기의 준칙에 의해서 보편적 법칙을 수립하기에 부적합하더라도 마치 우리의 전자아를 구성하는 듯이 —— 자신의 요구를 아예 첫째의 근원적인 요구로서 실현하려고 애쓰고 있다는 것이다.

자기 자의의 주관적인 규정근거에 좇아서 자기 자신을 의지일반의 객관적인 규정근거이게 하는, 이런 성벽을 우리는 사애라고 말할 수 있다. 이 사애가 법칙 수립적이게 되고 무제약적인 실천원리가 될 때에, 그런 사애를 우리는 자부)라고 말할 수 있다.

진실로 (즉 모든 점에 있어) 객관적인바, 도덕법만이 사애가 최상의 실천원리에 미치는 영향을 제외하고, 사애의 주관적 제약을 법칙으로 지시하는 자부를 끊임없이 쳐부수는 것이다. 그러나 우리 자신의 판단에 있어서 우리의 자부를 쳐부수는 일은 [일반적으로] 사람을 겸허하게 한다. 따라서 모든 사람이 도덕법과 자기 본성 중의 감성적 성벽과를 비교할 때에 도덕법은 필연적으로 모든 사람을 겸허하게 한다. 그것의 관념이 우리 의지의 규정근거로서 우리의 자각에 있어 사람을 겸허하게 하는 그러한 것[도덕법], 그것이 적극적이요, [의지의] 규정근거인 동안, 자신에 대해서 존경을 일으킨다. 따라서 도덕법은 주관적으로도 존경의 근거이다.

헌데, 사애 중에 보이는 모든 것은 애착에 속하고, 모든 애착은 감정에 기본하며, 따라서 사애 중의 모든 애착을 모조리 쳐부수는 일은 반드시 감정에 영향을 준다.

이러하기에, 도덕법이 애착들과 애착을 최상의 실천조건으로 하려는 성벽 즉, 사애를 최상의 법칙수립에 참여하지 못하게 함으로써, 도덕법이 감정에 대해서 영향을 미칠 수 있음을 선천적으로 통찰할 수 있는 까닭을 우리는 이해하는 바이다. 이 영향은 한편에서는 [사애를 끊어버리는 점에서] 부정적이나 그러면서도 딴편에서 순수한 실천이성을 제한하는 ―― [도덕법을 존경하는] ―― 근거에 관해서는 긍정적이다. 그리고 이런 [긍정] 때문에 「실천적, 즉 도덕적」 감정의 이름으로 불리는 어떤 특수한 감정도, 도덕법보다도 선행하는 것으로 가정될 필요가 없고, 도덕법의 근저에 있다고 가정될 필요도 없다.

⑤ 감정에 대한 부정적인 작용은 ―― 즉 불쾌함은 ―― 감정에 미치는 모든 영향과 같이, 또 모든 감정일반과 같이, 감각적이다. 그러나 도덕법의 자각에서 생기는 결과로서는 따라서 가상적인 원인에 관해서, 즉 최상의 법칙수립자인 순수한 실천이성의 주체에 관해서 말한다면, 애착에게 촉발된 이성적 주체가 가지는 이 감정은, 확실히 겸허 ―― 지적인 멸시 ―― 를 말하는 것이로되, 겸허의 적극적인 근거, 즉 [도덕]법칙에 관해서 말한다면, 동시에 「법칙에 대한 존경」을 의미한다.

법칙에 대해서는 원래 아무런 감정도 생기는 것이 아니로되, 그런 법칙이 [애착의] 반항을 제외함에 의해서 이성의 판단에 있어서는, 방해[반항]의 제외를 원인성[감정]의 적극적인 증진과 동일시한다. 이에, 이런 감정을 우리는 도덕법에 대한 존경감이라고 이를 수 있고, [겸허와 존경의] 두 근거에서 도덕적 감정[1](ein moralisches Gefuehl)이라고 이를 수 있다.

⑥ 이에 도덕법이 실천적인 순수이성에 의해서 형식적인 규정근거인 것과 같이, 또 도덕법이 선·악이라고 불리는 「행위 대상의 실질적이면서도 객관적인 규정근거인 것과 같이, 도덕법은 또한 행위에 대한 주관적인 규정근거, 즉 동기이기도 하다. 왜냐하면, 도덕법은 주체의 감성에 영향을 미치고, 또 의지에 대한 [도덕] 법칙의 영향을 촉진하는 감정을 낳기 때문이다.

이 경우에 도덕성을 노리는 아무런 감정도 주체 안에 선행하지 않는다. 이

1) 존경감과 도덕적 감정은 심리적인 고통·불쾌·쾌감 등과 다른 독자적 감정이다. 후자가 일반적으로 수동적·감각적(pathologisch)인 것임에 대해서, 전자는 순수감정으로서 어디까지든지 실천적(praktisch)이요, 의지 규정적인 것이다.

런 일은 실로 불가능하다. 모든 감정이 감성적이요, 도덕적 심정의 동기는 모든 감성적 제약에서 반드시 자유이기에 말이다.

이에 대해서, 우리의 모든 애착의 근저에 있는 감성적 감정은, 확실히 우리가 존경이라고 부르는 감각(Empfindung)의 조건이기는 하나, 그러나 [감성적] 감정을 규정하는 원인은 순수한 실천이성 중에 존재한다. 그러므로, 그러한 감정은, 그것의 근원상 감적적으로가 아니라, 실천적으로 생긴 것이라고 말할 것이다.

왜냐하면, 도덕법의 관념이 사애로부터 그 영향을, 자부로부터 그 망상을 빼앗음으로써, 순수한 실천이성을 방해함이 줄어들며, 순수한 실천이성의 객관적 법칙이 감성의 충동보다도 우월하다는 관념이 생기며, 따라서 이러한 불균형에 의해서 법칙의 [높은] 무게가, (충동으로 인해서 폭발된 의지와) 비교해서 이성의 판단 중에 뚜렷이 나타나기 때문이다.

이리하여 「법칙에 대한 존경」은 도덕성에 대한 동기가 아니라, 주관적으로 동기라고 고찰된 도덕성 자체이다. 왜냐하면, 순수한 실천이성은, 자기에게 대립하는 사애의 모든 요구를 거부함에 의해서, 이제야 단독으로 감화를 미치는 [도덕] 법칙에다 위엄(Ansehen)을 주기에 말이다.

그런데 이 무렵에 주의할 일이 있다. 즉 존경이 감정에 주는, 따라서 이성적 존재자의 감성에 주는 결과인 그만큼, 존경은 감성을 전제하고, 따라서 도덕법이 존경을 바치는 존재자[인격]의 유한성도 전제한다는 것이다. 또 법칙에 대한 존경을, 최고 존재자[하나님]는 [본성상]가져 있을 수 없거니와, 모든 감성에서 해방된 존재자 [천사]도——이런 존재자에 있어서는 감성은 실천이성을 조금이라고 방해하는 것일 수 없다——가질 수 없다는 것이다. [오직 감성적·이성적 인격만이 법칙에의 존경을 가지고 있다.]

⑦ (도덕적 감정이라고 불리는) 이 감정은, 그러므로, 오로지 이성이 산출한 것이다. 그것은 행위의 [선·악] 판정에 쓰이지 않고, 혹은 객관적인 도덕법 자신의 확립에도 쓰이지 않고, 오직 도덕법을 그 자신에 있어서 준칙으로 삼기 위한 동기[1]로 쓰일 따름이다. 그러나 감각적 감정과 비교할 수 없는 이 특수감

1) 이 감정은 행위한 뒤에 그것의 선악을 평가하는 것으로 나타나는 것이 아니라 동기로서 행위를

정에, 어떠한 이름을 붙여 주는 것이 더 적절할 것인가? 그것은, 자못 독특한 것이라서, 오로지 이성의, 그러면서도 실천적인 순수이성의 명령(Gebot)에만 복종하는 것으로 생각된다.

⑧ 존경은 항상 인격(Person)들을 향해서 있고, 결코 사물(Sache)을 향해서 있지는 않다. 사물은 애착을 일으킬 수 있다. 그것이 (말과 개 같은) 동물이라면, 애정(Liebe)까지 우리에게 일으킬 수 있다. 혹은, 바다·화산·맹수처럼 공포라도 우리에게 일으킬 수 있다. 그러나, 사물들은 우리에게 존경을 일으킬 수는 없다.

존경의 감정에 비교적 가까운 것[감정]은, 감탄(Bewunderung)이다. 감탄은 감동(Affekt)[1]·경악(Erstaunen)으로서, 사물에도 가령 하늘에 솟아오른 산악, 천체의 굉대(宏大)·다수·광범, 많은 동물의 굳셈·날래기 등과 같은 것들에도 관계할 수 있다. 그러나 이러한 모든 것은 존경[의 대상]은 아니다.

사람 역시 나한테 애정·공포·감탄의 대상일 수 있고, 심지어 [내가] 경악하기에 이른다. 그러나 그렇다고 해서 이런 사람이 존경의 대상일 수는 없다.

인간의 경쾌한 재지·용기와 힘·타인 사이에 갖는 지위에서 오는 권력 등은, [앞에서 말한 것과] 같은 감정을 나에게 주입할 수 있다. 그러나 그런 인간에게 대한 내면적 존경은, 여전히 없는 터이다. [도덕적 인격성이 없을 수 있기에 말이다].

폰토넬(Fontenelle, 1657~1757 불국의 철학자·풍자가)은, 귀인 앞에서 나는 몸을 굽히되, 나의 정신을 굽히지 않는다고 말했다. 이 말에 나는 다음과 같이 보탠다: 「내가 내 자신에 관해서 의식하는 것보다도 높은 정도에서 그 품성이 방

가능케 하는 것이다. 이 감정이 도덕법의 존재를 확증하는 것이 아니라, 이 감정에 의해서 법칙이 법칙으로서 인간에게 접근해 오는 것이다.

「도덕철학서론」에서, 존경은 애착과 공포에 유사하다고 했고, 이것은 Heidegger에 의하면 고대철학과 유관한 사상이다. 고대에 있어서 실천적 태도인 orexis(욕구 혹은 감정)는 무엇으로 향해가는 dioxis(추구)와 무엇에서 피하는 phuge(도피)로 구별되었다. Kant는 전자에다 애착을, 후자에다 공포를, 각각 대응시켰다.

어쨌든, 존경감은, 법칙에 복종함으로써, 자기를 향상시키는 이중 구조를 가지는 것이요, 본래적 자기를 자각하는 방식이다. 이 이중구조는 Heidegger의 인간해석의 중요한 한 기초이다.

1) 감동(Affekt)을, 격정(Leidenschaft)과 대조시킬 때는 「욕정」이라고 한다.

정한 것을 내가 지각하는, 하위의 평범한 시민 앞에, 나의 정신은 굴한다 —— 내가 굴하고 싶어 하든 안 하든 간에, 또 나의 고위를 그가 봐 넘기지 않도록 내 머리를 아무리 높이 쳐들든 간에.」 무슨 까닭으로? 그의 모범을 나의 거동과 비교할 때에, 나의 자부를 쳐부수는 「한 법칙」을 내 앞에 제시하기에 말이다. 뿐더러 나는 법칙을 준수함이, 따라서 법칙을 실행할 수 있음이 사실로써 증명된 것을 눈앞에서 보고 있다.

그런데, 그와 같은 정도로 나는 나의 방정도 의식할는지 모르나, 그 시민에 대한 존경은 여전히 남아 있다. 왜냐하면, 사람에 있어서의 모든 선은 항상 결함이 있으므로 모범에 의해서 목격할 수 있는 법칙은 종시 나의 자부를 쳐부수기 때문이요, 이에 대해서 내가 눈앞에 보는 인간은 —— 그 인간에게 속해 있을지도 모르는 불순성은, 내 자신의 그것이 나에게 알려져 있듯이, 나에게는 알려져 있지 않고, 따라서 그 인간은 내 눈에는 나보다도 더 순결한 빛중에 나타난다 —— 본받을 만한 표준을 명시해 주기 때문이다.

존경은 일조의 공물(Tribut)이요, 이 공물은, 그것을 바칠 만한 공적에 대해서, 우리의 뜻이 어떻든 간에, 우리는 바치지 않을 수가 없다. 외면상으로 우리는 존경을 억류할지 모르나, 내심상으로는 존경을 느끼는 일을 막을 수 없다.

⑨ 존경은 쾌감이 아니기에, 사람은 어떠한 인간에 관해서 [심리상] 불복이면서도 존경을 바친다. 우리는 존경의 무거운 짐을 가볍게 할 수 있는 「그 무엇」을 발견하려 한다. 즉 우리는 [이미 모범 인물의] 실례에 의해서 우리가 경험하는 굴복을 상환할 만한[없앨 만한] 단점을 발견하려고 한다. 고인이더라도, 특히 그의 모범을 본받을 점이 없을 듯하면, 이러한 비판[적 태도]을 면하지 못한다. 장엄한 위의를 지닌 도덕법 자신이라도, 그것에 대한 존경을 거절하려는 책략에 부닥친다. 사람이 도덕법을 우리의 비근한 애착으로 낮추고자 하는 것은, 다른 원인에 돌릴 것이라고 생각할 것인가? 도덕법을 우리 자신이 타산한 이익을 위한 임의의 훈계로 하고자 전력을 기울이는 것은 다른 원인에서 온다고 생각할 것인가? 이것은, [다른 원인에서가 아니라] 우리 자신의 무가치성을 여실히 털어내는 위협적인 [도덕법의] 존경에서 사람이 해방되고 싶은 까닭이다.

그러나마, 또 존경 중에는 불쾌한 것도 없다. 그러므로 만약 사람이 자부를 없앴고, 존경으로 하여금 실천적 영향을 미치도록 했다면, 우리는 법칙의 위대함을 아무리 보아도 싫지 않을 수 있다. 그리고 사람의 마음이, 자신의 약한 본성 위에 신성한 법칙이 숭고하게 위치해 있음을 보는 그만큼(in dem Masse… als), 마음은 자신이 향상되었음을 믿는 바이다.

확실히 훌륭한 재능 또 그 재능에 적합한 활동은, 존경 혹은 존경에 비슷한 감정을 낳을 수 있고, 이런 것들에 존경감을 바치는 것은 전혀 정당하기도 하다. 또 이때에 감탄이 존경감과 같은 것처럼 보인다. 그러나 사람이 좀 더 자세히 잘 본다면, 그는 다음의 것을 알 것이다.

즉, 타고난 재능과, 자신의 근면에 의한 교양과, 이 양자가 숙련을 얻는 데 얼마만큼 참여하는지 항상 불확실하기 때문에, 이성은 얻어진 숙련을 교양의 결과라고 생각하고, 따라서 공적이라고 생각하도록 한다. 이런 일은 우리의 자부를 자못 깎아내리고, 자부에 대해서 우리가 비난받거나, 그렇지 않으면, 우리에게 적당한 방식에 있어서 [교양에서 갖는 숙련의] 실례를 준수하기를 부과한다.

따라서 이런 [숙련된] 인격에 (원래는 인격의 실례가 우리 앞에 표시하는 법칙에) 우리가 명시하는 존경은, 그저 감탄인 것이 아니다. 이런 점은 다음의 사실에 의해서도 확인된다. 즉 인물 숭배자의 보통의 무리는(가령 볼테르 같은) 한 인간의 성격의 단점을 다른 어떤 자료로부터 알았다고 믿을 때에, 그런 무리는 그 사람에 대한 모든 존경을 포기하지마는, 참다운 학자는 적어도 그 사람의 재능의 점에서 여전히 존경을 느낀다[는 사실이다]. 이것은, 학자는 자신 그런 사람[의 재능]의 모방을 어느 정도로 자기의 법칙[1]으로 삼게 하는, 그런 직무와 사명에 종사해 있기 때문이다.

⑩ 하기에, 도덕법에 대한 존경이 유일하고도 동시에 의심할 수 없는 도덕적 동기이다. 그리고 이[존경의] 감정은 단적으로 이런 근거[도덕적 동기]에 의하는 이외의 아무런 객관에도 향해져 있지 않다.

[첫째로] 도덕법은 이성의 판단에 있어서 의지를 객관적으로 또 직접적으로 규정한다. [도덕]법칙에 의해서만 그 원인성이 규정될 수 있는 것인 「자유」는 그것이 모든 애착을, 따라서 인격 자신의 평가를 자유의 순수법칙을 준수한다는 조건에 국한하는 점에 바로 성립하는 것이다.

1) 이 법칙은 도덕법이 아니다. 가볍게 계율 정도의 뜻이다.

그런데 이런 국한은 감정에 작용하여, 선천적인 도덕법에서 인식될 수 있는 「불쾌감」을 낳는다[불쾌하게 도덕법 때문에 애착을 부정한다]. 단지 그러한 동안 불쾌감은 부정적인 작용이다. 이런 작용은 순수한 실천이성의 영향에서 생긴 것이요, 애착이 주관의 규정근거인 한, 특히 주관의 활동을, 따라서 주관의 인격적 가치라는 평가를(인격적 가치는 도덕법과 일치하지 않으면, 전혀 없는 것이지만) 없애버린다. 이러하기 때문에 법칙이 감정에 미치는 작용은 굴복(Demuetigung)일 뿐이다. 따라서 유리는 이 작용을 확실히 선천적으로 통찰할 수 있으나, 그런 작용에 즉해서 동기로서의 순수한 실천법칙의 힘을 인식할 수 있는 것이 아니라, 감성의 동기에 대한 항거만을 인식할 수 있다.

[둘째로] 동일한 법칙이 객관적으로 즉, 순수한 이성이라는 관념에 있어 의지의 직접적인 규정근거이기에, 따라서 이런 굴복이 법칙의 순수성에 상대해서만 생기기에, 도덕적 자기평가라는 요구의 포기, 즉 감성적 측면의 굴복은 이지적[자발적] 측면에 있어서 법칙 자신의 도덕적 평가, 즉 실천적 평가를 높이는 것을 의미하는 것이다. [즉, 법칙의 존경을 의미한다.] 한마디로 말하면, 법칙에 대한 존경은, 지적 원인에 따른 적극적 감정이요, 이 감정은 선천적으로 인식된다. 왜냐하면, [도덕적 감정의] 활동에 대한 방해를 줄이는 것은 [그 이면에 있어서] 모두, [도덕적 감정의] 활동 자신을 촉진하는 것이기에 말이다.

그러나 도덕법의 승인은 객관적 근거에 기본해서 [순수] 실천이성의 활동을 의식하는 것이요, 이런 활동을 주관적(감각적)인 원인이 방해한 그 까닭만으로, 실천이성의 활동은 행위 중에 그것의 결과를 나타내지는 않는다[즉 자율적이다].

이러하기에, 도덕법에의 존경은, 도덕법이 감정에 미치는 적극적이되 간접적인 결과로 —— 도덕법이 자부를 굴복시킴으로써 애착의 방해적 영향을 약화하는 한에서 —— 보아져야 하고, 따라서 활동의 주관적 근거로 보아져야 하며, 다시 말하면 도덕법 준수의 동기로, 또 도덕법에 적종하는 품행이 가지는 준칙의 근거로 보아져야 한다.

동기의 개념에서 관심의 개념이 생긴다. 관심은 이성을 가지지 않은 존재자에게는 도무지 부여되지 않는 것이요, 이성에 의해 동기가 표상되는 한에서 의지의 동기인 것을 의미한다.

법칙 자신은 도덕적인 선의지에 있어서만 동기가 되는 것이므로, 도덕적 관심(das moralische Interesse)은 순전히 실천이성의 순수한, 감관에 얽매이지 않은 관심인 것이다.

준칙의 개념도 관심의 개념에 기본하여 있다. 이러하매 준칙은 그것이 오직 관심 그것에 —— 이것은 도덕법의 준수에서 얻어지는 것이지만 —— 의존할 때에만, 도덕적으로 진정한 관심이다.

그러나 동기·관심·준칙의 세 개념은 죄다, 유한한 존재자에게만 적용될 수 있다. 왜냐하면, 그 셋은 모두 한 존재자[인간]의 자의의 주관적 성질이, 실천이성의 객관적 법칙과 저절로는 일치하지 않는 점에서, 그런 존재자의 본성이 제한되어 있음을 예상하기 때문이다. 다시 말하면, 심리적 방해가 [도덕적 감정의] 활동에 대립하기 때문에, 어떤 것[관심]에 의해서 활동하도록 자극받는 필요성을 예상하기 때문이다. 이렇기에, 그 셋은 「하나님의 의지」에는 적용될 수 없다.

⑪ 모든 이익을 멀리해 있는 순수한 도덕법을 끝없이 존중하는 점에는 자못 「특이한 무엇」이 있다. [순수한] 실천이성은 이러한 도덕법을 우리 앞에 내세워서 준수하도록 한다. [순수한] 실천이성의 소리는 가장 담대한 범죄인이더라도 무서워서 몸이 떨리게 하고, 그래서 범죄인은 도덕법의 주시에서 자신을 감추지 않을 수 없게 된다.

이러하므로, 순지적 이념이 [도덕적] 감정에 미치는 영향을, 사변이성이 구명할 수 없는 것과, 이런 감정은 「모든 유한한 이성존재자」에 있어서 도덕법의 관념과 불가분적으로 결합해 있다는 것을 선천적으로 통찰함으로써 만족해야 하는 것과 [이 두 가지를] 우리는 기이하게 여길 필요가 없다.

존경감이 만일 감각적이요, 따라서 내적 감관에 기인한 쾌감이라고 하면, 이러한 쾌감과 어떤 이념[순수한 실천이성]과의 결합을 선천적으로 발견하고자 하는 것은 헛된 일일 것이다.

그러나 존경감은 단지 실천적인 것에만 관계하고, 그런 중에서도 법칙의 어떤 객관[대상]을 위해서가 아니라, 오직 형식상으로 「법칙의 관념」에 속해 있는 감정이다. 따라서 우리는 존경감을 [심리적]만족이나 혹은 고통으로 볼 수 없다. 그럼에도 그것은 법칙의 준수에 대한 관심을 일으키는 것이요, 이런 관심을 우리는 도덕적 관심이라고 부른다. 그리고 법칙에 대한 이러한 [도덕적]

관심을 일으키게 하는 능력이야말로, 참으로 도덕적 감정이다.

⑫ 그런데, 의지가[도덕] 법칙에 자유로 복종한다는 의식은 —— 이것은, 오직 자신의 이성이 모든 애착을 필연적으로 속박(Zwang)하는 것과 결합해 있다 —— 법칙에 대한 존경이다. 존경을 구하고 주입하는 법칙은 우리가 보는 바와 같이, 틀림없이 도덕법이다(왜냐하면, 도덕법 이외의 어떤 다른 법칙도, 모든 애착이 직접 의지에 주는 영향을 배제하지 않기에 말이다).

행위가 이 법칙에 좇아서 애착에서의 모든 규정근거를 배척하면서 객관적으로 실천적일 [의지를 규정할] 때에, 그러한 행위를 의무(Pflicht)라고 말한다.

이런 배척 때문에, 의무는 그 개념에 있어서 실천적 강제(Noetigung)를 포함한다. 다시 말하면 [속으로] 싫어하면서 행위하더라도, 반드시 행위하게 하는 규정을 포함한다.

이런 강제의식에서 발생하는 감정은, 감관의 대상이 산출하는 감정처럼, 감각적인 것이 아니라 오직 실천적이다. 즉, [감각적 감정에] 선행하는 (객관적인) 의지 규정과 이성의 원인성과에 의해서 가능한 것이다. 따라서 그것[실천적 감정]은 법칙에 복종하는 것으로서, 즉(감성적으로 촉발된 주관에 대해서 그것의 속박을 선언하는) 명령으로서, 그 자신 아무런 쾌도 포함하지 않고, 쾌를 포함하지 않는 한에서 오히려 행위에 대한 불쾌를 포함한다.

그러나 이와 반대로 이 속박은 자신의 이성의 법칙수법을 통해서만 실행되는 것이매, 그런 [실천적] 감정은 [인격의] 향상(Erhebung)을 포함한다.

그리고 [속박이] 감정에 미치는 주관적인 결과는 순수한 실천이성이 그런 결과의 유일한 원인인 한에서, 실천이성에 관해서는 단지 자기 승인(Selbstbilligung)을 의미한다고 말할 수 있다. 실천이성의 자기 승인으로 규정되는 것은, 관심이 도무지 없이, 오직 법칙에 의해서만 그런 것으로 인식되기 때문이요, 이제야 법칙이 주관에 대해서 산출한 다른 [도덕적]관심을 —— 이것은 순전히 실천적이요, 자유이되 —— 의식하기 때문이다. 합의무적인 행위(pflichtmaessige Handlung)에 대해 관심을 가지는 것은, 애착이 암시하는 것이 아니라, 실천법칙을 통해서 이성이 단적으로 명령하는 것이요, 또 현실로 관심을 일으키는 것이다. 그러므로 그것은 전혀 독특한 이름, 즉 존경이라는 이름을 가지는 것이다.

⑬ 이에 의무의 개념은, 객관적으로는 행위에 즉해서 법칙과의 일치를 요구

하고, 주관적으로는 「행위 준칙」에 즉해서 법칙에 대한 존경을——이것이 법칙에 의해서 의지를 규정하는 유일한 방식이다——요구한다.

그리고 합의무적인 행위를 했다는 의식과, 의무에서 즉, 법칙의 존경에서 행위했다는 의식과의 구별은, 실로 이 점[객관적 요구와 주관적 요구]에 의존한다. 그 종의 전자(합법성)는 오로지 애착이 의지를 규정하는 근거였을 때에도 가능하되, 후자(도덕성), 즉 도덕적 가치는, 행위가 의무에서(aus Pflicht) 생기는 점에 두어야 한다. 다시 말하면, 단지 법칙을 위해서 생기는 점에 두어야 한다.*

* 앞에서 설명한 것과 같은 「인격들에 대한 존경」의 개념을 좀 더 자세히 설명한다면, 우리는 다음의 것을 알게 되겠다. 즉, 존경은 항상 실례가 우리에게 나타내는 「의무 의식」에 의존한다는 것이요, 따라서 존경은 도덕적 근거 이외의 다른 근거를 결코 가질 수 없다는 것이다. 또 우리가 존경이란 말을 쓸 때에는, 항상 인간이 그의 판정에 있어서 도덕법을 돌보는 일에——이런 일이 비밀적이요 놀랄 만하되, 이따금 있는 일이다——주목하는 것은, 매우 좋은 일일 뿐더러, 심리적 관점에서 실제 인간을 아는 데에 매우 유익한 일이기도 하다[는 것이다].

⑭ 모든 준칙의 주관적인 원리를 극히 엄밀하게 감시하는 일이, 모든 도덕적 판정에 있어서, 최대로 중대하다. 이것은 행위의 모든 「도덕성」이 행위가 가져올 터인 것에 대한 애정과 애호에서가 아니라, 의무에서 또 법칙의 존경에서 하는 행위의 필연성 중에 두어지기 위해서이다.

인간과 모든 창조된 이성존재자에 대해서 도덕적 필연성은, 강제 즉 책임(Verbindlichkeit)임을 의미한다. 그리고 책임에 기인하는 모든 행위는 의무로 보아지는 것이요, 우리 자신이 먼저 좋아할 방식(Verfahrungsart) 혹은 좋아할 수 있는 방식으로 생각되는 것이 아니다.

[좋아할 방식으로 사람이 만일 보아진다면] 이런 일은, 우리가 마치 다음의 경지에 도달할 수 있는 듯이 생각하는 것과 같을 것이다. 즉, 위반(Uebertretung)에 대한 공포나 혹은 적어도 심려와 결합되어 있는바 「법칙에 대한 존경」이 없이, 저절로——이를테면, 의지와 순수한 도덕법과의 일치가 우리의 천성이 되어

서 흔들림이 없음에 의해서 (따라서, 도덕법에 불충실하게 될 유혹을 받지 않고, 이렇기에 도덕법은 드디어 우리에게 명령이 되는 것을 중지하고 말겠다) —— 어느 때나 의지의 신성성(Heiligkeit)을 소유하게 될 수 있는 것처럼 생각하는 것이다.[1)]

⑮ 도덕법은 가장 완전한 존재자[하나님]의 의지에 대해서는 신성성의 법칙이로되, 모든 유한한 이성존재(인간)에게 대해서는 의무의 법칙이요, 도덕적 강제의 법칙이며, 법칙에 대한 존경과 자기 의무에 대한 외경에 의해서 [인간이] 자기의 행위를 규정하게 하는 법칙이다.

[존경과 외경 이외의] 다른 주관적인 원리는, 결코 동기로 가정되어서는 안 되는 것이다. 만일 동기로 가정되는 일이 있다면, 법칙이 지정하는 행위가 확실히 있다고 하더라도, 그런 행위는 합의무적이기는 하되 의무에서(aus Pflicht)하는 것은 아니다. —— 법칙 수립에 있어서 본래로 말하면 [도덕적] 심정이 중대한 것이거늘.

⑯ 사람에 대한 애정과 동정적인 호의에서, 그렇게 좋은 일을 하거나, 혹은 질서에 대한 애정에서 의다운 것은 그 어느 것이나 매우 아름답기는 하다. 그러나 우리가 마치 의용군처럼 자부를 함부로 상상하여 「의무 사상」을 감히 초월할 때에, 또 명령의 제약을 받지 않고 단지 자기의 쾌에서 우리가 하도록 명령받을 필요가 없겠는 일을 감히 하려고 할 때에, 그런 태도는 [이원적] 인간으로서의 이 존재자에 속하는 우리의 입장에 적절한, 「인간행동의 진정한 도덕적 준칙」은 되지 않는 것이다.

우리는 「이성의 규율(Disziplin)」아래 서있고, 우리의 모든 준칙에 있어서 우리는 이 규율에 복종할 것을 잊어서는 안 된다. 이것은 「이성의 규율」[의 권리]를 조금이라도 빼앗지 않기 위해서다. 혹은 자기애의 망상에 의해서, [자세히 말하면] 비록 법칙에 적합하더라도 법칙 자신·법칙의 존경 이외의 다른 무엇[애착] 중에 우리 의지의 규정근거를 두는 일로 인해서, 우리는 법칙의 위엄(우리 자신의 이성이 법칙의 위엄을 줄지언정)을 조금이라도 손상해서는 안 된다. 의무와 부책과는 도덕법에 대한 우리의 태도에만 우리가 주는 명칭이다.

1) 공자가 七十而從心所欲이나 不踰矩(논어 위정)라고 했거니와, 칸트는 인간으로서는 이런 경지에 도저히 도달할 수 없다고 말할 것이다. 또 144면 참조.

우리는 확실히, 자유에 의해서 가능한 「도덕 왕국」· 실천이성이 존경하도록 우리 앞에 제시하는 「도덕 왕국」(Reich der Sitten)의 입법적인 국민이다. 그러나 동시에 이 왕국의 신민이요, 군주는 아니다. 피조물로서의 「인간의 낮은 지위」를 알지 못하고, [헛된] 자부가 신성한 법칙의 위엄을 거절하는 일은, 비록 법칙의 [겉] 문자가 실현되었더라도, 「정신상」으로는 법칙에 위반해 있는 것이다.

⑰ 이와 잘 합치하는 것은, 「무엇보다도 더 하나님을 사랑하고 너 자신과 같이 네 이웃 사람을 사랑하라」[1]고 하는 명령(Gebot)*의 가능성이다. 왜냐하면, 이 명령은 명령으로서, 사랑하기를 명령하는바 「법칙」에 대한 존경을 요구하고, 사랑하기를 원리로 삼는 것을 임의의 선택에 맡기지 않기에 말이다.

* 약간인이 도덕의 최상원칙으로 하는 「자기 행복의 원리」는, 이제 말한 법칙과 묘한 대조가 되는 것이다. 자기 행복의 원리는 「무엇보다도 너 자신을 사랑하라. 하나님과 이웃 사람을 너 자신을 위해서만 사랑하라」고 할 것이다.

그러나 하나님에 대한 사랑은 애착(감각적인 사랑)으로서는 불가능하다. 하나님은 결코 감관의 대상이 아니기 때문이다. 인간에 대한 사랑도 확실히 가능하되, 명령될 수 없는 것이다. 누구이든 단지 명령(Befehl)에 의해서 어느 사람을 사랑할 수는 없기 때문이다.

따라서 모든 법칙의 중심[인 저 명령]이 의미하는 것은 단지 실천적 사랑(praktische Liebe)이다. 이런 의미에서 하나님을 사랑한다는 것은, 하나님의 명령을 기꺼이(gerne) 행한다는 뜻이요, 이웃 사람을 사랑한다는 것은, 이웃 사람에게 대한 모든 「의무」를 기꺼이 수행한다는 뜻이다. 이렇게 행하는 것을 규칙으로 삼는 명령은, 합의무적 행위에서 이런 심정을 가지는 것을 명령할 수 없고, 오직 그런 심정을 가지려고 애써야 할 것을 명령할 수 있다.

무릇 사람이 즐겨서 무엇을 해야 한다는 명령은 그 자신 모순된 것이다. 왜냐하면, 우리가 할 의무가 있는 것을 우리가 자연적(von selbst)으로 잘 알고 있다면, 또 우리가 그것을 즐겨서 해야 하는 것을 잘 자각하고 있다면, 그런

1) 마태 22장 34－40절 참조.

것에 대한 명령을 전혀 할 필요가 없기에 말이다. 또 우리가 의무를 행하되 즐겨서 행하지 않고, 법칙에 대한 존경에서만 행한다면, 이런 존경을 준칙의 동기로 삼는 명령은, [즐겨서 해야 한다는] 「명령된 심정」에는 정말 반대이겠기에 말이다.

그러므로 모든 법칙 중의 [가장 귀중한] 저 법칙[명령]은, 복음서의 모든 도덕적 훈계(Vorschrift)와 같이, 극히 완전한 도덕적 심정을 표시하는 것이다. 아주 완전한 도덕적 심정은, 이상적인 신성성으로서, 어떤 피조물 [즉, 인간]도 그런 심정에 도달할 수 없으되, 우리가 접근해야 하고 또 그침이 없이 무한히 정진(Progressus)함에 있어서 그런 심정과 같게 되도록 노력해야 하는 원형(Urbild)인 것이다.

즉, 이성적 피조물이 미래에 모든 도덕법을 전혀 즐겨서 행하는 경지에 도달할 수 있다면, 그런 일은 도덕법에서 벗어나도록 피조물을 자극하는 욕구(Begierde)의 가능성이 「피조물」 중에 전혀 없다는, 정도의 것을 의미하겠다. 왜냐하면, 이러한 욕구의 극복은 주관에서는 항상 희생을 치르는 것이 되고, 따라서 자기구속(Selbstzwang)을, 즉 사람이 반드시 즐겨서 하는 것이 아닌 것에 대한 내면적 강제를 필요로 하기 때문이다.

그러나 주관은 이러한 경지의 도덕적 심정에 피조물을 도달하게 할 수가 없다. 왜냐하면 주관은 [요컨대] 피조물이요, 따라서 자기의 [현존]상태에 전적으로 만족하고자 필요로 하는 그런 것에 관해서 언제나 자족적이 못되기 때문에, 주관은 욕구와 애착에서 결코 해방될 수가 없기에 말이다.

욕구와 애착은 자연적 원인에 기본하여 있고, 이것과 근본이 다른 도덕법과는 저절로 일치하지 않으므로, 그것들은, 따라서 자신들에 관해서 그 「준칙의 심정」을 즐겨서 복종하는 것(bereitwillige Ergebenheit)에가 아니라 도덕적인 강제에, 기인케 하는 것을 항상 필요로 한다. 법칙에 대한 의지의 내면적인 혐오를 돌보지 않는 사랑에가 아니라, 속마음은 불복이로되 법칙의 준수를 요구하는바, 존경에 기인케 하는 것을 항상 필요로 한다. 그러나 욕구와 애착은 사랑, 즉 법칙에 대한 순애를 —— (이때에 법칙은 명령이 아니게 되겠고, 도덕성은 이제야 주관적으로 신성성으로 이행하여 덕(Tugend)임을 중지하겠다) —— 피조물이 하는 항구적이나 달성할 수 없는 「노력 목표」로 삼는 것을 필요로 한다. 왜냐하면, 우리가 자못 존중하되, (우리의 약한 의식 때문에) 견지하지 못함을 두려워하는, 그런 것[도덕성]에 있어서는, 그것을 만족시킴이 더욱더 쉽게 되는 것에 의해서, 경건한 공포가 [법칙의] 애호로 변하고, 존경이 [법칙이] 사랑으로 변하기 때문이다. [법칙을] 사랑하게 되는 것은, 적어도 그런 사랑[의 경지]에 이르는 일이 피조물에게 만약 가능하다면, 법칙에 바쳐진 심정의 [궁극적] 완성이라고 하겠다.

⑱ 이런 고찰의 목적은, 위에서 인용한 「복음서」의 명령을 명백한 개념으로 표시하여 「하나님의 사랑」에 관한 종교적 광신을 막는 데 있지 않고, 직접 「인간에 대한 의무」에 관해서 도덕적 심정을 엄밀히 규정하고, 많은 사람에게 해악을 끼치는 도덕적 광신만을 억지시키거나, 가능하다면 미리 방지하는 데에 있다.

인간(우리의 통찰에 의하면 그 외의 모든 이성적 피조물)이 설 수 있는 도덕적인 단계는 도덕법에 대한 존경이다.

도덕법을 준수하는 데 있어서 인간이 반드시 가져야 하는 심정은, 도덕법을 의무에서 준수하는 것이요, 임의의 애착에서 또 명령되지 않는 저절로 하고 싶게 된 노력에서 준수하는 것이 아니다. 그리고 사람이 항상 있을 수 있는 「도덕적 상태」는 분투 중의 덕, 즉 분투 중의 도덕적 심정이요, 「의지가 완전히 순결한 심정을 소유하고 있다고 잘못 생각하는 신성성이 아니다.」

고상하고 · 숭고하며 · 대도적인 행위로서의 행위를 고취함에 의해서 인심에 영합되는 것은, 순도덕적 광신과 높여진 자부뿐이다. 이런 것들에 의해서 인심[사람들]은 망상에 빠진다. —— 그들 행위의 규정근거인 그 무엇이, 그것을 준수하는 (그것에 복종하는) 한에서 항상 인심을 겸허하게 하는 그 무엇이 의무, 즉 법칙에 대한 존경이 아닌 것 같은 망상이다. 저 법칙의[1] (멍에를 이성 자신이 우리에게 과하는 까닭에, 그것은 부드럽지마는) 사람들은 내심은 불복이면서도 메어야 하되 —— 그런 행위를 의무에서 하는 것으로 사람들이 기대하지 않고, 명백히 공적인 것으로 사람들이 기대하는 듯한 망상에 빠진다.

1) 「마태복음 11장 28－30」에 「수고하고 무거운 짐을 진 자들아! 다 내게로 오라. 내가 너희를 쉬게 하리라. 나는 마음이 온유하고 겸손하니, 나의 멍에를 메고 내게 배워라. 그러면 너희 마음이 쉼을 얻으리니, 이는 내 멍에는 쉽고 내 짐은 가볍기 때문이라」고 했다.

사람들은 이런 행위를 모방함에서, 즉 이런 [광신적·자부적 행위] 원리에서, 행위의 합법성에 ―― (이런 행위원리가 어떠하든 간에) ―― 있어서가 아니라 법칙에 복종하는 심정 중에서 성립하는, 「법칙의 정신」을 조금이라도 만족시키지 않았을 뿐만이 아니다. 또 사람들은 동기를 도덕적으로(법칙 중에)가 아니라, 감각적으로(동정 혹은 자기애[1] 중에) 두었을 뿐만이 아니다. 이렇게 해서 우리에게 바람이 세고·고답적이며·가공적인 사고방식이 생긴다. 그리고 이런 사고방식은, 격려도 속박도 필요하지 않고 명령까지도 필요하지 않는, 심성의 임의적 선량을 자부하게 되고, 인해서 공적보다도 먼저 생각해야 하는 자신의 부책(Schuldigkeit)을 잊게 된다.

크게 희생했고 그러면서도 전혀 의무를 위해서 했던 「타인의 행위」는, 참으로 고상하고도 숭고한 행위라는 이름 아래 칭찬받는다. 그러나 그런 행위도, 그것이 흥분된 마음에서가 아니라 사람의 의무에 대한 존경에서만 했다는 것을 추측케 하는 자취가 있는 한에서 칭찬받는 법이다.

그러한 행위를 모방의 실례로서 누구에게나 내세우고자 하면, (유일하고도 참다운 도덕적 감정으로서의) 「의무에 대한 존경」이 어디까지든지 동기로서 쓰여야 한다. 이것이 우리의 공허한 사애가 감각적인 충동과 ―― 이것이 도덕성과 유사한 한에서 ―― 함께 놀지 않도록 하는, 또 우리로 하여금 공적적 가치를 자랑삼지 않게 하는, 「진지하고도 신성한 훈계」이다.

오직 우리가 잘 탐구하기만 하면, 칭찬할 만한 값어치가 있는 모든 행위에 대해서 우리는 「의무의 법칙」을 발견할 것이다. 의무의 법칙은 명령하는 것이요, 우리의 성벽의 비위에 맞을지 모르는 우리의 임의(Belieben)를 중시하게 하지 않는다. 이것은 마음을 도덕적으로 단련하는 유일의 현실적 방법이다. 왜냐하면, 이 방법만이 확실하고도 엄밀히 규정된 원칙들을 가지도록 하기 때문이다.

⑲ 광신의 가장 일반적인 의미가 인간이성의 한계를 원칙상으로 벗어나는 것을 말한다면, 도덕적 광신이란, 실천적인 순수이성이 인간성(Menschheit)에 세우는 한계를 마찬가지로 벗어나는 것을 말한다. 이같이 한계를 세우므로, 이

1) 원어 Philautie는 Eigenliebe와 같은 뜻, 75면에는 희랍어 philautia로 나와 있다.

성은 「합의무적 행위」의 주관적인 규정근거를, 즉 그런 행위의 도덕적인 동기를, [도덕]법칙 이외의 다른 것 중에 두는 일을 금지하고, 법칙이 준칙 중에 넣는 심정을 법칙에 대한 존경 이외의 다른 어떤 곳에 두는 일을 금지한다. 따라서 이성은 모든 자만과 헛된 자기애를 쳐부수는 「의무 사상」을 인간에게 있어서의 모든 도덕성의 최상생활원리로 할 것을 명령한다.

⑳ 사정이 이러하고 보매, 소설가와 주정적 교육가 —— (이들이 감상벽에 반대함이 열심이었더라도) —— 뿐만 아니라, 이따금 철학자까지 아니 모든 사람 중에서도 가장 엄격한 자인 스토아 학도마저, 도덕의 준엄하되 현명한 규율 대신에 도덕적인 광신을 이끌어 왔던 것이다. 이 중 후자[과거의 철학자와 스토아 학도]의 [도덕적] 광신은 영웅적이었고, 전자[소설가나 주정적 교육가]의 그것은 천박하고도 유약한 성질이었다.

그런데, 사람은 위선 없이 「복음서」의 도덕설에 대해서 성실을 다해서 다음의 내용을 되풀이해서 말할 수 있다.

즉, 복음서의 도덕설은 무엇보다도 먼저 도덕원리의 순수성에 의해서 동시에 또 이 원리가 유한한 존재자 [이원적 인간]의 제한성에 적합함에 의해서, 인간의 모든 가행을 그런 존재자의 눈앞에 놓인 의무의 —— (의무는 유한한 존재자를 도덕적 완전의 꿈속에 사로잡히지 않게 한다) —— 구속(Zucht) 아래 두었다는 것이요, 자만과 자기애에 —— 이 양자는 자칫하면 그 한계를 잘못 알기가 쉽다 —— 겸허 (즉 자기인식)의 제한을 두었다는 것이다.

㉑ 「의무여! 너 숭고하고도 위대한 이름이여! 너는 사람이 너를 좋아할 아무런 것도」 —— 이런 것은 너한테 아부하도록 하지만 —— 가지지 않으면서, 너에게 복종하기를 요구한다. 너는 [인간의] 의지를 움직이고자 협박하지 않고 —— 협박은 심성 중에 자연적으로 혐오를 일으키고, 겁내게 하는 것이다 —— 도리어 단지 하나의 법칙을 제시한다. 이 법칙은 저절로 인심 속에 들어가서 본의는 아니면서 그 자신 인심의 존경을 받는다(존경을 받더라도 그 법칙이 반드시 지켜지는 것은 아니지만).

이 법칙 앞에서는 모든 애착이 비록 남 몰래 그것에 반항하면서도 결국은 침묵하고 만다. 너 존체의 기원은 어떠한 것인가? 애착과의 모든 혈연을 늠름하게 거부하는, 너의 고귀한 혈통의 근원은 어디서 발견될 것인가? 사람만이 자신에게 줄 수 있는 그런 가치의 필수적인 조건 의무의식에 사는 [인격성]은 어떤 근원에서 유래해 있을 것인가?[1]

㉒ 그것은 인간으로 하여금 (감성계의 일부로서의) 자기 자신을 초월하게 하는 것임에 틀림이 없다. 그것은 오성만이 생각할 수 있는 「사물의 질서」에 인간을 결합하는 것이다. 이런 질서는 전 감성계를 지배하고 있을 뿐더러 동시에 시간 중에 있는 인간의 경험적으로 규정될 수 있는 생활과 모든 목적의 전체를(이 전체만이 도덕법 같은 무제약적 실천법칙에 적합해 있다) 지배하고 있는 것이다. 그것은 틀림없이 인격성(Persoenlichkeit)이요, 다시 말하면 전자연 기구에서의 자유요, 독립이며, 동시에 독특한 법칙에, 즉 자기 자신의 이성이 보내주는 순수한 실천법칙에, 복종하는 존재자의 능력이라고 보아지는 것이다.

따라서 [일면] 감성계에 속하는 것인 인격(Person)은 그와 동시에 [타면] 가상계에 속하는 한에서, 자기 자신의 인격성에 복종하는 것이다. 이러하기에 [감성계와 가상계의] 두 세계에 속하는 것인 인간은, 둘째의 최고 사명에 관한 자기 자신의 본질을, 다름 아닌 숭경으로써 주시해야 하고, 그런 사명의 법칙을 최고의 존경으로써 주시해야 한다. 이런 이치는 조금도 놀랄 것이 없다.

㉓ 도덕적 이념들에 좇아서 대상들의 가치를 표시하는 여러 언어는 이상과 같은 근원에 기본하여 있다. 도덕법은 신성한 것이다. 즉, 불가침이다. 인간은 확실히 자못 신성하지 않으나, 그의 인격 중에 있는 인간성은 인간에게 신성한 것이 아닐 수 없다. [하나님의] 모든 피조물에 있어서 사람이 의욕하고 또 사람이 지배하는 일체는, 단지 수단으로서 사용될 수가 있다. 오직 인간과 그와 동시에 모든 이성적 피조물만이 목적 자체이다. 즉 인간은 도덕법의 주체요, 도덕법은 인간의 자유가 가지는 자율로 인해서 신성한 것이다.

바로 자율 까닭에 모든 의지는——모든 인격의, 자기 자신에게 향한 「자기 의지」까지도——이성존재자의 자율과 일치한다는 조건에 국한되어 있는 것이다. 즉 이성존재자는, 수동적[2] 주관(leidendes Subjekt) 자신의 의지에서 생길 수 있는 법칙에 좇아서 가능한, 목적에만 종속할 수가 있다.

---

1) 이것이 칸트의 유명한 의무송이다.
2) 이것은 인간처럼 감성에 제약되는, 유한한 이성존재자, 즉 이원적 존재자이다.

이에, 이러한 주관은 단지 수단으로서만 쓰이지 않고 동시에 그 자신 목적으로서 쓰인다. 이러한 조건은 신의의 「피조물」로서의 현세의 이성존재자에게 관해서 신의에 대해서도 우리가 으레히 돌리는 바의 것이다. 왜냐하면, 그 조건은 이성존재자의 인격성에 기본하기에 말이다. 인격성에 의해서만 이성존재자는 목적 자체 그것(Zweck an sich selbst)이다.

㉔ 인격성이란 이념은 우리의 존경을 일으킨다. 그것은 우리 본성이 —— 사명상으로 보아 —— 숭고함을 눈앞에 제시한다. 그러나 타방 그것은 동시에 우리의 행동이 우리 본성의 숭고성에 적합함이 없는 것에 주의시키고, 이로 인해서 자만을 쳐부순다. [존경을 일으키는] 인격성의 이러한 이념을, 가장 평범한 인간이성(die gemeinste Menschenvernunft)[즉 상식]이라도 자연적으로 또 쉽사리 알 수 있다.

보통 정도로 믿을 수 있는 사람이면 누구나, 해롭지 않은 거짓말로 인해서 그가 싫은 사건에 상관하지 않을 수 있었거나 혹은 사랑하고 공적 많은 친구에게 득 되게 할 수 있었건마는, 제 자신의 눈으로 봐서 남몰래 단지 자신을 경멸하지 않고자, 평소의 해롭잖은 거짓말을 하지 않았을 때가 가끔 있었던 것이 아닌가?

공정한 사람이 만일 의무를 무시할 수 있기만 했다면 피할 수 있었던 「인생의 최대불행」에 즈음해서, 그가 인격 중에 있는 인간성의 존엄을 유지했고 존경했다는 의식이 공정한 사람의 생활 지주인 것이 아닌가? [즉] 그가 자기를 제 자신 앞에서 부끄러워하는 원인을, 자기 검토의 육안을 무서워 하는 원인을, 가지지 않는다는 의식이, 공정한 사람의 [생활] 지주인 것이 아닌가? 이러한 의지는 행복이 아니요, 최소량의 행복도 아니다.

무릇 누구라도 [행복이 아닌 것에] 의지하는 기회를 바라지 않을 것이요, 이런 상태의 생활을 바라지도 않을 것이다. 그러나 그가 살고 있으면서 자기 자신의 눈으로 봐서 살 만한 값어치가 없는 생활을 참아서 살아갈 수는 없는 것이다. 하기에, 이 내면적인 안심 —— 의지 —— 은, 인생을 쾌적하게 하는 모든 것에 관해서 솔직히 부정적이다. 즉 그가 상태[쾌적]의 가치를 아주 포기한 뒤에, 내면적인 안심은 인격가치(persoenlicher Wert)가 타락하려는 위험을 막는 것이다. 이런 안심은 그저 살고 있는 것과는 다른 어떤 것에 대한 존경에서 생기는 것이요, 이 안심과 비교하고 대조할 때에, 그저 사는 것은 인생의 모든 쾌적과 함께 아무런 가치도 가지지 않는 것이다. 이래서 그는 오직 의무에서(aus Pflicht) 살아가며, 인생에서 조금이라도 취미적 쾌적을 발견하기 때문에 살아가는 것이 아니다.

㉕ 순수한 실천이성의 동기는 이상과 같은 것이다. 도덕법이 우리 자신의 초감성적 숭고성을 발견하게 하는 한에서, 도덕법이 자기의 감성적 존재와 그런 존재와 결합하여 그 점에서 감각적으로 촉발된 성질에의 [자기] 의존성이, 의식하는 인간의 내심에다, 주관적으로 자신의 한층 더 높은 사명의 존경을 일으키는 한에서, 순수한 실천이성의 동기는 순수한 도덕법 자신임에 틀림이 없다.

그런데, 이런 동기[도덕적 감정]와 인생의 많은 자극과 쾌적이 결합하기 때문에, 단지 이 후자만을 위해서도 벌써 인생의 최대행복을 숙려하는 에피쿨 학도의 가장 영리한 선택을, 사람은 도덕적인 가행이라고 선언하겠다. 그리고 인생의 기쁜 향락에 대한 이러한 기대를 저 최상 동인, [즉] [순수한 실천이성이] 자신만으로(fuer sich allein) 넉넉히 규정하는 동인(Bewegursache)과 결합하는 것도 마땅히 그럴듯한 일이다. 그러나 [내가] 그럴 듯하다는 것은, [사실은] 악덕이 반대 —— 덕 —— 측에 제시함이 없지 않은 유혹에 대항하기 위한 것이요, 의무가 문제될 때에는 그런 유혹에 참 동인력을 최소량이라도 인정해 주지 않기 위해서다. 왜냐하면, 그[유혹에 동인력을 인정해 준다는]것은 도덕적 심정의 근원을 불순하게 하는 것 밖에 되지 않기에 말이다.

의무의 존경할 만함(Ehrwuerdigkeit)은 인생의 향락과는 아무런 관계도 없다. 그것은 자기 고유의 법칙과 자기 고유의 법정을 갖는다. 사람이 의무와 향락의 양자를 서로 섞어서 마치 의약처럼 환자에게 주고자 뒤죽박죽으로 합하려 했다고 하더라도 양자는 곧 저절로 분리하는 것이다. 만일 분리하지 않는다면, 의무는 작용력도 없는 것이다. 그리고 이때에는 비록 물적인 생활은 어느 정도까지 세를 쓸는지 모르나, 도덕적 생활은 멸망하여 구제할 수가 없을 것이다.

순수실천이성 분석론의 비판적 정사

① 내가 한 학문이나[1] 혹은 이 학문의 한 편에 대한——이 「한 편」은 그 자신만으로 한 체계를 이루고 있는데——「비판적 정사」라고 하는 것은, 그 학문을, 그것과 비슷한 인식능력을 기본에 갖는 체계와 비교할 때에, 그 학문이 왜 그러한 체계의 형식을 취해야 하고 다른 체계의 형식을 취해서는 안 되느냐 하는 것을 탐구하고 변명한다는 뜻이다.

실천이성과 사변이성은, 이 양자가 다 순수한 이성인 한에서, 전자는 후자와 같은 인식능력을 근본에 갖는 것이다. 따라서 양자의 비교는, 한쪽의 체계적 형식과 다른 쪽의 체계적 형식을 확실히 구별하고 또 구별하는 근거를 알려주어야 하는 것이다.

② 순수한 이론이성의 분석론은 오성에 주어질 수 있는 대상들의 인식을 다루어야 한다. 따라서 그것은 직관에서 그러므로(직관은 항상 감성적이기 때문에) 감성에서 출발했고, 다음에 비로소 (직관의 대상들의) 개념들에로 전진하였으며, 직관과 개념의 양자를 앞세운 후에 원칙[2]으로써 끝을 맺었다.

이에 대해서 실천이성은, 대상들을 인식하고자 그것들을 다루는 것이 아니라, (대상들의 [실천적]인식에 합치해서) 대상[선·악]들을 실현하려는 자기 자신의 능력을, 즉 의지를 다루어야 한다. 의지는 이성이 대상들을 규정하는 근거를 포함하는 한에서, [자발적인] 한 원인성이다.

따라서 이 이성은, 직관의 객체를 알려주는 것이 아니라, (원인성의 개념은 다양한 것은 존재를 상호관계에서 규정하는 「법칙」에 항상 관계하기에) 이성은 실천이성으로서 그것의 법칙을 알려 주어야 한다.

이러하기에 「실천이성의 분석론」의 비판은, 이성이 실천이성이어야 하는 한에서, (이것이 분석론 고유의[3] 과제였다) 선천적인 실천원칙의 가능성에서 출발하지 않을 수 없었고, 그 뒤에 우리의 비판은 실천이성의 대상의 개념, 즉 절대적인 선과 악의 개념들에 전진할 수 있었고, 이것은 선·악의 개념들을

1) 「한 학문」이란 비판적 윤리학을, 「한편」이란 순수한 실천이성의 분석론을, 각각 말한다.
2) 순수이성비판에 나온 순수오성의 종합적 원칙(B.198)참조.
3) Natorp는 분석론이라는 말은 말살해야 한다고 했다.

저 원칙들에 합치해서 비로소 정해 주기 위해서였다. ——(개념들은 저 원리들에 선행해서는 어떠한 인식능력에 의해서도 선·악으로서 주어질 수가 없었기에 말이다.) 그리고 그 이후에야 비로소 앞 [동기론의] 장으로써 끝을 맺을 수 있었다. 다시 말하면 순수한 실천이성의 감성에 대한 관계와 감성에 미치는 필연적·선천적으로 인식될 터인 영향, 즉 도덕적 감정과를, 논한 「앞장」으로써 끝을 맺을 수 있었다.

이리하여 실천적인 순수이성의 분석론은 이론적인 순수이성의 [그것]에 흡사하게 이성 사용의 모든 제약이라는 전 범위를 구분했으되, 그 순서는 [이론적인 순수이성과는] 반대였다.

이론적인 순수이성의 분석론은 「선험적 감성론」(transzendentale Aesthetik)과 「선험적인 논리학」으로 구분되었지마는, 실천이성의 그것은 반대로 순수한 실천이성의 논리학과 감성론으로 구분되었다. ——(보통 때에는 전혀 부적당한 감성론이라는 명칭을, 이론이성의 그것에 단지 비슷한 까닭에 여기서 사용하는 것이 허락되어 있다고 하면.) ——그리고 논리학은 전자에 있어서는 다시 개념의 분석론과 원칙의 분석론으로, 후자에 있어서는 [반대로] 원칙의 분석론과 개념의 분석론으로, 세분되었다. 감성론은 전자에 있어서는 감성적 직관의 이중성 때문에, [공간과 시간의] 두 부분을 가졌다. 감성(Sinnlichkeit)[1]은 후자에 있어서는 결코 직관 능력으로 보아지지 않고, 단지 [도덕적] 감정으로만 보아지는 것이다. 감정은 욕망의 주관적인 근거일 수 있다. 그리고 이런 감정에 관해서, 순수한 실천이성은, 아무런 세분을 허하지 않는다.

③ 두 부분 [선험적 논리학과 선험적 감성론]으로 나누는 것을——이 두 부분은 또 세분되었지만——「실천이성비판」에서 왜 [내가] 기도하지 않았느냐 하는 이유는 (이론이성비판의 전례에 의해서 그런 구분을 시험해 보도록 유혹받을 것 같지마는) 용이하게 통찰된다.

왜냐하면, 현재처럼 이성의 실천적 사용에서 고찰되는 것, 따라서 경험적 규정근거에서가 아니라 선천적 원칙에서 출발해서 고찰되는 것은 순수한 이성

1) 감각능력(직관능력)과 감정이 다 감성에 속한다. 그러나 이런 말은 감정의 본질이 감성에 속한다는 것은 아니다. 만약 그렇다면 비감성적·비수용적, 즉 자발적 감정으로서의 도덕법이 존경감이 있을 리가 없을 것이다.

이기에, 순수한 실천이성의 분석론의 구분은, 하나의 삼단논법(Vernunftschluss)의 구분에 비슷한 것이 되지 않을 수 없기 때문이다.

즉, 대전제(도덕의 원리)의 보편적인 것에서 출발하여, (선악의) 가능한 행위를 그 대전제 아래 포섭하는 것을――포섭을 소전제가 한다――통해서 결론으로 진행한다. 즉, 주관적인 의지규정(실천적으로 가능한 선에 대한 관심과 그런 선에 기본된 준칙에 대한 관심)에로 진행한다.

분석론에서 나타나는 명제[들의 진리]를 확신할 수 있었던 사람에 있어서는, 이러한 비교는 만족을 줄 줄로 생각한다. 이런 비교는, 순수한 이성능력 전체(이론이성과 실천이성)의 통일을, 장차 통찰하는 일을 이룩할 수 있는 기대, 일체를 하나의 원리에서 유도할 수 있는 기대를 정당히 환기하는 것이기 때문이다. 이것은 인식의 완전한 체계적인 통일에서만 온전히 만족하는, 인간이성의 불가피한 욕망이다.

④ 그런데 우리가 순수한 실천이성에 관해서 또 그런 이성을 통해서 가질 수 있는, 「인식의 내용」을――이것은 실천이성의 분석론이 명시해 준 바이지만――우리가 고찰한다면, 순수실천이성과 [순수]이론이성 사이에는 현저한 유사(Analogie)가 있음에 불구하고, 이것에 지지 않게 현저한 차이도 발견된다.

이론이성에 관해서는 선천적인 순수한 이성인식의 능력은 과학들의 실례를 통해서――(과학들은 그 원리들을 방법적 사용에 의해서 각종 방식으로 검정한다. 그러므로, 과학들에 있어서는 사람은, 보통의 인식을 하듯이 경험적인 인식근거의 비밀한 혼합을 두려워 해야 할 것이 없다)――매우 쉽고도 명백하게 증명될 수 있었다.

그러나 순수한 이성이 어떠한 경험적인 규정근거도 없이, 그 자신만으로 실천적 [의지 규정적]이라고 하는 [것은] 가장 평범한 실천적인 이성사용[상식]에서도 증명될 수 있었다. 왜냐하면, 모든 자연적인 인간이성은 전혀 선천적인 것으로서의, 어떠한 감성적인 자료에도 의존하지 않는 것으로서의 최상의 실천원칙을, 자기의지의 최상법칙으로 인식하고, 이러한 최상의 실천원칙 자신을 증명했기 때문이다. 학문[윤리학]이 최상의 실천원칙을 사용하고자, 이것을 손에 쥘 수 있었기 이전에, 그런 실천원칙의 가능성에 관한 모든 궤변과 이로부터 이끌어낼 수 있는 모든 추론과에 선행하는, 이를테면 사실(Faktum)로서 그러한 실천원칙은 그 근원의 순수성에 좇아서 평범한 이성의 판단[상식]에 있어

서도 증명되었고, 변호되지 않을 수 없었다.[1)]

그러나 이런 사정은 바로 앞에서 간단히 지적한 것으로부터서도 쉽사리 설명된다. 왜냐하면, 실천적인 순수이성은, 반드시 원칙들에서 출발하는 것이요, 원칙들이 최초의 자료로서 모든 학문의 근저에 두어져야 하는 것이며, 학문[윤리학]에서 비로소 원칙들이 발생할 수 없는 것이기 때문이다.

순수이성의 원칙들인 도덕 원리들의 이러한 변호를 사람은 단지 상식의 판단에 의거하더라도, 자못 충분하게 또 극히 확실하게 할 수 있었다. 왜냐하면 의지의 규정근거로서 우리의 준칙 중에 남몰래 들어오고 싶어하는 모든「경험적인 것」은 그것이 열망(Begierde)을 자극하는 한에서 의지에 반드시 부착하는 만족(Vergnuegen)이나 혹은 고통감에 의해서 직시로 알려지지마는, 저 순수한 실천이성은 그것의 원리 중에 감정을 조건으로서 집어넣는 일을 명백히 의지에 대해서 거부하기 때문이다.

실천적으로 법칙을 수립하는 이성이, 섞여서 들어오는 모든 애착에 대해서 하는 반항이 (경험적인 것과 이성적인 것의) 규정근거가 서로 다르다는 것을 매우 명백하게 하고, 현저하게 또 판연하게 한다. 독특한 감각(Empfindung) 역시 그렇게 한다. ― 이 감각은 실천이성의 법칙 수립에 선행하지 않고, 도리어 실천이성을 통해서만 생기며, 그런 중에서도 구속(Zwang)으로서 생기는 것이다. 다시 말하면, 존경의 감정이 그렇게 한다. 어떤 종류의 것이든간에 애착에 대해서는 사람은 존경의 감정을 가지지 않으나 법칙에 대해서는 존경의 감정을 가지는 바다. 사정이 이상과 같기 때문에 의욕의 경험적인 근거가 자신의 유혹에 따를 것을 알리더라도 그런 근거가 오로지 순수한 실천적인 이성법칙 이외의 다른 것에 복종하는 것을 요구하지 못한다는 정세(Augenblick)를 누구라도 가장 평범한 상식이더라도, 눈앞에 제시된 실례에 있어서 깨닫지 않을 수 없다.

⑤ 행복론과 도덕론의 구별은 ―― 전자에서는 경험적인 원리들이 전근저를 이루고 있되, 후자의 형성에 있어서는 경험적인 원리는 최소라도 들어가지 않는다 ―― 순수한 실천이성의 분석론에 있어서 그것에 부과된 첫째의 가장 중대한 일이다.

---

1) 인생에서 상식이 중요한 역할을 한다는 것을 칸트가 늘 강조한 한 대목이다.

이 과업에 있어서 분석론은, 측량가가 자기 일을 할 때처럼, 엄밀한 방법, 아니 이를테면 괴로운 방법을 취해야 한다. 그러나 철학자는 이때에 ——(개념들의 구성(Konstruktion)이 아니라, 단지 개념에 의한 이성인식에 있어서 항상 그런 것처럼) —— 측량가보다도 더한 곤란과 싸워야 한다. 그는 가상체(Noumen)의 어떠한 직관도 근본에 둘 수 없기 때문이다. 그러나 철학자는 거의 화학자와 같이, 언제나 도덕적인 순수한 규정근거와 경험적인 규정근거를 구별하고자, 만인의 실천이성을 실험할 수 있다는 이익을 갖는다.

즉, 그는 경험에서 촉발된 의지(가령 거짓말을 하면 득이 될 수 있기 때문에, 거짓말을 하고 싶어하는 사람의 의지)에다, (규정근거로서) 도덕법이 들어갈 적에, 그러하다.

그것은 마치 화학자(Scheidekunstler)가 석회질의 흙을 분해하고자, 염산에다 알칼리를 보태는 것과 같다. 염산은 이윽고 석회를 유리시켜서 알칼리와 결합하고, 석회는 밑바닥에 가라앉는다.

이와 마찬가지로, 평소에 정직한 한 사람에게 (혹은 이때에 관념상으로 정직한 사람의 위치에 서는 한 사람에게) 거짓말을 하는 자의 무가치성을 알게 하는 도덕법을 제출하는 것이다. 그 경우에 그의 실천이성은 직시로 (그가 해야 하는 일에 관한 판단을 내려서) 이익을 버리고[가라앉게 하고], 자기 자신의 인격(Person)에 대한 존경을 보호하게 하는 것(즉 성실성)과 결합한다. 그리고 이익이(전혀 의무편에 있는) 이성의 모든 부속품에서 분리되어서 씻긴 뒤에, 분리된 이익은 다른 경우에 이성과 잘 합하게 되고자, 모든 사람에 의해 계산되는 바이다.

이익과 이성이 결합하지 않는 경우는, 이성이 결코 내버리지 않고 자신과 밀접히 결합하는바, 도덕법과 상치할 수 있을 때뿐이다.

⑥ 그러나 「행복원리」와 「도덕원리」를 이같이 구별하는 것은 그렇다고 해서 곧 양자의 대립을 의미하는 것이 아니다. 순수한 실천이성은, 사람이 행복에 대한 모든 요구를 포기해야 할 것을 의욕하는 것은 아니다. 오직 의무가 문제일 때에, 행복을 전혀 돌보지 않으려고 할 뿐이다.

자기의 행복에 마음 쓰는 일은, 어떤 점에 있어서는 「의무」이기도 하다. 일부는 행복이 —— 숙련 · 건강 · 부유 등이 이것에 속하는데 —— 그의 의무를 실현하는 수단이기 때문이요, 다른 일부는 행복이 없는 것은 (가령 가난은) 자기의 의무에 어긋나게 하는 유혹을 포함하기 때문이다. 그러나 자기의 행복만을 촉진하는 것은, 결코 직접적으로 의무일 수 없으며, 더구나 모든 의무의 원리일 수는 없다.

의지의 모든 규정근거들은, 유일의 순수한 실천적 이성법칙(도덕법) 이외에는 모두 경험적이요, 따라서 그 자신 「행복 원리」에 속한다. 그러므로 그것들은 다 최상의 도덕원칙에서 떨어져 나가야 하며, 조건으로서 도덕적 원칙 안에 합병(Einverleiben)되어서는 안 된다. 왜냐하면 이러한 일[합병]은, 마치 기하학의 원칙들에 경험을 섞음이 모든 수학적 명증을—이것은 (플라톤의 판단에 좇으면) 수학 자신이 가지는 으뜸가는 장점이요, 수학의 모든 실용에 선행하는 장점이다—없애버리듯이, 모든 도덕적 가치를 없애버리겠기에 말이다.

⑦ 순수한 실천이성의 최상원리의 연역, 즉 그러한 선천적인 인식의 가능성을 설명하는 대신에 틀림없이 지적될 수 있었던 것은, 작용하는 원인(wirkende Ursache)으로서의 자유의 가능성이 통찰된다면, 의지의 원인성인 자유가 주어지는 이성존재자의 최상 실천법칙으로서의 「도덕법」의 가능성뿐만 아니라 필연성까지라도, 우리는 통찰하겠다는 것이었다.

왜냐하면 [자유와 도덕법의] 두 개념은, 도저히 떨어질 수 없도록 서로 결합되어 있는 결과로, 사람은 「실천적 자유」를, 의지가 도덕법 이외의 다른 모든 법칙에 의존해 있지 않는 것에 의해서도 명확히 할 수 있기 때문이다.

그러나 작용적 원인으로서의 자유는 특히 감성계에 있어서는 그것의 가능성에 관해서 결코 통찰될 수가 없다. 자유의 불가능성에 관한 증명이 도무지 없다는 것을, 우리가 충분히 확보할 수만 있다면 그것으로써 다행한 것이다. 자유를 요청(postulieren)하는 도덕법에 의해서 자유를 가정하는 것이 필연적이라면, 따라서 자유를 가정하는 것이 또한 정당화한다면 그것으로써 다행한 것이다.

허나, 자유를 구태의연하게 모든 다른 자연능력처럼 경험적 원리들에 좇아서 해명할 수 있는 듯이 생각하는 사람, 자유를 심리적인 성질로 보는 사람,—이 심리적 설명은 마음의 성질과 의지의 동기와에 대한 보다 더 정밀한 연구에만 도달하게 된다—자유를 [일면] 감성계에 속하는 「존재자」의 선험적인 술어로 (이것만이 사실은 중대한 것인데) 보지는 않는 사람, 이러한 사람들이 아직도 많이 있다. 이리하여 도덕법을 매개로 해서 순수한 실천이성이 우리에게 주는 빛

나는 계시(Eroeffnung)를, 즉 보통 [이론이성]의 경우이면 초험적(transzendent)인 「자유」라는 개념을 실천적으로 실재화(realisieren)함에 의해서 나타나는 가상계의 계시를, 부정하는 사람이 많고, 이것과 함께 전혀 어떠한 경험적인 규정근거도 가정하지 않는 도덕법 자체를 부정하는 사람이 많다. 그러므로 이러한 환상(Blendwerk)에 항거하고자, 또 자신의 천박한 모습을 여지없이 폭로하는 경험론의 진술에 항거하고자, 이하에서 일언함이 필요한 것이다.

⑧ [적극적인] 자유로서의 원인성과는 구별된 자연필연성으로서의 원인성의 개념은, 시간 [직관] 중에서 규정될 수 있는 한의 사물의 존재에만 관계한다. 따라서 「사물들 자체 그것」으로서의 원인성에 대립한 현상들로서의 사물의 존재에만 관계한다.

그런데, 사람이 시간[직관] 중의 「사물의 존재」[현상]에 대한 규정을 「물 자체들」의 규정이라고 생각한다면, ―― (이것이 가장 보통의 사고방식이지만) ―― 인과관계에 있어서의 필연성과 자유와는 어떻게 하든지간에 서로 결합[조화]하지 않는다. 양자는 서로 모순된 것으로 대립한다. 왜냐하면, 전자[필연성]로부터 결과하는 것은, 모든 사건이, 따라서 어떤 시점(즉 순간)에서 보이는 모든 행위도, 그것에 앞선 시간 중에 있었던 것의 조건 아래서, 반드시 생기지 않을 수 없다고 하는 것이기 때문이다.

그런데 지나간 시간은 이미 내 힘이 어찌할 도리가 없는 것이다. 그러므로 내가 하는 모든 행위는 내가 좌우할 수 없는 규정근거에 의해서 필연적이 아닐 수 없다. 다시 말하면 나는 내가 행위하는 시점에 있어서 결코 자유가 아니다.

그럴 뿐만 아니라, 비록 내가 나의 전생존을 어떤 외래적 원인(가령 하나님)에서 독립한 것이라고 생각하고, 그러므로 나의 [한 시점에서의 생존] 원인성을 ―― 심지어는 나의 전현존을 ―― 규정하는 근거가 내 이외에는 전혀 없다고 하더라도, 이런 일이 조금도 저 [지난 시간의] 자연필연성을 변경하여 자유로 화하게 하는 것은 아니다. 왜냐하면 모든 시점에 있어서 나는 내가 좌우할 수 없는 것에 의해서 행위하도록 규정되는 필연성에 종속해 있기 때문이요, 이미 예정된 질서에 좇아서만 내가 항상 계속하고 또 어디서나 내가 자신에서 처음 개시하지 않는 사건들의, 선행한 부분에(a parte priori) 연결한 무한한 계열은, 중단 없는 자연연쇄(Naturkette)겠고, 따라서 나의 [현존] 원인성은 결코 자유가 아니겠기 때문이다.

⑨ 이에, 시간 중에 살도록 결정되어 있는 한 존재에서 —— [현상적 인간에서] —— 우리가 자유를 부여하려고 하면, 우리는 그런 한에서 적어도 그런 존재자의 현존에 있어서의 모든 사건이, 따라서 그런 존재자의 모든 행위가 자연 필연성에 속한다는 법칙에서, 그런 존재자를 제외할 수가 없다. 제외하는 일은, 그런 존재자를 맹목적인 우연(Ungefaehr)에 맡기는 것 밖에 되지 않기 때문이다.

이런 법칙은 사물의 존재가 시간 중에 규정될 수 있는 한에서의 사물의 모든 원인성에 필연적으로 관계[타당]하기 때문에, 그것이 우리가 그것에 의거해서 물 자체들(Dinge an selbst)의 존재까지도 생각해야 하는 방식이라고 한다면, 자유는 헛되고도 불가능한 개념으로서 거부되지 않을 수 없겠다.

따라서 사람이 그래도 자유를 구제하자면, 시간 중에 규정될 수 있는 한의 「사물의 현존」을, 그렇기에 자연 필연성의 법칙에 따르는 원인성을 단지 현상(Erscheinung)에만 속하게 하고 자유는 물 자체들로서의 동일 존재자에게 속하는 것 이외에 다른 길이 없는 것이다.

[자유와 필연성] 서로 대립하는 두 개념이 동시에 유지되려고 하면, [현상과 물 자체를 구별하는] 이상과 같은 소론은, 확실히 불가피하다. 그러나, [이런 소론을 실지로] 적용하여, 우리가 그 두 개념을 동일한 행위 중에 결합한 것으로 설명하려 하고, 따라서 그런 결합의 본성마저 설명하려고 할 즈음에는, 그러한 결합을 불가능하게 하는 성싶은 커다란 안관이 나타난다.

⑩ 내가 도둑질하는 인간에 관해서 「원인성의 자연법칙에 의하면 그런 도둑 행위는 앞선 시간이 결정하는 근거들에서 생긴 필연적 결과이다」라고 말한다면, 그런 행위를 하지 않을 수 있었다는 것은 불가능한 일이었다.

그러면 도덕법에 따른 [선·악의] 판정이, 이 점에 관해서 어떻게 생각을 달리해서 그런 행위를 하지 않을 수 있었다는 것을 —— 도덕법이 그런 행위를 하지 않아야 한다고 지시하기 때문에 —— 전제할 수 있는 것인가? 다시 말하면, 어떻게 해서, 그가 이런 행위를 의도한 그 시간에 있어서 그가 전혀 자유라고 말할 수 있는 것인가? —— 같은 시간의 같은 행위 의도에 있어서 그가 불가피한 자연필연성에 지배되어 있는 데에도.

자연법칙에 좇아서 그의 [행위] 원인성을 규정한 종류의 근거들이 비교적 (komparativ)[1] 자유 개념에 적합하다는 점에서 이 난관을 빠져나가고자 하는 것은, 참으로 가련한 수단이다. ―― (비교적인 자유의 개념에 의하면, 결정하는 자연근거가 「활동하는 존재자」의 내부에 있는 것을, 흔히 「자유 활동」이라고 말한다. 가령 던져진 한 물체가 자유로 운동할 때에 하는 활동과 같다. 이때에 자유라는 말이 쓰인다. 왜냐하면, 그 물체가 던져져서 날고 있는 동안은, 그것은 외부의 무엇에 의해서 움직이고 있지 않기에 말이다. 혹은, 우리가 시계의 운동을 자유 운동이라고 말하는 예와 같다. 왜냐하면 시계는 그 바늘을 스스로 움직이고 있고, 따라서 외부에서 밀릴 필요가 없기에 말이다. 이런 것들과 마찬가지로, 인간의 행위도, 그것이 설사 시간 중에서 앞선 규정근거들에 의해서 필연인 것이라도, 자유라고 부른다. 왜냐하면, 행위의 규정근거는, 내부의 관념, 우리 자신의 능력이 낳은 관념이기 때문이요, 이런 관념이 각종 기회의 사정들에 따라서 낳는 욕구(Begierde)이기 때문이며, 따라서 행위는 우리 자신의 임의대로 하여진 것이기에 말이다)

이런 가련한 수단으로 약간의 사람들은, 언제나 변함없이 만족하고 있고, 그래서 저 [자유의] 난문을 사소한 어의천착으로써 해결했다고 생각한다. 그러나 이 약간의 사람들은 그 난문의 해결에 수천년 동안 헛되게 노력해 왔고, [어의천착의] 피상성에 있어서 우리는 그 난문의 해결을 보기 어려운 바이다.

모든 도덕법들과 그것들에 적합한 귀책(Zurechnung)과의 근저에 두어져야 하는 「자유」의 문제에 있어서는 자연법칙이 결정하는 원인성이, 주관 안에 있는 규정근거에 의해서 필연적인가 혹은 주관 바깥에 있는 규정근거에 의해서 필연적인가? 또 전자의 경우에는 근거가 본능에 의해서 그러한 혹은 [가언적] 이성이 생각한 규정근거에 의해서 그러한가? 하는 것은, 그다지 중대하지 않다. 약간의 사람들 자시의 승인에 좇아서 만일 규정하는 관념들이 그것들의 존재 근거를 시간 중에, 그러면서도 바로 앞선 상태 중에 갖고 있다면, 이런 상태가 또다시 그것에 앞선 상태에 근거를 갖고 있다면, ―― 이러한 규정들이 내적이건, 혹은 심리[필연]적 원인성을 가져서 기계적 원인성을 가지지 않건,

1) 다음 실례에 나오듯이 나(飛)는 돌이 자유, 시계 바늘이 자유라고 하는 것과 같이 비교적 자유는 심리의 상대적 자유와 같은 차원에 속하는 것이요, 선험적 자유는 아닌 것이다.

즉 그런 규정이 관념에 의해서 행위를 낳고, 물체적 운동에 의해서 행위를 낳지 않건 간에 ── 그런 관념들은 언제나 시간 중에서 그 존재가 규정되는 한에서의 존재자의 원인성을 규정하는 그것들이다. 따라서 [행위를] 필연적이도록 하는 「과거의 제약」들 아래 있는 것이다.

이에 이런 제약들은, 주관이 행위해야 할 때에, 주관이 좌우할 수 없는 것이요, 그렇기에 확실히 심리적 자유를 ── (사람이 만일 이런 말을 심리적 관념들의 내면적 연결에 관해서 사용한다면) ── 가지지마는, 여전히 자연 필연성을 지니는 것이요, 그러므로 결코 선험적 자유(transzendentale Freiheit)를 남겨주지 않는 것이다.

선험적 자유는, 모든 경험적인 것에서, 그렇기에 자연일반으로부터 ── 자연은 단지 시간 중의 내감의 대상으로 생각될 수 있고 혹은 시공 중의 외감의 대상으로 생각될 수도 있는데 ── 독립한 것으로서 생각되지 않을 수 없는 것이다.

(심리적이 아닌 진정한 의미의) 선험적 자유가 ── 이 자유만이 선천적으로 실천적 [의지를 규정하는 것]이다 ── 없이는, 어떠한 도덕법도 가능하지 않고, 도덕법에 의한 어떠한 귀책도 가능하지 않다. 바로 이런 까닭에, 우리는 시간 중에서 원인성의 자연법칙에 따르는 사건의 모든 [외적·내적] 필연성을, 자연의 기계성이라고도 말할 수 있다. 그리고 자연의 기계성이라는 말로써, 우리는 그 기계성에 종속하는 사물들이 현실로 물질적 기계(Maschine)여야 하는 것을 의미하지는 않는다.

우리는 기계성이란 것에서, 시간계열 중의 사건들이 ── 이것은 자연법칙에 따라서 전개되지만 ── 필연적으로 서로 결합하는 점에만 주의하게 된다. 기계적 존재가 물질에 의해서 움직이기 때문에, 사건의 과정이 생기도록 하는 주체를 우리가 물질적 자동기계(automaton materiale)라고 말하든, 혹은 기계적 존재가 관념에 의해서 움직이기 때문에, 그런 주체를 우리가 라이프니츠(Leibniz)와 함께 정신적 자동기계(automaton spirituale)라고 말하든 간에, 그리고 만일 「인간 의지의 자유」가 틀림 없이 후자라고(심리적 자유요, 선험적 자유가 아니라고) 한다면, 그러한 자유는 필경 자동기계(Bratenwender)의 자유보다도 조금도 나을 것이 없겠다. [시계 같은] 자동기계란, 한번 그 나사를 틀어주기만 하면, 저절로 그 운동을 계속하는 것이다.

⑪ 그런데, 현재의 경우에 동일한 행위에 있어서의 자연기계성과 자유와의 표면상 모순을 제외하고자, 순수[이론]이성비판[제일비판]에서 말한 것을, 혹은 그 「비판」의 다음과 같은 결론을, 우리는 회상해야 한다.

즉, [행위] 주체의 자유와 공존할 수 없는 자연적 필연성은, 시간의 제약(Zeitbedingung) 아래 있는 사물[현상]의 성질에만 상관한다. 따라서 자연적 필연성은 현상으로서의 행위 주체의 성질에만 상관한다. 이러므로 그런 한에서, 주체의 모든 행위를 규정하는 근거는, 과거에 속하는 것 안에 있고, 이미 주체의 힘이 좌우하지 못하는 것 안에 있다(이러한 것으로 주체가 이미 행한 과거 행동과 그 행동에 의해서 그가 규정받는, 자기 자신의 눈이 보는, 「현상으로서의 성격」을 우리는 들 수 있다).

그러나, 동일한 주체가 딴편에서 자기를 물자체 그것(Ding an sich selbst)으로 의식하고, 이런 주체는 시간의 제약 아래 있지 않는 한의 자기 존재를 고찰하며, 자기 자신을 [도덕]법칙들에 의해서만 규정할 수 있다고 본다. 이 법칙들은 주체가 이성에 의해서 자신에게 주는 것이다. 주체의 이러한 존재에 있어서는 그의 의지결정에 선행하는 것이 도무지 없다. 이런 존재의 모든 행위·일반적으로 내감에 따라 변화하는 이런 존재의 모든 성질·감성적 존재로서의 그의 현존의 전계통까지도, 그의 가상적 존재의 의식에 있어서는 「가상체로서의 그의 원인성」의 결과로 틀림없이 보아져야 하고, 결코 가상체로서의 그의 원인성을 규정하는 근거로 보아져야 할 것이 아니다.

이처럼 생각하면, 이성적 존재자는 그가 저지른 모든 반법칙적 행위에 관해서, 비록 그것이 과거의 현상이라고 충분히 규정되고, 그런 동안 불가피적으로 필연이라고 하더라도, 자기가 그런 행위를 아니할 수도 있었다고 정당히 말할 수 있는 것이다. 왜냐하면, 그 행위는, 그것을 규정하는 모든 「과거」와 함께, 이성존재자의 성격(Charakter)의 유일한 현상(das Phaenomen)에 속하기 때문이다. 성격은 이성존재자 자신이 만드는 것이요, 그런 성격에 의해서 이성존재자는 모든 감성에서 독립해 있는 원인으로서의 자기 자신에게 저 현상의 원인성을 돌려보내는[귀책시키는] 것이다.

⑫ 이런 사리와 완전히 일치하는 것은, 우리가 양심(Gewissen)이라고 부르

는바, 심내에 있는 놀랄 만한 능력의 판결이다. 인간이 추억하는 반법칙적인 행동을, 고의 아닌 과실(Versehen)로서, 결코 피할 수 없었던 단순한 부주의로서, 따라서 자연 필연성의 흐름이 휩쓸어 간 그 어떤 것으로서 변명하고, 이로 인해 무죄를 선언하고자 사람은 제멋대로 책략할 수가 있을 것이다. 그러나 그가 부정을 저질렀을 때에 정기였다는 것, 즉 자기의 자유를 사용하고 있었다는 것을 의식하고 있다면, 당자를 위해서 변론하고 있는 변호자이더라도 내심의 원고 ── [양심] ── 를 결코 침묵케 할 수 없는 것을, 그는 발견하는 터이다. 그럼에도, 그는 자기의 잘못(Vergehen)을, 주의가 점차로 해이함으로써 가져와진 어떤 악습에 유래한 것이라고 설명하고, 드디어 그 잘못을 악습의 자연적 결과로 볼 수 있다고 말하는 정도에 이른다. 그러나, 이러한 설명 태도가, 그라 자기 자신에게 하는 책망과 질책에 대해서 자신을 옹호할 수 있는 것이 아니다.

일찍이 저지른 행위에 관해서 그것을 추억할 때마다 생기는 후회(Reue)도 사실은, 자기 책망과 자기 질책에 기본하여 있는 것이다. 후회는 도덕적 심정(moralische Gesinnung)이 낳은 괴로운 감정이다. 이 감정은 한 번 발생해버린 것을 발생하지 않도록 하는 데에 유용하지 않다. 이런 한에서 후회의 감정은 실천적으로 헛된 것이다. 아니 심지어 불합리한 것이겠다. ── (진정하고도 철저한 운명론자인 프리스트리)[1]는 이 감정을 불합리한 것이라고 설명했다. 이러한 솔직성 까닭에 프리스트리는 다음과 같은 사람들보다도 훨씬 더 칭찬할 만하다. 즉 이 사람들은 사실은 의지의 기계성을 주장하면서 말로써만 의지의 자유를 주장하는 동시에, 도덕적 귀책의 가능성을 이해함이 없으면서 그래도, 의지의 자유를 자기들의 절충적 체제 안에 포용했다고 생각되기를 바라고 있다)

그러나마, 후회의 감정은 고통으로서는 전혀 정당하다. 왜냐하면, 우리의 「가상적 존재」의 법칙(도덕법)이 문제일 때에는, 이성은 아무런 시간적 구별(Zeitunterschied)도 승인하지 않고, 오직 사건이 행위로서 나한테 속하느냐 하는 것만을 물으며, 나한테 속할 경우에는, 그 사건이 지금 발생했건 전혀 과거에 발생했건 간에, 항상 동일한 후회감을, 그 사건에 도덕적으로 결합하기 때

1) Prietley(1733－1804)는 영국의 화학자, 목사, 또 연상심리학자다. 제4비판 B.773면 참조.

문이다. 왜냐하면, 감관적 생활(Sinnenleben)은 그 존재의 가상적 의식——자유——에 관해서 현상의 절대적 통일을 갖는 것이기에 말이다. 여기서 현상이란, 그것이 도덕법에 상관하는 심정(즉 성격)의 현상만을 포함하는 한에서, 현상으로서의 성격이 갖는 자연적 필연성에 좇아서가 아니라 「자유의 절대적인 자발성」에 좇아서 판정되어야 하는 것이다.

따라서 안팎의 행위에 의해서 나타나는 인간의 사고방식에 있어서 모든 동기를 최소의 동기에 이르기까지 다 알 만한 깊은 통찰을 갖는 일이, 또 동시에 동기에 작용하는 모든 외적 기인(Veranlassung)을 알 만한 깊은 통찰을 갖는 일이, 우리에게 가능하다면, 장차 할 터인 인간의 행동을 월식이나 일식처럼 확실히 예측할 수 있는 것을 용납할 수 있되, 그럼에도 이즈음에 인간은 자유라고 주장할 수 있는 것이다.

우리가 [감성적 직관과는 다른] 안목을——(이런 안목은 우리에게 주어져 있지 않고, 그 대신에 우리는 오직 이성개념을 가질 뿐이다)——가질 수 있다면 즉 같은 주체의 지성적 직관(intellektuelle Anschauung)을 가질 수 있다면, 「항상 도덕법에만 상관할 수 있는 모든 것」에 관하는 현상의 전연쇄가 「물자체들」로서의 주관의 자발성에——어떠한 자연적 설명도 이 자발성의 본성이 어떻다고 말하지 못하되——의존하는 것을 우리는 깨달을 것이다. 이런 지성적 직관이 없고 보매, 현상들로서의 우리의 행위들이 우리 주체의 감성적 존재에 대한 관계와 감성적 존재자신이 우리 안에 있는 가상적 기체(das intelligibele Substrat)에 상관하도록 하는 관계와 이 두 관계의 구별을 도덕법은 우리에게 확보하는 것이다. 이런 견해는 우리의 이성이 [자연과학적으로] 설명하지는 못하나 자연스러운 것이요, 이러한 견해에 관한 판정도 역시 변호될 수 있는 것이다. 이 판정은 성설을 다해서 내려진 것이로되, 얼른 보기에는 도저히 찬성받지 못할 성싶을 것이다.

사람들이 어렸을 때에는 자기 가족과 또 타인에게 유용했던 교육을 받았으되, 일찍부터 악성(Bosheit)을 표시하고, 그래서 장년이 되기까지에 더욱더 나빠진 결과로, 그들은 선천적인 악인으로 생각되고, 사고방식에 관해서 전혀 천선이 불가능하다고 생각되는 경우들이 있다. 그럼에도 세인은 그들의 소위무위의 시비를 말하고, 그들의 범죄들을 역시 죄책으로서 질책한다. 뿐더러 그들

(소년) 자신도, 자기들한테 귀속시킨 낙망적 천성임에도 불구하고, 모든 타인과 마찬가지로 마치 스스로도 책임이 있는 듯이, 그 질책에 자못 정당한 근거가 있는 것으로 본다. 이런 태도는, 사람의 자의에서 생기는 모든 일이, ——(물론 기도적으로 한 모든 행위가 그렇듯이) —— 이전의 청소년시대부터 그 현상(행위)들 중에 그 성격을 표시하는바, 자유의 원인성(freie Kausalitaet)을 밑바닥에 가지는 것을 우리가 전제하지 않고서는, 도저히 있을 수 없는 일일 것이다. 현상들은 행동의 제일성(Gleichfoermigkeit) 까닭에 자연적 관련을 알게 하지마는, 이 자연적 관련은 의지의 악성(arge Beschaffenheit)을 필연적이게 하지는 않는 것이요, 자유의지(freiwillig)로 받아들인 나쁘고도 항구적인 원칙들의 결과인 것이다. 따라서 이런 원칙들은 의지를 더욱더 질책할 것이도록 하며 형벌할 만한 것이도록 하는 것이다.

⑬ 그러나, 자유가 감성계에 속하는 존재자의 자연적 기계성[자연필연성]과 결합할 터인 한에서, 자유는 아직도 난점에 당면하고 있다. 이 난점이란, 상술한 것이 모두 승인된 뒤라도, 자유를 역시 매장하려 하는 협박이다. 이러한 위험에 당면해서도, 다음의 사정이 동시에 자유의 주장을 위해서 행운된 결과에 이르도록 하는 희망을 주기도 한다. 즉 동일한 난점이, 시공 중에서 규정될 수 있는 존재를 「물자체들」의 존재라고 생각하게 하는 사상 체계를 ——(사실 우리가 곧 알겠듯이 사상체계만을) —— 더 굳세게 굴복시키고 있다는 것[사정]이요, 따라서 시간의 관념성[1]에 —— 이것은 감성적 직관의 형식이요, 그러므로 감성계에 속하는 것으로서의 주관이 고유하는 표상방식이다 —— 관한 우리의 가장 귀중한 전제를 버리도록 강제하지 않는다는 것[사정]이며, 그렇기에 그 난점이, 「시간의 관념성」이란 전제와 자유의 이념과를 결합[조화]하기를 요구할 뿐이라는 것[사정]이다.

---

1) 시간은 공간과 함께 현상을 가능하게 하는 주관적 조건이요, 그러므로 물자체가 아니며, 자체적으로 현존하는 것이 아니다. 하기에, Kant는 그것을 「경험적 실재성」(empirische Realitaet)이라고 했다. 즉, 시공적 규정은 현상에만 타당하고, 물자체는 시간적인 것도 공간적인 것도 아니다. 이렇기에, 시간은 동시에 「선험적 관념성」(transzendentale Idealitaet)을 갖는 것이다(*K. d. r. V.* B.52면 참조). 이런 의미에서 시간은 관념적인 것이요, 물자체로서 있을 터인 의지자유의 이념과 충돌하지 않는다.

⑭ 가상적 주관이, 주어진 [하여진] 행위에 관해서 여전히 자유일 수 있다는 것을—— 이 가상적 주관이 감성계에도 속하는 주관으로서는 동일 행위에 관해서 기계적으로 제약되어 있지마는——우리가 용납하더라도, 보편적인 근원 존재로서의 하나님(Gott)은 또한 [인간적]실체의 존재에 대한 원인이라고 가정되자마자——(이 명제는, 모든 존재자 중의 최고 존재자인 하나님의 개념과 그와 동시에 신학의 중심 문제인 하나님의 자족성과를 함께 버리는 일 없이는, 결코 버릴 수 없는 것이다)——우리는 다음과 같은 것도 용납하지 않을 수 없을 성싶다. 즉, 인간의 행위들은 그 규정근거를, 인간의 힘으로써 전혀 어찌할 수 없는 것 중에 가진다는 것이다. 다시 말하면, 인간존재와 그 존재의 원인성의 규정이 철두철미하게 종속하는바, 「인간과는 다른 최고존재자」[하나님]의 원인성 중에 가진다는 것이다.

사실 만일 시간 중에 있는 인간 규정에 속하는 「인간 행위」가, 현상으로서의 인간규정일 뿐만 아니라, 또한 「물자체들」로서의 인간 규정이라고 한다면, 자유는 도저히 구제될 수 없을 것이다. 인간은 모든 예술품의 최고 명장이 만들어서 움직이게 한 꼭두각시와 같고, 혹은 보칸손(Vaucanson)의[1] 자동기계와 같을 것이다. 자각은 인간을 확실히 「생각하는 자동기계」로 만들 것이로되, 이 자동기계에 있어서의 「인간의 자발성」의 의식은, 그 자발성이 만약 자유라고 생각된다면, 단지 기만에 불과하겠다. 이런 자발성은 오직 비교적(Komparativ)으로만 자유라고 일컬어질 만하기에 말이다. 왜냐하면, [자동기계적] 인간의 운동을 바로 직전에 규정하는 원인들과 이런 원인들을 또 규정하는 [먼 이전의] 원인들에 이르기까지의 긴 연쇄가, 확실히 내재적(innerlich)이기는 하되, 최후요 최고인 원인은 전혀 타자—— [하나님]——에서 발견되기 때문이다.

이에, 시공을 「물자체들」의 존재가 갖는 규정으로 보는 일을 여전히 고집하는 사람들이, 여기서 행위의 운명성(Fatalitaet)을 어떻게 피하려 [행위의 자유를 주장하려] 하는지, 이것을 나는 알지 못한다. 혹은, 그들이 (평소에는 예민한 멘델스존[2]처럼) 시공을 유한하고도 파생된 존재자[인간]의 존재에는 속해 있으되,

1) 프랑스의 Grenoble 사람(1709－1782)인데, 직기의 발명과 자동기계의 완성자로 유명하다.
2) Moses Mendelssohn(1729－1786)은 독일 계몽시대의 유태인 철학자이다. 1785년에 나온 그의 “Morgenstunden”(아침 강화)에서 하나님의 존재를 증명하려고 했다.

무한한 근원존재자[하나님]의 존재에는 속해 있지 않는 제약인 것으로 용인한다면, 이러한 구별의 권한을 어디서 그들이 얻어오는지, 이 점을 그들이 어떻게 변호하려는 것인가를 나는 알지 못한다. 뿐만 아니라, 그들이 시간 중에 있는 존재[멸망하는 존재]를 유한한 물자체[이원적 인간]에 필연적으로 속하는 성질이라고 본다면, 그들은 자기네가 저지른 모순을 어떻게 피하려 하는지, 이 점을 나는 알지 못한다. 왜냐하면, [이런 창조설에 의하면] 하나님은 시간 중에 있는 존재의 원인이기는 하나, 시간 (혹은 공간) 자신의 원인일 수는 없고 (시간은 선천적·필연적인 조건으로서 사물들이 존재하는 데 대한 전제가 되지 않을 수 없기 때문에), 따라서 하나님의 원인성은 이런 「사물들 자신」의 존재에 관해서 보면 시간상으로 제약되어 있지 않을 수 없으며, 이즈음에 하나님의 무한성과 독립성의 개념에 대한 모든 모순이 반드시 나타나지 않을 수 없기 때문이다.

이에 대해서 감성계의 존재라는 규정과 모든 시간적 조건에서 독립인 하나님의 존재라는 규정과를 식별하여, 후자를 본질 자체 그것의 존재로서, 현상 중의 사물의 존재[전자]와 구별하는 일은, 우리에게는 전혀 용이하다. 따라서 「시공의 관념성」이 인정되지 않고 보면, 남는 것은 오직 스피노자(Spinoza)주의 뿐이다.

스피노자주의에 있어서는 시공은 근원존재[하나님] 자신의 본질적 규정이나, 이 근원존재에 의존하는 사물들은 (따라서 우리 인간 자신도) 실체(Substanz)가 아니라, 근원존재에 내속(inhaerieren)하는 우연성(Akzidenz)임에 불과하다. 왜냐하면, [세계의] 사물들이 하나님의 [작용]결과로서 시간——이것은 사물들의 현존 자체의 조건이다——중에만 생존한다면, 이런 사물들의 행위도 하나님이 어느 곳 어느 때에 벌써 행한 행위임에 불과한 것이겠기에 말이다. 그러므로, 스피노자주의의 근본사상이 불합리함에 불구하고, 그 주의는 창조설(Schoepfungstheorie)에 의해서 생기는 다음과 같은 사상보다도 훨씬 더 적절한 것이 된 즉, 실체들로 인정되어서 그 자신 시간 중에 존재하는 것들[만유]이, 최상 원인[하나님]의 결과로 보아지면서도, 동시에 근원적 존재[하나님]와 그것의 행위와에 귀속하지는 않는, 자립적(fursich)인 실체들이라고[1] 보아지는 [사상]

1) 창조설은, 만유를 하나님이 창조했다고 하면서 하나님은 책임이 없다는 말이 된다는 뜻이다.

이다.

⑮ 이상에서 고찰한 난점은 간명하게 아래와 같이 해결된다. 즉, 시간 중의 존재가 현세에서 사고하는 존재자의 한갓 감성적인 표상방식이요, 그러므로 「물자체들」로서의 존재자에 상관하지 않는다면, 이런 사고적 존재자의 창조는, 「물자체들」의 창조인 것이다. 창조의 개념은, 존재의 감성적인 표상방식과 인과성에는 속하지 않고, 오직 가상체들에게만 상관할 수 있기 때문이다. 따라서 내가 감성계의 존재들에 관해서 그것들이 창조되었다고 말할 때에, 그런 한에서 나는 그것들을 가상체들로서 고찰하고 있는 것이다. 하나님이 [가상체들이 아니라] 현상들의 창조자라고 하는 말이 모순이듯이, 창조자로서의 하나님이 감성계에서의 「행위의 원인」 따라서 현상들로서의 「행위의 원인」이라고 하는 말도 모순이다. 하나님은 실은 행위하는 존재자(가상체)들의 존재 원인이다.

그런데 현상들로서의 행위들이 [필연적인] 자연적 기계성을 해치는 일이 없이, (우리가 시간 중의 존재를, 단지 현상들에만 타당하고 「물자체들」에는 타당하지 않는 어떤 것으로 생각할 때에) 자유를 주장할 수가 있다면, 행위적 존재자[인간]가 피조물(Geschoepf)이라고 하는 말은, 자연적 기계성을 아주 조금도 손상치 않는 터이다. 왜냐하면, 창조는 행위하는 존재자의 가상적 존재에만 관계하고 감성적 존재에는 관계하지 않으며 따라서 현상들을 규정하는 근거로 보아질 수 없기 때문이다.

그러나 세계의 만물(die Weltwesen)이 만일 「물자체들」로서 시간[현상]중에 존재한다면, 사정은 전혀 달라질 것이다. 왜냐하면 이 경우에는 실체의 창조자가 동시에 이 실체의 전기구(Maschinenwesen)의 창시자가 되겠기에 말이다.

⑯ 순수사변이성의 비판[제일비판]에서 이룩된, 시간(또 공간)과 「물자체들」의 존재와의 분리는 이상에 말한 것처럼 중대한 것이다.

⑰ 여기서 설명한 「난점의 해결」은, 그 자신 중에 아직도 많은 곤란을 포함하여 있고, 명백히 서술함은 거의 불가능하다고 말하는 사람이 있겠다. 그러나 이미 시험한 것과는 「다른 서술」 혹은 시험할지는 모르는 「다른 서술」은 모두, 현재의 서술보다도 더 쉽고 더 잘 이해할 수 있는 것일까? 우리는 오히려 다음과 같이 말하고 싶다. 즉 형이상학의 독단적인 교사들은 이런 난점에 주목하지 않는 가운데에, ── 그들이 난점을 논의하지 않으면, 누구라도 아마 그

런 난점의 존재를 생각하지 않으리라는 희망 아래서 —— 솔직보다도 교활을 표시한 것이라고.

「학」이 발달하게 되려면, 모든 난점이 발각되어야 한다. 심지어는 아직 남 몰래 감추어져 있는 난점이 탐구되어야 한다. 왜냐하면, 모든 난점은 구제책을 —— 이것이 발견되기만 하면, 범위에서나 엄밀성에서나 「학」에 반드시 이익을 제공한다 —— 가져오기 때문이요, 따라서 그로 인하여 장애라도 도리어 「학」의 철저성을 촉진하는 수단이 되기 때문이다. 이와 반대로, 난점이 고의로 감추어지고, 혹은 단지 고식적 약에 의해서 제해진다고 하면, 그 난점은 조만간에 구제될 수 없는 불치의 병으로 돌발하고, 이러한 병은 「학」을 순전한 회의에 의해서 멸망시키는 것이다.

⑱ 순수한[1] 사변이성의 모든 이념 중에서, 비록 실천적 인식에만 상관하되, 「초감성적인 것」의 분야에서 이와 같이 훌륭한 「인식의 확장」을 주는 것은 원래 자유의 개념뿐이다. 이런 까닭에 나는 다음과 같이 자문한다. 즉, [자유 이외의] 다른 개념 [하나님과 영혼불멸과의 개념]들은 순수하고도 가능적인 오성적 존재자에 대해서 공석이라고 할 것이요, 자신들의 개념도 도저히 규정하지 못하면서, 자유의 개념에 대해서만 무슨 근원에서 이와 같이 훌륭한 능력이 주어졌느냐?고.

그런데, 이윽고 내가 이해하는 일은, 내가 범주(Kategorie) 없이는 아무런 것도 사고하지 못하기에, 지금 내가 다루고 있는 자유라는 「이성의 이념」에 있어서도 범주가 먼저 구해져야 하고, 이 범주는 여기서는 원인성의 범주라는 것이며, 또 초험적(ueberschwenglich) 개념으로서의 자유의 이성개념(Vernunftbegriff)에는 그것에 대응하는 아무런 직관도 근저에 두어지지 않되, (원인성이라는) 오성개념(Verstandesbegriff)에는 —— 오성개념이 하는 종합을 위해서 이성개념은 무제약자를 요구한다 —— 무엇보다도 감성적 직관이 주어지고, 이 직관에 의해서 오성개념에 그 객관적 실재성이 확보된다는 것이다.

그런데 모든[2] 범주는 두 종류로 구분된다. 즉, 수학적 범주와 역학적 범주

1) 이 길다란 18절을 잘 파악하려고 하면, 「제일비판」의 「변증론」의 지식이 필요하다.
2) 범주의 어원은 희랍어 kategorien(소송)에 있고, 소송에서 특수범죄를 일반법률에 준해 판결했기 때문에, 일반적인 서술이라는 뜻으로 전용되었다. 칸트의 인식론에서는 「사고의 형식」을 의

이다. 전자는 대상들의 표상에 있어서의 종합적 통일(die Einheit der Synthesis)에 관계하고, 후자는 대상들의 실재에 대한 표상에 있어서의 종합적 통일에 관계한다. 첫째의 수학적 범주 [분량과 성질과의 범주]는 항상 동질인 것(das Gleichartige)의 종합을 포함하고, 이 종합에 있어서는 시공 중의 감상적 직관에 주어진 피제약자에 대해서 무제약자는 결코 발견될 수가 없다. [만약 발견될 수 있다면] 무제약자 자신이 역시 시공에 속하고, 따라서 항상 제약되어 있지 않을 수 없기에 말이다. 그러므로, 순수한 이론이서의 「변증론」에 있어서도 이론이성이 무제약자를 발견[정립]하려 하고, 또 제약된 것들의 전체를 발견[반정립]하려 하는, 서로 대립[1]된 방식은 어느 것이나 거짓된 것이었다.

둘째의 역학적 범주(사물의 원인성과 필연성과의 범주)는 (종합에 있어서 피제약자와 제약자와의) 동질성(Gleichartigkeit)을 요구하지 않았다. 왜냐하면, 여기서는 직관 중의 잡다에서 개괄되는 직관이 고찰되어야 하는 것이 아니라, 직관에 대응(korrespondieren)하는 제약된 [현상적] 대상의 존재가 어떻게 제약의 존재에 ── 오성 중에서 이 제약과 결합되어 있지만 ── 보태지는가 하는 것이 고찰되어야 했기 때문이다. 그리고 이때에, (물 자신의 인과성과 우연적 존재에 관해서) 감성계에 있는 철저한 피제약자에 대해서 무제약자[2]를 ── 이것은 이런 표현 이상으로 어떻게 규정할 수 없는 것이지마는 ── 가상계 중에 정립하는

미했다.

1) 이 대립은 정립과 반정립의 다음과 같은 대립을 말한다.

1. (분량)	정 립……세계에는 시간적·공간적으로 기시가 있다. 반정립……세계는 시간적·공간적으로 기시가 없고 무한하다.
2. (성질)	정 립……세계 안의 만유는 필경 단순한 부분(가령 모나드)으로 되어 있다. 반정립……세계 안에는 단순한 것이 없고, 모두 합성적이다.

2) 역학적 이념(무제약자)에는 두 종류가 있고, 여기서도 각각 정립과 반정립이 성립한다.

첫째의 역학적 이념.

1. (관계)	정 립……세계에는 자유에 의한 원인[선험적 자유]이 있다. 반정립……자유는 없고, 만유는 어디까지나 자연필연이다.
2. (양상)	정 립……세계 원인들의 계열에 있어서 어떤 필연적 존재가 있다. 반정립……이 계열에 있어서 어떠한 것도 필연적이 아니고, 모두가 우연적이다. (kant, 「철학서론」 51절, 53절.)

일, 즉 종합을 초험적[1]이게 하는 일은, 허용(erlaubt)되었던 것이다.

이에 순수한 사변이성의 변증론에서 밝혀진 것은, 실로 다음과 같다.

[1] 피계약자에 대해서 무제약자를 발견하려 하는 얼른 봐서는 서로 대립하는 두 방식이 —— 가령 감성계의 인과계열 중에 있는 피제약자를 위한 인과성의 종합에 있어서, 감성적으로 그 이상 더 제약되지 않는 원인성[무제약자]을 생각하려는 것처럼 —— 사실은 모순되지 않는다는 것이었다. 또

[2] 감성계에 속하는 것으로서 항상 감성적으로 제약되어 있는 행위, 즉 기계적으로 필연인 행위가, 동시에 「가상계」에 속하는 한에서 행위하는 존재자[인간]의 원인성에도 속하는 것으로서, 감성적으로 제약되지 않은 원인성을 근저에 가지며, 따라서 자유라고 생각될 수 있다는 것이었다.

그런데 중대했던 점은, [자유라고 생각될 수 있다는] 가능(das Korennen)이 존재(ein Sein)로 변해진다는 것이다. 다시 말하면, 어떤 행위가 —— 이것이 현실적 행위이든, 혹은 명령되어 있는 행위, 즉 객관적·실천적으로 반드시 해야 하는 행위든 간에 —— (지성적인, 감성에 제약되지 않은) 원인성을 전제하는 것을, [순수실천이성의] 사실(Faktum)에 의해서 실지로 우리는 증명할 수 있다는 것이다.

감성계의 사건으로서의 행위에, 경험 중에 현실로 주어진 행위에 있어서는, 지성적인 원인성과의 결합을, 발견하는 것을, 우리는 기대할 수가 없었다. 왜냐하면, 자유에 의한 원인성(die Kausalitaet durch Freiheit)은 항상 감성계 바깥의 가상계에 구해져야 하기 때문이다. 그러나, 「감성적 존재」 이외의 다른 사물들은, 눈으로 보고 관찰할 수 있도록 우리에게 주어져 있는 것은 아니다.

그러므로 모든 감성적 제약을 자기규정에서 배척하는 원인성의 원칙을 불가항적인, 실로 객관적인 원칙을, 우리가 발견하는 일만이 남을 뿐이었다. 즉, 이런 원칙에 있어서는, 이성은 그 원인성의 규정근거로서 다른 무엇에 또다시 의뢰하지 않고, 그런 원칙에 의해서 원인성의 규정근거 자신을 포함하며, 따라서 그런 원칙에서는 이성은 순수한 이성(reine Vernunft)으로서 그 자신이 실천적

1) 「초험적」(혹은 초절적)은 경험의 한계를 넘어 있는 것이다. 이에 대해서 인식논리적으로 선험적은, 경험에 앞서서 있으면서, 경험에 상관하고 있는 것, 그래서 경험을 확립하는 것이다.

[의지규정적]이다. 그런데, 이런 원칙은, 그것의 탐구도 그것의 발견도 필요로 하지 않는다. 그것은 오랜 옛날부터 인간의 이성 중에 존재한 것이요, 인간의 본성과 합병되어 있는 것이다. 그것은, 즉 도덕성의 원칙(Grundsatz der Sittlichkeit)이다. 따라서 저 무제약적 원인성과 그런 원인성의 능력 즉, 자유는 ―― 이것과 함께 감성계에 속하는 동시에 가상세계에도 속하는 존재자(내 자신)는 ―― 단지 불확정적 · 개연적으로 생각되었을 (사변이성은 이런 생각을 할 수 있는 것이라고 설명할 수 있었다) 뿐만이 아니라, 자유의 원인성의 법칙에 관해서도 확정적 · 확연적으로 인식되었고, 그래서 가상계의 현실성은 인간에게 실은 실천적 관점에서 확실하게 주어졌다. 이런 규정은 이론적 관점에서는 초험적(transzendent) ―― (월경적) ―― 이겠으나, 실천적인 관점에서는 내재적(immanent)인 것이다.

그러나, 둘째의 역학적 이념 즉, 필연적 존재자[하나님]의 이념에 관해서는, 우리는 이러한 경로를 취할 수가 없었다. 첫째의 역학적 이념[선험적 자유의 이념]의 중개 없이는, 우리는 감성계로부터 이 필연적 존재자에게 도달할 수가 없었다. 왜냐하면 만일에 이런 도달을 애써 본다면, 우리는 비약을 감행해야 하겠기 때문이다. 비약이란 우리에게 [직관적으로] 주어져 있는 일체를 버리는 것이요, 가상적 존재와 감성계와의 결합을 우리가 중개할 수 있도록 하는 「그 무엇」이, 우리에게 주어져 있지 않음에 불구하고, 「그 무엇」에 뛰어들어가게 하는 것이다(필연적 존재 ―― [그것이 만일 있다면] ―― 우리들의 바깥에서 주어진 것으로 인식될 터이기에 말이다).

이와 반대로 우리 자신의 주관에 관해서, 그것이 도덕법을 통해서 한편은 가상적 존재자라고 (자유에 의해서) 규정되고, 또 한편은 그것 자신이 「이런 규정에 좇아 감성계에서 활동하는 것」으로 인식되는 ―― 비로 현재 순간이 [이런 활동을] 증시하듯이 ―― 한에서, 위에서 말한 비약은 아주 명백히 가능한 것이다. 우리 자신 [의 한계]을 벗어나지 않고, 피제약자 · 감성적인 것에 대해서 무제약자 · 가상적인 것을 발견하도록 하는 것은 단지 자유의 개념뿐이다.

왜냐하면, 최고요 무제약적인 실천법칙 [도덕법]을 통해서, 자기와 이 실천법칙을 의식하는 존재자(우리 자신의 인격)가, 순수한 오성계(reine Verstandeswelt)에 속하는 것을 인식하는 것, 그러면서도 그것[인격]이 이러한 것으로서 어떻게 활동할 수 있는가의 방식을 규정하기까지 하는 것은, 실로 우리의 [순수한 실천] 이성이기 때문이다.

이리하여 [순수한 이론적·실천적] 전이성능력에 있어서, 어떻게 해서 실천적인 것만이 우리로 하여금 감성계를 초월하게 하는 것일 수 있으며, 우리에게 초감성적인 질서[이법]와 초감성적인 결합과에 관한 인식을 보내주는 것일 수 있는가 하는 까닭을, 사람은 이해하는 바이다.

⑲ 이 기회에 오직 한 가지만을 더 주의해 두는 것을 나에게 허락해 주기를 바란다. 즉, 사람이 순수한 이성에 의해서 취하는 모든 걸음걸이가, 치밀한 사변을 아주 돌보지 않는 실천 분야에 있어서도 —— 그 일보 일보가 마치 숙려한 선견으로써 이러한 선견을 증명하고자 안출되었던 것처럼 ——「이론이성비판」의 모든 내용에 자못 정확하게 또 자연스럽게 적합한다는 것이다.

실천이성의 가장 중요한 명제들과 「사변이성비판」의 너무나 자세하고 따라서 불필요한 듯도 한 주의와의[1] 엄밀한 일치(Eintreffung)는 결코 고의로 추구한 것이 아니요, [도덕의 탐구를 그것의 원리들에 이르기까지 계속하려고만 하면, 사람이 그 자신 이런 일치를 확신할 수 있듯이) 저절로 발견되는 것이다. 이런 일치는 우리가 예기하지 않은 것이요, 우리를 놀래도록 하는 것이다. 이런 일치는, 타인들도 이미 인식했고 칭찬했던 준칙(Maxime)을 확인한다. 즉, 모든 「학」적 연구에 있어서 할 수 있는 엄밀과 진실을 다해서, 그 연구에 조용히 매진하되, 다른 분야에서 일어날지 모르는 [연구에의] 반대를 돌봄이 없으며, 자신만으로(fuersich allein) 되도록이면 참되고도 완전하게, 연구를 성취하려는 준칙을 확인한다.

누차의 관찰에 의해서 나는 다음의 것을 확신하였다. 즉, 이상과 같은 연구가 이룩되었을 때에, 연구 도중에서 외부 타인의 학설에 관해서 가끔 매우 의문스럽던 것이, 내가 잠시 이런 의문에 주목하지 않고 내 연구에만 착안하여

1) 의지의 자유, 하나님의 존재 등에 관한 주장이 그 정립과 반정립이 대립하는 이율배반에 귀착했기 때문에, 순수이론이성은 그것들이 「인식」인 것을 부인했고 개연적이라고 했다. 그러나 순수실천이성은 가상계에 타당하는 도덕법을 통해서 이율배반을 해소한 동시에, 그런 주장들을 확립하였다. 그래서 결국 순수이론이성이 개연적이라고 한 명제가 이제야 확연적이게 되었고, 순수실천이성과 순수이론이성이 서로 조화하게 되었다는 뜻이다.

완성하기에 이르면, 드디어 뜻밖에 「타인의 학설을 조금도 돌보지 않고 타인의 학설을 편중·편애함이 없이 저절로 발견되었던 것」과 완전히 일치했다는 것이다. 저술가가 만일 보다 더한 진실을 가지고서 노력하는 결심만 할 수 있다면, 그는 많은 잘못과 많은 헛수고(이것은 환상에 기본해 있던 것이기에)를 덜 것이다.

제2편 순수한 실천이성의 변증론

제1장 순수한 실천이성 일반의 변증론

① 우리가 「순수이성」의 사변적 사용을 고찰하건 혹은 실천적 사용을 고찰하건간에, 「순수이성」은 항상 그것의 변증론[1]을 가진다. 그것은 주어진 피제약자에 대해서 제약들의 절대적인 전체를 요구하며, 이런 전체는 단적으로 오직 「물자체들」(Dinge an sich selbst) 중에서만 발견될 수 있기 때문이다.

그러나, 사물들의 모든 개념들은, 인간에게는 틀림없이 감성적인 직관들에 관계해야 하기에, 따라서 대상들을 「물자체들」로서가 아니라 오직 현상들로서만 인식하게 하기에, 그리고 피제약자와 제약자와의 현상적 계열에 있어서는 무제약자는 결코 발견되지 않기에 제약들의 전체(따라서 무제약자)라는 이성이념(Vernunftidee)을 현상들에다 적용하는 일로 인해서, 현상들이 마치 「물자체들」」(Sachen an sich selbst)인 듯한 —— (경고적 비판이 없을 때에는 사람이 현상들을 항상 그렇게 생각하기 때문에) —— 불가피한 가상(Schein)이 생긴다. 모든 피제약자에 대해서 무제약자를 전제하는 「이성의 원칙」을 현상들에다 적용할 즈음의 「이성의 자기모순」에 의해, 저 가상의 정체가 폭로되지 않았다면, 그 가상은 결코 거짓된 것으로 알려지지 않을 것이다.

이런 사정에 의해서, 이성은 가상에 대해서 그것이 어디서 유래하고 또 그것을 어떻게 없앨 수 있는가 하는 것을, 추구하지 않을 수 없게 된다. 그리고 이런 일은, 순수한 이성능력 전체의 완전한 비판에 의하지 않으면 할 수 없는 일이요, 따라서 「변증론」에서 나타나는 「순수이성의 이율배반(Antinomie)」은 사실은 인간이성이 항상 빠질 수 있었던 가장 유익한 미로인 것이다. 왜냐하면, 이율배반은 필경, 이 미궁에서 벗어나오는 열쇠를 구득하도록, 우리를 격

1) Hegel의 변증법과 Kant의 변증론은 독어로 다 Dialektik이나 내용은 다른 것이다. 전자는 진리 실현의 방법이나, 후자는 파사현정(破邪顯正)의 방법이다.

려하는 것이기 때문이다. 이 열쇠가 발견되었을 때에, 그 열쇠는 사람이 찾지는 않되 필요로 하는 것을 밝히는 것이다. 즉, 사람의 보다 더 높은 「불변적 질서」에 대한 전망을 밝히는 것이다. 이런 질서 가운데에 우리는 현재 이미 살고 있으며, 이런 질서 가운데서 최고의 이성사명(Vernunftbestimmung)에 적합한 생활을 해가도록, 우리는 일정한 훈계들의 지시를 받고 있는 바이다.

② 「순수이성」의 사변적 사용에서 생기기 쉬운 저 변증론이 어떻게 해결될 것인가, 또 있기 쉬운 가상으로 인한 오류가 어떻게 방지될 것인가, 이것을 사람은 사변적 능력의 비판[제일비판]에서 자세히 볼 수 있다. 그러나 이성의 실천적 사용에 있어서도 아무런 다른 사정이 없다. 이성은 순수한 실천이성으로서 실천적으로 제약된 것(das Praktisch－Bedingte) —— (애착과 자연 욕구에 기인하는 일체) —— 에 대해서 마찬가지로 무제약자를 구한다. 그러면서도 이성은, 의지의 규정근거로서가 아니라, 비록 이 근거가(도덕법 중에서) 주어졌더라도, 순수한 실천이성의 대상의 무제약적 전체를 **최고선**(das hoechste Gut)의 이름 아래서 구한다.

③ 최고선의 이념을 실천적으로 규정하는 일 즉, 우리의 이성적 태도(Verhalten)의 준칙이 되기에 충분하도록 규정하는 일은, 지혜론(Weisheitsleten)이다. 이 지혜론은 또한 학(Wissenschaft)으로서 [희랍·로마의] 고대인이 이해한 의미에서 철학이기도 하다. 고대인에 있어서는 철학이란, 최고선이 정립될 개념과 최고선이 얻어질 태도와를 가르치는 것이었다.

이성이 최고선을 학문으로 삼고자 노력하는 한에서, 최고선의 이설로서의 철학이라는 고대의 의미를 우리가 그대로 보존하는 일은 좋은 일이다. 왜냐하면, 한편으로 [딴 학문이 아니고]철학에만 국한한다는 조건(Bedingung)은, (지혜를 사랑한다는 의미의) 희랍말 「철학」에 적합하겠기 때문이요, 그럼에도 동시에 학식[지식]의 사랑을, 따라서 —— 「학식」이 저 최고선의 개념과 실천적인 규정근거에 대해서 유익한 한에서 —— 이성의 모든 사변적 인식을 사랑함을 철학의 이름 아래 포섭하기에 충분하겠기 때문이며, 이로 인해서 철학만이 지혜론이라고 불려질 수 있는 중요 목적을 무시하는 일이 없겠기 때문이다. 다른 편으로는 감히 철학자라는 이름 자신을 참칭하는 사람들의 자부를 쳐부수는 일도 나쁘지 않겠다. 이런 좋은 일은, [지혜를 사랑하는 자라는] 정의에 의해서 그 불손한 요구를 자못 완화케 하는 「자기평가의 표준」을 [소위] 철학자 앞에 제시할 때에 생기는 일이다. 왜냐하면, 지혜의 교사(Weisheits-lehrer)라는 것은, [최고선의] 높은 목적을 달성하려는 기대를 확실하게 가지면서도, 자기 자신을 인도하기에, 더구나 타인을 인도하기에, 충분한 경지에 도달하지 못한 학도 이상의 그 무엇을 의미하기 때문이다. 지혜의 교사란, 지혜에 관한 지식의 스승(Meister in Kenntnis der Weisheit)을 의미할 것이다. 이것은, 분수에 만족하는 인간이 함부로 자임하는 것 이상의 것을 말하고자 하는 것이다. 철학이란 지혜 자신과 마찬가지로, 끝까지 하나의 이상이겠고, 이 이상은, 객관적으로는 이성 중에서만 완전히 상상되고, 주관적으로는 인격(Person)에 있어서 그의 부단불휴의 노력 목표이다. 그리고 자신의 인격 중에서 철학의 확실한 효과를—— 극기에 있어서, 또 특히 보편적 선에 집중하는 필연적 관심에 있어서 —— 실례로 제시할 수 있는 사람만이, 철학자란 존칭 아래 저 이상을 소유하고 있다고 일컬을 권한이 있다. 명예로운 철학자에 해당하고자, 고대인도 실례를 보이기를 요구했던 것이다.

④ 최고선의 개념을 규정하는 점에 있어서 순수한 실천이성의 변증론에 관한 또 하나의 주의만을 우리는 미리 하여 두어야 한다(만일 변증론의 해결이 성공한다면, 실천이성의 변증론은 이론이성의 변증론과 마찬가지로 가장 유익한 결과를 기대하게 하는 것이다. 이것은, 올바르게 제시되고도 감춤이 없는 「순수실천이성의 자기모순」이, [순수한 실천]이성 자신의 능력을 완전히 비판하도록 함에 의해서 기대되는 것이다).

⑤ 도덕법만이 순수한 의지의 규정근거이다. 도덕법은 단지 형식적이기 때문에(즉 준칙의 형식만을 보편적인 법칙을 수립하는 것으로서 요구하기 때문에), 그것은, 규정근거로서의 모든 실질을, 따라서 의욕의 모든 객관을 도외시하고, 따라서, 최고선만이 항상 순수한 실천이성의 대상, 다시 말하면, 순수한 의지의 대상일는지 모르나, 그러나, 그런 까닭으로 그것이 순수한 의지의 규정근거라고 생각될 것이 아니다. 그리고 우리는 도덕법만을, 최고선과 최고선의 실현 혹은 촉진을 객관[목적]으로 삼게 하는바, 「근거」로 보아야 한다.

이 주의는, 도덕적 원리들의 규정과 같은 미묘한 경우에 —— 여기서는 최소의 오해도 사람의 심정을 그릇되게[부도덕적이게] 한다 —— 있어서 중대한 것이다. 왜냐하면, 분석론으로 인해서 우리가 알아챘던 것은, 사람이 도덕법에 앞서서 어떤 대상을 선의 이름 아래서 의지의 규정근거로 가정하고, 그런 근거로부터 최상의 실천원리를 유도한다면, 이런 것은 항상 타율(Heteronomie)을 가져와서, 도덕적 원리를 쫓아 버리겠다는 것이었기 때문이다.

⑥ 그러나, 만일 최고선의 개념 중에 도덕법이 최상 조건으로서 이미 포함되어 있다면, 이때에는 최고선은 「순수의지」의 객관일 뿐만 아니라, 최고선의 개념과가 우리의 실천이성에 의해서 최고선이 존재할 수 있다는 개념과 동시에 「순수의지」의 규정근거이기도 하다.

왜냐하면, 이때에는 사실상 최고선의 개념 중에 벌써 내포되어 있고, 동시에 생각되어 있는 도덕법만이, 자유의 원리에 따라서 의지를 규정하고, 그 외의 다른 어떤 대상이 의지를 규정하지 않기 때문이다. 의지규정의 개념에 관한 이러한 순서는 명념되어야 한다. 왜냐하면, 그런 순서가 아니라면, 사람은 저절로 오해에 빠지고, 일체가 무상으로 완전한 조화 중에 병립하는 것임에도, 서로 모순된다고 믿기에 말이다.

제2장 최고선의 개념규정에 있어서의 순수이성의 변증론

① 최고(das Hoechste)라는 개념이 이미 불분명하다. 이 점을 주의하지 않으면, 이 불분명이 이미 쓸데없는 논쟁을 일으킬 수 있다. 최고한 것은 최상(das Oberste, supremum)을 의미할 수 있거나 혹은 완전(das Vollendete, consumatum)도 의미할 수 있다. 전자는, 그 자신이 무제약적인 조건 즉, 그 어떤 다른 제약에도 종속하지 않는 (originarium)조건인 것이다. 후자는, 같은 종류의, 더 큰 전체의 아무런 부분도 아닌, 전체(perfectissimum)인 것이다.

(행복할 만한 값이 있는 것으로의) 덕(Tugend)이, 우리에게 바랄 만한 것으로 생각되는 모든 것의 최상 조건이요, 따라서 우리의 행복 추구의 최상조건이며, 그러므로 최상선(das oberste Gut)이다. 이는 분석론에서 증명되었던 것이다. 그러나, 그렇다고 해서 덕은 아직 이성적인 유한존재자[인간]의 욕망능력의 대상인바 「전체적 완전선」(das ganze und vollendete Gut)이 아니다. 이러한 선이고자 하면, 행복이 또한 요구되기 때문이다. 그러면서도, 행복은 자기 자신을 목적으로 삼는 인경의 편파적인 눈에서 뿐만 아니라, 세계 안의 인격일반을 목적 자체로 보는 공평한 이성의 판단에서도 요구되기 때문이다.

무릇 행복을 필요로 하고 또 행복할 만하되, 행복을 누리지 못하는 일은 이성적 존재자의 완전한 의욕과 —— 우리가 시험적으로 이런 의욕[의지]을 생각한다면 그런 의욕은 또한 전능한 것이겠지만 —— 도저히 조화할 수가 없기에 말이다.

그런데, 덕과 행복이 합해져서 한 인격에 있어서의 최고선을 소유하도록 하고, 이 경우에 행복이 (인격의 가치와 행복할 만한 인격의 값으로서의) 도덕성에 전혀 정비례해서 배여(配與)되어 있으면, 이러한 행복이 또한 가능한 세계의 최고선을 형성한다. 그런 한에서, 최고선은 전체 즉, 완전선을 의미한다. 그리고 완전선에 있어서는 덕은 항상 조건으로서 최상선이다. 왜나하면, 최상선은 자기 위에 아무런 조건도 가지지 않기 때문이다. 그러나 [완전선에 있어서의] 행복은 그것을 소유하는 자에게 대해서 참으로 유쾌하기는 하나, 그것만으로써 단적으로 또 모든 점에서, 선인 것이 아니라, 항상 도덕법에 적합한 태도를 선의 조건으로 전제하는 것이다.

② 한 개념 중에 필연적으로 합일된 두 성질[행복과 덕성]은, 반드시 이유와 귀결로서 결합되어 있다. 그러면서도 우리가 이런 합일을 분석적(논리적 결합)인 것으로 보거나, 혹은 종합적(실재적 결합)인 것으로 보도록 —— 전자는 동일률에 의해서 후자는 인과율에 의해서 —— 결합되어 있다.

따라서 덕과 행복과의 결합은 [첫째로] 다음과 같이 이해될 수 있다. 즉, 유덕하려고 하는 노력과 행복의 이성적인 추구가, 두 개의 다른 행위가 아니라, 서로 전혀 같은 행위이겠다고. 이 경우에는 전자[덕]의 근저에는 후자[행복]에 대하는 준칙 이외의 아무런 딴 준칙도 두어질 필요가 없다. 그렇지 않으면 [둘째로] 덕과 행복과의 결합은, 다음과 같은 것으로 알려진다. 즉, 덕이 자신의 의식과는 다른 것으로서 행복을 낳는 것이, 원인이 귀결을 낳는 것과 흡사하다고 하는 것이다.

③ 고대 희랍의 여러 학파 중, 최고선의 개념규정에 있어서 덕과 행복과를 최고선의 두 가지 다른 요소로 보지 않고, 따라서 「동일률」에 의해서 「통일적 원리」를 구했던 한에서 확실히 동일한 방법을 지켰던 학파가 원래는 둘이 있었다. 그러나, 이 두 학파는, 덕과 행복의 양자 중에서 택하는 근본개념이 다른 점에서 서로 다시 차이가 있었다. 에피쿠르 학도(der Epikureer)는, 자기의 준칙이 행복에 도달함을 의식하고 있는 것이 덕이라고 말했고, 스토아 학도(der Stoiker)는 자기의 덕을 의식하고 있는 것이 행복이라고 말했다. 전자에서는 영리가 도덕과 같았고, 후자에서는 도덕만이 참다운 지혜였다. 후자는 덕이 [행복]보다는 더 높다는 명명을 택했다.

④ 이 양 파 사람들의 민감이 —— (민감이, 일찍이 고대에 벌써 철학적 정복이 착상할 수 있는 모든 방법을 다 찾아봤던 것은, 동시에 놀라운 일이었으나) —— 불행하게도, 고작으로 다른 두 개념 사이에, 즉 「행복」개념과 「덕」개념 사이에 동일성을 캐내는 데에 적용된 것을 슬퍼하지 않을 수 없다.

그러나, 원리상 도저히 합할 수 없었던 본질적 차이를, 겉 언어상 논쟁으로 변케 하고자 함에 의해서, 또 단지 다른 칭호 아래서 표면상으로만 개념을 통일하는 척함에 의해서, 없애고자 한 것은, 양 파가 살았던 당시[고대]의 변증적 정신에는 있을 법한 일이었다. —— 이런 일은 현대에 있어서도 치밀한 인간을 이따금 미혹하도록 한다.

그리고 이런 일은 보통 다음과 같은 경우에 생긴다. 즉 [덕과 행복과의] 서로 다른 [두] 근거의 결합은, 매우 깊은 곳에 혹은 매우 높은 곳에 있거나, 혹은 보통의 철학체계에서 가정된 이설의 전적 변혁을 요구하거나 하기 때문에, 사람은 [양자간에] 실재하는 구별에 깊이 들어가기를 두려워하고, 오히려 그런 차이를 한갓 형식상의 차이로 다루려는 경우에 생긴다.

⑤ 두 학파가 덕과 행복과의 두 실천원리의 동일성(Einerleiheit)을 천착하려고 했지마는, 그렇다고 해서 이 동일성을 밝혀내는(herauszwingen) 방법이 일치한 것은 아니었고, 서로 배치하여 무한한 거리가 있었다. 왜냐하면, 한편은, 그 원리를 감성적[1](aesthetisch)인 방면에, 다른 편은 논리적인 방면에, 전자는 감성적 요구의 의식에, 후자는 실천이성의 모든 감성적(sinnlich)인 규정근거에서의 독립성 중에, 각각 세웠기 때문이다. 덕의 개념은 에피쿨 학도에 의하면, 자기의 행복을 촉진하는 준칙 중에 있었고, 이와 반대로 스토아 학도에 의하면, 행복감은 자기의 덕을 의식하는 것 중에 이미 포함되어 있었다.

그런데, 하나의 딴 개념 [최고선] 안에 포함되는 것은, 일반적으로 확실히 「포함하는 것」[최고선]의 부분과 동일하나, 포함하는 그 전체와 동일하지는 않다. 뿐더러 두 가지 전체 [행복 중심의 최고선과 덕 중심의 최고선]는, 그것이 [각각] 비록 동일한 재료로 되었다 하더라도, 종자적으로 서로 다를 수 있다. 즉, 두 가지 전체의 부분들이 [각각] 서로 아주 다른 방식에서 한 전체를 이루었을 때에, 서로 다를 수 있다.

스토아 학도는, 덕이 전최고선(das ganze hoechste Gut)이요, 행복은 덕이 소유하는 의식이며, 오직 주관의 상태에 속하는 것이라고 주장하였다. 에피쿨 학도는, 행복이 전최고선이요, 덕은 단지 행복을 추구하기 위한 「준칙의 형식」일 따름이다. 즉 행복에 대한 수단을 합리적으로 사용할 경우의 준칙의 형식일 뿐이라고 주장하였다.

⑥ 그러나, 분석론으로부터 명백해진 것은, 덕의 준칙들과 행복의 준칙들은 그 최상의 실천원리에 관해서 전혀 서로 이질인 것이요, 양자는 다 최고선을

1) aesthetisch는, 여기서는 sinnlich와 같은 의미다. 지각된 것(aistheta)이라는 희랍의 원어에서 유래하였다.

가능하게 하고자, 최고선의 요소들이로되, 양자는 서로 일치하지 않을 뿐만 아니라, 동일한 주체에 있어서 서로 자못 제한하는 것이요, 서로 자못 억제하는 형편이[었]다.

그러므로, 최고선이 어떻게 가능하냐 하는 문제는, 종래의 모든 결합 방책에도 불구하고, 여전히 풀지 못할 문제로 남아 있다.

그러나, 이 문제를 풀기 어려운 문제이도록 한 것은 「분석론」에서 지적되었다. 즉, 행복과 도덕성과는 최고선의 두 요소이나 종자적으로 서로 전혀 다른 요소요, 따라서 양자의 결합은 분석적으로 ―― (가령 자기의 행복을 구하는 사람은 자기의 [행복]개념을 단순히 분석함으로써, 자기의 행복 추구 태도에 있어서 유덕하다고 하거나 혹은 도덕을 준수하는 사람이, 이 같은 태도를 의식함에 있어서, 벌써 「사실 자체상」으로 [ipse facto, durch die Tatsache selbst] 행복하다고 하듯이) ―― 인식될 수 없고, 양자의 결합은 두 개념의 종합이라는 것이었다.

그러나, 양자의 결합은, 선천적인 것으로 인식되고, 따라서 실천상 필연적인 것으로 인식되며, 그러므로 경험에서 유도되는 것으로 인식되지 않고, 따라서 최고선의 가능은 어떠한 경험적 원리에도 기본하지 않는 것이다. 이렇기 때문에, 이 [최고선의] 개념의 연역은 선험적(transzendental)[1]이 아닐 수 없다. 최고선을 의지의 자유에 의해서 낳는 일은, 선천적(도덕적)으로 필연적인 것이다. 따라서 최고선이 가능한 조건도, 오로지 선천적인 인식근거들에 의존하지 않을 수 없다.

1. 실천이성의 이율배반

우리가 실천적으로 ―― 즉, 우리의 의지에 의해서 ―― 실현할 최고선에 있어서는, 덕과 행복과는 필연적으로 결합된 것으로 우리는 생각한다. 그러므로, 딴쪽[행복]이 반드시 최고선의 요소가 되는 일이 없이, 실천이성이 한쪽[덕]을 상정할 수는 없다.

그런데, 이 결합은 (결합일반과 마찬가지로) 분석적이거나 종합적이거나이다.

1) 행복과 도덕성의 결합은 분석적이 아니라, 종합적이로되, 어떤 결합은 경험 중에 주어지는 것이 아니라, 도덕적·실천적으로 필연인 것이다. 그러나 결합의 증명이 필요하고, 이런 증명은 「선천적 근거」에 의거하는 뜻에서 선험적이어야 한다고 했다.

그러나, 이 주어진 [필연적] 결합은 (바로 앞에서 지적되었듯이) 분석적일 수 없기에, 반드시 종합적이라고 생각되는 것이요, 자세히는 원인과 결과와의 결합이라고 생각되는 것이다. 왜냐하면, 그 결합은 실천적인 선에 즉, 「행위에 의해서 가능한 것」에 관계하기 때문이다.

그러므로, 행복의 열망이 유덕의 준칙에 대한 동인이거나, 혹은 유덕의 준칙이 반드시 행복을 낳는 원인이거나 둘 중의 어느 것이다. 그런데 전자는 절대로 불가능하다. (분석론에서 증명되었듯이) 의지의 규정근거를 자기의 행복을 찾는 요구 중에 두는 준칙은, 전혀 도덕적이 아니요, 아무런 덕도 수립할 수 없기 때문이다. 그러나 후자도 역시 불가능하다. 왜냐하면, 세계에서의 모든 실천적인 인과결합은, 결의의 성과로서, 의지의 도덕적인 심정에 기준하지 않고 자연법칙의 지식과 그 지식을 목적에 사용하는 자연적 능력과에 기준하는 것이요, 따라서 도덕법의 가장 엄밀한 준수가, 이승에서의 행복과 덕과의 필연적인 결합, 최고선을 얻기에 충분한 결합을, 기대할 수 없기 때문이다.

그런데, 최고선은 이러한 결합을 그 개념 중에 포함해 있고, 이러한 최고선의 촉진은 인간 의지의 선천적인 필연대상이요, 도덕법과 떨어질 수 없도록 연결하여 있다. 그러하매, 전자[최고선]의 불가능성은 또한 후자[도덕법]의 거짓됨을 증명하는 것이다. 따라서 만일 최고선이 실천규칙에 의해서 불가능하다면, 최고선을 촉진하기를 명령하는 도덕법 역시 반드시 가공적이요, 헛된 공상적 목적에 기본해 있으며, 그러므로 그 자신 거짓된 것이다.

2. 「실천이성의 이율배반」의 비판적 해소

① 순수한 사변이성의 이율배반에 있어서 「세계 사건」의 원인성에 관하여 자연적 필연성과 자유 사이에 [실천이성의 이율배반에] 비슷한 모순이 보였다. 그러나 이 모순은, 사건과 사건이 발생하는 세계가 단지 현상으로 보아질 때에는 ―― (또 이렇게 보아져야 한다) ―― 정말 모순은 없다는 것이 증명됨으로써, 해소되었다. 동일한 행위자가 현상으로서는(행위 자신의 내감에 대해서도) 항상 자연적 기계성에 따르는바 「감성계의 원인성」을 가지되, 동일한 사건에 관해서 행위자가 동시에 가상체(Noumenon)로 ―― 시간상으로 규정할 수 없는 그 존재에 있어서의 순수지성으로 ―― 보아지는 한에서, 자연법칙에 따르는 저 원인

성을 규정하는 근거를 포함할 수 있었고, 이 규정근거 자신은 모든 자연법칙에서 자유였다.

② 그런데, 순수한 실천이성의 목하의 이율배반의 경우에도 사정은 똑같다. 두 명제 중의 첫째 명제 즉, 행복을 구하는 노력이 유덕한 심정의 근거를 낳는다는 것은, 절대로 거짓이다. 그러나, 유덕한 심정이 반드시 행복을 가져온다는 둘째의 명제는 절대로 거짓인 것이 아니라, 오직 덕이 감성계에서의 원인성의 형식이라고 보아지는 한에서만, 따라서 감성계에서의 존재를 이성존재자의 유일한 존재 방식으로 내가 가정하는 때에만, 그러므로 조건적으로만 거짓이다.

나는 나의 존재를 오성계의 가상체로 생각할 권한이 있을 뿐만 아니라, 또한 도덕법에 의거해서 (감성계에서의) 내 인과성을 순지성적으로 규정할 수 있는 근거도 가진다. 하기에 원인으로서의 심정의 도덕성은 감성계에서의 결과로서의 행복과, 직접은 아니나 ——(자연의 가상적인 창조자를 매개로 해서)—— 간접으로 연결을 갖는 일이, 그러면서도 필연적인 연결을 갖는 일이 불가능하지 않다. 그러나 이러한 결합은, 단지 감관의 객관일 뿐인 자연 중에서는 우연적으로 밖에 생길 수 없고, 그러므로 최고선이 되기에는 불충분한 것이다.

③ 이렇기에, 실천이성의 표면상의 자기모순에도 불구하고, 도덕적으로 규정된 의지의 필연적인 최고목적인 「최고선」은, 실천이성의 참다운 객관[목적]이다. 그것은 실천적으로 가능하기 때문이요, 실질상으로 최고선에 관계하는 「의지의 준칙들」은 객관적 실재성[타당성]을 가지기 때문이다. 이 실재성은, 처음에는 도덕성과 보편적 법칙에 따르는 행복과의 결합중에 보였던 저 이율배반에 의해[1] 위협받은 듯했으나, 이러한 일은 단순한 오해에 기본한 것이다. 왜냐하면, 우리는 현상들간의 관계를 현상들과 「물자체들」과의 관계로 잘못 생각했기 때문이다.

④ 이성이 모든 이성존재자에 대해서 그들의 모든 도덕적 소원의 목표로 지적했던 최고선의 가능성을, 머나먼 피안에서, 즉 가상계와 결합하는 데에서 추구하지 않을 수 없다고 우리가 알고 있음에도, 고대와 근대의 철학자들이 이미

1) 이 대목에 Wille가 gefährdet zu sein scheinen, die라고 주석한 것에 따랐다. scheinen은 scheinet의 오식으로 보인다.

이승생활(즉 감성계)에서 덕과 적절히 비례해 있는 행복을 벌써 발견했다거니, 혹은 그런 행복을 의식했다거니 하고 설유할 수 있었던 것은 기이하다.

무릇, 에피쿨과 스토아 학도는 다 같이, 인생에서의 「덕」의 의식에서 생기는바, 행복을 무엇보다도 제일 높게 쳐 받들었기에 말이다.

전자의 실천훈계는, 그가 행위를 위해서가 아니라, 설명을 위해서 사용한 「그 이론의 원리」로부터 추리되리 만큼 저속하지도 않았고, 혹은 그가 만족 대신에 향락(Wollust)이라는 말을 잘못 쓴 때문에 많은 사람들이 그의 「실천훈계」를 해석했을 만큼 저속하지도 않았다.

오히려 에피쿨은 선의 무사한 실행을, 가장 깊은 속마음의 기쁨을 누리는 방식이라고 보았고, 가정 엄격한 도덕철학자가 항상 요구할 것 같은 「애착의 절제와 속박」을 만족(Vergnuegen)을 얻는 —— (에피쿨이 만족이라고 할 때에 항상 유쾌한 마음을 의미했다) —— 그의 계획 중에 포괄하였다.

이 경우에 그가 특히 스토아 학도와 구별된 점은, 그가 단지 이러한 만족을 [의지의] 규정근거로 한 것뿐이었다. 이 만족을 스토아 학도들은 배척했고, 이런 일은 실로 정당하였다.

왜냐하면, 한편 [첫째로] 유덕했던 에피쿨은 —— 도덕적으로 선량하나, 도덕의 원리들을 아주 깊게 사려하지 않는 현대의 많은 인사들과 마찬가지로 —— 그가 유덕하게 되는 동기를 우선 표시하려고 하는 사람들의 심정이 벌써 유덕함을 전제하고 있는 결점에 빠져 있었기에 말이다(그리고 사실 정직한 사람은, 자기의 정직성을 먼저 자각하지 않으며, 행복을 발견할 수가 없다. 이런 까닭은 유덕한 심정에 있어서는 그가 위법(違法)이었을 때에 자기 자신의 사고방식이 하지 않을 수 없겠는 자기 비난과 도덕적인 자기 저주와는, 보통이면 자기의 [심리] 상태가 가지는 쾌적의 모든 향락(aller Genuss der Annehmlichkeit)을, 그로부터 빼앗아버리겠기 때문이다).

그러나, 문제는, 자기의 존재 가치를 존중하는 이러한 「심정과 사고방식」이 무엇에 의해서 가능한가? 하는 것이다. 이러한 물음 이전에도 도덕적 가치일반에 대한 어떠한 감정도 주관 중에 발견되지 않겠기 때문이다. 만일 사람이 유덕할 경우에, 그가 모든 「행위」에 있어서의 자기의 정직성을 의식함이 없다면, 그의 생은 즐겁지 않을 것이다. —— 비록 자연상태에서의 생이 여하히 행운이었다 하더라도. 따라서 자기존재의 도덕적 가치를 아직 그다지 높이 평가하기 전에, 우선 사람을 유덕하게 하기 위해서, 그가 아직도 정직성의 심정이 없음에도 정직성을 의식함에서 생길 마음의 평안을 우리는 그 사람[의 참된 유덕]을 위해 과연 칭찬해 줄 수 있을 것인가? [칭찬해 줄 수 없을 것이다]

⑤ 그러나 또 한편[둘째로] [에피쿨처럼 만족이 곧 덕이라고 할 경우에] 사취의 오류(Fehler einer Erschleichung, vitium subreptionis)에 빠질 근거가 있다. [수동적인] 느낌과는 다른 [능동적] 행에 관한 자각에 있어서의 착각(optische Illusion)에 빠질 근거가 있다. 이런 착각을 가장 많이 경험을 쌓은 사람이라도 완전히 피할 수가 없다.

도덕적 심정은, 의지를 직접 법칙에 의해서 규정한다는 의식과 반드시 결합하여 있다. 그런데 욕망능력을 규정하는 의식은 항상, 그 의식에서 생기는 행위에 대한 만족(Wohlgefallen)의 근거이기는 하나, 그러나 이런 쾌락·자기 자신에 대한 이러한 만족이 행위의 규정근거인 것이 아니요, 오직 이성에 의해서 의지를 직접 규정함이 쾌감의 근거이다. 이런 규정은 욕망능력을 순수히·실천적으로·비감성적으로 규정한 것이다. 그런데 이런 규정은, 활동을 촉진하는 데 있어서, 욕망된 행위에서 기대되는 쾌적감이 미치는 효과와 마찬가지의 효과를 내적으로 갖는 것이다. 그러므로 우리는, 자신이 [순수하게] 행하는 것을 수동적으로 느끼는 것으로 보기가 쉬우며, 도덕적 동기를 감성의 충동으로 보기가 쉽다. 이런 일은, 소위 감관——(여기서는 내감)——의 착각 중에서 늘 생기는 것이다.

이성이 순수한 법칙이 직접 행위를 규정하는 일은, 인간성(menschliche Natur) 중의 매우 「숭고한 것」이다. 뿐더러, 의지를 지성적으로 규정할 수 있다고 하는 「주체적인 면」을 그 어떤 감성적인 것 및 감관의 특수 감정(지성적 감정[1])이란 말은 모순이겠기 때문에)의 결과라고 생각하는 것은, 사기이기도 하다.

인간의 인격성(Persoenlichkeit)의 이러한 특성에 주목하여, 이성의 감정에 대한 작용을 될수록 세련하는 일도, 자못 중대한 일이다. 그러나 도덕적인 규

1) 감정은 감성적이요, 비지성적임에 불구하고 「지성적 감정」이라고 하는 것은 동그란 삼각형이란 말과 같아서 모순이다.

정근거의 밑바닥에, 근거로서 특수한 기쁨의 감정을 두는 동시에(사실은 특수한 기쁨의 감정은 결과인 것이다), 동기로서의 도덕적인 규정근거를 불순하게 칭찬함에 의해서 본래의 진정한 동기를 즉, [도덕]법칙 자신을 타락하게 하고 —— 이를테면, 거짓된 얇은 발을 붙임에 의해서 —— 추하게 하는 것도, 우리는 경계해야 한다.

그러므로 존경(Achtung)은 —— 만족도 아니거니와 행복을 누리는 것도 아닌 —— 이성의 기초에 두어진 선행하는 감정이(이것은 언제나 감성에서 오고 감각에서 오겠기 때문에) 대신할 수 없는 어떤 것이다. 「법칙에 의해서 의지가 직접 강제받는 의식」으로서의 존경은, 결코 쾌감에 비슷한 것이 아니다. 왜냐하면, 존경의 의식은, 욕망능력에 대한 관계에 있어서 확실히 [쾌감이 하는 일과] 동일한 일을 하기는 하되, 쾌감과는 다른 근원에서 하기 때문이다. 이러한 표상방식에 의해서만, 사람은 그가 추구하는 일, 즉 행위가 단지(유쾌감의 결과로서) 의무에 적합해서가 아니라 의무에서(aus Pflicht) 생기는 일에(이것이 모든 도덕적 교양의 참목적인 데) 도달할 수 있다.

⑥ 그러나 행복의 누림처럼, 향락을 표시하지는 않되, 자기 존재에 대한 만족을, 즉 덕 의식에 반드시 수반하는 행복과 비슷한 것을, 지시하는 말을 우리는 가지지 않는 것인가? 이러한 말을 우리는 가지고 있다. 그것은 자기만족(Selbstzufriedenheit)[1]이라는 말이다. 이 말의 본뜻은, 아무런 부족함도 의식하지 않는 「자기 존재에 관한 오직 소극적인 만족」을 항상 지시하는 것이다. 「자유」와 결연한 심정(ueberwiegende Gesinnung)으로써 도덕법을 준수하는 능력인 「자유의 의식」과, 이[둘]은, 애착에 의존해 있지 않은 것이다. 애착은 (비록 우리의 욕망을 촉발하는 것은 아니더라도) 적어도 우리의 욕망을 규정하는 동인이 되는 것이다. 내가 도덕적 준칙을 준수할 때에 내가 자유를 의식하는 한에서, 자유와 자유의 의식과는 그것과 필연적으로 결합된 만족, 어떠한 특수 감정에도 기본하지 않은 영구한 만족의 유일한 원천이다. 이런 만족은 지성적 만족(intellektuelle Zufriedenheit)이라고 부를 수 있다.

감성적인 만족은(이같이 부르는 것은, 부당하지마는), 애착이 비록 여하기 미묘

1) 이 자기 만족을 132면의 자족(Selbstgenugsamkeit)과 혼동하지 말아야 한다.

한 것으로 상상되더라도, 애착의 만족에 기본하는 것이다. 그것은 사람이 [일반적으로] 생각하고 있는 만족을 절대로 충족시킬 수 없다. 왜냐하면, 애착은 쉴 새 없이 변이하고, 그것에 보내는 호의와 함께 커가며, 사람이 채우려고 생각했던 것보다도 더 큰 공허를 남기기 때문이다. 그렇기에, 애착은 이성존재자에게 항상 무거운 짐이 되며, 그것을 제거해버릴 수 없건마는, 이성존재자는 그것을 모면하려 하는 희망을 가지지 않을 수 없다.

합의무적인 것에 대한 —— 가령[외적] 선행에 대한 —— 애착이더라도, 도덕적 준칙의 작용을 매우 쉽게 하도록 할 수는 있으나, 도덕적 준칙을 결코 산출케 하지는 못한다. 행위가 단지 적법성뿐만 아니라, 도덕성까지 포함해야 한다면, 도덕적 준칙에 있어서 무엇보다도 규정근거로서의 「법적 관념」이 중대하지 않을 수 없기 때문이다. 애착은, 그것이 좋은 종류의 것이든 그렇지 못한 것이든간에 맹목적이요, 노예적이다. 도덕성이 문제인 경우에는, 이성은 애착에 대해서 단지 후견인(Vormund)의 구실을 할 뿐만이 아니다. 이성은 애착을 돌보는 일이 없이, 「순수한 실천이성」으로서 전혀 단독으로 자기 자신의 관심을 돌보아야 하는 것이다. 동고와 부드러운 동정의 감정까지라도, 의무란 무엇인가 하는 숙려에 선행해서 의지의 규정근거가 된다면 그런 감정은 원래 호의를 가진 사람에게도 귀찮게 되는 것이요, 이런 사람의 숙려한 준칙을 혼란케 하는 것이며, 이런 사람으로 하여금 그런 감정을 처치해서 한갓 법칙 수립적인 이성에만 복종하려는 소망을 낳게 하는 것이다.

⑦ 이상에서 아래의 것이 이해된다. 즉, 순수한 실천이성의 능력이라는 의식이 행위(덕)에 의해서, 자기의 애착을 전적으로 지배하는 의식을, 그러므로 애착에서 독립인 의식을, 따라서 애착에 항상 수반하는 불만에서 독립된 의식을, 그러니까 자기의 [심리] 상태에 대한 부정적인 만족을, 즉 그 근원에 있어서 자기의 「인격」에 대한 만족인 그런 만족(Zufriedenheit)을, 어떻게 낳을 수 있는가 하는 것이 이해된다. 자유 자신은, 이런 방식에 (즉 간접적으로) 만족을 누리는 것을 느낀다. 이것은 행복이라고 이를 수 없는 것이다. [인격이] 만족을 누린다는 것은, 감정의 저극적인 협력에 의존하지 않기 때문이다.

또 [자유가 만족을 누리는 것은] 엄밀히 말해서, 정복(Seligkeit)이 아니다. 왜냐하면, 그것은 애착과 욕구에서 전혀 독립인 것은 아니기 때문이다. 그러나, 그것은, 적어도 그것의 의지규정이 애착과 욕구 등의 영향에서 해방되어 자기를 유지할 수 있는 한에서, 정복에 비슷한 것이요, 따라서 근원상으로는 최고존재자[하나님]에게만 귀속시킬 수 있는 자족(Selbstgenugsamkeit)에 닮은 것이다.

⑧ 실천적인 순수이성의 이율배반의 이상과 같은 해소로부터 결과하는 것은, 아래와 같다. [1] 실천원칙들에서는 도덕성의 의식과, 도덕성의 결과로서의 도덕성에 비례하는 행복의 기대와, 이 두 가지의 자연적·필연적인 결합은, 적어도 가능하다고 생각된다는 것이다(그러나 그렇다고 하여 우리는 그런 결합을 인식하거나 통찰하거나 하는 것은 아니다). [2] 이와 반대로 행복 추구의 원칙이 도덕성을 낳을 수 없다는 것이다. 따라서 (최고선의 첫째 조건으로의) 최상선은, 도덕성을 형성하고, 반대로 행복은 최고선의 둘째 요소로되, 행복은 도덕에 제약된 결과, 도덕성의 필연적인 결과로서 그러하다는 것이다. [3] 최고선은, 행복의 도덕성에 대한 이러한 하위에서만, 순수한 실천이성의 전 대상이요, 순수한 실천이성은 이런 하위가 필연적으로 가능하다고 생각하는 것이다. 왜냐하면, 최고선을 실천하도록 「가능한 모든 노력」을 다 하는 것은, 순수한 실천이성의 명령이기 때문이다.

그러나, 제약된 것[행복]과 제약[도덕성]과의 그러한 「결합 가능성」은 전혀 사물의 초감성적 관계에 속하여 있고, 감성계의 법칙이 그런 결합 가능성을 주지는 않는 까닭에——비록 이 개념의 실지 결과는 즉, 최고선의 실현을 노리는 행위는, 감성계에 속한다 하더라도——우리는 첫째로 직접 우리의 힘이 지배하는 것에 관해서, 둘째로 (실천원리에 의해서 필연적인) 최고선의 가능에 대한 우리의 무능력의 보충으로서, 이성이 우리에게 바치기는 하되, 우리의 힘이 자라지 않는 것에 관해서, 최고선의 가능근거들을 표시하려고 애써 보겠다.

3. 사변이성과 결합할 즈음의 「순수한 실천이성의 우위」

① 이성이 결합하는 두 가지 사물 사이, 혹은 두 가지 이상의 사물 사이에서 우위라는 것을, 나는 일자가 모두 타자와 결합하는 데 있어서, 그 일자가 첫째의 규정근거인 우월이라고 해석한다.

협의의 [즉]실천적 의미에서 우위란 것은, 타자의 관심이, (어떤 타자에게도 종속될 수 없는) 일자의 관심에 종속하는 한에서, 일자의 관심의 우월을 의미한다. 심성의 모든 능력에는 그 어느 것에나 관심이 주어질 수 있는데, 이런 관심은 즉 하나의 원리요, 이 원리는 관심의 실행을 촉진시키는 조건을 포함하는 것이다.

이성은 원리들의 능력으로서, 모든 심성력의 관심을 규정하고, 이성 자신의 관심을 자기 자신이 규정한다. 이성의 사변적 사용의 관심은 대상을 인식하여 선천적인 최고원리들에 도달하는 데에 존립한다. 실천적 사용의 관심은, 최후의 완전한 목적에 관해서 의지를 규정하는 데에 존립한다. 이성사용 일반이 가능하기 위해서 요구되는 것은, 원리들과 그것들의 주장들이 서로 모순되지 않는다는 것을 의미하고, 이것은 그 관심의 한 부분인 것이 아니라, 일반적으로 이성을 가지기 위한 필요조건이다. 이성이 이성자신과 조화하는 것이 아니라, 이성을 확장하는 것만이, 이성의 관심(das Interresse der Vernunft)이라고 보아진다.

② 만약, 사변이성이 자기의 단독적 통찰로부터 실천이성에게 제공하는 것만을, 실천이성이 가정할 수 있고, 그런 것만을 주어진 것으로 생각할 수 있다면, 사변이성이 우위를 차지할 것이다. 그러나 만일 실천이성이 어떤 이론적 제언(Position)과 ―― 이 제언은, 사변이성의 모든 가능한 통찰이 언급할 수 없으나 (그러나 그것은 사변이성의 통찰에 모순되어서도 안 된다) ―― 불가분적으로 결합되어 있는바, 선천적·근원적 원리들을[1] 단독적으로 가지고 있다면, 문제는 어떠한 관심이 최상의 관심인가 하는 것이다(어느 관심이 물러가야 하는 일은 없다. 한 관심이 다른 관심에 반드시 대립하는 것이 아니기 때문이다).

즉, 실천이성이 가정해서 제공하는 일체에 관해서 조금도 앎이 없는 사변이성은, 과연 이러한 명제(제언)들을 받아들여서, 자신에게는 초절적인 그런 명제들을 자기에게 보내온 타자[실천이성]의 소유물로서 자기의 개념들과 결합시켜 볼 것인가, 혹은 사변이성은 자신의 고립한 관심에 완고히 순종하는 권한과 에피쿨의 규준학(Kanonik)[2]에 좇아서 그 객관적 실재성이 경험 중에 제시되는 명백한 실례에 의해서 우리가 믿을 수 없는 일체를 공허한 궤변이라 해서 거부할 권한이 있는 것인가, 하는 것이다. ―― 여기서 일체란 것은, (순수한)

1) 영혼불멸과 하나님이 순수실천이성의 입장에서 존재한다는 원리.
2) 에피쿨의 논리학을 지시한다.

실천적인 사용의 관심 안에 매우 밀접히 짜 넣어져 있고, 그 자신 이론적 사용에 모순하는 것이 아니로되, 그것이 사변이성이 자신에게 두는 바 한계를 부인하는 한에서, 또 사변이성을 상상력의 무의미나 혹은 망상에다 맡겨버리는 한에서, 사변이성의 관심을 사실로 소멸시키는 단지 그 이유에서, 거부될 그러한 것이지만.

③ 사실, 실천이성이 감각에 제약된 것으로서, 즉 행복이란 감성적 원리 아래 있는 애착의 관심을 지배하기만 하는 것으로서, [사변이성의] 근저에 두어지는 한에서, 그러한 요구를 사변이성은 도저히 용납하지 못했을 것이다. 마호메트(Mahomet)의 낙원이나 혹은 신지가·신비가의 하나님과의 융합적 일치[견신] 등은, 자기네 기분대로 그들의 괴물을 이성에 강제할 것이요, 이런 식으로 이성을 전혀 몽상에 맡겨 버리는 것은, 아무런 이성도 가지지 않는 것과 마찬가지일 것이다.

그러나 순수한 이성이 단독으로 실천적일 수 있고, 또 도덕법의 의식이 증명하듯이 사실로 실천적이라면, 이론적 관점에서건 실천적 관점에서건, 실천적 원리에 의거해서 판단하는 것은, 역시 동일한 이성임에 틀림없다. 이즈음에 이성능력이 전자의 관점에서 어떤 명제들을 적극적으로 확립하기에 불충분하다 하더라도, 이 명제들이 전자의 관심에 모순되지는 않는다고 하면, 그런 명제들이 순수한 이성의 실천적인 관심에 불가분적으로 속하여 있자마자, 전자의 관점은 이 명제들을 자기의 지반에서 발생하지는 않았으되 충분히 신임하는 외래품으로서 받아들여야(annehmen) 하고, 이런 명제들과 「사변이성으로서의 이성이」 자기 힘에 닿는 모든 것과 서로 비교·결합해 보아야 하는 것은 명백한 일이다.

그러나, 이런 일은 사변이성의 통찰[지식]이 아니라, 통찰과는 다른 어떤 관점 즉, 실천적인 관점에서 하는 「이성 사용의 확장」인 점에서 우리는 안심하는 바이다. 이런 사태는 방자한 사변을 제한하는 데에 존립하는 관심에 조금도 어긋나는 것이 아니다.

④ 이에, 순수한 사변이성과 순수한 실천이성이 하나의 인식으로 결합함에 있어서, 이 결합이 틀림없이 우연적·임의적이 아니라 선천적으로 이성 자신에 기인해 있어서 필연적이라면, 순수한 실천이성이 우위를 차지하고 있다. 왜냐하면, [순수한 사변이성의 순수한 실천이성에 대한] 하위관계가 없다면, 「이성의

자기모순」이 생기겠기에 말이다. 그런 까닭은, 두 이성이 서로 단지 같은 열·(같은 지위)에 나란히 선다면 전자[순수한 사변이성]는 단독으로 자신의 한계를 좁다랗게 닫아서 후자[순수한 실천이성]로부터 아무것도 자기 분야에 받아들이지 않음에 대해서, 후자는 자기의 한계를 일체를 넘어서 확장하여, 필요가 생겼을 적에는 전자를 자기 분야의 내부에 포섭하려고 하는 데 있다.

우리는 순수한 실천이성이 [순수한] 사변이성의 하위에 서며, 따라서 질서가 뒤바뀌는 것을, 순수한 실천이성한테 요구할 수는 없다. 왜냐하면, 모든 관심은 결국 실천적이요, 사변이성의 관심까지도 제약된 것에 불과하며, 실천적 사용에 있어서만 완전한[1] 것이기 때문이다.

4. 순수한 실천이성의 요청인 영혼불멸성

① 이승(in der Welt)에서 최고선을 낳는 일은, 도덕법이 규정할 수 있는 의지의 필연적 객관[목표]이다. 그러나, 심정이 도덕법에 완전히 일치함은, 최고선의 최상조건이다. 이러한 일치는 이러한 일치의 목표와 마찬가지로, 가능해야 할 것이다. 그것은, 이 목표를 촉진하라는 동일한 명법(Gebot) 중에 포함되어 있기 때문이다.

그러나, 의지가 도덕법에 완전히 일치하는 것은, 신성성을 의미한다. 즉, 감성계의 어떠한 이성존재자도, 그 생존의 어느 순간에 있어서나, 소유할 수 없는 완전성(Volkommenheit)을 의미한다. 그럼에도 불구하고, 그러한 일치는 실천적으로 필연한 것으로서 요구된다.

이러므로, 그것은 저 완전한 일치로 향하는 무한한 전진[2] 중에서만 발견될 수가 있다. 이러한 실천적인 전진을 우리 의지의 진정한 목표로 가정하는 것은 순수한 실천이성의 원리들에 의해서 필연한 것이다.

② 그러나 이 무한한 전진은, 동일한 이성존재자의 무한히 계속하는 생존과 인격성을(이런 생존과 인격성을 사람은 영혼의 불멸이라고 하지만) 전제하여서만 가능하다. 그러므로, 최고선을 영혼불멸의 전제 아래에서만 실천적으로 가능하

---

1) 현상계를 인식하려는 관심 이상으로 도덕적 관심까지 가져야만 완전하다는 뜻이 된다.
2) Goethe가 Faust에서 Wer immer strebend sich bemueht, den koennen wir erloesen(누구라도 항상 노력해서 수고하는 사람을, 우리는 해탈케 할 수가 있다)고 한 말을 생각해 보라.

다. 따라서 영혼의 불멸은 도덕법과 불가분적으로 결합된 것이요, 순수한 실천이성의 요청이다(나는 영혼은 불멸이라는 것을, 이론적인 명제이기는 하나, 그것이 선천적·무제약적으로 타당하는 실천법칙에 떨어질 수 없이 붙어 있는 한에서, 이론적으로는 증명할 수 없는 명제라고 이해한다).

③ 무한한 전진에서만 도덕법과 완전히 일치하는 데 도달할 수 있다는 「우리 본성의 도덕적 사명」에 관한 명제는, 사변이성의 무능력을 현하에 보충하는 데에 유익할 뿐만 아니라, 종교에 관해서도 고작으로 유익하다.

이 명제가 없으면, 도덕법은 관대한 것[미지근한 것]으로, 따라서 인간의 기분에 일치하는 것으로 생각됨으로써, 도덕법이 그것의 신성성에서 전혀 끌어내려지고 만다. 혹은 사람은 그의 사명과 기대를, 그가 도달할 수 없는 목적(Bestimmung)에, 즉 의지가 신성성을 완전히 획득하는 것으로 확대해서, 인간의 자기 인식에 온히 위반하는 광상적인 신지의 꿈 가운데에 잠기게 된다. 이상의 양자에 의해서는, 엄격하고도 불굴이면서, 공상적이 아니라 진정한 이성명령(Vernunftgebot)을 엄밀·철저히 준수하려 하는 부단불휴의 노력은 방해당할 뿐이다. 「이성적이되 유한한 존재」에 대해서 가능한 일은, 도덕적 완전성의 보다 더 낮은 단계에서 보다 더 높은 단계로 점차 향상하는 무한한 전진뿐이다.

시간적 제약이 없는 무한존재자는, 인간에게는 끝이 없는 이 전진 계열에 있어서, 도덕법과 전적으로 일치함을 보는 터이다. 그리고 「무한존재자」가 각인에게 정하는 최고선의 분여에 있어서, 「무한존재자」의 정의에 합치하고자, 그의 명령이 유예 없이 요구하는 신성성은, 오로지 이성존재자의 생존의 지성적 직관(intellektuelle Anschauung)에 있어서만 발견될 수 있는 것이다. 최고선을 분여받는 희망에 관해서, 피조물이 한갓 기대할 수 있는 것은, 오직 그의 심정이 시련받는다는 의식뿐이겠다. 이리하여, 그의 「비교적인 악」에서 「보다 더한 도덕적인 선」으로 이때까지 하여온 진보와 이 진보가 인간에게 알려준 부동의 결심(unwandelbarer Vorsatz)과, 이런 것들로부터 인간은 이런 진보·결심의 앞으로의 끊임없는 계속을——비록 그의 생존이 얼마만큼 길더라도——이승생활 이상[저승생활]에까지 기대하기에* 이른다. 자세히 말하면, 이승에서나 혹은 자기 생존을 내다볼 수 있는 미래의 어떤 시점에서가 아니라, (하나님만이 내다볼 수 있는)피조물의 무한한 존속(Fortdauer)에 있어서만, 하나님의 뜻에 —— 정의와 조화하지 않는 묵인이나 면제 없이 —— 완전히 적합하기에 이른다.

* 그럼에도, 선에 대한 진보에 있어서 자기의 심정이 부동이라는 확신(Ueberzeugung)은, 피조물 자신으로서는 불가능할 것처럼 생각된다. 이런 까닭에, 기독교의 종교이론은, 그 확신이 성령(der Geist)을 —— 이것은 성화(Heiligung)를 낳는 것이되, 즉, 부동의 결심과 이와 함께 「견고한 도덕적 진보」의 의식과를 낳는 것이되 —— 받음에서만 생긴다고 한다. 그러나 보다 더한 선으로 진보하는 중에서, 그러면서도 참된 도덕적 동기에 기본해서, 자기 생애의 길다란 부분을 그 최후에 이르기까지 살아왔다는 것을 의식하는 사람은, 이승을 초월하여 계속되는 생존에 있어서도, 자기가 이런 원칙들을 견지하겠다는, 「독신은 아니로되 위안적 소망」을 저절로 가질 수 있는 것이다. 그리고 그는 비록 자기 자신의 눈으로 봐서, 이승에서 「의롭다 하심을 얻지」[1] 못하고 또 자기의 본성완성의 증진과 그와 동시에 자기 의무의 증진과를 미래[저승]에서 바랄 즈음에도 「의롭다 하심을 얻는 것」을 대망할 수 없다 하더라도, 그럼에도 불구하고, 「무한히 먼 목표로 향해 있으나 하나님은 소유해 있는 것으로 보이는」 그런 진보(Fortschritt)에 있어서, 그는, 역시 일종의 축복 있는(selig) 미래에 대한 대망을 가질 수 있다.[2]

왜냐하면, 축복이란 말은, 세계의 우연적 원인에서 독립인 완전한 행복(Wohl)을 표현하고자, 이성이 사용하는 말이기 때문이다. 그리고 이러한 행복은 신성성과 마찬가지로 하나의 이념이요, 이 이념은 무한한 진보 중에 또 그런 진보의 전체 중에, 내포되어 있을 수 있으며, 따라서 피조물은 그 이념에 결코 완전히 도달할 수는 없다.

1) 「의로움을 받는다」(gerechtfertigt)는 말은, 기독교 신학에서, 하나님이 사람을 심판해서 그 무죄함을 승인하고 그 죄과를 면제한다는 뜻으로 쓰이는 중요한 말이다. 유태교에서는, 사람이 율법에 맞는 행위를 함으로써 하나님으로부터 의로움을 받는 것이었으나, 바울은 이것을 예수님을 통해서 하나님이 주시는 자유로운 은총, 즉 사랑으로 보았고, 이것이 이른바 「복음」신앙의 중심 내용이 되었다. 「사람이 의롭다 하심을 얻는 것은, 율법의 행위에 있지 않고, 믿음으로 되는 줄로 우리는 생각한다」(Wir halten dafuer, dass der Mensch gerecht werde ohne des Gesetzes Werke, allein durch den Glauben. Roemer 3－28 Martin Ruther 번역의 성서)는 말이 성경에 보인다.

2) 영혼의 불멸은 시간적인 지속이 아니라, 시간적 유한자에 있어서의 초시간적 무한자의 문제이다.

5. 순수한 실천이성의 요청인 「하나님의 생존」

① 이때까지의 분석에 있어서, 도덕법은 감성적 동기의 참가가 도무지 없이 순수이성에서만 규정되는 실천과제로, 우리를 인도하였다, 즉, 최고선의 첫째의 가장 중요부분인 **도덕성**을 반드시 완성하는 실천과제로 우리를 인도하였다. 또 이러한 실천과제는 영원 중에 있어서만 완전히 해결될 수 있기 때문에, 도덕법은 영혼불멸의 요청으로 우리를 인도하였다.

[그런데] 동일한 도덕법은, 최고선의 둘째 요소인 「도덕법에 적합한 **행복**」의 가능성으로 —— 역시 공평하게, 불편적인 이성에 의해서 —— 우리를 인도해야 한다. 즉, 행복을 결과하기에 충분한 원인[하나님]이 생존한다는 전제에로 우리를 인도해야 한다. 다시 말하면, 최고선이 가능하기 위해서(이것은, 순수이성의 도덕적인 법칙수립과 필연적으로 결합되어 있는 우리 의지의 목표이다). 반드시 필요한 것으로 하나님의 실존(die Existenz Gottes)을 요청해야 한다. 우리는 이러한 사연을 누구나 잘 알 수 있도록 다음에 서술하고자 한다.

② 행복이란, 이승에 사는 이성존재자가 자기의 존재 전체에 있어서 모든 것을 제뜻대로 할 수 있는, 상태요, 따라서 행복은, 자연[즉 현실]이 이성존재자의 전목적에[1] 일치하는 점에 의존하고, 동시에 자연이 이성존재자의 의지의 본질적인 규정근거에[2] 일치하는 점에 의존한다.

그런데, 자유의 법칙인 도덕법은, 자연에서 독립한 규정근거에 의해서 명령하고, 또 자연과(동기로서의) 우리의 욕망능력과의 일치[조화]에서도 독립한 규정근거에 의해서 명령한다.

세계에서 「행위하는 이성존재자」는, [행위함과] 동시에 세계와 자연 자체와의 [기계적] 원인은 아니다. 이에, 도덕법에 있어서는, 도덕성과 「세계의 일부로 되어 있는 존재자, 따라서 세계에 의속하는 존재자」의, 도덕성에 정비례하는 행복과, 이 두 가지 사이에 필연적 연관을 줄 터인 근거가 조금만치도 없다. 이런 까닭에, 이런 존재자[인간]는 자기의 의지에 의해서 자연의 원인일 수

---

1) 전목적이란, 덕이 있고 그것에 비례해서 행복한 바 최고선의 목적을 말한다.
2) 본질적인 규정근거는, 도덕적인 규정근거를 말한다. 이런 고로, 우리의 도덕적 의욕과 행복한 상태가 자연적 현실(Natur-wirklichkeit)에서 실현되어 있어야 한다.

가 없고, 또 자기의 행복에 관해서, 이를테면, 자기 힘에 의해서 자연을 자기의 [도덕적인] 실천원칙들과 완전히 조화[비례]하도록 할 수가 없다. 그럼에도 불구하고, 순수한 이성의 실천적 과제에 있어서는, 다시 말하면, 최고선의 필연적 추구에 있어서는, 이러한 연관은 필연한 것으로 요청된다. 우리는 최고선의 촉진을 추구해야 한다(따라서 최고선은 가능한 것이어야 한다). 이에, 이러한 연관의 근거 즉, 도덕성과 행복이 엄밀히 조화하는 근거를 내포하는 원인[하나님]의 생존이 또한 요청되고, 자연과 구별된 「전체 자연의 원인」의 생존이 요청된다.

이 최상 원인은, 자연이 단지 이성존재자의 「의지의 법칙」과 조화하는, 근거를 내포할 뿐만이 아니다. 이성존재자가 「법칙」을 의지의 최상 규정근거로 삼는 한에서, 자연이 법칙의 관념과 조화하는 근거도 포함해야 한다. 따라서 [최상 원인은] 자연이 형식상의 윤리(Sitte)와 조화할 뿐만이 아니라, 이성존재자의 동기인 그들의 도덕성(Sittlichkeit)과도, 다시 말하면 그들의 도덕적 심정(moralische Gesinnung)과도 조화하는 근거를 포함해야 한다. 그러므로, 자연의 최상원인이 가정되는 한에서만 —— 이것은 도덕적 심정에 적합한 원인성(Kausalitaet)을 가지지만 —— 최고선이 세계에서 가능하다.

그런데, 법칙의 관념에 따르는 행위를 느낄 수 있는 존재자는 지성(이성존재자)이요, 법칙관념에 따른 존재자의 원인성은 그런 존재자의 의지(Wille)이다. 이에, 자연의 최상원인은, 그것을 최고선을 위해서 우리가 전제하는 한에서 오성과 의지에 의해서 자연의 원인(따라서 그 창조자)인 존재자이다. 즉, **하나님**이다. 따라서 최고의 파생된 선(최선의 세계)이 가능하다는 것의 요청은, 동시에 최고의 근원적인 선의 현실재 즉, 하나님의 실존(Existenz)에 대한 요청이다.

최고선의 촉진이 우리의 의무였다. 따라서 최고선의 가능성을 전제하는 일은, 단지 정당한 권한일 뿐만이 아니라, 요구로서의 의무와 결합된 필연성이다. 최고선은 하나님이 생존하신다는 조건 아래에서만 발생하는 것이기 때문에, 그것은 「하나님 생존의 전제」를 의무와 불가분적으로 결합한다. 즉, 하나님의 생존을 가정함은, 도덕적으로 필연이다.

③ 그런데, 여기서 우리가 주의해야 할 것은, 이러한 도덕적인 필연성은 주

관적이요 즉, 요구(Beduerfnis)인 것이요, 객관적이 아니라는 것, 즉 그 자신의 의무가 아니라는 것이다. 사물의 현존을 가정하는 「의무」란, 있을 수 없기에 말이다(사물의 현존을 가정하는 일은, 단지 이성의 이론적 사용에만 관계하는 것이기 때문이다). 뿐더러 이른바 도덕적인 필연성을 말할 경우에, 모든 책임일반의 근거로서의 「하나님의 생존」을 가정함이, 필연적이라는 것을 의미하는 것도 아니다(왜냐하면, 책임의 근거는, 이미 충분히 증명되었듯이, 오로지 이성 자신의 자율에 기본하기 때문이다).

이때에 [우리의] 의무에 속하는 것은, 오직 세계에서 최고선을 실현하고 촉진하는 노력뿐이다. 이에, 최고선의 가능성을 우리가 요청할 수 있되, 우리의 이성은 최고선의 가능성을 틀림없이 최고 지성의 전제 아래서만 생각할 수 있다고 안다. 그러므로 「최고지성」의 생존을 가정하는 일은, 이런 가정 자신이 비록 이론이성에 속하더라도, 우리의 「의무」 의식과 결합하여 있다. 단지 이론이성에 관계해서 이 가정은 설명근거로 보아서, 가설(Hypothese)이라고 부를 수 있으나, 도덕법이 우리에게 과하는 대상(최고선)의 가이해성, 따라서 실천적 관점에서의 요구의 가이해성에 관계해서는, 신앙(Glaube), 자세히 말하면, 순수한 이성의 신앙(reiner Vernunft-glaube)이라고 부를 수 있다. 왜냐하면, 순수이성만이, (그 이론적 사용에서 보거나 그 실천적 사용에서 보거나 마찬가지로) 신앙이 발생하는 원천이기 때문이다.

④ 이런 연역(Deduktion)에서 이제야, [고대] 희랍의 학자들이 최고선의 실천적 가능성에 관한 문제의 해결에 도저히 도달할 수가 없었던 까닭이 이해된다.

왜냐하면, 그들은 인간의 의지가 그것의 자유에 관해서 사용한 규칙을, 자유의 유일한 근거, 그것만으로써 충분한 근거로 삼아서, 그들의 생각에는 「하나님의 생존」을 그 외에 필요로 하지 않았기 때문이다.

그들이 도덕원리를 [하나님 생존의] 요청에서 독립하여, 자체적으로 이성의 의지에 대한 관계만으로부터 확립하고, 따라서 이러한 원리를 최고선의 최상적 실천조건으로 삼았던 점에 있어서, 그들은 확실히 정당하였다. 그러나, 그렇다고 하여 그런 원리는 최고선을 가능하게 하는 완전한 조건은 아니었다.

에피쿨 학도는 전혀 거짓된 도덕원리, 즉 행복의 원리를 최상의 원리로 가정하였고, 각인이 그 애착에 좇아서 임의로 선택하는 준칙을 법칙으로 바꾸었다. 그러나, 그들은, 최고선을 그들 원칙의 저속에 정비례해서 마찬가지로 강등하여, 인간의 영리성이 ——(이런 영리성에 속하는 것으로서 절제와 적당한 애착이 있었지만) —— 최고선을 획득할 수 있는 것보다 더한 행복을 기대하지 않았다. 이 점에 있어서 그들은 충분히 당착 없는 태도였다. 그리고 두루 알듯이, 이런 [영리성의] 행복은 자못 빈약(kuemmerlich)하고 사정을 따라서는 사람마다 서로 다른 것이 되고 만다. 뿐더러 그들의 준칙들이 쉴 새 없이 용납해야 했던 예외, 준칙을 법칙으로 쓸 수 있도록 하는 예외를, [그들은] 헤아리지도 않았다.

이와 반대로 스토아 학도는 그들의 최상의 실천원리를 전혀 정당하게 선택하였다. 즉, 최고선의 조건으로서 덕을 선택했다. 그러나 그들은 덕의 순수한 법칙이 요구하는 「덕성의 정도」가 이승에서 완전히 획득될 수 있는 것으로 생각했다. 이러므로, 현인(der Weise)의 이름 아래 [유한한] 인간의 도덕능력을, 그 본성의 모든 제한보다도 더 높게 확대하여 모든 인간지(Menschenkenntnis)에 모순되는 그 무엇을 가정했을 뿐만 아니라, 특히 최고선에 필요한 둘째 요소, 즉 행복을 인간의 욕망능력의 특수대상으로 인정하지 않으려고 했고, 하나님과 똑같은 그들의 현인을 그 인격의 우수성을 의식하는 나머지, (그의 만족에 관해서)「자연」에서 전혀 독립인 존재로 만들어버렸다. 즉(indem), 그들은 현인을 인생의 해악(Uebel)에 봉착케 했으나, 이 해악에 굴복시키지는 않았고 동시에 현인을 악에서 자유로운 존재라고 표시했지만, 이리하여 그들은 최고선의 둘째 요소를, 즉 「자기의 행복」을 사실로 포기하였다. 왜냐하면 그들은, 행위와 자기 인격가치에 대한 만족과, 이 두 가지 중에 행복이 있다고 했기 때문이요, 따라서 도덕적 사고방식의 의식 중에 행복을 포섭했기 때문이다. —— 그러나, 이런 의식 중에서 그들 자신의 「본성의 소리」를 들었다면 그들은 자신을 충분히 반박할 수 있었을 것이다.

⑤ 기독교*의 이설은, 그것을 종교설(Religionslehre)로서 고찰하지 않더라도, 이 점에 있어서 최고선(하나님의 나라)의 개념을 보내 준다. 최고선의 개념만이 실천이성의 가장 엄격한 요구를 만족시켜주는 것이다. 도덕법은 신성한 것이다(즉 엄숙한 것이다). 도덕법은 윤리(Sitte)의 신성성을 요구한다. 이러하되,

인간이 도달할 수 있는 모든 「도덕적 완전」은, 겨우 덕[의 수련과정]이요, 법칙에 대한 존경에서(aus Achtung fuers Gesetz) 오는 합법칙적인 심정뿐이다. 따라서 [인간이 도달하는 소위] 도덕적 완전은, 반칙에 대한 연속적인 성벽의 의식을 남기는 것이요, 적어도 불순성의 의식을 남기는 것이다. 즉, 법칙의 준수에 대해서(도덕적이 아닌) 불순(unecht)한 동인이 많이 섞이는 것을 남기는 것이요, 그렇기에 겸허와 결합된 자존을 남기는 것이다. 그러므로 기독교의 법칙이 요구하는 신성성에 관해서는 도덕적 완전은, 틀림없이 무한한 진보[향상]만을 피조물[인간]에게 남길 뿐이다. 이 때문에 바로, 피조물은 그의 무한히 진행하는 존속[영혼 불멸]에 대한 희망을 품을 권한이 있었다.

* 윤리에 대한 기독교의 훈계(Vorschrift)는, 그것의 순수성에 관해서 스토아 학도의 도덕적 개념보다 나은 것이 없다고 보통 생각하고 있다. 그러나 양자의 차이는 매우 뚜렷하다. 스토아의 사상 체계는 「굳은 마음」(Seelenstaerke)의 의식을 중심으로 했고, 이 중심의 주위를 모든 도덕적 심정은 돌고 있어야 한다고 한다. 이런 사상체계의 지지자들은 참으로 여러 「의무」를 논했고, 그것을 매우 잘 규정하기도 했으되, 그들은 의지의 동기와 참다운 규정근거를 「마음이 약하기」 때문에 세를 부리는 하급의 「감관 동기」를 사고방식이 초월하는 점에 두었다. 따라서 그들에 있어서는, 덕성은 인간의 동물성보다도 높이 초월하는 현인의 어떤 영웅심(Heroismus)이었다. 이 현인은 자신만으로써 족하고, 타인에게 의무를 과하기는 하되, 자신은 의무를 초월해 있고, 도덕법에 위반하려 하는 아무런 유혹에도 굴종하지 않는다.

그러나, 그들이 도덕법을 만일, 「복음서」의 훈계가 생각하듯이, 순수하게 또 엄격하게 생각했더라면, 그들은 이상과 같은 태도일 수는 없었을 것이다. 내가 이념의 뜻을, 경험 중에서는 그것에 합당(adaequat)하는 아무런 것도 주어지지 않는 「완전성」이라고 한다 하여, 도덕적 이념들이 초절적이라고 [말]하는 것은 아니다. 즉 도덕적 이념들은 우리가 그 뜻을 충분히 규정할 수 없는 것이 아니요, 혹은 사변이성의 이념들처럼 일반적으로 개념에 대상이 과연 대응(korrespondieren)하는지, 이 점이 불확실한 것이 아니라, 실천적 완전성의 원형(Urbild)으로서 도덕적 행동의 필연적인 규구로 쓰이는 것이며, 동시에 비교의 표준으로 쓰이는 것이다.

그런데, 기독교 도덕을 내가 그 철학적 측면에서 고찰한다면, 그것은 희랍학파들의 이념들과 비교해서 다음과 같이 생각되는 바이다. 퀴니크 학파(Cyniker)·에피쿨 학파·스토아 학파·기독교 등등의 이념들은, 각각 자연적인 소박·영리·지혜·신성성을 의미한다. 이런 각자의 이념에 도달하는 길에 관해서는, 희랍의 철학자들이 서로 달랐다. 즉, 퀴니크 학파는 평범한 상식을, 그 외의 [희랍]학파들은 오직 「학문의 길」을 발견하였다. 그러나, 이상의 [희랍]학파들은 모두 단지 자연적인 힘의 사용으로써 그 길에 도달하기에 충분하다고 했다.
기독교의 도덕은, 그 훈계가 (도덕적 훈계가 일반적으로 그래야 하듯이) 매우 순수하고 또 가혹하게 마련되어 있기 때문에, 적어도 이승에서 완전히 훈계에 적합해 있다는 신뢰를 인간이 가지지 못하게 한다. 그러나 만일 우리 힘이 자라는 대로 「선한 행위」를 한다면, 우리 힘 밖에 있는 것이 외부로부터 주어지겠다는 것을——이런 일이 어떻게 해서 있는 것인지, 우리가 알든 혹은 모르든 간에——우리가 바랄 수 있음에 의해서, 그 신뢰를 인간이 다시 가지도록 한다. 아리스토텔레스와 플라톤[1]은 우리의 도덕개념들의 기원에 관해서만 서로 달랐다.

도덕법에 완전히 일치하는 심정의 가치는 무한한 것이다. 왜냐하면, 모든 가능한 행복을 제한하는 것은, 현명하고도 전능하신 행복 배여자——[하나님]——의 판단으로 보아서는, 단지 이성존재자가 자기의 의무에 합치함이 없다는 것뿐이기 때문이다.

그러나, 도덕법은 그 자신 어떠한 행복도 약속하지 않는다. 「자연질서 일반」의 개념상으로는, 행복은 도덕법을 준수하는 일과 필연적으로 결합되어 있지 않기 때문이다.

그런데, 기독교의 윤리설은, (최고선의 둘째 구성요소)의 결핍을 이성존재자가 도덕법에 전심으로 봉사하는 세계를 하나님의 나라(Reich Gottes)라고 표현함으로써 보충하고 있다. 하나님의 나라에서는 자연과 윤리와는, 파생된 최고선을 가능케 하는바, 성스러운 창조자[하나님]에 의해서, 양자가 각각 단독으로서는 몰랐던 조화에 도달하는 것이다.

윤리[도덕]의 신성성은 이승에서 이미 이성존재자에게 그 규준으로 지시되

1) 전자는 덕을 습관(hexis)에서 오는 특성이라고 했고, 후자는 이데아의 인식에서 얻어진다고 했다.

지만, 이런 도덕에 비례한 복지, 즉 정복은 영원 중에 있어서만 획득될 수 있는 것으로 생각된다. 왜냐하면, 전자[윤리의 신성성]는 모든 처지에 있어서의 이성존재자의 행위의 원형(Urbild)이 아닐 수 없으며, 그것[도덕의 신성성]에의 전진은 이승에서 벌써 가능하며 또 필연이로되, 행복의 이름 아래 있는 후자[정복]는 이승에서는 (우리의 능력에 상관하는 한에서) 절대로 획득될 수 없는 것이요, 따라서 오직 희망의 대상이 되는 것뿐이기 때문이다.

그럼에도 불구하고, 도덕(Moral) 자신에 대한 기독교의 원리는, 결코 신학적 ——(따라서 타율적)—— 이 아니라, 순수한 실천이성 단독의 자율이다. 왜냐하면, 그것은 하나님과 하나님 뜻과의 인식을 도덕법의 기초로 삼지 않고, 도덕법 준수의 조건 아래서 「최고선에 도달하는 일」의 기초로 삼으며, 도덕법 준수의 진정한 동기까지도 바라는 결과 중에 두지 않고 의무의 관념 중에 두기 때문이다. 의무의 충실한 준수 중에 비로소 행복을 획득할 만한 유가치성이 성립하는 것이다.

⑥ 이리하여 도덕법은, 「순수한 실천이성의 객관이요, 또 절대 목적(Endzweck)인바」 최고선의 개념에 의해서 종교에 도달한다. 즉 모든 의무를 하나님의 명령으로서 인식[신앙]하는 데에 도달한다. 도덕법은 [모든 의무를] 제재로서가 아니라, 즉 남의 의지가 내리는 임의적인, 그 자신 우연적인 지령(Verordnung)으로서가 아니라, 그 자신에 있어서 모든 자유로운 의지의 본질적 법칙으로서 인식하는[믿는] 데에 도달한다. 그러나, 이 법칙들을 사람은 최고존재자[하나님]의 명령으로 보아야 한다. 왜냐하면 우리는 도덕적으로 완전(신성·인자)하고도 동시에 전능하신 의지에 의해서만, 최고선을——이것을 우리 노력 대상으로 하는 것을, 도덕법은 우리의 의무로 삼지만——바랄 수 있기 때문이요, 따라서 이 전능하신 의지에 일치함에 의해서 최고선을 획득하는 것을 기대할 수 있기 때문이다. 그러므로 이 경우에도 일체는 무사공평한 것이고, 순전히 의무에 기본하여 있다. 그리고 [하나님의 상벌에 상관한] 공포나 희망이 동기로서 근본에 두어져서는 안 된다. 만일 이런 것이 원리가 된다면, 그런 것들은 행위의 전 도덕적 가치를 없애버리고 만다. 도덕법은, 세계에서 최고의 가능적인 선을 나의 모든 행동의 최후 대상으로 삼을 것을 명령한다.

그러나 나는, 내 의지가 오로지 신성하고도 인자하신 세계 창조자의 의지와 일치하지 않는다면, 최고선의 실현을 바랄 수가 없다. 그리고 최대의 행복과 (피조물에 있어서 가능한) 최대한 도덕적 완전과가, 가장 엄밀한 균형으로써 결합되어 있다고 생각되는, 전체 개념으로서의 「최고선의 개념」 중에는 내 자신의 행복도 함께 포함되어 있다 하더라도, 최고선을 촉진하도록 지시받는 의지의 규정근거는 행복이 아니라 도덕법이다(도덕법은 오히려 행복을 추구하는 나의 무제한의 요구를, 조건에 의해서 엄격히 제한하는 것이다).

⑦ 그렇기에, 도덕도 원래는 어떻게 해서 우리가 우리를 행복하도록 해야 하는가 하는 이설이 아니라, 어떻게 해서 우리가 행복을 누릴 만한 값이 있겠는가 하는 이설이다. 종교가 도덕에 보태질 때에만, 비로소 우리가 행복을 누릴 만한 값이 없지 않도록 노력한 정도에 비례해서, 어느 때든지 행복에 참여한다는 희망도 나타나는 터이다.

⑧ 어떤 사람이 무슨 사물이나 무슨 상태를 소유할 만한 값이 있다는 것은, 그것을 소유함이 최고선과 일치할 경우의 일이다. 이제야 우리가 쉽게 통찰할 수 있는 것은, 모든 유가치성(Wuerdigkeit)은 도덕적 태도(Verhalten)에 의존한다는 것이다. 왜냐하면, 도덕적 태도는, 최고선의 개념에 있어서 그 외의 것(상태에 속하는 것)의 조건, 즉 행복에 참여하는 조건이기에 말이다.

그런데, 이로부터 결과하는 일은, 사람이 「도덕 자체」를 결코 행복론으로, 다시 말하면 행복에 참여하는 일의 지시로, 다루어서는 안 된다는 것이다. 도덕은 오직 행복에의 「합리적 조건」(즉, 불가결의 조건, conditio sine qua non)만을 문제삼을 것이요, 그것을 손에 넣기 위한 수단[1]을 문제삼을 것이 아니기 때문이다.

그러나, (여러 의무만을 부과하고, 이기적 소망에 대한 규칙을 내주는 것이 아닌) 도덕이 완전히 논술되었을 때에는, 다음의 경우에 비로소 도덕설을 우리는 행복설이라고 부를 수 있다. 즉, 최고선을 촉진하고 싶다(즉 하나님의 나라를 우리에게 가져오고 싶다)는 「도덕법에 기본된 도덕적 소망」이 각성되고——이런 소망이 이전의 이기적 정신에는 도무지 떠오를 수 없[었]다——이것을 위해서 종교에의 진행이 생긴 뒤의 경우이다. 도덕설을 행복설이라고 부를 수 있는 까

1) 이런 수단은 결국 영리성을 지시한다.

닮은, 행복의 대망(Hoffnung)이 오직 종교와 함께 생기기 시작하는 데에 있다.

⑨ 이상으로부터 아래의 것이 알려진다. 즉 「세계를 창조하신 하나님의 최후 목적(letzter Zweck Gottes)을 묻는다면, 그것은 세계에서의 이성존재자의 행복이 아니라 최고선이라고 할 것이요, 이 최고선은 이성존재자의 소망에다, 하나의 조건을, 즉 행복할 만한 값이 있다는 조건을, 다시 말하면 같은 이성존재자의 도덕성을, 붙이고 있으며, 도덕성만이 이성존재자가 현명하신 창조자의 손을 통해서 행복에의 참여를 바랄 수 있는, 기준을 포함하는 것이다」라고 하는 것이다.

왜냐하면, 지혜란, 이론적으로 고찰하면, 최고선의 인식이요, 실천적으로는 의지가 최고선에 적합하는 것이기 때문에, [행복을 주지 않는]인자만을 기초로 하는 목적을 「최고의 독립적 지혜」[하나님]에 귀속시킬 수 없기에 말이다. (이성적 존재자들의 행복에 관한) ―― [하나님의] ―― 인자성의[1] 영향은, 창조자[하나님]의 뜻의* 신성성과 일치한다고 하는 제한적 조건 아래서만, 최고의 근원선에 합치하는 것으로 생각될 수 있기에 말이다.

* 이 무렵에 또 [신성성의] 개념의 특색을 명백케 하고자, 나는 다음의 것만을 주의해 둔다. 피조물에게도 적합하는 성질을 가진 것을 아는바, 여러 가지 속성을 하나님에게 부여하되 ―― 단지 그런 속성들은 하나님께 있어서는 최고도로 높여져 있다. 가령 힘·지식·현재하심·인자 등등은 하나님의 경우에 전능·전지·무소부재·지자 등등의 이름으로 불린다 ―― 하나님이 독점하시고, 그러면서도 분량을 보탬이 없이 하나님에게 귀속되며, 또 모두가 도덕적인 속성인 것이, 세 가지 있다. 즉 하나님만이, 신성하신 자요, 축복받은 자이며 현명하신 자라는 것이다. 왜냐하면 이 세 개념은, 그 안에 벌써 「제한받음이 없다는 뜻」(Uneingeschraenktheit)을 포함하고 있기 때문이다. 따라서 개념의 이러한 순서를 좇아서, 하나님은 또한 신성하신 입법자(또 창조자)요, 인자하신 통치자(또 유지자)이며, 올바르신 심판자이다. 이 세 속성은 하나님을 종교[일반]의 대상이 되게 하는 일체를 포함하고, 이 속성에 일치해서 또 형이상학적인 완전성이 저절로 이성 중에 보태진다.

1) Diese는 Diesse의 오식(誤植)일 것이다. 대본 150면 본문 아래서 제4행 참조. 영향은 인자하기에, 행복도 공평히 준다는 뜻이다.

그러므로, 창조(Schoepfung)의 목적을 하나님의 영광에 ——(만일, 우리가 하나님의 영광을 모인의 영광이듯이 의인적으로 생각하여 칭찬을 받으려 하는 애착이라고 생각하는 것이 아니라고 한다면) —— 두었던 사람들은, 실로 가장 적절한 말을 발견한 것이다. 즉 하나님의 빛나는 계획이, 아름다운 [도덕적] 질서를 이것에 비등한 행복으로써 장식하기에 이른다면, 세계에 있어서 가장 존귀한 것, 즉 하나님의 계명의 존경, 하나님의 법칙이 인간에게 과하는 신성한 의무의 준수, 이런 것들만큼 하나님의 영광이 되는 것은 없는 바이다. 후자[행복으로 장식함]가 하나님을 ——(인간적으로 말하여) —— 사랑할 만한 값이 있는 것으로 한다면, 전자[아름다운 질서]에 의해서 하나님은 예배 ——(즉 숭배) —— 의 대상이 되는 것이다.

인간이더라도, [남을 행복되게 하는] 자선행위에 의해서 확실히 사랑을 받을 수 있으되 단순한 자선행위만으로써는 존경을 받을 수는 없다. 그러하매, 최대의 자선행위라도, [그런 일을 할 만한] 유가치성을 좇아서[도덕적 질서에 좇아서] 행할 때에만, 그런 행위가 「인간의 영광」이 되도록 하는 것이다.

⑩ 여러 목적들의 순위에 있어서 인간은(동시에 모든 이성적 존재자는), 목적 자체 그것(Zweck an sich selbst)이다. 다시 말하면, 인간은 어떤 자에 의해서나 (하나님에 의해서라도) 동시에 그 자신 목적이 되어 있음이 없이, 수단으로서만 사용될 수가 없다. 따라서 우리 인격(Person) 중의 인간성(Menschheit)은, 우리 자신에게 신성한 것이 아닐 수 없다. —— 이러한 사리가 이제야 당연히 결과한다.

왜냐하면, 인간은 도덕적 주체요, 그러므로 그 자신 신성한 것의 주체이며, 「이런 주체를 위해서 또 이런 주체에 일치해서」만, 그 어떤 것을 일반적으로 신성하다고 부를 수도 있기 때문이다. 이러한 까닭은 도덕법이 자유의지로서의 인간의지의 자율에 기본해 있고, 자유의지는 인간의 보편적 법칙에 의거해서 인간이 스스로 복종해야 하는 것에 반드시 동시에 일치할 수 있는 데에 있다.

6. 순수한 실천이성의 요청들 일반

① 요청들은 모두 도덕성의 원칙에서 출발한다. 그러나 도덕성의 원칙[자신]은 요청이 아니라 법칙이요, 법칙에 의해서 이성은 의지를 직접으로 규정한다.

이러한 의지는 바로 법칙에 의해서 규정되어 있기 때문에, 순수한 의지요, 그것의 훈계를 준수하는 데 대한 필연적 조건들을 요구한다.

이러한 요청들은, 이론적인 교리(Dogma)들이 아니라, 반드시 실천적 관점에서의 전제들이다. 따라서 그것들은 확실히 사변적 인식을 확대하지 않되, 사변이성의 이념들 일반에다 (이 이념들이 실천적인 것에 관계함에 의해서) 객관적 실재성을 주고 있으며, 사변이성이 딴 경우이면 그것의 가능성조차 함부로 주장할 수 없을 개념들을, 인정하는 권리를 사변이성에 준다.

② 이 요청들은, 영혼의 불멸·적극적으로 보아진 ── 가상계에 속하는 한의 한 존재자의 원인성으로서의 ── 자유·하나님의 생존 등이다. 첫째 요청은 도덕법의 완전한 수행에 적합한 지속적인 삶이라는, 「실천적으로 필연한 조건」에서 생기는 것이다. 둘째 요청은 감성계로부터의 독립에서 생기고 또 가상계의 법칙에 따라서 자기 의지를 규정하는 능력, 즉 자유의, 필연적인 전제에서 생기는 것이다. 셋째의 요청은, 최고의 독립적[근원적]인 선, 즉 하나님이 생존하신다는 전제에 의해서 가상계에서 최고선이 존재하기 위한 「조건의 필연성」에서 생기는 것이다.

③ 도덕법의 존경을 통해 최고선을 반드시 지향하는 것과 따라서 최고선의 객관적 실재성을 전제하는 것과, 이런 것들은, 실천이성의 요청들에 의해서 「사변이성이 과제로서 제시하기는 했으나, 해결할 수는 없었던 다음의 개념들」에 도달한다.

즉, 1. 그것을 해결하려 할 즈음에 사변이성이 틀림없이 논과(잘못된 추리, Paralogismus)[1]를 범했던 그런 개념(불사)에 도달한다.

왜냐하면, 자기의식에 있어서 필연적으로 우리가 영혼에 부여하는 「최후의

---

1) 정신은 도덕법 실천의 주체인 것이요, 합리적 심리학이 독단하듯이 객체 혹은 실체인 것이 아니다. 그럼에도 불구하고 사후에 영혼이 사변적 형이상학적으로 있다고 말하는 것은 잘못된 추리, 즉 논과다. 이 논과의 형식은 다음과 같다.

주어로 밖에 생각될 수 없는 것은, 주어로 밖에 실재하지 않는다. 그러므로 실체이다[이것은 대전제]. 헌데, 사고존재를 사고하는 자라고만 보면 주어로 밖에 우리는 생각할 수 없다[이것은 소전제]. 그러므로, 사고존재는 주어로서만 실재한다. 즉 실체이다[결론]. ── 제일 비판(B.411) 참조.

또 대본, 152면 자하 10행 denjenigen의 오식이겠다.

주체」라는 「심리적 개념」을 보충해서, 실체를 현실로 표상하기 위해서는, 지속성(Beharrlichkeit)의 표징(Merkmal)이 없었기 때문이다. 그러나, 실천이성은 자기의 전 목적인 최고선에 있어서, 도덕법과 합치하기에 필요한 지속(Dauer)을 요청함에 의해서 실체를 실재화한 바이다.

2. 사변이성[이론이성과 같은 뜻]은 틀림없이 이율배반(Antinomie)을 포함했던 개념에 도달한다. 그런데 사변이성은 이율배반의 해결을, 단지 개연적으로 생각할 수 있되, 객관적 실재성에 관해서는 사변이성이 증명할 수도 규정할 수도 없는 [물자체의] 개념에 기본시킬 수 있었을 뿐이다. 즉 자유의 요청을 중개로 한 가상계의 우주론적 이념과 우리가 이런 가상계 안에 생존한다는 의식에 기본시킬 수 있었다(자유의 실재성을 실천이성은 도덕법을 통해서 명시하고, 「사변이성이 지시할 수만 있었고 그 개념을 규정할 수는 없었던」 가상계의 법칙도 동시에 명시한다).

3. 사변이성이 생각할 수는 있되 단지 선험적 이상으로서 결정치 않고 남겨야 했던 것에, 즉 근원존재[하나님]의 신학적 개념에, 가상계에서 집권적인 도덕적 입법에 의해, 가상계에서의 최고선의 최상원리로서(실천적 관념에서, 즉 저 법칙이 규정하는 의지의 대상[목표]을 가능하게 하는 조건으로서)의 의의를 실천이성은 [이제야] 보내주는 바이다.

④ 그러나, 순수한 실천이성은 이처럼 해서 우리의 「인식」을 사실로 확장하는 것인가? 그리고 사변이성에 대해서 초절적(transzendent)이었던 것이 실천이성에 있어서는 이제야 내재적(immanent)이 되는 것인가? 물론 그러하나, 오직 「실천적 관점」에서만 그러하다.

즉, 우리는 이로 인[내재적이게 됨에 의]해서 우리 영혼의 본성·가상계·최고선 등, 그 어느 것이든지 그것의 본질에 관해서 「인식」하지는 않는다. 우리는 오직 그것들의 개념들을 우리 의지의 객관인 최고선의 실천적인 개념 중에 있어서 순수한 이성에 의해서 전혀 선천적으로 결합하였을 뿐이다. 그러면서도 이렇게 할 수 있었던 것은, 오직 도덕법을 중개해서였고, 또 도덕법이 명령하는 객관[최고선]에 관해서 오직 도덕법에 상관해서였다.

그러나, 자유가 어떻게 가능한가, 이런 종류[자유]의 원인성을 어떻게 이론적으로 또 적극적으로 사람이 표상해야 할 것인가 하는 것은, 그로 인해서 통찰되지는 않는다. 오직 자유의 원인성이 있다는 것이, 도덕법에 의해서 또 도덕법을 위해서 요청된다. 자유 이외의 다른 이념[영혼불멸과 하나님]에 있어서도 사정은 마찬가지이다. 이 다른 이념들의 가능성을 어떠한 인간 오성[이해력]도 결코 구명(ergruenden)하지는 못할 것이다. 그러나 어떠한 궤변이라도, 이런 개념들이 참된 개념이 아닌 것을 가장 평범한 인간에게라도 확신시키지는 못할 것이다.

7. 순수이성을 실천적 관점에서 확장함이, 그렇다고 해서 사변적 순수이성의 인식을 동시에 확장함이 없이, 어떻게 생각될 수 있는가?

① 추상적이 되지 않고자, 이 문제를 현재의 경우에 적용해서 우리는 그것에 답하려고 한다.

순수한 인식을 실천적으로 확장하려 하면, 선천적인 의도(Absicht)가 주어져 있어야 한다. 즉, 모든 이론적 원칙에서 독립하여 의지를 직접 규정하는 (무상) 명령에 의해서 「실천적으로 필연」이라고 표상되는바, (의지의) 객관으로서의 목적이 주어져 있어야 한다. 이 목적은 여기서는 최고선이다.

그러나 최고선은 세 개의 이론적인 개념을 전제하지 않고서는 불가능하다 (이 개념들은 「이성의 순수개념」일 뿐이므로, 그것에 대응하는 직관이 존재하지 않고, 따라서 이론적인 방도로 그것의 객관적 실재성이 발견되지 않는다). 그것들은 즉, 자유·영혼의 불멸·하나님이다.

이에, 이승에서 가능한 최고선의 존재를 명령하는바, 도덕법이 이미 말한 순수한 사변이성의 객관들의 가능성을 요청한다. 즉, 사변이성이 [원래는] 그 객관들에 보증할 수 없었던 객관적 실재성을 요청하는 것이다.

이런 일을 통해서, 순수이성의 이론적 인식이 늘지마는 이런 확대는 오로지 이전에 [이론적] 이성에게 개연적이었던 —— 단지 생각될 수 있었던 —— 개념들이 이제야 현실적으로 객관들을 가지는 개념이라고 확연히 선언되는 점에서만 성립한다. 왜냐하면, 실천이성은 이런 객관들의 실존을, 최고선이라는 실천적으로 절대 필연인 자기의 목적을 가능케 하고자 필요로 하며, 따라서 이론이성은 그런 객관들을 전제하는 권리가 인정되기 때문이다.

그러나 이론이성의 이러한 확장은 결코 사변(Spekulation)의 확장이 아니다.

즉, 이론적 관점에서 이론이성을 장차 적극적으로 사용하려는 것이 아니다. 이 경우에 실천이성이 했던 일은, 이상에서 말한 개념들이 실재하고, 현실로 자신들의 객관들을 가질[수] 있다는 것임에 틀림이 없으되, 객관들의 직관들은 우리에게 주어지지 않는 까닭에(직관들이 주어지는 것을, 우리는 요구할 수도 없다), 그런 개념들의 실재성을 용납함에 의해서, [개념과 직관과의] 아무런 종합적 명제도 가능할 수 없었기에 말이다.

따라서 이러한 사정을 알았다는 것이 사변적 관점에서는 우리의 인식을 확장하는 데 최소라도 도움이 되지 않지마는, 순수이성의 실천적 사용에 관해서는 우리의 인식을 확장하는 데 도움이 된다. 이상에서 말한 사변이성[1]의 세 이념은 그 자신 아직 아무런 인식도 아니다. 그러나 그 세 이념은 「불가능한 것」도 아닌(초절적) 사상(Gedanke)이다.

그런데, 이 세 이념은 실천법칙이 객관으로 삼아야 한다고 명령하는 것[최고선]을 가능케 하는 필연적인 조건이요, 이런 필연적 조건으로서 그 세 이념은 절대적인 실천법칙[도덕법]에 의해서 객관적 실재성을 얻는다. 다시 말하면, 비록 그 이념들의 개념이 어떻게 대상에 관계하는가 하는 것을 지시하지는 못하되, 도덕법이, 그 이념들이 객관을 가지는 것을 우리에게 가르쳐 준다. 그러나 이것도 아직 이런 객관들의 인식인 것은 아니다. 왜냐하면 그것[도덕법의 가르침]에 의해서 사람은 그 객관들에 관해서 종합적으로 아무런 판단도 할 수가 없고, 그 객관들의 적용을 이론적으로 규정할 수가 없으며, 따라서 그 객관들에 관해서 원래 이성의 모든 사변적 인식의 본질이 되는바, 이성의 이론적 사용을 우리가 도무지 할 수 없기 때문이다.

그러함에도 불구하고, 이런 객관들의 이론적 인식이 아니라 이성일반의 이론적 인식은, 이상의 소론에 의해서, 실천적 요청들이 그 이념들에게 객관을 주었던 한에서 확장되었다. 왜 그러냐하면 단순히 개연적인 사고내용이 그로 인해서 [객관이 주어졌음에 의해서] 비로소 객관적 실재성을 얻었기 때문이다. 그러므로 그것은, 주어진 초감성적 대상들에 관한 인식의 확장이 아니었으되, 이론이성이 초감성적인 것 일반에 관해 이러한 대상들이 존재함을 용납하지

1) 이론과 사변, 내지는 이론적 이성과 사변(적) 이성이 이 앞뒤의 대목에는 혼용되어 있다.

않을 수 없었던 한에서 이론이성과 그 인식과를 확장하는 것이었다. 그러나, 이러한 대상들을 현재 말한 것 이상으로 더 규정할 수 없고, 따라서 「객관들 자체」(Objekte selbst)에 관한 —— 이것은 실천적 근거에서 또 오직 실천적 사용을 위해서만 이제야 이론이성에 주어진 것이다 —— 인식을 확장할 수도 없다. 하기에, 이런 확대(Zuwachs)를 순수한 이론이성은, 전혀 이성의 순수한 실천적 능력에 힘입지 않을 수 없다. 순수한 이론이성에 대해서는 위에서 말한 모든 이념들은 초절적이요, [직관적인] 객관 없이 존재하는 것이다.

그러나, 이성의 실천적 능력에 있어서는 그 이념들은 내재적이 되고 구성적(konstitutiv)이 된다. 그 이념들은, 순수한 실천이성의 필연적 객관(최고선)을 현실화하는 가능성의 근거들이기 때문이다. 이런 일이 없다면, 그것들은 초절적이요, 사변이성의 통제적(regulativ) 원리들일 뿐이다. 이런 원리들은, 사변이성이 경험을 넘어서서 새로운 객관을 가정하기를 과하지 않고, 오직 경험 안에서 사변이성의 사용을 완전에 가깝게 하기를 과할 뿐이다.

그러나, 이성이 한 번 이런 확대를 소유한다면, 사변이성으로서의 이성은, (원래 오직 이성의 실천적 사용을 확보하기 위해서) 소극적인 것으로 된다. 다시 말하면 그런 이념들을 확장하는 작용을 하지 않고, 정화적 작용을 하겠다. 이런 정화작용은, 한쪽에서는 미신(Superstition)의 근원인 의인관[1](Anthropomorphismus)을 즉, 거짓 경험에 의해서 저런 개념들을 확장한 줄 생각하는 것을 막기 위한 것이요, 다른 쪽에서는 초감정적 직관 혹은 이에 유사한 감정에 의해서 [역시 개념들의] 확장을 약속하는 광신(Fanatismus)을 막기 위한 것이다. 이것들 [의인관과 광신]은 모두, 순수이성의 실천적 작용을 방해하는 것이요, 그러므로 그런 방해를 없애는 일은, 확실히 실천적 관점에서 하는 우리 인식의 확장에 속하는 것이다. 그러나 사변적 관점에서, 이성이 그러한 확장에 의해서 최소의 소득도 없음을 동시에 승인하는 것은, 실천적 관점에서 하는 확장과 모순되지 않는다.

② 어떤 대상에 관해서 이성을 사용할 때마다, 오성의 순수한 개념(범주)들이 필요하다. 오성의 순수한 개념들이 없으면, [사람은] 어떤 대상도 사고할 수가 없다. 그것들은, 그것들의 기초에 동시에 직관이(이것은 항상 감성적이다) 두

1) 이것은 신인 동형 동성론(神人同形同性論)을 말한다.

어지는 한에서만, 이성의 이론적 사용, 즉 이론적인 인식에 적용될 수 있다. 따라서 그것들은 자기에 의해서 한갓 「가능한 경험의 객관」을 표상[의식]하기 위한 것이다.

그런데, 여기[실천이성비판에]에서 인식하고자 내가 범주들에 의해서 사고해야 하는 것은, 어떠한 경험에도 주어질 수 없는 「이성의 이념들」이다. 그러나, 여기서는 또한 「이성의 객관들」의 이론적인 인식이 문제인 것이 아니라 이성이 일반적으로 객관[목적]들을 가진다는 것이 문제이다. 순수한 실천이성은, 이러한 실재성[객관적 타당성]을 주는 것이다. 이 경우에 이론이성은, 저 객관들을 범주들에 의해서 단지 사고하는 일보다도 더한 일을 할 필요가 없다. 그리고, 이런 일을 우리가 다른 경우에 명백히 증명했듯이, [우리는] 직관을 (감성적 직관이건 초감성적 직관이건 간에) 필요로 함이 없이, 할 수가 있[었]다. 왜냐하면, 범주들은 모든 직관에 앞서서 독립적으로 전혀 사고능력으로서의 「순수한 오성」 중에 자기의 거처와 근원과를 가지고 있으며, 범주들은 오직 객관 일반을 —— 그런 객관이 어떻게[감성적으로나 초감성적으로나] 우리에게 주어지든지간에 —— 의미할 뿐이기 때문이다.

그런데, [사람이] 범주들을 저 이념들에 적용하는 것인 한에서, 그런 범주들에 대해서는 어떠한 객관도 직관 중에 주어질 수가 없다. 그러나 이러한 객관이 현실로 존재한다는 것, 따라서 순전한 사고형식으로서의 범주는 여기서는 공허하지 않고, 의미를 가진다는 것은, 실천이성이 최고선의 개념에서 확실히 제공하는바, 객관[목적]에 의해서 범주들에게 충분히 확증(gesichert)되어 있다. 즉 최고선이 가능하기 위해서 필요한, 개념들[이념들]의 실재성에 의해서, 범주들에게 충분히 확증되어 있다. 그러나마, 이러한 확대[발전]에 의해서 이론적 원칙들로 보아서 인식이 조금이라도 확장된 것이 없다.

—

① 그 외에 하나님·가상계(하나님의 나라)·영혼불멸 등의 이념들이, 인간 자신의 본성에서 얻어온 빈사들을 가지고서 규정된다 하더라도, 이러한 규정을 순수한 이성이념들의 감성화 —— (의인관) —— 라고 보아서도 안 되거니와, 초

감성적인 대상들의 초절적인 인식이라고 보아서도 안 된다. 이러한 빈사들은 틀림없이 오성과 의지요, 그런 중에서도 오성과 의지가 도덕법 중에서 생각될 적에, 따라서 오성과 의지가 순수히 실천적으로 사용되는 한에서만, 양자가[1] 서로 유관하다고 보아지기에 말이다.

[오성과 의지의] 개념들에 심리적으로 붙어 있는 「그 외의 모든 것」 즉, 우리가 우리의 [오성·의지]능력들의 실지사용(Ausuebung)을 경험적으로 관찰하는 한에서 붙어 있는 「그 외의 모든 것」은 ── (가령 인간의 오성은 논증적이고, 따라서 인간의 표상은 사상이오, 직관이 아니라는 것, 직관은 시간 중에서 계기한다는 것, 인간의 의지는 항상 그 대상의 존재에 상관하는 의존적 만족을 벗어나지 않고 있다는 것들이요, 이런 것들은 최고 존재자에게는 도무지 있을 수 없다) ── 이때에 추상된다. 이리하여 우리로 하여금 순수한 오성존재자를 생각하게 하는 개념들 중에서 남는 것은, 정말 단지 도덕법을 생각하는 가능성에 필요한 것뿐이다. 그러므로 하나님의 인식이 확실히 존재하기는 하되 그것은 오직 실천적 관계에서만 존재한다.

만일 우리가 하나님의 인식을 이론적 인식으로 확장해 보려고 하면, 이를 통해서 사고하지 않고 직관(anschauen)하는 「하나님의 오성」·대상[욕망]들에 향하면서 대상의 실존(Existenz)에 자기의 만족이 조금도 의속하지 않는 「하나님의 의지」를 ── (가령 대상 실존의 양 측, 존재를 양으로 생각하도록 하는 유일한 가능수단인 시간 중에서 생기지 않는 존속 같은 선험적[2] 빈사에는 언급하지도 않겠다) ── 얻게 된다. [이러한 오성과 의지는] 순수한 성질이요, 이런 성질에 관해서 우리는 대상의 인식에 유용한 아무런 개념도 형성할 수가 없다. 이런 사정에 의해서, 그러한 성질들이 결코 초감성적인 것에 관한 이론으로 쓰일 수 없고, 그러므로 이 방면에 있어서 사변적 인식을 전혀 확립할 수 없으며, 자신의 사용을 오로지 도덕법의 이행에만 국한한다는 것을 우리는 알게 된다.

② 이 후자[도덕법에 국한하는 것]는, 매우 확실하고, 자못 명백히 사실에 의

1) und zwar so im Verhaeltnisse gegeneinander betrachtet은 분사구로서 그 앞의 「오성과 의지」를 수식하고, 그 다음의 als는 「분사구」의 so와 상관(相關)해 있다.

2) 원어 transzendental은 인식조건으로서 선험적이 아니라 경험을 초월한다는 보통의 의미이다. transzendent와 큰 차이가 없는 말이다. 여기의 존속은 영생의 뜻이다.

해서 증명될 수 있기 때문에, 사람은 늠름히 모든 소위 자연신학자(natuerlicher Gottesgelehrte) —— (이것은 놀랄 만한 이름*이다) —— 에게, (존재론적 빈사들을 초월한) 대상[하나님]을 규정하는 「오성의 성질 혹은 의지의 성질」을 하나라도 들어볼 것을 요구할 수 있다. [이런 성질을 하나라도 든다면] 그런 성질은 자신에게 모든 의인관적인 것을 추상할 때에, 이론적 인식의 확장을 기대케 하는 개념과 조금이라도 결합함이 없이, 한갓 말만이 우리에게 남는 것을, 모순적으로 명시할 것이다.

* 박학(Gelehrsamkeit)은 원래 단지 역사적 학문들의 전체를 말한다. 따라서 「묵시[계시]신학」의 박식한 교사만을 사람은 신학자(Gottesgelehrter)라고 부를 수 있다. 그러나 이성의 학문(수학과 철학)을 소유하고 있는 사람도, 우리가 학자라고 부르고자 하면, —— 이렇게 하고자 하는 것은 [박학의] 학자의 어의에(학자의 어의는, 항상 「반드시 가르쳐야 할 것만을, 따라서 이성이 스스로 새롭게 밝혀낼 수 없는 것」만을, 박학으로 보고 있는 것이다) 모순되지마는 —— 철학자는, 그의 실증적 과학으로서의 「하나님의 인식」에 의해서 너무나 나쁜[무비판적] 역할을 하고 있어서, 학자의 호칭을 받을 수 없을 것이다.

그러나, 실천적인 것에 관해서는, 오성과 의지와의 속성 중에서 관계의 개념이 아직도 우리에게 남겨지고, 이런 관계의 개념에 대해서 객관적 실재성을 주는 것은, 실천[도덕]법칙이다(이것은 오성과 의지와의 관계를 정말 선천적으로 규정하고 있다). 한 번 이런 일이 생기고 보면, 도덕적으로 규정된 의지의 객관의 개념(최고선의 개념)과 그와 동시에 그런 객관이 가능한 조건들, 즉 하나님·자유·영혼의 불멸 등의 이념에는 실재성이 주어지되, 그것은 (어떤 사변적 목적을 위한 것이 아니라) 도덕법의 실행에 상관해서만 항상 주어지는 것이다.

③ 이러한 주의를 한 뒤에, 하나님의 개념은 과연 물리학[일반 자연과학]에 속하는 것이냐(따라서 물리학의 선천적인 순수원리들을 일반적 의미에서 포함하는 형이상학에도 속하는 것이냐), 혹은 도덕에 속하는 개념인가, 하는 중요문제에 대한 답이, 이제야 용이하게 발견될 수 있다.

자연의 「조직」이나 혹은 자연의 변화를 설명할 즈음에, 만물의 창조자인 하나님한테 의거한다면, 그런 설명은 적어도 아무런 물리적[과학적]인 설명이 아니라, 일반으로 우리의 철학이 종극(Ende)에 도달했다는 것을 자백하는 것이다. 왜냐하면, 사람이 그 눈앞에서 보는 것의 가능성에 관하여 어떤 개념을 형성하는 데에, 그는 원래 그것만으로 전혀 이해되지 않는 것[소위 하나님]을 가정하도록 강요되어 있기 때문이다.

그러나 형이상학[자연철학]에 의한, 이승의 인식에서 하나님의 개념과 하나님 존재의 증명에 확실한 추리를 통해서 —— 도달하는 일은, 다음의 이유에서 불가능하다.

즉, 이 세계가(우리가 이 개념을 생각하는 것과 같은) 하나님에 의해서만 가능했다는 것을 말하고자, 우리가 이 세계를 가장 완전할 수 있는 전체라고 인식하고, 따라서 이런 전체를 위해서 (모든 가능한 현세를, 모든 가능한 세계와 이 현실 세계와를 비교할 수 있고자) 인식해야 하는 이유에서다. 즉 전지여야 한다는 이유에서다.

더구나 하나님과 같은 존재자의 존재를 단순히 「개념」에서만 인식함[Leibniz 처럼]은, 절대로 불가능하다. 왜냐하면, 모든 존재명제(Existenzialsatz) 다시 말하면 나의 그 개념의 대상이 되는 존재자에 관해서 그것이 존재한다고 주장하는 명제는, 종합적 명제이기 때문이다. 즉 나로 하여금 그 개념의 범위 바깥에 나서게 하여, 개념의 범위 안에서 생각되었던 것을, 넘어선 것을, 그 개념에 관해서 주장하게 하는 명제이기 때문이다. 바꾸어 말하면 오성 안에 있는 이 개념에 대응해서 오성 밖에 있는 [직관적] 대상이 또한 설정되는 것이기 때문이다. —— [그러나] 이러한 일은 어떤 추리도 이끌어 낼 수가 없다.

따라서 이런 인식에 도달하고자, 「이성」에 남겨진 방법은 단지 하나뿐이다. 즉, 순수이성으로서의 이성이, 그 순수한 실천적 사용의 최상원리에서 —— (이런 사용은 그렇지 않아도 이성의 귀결로서의 무엇[최고선]의 존재를 노리고 있는 것인데) —— 출발하면서, 그 객관을 규정하는 일이다. 그래서 순수이성의 불가피한 과제에 있어서 즉, 의지가 최고선을 필연적으로 노리는 점에 있어서, 최고선의 가능성에 상관하는 근원적 존재[하나님]를 가정하는 필연성이 나타날 뿐만이 아니라, 가장 주목해야 할 일이거니와, 자연적 방법(Naturweg)에서의 이성의 행진에 전혀 없었던 「어떤 것」이, 즉 이런 근원적 존재자에 관한 정확히 규정된 개념이 또한 나타나는 바이다.

우리는 이 세계[지구]의 작은 부분을 알 뿐이요, 이 세계를 모든 가능한 세계들과 더구나 비교할 수가 없기 때문에, 우리는 [그 모든 세계의] 정연한 질서·그 합목적성·그 광대 등으로부터 하나의 현명하고·인자하며·힘센 창조자를 추리할 수가 있다. 그러나, 그 창조자의 전지·전인자·전능 등을 추리할 수는 없다. 우리는 이 불가피한 결함을 허용된 가설, 전혀 합리적인 가설에 의해서 보충할 권리가 있음을 우리는 용납할 수가 있다. 즉, 우리의 보다 더 자세한 지식에 대해 나타나는 여러 가지 점에 있어서 [하나님의] 지혜·인자 등이 명백해질 때에, 그 외의 다른 모든 점에 있어서도 역시 그러하며, 따라서 세계 창조자에게 모든 가능한 완전성을 부여함이 합리적인 것을 우리는 용납할 수가 있다. 그러나 그것은, 우리의 통찰임을 자랑케 하는 추리들은 아니다. 그것은 단지 우리가 관용할 수 있는 권리요, 외래의 추천을 기다려서 사용할 권리일 뿐이다.

그러므로 (물리학의) 경험적인 방법에 있어서는 하나님의 개념은, 신성(Gottheit) 개념에 합치한다고 생각될 만큼, 정확히 규정되어 있지 않은 제일존재자 ―― (제일형상 하나님)의 완전성에 관한 개념이다(그러나, 형이상학의 선험적[1] 부분에 의해서는 아무런 것도 기여함이 없다).

④ 나는 이제 완전성의 개념을 실천이성의 객관에 접근시키고자 한다. 이때에, 내가 발견하는 것은, 도덕적 원칙이, 최고로 완전하신 세계 창조자의 전제 아래서만, 완전성의 개념을 가능한 것으로 허용(zulassen)한다는 것이다.

세계 창조자는, 내 태도를 내 심정의 가장 깊은 내부에 이르기까지 모든 가능한 경우에서 또 모든 미래에 걸쳐서, 인식하기 위해서 전지가 아닐 수 없다. 나의 [도덕적] 태도에 적합한 결과[행복]를 배여하기 위해서 전능이 아닐 수 없다. 이와 마찬가지로 세계 창조자는 무소부재이며 영원하지 않을 수 없다. 따라서 도덕법이 순수한 실천이성의 대상인 최고선의 개념에 의해서, 최고존재자로서의 근원존재자라는 개념을 규정한다. 이런 근원존재자를, 이성의 자연적인 (또 이보다도 더 발전하면 형이상학적인), 그러므로 전 사변적인[2] 진행은, 낳

1) 이 선험적도 초험적과 같은 것으로 보아 좋다.
2) 칸트는 사변적(spekulativ)과 이론적(theoretisch)을 흔히 혼용하고 있다(151면 참조).

을 수 없었던 것이다.

이렇기에 하나님의 개념은, 근원적으로 자연학에, 즉 사변이성에 속하는 개념이 아니라, 도덕에 속하는 개념이다. 그리고 하나님 이외의 「이성개념」들에 관해서도 사람은 같은 말을 할 수가 있다. 이 이성개념들은 실천적 사용에서 「이성의 요청」으로서 우리가 위에서 이미 다룬 바 있다.

⑤ 희랍 철학사에서 아낙사고라스(Anaxagoras, 500~428) 이전에는 순수한 이성신학(Vernunfttheologie)의 명백한 자취를 우리는 보지 않는다. 이런 까닭은, 고대 철학자가 사변의 길을 통해서 적어도 순합리적 가설의 도움을 입어 이성신학으로 향상하는 「오성과 통찰」이 없었는 데 있지 않다. 가지각색의 세계 원인의 완전성의 불확실한 정도 대신에, 모든 완전성을 갖춘 유일한 이성적 원인[하나님]을 가정하는 사상은, 누구나 절로 제공할 터일 것이요, 이런 사상[의 제공은] 가장 용이한 일이며 또 가장 자연스러운 일이겠다. 그러나 세계 중에 있는 화악(禍惡, Uebel)이, 그들로 보아서는[하나님 존재에 대한] 너무나 중대한 반증인 듯하였고, 그래서 [하나님의 존재의] 가설을 정당한 것으로 생각할 수가 없었다. 이에 그들은 그런 가설을 허용하지 않고, 자연원인들 사이를 편력하였다. 이 점에 있어서, 그들은 정말 이해와 식견을 보였던 것이다.

그러나 예민한 희랍민족은, 다른 민족들이 말만 지껄이기만 한, 도덕적 대상[문제]까지도 철학적으로 다룰 만큼, 그들의 탐구가 진보했을 때에, 그들[자연철학 시기를 지난 희랍 철학자]은 이제야 새로운 요구 즉, 실천적 요구를 발견하였고, 이러한 요구는 근원존재자의 개념을 확실히 지적하는 일을 하지 못했다. 그리고 이 경우에 사변이성은 방관자의 지위에 섰고, 기껏해야(hoechstens) 자신의 지반에서 생기지 않은 [실천적] 개념을 수식하는 공적을 가졌으며, 자연고찰로부터 생긴 일련의 확증으로써 ── 이 확증은 당시에 처음으로 뚜렷해졌다 ── 그 개념의 (벌써 확립된) 권위를 더하기 위해서가 아니라, 소위 이론적인 이성통찰(Vernunfteinsicht)로써 그 미관만을 더하게 하는 공적을 가졌었다.

⑥ 이상의 주의에서 「순수한 사변이성」의 독자는, 그 책의 「범주들」의 수고로운 연역이, 신학과 도덕(Moral)에 대해서 여하히 고작으로 필요했고, 여하히

유익했던가 하는 것을, 완전히 확신하겠다.[1)]

왜냐하면, 범주들을 「순수이성」 중에 구한다면, 플라톤[Platon, 427~347 B.C.]과 함께 범주들을 본유적(angeboren)인 것으로 생각하는 일, 끝을 못보는 「초감성적인 것」의 이론이 갖는 초절적인 월권을 범주들에 기본시키는 일, 그로 인해서 신학을 환상자의 마등으로 삼는 일, 이런 일들을 「그 연역」만이 막을 수 있[었]기에 말이다.

만일 범주들을 [후천적으로] 습득된 것이라고 생각한다면 에피쿨(Epikur)과 함께 범주들의 모든 사용을, 실천적 관점에서 하는 사용까지라도, 단지 감관의 대상들과 그 규정근거들에만 제한하는 일을, 「그 연역」은 막는 터이다.

그런데, 「제일비판」의 「연역론」은, 첫째로 범주들이, [논리적으로] 경험에서 유래하지 않고 선천적으로 순수오성 중에 자기 자리와 원천을 갖는다는 것을 증명했고, 그 다음에 둘째로 또 범주들은 대상의 직관에서 독립하여 대상들 일반(Gegenstaende ueberhaupt)에 상관하기 때문에, 경험적 대상에 적용할 때에는 확실히 이론적 인식을 성립시키기는 하되 순수한 실천이성이 주는 대상[최고선]에 적용할 때에는 초감성적인 것을 규정하는 사고(Denken)에 쓰인다는 것을 증명했다. ―― 단지 이것은, 초감성적인 것이 순수하고도 선천적으로 주어진 실천적 목적과 그 목적의 기능과를 위해서 없을 수 없는바, 빈사들이, 규정해 주는 한에서만 그러하였다.

순수이성의 사변적인 제한과 순수이성의 실천적인 확장과는, 순수이성을, 이성일반이 합목적적[조화적]으로 쓰일 수 있는 동등성의 관계 중에 이제야 들어가게 한다. 그리고 이런 보기가 다른 어느 보기보다도 잘 증명하는 것은, 만일 지혜에 도달하는 길이 안전해서 차단되거나 방황하게 됨이 없어야 한다면, 그런 「지혜의 길」은 우리 인간에 있어서는 반드시 학문[철학]을 통과해야 한다는 것이다. 그러나 학문이 「지혜의 길」이라는 목표에 도달함을, 우리는 학문을 완성한 뒤에만 비로소 확신할 수 있다.

1) 칸트의 범주가 본유적인 것도, 습득된 것도 아니요, 논리적 정신으로서 학적 경험에 상관하고, 초감성적인 것의 사고에도 쓰이는 정신 작용임이 알려진다. 그는 제일비판 B.167에서 범주의 작용을, 무기물에서 절로 발생한 것이 아닌 「생물발생」(개체신성)에 비유하였다.

8. 순수한 이성의 요구에서 하는 승인

① 사변적 사용에 있어서의 순수이성의 요구는 가설들에 도달할 뿐이나, 순수한 실천이성의 요구는 요청들에 도달한다.

즉, 전자의 경우에 나는, 「파생된 것」에서 내가 하고 싶어 하는 만큼 얼마든지 높게 원인의 계열을 캐올라 간다. 그리고 이 파생된 것에다 ―― (가령 세계 중에 있는 사물들과 그 변화 사이의 인과적 결합에다) ―― 객관적 실재성을 주고자 해서가 아니라, 파생된 것에 대한 나의 탐구적인 이성을 완전히 만족시키고자 해서, 나는 하나의 근본근거(Urgund)를 필요로 한다. 이리하여 나는 눈 앞의 자연 중에서 질서와 합목적성을 보고 있다. 그리고 이런 질서와 합목적성의 현실재를 보증하고자, [이론적] 사변으로 진출할 필요가 없고, 오직 그런 현실재를 설명하고자, 그것의 원인으로서 하나의 신성(eine Gottheit)을 전제하기만 하면 좋다. 이 즈음에 하나의 결과에서 일정한 원인으로, 더구나 우리가 하나님에 있어서 생각해야 하는 것과 같은 엄밀하고도 완전한 성질의 원인으로 캐올라가는 추리는, 항상 불확실하고 의심스러운 까닭에, 이제 말한 [신성이라는 개념의] 전제는, 그 이상의 정도에 달할 수 없이 우리 인간에게는 가장 합리적인 의견*이다.

* 그러나 이런 경우라도 이성의 개연적이되 불가피한 개념 즉, 절대적으로 필연한 존재[하나님]의 개념이 눈앞에 없다고 하면, 우리는 이성의 요구를 빙자할 수는 없겠다. 그런데, 이 개념은 그 내용이 규정되어 있을 것을 구한다. 그리고 이런 일은, 그 개념에 자기 확장의 충동이 보태어질 때에, 다른 존재자들의 근본근거일 것인 필연적 존재[하나님]의 개념을 자세히 규정하고자 하는 사변이성의, 따라서 이 필연적 존재의 정체를 무엇에 의해서든지 잘 알도록 하고자 하는 사변이성의 요구의 객관적 근거가 되는 것이다. 이런 선행하는 필연적 문제들이 없으면, 아무런 요구들도 존재하지 않는다. 적어도 순수이성의 요구는 존재하지 않는다. 그 외의 보통의 요구들은 애착의 요구들이다.

이와 반대로 순수한 실천이성의 요구는 그 무엇(최고선)을 내 의지의 대상으로 해서, 전력을 다하여 「그 무엇」을 촉진시키는 의무에 기인해 있다. 그러나, 이 경우에 나는 최고선의 가능성, 따라서 최고선에 필요한 조건들, 즉 하나님·자유·영혼의 불멸 등을 전제해야 한다. 왜냐하면, 나는 나의 사변적 이성에 의해서 이런 조건들을 부정할 수도 없거니와, 증명할 수도 없[었]기 때문이다.

의무는 확실히 이러한 최후의 전제들에 전혀 의존하지 않고, 그 자신에 있어서 필연적으로 확실한 법칙, 즉 도덕법에 기본하고 있다. 그런 한에서 무조건적으로 합법칙적인 행위를 완전히 우리에게 책임지우고자, 사물의 내적 성질에 관한, 세계질서의 내밀적 종극목적(Abzweckung)에 관한, 혹은 세계질서를 지배하는 통치자에 관한 이론적 의견이, [도덕법 이외의] 다른 방면에서 의무를 지지할 필요가 없다.

그러나, 실천적으로 가능한 최고선을 촉진할 것인, 도덕법의 주관에 대한 효과, 다시 말하면 도덕법에 합치하며, 도덕법에 의해서 반드시 간직하는 [주관적] 심정은, 적어도 최고선이 가능할 것을 전제한다. 만일 그렇지 않으면, 필경 공허하고 내용이 없는 개념의 객관[최상선]을 추구함은, 실천적으로 불가능하겠다.

그런데 위에서 말한 요청들은, 최고선을 가능하게 하는 자연적 혹은 형이상학적 조건들에만, 한마디로 말하면, 사물의 본성 중에 있는 조건들에만 상관하되, 그것은 임의의 사변적 의도를 위해서가 아니라, 순수한 이성적 의지(Vernunftwille)의 실천적으로 필연한 목적을 위해서이다. 이성적 의지는 이 즈음에 [임의적으로] 선택하지 않고, 유예없는 이성의 명령에 복종한다. 이성의 명령의 근거는, 객관적으로 [즉] 순수이성이 일반적으로 판정해야 하는 사물의 성질 중에 있으며, 애착 같은 것에 기인한 것이 아니다. 애착은 우리가 주관적인 근거에서 바라는 바의 것을 위한다고 해서 곧 이런 소망에 대한 수단이 가능하다고 가정하거나 혹은 소망의 대상이 실재한다고 가정하거나 할 권한을 가지는 것은 아니다. 따라서 이상과 같은 일[요청]은, 절대적으로 필연한 관점에서의 요구이다. 그것은, 자기의 전제를 단지 허용된 가설로서 정당화하는 것이 아니라, 실천적 관점에서의 요청으로서 정당화하는 것이다.

그리고 순수한 도덕법이, (영리의 규칙으로서가 아니라) 명령(Gebot)으로서 모든 사람을 유예 없이 속박하는 것을 용인한다면, 정직한 사람은 실로 다음과 같이 말할 것이다.

즉, 하나님이 존재하는 것, 이승에서의 나의 생존은 자연적 결합 이외에 또한 순수한 오성계에서의 생존[자유]인 것, 또 내 생존의 존속은 끝없는 것[영혼불멸] 등등을 나는 의욕한다. 나는 이런 명제들을 견지하고, 이런 신념을 잃지 않는다. 왜냐하면, 이런 태도는, 내 관심이 ―― 이 관심을 내가 조금도 소홀히 해서는 안 되기 때문에 ―― 나의 판단을 반드시 결정하고 헛된 궤변을 돌보지 않는, 유일한 태도이기에 말이다. 그래서 나는* 헛된 궤변에 응답할 수도 없고, 혹은 헛된 궤변에 [마찬가지로] 거짓된 궤변을 대립시킬 수도 없다.

※ 학술잡지 *Deutsches Museum*, 1787년 2월 호에 적이 치밀하고 명석한 두뇌를 가진 고(故) 비첸만(T. Wizenmann)의 논문이 실려 있다. 그의 요절은 유감스러운 일이다.

이 논문[1]에서 그는 「요구에서 요구 대상의 객관적 실재성을 결론하는」 권한을 부정하고, 자기의 환상에 불과한 미관념에 사로잡혀서 그런 대상이 현실로 어디 있는 것을 추리하려고 한 연인의 예를 통해서 자기의 소론을 설명하고 있다. 요구가 애착에 기본해 있을 모든 경우에 있어서는, 그의 소론이 전혀 정당하다고 나는 본다. 애착의 자극을 받고 있는 사람에 대해서도 애착은 그 대상의 존재를 반드시 「요청」할 수는 없는 것이요, 더구나 만인에게 타당하는 요구를 포함하지는 않으며, 따라서 소망의 주관적인 근거다.

그러나, 여기[본문]의 이성의 요구(Vernunftbeduerfnis)는, 의지의 객관적인 규정 근거에서, 다시 말하면, 모든 이성존재자를 필연적으로 구속하는 도덕법에서, 발생하고 있다. 그러므로 「이성의 요구」는 이 도덕법에 일치하는 조건을 자연 중에서 선천적으로 전제하는 권한을 가지며, 이런 조건을 이성의 완전한 실천적 사용과 밀접 불가분이도록 한다. 우리의 최대능력을 다 써서 최고선을 실현함은 의무이다. 그러하매, 최고선은 가능하여야 한다. 따라서 최고선이 객관적으로 가능하기 위해서 필연적인 것[하나님]을 전제하는 일도 세계에서의 모든 이성존재자에게 불가피한 일이다. 그런 전제는, 도덕법과 마찬가지로 필연적이요, 또 도덕법과 관계해서만 타당한 것이다.

1) Die Resultate der Jacobischen und der Mendelssohnschen Philosophie. 이 논문은 익명이었다. 비첸만은 야코비와 칸트의 중간에 위치한 설을 주장했고, 칸트가 이 「실천이성비판」에서 자기설의 비평가로 이 사람만 들고 있다.

※ ※ ※

② 「순수히 실천적인 이성의 신앙」 같은, 그다지 아직 알려져 있지 않은 개념을 사용하는 이 마당에 있어서, 오해를 막고자 또 한 가지 주의를 더 붙여두는 것을 허락해 주기 바란다.——이 즈음에 이성의 신앙이 자신 명령이라고 알린 것처럼, 즉 최고선을 가능한 것으로 생각하도록 하기 위한 명령이라고 알린 것처럼 [독자는] 아마 생각할 것이다.

그러나, 명령받는 신앙이란 무의미하다. [독자에게] 최고선의 개념 중에서 가정하도록 요구하는 것을, 이전의 진술[5. 하나님의 생존, 140면]에서 연구했거니와 그런 연구를 독자는 회상해 볼지어다. 이때에 우리가 알 수 있는 것은, 최고선의 가능성을 가정함이 [도덕적으로] 명령될 필요가 없으며, 최고선의 가능성을 용납하는 실천적 심정도 요구하지 않는다는 것이다. 도리어 청구받음 없이 사변이성이 최고선의 가능성을 시인해야 한다는 것을, 우리는 알 수 있을 터이다. 왜냐하면, 이승의 이성존재자가 도덕법에 합치하므로, 행복을 누릴 만한 가치성과 그 가치성에 비례해서 행복을 사실로 소유하는 것과, 이 두 가지 사이의 연결이 자체상 불가능하다는 것을 어떤 사람도 주장하려고 할 수 없기에 말이다.

그런데, 최고선의 첫째 요소에 관해서, 즉 도덕성에 관해서는, 도덕법은 우리에게 다만 명령을 내릴 따름이다. 이 첫째 요소의 가능성을 의심하는 일은, 도덕법 자신을 의심하는 일과 마찬가지겠다. 그러나 최고선의 둘째 요소에 관해서, 즉 가치성에 완전히 적합하는 행복에 관해서는 행복일반의 가능성을 용납함이, 확실히 명령이 될 필요가 없다. 이론이성이 그런 일에 반대하는 아무런 것[근거]도 가지지 않기 때문이다. 그러나 자연법칙(Naturgesetz)들과 자유의 법칙(Gesetz der Freiheit)들 사이의 이러한 조화를 우리가 어떻게 생각해야 할 것인가 하는 방식만은, 우리의 선정에 맞겨진 어떤 것을 자체상 가지고 있다. 왜냐하면, 이론이성은 이 방식에 관해서, 필연적 확실성을 가지고서 결정하는 일이 없고, 그런 확실성에 관해서는, 결정을 짓는 도덕적 관심이 있을 수 있기 때문이다.

③ 위에서 내가 벌써 진술한 것은, 세계에서의 자연과정을 쫓으면, 도덕적

가치에 엄밀히 적합하는 행복을 사람은 기대할 수도 없거니와, 이런 행복은 불가능하다고 생각된다는 것이었고, 따라서 최고선의 가능성이 이런 면[덕과 행복이 조화하는 면]에서는 도덕적인 세계 창조자를 전제해서만 용납될 수 있다는 것이었다. 내가 고의로 이런 판단[덕과 행복이 일치한다는]을 제한하여 인간이성의 주관적인 조건에 돌려 보낸 것은, 이성의 승인 방식이 보다 더 자세히 규정될 때까지는, 그런 판단을 사용하지 않기 위해서였다.

사실 소위 불가능하다는 것은, 단지 주관적이다. 다시 말하면, 자못 서로 다른 법칙[자연의 법칙과 자유의 법칙]에서 생기는 두 가지 「세계 사건」 사이에, 매우 엄정히 서로 조화가 있게 하고 또 완전히 합목적적이도록 하는바, 연관(Zusammenhang)이 있음을, 한갓 자연적 과정을 쫓아서는 이해할 수가 없다는 사태, 이것을 우리의 이성은 안다. —— 비록, 자연에 있어서의 다른 합목적적인 모든 것의 경우와 같이, 우리의 이성이 보편적인 자연법칙을 좇아서 이런 연관이 불가능하다는 것을 증명할 수는 없지마는, 즉 객관적 근거에서 충분히 명시할 수는 없지마는.

④ 그러나, 이제야 다른 방식의 결정근거(Entscheidungsgrund)가 나타나서, 사변이성의 동요를 안정시킨다.

최고선을 촉진할 명령은, 객관적으로 (실천이성 중에) 확립되어 있고, 최고선의 가능성은 [실천이성 중에서와] 마찬가지로 역시 객관적으로(그 명령에 반대하지 않는, 이론이성 중에) 확립되어 있다. 그러나 우리가 최고선의 가능성을 어떻게 생각해야 할 것인가, 즉 자연을 지배하는 현명한 창조자를 세움 없이 보편적인 자연법칙에 의할 것인가, 혹은 현명한 창조자를 전제함에 의할 것인가, 하는 방식을, 이성이 객관적으로 결정할 수는 없다. 여기에 이성의 주관적인 조건이 나타난다. 즉, 자연의 나라(Reich der Natur)와 도덕의 나라(Reich der Sitten) 사이의 엄밀한 일치를, 최고선 가능의 조건으로 생각하는 「유일한 방식」이 나타난다. 이 방식은, 이론적으로 이성에 대해서 가능하고, 동시에 (이성의 객관적인 법칙에 지배되는) 도덕성에 대해서도 유용한 것이다.

그런데, 최고선의 촉진과, 따라서 그 가능성의 전제와는, 객관적으로(오직 실천이성에 좇아서만) 필연이로되, 어떻게 우리가 최고선을 가능하다고 생각하려 하는가 하는 방식은, 우리의 선정에 맡겨지는 까닭에 —— 이 선정에서 순수한 실천이성의 자유로운 관심은 현명한 세계 창조자를 가정하도록 결정한다 —— 이 즈음에 우리의 판단을 결정하는 원리는, 요구로서는 물론 주관적이로되, 그와 동시에 객관적(실천적)으로 필연인 것을 촉진하는 수단으로서는 「도덕적 관점에서 승인하는 준칙의 근거」이기도 하다. 다시 말하면 순수히 실천적인 이성의 신앙이다.

실천적 이성의 신앙은, 그러므로 명령되는 것이 아니라, 자유의지적(freiwillig)인 것으로서 도덕적인(명령된)[1] 의도에 유용한 것이며, 게다가 이성의 이론적인 요구에도 합치하도록 우리의 판단을 규정하는 것이며, 드디어는 [하나님의] 실존을 가정하고, 또 이런 실존을 이성사용의 근저에 두는 것이다. 이성의 신앙은 그 자신 도덕적 심정에서 발생한 것이다. 이에, 이성의 신앙은 정기의 사람에 있어서도 이때까지 가끔 동요하는 수가 있었지마는, 결코 무신앙에 빠지지는 않는다.

9. 인간의 인식능력들이, 인간의 실천적 사명에 현명하게도 적합해 있는 조화

① 인간성이 최고선을 추구하도록 정해져 있다면 우리는 그것의 인식능력들의 척도도 —— 특히 인식능력들 서로의 관계 —— 또한 [최고선 추구의]목적에 적합하는 것으로 가정하지 않을 수 없다.

그런데, 「순수한 사변이성의 비판」은, 사변이성에게 제기된 가장 중대한 과제들을 저 목적에 적합하도록 해결하기에 그 [사변]이성이 지극히 불충분한 것을 증명하고 있다. 그러나 「그 비판」은 같은 사변이성의 자연적, 봐 넘길 수 없는 [유익한] 암시를 모르는 것이 아니[었]고, 최대한 자연인식의 도움에 의해서도, [최고선의] 위대한 목표에 [사변이성] 단독으로는 도달하지 못했으되, 사변이성 앞에 놓인 그 목표에 접근하고자, 이 이성이 활보할 수 있는 것을 「그 비판」은 모르는 것도 아니었다.

그러므로, 자연은 우리의 목적[최고선]에 소요되는 능력에 관해서 계모가 돌보아주듯이 [불충분하게] 우리를 돌보아 준 것 같다.

② 그런데, 만약 자연이 이 점에 있어서 우리의 소망에 합치했다면, 또 우리

1) 이 「명령된」 의도란, 이원적(二元的) 인간존재에게 있는 것이요, 실지로는 자율적이라는 뜻이다.

가 갖고 싶어 하거나 혹은 몇몇 사람이 사실 갖고 있다고 망상하는 통찰력·달안을 만약 자연이 우리한테 주었다고 하면, 그것의 결과는 외관상으로 어떠한 것이 되겠는가?

전 인간성이 동시에 변해 있지 않는 한에서 항상 첫째로 용훼하는 애착들이 우선 자신을 만족시키기를 요구하겠고, [가언명령에 사는 영리한]이성다운 숙려와 결탁하면서, 자신의 최대가능적·[영구] 지속적인 충족을 —— 행복의 이름 아래서 —— 요구할 것이다. 도덕법은 애착의 뒤에 나와 발언하여, 애착들을 구류하므로 각각 적당히 제한하겠으며, 심지어는 애착들 전부를, 하나의 보다 더 높은 목적에, 애착들을 돌보지 않는 목적에 종속시키겠다.

그러나, 이제야 도덕적 심정과 애착이 해야 하는 싸움 —— 이 싸움에서 마음의 도덕력이 얼마쯤 패배당한 뒤에 점차로 승리를 얻게 되지만 — 대신에, 하나님과 영원성이 무서운 위엄을 가지고서 끊임없이 우리의 눈앞에 나타나겠다 (왜냐하면, 우리가 안전히 증명할 수 있는 것은, 확실한 점에 있어서 우리가 육안으로 확증할 수 있는 것과 같이 우리에게 타당하기에 말이다).

확실히 [도덕]법칙에 대한 위반은 피하게 되겠고, 명령된 것은 행해지겠다. 그러나, 행위를 일으킬 심정을 [가언적]명령이 주입할 수가 없다. 이 무렵에 활동하도록 자극하는 것은, 바로 손 옆에 있고 외부에 있다[타율적이다]. 따라서 이성은, 법칙의 존엄을 생생하게 내세움에 의해서 애착에 반대하는 저항력을 집중하고자, 새삼스럽게 애써서 스스로 향상할 필요가 없다. 이런 까닭에 대다수의 합법칙적인 행위가 [벌에 대한] 두려움으로 인해서 생기겠고, 오직 소수의 행위만이 [상에 대한] 희망에서 생기겠으며, 「의무에서 하는 행위」는 하나도 없겠다. 그래서 행위의 도덕적 가치는 도무지 존재하지 않겠다. —— 그러나, 최고지혜의 눈으로 볼 때에, 인격 가치와 세계의 가치까지도 오로지 도덕적 가치에만 의존하는 것이다.

인간성이 어느 때까지도 현재와 같은 상태대로 있는 동안, 인간의 태도(Verhalten)는 따라서 순전한 기계성으로 변하게 되겠다. 이 기계성에서는 모든 동작이 꼭두각시의 노름처럼 잘 연출되겠지마는, 그런[기계적] 인간 중에는 아무런 생명도 발견될 수 없겠다.

그런데, 우리는 [사실은] 이것[기계성]과는 전혀 다른 바탕을 가졌다. 우리는 우리 이성의 노력을 다 기울였으나, 오직 매우 어둡고 불명한 「미래에의 전망을」 가질 뿐이다. 세계 통치자는, 그의 존재와 그의 광영과를 추측하게 할 따름이요, 눈으로 보게 하지도 않거니와 명백히 논증하게 하지도 않는다.

이에 대해서 우리 심중의 도덕법은, 우리에게 무슨 결과물을 확실하게 약속하지도 않고 혹은 그것으로 우리를 협박하지도 않으면서, 우리에게 사익없는 존경을 요구한다. 그리고 이 존경이 능동적이요 지배적이 되었을 때에 비로소, 또 그렇게 됨에 의해서만 도덕법은 [일반적으로] 초감성적인 것의 왕국에 대한 전망을, 희미하게만 허락하는 것이다.

이상과 같은 까닭에서, 진정으로 도덕적인 심정이, 법칙에 직접 바쳐진 심정이 생길 수 있고, 이성적 피조물――[인간]――은 최고선에 참여할 만한 값어치가 있게 된다. 최고선은 인간의 행위들에만 적합[비례]해 있는 것이 아니라, 그 인격의 도덕적 가치에 적합해 있는 것이다.

이에, 자연과 인간의 연구가 다른 곳[순수이성비판 변증론]에서 우리에게 충분히 가르친 것은, 여기[최고선의 문제]서도 또한 정당하다고 하겠다. 즉, 우리로 하여금 참으로 살 수 있도록 하는 무궁무진한[하나님이] 지혜는, 그것[지혜]이 우리에게 배여(配與)하는 것[최고선을 주는 피세, 가상계]에서와 마찬가지로 그것이 우리에게 거부하는 것[최고선이 없는 현세, 현상계]에서도 존중될 만하다고 하는 것이다.

제2부
순수한 실천이성의 방법론

① 순수한 실천이성의 방법론은, 순수한 실천원칙들의 학적 인식을 노려서, 그런 실천원칙들을 (반성함에서 또 진술함에서) 정돈하는 방식을 의미하지 않는다. — 저 「이론이성」에서는 학적 인식을 노려서 원칙들을 정돈하는 이런 방식만을 진정으로 「방법론」이라고 했지마는, 통속적 인식은, 그것을 다루는 솜씨(Manier)만을 필요로 하되, [엄밀한] 학(Wissenschaft)은 이른바 방법(Methode)을 즉, 이성의 원리들에 따르는 절차를 필요로 하며, 이러한 절차만이 다종다양한 인식을 체계화할 수 있기에 말이다.

순수한 실천이성의 방법론이란, 순수한 실천이성의 법칙들이 인간의 심성(Gemüt)이 체득하는 단서가 어떻게 주어질 수 있는가, 그 법칙들에 들어가서 심성이 준칙들에 어떻게 영향을 미칠 수 있는가, 다시 말하면 객관적으로 실천적인 이성으로 하여금 어떻게 주관적으로도 실천적이게[의지를 규정하게] 할 수 있는가 하는 방식을 의미하는 것이다.

② 그런데, 준칙들을 참으로 도덕적이게 하며 또 준칙들에 도덕적 가치를 주는바, 의지의 규정근거들만이, [즉] 법칙을 직접적으로 [애착 없이] 표상[의식]하는 것과 법칙을 의무로서 객관적으로 반드시 준수하는 것과 이런 것들만이 행위의 진정한 동기로 생각되어야 할 것은, 참으로 명백한 바이다. 만일 그렇지 못하다면, 행위의 적법성(Legalitaet)이 생기기는 하되 심정의 도덕성(Moralitaet)은 생기지 않을 것이기 때문이다.

그러나 순수한 덕(Tugend)을 이처럼 표시하는 것은, 만족이 속삭이는 감언에서, 일반적으로 행복이라고 보아질 것이 말하는 감언에서 오는 모든 유혹이나, 혹은 고통과 화악의 모든 위협이, 낳을 수 있는 것보다도 더한 위력을, **[첫째]** 주관적으로 인간 심성에도 미칠 수 있다. **[둘째]** 비록 행위들의 적법성을 낳고자 하여도 그것에 대한 훨씬 더 굳센 동기를 줄 수 있다. **[셋째]** 법칙을 순수하게 존경하기에, 모든 다른 것을 돌보는 것에 앞서서 법칙을 먼저 취하려 하는 더 굳은 결심을 낳을 수 있다. 이러한 사정들은, 그다지 명백하지 않은 것 같고, 처음에 얼른 봐서는 누구한테나 오히려 참되지 않을 듯이 보일 것이다. 그러함에도 불구하고, 그런 사정들은 사실상 진리이다.

만약 인간성이 이런 [도덕적인] 바탕을 갖추지 않고 있으면, 간접적인 여러 말과 권고 수단을 사용해서 여하히 법칙을 [주관적으로] 의식하게 했다 하더라도, 그런 의식화의 방식은 심정의 도덕성을 낳지는 않을 것이다. 그래서 일체가 순전한 위선이 되겠고, 법칙은 미움을 받겠으며 혹은 아마 멸시되겠으며, 그와 동시에 결국 자신의 이익을 위해서만 법칙이 지켜지겠다. 이리하여 법칙의 겉 문자는 ── (즉, 적법성) ── 우리들의 행위 중에 발견되지마는, 법칙의 속 정신은 우리들의 심정(즉, 도덕성) 중에 전혀 발견되지 않겠다.

그리고 우리가 아무리 모든 애를 다 쓰더라도 스스로 판단[반성]함에 있어서 이성에서 완전히 해방될 수는 없기 때문에, 우리는 제 자신의 눈으로 봐서 반드시 무가치하고도 침 뱉을 만한 인간으로 비쳐지지 않을 수 없겠다. 비록 내면적인 심판석 앞에서 다음과 같은 이유에서 이런 자기 수치를 회복하려고 애써 보더라도, 역시 그러할 것이다. 즉, 우리가 가정한 자연법칙은, 아니, 신적 법칙은 우리의 망상에 의하면, 무엇 때문에 행위했는가의 동기[도덕성]를 돌봄이 없이, 그저 무엇을 표면상으로 했는가 하는 결과[적법성]를 좇아서 판결하는 경찰적인 감시 기관[타율]과 결탁한바, [심리적] 만족을 우리는 즐겼다는 이유에서다.

③ 아직 교양이 없는 사람이나 혹은 타락한 사람을 도덕적 선(das Moralischgute)의 궤도에 이끌어 넣으려 하면, 그 사람의 이익이 되는 것으로 유혹하고 혹은 신체적인 상해를 줌으로써 위협함과 같은, 예비적 지도가 필요한 것은 확실히 부정할 수가 없다. 그러나 이런 기계적 수단, 이러한 방편이, 어느 정도로 효과를 거두자 곧 순수한 도덕적 동인이 완전히 사람의 마음 안에 가져와져야 한다.

도덕적 동인만이 성격을 ── (즉 일정불변한 준칙을 따르는, 실천상의 시종일관된 사고방식을) ── 수립하는 것이기 때문에, 뿐만 아니라 그것은 또한 자기 자신의 존엄(Wuerde)을 느끼도록 인간에게 가르치기 때문에, 사람의 심성에 그 사람 자신도 예기하지 못하는 힘을 보내주어서, 감성적인 집착(Anhaenglichkeit)이 지배적이 되려고 하는 한에서 그 집착에서 해방되며, 자기의 가상적 본성(die intelligibele Natur)의 독립성과 자기가 도달할 수 있다고 깨닫는 「영혼의 위대」를, 자기가 바치는 희생에 대한 풍족한 대가로서 발견하기에 이른다.

이에 인간 심성의 이러한 성질이 즉, 순수한 도덕적 관심의 감수성이, 따라서 덕의 순수한 관념의 작용력이 ── 이 관념이 사람의 흉중(Herz)에 정당히 체득될 때에——선에 대한 가장 유력한 힘이요, 선에 대한 유일한 동기인 것을——도덕적인 준칙들을 줄기차게 또 엄밀하게 지키는 것이 문제일 때에——누구나 할 수 있는 관찰들을 통해서 우리는 증명하려고 한다.

그러나, 이 경우에 동시에 명념해야 할 것이 있다. 그것은 비록 저 관찰들이 단지 이런 감정[감수성]의 현실성만을 증명하고, 그런 현실성에 의해서 이룩된 도덕적인 천선을 증명하지 않았더라도, 이런 일이 순수한 이성의 객관적인 실천법칙들을 「의무」라는 전혀 순수한 관념에 의해서 주관적으로 실천하게 하는 그 유일한 방법을, 그 방법이 마치 헛된 공상인 것처럼 부인하는 것이 아니라고 하는 사리이다.

왜냐하면, 이 방법은 아직 한 번도 적용되지 않았기에, [이미 겪은] 경험(Erfahrung)이라도 그 결과에 관해서는 아무런 확시(確示)도 할 수 없으며, 사람은 오직 이러한 순도덕적 동기의 감수성에 대한 증명을 요구할 수 있기 때문이다.

나는 이런 증명들을 이제부터 간단히 제시하고, 그 뒤에 진정한 도덕적인 심정[신념]을 확립하고 교양하는 방법을 약간만 그려 보려고 한다.

④ 단지 학자들과 이론가들뿐만 아니라, 상인들과 부인들도 섞인 사교적 모임에서 대화가 진행하는 것을 주의할 때에, 사람은 이야기와 농담 이외에, 인물에 관한 담화, 즉 논의가 생기는 것을 본다. 이것은 이야기는 신기한 소식과 재미가 있으려고 하면 얼마 안 가서 그 재료가 없어지며, 농담도 얼마 안 가서 맥이 풀리기 쉽기 때문이다.

그래서 이제야 나타나는 모든 논의 중에서도, 어떤 사람의 성격을 결정짓는 모모 행위의 도덕적 가치에 관한 논의보다도 더 많은 사람들을 그것에 참여케 하는 것은 없다. 이 사람들은, 보통의 논의라면 곧 권태를 느끼되, 그런 논의에는 자극을 받고, 일동에게 일종의 활기를 보내주는 터이다.

보통이면 너무 치밀하고 너무 천착하는 이론적인 문제 때문에, 건조와 염증을 느끼는 사람들이라도, 문제가 화제에 오른 선악행위의 도덕적 내실(Gehalt)을 결정하는 것에 이르고 보면, 갑자기 일언거사로 나서는 바이다. 그래서 그들은 의향(Absicht)의 순수성을, 따라서 의향 중에 있는 덕의 정도를, 덜게 하거나 혹은 그저 의심스럽게 하거나 하는 사실을 모두 열거하는 데 있어서, 사변적 문제일 것 같으면 그들에게 보통은 도저히 기대할 수 없을 만큼 매우 정확하고 천착적이며 치밀하다.

그리고 이러한 「비평적 판단」에 있어서 남들을 판단하는 당자들 자신의 성격이 남몰래 나타나는 것을 우리는 왕왕 볼 수 있다.

그 중의 어떤 사람들은, 자기들의 심판권을 특히 고인들에게 행사한다. 이로 인해서, 고인에 대한 불순한 모든 멸시적 비난들에 반대해서 고인의 모모 행위에 관해서 전해지는 선을 변호하고, 고인이 가면을 썼다거니 남몰래 악의를 가졌다거니 하는 비난에 반대해서 나중에는 고인의 전 도덕적 가치를 변명하는 뚜렷한 경향을 보인다.

이에 대해서 어떤 사람들은, 그런 도덕적 가치를 공격하고자, 오히려 고인을 고발하고 책망하기를 노린다. 그러나 그렇다고 하여, 이 후자가 덕의 존재를 인간의 모든 실례에서 부인해버리고서, 덕을 헛된 이름으로 하려는 의향을 가졌다고 말할 수는 없다. 그런 태도는, 도리어 준엄한 법칙에 따라서 진정한 도덕적 가치를 규정하는 데 정말 엄격한 것을 의미한다.

실례와 비교하지 않고 준엄한 법칙과 비교해 보면, 도덕적인 것에 관한 자만(der Eigenduenkel)은 매우 꺾이고 만다. 그래서 겸허해야 하는 것이 가르쳐질 뿐만 아니라, 날카로운 자기 검토에 즈음해서 누구나 느껴지는 것이다.

그러함에도 불구하고, 주어진 실례에서 의향의 순수성을 변명하려 했던 전자들에 있어서 우리는 대개는 다음과 같은 것을 알아챘다. 즉, 의향 중에 염직성(Rechtschaffenheit) 자체를 추측케 하는 점이 있으면, 그런 의향에 대해서 아주 조그마한 흠점이라도 제하고 싶어 하는 것이다. —— 이것은, 모든 [경험적] 실례에서 만일 그 성실성이 의식되고, 만인의 「덕」으로부터 그 순수성이 부인될 때에는 [순수한] 덕이란 결국 한갓 망상이라고 생각되지나 않을까, 그러므로 [순수한] 덕을 추구하는 모든 노력이 쓸데없는 외식이요, 헛자부라고 경시되지나 않을까, 이런 일이 없기 위한 동인에서 나온 것이다.

⑤ 그런데, 청년 교육자들이 제시된 실천문제들에 대해서, 즐겨서 가장 치밀한 검토마저 내리는 이성의 이러한 성벽을 어째서 아주 오랜 옛날부터 사용하지 않았는지, 또 교육자들이 순전한 도덕적인 문답서(Katechismus)를 기초적으로 가르친 뒤에, 어째서 고대와 근대에 나타난 전기를 탐구하여, 그들이 가

르친 여러 의무의 실증들을 청년들로 하여금 목격하게 하지 않았는지, 이 점을 나는 도무지 알 수가 없다.

이러한 실증에 의해서, 다른 사정 아래서 닮은 것이 있는 여러 행위들을 비교하므로, 교육가들은 제자들의 가치비판력을 활약하게 하여, 드디어 도덕적인 가치의 대소 경중을 자각하게 하는 바이다.

이렇게 하면, 모든 [이론적] 사변에 아직 미숙한 젊은 청년이더라도 이윽고 자못 명민해지고, 그때에는 —— 자기들의 [가치]판단력이 진보했음을 느끼고 있으매, —— [그런 판단력에] 점잖게 흥미를 끌게 되는 것을 교육자들은 발견할 것이다. 그래서 교육자들은, 가장 중대한 일이로되, 다음과 같은 결과를 확실히 바랄 수 있다.

즉, 가행(Wohlverhalten)의 전혀 순수한 성질을 알아서 그런 순수성에는 칭찬을 주고, 반대로 순수성에서 조금이라도 어긋나면, 유감(Bedauern)이나 경멸로써 그것에 대하는 「훈련을 반복함」은, 비록 훈련전까지는 어린이들이 서로 경쟁하는바, 판단력의 유희(ein Spiel der Urteilskraft)로서 행해지지마는, [드디어] 한편에서 존경의, 다른 편에서는 혐오의, 인상을 지속케 하는 결과를 남길 것이다.

이래서 어린이들은, 각종 행위를 혹은 칭찬할 만하다고 보고 혹은 비난할 만하다고 보는 순수한 습관을 통해서, 미래의 품행에 있어서의 염직성에 대한 좋은 기초를 만들 것이다.

내가 단지 바라는 것은, 현대의 감상적인 책들이 숱하게 선전하고 있는바, 소위 고상한(초공적적) 행위 —— [영웅적 행위] —— 들의 보기를 어린이들한테 주지 않는 것이다. 그래서 만사를 의무와 가치에 기본시키는 것이다. 인간은 제 눈으로 봐서 의무에 위반하지 않았다고 의식함으로써, 가치를 자신에게 줄 수 있으며 또 주지 않을 수 없는 것이다.

왜냐하면, 공허한 소망과 도달할 수 없는 완전성에 대한 동경에 돌아가고 마는 일은, 순전히 소설적인 영웅만 나오도록 하고, 이런 영웅은 초절적인 위대에 대한, 자기들의 감정을 무척 자랑삼기는 하되, 그 대신 그들 영웅한테는 무의미한 사소한 일로만 보이는, 평범하고도 일상적인 부책(Schuldigkeit)의 수행을, 면하고자 하기 때문이다.*

* 위대하고 비이기적이며 동정적인 심정과 인정미와를 표명하는 행위를 칭찬하는 것은, 전혀 당연한 일이다. 그러나 사람은 이즈음에 자못 감격적이어서 일시적이 되는 마음의 앙양보다도, 차라리 「의무에의 흉중의 복종(Herzensunterwerfung unter Pflicht)」에 주목해야 한다. 왜냐하면, (전자는 단지 감정의 흥분만을 지니고 있으나) 후자로부터는, 그것이 원칙을 지니고 있으매, 오래 가는 인상이 기대될 수 있기 때문이다. 사람은 조금만 반성해 볼지어다. 이때에 소설적인 영웅이 인류에 관해서 어떤 원인에 의해서 스스로 걸머지게 된 죄책을 ―― (시민의 헌법에다 인간의 불평등성을 규정해서, 자기만이 온갖 이익을 누리고, 그로 인해서 다른 사람들은 더욱더 곤궁에 빠지도록 하는 일만 해도, 역시 한 죄책일 것이다) ―― 항상 발견하겠다. [이 때문에] 공적적인 것을 독단적으로 상상함으로써 「의무 사상」을 섣불리 압박하는 일이 없게 될 것이다.

⑥ 그러나, 모든 행위의 도덕적 가치를 시금석으로서 검토하는바 순수한 도덕성(rein Sittlichkeit)이란 도대체 무엇인가, 이것을 묻는다면, 이 문제의 결정을 의심스럽게 하는 자는 단지 철학자들뿐인 것을 나는 고백하지 않을 수 없다. 즉 문제는, 확실히 추상적인 일반공식에 의해서 결정되어 있지 않으나, 일상적 사용에 의해서 일반상식 중에 [도덕성과 부도덕성은] 이를 테면 왼손과 오른손의 구별처럼 오래전부터 벌써 결정되어 있다.

이에, 우리는 순수한 덕의 검토 표준을 실례에 의해서 먼저 지시하고 그 실례가 열 살 된 어린이 앞에서 비평받고자 내놔졌다고 생각하여, 그 어린이가 선생의 가르침 없이 과연 제 단독으로 반드시 그 표준대로 판단하는가의 여부를 살펴보고자 한다.

사람은 한 의인의 이야기를 어린이에게 하여 보라. 사람은 그 의인을 움직여서 죄 없고 그 외에 또 아무런 힘도 없는 한 사람을 ―― (가령 영국의 헨리 8세가 무고한 Anne Boleyn처럼[1]) ―― 비방하는 자들 측에 가담케 하려는 것이

1) 헨리 8세(1509－1547)는 초후 캐서린과 이혼하고, 본래 궁녀였던 Anne Boleyn과 정식 결혼을 하여 재후로 맞았다. 그러나 앤 불린을 ―― (유명한 엘리자베스 여왕의 어머니) ―― 그 뒤에 네 남자와 간통했다거니, 친동생과 부정한 관계가 있다거니 해서 무고하고, 귀족 전부를 배심관으로서 심문하게 한 다음, 드디어 사형에 처했다. 이렇게 처형한 바로 그 이튿날에 헨리 8세는 세모아를 제3후로 맞아들였다.

다. 그런데, 이 의인은, 이익 즉 큰 선물이나 높은 지위가 자기한테 제공되어도, 그것들을 거절하는 자이다.

이런 태도는 듣는 사람의 마음에 솔직하게 칭찬과 찬동을 초래할 것이다. 왜냐하면, 그 의인이 거절한 것은 이익이었기 때문이다.

이제야 그 의인에게 반대로 손실을 준다고 욱대기기 시작한다[고 하자]. [무단히 앤 불린을] 비방하는 자들 중에는, 현재의 우정 관계를 거부하는 그 의인의 친지들이 있고, (원래 재산이 별로 없는) 그 의인의 상속권을 빼앗으려고 협박하는 친척들이 있고, 지위와 처지를 이용해서 그 의인을 추궁·훼손할 수 있는 권력자들이 있고, 자유 아니 생명까지도 없앤다고 으르대는 군주가 있다.

그러나, 고통의 정도를 고작으로 대단하게 할 의도 아래, 도덕적으로 착한 사람(Herz)만이 참으로 내면적으로 느낄 수 있는 고통마저 그 의인이 느끼도록 하려고, 사람은 그 의인의 가족이 ―― 이 가족은 극도의 곤경과 가난과의 위협을 받고 있다 ―― 그에게 굴종(Nachgiebigkeit)을 원한다고 생각해도 좋다.

그만치 형언할 수 없이 심한 고통에 직면하게 한 그 날을, 살아서 만나지 않았더라면 좋았을 것을 바라는 그 순간에 있어서 그 의인은 비록 염직하기는 하나 자기 가족의 가련함에 대해서나 자신의 곤경에 대해서나 냉혹하지도 않고 무감각하지도 않은 「감정의 기관」도 가지고 있는 사람이다. 그러하건마는, 그 의인 자신은 의연히 태연자약하게 또 조금도 의심없이, 자기의 곧은 지기를 충실히 고집한다고 생각해도 좋다.

이때에 그런 말을 들은 청소년들은, 단순한 찬동에서 감탄(Bewunderung)으로, 감탄에서 또 경탄으로 점진하고, 마지막에는 최대의 존경과 자신들도 그런 의인이 되고자 하는 ―― (물론 의인과 같은 불운한 처지에 있기를 바라지 않더라도) ―― 활발한 염원으로 향상하게 될 것이다.

그러하되 이 경우에 덕이 대단히 값이 있는 것은, 그것이 많은 희생을 요하기 때문이요, 그것이 무슨 이익을 가져오기 때문이 아니다. 그 의인을 지극히 감탄하고 그 의인의 성격과 같아지려는 자신의 노력은, 그즈음에 전혀 도덕원리의 순수성에 기본하고 이 순수성은 인간이 행복으로 보는 모든 것을 아주 제해버림으로써만 참으로 명백히 의식될 수 있다. 그러므로 도덕성은, 그것이 순수하게 표시되면 표시될수록, 그만큼 더욱더 많은 힘을 인간의 심정에 미치는 것이다.

이런 일로부터 결과되는 것이 있다. 즉, 도덕법(das Gesetz der Sitten)과 「신성성과 덕」의 심상(Bild)이, 우리의 마음에 항상 어떤 감화작용을 해야 한다면, 그것들이 복지(Wohlbefinden)에 대한 모든 의도를 섞음이 없이 순수히 동기로서 심정에 확립되어 있는 한에서만, 감화작용을 할 수 있다는 것이다. 도덕성은 고통 중에서 가장 장엄하게 나타나기에 말이다.1)

그러나 장애는 그것을 제해 내면, 그럴수록 동기력의 작용을 강화하는 것이다. 이렇기에 자신의 행복[추구]에서 가져와지는 동기들을 함부로 뒤섞는 것은, 도덕법이 인간의 흉중에 감화를 미치는 일에 대한 장애가 된다. 나는 또 다음의 진리를 주장한다. 즉, 저 감탄된 행위에 있어서라도 이런 행위를 낳은 동인이, 자기의 의무를 존중하는 것이었을 적에 비로소 법칙의 이러한 존경이 정말로 방관자의 심정에 최대의 감화를 끼치는 것이요, 자기의 대도(Grossmut)와 고상한 「공적적 사고방식」에 관한 내적 생각을 요구하는 것이 방관자의 흉중에 감화를 미치는 것이 아니다. 따라서 공적을 인정받음이 아니라, 실로 의무가 가장 확실한 영향을 심성에 미치고 있다. 뿐만 아니라, 의무가 그 신성불가침을 올바른 빛 중에서 자각될 때에는, 그것은 가장 유효한 영향을 심성에 미치기도 한다[는 진리들이다].

⑦ 의무라는 냉정하고도 진지한 관념을——이것이 인간의 불완전성과 선의 진보와에 적합하다——통해서 인심에 영향 주기를 바라기보다도, 부드럽고 연한 감정으로써 혹은 고답적인 불손·과장적인 불손·심회를 굳게 하지 않고 약하게 하는 불손으로써, 인심에 보다 더 영향주기를 바라는 당대——[18세기]——에 있어서, 다른 어느 시대보다도 이 의무 존중의 방법을 지시함이 필요한 터이다.

어떤 행위를 고상하고 호장하며 공적적인 행위로서 어린이들 앞에 범시하고 그런 행위에 대한 열정을 고취함으로써, 어린이의 마음을 흐리려 하는 사상을 가지는 것은, 예기의 교육적 목적에 위반하는 것이다. 왜냐하면, 아동은 가장

1) 이 대목은, 맹자가 「천하의 광거에 서고 천하의 정위에 서며 천하의 대도를 행한다. 뜻을 얻으면 백성과 더불어 그것을 실천하고 뜻을 얻지 못하면 홀로 그것을 실천한다. 부귀도 음할 수 없고 빈천도 뜻을 전향하게 할 수 없으며 위무도 굴케 하지 못한다」고 말한 구를 연상케 한다.

평범한 의무의 준수에 있어서 또 의무의 정당한 판정에 있어서까지도 아직 매우 미숙하기 때문에, 그런 [교육]방법은 아동들을 일찍부터 공상가로 만드는 데 불과하기 때문이다.

그러나, 어린이보다도 더 교육이 있고 더 경험을 쌓은 층의 인간에 대해서도 이런 사이비의 동기는 비록 심정에 대해서 유해한 작용은 아니라 하더라도, 적어도 참으로 도덕적인 감화작용을 미치지는 않는 성질의 것이다. 그러나, [일반]사람은 실은 [사이비의] 동기에 의해서 도덕적인 감화 작용을 주려고 하고 있는 것이다.

⑧ 모든 감정, 더구나 비상한 긴장을 낳게 하는 감정은 그것이 과격하게 나타난 그 순간과 그것이 가라앉기 전에 영향을 주어야 한다. 그렇지 않으면 감정은 아무런 작용도 못한다. 이것은, 심정(Hezz)을 자극한 「그 무엇」이 아니라 심정을 약하게 한 그 무엇이 [일시적으로] 심정에 보태져 있었기에, 심정은 저절로 그것의 자연적 정상적인 상태로 돌아가고, 그래서 심정이 이전에 갖고 있던 정태증에 빠지기 때문이다.

[이에 대해서] 무릇 원칙들은 [일정한] 개념들 위에 세워져야 한다. 개념 이외의 다른 기초에서 이룩될 수 있는 것은 [원칙이 아니라] 단지 발작(Anwandlung)일 따름이요, 이것은 인격에 아무런 도덕적 가치도 줄 수가 없고, 자기 자신에 대한 신뢰도 줄 수 없다. 이 신뢰가 없으면, 자기의 도덕적 심정[신념]과 도덕적 성격과의 의식, 즉 인간에 있어서의 최고선(das hoechste Gut)은 결코 생길 수 없다.

그런데, [원칙들이 기본하는] 개념들이, 주관적으로 실천적이어야[의지를 규정해야]한다면, 그러한 개념들은 도덕의 객관적 법칙들 안에 머물고만 있어서 그 법칙들을 감탄하고 인간성(Menschheit)에 대한 관계 중에서 그 법칙들을 [비현실적으로] 존중하는 데 그치지 않고 법칙들의 관념을 인간과 그 개성(Individuum)에 연결시켜 [실천적으로] 고찰해야 한다. 이는, 실은 도덕법이 고작으로 존경할 만한 것(Gestalt)이기는 하나, 인간이 자연적으로 젖어있는 지반의 일부로 된 것처럼 마음에 친근한 것으로 나타나지 않고, 인간으로 하여금 가끔 자기를 부인하면서 환경과 싸우게 하며, 인간의 퇴보를 부단히 심려함으로써 간신히 유지될 수 있는바, 보다 더 높은 지반으로 그를 나아가게 하는 것으로 나타나기 때문이다.

한마디로 말하면, 도덕법은 의무에서(aus Pflicht) 준수하는 것을 요구하되, 예상될 수 없으며, 예상되어서는 안 되는 편애(Vorliebe)에서 준수하는 것을 요구하지 않는다.

⑨ 이제 우리는 한 행위를 고상하고 호장한 행위로 의식하는 점에 과연, 행위를 엄숙한 도덕법에 관한 의무로서 의식할 때보다도 더 대단하게, 동기로서의 주관적 힘이 있는가의 여부를 실례에 의해서 알아보기로 하자.

어떤 사람이 자기 생명이 극히 위험함에도 조난선에서 사람들을 구제하려 했고, 그렇기 때문에 드디어 자기의 생명마저 잃었다고 하면, 그러한 행위는 한편에서는 확실히 의무로 보아지고, 다른 편에서는 대개의 경우에 공적 있는 행위로 보아진다. 그러나 이 경우에 얼마큼 손상 받은 감이 있는 자기 자신에 대한 의무(Pflicht gegen sich selbst)라는 개념이, 그런 행위에 대한 우리의 존중을 줄이고 있다.

조국의 보존을 위해서 자기의 생명을 담대하게 희생하는 것은 [조난한 사람들을 구하는 일보다도] 한층 더 결정적이다. 그러나 저절로[감정적으로], 즉 명령받지 않고 이런 목적에 몸을 바침이 과연 그다지도 완전하게 의무인 것인지, 이 점에는 다소의 의심이 없을 수 없다. [그러므로] 그런 행위가 모범이 되고 모방의 충동을 낳도록 하는 완전한 힘을 자신 중에 가지는 것은 아니다.

그러나, 만일 [조국 때문에 희생하는] 그러한 행위가 불가결의 의무요, 이 의무를 범함이 도덕법을 자체상 —— 인간의 행복은 어쨌든 간에 —— 해치는 것이며, 도덕법의 신성성을, 이를테면 발로써 짓밟는 것이라면, (이런 신성한 의무들을 사람은 보통 하나님에 대한 의무들이라고 말한다. 이것은 우리가 하나님에서 「실체화한 이상적인 신성성」을 생각하기 때문이지만), 우리의 모든 애착 중에서 가장 절실한 애착[생명에 대한 애착]이 비록 어떤 종류의 가치를 가지더라도, 그런 가치를 모두 희생해서 도덕법을 준수하는 데 지극히 완전한 존경을 바치는 터이다.

자연적으로 동기가 인간성과 반대의 방향으로 비록 그 무엇을 가져오든간에, 그런 모든 것을 멀리 초월하여 높이 있다는 것을 인간성이 행위 실례에 즉해서 확신할 수 있을 때에, 우리는 우리의 마음(Seel)이 그런 실례를 통해서 굳어지고 높아짐을 발견한다.

유배날(Juvenal)[1]이, 이런 실례를 점층법으로써 서술하였는데, 그 점층법의 구절은 「의무로서의 의무」(Pflicht als Pflicht)의 순수한 법칙 중에 내재하는 「동기의 힘」을 독자로 하여금 생생하게 느끼도록 하는 바가 있다.

좋은 병정, 좋은 후견인, 또 공평한 심판자이어라.
네가 혹시 증인으로서 의심스럽고 불확실한 사건에 불려나간다면,
비록 팔라리스[2]가 너한테 위증을 하라고 명령하고,
소를 내세우면서 거짓 서약하기를 명령하더라도,
명예보다도 한갓 생명을 택하고,
그저 살기 위해서 인생을 참으로 가치 있게 하는 것을,
내 버리는 것을, 최대의 부정으로 생각하라.

⑩ 우리가 「공적적인 것」에 아부하는 어떤 [심적] 요소를 우리의 행위 중에 집어넣으면, 그때에 [행위의] 동기는 벌써 자기애(Eigenliebe)를 얼마큼 섞어서 있고, 따라서 감성 측의 어떤 도움을 받고 있다.

그러나 의무의 신성성에 대해서만은, [그 외의] 모든 것을 뒤로 돌린다는 것, 우리 자신의 이성이 모든 일을 명령(Gebot)으로서 승인하고 모든 일을 해야 한다고 말하기 때문에, 사람이 모든 일을 할 수 있다고 자각하는 것, 이런 것들은 이를테면 감성계 자신을 전혀 탈각해 있는 것을 의미한다. 이런 의식 중에는 「감성을 지배하는 능력의 동기로서」의 법칙의 의식이, 또한 불가분적으로 결합하여 있다.

사실 비록 [감성을 지배하는] 이런 동기는, 반드시 결과와 연결해 있지 않으나 [어떤 결과를 가져오지 않으나], 그러나 그런 동기에 자주 접촉하고 또 그런 동기의 사용을 처음에는 조금 시험해 보는 일을 통해서, 결과를 거두는 희망이 주어지고, 드디어는 차츰차츰 이런 결과에 대한 최대하면서도 순도덕적인 관

1) 로마의 풍자 시인(58－138. A.D.)이다. 그의 풍자시 제8편 79행 이하 참조.
2) Phalaris는 Agrigent의(시시리섬 남쪽 지방, 지금은 Girgent라고 함) 전제군주(565－549. B.C.)였고, 그는 범죄자를 사나운 「소」로써 찢어 죽였다고 한다. Juvenal의 라틴글은 Vorlaender의 독역에 의거했다. Messer의 번역(*Kommentar zu Kants ethischen und religions－philosopgischen Hsuptschriften*, S.111 참조)은 이와 조금 다르다.

심이 인간의 심중에 생기게 된다.

⑪ 이에 [순도덕적 관심의] 방법은 다음과 같은 길을 취한다. 첫째로 우리가 다루어야 할 것은 도덕법에 따른 판정을 우리 자신의 모든 행위와 타인의 자유행위의 관찰과에 수반하는 자연스러운 일로 삼고, 이를테면 습관으로 삼는 것이다. 그래서 무엇보다도 먼저 행위가 과연 객관적으로 도덕법에 적합해 있는가 또 [적합해 있다면] 어떤 [내용의] 법칙에 적합해 있는가 하는 것을 물음에 의해서, 저 도덕법에 따른 판정을 날카롭게 하는 것이다.

이 [객관적 고찰을 할] 즈음에, 우리는 [도덕적]「책임의 근거만을 주는 법칙」(leges obligandi)에 주의해서, 이런 법칙을 참으로 책임 지우는 법칙(legibus obligantibus)과 구별하는 것이다. ——(가령 인간의 욕망이 나한테 요구하는 것의 법칙은, 인간의 권리가 나한테 요구하는 것의 법칙에 대립한다. 후자는 본질적 의무들을 지정하나, 전자는 오직 비본질적[1] 의무들을 지정한다) ——이래서 우리는 하나의 행위 중에 합쳐 있는 각종 의무를 구별할 것을 가르치는 것이다.

우리가 주의해야 하는 또 한 가지 점은 다음과 같은 문제이다. 즉 행위가(주관적으로) 과연 도덕법 때문에 생겼는가, 따라서 그것이 행실로서 [객관적·내용적으로] 윤리적 정당성(sittliche Richtigkeit)을 가질 뿐만 아니라, [행위의] 준칙상으로 봐서「주관적·형식적」심정으로서의 도덕적 가치도 가지는가 하는 것이다.

그런데, 이런 훈련과, 그 결과로 한갓 실천적인 것 [의지를 규정하는 것]을 판단하는 인간이성이 교양받는 의식과가, 이성의 법칙들 자신에 대한 어떤 관심을 낳으며, 따라서 도덕적인 선행에 대한 어떤 관심을 점차로 낳는 것은 의심할 나위가 없다. 즉, 우리는 드디어 그 무엇을 [도덕적 질서를] ——이것의 고찰은 우리로 하여금 우리의 인식능력의 확장된 사용을 느끼게 하지만 ——사랑하기에 이르며, 이런 확장된 사용을 특히 촉진하는 것은 그로 인해서, 우리가 도덕적 정당성(moralische Richtrgkeit)을 발견하는 바로 그것이다. 왜냐하면, 이성은 사물의 이런 [도덕적 정당성의] 질서에서만 무엇을 해야 하는가를, 원리

1) 본질적 의무들은 법적 법칙(Rechtsgesetz)들에 속하고, 비본질적 의무들은 재산욕, 권세욕, 건강욕 같은 소망에서 생기는 도덕적 책임을 말한다.

에 좇아서 선천적으로 규정하는 자신의 능력을 만족시킬 수 있기 때문이다.

사실상, 한 자연관찰자는 그가 대상[생물]들의 조직의 위대한 합목적성을 [관찰해서] 발견하고, 그런 관찰에서 이성이 즐거울 때에, 처음에는 자기의 감관들에게 불쾌했던 대상[생물]들을 나중에는 사랑하기에 이른다. 라이프니츠(Leibniz)는 그가 현미경으로써 주의해서 관찰한 곤충을 다시 본래 있던 나뭇잎으로 조심하여 돌려보냈거니와, 이것은 그가 그 곤충을 관찰하여 보매, 스스로 [합목적성을] 배움이 있는 것을 알았으며, 그 곤충으로부터 말하자면 은혜를 입었기 때문이었다.

⑫ 그러나, 우리 자신의 인식능력을 우리가 느끼도록 하는, 판단력 —— [합목적성의 원리] —— 의 활약은, 아직 행위들과 그 행위들의 도덕성 자체에 대한 관심과는 다른 것이다. 판단력은 단지 우리가 즐겨서 [합목적적] 판정을 해보도록 하며, 그래서 덕이나 도덕법에 따른 사고방식에 미의 형식을 주는 것이다. 「미」는 감탄되기는 하나, 우리가 [대상적적으로] 구득하는 것은 아니다. (그것은 찬탄받기는 하나, 얼어져 있다, audatur et alget).[1] [그러므로, 구득하지 못한다].

[이뿐만 아니라] 그것의 고찰이, 주관적으로 우리의 표상 능력들의 「조화의 의식」을 낳는 모든 것 · 이때에 우리가 우리의 전인식 능력 (오성과 구상력)이 굳세졌다고 느끼는 모든 것 · 남한테도 전해지는 만족(Wohlgefallen)을 낳는 모든 것이 그러하다. 그러나 이즈음에 객체의 존재는, 우리에게 끝까지 무관심한 것이다. 이것은 객체는 동물성을 초월해서 우리의 심중에 있는 소질적인 재능[미적 의식]들을 깨닫게 하는 유인으로만 봐지기 때문이다.

이에 대해서, 이제야 둘째의 훈련이 활약하기 시작한다. 그것은 즉, 도덕적 심정을 실례에 즉해서 생생하게 표현해 보이는 것에 의해서, 「순수의지」를 명념하게 하는 것이다. 의무로서의 행위에 있어서는 결정근거들로서의 애착의 동기들이, 의지에 조금도 영향주지 않는 동안, 「순수의지」란 우선은 단지 의지의 부정적[소극적]인 완전성을 의미한다.

그러나 이로 인해서, [다음에] 결국 생도는 그의 [적극적인] 자유의 의식을

1) 이 라틴구의 번역은 Vorlaender의 독어 역주에 따랐다. 이 대목 중의 판단력은 규정적 판단력이 아니라, 제3비판에 나온 반성적 판단력을 의미한다. 또 66－67면 역주 참조.

주의하여 잃지 않게 된다. 애착의 체념(Entsagung)은 최초에는 고통감을 일으킨다. 그럼에도 불구하고 그 체념이 참된 욕망의 강제로부터 생도를 해방시킴에 의해서 동시에 가지각색의 불만——이것에서 온갖 욕망들이 그를 괴롭히지만——에서의 해방을 생도에게 알리기도 한다. 그래서 사람의 심성이, 다른 근거[순수 의지]에서 생기는 만족감을 받아들이게 된다.

실례가 제시하는 순수한 도덕적 결심들로 인해서 보통이면 자기 자신에게도 참으로 알려지지 않고 있는 내면적 능력, 즉 내면적 자유(die innere Freigeit)를, 우리가 발견한 때에, 흉중은 항상 남몰래 자기를 누르던 무거운 짐에서 해방되고 가벼워진다. 저 내면적 자유는 애착들의 번잡스러운 강제에서 자신을 벗어나도록 하여, 드디어 애착 중의 어떤 것이든지——가장 좋아하는 애착까지라도——우리가 이제야 우리의 이성을 사용해야 하는 [도덕적] 결심에 대해서 아무런 영향도 끼치지 않기에 이른다.

내 편에 부정이 있다는 것을 「나만은 안다.」 부정의 자유 고백과 부정에 대한 배상의 제공이 허영심·이기심·내가 그 권리를 가볍게 보고 있는 타인에 대한 보통이면 심지어 부정하지도 않은 반감 등등에 의해서 비록 여하히 반대받는다 하더라도, 이런 모든 좋지 못한 것[허영심·이기심·반감]을 내가 극복할 수 있는 것을 나만은 알고 있다. 이런 경우에 있어서는 애착들과 행복상태들로부터 독립하는 의식과 자족이 가능하다는 의식이, 포함되어 있다. 자족의 가능성은 다른 [미적, 종교적] 목적에 있어서도 일반적으로 나에게 유익한 것이다.

그런데, 의무의 법칙은 그것을 준수할 때에 우리가 느끼는 적극적 가치에 의해서, 우리의 「자유 의식」 중에 있는 우리들 자신의 존경을 통해서 더욱더 심중에 들어오기가 쉽다. 이 자경이 아주 확립될 때에, 「다시 말하면」 인간이 내면적인 자기 검토에 있어서 제 눈에 무가치하고 배척될 만하게 보이는 일이 가장 세게 두려울 때에, 우리는 모든 좋은 도덕적 심정을 자경에 접붙일 수 있다. 왜냐하면 이런 일은 고귀하지 못해서 타락하게 하는 충동들의 침입을, 심성으로부터 막아내는 데 대한 가장 좋은, 아니 유일한 수위자 격이 되기 때문이다.

⑬ 나는 이상으로써 도덕적인 교양과 도덕적인 훈련에 관한 방법론의 가장 일반적인 준칙들만을 지시하고자 하였다.

가지각색의 의무들은, 그것의 모든 종류에 대해서 특수한 규정을 요구하고, 따라서 [이런 일은] 매우 광범한 노력을 해야 하겠기에, 이 책처럼 예비에 지나지 않는 책에서는 이만한 강요 정도로 만족할 때에, [독자가] 이런 태도를 관서해 줄로 생각한다.

맺는말

① 내가 두 가지 사물을 여러 차례 또 장시간 성찰하는 데에 종사하면 할수록, 그 두 가지 사물은 더욱 새롭고 더욱 높아지는 감탄과 경외를 내 마음에 가득 채우는 것이다. 이 두 가지 사물이란, 내 머리 위의 별이 총총한 하늘과 내 마음 속의 도덕법이다. 이 두 날을 나는 암흑 가운데 싸인 것으로나 혹은 내 시야 바깥의 초절계에 있는 것으로(als) 찾지도 않고 그저 추측하지도 않는다. 나는 그것들을 내 눈 앞에서 보고, 그것들을 내 존재의 의식과 직접 결합한다[그것들이 있으므로, 내가 존재한다고 자각한다].

전자는, 외부의 감성계에서 내가 차지하는 위치에서 시작하여 나와 맺는 연결을 세계 위의 세계와 천체 위의 천체를 갖는, 일망무제한 [공간적] 누리로 확장한다. 뿐더러 전자는 세계와 천체와의 주기적 운동의 개시와 지속과를 그런 운동의 무한한 시간 중으로 확장한다.

후자는, 내 육안으로 볼 수 없는 자아, 즉 인격성에서 출발하여, 「한 세계」 중에서 나를 표시하는데, 이 세계는 참으로 무한성을 가지되, 오성[1]만이 그 세계를 찾아볼 수 있다. 또 나와 이 세계(이 세계를 통하여 또한 볼 수 있는 모든 저 우주적 세계)와의 결합은 전자의 경우처럼 우연적이 아니라, 보편적·필연적인 것을 나는 인식한다.

첫째의 무수한 뭇 세계의 전망은, (왜 그런지 모르되) 잠깐 동안만 생명의 힘이 주어져 있은 뒤에, 신체적 자기의 근원인 물질을 지구라는 유성으로 ――(이 유성은 온 누리 중에서는 하나의 점임에 불과하다) ―― 돌려보내지 않을 수 없는 동물적 피조물로서의 내 가치를 말하자면 전혀 부정하여 버린다. 이와 반대로 둘째의 전망은 지성으로서의 내 가치를 내 인격성에 의해서 한없이 높인

1) 오성이 아니고 이성이라는 말이 적합하겠다.

다. 내 인격성 중에 있는 도덕법은 동물성에서 또 전감성계에서 독립해 있는 인생을 나에게 계시한다. —— 적어도 그런 인생을 이승생활의 제약과 한계와에 제한하지 않고 무한으로 존속하게 하는 도덕법이, 내 생존의 합목적적인 사명으로부터 추측케 하는 한에서.

② [사물의] 감탄과 존경은, 확실히 탐구를 자극하기는 하되, 그 탐구[방법]의 결함을 없앨 수는 없다. 그러면, 탐구를 유효하고도 대상의 숭고성에 알맞은 방법으로써 시작하고자, 우리는 무슨 일을 해야 할 것인가? 이런 때에, 기왕의 실례들이 경고해 주는 가치가 있고, 그것들은 모방을 위해서도 유용한 것이다.

자연 세계의 고찰은, 인간의 감관들이 어느 때라도 내놓고, 감관의 넓은 분야의 탐구를 우리의 오성이 어느 때나 능히 할 수 있는바, 가장 훌륭한 견해에서 출발했다. 그러나, 그것은 [이때까지의 실례에서는] 결국 점성술(Sterndeutung)에 도달했다. 도덕[의 고찰]은, 그것[도덕적 본성]의 발전과 계발이 무한한 효용을 노린바, 도덕적 본성(noralische Natur)의 가장 고귀한 성질에서 출발했으나, 그러나 그것은 결국 광신이거나 미신(Aberglaube)에 도달했다.

노력의 가장 고귀한 부분이 이성의 사용에 의존하되, 이성의 사용이 아직 세련되지 못했던 모든 시도에 있어서는, 이런 결과에 도달하지 않을 수 없다. 이성의 사용은 발의 사용과 같이 자주 늘 실용함으로써 절로 그 능력이 명백해지는 것이 아니다. 그것이 직접 보통의 경험에서 나타나지 않는 성질의 사물[도덕]에 관계할 때에는 더구나 그러하다.

그러나 비록 늦기는 했으되 이성이 취하고자 꾀한 모든 발걸음을 아예 숙려한 준칙이, 미리 잘 생각한 방법의 궤도에서 어그러짐이 없이 발걸음을 취하게 한 준칙이 한 번 퍼진 이후로는, 세계 구조의 비판은 이전과는 전혀 다른 방향을 취했고, 이와 더불어 이전과 견줄 수도 없이 아주 행복된 성과를 거두었다.

돌의 낙하, 투석기의 운동은 그것의 [조직] 요소가 분석되고 거기에 나타나는 힘들이 분석되며, 수학적으로 다루어진 뒤로는, 세계 구조에 관해서 드디어 명석하고도 전 미래를 통해서 변함이 없는 통찰(Einsicht)을 가져왔다. 그리고 이런 통찰은, 고찰이 전진함을 따라 항상 오직 넓어지는 것을 바랄 수 있으되, 줄어들까 겁낼 필요는 없는 것이다.

③ 그런데, 인간성의 도덕적인 소질을 논할 즈음에도, 저 실례는 역시 확실한 길을 찾아 걷도록 좋은 지시를 해 줄 수 있으며, 유사한 좋은 성과에 대한 희망을 우리에게 줄 수가 있다. 우리는 필경 도덕적으로 판단하는 이성의 실례들을 손앞에 가지고 있다. 이런 실례를 그 요소인 개념들로 분석하는 일, [이때에] 수학이 결핍해 있기 때문에 화학에 가까운 방법을, 즉 실례 중의 합리적 요소와 경험적 요소를 서로 분리하는 방법을, 상식이 일상 늘 시도해서 사용하는 일, 이런 일은 우리로 하여금 양자를 각각 순수하게 알 수 있게 하고, 양자가 각기 단독으로 무엇을 할 수 있는가 하는 것을 확실히 알 수 있게 한다.

이리하여 우리는 한편에서 아직 조졸한 단련 없는 판단의 잘못을 막을 수 있는 동시에, 딴 편에서(이 편이 훨씬 더 필요하다) 소위 천재의 범람을 막을 수 있다.

천재의 범람은, [소위] 연금술[1](Stein der Weisen)에 통한 달사들의 경우에 흔히 있듯이, 자연에 관한 모든 방법적 연구와 지식이 없으므로, 사실은 공상적인 보물을 헛되게 약속하며, 참된 보물은 오히려 내어버리게 하는 것이다.

요약해서 말하면, (비판적으로 구해지고 방법론적으로 이끌어 내진 엄밀한 학만이「지혜론」[실천철학]에 도달하는 좁은 문이 된다. 물론 여기서 지혜론이란 말은, 만인이 걸어가야 할「지혜의 길」을 평탄히 또 명백히 개척하여 남들을 잘못된 길로부터 구제하기 위해서, 우리가 일반으로 무엇을 해야 하는가 하는 뜻으로 뿐만 아니라, 무엇이 교사의 규준으로 쓰일 것인가 하는 뜻으로도 해석되는 것이다. 그리고 이러한 학문의 옹호자는 항상 어디까지든지 철학이 아닐 수 없다. 그리고 대중은 철학의 연구에는 참여하지 못하지마는, 이러한 연구적 노력을 한 뒤에 비로소 참으로 밝게 이해될 수 있는 그 가르침에는 참여하여야 한다.

1) 직역하면, 현자의 돌이요, 이 돌을 중세의 연금술사는 발견하려고 했다. 그것은 비금속을 귀금속으로 변하게 하는 것이기 때문이었다.

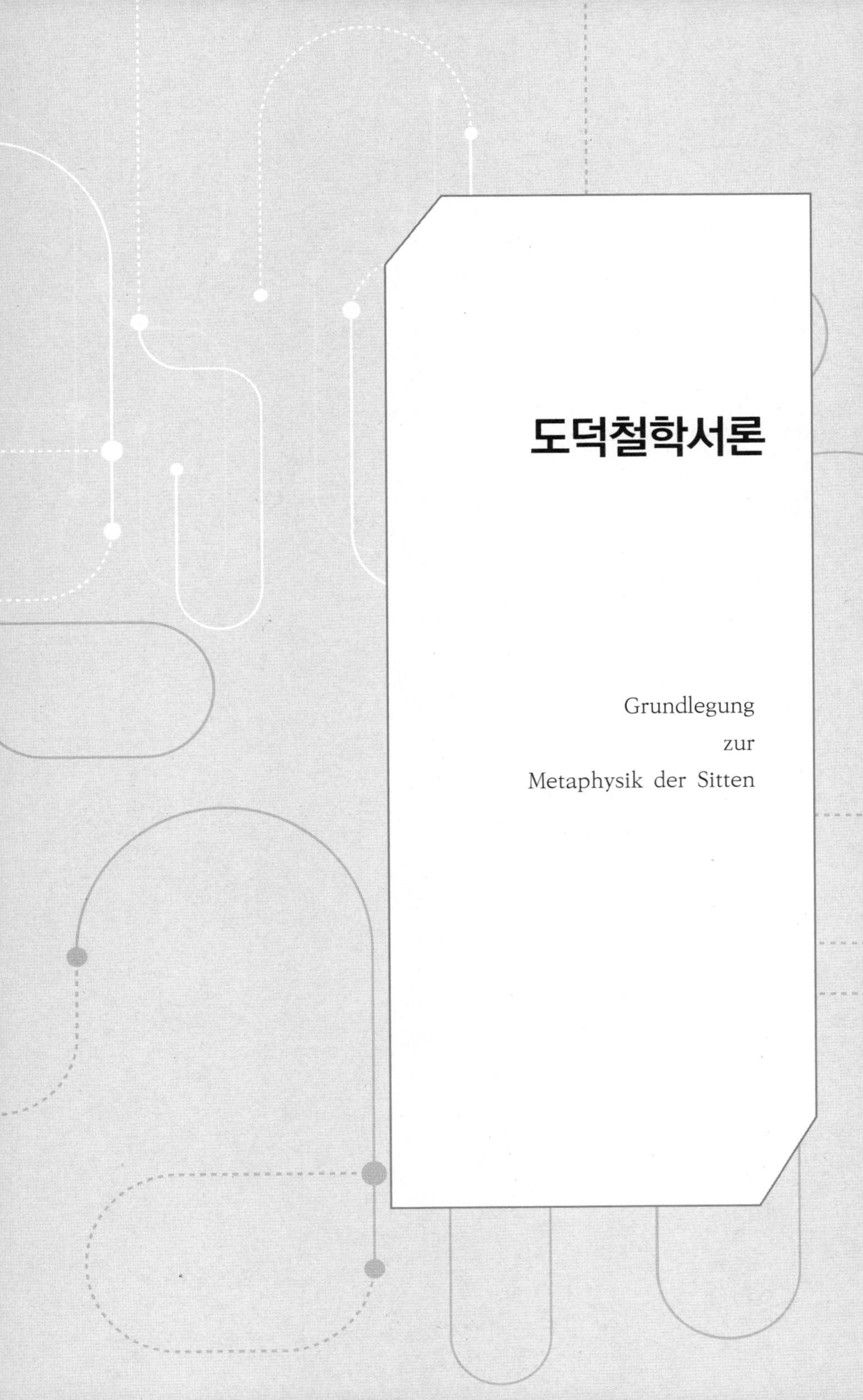

도덕철학서론

Grundlegung
zur
Metaphysik der Sitten

머 리 말

1. 철학의 제분과

고대의 그리스 철학은 세 개의 학문, 즉 물리학, 윤리학, 논리학으로 나누어져 있었다. 이런 구분은 주제[철학]의 본성에 완전히 적합하여 있고, 그 구분의 원리를 첨가하는 것 외에는 수정할 필요가 없다. 구분의 원리를 첨가함으로써, 일면으로는 구분의 완벽을 기할 수 있고 다른 면에서는 세부적인 구분들을 정당하게 규정할 수 있다.

이성의 모든 인식은 실질적이어서 어떤 대상을 고찰하거나, 혹은 형식적이어서 대상의 구별 없이 오성과 이성 자체의 형식과 사고일반의 보편적인 규칙만을 연구한다. 형식적 철학은 논리학이다. 그러나 특정의 여러 대상과 그 대상이 종속하는바, 여러 법칙을 다루는 실질적 철학은 다시 두 부분으로 나누어진다. 왜냐하면 이 법칙들은 자연의 법칙이거나 자유의 법칙이기 때문이다. 자연의 법칙에 관한 학문은 물리학이며 자유의 법칙에 관한 학문은 윤리학이다. 또 물리학은 자연학, 윤리학은 도덕학이라고도 한다.

논리학은 어떠한 경험적 부분도 가질 수 없다.[1]) 즉 논리학은 사고의 보편적이고 필연적인 법칙이 경험에서 유래하는 근거에 의존하게 되는 어떠한 부분도 가질 수 없다. 논리학이 경험적 부분을 가진다면 그것은 논리학이 아닐 것이다. 이럴 경우 논리학은 모든 사고에 타당하며 증명할 수 있는, 오성과 이성의 규준이 되지 못할 것이다.

이에 반해서 자연철학과 도덕철학은 모두 각자 그것들의 경험적 부분을 가질 수 있다. 왜냐하면 자연철학은 경험의 대상으로서의 자연에 그것의 법칙을 규정해야 하며, 도덕철학은 의지가 자연에 의해서 촉발되는 한에서 인간의 의지에 그것의 법칙을 규정해야 하기 때문이다. 그런데 자연철학의 법칙은 모든

1) 일반(형식) 논리학이 사고의 대상에 관계하지 않기 때문이다.

것이 그것에 따라서 생기하는 법칙이지만, 도덕철학의 법칙은 모든 것이 의당 그것에 따라서 생기해야 하는 법칙이요, 도덕철학은 생기해야 할 것이 가끔 생기하지 않게 되는 조건도 고려한다.

철학이 경험에 의거하는 한, 그런 철학은 모두 경험적 철학이라 할 수 있다. 그렇지만, 그의 학설을 단적으로 선천적 원리로부터 전개하는 철학은 순수철학이라고 할 수 있다. 순수철학은, 그것이 단지 형식적이라면 논리학이라고 하고, 오성의 특정 대상에 제한되어 있으면 형이상학이라고 한다.

이와 같은 방법에서 두 가지 형이상학의 이념, 즉, 자연의 형이상학의 이념과 도덕의 형이상학의 이념이 생긴다. 그러므로 물리학은 경험적 부분과 동시에 합리적 부분을 가지게 된다. 윤리학도 마찬가지지만, 여기서는 경험적 부분을 특히, 실천적[1] 인간학이라고 일컫는 데 반해서 합리적 부분을 정말 도덕이라고 일컬을 수 있다.

2. 순수도덕에 대한 요구

모든 산업, 수공업, 그리고 기술은 분업에 의해서 진보하여 왔다. 이것은 한 사람이 모든 일을 다 하지 않고, 따라서 어떤 일의 처리 방식이 다른 것으로부터 현저하게 구별되는 특수한 일에만 제한됨으로써 그 일을 극히 완전하게 그리고 보다 더 용이하게 수행할 수 있었기 때문이다. 일이 그렇게 구별되지 않고, 분업되지도 않으며, 사람마다 다재다능할 수 있는 처지에서는, 산업은 아직도 극히 미개한 상태에 머물고 있다. 그러나 순수철학이 그것의 모든 부분에서 특수 연구자를 요구하는가 어떤가 하는 문제는 그것만으로 연구해 볼 만한 문제다. 그리고 대중의 취미에 영합하여 경험적인 것과 이성적인 것을 자신도 잘 모르는 비례에 따라 섞어서 파는 것을 일삼는 자가——이들은 이성적 부분만을 다루는 다른 학자들을 꼬치꼬치 캐는 자들이라고 반대하면서, 스스로 독창적 사상가임을 자처하지마는——다음과 같은 경고를 받는다면, 즉 아마도 그 두 부분은 각각 특수한 재능을 요하겠기에 한 개인이 이 두 가지 일을

1) 원어 praktisch가 여기서와 자하 12행 중에서는 실제적(pragmatisch)이라는 뜻으로 쓰여 있다. 칸트는 「실제적 견지의 인간학」을 1798년에 출간하였다.

겸하면 매우 우둔한 자가 될 뿐이기 때문에, 다루는 방식에 있어 상이한 두 가지 일을 동시에 추구하지 말라고 경고받는다면, 이는 학문 전체를 위해서 유익한 일이 아니겠는가? 그렇지만 나는 여기서 학문의 본성이 경험적 부분을 이성적 부분에서 항상 조심스럽게 분리시켜서, 본래의 (경험적) 물리학 이전에 자연의 형이상학을 세우고, 실천적 인간학 이전에 도덕의 형이상학을 세우는 것을 요구하지 않는가 어떤가 하는 것만을 (문제)로 한다. 순수이성이 이 두 개의 형이상학에서 얼마만한 일을 수행할 수 있으며, 순수이성 자신이 어떤 근원에서 그의 선천적인 이론을 끌어내는가를 알기 위해서는 이 두 개의 형이상학은 모든 경험적인 것으로부터 조심스럽고도 깨끗이 씻겨 있어야 하겠다. 단, 이런 일은 (무수라고 말해서 좋은) 모든 도덕학자들에 의해서 추구되기도 하겠고, 이런 일을 천직으로 느끼는 소수인들에 의해서만 추구되기도 하겠다.

여기서의 내 의도는 특히 도덕철학을 논하는 데 있기 때문에, 이미 제시된 물음을 다만 다음의 점으로 제한한다. 즉 오직 경험적이어서 인간학[심리학]에 속하는 모든 것으로부터 완전히 벗어난 순수한 도덕철학을 일단 마련해 보는 것이 절대로 필요하다고 생각되지 않는가 어떤가 하는 물음이다. 왜냐하면 이와 같은 도덕철학이 있어야만 한다는 것은 의무와 도덕법과의 통속적 이념으로부터 이미 명백하기 때문이다. 모든 사람은 다음의 사실을 시인해야 한다. 즉 어떤 법칙이 도덕적인 것으로, 다시 말해서 의무의 근거로서 타당해야 한다면, 그것은 절대적 필연성을 가져야 한다는 것이다. 너는 거짓말을 해서는 안 된다는 명령은 인간에게만 타당한 것이 아니라 그 외의 이성적 존재자[가령 천사 및 하나님]도 그것을 배반해서는 안 되며, 거짓말 외의 다른 참된 도덕법[의무]도 다 그러하다. 따라서 의무의 근거는 인간의 자연적 성질에서나 혹은 인간이 살고 있는 세계의 환경에서 탐구되어서는 안 되고, 오직 순수이성의 개념에서만 선천적으로 탐구되어야 한다. 그리고 단순한 경험의 원리에 의거하는 모든 다른 가르침과 그 어떤 의미에서 보편적일 수 있는 가르침까지도 그것이 극히 적은 부분에 있어서, 아니 동인[1]에 있어서만이라도 경험적 근거에 의존하는 한에서, 실천적 규칙이기는 하나 도덕적 법칙이라고 할 수는 없다.

1) 동인(Bewegungsgrund)과 동기(Triebfeder)의 구별에 관해서는 237면 참조.

그러므로 모든 실천적 인식 중에서 도덕법은 그것의 여러 원리와 함께 그 어떤 경험적인 것을 내포하는 다른 모든 인식으로부터 본질적으로 구별될 뿐 아니라, 모든 도덕철학은 전혀 인식의 순수한 부분에 기인하고 있다. 인간에 적용될 때에도, 도덕철학은 인간에 관한 지식(즉 인간학)을 조금도 차용하지 않고, 도리어 이성적 존재자로서의 인간에게 선천적 법칙을 보내준다. 물론 이 선천적 법칙들은 그것들이 어떠한 경우에 적용되는지를 판별하기 위해서는 혹은 그것들이 인간의 의지에 작용하여 실행에 영향을 미치도록 하기 위해서는, 경험에 의해서 연마된 판단력을 필요로 한다. 왜냐하면 인간은 대단히 많은 애착에 의해 촉발되기 때문에, 순수실천이성의 이념을 느끼기는 하지만, 그의 행실에서 이 이념을 구체적으로 살리는 것은 그렇게 쉽지 않기에 말이다.

그러므로 도덕의 형이상학은 불가피하게 필요하다. 그것은 우리의 이성 안에 선천적으로 있는 실천적 원칙들의 근원을 탐구하기 위한 사변적 동인에서 필요할 뿐만 아니라, 도덕을 이끄는 실마리와 정확한 도덕판단을 위한 최고의 규범이 없는 한, 도덕 자체가 모든 종류의 타락으로 빠지기 때문이다. 무릇, 어떤 행위가 도덕적으로 선이 되기 위해서는, 그것은 도덕법에 적합하다는 것만으로는 충분치 않고, 도덕법 자체를 위해서 생겨야만 한다. 그렇지 않으면 도덕법에 적합하다는 것은 매우 우연적이고 불확실하다. 왜냐하면 부도덕한 근거는 대개가 도덕법에 반대되는 행위를 낳게 할 것이지만, 때로는 도덕법에 적합한 행위를 낳을 수도 있기 때문이다. 그러나 도덕법의 (실천적인 것에서 가장 중요한) 순수성과 진정성은 순수철학 이외의 곳에서는 찾아볼 수 없다. 그래서 순수철학(형이상학)이 선행해야 한다. 순수철학 없이는 어느 곳에서도 도덕철학은 있을 수 없다. 순수원리를 경험적 원리와 혼합시키는 철학은 철학이라는 이름조차 얻을 자격이 없다(철학이 이성의 통속적 인식과 구별되는 점은, 후자가 오직 혼합적으로만 파악하는 것을 철학은 분리된 개별 학문으로 강술하기 때문이다). 하물며 그런 철학이 도덕철학의 이름에 해당하지 않는 것임은 더 말할 필요가 없다. 왜냐하면, 그것은 순수원리와 경험적 원리를 혼합함에 의해서 도덕 자체의 순수성까지도 훼손시킬 뿐더러 도덕 자신의 목적에도 위반되기 때문이다.

3. 의욕일반의 철학과 순수의지의 철학

여기서 요구되고 있는 바가 유명한 볼프[1]에 의해서 일반적 실천철학이라고 명명된 그의 도덕철학의 서론에서 이미 논술되었으므로, 여기서 전혀 새로운 영역이 전개될 수 없다고 생각해서는 안 된다. 볼프의 도덕철학은 일반적 실천철학으로 간주되는 바로 그 이유 때문에, 그의 도덕철학은 모든 경험적 동인 없이 전적으로 선천적 원리로부터 규정되어 순수의지라고 불릴 수 있는 특수한 종류의 의지를 고찰하지 않았고, 도리어 의욕[의지작용] 일반을 고찰했으며, 이 일반적 의미에서 의욕에게 귀속하는 일체의 행위와 조건도 함께 고찰했다. 이 때문에 볼프의 도덕철학이 나의 도덕형이상학과 구별되는 것은 일반논리학이 선험철학과 구별되는 것과 꼭 같다. 즉 일반논리학이 사고일반의 활동과 규칙을 논하는 데 대해서, 선험철학은 순수사고의——이 순수사고에 의해서 대상들이 완전히 선천적으로 인식되지만——특수활동과 규칙을 다루었다. 왜냐하면 도덕의 형이상학은 가능한 순수의지의 이념과 원리들을 규명하는 것이지, 대부분 심리학에서 연구되는 인간의 의욕일반의 활동과 조건을 연구하는 것은 아니기 때문이다. 일반적 실천철학에서 (권한이 전혀 없음에도) 도덕법칙과 의무가 논의되고 있다는 사실이 내 주장에 대한 반박이 되지 않는다. 왜냐하면 이런 논의에 있어서도, 일반적 실천철학의 저자들은 이 학문에 대한 그들의 이념에 충실하기 때문이다. 그들은 오직 이성에 의해서만 완전히 선천적으로 표상되는 진짜로 도적적인 동인과 오성이 경험들의 단순한 비교에 의해서만 일반적 개념으로 끌어올려진 경험적 동인과를 구별하지 않고 있다. 그들은 그 동인의 기원에 있어서의 차이는 고려하지 않고 다만 동인의 강약에 관해서만(모든 동인을 동질적인 것으로 간주함으로써) 고려하며, 이로부터 그들[나름]의 책임의 개념을 형성하되, 이런 책임의 개념은 결코 도덕적이 아니다. 그러나마 이러한 책임의 개념은 모든 가능한 실천적 개념의 기원에 관해서 그것들이 선천적으로 성립하는가, 아니면 단지 후천적으로만 성립하는가를 전혀 비평하지 않는

1) 독일 계몽 철학의 대성자이다. 칸트는 볼프를 「독일에서 철저성의 정신을 수창한 사람이다」고 높이 평가했다(순수이성비판 재판 머리말 XXXVI 참조). 일반적 실천철학이라는 말은 1775년에서 1781년까지 한 칸트의 윤리학 강의에도 나와 있다.

철학에서는 바랄 수도 있는 성질의 것이다.

4. 원론의 목적

장차 도덕[인륜]의 형이상학[1]을 저술하려고 생각하면서, 나는 이 원론[기초공사]을 먼저 출판한다. 도덕의 형이상학을 위한 기초로서는 순수실천이성비판 이외에 딴 기초가 없다. 이것은, 형이상학의 기초가 이미 출판된 순수사변이성의 비판 이외에 없는 것과 마찬가지이다. 그러나 첫째로 순수실천이성의 비판은 순수사변이성의 비판처럼 지극히 필요한 것은 아니다. 왜냐하면 인간 이성은 도덕에 관해서는 매우 보통의 오성[즉 상식]으로써도 상당한 정당성과 세밀성에까지 용이하게 도달할 수 있는 데 반해서, [이성의] 이론적이고 순수한 사용에서는 철저히 변증적[2]이기 때문이다. 그리고 둘째로 실천이성비판을 완성하려고 하면 실천이성이 어떤 공통된 원리에 의해서 사변이성과 일치함을 동시에 설명할 수 있다는 것을 순수실천이성의 비판을 위해 나는 요구한다. 왜냐하면 결국은 오직 하나의 동일한 이성만이 있을 수 있고, 이 이성은 단지 적용에 있어서만 구별되기 때문이다. 그렇지만 나는 전혀 다른 종류의 고찰을 도입하여 독자를 현혹시킴이 없이, [실천이성과 사변이성이 일치한다는 것의] 설명을 여기서는 완전하게 할 수는 없었다. 이렇기 때문에 나는 순수실천이성비판이라고 하는 이름 대신에 도덕형이상학원론[도덕철학서론]이라는 책 이름을 붙였다.

그러나 세 번째로는 도덕의 형이상학은 그것의 엄청난 제목에도 불구하고, 역시 매우 통속적이고 상식에도 적합하기 때문에, 도덕의 기초에 관한 이 예비적 연구를 순수실천이성의 비판으로부터 분리시키는 것이 유용하다고 나는 생각한다. 그렇게 함으로써 순수실천이성비판에서는 불가피한 정교한 논의를, 이해하기가 보다 더 용이할 학설[도덕의 형이상학]에다 장래에 첨가할 필요가 없어진다.

이 원론의 유일한 목적은 도덕의 최상원리의 탐구와 확립이다. 이러한 탐구

1) 1897년에 나온 도덕의 형이상학은 두 편으로 되었다. 제1편이 「법론의 형이상학적 기초」요, 제2편이 「덕론의 형이상학적 기초」이다.

2) 영혼에 관해 오류추리를 하고, 우주의 시초·기본 건축재 등에 관해서 이율배반이 생기고, 하나님에 관해 사변적·독단적 증명을 한다는 것들을 지시한다.

와 확립만이 그 의도에 있어서 완전하고, 다른 모든 도적적 탐구로부터 구별되는 일로 된다. 이 중요한, 그러면서도 아직껏 충분하게는 설명되지 않았던 중요 문제에 대한 나의 주장(대답)은, 동일한 원리를 「전체계에 적용」함으로써 훨씬 명료하게 이해될 것이며, 이 원리가 도처에서 완전성을 알게 함에 의해서 훌륭히 확증될 것이다. 그런데도 불구하고 나의 공익적이라기보다는 필경 내 자신의 유쾌사가 될지 모를 이 이익[전체계에의 적용]을 단념해야만 했다. 왜냐하면, 한 원리의 사용에 있어서의 용이성과 외견상의 충족성은 그 원리의 정당성에 관한 완전히 확실한 증거를 제시해 주는 것은 아니기 때문이다. 그것들은 오히려 어떤 편파성을 환기해서 결과를 고려함이 없이 원리를 자립적으로 엄밀하게 탐구하고 평가함이 없도록 하기 때문이다.

5. 이 원론의 방법

이 저서에서 내가 채택한 방법은, 만약 우리가 통속적인 인식에서 출발해서 그 인식의 최상 원리의 형성에 이르는 분석적[배진적, 소급적] 방법을 취하고, 다시 여기서 거꾸로 이 원리의 검토와 이 원리의 근원에서 출발하여 이 원리가 사용되고 있는 통속적 인식으로 되돌아오는 종합적[전진적, 하강적] 방법을 취하고자 한다면 가장 적합하리라고 생각되는 방법이다. 따라서 본서는 다음과 같이 구분된다.

1장: 도덕에 관한 이성의 일상적 인식에서 이성의 철학적 인식으로의 이행
2장: 세속적 도덕철학에서 도덕의 형이상학으로의 이행
3장: 도덕의 형이상학에서 순수실천이성비판으로의 이행

제1장 도덕에 관한 이성의 일상적 인식으로부터 이성의 철학적 인식으로의 이행

1. 선의지

이 세계 안에서, 아니 더 넓게 이 세계 밖에서도 우리가 무제한적으로 선하다고 볼 수 있는 것은 오직 선의지뿐이다. 지성, 기지, 판단력, 그 외의 정신의 재능이라고 부를 수 있는 것들, 또는 용기, 과단성, 철석심 같은 기질상의 성질들도 물론 여러 가지 점에서 선하고 바람직하다고 할 수 있다. 그러나 이러한 자연의 선물 즉, 천부도 그것을 사용하는 의지, 그래서 그것의 특유한 성질을 성격이라고 말하는 의지가 선하지 못하다면, 지극히 악한 것이 될 수도 있고 유해한 것이 될 수도 있다. 행운의 선물에 관해서도 사정은 마찬가지다. 권력, 부, 명예, 또 행복이라고 하는 건강, 안온, 자기경우에 대한 만족 같은 것들도, 그것들이 심성에나 행위의 원리 자체에 미치는 영향을 바로 잡아 주고, 보편적·합목적적이 되도록 바로 잡아 주는 선의지가 [기본적으로] 없다면, 사람을 득의양양하게 해서, 그로 인해서 오만으로 흐르게 하는 때도 있다. 이성적이고 편견 없는 방관자는 순수하고 선한 의지의 특징이 전혀 없는 자가 지장 없는 번영을 누리는 것을 보기만 해도 만족을 가질 수 없음은 언급할 필요도 없다. 그러므로 선의지는 행복할 만한 값어치가 있기 위해서도 불가결한 조건인 것으로 생각된다.

이러한 선의지의 작용에 도움이 되고 선의지가 하는 활동을 매우 용이하게 하는 성질들도 약간은 있다. 그럼에도 이런 성질들 역시 자체의 내적인 무조건적 가치를 가지는 것이 아니라, 항상 선의지를 전제하는 것이다. 즉 선의지는 그러한 성질들에 대해서 정당하게도 가지는 존경을 제한하고 그것들을 무조건 선하다고 하는 것을 허용하지 않는다. 가령 욕정[1]과 격정을 절제하고 극기심

---

1) 욕정(Affekt)은 분노와 같은 일시적인 것이요, 격정(Leidenschaft)은 곤란한 영속적인 질투와 같은 것이다(졸저, 생의 낙수, V. 칸트의 인간관찰 87면 참조).

이 있으며 냉정한 숙고가 있음은 여러 가지 점에서 선할 뿐만 아니라 인격의 내적 가치의 일부도 되는 듯하다. 그러나 이러한 것들을 무제한의 선으로 간주하기에는 많은 것이 결여되어 있다(이러한 것들을 고대인[희랍, 로마의 철학도]들은 무조건 찬미하였지마는). 왜냐하면 선의지의 원칙들이 없으면 그와 같은 것들이 극히 나쁜 것이 될 수도 있기 때문이다. 한 악한의 냉혈은 그가 그러한 것 없이 악한이라고 간주될 때보다도 훨씬 더 그를 위험인물로 되게 할 뿐만 아니라, 직접 우리가 보아서도 훨씬 더 혐오할 만한 인물로 되게 하는 것이다.

2. 선의지와 보석

선의지는, 그것이 실현하고 성취하는 것에 의해서나 어떤 설정된 목적을 달성하는 데 적합하기 때문이 아니라, 그 의욕만으로, 즉 자체만으로 선하며, 그 자체만을 고찰하더라도 어떠한 경향성을 위해서――아니, 경향성의 전체를 위해서라고 말해도 좋지만――의지에 의해 수행될 수 있는 일체의 것보다도 비교가 안 될 만큼 월등히 평가되는 것이다. 운명의 기구한 작희에 의해서나 또는 계모와도 같은 자연의 인색한 마련에 의해서 의지의 목적을 관철시킬 능력이 이 [선]의지에 전적으로 결여되어 있다 하더라도, 또 그 의지의 최대의 노력에도 불구하고, 아무것도 실현되지 않고 단지 선의지(물론 단순한 바람에 지나지 않고 가능한 한의 모든 수단을 기울여 보았다)만이 남는다 할지라도 이 선의지는 보석처럼 그 자체만으로 빛나는 것이겠고, 그 자신 속에 전적 가치를 간직하고 있는 것이겠다. 유용성이나 무용성은 이 가치에 아무런 증감도 끼칠 수 없다. 이러한 유용성이나 무용성은 이를테면 그 보석을 싸는 테와 같은 것이다. 이 테는 보석을 보통의 거래에서 보다 더 잘 다룰 수 있게 하거나 또는 그 보석을 잘 모르는 사람들의 주의를 끌게 할 수는 있겠지마는 그 보석을 잘 식별할 줄 아는 사람에게는 권장할 만한 것이 못되며 따라서 보석의 가치를 결정할 수는 없는 것이다.

3. 도덕적 이성의 기능

그렇지만 우리가 의지를 평가하는 데 있어서 그것의 유용함을 고려하지 않는 한갓 의지 자체의 절대적 가치라는 이념[생각]에는 기묘한 점이 있기 때문에, 보통의 이성[상식]까지도 이 이념에 완전히 찬동함에도 불구하고, 약간의 의혹이 생기지 않을 수 없다. 즉 이와 같은 이념의 근저에는 고공비행의 공상이 감추어져 있지나 않나 하는 의혹이요, 또 자연이 이성을 우리의 의지의 통치자로 주었던 소이의 의도가 오해되어 있지나 않나 하는 의혹이다. 그러므로 우리는 이러한 관점에서 [선의지에는 절대적 가치가 있다고 하는] 이념을 검토해 보고자 한다.

유기적 존재자, 즉 합목적적 생명을 가진 존재자의 자연적 소질에 있어서, 그 목적에 대한 도구로서, 유기적 존재자에 가장 적의한 것, 즉 그런 존재자에 가장 알맞은 것 외에는 아무런 도구도 발견하지 않는 것을 원칙으로 삼는다고 우리가 가정해 보자. 그런데 이성과 의지를 가지는 한 존재자에 있어서 그것[생명]의 보존이나 안녕, 즉 한마디로 말해서 그것의 행복이 만약 자연의 원래 목적이라고 한다면, 피조물의 이성을 자연의 의도의 수행자로서 선정한 자연의 조치는 극히 졸렬한 것이었을 것이다. 왜냐하면 유기적 존재자가 이와 같은 자연의 의도로서 실현해야 할 모든 행위와 그 동작의 모든 규칙과는, 이성에 의해서 생기기보다도 본능에 의해서 훨씬 더 정확히 지정될 수 있을 것이요, 저 [생명 보존의] 목적도 본능에 의해서 더 확실히 보존될 수 있었을 것이기 때문이다. 거기다가 이성이 이 행운의 피조물에게 부여되어 있다고 한다면 그 이성은 자연이 준 행운의 소질을 관찰하고, 그것을 경탄하며 그것을 기뻐하여 자연이 준 그와 같은 선의적 혜택에 감사하기 위해서만 유용하였을 것이다. 피조물의 욕망능력을 약하고 허망한 이성의 지도에 내맡겨서 자연의 의도를 좌절시키기 위하여 이성이 유용하였을 리는 없었을 것이다. 일언으로 폐지하면, 자연은 이성이 실천적인 사용을 개시해서 그것의 미약한 통찰로써 행복과 이것에 도달하는 수단과를 스스로 구상해 내는 뻔뻔스러운 짓을 하지 않도록 막았을 것이다. 자연은 목적의 선택뿐만 아니라 수단의 선택까지도 스스로 맡아서 현명한 예례를 하면서 이 목적과 수단의 선택을 본능에 위촉했을 것이다.

우리는 사실 어떤 교양된 이성이 생활을 즐기고 행복을 얻으려고 하면 할수록 인간은 진정한 만족으로부터는 더욱 멀어진다는 것도 알고 있다. 이 같은 사실로부터, 자백하기에 족할 만한 정직성이 있기만 하면, 많은 사람들, 특히 이성을 사용해 본 경험이 많은 사람들에게 있어서는, 지식 멸시, 즉 이성에 대한 혐오가 생기는 것이다. 왜냐하면, 그들이 산출한 모든 이익, 즉 속된 사치를 위한 모든 기술의 발명에서 생긴 이익을 차지하고서라도 학문(학문 역시 그들에겐 오성의 하나의 사치로 보인다)들에서 생긴 이익을 합산해 보아도, 행복을 획득했다기보다는 오히려 실지로는 고통에 더 시달렸다는 것을 그들은 알 것이요, 따라서 결국은 단순한 자연적 본능의 지도에만 굳게 의지하여, 자기의 일체의 소위와 무위에 대하여 이성의 많은 영향을 허하지 않는, 속물들을 경멸하기는커녕 반대로 선망하게 되는 것을 발견하기 때문이다. 그런 한에서 생활의 행복과 만족에 관해서 이성에 기여할 이점을 크게 찬양하는 것을 억제해서 심지어 0 이하로 평가하려는 사람들의 판단이 심술궂다든가 혹은 우주 통치의 인자에 대해 망은적이라고 하기보다는, 그들 판단들의 저변에는 [행복과 만족을 얻는 것과는] 다른, 훨씬 더 존귀한 생존 목적의 이념이 숨어 있으며, 이성 본래의 사명은 행복을 얻는 것이 아니라 바로 이 고차적인 목적에 있는 것이며, 따라서 인간의 개인적인 목적은 최상의 제약으로서의 이념의 하위에 종속해야 한다는 점을 사람은 승인해야 하는 바다.

왜 그러냐 하면, 이성이 의지의 모든 대상과 우리들의 욕망 (이성 스스로도 이러한 욕망을 어느 정도 증대시킨다)을 안전하게 지도하는 힘이 충분하지 못하고, 이러한 욕망을 지도하는 목적을 위해서는 생득의 자연적 본능이 훨씬 더 확실한 역할을 했을 것이지마는, 우리에게는 이성이 실천 능력으로서 즉 의지에 영향을 주는 능력으로서 주어져 있기 때문에, 이성의 참다운 사명은 대체로 여타의 의도를 위한 수단으로서의 「선한 의지」가 아니라, 그 자체로서 선한 의지를 생기게 하는 데 있어야만 하고 또 선한 의지의 이러한 발생을 위해서는 이성이 절대적으로 필요했던 것이다. 물론 자연이 그 여러 소질들을 분배함에 있어서 언제나 목적에 적합하도록 작용했다는 것을 가정하고 있는 일이다. 그러므로 [선]의지는 실로 유일한 선, 전체선은 아니지만, 최고선[최상선]이어야 하고, 모든 여타의 선에 대한 제약이요, 행복의 모든 희구에 대해서조차 그 제약이어야 한다. 그리고 이 경우에 최고의 무제약적 목적을 위해서 필수적인 이성의 교양이 언제나 제약되어 있는 목적, 즉 행복의 달성을, 적어도 이승[현세]에서 여러 가지 방식으로 제한하는 일을 보는 바이나, 이런 일은 자연의 지혜와 완전히 일치하는 것이다. 아니, 자연이 이승에서 목적에 맞지 않게 작용함이 없다고 하면서 [섭리를 인정하면서], 이성은 행복 자체를 0 이하로 강등시킬 수도 있다. 왜냐하면, 최고의 실천적 본분을 인식하는 이성이 이 목적을 달성함으로써 자기 나름의 만족을 얻을 수 있기 때문이다. 다시 말해서, 경향성의 모든 목적에 파탄을 초래하는 일이 불가피하다 하더라도 이성은 이성만이 규정하는 목적의 실현에서 만족을 얻을 수 있기 때문이다.

4. 선의지와 의무

우리는 이제 그 자체로서 높이 평가될 만하고 다른 어떤 목적 없이도 선한 의지의 개념을 발전시켜야 하겠다. 이 선의지는 건전한 자연적 오성[상식]에 이미 내재해 있으며 따라서 가르쳐지기보다는 오히려 계발되기만 하면 좋은 것이다. 이 선의지의 개념은 우리의 모든 행위의 가치를 평가함에 있어서 항상 상위에 처해 있고 모든 다른 가치의 조건이 된다. 이 개념을 발전시키기 위해서 의무의 개념을 취해 보자. 이 의무의 개념은 어떤 주관적 제한과 방해 아래에 있기는 하지만 선의지의 개념을 포함하고 있다. 그렇다고 해서 이 제한이나 방해가 의무의 개념을 숨겨서 분별할 수 없게 하는 것은 아니며, 오히려 서로 대조함으로써 의무개념을 드러내 보이고 더욱더 반짝이게 하는 것이다.

5. 상행위 · 생명보존 · 친절 · 행복추구 등에서의 의무의 동기

여기서 나는 의무에 위반되는 것으로 이미 인식된 모든 행위를, 비록 이 행위들이 이런 의도나 저런 의도에 유용하다 하더라도, 고려하지 않기로 한다. 왜냐하면 이러한 행위들은 의무에 위반되기 때문에, 그것이 의무에서 나온 것인지 아닌지 하는 것은 전혀 문제가 안 될 것이기 때문이다. 또 실제에 있어서 의무에 적합한 행위일지라도, 우리가 직접적으로는 아무런 애착도 없었으면서도 다른 어떤 경향에 의해서 행위하게끔 되어있는 그러한 행위들도 나는 고려하지 않겠다. 왜냐하면 여기서는 그 의무에 적합하는 행위가 의무에서 발생하였는지, 아니면 사리적 의도에서 발생하였는지 구별을 쉽게 할 수 있기 때문이다. 행위가 의무에 적합하고 또 주관이 그 행위에 대한 직접적 애착을 가질 때에는, 이런 구별을 짓기가 매우 어렵다. 예를 들면 소매상이 상품매매에 익숙하지 못한 고객에게 너무 비싸게 팔지 않은 것은 물론 의무에 적합하는 행위이다. 그리고 거래가 잘 이루어지는 곳에서는 현명한 상인 역시 비싸게 파는 일을 하지 않고, 누구에게나 고정된 일반가격을 계속 지켜감으로써 어린이들도 어른들과 마찬가지로 구매하게 된다. 이와 같이 하면 우리는 상인으로부터 정직하게 접대받아 있다. 그러나 그렇다고 해서 그 상인이 의무에서 또 정직의 원칙에서 그렇게 하는 것이라고 믿기에는 아직도 불충분하다. 즉 그에게 이익됨이 그렇게 하도록 요구했던 것이다. 더구나 이 경우 그가 고객에게 직접의 애착[경향성]을 가지는 결과로, 말하자면 애정에서 누구에게도 특별히 싸게 팔지 않는다는 것을 우리가 가정(상상)할 수 없다. 따라서 이와 같은 상행위는 의무에서나 직접적인 애착에서가 아니라 오직 사리를 얻고자 하는 의도에서 생겼던 것이다.

이와는 정반대로 자기의 생명을 보존하려는 것은 의무요, 또한 각자는 자기의 생명을 보존하려는 직접적인 경향성을 가지고 있다. 그렇지만 대부분의 인간이 그들 생명의 보존을 위해서 가끔 가지는 불안스러운 근심은, 반드시 내적 가치를 가지는 것이 아니며, 이러한 사람들의 준칙이 반드시 도덕적 가치를 가지지도 않는다. 물론 그들이 그들의 생명을 보존하는 것은 「의무에 적합」하기는 하나 「의무에서」 나온 것은 아니다. 반대로 여러 가지 불행과 절망이 생에 대한 흥미를 완전히 앗아갔지마는, 이 불행한 자가 마음이 강해서 비겁하게 되거나 침울하게 된다기보다는 오히려 자기의 운명에 대해서 분발하게 되고, 죽기를 바라면서도 자기 생명을 보존하며, 생명에 대한 사랑에서나 경향성 또는 공포에서가 아니라 의무에서 생명을 보존한다면, 이러한 준칙이야말로 도덕적 가치를 가지는 것이다.

할 수 있는 데까지 타인에게 친절하다는 것은 의무이다. 그리고 세상에는 천성상 타인에 대해 매우 동정적인 사람들도 많아서, 그들은 허영심이나 이기심에 의한 어떤 다른 동기에서가 아니라 그저 자기 주위에 기쁨을 확대하는 것에 내적인 만족을 발견하고, 타인의 만족이 자기의 소위인 한에서 타인의 만족을 기뻐할 수도 있다. 그러나 이와 같은 경우에 있어서의 그러한 행위는 극히 의무에 적합하고 사랑할 만한 것이기는 하지만 아무런 참된 도덕적 가치를 가지지 않으며, 오히려 다른 경향성들, 예컨대 명예에 대한 경향성과 같은 종류의 것이라고 나는 주장한다. 명예에 대한 경향성은, 그것이 다행히도 실제로는 공익적이고 의무에 적합하며 따라서 명예라고 할 만한 것에 해당할 때에 칭찬과 고무를 받을 만하기는 하나, 존중할 만한 것은 못된다. 왜냐하면, 그 준칙에는 도덕적 가치가 결여되어 있기 때문이다. 즉 그와 같은 행위들을 경향성에서가 아니라 의무에서 수행하는 도덕적 가치가 없는 것이다. 다음과 같은 경우를 가정해 보자. 즉 이 박애가의 심성이 자기의 상심에 의해 흐려져 있어서 타인의 운명에 대한 모든 동정을 없애버렸다고 하자. 그는 고통에 괴로워하는 타인에게 친절을 베풀 능력이 있기는 하지만 자기의 고통에 너무 얽매여 있기 때문에 타인의 고통이 그의 마음을 움직이지는 못한다고 하자. 그래서 어떠한 경향성도 벌써 그를 타인의 고통을 덜게끔 자극하지 않는 데에도 불구하고, 그의 이 치명적 무감동에서 탈출하여, 아무런 경향성 없이 그런 행위를 한다면 이때야말로 그의 행위는 비로소 진정한 도덕적 가치를 가진다. 또 하나의 예를 들어보자. 자연이 어떤 사람의 마음에는 동정심을 부여하지 않았다고 하자. 그래서 그는 (다른 점에서는 정직하지마는) 냉담한 기질의 사람이요, 타인의 고통에 대해서 무감각하다고 하자. 이것은 아마 그 자신의 고통에 관해 천부의 인내와 강인력이 주어져 있어서, 다른 사람에게도 역시 이와 같은 것이 주어져 있으리라 전제하고, 심지어는 요구까지 하기 때문일 것이다. 비록 자연이 이와 같은 사람을 (이러한 사람이 자연의 최열등의 산물은 아닐 것이다) 특히 박애가로 만들지는 않았지만, 그는 온량한 기질의 사람이 가지는 가치보다도 훨씬 높은 가치를 자신에게 부여하는 원칙을 자신 중에서 발견하지 않을 것인가. 확실히 발견할 수가 있다. 바로 여기에서 「성격의 가치」가 나타나기 시작한다. 그리고 이 성격의 가치(der Wer des Charakters)는 도덕적이요, 그 무엇과도 비교할 수 없는 최고의 가치이다. 즉 그것은 경향성에서가 아니라 의무에서 친절을 행하는 가치이다.

자기 자신의 행복을 확보하는 것은 (적어도 간접적으로는) 의무이다. 그 이유는, 많은 걱정에 싸여 있고, 충족되지 않는 욕구들의 여울목에 있는 자기의 처지에 대해 만족이 없다고 하면, 이것은 잘못하면 의무를 배반할 큰 유혹으로 화할 수도 있기에 말이다. 그러나 의무에 주목하지 않고서도 모든 인간은 스스로 행복을 얻으려는 극히 강렬하고도 열렬한 경향성을 이미 가지고 있다. 모든 경향성은 바로 이 행복이라는 관념에 총괄되어 있기 때문이다. 그러나 행복을 구하라는 훈계(Vorschrift)는 대개의 경우 몇몇 경향성에게는 큰 방해가 되는 실정에 있고, 그럼에도 인간은 행복이라고 불리는 모든 경향성 충족의 전체에 관해서는 아무런 결정적이고 확실한 파악도 할 수 없는 바이다. 그러므로 어떤 하나의 경향성일지라도 그것이 준다고 확약하는 것과 그 경향성이 충족될 수 있는 시기가 결정되어 있으면 그러한 경향성이 행복이라는 불확정적인 관념을 압도할 수 있으리라는 것은 놀랄 일이 아니다. 예컨대 어느 통풍[관절염의 한 가지]환자는 구미에 맞는 것을 먹고서는 고통은 고통대로 받는 것을 택하는 일이 있지마는, 그 이유는 여기서 적어도 그의 속셈에 따르면 건강 중에 행복이 깃든다는 그 행복에의 근거 없는 기대에 의해서, 그가 지금 순간의 향락을 상실해서는 안 되었기 때문인 것이다. 그러나 이 경우에 행복을 구하려는 일반적 경향성이 그의 「의지」를 규정하지 않았다면, 즉 건강이란 것이 위와 같은 속셈을 반드시 하게 할 것은 아니었다면, 모든 다른 여러 경우에서와 같이 이 경우에도 다음과 같은 법칙이 역시 남는 것이다. 즉 그것은 경향성에서가 아니라 의무에서(aus Pflicht) 그의 행복[건강]을 촉진시킨다는 법칙이고, 이때에 비로소 그의 행실은 진정한 도덕적 가치를 가진다[의무에서 행위한다는 것이 우리의 첫째 명제이다].

네 이웃을 사랑하고 너의 적까지도 사랑하라고 명령하는 성서의 구절도 물론 이렇게 이해되어야 한다. 경향성으로서의 사랑은 명령될 수 없는 것이기 때문이다. 그러나 의무 자체에서 나온 친절은 비록 어떠한 경향성에 의해서 촉진되지 않더라도, 더욱이 자연적이고 불가항력적인 혐오의 정에 부딪친다 하더라도, 실천적[능동적]인 사랑이고 감각적[수동적]인 사랑이 아니다. 이 실천적 사랑은 의지 안에 존재하되 감각의 성벽에 있지 않으며, 행위의 원칙에는 존재하되 감미로운 동정의 원칙에 있지 않다. 그리고 이러한 실천적 사랑만이 명령될 수 있는 것이다.

6. '의무에서'라는 심정적 원리

우리들의 두 번째 명제는 다음과 같다. 즉 의무에서 하는 행위가 도덕적 가치를 가지는데, 이 가치는 행위에 의해서 획득되어야 할 의도에서가 아니라 행위를 규정하는 준칙에 의해서 가진다는 것이다. 그러므로 의무에서 하는 행위는 그것이 실현시킬 대상의 현실성에 의존하는 것이 아니라 욕구 능력의 모든 대상을 고려하지 않고도 행위를 생기도록 하는 의욕의 원리에만 의존하는 것이다. 우리가 가질 수 있는 행위의 의도와 의지의 목적이나 동기로서의 행위의 결과는 무제약적 도덕적인 가치를 가질 수 없다는 것은 상술한 바에 의해 명백하다. 만일 이 도덕적 가치가 행위의 의해서 기대되었던 결과에 관련된 의지에 있지 않다면, 그 가치는 어디에 있는 것일까. 그것은 의지의 원리 외의 다른 어느 곳에서도 있을 수 없다. 의지의 원리는 행위가 실현시킬 수 있는 목적과는 아무런 관련이 없는 것이다. 무릇 의지는 형식적인 선천적 원리와 질료적인 후천적 동기 사이의 기로에 서 있다. 그러나 의지는 그 무엇인가에 의해 결정되어야 하기 때문에 행위가 의무에서 생긴다면, 즉 모든 질료적 원리가 제거된다면, 의지는 의욕일반의 선천적 원리에 의해서 결정되지 않을 수 없다.

7. 도덕법에 대한 존경

상술한 두 명제로부터 추리된 결론으로서의 셋째의 명제는 다음과 같이 표현될 수 있을 것이다. 즉 의무는 [도덕]법에 대한 존경에서 하는 행위의 필연성이다. 내가 지금 하려고 하는 행위의 결과로서의 대상에 대해서 물론 나는 어떤 애착을 가질 수 있다. 그러나 행위의 결과는 의지의 결과에 지나지 않고 결코 의지의 활동 자체는 아니기 때문에, 결과로서의 대상에 대해 내가 존경을 가질 수 없다. 마찬가지로 어떤 경향성이 나의 것이건 타인의 것이건 간에 경향성 일반에 대해서 존경을 가질 수는 없다. 그 경향성이 나의 것인 경우에는 기껏해야 시인하고, 타인의 것일 경우에는 사랑하되 이것도 나의 이익에 보탬이 된다고 생각되기 때문이다. 그러나 결과로서가 아니라 근거로서만 나의 의지와 결합되어 있는 것, 나의 경향성에 봉사하지 않고 이것을 압도하는 것, 적어도 선택을 할 때 경향성을 타산에서 제외하는 것, 즉 순법칙 자체만이, 존경의 대상일 수 있고 또 명령일 수 있는 것이다. 의무에서 하는 행위는 경향성을 배제해야 하고 그런 일과 함께 의지의 모든 대상도 배제해야 한다. 그러므로 객관적으로는 법칙, 그리고 주관적으로는 이 실천 법칙에 대한 순수한 존경 외에 의지를 규정할 수 있는 것은 아무것도 없다. 따라서 최종으로 남게 되는 것은 나의 경향성을 포기하고서라도 이 법칙에 복종하라는 준칙(Maxime)* 뿐이다.

* 준칙은 의욕의 주관적 원리이다. 객관적 원리(즉 이성이 욕망 능력을 완전히 지배할 경우 이성적 존재자가 실천적 원리로서 주관적으로 사용할 수 있는 원리)는 실천 법칙이다.

그러므로 어떤 행위의 도덕적 가치는 행위로부터 기대되는 결과에 의존하지도 않고, 또 이 기대된 결과로부터 행위의 동인을 빌릴 필요가 있는 「행위 원리」에 의존하는 것도 아니다. 왜냐하면 모든 이 결과들은(자기 상태의 쾌적뿐 아니라 타인의 행복 촉진까지도) 다른 원인들에 의해서도 달성될 수 있었고 따라서 그 결과들을 위해서 이성적 존재자의 의지를 필요치 않았기 때문이다. 그러나 「최고의 무제약적 선」은 이성적 존재자의 의지에서만 발견될 수 있다. 그러므로 법칙의 표상 자체 외에는 어떠한 것도 도덕적이라고 불릴 수 있는 탁월한 선이 될 수는 없다. 예기된 결과가 아닌 법칙의 표상이 의지를 규정하는 근거인 한에서, 법칙의 표상은 이성적 존재자에게만 있을 수 있는 것이다. 탁월한 선은 그것에 따라서 행위하는 인격에 이미 존재하고 있으며, 행위의 결과에서 비로소 기대될 필요가* 없다.

* 내가 이성의 개념에 의거해서 문제에 대한 명확한 해답을 주기는커녕 오히려 존경이라는 말을 사용함으로써 어떤 불명확한 감정에 도피하려 한다고 나를 비난할지도 모른다. 그러나 존경이 일종의 감정일지라도 그것은 어떤 외부의 영향에 의해 받아들여진 것이 아니고 이성의 개념에 의해 스스로 산출된 감정이다. 그러므로 그것은 경향성이나 공포 같은 전자의 [수용적] 모든 감정과는 다르다. 나에 대한 법칙으로서 직접 내가 인식하는 것을 나는 존경심을 가지고 인식하는데, 이 존경심은 나의 의지가 나의 감성에 아무런 타자의 영향도 받음이 없이 직접 법칙에 복종하는 의식을 뜻한다. 법칙에 준한 의지의 직접적 규정과 그 규정에 대한 의식이 존경이라고 불린다. 그러므로 이 존경은 주관에 대한 법칙의 결과로서 보아질 수는 있으나 법칙의 원인으로 보아질 수는 없다. 존경은 원래 나의 자기애를 쳐부수는 가치의 표상이다. 존경은 경향성의 대상

과 공포의 대상과에 약간 비슷한 것도 있으나, 원래 경향성의 대상으로 보아지지 않는 것이요, 공포의 대상으로 보아지지도 않는 것이다. 존경의 대상이 될 수 있는 것은 오로지 법칙뿐이다. 자세히 말하면 존경의 대상은, 우리가 우리 자신에 대해 과하는 법칙이요, 그러면서도 필연적인 것으로 과하는 법칙이다. 법칙이기 때문에, 우리는 자애심에 조회하지 않고서 법칙에 복종한다. 그러나 우리 자신에 의해서 우리에게 과해진 것으로서의 법칙은 우리 의지로부터 나온 결과이다. 법칙은 우리가 그것에 복종하는 점에서 공포와 비슷하고, 우리 의지로부터 나온 점에서는 경향성과도 비슷하다. 어떠한 인격에 대한 존경은 사실은 모두 법칙(정직의 법칙 같은)에 대한 존경임에 불과하다. 인격은 이 법칙의 실례를 우리에게 주는 것이다. 우리는 우리 재능의 확대도 의무로 간주하기 때문에, 어떤 재능 있는 사람에게 있어서도 법칙의 한 실례(수련을 통하여 그 재능 있는 사람처럼 되려고 하듯이)[1]를 표상한다. 바로 이런 일이 그에 대한 우리의 존경을 형성한다. 모든 도덕적인 관심은 말하자면 전적으로 법칙에 대한 존경에서만 성립한다.

8. 보편적 합법칙성일반(무상명령)과 거짓약속

의지가 절대적으로 그리고 아무런 제한 없이 선하다고 불릴 수 있기 위해서는 법칙의 표상이 그것에서 기대되는 결과를 고려하지 않고 의지를 규정해야 하지마는, 이런 법칙은 어떤 종류의 법칙일 수 있을까? 내가 어떤 하나의 법칙을 준수할 무렵 의지에 생길 수 있는 충동을 모두 제거하기 때문에 남는 것은 행위 일반의 보편적인 합법칙성뿐이요, 이 보편적 합법칙성만이 의지의 원리가 되어야 한다. 즉 나는 나의 준칙이 보편적인 법칙이 되는 것을 의욕할 수 있도록만[2] 행위해야 한다. 그런데, 여기서 보편적인 합법칙성 일반이(어떤 행위를 예정한 그 어떤 법칙을 근저에 둠이 없이) 의지의 원리로 되는 것이요, 의무가 반드시 공허한 망상이나 환상적인 개념이 될 수 없는 것이어야 한다면, 아무래도 의지의 원리로 되지 않을 수 없다. 상식도 그것의 실천적인 가치판단에 있어서 이런 원리와 완전 일치하고, 이런 원리를 항상 안중에 두고 있다.

1) 이 괄호 속의 글은 재판의 추가이다.
2) 이 글에 나의 의욕, 나의 준칙, 보편적 법칙의 세 개념이 연결하는 관계가 들어 있다.

예를 들어서 다음과 같은 의문이 난다고 해 보자. 즉 내가 곤경에 빠졌을 때 어떤 약속을 지킬 의도도 없으면서 약속을 해서는 안 되는가 하는 의문이다. 이 경우 그런 물음이 가질 수 있는 두 가지 의미, 즉 거짓된 약속을 한다는 것이 영리한 것인가, 아니면 의무에 적합한 것인가 하는 두 의미는 쉽게 분간된다. 첫 번째의 경우가 물론 자주 생길 수 있다. 그러나 나에게 명백한 것이 있는데, 그것은 당면한 곤경으로부터, 거짓말을 함으로써 도피하는 일이 충분한 일은 못된다는 것이다. 지금 내가 면하려는 어려움보다 더 큰 어려움이 생기지나 않나 하는 것을 숙려해야 한다. 그리고 나를 내가 자못 교활하다고 상상하더라도 이미 상실된 신용이 지금 내가 회피하려고 하는 모든 불편보다도 한층 더 나를 불리하게 할지 어떨지는 쉽게 예견할 수 없는 것이기 때문에, 보편적 준칙에 의거해서 행동하고, 지킬 의도가 없었다면 아무것도 약속하지 않도록 습관화하는 것이 더 영리한 행위인지 아닌지도 숙려해 보아야 할 것이다. 그렇지만 이러한 종류의 준칙은 필경 그 결과를 두려워함을 근저에 두고 있다는 것만을 일견해서 명백하다. 의무에서 성실한 것과 불리한 결과에 대한 걱정 때문에 성실한 것과는 엄연히 다르다. 전자의 경우에서는 행위의 개념 자신이 이미 나에 대한 법칙을 포함하고 있지만, 후자의 경우에서는 그런 행위가 나에 대해 어떠한 결과와 결합해 있나 하는 것을 생각해서 우선 외부를 돌아다 봐야 한다. 무릇 내가 의무의 원리에서 벗어난다면 그것은 확실히 악이다. 그러나 내가 나의 영리의 준칙을 버린다면 그것을 지키는 것이 보다 더 안전하다 하더라도 그것에 가끔 어긋나는 편이 매우 유리할 때도 있다. 어떤 허위 약속이 의무에 적합한지 안 한지 이 과제에 대한 답을 아주 간단하게 그러면서도 오류 없이 밝히기 위해, 다음과 같이 자문해 보는 것이다. 즉 나의 준칙(허위의 약속에 의해 곤경으로부터 벗어나려는 준칙)이 보편적 법칙(나뿐만 아니라 다른 사람에게도 타당한 법칙)으로서 타당해야 한다는 것에 나는 정말 만족할 수 있을까? 라고 자문해 보는 것이다. 그리고 누구를 막론하고 그가 곤경에 빠져서 다른 방법이 없을 때에는 허위 약속을 해서 벗어나도 좋다고 나 자신에게 말할 수 있을까? 자문해 보는 것이다. 이와 같이 [자기반성을]해보면, 내가 어떤 경우 거짓말을 할 수는 있지만 그것이 보편적인 법칙이 되는 것을 의욕할 수 없다는 것을 곧 깨닫게 된다. 즉 이런 법칙에 따르면 사실은 약속이 전혀 없게 된다. 왜냐하면 나의 말을 믿지 않는 다른 사람들에게 나의 앞으로의 행위에 관해서 나의 의지를 표시해도 그것은 무익할 것이고, 또 그들이 내 말을 경솔하게도 믿는다 하더라도 동일한 화폐(방법)로 보복할 것이며 따라서 나의 준칙은 내가 그것을 보편적인 법칙으로 삼자마자 곧 자멸하지 않을 수 없기 때문이다.

그래서 선의지를 획득하기 위하여 내가 무엇을 해야 할지 알아내기 위해서는 그렇게 심오한 통찰력을 필요로 하지 않는다. 세상 물정에는 별로 경험이 없고 세상에서 생기는 사건에 대처할 능력이 없는 나는 단지 다음과 같이 자문할 뿐이다. 즉 너도 너의 준칙이 보편적 법칙이 되기를 의욕할 수 있느냐고, 만일 그와 같이 의욕할 수 없다면 그 준칙은 버려야 한다. 그리고 이런 일은 그 준칙이 너나 너 아닌 다른 사람에게 일어날 수 있는 손해 때문이 아니라 그 준칙이 보편적인 법칙 수립의 원리로 통용될 수 없기 때문이다. 이러한 보편적인 법칙 수립을 이성이 나에게 직접 존경하도록 강요한다. 물론 이러한 존경이 무엇에 근거하고 있는지(이것은 철학자의 연구과제도 됨직하다) 나는 아직 통찰하지 않으나, 적어도 다음의 것만은 이해한다. 즉 존경은 경향성이 칭찬하는 모든 가치보다 훨씬 더 높은 가치를 존중하는 것이요, 실천적 법칙에 대한 순수한 존경에서 생기는 내 행위의 필연성은 바로 의무인 것이며, 또 의무는 다른 모든 가치를 능가하는 그 자체로서 선한 의지의 조건이기 때문에 다른 어떠한 행위의 동인도 의무에게는 양보해야 한다는 것이다.

9. 일상적 상식

우리는 결국 상식의 도덕적 인식 중에서 그것의 원리에 도달하였다. 상식은 물론 이러한 원리를 그 보편적인 형식에 있어서 추상적으로 생각하고 있지는 않으나 실제로는 그것을 항상 안중에 두고서 원리를 판단의 척도로 사용하고 있다. 상식은 하등의 새로운 것을 가르쳐 주는 것은 아니지만 소크라테스가 그랬듯이 우리가 상식으로 하여금 그 자신의 원리에 주의하도록만 한다면, 상식은 이 나침반을 손에 쥐고서 나타나는 매사에 있어서 어떤 것이 선하고 어떤 것이 악한가, 또 어떤 것이 의무에 적합하고 어떤 것이 의무에 배치되는지를 분간하는 일에 정통하고 있다는 것은 쉽게 지적될 수 있을 것이다. 그러므로 정직하고 착하기 위해서 그리고 현명하고 유덕하기 위해서 우리가 무엇을 해야 할 것인지를 알기 위해서 별다른 학문이나 철학을 필요로 하지 않는다는 것도 여기서 쉽게 지적될 수 있을 것이다. 모든 인간이 무엇을 하여야 할 것인가, 따라서 무엇을 알아야 할 책임이 있는가 하는 데 대한 지식은 모든 인간뿐만 아니라 아주 평범한 인간일지라도 잘 알겠는 사실임은, 아마 이미 예측되는 일이 되겠다. 여기서 우리는 상식에 있어서 그 실천적인 평가력이 이론적인 평가력보다도 훨씬 더 우월하다는 것을 보고 감탄하지 않을 수 없다. 이론적인 평가력에 있어서는 만일 상식이 경험의 법칙과 감관의 지각으로부터 감히 이탈한다면, 이성은 전혀 불가해와 자기모순에 빠지게 된다. 아니면 적어도 불확실·불분명·불안정의 혼돈상태에 빠지게 된다. 그러나 실천적인 방면에 있어서는 평가력은, 상식이 실천적 법칙에서 모든 감성적인 동기를 배제할 때 비로소, 유리하게 나타난다. 이때에는 상식은 예민해지기도 한다. 무엇을 정이라고 해야 하는가에 관해서 그의 양심과 절충하건 그 외의 요구와 절충하건, 혹은 자기가 교도하기 위해 행위의 가치를 성실하게 결정하려고 하건간에, 상식은 예민하게 된다. 그리고 후자의 경우에는 대개는 상식이, 철학자가 항상 기대할 법한 것과 동일하게 적중하리라는 희망을 가지게 할 수 있다. 아니, 이 점에 있어서는 상식이 철학자 자신보다도 훨씬 더 확실하다. 그 이유는 철학자일지라도 상식이 가지는 원리 이외의 다른 어떤 원리를 가질 수 없고, 철학자는 자기의 판단을 생소한 문제에 적합하지 않은 고려에 의해서 쉽게 혼란되게 할 수 있고, 따라서 올바른 방향에서 이탈하도록 할 수 있기 때문이다. 하기에 도덕적인 사물에 있어서는 상식적 이성판단에 머물게 하고, 철학은 기껏해야 도덕의 체계를 더욱더 안전하게 보다 더 이해하기 쉽게 하며, 이것과 동시에 도덕의 규칙을 적용하기에 (그러나 더 많은 토론을 위해서) 더욱 편리하도록 서술하는 일을 맡게 하며, 실천에 관해서조차도 상식에서 그것을 훌륭한 소박성을 탈취하여 철학에 의하여 상식을 검토와 교도의 새로운 길로 나아가지 않도록 하는 것이, 권고할 만한 일이 아닐까!

10. 상식을 넘어서서 실천철학으로

천진하다는 것은 좋기는 하나, 그것이 잘 보호되지 않고 유혹을 받기 쉬운 점이 흠이다. 그러므로 지혜(이것은 보통, 지식보다는 행위 중에 있는 것이지마는) 조차도 학문을 필요로 한다. 그것은 학문에서 그 무엇을 배우기 위해서가 아니라 학문이 세우는 규정을 널리 보급시켜 영속성을 주기 위해서이다. 인간이란, 이성이 대단히 존경스러운 것으로 제시하는 의무의 모든 명령에 항거하는 것으로 욕구와 애착을 자신 안에 느끼고 있다. 그리고 이런 욕구와 애착을 만족시키는 것 전체를 행복이라고 개괄한다. 그런데 이 무렵에 이성은 애착에 아무것도 약속하지 않고 단호하게 자기의 훈계만을 지령한다. 이 지령은 말하자면, 매우 성급한 동시에 극히 타당한 듯이 보이는 모든 욕구(어떠한 명령에도 종속되기를 거부하는)를 경멸하고 무시해 버리는 것이다. 여기에서 자연적 변증론이 발생한다. 즉 의무의 준엄한 법칙에 반대하는 궤변을 통해서, 그 법칙의 타당성을 적어도 그것의 순수성과 엄격성을 의심하며, 가급적이면 그 법칙을 우리의 소망에나 애착에 적응시키려고 하는 성벽(Hang)이 발생한다. 다시 말하면, 이러한 성벽은, 의무의 법칙을 근본적으로 전도시키고 그것의 전존엄성을 파괴하려고 하는 것이나, 그러나 그런 일을 결국 일상적인 실천이성도 인정할 수 없다.

이와 같이 하여 일상의 상식은 사변의 어떤 필요에(이것은 이성이 상식적 이성임에 만족하고 있는 한에서, 결코 일어나지 않는다) 의해서가 아니라, 그 자신 실천적인 근거 자체에 쫓겨서, 자신의 권내를 넘어서서 실천철학의 분야로 진입한다. 이 분야에서 상식적 이성은 실천철학의 근원에 관해서 또 원리가 욕구와 애착에 입각한 준칙과 대항하는 경우에 그 원리의 올바른 규정에 관해서 명확한 지식과 확실한 지시를 얻으려고 한다. 그것은 상식적 이성이 양측의 요구로 인한 곤경으로부터 벗어나서 상식적 이성이 빠지기 쉬운 모호성 때문에 모든 진정한 도덕적 원칙이 상실되는 위험을 면하기 위해서이다. 그래서 상식적 이성은 그것이 실천적인 사용에 있어 교화된다면, 이론적인 사용의 경우와 마찬가지로 철학의 도움을 받지 않을 수 없는바, 변증론이 부지불식중에 발생한다. 따라서 상식적 실천이성도 이론적 이성과 마찬가지로 우리의 이성을 충분하게 비판함이 없는 곳에서는 자기의 안식처를 발견하지 않을 것이다.

제2장 세속적 도덕철학으로부터 도덕의 형이상학으로의 이행

1. 선례 사용의 부당성

지금까지 우리는 의무의 개념을 우리의 실천이성의 상식적인 사용으로부터 도출해 냈으나, 그렇다고 해서 우리가 의무의 개념을 「경험의 개념」으로 취급해 왔다고 생각한 듯이 생각해서는 안 된다. 도리어 우리가 인간의 일체행위에 관한 경험에 주의를 기울이면 우리는 순수한 의무에서 행위하는 심정(Gesinnung)에 관해서는 확실한 실례를 전혀 들 수 없으며, 비록 의무의 명령에 적합하는 행위는 많다 하더라도 그것이 정말 의무에서 행해진 것인지, 따라서 그것이 과연 도덕적인 가치를 가지는 것인지는 여전히 의심스럽지 않느냐 하는 탄성에 접하게 된다. 그리고 이러한 탄성을 종종 우리 자신도 당연한 것으로 시인한다. 그러므로 어떠한 시대이든지 인간의 행위에 이러한 심정이 참으로 내재해 있음을 절대부인하고 모든 행위를 다소간 세련된 자기애로 귀착시키려는 철학자가 있어 왔다. 그러나 그들은 그렇다고 해서 도덕성의 개념이 가지는 정당성을 의심한 것은 아니었고 오히려 인간성의 취약성과 순수하지 못함을 애심에서의 유감으로서 이야기해 왔다. [그들의 견해에 의하면] 인간성은 실로 존경할 가치가 있는 이념을 자신의 훈계로 삼을 만큼 충분하게 고귀하긴 하지만 동시에 그 훈계를 준수하기에는 또한 너무나 약한 것이었다. 그래서 자기에게 법칙을 부여해야 할 이성을 다만 애착의 관심사를——개별적인 관심사이건 기껏해서 서로 아주 잘 조화를 이룬 관심사건 간에——배려하는 데에만 사용한다는 것이다.

행위가 의무에 적합하더라도 이런 행위의 준칙이 다만 도덕적 근거와 의무의 생각에만 의거한 경우를 한 번만이라도 경험에 의해서 아주 확실하게 입증하기란 사실상 절대로 불가능하다. 우리가 아무리 예리하게 자신을 음미해 보아도 우리로 하여금 이러이러한 선한 행위와 어떤 위대한 희생을 하도록 강요하기에 족할 만한 것은 의무라는 도덕적 근거 외에는 찾아 볼 수 없을 경우도 있겠다. 그러나 그렇다고 해서 [어떠한 행동을 하게끔] 의지를 결정하는 원인이 의무의 이념을 위장한 숨어 있는 자기애에 대한 충동은 사실상 아니라고 확실히 추측할 수는 없다. 우리는 이 무렵에 어떤 동인[행동원인]을 거짓되게 고귀하다고 자부해서 스스로 만족하고 싶어 하되, 사실은 아무리 우리 자신을 질기게 음미해보아도 그 숨은 [자기애의] 동기를 결코 완전히 밝혀낼 수는 없다. 왜냐하면 도덕적 가치가 문제될 때, 중요한 일은 눈에 보이는 행위가 아니라 보이지 않는 행위의 내적인 원리이기 때문이다.

더 나아가 모든 도덕성을 자기도취로 인해 인간이 과도하게 평가한 인간 상상력의 망상이라고 조소하는 사람들의 소망에 봉사하기 위해서는, 의무의 개념이 오직 경험으로부터 도출되었음이 틀림없다고 양보하는 것 외에 다른 방도가 없다(사람은 안이성 때문에 의무 외의 다른 모든 개념의 경우에도 이와 같으리라고 스스로 납득하고 싶어 하듯이). 왜냐하면 그렇게 함으로써 우리는 그들에게 확실한 승리를 주는 것이기 때문이다. 인간에 대한 애정 때문에 나는 우리 행위의 대부분이 의무에 적합하다고 인정하고자 한다. 그러나 행위가 계획하고 노력하는 바를 자세히 들여다보면, 사람은 도처에서 항상 머리를 쳐드는 애정적 자아에 부딪친다. 행위의 의도가 지지하고 있는 것은 바로 애정적 자기이지, 왕왕 극기를 요구하는 「의무의 엄격한 명령」은 아니다. (특히 나이가 들어가면서, 경험의 축적에 의해 판단력이 영리해지기도 하고 또 관찰하는 데 예리해 짐에 따라) 세상에는 참된 덕이 실제로 존재하는 것인가에 대해 어느 땐가는 의심하게 되지만, 이와 같이 의심하기 위해서 우리가 덕의 적이 될 필요는 없고 선에 대한 발랄한 소망을 곧 선의 실재라고 생각하지 않는 냉철한 관찰자이기만 하면 좋다. 그리고 여기서 우리가 의무의 이념에서 벗어나지 않도록 지켜주고, 의무의 법칙에 대한 부동의 존경을 심중에 가지도록 해 주는 것은, 비록 의무라는 순수한 근원으로부터 일어난 행위는 아직껏 없었다 하더라도 지금 여기서 문제되고 있는 것은 이런 행위·저런 행위가 사실 생겼느냐가 문제인 것이 아니라 이성이 모든 현상과는 관계없이 무엇이 일어나야 할 것인가를 독자적으로 명령하는 자가 문제라는 투철한 확신 외에는 아무것도 없는 바다. 즉 세계가 지금까지 아무런 실례도 보여준 일이 없는 행위라도——이러한 행위는 모든 것을 경험에 의존하는 사람에게 있어서는 그것의 가실행성조차 의문시되겠지만——이성에 의해서 준엄하게 명령되는 것이 문제라는 확신이다. 예를 들어 신의 있는 친구는 지금까지 한 사람도 없었다 하더라도 우정에 있어서의 순수한 신의(Redlichkeit)는, 의무가 모든 경험에 앞서 의무일반으로서 선천적 근거에 의해 의지를 규정하는 이성의 이념 속에 들어 있기 때문에, 여전히 그대로 만인에게 요구될 수 있음이 문제라는 확신이다.

여기에 또 첨가하거니와, 도덕성의 개념이 전혀 진리인 것과 그것이 가능적인 대상에 관계함을 부인하려고 하지 않는다면, 그 개념의 법칙은 극히 광범한 의미를 가지기 때문에 단지 인간에게 뿐만 아니라 이성적 존재일반에게도 타당하다는 것을 부정할 수 없다. 그것도 우연적인 상황에서와 예외를 가지면서 타당하는 것이 아니라 절대 필연적으로 타당해야 한다. 사정이 이러하다면 지나간 어떤 경험도 이와 같은 절대 필연적 법칙의 가능성만이라도 추측하는 기회를 줄 수 없을 것은 명확하다. [만약 도덕성의 개념이 인간성의 우연적 조건 아래서만 타당한다면] 도대체 어떤 권한으로 아마도 인간성(Menschheit)의 우연적 조건 밑에서만 타당할 것을 모든 이성적 존재자에 대한 보편적인 훈계로서 무조건 존경하도록 할 수 있을까? 그리고 우리의 의지를 규정하는 모든 법칙이 단지 경험적인 것이고 따라서 순수하면서도 실천적 이성으로부터 선천적으로 유래하는 것이 아니라면, 어떻게 우리의 의지를 규정하는 법칙이 「이성적 존재자일반」의 의지를 또 단지 이성적 존재일 뿐인 것으로의 인간의 의지를, 규정하는 법칙으로 간주될 수 있는가?

더구나 도덕성을 실례로부터 빌려오려고 하는 것만큼, 도덕성에 대해 금물인 것은 없다. 무릇 나에게 제시되는 모든 실례는 그것들이 과연 근원적 실례로, 즉 모범으로 될 만한 것인지, 먼저 도덕성의 원리들에 의해 판정되어야 하는 것이요, 실례가 결코 도덕성의 개념을 우리에게 권위로써 제공해 줄 수는 없다. 비록 복음서의 성자[그리스도]라 하더라도 우리가 그를 성자로 인식하기 전에 우리의 도덕적 완전성의 이상과 비교되지 않으면 안 된다. 뿐더러 그도 자신에 관해서 다음과 같이 말하고 있다. '왜 너희들은(너희들이 보고 있는) 나를 선하다고 부르는가? (너희들이 볼 수 없는) 하나님 외에는 아무것도 선(선의 원형)한 것은 없다'라고. 그러나 우리는 최고선으로서의 신의 개념을 어디에서 얻었는가? 그것은 오직 이성이 선천적으로 구상하고 「자유의지」의 개념과 불가분적으로 결합시키는 도덕적 완전성의 이념으로부터 얻는 것이다. 도덕성에는 모방이란 있을 수 없으며, 그것에 대한 실례는 오직 격려하는 데만 쓰일 따름이다. 즉 실례는 법칙이 명하는 바의 실천가능성에 대한 의심을 거두게 하고 실천규칙이 보다 더 일반적으로 표현하는 것을 직관적이도록 해 주기는 하되, 이성에 내재하는 진정한 원형을 제쳐두고 그 대신에 실례를 모범으로 삼게 해 줄 권리는 없다.

2. 세속 철학

만약 모든 경험과는 무관하게 오직 순수이성에만 기초된 원칙 외에 도덕성의 참다운 지상원칙이 없다고 한다면, 이런 개념들[사상]이 그것에 귀속하는 원리들과 함께 선천적으로 확립되어 있는 데도 이런 개념들을 일반적(추상적) 형식에서 내 놓는 것이 좋은지 어떤지를 묻는 것은 그 물음조차 불필요하다고 나는 생각한다. 우리의 인식이 상식적 인식과 구별되는 철학적 인식으로 불려야 하는 한에서 그러하다. 그러나 현대에는 그렇게 하는 것[일반적 형식에서 내놓음]이 아마도 필요할지 모른다. 왜냐하면 모든 경험적인 것에서 분리된 순수한 이성적 인식, 즉 도덕형이상학과 세속적 실천주의 중의 어느 것을 택할 것인가에 대해 하는 투표를 모은다면, 어느 쪽이 우세가 될 것인지는 곧 추측할 수 있기 때문이다.

먼저 순수이성의 원리들로 올라가서 십분 만족스러운 데까지 도달했다면, 그 후에 통속개념으로 내려간다는 것은 물론 칭찬할 만하다. 이것은 윤리학을 먼저 형이상학 위에 세우고 그것이 확립된 후에 통속성을 줌으로써 널리 유포시키는 것을 의미하겠다. 그러나 모든 원칙들의 정당성 여부를 다루는 우리의 당면 탐구에 있어서 통속화의 요구에 응하고자 하는 것은 지극히 무의미하다. 이런 태도를 취함은 참다운 철학적 통속성이 가지는 극히 드문 공적을 결코 요구할 수 없다. 이때에 모든 근본적인 통찰을 포기하면, 이해하기 쉽도록 하는 재주는 없기 때문이다. 뿐더러 그런 태도를 취하는 데에서, 여기저기서 끌어 모은 관찰과 궤변적 원리와의 구토증이 생기게 하는 잡탕이 나타나게 된다. 이런 일을 천박한 두뇌는, 그것이 일상적 잡담을 위해 쓸모가 있는 것이기 때문에, 좋아할 것이나 그러나, 진정한 통찰자는 여기서 혼란을 간파하고 불만족을 느끼되 어찌할 도리가 없이 눈을 돌린다. 그러나 이 속임수를 아주 잘 간파하는 철학자가 일정한 통찰을 얻은 후에라야 비로소 통속화하는 것이 당연하므로, 이것을 위해 얼마 동안은 이 거짓 통속화를 중지하라고 해도 이것에 귀를 기울이는 사람이 거의 없다.

이와 같이 자기 임의의 취미에 따라 도덕을 논하려는 기도를 주목하기만 하면 좋다. 그리하면 여기서 우리가 보는 이상한 혼합물은 때로는 인간성의 특수한 규정(이성적 존재일반의 이념도 여기에 포한되어 있음)이 되고, 때로는 완전성이 되며, 때로는 행복이 되고, 여기서는 도덕적 감정이고 저기서는 신에 대한 어려움이 되며, 여기서 조금 취하고 저기서 조금 취해오는 일로 된다. 그래서 (오직 경험에 의해서만 얻어질 수 있는) 인간성을 알고 있다고 해서 바로 거기서 과연 도덕의 원리들을 탐구해 낼 수 있는가 없는가 하는 물음은 착상되지 않는다. 도덕의 원리들이 이처럼 인간성의 지식에서 나오는 것이 아니라면, 즉 도덕의 원리들이 전혀 선천적으로, 경험적인 것에서 독립해서, 이성의 순수한 개념에서만 발견되지, 그 외의 어떤 다른 곳에서 조금이라도 발견되는 것이 아니라면, 이 연구를 순수실천철학으로서, 즉 (비난의 소리가 높지만 이러한 이름을 써도 좋다면) 도덕의 형이상학으로서* 분리시켜 그것만을 자립적으로 완성시키고, 통속성을 요구하는 대중을 이 기도가 끝날 때까지 달래서 기다리도록 하는 책략(Anschlag) 같은 것도 착상되지 않고 있다.

* 우리는 우리가 원한다면 순수도덕철학(형이상학)과 응용도덕철학(응용이란 말은 말하자면 인간성에 응용된다는 의미에서)을 구별할 수 있다. (그것은 마치 순수수학이 응용수학과 구별되고, 순수논리학이 응용논리학과 구별되는 것과 같다) 이러한 명명을 함으로써 도덕적 원리들이 인간성의 특이성에 근거하는 것이 아니라 선천적으로 스스로 성립해야 함을 알 수 있다. 이와 같은 원리들로부터 모든 이성적 존재자에 대한, 따라서 인간성에 대한 실천규칙이 도출될 수 있다.

그러나 이러한 완전히 독립된 도덕형이상학, 즉 어떠한 인간학, 신학, 자연학 또는 초자연학, 더 나아가 감추어진[1] 성질들(하자연학이라고 말해도 좋다)도

1) 스콜라철학의 qualitas occulta의 역어. 사물에서 기지의 것과 무록이기에 설명할 수 없는 성질. 자연[감성]을 넘어 있는 것에 대해 자연(감성)의 아래에 있는 것으로 칸트는 보았다.

섞여 있지 않은 도덕적 형이상학은 의무에 대해서 확실하게 규정된 모든 이론적 인식의 불가결한 기체일 뿐만 아니라 의무의 훈계들을 현실적으로 수행하기 위해 극히 중요한 요구이기도 하다. 무릇 경험적 자극의 어떠한 외부적 부가물도 섞이지 않은 의무의 순수관념, 그리고 일반적으로 도덕법의 순수관념은 오직 이성의 길에 의해서만 (이성은 여기서 그 자체로서 실천적일 수도 있음을 깨닫는다) 인간의 마음에 경험의 영역에서 일어날 수 있는 모든 다른 동기*보다도 훨씬 더 강한 영향을 미친다. 그렇기에, 이성은 자기의 존엄성을 의식하면서 경험적 동기를 멸시하고 차츰 이것의 지배자가 될 수 있다. 이것 대신에 감정과 경향성과의 동기와 이성의 개념에서 합성된 혼합의 윤리학은 어떠한 원리에도 귀속하지 않는 동인들 사이에서 심성을 방황하도록 하는 것이요, 그러한 동인은 극히 우연적으로 우리를 선으로 인도할 경우도 있겠지만 보다 더 많은 경우에 악으로 인도하는 것이다.

* 나는 탁월한 고 줄쳐[1] 씨로부터 온 편지 한 장을 가졌는데, 거기서 그는 도덕적 교훈이 이성에 대해서는 그렇게 설득력이 있음에도 실제로는 별로 영향력이 없는 이유가 무엇인지를 묻고 있었다. 답을 완벽하게 하려고 했기 때문에, 나의 답이 너무 늦어졌다. 그러나 나의 대답은 간단한 것이다. 즉 교사들 자신이 [덕에 관한] 그들의 개념을 순수하게 하지 않았기 때문이다. [선이라는] 약의 효험을 강화하고자 도덕적 선에의 동인을 모든 방면에서 끌어 모음에 의해 도덕적 선을 너무 좋게 하려고 했기 때문에 그들은 도덕적 선의 개념을 망쳐 버렸다. 가장 평범한 관찰도 알듯이, 어떤 정직한 행위가 현세나 후세의 이익 일체를 지향하지 않고 곤궁과 유혹의 최대 시련하에서도 견고한 정신으로 수행된 정직한 행위를 생각한다면 그러한 행위는 극히 미소한 정도라도 [정직 외의] 다른 동기에서 자극받은 유사한 행위를 모두 배척·멸시하고 정신을 고양시켜 우리도 그와 같이 행위할 수 있으리라는 희망을 일으키는 것이다. 소년도 조금 나이가 들면 이와 같은 인상을 감수하기에, 그들에게 있어서 의무란 무엇인가를 가르치는 데에 이와 다른 방법으로 취할 것이 아니다.

1) J.G.Sulzer(1920－1779)는 볼프학파의 철학자.

3. 결론의 검사

상술한 바로부터 다음과 같은 것들이 명백하게 된다. 즉 모든 도덕적 개념들은 철두철미 선천적으로 이성 안에 좌석과 기원을 가지고 있다는 것이다. 이 점은 가장 상식적인 이성에서도 가장 고도의 사변적인 이성에서와 마찬가지다. 도덕적 개념은 어떠한 경험적인, 따라서 단순히 우연적인 지식으로부터 추출될 수 없다. 도덕적 개념의 기원의 이러한 순수성 중에 우리에게 최상의 실천 원리들이 될 수 있는 가치가 존립한다. 이것들에 만약 경험적인 것이 부가되면 그만큼 행위에 대한 도덕적 개념의 영향력이 감소되고, 행위의 무제한의 가치도 감소된다. 도덕적 개념과 법칙들을 순수이성에서 길러내고, 그것들을 순수하게 잡되지 않게 표시하여, 이성의 실천적인 또 순수한 인식의 전범위, 즉 순수실천이성의 전능력을 규정하는 것은, 이론적 견지에서, 즉 사변이 문제될 때에 최대로 필요할 뿐더러, 실천적으로도 최대로 중요하다. 이 무렵에 사변철학은 이성의 모든 원리를 인간이성의 특별한 성질에 의존시키는 것을 허용할 뿐 아니라 때로는 필요하다고까지 하고 있으나, 순수실천이성의 능력의 원리에 관해서는 그것을 인간이성의 특별한 성질에 의존시켜서는 안 된다. 도덕법은 「모든 이성적 존재자 일반」에게 타당해야 할 것이므로 이 도덕법을 우리는 이성적 존재일반이라는 보편적인 개념으로부터 이끌어 내야 한다. 이런 연후에 모든 도덕을 인간에 적용하기 위해서는 인간학이 필요하지만, 우리는 모든 도덕을 우선 인간학에서 독립해서, 순수철학으로서, 즉 형이상학으로서 완전하게 (이런 전적으로 별개 종류의 인식에 있어서는 완전함이 쉽게 가능하다) 내놓아야 한다. 우리가 만약 도덕의 형이상학을 소유함이 없다면, 의무에 적합한 모든 일[바른 행위]에 있어서의 「의무의 도덕적 요소」를 사변적 판정을 위해서 정확하게 규정하려는 것이 허사임은 말할 것도 없고, 이성의 보통의 실천적 적용에서도 특히 도덕적 교훈을 위한 실천적 적용에서도 도덕을 진정한 원리 위에 확립해서 그렇게 함으로써 순수한 도덕적 심정을 생기게 하며, 이것을 최고의 세계선을 위해서 사람들의 마음에 새기게 하는 것은 불가능하다는 것을 우리는 잘 의식해 있어야 한다. ── [이런 일이 이론적 견지에서 최대로 필요할 뿐더러, 실천적으로도 최대로 중요하다]

이 연구에 있어서 이때까지 수행한 바와 같은, 상식상의 도덕적 평가(이것은 이 경우에 매우 중요하다)에서 철학상의 도덕적 평가로 이행하기 위해서 뿐만 아니라, 실례의 도움으로 모색함으로써 얻을 수 있는 것 이상에로 나아가지 않는 세속철학으로부터 형이상학에로 (이 형이상학은 어떠한 경험적인 것에 의해서도 억제되지 않으며 그것은 이러한 종류의 이성인식의 총체를 측정해야 하기 때문에 이념에까지 나아가지마는, 여기서는 실례도 소용이 없게 된다), 자연적 단계를 통해서 진행하기 위해서는, 우리는 이성의 실천적 능력을 그것을 규정하는 보편적인 규칙으로부터 의무의 개념이 발생하는 곳까지 추적해서 명석하게 서술해야만 한다.

4. 명법들 일반

자연의 만물은 법칙에 따라 움직인다. 오직 이성적 존재자만이 법칙의 표상에 따라, 즉 원리에 따라 행위하는 능력, 즉 의지를 갖고 있다. 법칙으로부터 행위를 도출하기 위해서는 이성을 필요로 하기 때문에, 의지는 실천적 이성 외의 아무것도 아니다. 만약 이성이 의지를 결정하는 것이 필연적이라면, 객관적으로 필연이라고 인식되는 이성존재자의 행위는 주관적으로도 필연이다. 다시 말하면, 의지란 이성이 경향성에서 독립하여 실천적으로 필연이라고 인정하는 것, 즉 선이라고 인정하는 것만을 선택하는 능력이다. 그러나 이성이 이성만으로는 의지를 충분히 결정하지 않는 것이라면, 즉 의지가 반드시 객관적인 조건과 일치하는 것은 아닌 주관적인 조건(어떤 동기)에 종속되는 것이라면, 다시 말해서 의지가 그 자체 이성과 완전히 일치하는 것이 아니라면 (인간의 경우가 사실 이러지마는), 객관적으로 필연이라고 인식된 행위도 주관적으로도 우연적이요, 그러한 의지를 객관적인 법칙에 적합시켜서 결정한다는 것은 강제이다. 즉 객관적인 법칙이 완벽하게 선한 것이 아닌 의지에 대하여 가지는 관계는, 이성의 근거들에 의해 이성적 존재자의 의지의 규정으로서 세워지기는 하지만 이런 의지는 그것의 성질상 반드시 그 근거에 추종하는 것이 아닌 그러한 관계이다.

어떤 객관적 원리를 앞에 세우는 것은, 그 원리가 의지에 대해서 강제적인 한에서 (이성의) 명령(Gebot)이라고 하고, 이러한 명령의 법식(Formel)은 명법(Imperativ)이라고 한다.

모든 명법은 당위(Sollen)로서 표현된다. 그러함으로써 그들 명법은 이성의 객관적 법칙과 주관적인 구조 때문에 객관적 법칙으로써만 반드시 결정되는 것이 아닌 의지와의 관계를 나타낸다(즉 이것은 강제의 관계이다). 명법은 어떤 것은 하는 것이 선하고 어떤 것은 하지 않는 것이 선하다고 말한다. 그러나 명법이 그런 말을 하는 상대는, 어떤 것을 하는 것이 선하다고 제시해도, 반드시 그것을 하는 것은 아닌 의지이다. 실천적으로 선한 것은 이성이 앞에 세우는 것에 의해서, 따라서 주관적인 원인에서가 아니라 객관적으로, 즉 모든 이성적 존재자에게 선으로 타당하는 근거들에서, 의지를 결정하는 것이다. 그것은 쾌적(das Angenehme)과는 다르다. 이것은 모든 사람에게 타당하는 이성의 원리로서 의지에 영향을 주는 것이 아니라, 오직 이 감관 저 감관에 대해서만 타당하는 주관적 원인에서 야기된 감각의 매개를 통해서만 의지에 영향을 주는 것이다.*

* 욕망능력의 감각에 대한 종속을 애착(Neigung, 혹은 경향성)이라고 한다. 그러므로 애착은 항상 어떤 욕구를 나타낸다. 우연적으로 결정될 수 있는 의지가 이성의 원리에 의존함은 관심이라고 한다. 그러므로 관심은 그 자체 항상 이성과 일치하는 것은 아닌 의존적 의지에서만 생긴다. 하나님의 의지에는 관심이란 생각될 수 없다. 그러나 인간의 의지라 할지라도 그것이 그 무엇에 관심을 가지고 있다고 해서 반드시 그 관심으로부터 행위한다고는 할 수 없다. 전자는 행위에 대한 실천적인 관심을 의미하고, 후자는 행위의 대상에 대한 감각적 관심을 의미한다. 전자는 의지가 이성의 원리 자체에 좌우되고 있음을 표시하고, 후자는 의지가 애착에 이바지할 목적으로 이성의 원리에 좌우되고 있음을 표시한다. 즉 후자에 있어서는 이성은 단지 애착의 욕구에 응할 수 있는 실천적인 규칙만을 제공하고 있다. 첫 째번 경우에는 내가 관심을 갖는 것은 행위이요, 두 번째 경우에서는 나에게 관심을 갖게 하는 것은 행위의 대상이다(이 대상이 나에게 쾌적한 것인 한). 우리는 제1장에서 의무에서 하는 행위(Handlung aus Pflicht)에 있어서 우리가 주목해야 할 것은 대상에 대한 관심이 아니라, 행위 그 자체와 그 행위의 이성적 원리(즉 법칙)여야 한다는 것을 보아 왔다.

그러므로 완전히 선한 의지는 마찬가지로 객관적인 법칙(선의 법칙) 밑에 서는 것이겠으나, 그러나 이 객관적 법칙에 강제되어 법칙에 적합한 행위를 한다고 생각될 수는 없다. 왜냐하면 완전히 선한 의지는 그것의 주체적인 구조상 스스로 선의 표상에 의해서만 규정될 수 있기 때문이다. 그러므로 하나님의 의지와 일반적으로 신성한 의지에 대해서는 명법이 없다. 여기서는 해야 한다는 당위는 부적당하다. 하려고 하는 의욕이 이에 스스로 법칙과 필연적으로 일치해 있기 때문이다. 하기에 명법이라는 것은, 의욕일반의 객관적인 법칙이 이러저러한 이성적 존재자의 의지의, 예컨대 인간의 의지의 주관적인 불완전성에 대하는 관계를 표현하는 법식일 따름이다.

5. 명법들의 분류

모든 명법은 가언적으로 명령하거나 혹은 정언적으로 명령한다. 가언적 명법은, 어떤 가능한 행위의 실천적 필연성을 우리가 원하는(또는 원할 수 있는) 어떤 다른 것에 도달하기 위한 수단으로 생각하는 것이다. 정언적 명법은 다른 어떤 목적과는 관계 없이 행위를 자체상 필연적인 것으로, 즉 객관적으로 필연인 것으로 생각하는 것이다.

모든 실천(결의하게 하는) 법칙은 어떤 가능한 행위를 선으로 생각하기 때문에, 따라서 이성에 의해서 결정될 수 있는 주관[사람]에 대해서 행위를 필연적이라고 생각하기 때문에, 모든 명법은 어떠한 의미에서건 선한 의지의 원리에서 보아 필연적인 행위를 규정하는 법식이다. 그러나 행위가 단순히 무언가 다른 것을 위한 수단으로서만 선한 것이라면, 명법은 가언적인 것이다. 행위가 그 자체로서 선하다고 생각된다면 따라서 그 자신에 있어서 이성에 일치하는 의지 중에서 필수적인 것, 즉 의지의 원리라고 생각된다면, 명법은 정언적인 것이다.

이래서 명법은 내가 할 수 있는 가능한 그 어떤 행위가 선한가를 나에게 말해 주며, 의지에 관한 실천 규칙을 제공한다. 의지는 그 어떤 행위가 선하다는 이유에서, 당장 실행하는 것이 아니다. 왜냐하면 일부는 주관이 그 행위가 선한 줄을 항상 아는 것이 아니기 때문이요, 일부는 그가 그것을 알지라도 주관의 준칙이 실천이성의 객관적인 원리에 반대하는 일도 있기 때문이다.

유시관지(由是觀之)하면, 가언적 명법은 어떤 행위가 가능적 목적 혹은 현실적 목적을 위해서 선하다고 말할 뿐이다. 가능한 목적을 위한 경우에는, 가언적 명법은 개연적 실천원리가 되고, 현실적 목적을 위한 경우에는 그것은 실연적 실천원리가 된다. 어떠한 목적과의 관계도 없이 어떤 행위를 그 자체로서 객관적으로 필연이라고 선언하는 정언적 명법은 필연적 실천원리라고 보아진다.

어떤 이성적 존재자의 힘에 의해서만 가능한 것은, 그 어떤 의지에게도 가능한 의도라고 생각될 수 있다. 따라서 사실 행위의 원리는 행위가 그것에 의해서 생길 수 있는 어떤 가능한 목적을 달성하기 위해서 필연적인 것으로 생각되는 한에서, 무한히 많다. 모든 과학에는 실천적 부문이 있고, 이 부문은 목적이 우리에게 가능한가 하는 과제와 목적이 어떻게 달성될 수 있는가의 명법으로 성립한다. 그러므로 이러한 [실천적 부문의] 명법을 일반적으로 숙달의 명법이라고 불릴 수 있다. 여기서는 목적이 합리적이냐 또는 선한 것이냐의 여부는 문제되지 않고 그 목적을 달성하기 위해서 무엇을 해야 할 것인가가 유일의 문제이다. 자기의 환자를 완전히 건강하게 하기 위한 의사가 가지는 처방(Vorschrift)과 살해를 확실하게 하기 위한 독살자가 가지는 처방은, 양자가 다 그들의 의도를 완전히 실현시키는 데 쓰인다는 점에서는 동일한 가치를 가진다. 부모는 그들의 아이들에게 그들이 어릴 때는 앞으로의 그들의 생활에 어떠한 목적들이 생길지 모르기 때문에 많은 종류의 사물들을 배워주려고 애쓰며, 모든 종류의 임의의 목적에도 응할 수 있는 수단의 사용에 있어서의 숙달을 심려한다. 이 임의의 목적들 가운데 어느 것에 관해서도 부모는 그것이 어쩌면 실제로 미래에 그들의 자녀의 목적이 될는지의 여부를 결정할 수는 없다. 그러나 자녀들이 언젠가는 그러한 목적을 가질 가능성은 있다. 이에 대한 부모의 심려는 너무 커서, 그들은 그들 자녀들이 목적으로 삼을 사물의 가치에 관해 [옳은] 판단을 가지도록 하고, 그른 판단을 시정해주는 것을 대개는 등한히 하고 있다.

그러나 모든 이성적 존재자에게(명법이 그들에게 적용되는 한의, 즉 의존적 존재로서의 그들에게 적용되는 한의) 현실적인 것으로 전제될 수 있는 하나의 목적이 있다. 그래서 그들이 가질 수 있을 뿐만 아니라 또한 자연적 필연성에 의해서 그들 전부가 현실로 가지고 있다고 확실하게 우리가 전제할 수 있는 의도가 있다. 이 의도는 말하자면 행복하려는 의도이다. 행복을 증진시키기 위한 수단으로서, 행위의 실천적 필연성을 내세우는바, 가언적 명법은 실연적이다. 우리는 이 가언적 명법을 단순히 어떤 불확실한, 단지 가능적일 뿐인 의도에 대해 필연적인 것이라고만 제시해서는 안 된다. 그 의도는 인간의 본질에 속하기 때문에 어떠한 사람에게 있어서도 확실하게 또 선천적으로 있다고 전제할 수 있는 의도에 대해 필연적인 것이라고도 제시해야 한다. 이제 자기 자신의 최대의 행복을 위한 수단의 선택에 있어서의 숙달은 아주 좁은 의미에서 영리라고 불릴 수* 있다. 이에 자기 자신의 행복을 위한 수단의 선택에 관계하는 명법, 즉 영리의 훈계도 여전히 또한 가언적이다. 여기에서는 어떤 행위가 절대적으로 명령되는 것이 아니라, 단지 그것 외의 다른 의도에 대한 수단으로 명령될 뿐이다.

* '영리'라는 말은 두 가지 의미로 사용된다. 그 하나는 '세속적 영리', 다른 하나는 '개인적 영리'라고 말할 수 있다. 전자는 어떤 사람이 타인에게 영향을 미쳐 자기 자신의 목적을 위해서 타인을 이용하는 데에 숙달해 있는 것이다. 후자는 이 모든 목적들을 자기 자신의 영구적 이익과 결합시키는 데 있어서의 숙달이다. 후자는 실은 전자의 가치를 자기에게로 환원시키는 그러한 것이다. 그리고 전자의 의미에서는 현명하나 후자의 의미에서는 그렇지 못한 어떤 사람은, 소심이고 약기는 하지만 전체적으로 보아서는 현명하지 못하다고 말해서 좋을지 모른다.

마지막으로, 어떤 행동에 의해서 달성되어야 할 다른 의도를 제약으로서 근저에 두지 않고 행동을 직접적으로 명령하는 명법이 있다. 이 명법은 정언적이다. 이 명법은 행위의 질료와 행위에서 결과할 것에 관여하는 것이 아니라, 행위 자신을 낳을 형식과 원리에 관여한다. 그래서 행위에 있어서 본질적으로 선한 것은 행위의 결과야 어떻든 심정(Gesinnung)에 존립한다. 이런 명법은 도덕성의 명법이라고 말할 수 있다.

이 세 가지 종류의 원리에 따른 의욕은 의지가 받는 강제의 도가 각각 부동함에 의해서도 뚜렷히 구별된다. 이 부동성을 명백히 하기 위해서, 원리를 각각 숙달의 규칙이거나 영리함의 충고이거나 혹은 도덕성의 명령(법칙) 중의 어느 것이라고 말한다면, 순서상으로 가장 합당한 명령이라고 나는 믿는다. 왜냐하면 법칙만이 무제약적이고 그러면서도 객관적이며 따라서 보편적으로 타당한 필연성의 개념을 가지며, 명령은 복종되어야 할 법칙, 즉 경향성에 항거해서도 따라야 하는 법칙이기에 말이다. 충고도 물론 필연성을 가지기는 하지마는, 그것은, 갑이나 을이 이것이나 저것을 자기 행복의 일부로 간주하는가 안하는가 하는 주관적이고 우연적인 제약 밑에서만 타당할 수 있다. 이에 대해서 정언적 명법은 어떠한 제약에 의해서도 제한받지 않고 실천적인 것이지마는 절대 필연적인 것으로서 진정하게 명령이라 할 수 있다. 우리는 첫 번째 종류의 명법을 또한 기술적 명법(기술에 속하는)이라고도 부를 수 있고, 두 번째 종류의 명법을 실용적* 명법(복지에 속하는)이라고도 부를 수 있으며, 세 번째의 명법을 도덕적 명법(자유행위 일반, 즉 도덕에 속하는 것)이라고도 부를 수 있다.

* 실용적이라는 말의 참 뜻은 이상과 같이 규정해야만 가장 정확하게 규정될 수 있을 것 같다. 무릇 국사의 조칙(pragmatische Sanktion)에 실용적이라는 말이 들어가 있는데, 이런 조칙은 정확히 말해서 국가의 자연법에서 필연적 법령으로서 생기는 것이 아니라 일반 복지의 예려에서 생기는 것이다. 역사가 만일 사람을 영리하게 한다면 즉 타인에게 가르침이 있어서 그것의 이익을 전대(前代)보다도 더하게 하거나 적어도 전대와 같은 정도로 지킬 수 있게 한다면 그것은 실용적으로 저술된 것이다.

6. 어떻게 명법들이 가능한가?

이제 '어떻게 이러한 모든 명법들이 가능한가?'하는 문제가 발생한다. 이러한 질문을 알고 싶어 하는 것은, 명법에 의해 명령된 어떤 행위의 실행이 어떻게 생각될 수 있는가 하는 물음이 아니고, 명법에 의해 우리에게 하나의 과제로 표현되는 「의지의 강제」가 어떻게 생각될 수 있는가 하는 물음이다. 우선 숙달의 명법이 어떻게 가능한가 하는 것은 별다른 특별한 설명을 요구하지 않는다. 목적을 의욕하는 사람은 (이성이 그의 행위에 결정적 영향을 주는 한) 그 목적에 불가결하게 필요한, 자력 내의 수단도 역시 의욕한다. 이 명제는 의욕에 관한 한, 분석적[1]이다. 왜냐하면 내가 어떤 대상을 나의 행위의 결과로서 의욕함에 있어서는 이미 하나의 작용인으로서의 나 자신의 원인성, 즉 수단의 사용이 생각되고 이 명법은 목적의 의욕이라는 개념으로부터, 당연히 그것에 대해 필요한 행위의 개념을 이끌어 내기 때문이다(어떤 설정된 목적을 위한 수단을 결정하기 위해서 종합적 명제가 필요하지만, 이런 종합적 명제는 의지의 작용을 실현하는 근거[원리]에 관계하는 것이 아니라, 대상을 실현하기 위한 근거에 관계하는 것이다). 하나의 선을 확정된 원리에 따라 이등분하기 위해서는 그 선의 양끝으로부터 서로 교차되는 두 개의 호를 그리지 않으면 안 된다는 것은 수학이 물론 종합적 명제에 의해서만 가르쳐 준다. 그러나 그와 같은 행위에 의해서만 상술한 결과가 생긴다는 것을 알고 있는 경우, 만일 내가 그 결과를 의욕한다면 나는 그 결과를 얻는 데 필요한 행위도 동시에 의욕한다는 것은 하나의 분석적 명제이다. 왜냐하면, 어떤 것을 어떤 방법으로 나에 의해서 가능한 결과로 생각하는 것과 그 결과를 일으키기 위해서 동일한 방법으로 행위하고 있는 나를 생각한다는 것은 전혀 동일한 것이기 때문이다.

행복에 관해 확정된 개념을 주기가 쉽다면, 영리의 명법은 숙달의 명법과 전적으로 일치할 것이요, 따라서 역시 분석적일 것이다. 왜냐하면 숙달의 명법에서와 마찬가지로 여기에서도 '목적을 의욕하는 자는(이성에 따라 필연적으로) 그 목적을 달성하는 데 자력 내에 있는 유일[불가결]한 수단도 의욕한다'고 말할 것이기 때문이다. 그러나 불행하게도 행복의 개념은 대단히 막연한 개념이어서 각자가 그 행복에 도달하려고 하지만 그가 정말 무엇을 원하고 의욕하는지를 누구도 명확하게 모순 없이 말할 수는 없다. 왜 그러냐하면, 행복의 개념에 속하는 모든 요소는 다 경험적이요, 즉 경험으로부터 빌려와야 하기 때문이며, 그럼에도 불구하고 행복의 이념에는 나의 현재의 상태 및 모든 장래의 상태에 있어서의 안전의 절대적 전체, 즉 최대량이 필요하기 때문이다. 아무리 통찰력이 있고 아무리 능력이 있다 하더라도 유한한 존재자는 행복에 관해 그

1) 「순수이성비판」 A.6에서 분석적 판단은 주어를 분석하면 그 결과로서 술어가 생기는 판단이요, 종합적 판단은 주어 중에 포함되어 있지 않은 개념을 술어로 하는 판단이라고 했다.

가 정말로 의욕하는 것에 관한 명확한 개념을 형성한다는 것이 불가능하다. 그가 원하는 것이 부인가? 그렇다면 그는 그로 인해서 얼마나 많은 근심과 질투와 간계를 걸머져야 할 것인가? 그가 원하는 것이 많은 지식과 달식이라면, 그는 눈을 더욱 날카롭게 하여, 지금은 숨겨져 있지만 앞으로 피할 도리는 없는 과악을 더 무섭게 명시하거나, 아니면 벌써 충분히 그를 괴롭히고 있었을 욕망에 더욱더 많은 욕구를 쌓게 할 수도 있다. 그가 만약 장수를 원한다면 그것이 실은 비참을 더욱 연장하는 것이 아니라고 누가 장담할 수 있겠는가? 그가 원하는 것이 적어도 건강이라면 무제한[완전]의 건강이 떨어뜨렸을지도 모를 방종을 제상했을 신체의 불편이 얼마나 자주 있었을 것인가? 등등.

한마디로 말해서 그는, 무엇이 정말 자기를 행복하게 해줄 수 있을가를 원칙에 따라 십분 확실하게 결정할 수 없다. 왜냐하면, 그렇게 하기 위해선 전지전능해야 하기 때문이다. 그러므로 사람은 행복하기 위해서 일정한 원리에 따라 행위할 수 없고, 오직 경험적 충고, 가령 섭생·검약·정중·겸손 등, 경험의 가르침에 따라 대개는 행복을 가장 많이 촉진시킨다는 것에 의해 행동할 수 있을 뿐이다. 상술한 바로부터 다음의 결론이 나온다. 즉 영리의 명법은 엄밀히 말해서 전혀 명령할 수 없다. 즉 행위를 실천적 필연으로서 객관적으로 표시할 수 없다는 것이다. 영리의 명법은 이성의 명령(praecepta)이라기보다도 차라리 이성의 권고(consilia)로 간주될 수 있는 것이며, 어느 행위가 이성적 존재자의 행복을 촉진하는가를 확실하게 그리고 보편적으로 규정하는 과제의 해결은 전적으로 불가능하며, 따라서 엄밀한 의미에서 행복하게 하는 행위를 하라고 명령하는 명법은 행복에 관해서 가능할 수 없다는 것이다. 그 이유는 행복이 「이성의 이상」이 아니라 단지 경험적 근거에 의거한 「상상력의 이상」일 뿐이기 때문이다. 실지로는 무한한 계열의 결과들의 총체를 달성하게 할 행위를 경험적 근거가 규정할 것이라고 기대를 걸지마는 무익한 일이다. 그러나 행복에 이르는 수단이 확실히 주어진다고 가정한다면, 영리의 명법은 분석적인 실천명제일 것이다. 왜냐하면, 그것이 숙달의 명법에서 구별되는 점은, 후자에 있어서는 목적이 단지 가능한 것에 불과하지만 전자에 있어서는 목적이 실지로 주어져 있다는 것뿐이기 때문이다. 그러나 양자는 목적으로서 의욕되고 있는 것으로서 전제되는 바의 것에 대한 수단만을 명령하기 때문에, 목적을 의욕하는 자에 대해서 수단의 의욕을 명령하는 명법은 두 경우에 있어서 다같이 「분석적」이다. 그러므로 영리의 명법의 가능성에 관해서도 아무런 어려움이 없다.

이에 반해 도덕성의 명법[무상명령, 혹은 정언명령]이 어떻게 해서 가능한가? 하는 문제는 말할 것도 없이 해결해야 할 유일한 문제이다. 왜냐하면 도덕성의 명법은 결코 가언적이 아니요, 따라서 그것이 표시하는 객관적 필연성은, 가언적 명법의 경우처럼 어떤 전제에 기인할 수 없기 때문이다. 여기에서 우리가 단 한 가지 잊지 말아야 할 것은, 이러한 종류의 명법이 도대체 있을 수 있는 것인가 하는 것을 실례로써, 즉 경험적으로 결정할 수 없다는 점이다. 오히려 정언적인 것처럼 보이는 모든 명법도 남몰래는 가언적일지도 모른다는 것에 주의해야 한다. 예를 들어 '너는 허위의 약속을 해서는 안 된다'고 말하지마는, 이러한 짓을 해서는 안 되는 필연성은, 어떤 다른 해악을 피하기 위한 단순한 충고가 아니고, 그것이 탄로될 때 신용을 잃지 않기 위해서 허위 약속을 해서는 안 된다고 하는 의미가 아니며, 그러한 종류의 행위는 그 자체로서 악으로 간주되지 않으면 안 되고, 따라서 이 금지의 명법은 정언적[무상적]이라고 한다고 하자. 그렇다고 하더라도 이 경우에 의지가 다른 동기 없이 단지 법칙에 의해서만 규정된다는 것을 비록 그렇게 보일지라도 우리는 어떠한 실례에 의해서도 확실하게 증시할 수는 없다. 왜냐하면 치욕을 받지 않을까 하는 공포와 또는 아마도 다른 위험에 대한 막연한 우려가 자기도 모르게 의지에 영향을 미칠 수 있기 때문이다. 원인이 존재하지 않는다는 것을 누가 경험에 의해 증명할 수 있겠는가? 경험은 우리가 그러한 원칙을 지각하지 않는다는 것 이상의 것을 가르쳐 주지 않는다. 그러나 그와 같은 경우에는 소위 도덕적 명법이란, 그것이 형식적으로 도덕적 명법으로서 정언적이고 무제약적인 것처럼 보이겠지만, 실지로는 실용적인 형식일 뿐이요, 이것은 우리로 하여금 자신의 이익에 주의를 기울이도록 했고 이익을 중히 여기도록 가르쳤을 뿐이다.

그러므로 우리는 정언적 명법의 가능성을 전혀 선천적으로 탐구하지 않으면 안 되겠다. 왜냐하면, 정언적 명법의 현실성이 경험 중에 주어져 있어서, 정언적 명법의 가능성이 그 명법을 확립하기 위해서가 아니라 그것을 설명[증명]하기 위해서만 필요로 하는 편익이, 이 경우에는 우리에게 주어져 있지 않기 때문이다. 그러나 다음의 것만은 우선 통찰해 있어야 한다. 즉 정언적 명법만이 실천적 법칙이라고 말할 수 있고, 그 외의 모든 명법은 의지의 원리라고는 할 수 있으나, 법칙이라고 할 수는 없다는 것이다. 왜냐하면, 임의의 어떤 의도를 달성하기 위해 필요한 어떤 행위는 그 자체에 있어서 우연적인 것으로 간주될 수 있기 때문이며, 만일 우리가 그 의도를 포기할 때에는 언제나 우리는 그 훈계(Vorschrift)로부터 벗어날 수가 있는 데 반해서, 무제약적 명령은 그것에 반대되는 일을 의지가 임의로 취할 자유가 없고, 따라서 무제약적 명령만이 우리가 하나의 법칙을 위해 요구하는 필연성을 갖추고 있기 때문이다.

두 번째로 이 정언적 명법, 즉 도덕성의 법칙에 있어서는 (그것의 가능성을 통찰하는 것이) 곤란한 근거가 또한 매우 심각하다. 정언적 명법은 선천적이고 종합적인 실천명제*이다. 그리고 이론적 인식에 있어서 이러한 종류의 명제들의 가능성을 통찰하기는 매우 어려[웠]음으로 실천적인 인식에 있어서도 그 어려움은 못지않으리라고 추측될 수 있다.

* 어떤 경향성에서 생긴 제약을 전제하지 않고서 나는 어떤 행위를 선천적으로 따라서 필연적으로 의지와 결합한다(이 결합은 단지 객관적으로, 즉 모든 주관적인 동인을 완전히 지배할 수 있는 이성의 이념 아래서만 있는 일이지만). 그러므로 이것은 실천적 명제다. 즉 이 명제는 어떤 행위의 의욕을 이미 전제된 어떤 다른 의욕으로부터 분석적으로 이끌어 내는 것이 아니라(왜냐하면 우리는 이러한 완전한 의지를 갖고 있지 않으므로), 반대로 그 개념에 포함되어 있지 않는 것으로서의 「이성적 존재자의 의지」라는 개념과 직접적으로 결합하고 있다.

7. 보편적 법칙(정언적 명법)의 법식

이러한 과제에 있어서 우리가 첫째로 음미하고자 하는 바는, 아마도 정언적 명법이라는 단순한 개념이 이 명법의 법식도 우리에게 제공하는 것이 아닌가, 즉 오로지 정언적 명법일 수 있는 명제를 포함하는 법식도 제공하는 것이 아닌가 하는 것이다. 왜냐하면, 그러한 절대적 명령의 정체를 우리가 비록 안다고 하더라도, 그것이 어떻게 가능한가 하는 것은 여전히 더욱 특별하고도 힘겨운 노력[추구]을 요구하는 것이기 때문이다. 이러한 노력을 우리는 맨 뒷장으로 돌리기로 한다.

내가 일반적으로 가언적 명법을 생각할 때에는 그것의 조건이 주어지기 이전에 그것의 내용이 무엇인가를 내가 미리 아는 바 없다. 그러나 정언적 명법을 생각할 때에는 즉각 그 내용을 알 수 있다. 그 이유는, 이 명법이 포함하고 있는 것은, 법칙 외에는 그 법칙에 적합해야 한다는, 준칙의 필연성뿐이요, 법칙은 자신을 제한했던 아무런 조건도 갖고 있지 않는 데에 있다. 이 때문에, 남는 것은 행위의 준칙*이 적합해야 할 「법칙일반의 보편성」뿐이고 이러한 적합성만이 정언적 명법을 필연적인 것으로 제시한다.

* 준칙은 행위의 주관적인 원리이며 객관적인 원리, 즉 실천법칙과는 구별되어야 한다. 전자는 이성이 주관의 제약에 적합해서(왕왕 주관의 무지와 경향성에도 적합해서) 규정하는 실천규칙을 포함하고 있다. 그래서 그것은 주관의 행위가 의거해 있는 원칙이다. 반면에 법칙은 모든 이성적 존재자에게 타당한 객관적인 원리요, 행위가 의거해야만 하는 원칙이요, 즉 명법이다.

그러므로 정언적 명법은 유일한 것일 수밖에 없으며, 그것은 바로 너의 준칙이 보편적인 법칙이 되도록 네가 동시에 의욕할 수 있도록 하는 그러한 준칙에 따라서만 행위하라는 것이다.

만일 의무의 모든 명법들이 그것들의 원리로서의 이 유일한 정언명법으로부터 도출될 수 있다면, 의무라고 부르는 것이 일반적으로 공허한 개념에 불과한 것이 아닌가 하는 의문을 미결로 남겨두더라도, 적어도 의무에 의해서 우리가 무엇을 생각하며, 의무라는 개념이 무엇을 말하고자 하는가 하는 것을, 우리는 지시할 수는 있을 것이다.

8. 자연법칙의 법식

결과가 생길 무렵에 따르는 법칙의 보편성이 가장 일반적인 의미의 자연(형식상의 자연)이라는 것을 형성한다. 다시 말하면 보편적인 법칙에 따라 규정될 수 있는 한의 「사물의 존재」를 형성한다. 이러하기 때문에, 의무의 보편적인 명법도 다음과 같은 것일 수 있다. 즉 네 행위의 준칙이 너의 의지를 통하여 보편적인 자연법칙이 되어야 하는 듯이 행위하라는 것이다.

9. 예증

이제 우리는 우리 자신에 대한 의무와 다른 사람에 대한 의무, 그리고 완전한 의무와 불완전한 의무로 구분하는 보통의 분류에 따라 몇 가지 의무를 열거해 보기로* 한다.

* 여기서 말해두어야 할 것은 의무들의 분류를 앞으로 낼 도덕의 형이상학[196면 주1 참조]에 전적으로 내가 미룬다는 것이요, 따라서 현재의 분류는 (단순히 이하에서 드는 실례들에 순서를 주기 위한) 임의적인 것에 불과하다는 것이다. 그 외에 내가 이하[의1.2]에서 완전한 의무라고 하는 것은 애착의 이익을 위해 아무런 예외도 허용하지 않는 의무를 의미한다. 그리고 완전한 의무 중에 내가 외적인 것과 내적인 것을 [다시] 구별한 것은 학교에서 사용되는 용어와는 반대된다. 그러나 나의 이 같은 구별이 허용되든 안 되든 그것은 나의 목적[사상]과는 상관없는 것이기 때문에, 나는 학교에서의 용어법에 위반된 것을 변명할 생각은 없다.

1. 불행에 불행이 겹쳐 절망에까지 이른 결과 삶에 염증을 느끼는 사람이라도, 자살을 하는 것이 그 자신에 대한 의무에 배반되는 것인가 아닌가 하고 자문할 수 있는 한에서, 아직 이성을 가지고 있다. 그래서 그는 이제 '내 행위의 준칙이 정말로 보편적인 자연법칙이 될 수 있는가?'를 음미한다. 그의 준칙은 '만일 내 생명의 연장이 쾌적을 약속하기보다는 오히려 해악을 더 가져올 위험이 있다면, 자기애에서 차라리 생명을 단축해 버리는 것을 원리로 삼겠다'고 하는 것이다. 여기서 단 한 가지 더 물어야 할 점은, 이 자기애의 원리가 자연의 보편적인 법칙이 될 수 있는가 없는가 하는 점이다. 이 경우 감각[쾌적]의 본분[기능]이 생명을 촉진[연장]시키는 데 있거늘, 그와 같은 감각에 의해서 도리어 생명 자체를 파괴하는 것이 자연의 법칙이라면 이러한 자연은 자가당착이며 자연으로서 존립하지 않는다는 것이 당장 알려진다. 따라서 이러한 준칙

은 보편적 자연법칙으로서 존재할 수 없고 모든 의무의 최상원리와도 상반되는 것이다.

2. 돈이 없어서 어쩔 수 없이 빌리지 않으면 안 될 사람이 있다. 그는 그가 빌린 돈을 갚아줄 수 없으리라는 것을 번연히 알지만, 일정한 기일 내 다시 돌려준다고 확약하지 않으면 돈을 빌릴 수 없다는 사실도 알고 있다. 그는 확실한 약속을 하고 싶지마는, 그런 방법에서는 난관을 돌파하는 것은 불가허용이요, 의무에 위반하는 것이 아닌가하고 자문하는 양심 정도만은 아직도 가지고 있다. 그럼에도 그가 거짓 약속을 할 것을 결심한다고 하면, 그의 행위의 준칙은 '내가 돈이 없는 처지라고 생각하면, 언제고 돈을 빌리고 갚겠다고 약속할 것이다. 비록 돈을 갚을 수가 없음을 내가 알더라도 말이다'라는 것이 되겠다. 이 자기애의 원리, 즉 자기본위의 원리는 나 자신의 미래의 전복지와 아마도 잘 일치할 것이다. 다만 지금의 문제는 '그것이 과연 옳은 것인가?'하는 것이다. 그러므로 나는 자기애의 요구를 보편적인 법칙으로 변형시켜서 문제를 다음과 같은 형식으로 만든다. 즉 '만일 나의 준칙이 보편적인 법칙으로 된다면, 사태가 어떻게 될 것인가?'라고, 이때에 나는 이 준칙이 보편적인 자연법칙으로 보아져서는 자기 자신과 조화할 수 없고, 필연적으로 자기모순에 빠지지 않을 수 없다는 것을 알게 된다. 왜냐하면 누구나 자기가 곤경에 빠져 있다고 생각할 때 자기의 생각에 떠오르는 것을 약속하되, 지킬 의도도 없이 약속해도 좋다고 하는 법칙이 보편화하면, 그것은 약속과 그것이 동시에 가지는 목적 자체를 불가능하게 만들기 때문이다. 그 이유는, 누구도 자기에게 약속된 일을 믿지 않을 것이요, 모든 그와 같은 약속말을 공허한 거짓 핑계로 조소하겠는 데에 있다.

3. 셋째 사람은 다소의 교양을 받기만 하면 충분히 여러 면에서 유용한 사람이 될 수 있는 재능을 가지고 있다. 그러나 그는 안락한 환경에 있어서, 자기의 좋은 소질을 확충하고 향상하도록 하기에 노력하기보다는 향락에 자신을 내맡기기를 좋아한다. 그러나 그는 '나의 천부의 소질을 게을리 하는 나의 준칙이 쾌락 자체로 향하려는 나의 성격과 일치하는 외에, 의무라는 것과도 일치하는 것인가?'라고 자문한다. 그래서 그는 모든 인간이(남해의 도민들처럼) 그의 재능을 녹슬게 하고 그의 생애를 안일, 일락, 생식, 즉 한마디로 향락에 바치

도록 하려 해도, 자연[의 체계]은 이러한 보편적인 법칙 밑에서 변함없이 존속한다는 점을 알기는 한다. 그러나 그는 이런 일이 보편적 자연법칙으로 되거나, 혹은 자연의 본능에 의해서 보편적인 자연법칙으로서 우리들 안에 이식되는 것을 의욕할 수는 없다. 왜냐하면 이성적 존재자로서의 그는, 모든 그의 능력이 ―― 모든 종류의 가능한 목적을 위해서 그에게 유용하도록 그에게 주어져 있기 때문에 ―― 발휘되는 것을 필연적으로 의욕하기 때문이다.

4. 또 넷째 사람은 생활이 유족하고 다른 사람들이 비상한 역경과 싸우지 않으면 안 됨을 보아도(그는 물론 이들을 도울 수가 있다), 그는 '그것이 나하고 무슨 상관이 있는가? 어떠한 사람이든 하늘이 명한 바대로 행복하면 좋고, 아니면 자력이 닿는 데까지 행복하면 좋다. 나는 그들에게서 아무것도 뺏지 않을 것이요, 그들을 부러워하지도 않을 것이다. 오직 나는 그들의 행복을 위해서나 그들의 곤궁을 돕기 위해서 공헌할 기분이 없을 뿐이다'라고 생각한다. 이와 같은 생각이 보편적인 자연법칙이 된다고 하더라도 물론 인류는 아주 잘 살아갈 수 있을 것이다. 또 각자가 모두 동정과 호의에 대해서 이야기하고 때로는 그와 같은 것을 실행에 옮기려고 열중하는 반면, 가능하기만 하면 타인을 속이고 타인의 권리를 팔거나 아니면 그것을 침해하는 그러한 경우보다도 확실히 훨씬 더 잘 살 수 있을 것이다. 그러나 비록 보편적 자연법칙이 이러한 준칙에 따라서 잘 존속할 수 있다고 치더라도, 그러한 원리가 자연의 법칙으로서 어디서나 타당하게 되기를 의욕할 수는 없다. 의지가 이러한 결의를 한다면, 그런 의지는 자가모순이다. 왜냐하면, 그가 타인으로부터 사랑과 동정을 필요로 하는 경우가 있을 것이고, 그 자신의 의지에서부터 발생한 그러한 자연법칙에 의해서 그가 얻고 싶어 하는 도움에 대한 희망을 스스로 앗아버리는 경우도 많이 있을 것이기 때문이다.

10. 도덕적 판단의 규준

이상은 많은 현실적 의무들 ―― 혹은 적어도 현실적 의무로 간주되는 의무들 ―― 중의 약간이며, 그것들이 이미 위에서 말한 [215면 참조] 유일한 원리로부터 도출될 수 있음은 명약관화하다. 우리는 우리 행위의 준칙이 보편적인 법칙이 되도록 의욕할 수 있어야 한다. 이것은 행위에 도덕적 판단의 일반적 규준이다. 어떤 행위(상술의 1, 2)들은 성질상 그것들의 준칙이 법칙 없이는 보편적인 자연법칙이라고 생각될 수 없다. 하물며, 그것이 보편적 자연법칙으로 되어야 한다고 의욕할 수 있을 것인가. 그러나 다른 행위의 경우(상술의 3, 4)에서는 이러한 「내적인 불가능성」[모순]을 보이지 않는다. 그러나 그것의 준칙이 자연법칙의 보편성으로 상승되기를 의욕할 수는 없다. 이와 같은 의지는 자기 자신에 모순될 것이기 때문이다. 전자의 행위는 엄격한 또는 좁은(방임할 수 없는) 의미의 의무에 위배되고, 후자의 행위는 넓은(행하면 공적이 되는) 의미의 의무[241면 참조]에 위반됨이, 쉽게 알려진다. 그래서 모든 의무는 구속력이라는 성질에(의무 행위의 대상이 아니라) 관해서는 [230면]의 유일한 원리에 의존하고 있음이, 상술의 실례들에 의해 완전히 제시되었다.

우리가 의무를 위반할 때마다 우리 자신을 주시해 보면, 우리는 [의무 위반의] 우리의 준칙이 보편적 법칙이 되는 것을 실은 의욕하지 않음을 발견한다. 이런 의욕은 우리에게 불가능하기 때문이요, 그런 준칙에의 반대가 오히려 보편적으로 법칙이 될 터이기 때문이다. 즉 우리는 우리 자신의 (이번뿐일지라도) 애착의 이익을 위해서 그 법칙으로부터 하나의 예외를 갖는 자유를 취하고자 한다. 따라서 우리가 모든 것을 하나의 동일한 관점에서, 즉 이성의 관점에서 생각해보면, 우리는 우리 자신의 의지 안에 하나의 모순을 발견할 것이다. 즉 어떤 [상술의] 원리가 객관적으로는 보편적 법칙으로서 필연적이겠지만 주관적으로는 보편적으로 타당할 수 없고 예외를 허용해야 하였다는 것이다. 그러나 우리는 어떤 때는 우리의 행위를 완전히 이성에 적합한 의지의 관점에서 고찰하고 또 어떤 때는 바로 그 동일한 행위를 애착에 촉발된 의지의 관점에서 고찰하기 때문에, 현실상[경험상]으로는 아무런 모순도 없으나, 거기에는 이성의 명령에 대한 애착의 반발(Antagonismus)이 확실히 있다. 이 반발에 의해서 원리의 보편성(universalitas)이 단순한 일반성(generalitas)으로 변해져서, 이성의 실천적 원리가 중도에서 우리의 준칙과 조화하려고 한다. 우리의 공평한 판단에서는 이런 일이 정당화될 수 없겠지만 그래도 그것은, 우리가 정언적 명법의 타당성을 사실은 시인하고, (이 명법을 절대적으로 존경하면서) 사소한 것으로 생각되는 부득이한 몇 가지 예외를 자신에게 허용하고 있음을, 증명하는 것이다.

이와 같이 하여 적어도 명시하게 된 것은, 의무가 우리의 행위에 대한 의미와 현실적 입법력을 포함해야 할 개념이라면, 그것은 정언적 명법으로만 표현될 수 있는 것이고 결코 가언적 명법으로는 표현될 수 없다는 점이다. 동시에 우리는 일절 의무의 원리(여하튼 그런 것이 존재한다면)를 포함해야만 하는 정언적 명법의 내용을 명확하게 그리고 어떠한 사용에도 적용될 수 있도록 명백하게 서술하였다. 그러나 아직도 우리는 그와 같은 명법이 실제로 존재한다는 것, 즉 아무런 다른 동기도 없이 스스로 절대적으로 명령하는 실천법칙이 있으며 그것을 따르는 것이 의무라는 것을, 선천적으로 증명하는 데까지는 아직 도달하지 못하고 있다.

11. 순수윤리학의 필요

이런 증명에 도달할 것을 의도함에 있어서 경계하여야 할 극히 중요한 것이 있다. 그것은 우리는 이 원리의 실재성을 인간성의 특수한 성질로부터 도출하려고 생각해서는 안 된다는 것이다. 왜냐하면, 의무는 행위의 실천적, 무제약적 필연성이어야 하기 때문이다. 그러므로 의무는 모든 이성존재자(여하한 경우이건 [정언적] 명법은 모든 존재자에게만 관계할 수 있는데)에게 타당해야 하며, 오로지 이러한 이유 때문에 의무는 또한 인간의지에 대한 법칙일 수도 있다. 반면에 인간성의 특수한 자연적 소질이나 특정의 감정과 성벽, 또는 만약 가능하다면 인간의 이성에는 특수하되 모든 이성적 존재자의 의지에는 반드시 타당하지는 않는 특수한 성향으로부터 도출되는 것이면, 그런 것은 모두 우리에게 준칙은 제공해 줄 수 있지만 법칙은 제공해 줄 수 없다. 즉 그런 것은 우리가 그것에 따라 행위할 성벽과 애착을 가지는바, 주관적 원리를 우리에게 주기는 하되, 비록 우리의 모든 성벽, 애착 그리고 자연적 성향이 반대하더라도 그것에 따라 우리가 행위하게끔 지정된 객관적 원리를 줄 수는 없다. 뿐만 아니라 객관적 원리는 주관적 원인이 그것에 대한 참여가 작으면 작을수록 그리고 그것에 대한 반대가 크면 클수록 더욱더 의무에 있어서의 명령의 숭고함과 내적 존엄을 입증한다. 그리고 주관적 원인이 반대한다고 해서 그것이 법칙에 의한 강제성을 조금도 약화시키지 않으며 법칙의 타당성으로부터 아무것도 빼앗지 않는다.

여기서 우리는 철학이 사실은 하늘에도 매달릴 곳이 없고, 땅에도 의지할 곳이 없으면서도 견고해야 한다는 미묘한 입장에 처해 있음을 아는 바다. 철학은 이 무렵에 그 법칙의 자주적 지지자로서 자신의 순수성을 증명해야 한다. 그래서 나에게 이식된 감관[F. Hutcheson의 도덕관]이나 신분을 모르는 후견역의 자연[에피큐로스의 결약설]이 귓속말을 하는 법칙의 전령사여서는 안 된다. 이들 감관이나 자연은 죄다 전혀 없는 것보다는 낫겠지만 이성이 명령하는 원칙을 줄 수는 없다. 이 원칙은 그것의 원천을 전혀 선천적으로 가져야 하고, 따라서 동시에 명령하는 권위를 가져야 한다. 이런 권위는 인간의 애착으로부터는 기대되지 않고, 권위의 일절이 법칙의 지상권에서 또 법칙에 대한 당연한 존경에서 기대되며, 그렇지 않으면 인간에게 자기 경멸과 내적 혐오를 선고하는 것이다.

이래서 경험적인 것은 모두 도덕의 원리에다 외부에서 보탠 것으로서, 도덕의 목적에는 전혀 부적합할 뿐만 아니라 도덕의 순수성에도 극히 불리한 것이다. 도덕에 있어서는 절대적 선의지의 독특한, 모든 가격을 초월하는 가치는, 행위의 원리가 경험만이 제공하여 줄 수 있는 우연적인 근거의 영향에서 자유인 점에 있다. 경험적 동인과 경험적 법칙들 안에서 도덕의 원리를 찾아내려는 태만이나 비속된 사고방식에 대해서 우리가 아무리 많이 그리고 자주 경계를 하더라도 지나친 것일 수 없다. 왜냐하면 인간의 피로해진 이성이고 [경험적인 것의] 베개 위에서 쉬고 싶어 하고, 감미로운 환상을(이것은 인간의 이성으로 하여금 구름을 유노[1]로 착각하여 그것에 안기게 한다) 꿈꾸고서는 도덕의 자리에 전혀 다른 조상의 지체를 얽어 만든 잡종을 슬쩍 대치시키기 때문이다. 이러한 잡종은 우리가 무엇이건 보고 싶어 하는 것에 비슷한 듯이 보일지라도 일단 도덕의 참모습에 접한 사람에게는 덕(Tugend)과 같은 것일 수는* 없다.

* 덕의 참모습을 본다는 것은 도덕성을 감각적인 것의 일체의 혼합으로부터 또 「보상이나 자기애」의 일체의 허식으로부터 분리시켜 본다는 것 외에 다른 것이 아니다. 덕이 얼마나 애착에게 매력적으로 보이는 일체의 것을 무색하게 만들어 버리는지를, 모든 추상작용을 위해서 아직 완전히 이성을 망가뜨리지는 않고 조금이나마 이성[의 힘]을 작용시켜 보면 누구라고 쉽게 이해가 갈 수 있다.

1) Jupiter의 배우자인 여신의 이름(희랍신화에 나옴). 여기서는 참애인이 못되는데 애인으로 착각한다는 뜻이다.

그러므로 우리의 물음은 다음과 같이 된다. 즉 보편적인 법칙으로서 사용될 것을 스스로 의욕하는 준칙에 의거해서, 자기의 행위를 평가하는 것이, 모든 이성적 존재자에 대해 필연적인 법칙인가?라고 하는 물음이다. 만일 그것이 필연적인 법칙이라면, 그것은 이성적 존재자 일반의 의지의 개념과 이미(전혀 선천적으로) 결합되어 있어야 한다. 그러나 이 결합을 발견하기 위해서는 비록 싫더라도 한 걸음 더 나아가야 한다. 즉 형이상학으로 나아가야 한다. 물론 형이상학의 한 영역은 사변철학의 영역과는 구별되는 한 영역, 즉 도덕의 형이상학이다. 실천철학에 있어서 우리에게 문제인 것은 생기는 것의 근거를 인정하는 일이 아니라, 비록 실지로는 결코 생기지 않더라도 생겨야 할 것의 법칙, 즉 객관적으로 실천적인 법칙을 확인하는 일이다. 여기서는 우리는 왜 어떤 것이 우리의 마음에 드는가 아니면 들지 않는가, 단순한 감각의 기쁨이 취미와 어떻게 구별되는가, 취미가 이성의 일반적 만족과는 어떻게 다른 것인가, 쾌·불쾌의 감정은 무엇에 의존하는가, 이런 감정으로부터 욕구와 애착이 어떻게 발생하는가, 이성의 협동에 의해서 욕구와 애착으로부터 준칙이 어떻게 발생하는가 하는 등등의 물음에 있어서의 그 근거들을 탐구할 필요는 없다. 무릇 이와 같은 것은 모두 경험적 심리학에 속한다. 만일 경험심리학이 경험적 법칙에[1] 의거하고 있는 한에서 자연철학이라고 보아진다면, 경험심리학은 자연학의 제2부가 되는 것이다. 그러나 내가 여기서 다루는 것은 객관적인 실천적 법칙이요, 따라서 의지가 이성에 의해서만 규정되는 한에서, 의지가 자기 자신과 가지는 관계이다. 이러하고 보면, 경험적인 것과 관계하는 모든 것은 저절로 제외된다. 왜냐하면 이성이 그 자신만으로 행위를 규정한다면(이 가능성을 우리는 곧 탐구하고자 한다), 이성은 선천적으로 그렇게 하지 않으면 안 되기 때문이다.

12. 목적 자체의 법식

의지란 어떤 법칙의 표상에 적합해서 행위를 규정하는 능력이라고 생각된다. 그리고 이러한 능력은 이성적 존재자에게서만 발견된다. 의지의 자기규정의 객관적 근거로서 의지에 봉사하는 것이 목적이다. 그리고 이 목적은, 그것

1) 이 경험적 법칙은 인간에 있어서 많은 가언명령을 제기하는 것이다.

이 이성에 의해서만 주어진다면, 모든 이성적 존재자에게 동등하게 타당해야 한다. 반면, 결과를 목적으로 삼는, 그런 행위를 가능케 하는 근거만을 포함하는 것은 수단이라고 한다. 욕망의 주관적 근거는 동기이며, 의욕의 객관적 근거는 동인이다. 동기에 의거하는 주관적 목적과 모든 이성적 존재자에게 타당하는 동인에 의존하는 객관적 목적과의 구별은 이래서 생기게 된다. 실천적 원리가 주관적 목적을 무시하면, 그것은 형식적이다. 그러나 실천적 원리가 주관적 목적을, 따라서 어떤 동기를 기초로 할 때는 실질적이다. 이성적 존재자가 그 행위의 결과로서 임의로 설정한 목적(실질적 목적)은 모두 상대적일 뿐이다. 왜냐하면, 주관의 특수한 종류의 욕구능력에 대한 목적의 관계만이 그와 같은 목적에 가치를 부여하기 때문이다. 그러므로 그러한 가치는 모든 이성적 존재자에 대해서뿐만 아니라 모든 의욕에 대해서도 보편적으로 타당하고 필연적인 원리, 즉 실천적 법칙을 부여할 수 없다. 이에 모든 이 상대적 목적은 가언적 명법의 근거일 뿐이다.

그러나 그 존재 자체가 절대적 가치를 가지고 있는 것, 그 자체에 있어서 하나의 목적으로서 일정한 법칙의 근거가 될 수 있는 것이 있다고 가정해 보자. 그렇다면 그런 것 안에, 그리고 그런 것의 안에만 가능한 정언적 명법, 즉 실천법칙의 근거가 있을 것이다.

나는 말하거니와, 인간은 따라서 일반적으로 모든 이성적 존재자는 목적자체로서 존재하고, 이러한 의지나 저러한 의지가 임의로 사용하는 수단으로서뿐만이 아니라, 자기 자신에 향한 또 딴 이성자에 향한 모든 행위에 있어서 항상 동시에 목적으로 간주되어야 한다. 애착의 대상들은 모두 단지 조건부의 가치밖에 가지지 않는다. 왜냐하면 만약 이러한 애착과 이 애착에 근거하고 있는 욕구가 없다면, 애착의 대상들은 무가치할 것이기 때문이다. 욕구의 원천으로서의 애착 자체는, 우리가 그것을 자체로서 바라도 좋을 만한 절대적 가치를 갖고 있지 않다. 오히려 그러한 애착으로부터 완전히 벗어나는 것이 모든 이성적 존재자의 보편적인 희망이어야 한다. 이래서 우리의 행위에 의해서 얻어질 수 있는 모든 대상의 가치는 항상 제약되어 있다. 그것의 존재가 우리의 의지에 기본하지 않고 자연[의 의지]에 기본하는 것이더라도 만약 그것이 이성이 없는 존재자라면, 수단으로서의 상대적 가치밖에 가지지 않으며, 따라서 물건이라고 불린다. 반면에, 이성적 존재자는 인격이라고 한다. 왜냐하면, 이성자의 성질은 이미 목적 자체로 밝혀졌기 때문이다. 즉 그것은 단순히 수단으로서 사용되어서는 안 되며, 그런 한에서 수단으로서 사용하려는 자의에 제한을 가하기 때문이다(그래서 인격은 존경의 대상이 되기 때문이다). 그러므로 인격은 그것의 실재가 우리 행위의 결과로서 우리에 대하여 가치를 가지는 주관적인 목적이 아니라 객관적인 목적이다. 즉 그것이 존재한다는 자체가 목적이 되며, 그것 대신에 딴 목적이 두어질 수 없고, 딴 목적은 한갓 수단으로서 인격에 봉사해야 한다. 만약 이렇지 않다면 절대적 가치란 아무 곳에서도 결코 발견되지 않을 것이다. 그러나 만일 모든 가치가 제약되어 있고, 따라서 우연적이라면, 이성에 대한 최상의 실천원리란 아무데서도 있을 수 없겠다.

최상의 실천적 원리와, 인간의 의지에 관계하는 정언적 명법이 있어야 한다면, 그것은 그것이 목적 그 자체이기 때문에 누구에게나 필연적으로 목적인 것의 표상으로부터 의지의 객관적인 원리를 형성하고, 따라서 실천적 법칙이 될 수 있는 것이어야 한다. 이 원리의 근거는 「이성적 존재는 목적 자체로서 존재한다」는 것이다. 인간은 자기 자신의 존재를 필연적으로 이와 같이 표상한다. 그런 한에서 이 원리는 인간 행위의 주체적 원리이기도 하다. 그러나 다른 모든 이성적 존재자라도, 나에게도 타당하는 바로 그 동일한 이성의 근거에 의해서, 자기들의 존재를 이와 같이[자기자체로] 표상한다.* 그러므로 그러한 원리는 동시에 객관적 원리이요, 이런 원리는 최상의 실천적 근거며, 이 객관적 원리로부터 의지의 모든 법칙이 도출될 수 있다. 실천적 명법은 그래서 다음과 같은 것이 될 것이다. 즉 너는 너 자신의 인격에 있어서건 또는 다른 모든 사람의 인격에 있어서건 인간성을 단순히 수단으로서만 사용하지 말고 항상 동시에 목적으로 사용하도록 행위하라는 것이다. 우리는 이제 이러한 명법이 실제로 과연 실행되어 있는지를 고찰하여 보고자 한다.

* 이 명제를 나는 여기서 하나의 요청으로서 제시한다. 이에 대한 근거는 마지막 장에서 언급하겠다.

13. 예증

이미 언급한 실례를 답습하기로 한다.

첫째, 자살할 것을 생각하는 사람은, 자신에 대한 필연적 의무의 개념에 따라 "나의 이러한 행위가 목적 자체로서의 인간성의 이념과 과연 양립할 수 있는가?"라고 물을 것이다. 만일 그가 괴로운 상태에서 벗어나기 위하여 자살한다면, 그는 인격을 그의 일생이 끝날 때까지 괴롭지 않는 상태를 유지하기 위한 하나의 수단으로서만 이용하는 것이다. 그러나 인간은 물건이 아니요, 따라서 단지 수단으로서 사용될 어떤 것이 아니다. 인간은 모든 그의 행위에 있어 항상 그 자신을 하나의 목적 자체로 보아야 한다. 그러므로 나는 나의 인격[인간] 안에 있는 인간[성]을 이글어지게 하거나 더럽히거나 죽이거나 할 수는 없다. 모든 오해를 피하기 위하여, 이 원리의 보다 상세한 규정을——가령 자기 신체를 구조하기 위해서 자신의 지체를 절단하는 것, 자기 생명의 보존을 위해서 오히려 생명을 위험에 내맡기는 것 [마취] 등——나는 여기서 생략해 두어야 한다. 이러한 문제는 본래의 도덕론이 다루는 것이다.

둘째로 타인에 대한 필연적이고 당연한 의무에 관한 것인데, 다른 사람에게 허위 약속을 하려고 마음먹은 사람은, 다른 사람도 역시 목적을 내포하고 있음에도 타인을 단지 수단으로서만 사용하려 하고 있음을 곧 깨닫게 될 것이다. 왜냐하면 내가 그와 같은 약속에 의해서 어떤 사람을 나의 목적을 위해서 이용하려고 하면, 그 사람은 그에 대한 나의 행동방식에 동의할 수 없을 것이며, 따라서 타인 자신 중에 이러한 행위의 목적을 보유할 수 없기 때문이다. 타인이 가지는 원리에 대한 이러한 충돌은, 우리가 다른 사람의 자유와 재산이 침해되는 예를 들 때, 더욱 명료하게 된다. 왜냐하면 인간 권리의 침해자는 타인의 인격을 수단으로서만 이용하려 하지, 타인도 이성적 존재자로서 언제나 동시에 목적으로 평가되어야 한다는 것, 즉 바로 그 동일한 행위의 목적을 타인 자신 중에도 포함하고 있을 이성적 존재자로서만 평가되어야 한다는 것을 주목하지 않고 있음이 명백하기 때문이다.*

* 「네가 당하기를 의욕하지 않은 것을 남에게 하지 말라」라는 평범한 어구가 표준이나 원리로 사용될 수 있다고 생각하지 말라. 왜냐하면 그 어구는 여러 가지 제한을 가진 것이겠지만 우리의 원리에서 단순히 파생된 것에 불과하기 때문이다. 즉 그것은 자기 자신에 대한 의무의 근거도 타인에 대한 친절의 의무의 근거도 가지고 있지 않다(타인에게 친절을 베푸는 일이 나에게 면제될 수 있다면, 타인이 나에게 친절하지 않는 것도 쉽게 승낙할 사람이 많기 때문에). 그리고 한 타인 상호간에 있어야 할 당연한 의무의 근거도 갖고 있지 않다. 그러므로 그것은 보편적인 법칙이 될 수 없다. 왜냐하면 범죄자는 그를 형벌하는 법관에 대해 이 동일한 근거에서 반대할 수 있겠기 때문이다.

셋째로는 자신에 대한 우연적(공적적) 의무에 관한 것이다. 어떤 행위가 목적 그 자체로서의 우리 자신의 인격 내에 있는 인간성과 상치되지 않는 것만으로는 부족하다. 행위는 또한 이 인간성과 조화해야 한다. 인간성에는 보다 더 완전하게 되려는 소질이 있으며, 이 소질은 우리 주관 안에 있는 인간성에서 보아진 자연의 목적에 속한다. 이러한 소질을 등한히 하는 것은 목적 자체로서의 인간성의 유지라는 것과는 양립할 수 있을는지는 모르나, 그러한 목적을 촉진시킨다는 것과는 결코 양립할 수 없다.

넷째는 타인에 대한 공격적인 의무에 관한 것이다. 모든 사람이 추구하는 자연목적(Naturzweck)은 그들 자신의 행복이다. 그런데 각인이 가능한 한, 다른 사람의 목적을 촉진시키려고 진력하지 않는다면, 그것은 목적 자체로서의 인간성에 오직 소극적으로 조화하기만 하고, 적극적으로 조화할 수는 없다. 왜냐하면 하나의 목적 자체가 되는 주관의 목적은, [타인에 대한 의무라는] 관념이 나에게 충분히 영향을 미칠 수 있다면, 되도록 또한 나의 목적이 될 수 있기도 해야 하기 때문이다.

14. 자율의 법식

인간성과 모든 이성적 존재자 일반은 목적 자체라는 원리는(이 원리는 모든 사람의 행동의 자유를 제한하는 최상의 조건이지만), 경험에서 빌려 온 것이 아니다. 그 이유는, 첫째 그 원리의 보편성 때문이다. 그 원리는 모든 이성적 존재자에게 적용된 것이로되, 경험은 모든 이성적 존재자 일반에 관해 그 무엇을 규정하는 데에 이르지 못한다. 둘째로, 경험에 있어서는, 인간성은 인간은 목적으로서(주관적으로) 생각되지 않고, 즉 저절로 사실상 목적으로 삼아지는 대상[주체]이라고 생각되지 않고, 객관적 목적으로 생각되기 때문이다. 이 객관적 목적은, 우리가 비록 어떠한 목적들을 가지든, 법칙으로서 일체의 주관적 목적들을 제약하는 최상조건이 될 것이요, 따라서 그것은 순수이성으로부터 발생해야 하는 것이다.

다시 말해서 모든 실천적 입법의 근거는 (첫째의 원리에 좇아) 객관적으로는 규칙 중에 있고 이 규칙을 법칙(아마도 자연법칙)일 수 있도록 하는 보편성의 형식 중에 있되, 주관적으로는 목적 중에 있다. 그렇지만 (둘째 원리에 따라서) 모든 목적들의 주체는 목적 자체로서의 모든 이성적 존재자이다. 이로부터 도출되는 것이, 의지가 보편적인 실천이성과 일치하기 위한 최상의 조건으로서의 「의지의 셋째의 실천원리」이다. 이 원리는 즉 각이성적 존재자의 의지는 보편적 법칙을 수립하는 의지라는 이념이다.

이 원리에 의하면, 의지의 보편적인 입법과 일치할 수 없는 모든 준칙은 배척된다. 이래서 의지는 법칙에 단순히 복종해 있는 것이 아니다. 의지가 스스로 입법자가 되고, 바로 이렇기 때문에 비로소, (의지가 그 창설자로 보아지는) 법칙에 복종하는 것으로 간주되도록, 법칙에 복종하는 것이다.

15. 관심을 배제하는 자율

위와 같이 생각된 명법, 즉 행위는 자연적 질서에 유사한, 보편적 합법칙을 가진다는 명법 혹은 이성적 존재자 자체는 보편적으로 목적이라는 특권을 가진다는 명법은, 그것이 정언적이라는 단순한 이유 때문에, 「동기로서의 관심」의 어떠한 혼입도 자기의 명령적 권위에서 배제하였다. 그러나 이 명법이 정언적인 것으로 생각된 이유는, 단지 우리가 의무의 개념을 설명하려 할 때 정언적이라고 생각할 수밖에 없었기 때문이다. 하지만 정언적으로 명령하는 실천적 명제가 있으리라는 것은 그것만으로는 도저히 증명될 수 없으며, 그것은, 본장 전체에서와 같이, 문제가 여기서도 역시 증명될 수 없다. 그러나 다음 한 가지만은 증명될 수 있었을 것이다. 즉 의무에서 나온 의욕에 있어서 일체의 관심이 포기된다는 것은, 정언적 명법을 가언적 명법으로부터 구별하는 표징으로서, 정언적 명법 속에 있는 그 어떤 규정[특성]에 의해 바로 그 명법 자체에 함께 암시되어 있다는 것이요, 또 상술한 셋째 원리의 법식, 즉 보편적 법칙을 수립하는 의지로서의 모든 이성적 존재자의 의지라는 이념에서 증명되었다는 것이다.

무릇 우리가 이러한 의지를 생각할 때에, 법칙에 종속되어 있는 의지가 어떤 관심에 의해 이 법칙에 매어 있을지 몰라도, 그 자체 최상 입법자로서의 의지는 그런 한에서, 그 어떠한 관심에도 의존할 수 없다. 왜냐하면, 이처럼 의존되어 있는 의지는, 자기애의 관심을 제한해서 그것을 보편적 법칙으로서 타당하도록 하는 조건에 기본시키는 법칙을 따로 필요로 하겠기 때문이다.

그래서 모든 인간 의지는 그것의 모든 준칙을 통해서 보편적인 법칙을 수립하는 의지라는* 원리는, 그것이 아무튼 정당한 것이라면 다음과 같은 점에서 정언적 명법이 되기에 충분히 적합할 것이다. 즉 그 원리는 바로 보편적 법칙을 수립한다는 이념 때문에 어떠한 관심도 그 근거가 될 수 없으며, 따라서 모든 가능한 명법 중에서도 오직 그것만이 무제약적일 수 있다는 점에서다. 혹은 이 명제를 거꾸로 한다면 더 좋을 것이다. 즉 어떤 정언적 명법이 있다면(모든 이성적 존재자의 의지에 대한 법칙이 있다면), 그것은 동시에 보편적인 법칙을 수립하는 것으로서의 의지 자신을 대상으로 할 수 있는 의지, 바로 이러한 의지의 준칙에 따라 만사를 하라고만 명령할 수 있다고, 무릇 이러할 경우에만 실천원리와 의지가 복종하는 명법과는 무제약적이다. 왜냐하면 이러한 의지는 어떠한 관심도 근저에 가질 수 없기 때문이다.

* 이 원리를 예시하기 위해 실례를 들지 않아도 좋으리라. 왜냐하면 애초에 정언적 명법과 그 법식을 설명했을 때의 실례가 여기서도 같은 목적에 쓰일 수 있기 때문이다.

도덕성의 원리를 발견하고자 이때까지 타인이 도모했던 노력을 돌이켜 본다면, 그런 노력이 왜 하나같이 모두 실패하지 않을 수 없었는지, 이제는 이상할 것이 없다. 우리는 인간이 그의 의무 때문에 법칙에 묶여 있음을 보았다. 그러나 인간이 그 자신의 입법에, 그러면서도 보편적인 입법에 종속되어 있다는 것을 몰랐고, 또 그 자신의 의지이면서도 동시에 자연의 목적에 따라 보편적으로 입법하는 의지에 합치해서 행위하도록 되어 있다는 것을 몰랐다. 무릇 세인이, 인간이 하여튼 법칙(그것이 어떤 종류의 법칙이건 간에)에 복종하는 것으로 생각했을 때, 그 법칙은 자극하고 강제하는 것으로서의 어떤 관심을 갖고 있어야 했다. 왜냐하면, 이런 복종은, 법칙으로서 자신의 의지로부터 발생한 것이 아니었고, 의지가 그 무언가 다른 것에 의하여 어떤 식으로 행동하도록 합법칙적으로 강요되어야만 했기 때문이다. 이런 식의 필연적인 결론에 의해 의무의 최상 근거를 발견하려고 했던 모든 노력은 실패로 돌아가서 회복할 수 없었다. 세인이 얻은 것은 의무가 아니라 어떤 관심으로부터 생기는 행위의 필연성뿐이었다. 그리고 이 관심은 자기 것일 수도 있었고 다른 사람의 것일 수도 있었다. 그러나 이러한 경우에는 명법이란 항상 제약된 것이 아닐 수 없었으며, 결코 도덕적 명령이 될 수 없었다. 그러므로 나는 나의 도덕 원칙을, 타율이라고 볼 수 있는 모든 타인들의 원리와 대립시켜 「의지의 자율」의 원리라 부르기로 한다.

16. 「목적의 왕국」의 법식

각이성적 존재자는, 자기 의지의 모든 준칙을 통해서 보편적으로 입법하는 것으로 자신을 간주해야 하고, 자신과 자신의 행위를 이러한 관점에서 비판해야 하는데, 이런 이성적 존재자의 개념은 그것과 아주 밀접히 관련되어 있고 또 매우 풍족한 개념, 즉 목적의 왕국이라는 개념에 도달한다.

'왕국'이라는 말로 나는 공통의 법칙에 의해 상이한 이성적 존재자들이 체계적으로 결합함을 의미한다. 그런데 법칙이 그 보편적 타당성에 따라 목적들을 규정하기 때문에, 이성적 존재자간의 개인적 차이와 또 이들의 사적인 목적의 내용을 무시해 버린다면, 우리는 모든 목적을 체계적으로 결합한 「목적들의 전체」(목적 자체로서의 이성적 존재자라는 목적과 각 이성적 존재자가 자기 자신에다 설정할지 모르는 특수 목적과의 전체)를 생각할 수 있다. 즉 우리는 상술한 바의 원리들에 따른 「목적들의 왕국」을 생각할 수 있다.

왜냐하면, 모든 이성적 존재자는 다음과 같은 법칙에 종속해 있기에 말이다.

즉 그들 각자가 자기 자신과 딴 이성적 존재자를 단순히 수단으로서가 아니라 항상 동시에 목적 자체로서 취급해야 한다는 법칙이다. 이렇게 함으로써 공통의 객관적 법칙에 의한 모든 이성적 존재자들의 체계적 결합이 생긴다. 즉 왕국이 생긴다. 그리고 이 객관적 법칙은 「목적이요 또 수단」인 이성적 존재자 상호간의 관계를 지향하는 것이기 때문에, 이 왕국은 목적의 왕국이라고 말할 수 있다(물론 이 왕국은 하나의 이상임에 불과하지만).

이성적 존재자는 이 목적의 왕국에 한 성원으로서 속한다. 이때의 그는 그 보편적인 법칙의 입법자이지만 동시에 이 법칙에 자신이 복종한다. 이성적 존재자가 스스로 입법자로서 아무런 타자의 의지에도 종속하지 않을 때 그는 원수로서 목적의 왕국에 속한다.

의지의 자유에 의해서 가능한 목적의 왕국에 있어서는 이성적 존재자는 그가 성원이건 원수이건간에 언제나 자기 자신을 입법자로 보아야 한다. 그러나 그는 그의 의지의 준칙에 의해서만으로는 원수의 지위를 주장할 수 없다. 이런 주장은, 그가 그의 의지의 요구에 상응하는 능력에 부족도 제한도 없는, 완전히 독립적 존재자일 때만 가능하다.

그러므로 도덕성은 모든 행위의 입법에 대한 관계에서 존립한다. 그리고 이 입법에 의해서만 목적의 왕국이 가능하다. 그러나 이 입법은 모든 이성적 존재자 자신에게서 발견되며, 그의 의지로부터 발생할 수 있는 것이어야만 한다. 그러므로 의지의 원리는 「보편적 법칙이 되는 일과 양립할 수 있는 준칙 외의 준칙에 따라 행위하지 말아야 한다」는 것이요, 따라서 의지가 자신의 준칙에 의해 동시에 자기 자신을 보편적-양립적이라고 간주될 수 있도록 행위한다는 것이다. 그런데 준칙이 보편적 법칙의 입법자로서의 이성적 존재자의 이 객관적 원리와 그 본성상 이미 일치하지 않는다면, 이 원리에 따라 행위해야 할 필연성은 실천적 강제, 즉 의무이다. 의무는 목적의 왕국에서의 원수에 적용되는 것은 아니나, 모든 성원 각자에 동일한 정도로 적용된다.

원리에 따라 행위해야 할 실천적 필연성, 즉 의무는, 결코 감정이나 충동이나 경향성에 의거해 있는 것이 아니라, 이성적 존재자 상호간의 관계에 의거해 있다. 그리고 이 관계에서의 이성적 존재자의 의지는 항상 동시에 입법자로 보아져야 한다. 그렇지 않다면 그는 목적 자체라고 생각될 수 없기 때문이다. 그래서 이성은 「보편적인 입법자로서의 각 의지」의 준칙을 각각의 다른 의지에 관계[적용]시키고 또 자기 자신에 대한 모든 행위에도 관계시킨다. 이성이 이와 같이 하는 것은, 다른 어떤 실천적 동인이나 미래의 이점 때문이 아니고, 그가 동시에 자기 자신에게도 준법칙 외의 어떤 법칙에도 따르지 않는, 이성적 존재자의 존엄의 이념 때문이다.

17. 가격이 아닌 덕의 존엄

목적의 왕국에 있어 모든 것은 가격을 가지거나 존엄(Würde)을 가지는 것이다. 가격을 가지는 것은 동일한 가격의 다른 그 어떤 것과 바뀔 수 있다. 이에 반해 모든 가격을 초월하여 있는 것이, 어떠한 동격의 것도 허용하지 않는 것이 존엄을 가진다.

인간의 일반적인 애착과 욕구에 관계하는 것은 시장가격을 가진다. 어떤 욕구를 전제하지 않고, 어떤 기호에 적합하는 것, 즉 우리의 정의 능력의 단순한 무목적적인 유희에 있어서 생기는 만족에 적합하는 것은 애호가격을 갖는다. 그러나 무엇이든지 그것을 목적 자체가 될 수 있도록 하는 유일의 조건인 것은 단순히 상대적인 가치, 즉 가격만을 갖는 것이 아니라 내적인 가치, 즉 존엄을 갖는다.

도덕성만이 이성적 존재자가 목적 자체가 될 수 있는 조건이다. 이 도덕성에 의해서만, 목적의 왕국에서 입법하는 성원이 될 수 있기 때문이다. 그러므로 도덕성과 도덕적 능력이 있는 한의 인간성만이 존엄을 가진다. 일에 있어서의 숙달과 근면은 시장가격을 가진다. 위트와 발랄한 상상력과 유머는 애호가격을 갖는다. 그러나 약속에 대한 충실이나 원칙에서 나온(본능에서 나오지 않은) 친절은 내적인 가치를 가진다. 이러한 충실과 친절이 결여될 때, 자연과 기술은 충실과 친절을 대신할 수 있는 것을 가지고 있지 않다.[1] 이러한 행위의 가치는 행위로부터 나오는 결과나 그것이 만드는 이익과 효용에 있는 것이 아니라, 심정에 있으며, 의지의 준칙에 있다. 비록 성과가 행위가 바랐던 대로

1) 도덕적 가치를 미적 가치보다도 너무나 월등하게 보는 것은 칸트의 편견일 수 있다. 그러나 최순의 미적 취미를 악마와 같은 잔인성과 결합하는 인간을 생각할 때에, 우리는 차츰 칸트에 동의하게 될지 모른다(Paton의 주).

되지 않았더라도 행위에서 이런 [이익불고의] 방식에서 자신을 나타내려고 하는 「의지의 준칙」에 있다. 이러한 행위는 직접적인 애호와 만족을 받기 위해서 행위를 고찰하는 어떤 주관적 성향이나 취미에서 오는 추천을 필요로 하지 않으며, 이러한 행위에 대한 직접적인 성벽이나 감정도 필요로 하지 않는다. 이러한 행위는 행위를 실현시키는 의지를 직접적인 존경의 대상으로 제시한다. 게다가 이 행위를 의지에 아부해서 얻는 것이 아니라 의지에 부과하기 위해서 이성 이외에 어떠한 것도 요구하지 않는다. 여하튼 의지에 아부한다는 것은 의무의 경우에는 물론 모순일 것이다. 그러므로 이러한 평가에서 보면, 그와 같은 사고방식[심정]의 가치는 존엄이라고 인식하도록 하고, 존엄은 모든 가격보다도 그지없이 높여진다. 이 존엄을 가격과 비교하면 그것은 말하자면 존엄의 신성성을 모독하는 것과 같은 것이다.

그렇다면 도덕적으로 선한 심정, 즉 덕이 그렇게 높은 요구를 하도록 하는 소이는 무엇인가? 그것은, 덕이 보편적 법칙을 수립함에 의해서 이성적 존재자에게 나누어 주고 또 그리함으로 해서 그로 하여금 목적의 가능적 왕국의 한 성원이 되게끔 해주는 할당 외의 아무것도 아니다. 이와 같은 자격을 얻도록 이성적 존재자는 그의 본성에 의해서 이미 정해져 있다. 즉 그는 목적 자체이고 또 바로 그렇기 때문에 목적의 왕국에서의 입법자이며 모든 자연법칙들로부터 해방되어 그 자신이 스스로 보내준 법칙들에만 복종한다. 이러한 제 법칙들에 따라 그의 준칙들은 보편적 입법(이것에 그 자신 스스로 동시에 종속하는)에 속할 수 있다. 이성적 존재자는 법칙이 그에게 정해주는 가치 이외에 다른 아무런 가치도 가지지 않기 때문이다. 그러고 보면 모든 가치를 규정하는 입법자 자신은 바로 그 까닭으로 존엄을, 즉 무제약적이고 비교할 수 없는 가치를 가져야 한다. 이성적 존재자가 이러한 가치에 바쳐야 할 존중(Schätzung)을 [표현하기에] 적합한 유일한 말은 존경(Achtung)이라는 말뿐이다. 자율은 그러므로 인간과 모든 이성적 존재자의 존엄의 근거이다.

18. 법식의 재검토

도덕성의 원리를 표시하는 상술한 세 가지 방식은 그 근본에 있어서는 동일한 법칙의 바로 세 법식일 뿐이요, 그 중의 한 법식은 다른 두 가지 법식을 절로 자기 속에 결합하고 있다. 그들 사이에는 물론 차이가 있다. 그러나 그 차이점은 객관적으로 실천적이기보다도 주관적으로 실천적이다. 즉 이성의 이념을 직관에 더욱 가깝게 하고(어떤 유비에 의해서), 또 그럼으로써 감정에도 근접시키려고 하는 것이다.

모든 준칙들은 간단히 말하여 다음의 세 측면을 갖추고 있다.

1. **형식** 이 형식은 [준칙의] 보편성 중에 있다. 이러한 점에서 도덕적 명법의 법식은 다음과 같이 표현되어 있다. 즉 '준칙은 그것이 마치 보편적 자연법칙으로 타당해야 하는 듯이 선택되어야 한다'고.

2. **실질** 즉 목적을 가진다. 이 법식은 '이성적 존재자는 성질상 목적으로서 그리고 그렇기 때문에 목적 자체로서, 모든 준칙에 대해 모든 상대적이고 임의적인 목적을 제한하는 조건으로 되어야 한다'는 것이다.

3. **다음의 법식에 의한 모든 준칙의 완전한 규정** 즉 '모든 준칙은 자기 입법에 의해 자연의 왕국*으로서의 가능적인 목적의 왕국과 조화하여야 한다'는 법식이다. 이 경우의 진행은 [「순수이성비판」에서처럼] 의지의 형식의 단일성(의지의 보편성)의 범주, 실질(의지의 대상, 즉 의지의 목적)의 수다성의 범주, 그리고 양자의 종합인 전체성, 즉 총체성의 범주라는 순서로 진행한다. 도덕적 가치판단에 있어서는 사람이 항상 엄격한 방법에 따라 진행하고, 또 '동시에 보편적인 법칙이 될 수 있는 준칙에 따라 행위하라'는 정언적 명법의 보편적 법식을 출발점으로 삼는 것이 좋다. 그러나 [가치판단에 그치지 않고] 도덕법칙을 널리 유포시키려 한다면, 동일한 행위를 상술한바, 세 가지 개념을 통과하도록 하고, 그러함으로써 가능한 한, 행위[혹은 보편적 법식]를 직관에 접근시키는 것이 매우 유익하다.

* 목적론은 자연을 목적의 왕국으로 보고, 도덕론은 가능적인 목적의 왕국을 자연의 왕국으로 본다. 전자의 경우에는 목적의 왕국은 존재하는 것을 설명하는 데 사용되는 이론적인 이념이다. 후자의 경우 [즉 도덕론에는], 그것은 현존하지는 않지만 우리의 행위에 의해 현실화할 수 있는 것은, 그러면서도 다름 아닌 그 이념에 적합해서 현실화하기 위한, 실천적인 이념이다.

19. 전논의의 재검토

이제 우리는 최초의 출발점이었던 「무제약적으로 선한 의지」의 개념으로써 끝맺을 수 있다. 의지는 그것이 악하지 않을 때, 즉 의지의 준칙이 보편적 법칙이 되더라도 자신과 모순되지 않는다면, 그런 의지는 절대적으로 선하다. 따라서 '그 보편성을 하나의 법칙으로서 네가 동시에 의욕할 수 있는 그러한 준칙에 따라서 행위하라'는 원리는 의지의 최상법칙이기도 하다. 이러한 원리는, 그것 아래 있는 의지가 자신과 모순될 수 없는 유일의 조건이요, 이러한 명법은 정언적이다. 가능한 행위에 대한 보편적인 법칙으로서의 의지의 타당성과 「사물들의 존재가 자연일반의 형식으로 된 보편적인 법칙에 따라 보편적으로 서로 결합하는 것」 사이에는 유사함(Analogie)이 있기 때문에, 정언적 명법은 다음과 같이 표현할 수도 있다. 즉 자신을 동시에 보편적인 자연법칙으로 대상화할 수 있는 그러한 준칙에 따라 행위하라고, 절대적 선의지의 법식은 바로 이런 성질의 것이다.

이성적 존재와 그 외의 딴 존재와의 구별은 전자가 자기 자신에 목적을 설정하는 데에 있다. 이 목적은 각선의지의 실질이 되는 것이다. 그러나 제한하는 제약(이런 목적 또는 저런 목적의 달성)이 없는 절대적 선의지의 이념에 있어서는 산출되어야 할 모든 목적(모든 의지를 단지 상대적으로만 선하게 하는 것으로서)은 모두 완전히 무시되어야 한다. 그러므로 여기서의 목적은 산출되는 어떤 목적이 아니라 자립적 목적으로 생각되어야 하겠다. 따라서 이러한 목적은 단지 소극적으로만 생각되어야 하겠다. 즉 우리가 그것에 반해서 행위해서는 안 되겠다. 하기에, 단지 수단으로서가 아니라 우리의 모든 의지작용에 있어서 항상 동시에 목적으로서 존중되어야 하는 목적으로 생각되어야 하겠다. 이런 목적은 모든 가능한 목적들의 주체 자체 외의 것일 수 없다. 왜냐하면 이런 주체는 또한 절대적으로 선할 수 있는 의지의 주체이기 때문이다. 무릇 이런 선의지는 모순 없이는 다른 어떤 대상에 종속해 있을 수 없는 것이다. 그러므로 "각 이성적 존재자(너 자신과 다른 사람)와의 관계에 있어서 이성적 존재자가 너의 준칙에 있어서 동시에 그 자신 목적 자체로 타당하도록 행위하라"는 원리는, 필경 "각 이성적 존재자에 대한 보편적 타당성을 동시에 내포하는 준칙에 따라 행위하라"는 원칙과 동일하다. 왜냐하면, 그 어느 목적에 대한 수단을 사용함에 있어서 나는 나의 준칙을 그것이 또한 모든 주관에 대한 법칙으로서 보편적으로 타당한다는 조건으로 제한하지 않으면 안 된다고 말하는 것은, 목적의 주체, 즉 이성적 존재자 자신을 결코 수단으로서가 아니라 모든 수단의 사용을 제한하는 최상의 조건으로서, 즉 항상 동시에 목적으로서, 행위의 모든 준칙의 근저에 두어져야만 한다고 말하는 것과 동일하기 때문이다.

상술한 바에 의해서 의심할 수 없이 생기는 결론은, 모든 이성적 존재자는 목적 자체로서, 자신이 어떤 법칙에 종속되어 있건간에, 자신을 보편적인 입법자로 간주될 수 있어야 한다는 것이다. 왜냐하면 그의 준칙이 보편적인 법칙을 주기에 적합하다는 것이야말로, 그가 목적 자체임을 잘 표시하기 때문이다. 그와 마찬가지로 일체의 한갓 자연적 존재보다도 우월한 이성적 존재자의 존엄(특권)은, 이성적 존재자가 자신의 준칙을, 자기 자신이 입법자인 동시에, 모든 다른 이성적 존재자도 역시 입법자이다(이 때문에 인격이라고 한다)라는 견지에서 채택해야 한다는 것을 수반하는 것도 의심할 수 없다. 이래서 이성적 존재자의 세계(가상적 세계)가 목적의 왕국으로서 가능하다. 그러면서도 그것은, 그 성원인 모든 인격이 본래 입법자라는 것에 의해서 가능하다. 따라서 각 이성적 존재자는 마치 그가 자기의 준칙에 의해서 언제나 보편적인 목적의 왕국에 있어서 입법적 성원이듯이 행위해야 한다. 이러한 준칙의 형식적 원리는, 너의 준칙이 마치 동시에(모든 이성적 존재자의) 보편적 법칙이 되는 듯이 행위하라는 것이다. 이에, 목적의 왕국은 자연의 왕국과 유추함으로써만 가능하다. 그러나 목적의 왕국은 준칙에 의해서, 즉 스스로 자신에게 과한 규칙에 의해서만 가능하고, 자연의 왕국은 외부로부터 강요된 작용인의 법칙에 의해서만 가능하다. 그럼에도 불구하고 우리가 자연 전체에도 자연의 왕국이라는 이름을 주고 있는데, 이것은 자연 전체가 확실히 기계로 보아지고 있기는 하지만, 이성적 존재자를 자연의 왕국의 목적으로 보고, 이런 이성적 존재자와 자연 전체가 관계가 있다는 근거에 의한 것이다. 이러한 목적의 왕국이 사실 생긴다면, 그것은 그것의 규칙이 정언적 명법에 의해 모든 이성적 존재자에게 지시되는 그런 준칙에 의해, 준칙이 보편적으로 준수되도록 되었을 때에, 생길 것이다. 이성적 존재자가 비록 자신은 이 준칙을 엄격히 지킬지라도, 그렇다고 해서 딴 모든 이성적 존재자도 마찬가지로 그 준칙을 지키리라고 기대할 수는 없다. 마찬가지로 자연의 왕국과 이 왕국의 합목적적 질서가, 이성적 존재자 자신에 의해서 가능한 목적의 왕국에 적합한 성원으로서의 이성적 존재자와 조화하리라는 것, 즉 그 자연의 왕국의 질서에 따르면 그가 행복에 대한 기대를 만족시키리라는 것도 확신할 수 없다. 이럼에도 불구하고, '단순히 가능하기만 한 목적의 왕국을 위해 보편적 법칙을 수립하는 성원의 준칙에 따라 행위하라'는 법칙은, 그것의 명령이 정언적이기 때문에, 충분한 효력을 지닌다. 바로 여기에 다음과 같은 역설이 있게 된다. 즉 따로 달성케 되는 목적이나 이익 없이, 이성적 존재로서의 인간성의 존엄이, 따라서 단순한 한 이념에 대한 존경이 그럼에도 의지에 대한 불굴의 지령으로 되어야 한다는 것이요, 준칙의 숭고함이 상술했듯이 준칙이 모든 이러한 동기[목적 또는 이익]에서 독립한 데에 있다는 것이며, 이성적 주체가 성원이 될 만하다는 것도 이 독립에 있다는 것이다. 그렇지 않다면 그는 자기 자신의 욕구라는 자연의 법칙에 굴종하는 것으로 생각될 수밖에 없기에 말이다. 비록 자연의 왕국과 목적의 왕국이 한 원수 밑에 결합된다고 생각되어, 이를 통해서 목적의 왕국이 단순한 이념에 머물지 않고 참실재성을 얻는다고 하더라도, 그 이념에는 유력한 동기의 증가만이 있을 뿐, 그 내적인 가치에 있어서는 하등의 증진도 없는 것이다. 왜냐하면, 그럼[양국의 통일]에도 불구하고 이 유일·무제한의 입법자[원수]는 이성적 존재자들의 가치를 평가할 무렵에, 이념[인간성의 존엄]에서 그들에게 지정된 무사공평한 행동에 좇아서만 평가하는 것으로 생각되어야 하기에 말이다. 사물[존엄성]의 본질은 외부 관계로 인해서 변화하지 않는다. 외부 관계를 고려하지 않고서, 그 자체로 인간의 절대적 가치를 형성한 그런 것에 의해서만 인간은 평가되어야 한다. ── 비록 비판하는 자가 누구이건, 심지어는 지고 존재[하나님]가 평가하건간에. 이래서 도덕성은 행위가 의지의 자율에 대하는 관계이다. 즉 행위가 의지의 준칙을 통해 가능한 보편적인 입법에 대하는 관계이다. 의지의 자율과 양립할 수 있는 행위는 허용되고, 의지의 자율과 양립할 수 없는 행위는 허용되지 않는다. 의지의 준칙이 자율의 법칙과 필연적으로 조화해 있는 의지는, 신성한, 절대적인 선의지이다. 절대적으로 선한 것이 아닌 의지가 자율의 원리에 종속하는 것(도덕적 강제)이, 즉 책무이다. 그러므로 책무는 신성한 존재자와는 아무런 관계도 없다. 이 책무로부터 행위해야 할 객관적 필연성을 의무라고 한다.

의무라는 개념을 우리는 법칙에의 복종이라고 생각하되, 이 개념에 의해 동시에 자기의 의무를 완수하는 인격에 대해 숭고와 존엄을 느끼는 일이 어떻게 생기는가 하는 것에 대한 설명을 조금 전에 이야기한 바로부터 쉽게 할 수 있다. 인격[인간]이 도덕법에 종속해 있는 한에서 그에게 숭고는 물론 없다. 그러나 동시에 그가 [도덕]법칙의 입법자요, 이 입법인 이유에 의해서만 도덕법에 종속하는 한에서는 숭고함이 있다. 기술한 바와 같이 행위에 도덕적 가치를 부여할 수 있는 동기는 공포도 애착도 아니요, 오직 법칙에 대한 존경일 뿐이다. 오직 자기의 준칙에 의해 보편적인 법칙을 줄 수 있다는 조건하에서만 행위해야 하는 한의 우리 자신의 의지, 즉 이념에 의해 우리에게 가능한 의지야말로 참으로 충분한 존경의 대상이 된다. 그리고 자기가 세운 법칙에 자신이 복종한다는 조건을 가지고 있으면서도 인간성이 이 보편적인 법칙을 수립할 수 있는 능력을 갖고 있는 점에, 바로 인간성의 존엄이 존립하는 것이다.

도덕성의 최상원리로서의 「의지의 자율」

의지의 자율이란, 의지가 그 자신에 대해 (의욕의 대상의 모든 성질과는 관계없이) 법칙이 되는 의지의 성질이다. 그러므로 자율의 원리는 「선택의 준칙이 동시에 보편적인 법칙으로서 동일한 의욕 중에 포함되는 것 외의 것을 선택하지 않는다」는 것이다. 이러한 실천규칙이 하나의 명법이라는 것, 즉 모든 이성적 존재자의 의지가 자기의 제약으로서의 규칙에 필연적으로 속박되어야 한다는 것은, 명법 속에 나타나는 개념들을 단순히 「분석」해서만 증명되지 않는다. 왜냐하면 그것은 「종합」 명제이기 때문이다. [증명을 위해서] 우리는 대상의 인식을 넘어서서 주관에 대한 비판, 즉 순수실천이성의 비판으로 나아가야만 하겠다. 절대 필연적으로 명령하는 이 종합적 명제는 전혀 선천적으로 인식될 수 있어야 하기에 말이다. 그러나 이와 같은 연구는 이 장에서 다룰 일이 아니다. 상술의 자율의 원리가 윤리학의 유일한 원리라는 것은 도덕성의 개념들을[1]

---

1) 이 분석(Zergliederung)은 도덕에 관한 상식적 판단을 시인하게 하는 최상조건을 배진적으로 따져 본다는 것이다. 이런 분석에서 드디어 자율이라는 종합적 명제를 산출하는 데에 도달한다는 취지이다.

분석만 해서도 명시될 수 있다. 왜냐하면, 이 분석에 의해 도덕의 원리는 정언적 명법이어야 하는 것, 이 정언적 명법은 다름 아닌 바로 이 자율을 명령하는 것임이 드러나기에 말이다.

모든 사이비 도덕원리의 원천으로서의 「의지의 자율」

의지가 그것의 준칙으로서 자기 자신에 보편적 법칙을 주기에 적합한 점 외의 다른 어떤 점에서, 즉 의지가 자기 자신을 넘어서서 그것의 객관[대상]의 어느 성질 중에서 자기를 결정하는 법칙을 추구한다면, 항상 타율이 나타난다. 이러할 경우에는 의지는 자신에게 스스로 법칙을 부여하지 않고, 대상이 그것의 의지에 대한 관계에 의해서 법칙을 부여하게 된다. 이러한 관계는, 그것이 애착에 기인했건 또는 이성의 표상에 기인했건간에, 오직 가언적 명법을 가능하게 할 뿐이다. 즉, '내가 그 무슨 딴 것을 하려고 하기 때문에 나는 그 무엇을 해야 한다'고 하는 것에 불과하다. 이에 반해서 도덕적 명법, 즉 정언적 명법은 '내가 그 무슨 딴 것을 하려고 하지 않더라도, 나는 이러이러한 행위를 해야 한다'고 말한다. 예를 들어서 가언적 명법은 '내가 나의 명성을 유지하려고 한다면, 나는 거짓말을 해서는 안 된다'고 말하는 반면, 정언적 명법은 '거짓말을 해도 나에게 조금도 명예훼손을 가져오지 않지마는, 나는 거짓말을 해서는 안 된다'고 말한다. 그러므로 후자, 즉 정언적 명법은 대상이 의지에 아무런 영향도 주지 않을 정도까지 모든 대상을 도외시해야 한다. 이것은 실천이성(의지)이 자기와 관계없는 관심을 관리할 뿐만 아니라, 오직 최상 입법[자]로서의 자신의 명령적 권위를 중시하기 위해서이다. 예를 들어 나는 다른 사람의 행복을 증진시키려고 애써야 하지만 그것은 타인의 행복의 실현이 (직접적인 애착에 의해서나 혹은 이성을 통해 간접적으로 얻는 쾌적에 의해서건) 나에게 관계가 있어서가 아니라, 그것을 배척하는 준칙은 동일한 의욕 중에서 보편적인 법칙으로 된다고 생각될 수 없기 때문이다.

타율로 가정된 기본개념에서 생길 수 있는 모든 도덕원리의 분류

인간이성은, 그것의 순수[이론적] 사용에 있어서 항상 그랬듯이, 여기[실천적 사용]서도, 그것에 비판이 결해 있는 한에서, 유일의 진정한 길의 발견이 성공하게 될 때까지, 가능한 모든 잘못된 길을 방황했던 것이다.

이[타율의] 관점에서 채용될 수 있는 모든 원리는 경험적이든가 합리적이든가다. 전자는 행복의 원리에서 도출되어 [F. Hutcheson처럼]자연적인 감정 혹은 도덕적인 감정 위에 세워져 있다. 후자는 완전성의 원리에서 도출되어 우리의 의지의 가능한 결과로서의 완전성이라는 이성[합리적] 개념 위에거나 아니면 우리의 의지를 규정하는 원인으로서의 자립적 완전성(하나님의 의지)의 개념 위에 세워져 있다.

1. 경험적인 자율-원리

경험적 원리는 언제나 도덕법의 기초가 될 자격이 없다. 도덕법은 모든 이성적 존재자에게 차별 없이 타당해야 하는 보편성을 가지며, 이 보편성에 의해서 무제약적인 실천필연성이 이성적 존재자에게 과해지는 것이다. 그러나 도덕법의 근거를 인간성의 특수한 조직이나 이 인간성이 두어진 우연적인 환경에서 빌려오게 되면, 도덕의 보편성·무제약적 실천필연성은 없어져버린다. 자기행복의 원리는 가장 많이 배척되어야 한다. 그 이유는, 그것이 허위이고, 또 번영이 언제나 가행에 준거[비례]하는 듯이 말하는 주장이 우리의 경험과 모순되기 때문만이 아니요, 또 인간을 행복하게 하는 것과 선인으로 하는 것 및 인간을 영리하게 해서 자기 이익에 예민하게 하는 것과 유덕한 사람으로 하는 것과는 전혀 다른 별물이므로, 자기행복의 원리가 도덕성을 확립하는 데 아무런 기여도 하지 않기 때문만도 아니다. 그 이유는, 자기행복의 원리가 도덕성의 기초에 제공하는바, 동기가 도덕성을 전복하고 도덕의 숭고를 파괴하기 때문이다. 무릇 이러한 동기는 덕으로 향하는 동인과 악덕의 동기를 동일한 열에 두고, 오직 타산을 잘 하는 것을 가르칠 뿐, 덕과 악덕의 구별을 전혀 없애버리기에 말이다. 또 타방에 있어 도덕적 감정이라는 소위 특수한 도덕관*은(이것에 호소하는 것은 천박하다. 사고할 힘이 없는 인간은 보편적인 법칙이 문제될 때라도 감정의 도움에서 구제될 수 있다고 믿기에 말이다. 뿐더러 감정은 그 성질상 사람들 간에 무한히 차이가 있기 때문에, 선과 악의 균일한 표준을 줄 수 없다. 그 외에 사람은 자기감정에 의해 다른 사람에게도 타당할 판단을 내릴 수 없다), 도덕의 본질과 그것의 존엄에 행복의 원리에 비해 보다 더 접근해 있다. 왜냐하면, 도덕적 감정은 덕에 경의를 표하고, 덕에 대한 만족과 존경의 이념을 직접 덕 자신에 돌리며 우리를 덕에 결합시키는 것은 덕의 아름다움이 아니라 오직 이익뿐이라는 식의 말을 이를테면 덕을 향해 말하지 않기 때문이다.

* 나는 도덕적 감정의 원리를 행복의 원리 중에 넣는다. 모든 경험적 관심은, 그 어떤 것이 직접적으로, 즉 아무런 이익도 고려함이 없이 생겼건 혹인 이익을 고려해서 생겼건간에, 그 어떤 것을 주는 데 그치는바, 쾌락에 의해서 복지에 공헌하는 것을 약속하기 때문이다. 마찬가지로 우리는 허치슨(Hutcheson)과 더불어 타인의 행복에 대한 동정의 원리를 그가 채택한 도덕관(moral sense)의 원리로 간주해야 한다.

2. 합리적인 타율 - 원리

도덕의 합리적 근거, 즉 이성적 근거들 중에서 완전성이라는 존재론적 개념은[1](이 개념은 매우 공허하고 매우 막연해서 가능한 실재의 불가측의 영역 중에서 우리에게 적당한 최대총량[양적완전]을 발견하는 데 쓸모가 없고 또 그것이 여기에서 문제되고 있는 실재[완전]를 그것 아닌 실재에서 특히 구별하려고 하면 어쩔 수 없이 순환론에 빠지게 되는 성벽을 가져서, 설명해야 할 도덕성을 비밀리에 전제함을 피할 수 없는 것이지만), 도덕성을 하나님의 절대 완전한 의지로부터 도출하려는 신학적 개념보다는 더 좋은 것이다. 그 이유는 우리가 하나님 뜻의 완전성을 직관할 수 없고, 단지 우리가 가지고 있는 여러 가지 개념들로부터 ―― 이 중에서 도덕성의 개념이 가장 중요하다 ―― 도출할 수밖에 없기 때문만이 아니다. 우리가 신의의 완전성을 우리가 가지는 완전성의 의식에서 이끌어 내지 않을 경우에 (이런 식으로 이끌어 낸다는 것은 조잡한 순환론적 설명밖에 안 된다) 우리에게 남는 신의의 개념은 위력과 복수라는 무서운 관념과 결합한 명예욕과 지배욕과의 성질들을 재료로 해서, 도덕성과는 정반대인 도적체계의 토대를 만들 것이기 때문이기도 하다.

1) 최고의 절대적 존재에서 출발하는 입장이다. 이런 입장은 그런 존재는 당연히 완전한 것이기 때문에 이런 완전성을 도덕의 원리로 삼아야 한다고 한다.

그러나 도덕관의 개념과 완전성 일반의 개념(이 양자는 도덕의 기초로서 도덕을 정초지우는 능력은 없지만 적어도 도덕성을 파괴하지는 않는다) 중에서 양자택일을 해야 한다면, 나는 후자를 택하겠다. 왜냐하면 완전성 일반의 개념은 적어도 문제의 판결을 감성과는 손을 끊고 순수이성의 법정에 가져가서, 비록 거기서 아무런 판결을 얻지 못하더라도, (그 자체 선한 의지라는) 부정의 이념을 보다 더 자세히 규정하기 위해 허위화하지 않고 그대로 보존하고 있기 때문이다.

3. 타율의 실패

이 밖에 이런 [타율적] 학설에 대한 장황한 반박은 생략해도 좋으리라 믿는다. 이러한 반박을 하기는 쉬울 일이고 또 자기의 직무상 이 학설들 중의 하나를 찬성할 것을 선언할 필요가 있는 사람[기독교 교직자]들에 의해서도(방청자는 판단의 연기를 허용하지 않겠기 때문에) 반박을 충분히 통찰할 수 있으므로, 반박을 일삼는 것은 쓸데없는 노고일 것이다. 그러나 여기서 우리의 관심을 더 끄는 것은, 이러한 원리들은 도덕의 제1근거로서 제시한 것이, 의지의 타율임에 틀림없다는 것이요, 바로 그렇기 때문에 이런 원리들은 그것들의 목적[도덕 확립]을 상실하지 않을 수 없다는 것을 아는 데에 있다.

의지를 규정하는 규칙을 지정하기 위해서 의지의 객관[대상]이 근저에 두어지는 곳에서는, 어디서나 그 규칙은 타율이다. 이때의 명법은 '만일 네가 이 객관을 의욕한다면, 또는 의욕하기 때문에 너는 이러 이러하게 행위해야 한다'는 제약된 명법이다. 따라서 그것은 결코 도덕적, 즉 정언적 명령을 내릴 수 없다. 객관이 의지를 규정하는 것은, 자기행복의 원리에 있어서처럼 애착에 의하거나 또는 완전성의 원리에 있어서처럼 우리의 가능한 의욕의 대상일반으로 향한 이성을 매개로 하여 있다. 그 어느 편이건 이때의 의지는 직접 행위의 표상에 의해 규정되지 않고, 행위의 결과를 예상함에서 의지에 생기는 동기에 의해서만 규정되어 있다. 이러한 동기는 나는 다른 무엇을 의욕하기 때문에 해야 한다는 것이 된다. 그리고 여기서는 나의 주관 안에 하나의 다른 법칙이 근저에 두어져 있지 않으면 안 되고, 이 법칙에 따라 방금 언급한 「다른 무엇」을 의욕하는 것이며, 이 법칙은 다시 이 준칙을 제한[가언]하는 명법을 필요로 한다. 우리의 힘에 의해서 가능한 객관의 표상이, 주관의 자연적 성질에 따라 주관의 의지에 작용하는 충동(Antrieb)은, 주관의 성질에 속한다. 이 주관의 성질은 그것이 감성(애착과 취미)의 성질이건 아니면 오성과 이성의 성질이건간에 이들 성질[자연]의 특수한 구조에 따라 각각 대상에 즉해서 만족을 얻고 있다. 그러므로 본래 법칙을 주는 것은 「자연」인 것이다. 이러한 법칙은 법칙으로서 경험에 의해 인식되고 증명되어야 하며, 따라서 그 자신 우연적이요, 그러므로 도덕적 규칙이 마땅히 갖추어야 할 절대 무조건의 실천규칙으로 되기에는 부적당하다. 뿐만 아니라 그런 법칙은 항상 의지의 타율일 뿐이다. 이러한 의지는 사실은 자기에게 법칙을 부여하는 것이 아니라, 의지와는 관계없는 충동이 소위 법칙을 의지에 부여하는 것이요, 이때에 충동을 받아들이도록 되어 있는 주관 자신의 [자연적] 성질을 매개로 하여 있는 것이다.

4. 순수실천이성의 선천적 종합명제가 가능한가라는 논의의 제언

절대적 선의지의 원리는 정언적 명법이어야 하거니와, 이러한 절대적 선의지는 모든 대상에 관해서는 무규정적이면서 의욕의 형식 일반만을 보유하겠고 그러면서도 이것을 자율로서 보유하겠다. 다시 말하여 각 선의지의 준칙이 자기 자신을 보편적 법칙이도록 할 수 있다는 것 자체가 이미 유일한 법칙이요, 이 법칙을 모든 이성적 존재자의 의지가 이런 법칙을 스스로 자신에게 과하며 그 어떠한 동기와 동기의 관심을 그 근저에 두는 일이 없다.

어떻게 해서 이러한 실천적인 선천적 종합명제가 가능한가 그리고 왜 그것이 필연적인가 하는 것은, 이미 「도덕의 형이상학」의 범위 내에서는 해결될 수 없는 과제이다. 또 우리는 여기서 이 명제가 참이라고 주장한 적이 없고 더구나 그것의 증명이 우리에게 가능하다고 말하지는 않았다. 다만 우리는 일반적으로 유행하고 있는 도덕성의 개념을 전개[분석]함에 의해서, 의지의 자율이 도덕성의 개념에 필연적으로 부착해 있다는 것을, 아니 오히려 이것의 기초로 되어 있다는 것을 표시했을 뿐이다. 그러므로 도덕성을 아무런 진리도 없는 단순한 환상적 이념이 아니라 무언가 실재하는 것으로 생각하는 사람은, 우리가 위에서 개진한 도덕성의 원리를 인정하지 않을 수 없을 것이다. 이래서 이 장은 첫장과 마찬가지로 분석적일 뿐이었다. 그러나 도덕이 단순한 환상이 아니라는 주장을——이것은 정언적 명법과 의지의 자율이 진실이고 선천적 원리로서 절대로 필연적인 것에서 오는 결론이지만——위해서는 순수실천이성의 종합적 사용이 가능함을 필요로 한다. 그러나 우리는 이런 사용을 먼저 이성능력 자체를 비판하지 않고서는, 감히 할 수 없다. 우리는 우리의 의도에 충분한 한도 내에서 이성능력 비판의 대강을 다음의 마지막 장에서 서술해야 하겠다.

제3장 도덕형이상학에서 순수실천이성의 비판으로의 이행

자유의 개념은 의지의 자율을 설명하는 열쇠이다

의지는 이성적인 한의, 생물에 속하는 원인성의 일종이요, 자유는 이런 원인성의 특성일 것이요, 이 원인성은 자기를 규정하는 외래의 원인들에서 독립하여 작용할 수 있다. 이에 대해 자연적 필연성은 이성 없는 모든 존재자의 원인성의 특성이요, 외래 원인들의 영향에 규정되어 활동하게 되는 것이다.

자유에 대한 이상의 설명은 소극적이고, 따라서 자유의 본질을 통찰하기 위해서는 비효과적이다. 그러나 이 소극적 설명으로부터 보다 더 내용이 풍부하고 유효한 자유의 적극적인 개념이 흘러나온다. 원인성의 개념은 법칙[규범]들의 개념을 포함하고 있다. 이런 법칙들에 따라서, 원인이라고 말하는 것에 의해 「이것이 아닌 다른 것, 즉 결과」가 정립되어야 한다. 그러므로 자유는 자연법칙에 따르는 의지의 성질은 아니지만, 그렇다고 해서 자유가 전혀 무법칙인 것은 아니고, 오히려 불변적인, 그러나 특수한 종류의 법칙에 따르는 하나의 원인성이다. 그렇지 않다면, 자유의지라는 것은 불합리한 것이 될 것이다. 자연적 필연성은 타율의 작용원인이었다. 왜냐하면 모든 결과는 어떤 다른 것이 「작용하는 원인」을 규정하여 원인이 되도록 하는 법칙에 따라서만 가능하였기 때문이다. 그렇다면 도대체 의지의 자율, 즉 자기 자신에 대해서 법칙일 수 있는 의지의 성질 이외의 무엇이 의지의 자유일 수 있는가? [자율이 곧 자유다] 그러나 의지는 모든 행위에 있어서 그 자신 하나의 법칙이 된다는 명제는, 자기 자신을 보편적 법칙으로서 대상화할 수 있는 준칙 이외의 다른 준칙에 따라서는 행위하지 않는다는 원리를 표시함에 불과하다. 그러나 이것은 바로 정언적 명법의 법식이고, 도덕성의 원리이다. 그러므로 자유의지와 도덕법 아래에 있는 의지[1)]는 동일한 것이다.

이처럼 의지의 자유가 전제된다면, 도덕성 및 도덕성의 원리는 이 자유의

1) 도덕법 아래에 있는 의지는 반드시 도덕법에 따라 행위하는 의지가 아니라, 이성이 욕정을 완전히 통어했을 때에 도덕법에 따라 행위한 것이 되는 의지를 말한다. 인간의 의지는 도덕법 아래서 선행도 악행도 가능하다.

개념을 단지 분석만 하면 나올 수 있다. 그러나 도덕성의 원리, 즉 '절대적 선의지는 그것의 준칙이 항상 보편적 법칙으로 보아진 자기 자신을 자기 속에 포함할 수 있는 의지이다'라는 명제는, 하나의 종합적 명제다. 왜냐하면 우리는 절대적 선의지의 개념을 분석함으로써 그 준칙의 이러한 특성을 발견할 수 없기 때문이다. 이와 같은 종합적 명제는, 두 개의 인식[절대적 선의지와 준칙의 보편타당성]이 그것들을 다 포함하고 있는 셋째 인식과 결합되어야만 가능하다. 즉 자유의 적극적 개념이 이 셋째 인식을 제공해 준다. 그리고 이 셋째 인식은 물리적 원인의 경우처럼 감성계의 것일 수는 없다(감성계의 개념에 있어서는 원인으로서의 그 무엇에 관한 개념과 결과로서의 다른 무엇에 관한 개념도 상호관계에서 결합한다). 자유가 우리에게 지시하는, 또 우리가 그것에 관해 선천적으로 이념을[1] 가지는바, 이 셋째 인식이 무엇인지는 여기서 즉시로 피로할 수 없다. 또 순수실천이성으로부터의 자유 개념의 연역과 그것과 함께 정언적 명법의 가능성도 해명할 수 없다. 저런 피로와 이런 해명을 위해서는 다시 약간의 준비가 필요하다.

자유는 모든 이성적 존재자의 의지의 특성으로 전제되어야 한다.

우리가 바로 그 자유를 모든 이성적 존재자에게 속하는 것이라고 하기에 충분한 이유를 가지고 있지 않다면, 어떠한 근거에서이건 간에 자유를 우리의 의지에 귀속시키기에는 충분하지 않다. 무릇 도덕성은 오직 이성적 존재자로서의 우리에 대해서만 법칙이 되기 때문에, 그것은 모든 이성적 존재자에게 타당해야 한다. 또 도덕성은 순전히 자유의 특성으로부터 도출되어야 하기 때문에 자유는 또한 모든 이성적 존재자의 의지의 특성임이 증명되어야 한다. 그리고 자유를 인간성의 그 어떤 소위 경험으로부터 증명하려는 것은 충분하지 않다(자유는 이런 식으로 절대 불가능하고 오직 선천적으로 증명될 수 있을 뿐이다). 우리는 오히려 자유를 이성이 있고 의지를 부여받은 존재자 일반의 활동에 속하는 것으로서 증명해야 한다. 이제 나는 자유의 이념하에서 말고는 행위할 수 없는 모든 존재자는 바로 이런 이유로 실천적인 관점에서 정말 자유라고 말한다. 즉

1) 이 이념은 내 의지가 가상계에 속한다는 것이다. 268면 참조.

자유와 불가분적으로 결합되고 있는 일체의 법칙은 이성적 존재자에게 타당하다. 이 점은 마치 그의 의지가 그 자체에 있어서와 또 이론철학에 있어서 자유라고 유효하게 선언된 듯한 것이다.* 이제 나는, 우리는 의지를 가지는 모든 이성적 존재자에게 그가 필연적으로 [자유에] 따라서만 행위하는 자유의 이념도 주지 않으면 안 된다고 주장한다. 왜냐하면 우리는 이와 같은 존재자에게는 실천적 이성, 즉 그의 대상[선악]에 관해서 원인성을 가지는 이성이 있다고 생각하기 때문이다. 우리는 [순수실천] 이성이 스스로 의식하면서 그의 판단에 관해서 외부로부터 지도를 받으리라고는 도저히 생각할 수 없다. 왜냐하면 만일 그러하다면 주체는 판단력의 규정을 자기의 이성에 돌리지 않고 충동에 돌리는 것이 되기 때문이다. 이성은 타자의 영향과는 관계없이 자기 자신을 자기의 원리의 창시자로 간주해야만 한다. 따라서 이성은 실천이성으로서, 즉 이성적 존재자의 의지로서 이성 자신에 의해서 자유인 것으로 간주되지 않으면 안 된다. 다시 말하면 이성적 존재자의 의지가 자기 자신의 의지로 될 수 있는 것은 오직 자유의 이념 밑에서이며, 그러므로 그러한 의지는 실천적인 관점에서 모든 이성적 존재자에게 부여되지 않으면 안 된다.

* 내가 자유를 이성적 존재자가 행위할 무렵에 단지 이념으로서 근저에 두는 것으로서 그것으로써 우리의 목적에는 충분하다고 생각하는 방법을 택한 이유는, 자유를 이론적인 관점에서는 증명해야 한다는 책임을 피하기 위해서이다. 왜냐하면 이 이론적 관점에서 자유를 증명하는 문제가 미해결인 채로 보류되었다 하더라도, 자기 자신의 자유의 이념 아래서만 행위할 수 있는 존재자에게는, 사실에 있어 자유이겠는 자를 구속하는 것이 되는 법칙이 타당하기[적용되기] 때문이다. 그러므로 우리는 이론이 지워주는 (자유불가증명)의 짐을 벗어날 수 있다.

도덕의 이념들에 부속하는 관심

1. 도덕적 관심과 악순환

우리는 도덕성의 결정적 개념을 결국 자유의 이념에 귀착시켰다. 그러나 자유의 이념을 어떤 현실적인 것으로서 우리들 자신 안에서와 인간성 안에서 증명할 수는 없었다. 우리는, 우리가 어떤 존재자를 이성적이고 또 행위에 관한 자기의 원인을 자각하며, 즉 의지를 가진 것으로 생각하려고 한다면, 이 자유의 이념을 전제해야 한다는 것을 보았을 뿐이다. 그리고 우리는 바로 동일한 근거로부터 이성과 의지를 부여받은 모든 존재자에게는 그의 자유의 이념에 따라 행위하도록 자기 자신을 규정하는 특성을 부여해야 한다는 것을, 우리는 발견한다.

이 자유의 이념[원어는 이념들]을 전제함으로써, 행위의 주관적 원칙, 즉 준칙이 언제나 객관적으로, 즉 보편적인 원칙으로 타당하도록, 따라서 우리 자신의 보편적 입법으로 쓰이도록 생각되어야 하는 행위의 법칙도 의식되었다. 그러나 이성적 존재자 일반으로서의 나는 도대체 어떤 이유에서 이 원리에 복종해야 하는가? 따라서 이성을 부여받은 다른 일체의 존재자도 왜 이런 원리에 복종해야 하는가? 나를 이 원리에 따르도록 강요하는 것은 관심이 아니라는 것을 나는 인정하려고 한다. 왜냐하면 관심은 어떠한 정언적 명법도 주지 않을 것이기 때문이다. 그럼에도 불구하고 나는 이것에 대해서 관심을 가지지 않을 수 없으며, 어떻게 그것이 생기는지를 통찰하지 않으면 안 된다. 무릇 이 「당위」는 이성적 존재[가령 하나님]자에 있어서 이성이 아무런 장애도 없이 실천적일 경우에는 모든 이성적 존재자에게 타당한 「의욕」이다. 그러나 우리[인간]처럼 별종의 동기인 감성에 촉발되고 이성 혼자서만이 활동하는 일이 반드시 생기지는 않는 존재자에게 있어서는, 행위의 이 필연성은 단지 「당위」일 뿐이다. 그러므로 주관적 [준칙의] 필연성은 객관적 [법칙의] 필연성과 구별된다.

이에, 자유의 이념에 있어서 우리는 도덕법을, 즉 의지자율의 원리를 원래는 단지 전제하고, 그것의 실재성과 객관적 필연성을 자체적으로 증명할 수는 없는 듯이 생각된다. 이 진정한 원리를 종래보다는 적어도 훨씬 더 정확하게 규정했음에 의해 상당한 수확을 거두었다 하더라도, 이 원리의 타당성과 그것에 우리들이 복종하는 실천적 필연성에 관해서는 우리는 아무런 진보도 하지 않았다. 법칙으로서의 「우리의 준칙의 타당성」이 왜 우리의 행위를 제한하는 조건이어야 하는가? 우리가 이런 종류의 행위에 부여하는 가치는 대단히 커서 이 가치보다 더 큰 관심을 일으키는 것은 없는데 그와 같은 가치는 무엇에 의거하고 있는가? 그리고 인간은 이러한 행위에 의해서만 그의 인격적 가치를 느낀다고 믿고, 이 가치에 비한다면 쾌·불쾌의 가치 같은 것은 아무것도 아니라고 생각되는데, 이것은 왜 그런가? 이상과 같은 물음에 대해 우리는 만족할 만한 대답을 줄 수 없을 것이다.

인격의 특질이 [쾌·불쾌의] 상태에 관한 관심을 가지지는 않지만, 이성이 이런 상태를 분배하는 일이 있을 무렵에, 인격의 특질이 우리로 하여금 이러한 상태에 참여할 수도 있도록 한다면, 우리는 이러한 인격의 특성에 관심을 가질 수 있음을 우리는 잘 알고 있다. 다시 말하면 행복을 누릴 만한 값을 지니고 있다는 것이, 행복에 참여하려는 동인이 없더라도, 자체상으로 우리의 관심을 일으킬 수 있다는 것을 우리는 잘 알고 있다. 그러나 이런 판단은, 사실은 (우리가 자유의 이념에 의해서 모든 경험적 관심으로부터 우리 자신을 분리시킬 때) 이미 전제되었던 도덕적 법칙의 중요성의 결과에 불과하다. 그러나 우리의 상태에다 가치를 제공하는 바의 것을 전부 상실하더라도, 이것을 능히 보상받을 수 있는 가치를 우리의 인격 안에서 찾기 위해서는, 우리는 이러한 경험적 관점에서 벗어나야 하고, 즉 우리가 우리 스스로를 행위에 있어서 자유라고 보아야 하고 그럼에도 또한 어떤 법칙[도덕법]에 종속되어 있다고 보아야 한다. 이런 일과 또 이런 일이 어떻게 가능한지, 따라서 어디로부터 도덕법이 그것의 구속을 얻어오는지, 이런 것들을 이때까지 진술한 것만으로써는 우리는 아직 잘 알 수 없다.

여기에 피할 수 없는 것같이 보이는 일종의 「순환론」을 우리는 솔직히 인정하지 않을 수 없음은 자명하다. 목적들의 질서에 있어 우리가 우리 자신을 도덕법 밑에 있는 것으로 생각하기 위해서는 「작용하는 원인」들의 질서에 있어서 우리는 자신을 자유라고 간주한다. 그 이후에, 우리가 의지의 자유를 우리에게 귀속시켰기 때문에, 우리는 도덕법에 복종한 것으로 생각하는 것이다. 왜냐하면 의지의 자유와 의지의 자기입법은 둘 다 자율이고, 따라서 교환개념[1]이기 때문이다. 그러나 교환개념이라는 이유로 해서 그 중의 일방이 타방을 설명하거나 타방의 근거를 제시할 수는 없다. 이 양 개념은 동일한 대상에 관한 서로 다른 듯한 표상들을 기껏해야 논리적인 관점에서 유일한 개념[자율]으로 귀착시키기 위해서 (동가의 여러 분수를 가장 간단한 분수로 귀착시키듯이) 사용할 수 있을 뿐이다.

2. 감성계와 가상계의 두 가지 세계에 속한 인간

그러나 하나의 방책이 아직 남아 있다. 즉 우리가 자유에 의해서 우리 자신을 선천적으로 작용하는 원인으로 생각하는 때에는, 우리가 우리 자신을 행위에 의해 우리의 눈앞에 보이는 결과로 생각하는 때와는 다른 입장을 취해 있지 않나, 하는 것을 탐구하는 방책이다.

여기에 한 가지 깨닫는 것이 있는데, 그것은 섬세한 반성을 필요로 하지 않는 것이요, 그것은 상식이 아마 (물론 상식류의 방식에 의해서이지만) 감정이라고 자칭하는 판단력의 막연한 식별에 의해 깨달을 것이라고 생각될 수 있는 것이다. 그것은 아래와 같은 것이다. 즉 우리에게 무의식적으로 생기는 모든 표상은 (감관의 표상과 같은) 우리에게 촉발하는 대로의 대상만을 우리가 알 수 있게 하고, 「대상 자체」가 무엇인지는 우리에게 알려져 있지 않다는 것이다. 따라서 이러한 종류의 표상에 관해서는 오성이, 가능한 한, 아무리 엄밀한 주의를 기울이고 명석하게 하려고 하더라도 사물 자체의 인식에는 도달할 수 없고 단지 그것의 현상에만 도달할 수 있다. 이러한 구별이 일단 이루어지면 (필경 우리에게 표상이 외부로부터 주어져서, 이 경우가 수동적이 되어 있을 때와, 표상이 우리들 자신에 의해 산출되어 우리의 활동을 중시하는 경우간의 차이를 깨달음으로써만 가능한 구별이지만) 이것에, 즉시로 생기는 자명한 귀결은 현상의 배후에 현상 아닌 그 무엇, 즉 물자체가 있다고 용인하고 상정하지 않을 수 없다는 것이다. 물론 이 무렵에 물자체는 우리에게 알려질 수 없고, 우리에게 알려질 수 있는

1) 좌와 우, 상과 하와 같은 관계의 개념이 아니라, 여기서는 세 변으로 싸인 도형의 개념과 세 각으로 싸인 도형의 개념의 관계와 같다. 이 두 개념은 삼각형이라는 동일한 대상을 표시한다.

것은, 물자체가 우리를 촉발하는 모습일 뿐이므로, 우리는 물자체에 그 이상 더 가까이 갈 수 없고, 물자체가 무엇인가를 인식할 수 없는 사태에 자연히 자족하는 바이다. 이런 일은 거칠기는 하지만 감성계와 오성계[가상계]를 구별하게 하는 것이다. 이 중의 감성계는 여러 관찰자에서의 감성의 차이에 따라 매우 상이할 수도 있지마는, 감성계의 근거인 오성계는 항상 동일하다. 자기 자신에 대해서조차, 인간이 내적 감각[1]에 의해 자기 자신에 관해 가지는 지식에 기본해서, 자기 자체가 무엇인가를 인식한다고 자부할 수 없다. 무릇 인간은 인간 스스로를 창조하는 것이 아니고, 또 자기에 관한 개념을 선천적으로가 아니라 경험적으로 얻기 때문에 자연적으로 인간은 그 자신에 관해서도 「내감」에 의해서만, 즉 오직 그 본성의 현상과 또 그의 의식이 촉발되는 방식에 따라서만 자기에 대한 지식을 얻을 수밖에 없다. 그럼에도, 그는 순현상으로부터 조직된 그 자신의 주관[경험의 객관으로서의 알려진 주관]의 성질의 피안에, 그것의 근저에 놓여 있는 어떤 다른 것, 즉 그의 「자아 자체」를 이것이 어떠한 성질의 것이건 간에, 필연적으로 상정하지 않을 수 없다. 그래서 인간을 감각들의 단순한 지각과 감수의 면에서 보면, 그는 감성계에 속하는 것으로 보아져야 하지만, 인간에 있어서 순수활동으로 될 수 있는 것의 측면에서 보면(감관의 촉발에 의해서가 아니라 [이성에 의해] 직접 의식될 수 있는 것에서 보면) 인간은 예지계(intellectuelle Welt)에 속하는 것으로 보아져야 한다. 물론 예지계에 관해서 이것 이상의 것은 모른다.

적어도 사색하는 사람은 자기에게 생기는 모든 일에 관해서 이상과 같은 결론에 도달하지 않을 수 없다. 이러한 결론은 아주 보통의 상식에서도 발견될 수 있다. 주지하다시피 상식조차도 감관의 대상의 배후에 반드시 어떤 보이지 않는 것, 자체적으로 활동하는 어떤 것을 항상 기대하는 경향을 갖고 있다. 그러나 상식은 이 볼 수 없는 것을 또다시 감성화한다. 즉 직관의 대상으로 삼으려고 하고 있다. 이 때문에, 이 불가시적인 것을 다시 파괴시킨다. 물론 이렇게 한다고 해서 상식이 조금도 더 현명해지는 것이 아니다.

인간은 사실 자신 안에서 하나의 능력을 발견하고, 이것에 의해 자기 자신

1) 내적 감각과 내감은 내성과 동일한 것으로 보아진다.

을 모든 다른 사물로부터 구별할 뿐 아니라 대상에 의해서 촉발되는 한의 자기로부터도 구별한다. 이런 능력이 바로 이성이다. 순수자발성으로서의 이성은 다음과 같은 점에서 오성을 능가한다. 오성도 역시 자기 활동을 하고, 감관처럼 사물에 의해 촉발된(따라서 수동적인) 표상만을 포함하는 것은 아니지만, 오성은 감성적 표상을 규칙의 지배하에 두고, 이것을 통해 하나의 예식으로 통일하기 위해 쓰이는 개념[범주] 외의 딴 개념을 자기의 활동에서 산출할 수 없다. 그리고 상술한 감성을 사용함이 없이는 오성은 아무것도 사고할 수 없다. 반면에, 이성은 이념들(Ideen)의 이름 아래서 극히 순수한 자발성을 드러내기 때문에 감성에 의해서만 오성에 주어지는 일체를 능가한다. 이성은 감성계와 오성계를 서로 구별하고, 그러면서도 이런 구별에 의해 오성 자신에 대해서도 그것의 한계를[1] 규정하는 점에서, 이성은 그 가장 중요한 임무를 발휘한다.

이러하기 때문에 이성적 존재자는 자기 자신을 예지자로서는 (따라서 저급한 능력의 면에서가 아니다) 감성계가 아니라 오성계[가상계]에 속하는 것으로 간주되어야 한다. 그러므로 그는 두 가지 관점을 가지게 되는데, 이 관점으로부터 그는 자신을 관찰하고 또 모든 그의 능력을 사용하는 법칙을, 따라서 모든 그의 행위법칙을 인식할 수 있다. 그는 자기가 감성계에 속해 있는 한에서, 첫째는 자연의 법칙(타율) 밑에 있고, 둘째로 가상계에 속하는 것으로서는 자연과는 관계없이, 경험적이 아닌, 이성에만 근거하고 있는 법칙 밑에 있다.

이성적 존재자, 따라서 예지계에 속하는 것으로서의 인간은, 그 자신의 의지의 원인성을 자유의 이념 아래서만 생각할 수 있다. 왜냐하면, 감성계에서의 규정 원인에서 독립이라는 것이(이것이 이성이 항상 자기 자신에게 부여해야 하는 것이지만) 바로 자유이기 때문이다. 자유의 이념에는 불가분리적으로 자율의 개념이 결합해 있으며, 도덕성의 보편적 원리는 자율의 개념과 결합해 있다. 이 도덕원리는, 자연법칙이 모든 현상의 근저에 있듯이, [자율의] 이념 중에서 이성적 존재자의 모든 행위의 근저에 있는 것이다.

이제야 우리가 위에서 품었던 의심은 제거되었다. 즉 자유에서 자율로, 또

---

1) 감성을 떠나서는 오성은 아무것도 생각할 수 없다. 그러므로 감성계에 한계를 준다는 것은 곧 오성에 한계를 준다는 것을 의미한다.

자율에서 도덕법으로 향하는 우리의 추리 중에 사실은 비밀의 순환론이 포함되어 있는 것이 아닌가, 즉 우리가 도덕법을 위해서 자유의 이념을 근저에 두었던 것은, 나중에 와서 자유에서 역으로 도덕법을 추리해내려고 한 것이 아닌가, 따라서 자유의 이념에 관해서는 우리는 근거를 전혀 줄 수 없고, 그것은 「선결문제 요구의 오류」[1]인 것이며, 이런 일을 선의인들만은 기꺼이 용인하겠지만, 그렇다고 해서 우리가 증명할 수 있는 명제로 제출할 수는 없는 것이 아닌가라고 하는 의심이 제거되었다. 무릇 우리는 이제야 안 것이 있는데, 그것은, 우리가 우리 자신을 자유라고 생각할 때에는 우리들을 오성계의 한 성원으로서 오성계에 집어넣고, 의지의 자율과 그것의 결과인 도덕성을 함께 인식하지마는, 우리가 우리 자신을 의무를 짊어지고 있다고 생각할 때에는 우리가 감성계에 속하면서 동시에 오성계에 속한 것으로 본다는 것이다.

어떻게 해서 정언적 명법이 가능한가?

이성적 존재자는 예지자로서의 자신을 오성계[2]에 속한 것으로 보고, 이 오성계에 속하는 작용원인(wirkende Ursache)으로서만 그는 자기의 원인성을 의지라고 부른다. 그러나 타면 자신이 감성계의 한 부분인 것도 의식하고 있고 이 감성계에서는 그의 행위를 저 원인성의 현상으로만 본다. 그러나 행위의 가능성은, 우리가 아는[인식하는] 바 없는 저 원인성으로부터는 통찰될 수 없고, 그 대신에 자기의 행위는 저 원인성이 아닌 현상, 즉 욕망과 애착에 의해 규정되는 것으로 통찰되고, 즉 감성계에 속하는 것으로 통찰된다. 그러므로 내가 오성계의 한 성원이기만 한다면, 나의 모든 행위는 순수의지의 자율의 원리에 완전히 합치할 것이다. [반대로] 만약 내가 감성계의 한 부분이라고만 한다면, 나의 모든 행위는 욕망과 애착을 지배하는 자연법칙, 즉 자연의 타율과 완전 합치한다고 생각되지 않을 수 없을 것이다. (전자는 도덕성의 최상원리에 의거할 것이고, 후자는 행복의 원리에 의거할 것이다) 그러나 오성계는 감각계의 근거를, 따라서 감성계의 법칙의 근거를 포함한다. 이에, (전적으로 오성계에 속하는) 나

1) 증명해야 할 것을 증명의 근거로 하고 있는 것이다.
2) 이 단의 전체에서 오성계라는 표현보다도 가상계, 혹은 물자체계라는 표현이 더 정확하다.

의 의지라는 관점에서 본다면, 오성계는 직접[1]의 입법자요, 따라서 [감성계의 근거를 포함하는] 그런 것이라고 생각되어야 한다. 이 때문에, 비록 타면에서 내가 감성계에 속하는 존재로 간주됨에도 불구하고, 예지자로서의 나는 오성계의 법칙에, 즉 자유의 이념 중에서 오성계의 법칙을 포함하고 있는 이성에 복종하는 것으로, 따라서 의지의 자율에 복종하는 것으로, 나를 인식하지 않을 수 없겠다. 그러므로 나는 오성계의 법칙들을 나에 대한 명법으로 보고, 이 원리에 합치하는 행위를 의무로 보아야 하겠다.

이처럼, 자유의 이념이 나를 가상계의 한 성원으로 삼기 때문에, 정언적 명법들이 가능한 것이다. 내가 가상계의 성원이기만 하다면 [감성계와는 관계가 없다면], 나의 모든 행위는 의지의 자율에 항상 일치하겠지만, 나는 동시에 나를 감성계의 성원으로도 보기 때문에, 나의 행위는 이 자율에 일치해야 하는 것으로 된다. 이 정언적 당위는 선천적 종합명제를 제시한다. 왜냐하면, 감성적 욕망에 촉발되는 나의 의지 이외에, 동일한 의지의 이념이기는 하지만 오성계에 속하는 순수한, 그 자체만으로서 실천적인 의지의 이념이 보태지기 때문이다. 그리고 이러한 의지는 감성적 욕망에 촉발된 의지가 이성에 따르기 위한 최상조건을 포함하고 있다. 이것은, 감성계의 직관에 오성의 개념들이——이 개념 자신은 법칙적 형식일반 이외의 것을 의미하지 않지만——보태지고 이럼으로써 자연에 대한 모든 인식의 기초가 되는 선천적 종합명제가 가능하게 되는 것과 대체로 같다.

「보통의 인간이성」[상식]의 실천적 사용이 이 연역의 정당성을 확증한다. 어떠한 사람일지라도, 비록 지독한 악한일지라도, 그가 평소에 이성을 사용하는데 익숙해 있기만 하면, 그에게 의도의 정직, 선한 준칙을 준수하는, 견고성, 동정, 박애(이러한 것들이 이익과 안락과의 희생물이 되더라도)의 예를 제시했을 때 그도 역시 그러한 심정의 소유자가 되기를 원하지 않는 사람은 없다. 그는 자기의 애착과 충동 때문에 자기 자신이 그런 일을 실현할 수 없을 뿐이다. 그럼에도 그 역시 자기에게 짐이 되는 이런 애착들에서 해방되기를 바란다. 이렇게 바람으로써 그는 다음의 것을 증시한다. 즉 그는 감성의 충동에서 해방된

---

1) 감성의 충동과 이것의 대상에서 독립해 있다는 의미에서 「직접」이다.

의지를 가지고서 사상 중에서는 감성의 욕망의 질서와는 전혀 다른 사물의 질서로 이전한다는 것이다. 왜냐하면, 이러한 소망에 의해 그는 감각적인 욕망이 만족되리라고 기대할 수 없고, 따라서 어떠한 실제의 애착이나 상상하는 애착도 만족시킬 만한 상태를 기대할 수 없으며(만일 기대한다면 그렇게 바라도록 유혹했던 바로 그 이념의 탁월성을 손상하겠기 때문에), 그가 기대할 수 있는 것은 오직 그의 인격의 내적 가치의 증대뿐이기 때문이다. 그가 그 자신을 오성계의 성원인 입장으로 이전시킨다면, 그는 보다 더 좋은 이 편의 인격이 되는 것을 믿는다. 그가 이제 말한 입장에 이전하는 것은, 자유의 이념, 즉 감성계를 규정하는 원인에서의 독립이라는 이념이 부지불식 중에 그에게 강제했기 때문이다. 그는 저러한 입장에 들어서서 선의지를 의식한다. 이 선의지는 그의 고백에 따르면 감성계의 성원으로서의 그의 악의지에 대[립]해서 그가 어기면서도 그 권위를 인식하는바, 법칙[규범]을 형성한다. 그러므로 도덕적 당위는 가상계의 성원으로서는 자기 자신의 필연적인 의욕인 것이요, 이 성원이 동시에 자기를 감성계의 성원으로 보는 한에서만, 그에게 당위라고 생각된다.

모든 실천철학의 궁극적 한계

1. 자유와 필연의 이율배반

모든 사람은 그의 의지가 자유라고 생각한다. 이런 생각 때문에, 행위 자신에 관한 모든 판단은 그 행위가 이때까지 실제로는 일어나지 않았지만 마땅히 일어났어야 한다고 말한다. 그러나 이 자유는 경험개념이 아니고 또 경험개념일 수도 없다. 왜냐하면, 비록 경험이 자유의 전제 밑에서 필연적인 것으로 생각되는 요구와는 반대되는 것을 보여준다 하더라도, 자유의 개념은 여전히 변함이 없기 때문이다. 그러나 또 한편으로, 일어나는 바의 모든 것은 자연법칙에 따라 불가피적으로 결정되어 있다는 것도 마찬가지로 필연적이다. 그리고 이러한 자연의 필연성도 필연의 개념, 따라서 선천적 인식의 개념을 내포하고 있는 바로 그 이유 때문에, 경험개념이 아니다. 그러나 이 자연의 개념은 [학적] 경험에 의해서 확증되는 것이요, 경험이, 즉 「보편적 법칙에 따라 결합된 감관 대상의 인식」이 가능해야 한다면, 자연의 개념은 불가피적으로 먼저 전제되어야 한다. 따라서 자유는 객관적 실재성 자체는 의심스러운 이성의 이념일 뿐이나, 자연은 오성이 낳은 개념이요, 이런 개념은 경험상의 실례에서 자기의 실재를 증명하고 또 필연적으로 증명해야 한다.

의지에 관해서 말하면, 이것에 부여된 자유는 자연 필연성과 양립할 수 없는 것같이 보이기 때문에, 여기서 이성의 변증론이 생긴다. 이러한 기로에서 이성은 사변적 의도에서 보면 자연적 필연성의 길이 자유의 길보다 훨씬 더 평탄하고 훨씬 더 사용할 만한 것으로 보지만, 실천적 의도에서 보면 자유의 좁은 길만이 우리가 우리의 행위에 있어서 이성을 사용할 수 있는 유일한 길이다. 하기에 자유를 논파할 수 없다는 것은, 가장 일상적인 상식과 지극히 현묘한 철학에 있어서 마찬가지다. 그러므로 철학은 동일한 인간의 행위에 있어서 자유와 자연적 필연 사이에는 참된 모순이 없다고 전제하지 않으면 안 된다. 왜냐하면 그것은 자유의 개념과 마찬가지로 자연의 개념도 포기할 수 없기 때문이다.

자유가 어떻게 해서 가능한지는 결코 이해할 수 없을지라도, 이러한 외관상의 모순은 적어도 설득력 있게 해소시켜야 한다. 왜냐하면 자유의 사상이 자기모순적이거나, 자유와 마찬가지로 필연적인 자연과 양립할 수 없다면, 자유는 자연의 필연성에 대항해서 전적으로 포기되지 않을 수 없기 때문이다.

2. 자유와 자연의 두 가지 관점

자기 자신을 자유라고 생각하는 주관이, 자기를 자유라고 말할 때에, 그가 동일한 행위에 관해서 자기를 자연법칙에 종속하는 것으로 생각할 때와 동일한 의미 혹은 정확하게 동일한 관계에서 자기 자신을 생각한다면, 이 모순에서 벗어난다는 것은 불가능하다. 그러므로 적어도 다음의 것을 지적하는 것이 사변철학의 방치할 수 없는 과제다. 즉 이 모순에 관한 사변철학상의 착각은, 상술한 두 가지의 혼동에 기인하고 있다는 것, 우리가 인간을 자유라고 부를 때 그것은 인간을 자연의 일부로서 이 자연의 법칙에 종속하는 것으로 볼 때와는 다른 의미·다른 관계에서 인간을 생각한다는 것, 그리고 이 양자는 잘 공존할 수 있을 뿐 아니라 동일한 주관 안에서 필연적으로 결합되어 있는 것으로서 생각되어야 한다는 것이다. 왜냐하면 그렇지 않으면, 왜 우리가 하나[자유]의 이념으로써 이성을 괴롭혀야 하는지 그 근거를 밝힐 수 없기 때문이다. 이[자유의] 이념은 또 하나의 확증된 [자연이라는] 이념과 모순 없이 충분히 결합한다 하더라도 그것은 이성의 이론적 사용을 몹시 곤경에 빠뜨리는 까다로운 일에 우리를 휩쓸어 넣는 것이다. 그러나 [방치할 수 없는 사변철학의 과제를 해결하는] 의무는, 실천철학에의 길을 열기 위해서 사변철학에 부과된 것이다. 그러므로 외관상의 이 모순을 제거할 것인지 아니면 그대로 방치해 둘 것인지의 선택은, 철학자의 임의에 맡겨져 있는 것이 아니다. 왜냐하면 후자의[방치해 둘] 경우, 이에 관한 이론은 소유없는 재산(bonum vacans)이 되고, 숙명론자는 이런 재산을 당연하게 소유해서, 도덕이 자기가 가질 자격도 없으면서 점유한다고 억측한 그 소유에서 모든 도덕을 추방할 수 있기 때문이다.

그러나 여기서는 아직도 실천철학의 한계에 접한다고 말해질 수 없다. 왜냐하면, 이러한 분쟁의 조정은 실천철학에 속하는 일이 아니고, 실천철학은 단지 사변적 이성이 이론적인 문제에서 휩쓸린 무조화의 상태를 없애기를 요구할 뿐이기에 말이다. 실천이성이 안주하고자 하는 지반에 대해서 논쟁을 걸지도 모를 외적인 공격에 대해 평정과 안전을 가지기 위해서이다.

상식조차도 의지의 자유를 주장하는 권리는, 단지 주관적으로만 규정하는 원인들로부터 이성이 독립해 있다는 의식과 이 독립성의 전제를 승인하는 데 의거하고 있다. 주관적으로 규정하는 원인들은 모두 단지 감각에 속하는 것, 따라서 일반적 명칭으로 감성이라는 것에 속하는 것이다. 이와 같이 보아 자기를 예지자(Intelligenz)로 간주하는 인간이 자기를 의지, 즉 원인성을 부여받은 예지자로 생각할 때에는, 자기를 감성계의 한 현상으로서(인간은 사실 현상이지마는) 지각하고 자기의 원인성을 자연법칙에 따르는 외적 규정에 종속시키는 때와는 다른, 사물의 질서 속에 자기를 집어 놓고 있으며, 전혀 별종의 규정근거에 관계시키고 있다. 여기에 인간은 그 양자가 동시에 성립할 수 있고, 심지어 성립해야만 한다는 것을 즉시로 터득한다. 왜냐하면 현상 중의 사물(감성계에 속하는 것으로서의)이 어떤 법칙에 종속하되, 이 동일한 사물이 물자체 혹은 존재 자체로서는, 현상 중의 법칙에서 독립이라고 하는 것은 조금의 모순도 포함하지 않기 때문이다. 인간이 자신을 이중의 방법으로 표상하고 사고해야만 한다는 것은, 상술한 첫째 경우에 관해서 말한다면, 인간이 자기 자신을 감관에 의해서 촉발된 대상으로서 의식하는 것에 의거하고, 둘째 경우에 관해서 말한다면 인간이 자기 자신을 예지자로서, 즉 이성의 사용에 있어서 감성적 인상으로부터 독립적인 것으로서(따라서 오성계에 속하는 것으로서) 의식하는 것에 의거하고 있다.

이로부터 인간은 자기의 한갓 욕망과 애착에 속하는 것을 조금도 고려하지 않는 의지를 갖고 있다고 자처하고, 또 한편 모든 욕망과 감성적 자극을 무시함으로써만 일어날 수 있는 행위가 자기에 의해 가능할 뿐만 아니라 심지어 필연적이라고 생각하기에 이른다. 이러한 행위의 원인성은 예지자로서의 인간 속에 있으며, 가상계의 원리에 따른 「작용과 행위」의 법칙 중에 있다. 그러나 가상계에 관해서 그가 아는 것은, 가상계 속에서 이성만이, 그러면서도 감성에서 독립인 순수이성만이 법칙을 준다고 하는 것뿐이다. 마찬가지로 인간은 가상계에서 예지자로서만(인간으로서는 자기 자신의 단순한 현상인 데 반하여) 본래적 자기이기 때문에, 이 법칙은 그에게 직접적으로 그리고 정언적으로 관계한다는 것뿐이다. 따라서 애착과 충동(하기에 감성계의 전 성질)이 무엇을 자극하든지간에, 예지로서의 인간의 의욕의 이 법칙들을 조금도 해칠 수는 없다. 그뿐만 아니라, 예지자로서의 인간은 애착과 충동에 대해서 책임이 없으며, 이런 것들을 그의 「본래적인 자기, 즉 의지」의 소치로 보지도 않는다. 그러나 인간은 그의 준칙에 대한 애착과 충동의 영향을 허락하고, 그의 의지의 이성법칙에 손상을 입힐 때에, 그가 이런 것들[애착과 충동]에 대해 보여줄 관용에 관해서는 책임을 지는 것이다.

3. 가상계에 관한 인식은 없다

실천이성이 사고에 의해 오성계[가상계]에 들어가는 것은, 실천이성의 한계를 결코 넘는 것이 아니다. 그러나 실천이성이 직관과 감관에 의해 가상계에 들어가려고 할 때에는, 자기의 한계를 넘는 것이다. 가상계를 사고한다는 것은 감성계에 지배되지 않는다는 감성계에 관한 소극적인 사상일 뿐이요, 이 감성계는 의지를 결정할 무렵에 이성에 법칙을 주지 않는 것이다. 그것은 다음의 점에서만 적극적이다. 즉 소극적인 성질로서의 자유가, 어떤(적극적인) 능력과 결합하고, 뿐더러 '의지'라고 불리는 이성의 원인성과 결합해서 행위의 원리가 이성 원인의 본질적 특성에 적합하도록, 즉 준칙이 법칙으로서 보편적인 타당성을 가진다는 조건에 적합하도록 행위한다는 점에서이다. 그러나 만약 실천이성이 의지의 대상도, 즉 동인[행동의 원인]도 가상계로부터 취해온다는 말이 되면, 그것은 실천이성이 자기의 한계를 넘어서서 원래는 아는 것이 없는 것을 안다고 하는 월권을 범하는 것이 된다. 하기에 오성계[가상계]의 개념은 오직 이성이 취하는 한 입장이고, 이성이 자기 자신을 실천적인 것으로 생각하기 위해서는 현상의 외부에서 이런 입장을 취하지 않을 수 없는 처지이다. 감성의 영향이 인간을 규정하는 것이라면, 이성이 자신을 실천적이라고 할 수 없을 것이다. 그럼에도, 예지자로서의 인간 자체의 의식이, 따라서 이성적인, 이성을 통해서 활동하는 원인, 즉 자유로 작용하는 원인이 있다는 의식이, 인간에게 부정될 수 없는 한에서, 저런 생각은 필연적이다. 그러한 생각은, 물론 감성계에 속하는 자연 기구의 질서와는 전혀 다른 질서와 입법과의 이념을 초래하고, 가상계(즉 물자체로서의 이성적 존재자의 전체)의 개념을 필연적이게 한다. 그러나 여기서는 이념의 형식적인 조건에 따라 생각하는 것, 즉 법칙으로서의 의지의 준칙의 보편성에 적합하도록, 그러므로 의지의 자유와 양립할 수 있는바, 의지의 자율에만 적합하도록 생각하는 것 이상으로 생각한다는 참월은 없다. 이것에 반해서 대상을 향해 규정하려는 모든 법칙은 타율을 주고, 이 타율은 자연의 법칙에서만 발견되고, 감성계에서만 타당할 수 있다.

4. 자유에 대한 설명은 없는 것이다

그러나 순수이성이 어떻게 실천적[결의적]일 수 있을까 하는 것을 감히 설명하려고 하면, 이때에야말로 이성은 자기의 한계를 넘어서는 것이 될 것이다. 그것은 자유가 어떻게 가능한가를 설명하려는 과제[일]와 전혀 동일하다.

우리가 무엇을 설명하려고 하는 데 있어서, 가능한 경험에서 그것[법칙]의 대상이 주어질 수 있는 법칙에 환원할 수 없으면, 우리는 그 무엇을 설명할 수가 없다. 그런데 자유는 단순한 이념일 뿐이요, 그것의 객관적 실재성은 자연법칙에 의해서, 따라서 어떠한 가능적인 경험에 의해서도 증시될 수 없다. 어떤 유추에 의해서 자유의 실례를 제시할 수 없기 때문에, 자유의 이념은 결코 이해될 수 없고 통찰될 수도 없다. 자유는 단지 의지를, 즉 단순한 욕망과는 구별되는 능력(즉 자신을 예지자로서 행위하도록 규정하는 능력, 따라서 자연적 본능에서 독립해서 이성의 법칙에 따라서 행위하도록 자기를 규정하는 능력)을 자각하고 있다고 믿는 존재자에 있어서 이성의 필연적인 전제일 뿐이다. 그러나 자연법칙에 의한 규정이 끝나는 곳에서는 모든 설명도 또한 끝나는 것이다. 그래서 남는 것은 오직 변호뿐이다. 즉 사물의 본질을 더 깊이 통찰한 듯이 말하면서, 자유란 것은 불가능하다고 대담하게 선언하는 사람들의 반대를 몰아내는 일뿐이다. 이렇게 주장하는 사람들에 대하여 우리가 보여줄 수 있는 것은, 그들이 발견했다고 추측하는 자유에 있어서의 모순은 오로지 다음의 점에 있다고 하는 것뿐이다. 즉 자연법칙을 인간행위에도 타당시키기 위하여 인간을 필연적으로 현상으로 보아야 했지마는, 이제야 예지자로서의 인간을 물자체로서도 생각해야 한다는 것을 그들에게 요구한 처지에, 그들은 인간을 여전히 현상으로 보고 있다는 점이다. 이 무렵에 하나의 동일한 주관에 있어서 인간의 원인성(즉 의지)을 감성계의 모든 법칙으로부터 분리시키는 것은 확실히 모순일 것이나, 만약 물자체가 (숨겨진 채로이지만) 현상의 배후에 근거로서 있어야 하고, 물자체가 작용이 지니는 법칙이 사물의 현상을 지배하는 법칙과 동일한 것이라고 요구할 수 없다는 것을 그들이 반성하고 당연하게도 승인한다면, 모순은 없어지는 것이다.

5. 도덕적 관심의 설명도 없는 것이다

「의지 자유」의 설명이 주관적으로 불가능하다는 것은, 인간은 도덕법에 대해 가질 수 있는 관심*을 찾아내어 설명함이 불가능한 것과 마찬가지이다. 그럼에도 실제로 인간은 도덕법에 대해 관심을 가지고 있고, 우리 안에 있는 이 관심의 기초를 우리는 '도덕감'이라고 부른다. 그리고 이 도덕감이 우리의 도덕적인 판단의 척도가 된다고 잘못 생각하는 사람도 있다. 그러나 이것은, 법칙이 의지에 미치는 주관적 효과로 보아져야 하고, 이 주관적 효과에 대한 객관적 근거를, 이성만이 주고 있다.

* 관심이란 이성이 실천적이도록 하는 것, 즉 의지를 결정하는 원인이 되는 것이다. 그러므로 오직 이성적 동물만이 관심을 가진다고 말해진다. 이성이 없는 피조물은 감각적인 충동만 느낄 따름이다. 그리고 이성의 준칙의 보편적 타당성이 의지를 규정하는 충분한 근거가 될 때에, 이때에만 이성은 행위에 직접 관심을 일으킬 수 있다. 이러한 관심만이 순수하다. 그러나 이성이 어떤 다른 욕망의 대상을 매개로 해서 또는 주관의 어떤 특수한 감정을 전제해서만 의지를 규정할 수 있을 때에만, 이성은 행위에 대해 관심을 일으킬 뿐이다. 그리고 이성은 단독으로 경험의 도움 없이 의지의 대상도 의지의 근저에 있는 특수한 감정도 명백히 발견할 수 없기 때문에, 후자의 간접적 관심은 다만 경험적일 뿐이며, 결코 이성의 순수한 관심은 아니다. 이성의 논리적 관심(이성의 통찰력을 증진시키는)은 결코 직접적인 것이 아니며 이성을 사용한다는 의도를 전제하고 있다.

이성만이 감성적으로 촉발된 이성적 존재자에게 당위를 지령하는 그런 것을 의욕하기 위해서, 쾌감이거나 만족감의 의무를 수행할 무렵에 주입시키는 이성의 능력이 필요하다. 따라서 감성을 이성적 원리에 따라 규정하는 이성의 원인성이 필요하다. 그러나 원래 감성적인 것을 자기 안에 조금도 가지고 있지 않은 사상이 어떻게 쾌나 불쾌의 감각을 일으킬 수 있는지를 통찰하는 것, 즉 선천적으로 이해하는 것은, 전혀 불가능하다. 왜냐하면 그런 통찰은 일종 특별한 원인성인 것이요, 모든 원인성에 대해서와 같이 그것을 우리는 선천적으로는 전혀 규정할 수 없고, 오로지 경험에 문의해 보아야 하기 때문이다. 경험은 경험의 두 가지 대상들간에 있는 것 이외에, 결과에 대한 원인의 관계를 줄 수 없는 처지에, 여기서는 결과는 물론 경험 중에 있으나 그것의 원인은 (경험의 아무런 대상도 주지 않는) 이념에 의한 순수이성이어야 하기 때문에, 어떻게 그리고 왜 법칙으로서의 준칙의 보편성, 즉 도덕성이 우리의 관심을 일으키는 것인지 이에 대한 설명이 우리 인간으로서는 전혀 불가능하다. 그러나 다음의 것만은 확실하다. 즉 법칙이 우리의 관심을 끌기 때문에, 우리에게 타당성을 가지게 되는 것이 아니라(그것이 관심을 끌기 때문에 타당하게 되면 그것은 타율이요, 실천이성을 감성에 의존시키게 된다. 이렇게 되면 실천이성은 도덕적 입법을 할 수 없을 것이다), 법칙이 예지자로서의 우리의 의지로부터, 따라서 「본래적인 우리 자아」로부터 생겨났기 때문에 인간으로서의 우리에게 타당하고, 또 그렇게 타당하기 때문에 우리는 관심을 일으킨다는 것이다. 그러나 단순히 현상에 속하는 것은 이성에 의해서 필연적으로 물자체의 성질[구조]에 종속시키게 된다.

6. 논의의 일반적 개괄

하기에, 정언적 명법이 어떻게 가능한가? 하는 물음은 이 정언적 명법을 가능하게 하는 유일한 전제, 즉 자유의 이념을 들 수 있는 한에서, 그리고 또한 이 자유의 이념의 필연성을 우리가 통찰할 수 있는 한에서, 대답될 수 있다. 이성을 실천적으로 사용하는 데에는, 즉 정언적 명법의, 따라서 도덕법의 타당성에 대한 확신을 얻는 데에는, 이제 말한 것으로 족하다. 그러나 이 전제 자신이 어떻게 가능한지는 인간이성에 의해서는 통찰될 수 없다. 그렇지만 어떤 예지자의 의지가 자유라고 전제한다면, 의지의 자율이 의지를 결정할 수 있는 유일의 형식적 조건이 된다는 것은 하나의 필연적인 귀결이다. 뿐더러 의지가 자유라고 전제하는 것(감성계의 현상들을 결합하는 자연적 필연성의 원리에 모순됨이 없이)이 전적으로 가능할 뿐만 아니라(사변철학이 표시할 수 있듯이), 자유를 실천적으로, 즉 이념 중에서 이성적 존재자의 모든 자발적 행위의 조건으로서 제시한다는 것은, 이성에 의한 원인성, 따라서 (욕망과는 구별되는)의지를 자각한 이성적 존재자에게는 그 이상의 어떠한 조건도 없이 필연적인 일이다. 그러나 순수이성이 이성 아닌 다른 어떤 곳으로부터 얻어 올 수 있는 다른 동기들 없이 이렇게 그 자체만으로 실천적일 수 있을까, 다시 말하면 법칙으로서의, 이성의 모든 준칙의 보편적 타당성이라는 단순한 원리(순수실천이성의 형식이 되겠지만)가 인간이 미리 관심을 가질 수 있는 의지의 질료(또는 대상)도 없이, 어떻게 그 자체만으로 동기를 공급할 수 있을까, 또 이런 단순한 원리가 순수히 도덕적이라고 하는 관심을 낳을 수 있을까. 또는 다른 말로 표현하여 순수이성이 어떻게 실천적일 수 있을까, 이런 문제를 설명하려고 하면, 모든 인간이성은 전혀 무능력이다. 그리고 이것에 관해 설명하려는 모든 고심과 노력은 헛된 것이 되고 마는 것이다.

그것은 마치 의지의 원인성으로서의 자유 자체가 어떻게 가능한지를 내가 구명하고자 하는 듯한 것이다. 무릇 거기서 나는 철학적 설명조건을 포기하고,

그것을 대신하는 다른 설명근거도 나에게는 없다. 물론 나는 아직도 나에게 남겨진 가상계에, 즉 예지자들의 세계를 헤맬[방황] 수 있을 것이다. 그러나 비록 충분히 근거가 있는 가상계에 관한 이념을 내가 가지고 있다 하더라도, 그 세계에 대해 아는 것은 조금도 없으며, 내 이성의 천부적 능력을 아무리 발휘하여 보아도 그것에 대한 앎을 얻을 수 없다. 가상계란 감성의 분야에서 오는 동인[동기]의 원리를 제한하기 위해서, 내 의지의 규정근거에서 감성계에 속하는 일체를 배제한 뒤에도 남는 그 무엇을 의미할 따름이다. 감성의 분야에서 오는 동인의 원리를 제한하는 것은, 감성의 분야에 한계를 줌으로써 하여지는 것이요, 그것이 만유를 자기 안에 포괄해 있지 않고 「그것 이상의 것」이 남아 있다는 것을 보여줌으로써, 제한하는 것이다. 그러나 「그것 이상의 것」에 관해서 나는 더 전진해서 아는 것이 없다. 이 이상을 사고하는바, 순수이성으로부터 모든 질료를, 즉 모든 대상들에 관한 인식을 제쳐둔 후에 남는 것은 형식뿐이요, 준칙의 보편타당성이라는 실천법칙뿐이며, 이 법칙에 적합해서 순수오성계에 상관하는 이성을, 가능적 작용원인으로 즉 의지를 규정하는 원인으로 생각한다는 것뿐이다. 여기에서는 [감성적] 동기는 전적으로 폐기되지 않을 수 없다. 만약 동기가 있다면 가상계 자체의 이념이 동기일 것이요, 즉 이성의 근원적 관심의 대상일 것이다. 그러나 이와 같음을 이해시킨다는 것은 우리가 해결할 수 없는 과제이다.

7. 도덕적 탐구의 궁극 한계

바로 여기가 모든 도덕적 탐구의 최상 한계이다. 그러나 한계를 규정한다는 것도 아래의 이유에서 매우 중요한 일이다. 그것은 즉 이성의 일면으로는 감성계 안에서 최상의 동인과, 파악할 수는 있으나 경험적인 관심과를 찾아 헤맴으로써, 도덕에 손상을 입히는 일이 없도록 하고 또 타면으로는 이성이 가상계라는 이름의 선험적 개념의 공허한 공간에서 일보도 그것에서 이동함이 없이 힘없이 날개만 치거나, 단순한 환상에 빠지지 않도록 하는 이유에서이다. 필경 모든 예지자들의 전체로서의 순수오성계 —— 우리들 자신도 이성적 존재자로서 그것에 속하여 있다(물론 또 타면에서는 감성계의 성원이기도 하지만) —— 의 이념은, 모든 지식이 이 이념의 한계에서 끝나는 것이지마는 여전히 이성적 신념을 위해 쓰일 수 있고 허용될 수 있는 이념이다. 이 이념은 목적 자체들(이성적 존재자들)의 보편적 왕국——자유의 준칙들에 그것들이 마치 자연법칙들인 것처럼 합치해서 우리가 신중하게 행동한다면, 우리도 이 왕국의 한 성원이 될 수 있다——이라는 훌륭한 이상에 의해 우리가 도덕법에 대한 생생한 관심을 우리에게 환기하기 위한 것이다.

맺는 말

자연에 관하여 이성을 사변적으로 사용하면 세계의 어떤 최상의 원인이 절대필연적이라고 하게 된다. 자유에 관하여 이성을 실천적으로 사용하여도 우리는 절대적 필연성에 이르지마는 이때의 필연성은 이성적 존재자 자신의 행위 법칙의 절대적 필연성이다. 그런데 이성의 모든 인식으로 하여금 그것의 필연성을 의식하도록 하는 것이 (필연성 없는 인식은 이성의 인식이 아니기에) 우리 이성의 모든 사용의 본질적인 원리이다. 그러나, 있는 것, 일어나는 것, 일어나야 할 것의 제약이 근거에 두어지지 않으면, 이 동일한 이성이 「무엇이 있으며 무엇이 일어나며 또 무엇이 일어나야 할지」의 필연성을 통찰할 수 없다는 것도 이성의 마찬가지로 본질적인 제한이다. 그러나 이런 식으로 또 그 제약을 부단히 탐구해 감에 의해, 이성의 만족은 오직 더욱더 앞으로 연기될 뿐이다. 그러므로 이성은 무제약적으로 필연적인 것을 추구하여 쉬지 않는다. 이래도 그 무제약적으로 필연적인 것을 이해시키는 아무런 수단도 없이 그것을 가정하지 않을 수 없는 처지로 되고, 이러한 가정에 조화하는 개념을 발견할 수만 있으면 크게 성공인 것이다. 그러므로 이성이 무제약적 실천법칙(정언적 명법이 이런 것임에 틀림없다)의 절대적 필연성을 이해시킬 수 없다는 것은 우리가 하는 도덕의 최상 원리의 연역에 대한 비난이 아니고, 오히려 인간이성 일반에 가해야 할 비난이다. 이성이 어떠한 조건에 의해서, 즉 근저에 놓여 있는 어떤 관심을 매개로 해서 실천법칙을 설명하려고 하지 않는다고 해서, 이성을 책망할 수는 없다. 왜냐하면, 책망한다면 법칙은 도덕법칙, 즉 자유의 최상법칙이 되지 않기 때문이다. 이래서 우리는 도덕적 명법의 실천적인 무제약적 필연성을 이해하지 않으나, 그러나 그것의 불가해성을 이해한다. 이러한 점이야말로 그 원리상 인간이성의 한계에까지 추구해 가려는 철학에 대해 우리가 정당하게 요구할 수 있는 것의 전부이다.

철학서론

Prolegomena
zu einer jeden
zukünftigen Metaphysik, die als
Wissenschaft wird auftreten konnen

머 리 말

이 「철학서론」(Prolegomena)은 생도가 사용하기 위해서가 아니라 미래의 교사들이 사용하기 위해 쓰인 것이다. 그러면서도 이미 존재하는 학문의 강술을 안배하려고 하는 교사들에게 유용한 것이 아니라, 학문 자신을 비로소 발견하려고 하는 교사들에게 유용한 것이다.

고대와 근세의 철학사 자신이 자기의 철학인 학자가 있지마는, 이런 학자를 위해 이 「서론」이 쓰인 것이 아니다. [소위] 학자는, 이성 자신의 샘에서 길러내려고 노력하는 철인이 할 일을 끝낼 때까지 기다려야 한다. 그런 이후에 철인이 한 일을 세간에 보고하는 순번이 학자에게 생긴다. 그렇지 못하면 학자의 의견으로서 기왕에 말한 일이 없었던 것을 세울 수 없다. 그리고 사실 이런 견해는 확실한 예언으로서 미래의 모든 것에 대해서도 타당할지 모른다. 왜냐하면, 인간의 오성은 많은 세기를 통해서 무수한 대상들에 여러 가지 방식에서 탐닉했기 때문에, 어떠한 신설에도 다소간 유사한 것이 있는 구설이 발견되지 않는 일은 쉽사리 있을 수 없기에 말이다.

나의 [이 책의] 의도는, 형이상학의 연구를 가치 있다고 보는 모든 사람이 그들의 일을 잠시 보류하고 이때까지 해 온 일이 [일단] 있지 않았다고 보아 무엇보다도 먼저 형이상학 같은 것이 도대체 과연 가능한가 하는 물음을 던지는 것이 불가피하게 필요하다는 것을 신복시키려고 하는 데에 있다.

만약 형이상학이 「학」이라고 한다면, 그것이 딴 학문과는 달리, 그 자신 일반적, 영구적인 찬동을 받지 못하는 사정은 어떻게 그런 것인가? 만일 그것이 학이 아니라면, 그럼에도 그것이 학의 사이비 모습 아래서 항상 대단한 행세를 하고 또 인간오성이 달성하지는 않으나 쇠멸하지도 않는 희망을 계속 갖도록 하는 일이 어떻게 생기는 것인가? 하기에 자기의 유식이나 무식을 폭로할지라도, 이 과시적인 학문의 본성에 관해 확실한 결정을 내려야 한다. 이 학문은 현재의 입장에 앞으로도 더 머물러 있을 수 없기에 말이다. 어떻든 딴 모든 학문은 부단히 전진하는데, 「지혜」이려고 하는 형이상학에 있어서는 만인이 그것의 신탁을 논하면서도 늘 동일한 처지에서 뱅뱅 돌고 있고 일점의 전진도 없다는 것은 거의 우스꽝스러운 생각이 든다. 또 형이상학에 기울어지는 자의 수가 자못 줄어졌고, 딴 학문에서 빛을 낼 확신을 아주 강하게 느끼는 사람이 형이상학에서는 명예를 얻으려고 하는 일이 보이지 않는다. 사실 형이상학의 나라에서는 심원한 지식과 피상의 요설을 준별할 확고한 표준이 없기 때문에, 딴 방면의 일에서도 무지한 자가 결정적인 단안을 내리는 불손이 있다.

그러나 한 학문이 오래도록 연구된 뒤에 이 학문이 그토록 성공한 것에 경탄할 때에, 이 학문이 도대체 과연 또 어떻게 가능하냐 하는 물음이 드디어 착상된다는 것은 새삼 놀랄 일이 못되는 것이다. 인간의 이성은 건축하기를 자못 좋아하는 나머지, 이때까지 몇 번이고 탑을 세웠지마는, 그런 탑의 토대가 잘 되어 있는가를 보기 위해 그것의 토대를 다시 무너뜨렸을 정도로 되었기에 말이다. [탑을 수축하듯이] 형이상학에서 이성적이 되고 현명하게 되는 것은 언제나 너무 늦다는 법은 없다. 그러나 통찰이 늦게 생기면, 통찰을 실지로 얻기가 항상 더욱더 곤란하다.

한 학문이 과연 가능하냐고 하는 물음은, 그 학문의 실재를 의심하는 것을 전제한다. 이러한 의심은, 추측한 그 보물이 전재산이 된다고 생각하는 사람의 마음을 상하게 한다. 그러므로 의심을 제출하는 사람은 언제나 각 방면의 저항을 미리 각오해 있음이 좋다. 약간인은 소유가 오래다는 것을 그러므로 소유가 정당하다는 것을 자랑스럽게 의식해서, 자기 수중에 형이상학 제요를 가지고 [나처럼] 의심하는 자를 멸시해서 내려다 볼 것이다. 또 약간인은 그가 일찍이 어디에서 보았던 것과 동일한 것 이상의 것을 보지 않기 때문에, [나의] 의심을 이해하지 않을 것이다. 그래서 가까운 장래의 변화에 관심하게 하거나 기대하게 하는 것이, 마치 생기지 않았듯이, 일체가 잠깐 동안 현상대로 있을 것이다.

그러나 내가 감히 미리 말하거니와, 스스로 사색하는 이 「서론」의 독자는 그의 종래의 학문에 대해 의심을 품을 뿐더러, 여기서 제시된 요구 위에 그 학문의 가능성이 달려 있고, 이 요구가 메워지지 않고서는 그 학문이 존재할 수 없고, 또 그 요구가 메워지지 않았기에 형이상학은 과거에 없었다는 것을 결국은 납득하기도 할 것이다. 형이상학에 대한 인간의 소질은 도저히 없어질 수* 없다. 인간의 일반적 이성이 형이상학과 아주 밀접히 짜여 있기 때문이다. 그러므로, 형이상학에 당분간 아무리 반항하는 사람이라도, 이때까지 전혀 알려지지 않은 계획에 따른 형이상학의 개혁, 아니 신생이 불가피하게 절박하고 있다는 사실을 승인할 것이다.

> * 시골뜨기 강가에 서서 흐르는 물이 끝날 것을 기다려도, 강물은 흐르고 흘러서, 영원히 끝나지 않을진저(Horatius).[1]

로크와 라이프니쯔의 시도 이후 혹은 오히려 형이상학의 발생 이후, 그것의 역사의 범위 내인 한에서, D.흄이 형이상학에 가한 공격만큼 이 학문의 운명에 대해 결정적일 수 있었던 사건은 생기지 않았다. 흄은 이런 종류의 인식에 광명을 가져오지 않았으나, 불꽃을 일으켰다. 만약 이 불꽃이 불붙기 쉬운 부싯깃에 마주쳐서 그것의 미광이 조심스러이 간직되고 확대되었더라면, 그 불꽃에서 아마 불이 켜질 수 있었을 것이다.

흄은 주로 유일의 그러나 중요한 형이상학적 개념, 즉 인과의 결합이라는 개념(따라서 그것에서 파생한 힘 —— 개념과 동작 —— 개념)에서 출발했다. 그리고 이 개념을 자기 몸에서 낳았다고 자칭하는 이성을 향해서, 다음과 같은 요구를 하였다:

> 어떤 사물은, 그것이 정립되는 경우에는 그로 인해서 딴 것도 반드시 정립되는 성질을 가질 수 있다는 것을, 이성은 어떤 권리에서 생각하느냐에 대해 설명해 달라.

왜냐하면, 원인의 개념은 이런 요구를 의미하기에 말이다. 그리고 이에 대해 흄은 다음과 같은 단호한 논증을 했다:

> 인과의 결합을 선천적으로, 즉 개념들에서 생각[추리]하는 것은 —— 무릇 이런 결합인 필연성을 포함하는 것이기에 —— 이성에게 전혀 불가능하다고.

왜 어떤 사물이 존재하기 때문에 딴 것도 필연적으로 있어야 하는가, 따라

1) 호라티우스(B.C. 65−8)는 로마의 계관시인, 세련된 에피큐로스주의자 또 로마 정신 찬양자.

서 어떻게 이러한 결합의 개념이 선천적으로 도입되는 것인가——이런 일을 우리는 도저히 달관할 수 없다. 여기에 흄은 다음과 같이 추론했다:

이성은 이 개념에 의해 사기를 당했다. 이성은 이 개념을 거짓되게 자기의 실자라고 생각하나, 실은 이 개념은 구상력의 혼혈아임에 틀림없다. 구상력은 경험에 의해 수태하여, 어떤 표상을 연상의 법칙에 가져갔고, 연상 법칙에서 생기는 주관적 필연성, 즉 습관을 통찰해서 생기는 객관적 필연성으로 뒤바꾸었다[307면 참조].

여기에 흄은 아래와 같이 논단했다:

이성은 일반적으로도 이런 결합을 생각할 능력이 없다. 왜냐하면, 그 무렵의 이성의 개념들은 단지 날조물이겠기 때문이다. 그리고 선천적으로 성립한다는 이성의 인식은 모두 거짓인이 찍혀진 보통의 경험임에 틀림없겠다고.

이런 소론은 형이상학은 필경 없다는 것 또 있을 수도 없다는 것을 의미한다.*

* 그럼에도 흄은 바로 파괴적 철학 자신을 형이상학이라고 불러서 이것을 높이 평가했다. 형이상학과 도덕은 학문 중에서도 가장 중요한 부문이요, 수학과 자연과학은 그 반절의 가치도 없다고 한다(인간오성론 제4편, 독역 214면). 사실상 이 준재는 여기서 사변적 이성의 월권적 요구를 억제함에서 얻게 되는, 소극적 효과에만 착안했고, 인류를 사도(에 인도하는 끝없는 집요한 존쟁을 완전히 폐기하였다. 그러나 그는 소극적 효과 이상의 적극적 손해를 간과했다. 이 적극적 손해는 의지에 그 전노력의 최고목표를 제시할 수 있는 유일의 가장 중요한 희망[전망]을 이성에서 박탈할 때에 생기는 것이다.

흄의 추론이 매우 성급했고 잘못이었지마는, 적어도 그런 추론은 [흄의] 연구에 기본한 것이었다. 그리고 그의 연구는 그가 제기한 의미의 과제를 당시의 좋은 두뇌인들이 협력해서 되도록 적절히 해결할 만한 값어치가 충분히 있었던 것이다. 그들이 협력했더라면, 이 학문[형이상학]의 완전한 개혁이 즉시로 생겼을 것임에 틀림없었다.

그러나 자고로 형이상학의 운명은 불행하게도 흄[의 주장]이 누구에게도 이해되지 않기를 바랐던 셈이다. 일조의 고통 없이 볼 수 없는 일이로되, 그의 반대자였던 리이드[1]·오스왈드·비이티 또 프리스트리마저 그가 과제로 삼은 논점을 전혀 간과하였다. 즉 흄의 반대자들은 흄이 의심한 점은 참인 것으로 인정했으면서도, 흄이 의심할 것으로 생각하지도 않았던 점을 과격하게 또 대개는 매우 거만하게 반증하였고, 이것에 의해 그들은 흄이 학문의 개선을 위해 시사한 것을 오인했으며, 그래서 마치 아무런 일도 생기지 않은 듯이 만사가 구태의연한 처지였다. 원인의 개념이 과연 정당·유용하냐, 전자연 인식에 불가결한 것이냐 하는 것은 문제가 아니었다. 흄은 이런 점들을 의심하지 않았기에 말이다. 「원인의 개념이 이성에서 과연 선천적으로 생각되는 것인가, 이래서 그것이 모든 경험에서 독립한 내적 진리를 가지는 것인가, 그러므로 그것이 경험의 대상에만 제한되지 않은 광범한 유용성을 가지는 것인가」—— 이런 문제에 대한 해명을 흄은 기대하였다. 원인 —— 개념 사용의 불가결성이 문제인 것이 아니라 원인 —— 개념의 기원만이 문제였다. 만약 후자의 문제가 설명되어 버렸다면, 이 개념의 사용조건과 이 개념이 타당할 수 있는 범위라는 조건과는 자명해졌을 것이다.

명사[흄]에의 반대자들이 흄의 과제를 만족시키려 했다면 그들은 순수한 사고에만 관련한 한의 이성의 본성에 자못 깊이 육박했을 일이다. 그러나 그들에게 이런 일도 거북한 일이었다. 하기에 그들은, 이 과제에 대한 아무런 통찰 없이 담대히 대항하는 비교적 편리한 수단을 발견했다. 즉 상식에 호소할 것을 발견했다. 바른 상식 (혹은 요새 사람이 말하듯이) 소박한 상식을 소유함은 사실 하늘의 선물이다. 그러나 상식은 소업에 의해 증명되어야 한다. 즉 사람이 생각하고 말하는 숙련된 것과 합리적인 것과에 의해 증명되어야 한다. 자기의 변호를 위해 도리를 개진할 줄 모를 적에, 신탁으로서의 상식에 호소해서는 안

1) Thomas Reid(1710－1796)는 영국 스코틀랜드 학파의 상식(common sense) 철학 창립자. James Oswald(1710－1779)는 리이드의 상식철학을 신학에 적용한 사람. James Beattie (1735－1803)는 스코틀랜드 학파의 시인. Joseph Priestly(1733－1804)는 영국의 화학자 겸 목사.

된다. 통찰과 학문이 쇠퇴하기 전이 아니라, 쇠퇴할 때에 상식에 호소하는 것이 근자에 교묘히 발견된 것의 하나이다. 이런 일로써 가장 경박한 요설가가 가장 심원한 두뇌와 안심하고 싸움을 걸 수 있고, 자신 배겨 날 수 있다. 그러나 조금이라도 통찰이 있는 한에서 이런 응급책을 채택하지 않을 것이다. 자세히 관찰해 보면, 이처럼 상식에 호소한다는 것은 공중의 판단[의견]을 핑계삼는 것임에 틀림없다. 공중의 박수갈채를 철학자는 수치로 알지마는, 천박한 익살꾼은 공중의 박수갈채에서 개가를 올리고 거만하게 된다. 그러나, 내 생각에는, 흄은 비이티와 마찬가지로 상식을 향해 요구할 수 있었고, 게다가 비이티가 참으로 가지지 않은 것, 즉 비판적 이성을 향해 요구할 수 있었다. 이 비판적 이성은, 상식이 [그 한계를 넘어] 사변에 빠지지 않도록 하기 위해 또 사변이 문제일 적에 상식이 아무런 단정도 하지 않도록 하기 위해, 상식을 구속하는 것이다. 왜냐하면, 상식은 [그것이 사변에 참견하면] 그 자신의 원칙에 관해 변명할 줄 모르기 때문이다. 변명할 줄 몰라야 상식은 상식인 소이가 있는 것이다. 끌과 망치는 하나의 건축재를 세공하기에 적당한 것이요, 동판 조각에는 식각침을 사용해야 한다. 이와도 흡사한 상식과 사변적 오성은 각자의 용도가 있는 것이다. 전자는 직접 경험에 적용되는 판단이 문제일 때에 쓰이고, 후자는 일반적으로 한갓 개념에서만 판단되어야 하는 경우에, 가령 형이상학에서 쓰인다. 형이상학에서 자신을 왕왕 반어적으로 [즉, 말뜻과 어긋나게] 건전하다고 일컫는 상식은 아무런 판단도 내리지 못한다.

나는 솔직히 고백하지마는, D.흄의 경고야말로 수년 전에 나의 독단적인 선잠을 비로소 깨도록 해서, 사변철학 분야에서의 내 연구에 전혀 딴[새] 방향을 보내 준 것이다. 그의 결론을 경청하는 데서 나는 매우 멀어져 있었다. 그의 결론은, 논제의 전부를 생각하지 않고 그것의 한 부분에만 착안했기 때문에 (이런 부분은 전체를 고찰함이 없이는 계몽을 줄 수 없는 것이지마는), 생겼던 것이다. 만일 우리가 타인에게서 유산으로서 받은, 미완성이나마 근거가 있는 사상에서 출발한다면, 사색을 계속함에서, 고맙게도 광명의 최초 불씨를 준 준재[즉 흄]보다도 더 전진하는 것을 우리는 기대할 수 있을 것이다.

그러므로 흄의 이 이의가 일반화될 수 있는가를 나는 우선 검토했다. 그 결과로 다음의 사실을 곧 발견했다. 즉, 원인과 결과의 연결이라는 개념은, 오성이 선천적으로 사물들의 연결을 생각하게 하는 단 하나의 개념인 것은 절대로 아니고, 형이상학은 전혀 이런[선천적] 개념들로서만 성립한다는 사실이었다. 여기에 나는 이런 개념들의 수효를 확실하게 하고자 했다. 그리고 단 하나의 「원리」에서 출발함으로써 기대한 대로의 성과를 얻었기 때문에, 나는 더 나아가서 이런 개념들의 연역에 착수했다. 이래서 이런 개념들은, 흄이 걱정한 것처럼, 경험에서 도출된 것이 아니라 순수한 오성에서 발생한 것임을 나는 확인하였다. 예민한 선배[흄]는 개념들의 연역을 불가능하다고 생각했다. 그 외의 사람들은 이런 개념들의 객관적 타당성의 근거를 물음이 없이 그런 개념들을 대담히 사용하면서도 그 연역에 관해서는 생각도 하지 않았다. 그러나 이 연역은 형이상학을 위해 일찍이 기도된 일 중의 가장 곤란한 일이었다고 나는 말한다. 그 외에 또 가장 곤란했던 것은 기존의 그 많은 형이상학은 나의 일[연역]에 조금도 도움이 될 수 없었다는 것이다. 왜냐하면, 이 연역이야말로 우선 형이상학의 가능성을 확정할 것이기 때문이다. 나는 특수 경우에서만이 아니라 순수이성의 전체 능력에 관해서도 흄의 논제를 해결하는 데에 성공하였다. 이 때문에 나는 느리기는 했으나 안전하게 전진해서, 드디어 순수이성의 전범위를 그 내용과 그 한계의 양자에 걸쳐서 또 보편적 원리에 좇아서 규정할 수 있었다. 이런 일은 형이상학이 그 조직적 체계를 확실한 기획에서 건설하기 위해 필요로 하는 일이었다.

그러나 흄의 문제를 최대한으로 확장해서 해결한 것(즉 순수이성비판)이, 이 과제 자신이 최초로 제출되었을 때에 마주친 운명과 같은 운명에 빠지지나 않을까, 나는 걱정하고 있다. 세인은 「순수이성비판」을 부적당하게 판정할 것이다. 그것이 세인에게 [우선] 이해되지 않기 때문이다. 세인은 이 책을 통람하기만 하고 사색하면서 숙독하려고는 하지는 않기에, 그 책은 이해되지 않는다. 사색하면서 숙독하는 노고를 그 책에 치르지 않는 것은, 이 작품이 무미건조하고 난해하며, 모든 통상의 개념에 어긋나며, 거기다가 다뤄진 내용이 광범하기 때문이다. 그러나 솔직하게 고백하거니와, 칭찬받는 인식, 또 인류에게 없지 못할 「인식」 자신의 존재여부가 문제되어 있을 때에, 소위 철학자로부터[1] 통속

1) 라이프찌히대학 Garve 교수와 괴팅겐학보 편집을 겸한 동대학 Feder 교수 같은 통속철학자.

성이 없다거니 재미가 없다거니 쉽게 못읽겠다거니 하는 불평을 듣는 것은 내가 예측하지 않은 일이었다. 이 「인식」은, 학적 정밀성을 지닌 가장 엄격한 규칙에 따르지 않으면 확정될 수 없는 것이다. 통속성은 그것에 점차로 뒤따라갈 것이기는 하되 최초부터 있을 것이 못된다. 그러나 난해하다(Dunkelheit)는 점에 관해서는 [일리가 있는데] 이 난해는 부분적으로 그 책 계획의 범위가 너무나 넓어서, 나의 연구의 주요점이 충분히 개관될 수 없는 데에 기인한다. 이런 까닭에서 세인의 불평은 정당하다. 하기에 이 「서론」을 통해 나는 그런 불평을 제거하겠다.

순수이성능력의 전범위와 한계를 논술하는 「순수이성비판」의 작품이 차제에 언제나 근저가 되어 있고, 이 「서론」은 오직 예비로서 그것에 관계할 뿐이다. 왜냐하면, 형이상학을 미래에 출현시킬 것인가 혹은 그것에 대한 아득한 희망만을 품게 할 것인가 하는 것에 관해 생각하기 이전에, 「비판」은 학으로서 체계적으로 또 세부까지 완전히 존립해 있어야 하는 것이기에 말이다.

세인은 고래의 진부한 인식을 종래의 결합에서 떼내어, 이런 인식에다 제멋대로 만든 체계의 옷을 새로운 명목으로 입힘으로써, 신장을 보는 일에 오랫동안 젖어 있다. 그러므로 대부분의 독자는 이 「비판」에 대해서도 그런 것과 다른 것을 아예 기대하지 않을 것이다. 그러나 이 「서론」은 독자로 하여금 다음의 것을 통찰케 할 것이다. 즉, 「비판」이 전인미도의 새 학문이라는 것이요, 그것을 구상(Idee)할 것조차 아무도 이전에 할 줄 몰랐으며, 또 그런 학문을 위해 흄이 제출한 의문에 의해 시사된 것 외에는 종래의 모든 소여에서 이용할 수 있는 것이 없었다는 것이다. 그러나 흄도 이처럼 정돈된 학문의 가능성을 예상하지 않았다. 그는, 안전하게 하기 위해서 자기의 배를 회의주의라는 해변에 올려놓았으나, 여기에 있는 배는 썩어 버릴지 모른다. 이에 반해 나에게 중요한 것은 해상 조종자를 배에 보내주는 일이다. 이 조종자는 지구에 관한 지식에서 이끌어내진 항해술의 확실한 원리에 일치하고, 완전한 해도와 나침반을 갖추어서, 배를 그가 바라는 방향에로 안전하게 진행시킬 수 있다.

이미 얻은 재래의 사이비지식의 진실여부를 우선 철저히 의심해야 하거늘

또 406면 참조.

사람이 만일 완전히 고립한, 독특한 새 학문에 대해 재래의 지식에 의해 판정할 수 있는 듯한 편견을 가진다면, 그 결과는 전에 이미 알려진 것[지식]만을 도처에서 볼 것이라고 믿는 외의 것이 없을 것이다. 이것은 용어가 재래 지식의 용어에 유사하기 때문이다. 또 세인이, 원저작자의 사상을 근저에 두지 않고, 오랫동안의 습관에 의해 자신의 [제2의] 천성으로 된 사고방식을 근저에 두기 때문에, 무엇이더라도 그들에게는 지극히 궤변이고 불합리하며 불가해한 것으로만 드러나는 결과로 된다. 그러나 「비판」이 해설적 강의가 아니고 학문 자신에 정초된 것인 한에서, 그것이 다룬 내용이 광대하다는 것과, 따라서 그것이 부득이 무미건조하고 스콜라 학풍의 엄밀성을 지닌다는 것 — 이러한 성질들은 [철학이라는] 학문 자신에는 매우 유리하지마는, 「비판」이라는 저서 자신에는 확실히 불리한 손상을 주는 것이다.

데비이드 흄처럼 섬세하고 고아한 문필과 멘델스존처럼 심오하고 화려한 문필은 누구에게나 주어져 있는 것이 아니다. 그러나 한 계획을 세워 그것의 완성을 타인에게 맡기는 것이 나의 관심사였고, 내가 오래 종사한 학문의 행운[번영]이 내가 명심할 일이 아니었다면, 나도 강술을 통속적이도록 할 수 있었을 것이다(할 수 있었을 것을 자부한다). 그러나 조기 성공의 유혹을 버리고 늦기는 하나 영속적인 찬동을 전망하기 위해서는 사실은 많은 견인과 적지 않은 극기까지도 필요로 하였다.

무릇 계획을 세운다는 것은, 「자신이 못하는 일을 타인에게 요구하고, 자신이 그보다도 더 잘하지 못하면서 남을 비난하며, 자신은 어디서 그것을 발견해야 할지 모르는 일을 타인에게 신청함에 의해서」, 자신은 마치 독창성이 있는 천재인 척 하는 그런 사치스럽고 과장적인 인간이 흔히 하는 일이다. 이성의 일반적 비판을 성취하려는 이 건전한 계획은, 그것이 세속적으로 경건한 체 하는 소망의 선언이 되지 않으려고 했다면, 그것이 타인이 그저 추측한 것 이상의 것을 가졌을 것이다. 그러나, 순수이성은 독립한 또 자신만으로 완결한 한 영역이기에, 사람은 각 부분의 위치에 그 외 부분에 대한 접촉 없이는 손댈 수 없고, 미리 각 부분의 위치와 그것의 딴 부분에 대한 관계를 규정함이 없이는 아무 일도 할 수 없다. 왜냐하면, 우리의 판단을 내부에서 정정할 수 있는 것은 이성 외의 것이 아니기에, 각 부분의 타당성과 사용과는 그것이 이성 자신

내에서 딴 부분에 대해 가지는 관계에 의존하고, 유기체의 지절구조에서처럼 각 부분의 목적은 전체의 완전한 개념에서만 이끌어 내질 수 있기 때문이다. 여기에 이러한 「비판」에 관해서 다음과 같이 말할 수 있다. 만약 비판이 순수이성의 최소 요소들에 이르기까지 전적으로 완성되어 있지 않다면 비판은 신뢰할 만한 것이 못된다는 것이다. 다시 말하면, 사람이 이성이라는 능력의 영역에 관해서 일체를 규정하고 결정짓거나 혹은 아무것도 규정하지 않고 결성짓지 않거나 해야 한다는 것이다.

단순한 계획[철학서론의 서술]은, 그것이 순수이성의 비판에 선행한다면, 이해할 수 없고 믿을 수 없으며 무용하겠지마는, 반대로 순수이성의 비판 이후에 있다면, 그것은 그만큼 더 유용한 것이다. 왜냐하면, 그것[서론]을 통해서 우리는 「비판」의 전체를 개관할 수 있고, 이 「학」에서 중요했던 요점을 낱낱이 음미할 수 있으며, 최초에 「비판」을 완성했을 때에 비해 많은 점에서 우리의 강술을 한층 더 잘 조직할 수 있게 되기에 말이다.

완성된 「비판」 이후에, 이상과 같은 계획이 여기[서론]에 제시되어 있다. 이 책은 분석적 방법에서 설계되어 있다. 저 「비판」이 전혀 종합적 교법에서 작성되어야 했기 때문이다.[1] 이것은 학문 자신이 그것의 모든 지절을 —— 하나의 특수한 인식능력 전체의 구조로서 —— 구조의 자연스러운 연결 중에서 명시하기 위한 것이었다. 내가 미래의 모든 형이상학에 앞선 서론으로서 보내는 이 계획도 역시 어렵다고 하는 사람은, 다음의 것을 숙려함이 좋다: 모든 사람이 반드시 형이상학을 연구할 필요는 없다는 것, 세상에는 근본적이고 심오하기도 한 학문에서, 그것이 직관에 밀접해 있으면 매우 잘 성공을 거두되 추상적 개념에서만 하는 탐구에는 성공을 거두지 못하는 재능이 많이 있다는 것, 그리고 이런 경우에는 사람은 그의 천분을 딴 대상에 적용해야 한다는 것이다. 그러나 형이상학을 평가하고 또 하나의 형이상학을 작성할 것을 기도하는 사람

1) 여기서의 분석적 방법과 종합적 교법의 구별은 분석적 판단과 종합적 판단의 구별과는 다르다. 분석적 방법은 수학과 자연과학 등의 학의 사실에서 출발하여 그것들을 가능케 하는 조건과 원천을 추구하는 소급적·배진적 입장을 말한 것이고, 종합적 교법은 인식의 원리들을 이성에서의 근원적 맹아에서 전개하고 직관에서 증명하는 하강적·전진적 입장을 말한 것이다(또 304면의 종합적과 분석적의 구별 참조).

은, 내가 보내 준 해결을 채용하거나 혹은 철저히 반박해서 딴 것으로 대신하거나 함에 의해서, 내가 만든 요구를 완전히 만족시켜야 한다는 것이다. 그는 이런 요구를 거부할 수는 없다. 최후로 매우 흰전된 난해하다라는 말은 (이것은 이처럼 말하는 사람 자신의 태만이나 우매를 은폐하기 위한 상투수단이거니와) 그것 나름의 유익함이 있다는 것이다. 왜냐하면, 딴 학문에서는 신중하게 침묵을 지키는 모든 사람이, 형이상학에서는 그들의 무식과 타인의 유식과의 차이가 명백하지 않음으로 해서, 권위 있는 듯이 지껄이고 대담하게 단정하기 때문이다. 그러나 진정한 비판적 원칙들에 비하면 그들의 무식은 명백하다. 하기에 비판적 원칙을 다음의 말로써 자랑할 수 있다.

그들은 태만한 숫벌의 떼를 벌 집에서 쫓고 있도다(Virgil)[1]

1) Virgil(B.C. 70－B.C.19)은 로마 제일의 시인. Georgica, Ⅳ. 168에서 인용된 것. 이 시 중의 그들은 밀봉이요, 내용상 칸트의 비판적 원칙을 지시한다.

모든 형이상학적 인식의 특질에 대한 예시(Vorerinnerung)

1. 형이상학의 근원

만약 우리가 「인식」을 학으로서 표시하려고 한다면, 우리는 먼저 그 학문이 딴 학문과 공유하지 않는 특질을, 즉 그 학문만이 가지는 성질을, 정확히 규정할 수 있어야 한다. 그렇지 않으면, 학문들의 경계가 교착하여, 각 학문의 본성이 철저하게 나누어질 수 없다.

이런 특질은 [인식]객관의 차이, 인식근원의 차이 혹은 인식방식의 차이 중에 성립한다. 차이가 이런 면들의 전부에서 성립하건 그렇지 않고 일부에서 성립하건간에 가능한 학문과 그 분야와의 관념은 첫째로 이러한 특질에 의존하는 것이다.

우선 형이상적 인식의 근원에 관해 말한다면, 형이상적 인식의 근원이 경험적일 수 없음은 그것의 개념 중에 이미 있다. 그것의 원리들은 (이것은[1] 원칙뿐만 아니라 기본개념[범주]도 포함하지만), 결코 경험에서 이끌어내지는 것이 아니다. 그것은 형이하적 인식이 아니고 형이상적 인식이며, 경험의 피안에 있는 인식이기에 말이다. 그러므로 참다운 물리학의 근원인 외적 경험도, 경험적 심리학의 기초인 내적 경험도, 형이상적 인식의 근저에는 없는 것이다. 그것은 선천적 인식이요, 다시 말하면 순수오성과 순수이성에서 유래하는 인식이다.

---

1) 직관의 공리, 지각의 예료, 경험의 유추들, 경험적 사고일반의 요청 등을 원칙이라고 했다(B. 200 참조). 또 이 절 전체의 내용을 다음과 같이 도시할 수 있다.

		객관들							
			주어진 대상들						
		대상 일반	경험 – 대상		초 경험				
			물적 성질	심적 성질	세계 전체	자연과 신과의 관계			
인식 근원	선천적	선험 철학	이성적 물리학	이성적 심리학	이성적 우주론	이성적 신학	개념적 선천적	모든 이성적 학문	인식 방법
	후천적		경험적 물리학	경험적 심리학			직관적 선천적	수학	

선천적인 점에서 형이상적 인식과 순수수학을 구별할 것이 없겠다. 그러므로 형이상적 인식을 순수철학적 인식이라고 해야 하겠다. 이 말의 의미에 관해서 「순수이성비판」 B.741면을 참조하기 바란다. 이 대목에서 두 종류의 이성사용의 구별이 명백히 또 충분히 진술되어 있다. 형이상적 인식의 근원에 관한 말은 이만 정도로 한다.

2. 유독 형이상적이라고 불릴 수 있는 인식의 종류

a. 종합판단과 분석판단의 일반적 구별

형이상적 인식이 선천적 판단만을 포함한다는 것을 형이상적 인식의 근원의 특질을 요구한다. 판단의 기원이 어떠하건, 판단의 논리적 형식이 어떠하건[1]간에, 판단은 내용상으로 차이가 있다. 그 내용에 의해 판단은 한갓 설명적이라서 인식의 내용에 보태는 것이 없거나, 혹은 확장이라서 주어진 인식을 늘리거나다. 전자는 분석적 판단이요, 후자는 종합적 판단이라고 말할 수 있을 것이다.

분석적 판단은 비록 불명료하더라도, 즉 명료한 의식이 없더라도 그 주어-개념 중에, 이미 사실로 생각되어 있었던 것만을 술어에서 언표한 것이다. 모든 물체는 연장되어 있다고 말할 때에, 나는 물체-개념을 조금이라도 확장함이 없고, 물체-개념을 단지 해부했을 뿐이다. 왜냐하면, 연장은 물체라는 개념에 의해 그 판단 이전에, 비록 명백하게 언표되지는 않았으나 벌써 사실상 생각되어 있었기 때문이다. 이에 반해, 약간의 물체는 무겁다는 명제는 물체라는 일반적 개념 안에 사실로 생각되어 있지 않은 것을 포함한다. 따라서 이런 명제는 나의 인식을 늘리고 있는 것이다. 그것은 [물체라는] 나의 개념에 그 무엇을 보태 붙이기 때문에 종합적 판단이라고 말한다.

b. 모든 분석적 판단들에 공통된 원리는 모순율이다

모든 분석적 판단은 모순율[2]에만 기본해 있고, 성질상으로 선천적 인식이

1) 「긍정판단이건 부정판단이건, 정언적 판단이건 가언적 판단이건간에」라는 뜻이다.
2) 어떤 주어에도 그것에 모순되는 술어가 귀속하지 않는다는 것이다.

며, 분석적 판단의 재료인 개념들이 경험적인가 아닌가를 묻지 않는다. 긍정적 분석판단의 술어는 그 주어-개념 안에 먼저 이미 생각되어 있기 때문에, 그 술어가 모순 없이는 부정될 수 없다. 마찬가지로 반대로 부정적 분석판단에 대한 반대는 주어에 관해 반드시 부정되는데, 그러면서도 역시 모순율에 의해 그러하다. 즉 모든 물체는 연장되어 있다는 명제[긍정적 분석판단]와, 모든 물체는 비연장적(단순한 것)이 아니다는 명제[부정적 분석판단]의 성질이 모순율에 기본해 있는 것과 같다.

바로 그러므로 해서 모든 분석적 명제는 또한 선천적 판단이다. 이 명제 중의 개념들이, 황금은 황색의 금속이다라고 하듯이, 경험적이라고 하더라도 그렇다. 왜냐하면, 황금이 황색의 금속임을 알기 위해, 이 물체가 황색이고 금속임을 내포하는 황금이라는 개념[주어]의 외부에 따로 「경험」을 필요로 하지 않기 때문이다. 무릇 황색과 금속이라는 것이 황금의 개념으로 되어 있고, 이 개념을 분석하기만 하면 좋으며, 이 개념 밖을 돌아다 볼 필요가 없다.[1)]

c. 종합적 판단들은 모순율과는 다른 원리를 요구한다

후천적 종합판단이 있는데, 이것의 근원은 경험적이다. 선천적으로 확실한 종합판단도 있지만, 이것은 순수오성과 순수이성에서 유래해 있다. 그러나 양자[후천적 종합판단과 선천적 종합판단]는 분석의 원칙, 즉 모순율에 좇아서만 발생할 수 없는 점에서 일치한다. 일체가 모순율에서 도출될 수는 없으나, 모순율에 위반되어서는 안 된다. 하기에, 종합판단은 그것이 어떠한 원칙에서 도출되건간에 항상 모순율에 적종해서 도출되어야 하나, [모순율 외의] 딴 한 원리를 요구한다. 나는 먼저 종합판단들을 분류해 보고자 한다.

1. 경험판단[2)](Erfahrungsurteil)은 항상 종합적이다. [이에 반해] 분석판단을 경험에 의거시키는 것은 불합리하다. 분석판단을 만들기 위해 나의 개념 외부

---

1) 「비판」 B.755 이하에서 역시 황금이란 단어를 들어 「정의」를 밝혔고, 그 다음에 수학에서는 정의가 가능하되, 철학은 「정의」가 불가능하다고 했다.

2) 경험판단은, 지각판단인 경험적(empirisch) 판단에 범주가 다시 참가해서 성립하는 확실한 판단이다. 경험적 판단이 주관적 타당성을 가짐에 대해 경험판단은 객관적 타당성을 가진다. (이 책 20절 참조). 그러나 이런 구별이 엄밀하지 않은 때도 있다.

로 나갈 필요가 없고, 분석판단을 위해 경험의 증언이 무용하기 때문이다. 「물체는 연장적이다」라는 명제는 선천적으로 확립된 것이요, 「경험판단」이 아니다. 경험으로 나아가기 이전에 나는 내 판단의 모든 조건을 주어 개념 가운데 이미 갖고 있어서, 이 개념에서 모순율에 좇아서 술어를 이끌어낼 뿐이요, 이로 인해서 경험이 결코 주지 않는 판단의 필연성을 나는 의식할 수 있기에 말이다.

2. 수학적 판단은 모든 종합적이다. 이런 명제(사실)는 인간의 이성을 분석한 사람들이 이때까지 깨닫지 않는 것으로 생각된다. 더구나 그들의 전예기와 정반대인 것으로 생각된다. 그러나 그 명제는 이론의 여지없이 확실한 것이요, 그 결과는 매우 중요하다. 수학자의 추리는 모순율에 맞추어 진행하는 줄로 알았기 때문에(이것은 모든 절대필연적 확실성의 본성이 요구하는 바이지만), 사람은 수학의 원칙들도 모순율에 의해 인식되는 것으로 믿었다. 그러나 이것은 큰 과오였다. 왜냐하면, 종합명제는 물론 모순율에 의해 이해될 수 있으나, 그러나 그것은 다른 종합명제가 전제되어, 이 명제에서 저 처음의 종합명제가 추리될 수 있는 경우뿐이고, 처음의 명제 자체가 결코 모순율에 의거해 있는 것은 아니다.

무엇보다도 제일 먼저 주의해야 할 것은, 본래의 수학적 판단은 모두 선천적이요, 경험적이 아니라는 것이다. 본래의 수학적 판단은 경험에서 얻어질 수 없는 필연성을 가지고 있기 때문이다. 만약 나의 이 확언이 승인되지 않으면, 그래도 좋다. 나는 나의 이 명제(확언)를 순수수학에 제한해서 주장하기로 한다. 순수수학이 순수한 선천적 인식이요, 경험적(empirisch)이 아닌 것은 순수수학의 개념 자체가 지니고 있는 바다.

7+5=12라는 명제는 모순율에 의해 7과 5의 화(和)의 개념에서 생기는 한갓 분석명제라고 누구나 처음에는 생각할 것이다. 그러나 다시 정밀하게 음미하면, 「7과 5의 화」라는 개념은 단지 한 개의 수 중에 양자가 결합한 것만을 포함하고, 양자를 결합하는 이 특수한 한 개의 수가 어떠한 수인가 하는 것은 전혀 생각되지 않고 있다. 12라는 개념은 7과 5의 결합을 생각하기만 해서는 결코 착상되지 않는다. 그리고 내가 이 가능적 합계의 개념을 여하히 오래 분석하더라도, 이 개념에서 12가 발견되지는 않겠다. [12를 발견하기 위해] 사람은

7과 5의 두 수 중의 어느 하나에 대응하는 직관의 원조를——가령 다섯 개의 손가락이나 혹은 (제그너가 그의 수학에서 했듯이) 다섯 개의 눈에 보이는 점 같은 것을——얻음에 의해서, 그 [두] 개념을 넘어서야 한다. 그리고서 직관에 주어진 다섯의 단위를 7의 개념에다 순차로 보태가야[1] 한다. 그러므로 7+5=12의 명제에 의해 우리의 개념은 사실상으로 확장되고, 첫째 개념에다 그것에는 생각되어 있지 않은 한 새 개념이 보태졌다. 다시 말하면, 산수의 명제는 항상 종합적이요, 이런 사정은 큰 수를 취할 적에 더욱더 명백하다. 이 큰 수의 경우에는 우리의 개념들을 마음대로 어떻게 다루든지 간에, 직관을 원조로 빌리지 않고 우리가 아무리 그런 개념들을 분석하더라도 이런 분석만으로써 수의 합계를 발견할 수 없는 것은 참으로 명백하기 때문이다.

순수기하학의 원칙도 마찬가지로 분석적이 아니다[종합적이다]. "직선은 두 점간의 최단 거리이다"는 것은 하나의 종합명제다. 내가 말하는 직선의 개념이 포함하고 있는 것을 성질일 뿐, 양이 아니기 때문이다. 하기에, 최단의 개념은 전혀 새로 보태진 것이요, 직선의 개념을 아무리 분석해도 끌어내질 수 없다. 따라서 직관을 원조로 빌려와야 하고 직관을 매개해서만 종합이 가능하다.

기하학자가 전제하고 있는 그 외의 약간의 원칙은 사실상 분석적이요, 모순율에 의거해 있다. 그러나 그것은 동일률처럼 방법상의 연쇄로서만 쓰일 뿐, 원리로서 쓰이는 것은 아니다[순수이성비판 B.16-7 참조]. 가령 A=A, 즉 전체는 그 자체와 같다, a+a>a, 즉 전체는 그 부분보다도 크다 등의 원칙과 같다. 이러한 원칙들조차 비록 개념상으로 타당하는 것이기는 하나, 그것들이 직관 중에 정시(呈示)될 수 있기 때문에만, 그것들은[타당하는 것으로] 용인된다. 이 절대 필연적 판단의 술어가 이미 우리 [주어] 개념 속에 들어 있어서, 그 판단이 분석적이라고 우리가 믿도록 하는 것은 단지 표현의 모호성일 뿐이다. 즉 우리는 어떤 주어진 개념들에 어떤 술어를 생각해 보탰어야 할 일이지마는, 이런 필연성이 상술한 개념 중에 이미 붙어 있다고 본 것이다. 그러나 문제는 주어진 개념에다 우리가 무엇을 생각해 보태야 하느냐 하는 것이 아니라, 비록

1) 보태간다는 것은 두 직관의 화를 의미하지 않는다. 2+2=4는 두 개의 직관이지마는 5 이상의 수는 지각적 직관으로 파악되지 않는다. 로마 숫자는 이런 점을 명시하고 있다. 즉 6개의 점이나 6개의 막대기를 그리는 대신에 V라는 기호를 IIIII의 직관에 대응하여 VI이라고 표시한다.

막연하기는 하나 그런 개념 중에서 우리는 그 무엇을 현실로 생각하고 있느냐 하는 것이다. 이러하다면, 술어가 그 [주어]개념에 필연적으로 귀속하되, 그 [주어]개념 자체 안에 적접적으로 귀속하는 것이 아니라 보태져야 하는 직관을 매개로 해서 주어[개념]에 귀속함이 알려지는 것이다.

3. 판단을 분석판단과 종합판단으로 일반적으로 분류하는 것에 대한 주석

이러한 분류는 인간오성의 비판에 관해 필요불가결하고, 그러므로 전형적인 분류라고 할 만하다. 그러나 여기[인간오성의 비판] 외에서는, 이런 분류가 여기서만큼 중요한 효용을 가진다고 나는 생각하지 않는다. 그리고 형이상학 자체 내에서만 항상 형이상학적 판단의 근원을 탐구하고, 그것 외로 나가 이성의 순수한 법칙일반 중에서 탐구하지 않은 독단적 철학자가 왜 이 명명백백하다고 여겨지는 분류를 등한시했던가의 원인도 여기에 있다고 본다. 유명한 Wolff와 그를 답습한 명민한 바움가르텐(Baumgarten)이 명백히 종합적인 충족이유율의 증명을 모순율 중에 탐구했던 이유도 여기에 있다. 이들과는 반대로 로크(Locke)의 「인간오성론」 중에 나는 이런 분류의 시사를 이미 발견한다. 왜냐하면 이 책 제4권[진지와 억견] 제3장 제9절 이하에서 로크는 우선 판단에서의 표상들의 각종 결합과 그 근원과를 논함으로써, 그 근원의 한쪽을 동일과 모순 중에 정립하고(즉 분석판단을 정립하고), 딴쪽을 한 주어[실체]에서의 표상[술어]들의 공유 중에 정립하며 (즉 종합판단을 정립하며), 그 뒤에 제10절에서 그는 「우리의 선천적 인식 중에서 이 후자의 인식은 자못 좁아서[적어서], 거의 없는 것과 마찬가지이다」라고 고백하고 있다. 그러나 후자 종류의 인식에 관한 그의 발언 중에는 확정된 것이 없었고 규칙으로 낙착되는 것이[1] 없었다. 그러

1) 로크에 의하면, 우리의 진지[인식]은 관념에 상관할 뿐이다. 관념간의 일치(결합) 혹은 불일치[배치]에는 네 종류가 있다: 1) 동일과 차이의 판단. (보기: 있는 것은 있다. 청색은 황색이 아니다). 2) 관계의 판단(이것은 칸트의 선천적 종합판단과 사실은 같은 것이다, 보기: 삼각형은 두 직각과 같은 삼각을 가지는 것이다). 3) 공존의 판단(필연적 결합의 판단, 칸트의 후천적 종

므로 누구라도, 특히 흄조차도 이런 종류의 명제를 고찰하는 기연을 얻음이 없었다고 해도 놀랄 것이 아니다. 왜냐하면, 이러한 일반적·확정적 원리를 그것을 막연하게 생각하고 있는 타인에게 배우기는 쉽지 않기에 말이다. 사람은 우선 자기 자신의 숙고(Nachdenken)에서 이런 원리에 도달해야 한다. 그 이후에 사람은 최초에는 확실하게는 발견하지 않았던 딴 곳[저서]에서도 —— 저자들 자신도 그들 자신의 고찰의 근저에 이런 관념이 있었던 것을 몰랐던 때문에 —— 이제는 그런 원리를 발견한다. 일찍이 스스로 사색하지 않았던 사람들도, 원리가 일단 그들에게 제시된 후에는, 종래에 말한 것 중에서, 이전에는 아무도 그것을 인정할 수 없었던 처지였지마는, 일체를 발견하는 명민을 소유한다.

서론의 일반적 문제:
4. 도대체 형이상학은 가능한가?

학으로 주장될 수 있는 형이상학이 사실상 이미 있다면, 즉 「여기에 형이상학이 있어서 여러분은 그것을 배우기만 하면 좋고, 형이상학은 그 진리를 여러분이 이의할 수 없이 불변적으로 확신하도록 할 것이다」고 말할 수 있다면, 도대체 형이상학이란 가능한 것이냐고 물을 필요가 없을 것이다. 그리고 남는 문제는, 형이상학이라는 사물 자신의 존재를 증명하기보다는 우리의 총명성의 음미에 관한 문제, 즉 어떻게(wie) 형이상학이 가능하냐 또 이성이 어떻게 형이상학에 도달하기 시작하는가 하는 문제뿐이겠다.[1] 그런데 형이상학의 경우에는 인간의 이성은 행복한 처지에 있지 않았다. [기하학의 경우에] 유클리드의 기하학 책 같은 것을 제시하듯이, 형이상학 책을 제시할 수 없고, 「이것이 형이상학이니, 여러분은 여기서 이 학문의 최고 목적을 즉 순수이성의 원리에서 증명된 최고 존재와 내세와에 관한 인식을 발견한다고」 말할 수 없다. 절대적으로 확실한 명제 그러므로 반론의 여지가 없는 많은 명제들을 우리는 확실히

합판단, 보기: 황금은 황색이요, 무겁고, 또 녹아지는 것이다). 4) 실재의 판단(칸트의 주관적인 종합판단, 보기: 하나님은 실재한다). 「인간오성론」 제4권 1장 및 3장.

1) *K.d.r.V.*, B.790－791 참조.

지적할 수 있으나, 그러나 이러한 명제들은 전부 분석적이요, 형이상학 연구의 본래 의도인 인식의 확장(2.C 참조)에 상관하기보다는 형이상학을 위한 재료와 건축재에 상관하기에 말이다.

여러분이 충족이유율[1] 같은 종합명제를 제시하더라도—이런 종합명제를 여러분은 순이성에서 증명하지 않고, 따라서 여러분의 의무이듯이 선천적으로 증명하지 않았으나, 그런 명제는 여러분에게 기꺼이 허용되는 것이지만—— 여러분이 [인식의 확장이라는] 주요 목적을 위해 그것을 이용하려고 하면, 여러분은 불가허용인 불확실한 주장에 빠져, 결국 어느 때나 한 형이상학[이율배반의 정립]은 딴 형이상학[이율배반의 반정립]에 대해 그 주장에서나 그 주장의 증명에서 모순되고 영속적 찬동의 요구를 스스로 포기하였던 것이다. 심지어 이 학문(형이상학)을 성립시키려 했던 기도도 의심할 것 없이 일찍부터 발생한 회의론이 그런 기도를 최초로 한 때문이었다. 회의론이란 이성의 가장 중요한 의도의 충족이 완전히 절망되었을 때가 아니면 발생할 수 없었을 만큼, 이성이 자기 자신을 지극히 가혹하게 다루는 한 사고방식이다. 자연을 방법론적으로 탐구하기 시작하기 훨씬 이전에, 사람은 그의 추상적[고립된] 이성만을 탐구했고, 이런 이성을 보통의 경험도 어느 정도까지 이미 사용해 왔다. 왜냐하면, 이성은 항상 현존하는 것이지만, 자연법칙은 보통은 수고해서 찾아내져야 하기 때문이다. 이래서 형이상학은 거품처럼 표면에 표류했으나, 퍼낸 거품이 사라지자 그 이후 곧 딴 거품이 표면에 나타나는 상태로 되었다. 이 딴 거품을 몇몇 사람이 열심히 주어 모으나, 딴 사람들은 이런 현상의 원인을 깊이 탐구함이 없이 오직 전자의 헛된 노고를 조소함으로써 자신이 현명하다고 생각했다.

순수한[2] 수학적 인식의 본질적인 것과, 그것이 다른 모든 선천적 인식에서 구별되는 점은, 그것이 결코 「개념에서」 생기는 것이 아니라 「개념의 구성을 통해서만」(B.713) 생긴다는 것이다. 즉 순수한 수학적 인식은 그 명제들에 있어서 개념

1) 쇼펜하우어는 인과적 생성의 이유, 논리적 인식[판단]의 이유, 시공적 존재의 이유, 의욕의 이유[동기] 등 충족이유율의 4근을 들었다.

2) 이하의 다섯 단락은 Vaihinger에 의하면, 2절 끝, 즉 299면의 3 앞에 붙여야 한다고 했다. 독자의 주의를 환기하고자 적은 활자로 했다.

을 넘어서서 개념에 대응하는 직관이 포함하는 것에까지 도달해야 한다. 그러므로 수학적 인식의 명제들은 개념의 분석에 의해, 즉 분석적으로 생길 수 없고, 생겨서도 안 되며, 따라서 모두가 종합적이다.

이 보통은 용이한 중요하지 않은 듯한 관찰을 등한시함이 철학에 초래한 손해를 나는 여기서 주의시키지 않을 수 없다. 선천적 인식의 전분야에서는 인간의 오성이 매우 큰 재산을 자부하고 있거니와, 흄은 이런 전분야를 주시하는 일을 철학자다운 사명으로 느꼈다. 그러나 그는 경솔하게도 순수인식의 가장 중요한 한 영역 전체, 즉 순수수학을 선천적 인식의 전분야에서 떼어놓았는데, 이것은 그가 순수수학의 본성이, 말하자면 그것의 헌법이 [선천적 종합인식의 원리와는] 전혀 다른 원리, 즉 모순율에만 의거하는 것으로[잘못] 생각했기 때문이었다. 비록 그는, 내가 여기서 분류했듯이 명제들을 형식적·보편적으로, 즉 일정한 명칭 아래서 분류하지는 않았으나, 그가 말하는 바는「순수수학은 오직 분석적 명제만을 포함하되, 형이상학은 선천적 종합명제를 포함한다는 말처럼」되어 버렸다. 이 점에 있어 그는 큰 과오를 범했다. 그리고 이런 과오는 그의 전체적 개념[사상적 조직]에다 결정적으로 불리한 결과를 가져왔다. 이런 과오만 없었더라면, 그는 우리의 종합적 판단의 근원에 관한 그의 물음을 인과성이라는 형이상적 개념을 훨씬 넘어서 확장했을 것이요, 그의 물음을 선천적 수학의 가능성에까지 연장했을 것이다. 왜냐하면 그는 수학까지도 형이상적 개념과 마찬가지로 종합적이라고 반드시 상정[인정]했을 것이기 때문이다. 만약 그러했더라면, 그는 그의 형이상적 명제들을 한갓 경험에만 의거시킬 수 없었을 것이다. 왜냐하면, [모든 변화는 그 원인을 가진다고 하는 형이상적 명제가 한갓 경험적이라면, 즉 주관적 습관의 소산이라면] 이때에는 순수수학의 공리들도 마찬가지로 경험에 종속했을 것이나, 그러나 이런 잘못된 일을 하는 것을 그의 빼어난 혜안이 허락하지 않았을 것이기 때문이다. 이래서 형이상학과 우의를 맺었을 좋은 반려인 수학은 형이상학을 부당한 취급에서 안전하게 했을 것이다. 왜냐하면, 형이상학에 가해진 타격은 수학에도 적중해야 했을 것이나, 이런 일은 흄이 생각하는 바가 아니었고 흄의 생각이 될 수도 없었기에 말이다. 이래서 이 명민한 사람[흄]은 우리가 현재 하고 있는 고찰과 유사한 고찰로 들어갔을 것이요, 이런 고찰은 타인이 모방할 수 없는 그의 아름다운 서술에 의해 무한한 이익을 얻었을 것이다.

[3] 진정한 형이상적 판단은 모두[1] 종합적이다. 우리는 형이상학에 속하는 판단

1) 다음의 5절에 나오는 종합적과 대조해 보라.

과 진정한 형이상적 판단을 구별하여야 한다. 전자 중의 대다수가 분석적이되, 이것들은 그 학문이 철저히 목적으로 하고 있는, 또 항상 종합적인, 형이상적 판단을 위한 수단이 될 뿐이다. 실체의 개념처럼 개념이 형이상학에 속하는 것일 때에, 이런 개념의 한갓 분석에서 생기는 판단도 —— 실체는 주어로서만 존재한다는 판단처럼 — 반드시 형이상학에 속하는 것이요, 약간의 이러한 분석판단에 의해 우리는 개념의 정의에 접근하려고 한다. 그러나 오성의 순수한 개념의 분석은 경험적이라서 (형이상학은 어떤 분석을 포함하되) 형이상학에 속하지 않는 딴 개념의 분해와 —— 가령 공기는 탄력성의 유체요, 그 탄력성은 우리가 알고 있는 어떠한 정도의 온도의 냉각에 의해서도 제거되지 않는다와 같은 분해와 —— 다른 방법으로 나타나지 않는다. 이에, 그런 개념은 틀림없이 형이상학적인 것이지마는, 분석적 판단은 형이상학적인 것이 아니다. 이 학문은 선천적 인식을 산출하는 데에 특수·독자의 것이 있는 것이요, 따라서 이런 인식의 산출은, 형이상학과 모든 딴 오성인식이 공통되어 있는 점과 구별되어야 한다. 이래서 가령 「사물[현상]들 중의 실체인 것은 모두 지속적이다」와 같은 명제는 하나의 종합적이요, 원래가 형이상학적인 명제이다.

형이상학의 재료와 건축재가 되는 선천적 개념들이 일정한 원리에 따라 미리 모로서 강술될 수 있고, 이것은 형이상학 자체인 모든 종합명제에서 분리되어 있는 것이다. 사실 분석은 딴 곳에서는, 형이상학에서 만큼, 즉 먼저 분석한 개념에서 산출되어야 하는 종합명제에 관해서 만큼, 중요한 가치를 가지지 않는다.

이 절[2절]의 결론은 다음과 같다: 즉 진정한 형이상학은 선천적 종합명제를 연구하는 것이요, 이런 명제만이 형이상학의 목적인 것이다. 이런 목적을 위해 형이상학은 물론 형이상적 개념들을 많이 분석해야 하고, 따라서 분석판단들을 필요로 하나, 그러나 그럴 경우의 절차(방법)는, 개념들을 분석을 통해 명백하게 하려고 하는 딴 종류의 인식과 다를 것이 없다. 그러나 직관과 개념에 의한 선천적 인식의 산출, 필경 철학적 인식에서의 선천적 종합명제의 산출이, 형이상학의 본질적 내용이 되는 것이다.

이래서 아무것도 가르쳐 주는 것이 없는 독단론에도, 전혀 약속하는 것이 없고 심지어 허락된 무지의 편안조차 약속하는 것이 없는 회의론에도 염증이 났고, 우리가 요구하는 인식의 중요성에 의해 격려되어 우리의 소유로 믿는 지식, 즉 순수이성의 명목 아래 제공된 지식에 관해, 오랜 경험을 통해 불신을 자아낸 처지매, 우리에게 이제 남는 것은, 도대체 형이상학은 가능한 것이냐? 하는 비판적 물음뿐이요, 이 물음에 대한 답이야말로 우리의 미래 태도를 결정하는 것으로 되었다. 그러나 이 물음에 대한 답은 현재의 형이상학이 하는 어떤 주장에 대한 회의적 반박에 의해서가 아니라(왜냐하면 우리는 아직 아무런 형이상학도 인정하고 있지 않기 때문에), 아직도 이 학문의 개념이 개연적(문제적)임을 연구하는 데에서 얻어져야 한다.

「순수이성비판」에서 나는 이 문제를 종합적[1]으로 다루었다. 즉 순수이성 자신을 토구하여, 그 근원 자신에서 이성을 순수하게 사용하는 법칙과 요소와를 원리에 좇아 규정하려고 했다. 이런 노력은 곤란한 것이요, 일보일보 체계 속으로 들어가는 사색을 하는 결단 있는 독자를 요구한다. 이것은, 이성 자체 외의 것을 주어진 것으로 근저에 두지 않고, 따라서 어떠한 사실에도 의거하지 않으며, 인식을 그것의 근원적 맹아로부터 전개하려고 하는 것이다. 반대로 이 「서론」은 예습을 위한 것이다. 그것은 한 학문 자신을 강술하기보다도, 학문을 가능한 한 실현하기 위해서 우리가 해야 할 일을 지적하려는 것이다. 즉 이 「서론」은 이미 확실한 것으로 알려진 것[사실]에 근거하고, 이것에서 안심하고 출발하여, 미지의 그 근원으로 소급할 수 있다. 이 근원의 발견이야말로 이미 아는 것을 설명할 뿐더러, 모두가 그 동일한 근원에서 나오는 많은 인식의 범위를 표시할 것이다. 이 「서론」의, 특히 미래 형이상학의 예비가 될 이 「서론」의, 방법적 절차는 그러므로 분석적이 되겠다.

학으로서 형이상학이 현실적이라고 인정할 수 없다 하더라도, 다행스러운 일로 어떤 순수한 선천적 종합판단, 즉 순수과학과 자연과학이 현실로 있고 주어져 있다는 것을 우리는 확신할 수 있다. 무릇 이 두 학문이 포함하는 명제는 일부는 이성에 의해서만 절대 필연적으로 확실하고, 또 일부는 경험에서 생기는 일반적 찬동에 의해 그러면서도 경험에서 독립한 것으로서, 보편적으로 통하는 인정을 받고 있다. 이래서 우리는 이의의 여지없이 선천적 종합 인식을 적어도 약간은 가지고 있다. 우리는 이런 인식이 과연 가능하냐를 물을 필요가 없이 (그것은 현실로 있기 때문에), 그것이 어떻게 가능하냐 하는 것만을 물으면

1) 이 단락 중의 종합적과 분석적의 의미에 주의를 해야 한다. 292면 역주 참조.

좋다. 이렇게 함으로써 주어진 인식을 가능케 하는 원리에서 그것 외의 모든 인식의 가능성을 우리는 이끌어 낼 수 있다.

서론의 일반적 문제
5. 어떻게 순수이성에서의 인식이 가능한가?

분석판단과 종합판단의 중대한 차이는 우리가 상술한 바와 같다. 분석명제의 가능성은 전혀 모순율에 근거해 있기에, 매우 쉽게 이해될 수 있었다. 후천적 종합명제의 가능성, 즉 경험에서 얻어온 명제의 가능성도 마찬가지로 별난 설명이 필요 없다. 경험이란, 지각들의 연속적 접합, 즉 결합 이외의 딴 것이 아니기에 말이다. 따라서 남는 것은 「선천적 종합명제」뿐이요, 이 명제의 가능성이 탐구되고 연구되어야 한다. 그것은 모순율 이외의 딴 원리들에 의거하는 것이기 때문이다.

그러나 여기서 먼저 선천적 종합명제의 가능성을 탐구할 필요가 없다. 다시 말하면 이런 명제가 과연 가능하냐를 물을 필요가 없다. 선천적 종합명제는 의심의 여지없는 확실성으로써 사실상 많이 주어져 있기에 말이다. 또 우리가 지금 따라야 하는 방법은 분석적[소급적·배진적, 292면 역주]이어야 하기 때문에, 우리는 이성의 그러한 종합적이면서도 순수한 인식이 현실로 있다는 것에서 출발하겠다. 그러한 다음에 이 가능성의 근거를 연구하여, 어떻게 이런 인식이 가능하냐를 물어야 한다. 이것은 이 인식을 가능케 하는 원리에서 그런 인식을 사용케 하는 조건들, 즉 사용의 범위와 한계를 결정할 수 있기 위해서다. 이래서 만사가 귀착하는 본래의 과제를 학구적 엄밀성으로써 표현하면, 다음과 같은 것으로 된다:

어떻게 선천적 종합명제가 가능하냐?

이 과제를 나는 이전에는 이것과는 좀 달리 표현해서, 순수이성에서 하는 인식의 문제라고 하였으나, 이것은 통속적으로 쉽게 이해되기 위해서였다. 추구되는 통찰에 대해 손해를 주는 것이 없이, 과제 내용의 표현을 이번에 나는 상기한 것처럼 하였다. 왜냐하면 여기서의 문제는 오로지 형이상학과 그것의 근원뿐이기 때문에, 독자는 상술의 주의에 의해 다음의 것을 항상 기억하고 있을 것으로 나는 기대하기에 말이다. 즉 순수이성에서 하는 인식을 논할 때에는, 분석적[소급적·배진적] 인식이 아니라 오로지 종합적[하강적·전진적] 인식만을 우리가 논해야 한다는 것이다.*

* 인식[지식]이 더욱더 진보할 때에, 학문이 유치한 시대에 생겼던, 지금은 고전적이 된 어떤 용어가 나중에는 불충분하고 맞지 않음이 알려지는 일이 방지될 수 없다. 또 그 용어의 새롭고 보다 더 적절한 사용이 고래의 사용과 왕왕 혼동되는 위험에 빠지는 일도, 방지될 수 없다. [분석적이라는 용어가 같다] 분석적 방법이 종합적 방법에 대립하는 한에서, 그것은 분석적 명제들의 총괄과는 전혀 다른 것이다. 분석적 방법이 의미하는 것은, 찾아내고자 하는 것을 마치 주어져 있는 듯이 생각해서, 그것에서 출발하여, 찾아내고자 하는 것을 가능하도록 하는 조건으로 소급하는 것일 뿐이다. 이 교법에서 사용되는 것은, 수학적 분석이 그 한 「보기」이듯이, 종합적 명제들뿐인 일이 가끔 있다. 그리고 이 분석적 교법(혹은 방법)은 종합적·전진적 교법에서 구별하여, 배진적 교법이라고 하는 것이 좋을 것이다. 그리고 분석론이라는 명칭은 논리학의 주요 부문으로서도 나타나지마는, 그것은 「진리의 논리학」인 것이요, 변증론[가상의 논리학]에 대립되는 것이다. 분석론이라는 명칭은, 분석론에 속하는 인식이 분석적이냐 혹은 종합적이냐 하는 것에 대해서 애초부터 고려하지 않는 것이다.[1)]

형이상학의 성쇠, 따라서 형이상학의 존재는 이 과제의 해결 여하에 달려 있다. 누군가 비록 형이상학에 관해 아주 교묘한 주장을 하더라도, 숨막힐 만큼 추리에 추리를 거듭하더라도, 그가 먼저 이 문제에 만족할 만한 답을 할 수 없다면, 나는 그것이 전혀 근거가 없는 철학이요, 거짓된 지혜라고 말할 권리가 있다. 당신은 순수이성을 통해 말하고, 인식을 이를테면 선천적으로 창조하는 듯이 자부한다. 주어진 개념을 분석하는 것에 그치지 않고 새로운 결합을 주장해서, 이것이 모순율에 기인하지 않고, 모든 경험에서 깡그리 독립해서 그런 결

1) 이 원주는 분석의 세 가지 용법을 구별하였다. 첫째는 종합적(하강적) 방법에 대립한 분석적(소급적) 방법, 둘째는 종합적 판단(명제)에서 구별된 분석적 판단(명제), 셋째는 변증론에 대립된 의미의 분석론 등이 그것이다. 또 292면 역주 참조.

합을 통찰한다고 잘못 생각한다. 그러면 당신은 도대체 어떻게 그런 자부를 변명하려고 하는가? 일반 상식의 찬동에 호소하는 것은 허용될 수 없다. 상식은, 그 존엄이 전혀 공중의 풍문에만 의존해 있는 증인이기에 말이다. 「당신이 이렇다고 나에게 표시하는 모든 것을 나는 믿지 않으며 미워한다」(Horatius).

이 문제에 대한 답은 필요 불가결하되 그만큼 동시에 어려운 것이다. 이 문제에 대한 답을 오래도록 탐구하지 않았던 주인은, 이런 문제가 문제로 될 수 있을 것을 착상하기조차도 못한 점에 있으나, 그 외에 또 원인이 있다. 즉 이한 문제에 대한 만족스러운 답은, 출간되자마자 저자에게 불후의 이름을 약속하는, 형이상학의 호한한 [Feder 교수]의 작품보다도 훨씬 더 견인불발이고 심오하며 수고로운 사색을 요한다는 점에 있다. 현명한 모든 독자가 이 문제가 요구하는 바를 세심하게 숙고할 때에, 그는 처음에는 문제의 곤란성에 겁을 집어먹어 풀 수 없는 문제로 간주하고, 그러한 순수 선천적인 종합인식이 사실상 없기에 이런 인식을 도저히 불가능한 것이라고 생각할 것이다. D.흄도 사실 그러한 생각에 부딪쳤다. 사실 그는 이 문제를 내가 여기서 해결하고 있는 그만큼, 또 이 문제에 대한 답이 전형이상학에 대해서 결정적일 것이라면 그렇게 해결되어야 하는 그만큼, 그 문제를 일반적으로 [인식론적][어떻게 가능하냐의 방식에서] 생각하지 않았다. 어떤 개념이 나에게 주어져 있을 때에, 내가 이 개념을 넘어서서 그 개념 속에 포함되어 있지 않은 딴 개념을 그 개념에다 결합하되, 마치 나중 개념이 먼저 개념에 필연적으로 귀속하는 듯이 결합하는 일이, 도대체 어떻게 가능하냐고 그 명민한 사람은 말[의심]했고, 오직 경험만이 이런 결합을 제공할 수 있다고 했다. (이런 말은 그가 이런 곤란한 일은 불가능하다고 그가 생각했기에 생긴 결론이다) 그래서 또 (그에 의하면) 사이비의 모든 필연성은, 즉 같은 말이 되지마는, 필연적이라고 생각된 선천적 인식은, 오랜 습관임에 틀림없고, 이런 습관이 그 어떤 것을 참인 것으로 생각하고 따라서 주관적 필연성을 객관적[필연성]이라고 생각하는 것이다[286면 참조].

이 과제의 해결에 의해 독자에게 줄 괴로움과 수고에 대해 불평을 한다면, 그런 독자는 과제를 보다 더 쉬운 방법으로 자신이 해결할 것을 시도하면 좋다. 그때에 그는 이런 심오한 탐구의 일을 그 대신에 맡은 사람[칸트]에게 은혜를 입었다고 생각하겠고, 문제의 곤란한 성질에 비해 주어진 해결이 간편할 수 있었기 때문에 오히려 경탄할 것이다. 그러나 이 과제를 완전히 일반적 방식에서 (수학자가 이 말을 사용하는 의미에서, 즉 모든 경우에 대해 충분하게) 해결하는 데에는, 또 결국 독자가 여기서 보듯이 과제를 분석적[소급적] 형태에서 서술할 수 있게 되는 데에는, 실로 다년간 노고를 치른 것이다.

그러므로 모든 형이상학자는, 어떻게 선천적 종합판단이 가능하냐 하는 문제를, 만족스럽게 해결하기까지는, 자기들의 일에 손을 대는 것을 엄격히 또 합법적으로 중지받는 것이다. 그들이[1] 순수이성의 이름으로써 그 무엇을 진술할 때에 제시해야 하는 신임장은 이[선천적 종합판단의 가능성] 문제의 해결 중에만 있기에 말이다. 제시하는 신임장이 없을 경우에는, 이때까지 사기 당한 일이 많았던 현명한 사람에 의해 진술에 대한 아무런 검열도 없이 거절되는 것 외에 그들이 기대할 수 있는 것이 없다.

반대로, 그들이 자기네의 할 일을 학으로서가 아니고 일반상식에 적합한, 건전한 설복의 재주로서 하려고 한다면, 공정하게 말해서 이러한 일을 방지할 수 없다. 이때에 그들은 「합리적 신앙」이라는 겸손한 말을 쓸 것이요, 그들은 모든 가능한 경험의 한계를 넘어 있는 것에 관해서 알기는커녕 추측하는 것조차 허용되어 있지 않다는 것을 고백할 것이며, 오직 인생에서의 오성과 의지와의 지도를 위해 가능하고 필수적이기도 한 것[신앙]을 (그들이 버려야 하는 사변적 사용을 위해서가 아니라 오로지 실천적 사용을 위해서만) 가정하는 것쯤이 허용되어 있다고 고백할 것이다. 오직 이러함으로 해서만, 그들은 유용하고 현명한 사람이라는 이름을 내놓을 수 있고, 그들이 형이상학자라는 명칭을 포기하면 포기할수록 그들은 유용하고 현명한 사람으로 통할 수 있다. 왜냐하면, 소위 형이상학자는 사변철학자로 되고 싶어하기 때문이다. 그리고 선천적 판단이 문제일 경우에, 우리는 이것을 공허한 개연성에 의존시킬 수 없기 때문에 (선천적으로 인식된다고 자칭하는 것이 바로 필연적이라고 선언되기에 말이다), 그들 형이상학자에게는 억측을 희롱하는 일이 허용될 수 없고, 반대로 그들의 주장이 학으로 되어야 하거나 그렇지 않으면 아무것도 아닌 것으로 된다.

모든 형이상학에 필연적으로 선행하는 전선험철학은 여기에 제시된 문제를

---

1) Garve와 Feder 같은 통속적 형이상학자를 말한다. 289면과 345면 참조.

조직적 질서와 면밀로써 완전히 해결할 것 외의 아무것도 아니라고 나는 말할 수 있다. 따라서 이때까지는 [진정한] 선험철학이 없었다고 할 수 있다. 선험철학으로 칭했던 것은 원래 형이상학의 일부이지마는, [내가]선험철학이라고 하는 학은 그것이 비로소 형이상학을 가능케 하는 것이요, 따라서 [종래의] 모든 형이상학에 선행해야 하는 것이다. 한 학문, 이것은 그 자체가 하나의 완전한, 모든 딴 학문의 원조를 전혀 받지 않는, 새 것이지마는, 이런 한 학문이 [어떻게 순수이성에서의 인식이 가능하냐 하는] 유일한 문제에 충분히 답하기 위해서 필요하기 때문에, 그 문제의 해결에 노고와 곤란이 붙어 있고 난해조차 붙어 있다 하더라도, 이것에 놀랄 필요가 없다.

이제 우리는 문제의 해결로 나아가고, 그러면서도 순수이성에서 나온 인식이 현실로 있다는 것을 전제하는 「분석적」 방법에[1] 따라서 나아간다. 그러므로 (여기서 오로지 고찰되는) 이론적 인식의 두 학문, 즉 순수수학과 순수자연과학에만 우리는 의거할 수 있다. 이 두 학문만이 대상을 우리에게 직관 중에 제시할 수 있고, 따라서, 그 두 학문 중에 선천적 인식이 나타날 적에는, 「진리, 즉 인식과 객관과의 구체적 일치, 다시 말하면 인식의 실재」를 표시할 수 있으며, 인식의 실재에서 출발하여 우리는 분석적 방법에서 인식가능성의 근거로 향해 갈 수 있다. 이런 방법은 우리가 할 일을 매우 용이하도록 하는 것이다. 여기서는 일반적 고찰이 사실에 적용될 뿐더러, 사실에서 출발하기도 한다. 그 대신 종합적 방법에서는 일반적 고찰은 전혀 추상적으로 개념에서 이끌어내져야 하는 것이다.

그러나 실재하는 동시에 근거가 있는 「순수한 선천적 인식」에서 출발하여, 우리가 추구하는 「가능적 인식」, 즉 「학」으로서의 형이상학으로 소급하기 위해서, 우리는 이 「학」으로서의 형이상학을 환기하는 것[소질적 형이상학]을 필요로 한다. 그것은 진리성에 관해 확실하지는 않으나 한갓 자연적으로 주어진 선천적 인식으로서, 「학」으로서의 형이상학의 근거에 있는 것이요, 이런 선천적 인식에 손질한 것을 그것의 가능성에 대한 비판적 연구 없이 보통 이미 형

1) 여기서 종합적 방법과 분석적 방법, 종합판단과 분석판단이 서로 다른 것에 관해서는 306면 원주 참조.

이상학이라고 말하는 것이다. 그것은, 약언하면, 이런 학[형이상학]에 대한 자연소질을 우리의 주제 중에 함께 포함해 있는 것이다. 이래서 선험적 주제는 네 가지 문제로 분류되고, 이 네 문제에 대한 답이 순차로 얻어져야 하겠다.

1. 순수수학은 어떻게 가능하냐?
2. 순수자연과학은 어떻게 가능하냐?
3. 형이상학 일반은 어떻게 가능하냐?
4. 학으로서의 형이상학은 어떻게 가능하냐?[1)]

이 네 가지 과제의 해결이 주로 「비판」의 본질적 내용이 될 것이나, 그러나, 「비판」은 또 그 어떤 독특한 것을 가져서, 이것이 그것만으로서 주목할 만한 것임이 알려진다. 이 어떤 독특한 것이란, 주어진 학문들의 이성 자체에서의 근원을 탐구하고, 그리함으로써 선천적으로 그 무엇을 인식하는 이성의 능력을 이성의 활동(Tat) 자신을 통해 탐색하고 측정하는 것을 말한다. 이를 통해서 주어진 학문들은 그 내용에 관해서가 아니라 그것의 바른 사용에 관해서 이득을 본다. 또 주어진 학문들은, 그 공통의 근원에 관한 고차적 문제에 광명을 줌에 의해 동시에, 그런 학문들 자신의 본성을 더 잘 설명하는 기연이 된다.

1) 1. 2. 3. 4의 「어떻게」 다음에 각각 「객관적으로 타당한 것으로」라는 말이 들어가면, 이해가기 쉽다.

선험적 주제

제1부 어떻게 순수수학은 가능한가?(6-13절까지)

6. 그런데 여기에 하나의 굉장하고 확증된 인식이 있다. 그것은 현재도 놀랄 만한 범위에 뻗쳐 있고, 앞으로도 무한히 확대할 전망을 약속하며, 철저히 명명백백한 확실성, 즉 절대적 필연성을 지니는 것이다. 따라서 그것은 경험에 의거해 있지 않고, 그러므로 이성의 순수산물이며, 거기다가 철저히 종합적이다. 그러면 「이런 인식을 전혀 선천적으로 성립시키는 것이, 인간이성에게 어떻게 가능하냐?」 이러한 능력은 경험에 기인한 것이 아니고 기인할 수도 없기 때문에, 그것이 선천적 인식의 근거를——이런 근거는 깊이 숨어 있기는 하나, 그러나, 그것의 결과들의 최초 실마리를 부지런히 더듬기만 하면, 그것의 결과들에 의해서 본체가 드러나겠지마는——전제하는 것이 아닌가?

7. 모든 수학적 인식이 이런 특질을 소유함을 우리는 발견한다. 즉 수학적 인식은 그것의 개념을 직관 중에서 전혀 선천적으로, 따라서 경험적이 아니고 순수직관인 그런 직관 중에서, 아예(vorher) 나타내야 하는 것이다. 이러한 수단이 없고서는 수학적 인식은 일보도 전진할 수 없다. 그러므로 수학의 판단은 항상 직관적이다. 그 대신, 철학은 순개념에서 하는 추론적(diskursiv) 판단에 만족해야 하고, 자신의 신조를 직관으로써 설명할 수 있을 것이나 직관에서 유도할 수 없다. [철학과 다른] 수학의 성질에 관한 이상과 같은 관찰은, 수학을 가능하게 하는 최초·최상의 조건에 도달하는 길잡이를 우리에게 이미 주는 것이다. 즉 수학의 근저에는 어떤 순수직관이 있어야 한다. 이런 순수직관에서 수학은 그 모든 개념을 「구체적이면서도 선천적으로」 나타낼 수 있다. 이른바, 그 개념을 구성(konstruieren)할 수 있다.[1] 우리가 만약 이 순수직관과 이런 직관의 가능성과를 발견할 수 있다면, 순수수학에서 선천적 종합명제가 어떻

---

1) (*K.d.r.V.*, B.741참조) 여기서 개념을 구성한다는 말은, 개념에 대응하는 직관을 선천적으로 그려낸다는 뜻이라고 하였다.

게 가능하며, 따라서 수학이라는 학문 자신이 어떻게 가능하냐 하는 것이 용이하게 설명된다. 무릇, 경험적 직관은 우리로 하여금, 우리가 직관의 객체에서 만드는 개념을 직관 자신이 주는 새 술어에 의해서 경험에서 종합적으로 확대하는 것을 무난히 가능하도록 하는 것이다. 순수직관도 경험적 직관과 같은 일은 하는 것이나, 단지 다음의 차이가 있을 뿐이다. 즉 순수직관에서는 종합판단은 선천적으로 확실하고 절대필연적일 것이나, 경험적 직관에서는 종합판단은 후천적·경험적으로만 확실하겠다는 것이다. 왜냐하면, 경험적 직관은 우연적인 경험적 직관에서 발견되는 것만을 포함하되, 순수직관은 순수직관에서 필연적으로 발견되어야 하는 것을 포함하기 때문이다. 즉 순수직관은 선천적 직관으로서, 일절의 경험 이전에 혹은 개별적 지각 이전에 [그 어떠한] 개념과 불가분적으로 결합해 있다.

8. 이렇게 하더라도 난관이 줄어들기보다도 오히려 증가할 것 같다. 왜냐하면, 이제부터 문제는 「그 무엇의 선천적 직관이 어떻게 가능하냐?」 하는 것으로 되기에 말이다. 직관이란, 대상의 현존에 직접 의존하는 표상을 말한다. 하기에 선천적·근원적 직관은 불가능할 성싶다. 왜냐하면, 이때에는 직관은, 관계할 대상이, 이전에도 현재에도 있음이 없이, 생겨야 하기 때문이요, 따라서 직관일 수 없겠기 때문이다. [직관이 아닌] 개념들 중의 약간의 것, 즉 「대상일반」의 사고만을 포함하는 개념은 완전히 선천적으로 만들어질 수 있고, 대상과의 직접적 관계 중에 우리가 있지 않는 종류의 것이다. 가령 분량, 원인 등의 개념과 같은 것이다. 그러나 이런 개념들조차, 그것에 의미를 주기 위해서는 어떤 구체적 사용이 필요하다. 즉 개념의 대상이 우리에게 주어지는 어떤 직관에 대한 적용이 필요하다. 그러나 대상의 직관이 어떻게 대상 자신에 선행할 수 있는가?

9. 인간의 직관이 사물을 자연 그대로 표상하는 성질의 것이라면, 직관은 선천적으로 성립하지 않고, 항상 경험적이겠다. 왜냐하면, 대상 자체가 나에게 현존하여 주어져 있을 때에만, 대상 자체 중에 포함되어 있는 것을 나는 알 수 있기에 말이다. 이럴 때라도, 현존하는 사물의 직관이, 어떻게 사물 자체를 인식하도록 하는지, 이것을 나는 이해할 수 없다. 왜냐하면, 사물의 성질이 나의 표상력 속에 이입할 수 없기 때문이다. 비록 이런 이입의 가능성이 허용되더라

도, 이런 종류의 직관은 선천적으로 생기지 않을 것이다. 즉 대상이 나에게 표상되기 이전에 생기지 않을 것이다. 대상이 나에게 표상되는 일이 없으면, 나의 표상이 대상과 관계하는 근거가 발견될 수 없고, 나의 표상은 영감에 의존해야 하겠다. 그러므로, 나의 직관이 대상의 현존에 선행하고 선천적 인식으로서 성립하는 것은, 나의 직관이 내 주관 중의 모든 현실적 인상에 (이 인상에 의해 나는 대상에서 촉발된다), 선행하는 감성의 형식 외의 아무런 것도 포함하지 않을 때뿐이다. 즉 감관의 대상들은 감성의 형식에 적합해서만 직관될 수 있다는 것, 이것을 나는 선천적으로 알 수 있다. 따라서 결과는 다음과 같다. 즉, 감성적 직관의 형식에만 관계하는 명제는 감관의 대상들에 대해 가능하고 또 타당할 것이요, 그와 동시에 거꾸로 선천적으로 가능한 직관은 우리 감관의 대상 이외의 딴 사물에 관계할 수 없다는 것이다.

10. 이래서, 우리가 사물을 선천적으로 직관할 수 있도록 하는 것은, 감성적 직관의 형식뿐이요, 이 형식에 의해 우리는 물자체일 것이 아니라, 우리(우리의 감관)에게 현상하는 객관만을 인식한다. 그리고 만일 선천적 종합명제가 가능한 것으로 허용될 때에, 혹은 이런 명제가 사실 발견될 경우에, 그것의 가능성이 이해되고 미리 규정되어야 할 때에는, [현상하는 객체만을 인식한다고 하는] 전제는 단적으로 필연하다.

그런데 공간과 시간은, 순수수학이 그 모든 인식과 판단——이것은 동시에 명확하고 필연적인 것으로 나타나지마는——의 근저에 두는 직관들이다. 대저, 수학은 그것의 모든 개념을 먼저 직관 중에 나타내야 하고, 순수수학은 순수한 직관 중에 나타내야 한다. 즉 개념을 구성해야 한다. 직관이 없다면(수학은 「분석적으로, 즉 개념의 분해에 의해」 다루어지는 것이 아니고 종합적으로 다루어지는 것이기에), 수학은 일보도 전진할 수 없다. 자세히 말하면, 선천적인 종합판단의 소재가 주어질 수 있는 순수직관이 수학에 결해 있는 한에서, 수학은 일보도 전진할 수 없다. 기하학은 공간의 순수직관을 근저에 두고 있다. 산술은 그 수의 개념조차 시간 중의 단위들의 계기적 보탬에서만 성립시키고 있다. 그러나 특히 순수역학은 그 운동의 개념을 시간의 표상을 매개해서만 성립시킬 수 있다. [공간과 시간의] 두 표상은 한갓 직관들이다. 왜냐하면, 물체와 그 변화 (즉 운동)와의 경험적 직관에서 모든 경험적인 것, 즉 감각에 귀속하는 것을 내버렸을 때에도 공간과 시간은 남아 있고, 이 둘은 순수직관이기 때문이다. 공간과 시간은 경험적 직관의 근저에 있는 것이요, 그러므로 그 자신은 결코 제거될 수 없으나, 그러나, 그것이 바로 선천적 순수직관임을 통해서, 그것은 우리 감성의 한갓 형식임을 증명한다. 이 형식은 모든 경험적 직관, 즉 현실적 대상들의 지각에 선행해야 하고, 이 형식에 적종해서 대상들이 선천적으로 인식될 수 있으나, 물론 우리에게 현상하는 대상만이 인식될 수 있다.

11. 이 장의 과제는 그러므로 해결되었다. 순수수학은 감관의 한갓 대상들 이외의 다른 어떤 대상들과도 관계하지 않는 데서만 선천적 종합인식으로 가능하다. 그리고 선천적이기도 한 (공간과 시간이라는) 순수직관이 대상들의 경험적 직관의 근저가 되어 있다. 경험적 직관의 근저가 될 수 있는 이유는 순수직관이 감성의 한갓 형식인 때문이다. 감성의 형식이 사실 대상들의 현실적 현상을 비로소 가능하게 하므로, 감성의 형식은 현상에 선행하는 것이다. 그러나 선천적으로 직관하는 능력은 현상의 질료, 즉 현상 속의 감각에 관계하지 않으며(왜냐하면 이것은 경험적인 것이기 때문이다), 오히려 현상의 형식인 공간과 시간에만 관계한다. 공간과 시간은 전적으로 물자체들에 달린 규정들이 아니요, 단지 물자체들의 감성에 대한 관계에 달린 규정들일 뿐이다. 누구든 이것을 조금이라도 의심하려 한다면, 그가 선천적으로, 그러니까 사물들을 잘 알기 전에, 즉 사물들이 우리에게 주어지기 전에, 사물들의 직관이 어떤 성질인가를 아는 것이 어떻게 가능하다고 할 수 있는지, 나는 알고 싶다. 여기서는 바로 공간과 시작이 그러한 [어떻게 가능한지 궁금한] 사정 중에 있다. 이런 일은 그러나, 공간과 시간이 오로지 우리 감성의 형식적 조건들로만 보아지고 대상들은 단지 현상들로서만 보아지자마자, 전적으로 이해된다. 왜냐하면 이 경우에는 현상의 형식, 즉 순수직관은 틀림없이 우리 자신들로부터, 즉 선천적으로 표상될 수 있기에 말이다.

12. 주석과 확증을 위해 약간을 덧붙이려 한다면, 사람이 기하학자들이 하는 통상적이고 불가피하게 필연적인 절차를 보기만 하면, 좋을 것이다. 주어진 두 개의 원형이 완전히 같다는 모든 증명은 (한 원형은 모든 점에서 다른 원형의 위치에 놓여질 수 있기 때문에) 결국은 두 원형이 서로 겹친다는 것으로 되고 마는데, 이것은 분명히 다름 아닌 직접적인 직관에 의존하는 종합명제이다. 그리

고 이 직관은 순수하고도 선천적으로 주어져야 한다. 그렇지 않다면 이 종합명제는 절대필연적으로 확실하다고 간주될 수 없고 다만 경험적인 확실성만을 가질 터이기 때문이다. 이 경우에, 우리는 종합명제를 항상 그렇다고 인정하고, 그래서 이 종합명제는 우리 지각이 미치는 범위에서만 타당하다고 말해질 수 있을 뿐이다. (그 자신 이미 다른 공간의 한계가 아닌) 완전한 공간은 삼차원을 갖는다는 것, 일반적으로 공간은 전혀 그 이상의 차원을 가질 수 없다는 것은, 「한 점에서는 세 직선 이상이 수직으로 교차할 수 없다」는 명제에 근거하고 있다. 그러나 이 명제는 결코 개념들로부터는 증시될 수 없고 직관, 그것도 순수하고 선천적인 직관에 직접 의존하고 있다. 왜냐하면, 이 명제는 절대필연적으로 확실하기 때문이다. 한 직선이 무한히(in indefinitum) 그어져야 한다든지 혹은 일련의 변화(예컨대 운동에 의하여 통과된 공간들)가 무한히 계속될 것을 우리가 요구하고 있음은, 필경 공간과 시간의 표상을 전제하고 있다. 그리고 이 표상은, 그 자신 어느 것에 의해서도 한계지어지지 않은 한에서, 오로지 직관과 결부되어 있다. 개념에서 추론될 수 없기에 말이다. 그러므로 순수하고 선천적인 직관이 사실상 수학의 근저에 있고, 이런 직관이 수학의 종합적이고 절대필연적으로 타당하는 명제들을 가능케 한다. 그렇기 때문에 또 「공간과 시간」 개념[표상]에 관한 우리의 선험적 연역은 동시에 순수수학의 가능성을 설명하여 준다. 그러한 영역 없이는, 또 「우리의 감관에 (공간에서는 외감에, 시간에서는 내감에) 주어질 모든 것은, 그것이 자체상 있는 대로가 아니라 우리에게 현상하는 대로만 우리에 의하여 직관되어진다」는 것을 상정하지 않고서는, 순수수학의 가능성은 비록 허용될 수는 있을지언정 이해될 수는 없을 것이다.

13. 공간과 시간이 물자체에 속하는 현실적(wirklich) 성질들인 것처럼 생각하는 그런 관념에서 아직도 벗어나지 못한 사람들은 다음과 같은 역설에서 그들의 총명성을 연마할 수 있겠다. 그리고 이 역설을 해결하려는 그들의 시도가 성공하지 못했을 때는, 적어도 잠깐 동안이라도 선입견을 버리고 다음처럼 추측해 볼 수 있을 것이다. 즉 공간과 시간을 단지 우리들의 감각적인 직관의 형식들로 격하시키는 것이 근거를 가지고 있을지도 모르겠다고.

두 개의 사물이 있는데, 이 양자에 있어서 항상 인식될 수 있는 모든 부분이(즉, 양과 질에 속하는 모든 규정이) 완전히 동일하다. 이러할 때에 모든 경우와 관계에 있어서 어느 한 쪽이 다른 한 쪽에 대치될 수 있고, 더욱이 이런 환치가 아무런 인지될 만한 차이를 일으키지 않을 것이라는 결론이 나와야만 한다. 기하학의 평면도형에 있어 사실 그러하다. 그러나 각종의 구면원형은 내적으로는 완전히 합치하더라도, 어느 한 쪽이 다른 한 쪽에 대치될 수 없을 정도의 차이를 그 외부적 관계에 있어서 보이고 있다.

가령, 적도의 한 호를 공통의 밑변으로 하는 양반구상의 두 개의 구면 삼각형은, 변 및 각에 있어서는 온전히 동일하며, 따라서 그런 삼각형 중의 어느 하나에 있어서도 그것이 단독으로 그리고 완전하게 기술될 때에는, 동시에 다른 하나에 대한 기술에 있어서 존재하지 않는 것이라고 아무것도 발견되지 않는다. 그러나 그럼에도 불구하고, 어느 한 쪽이 다른 한 쪽 (즉 반대되는 반구상에 있는 것)에 대치될 수는 없다.[1)] 그러니까 두 개 삼각형의 내적 차이가 바로 여기에 있는 것이다. 그런데 이 차이를 어떠한 오성도 내적인 것으로 지적할 수는 없고, 그래서 그것은 단지 공간에 있어서의 외적 관계를 통해서만 밝혀지는 것이다.[2)] 그러나 나는 다음에서 일상생활로부터 얻을 수 있는 좀 더 보통의 경우를 제시해 보겠다.

---

1)

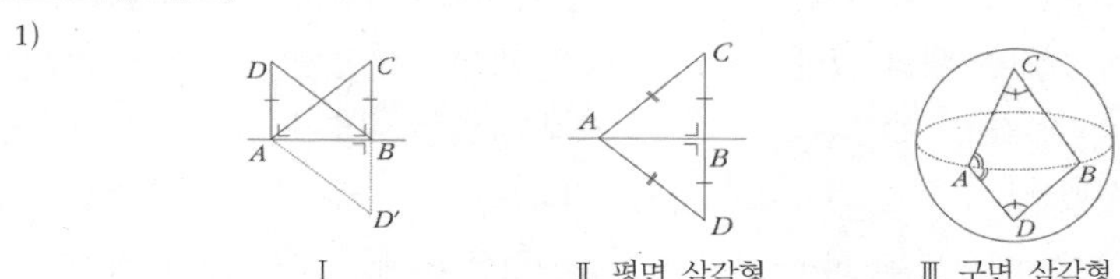

I Ⅱ 평면 삼각형 Ⅲ 구면 삼각형

일반적으로 공간상에서 어떤 두 도형이 서로 치환될 수 있기 위해서는, 두 도형의 내적 조건[즉 (평면상의) 합동조건]뿐만 아니라, 물리학에서 말하는 이른바 방향성(handedness)이 같아야만 한다[도형 I]. 그러나, 도형Ⅱ에서는 △ABC와 △ABD가 내적조건은 동등하나 방향이 다름에도 불구하고 치환될 수 있다. 이것은 평면도형에 있어서만의 예외적인 것으로, 그 까닭은 평면에 있어서는 안과 밖의 아무런 차이가 없기 때문이다.

그러나 구면도형에 있어서는 경우가 다르다. 구면의 안과 밖이 구별되므로(즉, 밑변의 굽어지는 방향이 다르므로) 방향성이 같지 않으면 내적 규정들이 동등한 두 도형이라 하더라도 치환될 수 없다[백종현 조교 제공].

2) 바로 이렇게 생각했기 때문에, 칸트는 직관형식과 사고형식이라는 두 종류의 형식을 생각하게 된 것이다. 그리고 Aristoteles가 말한 열 개의 범주와 다섯 개의 후범주를 원리 없이 마주치는 대로 주워 모은 것이라고 평하게 된 것이다(순수이성비판, B.107 참조).

나의 손 혹은 나의 귀에 있어서 이것과 닮고 있는 것을 구한다면, 거울 속의 영상만한 것이 있겠는가? 그렇지만 나는 거울에 비친 손을 그 원상의 위치에 갖다 둘 수는 없다. 왜냐하면, 만약 이것이 오른편 손이라면 거울 속의 그것은 왼편이고, 또 오른쪽 귀의 상은 왼쪽 것이어서 결코 이것을 저것에 대치할 수는 없기 때문이다. 그런데 여기에는 오성이 사고할 수 있을 아무런 내적 차이도 없다. 그런데도 감관이 가르쳐 주는 한에서 그 차이는 내적인 것이다. 왜냐하면 그 왼손은 오른손과 함께, 그 양자가 매우 같고 닮았음에도, 동일한 경계 속에 들어 갈 수 없기 때문이다(그것들은 합쳐질 수 없다). 어느 한 손의 장갑은 다른 손에 사용될 수 없는 것이다. 그러면, 이것의 해결책은 무엇인가? 이러한 대상들은 아마도 자체적으로 있는 그대로의, 또는 순수오성이 인식할 그러한, 사물의 표상들이 아니고 감성적 직관들이요, 즉 현상들이다. 그리고 이런 현상들의 가능성은 자체적으로는 알려지지 않은 어떤 사물들의, 이것들과는 다른 우리 감성과의 관계에 의존해 있는 것이다. 이로부터 이제야 공간은 외적 직관의 형식이고, 모든 각 공간의 내적인 규정은 (외감과의 관계에 있어) 그것이 부분으로서 속하는 전체공간에 대한 외적 관계(외감에 대한 관계)의 규정을 통해서만 가능하다. 즉 부분은 전체에 의해서만 가능하다. 이러한 일은 순전히 오성의 대상으로서의 물자체에서는 결코 일어나지 않고 오직 현상에서만 일어난다. 따라서 우리는 똑같이 닮았으면서도 합쳐지지 않는 사물들(예를 들면, 서로 반대방향으로 감겨진 나사들)의 차이 또한, 어떤 하나의 개념을 통하여 이해할 수 없고, 좌우의 손에 대한 관계, 즉 직접 직관에 접하는 관계를 통해서만 이해할 수 있는 것이다.

주석 I

순수수학 특히 순수기하학은, 그것이 오직 감관의 대상들에만 관계한다는 조건 아래서만, 객관적 실재성을 가질 수 있다. 그리고 감관의 대상들에 관해서는, 우리의 감성적 표상은 물자체의 표상이 아니고, 사물들이 우리에게 현상하는 방식의 표상일 따름이라는 원칙이 서있는 것이다. 이로부터 생기는 결론은 다음과 같다. 즉, 기하학의 명제들은 우리가 만들어 내는 시적 공상의 산물을 규정하는 것이 아니고, 따라서 안심하고 현실적 대상들에 적용될 수 없는 것이 아니며, 필연적으로 공간에 타당하고 따라서 공간 중에 발견되겠는 일절에도 타당하는 것이다. 왜냐하면, 공간은 모든 외적 현상들의 형식 외의 것이 아니기 때문이다. 이 형식 아래서만 감관의 대상들은 우리에게 주어질 수 있다. 기하학은 감성의 형식을 근저에 두고 있는 것이요, 감성은 외적 경험의 가능성의 기초가 되는 것이다. 따라서 외적 현상은 기하학이 그것에 지정하는 것 외의 것을 포함할 수 없다. 감관이 만약 물자체로서의 객관을 표상해야 한다면, 사정은 전혀 달라진다. 즉 이렇게 되면, 기하학자가 공간의 온갖 성질과 함께 선천적으로 근저에 두는 공간표상으로부터, 공간의 온갖 성질과 그것에서 추리되는 것이 모두 자연에 있어서 그대로 되어 있어야 한다는 결론은 생기지 않을 것이다. 이래서 기하학자의 공간을 한갓 가구로 생각하고, 그것의 객관적 타당성을 믿지 않을 것이다. 왜냐하면 사물들이 우리가 스스로 미리 만드는 형상과 어떻게 필연적으로 일치해야 하는가를 사람이 전혀 아는 바 없기 때문이다. 그러나 이 형상, 아니 오히려 이 형식적 직관은 우리의 감성의 본질적 성질이요, 다만 이 형식적 직관을 매개로 하여서만 우리에게 대상이 주어지며, 더욱이 이 감성이 표상하는 것이 물자체가 아니고 다만 그 현상이라 한다면, 우리의 감성계의 모든 외적 대상은 필연적으로 기하학의 명제와 엄밀하게 일치해야 한다는 것이 매우 쉽게 이해될 수 있고, 동시에 반론의 여지가 없이 증명되는 것이다. 왜냐하면 감성은 기하학자가 다루는바, 그 외적 직관의 형식(공간)에 의하여, 단순한 현상으로서의 대상을 자신이 비로소 가능하게 하기 때문이다. 철학사에서 항상 주목할 만한 현상이 되겠으나, 철학자인 동시에 수학자인 사람들조차도 그들의 기하학의 명제가 다만 공간에만 관계하는 한에서 기하학의 명제가 정당함을 의심하지 않지마는, 공간의 개념 자체와 공간개념의 기하학적 규정과의 자연에 대한 객관적 타당성과 적용에 대하여 의심하기 시작한 시대가[1] 있었다. 그러한 이유는 다음과 같은 걱정이 있었기 때문이다. 즉 그들이 자연에 있어서의 선은 아마도 물리적인 점에서 성립하고 따라서 객관에 있어서의 참된 공간은 단일한 부분들에서 성립하겠는데 기하학자가 사고 속에 갖고 있는 공간은 결코 단일한 부분들에서 성립할 수 없을 것을 걱정했

1) *K.d.r.V.*, B.274 이하의 관념론 반박항 참조.

기 때문이다. 그들은 다음과 같은 것을 인식하지 않았다. 즉 사고 내에 있는 이 공간이 물리적 공간을, 즉 물질의 연장 자체를 가능케 한다는 것, 공간은 결코 물자체의 성질이 아니고 우리의 감성적 표상능력의 형식에 지나지 않는다는 것, 공간 내의 모든 대상은 단지 현상이고, 즉 물자체가 아니며, 우리의 감성적 직관의 표상이라는 것, 또 기하학자가 생각하고 있는 공간은 우리가 우리 속에서 선천적으로 발견하는 감성적 직관의 형식이요, 이런 형식은 모든 외적 현상을 가능케 하는 근거를 (현상의 형식에 관해) 포함하는 것이기 때문에, 외적 현상은 기하학자가 가구적 개념에서가 아니라 모든 외적 현상의 주관적 근거, 즉 감성 자체에서 도출한 명제와 필연적으로 아주 엄밀히 합치하지 않으면 안 된다는 것 등등을 인식하지 않았다. 이렇게 해서 아니 이렇게 해서만, 기하학자는 자기의 기하학적 명제의 의심할 수 없는 객관적 실재성을 천박한 형이상학의 간계에 대하여 확보할 수가 있는 것이다. 기하학의 명제는 형이상학에 대해서는 기괴하게 생각되겠지만, 이런 생각은 형이상학이 기하학의 개념의 원천에까지 소급해 보지 않았기 때문이다.

주석 II

우리에게 대상으로서 마땅히 주어져야 할 것은 모두 우리의 직관 가운데 주어져야만 된다. 그러나 우리의 모든 직관은 다만 감관의 매개로써 생기게 된다. 오성은 아무것도 직관하지 않고 오직 반성을 할 뿐이다. 그런데 앞에서 증명한 것처럼 감관은 우리에게 추호도 물자체를 인식케 하지 못하고 다만 사물의 현상만을 인식케 하는 데에 머물고 만다. 그러나 이 현상은 감성의 표상일 뿐이다. 그러므로 「모든 물체도 그 속에 물체가 존재하는 공간과 더불어, 우리 속에 존재하는 단순한 표상으로 밖에 볼 수 없고 단지 우리의 사고 속에만 존재할 뿐이다」. 이런 주장은 명백한 관념론이 아닌가?

관념론이라고 하는 것은 사고하는 존재 외에는 아무것도 존재하지 않고 우리가 직관 가운데서 지각하는 것으로 믿는 타물은 단지 사고하는 존재 속에 표상일 뿐이고, 사고하는 존재의 외부에 있는 어떠한 대상도 실제로 사고하는 존재에 대응해 있지 않다고 하는, 주장을 말한다. 반대로, 나는 다음과 같이 주장한다. 즉, 사물은 우리의 밖의 —— 우리의 감관의 —— 대상으로서 우리에게 주어져 있는 것이다. 그러나 그것이 그 자체에 있어서 무엇인가에 대해서 우리는 알 수 없고 다만 그것의 현상, 즉 그 사물이 우리의 감관을 촉발함으로써 우리에게 일으키는바 표상을 알 뿐이다. 따라서 나는 우리의 외부에 물체, 즉 사물이 있음을 물론 인정한다. 그것이 그 자체에 있어서 무엇인지는 우리에게 전혀 알려져 있지 않다고 하더라도, 우리는 우리의 감성에 미치는 그것의 영향이 제공하는바 표상을 통해 그 사물을 알게 된다. 그리고 이런 표상에 물체라는 이름을 붙인다. 그러므로 물체라는 말은 다만 우리에게 알려져 있지는 않아도 그러면서도 현실적인, 저 대상의 현상을 의미할 뿐이다. 사람은 이것도 관념론이라고 부를 수 있을까? 오히려 이것은 관념론과는 정반대인 것이다.

외적인 사물의 현실적 존재를 해침이 없이 [그런 존재에 관계하지 않고], 그것의 여러 속성에 관해, 그 속성들은 물자체에 속하는 것이 아니라 단지 사물의 현상에 속할 뿐이고, 우리의 표상 밖에서는 자기 자신의 존재를 가지지 않는다고, 말할 수 있는데, 이것은 로크 시대보다 이미 오래전에, 그러나 특히 로크 시대 이후에 일반으로 가장 많이 채용되고 승인된 것이다. 열, 빛깔, 맛 따위가 그러한 속성에 속한다. 그러나, 나는 정당한 이유에서 다시 이것들 이상으로 또 제일성질로 불리는 물체의 성질, 즉 연장, 장소 및 공간과 공간에 속해 있는 모든 것(불가침입성 또는 물질성의 형태 등)도 역시 순전히 현상으로 인정한다. 이러한 인정을 할 수 없다는 이유를 아무도 밝히지 못한다. 빛깔을 객관 자체에 속하는 특질로서가 아니라, 시각에 변양으로서 속해 있는 성질이라고 보고자 하는 사람을, 그렇게 보기 때문에 관념론자라고 부를 수 없다. 이러하고 보면, 내가 다시금 한걸음 더 나아가 **한 물체의 직관을 이루는 모든 성질도** 그 물체의 현상에 속하는 것으로 생각한다고 해서, 나의 학설을 바로 관념론적이라고 할 수는 없는 것이다. 왜냐하면, 현상하는 사물의 실재는 참된 관념론의 경우와 같이 나의 학설로 인하여 부정되지 않고, 도리어 우리는 감관에 의해서는 사물을 그 자체에 있어서 있는 그대로 인식할 수 없다는 것을 밝힌 것에 지나지 않기 때문이겠다. 내 주장이 관념론을 포함하지 않기 위해서 그것이 어떠한 성질로 되어야 할 것인가를 나는 알고 싶다. 이때에 나는 확실히 다음처럼 말하지 않으면 안 될 것이다. 즉, 공간의 표상은 우리의 감성이 객관에 대하여 가지는 「관계」에 완전히 적합해 있을 뿐 아니라 (이 점은 벌써 내가 주장했던 바이다). 객관[물자체]과 완전히 비슷하다고, 허나 주장에 어떠한 의미도 결부시킬 수 없음은 붉은 빛의 감각이 이 감각[에테르파]을 내 안에 일으키는 주사[1][자체]의 성질과 비슷하다는 주장에 아무 의미도 결부시킬 수 없음과 같은 것이다.

주석 III

이상 논술로써, 이제야 쉽게 상상되기는 하나 취할 것이 못되는 하나의 이론 「즉 공간과 시간의 관념성에 의해 전감성계는 가상으로 변해지겠다」고 하는 이론이 깡그리 쉽게 제거된다. 사람이 감성을 혼란된 표상방식이라고 해놓고, 이런 방식에 의해 사물을 그것이 자연상 있는 그대로 인식하는 것이로되, 우리의 이 표상 중에 있는 일절을 명석하게 의식하는 능력이 없을 뿐이라고 함에 의해, 애초에 사람은 나의 감성적 인식의 본성에 대한 철학적 통찰을 허물어 버렸다. 이에 반해 우리는 감성이 명석과 불명석이라는 이 논리적인 차이 속에 성립하는 것이 아니라, 인식의 기원 자체의 발생적인 차이 속에 성립한다는 것을 증명하였다. 왜냐하면 감각적 인식은 결코 사물을 있는 그대로 표상하는 것이 아니고, 사물이 우리의 감관을 촉발하는 방식만을 표상하기 때문이다. 이리하여 감성에 의해서 물자체가 아니라 현상만이 오성의 반성을 위해 주어진다는 것을 증명하였다. 이런 부득이한 교정을 한 연후에 허용할 수 없는, 거의 고의에서 한 오해에서 생긴 한 이론, 즉 나의 교설이 감각계의 모든 사물을 마치 단순한 가상으로 바꿔버리는 듯하다는 이론이 생겨 있다.

우리에게 현상이 주어졌을 때에, 우리가 그런 사물을 어떻게 판정하려고 하는가 하는 것은 자유다. 현상은 감관에 근거해 있으나, 판정은 오성에 근거해 있다. 그리고 문제는 대상의 규정에 있어 진리가 있는가 없는가 하는 것일 뿐이다. 그러나 진리와 꿈 사이의 차이는, 표상들은 진리나 꿈 양자에 있어서 동일하기 때문에, 대상에 관계하는 표상들의 성질에서 결정되는 것이 아니다. 그런 차이는 표상들의 연관을 한 대상의 개념 중에서 규정하는 규칙에 따른, 표상들의 결합에서 결정되는 것이요, 또 표상들이 어느 정도까지 경험에서 공존

1) *K.d.r.V.*, A.101 참조.

할 수 있나 없나에 의해 결정되는 것이다. 하기에, 우리의 인식이 가상을 진리라고 생각해도, 즉 직관이, 그것에 의해 객관이 우리에게 주어지는 직관이, 대상의 개념으로 혹은 대상 존재(이것을 오성만이 사고할 수 있지만)의 개념으로 생각해도, 이것은 현상의 탓이 아니다. 감성(유성)의 운행을 감관은 때로는 순행한다고 표상하고 때로는 역행한다고 표상한다. 이 점에는 허위도 진리도 없다. 왜냐하면, 혹성의 운행이 우선 현상일 뿐인 것을 우리가 분별하고 있는 한에서 혹성운동의 객관적 성질을 판단하는 것은 아니기 때문이다. 그러나 오성이 감관의 저주관적 표상방식을 객관적인 것으로 생각하지 않도록 충분히 주의하지 않으면 허위의 판단이 생기기 쉽기 때문에, 사람은 「혹성이 다시 돌아가는 것 같다」고 말한다. 그러나 이러한 가상은 감관의 책임이 아니라 오성의 책임이다. 현상에서 객관적 판단을 내리는 일은 오성의 직분이다.

이래서 우리의 표상의 근원에 대해서는 아무런 고려가 없더라도, 우리 감성의 직관을, 그것이 무엇을 포함하든지 간에, 경험에 있어서의 모든 인식을 결합하는 규칙에 좇아 공간과 시간에서 결합할 때에, 우리의 주의가 깊으냐 아니냐에 따라 기만적 가상이 생길 수도 있고, 진리가 생길 수도 있다. 이것은 단지 오성에 있어서의 감성적 표상의 사용에 관한 일일 뿐으로, 감성적 표상의 근원에 관한 것은 아니다. 마찬가지로 내가 감성의 모든 표상들을 그 형식, 즉 공간·시간과 함께 현상임에 불과한 것으로 생각하고, 공간과 시간은 현상 외의 객관에서는 결코 발견되지 않는 단지 감성의 형식에 불과한 것으로 생각하며, 또 이 표상들을 가능한 경험에 관해서만 사용할 때에 감관의 표상을 다만 현상이라 생각하는 것에는, 오류에 대한 조그마한 유혹도 포함되어 있지 않고 하나의 가상도 포함되어 있지 않다. 왜냐하면, 감관의 표상들은 현상에 불과한 것임에도 불구하고 경험에 있어서의 진리성의 규칙에 좇아 정당하게 연관할 수 있기 때문이다. 이리하여 내가 공간을 감성의 형식에 불과한 것으로 보느냐 혹은 물자체에 속하는 것으로 보느냐에 관계없이 기하학의 모든 명제들은 공간의 감관의 모든 대상에 타당하고, 따라서 모든 가능한 경험에 관하여 타당하다. 그렇지만, 공간을 감성의 형식으로 볼 경우에만 기하학의 명제들을 외적 직관의 모든 대상에 관하여 선천적으로 아는 것이 어떻게 해서 가능한가를 나는 이해할 수 있다. 그 외의 경우에 있어서는 모든 가능한 경험에 관하여 모든 것이, 속견에서의 이 이탈을 내가 전혀 기도하지 않았던 처지와 마찬가지의 처지로 남아 있게 된다.

그러나 내가 나의 공간·시간의 개념[관념]으로써, 가능한 모든 경험을 감히 넘어 갈 때에는, ── 이런 일은 내가 공간·시간을 물자체에 속하는 성질이라고 인정할 때, 불가피한 바이거니와, (왜냐하면, 이때에는 나의 감관이 달리 조직되어 있어서 물자체에 적합하건, 안 하건 간에 어쨌든 공간과 시간을 물자체에 타당하도록 하는 데에 무슨 장애가 있을 것인가?) ── 가상에 기인하는 중대한 오류가 발생할 수 있다. 왜냐하면, 단지 나의 주관에 속하는, 사물 직관의 조건에 불과한 것을, 즉 감관의 모든 대상에, 따라서 모든 가능한 경험에만 확실히 타당하는 것을, 내가 [경험과 관계없이] 보편적으로 타당하다고 자칭하기 때문이다. 이렇게 되는 까닭은, 사물을 직관하는 조건을 내가 물자체에 관계시켜 경험의 조건에 제한하지 않는 데에 있다.

이에, 공간과 시간의 관념성을 말하는 내 설이 전감성계를 가상화한다는 것은 큰 잘못일 뿐더러, 나의 설은 최중요한 인식 중의 한 인식을 즉, 수학이 선천적으로 제공하는 인식을 현실적 대상에 적용하는 것을 확보하고, 그 인식을 가상으로 보는 것을 방지하는, 유일의 수단인 것이다. 왜냐하면 이런 견해가 없으면 다음의 의문을 해결할 수 없기 때문이다. 즉, 공간과 시간은 우리가 경험에서 취해 온 것이 아니고 우리의 표상 중에 선천적으로 있는 것이나, 이런 공간과 시간의 직관은, 제멋대로 만들어 낸 환상이 아닌가, 이런 환상에 대응(일치)하는 대상이 적어도 알맞게는 없고, 따라서 기하학 자신이 하나의 가상이 아닌가 하는 의문이다. 이에 반해 감성계의 일절 대상에 관한 공간과 시간의 「쟁론의 여지가 없는」 타당성을, 감성계의 대상이 한갓 현상이라는 바로 그 이유에서 우리는 증시할 수 있었다.

둘째로 이러한 나의 원리들이, 감관의 표상에서 현상을 만들기 때문에 경험을 진리로 삼는 것이 아니고 경험을 가상화하는 것이라고 하는 것은 큰 잘못이다. 뿐더러 나의 이 원리들은 선험적 가상을 방지하는 유일한 수단이다. 자고로 이 선험적 가상에 의하여 형이상학은 기만되었고, 비눗방울을 잡으려고 하는 어린아이와 같은 도로에 유혹되었던 것이다. 이러한 도로는 다만 표상임에 불과한 현상들을 물자체들이라고 생각했던 때문이다. 이로부터 순수이성의 이율배반이라는 저 모든 주목할 만한 사건이 나타났다. 이에 대해서는 나중에 언급하겠거니와, 이 이율배반은 다음의 유일한 견해에 의해 제거되는 것이다. 즉 현상은 그것이 경험 안에서 사용되는 한에서 진리를 낳지만, 경험들의 한계를 넘어서는 순간 가상 외에 아무것도 낳지 않는다는 견해이다.

이래서 우리가 감관을 통하여 표사하는 사물들에다 나는 현실성을 부여하고 이런 사물에 관한 우리의 감성적 직관만을 다음과 같이 제한한다. 즉 감성적 직관은 여하한 점에 있어서도 공간과 시간의 순수직관에 있어서조차도 그 사물의 현상을 표상할 뿐이며, 결코 물자체의 성질을 표상하는 것이 아니라고 한다. 그러므로, 이것은 내가 조작하여 자연에 덮어 씌어진 전반적 가상이 아니다. 그리고 이것을 관념론이라고 하는 부당한 요구에 대한 나의 항의는 아주 간결하며 분명한 것이므로, 자격 없는 판사가 없기만 하면, 나의 항의는 불필요하다고도 생각된다. 이 자격 없는 판사는 널리 알려져 있는 견해이되 그릇된 그들의 견해를 벗어난 것에 대해서는 어떤 것에나 즐겨 오래된 이름(관념론의 이름)을 부여하려 하고, 철학적 명명의 정신을 판단하지는 못하며, 단지 글자에만 매달려 있으면서, 잘 규정된 개념 대신에 자기 자신의 망상을 내세우고, 이렇게 함으로써 그 개념을 곡해하고 손상시킬 준비를 하고 있는 자이다. 무릇, 나 자신이 나의 이론에 선험적 관념론이라는 명칭을 부여했다는 사실이, 선험적 관념론을 데카르트의 경험적 관념론과 혼동할 권리가 없고 경험적 관념론은 단지 하나의 과제일 뿐이지만, 이 과제의 해결이 불가능하기 때문에 물체계의 존재를 부정하는 것은 데카르트의 견해에 의하면 모든 사람의 자유로 맡겨져 있다. 왜냐하면 이 과제에 대한 완전한 답은 주어질 수 없기 때문이다. 혹은 버클리의 신비적이고 열광적[1] 관념론과 (열정적 관념론과 이것에 유사한 망상에 대해서 오히려 우리의 「비판」은 진정한 해독제를 포함하고 있다) 혼동할 권리가 없다. 대저 나의 이른바 [선험적] 관념론은, 사물의 존재에 관계하는 것이

1) 칸트는 선험적·비판적·형식적 관념론의 입장이다. 데카르트는, 「내가 있다」라는 직관지로서의 경험적 표상만은 확실하나, 외부 공간 중의 대상들의 존재는 의심스럽다는 견지에서 경험적 개연적 관념론이다. 버클리는 「존재는 곧 지관된 것이다」라고 했고, 만물과 함께 공간 자신도 불가능한 것이라 했다. 이런 견지에서 관신적·몽상적 관념론이다. 칸트는 데카르트와 버클리의 관념론을 총칭해서 「질료적 관념론」이라고도 했다」 407면 참조.

아니다(사물의 존재를 의심한다는 것이 보통 의미의 관념론이다) —— 사물의 존재를 의심함은 나에게는 생각조차 안 하는 것이기에 —— 나의 관념론은 사물의 감성적 표상에 관계하는 것이다. 감성적 표상은 특히 공간과 시간을 소유하되 공간과 시간에 관해서, 따라서 일반적으로 모든 현상에 관해서 내가 밝힌 것은, 이런 것들이 사물이 아니고, (그것의 단순한 표상방식이며), 또 사물자체 그것에 귀속하는 규정이 아니라는 것이다. 그런데 선험적(transzendental)이라는 말은 나에게 있어서는 물[자체]에 대한 우리 인식의 관계를 뜻하는 것이 아니라, 오직 인식능력에 대한 우리의 인식의 관계를 의미하는 것이므로, 선험적이라는 말은 오해를 당연히 방지해 줄 것이다. 그러나 이 명칭이 금후에도 오해를 일으키기 전에 나는 이 명칭을 기꺼이 내버리고 나의 관념론을 「비판적 관념론」이라고 불리길 바란다. 그런데 만약 (현상이 아니라) 현실적(wirklich) 사물을 단순한 표상으로 변하게 하는 것이 실로 비난을 받아야 할 [열광적]관념론이라면, 역으로 한갓 표상을 [현실적] 사물로 만들어 버리는 관념론은 어떤 명칭으로 불러야 하겠는가? [현실적 사물을 표상으로 변하게 하는] 전자의, 열광적 관념론이라고 불릴 관념론에서 구별해서, 이것을 몽상적 관념론이라고 부를 수 있으리라고 나는 생각한다. 이 양자는 앞서 말한 나의 선험적 관념론, 더 적절하게는 비판적 관념론을 통해 마땅히 저지되어야 했던 것이다.

선험적 주제
제2부 어떻게 순수자연과학은 가능한가?
(14절-39절까지)

14. 자연이란, 그것이 보편적 법칙에 의해 규정되어 있는 한의 사물의 현존재이다. 만약 자연이 물자체 그것의 현존재를 의미한다면, 우리는 자연을 선천적으로도 후천적으로도 인식할 수 없다.

물자체 그것은 선천적으로 인식될 수 없다. 물자체 그것에 속해 있는 것을 우리가 도대체 어떻게 알려고 하는가? [알 도리가 없다] 물자체에 속하는 것은 개념의 분석 (즉 분석명제)에 의해서 있을 수 없는 바다. 나는 사물에 관한 내 개념 중에 포함되어 있는 것을(이것은 사물의 형식논리적 본질에 속하는 것이다) 알려고 하는 것이 아니라, 사물의 현실성 중에서 내 개념이 보태지고 있는 것을 알려고 하는 것이요, 사물 그것(das Ding selbst)이 내 개념 밖에서의 그 현존재에 있어서 규정되어 있는 것을 알려고 하기 때문이다. 나의 오성과 나의 오성이 그것[조건] 아래서만 사물의 현존재의 규정들을 결합할 수 있는 조건과는, 「사물들 그것」에 대해 규칙을 지정하는 것이 아니다. 「사물들 그것」이 나의 오성에 준거하는 것이 아니라, 나의 오성이 사물들 그것에 준거해야 하겠다. 그러므로, 사물들의 규정들을 「사물들 그것」에서 얻기 위해서는, 먼저 「사물들 그것」이 나에게 주어져 있어야 하겠다. 이렇게 보면, 「사물들 그것」[1)]은 선천적으로 인식될 수 없었겠다.

물자체들 그것의 성질은 후천적으로도 인식될 수 없다. 왜냐하면[협의의] 경험이 사물의 현존재가 지배받는 법칙을 나에게 가르쳐 주는 것이라면, 이 법칙은 그것이 「물자체 그것」에 관계하는 한에서, 나의 「경험」 외에서도 필연적으

1) 사물들 그것(Dinge selbst)은 현상과 물자체들 그것의 구별 없이 쓰인 것이다. 「사물들 일반」이라고 해도 좋다. 아무튼 인식의 이론 이전에 「사물들 그것」이 실재하는 것으로 칸트는 보았다. 여기의 사물들 그것은 물자체와 같은 것이다.

로 사물에 속해야 하겠기 때문이다. 그러나[1] 「경험」이 나에게 가르쳐 주는 것은, 무엇이 현존하는가 또 어떻게 그것이 존재하는가 하는 것이요, 그것이 필연적으로 그렇게 있고 달리 있어서는 안 된다는 것이 아니다. 그러므로 경험은 「물자체들 그것」의 본성을 가르쳐 줄 수 없다.

15. 그럼에도 우리는 사실상 순수자연과학을 소유해 있고, 이것은 자연이 따르는 법칙을 선천적으로 제공하며, 또 확연적 명제에 필요한 모든 필연성을 가지고서 제공해(vortragen) 있다. 나는 이즈음에, 일반적 자연과학의 이름 아래서 모든 물리학에 (이것은 경험적 원리에 의존하지마는) 선행하는 자연과학의 예비학[개론]을 증인으로 들어 두면 좋다. 일반적 자연과학 속에는 현상에 적용되는 수학이 있고, 순수 자연인식의 철학적 부문을 이루는 한갓 추론적(diskursiv)원칙(개념에서만 유도되는)도 있다. 그러나 일반적 자연과학 속에는 완전히 순수하지는 않은 것, 경험적 원천에서 독립해 있지 않은 것도 많이 있다. 즉 운동·불가침입성(물질의 경험적 개념은 이것에 기인한다)·타성[관성] 등의 개념이다. 이런 개념들이 들어 있어서, 일반적 자연과학은 완전한 순수자연과학이라고 말할 수 없다. 뿐더러 일반적 자연과학은 한갓 외감의 대상에만 상관하고, 따라서 엄밀한 의미의 일반적 자연과학의 예를 주는 것이 아니다. 엄밀한 의미의 자연과학은, 「자연일반」을 —— 외감의 대상이건 내감의 대상(물리학의 대상이건 심리학의 대상)이건 간에 —— 보편적 법칙으로 섭취하는 것이 아닐 수 없기 때문이다. 그러나 저 일반적 물리학의 원칙 중에는 우리가 요구하는 보편성을 현실로 가지고 있는 것이 있다. 즉 실체는 항존하고 지속한다. 모든 사상은 항상 원인에 의해 항구적 법칙에 맞도록 아예 결정되어 있다고 하는 명제와 같은 것이다. 이런 명제들은 전혀 선천적으로 성립하는 참으로 보편적 자연법칙이다. 그러므로, 순수자연과학이 사실상 존재한다는 말이 되고, 이제야 어떻게 순수자연과학이 가능하냐? 하는 것이 문제가 된다.

16. 자연이란 말은 객체를 규정하는 또 하나의 의미를 가진다. 15절의 형식적 의미의 자연은 「사물들 일반」의 현존재의 규정들에 관한 합법칙성을 표시했을 뿐이었다. 그런데 자연을 실질적(materialiter)으로 고찰하면, 그것은 경험

1) 여기의 경험(Erfahrung)이라는 말은 협의의 경험, 즉 지각을 의미한다.

의 대상들의 총괄이다. 경험의 대상들만을 우리는 여기서 다룬다. 왜냐하면, 원래 경험의 대상들이 될 수 없는 사물들[물자체들]의 본성을 인식하려고 하면, 우리는 그것들의 개념들에 의하지 않을 수 없으나, 이런 개념의 의미는 구체적으로(가능적 경험의 그 어떤 예에서) 주어질 수 없겠고, 따라서 우리는 사물의 본성에 관해 단지 개념만을 만들지마는, 이 개념의 실재성, 즉 이 개념이 과연 실재 대상에 관계하는지 혹은 그저 공상물인지, 전혀 결정할 수 없기 때문이다. 경험의 대상일 수 없는 것에 대한 인식은 초자연적이겠고, 이런 것을 우리는 여기서 다루고 있지 않다. 우리는 자연의 인식을 다룬다. 이것은 선천적으로 가능하고 모든 경험에 선행하되 그것의 실재성은 경험에 의해 확증된다.

17. 협의에서의 「자연의 형식적인 면」은 경험의 모든 대상의 합법칙성이요, 이 합법칙성이 선천적으로 인식되는 한에서 경험의 대상의 필연적 합법칙성이다. 그러나 위에서 명시한 것은, 대상이 가능한 경험에 관해서 고찰되지 않고 「물자체 그것」으로 보아지는 한에서, 자연의 법칙은 대상에서 선천적으로 인식될 수 없다는 것이었다. 그러나 우리는 여기서 물자체 그것이 아니라(이것의 성질에는 우리는 용훼하지 않는다), 가능한 경험의 대상들로서의 사물들일 뿐이요, 이런 대상들의 총괄이 우리가 여기서 「자연」이라고 명명하는 그것이다. 그런데 내가 묻거니와, 선천적인 자연인식의 가능성을 다룰 때에, 이 과제를 다음 중의 어느 것으로 정돈하는 것이 좋지 않을까?——즉, 과제를 경험의 대상으로서의 사물들의 필연적 합법칙성을 선천적으로 인식함이 어떻게 가능하냐라고 하거나, 혹은 경험의 모든 「대상들 일반」에 관한 경험 자신의 필연적 합법칙성을 선천적으로 인식함이 어떻게 가능하냐라고 하거나이다.

그러나 자세히 검찰하면, 이 물음의 해결은 그것이 어느 쪽의 방식에서 제시되건간에, (질문의 원 논점인) 순수자연인식에 관해서는 전혀 동일한 것에 귀착하겠다. 사물들의 경험인식[1](Erfahrungserkenntnis)을 가능케 하는 주관적 법칙은 가능한 경험의 대상으로서의 사물에 대해서도 타당하기에 말이다(물론 물자체 그것으로서의 사물에 타당하지 않는다. 이것은 여기서 고찰되지 않는 것이다). 내가 다음 중의 어느 하나로써 묻더라도 전혀 동일한 것이 된다. 즉 어떤 사상이

1) 다음의 18절에 나오는 경험판단과 구별해야 한다. 「경험적(empirisch)인식」과 같은 뜻이다.

지각될 적에, 그것은 언제나 선행하는 것에 관계가 있고, 보편적 규칙에 따라 후속한다는 법칙이 없으면, 지각판단을 경험[1]이라고 볼 수 없다고 말하건, 혹은 경험이 일절의 생기를 가르쳐 주는 그 일절은 원인을 가져야 한다고 내가 말하건 간에, 동일한 것이다.

그러나 첫째의[2] 표식을 택하는 것이 더 적절하다. 왜냐하면, 우리는 대상에 관한 경험을 가능케 하는 유일의 것인 조건을, 선천적으로, 즉 모든 주어진 대상에 선행해서 인식할 수 있으나, 대상이 가능한 경험과 관계없이, 자체적으로 어떠한 법칙에 지배되어 있는가는 인식할 수 없기에 말이다. 그러므로 우리가 사물의 본성을 선천적으로 연구하려면, 경험으로서의 인식을 (그 형식상으로) 가능케 하는 유일한 것인 조건과 (주관적이되) 보편적 법칙과를 탐구해서, 이것에 좇아 경험의 대상으로서의 사물의 가능성을 규정하는 외에 딴 도리가 없다. 둘째의 표식을 택해 경험의 대상으로서의 자연을 오로지 가능하게 하는 선천적 조건을 구한다면, 나는 쉽게 오해에 빠져, 물자체 그것으로서의 「자연」에 관해 논의하는 듯이 잘못 생각하겠고, 이때에 나는 아무런 것도 [경험적 직관에] 주어진 것이 없는 사물 [자체]에 대한 법칙을 구한다는, 끝없는 수고에 보람 없이 헤매는 것이 될 것이다.

그러므로 우리는 여기서 단지 경험과 그것을 가능케 하는 보편적인, 선천적으로 주어진 조건과를 다루고, 이로 인해 모든 가능한 경험의 전대상으로서의 자연을 규정하겠다. 이때에 내가 이미 주어진 자연 관찰의 규칙을 말하고 있지 않음이 이해될 줄로 생각한다. 이런 규칙은 [학적] 경험을 전제해 있는 것이다. 따라서 내가 말하는 의미는, 우리가 (경험[적 관찰]에 의해서) 어떻게 자연의 법칙을 배울 수 있는가 하는 것이 아니다. 경험적 관찰에 의할 경우에는 법칙은 선천적 법칙이 아니고, 따라서 순수자연과학을 주지 않을 것이다. 내가 말하는 의미는, 경험을 가능케 하는 선천적 조건들이 어떻게 동시에 모든 보편적 자연 법칙이 도출되는 원천인가 하는 것이다.

18. 여기서 우리는 우선 다음의 것을 주의해야 한다. 즉, 모든 경험판단은

1) 이 경험은 경험적 판단과 구별되어 학적인 경험판단(18절 참조)과 같은 뜻이다.
2) 「경험자신의 필연적 법칙을 선천적으로 인식함이 가능성」에 관한 표식.

경험적이기도 하다. 즉 감관의 직접적 지각을 기초로 하고 있다. 그러나 거꾸로 모든 경험적 판단이 경험판단인 것은 아니다. [경험판단이 되자면], 경험적인 것 이상으로, 다시 말하면, 일반적으로 감성적 직관에 주어진 것 이상으로, 그 기원을 선천적인 순수오성 중에 가지고 있는 특수한 개념이 보태져야 하고, 모든 지각이 우선 이 개념 속에 포섭되며, 그 이후에 지각이 이 개념[범주]에 의해 [학적인] 경험으로 변해질 수 있다.

경험적 판단(empirisches Urteil, empirical judgment)은 그것이 객관적 타당성을 가지는 한에서 경험판단(Erfahrungsurteil, judgment of experience)이다. 그러나 경험적 판단은 그것이 주관적으로만 타당하는 한에서 단지 지각판단(Wahrnehmungsurteil, judgment of perception)이다. 지각판단은 오성의 순수개념[범주]을 필요로 하지 않고, 오직 사고하는 주관에서 지각들을 논리적으로[판단의 형식에서] 결합하는 것만을 필요로 한다. 그러나 경험판단은 감성적 직관의 표상 이상으로 항상 오성 중에서 근원적[자발적]으로 산출된 특별한 개념을 필요로 한다. 이런 개념이 경험판단을 객관적으로 타당하도록 하는 그것이다.

모든 우리의 판단들은 처음에는 지각판단일 따름이다. 그것들은 우리에게만, 즉 우리의 주관에게만 타당한다. 그리고 뒤에 와서 우리는 객관에의 관계를 판단에 주어, 판단이 나에게 타당하는 동시에 만인에게 타당하기를 의욕한다. 판단이 대상[1]과 일치할 때에는 그 동일 대상에 대한 모든 판단들이 역시 서로 일치할 것이기에 말이다. 이래서 경험판단의 객관적 타당성은 그 판단의 필연적 보편타당성 외의 아무것도 의미하지 않는다. 그러나 거꾸로 판단이 필연적으로 보편타당하다고 생각하는 원인을 우리가 발견한다면, (이 필연적 보편타당성은 지각에 기인하는 것이 아니라, 지각이 포섭되는 오성의 순수한 개념에 기인하지만), 우리는 그런 판단을 객관적이라고 생각해야 한다. 즉 판단이 한 주관에 대한 지각의 관계만을 표현하는 것이 아니라 대상[성]의 성질을 표현하는 것으로 생각해야 한다. 무릇, 대상[성]의 통일이 없으면, 즉 판단들이 모두 그것에 관계하고 일치하며, 그러므로 「판단들 서로」도 일치하게 되는 대상[성]의 통일이 없으면, 타인의 판단이 내 판단과 반드시 일치해야 하는 근거가 없을 것이다.

---

1) 이 대상은 만인에 동일한 것이기에 오히려 대상성이라고 표현했어야 할 일이다.

19. 그러므로 객관적 타당성과 (만인에 대한) 필연적 보편타당성은 교체개념이다. 따라서 우리는 객관자체를 모르지마는, 우리가 하나의 판단을 보편타당적·필연적이라고 보는 때에는, 그것에 의해 객관적 타당성이 이해되어 있다. 이런 판단에 의해 객관을[1] (객관 자체 그것이 어떤 것인가는 여전히 모르지마는) 주어진 지각들의 보편타당적·필연적 결합을 통해서 인식한다. 이런 일은 감관의 모든 대상에 들어맞기에, 「경험판단」은 그 객관적 타당성을, 대상의 직접적 인식(이것은 불가능하다)에서가 아니라 오직 「경험적 판단」에서의 보편타당성이라는 조건에서만 얻어 온다. 이 보편타당성은, 이미 말했듯이, 결코 경험적 조건, 아니 일반적으로 감성적 조건에 기인하지 않고 오성의 순수한 개념에 기인해 있다. 「객관자체」는 언제나 알려져 있지 않다. 만약 객관에서 우리의 감성에 주어지는 표상들의 결합이 오성의 개념에 의해 보편타당한 것으로 규정된다면, 대상은 이런 관계에 의해 규정되고, 그것의 판단은 객관적이다.

이 점을 설명해 보자. 방이 따스하다, 사탕이 달다, 쑥은 쓰다 등의* 판단은 주관적으로 타당하는 판단이다. 내가 언제나 그렇다고 보고, 나와 마찬가지로 타인도 그렇다고 보는 것을 나는 전혀 요구하지 않는다. 이런 [지각]판단들은 동일한 주관, 즉 내 자신에 대한 두 개 감각[주어와 술어]의 관계만을 표현하고, 그러면서도 내 지각의 현재상태에서의 관계만을 표현한다. 따라서 객관에 타당하지 않는다. 이런 판단을 나는 지각판단이라고 한다. 경험판단에 관해서는 사정이 이와는 전혀 다르다. 경험[2]이 어떤 상황에서 나를 가르치는 바를, 경험은 언제나 나에게 또 누구에게도 가르쳐야 한다. 그러므로 경험의 타당성은 주관에만 혹은 주관의 특정시의 상태에만 제한되지 않는다. 이에, 나는 이런 판단들을 모두 객관적으로 타당한다고 언표한다. 가령 내가 공기는 탄력을 가진다고 말할 때에, 이런 판단은 우선은 지각판단이요, 나는 내 감관에서의 두 가지 감각만을 서로 관계시킨다. 만일 이 판단을 경험판단으로 하고 싶어한다면, 두 가지 감각의 결합을 보편타당화하는 조건[범주] 아래 이 결합이 설 것을 나는 요구한다. 그렇기에, 나는 언제나 또 만인이 동일한 상황 아래서는 동

1) 오히려 객관성이라고 표시했어야 할 일이다.
2) 여기와 그 다음에 두 번 나온 경험은 학적(wissenschaftlich) 경험을 말한다. 학적 경험의 전제가 없는 개별적인 지각은 단지 「경험적」이다.

일한 지각[들]을 필연적으로 결합해야 하는 것을 나는 요구한다.

* 내가 즐겨 고백하지마는, 여기서 든 예들은 오성의 개념을 붙이면 언젠가는 경험판단이 될 수 있는 그런 지각판단들이 아니다. 왜냐하면, 이러한 지각판단들은 단지 감정에 관계할 뿐이고 따라서 객관적인 것이 될 수 없기 때문이다. 누구라도 감정을 주관적인 것으로 인정하고, 감정을 객관에 부여할 것이 아니다. 나는, 단지 주관적으로 타당하고, 그 가운데 필연적 보편타당성에 대한, 그렇기에 객관과의 관계에 대한, 근거를 도무지 포함하지 않는 판단의 보기를 우선 들려고 했을 뿐이다. 오성의 개념을 붙임으로써 「경험판단」이 되는 「지각판단」의 보기는 바로 다음 주석에 나온다[20절 원주 참조].

20. 하기에 감관과 오성의 이 산물[학적 경험] 중에 무엇이 포함되어 있나 또 어떻게 해서 경험판단 자신이 가능하냐 하는 것을 보기 위해서, 우리는 경험일반을 분석해야 할 것이다. 경험의 근저에 있는 것은, 내가 의식하는 직관, 즉 감관에만 귀속하는 지각이다. 그러나 둘째로 판단도 경험에 필요하다(이것은 오성에만 귀속한다). 이 판단작용은 이중이 될 수 있다. 즉 첫째는 내가 단지 지각들을 비교하고, 나의 [특정] 상태의 의식에 결합함에 의하는 판단작용이다. 둘째는 지각들을 의식일반(Bewusstsein überhaupt)에 결합하기 때문에 생기는 판단작용이다. 전자는 한갓 지각판단이요, 그런 한에서 주관적 타당성만을 가진다. 이 판단은 대상[성]에 관계함이 없이, 내 심의상태에서 지각들을 결합한 것에 불과하다. 그러므로 지각들을 비교하여 판단작용의 매개로써 「한 의식」에 결합하는 것이, 보통은 경험으로 된다고 잘못 생각하되, 실은 「경험」이 되기에는 불충분하다. 그런 결합에 의해, 판단의 보편타당성과 필연성은——이것에 의해서만 판단은 경험이 될 수 있지마는——생기지 않는다.

하기에, 지각이 경험이 될 수 있기 이전에, 전혀 딴 판단이 선행한다. 주어진 직관이 한 개념 아래 포섭(섭취)되어야 하고, 이 개념은, 판단작용 일반의 형식을 직관에 관해서 결정하고, 직관의 경험적 의식을 의식일반에 결합하며, 그리함으로써 경험적 판단들에 보편타당성을 부여한다. 이런 [성질의] 개념이 오성의 선천적인 순수개념이요, 이것은 직관에 대해 직관이 판단으로 쓰이는 방식일반을 규정하는 외의 일을 하지 않는다. 「원인」의 개념이 이런 개념이라고 가정하자. 이때에 그 개념은 그것 아래 포섭되는 직관, 가령 공기의 직관을 「판단작용 일반」에 관해서 규정하고, 공기라는 개념이 공기의 팽창에 관해서 가언판단에서의 후건에 대한 전건의 관계가 되도록 한다. 그러므로 원인의 개념은 오성의 하나의 순수한 개념이다. 원인의 개념은 모든 가능한 지각과는 전혀 다른 것이요, 이 개념 아래 포괄되는 표상을 판단작용 일반에 관해서 규정하며, 따라서 보편타당한 판단을 가능하게 하기 위해서만 쓰인다.

그러므로 지각판단이 「경험의 판단」(ein Urteil der Erfahrung)이 되기 전에, 지각이 이러한 오성의 개념에 포섭되는 것이 우선 필요하다. 가령 공기는 원인의* 개념에 귀속하고, 이 개념이 공기에 관한 판단을 공기의 팽창에 관해서 가언적이라고 규정한다. 그로 인해 이제야 이 팽창은, 단지 내 상태 혹은 나의 약간의 상태, 혹은 타인의 지각 상태에서의 「공기의 내 지각」에 속하는 것으로가 아니라, 공기에 필연적으로 속하는 것으로 표상된다. 그래서 「공기는 탄력성이 있다」라는 판단은 보편타당적이요, 경험판단으로 된다. 경험판단으로 되자면, 다음의 판단들이 먼저 있어야 한다. 즉, 공기의 직관을 인과의 개념 아래 포섭하고, 그로 인해 지각들을 내 주관 중에서 「지각들끼리」 규정할 뿐만 아니라, 판단작용 일반의 형식에(여기서는 가언적 형식에) 관해서도 규정하며, 이런 방식에서 경험적 판단을 보편타당하도록[1] 하는 판단들이다.

* 쉬워서 잘 알게 되는 보기를 얻고자 다음의 보기를 취해 보자. 태양이 돌을 쪼이면 돌이 따뜻해진다. 이 판단은, 내가 또 타인이 그런 일을 아무리 잦게 지각하더라도 단지 지각판단이요, 필연성을 포함하지 않는다. 지각들이 보통 그처럼 결합해 있을 따름이다. 그러나 만일 내가, 태양이 돌을 따뜻하게 한다(Die Sonne erwärmt den Stein)라고 말하면, 지각 위에 원인이라는 오성의 개념이 붙었고, 이 개념이 일광의 개념과 열의 개념을 필연적으로 결합한다. 그래서 이 종합판단은 필연적·보편타당적이게 되고, 따라서 객관적이 되며, 지각에서 경험으로 변해진다.

1) 공기가 현존한다면, 탄력성도 현존한다는 것은 가언적 형식이요, 공기는 탄력적이라는 것은 이제야 하나의 경험판단이다.

만일 우리가 객관적으로 타당하는 한에서의 우리의 모든 종합판단들을 분석하면 알려지거니와, 이 종합판단들은 보통 생각하듯이, 단지 비교[귀납]함에서 한 판단으로 결합된 직관들에서 성립하는 것이 아니다. 만약 직관에서 추상된 개념들 위에 다시 오성의 순수개념이 보태져서 먼저 추상된 개념들이 이 순수개념 안에 포섭되어 비로소, 객관적으로 타당하는 하나의 판단에로 결합되는 것이 아니라면, 객관적으로 타당하는 종합판단들은 불가능할 것이다. 단순한 공리에서의 순수수학의 판단조차 이런 조건에서 제외되어 있지 않다. 직선은 두 점간의 최단선이라는 원칙은, 선이 분량의 개념 아래 포섭되는 것임을 전제해 있고, 이 분량의 개념은 확실히 그저 직관인 것이 아니라 오성에 위치해 있는 것이요, (선의) 직관을 그것에 관해 내려지겠는 판단에 관해서, 그러면서도 판단의 분량에 관해서, 즉 (복칭판단으로서의*) 수다성에 관해서 규정하는 데에 쓰인다. 왜냐하면, 복칭판단은, 주어진 한 직관 중에 많은[다양한] 동종적인 것이 포함[종합]되어 있다는 것을 의미하기 때문이다.

* 논리학에서 특칭적이라고 하는 판단을 나는 오히려 복칭적(plurativa)이라고 말이다. 그러나 만일 내가 (단칭판단에서의) 단일성(Einheit)에서 출발하여 전체성으로 나아갈 때에, 나는 오직 전체성에 대한 관계를 섞을 수 없다. 나는 수다성만을 전체성의 예외로서가 아니라 전체성 없이 생각한다. 이렇게 생각함이, 논리적 계기들을 오성의 순수한 개념들의 기초에 두어야 할 때에 필요한 일이다. 그러나 형식논리적 사용에서는 예전대로 두어 좋을 것이다[1) 단칭이 아니라 전칭이겠다].

21. 이래서 경험의 가능성이 선천적인 오성의 순수개념에 기인하는 한에서, 경험의 가능성을 설명하기 위해, 우리는 판단작용 일반에 속하는 것과 판단작용에서의 오성의 각종 계기들을 완전한 표로 제시해야 한다. 무릇 직관이 판단작용의 그 어느 계기에 관해 자체적으로, 따라서 필연적·보편타당적으로 결정되는 한에서, 오성의 순수한 개념들은 직관일반의 개념 이외의 것이 아니다. 이러한 오성의 순수개념들은 판단작용의 계기들과 아주 엄밀히 평행하게 될 것이다. 이렇기에, 객관적으로 타당하는 「경험적 인식」으로서의 모든 경험을

가능하게 하는 선천적 원칙들도 아주 엄밀히 규정될 것이다. 왜냐하면, 이 원칙들은 모든 지각들을 (직관의 어떤 보편적 조건에 적합해서) 오성의 순수한 개념들 중에 포섭[하는 데에 방편의 노릇을]하는 명제들이기에 말이다.

	판단의 논리표	오성의 순수개념의 선험적인 표	자연과학의 보편원칙들의 순수자연학적인 표
1. 분량	전칭	단일성(도)	직관의 공리
	특칭	수다성(양)	
	단칭	전체성(전체)	
2. 성질	긍정	실재성	지각의 예료
	부정	부정성	
	무한	제한성	
3. 관계	정언	실체	경험의 유추
	가언	원인	
	선언	상호성	
4. 양상	개연	가능성	경험적 사고일반의 요청
	실연	현존성	
	필연	필연성	

21. [a] 상술한 것 모두를 하나의 개념으로 개괄하려면, 독자에게 다음의 것을 주의시킬 필요가 있다. 즉 여기서 경험의 발생이 문제가 아니라 경험에 내재해 있는 것을 문제삼고 있다는 것이다. 전자[경험의 발생]는 경험심리학에 속하는 것이요, 후자는 인식의 비판, 특히 오성의 비판에 속하는 것이다. 그리고 전자 자신은 후자가 없고서는 결코 충분히 전개되지는 못하는 것이겠다.

경험은 감성에 속하는 직관과 오로지 오성의 일인 판단으로 성립한다. 오성이 단지 감성적 직관으로부터 만드는 판단은, 아직 도저히 경험판단은 아니다. 무릇 전자의 경우에 판단은 한갓 지각들을 그것들이 감성적 직관에 주어져 있는 그대로 결합한다. 그러나 후자의 경우에는 판단은 주관적으로 타당할 뿐인 한갓 지각이 포함[지시]하는 것을 말하지 않고, 경험일반이 포함하는 것을 말해야 한다. 이에, 그 경험판단은 감성적 직관 위에, 또 (이 직관이 비교를 통해 보편화한 뒤에 생긴) 한 판단에서 직관을 논리적으로 결합하는 것 위에 또다시 종합판단을 필연적인 것으로 규정하고, 따라서 보편타당한 것으로 규정하는 「그 어떤 것」을 더 보태야 한다. 이 어떤 것은, 직관을 판단의 딴 형식 아닌 한 형식에 관해서 본질상 결정된 것으로 표시하는 개념임에 틀림없다. 즉 판단들의 주어진 한 논리적 기능에 의해서만 표시되는 직관들의 종합적 통일의 개념이다.

22. 상술한 것을 다음과 같이 요약한다: 감관의 본분은 직관하는 일이요, 오성의 본분은 사고하는 일이다. 그러나 사고는 표상들을 하나의 의식 중에서 결합하는 일이다. 이 결합은 한 주관에 관계해서 상대적으로 생겨 우연적·주관적이거나, 혹은 절대적으로 생겨 필연적, 즉 객관적이거나이다. 표상들을 하나의 의식 중에서 결합하는 것이 판단이다. 이에, 사고는 판단작용과 동일하다. 즉 표상들을 「판단일반」에 관계시키는 것과 동일하다. 따라서 판단들은 표상들이 한 주관 중의 [경험적] 의식에만 관계맺어, 여기서 결합되는 한에서 단지 주관적이거나, 혹은 표상들이 「의식일반」에서, 즉 필연적으로 결합되는 한에서 개관적이거나다. 모든 판단의 논리적 계기들은, 표상들을 하나의 의식 중에서 결합될 수 있도록 하는 가능한 방식들을 의미한다. 그러나 이런 계기들이 개념들로서 쓰인다면, 그것들은 표상들을 한 의식 중에서 필연적으로 결합하는 개념들이요, 따라서 객관적으로 타당하는 판단들의 원리들에 해당한다. 하나의 의식 중에서 결합함은 동일성에 의해서 분석적(analytisch)이거나, 여러 표상들을 서로 합성시키고 보탬에 의해서 종합적(synthetisch)이거나다. 경험은, 한 의식 중에서 현상(지각)들이 종합적으로 결합하는 데서 성립하되, 그것도 이 결합이 필연적인 한에서이다. 그러므로 오성의 순수개념들은, 모든 지각들이 경험판단으로 되기 이전에, 그것들을 먼저 포섭하는 개념들임을 의미한다. 경험판단에서 지각들의 「종합적 통일」이 필연적·보편타당적인 것으로 표시된다.*

* 「경험판단은 지각들의 결합에 있어서 필연성을 포함해야 한다」— 이 명제는 「후천적 인식으로서의 경험은 우연적 판단만을 줄 수 있다」라는 내가 위에서 거듭 강조한 명제와 어떻게 합치하는가? 경험은 나에게 가르치는 것이 있다고 말할 때에 나는 언제나 경험 중의 지각만을 의미한다. 가령 태양이 돌을 쪼이

면 열이 생긴다[20절 원주 참조]고 하는 것이 그러하다. 이에 경험의 명제(Erfahrungssatz)는 언제나 우연적이다. 「따뜻해지는 것이, 태양의 쬐임에서 필연적으로 생긴다」는 것은 경험판단 중에 (원인의 개념에 의해) 포함되어 있으나, 그러나 그것을 나는 「경험」에서 배우는 것이 아니라, 거꾸로 (원인이라는) 오성의 개념을 지각에다 보탬(Zusatz)에 의해서 비로소 [학적] 경험이 산출하게 된다. 지각이 어떻게 개념을 보태게 되는가에 관해서는 「비판」의 선험적 판단력에 관한 장[B.176 오성의 순수개념의 도식성]을 참조해야 한다.

23. 판단이 주어진 표상들을 하나의 의식 중에서 결합하는 조건인 한에서 판단은 규칙(Regel)이다. 이런 규칙은, 그것이 결합을 필연적인 것으로 표시하는 한에서, 선천적 규칙이요, 보다 더 높은 규칙에서 도출되는 것이 아닌 한에서 원칙(Grundsatz)이다. 그런데 일체 경험의 가능성에 관해서 볼 때에 우리가 경험에서 사고의 형식만을 고찰하는 경우에는 경험판단의 조건으로서 현상들을 그 직관의 각종 형식에 좇아 「오성의 순수개념」 아래로 가져오는 조건 이상의 것이 없다. 이 오성의 순수개념이 「경험적 판단」을 객관적으로 타당하도록 한다. 그러므로 이런 조건들이 가능한 경험의 선천적 원칙이다.

그런데 가능적 경험의 원칙은 동시에 또한 자연의 선천적으로 인식될 수 있는 보편적 법칙(Gesetz)이다. 이에, 우리가 당면한 둘째의 물음에 —— 어떻게 순수자연과학이 가능하냐에 —— 포함되는 과제는 해결된 것이다. 무릇, 「학」의 형식에 소요되는 체계적인 것은 원칙에서 완전하게 발견된다. 왜냐하면, 모든 판단일반의, 따라서 논리학이 제공하는 모든 규칙일반의 상술의 형식적 조건 이상의 조건은 불가능하고, 또 이 조건은 하나의 논리학적 체계를 이루며, 이 체계에 의거한 「개념」은 모든 종합적·필연적 판단에 대한 선천적 조건을 포함하며, 그러므로 하나의 선험적 체계가 되는 것이요, 최후로 모든 현상이 이 개념 아래로 포섭[섭취]되게 하는 원칙은 하나의 자연학적 체계, 다시 말하면 자연체계를 이루기 때문이다. 이 자연체계는 모든 경험적인 자연인식에 선행하고, 그것이 비로소 자연인식을 가능하게 하는 것이며, 따라서 진정하게 「보편적·순수자연과학」이라고 칭할 수 있다.

24. 위의 자연학적 원칙 중의 첫째 원칙은, 모든 현상을 공간과 시간 중의

직관[외연량]으로서 분량의 개념 아래로 포섭하는* 것이다. 그런 한에서 이 원칙은 경험에 대해 수학을 적용하는 것이다. 둘째의 원칙은 참으로 경험적인 것, 즉 직관의 실재적인 것을 표시하는 감각을 분량의 개념 아래 직접(geradezu) 포섭하는 것이 아니다. 왜냐하면, 감각은 감각에 대응하는 대상을 공간과 시간 중에 정립하기는 하되, 공간이나 시간을 포함할 직관은 아니기 때문이다. 그러나 실재성(감각적 표상)과 「영, 즉 시간에서의 직관의 완전한 공허」 사이에는 여전히 어떤 양을 가지는 차이가 있다. 주어진 어떤 도의 광명과 암흑 사이, 어떤 도의 열과 완전한 냉 사이, 어떤 도의 무게와 절대적인 가벼움 사이, 어떤 도의 공간의 충실과 전혀 공허한 공간 사이에도, 또 의식과 완전한 무의식(심리적 암흑) 사이에도 여전히 보다 더 작은 도가 있는 것과 마찬가지로, 언제나 보다 더 작은 도가 생각될 수 있기에 말이다. 그러므로 절대적인 결핍을 증명하는 지각은 없는 법이다. 가령 딴 보다 더 강한 의식에 의해서만 넘어지는 [약한] 의식으로 간주되지 않는 심리적 암흑은 없는 법이다. 이런 일은 감각의 모든 경우에 생기는 일이다. 그러므로 오성은, 경험적 표상[현상]의 본래 성질인 감각조차도 「모든 감각은 도를 가진다. 따라서 모든 현상의 실재적인 것은 도를 가진다」는 원칙에 의해서 예료(antizipieren)할 수가 있다. 이것은 자연과학에다 수학을 (즉 도[내포량]의 수학을) 둘째로 적용한 것이다[24절은 직관의 공리와 지각의 예료를 말한 것이다].

* 이하의 세 개의 절은 「비판」이 원칙에 관해 말해 있는 것을 참조하지 않으면, 이해하기가 어렵다. 그러나 이하의 세 가지 절은 원칙의 전반을 쉽게 개관하여, 그 주요 계기에 주의하는 효용을 지닌다.

25. 현상간의 관계에, 그러면서도 오로지 현상의 현존재에 관한 관계에 대해서 말한다면, 이 관계의 규정은 수학적이 아니고 역학적이다. 이런 관계의 규정은 이 규정에 관한 경험인식을 비로소 가능하게 하는, 선천적 원칙들에 지배되는 일이 없으면, 결코 객관적으로 타당할 수 없고, 따라서 경험에 쓰일 수 없다. 그러므로, 현상들은 실체의 개념 아래로 —— 이것은 「사물 그것」의 개념으로서, 현존재의 모든 규정[속성]의 근저에 있는 것이지마는 —— 포섭되어

야 한다. 혹은 둘째로, 현상들간에 시간후속이, 즉 「생기는 일」이 발견되는 한에서 현상들은 「원인에 관계한 결과」의 개념 아래 포섭되어야 한다. 혹은 동시존재가 객관적으로, 즉 경험판단에 의해서 인식될 것인 한에서, 현상들은 상호성(상호작용)의 개념 아래 포섭되어야 한다. 이래서 선천적 원칙들이, 경험적이로되 객관적으로 타당하는 판단의 근저에 있다. 즉 경험이 대상들을 자연에서의 그 현존재에 관해서 결합해야 하는 한에서, 선천적 원칙들이 경험 가능성의 근저에 있다. 이런 원칙들은 역학적이라고 칭할 수 있는 진정한 자연법칙들인 것이다.

최후로 경험판단에는, 경험에서의 「현상들 서로」의 일치와 결합의 인식이라고 말하기보다도 오히려 경험일반에 대한 현상의 관계가 경험판단에 속해 있다. 이 관계는 현상들이 오성이 인식하는 형식적 조건들과 일치함을 내포하거나, 혹은 「감관과 지각」의 재료와 현상들이 관련함을 내포하거나, 혹은 이 양자가 한 개념 속에 결합한다. 따라서 관계는 가능성, 현실성, 보편적 자연법칙에 따르는 필연성을 내포한다. 이것이, 자연학적 방법론 (즉 진리와 가설과의 구별, 또 후자 신빙의 한계)이 될 것이다[25절은 경험의 유추와 경험적 사고일반의 요청을 말한 것이다].

26. 비판적 방법에 따라 「오성의 그것」의 본성에서 생긴 원칙의 셋째 표는 그 자체 완전함을 표시하고, 이 표는, 사물 자신에 관해 독단적 방법에서 헛되게 일찍이 만들어 보았고, 미래에도 만들어 볼지 모르는 어떠한 딴 표보다도 훨씬 우수하다. 즉 그 표는 모든 선천적인 종합 원칙을 완전히 내포하고 또 한 원리에 따라서, 즉 오성에 관계해서, 경험의 본질을 이루는 판단일반의 능력에 따라서 만들어진 것이다. 하기에, 이런 원칙이 그 이외에 더 없을 것을 세인은 확신할 수 있다(이런 일은 독단적 방법이 도저히 줄 수 없는 만족스러운 것이다). 그러나, 이것이 이 표의 최대의 공적이 되는 것은 아니다.

선천적 인식의 가능성을 발견하고, 동시에 또 이런 원칙들을 하나의 조건에 제한하는 논거에 사람은 주의해야 한다. 이 조건은, 원칙들이 오해될 것이 아니고 또 오성이 정하는 근원적 의미가 의욕하는 이상으로 확대되어 오성이 사용되어서는 안 된다고 하면, 도저히 간과되어서는 안 되는 조건이다. 오성이 정하는 본래적 의미는, 그 원칙들이 경험이 선천적 법칙에 종속하는 한에서,

가능한 경험일반의 조건만을 포함한다는 것이다. 이에, 나는 물자체 그것이 분량을, 물자체 그것의 실재성이 도를, 물자체 그것의 존재가 한 실체에서의 속성들의 결합을, 각각 포함한다고 말하지 않는다. 누구라도 이런 것을 증명할 수 없다. 한갓 개념에서의 이러한 종합적 결합은, 한쪽에서는 감성적 직관에의 관계가 결해 있고, 딴 쪽에서는 가능한 경험에서의 감성적 직관[들]의 결합이 결해 있어서 절대로 불가능하기 때문이다. 하기에, 이 원칙들에서의 개념의 본질적 제한은 다음과 같다. 즉, 「만물은 단지 경험의 대상으로서만 상술한 조건에 선천적·필연적으로 종속해 있다」는 제한이다.

둘째로, 이상에서 이 원칙들만이 가지는 독특한 증명방식이 생긴다. 즉 상술한 원칙들은, 직접 현상들과 그것들의 관계에 상관하지 않고, 경험의 가능성에 —— 현상들은 경험의 형식인 것이 아니라 경험의 질료이지마는 —— 관계한다. 즉 상술한 원칙들은 경험판단을 지각판단에서 구별하는 객관적·보편적으로 타당하는 종합명제에 상관하는 것이다. 이런 일은, 다음과 같은 것에 의해 생긴다. 즉, 현상들이 공간과 시간의 일부를 차지하는 한갓 직관으로서, 직관들의 다양을 선천적으로 규칙에 좇아 종합적 결합을 하는, 분량의 개념 아래 속하는 것에 의해서이다. 또 지각이 직관 외에 감각도 포함하고, 감각과 영(감각의 완전한 소실)간에 항상 감소를 통한 변이가 생기는 한에서, 현상들의 실재적인 것은 도를 가지는 것에 의해서이다. 다시 말하면, 감각은 공간과 시간의 어떠한 부분도 차지하는 것이* 아니지마는, 공허한 시간이나 공간에서 감각으로 이행함은, 시간 중에서만 가능하다. 따라서 감각은, 경험적 직관의 성질로서는, 딴 감각에서 특수하게 구별되는 점에 관해 선천적으로 인식될 수는 없으나, 그럼에도 「가능한 경험일반」에 있어 지각의 양으로서는 강도상[내포량에서] 다른 모든 동종의 감각과 구별될 수 있다. 이상의 일로부터 실로 자연에 대한 수학의 적용이, 감성적 직관에 관하여 —— 감성적 직관에 의해 자연이 우리에게 주어지되 —— 비로소 가능하게 되고 규정되는 것이다.

* 열과 빛들은 작은 공간에서나 큰 공간에서나, (도에서 볼 때에) 크기가 같다. 이와 마찬가지로 고통 같은 내적 표상은, 「일반적으로 의식」은 단시간 지속하건 장시간 지속하건 간에, 도에서 볼 때에 대소가 없다. 그러므로 양은 한 점,

한 순간에서건 아주 긴 공간이나 시간에 있어서건 간에 동일한 크기이다. 따라서 도는 양이기는 하나 직관에서의 양이 아니고 한갓 감각에 관한 양이다. 혹은 직관의 근거가 되는 양이다. 그리고 도는 1에서 0에 이르는 관계에 의해서만 ── 즉 어떤 도도 무한한 중간도를 지나서 소실에 이르기까지 줄어지고 혹은 영에서 증가하는 무한한 계기를 통해서 일정한 감각에 이르기까지, 어떤 시간 내에서 증가할 수 있음에 의해서만 ── 양으로 인정될 수 있다(질의 양이 도다).

그러나 독자는 경험의 유추라는 명목 아래서 나타나는 원칙의 증명 방식에 최대로 주의해야 한다. 이 원칙들은, 수학을 자연과학 일반에 적용하는 원칙들처럼, 직관들의 산출에 관계하는 것이 아니라, 한 경험에서의 「직관의 현존재」의 결합에 관계하는 것이다. 그리고 이것의 결합은 시간 중의 존재를 필연적 법칙들에 좇아서 규정하는 것임에 틀림이 없고, 필연적 법칙 아래서만 그 결합은 객관적으로 타당하고, 그러므로 [학적인] 경험이 된다. 하기에 증명은 물자체들의 결합에서의 종합적 통일에 관계하는 것이 아니고 지각들의 결합에서의 종합적 통일에 관계하는 것이다. 그러면서도 이것은 지각들의 내용에 관해서가 아니라 시간 규정과 시간에서의 ── 보편적 법칙에 따른 ── 현존재의 관계와에 관한 일이다. 이에, 만일 상대적 시간에 있어서의 경험적인 규정이 객관적으로 타당해야 하고 따라서 [학적인] 경험이 되어야 한다면, 저 보편적 법칙은 시간일반에 있어서의 현존재의 규정의 필연성을 포함하는 것이다(따라서 선천적 오성의 규칙에 일치해서 포함한다). 이 「서론」에서는 이상의 것을 지적하는 것에 나는 그칠 수밖에 없다. 독자는 오랜 습관에 젖어서, 경험을 지각이 경험적으로 복합한 것이라고 생각하고, 따라서 경험이 지각이 도달하는 경지보다도 이상의 것임을 생각하지 않으며, 경험이 「경험적 판단」에 보편타당성을 주는 것임을 생각하지 않으며, 그러므로 선천적으로 선행하는 오성의 순수 통일을 필요로 한다는 것을 생각하지 않는다. 이런 독자에게 나는 다음의 일을 권고할 따름이다. 즉, 경험을 지각들의 한갓 집합(Aggregat)인 것에서 구별하는 것에 주의하여, 이런 관점에서 [나의] 증명방식을 판정하는 일이다.

27. 흄의 회의를 이제야 제거해야 할 자리가 바로 여기다. 그는 원인성의

가능성 —— 어떤 사물의 현존재와 이것에 의해 필연적으로 정해지는 다른 사물의 현존재의 가능성 —— 을 우리는 이성에서 통찰하지 않는다고 주장했으나, 이것은 정당했다. 나는 덧붙이는 바이나, 우리는 실체성(Subsistenz)의 개념 —— 사물의 현존재의 근저에는 타물의 술어가 될 수 없는 주어가 있다는 필연성의 개념 —— 도 역시 통찰할 수 없다. 아니, 우리는 이런 사물[주어]의 가능성조차 이해할 수 없다(경험에서 이런 사물의 개념이 사용되는 예를 보일 수는 있으나), 또 마찬가지로 사물들의 상호성도 이해할 수 없다. 왜냐하면, 어떻게 해서 한 사물의 상태로부터 그것의 외부에 있는 딴 사물을 추론할 수 있는지, 또 어떻게 각각 고유의 분리된 존재를 가진 실체(Substanz)들이 「서로」 그러면서도 필연적으로 의존해야 하는지, 통찰될 수 없기 때문이다. 그러나마, 나는 이런 [원인성·실체성·상호성의] 개념들이 경험에서 얻어진 것으로 생각하는 사람이 아니요, 그런 개념들 중에 표시된 필연성을 날조된 것으로, 즉 오랜 습관의 소치인 가상인 것으로 여기지 않는 사람이다. 오히려 나는 이런 개념들과 그것에 유래하는 원칙들이 선천적으로 모든 경험에 앞서서 확립해 있고, 물론 경험에 상관해서이지만, 의심할 수 없는 객관적 정당성을 가진다는 것을 충분히 이미 지적하였다.

28. 「물자체 그것」이 실체로서 존재할 수 있느냐, 혹은 원인으로서 작용할 수 있느냐, 혹은 딴 사물과 (실재하는 전체의 부분으로서) 상호성 중에 있느냐와 같은 「물자체들의 결합」을 나는 조금도 이해하지 않는다. 이런 성질들을 「현상으로서의 현상」 중에서 생각할 수는 더구나 없다(실체·원인·상호성 등의 개념은 현상 중에 있는 것을 의미하지 않고 오성만이 생각해야 하는 것을 의미하기 때문이다). 그러나 우리는 우리의 오성에서의, 자세히는 판단일반에서의 표상들의 이러한 결합을 이해한다. 즉 표상들은 한쪽 판단에서는 술어에 대한 주어로서, 딴쪽 판단에서는 귀결에 대한 근거로서, 셋째 판단에서는 합해서 하나의 가능적 인식 전체를 이루는 부분들로서 나타나는 것임을 이해한다. 또 우리가 객관의 표상들을 이러한 계기들 중의 그 어느 것에 관해서 규정된 것으로 생각하지 않고서는, 대상에 타당하는 인식을 결코 가질 수 없겠다는 것을, 우리는 선천적으로 인식한다. 만약 우리가 「대상자체 그것」을 다룬다면 이 대상 자체가 상술한 계기들 중의 어느 것에 관해 규정되어 있는 것을 —— 대상 자체가 실

체이거나 원인이거나 (딴 실체와 관계해 있는) 상호성에 속해 있는 것을 —— 내가 인식할 수 있도록 하는 표징(Merkmal)은 있을 수 없다. 왜냐하면, 현존재가 대상자체와 결합할 수 있는 가능성을 나는 이해하지 않기에 말이다. 그리고 판단일반의 상술의 계기들에 관해 물자체가 어떻게 규정되어 있는가가 문제인 것이 아니라, 사물의 경험적 인식이 어떻게 규정되어 있는가가, 즉 경험의 대상으로서의 사물들이 어떻게 해서 「오성의 순수개념들」 아래로 포섭될 수 있고 또 포섭되어야 하는 것이 문제이다. 여기에, 모든 현상들을 오성의 순수개념에 포섭하는 즉, 순수개념 경험을 가능케 하는 원칙들로 사용하는, 가능성뿐만 아니라 필연성도 내가 완전히 통찰하고 있다는 것은 명백한 일이다.

29. 흄이 의문으로 삼은 개념(형이상학자의 난문, crux metaphysicorum) 다시 말하면 원인의 개념을 음미해 본다면, 논리학에 의해 우선 「조건적 판단일반의 형식이 선천적으로 나에게 주어져 있다. 조건적 판단의 형식이란, 주어진 한 인식을 근거로 해서, 딴 인식을 귀결로 사용하는 것을 말한다. 그러나 어떤 현상에는 딴 어떤 현상이 (이것의 역은 아니지만) 항상 후속한다는 「관계의 규칙」이 지각에 발견된다는 것이 가능하다. 이때에 내가 가언판단을 사용해서, 가령 물체가 오랫동안 태양에 쬐이면 그것이 따뜻하게 된다고 말한다. 여기서 결합의 필연성은 물론 없고, 따라서 원인이라는 개념도 없다. 그러나 나는 더 나아가서 「만일 단지 지각들의 주관적 결과에 불과한 위의 명제가 [학적] 경험명제가 되려고 하면, 그것은 필연적·보편타당적인 것으로 간주되어야 한다」고 말한다. 그리고 필연적·보편타당적 명제는 「태양은 그 빛에 의해 따스함의 원인이다」라는 명제와 같은 것이겠다. 상술의 경험적 [지각적] 규칙이 이제야 법칙으로 보아지고, 그런 중에도 그저 현상들에 타당하는 것으로가 아니라, 가능한 경험을 위해 —— 경험은 전반적으로 따라서 필연적으로 타당하는 규칙을 필요로 하지마는 —— 현상들에 타당하는 것으로 보아진다. 그러므로 나는 원인의 개념을 한갓 형식에 필연적으로 귀속하는 개념으로서, 또 그것의 가능성을 의식일반에서의 지각들의 종합적 결합의 가능성으로서 매우 충분히 통찰하고 있다. 그러나 「원인으로서의 사물일반」의 가능성을 나는 통찰하지 않는다. 왜냐하면, 원인의 개념은 전혀 경험에만 귀속해 있는 조건임을 의미하고, 사물들에 귀속하는 조건이 아니기 때문이다. 즉 경험이 현상들과 (그것들의 계기와

의) 객관적·타당적인 인식으로 될 수 있는 것은, 선행하는 현상과 후속하는 현상이 가언판단의 규칙에 좇아서 결합되는 한에서의 일이라는 조건이다.

30. 하기에 오성의 순수개념은 만약 그것이 경험의 대상을 포기하고 물자체 그것(가상체)에 관계하려고 하면, 전혀 무의미한 것이다. 오성의 순수개념은 현상들을 말하자면 문자로 철해서(buchstabieren, 연결의 뜻) 경험으로 읽을 수 있도록 하고자 사용될 뿐이다.[1] 감성계에 대한 「오성의 순수개념」의 관계에서 생기는 원칙들은 우리의 오성에게는 경험에 사용되기 위한 것이다. 경험에의 사용을 넘어서면, 원칙들은 객관적 실재성을 가지지 않는 임의의 결합으로 되고, 우리는 그것들의 가능성을 선천적으로 인식할 수 없고, 또 대상들에 대한 원칙들의 관계를 「보기」에서 확증할 수 없으며, 이해시킬 수도 없다. 모든 「보기」는 그 어떤 가능한 경험에서만 얻어올 수 있고, 따라서 오성의 순수개념의 대상들도 가능한 경험 외의 딴 곳에 발견될 수 없기 때문이다.

「흄의 과제」의 완전한, 그러나 이 제기자의 예상에 어긋나는 나의 해결은 이에, 오성의 순수개념에 대해서는 그 선천적인 기원을 구제하고, 보편적 자연법칙에 대해서는 오성의 법칙으로서의 그 타당성을 구제하는 것이다. 그러나, 나의 해결은 순수개념과 원칙과의 사용을 경험에 제한한다. 왜냐하면 개념과 원칙의 가능성은 오직 경험에 대한 오성의 관계에만 의거하기 때문이다. 그렇기는 하되, 개념과 원칙은 경험에서 (von) 도출되는 것이 아니고, [학적] 경험이 그것들에서 도출되는 것이다. 이 전혀 역의 결합방식은 흄이 전혀 착상하지 못한 것이다.

이제야 기술한 전연구의 결과는 다음과 같이 된다. 즉, 모든 선천적 결합원칙은 가능한 경험의 원리임에 틀림없다는 것이다. 그리고 그 원칙들은 결코 「물자체 그것」에 상관할 수 없고, 「경험의 대상」으로서의 현상에만 상관할 수 있다. 그러므로 순수과학과 순수자연과학도 결코 현상 이상의 그 무엇에 상관할 수 없고, 오직 경험일반을 가능케 하는 것만을 혹은 항상 그 어떤 가능한 경험에서 표시될 수 있는 것만을——이것은 저 원리[원칙]들에서 도출되기

1) 순수이성비판에도 비슷한 글이 나와 있다: 현상을 경험으로서 읽을 수 있기 위해, 그것을 종합적 통일에 의해 연결하는 것보다도 훨씬 더 높은 요구를 우리의 인식능력이 느끼는 것임을 Platon도 잘 알고 있었다(*K.d.r.V.* B.371).

때문에 —— 표시할 따름이다.

31. 이래서 우리는 드디어 확정적인 것을 얻었고, 사람은 모든 형이상학적인 기도에 있어 이 확정적인 것에 의거할 수 있다. 전래의 형이상학적 기도는 지극히 대담했으나 항상 맹목적으로 모든 일에 대해 무분별하게 행해져 왔다. 독단적 사상가들은 그들의 노력 목표가 이처럼 가까이 세워질 것[경험일반을 가능케 하는 것]을 착상하지 못했다. 어떤 사람들은 「건전한 상식」이라고 자랑하면서, 또 정당하고 자연적인 개념이요, 원칙이되 경험적으로만 사용하도록 정해진 순수이성의 개념과 원칙을 가지고서 통찰로 나아갔으나, 이런 사람들조차 [목표가 가까이 세워질 것을] 착상하지 못했다. 이들은 이런 개념과 원칙에 일정한 한계가 있음을 몰랐고, 알 수도 없었다. 왜냐하면, 이들은 이런 순수오성의 본성뿐만 아니라 가능성조차도 숙고하지 않았거나 숙고할 힘이 없었기 때문이다.

순수이성의 많은[1] 자연론자는(형이상학의 문제들을 「학」에 의하지 않고 결정할 수 있다고 믿는 사람을 지지한다), 아마 다음과 같은 둔사를 하고 싶어 할 것이다. 즉 비상한 준비로써 혹은 그가 말하는 대로 번거롭게 현학적으로 꾸밈으로써 진술된 것을, 오래전부터 자기 상식의 예언자적 정신에 의해 그는 예상했을뿐더러 의식하였다고 하고, 또 「우리의 이성은 죄다 경험의 분야를 넘을 수 없음」을 그는 통찰하였다고 한다. 그러나 그의 이성원리들을 순차로 따져 물어가면, 그의 이성 —— 원리들 중에는 그가 경험에서 얻어오지 않은 것이, 따라서 경험에서 독립하여 선천적으로 타당하는 것이 많이 있음을 그는 고백하지 않을 수 없다. 그러면, 그는 이런 개념과 원칙이 경험에서 독립하여 인식되는 그 까닭에서, 이런 개념과 원칙을 모든 가능한 경험을 넘어서 사용하는 독단론자와 자기 자신(자연론자)과를 그는 어떻게 또 어떠한 근거에서 억제하려고 하는 것인가? 또 상식의 대가(Adept)인 그조차, 비록 자부해서 값싸게 얻은 지혜가 여하히 대단하다 하더라도, 부지불식 중에 경험의 대상을 넘어서 망상의 분

1) 한 자연론자는 괴팅겐(Göttingen) 학보에 순수이성비판의 엉터리 평을 낸 경박한 통속철학자 Feder이다. 페더는 칸트에 의하면 오해하는 데서 이익을 보고 있는 비평자다(406면 부록 참조). 비과학적 자연론자는 「달의 크기와 넓이는 수학의 우원한 계산에 의하기보다도 눈대중에 의해 더 확실하게 규정할 수 있다」고 하는 자라고 칸트는 말했다(B.883).

야에 빠지지 않는다고 할 수 없다. 사실 그도 망상의 분야에 깊이 휩쓸려 있는 것이 예사이다. 비록 그가 모든 것을 개연적이라고 칭하고, 합리적 추측 혹은 유추라고 말하게 되는 통속어로써, 자기의 터무니없는 요구에 그럴 듯한 꾸밈을 실시하더라도 망상에 휩쓸려 있다.

32. 철학의 초창기부터 이미 순수이성의 탐구자[1]들은 감성계를 이루고 있는 감성적 존재(즉 현상체) 이외에, 오성계를 이루어 있을 것인 특별한 오성적 존재(가상체)를 생각했고, 또 그들은 현상과 가상을 동일시했기 때문에(이것은 미숙한 시대에는 허용될 수 있는 일이었지마는), 오성적 존재에만 현실성을 인정하였다.

사실 우리가 감관의 대상을 정당하게도 한갓 현상으로 본다면, 그로 인해 우리는 「물자체 그것」이 현상의 근저에 있음을 승인한 것이다. —— 비록 물자체가 그 자신 어떤 성질의 것임을 모르고 그것의 현상만을, 즉 우리의 감관이 이 미지의 그 어떤 것에서 촉발되는 방식만을 안다고 하더라도. 그러므로 오성은 현상을 승인함에 의해서 물자체 그것의 현존재도 인정하는 것이 되고, 그런 한에서 우리는 다음과 같이 말할 수 있다. 즉 현상의 근저에 있는 존재의 표상, 따라서 한갓 「오성적 존재」(Verstandeswesen)의 표상은 허용될 수 있을 뿐만이 아니라 불가피한 것이기도 하다고.

우리의 비판적 연역은 가상체(noumenon) 같은 사물을 배제하는 것이 아니고, 감성론[2]의 원칙들을 제한하여 그것들이 모든 사물에 적용되는 것이 아니라 —— 만약 적용된다면 모든 사물이 한갓 현상으로 변해지는 것이 되겠다 —— 단지 가능한 경험의 대상에만 타당하는 것이라고 한다. 이래서 오성적 존재는 허용되는 것이나, 단지 아무런 예외도 받지 않는 다음의 규칙을 명기하는 한에서이다. 즉 우리는 이 순수한 오성적 존재에 관해서는 확정적인 것을 전혀 아는 바 없고, 알 수도 없다. 왜냐하면, 우리 「오성의 순수한 개념」[범주]과 순수 직관과는 가능한 경험의 대상 이외의 것에 관계하지 않고, 그러므로 감성적 존재(Sinnenwesen)에만 관계하기 때문이다. 그리고, 우리가 감성적 존재에서 떨

1) Elea 학파의 Parmenides(B.C. 5세기경)와 Plato를 생각하라.
2) Erdmann은 「분석론」이라고 정정하고 싶어 한다.

어져 나가자마자, 오성의 순수개념에는 최소의 의의도 남지 않기 때문이다.

33. 사실, 우리 「오성의 순수개념」에는 초험적 사용에의 유혹에 빠질 위험이 있다. 모든 가능한 경험을 넘어가는 사용을 나는 초험적(transzendent) 사용이라고 한다. 실체, 힘, 운동작용, 실재성 등의 개념은 경험에서 전혀 독립이요, 동시에 감관의 현상을 전혀 포함하지 않으며, 따라서 사실 물자체 그것(가상체)에 관계하는 것으로 여겨진다. 그뿐만 아니라, 이런 추측을 더 강화하는 것이 되나, 그런 개념들은 [지각적] 경험이 필적할 수 없는 규정[성질]의 필연성을 자신 속에 포함하고 있다. 원인의 개념은 하나의 규칙을, 즉 어떤 상태에서 딴 어떤 상태를 필연적으로 생기게 하는 규칙을 포함해 있다. 그러나 [지각적] 경험이 우리에게 표시할 수 있는 것은 오직 사물의 어떤 상태 다음에 딴 어떤 상태가 가끔 혹은 기껏 해서 통례로 후속한다는 것뿐이요, 따라서 이런 경험은 엄밀한 보편성도 필연성도 줄 수가 없는 것이다.

그러므로 오성의 개념은 그것의 순경험적 사용으로써 그것의 전사명이 끝나는 것 이상의 의미와 내용을 가지는 듯이 생각된다. 그래서 오성은 부지불식중에 경험이라는 집에, 보다 더 큰 별동을 증축하고, 이것을 한갓 「사고의 산물」 [386면 참조]로써 메꾸며, 그렇지 않으면 정당할 터인 「개념」에 관해 그것을 사용하는 한계를 넘어버린 것을 깨닫는 일조차 없다.

34. 이에 「비판」 B.176 이하와 B.287 이하에서 시험한 두 개의, 매우 무미건조하지마는 중요한, 아니 불가결의 연구가 필요하였다. 그 중의 첫째의 연구에서 표시된 것은 감관이 오성의 순수개념을 구체적으로 제공하는 것이 아니고 오성의 순수개념을 사용하기 위한 도식만을 제공한다는 것이요, 이 도식에 적합한 대상은 오직 [학적]경험(오성이 감성이 질료에서 만들어낸 것)에서만 발견된다는 것이다. 둘째의 연구(B.287)에서 다음의 것이 나타났다. 즉, 우리 「오성의 순수개념」과 원칙과는 경험에서 독립일 뿐더러 매우 넓은 범위에서 사용되는 듯하지마는 경험의 분야 외에서는 그 개념과 원칙에 의해 (정당히) 사고될 수 있는 것이 전혀 없다는 것이었다. 왜냐하면, 그것들이 할 수 있는 일은, 단지 판단의 논리적 형식을 주어진 직관에 관해 규정하는 것 외에 아무런 일도 없기 때문이다. 그러나 감성의 분야를 넘어서서는 아무런 직관도 없기 때문에, 「오성의 순수개념」은 이제는 의의가 없어지는 바이다. 왜냐하면, 순수개념이 구체적으로 표시

될 수 있는 수단이 없기 때문이다. 따라서 이러한 가상체는 그것의 총괄인 가상계*(intelligible Welt)와 함께 한 과제의 표상임에 틀림없다. 이런 과제의 대상자체는 가능하되 이 과제의 해결은 인간 오성의 본성상 전혀 불가능하다. 왜냐하면 우리[인간]의 오성은 [지적] 직관의 능력이 아니라, 주어진 직관들을 하나의 경험 중에서 결합하는 능력이기 때문이다. 그러므로 경험은 우리 개념[범주]의 모든 대상을 포함해야 하되, 경험 외에서는 모든 개념은, 그 기초에 직관이 있게 될 수 없으므로, 의미가 없어질 것이기 때문[1]이다.

* (보통 말하는) 지성계(intelletuelle Welt)가 아니다. 오성에 의한 인식들은 지성적이요, 이것은 우리의 감성계에도 관계한다. 그러나 가상적인 것은 오성에 의해서 표상될 수 있는 한의 대상이요, 우리의 감성적 직관이 전혀 관계할 수 없는 대상이다. 모든 대상에는 어떤 가능한 직관이 대응해야 하기 때문에 직접 사물을 직관하겠는 어떤 오성이 생각되어야 하겠다. 그러나 이런 오성에 관해서 우리는 조금도 이해하지 않는다. 따라서 이런 오성이 관계할 오성적 존재[오성에 의해 생각된 존재]도 우리는 이해하지 않는다.

35. 구상력은 가끔 공상에 잠기는 일이 있고, 조심성 있게 경험의 제한 내에 있지 않는 수가 있으나[B.270과 B.798 참조], 그것은 관서될 수 있다. 왜냐하면, 구상력은 적어도 이런 자유 비약에 의해 활발해지고 굳세게 되며 또 구상력의 침체를 구제하는 일보다도 그것의 분방을 억제하는 일이 항상 더 용이하겠기에 말이다. 그러나 사고해야 할 오성이 사고하는 대신에 공상에 잠기는 것은 결코 허용될 수 없다. 구상력의 탐닉에 대해 필요할 때 한계짓기 위해 도움이 되는 모든 것은 오성에만 기인하기 때문이다.

그러나 오성은 매우 순진하게 또 조심스럽게 공상에 잠기기 시작한다. 오성은 모든 경험에 앞서서 오성에 내재하기는 하되 항상 경험에 적용되어야 하는 기본 인식[원칙]들을 우선 천명한다. [기본인식이 경험에 적용되는] 제한을 오성은 점차로 제거해 보는데, 오성이 원칙들을 자신에게 전혀 자유롭게 얻은 바에 오성이 이런 제거를 하는 일을 방해할 것이 있을 것인가? 오성은 이제야 우선

1) 이 「때문」은 원문의 dass를 지시한다.

자연 중의 「새로 생각해내어진 힘」으로 향해 가고, 그 다음에 곧 자연의 외부에 있는 존재로 나아간다. 한마디로 말해 그것의 조직에 필요한 건축재에 부족함이 없는 한 세계로 나아간다. 이 건축재는 풍요한 가구에 의해 넉넉히 마련되고, 아직 경험에 의해 확증되지 않았으나 경험에 의해 반박되지도 않기 때문이다. 이것이, 젊은 사상가가 순전히 독단적 수법에서 형이상학을 매우 좋아하여 자기의 시간과 다른 방면에서 유능했을 재능을 형이상학을 위해 가끔 희생하는 원인이 되는 것이다.

순수이성의 이러한 무익한 기도를 억제하기 위해, 깊이 감추어져 있는 문제의 해결이 곤란한 것을 여러 면으로 주의하더라도, 또 우리 이성을 제한할 것을 호소하더라도, 또 우리의 주장을 한갓 추측으로 격하시키더라도, 이런 일들이 소용이 없는 것이다. 순수이성의 이러한 시험의 불가능성이 명백히 증시되지 않는다면, 그리고 이성의 자기인식이 진정한 학으로 되어, 여기서 이성의 바른 사용의 분야와 무가치하고 무효한 사용의 분야가 이를테면 기하학적 확실성을 가지고서 서로 구별되지 않는다면, 저 공허한 수고는 결코 완전히 제지되지는 않을 것이다.

36. 어떻게 자연 자체는 가능한가?

이 문제가 선험철학이 언급할 수 있는 최고점이요, 선험철학이 자신의 한계와 완성으로서 도달해야 할 최고점이다. 이 문제는 원래 두 가지의 물음을 포함하고 있다.

첫째 실질적 의미에서 자연은 어떻게 가능한가? 즉 직관에 의한 현상들의 총괄로서 어떻게 가능한가? 공간과 시간 그리고 이 양자를 채우고 있는 감각의 대상이 일반적으로 어떻게 가능한가?[하는 물음이다] 이 물음에 대한 답은 우리 감성의 성질에 의해 가능하다는 것이 된다. 감성의 성질이란, 우리의 감성이 독특한 방식에서 그 자체가 미지인 대상에서, 즉 현상과는 구별되는 대상에서 촉발(rühren)되는 성질이다. 이런 답은 「비판」에서는 선험적 감성론에서, 이 「서론」에서는 첫째 주제의 해결에서 주어져 있다.

둘째 형식적 의미에서 자연은 어떻게 가능한가? 일체 현상이 하나의 경험 중에서(in einer Erfahrung) 결합된 것으로서 생각되어야 하기 위해 종속해야 할 「규칙들의 총괄로서의 자연이 어떻게 가능한가?[하는 물음이다]」. 이에 대한 답은 다음과 같다. 즉 그것은 우리 오성의 성질에 의해 가능하다. 이 오성의 성질에 의해 감성의 상술한 표상들은 「하나의 의식」에 필연적으로 관계지어지고, 이로 인해 비로소 우리 사고의 독특한 방식, 즉 규칙에 의한 사고 방식이 가능하며, 또 이 규칙에 의해 경험이 —— 객관 자체 그것의 통찰에서 전혀 구별되어야 하는 경험이 —— 가능하다. 이러한 답은 「비판」에서는 「선험적 논리학」에서, 이 「서론」에서는 둘째 주제를 해결하는 가운데서 주어져 있다.

그러나 우리 감성 자체의 독특한 성질이 어떻게 가능한가, 혹은 우리 오성의 특질과, 오성과 모든 사고의 근저에 있는 필연적 통각(Apperzeption)의 특질이 어떻게 가능한가 하는 것은, 그 이상 해결할 수도, 대답될 수도 없다. 우리는 모든 대답과 대상들의 모든 사고를 위해 「오성과 필연적 통각」의 특질을 항상 필요로 하기 때문이다.

우리가 경험에서만 알 수 있는 자연법칙은 많이 있으나, 현상들의 결합에서의 합법칙성, 즉 자연일반을 우리는 경험에서 알 수 없다. 경험 자신이 그 가능성의 근저에 선천적으로 있는 [자연] 법칙을 필요로 하기 때문이다.

그러므로 경험일반의 가능성은 동시에 자연의 보편법칙이요, 경험을 가능케 하는 원칙들은 그 자연의 법칙이다.

우리는 자연의 현상들의 총괄, 즉 우리 속의 표상들의 총괄로서만 알기에 말이다. 따라서 우리는 자연 연결의 법칙을 우리 속의 「표상들 연결」의 원칙에서만, 즉 한 의식에서의 필연적 합일의 조건에서만 획득할 수 있다. 그리고 한 의식에서의 필연적 합일이 [학적] 경험의 가능성을 이루는 것이다.

제2부 전체를 통해서 상술된 주제, 즉 보편적 자연법칙은 선천적으로 인식될 수 있다는 명제조차도, 이미 저절로 다음의 명제에 도달한다. 즉, 자연의 최상 입법은 우리 자신 속에, 즉 우리의 오성 속에 있어야 한다는 것이요, 또 우리는 자연의 보편적 법칙을 [지각적] 경험을 통해 자연에서 구해야 하는 것이 아니라, 거꾸로 자연의 보편적 합법칙성을 우리의 감성과 오성에 있는, 경험을 가능케 하는 조건에서 구해야 한다는 것이다. 만일 그렇지 않다면, 「분석적」 인식의 규칙 같은 것이 아니고 인식의 진정한 「종합적」 확장인 저 법칙을, 어떻게 선천적으로 알 수 있는가? 가능한 경험의 원리[원칙]와 자연을 가능

케 하는 법칙과의 이런 일치, 그러면서도 필연적 일치는 오직 두 종류의 원인에서만 발생할 수 있다. 즉, 이 법칙이 [지각적]경험을 통해 자연에서 얻어지거나 혹은 역으로 자연이 경험일반을 가능케 하는 법칙에서 도출되어, 경험의 한갓 보편적 합법칙성과 전혀 동일하거나이다. 전자는 자가당착적이다. 왜냐하면, 자연의 보편적 법칙은 선천적으로 (즉 모든 [지각적] 경험에서 독립해서) 인식되고, 오성의 모든 경험적인 사용의 근저에 두어질 수 있으며, 또 두어져야 하기에 말이다. 이에, 후자만이 남는 것이다.*

* 크루지우스만은 중간 길을 알고 있었다. 즉 과오도 사기도 없는 성령이 우리에게 자연 법칙을 심었다는 것이다. 그러나 이 사람 자신의 체계가 적지 않은 실례를 보이듯이 거짓 원칙들이 가끔 섞여 있기 때문에, 참 기원과 거짓 기원을 구별하는 확실한 표지가 없기 때문에, 이런 원칙의 사용은 매우 곤란한 것으로 보인다. 왜냐하면 진리의 성령이 혹은 「허위의 아버지」[악마]가 우리에게 불어넣은 것이 무엇인지, 우리는 확실히 알 수 없기 때문이다.

그러나 우리는, 자연의 「경험적」인 법칙, 즉 항상 특수한 지각을 전제하는 법칙과, 순수한 혹은 보편적인 자연법칙, 즉 특수한 지각이 근저에 없이 오직 하나의 [학적] 경험에서의 지각들의 필연적 합일의 조건만을 포함하는 법칙과를 구별해야 한다. 그리고 후자에 관해서는, 자연과 가능한 경험과는 전혀 동일하다. 이 경우에는 자연의 합법칙성은 하나의 경험에서의 현상들의 필연적 결합에 의거해 있다(필연적 결합 없이는 우리는 감성계의 대상을 인식할 수 없다). 따라서 자연의 합법칙성은 오성의 근원적 법칙에 의거해 있다. 이러하기에, 내가 이 오성의 근원적 법칙에 관해 다음과 같이 말할 때에, 처음 들으면 참으로 기이하되 역시 확실하지 않은 것이 아니다. 즉, 오성은 그 (선천적인) 법칙을 자연에서 길러 내는 것이 아니라 자연에다가 지정(vorschreiben)한다고.

37. 얼른 보면 대담한 이상의 명제를 [다음 38절의] 「보기」로써 우리는 설명하려고 한다. 보기는 다음의 것을 밝히는 것이다. 즉 우리가 감성적 직관의 대상에서 발견하는 법칙은 그것이 특히 필연적이라고 인식되는 때에는, 우리에

의해 이미 오성이 대상 중에 집어넣은(hinein legen) 것으로 보아진다. ── 비록 그 법칙이, 우리가 [지각적] 경험에 귀속시키는 자연법칙과 딴 모든 점에서 유사하다 하더라도.

38. 원의 성질을 생각해 보자. 원의 도형이 그 속의 공간의 임의의 많은 규정들을 바로 하나의 보편적 규칙에 결합하는 성질을 생각해 보자. 이때에 우리는 원이라는 기하학적 존재에다[내적 합법칙성의] 성질을 부여하지 않을 수 없다. 가령 서로 자르면서 동시에 원을 자르기도 하는 두 직선은 그것들이 아무렇게 그어지더라도 항상 규칙에 맞도록 갈라져서, 한 쪽 직선의 부분에서 만들어지는 사방형은 다른 쪽 직선의 부분에서 만들어지는 사방형과 같게 된다. 여기에 내가 묻거니와 이 법칙은 원 속에 있는가 혹은 오성 속에 있는가, 다시 말하면 이 도형은 오성에서 독립해서 이 법칙의 근거를 도형 자신 속에 포함해 있는가 혹은 오성이 그의 개념(즉 반경의 상등성)에 의해 도형 자신을[1] 구성하고, 동시에 기하학적 비례를 이루어 서로 자르는 현(Sehne)들의 법칙을 도형 중에 집어넣는가? 이 법칙의 증명을 추구하면 이 법칙은 오성이 도형 구성의 근저에 둔 조건, 즉 반경의 상등성에서만 도출될 수 있음이 즉시로 알려진다. 우리가 이 개념을 더 확장해서, 이것은 기하학의 도형들의 다양한 성질을 공통의 법칙 아래 통일하는 것을 더 추구하기 위한 것이지마는 원을 딴 원추곡선과 구성이 같은 근본 조건 밑에 있는 원추곡선으로 생각해 본다면, 타원[2]·포물선·쌍곡선과 같은 원추곡선의 내부에서 서로 자르는 현들은 언제나 그 부분

---

1)

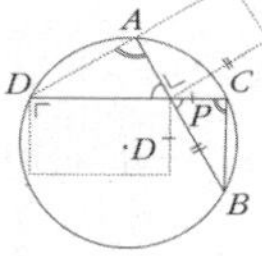

서로 만나는 임의의 두 직선과 원과의 직각의 교차점을 A, B, C, D, P라고 하면

$$\overline{AP}\cdot\overline{PB}=\overline{CP},\ \overline{PD}$$

(∵ 공통 원주각 ∠BAD = ∠BCD, 맞꼭지각 ∠DPA = ∠CPB이므로 △ADP∽△BCP)

곧, $\overline{AP}$, $\overline{PB}$와 $\overline{CP}$, $\overline{PD}$를 각각 가로 세로로 하는 두 직각사각형은 항상 같다.

2)

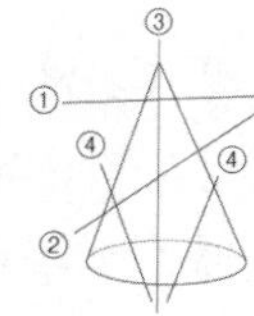

한 원추를
①과 같이 자르면, 원
②와 같이 자르면, 타원
③과 같이 자르면, 포물선
④와 같이 자르면, 쌍곡선

에서 만들어지는 사방형들이 반드시 같지는 않아도 언제나 서로 같은 비례를 가지고 있음을 우리는 안다. 더 나아가서 물리적 천문학의 근본설에 도달하면, 물적 자연 전체에 미쳐 있는 상호인력의 물리적 법칙이 드러나 있다. 이 인력의 규칙에 의하면, 인력은 서로 끌어당기는 점으로부터의 「거리의 자승」에 역비례하여[1] 감소하며, 또 인력이 미쳐 있는 구면이 증가함에 따라 감소한다는 것이다. 이 규칙은 필연적인 것으로서 사물 그것의 본성 중에 있는 것으로 여겨지고, 따라서 선천적으로 인식할 수 있는 것으로서 진술되는 것이 보통이다. 그런데 이 법칙의 원천은, 상이한 각종 반경을 가지는 구면의 관계에만 기본하기 때문에 단순하지마는, 이 법칙의 결과는 결과의 일치와 그 합규칙성이 다양한 점에 관해 중요한 것이다. 이에 천문의 모든 가능한 궤도는 모두 원추곡선에 따를 뿐더러, 「궤도들 사이」에도 이런 관계가 생기고, 인력의 법칙으로서는 「거리의 자승에 반비례한다」는 법칙 외에는 어떠한 법칙도 우주체계에 적합한 것으로 생각될 수 없다.

이에, 법칙에 의거하는 자연이 있는 것이고, 오성은 법칙을 선천적으로 그것을 인식하되, 그러면서도 특히 공간 규정의 보편적 원리에 의해 인식하는 것이다. 그런데 내가 묻는 것은 이 자연법칙은 공간 중에 있는 것인가 그리고 오성은 단지 공간 중의 풍부한 의미를 탐구하려고 함에 의해서 이 법칙을 배우는가, 혹은 이 법칙은 오성 중에 있는 것인가, 그러면서도 오성이 종합적 통일 ── 오성의 개념들은 모두 이것에 귀착하지마는 ── 의 조건에 좇아 공간을 규정하는 방식 중에 있는 것인가? 공간은 일양적인 것이요, 모든 특수한 성질에 관해 무규정적[무제한적]인 것이기에, 우리는 아마 공간 중에서 풍부한 자연법칙의 보물을 구하지 않을 것이다. 이에 반해, 공간을 규정하여 원형·원추형·구형이라고 하는 것은 오성이다. 오성이 이런 것들을 「구성」하는 통일의 근거를 포함하는 한에서 그러하다. 즉 공간이라는, 직관의 보편적 형식은, 특수한 객관으로 규정할 수 있는 모든 직관들의 기체요, [형식적] 공간 중에는 이 직관들의 가능성과 다양성 등의 조건이 포함되어 있다. 그러나 객관들의 통일은 오

1) 뉴톤의 만유인력의 법칙을 말한다.

$$F(\text{힘}) = \frac{G(\text{만유인력 상수}) \times m_1 m_2 (\text{두 물체의 질량})}{r^2 (\text{거리})}$$

로지 오성에 의해 규정되고, 그런 중에도 오성 자신의 본성에 있는 조건에 따라 규정된다. 이래서 오성은 자연에서의 보편적 질서의 근원이 된다. 왜냐하면, 오성은 일체의 현상들을 오성 자신의 법칙 아래로 포괄하고, 이래서 비로소 [형식상의] 경험을 선천적으로 성립시키며, 그 결과 [지각적] 경험에 의해서만 인식될 터인 일체가 오성의 법칙에 필연적으로 종속하는 것으로 되기 때문이다. 대저 우리가 문제로 삼는 것은, 우리 감성의 조건에서 또 오성의 조건에서 독립인, 「물자체들 그것」의 성질이 아니라, 가능한 경험의 대상으로서의 자연이다. 이 무렵에, 오성은 경험을 가능하게 함에 의해서, 동시에 감성계를 전혀 경험의 대상이 되지 않도록 하거나, 그렇지 않으면 감성계를 자연[1] 이도록 하는 것이다.

39. 순수자연과학에 대한 부록: 범주의 체계에 관해

철학자에게 바랄만 한 일로서, 전에는 구체적 사용에 의해 분산되어 표시되었던 각종의 개념과 원칙을 하나의 선천적 원리에서 도출하고, 그래서 일체를 하나의 인식으로 통일할 수 있는 일만한 것이 없다. 철학자는 이 전에는, 어떤 추상을 한 뒤에 남는 것, 서로 비교함에서 특수한 인식을 형성하는 듯한 것이, 완전히 모여졌다고 믿었으나, 단지 [무통계적] 집합(Aggregat)임에 불과했다. 이제야 철학자는 그 이상도 아니요, 그 이하도 아닌 수효 바로 그 수효[12개의 범주]만이 인식방식을 형성하는 것을 알아서, 자기 분류의 필연성을 통찰하게 되었다. 이것은 하나의 달식이요, 이제야 그는 비로소 체계라는 것을 가진다.

특수한 경험을 근저에 가지지 않으면서도, 그러면서도 경험적 인식에[2] 나타나는 개념들을, 이를테면 경험적 인식을 결합하는 형식인 개념들을 보통의 인식에서 찾아내는 것은, 어떤 국어에서 단어들 일반의 실제적 규칙을 밝혀내어, 문법을 위한 요소들을 수집하는 일보다도 더 큰 고찰을 예상하지도 않고 더 큰 통찰도 예상하지 않는다(사실 개념의 탐색과 문법의 연구와는 매우 유사하기는 하다). 이 무렵에 왜 각 국어가 딴 형식이 아닌 바로 이런 형식의 성질을 가

1) 자연이란, 그것이 보편적 법칙에 의해 규정되어 있는 한의 사물의 현존재이다(14절 참조).
2) 원어 Erfahrungserkenntnis을 여기서는 경험적(empirisch) 인식의 뜻으로 보았다.

지는가의 근거를 들 수 없고, 더구나 어느 국어의 형식적 규정[특성] 일반의 수효가 그 이상도 그 이하도 아니고 바로 그 수효뿐인가의 근거를 들 수 없다.

아리스토텔레스는 이러한 순수한 기본개념을 열 개 수집해서 「범주」[1]라고 불렀다. 빈위어(Prädikament)라고도 칭한 이 범주에 그는 뒤에 와서 다시 다섯 개의 후범주[2]를 더 보태야 할 필요를 인정했으나, 그 일부(즉 전시, 동시, 운동)는 이미 전자 중에 포함되어 있는 것이다. 그러나 이 광시적인 수집은 규칙에서 완성된 관념이라기보다는, 미래 연구자를 위한 시사라고 보아서 찬동할 만한 것이었고, 그러므로 철학이 더 개명했을 때에는 전혀 무용한 것으로 버려졌던 것이다.

인간 인식의 순수한 (경험적인 것을 포함하지 않은) 요소를 연구할 즈음에, 나는 오랫동안의 사색 후에 비로소 확신을 갖고서 감성의 순수한 기본개념(공간과 시간)을 오성의 개념에서 분리하는 것에 성공했다. 이래서 이제야 아리스토텔레스의 범주표에서 시간·장소·위치의 [세] 범주는 제외되었다. 그 외 범주도 나에게는 무용이었다. 이것은, 오성을 완전히 측정하여 오성의 온갖 기능을 ——이것에서 순수개념들이 생기지마는—— 남김없이 엄밀하게 규정할 수 있는 원리가 없었기 때문이다.

그러나 이런 원리를 발견하고자, 나는 오성의 한 작용(Handlung)을 찾았다. 이 작용은 그 외의 모든 작용을 포함하는 것이고, 표상들의 다양을 사고일반의 통일 아래 가져오는 각종의 변양, 즉 계기들에 의해서만 구별되는 것이다. 그래서 나는 이 오성의 작용이 판단작용(urteilen) 중에 있음을 발견했다. 그런데 여기에 결함이 전혀 없었던 것은 아니나 논리학자가 이미 완성한 노력이 있었다. 이런 노력을 통해서 오성의 순수한 기능의 완전한 표를 지시할 수 있었다. 그러나 이 기능은 모든 객관에 관해 규정된 것이 아니었다. 최후에, 나는 이 「판단하는 기능」들을 객관일반에 —— 오히려 판단을 객관적·타당적으로 규정하는 조건으로서 —— 관계시켰다. 그래서 오성의 순수개념[범주]들이 생겼고, 이런 개념들에 관해 나는 바로 이 [열두 개의] 수효만이, 그 이상도 그 이하도

1) 실체·분량·성질·관계·능동·수동·시간·장소·위치·부속.
2) 대립·전시·동시·운동·태도(또 졸역 *K.d.r.V.* 114면 주 참조).

아닌 수효만이, 우리의 순오성에서 하는 사물들 인식의 전체가 되는 것임을 나는 확신할 수 있었다. 당연한 일이되, 이런 순수개념들을 고래의 명칭에 따라 범주라고 했으나, 그 즈음에 나는 범주에서 파생되는 개념들을 언표의 양식(Prädikabilie)이라고 명명해서 완전하게 부가하는 것을——이런 부가는, 선험철학을 위해 내가 당시 이성 자신의 비판을 연구했던 그 선험철학의 체계가 성취되자마자, 있을 일이었다——보류하였다. 그리고 「언표의 양식」들로서의 파생개념들은, 그것들이 「범주들끼리」 결합하는 데에, 혹은 범주의 현상의 순수형식(공간과 시간)이 결합하는 데에, 혹은 범주와 아직 경험적으로 규정되어 있지 않은 한의 현상의 질료(감각 일반의 대상)가 결합하는 데에 있건 간에 무방한 것이다.

범주들의 체계에 있어서의 본질적인 중요점, 아무런 원리도 없이 세워진, 예전의 광시적인 수집과 범주들의 체계를 구별하는 중요점, 이런 구별에 의해 철학이라고 생각될 수 있는 값어치가 있는 중요점은, 범주들의 체계에 의해서 「오성의 순수개념」의 참의미와 그것이 사용되는 조건이 정밀하게 규정될 수 있는 데에 있다. 여기서 밝혀진 것은, 오성의 순수개념이 자체상 논리적 기능 이외의 아무것도 아니라는 것이요, 이런 것으로서 그것은 객관 자체 그것을 조금도 이해하지 않으나 그것의 근저에 감성적 직관이 있음을 필요로 하고, 따라서 경험적 판단(empirisches Urteil)을——이것은 보통은 모든 판단 기능에 관해 무규정적이요, 무관심인 것이지마는——판단 기능에 관해 규정해서 경험적 판단들에 보편성을 주고, 보편성에 의해 경험판단(Erfahrungsurteil)들 일반을 가능케 하는 데에 쓰인다.

범주의 본성을 이상과 같이 통찰함을 (그 통찰은 동시에 단지 경험에만 사용하도록 범주를 제한하거니와) 범주의 창시자[아리스토텔레스?]도 그 이후의 사람도 착상하지 않았다. 그러나 (범주의 도출, 즉 연역에 엄밀히 의존하는) 그 통찰 없이는, 범주는 그 사용의 설명도 규칙도 없는 전혀 무용한 것이요, 한갓 가련한 명목이 되는 것이다. 이런 통찰이 만일 고인의 염두에 떠올랐더라면, 의심할 것 없이, 순수한 이성인식의 전연구는——형이상학의 이름 아래 몇 세기 동안에 걸쳐 매우 훌륭했던 많은 두뇌를 썩게 했던 연구는——전혀 다른 형태를 가지고서 우리에게 도래했을 것이요, 인간의 오성을 계몽했을 것이다. 그러나 사실은 그렇지 못하여, 인간오성을 침침하고 허망한 천착에 피로하도록 했고, 진정한 학을 위해서는 무익한 것으로 만들어버렸다.

그런데 범주들의 체계는 순수이성 자신의 그 어느 대상의 연구도 체계화하고, 어떤 형이상적 고찰도 그것이 완전하게 되기 위해서 어떻게 또 어떠한 연구점을 통해 진행해야 할 것인가에 대해 확실한 지침 혹은 길잡이가 되는 것이다. 이 체계는, 오성의 모든 계기들을 모아놓았고, 그 외의 모든 개념들은 이 계기들에 귀입하기에 말이다. 마찬가지로 원칙들의 표도 성립했으나, 이 표의 완전성을 우리는 범주들의 체계에 의해서만 확신할 수 있다. 오성의 자연학적[물리학적] 사용을 넘어갈 개념들의 구분에서도(비판 B.402, B.443), 이 체계는 여전히 길잡이가 된다. 이 길잡이는, 그것이 인간의 오성에 있어서 언제나 선천적으로 정하여져 있는 고정된 동일한 점들을 통과해야 하기 때문에, 항상 닫혀진 원을 이루고 있고, 이 원은 오성의 순수개념 혹은 이성의 순수개념[이념]의 대상이 철학적으로, 즉 선천적 원칙에 좇아 숙고되어야 하는 한에서, 이런 방식에서 완전히 인식될 수 있음에 의심의 여지가 없다. 가장 추상적인 존재론적 구분의 하나, 즉 어떤 것(Etwas)과 없음이라는 개념들의 다양한 구별에 관해서도 이 길잡이를 이용하고, 그것에 따라 하나의 합규칙적인 필연적인 표(비판 B, 348)를 만들어 내는 일도 하지 않을 수 없었다.*

* 앞 [21절]에서 제시한 범주표에서 여러 적절한 주석을 할 수 있다. 가령 1) 제3의 범주는 제1과 제2를 하나의 개념으로 결합하는 데서 생긴다. 2) 분량과 성질의 범주에서는 단일성에서 전체성으로 혹은 「그 어떤 것」에서 「없음」에 나아가지마는 (이러하기 위해 성질의 범주는 실재성, 제한성[부정성], 완전한 부정성[제한성]으로 배열되어야 한다), 이 무렵에 상관 혹은 대립은 없었다. 이에 반해 관계와 양상의 범주는 상관이나 대립을 지니고 있다. 3) 논리적 면에서 정언판단이 그 외의 모든 판단의 근저에 있는 것처럼, 실체의 범주가 현실적 사물의 모든 개념들의 근저에 있다. 4) 판단의 양상이 아무런 특수 술어가 아니듯이 양상의 개념들도 사물에 대해 어떤 규정을 보태는 것이 아니다 등등. 이러한 고찰들은 모두 대단히 유익하다. 뿐더러 모든 좋은 존재론에서 (가령 바움가르텐의 그것에서) 상당히 완전하게 끌어낼 수 있는 언표의 양식을 모두 들어, 이것들을 범주 밑에 배열하면——이 무렵에 우리는 이런 개념들의 되

> 도록이면 완전한 분석을 덧붙이는 것을 소홀히 해서는 안 되지마는 —— 형이상학의 한갓 분석적 부분이 나타나게 될 것이다. 이런 부분은, 종합[지각적]명제를 전혀 포함해 있지 않고, 제2부분(즉 종합적 부분)에 선행할 수 있고, 또 그것의 확정성과 완전성에 의해 유용할 뿐더러, 그 중에 있는 체계적인 것에 의해 약간의 아름다움조차 포함하겠다.

바로 이 체계는, 보편적 원리에 의거하는 모든 진정한 체계와 같이, 그 사용에 아무리 찬동해도 부족한 것을 드러내는 것인데, 이것은 이 체계를 사용하지 않으면 「오성의 순수개념」 중에 슬쩍 섞일 색다른 개념을 모두 추방하고, 모든 인식에 대해 그것의 위치를 정해 주기 때문이다. 반성개념의 명목 아래 범주를 길잡이로 해서 역시 하나의 표로 들어가게 된 개념들은 존재론에서는 특전도 정당한 권리도 없이 오성의 순수개념 중에 섞여 있다. 그러나 오성의 순수개념은 결합의 개념이요, 그로 인해 객관 그것의 개념이기도 하나, 반성개념은 모두 주어진 개념들을 그저 비교하는 개념들일 뿐, 따라서 전혀 딴 본성과 사용을 가지는 것이다. 법칙에 맞는 내 구분에 의해(「비판」 B.316) 반성개념과 오성의 순수개념과의 혼동은 구별된다. 그러나 이 구별된 범주표의 효용은, 우리가 [40절] 이하에서 하겠듯이, 오성의 개념과는 다른 본성과 기원을 가지는 선험적인 이성개념표(따라서 다른 형식도 가지는)를 범주표에서 떼어 낼 때에, 더욱더 명백해진다. 이러한 필연적 분리는 [과거의]형이상학의 그 어떠한 체계에서도 없었다. 거기서는 이성의 이념과 오성의 개념은 마치 형제자매가 되는 듯이 한 가족에 속해 구별 없이 섞였고, 이런 혼합은 범주들의 특별한 체계가 없었을 경우에는 피할 수도 없었던 것이다.

선험적 주제
제3부 어떻게 형이상학일반은 가능한가
(40절~60절까지)

40. 순수과학과 순수자연과학은 그것들 자신의 안전과 확실성[1)]이 목적이라면, 우리가 이때까지 그 두 학문에 관해 행한 연역을 그 두 학문은 필요로 하지 않았을 것이다. 왜냐하면, 전자는 그 자신의 명증성에 기본해 있고, 후자는 오성의 순수한 근원에서 생기기는 했으나 경험과 경험의 철저한 보증에 의존해 있기 때문이다. 순수자연과학이 경험의 이러한 보증을 거절할 수도 없고, 결할 수도 없는 까닭은, 이 학문이 아무리 확실하다고 하더라도, 철학으로서는 수학에 대항할 수 없는 데에 있다. 따라서 그 두 과학은 자신을 위해서가 아니라 딴 학문, 즉 형이상학을 위해서 상술한 연구를 필요로 한다.

형이상학은, 항상 경험에 적용되는 자연개념을 다루는 외에, 또 어떠한 가능한 경험에도 주어지지 않는 「이성의 순수개념」을 다룬다. 따라서 형이상학은, 그 객관적 실재성(즉 형이상학이 그저 망상이 아님)을 경험에 의해 확증되지도, 발견되지도 않는 개념을 다루고, 또 그 진위가 경험에 의해 확증되지도 발견되지도 않는 주장에 종사한다. 게다가, 형이상학의 이 부분은, 그 외의 모든 것이 그것의 수단일 뿐인 「형이상학의 본질적 목적」이 되는 부분이요, 그러므로 이 「학」은 [수학과 자연과학과는 달리] 자기 자신을 위해 연역을 필요로 한다. 따라서 이제 우리에게 제시된 셋째의 문제는 말하자면 형이상학의 핵심과 특질에 관한 것이다. 즉, 이 문제는 이성이 단지 자기 자신과 상관하는 그런 일에 종사하고, 이성이 자기 자신의 개념들에 열중함에 의해 그것에서 직접 생

1) 유클리드 기하학과 산술 등의 수학과, 뉴톤 물리학으로서의 자연과학은 「사실문제」로서는 아무런 문제성도 없고 그 학문 자신 속에 자기 보증을 가지고 있다. 범주의 연역은 형이상학, 「즉 수학과 자연과학의 가능근거」를 따지는 「권리문제」로서 제기되어 있다. 이래서 칸트는 자연 「철학」을 자연「과학」에서 분리시킨 셈이다.

긴다는 객관의 지식에 관여하지마는, 이런 지식을 위해서 [실은] 경험의 매개가 필요 없고, 일반적으로 경험에 의해 그것에 도달할 수도 없는 것이다.*

* 어떤 학문에 이르는 과제가, 인간이성의 본성에 의해 누구에게도 제출되어 있고 따라서 그 과제에 관해 비록 실패하더라도 많은 기도가 불가피하다는 것이, 확실하자마자, 그 학문은 적어도 만인의 관념 중에서 현실적이라고 말할 수 있다고 한다면, 사람은, 형이상학은 주관적으로 (그러면서도 필연적으로) 현실적이요, 그러므로 우리가 어떻게 형이상학이 (객관적으로) 가능한가라고 묻는 것은 정당하다고 말하지 않을 수 없겠다.

이 문제를 해결하지 않으면 이성은 만족하지 않는다. 이성은 순수한 오성을 경험적으로 사용하도록 제한하되, 이 경험적인 사용이 이성 자신의 전본분이 되는 것은 아니다. 개개의 경험은 경험 영역의 전범위의 일부임에 불과하다. 모든 가능한 경험의 절대적 전체는, 그 자신 경험이 아니나, 그러나 그런 전체를 다루는 것이 이성에게는 하나의 필연적 과제가 된다. 그리고 이성은, 이 과제의 한갓 제시를 위해 오성의 순수개념과는 전혀 다른 개념을 필요로 한다. 오성의 순수개념의 사용은 내재적이다. 즉 주어질 수 있는 한의 경험에 상관한다. 그러나 이성의 개념들은 완전성을 지향한다. 즉 가능한 경험 전체의 집합적 통일을 지향한다. 이래서 모든 주어진 경험을 넘어서 초험적(transzendent)이게 된다.

이래서, 오성이 경험을 위해 범주를 필요로 했던 것처럼, 이성은 이념에 대한 근거를 스스로 내포한다. 이념에서 나는 필연적 개념을 이해하되, 이 필연적 개념의 대상은 어떠한 경험에서도 주어질 수 없는 것이다. 범주가 오성의 본성 중에 자리잡고 있[었]듯이, 이념은 이성의 본성 중에 자리잡고 있다. 그리고 이념들이 미혹하기 쉬운 가상을 지니고 있[었]다면 이 가상은 [이성에게는] 불가피한 것이나, 그러나 가상이 오도하지 않도록 우리는 충분히 막을 수 있는 일이다.

모든 가상은 판단의 주관적 근거를 객관적인 것으로 보는 데서 성립하기에, 이성의 초험적(즉 초경적) 사용을 순수이성 자신이 인식하는 일이, 미망을 예방하는 유일의 수단이 된다. 순수이성이 그 본분을 오인할 때, 또 자기 자신의 주관과 모든 내재적 사용에서의 주관의 지도와에 관한 것을 초험적으로 「객관 자체 그것」에 관계시킬 때에, 이성은 미망에 빠진다.

41. 이념들, 즉 이성의 순수개념들과 범주들, 즉 오성의 순수개념들과를 그 종류·기원·사용에 있어 전혀 서로 다른 인식들로서 구별함은, 이 모든 선천적 인식들의 체계를 포함할 하나의 학을 정초하기 위해 매우 중요한 일이다. 양자의 구별이 없으면 형이상학은 전혀 불가능하거나, 혹은 고작해야 자기가 다루는 질료적인 것의 지식도 없고, 또 질료가 그 어느 의도에 소용되는지도 모르며, 공중누각을 지으려는 조잡하고 졸렬한 기도가 된다. 「순수이성비판」이 이 구별을 처음으로 명시하는 일만을 했더라도, 그것만으로써 이미 형이상학에 관한 우리 개념의 천명과 형이상학 분야에서의 연구의 지도와에 공헌한 것은 순수이성의 초험적 과제들을 만족시키려고 했던 모든 성과 없는 노력보다도 더 다대한 것이 있다. 이 성과 없는 노력은 자고로 기도되었으나, 그 무렵에 우리가 오성의 분야에서와는 전혀 다른 분야에 있다는 것을 추측함이 없었고, 따라서 우리가 오성의 개념들과 이성의 개념들을, 그것들이 마치 동일한 종류인 것처럼 몰아쳤던 것을 추측할 줄 몰랐다.

42. 오성의 모든 순수인식은, 그런 인식의 개념들이 경험에서 주어지고, 그 원칙들이 경험에 의해 확증되는 특색을 자체상 가지고 있다. 이에 반해서 이성의 초험적 인식은, 그것의 이념에 관해 경험에서 주어지지도 않고, 그 명제에 관해서 경험에 의한 확증도 반증도 있을 수 없다. 그러므로, 이 무렵에 슬며시 들어올 오류는 다름 아닌 순수이성 자신에 의해 발견되는 것이나, 이런 발견이 곤란한 일이다. 왜냐하면, 바로 이성 자신의 이념에 의해 저절로 변증적이 되기 때문이요, 그리고 이 불가피의 가상은 사물의 객관적인·주장적인 연구에 의해서가 아니라, 이념의 원천인 이성 자신의 주관적 연구[이성의 능력비판]에 의해서만 억제될 수 있기 때문이다.

43. 「비판」에서 내가 항상 최대로 관심한 점은, 인식의 종류들을 신중하게 구별할 뿐더러, 그 어느 인식 종류에 속하는 개념들도 항상 공통의 원천에서 끌어내는 일이었다. 내가 이렇게 한 것은, 개념의 유래를 앎에 의해 개념의 사용을 확신으로써 결정하기 위해서 뿐만 아니라 개념들의 매거·분류·유별 등

의 완전성을 선천적으로, 즉 원리에 의해 인식한다는 예상하지 않았으되 불가측의 이익도 얻기 위한 것이었다. 이런 일이 없으면, 형이상학에서의 일체는 순전한 광시일 뿐이요, 거기서 우리는 우리의 소유가 충분한 것인지, 또 과연 무엇이 결해 있는지, [결해 있으면] 어디서 결함이 있는지, 전혀 모르는 바이다. 물론 이런 이익을 순수철학에서 얻을 수 있으나, 이런 이익은 순수철학의 본질이 되기도 한다.

내가 범주의 기원을 오성의 모든 판단의 네 논리적 기능에서 발견했기에, 이념들의 기원을 이성추리의 세 기능에 구했음은 지극히 당연하였다. 사실 이성의 순수개념(선험적 이념)이 주어져 있는 이상, 그것이 본유적인 것으로 보아지지 않는 한에서, 이성의 순수개념은 이성의 동일한 작용 이외의 곳에서 발견될 턱이 없기에 말이다. 이성의 이런 작용은 단지 그 형식에 관한 한에서는 이성추리의 논리적 성질로 되는 것이로되, 오성의 판단을 선천적 형식 중의 그 어느 것에 관해 결정되어 있는 것으로 표시하는 한에서는 그것은 순수이성의 선험적 [초험적]개념을 이루고 있는 것이다.

이성추리의 형식적 구별은 그것을 정언적·가언적·선언적으로 구분함을 필연화한다. 따라서 그것에 기본하는 이성의 개념들은 첫째로 완전한 주체(실체성)의 이념을, 둘째로 제약의 완전한 계열의 이념을, 셋째로 가능적인 것*의 완전한 총괄의 이념에서의 모든 개념들의 규정을 각각 포함한다. 첫째의 이념은 심리학적, 둘째의 이념은 우주론적, 셋째의 이념은 신학적이다. 그리고 이 셋이 모두 변증론을 각자 고유의 방식에서 일으키기 때문에, 그로 인해 순수이성의 변증론 전체를 구분하여, 이성의 오류추리 이성의 이율배반 끝으로 이성의 이상이라고 하였다. 이런 도출에 의해, 순수이성의 전요구가 여기에 완전히 표시되어 있고, 아무런 결함도 없음을 사람이 충분히 확지한다. 왜냐하면, 그런 요구의 근원인 이성의 능력 자신이 이로 인해 완전히 측정되[었]기 때문이다.

* 선언적 판단에서 우리는 모든 가능성을 어떤 개념에 관해서 구분된 것으로 생각한다. 사물일반의 전반적 규정의 존재론적 원리는 가능한 (모든 대립된 빈개념 중의 하나가 개개 사물에 속한다는 것은), 동시에 모든 선언적 판단의 원리요, 만물 일반의 가능성이 규정될 수 있는(bestimmbar) 것으로 보아지는 모

든 가능성의 총괄을 근저에 두고 있다. 이것은 상술한 명제의 간단한 설명이 되는 것이다. 즉 「선언적 이성 추리에서의 이성의 작용은, 이성이 대립된 모든 빈개념 중의 적극적인 것을 내포하는바, 전실재의 총괄이라는 이념을 성립시키는 이성의 작용과 형식상으로 동일하다」라는 명제다.

44. 이런 일반적 고찰에서 주목할 만한 일이지마는, 이성의 이념들은 범주처럼 경험에 관한 오성의 사용에 관해 유용한 것이 아니라 전혀 무용한 것이요, 심지어는 오성이[1] 자연을 인식하는 준칙에 어긋나서, 방해까지 되는 것이다. 그러나 뒤에 다시 규정하려는 다른 [실천적, 도덕적] 의도에 있어서는 이성의 이념들은 필요한 것이다.

영혼이 하나의 단순한 실체인가 아닌가는 우리가 영혼의 현상을 설명하기 위해서는 어떻든 상관이 없는 일이다. 우리는 단순한 존재의 개념을 그 어떤 가능한 경험에 의해서 감성적으로, 따라서 구체적으로 이해할 수 없다. 그러므로 이 개념은 현상의 원인에 대한 기대된 모든 통찰에 관해 전혀 공허한 것이요, 내외의 현상을 경험이 제공하는 것을 설명하는 원리로 될 수는 없다. 마찬가지로 세계의 시초 혹은 세계의 소급적 방향에서의 무시에 관한 우주론적 이념은 「이 세계 그것」에서의 그 어떤 사상을 설명하는 데 소용이 될 수 없다. 끝으로 우리는, 최고 존재자의 의지에서 끌어내어진 자연 조직의 모든 설명을 자연철학[자연과학]의 바른 준칙에 따라 단념해야 한다. 왜냐하면, 이런 설명은 이미 자연철학[자연과학]이 아니라 우리가 자연철학[자연과학]과 절연한 것을 고백한 것이기 때문이다. 이에, 이런 이념들은, 범주와는 —— 이것과 그것 위에 세워진 원칙에 의해 경험이 비로소 가능했지마는 —— 전혀 달리 사용되는 본분을 가진다. 그러나 만일 우리의 의도가 경험에서 주어질 수 있는 그런 자연인식 이외의 어떤 것도 지향해 있지 않았다면, 우리가 수고했던 오성의 분석론은 필요 없는 것이었을 것이다. 무릇 이성은 수학에서와 자연과학에서는, 그 치밀한 연역이 없더라도 전혀 확실하게 또 적절하게 자기가 맡은 일을 수행하고 있기에 말이다. 그러므로 우리의 오성비판은 오성의 경험적 사용을 넘어 있

1) 원서의 이성의 인식(Vernunfterkenntnis)을 Hartenstein의 교정에 따라 오성의 인식으로 읽어 옮겼다.

는 의도를 위해 순수이성의 이념과 결합하나, 그러나 우리가 기술하였듯이, 오성의 이런 방면의[초험적인] 사용은 불가능하고, 그 대상이 없거나 혹은 무의미한 것이다. 그러나 이성의 본성에 속하는 것과 오성의 본성에 속하는 것 사이에는 반드시 일치가 있어야 하고, 전자는 후자의 완성을 위해 이바지해야 하며, 이러한 공헌을 혼란케 할 수는 없는 터이다.

이 문제의 해결은 다음과 같은 것이다. 즉, 순수이성은 그것의 이념들 아래서, 경험의 분야 외에 있는 특수한 대상을 지향하는 것이 아니라, 경험과 연관시켜 오성을 끝까지 사용해 가는 완전성만을 요구한다는 것이다. 그러나 이 완전성은 단지 원리들의 완전성일 뿐이요, 직관들과 대상들의 완전성일 수 없다. 그럼에도 이성은, 원리들[이념들]의 완전성을 명확히 표시하기 위해, 원리들을 한 객관——이것의 인식이[오성의] 규칙에 관해 완전하게 규정되어 있는 그런 객관——의 인식이라고 [잘못]생각한다. 그러나 이 객관은 사실은 오성의 인식을 저 이념이 표시하는 완전성에 되도록 접근시키기 위한 이념일 뿐이다.

45. 순수이성의 변증론에 대한 제언

위의 33절·34절에서 지적했지마는, 범주가 감성적 규정의 모든 혼입에서 순수하다는 것이 이성을 유혹해서 범주의 사용을 모든 경험을 전혀 넘어서서 「물자체 그것」에까지 확대시킬 수 있다. 그러나 범주 자신은 직관을, 범주에 구체적인 의미를 줄 직관을, 발견하지 않기 때문에, 논리적 기능으로서의 범주는 사물일반을 표시할 수 있으나, 그러나 범주 단독으로는 사물에 관한 일정한 개념을 줄 수 없다. 이처럼 [현상이 전혀 없는 것으로] 과장한(hyperbolisch=übereibend) 객관이 가상체요 순오성적 존재(더 적절하게는 사고의 산물)라고 하는 것이다. 가령 시간에서의 지속성 없이 생각되는 실체, 혹은 시간에서의 작용이 없는 원인과 같은 개념[객관]이다. 이런 실체에나 원인에, 경험의 합법칙성을 가능케 하는 데에만 쓰인다는 술어를 부여하기는 한다. 그러나 경험을 유독 가능케 하는 직관의 모든 조건[공간과 시간]이 그런 개념[실체나 원인]에서 제거되었기 때문에, 그런 개념들도 역시 아무런 의의가 없어진다.

그러나 오성이 딴 법칙에 의해 강제 받음이 없이, 스스로 자신의 한계를 넘어서 임의로 사고의 산물(Gedankenwesen)의 분야로 들어갈 위험은 없다. 그러나, 이성은 항상 제약되어 있는 오성의 규칙을 경험적으로 사용하는 것에 완전히 만족할 수 없는 것이다. 이런 이성이 제약들의 연쇄의 완결을 요구할 때에, 오성은 자기의 범위에서 쫓겨나와, 한편에서 경험의 대상들을 어떠한 경험도 파악할 수 없을 만큼 확장된 계열에서 표상하려고 하고, 그 뿐더러 딴 편에서 (계열을 완결하고자) 계열의 외부에서 가상체를 구하고, 이성이 이 가상체에다 연쇄를 결합해서, 드디어 경험의 제약에서 독립한 계열 자세를 이를테면 완성시킬 수 있도록 한다. 이것이 초험적인 이념들이다. 이념들은, 우리 이성의 자연적 본분인바 진정한, 그러나 잠재해 있는 목적에 따라, 그 분수를 넘은 개념을 노리는 것이 아니라 다만 경험적 사용을 무제한으로 확장할 것을 노리고 있는 것이다. 그러나 이념들은 피하기 어려운 가상에 의해서 오성을 유혹해서 초험적 사용으로 나아가게 한다. 이 초험적 사용은 기만적인 것이기는 하되, 경험의 한계 내에 머물려는 결의에 의해서 제한될 수 없고, 오직 학적인 교도와 [비상한] 노고에서만 제한될 수 있는 것이다.

I. 심리학적 이념(「비판」 B.399 이하)[46절~49절까지]

46. 이미 옛날부터 깨달았거니와, 모든 실체에 있어서 고유의 주체, 즉 (술어로서의) 모든 속성이 떼버려진 뒤에도 남는 것, 그러므로 실체성 자신은 우리에게 알려져 있지 않다. 그리고 우리의 통찰에 대한 이런 제한에 관해 금일까지 각종의 탄성이 있어 왔다. 그러나 다음의 것을 우리는 잘 주의해야 한다. 즉, 인간의 오성이 사물의 실체성을 모른다는 것, 다시 말하면 오성 단독으로는 실체성을 규정할 수 없다는 것에 관해 오성이 비난 받을 것이 아니라, 한갓 이념으로서의 실체성을 주어진 대상과 마찬가지로 명확히 인식하려고 하는 것에 관해 오성이 비난받아야 한다는 것이다. 순수이성은 우리에게, 사물의 모든 술어에 대해 이것이 속하는 주체를 구하고, 그 자신 필연적으로 술어일 뿐인 이 주체에 대해 그것의 주체를 또다시 구해서, 무한하게 (혹은 우리의 힘이 미치는 데까지) 구할 것을 요구한다. 이런 일로부터 다음의 것이 생긴다. 즉, 우리가 도달할 수 있는 것이 무엇이건 간에, 우리는 그것을 궁극의 주체라고 생각해서

는 안 된다는 것이요, 또 여하히 투철한 우리의 오성에 의해서도, 그래서 전자연이 폭로되었다 하더라도, 실체성 자신은 생각될 수 없다는 것이다. 왜냐하면, 만물을 논증적(diskursiv)으로, 즉 개념에 의해서만, 따라서 술어에 의해서만 생각하는 것이, 우리 오성의 특질이고, 술어들에 대한 절대적 주어[주체]는 결해 있기 때문이다. 그러므로 우리가 물체를 인식할 경우에 의거하는 현실적 성질들은 모두 우유성[속성]일 뿐이다. 불가침입성도 역시 우유성이요, 이것을 어떤 힘, 즉 그 주체를 우리가 모르는 어떤 힘의 결과라고만 생각해야 한다.

그런데 우리는 자기의식(사고하는 주체)에서 그러면서도 직접적 직관에서 이 실체성을 가지는 줄로 생각한다. 내감의 모든 술어는 주체로서의 자아에 관계하고, 이 자아는 딴 주체의 술어라고 생각되지 않기에 말이다. 이에, 이 경우에 술어인 주어진 개념들의 주체에 대한 관계에 있어서의 완결성이 한갓 이념이 아니라, 대상, 즉 절대주체 자신이 경험 중에 주어져 있는 줄로 생각한다. 허나 이런 기대는 실망으로 끝난다. 자아란 것은* 개념이 아니라, 우리가 어떠한 술어에 의해서도 인식하지 않는 한의 내감의 대상을 표시하는 명칭일 뿐이기에 말이다. 따라서 자아는 그 자신 딴 사물의 술어일 수 없으나, 절대주체의 일정한 개념일 수도 없고, 오직 모든 딴 경우에서처럼 내적 현상의, 불가지의 주체에 대한 관계일 따름이다. 그러나마, 이 이념은 (이것은 통제적 원리로서, 우리 영혼의 내적 현상의 모든 유물론적 설명을 거부하는 데 유용하되) 매우 자연스러운 오해로 인해 참으로 그럴 듯한 논의를 일으킨다. 이 논의는 우리의 사고하는 존재의 실체성을 억측적으로 인식하는 것에서부터 사고하는 존재의 본성을 ―― 이것도 그 본성의 지식이 경험의 총괄에서 전혀 벗어난 한에서 ―― 추리하려는 것이다.

* 통각의 표상, 즉 자아가 그 무엇을 생각하게 하는 개념이라면, 이 자아는 딴 사물의 술어로 쓰일 수 있을 것이요, 혹은 이런 술어들을 내포할 것이다. 그러나 자아는 조금도 개념을 가지지 않는 현존재의 감정 이상의 것이 아니요, 모든 사고가 관계해 있는 (우유적 관계에 있는) 것의 표상일 따름이다.

47. 사고하는 자기(영혼)는 딴 사물의 술어라고 표상될 수 없는 사고의 궁

극 주체로서 실체라고 말할 수 있을지라도, 이 개념은 그것이 경험에서 실체의 개념을 보람 있게 하는 지속성이 증명되는 것이 아니라면, 전혀 공허하고 아무런 결과도 없는 것이다.

지속성은 「물자체 그것으로서의 실체」의 개념에서 증명될 수 없고, 오직 경험에 관해서만 증명될 수 있다. 이런 사정을 「경험의 첫째 유추」에서 충분히 설명하였다(「비판」 B.225). 하기에 이 증명에 따르지 않으려는 사람이 있다면 그는 그 자신 딴 사물의 술어로서 존재하지 않는 주체의 개념에서, 주체의 현존재가 전혀 지속적임을, 또 주체가 자체상으로도 또 어떤 자연원인에 의해서도 생멸할 수 없는 것임을 증명하는 데에 성공하는가 안 하는가를 스스로 시험해 보는 것이 좋다. 이와 같은 선천적 종합명제들은 자체상 증명될 수 없다. 오직 항상 가능한 경험의 대상들로서의 사물들에 대한 관계에서만, 선천적 종합명제들은 증명될 수 있다.

48. 이에, 「실체로서의 영혼」의 개념에서 우리가 그것의 지속성을 추리하려고 하면, 그것은 가능한 경험을 위해서만 영혼에 타당하고, 「물자체 그것」으로서의 영혼에도 가능한 경험의 피안에도 타당할 수 없다. 우리의 전가능한 전경험의 주관적 제약은 삶이다. 따라서 삶에서의 영혼의 지속성만이 추리될 수 있다. 인간의 죽음은 모든 경험의 종말이기에 말이다. 이 종말은, 그 반대가 증명되지 않는 한에서, 이것이 —— 바로 문제이지마는 —— 경험의 대상으로서의 영혼에 관한 일이다. 하기에 영혼의 지속성은, 사람의 삶에서만 증시될 수 있다(이것의 증명을 충분히 할 수 있겠다). 그러나 죽음 이후에 관해서는 (이것이 우리에게는 참으로 중요한 것이다), 증시될 수 없다. 이것은 다음의 일반적 근거에서이다. 즉 실체의 개념은, 그것이 지속성의 개념과 필연적으로 결합한 것으로 보아지는 한에서, 오직 가능한 경험의 원칙에 따라서만, 그러므로 또 가능한 경험에 관해서만, 지속성의 개념과 필연적으로 결합한 것일 수* 있다는 근거이다.

* 사실 매우 주목할 만한 일이나, 형이상학자들은 실체지속성의 원칙에 관해서 이때까지 그것의 증명을 시도함이 없이 언제나 지극히 무사려하게도 통과하고 말았다. 의심할 것 없이 그 까닭은, 그들이 실체개념에 착수하자마자, 모든 증

명에서 빠져나가 버렸던 데에 있다. 실체지속의 전제 없이는, 경험에서의 지각들의 결합이 불가능한 것을 충분히 깨달은 상식은, 이런 결합을 하나의 요청으로 채워놓기로 했다. 상식은 경험 자신으로부터서는 이 원칙을 끌어낼 수 없었기에 말이다. 왜냐하면, 한 쪽에서 경험은 물질(실체)이 아무리 변화하고 해체하여도, 물질의 성분이 항상 줄고 있지 않음을 발견할 때까지 물질(실체)을 깊이 추구할 수 없기 때문이요, 딴 쪽에서 이 원칙은 항상 선천적 원리의 징조인 필연성을 포함해 있기 때문이다. 그런데 형이상학자들은, 이 원칙을 대담히 실체로서의 영혼——개념에 적용하고, 인간이 죽은 후의 영혼의 필연적 존속을 추리하였다(특히, 의식의 불가분할성에서 추리된 이 실체의 단순성이 해체에 의한 소멸에서 이 실체를 지키는 것이었기 때문이다). 만일 그들이 이 원칙의 참원칙을 발견했더라면——이런 발견은, 그들이 이전에 하려고 했던 연구보다도 더 깊은 연구를 필요로 하는 것이지만—그들은 다음의 것을 알았을 것이다. 즉, 실체지속성의 법칙은 경험에 관해서만 성립하고, 따라서 그것은 경험 중에서 인식되고, 타물과 결합되는 한에서의 사물에 대해서만 타당하되, 가능한 경험과 관계가 없는 사물에 대해서는 타당할 수 없고, 그러므로 인간 사후의 영혼에 타당하지 않는다는 것이다.

49. **[외물과 지각의 관계]** 우리의 외부에 있는 어떤 현실적인 것이 우리의 외부지각에 대응할 뿐더러 또 대응해야 한다는 것은, 역시 「물자체들」의 결합으로 증명될 수는 없으나, 그러나 경험에 관해서는 증명될 수 있다. 이 말의 의미는, 그 어떤 것이 경험적으로, 따라서 공간 중의 현상으로서 우리의 외부에 있음을 우리는 충분하게 증명할 수 있다는 뜻이다. 무릇 가능한 경험에 속하는 대상 이외의 대상과 우리는 아무런 관계도 없다. 왜냐하면, 이런 [경험 외의]대상은 어떠한 경험에서도 주어질 수 없고 따라서 우리에게는 「없는 것」이기 때문이다. 공간에서 직관되는 것은 나의 외부에 경험적으로 있는 것이다. 그리고 공간은, 공간이 포함하는 전현상과 함께 표상들에 속하고, 이런 표상들을 「경험의 원칙」에 좇아 결합함이 이 표상들의 객관적 진리성을 증명하고 있는데, 이것은 내감의 현상들을 결합함이 (내감의 대상으로서의) 영혼의 현실성을 증명하는 것과 동일하다. 하기에, 내가 외적 경험에 의해 공간에서의 외적 현상으로서의 물체의 현실성을 의식하는 것은, 내적 경험에 의해 시간에서의 내

영혼의 현존재를 의식하는 것과 동일하다. 나는 영혼을 내감의 대상으로서, 내적 상태를 형성하는 현상에 의해 인식하고, 이 현상의 근저에 있는 「영혼의 존재 자체」는 나에게 알려져 있지 않다. 이에 데카르트의 관념론은 외적 경험과 꿈을 구별하여, 전자를 진리의 표지(Kriterium)로서의 합법칙성이라고 했고, 후자를 「불규칙성과 허위의 가상」이라고 했던 것이다. 그의 관념론은 외적 경험과 꿈의 양자에서 공간과 시간을 대상들 현존재의 조건으로서 전제한다. 그래서, 우리가 깨어 있을 때에 공간에 두는, 외감의 대상들이 사실상 공간에서 발견될 수 있는가를 —— 내감의 대상, 즉 영혼이 사실상 시간 중에 있는 것과 같이 —— 묻는다. 다시 말하면 경험은 상상에서 구별되는 확실한 표지를 과연 지니는가를 묻는다. 그런데 이런 의문은 쉽사리 제거된다. 우리는 이런 의문을 일상생활에서 항상 또한 제거한다. 공간과 시간의 양자에서의 현상들의 연결을 「경험의 보편적 법칙들에 좇아」 음미함에 의해서다. 외물들의 표상이 이 보편적 법칙들과 일치한다면, 그런 외물들이 진정한 경험을 이룰 것을 의심할 수 없다. 현상들은, 경험에서의 그 연결에 의해서만 현상들로 보아지기 때문에, 질료적 관념론은 매우 쉽게 제거된다. 물체가 우리 외부(공간 중)에 있다는 것은 내 자신이 내감의 표상에 따라 (즉 시간 중에) 있는 것과 동일하게 확실한 경험이다. 우리의 외부라는 개념은 오직 공간 중의 실존을 의미할 뿐이기에 말이다. 그러나 내가 있다고 하는 명제에서의 자아는, 내적 직관(즉 시간 내)의 대상을 의미할 뿐만 아니라, 의식의 주체도 의미한다. 이와 마찬가지로 물체는 외적 직관(공간 중의)일 뿐만이 아니라 물자체 그것이기도 하며 이 물자체 그것은 외적 현상의 근저에 있는 것이다. 그러므로, (외감의 현상으로서의) 물체가 나의 사고 외부에 물체로서 실존하는가의 물음은, 아무런 주저 없이 자연에서 부정된다. 내 자신이 내감의 현상(경험심리학의 마음)으로서, 시간 중의 나의 표상능력 외에서 과연 실존하는가의 물음도 위와 다를 사정이 없다[마찬가지로 부정된다]. 이런 방식에서 만사가 그 진정한 의미로 인도될 때에 결정이 나고 확실해진다. 형식적 관념론(혹은 내가 전에 선험적 관념론이라고 말한 것)은 질료적 관념론(데카르트의 관념론)을 참으로 지양한다. 공간이 내 감성의 형식임에 틀림없다면, 공간은 내 속에 있는 표상으로서, 내 자신과 동일하게 현실적이요, 아직도 문제가 되는 것은, 공간 내 현상의 경험적 진리성뿐이기에 말이다. 그런데 이러하지 않고, 공간과 공간 중의 현상이 우리의 외부에 실재하는 그 어떤[1] 것이라면, 우리의 지각 외부에 있는 경험의 그 어떤 표지라도 우리의 외부에 있는 이 대상들[자체]의 현실성을 증명할 수 없다.

Ⅱ. 우주론적 이념(「비판」 B.432 이하)[50절~54절까지]

50. 순수이성의 초험적 사용에서 생긴 이 산물[우주론적 이념 즉, 이율배반]은 순수이성의 가장 주목할 만한 현상이다. 그것은 무엇보다도 강력한 작용을 미쳐서, 철학을 독단론의 선잠에서 깨우치는 것이요, 이성 자신의 비판이라는 난사로 나아가도록 하는 것이다.

내가 이 이념을 우주론적이라고 말하는 까닭은, 이 이념은 그것의 객관을 항상 감성계에서 취하고, 또 감관의 객관을 대상으로 삼는 이념만을 사용하며, 그런 한에서 내재적이요, 초험적이 아니며, 따라서 여기까지는 실은 이념이 아닌 데에 있다. 이에 반해 영혼을 단순한 실체라고 생각함은 그것이 벌써 감관에게 표상될 수 없는 대상(단순한 것)을 생각하고 있음을 의미한다. 그럼에도 우주론적 이념은 제약된 것과 그 제약과의 결합을(이것이 수학적인 것이건 역학적인 것이건 간에), 경험이 도달할 수 없는 데까지 확장한다. 그러므로 이 점에 관해서 어디까지나 이념이요, 그것의 대상은 그 어떠한 경험에도 충전하게(adäquat) 주어질 수는 없다.

51. 여기서 비로소 「범주들의 체계」의 이득이 매우 분명히 또 틀림없이 드러난다. 하기에, 그 이득에 관한 증명이 따로 별로 없다 하더라도, 그 이득은 그것만으로써 범주들이 순수이성의 체계에서 불가결인 것을 넉넉히 중시하겠다. 이러한 초험적 이념들은 범주들의 네 항목과 마찬가지로 네 개 이상이 아니다. 그러나 그 어느 것도, 어떤 주어진 제약된 것에 대한 「제약들 계열」의 절대적 완결성에만 관계한다. 이러한 우주론적 이념들에 상응해서, 순수이성의

1) 이런 실재를 주장하는 것이 데카르트와 같은 선험적 실재론자다(「비판」 A.369, B.571 및 B.520 참조). 버클리의 광신적 관념론(324면 참조)도 질료적 관념론에 들어간다.

변증적 주장도 네 종류뿐이다. 이러한 주장들은 변증적이기 때문에, 그런 주장들은 각 주장에 대해 서로 모순되는 원칙이 순수이성의 역시 그럴듯한 원칙에 의해 대립한다는 것을 스스로 증명한다. 그리고 이러한 항쟁[대립]을, 가장 세밀한 구분을 하는 형이상학적인 기술도 막을 수 없다. 이 기술은 순수이성 자신의 최초의 원천에 소급할 것을 철학자에게 강요한다. 임의로 생각해 낸 것이 아니고 인간이성의 본성에 터전을 가진, 그러므로 불가피하고 결코 종결할 수 없는 이율배반은 다음의 네 가지 정립과 반정립을 포함하고 있는 것이다.

一	정립 세계에는 시간적·공간적으로 시초(한계)가 있다. 반정립 세계는 시간적·공간적으로 무한하다.
二	정립 세계에서의 일체는 단순한 것으로 되어 있다. 반정립 세계에 단순한 것은 없고, 일체가 합성되어 있다.
三	정립 세계에는 자유에 의한 원인이 있다. 반정립 자유는 없고 일체가 자연[결정적]이다.
四	정립 세계원인들의 계열에 있어서 어떤 필연존재가 있다. 반정립 이 계열에서 필연적인 것은 없고 일체가 우연적이다.

52. a. 여기에 인간 이성의 가장 이상한 현상이 있다. 이런 현상은 이성의 다른 어떤 사용에서도 [여기서와 같은] 예를 볼 수 없다. 만약, 보통 하는 대로, 감성계의 현상들을 「물자체들 그것」이라고 생각한다면, 또――이것도 보통하는 것처럼, 아니, 우리의 비판이 없으면 불가피하게 그렇게 생각하는 것처럼――현상들을 결합시키는 원칙을 경험에만 타당하는 원칙이라고 보는(annehemen) 것이 아니라, 일반적으로 물자체 그것에 타당하는 것으로 본다면, 예기하지 않은 당착이 생긴다. 그리고 이 당착은 보통의 독단적[주장적] 방도로써 제거될 수 없는 것이다. 왜냐하면, 정립과 반정립이 마찬가지로 명명백백하고 이의할 수 없는 증명에 의해 명시될 수 있기 때문이다(이 양쪽 증명이 다 정당함을 나는 보증한다). 이래서 이성이 자기 자신과 분열하는 것이 나타난다. 이런 상태에 대해 회의론자는 기뻐하나, 같은 상태는 비판철학자를 반성과 불안에 빠지도록 하는 것이다.

52. b. 사람이 형이상학에서는 비진리에 빠지는 것을 염려하지 않고서 서투른 주장을 각양으로 할 수 있다. 우리가 자가당착만 범하지 않으면——종합명제에서는 비록 날조된 명제라도, [그것의 주장에] 자가당착이 있을 수 있지만——우리가 결합하는 개념[종합판단]들이 한갓 이념이라서 (그것의 전내용이) 경험에서 주어질 수 없을 경우에는 우리는 경험의 반박을 받을 수도 없다. 세계가[시초 없는] 영원에서 존재하는가 혹은 세계의 시초가 있는가? 물질은 무한하게 분할될 수 있는가 혹은 단순한 부분으로 되어 있는가? 이런 개념[판단]들은 어떠한 경험에서도, 아니 가능한 최대 경험에서도 주어질 수 없고 따라서 반정립과 정립 중의 어느 것이 부당한 것이냐 하는 것이 경험의 시금석에 의해 발견될 수 없다.

이성이 비장의 그 변증론(이것이 교의학이라고 오칭되지마는)을 본의 아니게 드러낼 수 있는 유일의 가능한 경우는 이성이 일반적으로 승인된 원칙에 기본해서 한 주장을 하고, 또 마찬가지로 승인된 딴 원칙으로부터 최대로 정당한 추리방식으로써 정반대의 주장을 하는 경우일 것이다. 이런 경우가 여기에 사실로, 그러면서도 네 개의 자연스러운 이성의 이념에 관해서 있다. 이 이념으로부터 한쪽에서 네 개의 주장과 딴 쪽에서는 같은 수의 반대 주장이 각각 일반적으로 승인된 원칙에서 종합적으로 도출된다. 그래서 이런 주장들은, 그렇지 않으면 영구히 감추어져 있었을 순수이성의 변증적 가상을 승인된 원칙의 사용에서 드러낸다.

그러므로 이성의 전제 중에 잠재한* 부당성을 반드시 폭로하는, 하나의 결정적인 기도가 여기에 있다. 서로 모순된 두 명제가 다 거짓이 되는 일은 양자의 근저에 있는 개념이 자기모순인 때 외에는 있을 수 없다. 가령 네모[사각]의 원은 둥글다와 네모의 원은 둥글지 않다의 두 명제는 다 거짓이다. 전자에 관해서 말하면, 네모의 원이 네모이기 때문에 원이 둥글다는 것은 거짓이다. 이 원이 둥글지 않고 네모라는 말도, 원은 원이기 때문에 거짓이다. 어떤 개념이 불가능하다는 것의 논리적인 표징은, 그 개념을 전제하면 두 개의 모순된 명제가 동시에 거짓이 되고, 따라서 또 두 개의 모순되는 명제간에 제3자를 생각할 수 없기 때문에, 그런 개념으로서는 아무런 것도 전혀 생각되지 않는다는 점에 있는 것이다.

* 하기에 비판적 독자는 주로 이 이율배반을 연구해 줄 것을 바란다. 왜냐하면, 자연 그것이 이성으로 하여금 자신의 대담한 참월에 놀라게 하고 자기 자신의 음미를 강요하도록 하고자, 이율배반을 설정한 것으로 여겨지기 때문이다. 나는 내가 정립과 반정립에 준 각 증명을 변명하고 그로 인해 이성의 불가피한 이율배반의 확실성을 증시하는 일을 책임진다. 만일 독자가 이 기묘한 현상에 의해 그것의 근저에 있는 전제의 검토에까지 소급하기에 이른다면, 독자는 순수이성의 모든 인식의 최초의 기초를 나와 더불어 보다 더 깊이 연구하지 않을 수 없음을 느낄 것이다.

52. c. 동종인 것의 부가나 분할을 다루었기 때문에 최초의 두 이율배반을 내가 수학적 이율배반이라고 불렀는데, 이런 이율배반의 근저에는 모순개념이 있다. 이런 일에서, 그것의 정립과 반정립이 다 거짓인 것이 어떻게 생기는가를 설명해 본다.

내가 시간과 공간중의 대상을 말할 때에, 그것은 물자체 그것을 말하는 것이 아니니까 (왜냐하면 물자체는 전혀 모르기 때문이다), 오직 현상 중의 사물, 즉 인간에게 허용된 객관의 특별한 인식방식으로서의 경험만을 말하는 것이다. 내가 공간에서나 시간 중에서 생각하는 것에 관해, 그것이 자체 그것(an sich selbst)으로서, 나의 사고를 떠나서도 시공 중에 있다고 말해서는 안 된다. 그렇게 말하면, 나는 자가당착을 범하겠다. 왜냐하면 공간과 시간은 그 속의 현상들과 함께 자체 그것으로서 나의 「표상외부」에 있는 것이 아니라 [나의] 표상방식일 뿐이요, 한갓 표상방식이 우리의 표상외부에도 있다는 것은 명백히 모순이기 때문이다. 이에 반해, 경험을 떠나서 혹은 경험에 앞서서 감관의 대상에 자립적인 고유의 존재를 주는 일은, 「경험은 경험이 없어도 혹은 경험 이전에 현실로 있다」고 생각하는 것과 같은 뜻이다.

그런데 세계의 양을 시공상으로 묻는다면, 세계의 양이 무한하다는 말이나 유한하다는 말이 다 나의 모든 개념[이념]에 관해 불가능하다. 두 가지 주장 중의 어느 것도 경험 중에 포함될 수 있는 것이 아니다. 무한의 공간 혹은 경과한 무한의 시간[반정립]도, 또 공허한 공간이나 앞서는 시간에 의한 세계의 한계[정립]도, 경험할 수 없기 때문이다. 그런 것들은 이념일 따름이다. 하기에 이런 방식 중의 그 어느 것에서 규정된 세계의 양은, 모든 경험을 떠나서 「세계 그것」 중에 있어야 하겠다. 그러나 이런 일은 감성계라는 개념에 모순된다. 감성계란 단지 현상의 총괄이요, 현상의 「현존재와 결합」은 오직 표상 중에, 즉 경험 중에만 생긴다. 현상은 사물자체 그것(Sache an sich selbst)이 아니고 자신 표상 방식 외의 딴 것이 아니기 때문이다. 이상에서 다음의 결론이 생긴다. 즉 자립적으로 존재하는 감성계라는 개념은 자기모순적이기에, 세계의 양에 관한 과제의 해결도 그것이 긍정적으로 추구되건 부정적으로 추구되건 간에, 항상 거짓이라는 결론이다.

같은 사정이 현상들의 분할에 관한 둘째의 이율배반에 관해 타당한다. 무릇, 현상들이란 한갓 표상들이요, 그 부분들은 부분들의 표상에서만 있는 것이며, 따라서 분할 중에 있으며, 다시 말하면 부분들이 주어지는 가능한 경험 중에만 있고, 그러므로 분할은 가능한 경험이 도달하는 데까지만 있다. 한 현상, 가령 물체의 현상이, 가능한 경험이 도달할 수 있는 모든 부분을 모든 경험에 앞서 「자체 그것」으로 포함한다고 상정하는 것은, 경험 중에서만 있을 수 있는 현상에 대해서, 경험에 앞서서 존재를 준다는 뜻이 되고, 혹은 한갓 표상이 그것이 표상능력 중에 발견되기 전에 있다는 뜻이 된다. 이것은 자기모순이다. 따라서 오해된 과제의 어떠한 해결도, 비록 물체가 자체상 무한히 많은 부분에서 성립한다고 주장하건 유한한 수의 단순한 부분에서 성립한다고 주장하건간에, 역시 자기모순이다.

53. **[역학적인 이율배반]** 이율배반의 첫째 부류 (수학적 부류)에서는 전제의 허위는, 자기모순을 범하고 있는 것(즉 물자체 그것으로서의 현상)이 하나의 개념[이념] 중에서 조화할 수 있는 것으로 표상된 점에 있었다. 그런데 이율배반의 둘째 부류, 즉 역학적 부류에서는 전제의 허위는, 서로 조화할 수 있는 것이 모순된 것으로 표상되는 점에 성립했다. 그 결과로 앞의 경우에는 서로 대립한 두 주장이 다 허위였으나, 역학적 이율배반의 경우에는 단지 오해에서만 대립한 두 주장이 다 「참」일 수 있다.

즉 수학적 결합은 결합되는 것의 동종성(분량의 개념에 있어서)을 반드시 전제하나, 역학적 결합은 이런 것을 전제하지 않는다. 연장을 가진 것의 양이 문제인 경우에는, 모든 부분들은 「서로 또 전체」와 동종이어야 하나, 이와 반대로 인과의 결합에서는 원인과 결과의 동종성이 발견될 수도 있으나, 동종성을 꼭 필요로 하지 않는다. 원인성의 개념은 (이 개념에 의해 그 어떤 것을 통해 이것과는 다른 것이 정립되는 것이로되), 적어도 동종성을 요구하지 않기에 말이다.

만약 감성계의 대상이 「물자체 그것」으로 보아지고, 상술의 자연법칙이 물자체 그것의 법칙으로 보아진다면, 모순은 불가피할 것이다. 이와 꼭 마찬가지로, 만일 자유의 주체가 딴 대상처럼 한갓 현상으로 보아진다면 역시 모순은 피해질 수 없다. 만약 그렇다면, 같은 의미의 같은 대상에 관해 동일한 것[내용]이 긍정되는 동시에 부정되겠기에 말이다. 그러나 만약 자연필연성이 현상에만 관계하고, 자유는 「물자체 그것」에만 관계한다면, 비록 우리가 두 종류의 원인성을 상정하거나 인정한다고 하더라도, 모순이 생기지 않는다. 그러나 자유의 원인성을 이해시키는 일은 매우 곤란하거나 불가능할지도 모른다.

현상에서의 모든 결과는 하나의 사상(Begebenheit)이다. 즉 시간 중에 생기는 「그 어떤」 것이다. 결과 이전에는 보편적 자연법칙에 따라 그 원인의 원인성의 어떤 규정이(원인의 그 어떤 상태가) 선행해야 하고, 결과는 어떤 항존적 법칙에 따라 후속한다. 그러나 원인의 원인성을 규정하는 것도 발생하는 것 혹은 생기는 것이 아닐 수 없다. 원인은 작용하기 시작한 것이다. 그렇지 않다면, 원인과 결과간에 시간적 후속이 생각되지 않겠기에 말이다. 결과는 원인의 원인성과 마찬가지로 항상 존재했을 것이다. 이에, 원인을 작용하도록 하는 규정도 현상들 아래서 발생했을 것이요, 따라서 그것은 그것의 결과와 마찬가지로 하나의 사상임에 틀림없다. 한 사상은 또 그것의 원인이 있을 터이요, 이 원인은 다시 그 원인에 연속할 것이며, 그러므로 작용하는 원인들이 규정되는 조건은 자연필연성이 아닐 수 없다. 이에 반해 자유가 현상들의 어떤 원인들의 특성일 것이라면, 자유는 사상들로서의 현상들에 관해(respektive) 현상들을 스스로[자발적으로] 시작하는 능력이다. 다시 말하면, 원인의 원인성 자신이 시작될 필요 없는, 따라서 원인의 개시를 규정하는 딴 근거를 필요로 하지 않는 능력이다. 그러나 이렇고 보면, 원인은 그 원인성에서 보아 그 상태의 시간적 규정들을 받는 것이 아니다. 즉 결코 현상이 아닌 것이요, 물자체 그것으로서, 그 결과만이 현상으로 인정되는 것임에 틀림없겠다.* 만일 현상에 대한 오성[가상]적 존재의 이러한 영향이 모순 없이 생각될 수 있다면, 감성계에서의 원인과 결과간의 모든 결합에는 자연필연성이 들어 있으나, 반대로 (현상의 근저에 있되) 현상이 아닌 그런 원인에는 자유가 인정되고, 그러므로 자연과 자유는 동일한 사물에서 —— 어떤 때는 현상으로서 또 어떤 때에는 물자체 그것이라는 다른 관계에서이지만 —— 아무런 모순 없이 부여될 수 있는 것이다.

* 자유의 이념은 오로지, 원인으로서의 지성적인 것이 결과로서의 현상에 대한 관계에서 성립한다. 그러므로 우리는 공간을 메꾸는 물질의 부단의 작용에 관해서 물질에 자유를 부여할 수 없다. —— 비록 이런 작용이 내적 원리에서 생기더라도, 마찬가지로 순수한 오성적 존재, 가령 하나님에서도 그의 행위가 내재적인 한에서 자유라는 개념이 적절하다고 우리는 볼 수 없다. 하나님의 행위는, 외적인 규정원인에서라고 하더라도, 그의 영원한 이성에서 따라서 하나님의 본성에서 결정되어 있기에 말이다. 오직 어떤 행위에 의해 그 무엇이 시작할 경우에, 즉 결과가 시간의 계열에 따라서 감성계에서 발견될 때에만 (가령 세계의 시작처럼), 다음의 문제가 생긴다. 즉 원인의 원인성 자신은 시초가 있어야 하는가, 혹은 원인은 그 원인성이 시작되지 않아도 어떤 결과를 일으킬 수 있는가의 문제이다. 전자의 경우에도 원인성의 개념은 자연필연성의 개념이요, 후자의 경우에는 자유의 개념이다. 이로부터 독자는 양지하겠지마는, 내가 자유를 사상을 스스로 개시하는 능력이라고 설명했을 때에, 나는 바로 형이상학의 과제가 되는 개념에 관계한 것이다.

우리[인간]는 우리 내부에 다음과 같은 한 능력을 가진다. 즉 그것은, 그 작용들의 자연 원인인 주관적 규정근거[동기]와 결합해 있고, 그런 한에서 그 자신 현상에 속하는 존재자의 능력일 뿐만 아니라, 단지 이념임에 불과한 객관적 근거가 이 능력을 규정하는 한에서는 이 객관적 근거에도 관계해 있는 능력이다. [이러한 능력과] 객관적 근거와의 결합을 당위라고 표현한다. 이런 능력이 이성(Vernunft)이다. 그리고 우리가 (인간이라는) 한 존재자를 오로지 객관적으로 [당위에서] 규정될 수 있는 이성에서 보는 한에서, 이 존재자는 감성적 존재로 보아질 수 없고, 오히려 상술한 특성은 「물자체 그것」의 특성이요, 이런 특성의 가능성이 —— 즉 아직 발생하지 않은 당위가 —— 어떻게 물자체 그것의 활동을 규정하여 행위의 원인이 될 수 있고, 행위의 결과가 감성계의 현상인 것인가 하는 것을 우리는 전혀 이해할 수 없다. 그럼에도 이성의 원인성은 감성계에서의 결과들에 관해 「자유」이겠다. 이[자유]도, 그 자신 이념인바, 객관적인 근거가 이성을 규정하는 것으로 보아지는 한에서의 일이다. 이때에는 무릇 이성의 행위는 주관적 조건에 의존하지 않고, 따라서 시간적 조건에도, 그러므로 또 이 조건을 규정하는 데에 쓰이는 자연법칙에도, 의존하지 않는다. 왜냐하면, 이성의 근거들은 시간이나 장소의 사정에 영향받지 않고, 보편적으로 원리에 의해 행위에다 규칙(Regel)을 주기 때문이다.

내가 이제 지적하는 것은, 오직 쉽게 이해되기 위한 예에 해당할 뿐이요, 우리의 문제에 반드시 부착하는 것은 아니다. 우리의 문제는, 현실계에서 발견되는 특성에서 독립해서 순개념들에서 결정되어야 할 것이다.

그런데 나는 모순 없이 다음과 같은 말을 할 수 있다. 「이성적 존재자의 모든 행위는, 이 행위가 (그 어떤 경험 중에서 발견되는) 현상인 한에서, 자연필연성에 지배되나, 그러나 이 동일한 행위는 이성적 주체와 단지 이성에 따라서만 행위하는 주체의 능력과에 관해서는 각각 자유이다」라고. 대저 자연필연성이 요구되는 것은 무엇을 위해서인가? 이 무엇은 감성계의 모든 사상이 항구의 법칙에 따라 규정될 수 있다는 것, 즉 현상 중의 원인에 관계하는 것임에 틀림없다. 이 무렵에는 [현상의] 근저에 있는 물자체 그것과 이것의 원인성은 알려져 있지 않다. 그러나, 이성적 존재자가 이성에 의해, 따라서 자유에 의해, 감성계의 결과들의 원인이건 혹은 결과들을 이성의 근거들에서 규정하지 않건간에, 자연법칙은 지속한다고 나는 말한다. 무릇 전자의 [자유에 의한] 경우에는 행위는 준칙에 따라 생기고, 현상에서의 그 결과는 항상 항구적 [자연]법칙에 적합해 있겠다. 후자의 경우에는, 즉 행위가 이성의 원리에 의해 생기지 않을 경우에는, 그 행위는 감성의 경험적인 법칙에 종속해 [지배되어]있다. 그러므로 두 경우에 결과들은 항구적 [자연]법칙에 연결해 있다. 이것 이상의 일을 우리는 자연필연성에 대해 요구해 있지 않고, 뿐더러 이것 이상의 일을 자연필연성에 관해 아는 것도 없다. 그러나 전자의 경우에는 이성은 이러한 자연법칙들의 원인이요, 따라서 자유다. 후자의 경우에는 결과들은 감성의 한갓 자연법칙에 좇아 진행한다. 이성이 감성에 아무런 영향도 미치지 않기 때문이다. 그러나 그렇다고 해서, 이성 자신이 감성에 의해 규정되는 것이 아니고 (이것은 불가능하다), 그러므로 이 경우에 이성은 자유다. 이에, 자유가 현상들의 자연법칙을 방해함이 없고, 또 자연법칙도 규정근거로서의 물자체 그것과 화합해 있는 이성의 실천적 사용(der praktische Vernunftgebrauch)의 자유에 저촉함이 없다.

이래서 실천적 자유(der praktische Freiheit)가 구제된다. 즉 이성이 객관적 규정근거에 일치해서 원인성을 가지게 되는 자유가 구제된다. 그러면서도 현상으로서의 동일한 결과에 관한 자연필연성을 조금도 손상하지 않는다. 이러한 일은 또, 선험적 자유(transzendentale Freheit)와 이 자유가 자연필연성과 (동일한 관계에서 생각되는 것이 아니로되, 동일한 주관에 있어서) 양립할 수 있음에 관해서, 우리가 말해야 했던 것을 설명하는 데에도 쓰일 수 있다. 무릇 선험적 자유에 관해서 말하면, 어떤 존재자의 객관적 원인에서 생기는 행위의 시초는 모두 이 규정근거들에 관해서는 항상 최초의 시작이다. 하지만 동일한 행위가 현상들의 계열에 있어서는 오직 종속적인 시초요, 이 시초 이전에는 이것을 규정하는 원인의 상태가 앞서 있어야 하고, 이 원인의 상태도 그것에 또 선행하는 원인에 의해 규정되어 있다[하기에 자연법칙은 지속한다]. 이래서 이성적 존재자 혹은 일반적으로 존재자들에 관해, 그것들의 원인성이 「물자체 그것으로서의 그것들」에서 규정되어 있는 한에서, 상태의 계열을 스스로 개시하는 능력을, 자연법칙들과 모순됨이 없이, 사람은 생각할 수 있다. 무릇 이성의 객관적인 근거에 대한 행위의 관계는 시간적 관계가 아니다. 즉 이 경우에는 원인성을 결정하는 것은 시간상으로 행위에 앞서지[선행] 않는다. 왜냐하면 [이성의 객관적인] 규정근거들은 대상의 감관에 대한 관계, 따라서 현상에서의 원인에 대한 관계를 표시하지 않고, 시간적 조건에 종속하지 않는 「물자체 그것」으로서의 규정 원인들을 표시하기 때문이다. 이래서 행위는 이성의 원인성에 관해서는 최초의 기시(ein erster Anfang)로 보아지고, 그와 동시에 현상들의 계열에 관해서는 한갓 종속적인 기시(ein subordinierter Anfang)로 보아질 수 있다. 그리고 아무런 모순 없이, 앞의 경우에는 행위가 자유인 것으로 보아질 수 있고, 뒤의 경우에는 (행위는 단지 현상이기에) 자연필연성에 종속하는 것으로 보아질 수 있다.

넷째의 이율배반에 관해서 말한다면 그것은 셋째의 이율배반에서의 이성의 자기모순과 유사한 방식에서 해소된다. 무릇 현상 중의 원인과 현상들의 원인이 (이 원인은 물자체 그것이라고 생각될 수 있는 한에서) 구별되기만 하면, 다음의 두 명제는, 충분히 병립[공존]할 수 있기에 말이다. 즉, 한 명제는, 감성계에는 어디건 그 존재가 단적으로 필연적인 원인은 없다(원인성의, 유사한 법칙에 따라서)고 하는 것이다. 타방 또 하나의 명제는, 그럼에도 세계는 그것의 원인(이것은 딴 종류의 원인이요 딴 법칙[이성 신앙]에 따르는 것이지마는)으로서의 어떤 필연적 존재와 결합해 있다고 하는 것이다. 이런 두 명제가 조화할 수 없다고 함은, 현상에만 타당하는 것을 물자체 그것에까지 확장해서 일반적으로 양자를 하나의 개념 중에다 뒤섞는 오해에 전적으로 기인해 있는 것이다.

54. 이상이, 이성이 그 원리를 감성계에 적용할 무렵에 휩쓸리는 것을 아는 이율배반 전체의 제시요, 또 해결이다. 이 중의 전자(즉 한갓 제시)만으로써 이미 인간 이성을 아는 데에 현저한 공적이 될 것이다. 그러나마 이 배반의 해결은, 이 무렵에 어떤 자연스러운 가상과 싸워야 하는 독자를 — 이 가상은 이때까지 항상 참인 것으로 생각했던 연후에 최근에 와서 가상인 것으로 독자에게 표시되었지마는 — 아직도 완전하게는 만족시키지 않았을 것이다. 무릇, 그로 인해 불가피하게 다음의 귀결이 생긴다. 즉, 감성계의 대상을 사물 자체 그것으로 보고, 사실상의 현상을 현상이 아닌 것으로 보는 한에서, 이성이 자기당착에서 빠져나올 수 없기 때문에, 독자는 이 문제의 해결을 위해 우리의 모든 선천적 인식의 연역과 내가 행하였던 연역의 검토를 다시 한 번 시험해 보지 않을 수 없다는 귀결이다. 이것 이상의 것을 나는 지금 요구하지 않는다. 만약 독자가 이런 연구[즉 연역의 재검토]에 있어서 무엇보다도 먼저 순수이성의 본성을 충분할 만큼 깊게 파고 들어가서 생각하기만 하면, 이성의 항쟁[배반]의 해결을 오로지 가능하게 하는 개념들이 독자에게 반드시 익숙해질 것이다. 이렇게 되는 사정이 없다면, 가장 주의가 깊은 독자로부터서도 나는 완전한 찬동을 기대할 수가 없다.

Ⅲ. 신학적 이념[「비판」 B.595 이하]

55. [첫째의 심리학적 이념, 둘째의 우주론적 이념 다음의] 셋째의 선험적[신학

적] 이념은 이성의 가장 중요한, 사변에만 몰두하던 초경적[초험적]이게 되는, 그러므로 변증적[궤변적]이게 되는 사용에 대해, 재료를 제공한다. 이런 선험적 이념이 순수이성의 이상(das Ideal)이다. 여기서의 이성은 심리학적 이념과 우주론적 이념의 경우처럼, 경험에서 출발하여 그것의 근거들로 소급함에 의해, 되도록이면 「근거들 계열」의 절대적 완전성을 얻으려고 하는 유혹을 받는 것이 아니라, 경험과의 관계를 완전히 끊고, 사물일반의 절대적 완전성을 이루는 것에 관한 순개념들에서, 그렇기에 최고로 완전한 근원존재자라는 이념에 의해, 그외 만물의 가능성을, 따라서 만물의 현실성을 규정하는 것으로 내려간다. 하기에 여기서는 경험의 계열 중에서가 아니지마는, 역시 경험의 결합·질서·통일을 이해하려는 경험에 관해 생각되는 한 존재자의 전제, 즉 이념은 심리학적·우주론적 이념의 경우보다는 더 용이하게 오성의 개념들에서 구별될 수 있다. 하기에, 우리 사고의 주관적 조건을 사물 그것의 객관적 조건으로 보는 것에서 생기는 변증적 가상, 우리의 이성을 만족시키기 위해 필요한 가설을 [객관적] 교의로 보는 것에서 생기는 변증적 가상은, 신학적 이념에서 쉽사리 밝혀질 수 있었다. 하기에, 선험적 신학의 월권에 관해 나는 이 이상 더 별로 말하지 않는다. 「비판」이 이 월권에 관해 진술한 것은 이해하기 쉽고 명료하고 결정적이기에 말이다.

선험적 이념들에 대한 일반적 주석

56. 경험에 의해 우리에게 주어지는 대상은 여러 가지 점에서 이해될 수 없는 데가 있다. 자연법칙에 의해 우리가 부닥치는 많은 문제는, 자연법칙에 적합해서 추구해도 어느 「높이」까지 가면 전혀 해결될 수 없다. 가령 물질들이 왜 서로 끌어당기느냐의 문제와 같다. 그러나 우리가 자연을 완전히 떠나버리면, 다시 말해, 자연의 결합을 더듬어가서 모든 가능한 경험을 넘어서서, 따라서 한갓 이념 속에 잠기면, 우리는 대상이 불가해라거니 사물의 본성이 해결할 수 없는 과제를 제시한다거니 하는 말들을 할 수 없다. 이때에, 우리는 자연을, 혹은 일반적으로 주어진 객관들을 연구하는 것이 아니라, 오로지 우리의 이성 중에 근원을 가지는 개념들만을, 따라서 사고의 산물만을 연구하고 있기에 말이다. 이 사고의 산물(Gedanken-wesen)에 관해서는 그것의 개

념에서 생기는 과제들이 해결될 수 있어야 한다. 이성이 자신이 취하는 절차에 관해 완전한 변명을 할 수 있고 또 해야 하기* 때문이다. 심리학적 우주론적 및 신학적 이념들은, 어떠한 경험 중에도 주어질 수 없는 이성의 순수개념일 뿐이기에, 이성이 이런 이념들에 관해 우리에게 제기하는 문제들은, 대상에 의해서가 아니라 이성의 한갓 준칙에 의해 이성 자신을 만족시키기 위해 과해지는 것이요, 이념들에 대한 답이 충분해야 한다. 이런 답이 생긴다고 하면 그것은, 이념들이 우리의 오성사용을 예외 없는 일치·완전성·종합적 통일로 가져가는 원칙이요, 그런 한에서 오직 경험에, 그러면서도 경험의 전체에, 타당함이 드러남에 의해서다. 경험의 절대적 전체라는 것은 비록 불가능하더라도, 원리에 따른 인식의 전체라는 이념은 일반적으로 그것만이 인식에다 특수한 종류의 통일을, 즉 체계의 통일을 줄 수 있는 것이요, 이 통일이 없으면 우리의 인식은 단편적인 것(Stückwerk)에 불과하게 되고, 최고목적을 향해 (이것은 항상 오직 모든 목적들의 체계일 뿐이지마는) 쓰일 수 없다. 여기서 최고목적이란 실천적[도덕적] 목적뿐만 아니라, 이성이 사변적 사용의 최고목적도 의미한다.

* 이에, 플라티너 씨는 그의 경구집[728절·729절]에서 명민하게 말했다. 즉 「이성이 표준이라면 인간이성에 불가해인 개념은 있을 수 없다. 현실적인 것에 있어서만 불가해성이 성립한다. 여기서는 이해될 수 없다는 것을 얻어진 이념들이 부족함에서 생긴다」고. 따라서 다음과 같이 말하면 역설적으로 들릴지 모르나 필경 기묘할 것은 없다. 즉, 자연 중에는 우리에게 이해될 수 없는 것이 많다(가령 생식능력). 그러나 높은 데로 올라가서 그 자연을 넘어서기만 하면, 우리는 다시 일체를 이해할 수 있다고, 이때에는 우리는 우리에게 주어질 수 있는 대상들을 아주 떠나서, 단지 이념만을 다루기에 말이다. 이 이념 아래서 이성이 이념에 의해 오성에 대해 경험에서의 그 사용을 위해 지정(vorschreiben)하는 법칙을 우리는 잘 이해할 수 있다. 이 법칙은 이성 자신의 산물이기 때문이다.

이에, 선험적 이념들은 이성 본래의 부분, 즉 오성사용의 체계적 통일의 원리로서의 이성의 본분을 표현하는 것이다. 그러나 사람이 인식방식의 이런 통일을, 마치 인식의 객관에 속하는 듯이 본다면, 그래서 원래 단지 통제적(regulativ)인 이 통일을 구성적(konstitutiv)인 것으로 생각한다면, 그래서 이념들에 의해 모든 가능한 경험을 훨씬 넘어서, 따라서 초험적 방식에서 인식을 확장한다고 믿는다면——사실은 이 통일은 경험을 경험 자신 중에서 되도록 완전성에 접근시키기 위해, 다시 말하면 경험의 진행을 경험에 귀속시킬 수 없는 것에 의해 제한하지 않기 위해서만 유용한 것이로되——그런 일은 우리의 이성과 그 원칙과의 진정한 본분을 판정함에 있어서의 한 오해요, 하나의 변증론(Dialektik)이다. 그리고 변증론은 한편 이성의 경험적 사용을 혼란케 하고, 딴편에서는 이성으로 하여금 자기 자신과 분열[모순]케 하는 것이다.

결론: 순수이성의 한계규정

57. 위에서 우리는 지극히 분명한 증명을 하였는데, 그것에 의하면 우리가 어떤 대상에 관해 그것의 가능한 경험에 귀속하는 것 이상의 것을 인식할 것을 바라면, 혹은 우리가 가능한 경험의 대상이 아니라고 상정하는 사물에 관해 그것의 「성질 자체 그것」을 규정하는 인식을 최소라도 요구한다면, 이런 일은 불합리한 것이 되겠다. 그럼에도 불구하고, 무엇에 의해 우리가 그런 규정을 하려고 하는가? 시간과 공간 또 오성의 모든 개념들과, 더구나 감성계의 경험적 직관이나 지각에 의해 도출되는 개념들은, 단지 경험을 가능하게 하기 위해서만 사용되고 또 사용될 수 있기에 말이다. 오성의 순수 개념들에서 만일 우리가 이런 조건을 제거하면, 그때에는 그런 순수개념들조차 아무런 객관도 규정하지 않고, 전혀 아무런 의미도 없는 것이다.

그러나 타방, 만일 우리가 물자체 그것을 용납하지 않으면, 혹은 우리의 경험과 사물을 인식할 수 있는 유일한 방식이라고 칭하고, 따라서 공간과 시간 중의 우리의 직관을 유일의 가능한 직관이라고 칭하며, 우리의 논증적인 오성을 모든 가능적 오성의 원형이라고 칭하려고 한다면, 따라서 경험을 가능케 하는 원리들을 물자체 그것의 보편적 조건이라고 생각하고 싶어한다면, 이런 일은 한층 더 불합리한 것이다.

그러므로 우리의 원리들이 이성의 사용을 오직 가능한 경험에만 제한할 때에는 그런 원리들은, 만일 신중한 비판이, 이성의 경험적으로 사용하기도 하는 우리 이성의 한계를 감시하여, 이성의 월권을 제한하지 않는다면, 흄의 「대화」[1]가 예증하듯이, 그 자신 초험적이 될 수 있고, 우리 이성의 제한을 「사물 그것」의 가능성의 제한이라고 칭하는 것이 되겠다. 회의론은 시초에 형이상학과 이것의 무경찰적 변증론 때문에 생긴 것이다. 회의론도 처음에는 이성의 경험적 사용만을 옹호하려고 해서, 경험적 사용을 초월하는 일체를 무가치하고 허망한 것이라고 언명하고 싶어했다. 그러나 경험에서 사용되고 있는 그 선천적 원칙들이, 부지불식중에 일견 동일한 권리로써 경험의 범위 외에 도달해 있을 원칙들과 동일한 것을 점차로 알게 되매, 사람은 경험의 원칙들까지도 의심하기 시작했다. 그런데 이러한 의심을 할 필요는 없다. 왜냐하면, 이 경우에 상식이 항상 자신의 권리를 주장하겠기에 말이다. 그러나 다음과 같은 학문[형이상학]에 있어서는, 즉 어느 정도까지 이성을 신뢰할 수 있는가, 왜 그 정도까지 믿고 그 이상을 믿을 수 없는가를 규정할 수 없는 학문에 있어서는, 특별한 혼란이 생겼다. 그러나 이런 혼란은 우리 이성 사용의 정식의 한계규정, 원칙에서 이끌어내진 한계규정에 의해서만 제거될 수 있고, 또 미래에 혼란이 다시 생기는 것을 막을 수 있다.

모든 가능한 경험을 넘어서서 우리가 「물자체 그것」을 확실히 이해할 수 없음은 사실이다. 그럼에도 물자체 그것의 탐구에서 해방되어 물자체 그것을 우리가 포기할 수 없다. 왜냐하면, 경험만으로는 이성을 충분히 만족시키지 않기에 말이다. 경험은 문제에 대한 답에 있어서 우리에게 부단히 소급하도록 지시하고, 문제에 대한 완전한 해명에 관해서는 우리를 불만 중에 방치한다. 이런 점을 순수이성의 변증론에서 누구나 충분히 간취할 수 있고, 그러므로 변증론은 충분히 주관적 근거를 가지는 것이다. 만일 우리 영혼의 본성에 관해, 이 주체의 명료한 의식에 도달하고 동시에 이 주체의 현상이 유물론적으로는 설명될 수 없다는 확신에 도달해서, 영혼이란 도대체 본래는 무엇인가라고 묻지 않는 것에, 누가 견디어 낼 수 있는가? 또 경험의 어떤 개념도 이런 물음에 대해서 만족스러운 것이 아닐 때에, 비록 영혼의 객관적 실재성을 증시할 수 없더라도, (단순한 비물질적 존재라는) 이성의 개념을 [그 실재성의] 목적을 위해서

1) Hume, *Dialogues concerning natural Religion*, 1779를 지시한다.

상정하지 않는 것에, 누가 견디어 낼 수 있는가? 도대체 누구가 세계의 존속성과 분량의 문제, 자유냐 자연필연이냐 등의 모든 우주론적 문제에 있어서 한갓 경험인식에만 만족할 수 있는가? 왜냐하면 우리가 어떠한 착수를 하든지 간에, 경험의 원칙들에 의해 주어진 답들은 모두 항상 새 문제를 낳고, 이 새 문제는 마찬가지로 또 그 답을 요구하며 이래서 모든 자연적 설명방식은 이성을 만족시키기에는 불충분함을 명시하기 때문이다. 최후로 단지 경험의 원칙들에 의해 사고되고 상정될 수 있는 일체가 철저히 우연적이요, 의존적인 마당에서, 이런 의존적인 것에 머물러 있을 수 없음을 누가 모르는 것인가? 그래서 초험적 이념에 몰입해서는 안 된다는 금지가 많음에도 불구하고, 경험에 의해 그가 시인할 수 있는 모든 개념을 넘어 있는 한 존재자[하나님]의 개념에서 평안과 만족을 구하지 않을 수 없다고 느끼지 않는 사람이 있는가? 이런 존재자의 이념의 가능성은, 확실히 「자체상」으로 통찰될 수 없으나 반박될 수도 없다. 이 이념은 한갓 오성적 존재[가상체]에 관한 것이나, 이 이념이 없으면 이성은 영원히 불만스러운 상태에 남아 있기 때문이다.

(연장적인 것에서의) 한계는, 항상 일정한 장소의 외부에 있어서 이 장소를 싸는 한 공간을 전제한다. 그러나 제한은 이런 공간을 필요로 하지 않고, 오히려 부정할 뿐이다. 즉 어떤 양이 절대적 완전이 아닌 한에서 그런 양에 작용하는(affizieren) 부정인 것이다. 우리의 이성은 「물자체 그것」의 인식을 위해 이를테면 그 주위에 한 공간[한계]을 인정한다. 그러나 우리의 이성은 물자체 그것을 확실히 이해할 수 없고, 오직 현상[의 인식]에만 제한되어 있다.[1)]

「이성」의 인식이 동종적인 것인 한에서 이런 인식의 확정된 「한계」는 생각될 수 없다. 수학과 자연과학에서는 인간의 이성은 확실히 제한을 인정하되 한계를 인정하지 않는다. 다시 말하면, 인간 이성이 결코 도달할 수 없는 것이 이성의 외부에 있음을 인정하되, 이성 자신이 그 내적 진행에 있어서 어디에서건 완성될 것을 인정하지 않는다. 수학에서의 통찰의 확장과 부단한 새 발명의 가능성과는 무한히 진행한다. 부단한 경험과 그것의 합리적[이성에 의한] 결합과에 의한 자연의 새 특성·새 힘·새 법칙 등의 발견도 마찬가지로 무한히 진

1) 이 단락과 이하에서 나오는 한계와 제한의 구별에 주의해야 한다.

행한다. 그럼에도 불구하고, 제한이란 것을 [사람이] 이 경우에 간과해서는 안 된다. 무릇 수학은 현상들에만 관계하고, 감성적 직관의 대상이 될 수 없는 것, 가령 형이상학과 윤리학의 개념들은 전혀 수학의 범위 외에 있고, 수학은 도저히 이런 개념들에 도달할 수 없다. 수학 측은 이런 개념들을 필요로 하지도 않는다. 그러므로 수학은 형이상학과 윤리학에의 연속적 진행과 접근이 아니요, 양자간에 말하자면, 접속점이나 접선은 없다. 자연과학은 사물의 내적인 것[생명]을, 즉 현상이 아니나 현상들의 최상 설명근거로서 유용할 수 있는 것을 우리에게 발견시키지 않는다. 자연과학측은 또 그 자연적 설명을 위해 이 내적인 것을 필요로 하지 않는다. 아니, 그런 것(가령 비물질적 존재의 영향)이 외부로부터 자연과학에 제공되더라도, 자연과학은 이것을 배척해야 하고 설명의 과정 중에 집어넣어서는 안 되며, 설명의 근거를, 항상 감관의 대상으로서 경험에 속하고 경험의 법칙에 따라 우리의 현실적 지각과 연결될 수 있는 것에만, 두어야 한다.

그러나 형이상학은 순수이성의 변증적 기도에 있어서 (이 기도는 임의적으로나 고의적으로 하게 되는 것이 아니라 이성 자신의 본성이 그런 기도를 강요하지마는) 우리를 한계로 인도한다. 그리고 선험적 이념들은, 사람이 이것들을 피할 수 없으나 그렇다고 해서 자신들을 실재화할 수도 없음에 의해서, 그것들은 이성의 순수 사용의 한계를 사실상 지시할 뿐더러, 그 한계를 결정하는 방법도 지시하는 데에 쓰인다. 이것이, 형이상학을 자신의 애식으로 낳은바, 「인간이성의 자연소질」의 목적이요, 효용이기도 하다. 세계에서의 다른 모든 것의 출생과 마찬가지로, 형이상학이라는 애식의 출생도 뜻밖의 우연에 돌려져야 할 것이 아니라 큰 목적을 위해 현명하게 조직된 「근원적 배종」에 돌려져야 할 것이다. 왜냐하면, 형이상학은 그것의 특질에 있어서 딴 어떤 학문보다도 깊이 자연 자신에 의해 우리 안에 두어져 있는 것이요, 임의의 선택이 산출한 것이나 혹은 경험이 진행할 무렵에 우연적으로 확장된 것으로 (형이상학은 경험과 아주 떨어져 있다) 보아질 수 없는 것이기에 말이다.

이성[오성]의 모든 개념과 오성의 법칙들을 통해, [이론적] 이성은 경험적 사용을 위해서는, 따라서 감성계의 내부에서는 족한 것이 있지마는, 그것으로써 이성은 절로 만족하지 않는다. 문제가 무한히 생겨옴에 의해서 이런 문제들을 완결하게끔 해결하는 것에 대한 희망이 이성에서 박탈되기에 말이다. 선험적 이념들은 문제 해결의 완성을 노리는 것이요, 이런 이념들이 과제인 것이다. 그런데 이성이 명백히 알고 있는 일지이마는 감성계는 이런 완성을 포함할 수 없고, 따라서 감성계를 이해하기 위해서만 쓰이는 모든 개념들, 즉 공간·시간·우리가 「오성의 순수개념」이라는 이름 아래서 열거한 모든 것은 이런 완성을 포함할 수 없다. 감성계는 보편적 법칙에 따라 결합된 현상들의 연쇄임에 틀림없고, 그러므로 감성계는 (법칙을 떠나서) 자립하는 것이 아니다. 그것은 원래 물자체 그것이 아니고, 그렇기에 그것은 이런 현상들의 근거를 내포하는 존재에 반드시 관계한다. 다시 말하면, 그저 현상으로서가 아니라, 물자체로 인식될 수 있는 존재에 반드시 관계한다. 이 물자체의 인식에 있어서 이성은 비로소 제약된 것에서 제약으로 나아가는 진행을 완결시키려는 자신의 요구가 언젠가는 충족되는 것을 볼 것을 기대할 수 있다.

위 (33절 34절)에서 한갓 「사고의 산물」에 대한 모든 인식에 관해 우리는 이성의 제한(Schranken)을 지적하였다. 그런데 이제야 선험적 이념들이 우리가 반드시 「사고의 산물」로까지 진행하도록 하여, 이를테면 차인 공간(즉 경험)과 공허한 공간(우리가 전혀 알 수 없는 것, 즉 가상체)이 접촉하는 데까지 인도했기 때문에, 우리는 순수이성의 한계(Grenze)도 규정할 수 있다. 모든 한계에는 어떤 적극적인 것이 있다(가령 평면은 입체적 공간의 한계이지마는, 그 자신 공간이다. 평면의 한계인 선도 한 공간이요, 선의 한계인 점도 역시 공간 내의 한 장소다). 이와 반대로 제한은 단지 부정만을 포함한다. 상게한 절에서 지적한 제한은, 그런 제한을 넘어선 곳에서 다시 그 어떤 것이 (이것이 자체상으로 무엇인가를 인식하지 않지마는) 있음을 우리가 발견한 이상, 아직도 충분한 것[만족스러운 것]이 아니다. 왜냐하면, 우리가 알고 있는 것과 우리가 알고 있지 않고 또 앞으로도 아는 일이 없는 것이 연결할 즈음에, 우리의 이성이 어떤 태도를 취할 것인가가 이제야 물음이 되기에 말이다. 여기에 잘 아는 것과 전혀 모르는 것과의(이것은 앞으로도 항상 모를 것이지마는) 현실적 결합이 있는 셈이나, 이 경우에 비록 잘 모르는 것이 조금도 알려지지는 않더라도 —— 사실 알려지는 것을 기대할 수 없다 —— 현실적 결합의 개념이 규정될 수 있고 판명하게 될 수 있어야 한다. 이래서 우리는 비물질적 존재[영혼]·오성계[우주론적 이념들의 세계]·만유의 한 최고존재(이상 셋은 순가상체들)를 생각해야 한다. 왜냐하면, 물자체들로서의 이런 것들에 있어서만 이성은 현상을 그것과 동종의 근거에서 이끌어 내는 데서 기대할 수 없는 「완성과 만족」을 발견하기 때문이요, 또 현상들은, 그것들의 사물 자체를 전제하고, 따라서 이것이 상세히 인식되건 안 되건 간에 이것 [사물 자체]를 암시하고 있기에, 현상들과는 다른 그 어떤 것(그러므로 전혀 이종적인 것)과 현실로 관계하고 있기 때문이다.

우리는 이런 오성적 존재들을 「자체들 그대로」 인식할 수 없으나, 즉 확실히 인식할 수는 없으나, 그럼에도 그것들을 감성계에 대한 관계에서 상정하고, 이성에 의해 감성계와 결합시켜야 한다. 이렇기에 우리는 적어도 이런 결합을, 감성계에 대하는 오성적 존재들의 관계를 표시하는 개념들에 의해 생각할 수 있겠다. 우리가 오성적 존재를 오성의 순수개념들에 의해서만 생각한다면, 이런 개념들에 의해 사실 확정적인 것을 우리는 생각하지 않고, 따라서 우리의 [오성적 존재라는] 개념은 무의미한 것이다. 만일 우리가 그것을 감성계에서 얻어진 성질을 통해 생각한다면, 그것은 이미 오성적 존재가 아니고, 현상들의 하나로 생각되며, 감성계에 속하게 된다. 우리는 한 「예」로 최고존재의 개념을 취해 보기로 한다.

이신론적(deistisch)의 개념은 「이성의 전혀 순수한 개념」이나, 이것은 오직 만유를 포함하는 한 사물[하나님]을 표상할 뿐이요, 사실은 만유 중의 하나라고 규정[인식]할 수 있는 것이 아니다. 왜냐하면, 규정하려면 감성계에서 예증이 취해져야 하되, 그럴 경우에 나는 항상 오직 감관의 대상에만 관여하고, 감관의 대상이 될 수 없는 전혀 이종적인 그 어떤 것에도 관여하지 않겠기에 말이다. 이종적인 그 어떤 것에 [최고실재]에 가령 내가 오성을 부여해 보자. 그런데 나의 오성과 같은 오성, 즉 감관에 의해 그것에 직관들이 주어져야 하는 오성, 그리고 직관들의 의식을 통일하는 규칙들 아래로 가져오는 데 종사하는 오성, 이런 오성 외의 오성을 나는 이해할 턱이 없다. 이럴 때에 내 개념의 [조직]요소들은 항상 현상 중에 있을 것이다. 그러나 나는 현상들의 불충분성[불완결성] 때문에 현상을 넘어서 한 존재[하나님]의 개념에 도달하지 않을 수 없었다. 이 존재는 현상들에 의존하지 않는 것이요, 자기 규정의 조건으로서의 현상들과 연좌해 있는 것이 아니다. 그러나 만일 내가 오성을 감성에서 분리하여 어떤 하나의 순수오성을 얻으려 하면, 직관 없는 사고의 형식 외에 남는 것이 없고, 이런 형식에만 의해서는 나는 확정적인 것을, 즉 대상을 인식할 수 없다. 결국 나는 대상을 직관할 [인간 오성과는] 다른 오성을 생각해야 하겠으나, 이런 오성을 [사실은] 나는 조금도 이해함이 없다. 인간의 오성은 논증적이요, 단지 보편적 개념만으로써 인식할 수 있기 때문이다. 최고존재에 의지를 부여할 때에도 나는 동일한 형편에 마주친다. 즉, 내가 의지의 개념을 얻는 것은, 이 개념을 내가 나의 내적 경험에서 이끌어 내기 때문이요, 그러면서도 그것[대상]의 존재를 우리가 필요로 하는 대상[만유]에 나의 만족이 의존하는 데에서 이끌어 내기 때문이다. 그러므로 감성이 [의지의 개념의] 근저에 있는 것이고. 이렇게 되는 것은 최고 존재의 순수개념과는 전혀 모순된다.

흄이 이신론에 가한 반박은 박약하고, 그것은 단지 [경험적] 증명 방식에만 알맞은 것이며, 이신론 주장의 명제 자신에 알맞은 것이 아니다. 그러나 유신론(Theismus)에 관해서는——이것은, 최고 존재라는 이신론의 선험적인 개념을 보다 더 상세히 규정하는 데서 성립하거니와——흄의 반박이 매우 강력하고, 이 최고존재의 개념이 일단 작성된 뒤에는 어떤 경우에는(사실은 보통의 모든 경우에) 이의할 수 없게 된다. 흄은 항상 다음과 같이 주장했다. 즉, 「우리가 존재론적 술어(영원·무소부재·전능)만을 주는 근원존재(Urwesen)의 순개념에 의해 사실 우리는 확정적인 것을 전혀 생각하지 않으며, 확정적인 것을 위해서는 개념을 구체화할 수 있는 특성을 더 보태야 한다. 그리고 근원존재의 개념이 원인이라고 말하는 것은 충분한 말이 못되고, 그것의 원인성이, 가령 오성과 의지에 의한 원인성이, 어떠한 성질인가를 말해야 한다」고. 여기에 이르러 핵심 자신에 대한, 즉 유신론에 대한 흄의 공박이 시작한다. 왜냐하면, 그는 먼저 번에는 이신론의 증명근거(논거)만을 공격했고, 이것은 별난 위험을 초래하지 않기 때문이다. 그의 위험스런 논의는 모두 의인관에 상관하는 것인데, 그의 생각에 의하면, 의인관은 유신론과 불가분인 것이요, 유신론을 자기모순에 빠지게 하는 것이다. 우리가 의인관을 제거하면, 그와 함께 유신론도 무너지고, 이신론 외의 아무것도 남지 않으나, 이 이신론은 헛된 것이요, 무용의 것이며 종교와 도덕의 기초로 될 수 없는 것이라고 한다. 만약에 의인관의 불가피성이 확실한 것이라면, 최고 존재의 존재 증명들이 어떠한 것이건 간에,

또 그런 증명들이 다 허용되건 간에, 이 최고존재의 개념은 우리를 모순에 빠지도록 하지 않고서는 우리에 의해 규정될 수 없을 것이다.

만약 우리가 순수이성의 모든 초험적 판단을 피하라는 금지와, 얼른 봐서 이것과 모순되는 「내재적(경험적) 사용의 분야 외에 있는 개념에 나아가라」는 명령을 결합한다면, 양자가 공존할 수 있되, 이성의 허용된 사용의 한계 위에서만 공존할 수 있음을 우리는 깨닫는다. 이 한계는, 경험의 분야에 속하는 동시에 「사고의 산물」분야 [오성계]에 속하기에 말이다. 이런 한계에 의해 우리는 동시에 가르침을 받는 것이 있는데, 그것은 저 매우 주목할 만한 이념들이 인간 이성의 한계 결정에 쓰인다는 것이다. 즉 한편에서 한갓 세계 외에서는 우리가 인식할 만한 것이 없는 듯이, 경험인식을 무제한 확대하지 않도록 하고[인식의 한계를 인정하고], 딴편에서는 그럼에도 경험의 한계를 넘어서 경험 외부의 물자체 그것으로서의 사물에 관해 판단하려고 하지 않도록 하는 데에 쓰인다.

우리가 판단을 세계가 어떤 존재에——이것의 개념 자체가 세계내부에서 우리가 할 수 있는 모든 인식의 외부에 있는 그런 존재에——대해서 가질 관계에 제한한다면, 우리는 이 한계 내에 머물러 있는 것이 된다. 이 경우에는 우리는, 경험의 대상을 사고하도록 하는 성질들 자체 그것의 하나라도 최고존재에 부여하지 않고, 그로 인해 독단론적 의인관을 회피한다. 그럼에도 우리는 이러한 성질들을 세계에 대한 최고존재의 관계에 귀속시켜 상징적인 의인관을 승인한다. 그러나 이 의인관은 사실은 말뿐이고 객관 자체 그것에 관계함이 없다.

우리는 세계를 마치 어떤 최고오성과 최고의지의 작품인 듯이 보지 않을 수 없다고 내가 말할 때에, 사실은 다음과 같은 뜻일 뿐이다. 즉 (현상들의 총괄의 기초인바) 감성계의 미지자(Unbekanntes)에 대한 관계는, 시계·배·연대가 각각 그 기사·건축사·사령관에 대한 관계와 같아서, 나는 이 미지자를 자체 그대로 인식하지 않으나, 「나에게 대해」 있는 그대로 인식한다는 뜻이다. 즉 내가 그 일부로 되어 있는 세계에 관해서 인식한다는 뜻이다.

58. 이런 인식은 유추에 의한 인식이다. 그러나 이 유추는 그 말의 보통의 의미처럼 두 사물간의 불완전한 유사인 것이 아니라, 전혀 유사하지 않는 두 사물간의 완전한 유사인 것이다.* 이러한 유사에 의해 최고존재의 개념을 단

적으로, 즉 자체 상으로 규정할 수 있는 모든 것을 제거하더라도 우리에 대해 충분하게 규정된 최고 존재의 개념이 여전히 남는 것이다. 왜냐하면, 우리는 최고존재의 개념을 세계와 관계해서, 따라서 우리와도 관계해서 규정하고, 그것 이상의 것은 사실 우리에게 필요치 않기에 말이다. 이 최고존재의 개념을, 내 자신에서 또 세계에서 재료를 절대적으로 규정하려는 사람들에 대해 흄이 한 공격은 우리에게는 맞지 않는다. 또 최고존재의 개념에 관한 객관적 의인관을 제거하면, 우리에게 남는 것이 없다고 하면서 흄이 우리를 비난할 수도 없다.

* 가령 인간 행위의 법적 관계와 동력의 기계적 관계간에는 유추가 있다. 같은 조건 아래서는 같은 일을 나에 대해 할 수 있다는 권리를 타인에게 주지 않는다면, 나는 타인에 대해 아무 일도 할 수 없다. 그와 마찬가지로 어떠한 물체도 딴 물체에서 같은 정도의 반작용을 받는다는 결과를 일으키지 않고서는, 그 동력으로써 딴 물체에 작용을 미칠 수 없다. 이 경우에 법과 동력은 유사한 사물이 아니나, 그럼에도 그것들의 관계 중에는 완전한 유사가 있다. 그러므로 이러한 유사에 의해 나는 나에게 절대적으로 미지인 사물들의 관계개념을 알게 할 수 있다. 가령 어린이의 행복의 촉진=*a*와 양친의 사랑=*b*와의 관계는, 인류의 복지=*c*와 하나님에 있어서의 미지의 것, 즉 사랑이라는 것=*d*와의 관계에 유사하다. 사랑이라는 것은 인간의 어떤 애착심(Neigung)과 조금이라도 유사한 듯하여서가 아니라, 세계에 대한 하나님의 사랑의 관계를, 세계의 사물들이 서로 가지는 관계에 유사한 것으로 우리가 정립할 수 있기 때문이다. 그러나 이 경우의 관계개념은 그저 하나의 범주이다. 즉 감성과 관계가 없는 원인의 개념이다.

무릇 처음에 (흄이 그의 「대화편」에서 클래안트에 대해 피로라는 사람에게 하도록 했듯이), 필연적 가정으로서, 실체니 원인이니 하는 순존재론적 술어에 의해 근원존재가 생각되는바, 근원존재의 이신론적 개념을 허용한다면 허용하지 않을 수 없다. 왜냐하면, 감성계에는 그 자신 항상 제약되어 있는 순제약들에 쫓아 있어서, 이성은 근원존재[의 가정]이 없고서는 만족을 가질 수 없기 때문이다. 그리고 감성계의 술어들을 세계와는 전혀 다른 존재에 전용하는 의인관 없이

도 근원존재는 당연히 허용하지 않을 수 없다(왜냐하면, 위에 말한 술어들은 단지 범주요, 이 범주는 근원존재에 관한 확정적 개념을 주지 않으나, 바로 그런 까닭에 감성의 제약들에 의해 제한된 개념을 주지 않기 때문이다). 이처럼 허용할 때에 그런 [근원]존재에 관해서 이성에 의한 원인성을 세계에 관해 주장하여, 유신론으로 옮겨가도 무방하다. [유신론이 되더라도] 이성을 근원존재가 고유하는 성질로서 근원존재 자체에 귀속시키도록 강요되는 것은 아니다. 첫째 점을 생각할 때에 이성의 사용을, 감성계에서 가능한 경험에 관해 철저히 자기조화를 유지하면서 최고도에까지 추진시키는, 유일의 가능한 길은, 우리 자신이 또한 최고이성을 세계에서의 모든 연결의 원인으로서 상정하는 데에 있다. 이런 원리[최고이성의 상정]는 이성에게 철저히 유익하고 이성의 자연에의 사용을 조금도 해치는 것이 아니다. 둘째로는, 이성은 그렇다고 해서 「근원존재 자체」에 [이성의] 특성으로서 전용되는 것이 아니라, 근원존재의 감성계에 대한 관계에만 전용될 뿐이요, 따라서 의인관도 전적으로 회피한다. 여기서는 세계의 도처에서 보이는, 이성형식의 원인만이 고찰되기에 말이요, 또 최고존재가 세계의 이 이성형식의 근거를 포함하는 한에서, 이 최고존재에 이성이 부여되지마는, 그것도 오직 유추에 의할 뿐이기에 말이다. 그리고 유추에 의한다는 것은, 이 표현이 우리에게 미지인 최상원인의 세계에 대한 관계만을 지시하고, 이 관계에 있어서 일체가 최고도로 이성에 맞는 것으로 규정되는 한에서의 일이다. 여기에 우리는, 이성이라는 특성을 사용해서 하나님을 사고함이 방지되고, 이성의 특성에 의해 「세계」를 사고하게 되며, 그러면서도 한 원리에 좇아 세계에 관해, 가능하다면 최대한으로 이성을 사용하자면 [이성적] 특성의 사용이 필연적인 듯이 세계를 사고하게 되는 것이다. 이래서 우리가 승인하는 것은, 최고존재 자체 그것이 무엇인가를 우리가 전혀 탐구할 수 없고, 확정적으로는 사고할 수도 없다는 것이다. 이에, 우리는, (의지를 매개로 한) 하나의 작용적 원인으로서의 이성에 관해 우리가 가지는 개념들을 초험적으로 사용해서 그 결과로 언제나 인간의 본성에서 얻어진 특성들에 의해서 하나님의 본성을 규정하는 것이 제거되고, 조잡하거나 망상적인 개념들에 빠져들어가는 것이 제거된다. 또 딴편에서는 세계의 고찰에 하나님에게 전용된, 인간이성에 관한 우리의 개념들에 좇아 초자연적 [비과학적] 설명방식으로써 채우는 일이 제거되고, 세계의 고찰이 그 본래의 사명에서 멀어지는 일이 제거된다. 본래의 사명에서 본 세계의 고찰은 이성에 의한 순자연의 고찰이어야 하고 자연의 현상들을 최고이성에서 무모하게 도출할 것이 아니다. 우리의 미약한 개념들에 적합한 표현에 의하면 다음과 같은 것으로 될 것이다. 즉, 우리는 세계를 그 현존재와 내부적 규정과에 관해 마치 한 최고이성에서 유래하는 듯이(als ob) 사고한다는 것이다. 이렇게 해서 우리는 한편에서 세계 그것에 속하는 성질을 인식하면서도 「세계의 원인 자체 그것」을 규정하고 싶어하는 월권을 범하지 않으며, 딴편에는 최상원인의, 세계에 대한 관계 안에 이 성질(세계에서의 이성형식)의 근거를 집어넣어, 세계가 자신만으로는[즉 저런 관계없이는], 충분한 것이라고 보지 않는다*는 것이다.

* 최상원인의 원인성의 세계에 대한 관계는, 인간 이성의 그 작품에 대한 관계와 같다고, 나는 말하겠다. 이때에 최상원인 자체의 본성은 나에게 여전히 미지이다. 나에게 알려진 결과(세계질서)와 그것의 합리성을, 나에게 알려진 인간이성의 결과들과 단지 비교해서, 전자의 본성을 이성(Vernunft)이라고 칭한다. 그렇다고 해서 인간에서 내가 이 말에서 이해하는 것을, 혹은 나에게 알려진 그 외의 어떤 것을, 최상원인의 특성으로서 최상원인에 내가 귀속시키는 것은 아니다.

이래서 유신론에 반대하는 성싶은 난점은 소멸한다. 이것은, 이성의 사용을 모든 가능한 경험의 분야를 넘어 독선적으로 진행시켜서는 안 된다는 흄의 원칙과, 흄이 전혀 간과한 딴 원칙, 즉 가능한 경험의 분야를 우리 이성 자신의 시야 안에 국한하는 분야로 보아서는 안 된다는 원칙이 결합함에 의해서다. 이때에 「이성의 비판」은 흄이 이기려고 한 독단론과, 그가 반대로 끌어넣으려했던 회의론과의 진정한 중도를 표시하는 것이다. 이 중도는, 이를테면 기계적으로 (얼마쯤은 갑에서 또 얼마쯤은 을에서 취해서) 자기결정을 하도록 추천받아, 그로 인해 아무도 보다 더 좋은 길을 배움이 없는 딴 중도와는 다른 것이다. 그것은 원리들에 따라 엄밀히 규정될 수 있는 그런 중도이다.

59. 나는 이 주석의 첫머리[57절 이하 참조]에서 한계라는 비유(Sinnbild)를

사용해서 이성에 적합한 사용에 관해 이성을 제한하는 것을 확립하였다. 감성계는 현상만을 포함하나, 현상은 물자체 그것이 아니고, 따라서 오성은 물자체들을 상정해야 한다. 왜냐하면, 오성은 경험의 대상을 한갓 현상이라고만 인식하기 때문이다. 우리의 이성에는 현상과 물자체가 다 포괄되어 있다. 하기에 문제는, 이성은 어떠한 태도를 취해서, 오성을 현상과 물자체의 두 분야에 관해 한계짓느냐 하는 것이다. 경험은 감성계에 속하는 일체를 포함하거니와, 이러한 경험은 자기 자신에 한계를 짓지 않는다. 즉 그것은 모든 제약된 것에서 딴 제약된 것으로 도달해 간다. 경험에 대해 한계짓는 것은 전혀 경험의 외부에 있어야 하고 이것은 순수한 오성적 존재[가상체]의 분야이다. 그러나 오성적 존재의 본성을 규정함이 문제인 한에서, 이 분야는 「우리에 대해」 하나의 공허한 공간이다. 이런 한에서, 독단적으로 규정된 개념이 염두에 두어져 있다면, 가능한 경험의 분야를 우리는 넘어갈 수 없다. 그러나 한계 자체는 적극적인 것이요, 이 적극적인 것은 한계의 내부에 있는 것에 속해 있는 동시에 주어진 총괄의 외부에 있는 공간에도 속해 있다. 그러나마 한계 자체는 하나의 실재적·적극적 인식이다. 이성은 오직 이 한계에까지 자기를 확대함에 의해서 그러면서도 이 한계를 넘으려고 하지 않음에 의해서만, 이 적극적 인식에 참여한다. 왜냐하면 이성은 거기서 하나의 공허한 공간을 발견하고 이 공간에서 사물에 대하는 형식들만을 생각할 수 있으나, 「사물 그것」을 사고할 수는 없기 때문이다. 그러나 경험의 분야를, 이성이 보통은 아는 바 없는 그 어떤 것에 의해 한계지움(Begrenzung)은 이런 입장의 이성에게 여전히 남아 있는, 하나의 인식이다. 이런 인식을 통해 이성은, 감성계의 내부에 닫혀 있지도 않고, 감성계의 외부로 방황하지도 않으며, 한계의 지식에 적합해서, 자신을 오직 감성계의 외부에 있는 것과 내부에 있는 것의 관계에만 제한하는 것이다.

소질적 신학(natürliche Theologie)은 인간이성의 한계에 관한 이러한(관계에만 제한하는) 개념이다. 왜냐하면, 인간의 이성은 최고존재의 이념을 (또 실천적 관계에서는 가상계를) 아무래도 내다보지 않을 수 없는 자신을 알기 때문이다. 이런 일도 한갓 오성적 존재에 관해서, 따라서 감성계의 외부에서 그 무엇을 규정하기 위해서가 아니라, 단지 감성계 내부에서의 이성 자신의 사용을, 되도록 최대의 (이론적 또 실천적) 통일의 원리들에 의해서 지도하기 위한 것이다.

그리고 이런 목적을 위해 인간 이성은, 자립적 이성에 대한 감성계의 관계를 ── 모든 이 결합들의 원인으로서 ── 사용한다. 그러나 이런 사용을 통해 어떤 존재를 날조하는 것이 아니라, ── 감성계의 외부에는 순수오성만이 사고하는 그 어떤 것이 반드시 발견될 수 있어야 하기 때문에 ── 이 어떤 것을 오직 이런 방식에서, 비록 유추에 의해서이기는 하되, 규정하는 것이다.

이래서 「비판」 전체의 성과인바, 상술한 우리의 명제는 여전히 남게 된다. 즉 이성은 그것의 모든 선천적인 [통제]에 의해 오로지 가능한 경험의 대상 이상의 것을 우리에게 가르쳐 주지 않고, 이 대상에 관해서도 경험에서 인식될 수 있는 것 이상의 것을 가르쳐 주지 않는다는 명제이다. 그러나 이런 제한은, 이성이 우리를 경험의 객관적 한계에까지, 즉 그것 자신은 경험의 대상이 아니로되, 모든 경험의 최상근거여야 하는 어떤 관계에까지, 이끌어가는 일을 방해하지 않는다. 그러나, 이성은 이 어떤 것에 관해 「어떤 것 자체 그것」을 우리에게 가르쳐 주지 않고, 오직 가능한 경험의 분야에서 이성 자신의 완전하고·최고인 목적으로 향해진 사용에 관해서만 우리에게 가르쳐 주는 것이 있다. 이것만이 이 무렵에 합리적으로 바랄 수 있는 모든 효용이요, 또 이런 효용으로써 사람은 만족할 이유를 가지는 바이다.

60. 이처럼 인간이성의 자연소질 중에 그러면서도 이성 추구의 본질적 목적이 되어 있는 것 중에, 사실상 주어져 있는 형이상학을, 그것의 주관적 가능성에 의해 우리는 충분히 서술하였다. 이렇게 [서술]하는 동안에 우리가 알았거니와, 우리 이성의 이런 소질의 자연스러운 사용은, 만약 과학적 비판에서 가능한 이성의 훈련이 이성을 제어·제한하지 않으면, 한쪽에서는 외견상으로 딴쪽에서는 내적 모순조차 있는 「월경적인 변증적 추리」 속으로 이성을 빠지게 하는 것이다. 뿐더러, 궤변을 농하는 이 형이상학은 자연인식의 촉진을 위해 없어도 좋고, 아니 유해하기도 한다. 그러므로 탐구할 만한 값어치가 있는 한 과제는 여전히 남아 있는 것이요, 이 과제 내용은, 우리의 본성 중에 있는 초험적 개념들에의 소질이 목표로 하고 있을 자연목적들(Naturzwecke)[즉 합목적성]을 발견하는 것이다. 자연 중에 있는 일체는 아무래도 본래는 그 어떤 유용한 의도를 간직하고 있음에 틀림없기 때문이다.

이러한 탐구가 사실은 잘 되지 않는 것이다. 내가 고백하거니와, 이에 관해 내가 말할 줄 아는 것은, 자연의 최고목적에 관한 일체[의 언설]와 마찬가지로 억측임에 불과하다. 이런 말만을 이 경우에 내가 해서 좋은 것이다. 왜냐하면, 문제는 형이상적 판단의 객관적 타당성에 상관한 것이 아니라, 이런 판단에 대한 자연소질에 상관해 있고, 따라서 형이상학의 체계 외의 인간학(Anthropologie) 중에 있기 때문이다.

선험적 이념들을 총괄함이 자연적 순수이성의 본래 과제가 된다. 이 과제는 이성으로 하여금 자연의 한갓 관찰을 포기하고, 모든 가능한 경험을 넘어가면, 이러한 노력 중에서 형이상학이라고 칭하는 것(지식이건 궤변이건 간에)을 성립시키기를 강요하지마는, 내가 이런 모든 선험적[초험적] 이념들을 고찰할 때에, 다음의 사실이 인정된다고 생각한다. 즉 이 자연소질이 지향하고 있는 것은, 우리의 개념[이념]을 경험의 질곡과 한갓 자연고찰의 제한에서 해방시키는 것이요, 그래서 적어도 순수오성의 대상들·감성이 도달할 수 없는 대상들만을 포함하는 한 분야를 그 개념이 눈앞에 전개하는 데 이르는 것이다. 그러나 이것은 우리를 이런 대상들에 사변적으로 종사하도록 하려는 의도에서가 아니라 (우리는 우리가 입각할 수 있는 지반이 없기 때문에) 실천적 원리들이[1)][자유로운 분야를 보존하기] 위한 것이다. 실천적 원리들이 필연적 기대와 희망을 위해 그러한 여지를 눈앞에서 발견하지 않으면, 그것들은 이성이 도덕적 견지에서 불가피하게 요구하는 보편성으로 자기를 확대해 갈 수 없다.

내가 알기로는, 심리학적 이념에 의해서는 인간 영혼의 순수한, 모든 경험개념을 초월한 본성을 통찰하지 않지마는, 이 심리학적 이념은 적어도 경험개념이 불충분함을 넉넉히 명시해 주고, 그로 인해 나를 유물론에서 떼놓는 것이다. 즉, 어떠한 자연에 관한 설명에도 부적합하고, 게다가 실천적 방면에서 이성을 [부당히] 제한하는 심리학적 개념에서 나를 떼놓는 것이다. 우주론적 이념들은 마찬가지로 모든 가능한 자연인식이 이성의 정당한 요구를 만족시키기에는 명백히 불충분함에 의해서, 자연만으로 충분하다고 자칭하는 자연주의에서 우리를 멀리하는 데에 쓰인다. 최후로 감성계에서의 모든 자연필연성은, 그것이 사물들의 상호의존을 항상 전제하는 이상, 언제나 제약되어 있고, 무제약

1) Reclam판 원서에서 나온, Cassierer의 보족에 따랐다.

적 필연성은 감성계와는 다른 어떤 원인의 통일성에서만 구해져야 하지마는, 이 원인의 원인성도, 그것이 만일 자연임에 불과하다면, 우연적인 것의 현존재를 우연적인 것의 귀결로서 이해시킬 수 없을 것이다. 그러므로, 이성은 신학적 이념에 의해서 숙명론에서——즉 제일원리 없는 자연 그것의 연관에서의 맹목적 필연성에서 또 이 제일원리 자신의 원인성에 있어서의 맹목적 필연성에서——해방되어, 자유에 의한 원인의 개념에, 따라서 최상 예지의 개념에 도달하는 것이다. 이래서 선험적 이념들은 우리를 적극적으로 교도하는 일은 없어도, 적어도 유물론·자연주의·숙명론의 불손한 또 이성의 분야를 좁히는 주장을 지양하고, 그로 인해 사변의 분야 외에 도덕적 이념들을 위한 한 여지를 주는 데에 쓰인다. [B.머리말 XXXIV 참조]. 이런 고찰이 인간 이성의 자연소질을 다소간 설명할 것으로 나는 생각한다.

한갓 사변적 학문이 가질 수 있는 실천적 효용은, 이 학문의 한계 외부에 있고, 그러므로 주석(Scholion)으로 고찰될 수 있을 뿐이요, 모든 주석과 마찬가지로 학문 자신의 일부를 이루는 것이 아니다. 그렇더라도 이런 관계는 역시 적어도 철학의, 특히 이성의 순수한 원천에서 길어 내는 철학의, 한계 내에 있는 것이요, 이런 원천에서 형이상학에서의 이성의 사변적 사용은 도덕에서의 실천적 사용과 반드시 통일을 가져야 한다. 그러므로 형이상학에서의 순수이성의 불가피한 변증론은, 이것을 자연소질로 보면, 단지 해결되어야 할 가상으로뿐만 아니라, 자연의 채비로서 그 목적에 관해 설명을 받을 만한 것이다. 그러나 이런 일은 여분의 공적이 되는 일이기에, 본래의 형이상학에 요구할 수 없음은 당연하다 하겠다.

「비판」 B.670－B.696까지를 차지하는, 이 문제들의 해결은, 둘째의 그러나 형이상학의 내용에 더욱 가까운 주석으로 생각되어야 하겠다. 거기서는 자연질서를——혹은 오히려 자연질서의 법칙들을 경험에 의해 구해야 하는 오성을——선천적으로 규정하는 이성의 어떤 원리들이[1] 진술되어 있기에 말이다. 이 이성의 원리들은, 그것이 오성처럼 가능한 경험의 원리로 보아질 수 없

1) 라이프니즈가 강조한 피조물의 연속적 단계(등급)의 법칙 같은 것이요, 자연은 비약하지 않는다(B.688)로 표시될 수도 있다.

는 한갓 이성에서 발생하는 것임에도, 경험에 관해 구성적·입법적인 것 같다. 그런데 [이성과 오성의 구성적이라는 견지에서] 이런 일치는 다음의 것에 의거하는 것인가? 즉 자연이, 현상에 혹은 현상의 원천인 감성에 자체상 의존하지 않고, 오성에 대한 감성의 관계에서만 발견되는 것처럼, 가능한 경험 전체에 관한 오성 사용의 전반적(durchgängig) 통일(하나의 체계에서의)은 오직 이성과의 관계에서만 오성에 속할 수 있고, 따라서 경험도 간접적으로 이성이 입법에 따른다는 것에 의거하는 것인가? 이 문제는, 이성의 본성을 형이상학에서의 이성 사용[을 더듬어 보는 것] 외에, 자연사 일반을 체계화하는 보편적 원리들에서도 더듬어 보려는 사람들에 의해, 한층 더 숙고되어서 좋은 것이다. 내가 「비판」서 자신 중에서 이 과제를 중요한 것으로서 제시하기는 했으나, 그 해결을 시험하지는 않았기에 말이다.*

* 순수이성의 본성의 탐구를 완전하도록 하는 「것」이 있다면, 그 것은 비록 여하히 감추어져 있더라도, 그것을 등한히 하지 않음이 「비판」을 통해 내가 품은 부단의 심지였다. 무엇이 아직도 탐구되지 않고 남아 있는가가 명시되기만 하면, 그 어느 정도까지 연구를 더하건 간에, 그것은 이후의 각인의 임의의 일에 속한다. 왜냐하면, 이런 일은 이성의 이 전분야를 측정한 뒤에, 이것을 미래의 개척과 임의의 분배를 위해 타인에게 맡기는 것을 자기의 일로 삼은 사람에게 당연히 기대할 수 있기에 말이다. 이제 말한 두 가지의 주석도 이런 일에 속한다. 맡을 일이 무미건조하기에 소인의 마음에는 들지 않을 것이다. 따라서 전문가를 위해서만 제시되었다.

이래서 앞에서 제출한 학이상학 일반은 어떻게 가능한가?라는 주제의 「분석적」[1] 해결을 나는 끝맺는다. 왜냐하면, 나는 형이상학의 사용이 사실상 적어도 그 결과에 있어서 주어져 있는 것에서 출발하여 형이상학을 가능하게 하는 근거들에까지 소급했기 때문이다.

1) 292면의 역주 참조.

서론의 일반적 문제의 해결: 어떻게 학으로서의 형이상학은 가능한가?

이성의 자연소질로서의 형이상학은 현실로 있는 것이나, 그것이 자체로서는 (셋째 주제의 분석적 해결이 지시했듯이) 변증적이요, 기만적이다. 하기에 이런 형이상학에서 원칙들을 얻으려고 하는 것은, 즉 원칙들의 사용에 있어 확실히 「자연스러운, 그럼에도 거짓의 가상」에 따른다는 것은, 결코 학을 산출할 수 없고, 단지 공허한 변증적 기술만을 산출하며, 이런 기술에서는 어떤 학파가 딴 학파보다 우수할 수 있으나, 어느 학파도 정당하고 영원한 찬동을 얻기는 도저히 불가능하다.

그런데 형이상학이 학으로서, 기만적 설득뿐만이 아니라, 통찰과 확신을 주장할 수 있기 위해서는, 이성 자신의 비판이 선천적 개념들의 저축 전체, 각종의 원천 —— 감성·오성·이성 —— 에 따른 선천적 개념들의 분류, 또 이런 개념들의 완전한 표, 이런 개념들 전부와 그것에서 추론될 수 있는 것과의 분석, 특히 이런 개념들의 연역에 의한 「선천적 종합인식」의 가능성, 이런 개념들 사용의 원칙들, 최후로 이런 개념들 사용의 한계, 이상의 전부를 하나의 완전한 체계에서 명시해야 한다. 하기에, 「비판」은, 전혀 「비판」만이 학으로서의 형이상학을 성립시킬 수 있기 위한 잘 음미되고 확증된 전계획을, 아니 이 계획 실현의 모든 수단까지도 포함하고 있다. 그 외의 방도와 수단에 의해서는 학으로서의 형이상학은 불가능하다. 이에 여기서의 문제는 어떻게 이런 일이 가능한가라는 것보다도, 어떻게 이런 일을 추진시킬 수 있나, 어떻게 총명한 사람을 움직여서, 종래의 그릇된 성과 없는 작업에서 거짓 없는 작업으로 향하게 할 수 있나, 그리고 어떻게 이러한 협력이 공동의 목적에 최선적으로 인도될 수 있나, 하는 것일 뿐이다.

이것만은 확실한 것이지마는, 일단 「비판」을 미득한 사람에게는 모든 독단적인 공론이 영구히 구역질을 일으킨다. 그는 이전에 이 공론에 부득이 만족해 있었던 것은, 그의 이성이 자신을 지지하기 위해 그 무엇을 필요로 했으나, 독단론적 공론보다도 나은 것을 발견하지 못했기 때문이다. 「비판」과 보통의 학파적 형이상학과의 관계는, 마치 화학과 연금술과의, 관계, 천문학과 예언적 점성술과의 관계와 같다. 내가 보증하지마는, 비록 이 「서론」에서라도 「비판」의 원칙들을 숙고하고 이해한 사람은 두 번 다시 저 낡은 궤변적인 사이비 학문에 돌아가지 않을 것이다. 그는 오히려 일종의 희열로써 형이상학을 내다볼 것이다. 이 형이상학은 이제야 그의 수중에 있고, 그 이상 더 아무런 예비적 발견을 필요도 하지 않으며, 이성에 비로소 영속적인 만족을 줄 수 있는 것이다. 왜냐하면, 모든 가능한 학문들 중에서 형이상학만이 확실히 기대할 수 있는 이점이 있기에 말이다. 즉 형이상학은 이 이상 더 변해질 필요가 없는, 또 새 발견에 의해 증가될 수도 없는, 완성과 지속적 상태에 도달한다는 이점이다. 왜냐하면, 이성은 여기서는 [형이상학에서는], 이성의 인식의 원천을 대상 중에 또 그것의 직관 중에서가 아니라 (대상의 직관에 의해서 이성은 새삼스레 더 계몽될 수 없다), 이성 자신 중에 가지기 때문이다. 그러므로 이성이 만일 자기 능력의 근본법칙을 완전히 표현하였고 모든 오해에 반대해서 확호하게 표현했다면, 순수이성이 선천적으로 인식할 수 있는 것은 전혀 없고, 그뿐더러 이성이 정당히 문제삼을 수 있는 것도 전혀 없다. 이처럼 확고하고 완결된 지식에 대한 확실한 전망은, 그 지식의 각종 효용(이것에 관해 나중에 언급하겠지마는)을 도외시하더라도, 그 자체가 특별한 매력을 가지고 있는 것이다.

모든 거짓된 재주, 모든 헛된 지혜는 시간이 가면 멸망한다. 그것을 결국 자멸한다. 그런 것들의 개화의 극치는 동시에 쇠퇴의 시점인 것이다. 이제야 형이상학에 관해 이런 시기가 도달했다. 이런 시기의 도달을 증명하는 것은 딴 모든 학문의 연구에서 하여지고 있는 열의에도 불구하고, 형이상학이 학식있는 모든 인사간에 빠져있는 상태이다. 대학에서의 낡은 연구제도는 아직도 형이상학의 그림자를 보관해 있고, 유일의 학술원은 현상으로 가끔 사람을 움직여서 형이상학에 관한 그 어떠한 논문을 쓰게 하고 있다. 그러나 형이상학은 이제는 이미 근본적 학문으로 보아져 있지 않다. 하기에, 재기 있는 인사가 있어서 그가 위대한 형이상학자라고 불린다고 하더라고, 그가 이 선의의, 그러나 아무도 첨망함이 거의 없는 찬사를 어떻게 받아들일지, 사람들은 스스로 판단해 보는 것이 좋을 것이다.[1)]

모든 독단적 형이상학이 멸망하는 시대가 의심할 수 없이 도래해 있으나, 형이상학 재생의 시대가 이성의 근본적이고 완전한 비판에 의해 그 대신 이미 나타났다고 말할 수 있는 것에서 아직도 멀리 떨어져 있다. 한 경향에서 그 반대경향에의 모든 전이는 그 사이에 무관심의 상태를 통과하는 것이요, 이 중간 시기는 저자에게는 가장 위험한 때이나, 학문에 대해서는 가장 행운의 시기라고 나에게 생각된다. 왜냐하면, 당파적 정신이 [독단론 무관심과의] 결합을 완전히 해소함에 의해 사멸했을 때야말로, 인심은 딴 계획에 따라 결합하려는 제의에 점차로 귀를 기울이는 데에 가장 좋은 상태에 있기에 말이다.

나는 이 「서론」이 「비판」분야의 연구를 고무할 것을 바란다. 또 사변적 부분에서 양분이 부족하다고 생각되는 「철학의 일반적 정신」에 그것을 양육하는 하나의 새로운, 대단히 유망한 대상[내용]을 줄 것을, 「서론」에서 기대한다고 나는 말한다. 이때에 나는 아예 상상할 수 있거니와, 「비판」에서 사람이 도달하게 되었던 가시 많은 길에 불만을 품고 싫증이 난 그런 사람은 누구라도 「도대체 무엇에 의거해서 이런 기대를 가지느냐?」고 나에게 물을 것이다. 이에 대한 나의 답은 필연성의 거부할 수 없는 법칙에 의거한다는 것이다.

인간의 정신이 언젠가는 형이상학의 연구를 단념할 것이라고 하는 것은, 불결한 공기를 언제나 마시지 않기 위해서 언젠가는 호흡을 전혀 중지할 것이라고 하는 것과 같이, 전혀 기대할 수 없는 일이다. 그러므로 형이상학은 이 세상에 언제나 있을 것이요, 아니, 어느 사람에게도 특히 사색적인 사람에게 있을 것이다. 그리고 공적인 표준이 없을 즈음에는 각인은 각양으로 형이상학을 만들 것이다. 그런데 종래에 형이상학이라고 불렸던 것은, 음미적인 두뇌의 사람에게 만족을 줄 수 없게 되었으나, 종래의 것을 완전히 단념할 수도 없다. 이에 결국 순수이성 자신의 비판이 시도되어야 하고, 혹은 만약 비판이 하나라도 있다면, 그것이 연구되어 일반의 검토를 받아야 한다. 왜냐하면, 한갓 지식

1) 형이상학의 현황은 빈곤하고 쇠잔해 있다는 뜻이다.

욕 이상의 그 어떤 것인, 이 박두하는 욕구를 구제하는 수단은 그것 외에 없기 때문이다.

「비판」을 내가 안 이후로, 형이상학적 내용의 책을 다 읽고나매, 그 책이 개념들의 규정에 의해, 다양성·질서·평이한 서술에 의해 나를 기쁘게 했을 뿐더러 계발해 주기도 했다 하더라도, 나는 다음과 같이 묻지 않을 수 없었다. 즉 이 저자는 형이상학을 확실히 일보 전진시킨 것인가?라고.

학자들의 책은 나에게 딴 점에 있어서는 유익했고 또 정신력의 계발에 기여했다. 그러나 그들의 용서를 바랄 것이 있다. 내가 고백하거니와, 그들의 논문에서나 내 자신의 [비판기 이전의] 빈약한 논문에서나(이기심에서 내 논문 쪽이 더 나은 것으로 생각하겠지마는) 형이상학을 조금이라도 진보시킨 것을 내가 발견할 수 없었기 때문이요, 이런 일은 아주 정당한 근거에서 생긴 것이기도 하다. 왜냐하면, 이 학[형이상학]은 아직 존재하지 않았고, 단편적으로 조금씩 모아진 것이 형이상학으로 될 수 있는 것도 아니요, 그것의 싹이 「비판」에서 미리 충분히 형성되어야 하는 것이기 때문이다. 그러나 오해를 피하기 위해, 기술한 대목에서 명기해야 할 것은, 우리의 개념들을 「분석적」으로 다룸에 의해 오성은 참으로 많은 이득을 보지마는, 이 학[형이상학]은 그로 인해 조금도 진보하게 되지 않는다는 것이다. 왜냐하면 개념들의 분석은, 그것에 의해 학이 비로소 짜여질 터인 재료일 뿐이기 때문이다. 가령 실체와 우유성의 개념을 매우 훌륭하게 분석하고 규정한다고 하자. 이렇게 하는 일은, 미래의 그 어떤 사용에 대한 준비로서는 참으로 좋다. 그러나 만유에 있어서 실체는 지속하고 우유성만이 변화한다는 것[명제]을 내가 증명할 수 없다고 하면, 분석을 아무리 했더라도 그것이 학[형이상학]을 조금이라도 진보시킨 것은 아니다. 그런데 [소위] 형이상학은 이 명제도 충족이유율도 그 어떤 한층 더 합성적인 명제, 즉 심리학[영혼론]과 우주론에 속하는 명제도, 또 그 외의 어떤 종합적 명제도, 이때까지 선천적으로 타당하는 것으로 증명할 수는 없었다[단지 분석적 설명만 했다]. 하기에, 모든 분석은 달성한 것이 없고 공급한 것이 없으며 촉진한 것도 없다. 따라서 이 학[형이상학]은 그처럼 많은 혼란과 소란을 겪었으나, 여전히 아리스토텔레스 시대와 같은 자리에 그대로 있다. 그러나 [선천적인] 종합인식에 이르는 실마리만이라도 한 번 잡혔더라면,[1] 이 학의 준비가 이전보다도 훨씬 더 잘 되었을 것은 이론의 여지가 없다.

나의 이런 주장으로 해서 모욕받았다고 생각하는 사람이 있다면, 그가 독단[주장]적 방식에서 선천적으로 증명할 것을 제외하는바, 형이상학에 속하는 단지 하나인 종합적 명제만이라도 들 때에, 그는 [나의] 비난을 쉽사리 무효화할 수 있다. 그가 이런 일만 한다면, 그가 학[형이상학]을 참으로 진보시켰다는 것을 나는 승인하겠다. ── 비록 이런 [종합]명제가 평소에는 보통의 경험 [일상 경험]에 의해 넉넉히 확증되어 있을 것이라 하더라도. 어떤 요구도 이것 이상으로 온당하고 지당한 것일 수 없다. 그리고 이 요구가 이행되지 않을 경우에는 (이행되지 않을 것은 반드시 확실하지마는), 학으로서의 형이상학은 종래에 없었다는 발언 이상으로 정당한 발언은 없다.

나의 요구[발언]가 승인되는 경우에, 다음의 두 가지만은 나는 거절하지 않을 수 없다. 첫째는 개연성과 억측과의 장난이다. 이것은 기하학에서 그렇듯이 형이상학에서도 좋지 못한 일이다. 둘째로 소위 상식이라는 마술의 지팡이로써 결정하는 것이다. 이것의 결정은, 모든 사람을 납득시키는 것이 아니라, 개인적 성질들에 준거하는 것이다.

무릇, 첫째에 관해서 말한다면, 형이상학, 즉 순수이성에서 생기는 철학에 있어서 사람의 판단을 개연성과 억측에 의존시키려고 하는 것만큼 배리인 것은 없다. 선천적으로 인식되어야 할 것은 모두, 바로 그런 인식에 의해서 절대 필연적으로 확실한 것이라고 말하고, 따라서 그러한 것으로 증명되어야 한다. 사람은 마찬가지로 가하학과 산술을 억측에 의존시키려고 할 수 있을까! 산술에서의 개연성의 계산(calculus probabilium)에 관해서 말한다면, 그것은 개연적 판단을 포함하지 않고, 주어진 동종의 조건 아래서의 어떤 사례의 가능성의 도에 관한 확실한 판단을 포함하고, 이 판단은 모든 가능한 사례의 전체에 있어서 전혀 틀림없이 규칙에 따라 적중해야 하는 것이다. ── 그러나 이 규칙은 모든 개개의 우연에 관해 충분하게 규정되어 있지는 않다. 오직 경험적

1) 학적 경험을 무시하고 주관적으로, 영혼적 실체가 있다거니, 우주에 무제약자, 가령 의지의 자유가 있다거니, 혹은 하나님이 있다거니 하는 종합판단이, 잘못된 정언추리, 가언추리, 선언추리에 각각 의거해 있었음을 알게 된다는 뜻이다.

자연과학에서만 억측(귀납과 유추에 의한)이 허용될 수 있으나, 이 경우에도 적어도 내가 상정하는 것[규칙에 따라 적중하는 것]의 가능성은 전혀 확실해야 하는 것이다.

개념과 원칙이 경험에 관해 타당한 것이 아니라 경험의 조건들을 넘어서도 타당한다고 자칭하고 싶어 하는 한에서, 개념과 원칙을 논의할 때에, 상식을 끌어대는 것은 자칫하면 한층 더 나쁜 사정에 있게 되는 것이다. 무릇 상식, 즉 건전한 오성이란 무엇인가? 그것은, 정당히 판단하는 한의 일반 오성이다. 그러면 일반 오성이란 무엇인가? 그것은, 규칙들을 구체적으로 인식하고, 사용하는 능력이요, 사변적 오성에서 구별되는 것인데, 이 사변적 오성은 규칙들을 추상적으로 인식하는 능력이다. 가령 일반 오성은 일어나는 일체는 그 원인에 결정되어 있다는 규칙을 겨우 이해할 수는 있겠으나 결코 보편적으로 통찰할 수는 없겠다. 하기에 일반 오성은 경험에서의 실례를 요구한다. 유리창이 파손되었다거나 가구가 없어졌다거나 했을 때에 이런 실례가 그것[상식]이 [평소에] 항상 생각했던 것[도둑이 한 짓의 결과]임에 틀림없음을, 그것[상식]이 들을 때에, 그것[상식]은 저 원칙[규칙]을 이해하고 또 허용한다. 그러므로 일반 오성은 자기의 규칙들이(이것은 사실은 오성 중에 선천적으로 내재하는 것이지마는), 경험에서 확증되는 것을 자신이 볼 수 있을 경우에만 사용되는 것이다. 하기에 이런 규칙들을 선천적으로, 즉 경험에서 독립해서 통찰하는 것은 「사변적 오성」에 속하고, 이런 통찰은 전혀 일반 오성의 시야 밖에 있다. 그러나 형이상학은 오로지 후자[사변적 오성]의, 선천적인 종류의 인식만을 다룬다. 여기서 [형이상학]는 아무런 판단도 내리지 않는 증인을 방패로 삼는 [격이요, 이런]일은, 확실히 「건전한 오성」[상식]의 좋지 못한 징조다. 이 증인은, 사람이 궁지에 빠져, 자기의 사변으로서는 권고도 조력도 발견하지 않는 경우가 아니라면, 아마 멸시받을 것임에 틀림없다.

직접 확실한 명제, 그래서 증명뿐만 아니라 일반적으로 변명도 필요로 하지 않는 명제, 이런 명제가 결국 약간은 있어야 한다고(그렇지 않으면 판단의 근거에 관해 결말을 지을 수 없겠기 때문에) 말하는 것은, 상식의 거짓 친구들이 (상식을 때로는 자못 찬양하나 보통은 멸시하는 사람들이) 늘 사용하는 핑계다. 그러나 이런 권한을 증명하기 위해서는 그들은 (종합판단의 진리를 중시하기에는 부족한 모순율을 제외하고) 상식에 직접 돌릴 수 있는 확실한 것으로 다름 아닌 수학의 명제만을 들 수 있다. 수학 명제의 실례는 2에 2를 곱하면 4다, 두 점간의 직선은 하나 밖에 없다 등과 같은 것이다. 그러나 이런 판단[명제]들은 형이상학의 판단들과는 천양의 차가 있다. 수학에서는 개념에 의해 가능하다고 내가 생각하는 것을 모두, 나는 나의 사고에 의해 자신이 만들 수 있다(즉 구성할 수 있다). 가령 어떤 2에다 다른 2를 차례로 보태서 스스로 4라는 수를 나는 만들 수 있고, 혹은 사고 중에서 한 점에서 딴 점으로 각종의 선을 그어, 그 모든 부분에서 (동등 또는 부등을 막론하고)서로 닮은 선을 하나만 나는 그을 수 있다. 그러나 나는 나의 전사고력에 의하더라도 어떤 사물의 개념에서, 이 개념과 [딴 사물]의 현존재가 반드시 결합해 있는 다른 사물의 개념을 끌어낼 수 없고, 경험과 상의해봐야 한다. 그리고 나의 오성은 선천적으로(그러나 가능한 경험과 항상 관계해서) 이러한 결합(인과성) 개념을 주기는 하되, 나는 그것을 수학의 개념들처럼 선천적으로 직관 중에 현시할 수 없고, 따라서 그것의 가능성을 선천적으로 명시할 수 없다. 오히려 이 개념은 그 적용의 원칙들과 함께, 만약 그것이 선천적으로 타당할 것이라면——이것을 형이상학은 요구하는 바이다——그것의 가능성의 변명과 연역을 항상 필요로 한다. 왜냐하면, 그렇지 않으면, 이 개념이 어디까지 타당하는지, 경험 중에서만 사용될 수 있는지, 혹은 경험 외에서도 사용될 수 있는지, 모르기 때문이다. 그러므로, 순수이성의 사변적 학으로서의 형이상학에서는, 결코 상식을 들이댈 수 없다. 그러나 다음의 경우에는 상식을 들이대도 좋다. 즉 사람이, 형이상학을 포기하고, 항상 하나의 「앎」이어야 하는 순수한 사변적 인식을 모두 단념하며, 따라서 형이상학 자신과 그것의 교도도 (그 어떠한 요건을 위해) 단념하지 않을 수 없는 경우이다. 그리고 이성적 신앙만이 우리에게 가능하고, 우리의 요구에 대해서도 충분하다고 (아마 앎보다 이성적 신앙이 더 유익하겠다) 인정되는 경우이다. 왜냐하면 이런 경우들에서는 사태가 전혀 달라지기에 말이다. 형이상학은 전체에서 뿐만 아니라 그 모든 부분에서도 「학」이어야 한다. 그렇지 않으면, 형이상학은 아무것도 아닌 것이다. 왜냐하면, 형이상학은 순수이성의 사변으로서 보편적 통찰 외의 아무데서도 터전[근거]을 가질 수 없기 때문이다. 형이상학 외에서 개연성과 상식이 유효하게 또 정당하게 사용될 수 있되, 그것들은 중점이 언제나 실천적인 것과의 관계에 의존하는, 전혀 다른 독자적 원칙에 따라 사용될 수 있다.

이상이 내가 학으로서의 형이상학의 가능성에 대해 당연히 요구할 수 있다고 생각한 것이다.

부록:
형이상학을 「학」으로 실현하기 위해 할 수 있는 일

이때까지 취해 온 모든 길은, 형이상학을 학으로 실현하는 목적에 도달하지 않았고, 또 순수이성을 먼저 비판하지 않은 이상, 이런 목적이 달성되지 않을 것이므로, 여기서 일반인의 눈앞에 제시된 시론이 정확하고 면밀한 음미를 받을 것을 기대함은 부당하지 않을 것이다. 오히려 형이상학에 대한 모든 요구를 포기하는 것이 상책이라고 생각하지 않는 한에서, 사실 부당하지 않을 것이다. 형이상학적 요구를 포기하려는 기획을 끝끝내 고집하기만 한다면, 이런 경우에는, 형이상학에 대한 반대가 전혀 불가능한 것이다. 우리가 사물의 경과를 생각하는데, 그것이 어떻게 되어 있어야 할 경과가 아니라, 현실로 되어 있는 경과를 생각한다면, 두 가지 판단이 존재한다. 하나는 연구하기 전에 내리는 판단이다. 이 판단은 우리의 경우에 있어서 독자가 자기 입장의 형이상학에서 (형이상학의 가능 그것부터 탐구하려고 하는) 「순수이성비판」에 대해 내리는 판단[비판]이다. 다른 하나는 연구한 다음에 나오는 판단이다. 이때에는 독자는 그가 이전에 인정한 형이상학과 상당히 모순될지 모르는 비판적 연구의 결과를 잠시 동안 도외시할 수 있고, 비판적 연구의 결과가 도출된 근거를 먼저 검토한다. 만약 보통의 형이상학이 강술하는 것이, (이를테면 기하학처럼) 명백히 확실하다면, 첫째 종류의 판단이 타당할 것이다. 왜냐하면, 어떤 원칙의 결론이 이미 확정된 진리에 어긋난다면, 그런 원칙의 편이 거짓이요, 그 이상의 연구를 할 필요 없이 원칙을 내버려야 하기에 말이다. 그러나 형이상학이 이의할 여지없이 확실한 (즉 종합적) 명제를 저장해 있지 않은 그런 처지라면, 형이상학의 대다수 명제들이, 그 중의 가장 높다고 하는 명제와 마찬가지로, 그럴 듯하면서도 결론에서는 아마 서로 모순될 처지라면, 특히 형이상학 본래의 (종합적) 명제들의 진리성에 대한 확실한 표준이 형이상학 중에 전혀 찾아볼 수 없는 그런 처지라면, 첫째 종류의 판단이 생길 수 없는 것이다. 하기에 「비판」의 원칙들을 연구하는 것이, 그것의 가치 유무에 관한 [주관적] 모든 판단에 선행해야 하는 것이다.

「비판」을 연구하기 전에 「비판」에 내린 판단의 본보기

연구하기 전에 비판에 내린 판단은 1782. 1. 19.의 괴팅겐(Göttingen)학보 부록 제3편 40면 이하에[1] 실려 있다. 자작의 연구 대상에 통달해서 그것을 다듬기 위해 전혀 자주적 사색을 하도록 전심했던 저자가, 진정한 비평가에 걸렸다고 하자. 이런 비평가는 충분한 혜안을 가져 원 저서의 진정한 공죄를 결정할 점을 찾아내고, 말씨에 구애되지 않고 내용을 추구하며, 저자의 출발점이 된 원리들만을[2] 고량·음미하는 자이다. 이런 비평가에 걸렸을 때에, 저자는 이 비평가의 엄밀한 판단이 마음에 들지 않을지 모르나, 대중에게는 엄밀한 판단이 무방한 것이다. 이것은 엄밀한 판단에서 대중이 득을 보기 때문이다. 그리고 저자 자신도, 빨리 유식자의 검토를 거친 자기의 논고를 시정하거나 주석하는 기회를 가지며, 자기[의 사상]이 필경은 옳은 것으로 믿을 때에는 자기의 저서에 불리한 결과를 가져 올 방해의 돌덩이를 빨리 제거하는 기회를 가짐으로써 만족할 수 있다.

그런데 내 저서의 비판자에 관해서는 지금 내가 말한 처지와 전혀 다른 처지에 있다. 그는, (내가 다룬 연구가 성공적이고 아님은 별문제로 하고) 내 연구의 요점을 통찰해 있지 않은 듯한다. 그래서 나의 호한한 작품을 사색하면서 읽는 인내가 없는 탓이거나, 혹은 비평가가 오랜 이전에 완성된 것으로 믿었던 학문[철학]이 개혁되도록 협박받는 것을 싫어하는 기분의 탓이거나, 혹은 좀 재미롭지 못한 추측이나 참으로 협소한 견해 때문에, 비평가가 재래의 학파적[보통] 형이상학을 넘어서서 생각하지 못하게 된 탓이건 간에, 이런 것들에 대해 비평가가 책임이 있겠다. 간단히 말해 비평가는 긴 일련의 명제들[순수이성비판의 글]을——이것들은 그것에 도달한 전제를 앎이 없고서는 생각[이해]될 수 없거니와——성급하게 통독해서 처처에 비난을 퍼뜨렸으나, 독자는 사실은

1) 이 비평은 라이프찌히 대학의 통속철학자 Ch. Garve(1742－1798)의 초고를 괴팅겐 대학의 같은 통속철학자며 동대학 학보의 편집자이기도 한 J.G.H. Feder(1740－1821)가 짧게 하고 가필해서 된 것이나, 익명으로 발표되었다.
2) 원서 초판의 nicht bloss를 Natorp의 정정을 따라 nicht를 없애고 bloss로 읽었다.

그 비평가가 비난했을 명제들을 이해하지 않을 뿐더러, 독자는 비난의 근거도 모르고 있다. 이 비평가는 [나의 저서를] 대중에게 소개하는 데에 유조하지 못하고, 식견 있는 자의 판단 중에 있는 나를 조금도 손상하지도 못한다. 그러므로 나의 「서론」의 독자를 몇 가지 사례에서 오해에서 방위할 수 있는 약간의 주석을 하는 기회를 소위 비평이 주지 않았더라면, 그런 비평을 나는 전적으로 무시했을 것이다.

비평가는 특별한 연구를 경주함이 없이 순수이성비판의 전작품을 그 저자 [칸트]에게 가장 불리하게, [독자에게는] 가장 용이하게 보여줄 수 있는 입장을 취하기 위해서, 비평가는 시종 「그 책의 초험적인 관념론 (또는 비평가의 역어에 의하면, 보다 더 높은* 관념론)[1]의 체계라고 한다.

* 「보다 더 높은」이라는 말은 나의 [선험적] 관념론에는 단연 부적당하다. 보다 더 높은 탑과 그것에 유사한 형이상학의 대가라는 [두 가지] 말은——이 양자의 주위에는 공통적으로 바람이 세차지마는——나에게는 맞지 않다. 내가 선 땅은 경험이라는 기름진 저지(Bathos=Tiefe)이다. 그리고 선험적이라는 말은——내가 그 말의 의미를 몇 번이나 지적했건마는, 비평가가 이해하지 않았다(비평가는 일체를 이처럼 엉성하게 보았다)—모든 경험을 초월한다는 뜻이 아니라, 확실히 경험에 (선천적으로) 선행하기는 하되, 오로지 경험-인식을 가능하게 하는 데에만 쓰이도록 규정되어 있는 것을 의미한다. 이제 말한 선험적이란 개념이 경험을 넘어버리는 것이라면, 그런 사용은 초험적이라고 부르고 내재적, 즉 경험으로 제한된 사용과 구별된다. 이런 종류의 오해가 그 저작에서는 충분히 방지되어 있다. 오직 비평가만이 오해에서 이익을 보고 있다.

이상의 한 줄[2]을 보고서, 어떤 종류의 비평이 나오겠는가를 나는 곧 알아챘다. 기하학에 관해 듣지도 보지도 않은 사람에게 돌연히 유클리드 기하학 책을 보이고, 이것에 대한 비평을 구할 때에, 책장을 넘기면서 그 많은 그림을 본 다음에 「이 책은 그림 그리는 데에 대한 체계적인 길잡이이다. 저자는 모호

1) 보다 더 높은 관념론은 고차의 부조리(höheres Blödsinn)라는 뜻이다.
2) 「초험적 관념론(비평가의, …보다 더 높은 관념론)의 체계」라는 408면 10행의 한 줄.

하고 알기 어려운 교칙을 만들고자 특수한 말을 사용했으나, 필경 자연의 눈가림으로 누구나 성취할 수 있는 것 이상의 일을 수행할 수 없는 것이다」라고 말하는 따위와 거의 같음을 알아챘다.

아무튼 나의 저작 전체를 관통해 있으나, 도저히 체계의 핵심(Seele)이 되는 것은 아닌 나의 관념론은 도대체 어떤 종류의 것인가를 우리는 살펴보기로 하자.

엘레아(Elea)학파 이래로 버클리 승정에 이르기까지 순수한 모든 관념론자의 명제[논지]는 다음의 공식 중에 포함되어 있다. 즉 「감관과 경험에 의한 모든 인식은 순전한 가상임에 틀림없고, 순수오성과 이성과의 이념 중에만 진리가 있다」고.

이에 반해, 나의 관념론을 시종 지배해 있고 규정하는 원칙은 다음과 같다. 즉 순수오성이나 순수이성에서 얻어지는 사물의 모든 인식은 한갓 가상이요, 경험 중에만 진리가 있다고 하는 것이다.

그러나 이러한 관념론은 그것 외의 딴 진짜 관념론과는 정반대다. 그러면 관념론이라는 말을 전래의 진짜 관념론과는 전혀 대립된 의도에서 쓰는 데에 내가 어떻게 도달할 것인가? 또 비평가의 말처럼 어떻게 관념론이라는 말을 도처에서 보게 되었는가?

이런 곤란의 해결은, [내]저서의 맥락에서 세인이 통찰하고자 했다면, 쉽게 통찰할 수 있었던 그 어떤 것에 의존해 있다. 공간과 시간은, 이 양자 안에 포함되어 있는 만유와 함께 물자체도 물자체의 성질도 아니고, 단지 그것의 현상에 속한다. 여기까지는 나는 모든 관념론자와 동일한 신조이다. 그러나 관념론자들, 이 중에서도 특히 버클리는 공간을 한갓 경험적(empirisch) 표상으로 보았고, 이 경험적 표상은 공간의 모든 규정과 함께 공간 중의 현상과 마찬가지로 경험 혹은 지각에 의해서만 우리에게 알려지는 것이었다. 그러나 이와 반대로 내가 처음으로 다음의 사실을 지적했다. 즉 공간은 (버클리가 간과했던 시간도) 그 모든 규정들과 함께 선천적으로 우리에게 인식될 수 있다. 왜냐하면, 공간과 시간은 일체의 지각이나 경험 이전에 우리 감성의 순수형식으로서 우리에게 내재하고, 감성의 모든 직관을, 따라서 일체 현상을 가능하게 하기 때문이다. 이로부터, 다음의 결과가 생긴다. 즉, 진리는 그것의 표준으로서의 보편적·필연적 법칙에 의존하기에, 진리는 버클리의 설에서는 그것을 결정할 표준이 없다. 그는 경험이라는 현상의 근저에 선천적으로 두는 것이 없기 때문이다. 여기에, 그의 설에서는 현상이 한갓 가상임에 틀림없다는 말이 생겼다. 이에 반하여 나에게 있어서는 공간과 시간은, (오성의 순수한 개념과 결합해서) 모든 가능한 경험의 법칙을 선천적으로 지정하고, 이런 일이 동시에 진리와 가상을 구별하는 확실한 표준을 주는* 것이다.

* 본래의 관념론은 항상 열광적 의도를 가지고 있어서 그 외의 딴 의도를 가질 수 없다. 그러나 나의 관념론은 오직 경험의 대상에 관한 선천적 인식의 가능성을 이해하기 위한 것이다. 이것은, 이때까지 해결되지 않은 과제요, 아니, 제출된 일조차 없었던 과제이다. 이로 인해 열광적 관념론은 전적으로 파멸한다. 열광적 관념론은 항상 (플라톤을 보아도 이미 알거니와) 우리의 선천적 인식(또 기하학의 인식)으로부터 감관의 직관과는 다른 (지성적) 직관을 추리하였다. 왜냐하면, 감관도 선천적으로 직관하는 것을 사람이 전혀 착상하지 못했기 때문이다.

나의 이른바 관념론(원래는 비판적 관념론)은 이처럼 전혀 독특한 것이다. 즉 그것은 보통의 관념론을 뒤엎는 것이요, 그것을 통해 모든 선천적 인식이, 또 기하학의 선천적 인식이 객관적 실재성을 비로소 획득하는 것이며, 이 객관적 실재성을, 내가 공간과 시간의 관념성을 증명한 일이 없었으면, 그 어떠한 열성적인 실재론자도 주장할 수 없었던 것이다. 이런 사정에 즈음해서 오해를 막기 위해 나는 나의 견해에 딴 명칭을 붙이고 싶었으나, 명칭의 완전한 변경을 나는 잘 할 수 없었는 듯하다. 그러므로, 나는 나의 관념론을 버클리의 독단적 관념론과 데카르트의 회의적 관념론에서 구별하기 위해 상술하였듯이 형식적 관념론 혹은 보다 더 적절하게는 비판적 관념론이라고 앞으로 부를 것을 허용해 주기 바란다[324면 참조].

나는 이것 외에 내 책의 비평에 관해 주목할 만한 것을 보지 않는다. 비평가는 철두철미 대체론(en gros)에 그쳤는데, 이런 수법은, 평자 자신의 유식무식이 폭로되지 않기 때문에, 현명한 선택이었다. 내 저서의 주요문제에 관계한

——당연히 그래야 하지마는——비평이었을 때처럼 세부(en detail)에 걸친 유일의 자세한 판단도 아마 나의 과오를 폭로하였거나, 혹은 비평가가 이런 종류의 연구에 관해 가지는 통찰의 정도를 아마 폭로했을 것이다. 일반 독자는 신문의 소개에 의해 저서를 짐작하는 데에 젖어 있다. 이런 독자로부터 책 자신을 읽는 쾌를 재빨리 없애고자, 그 증명근거와 설명과의 관련 밖으로 끄집어내면 (특히 [내 책의] 명제들은 모든 학파적 형이상학과는 지극히 대척적이다), 반드시 배리인 것으로 되는 많은 명제들을 단숨에 늘어놓고, 독자의 인내심을 괴롭혀 그의 구토증을 일으키는 것은, [비평가가] 섣불리 생각해 낸 계책이 아니었다. 이리하여 「변치 않는 가상이 진리다」라는 의미 심원한 명제를 나에게 알린 다음에, 이제야 보통 쓰이고 있는 언어에 무엇 때문에 반목을 하는가, 무슨 목적에서, 또 무슨 영문으로 [자기와 남이] 관념론을 구별하는가라는 두꺼운 그러나 아버지다운 강의[질책]로써 끝맺는 것도 섣불리 생각해 낸 계책이 아니었다. 처음에는 내 책의 모든 독특성이 형이상학적 사설에 있다고 하던 판단[비평]이 나중에 가서는 내 책의 독특성이 한갓 용어의 갱신에 있다고 했으나, 이런 판단은, 나를 불손하게 비판하는 당자가 내 책의 독특성을 최소도 모른다는 것과 그 위에 자기 자신의 주장도 정해하지 않고 있음을 증명하는 것이다.*

* 비평가는 거의 자기 자신의 그림자와 싸우고 있다. 내가 경험의 진리성을 꿈과 대립시킬 경우에 여기서 오직 볼프철학의 유명한 「객관적으로 해석된 꿈」(somnio objective sumto)이 문제되어 있음을 비평가는 전혀 모르고 있다. 이 객관적으로 이해된 꿈이란 순형식적인 것이요, 그 무렵에 수면과 각성과의 구별에 뜻을 두고 있는 것이 아니며, 선험철학에서도 이런 구별이 문제일 수는 없다. 그 외에 비평가는 나의 범주의 연역과 오성의 원칙표를 「논리학과 존재론의 주지의 원칙을 관념론적으로 표시한 것」이라고 말하고 있다. 독자는 이 점에 관해서 이 「서론」을 조사하기만 하면 좋다. 그렇게 하면, 이만큼 빈곤하고 역사적으로도 그릇된 판단[비평]을 도저히 할 수 없음을 독자는 확신할 것이다.

그러나 비평가는, 더욱 중대하고 더욱 우수한 통찰을 의식하면서도 이런 통찰을 드러내지 않는 사람인 것처럼 말하고 있다. 그 비평가가 이러한 어조로 말할 수 있는 권리는 내가 요즘의 형이상학에 관해 전혀 몰랐기 때문에 있는 것이다. 사실 그렇다면, 비평가가 그의 새 발견을 세간에 감추고 있는 것은 매우 잘못된 일이다. 왜냐하면, 형이상학의 부문에 있어서 오래전부터 훌륭한 것이 그만큼 쓰였음에도 이 학문이 그로 인해 손가락의 넓이만큼도 진보된 것을 발견할 수 없었다는 것은 나에게 대해서와 마찬가지로 많은 딴 사람들에 대해서도 의심할 일이 아니기에 말이다. 뿐더러 정의를 날카롭게 하는 것, 절름발이 증명에다 새 지팡이를 갖추어 주는 것, 형이상학의 서투른 땜질[세공]에 새 헝겊을 대거나 그 체재를 변경한다는 것은 지금도 흔히 보는 일이나, 세간은 그런 일을 요구하고 있지는 않다. [그런]형이상적 주장에 세간은 싫증을 갖고 있다. 사람은, 이 학문의 가능성, 이 학문의 확실성이 도출될 수 있는 근원, 순수이성의 변증적 가상을 진리에서 구별하는 확실한 표지 등등을 바란다. 비평가는 이런 것들을 얻게 하는 열쇠를 가지고 있을 것이다. 그렇지 않고서야, 그는 오만한 어조로써 말하지 않았을 것이다.

그러나 학문[형이상학]의 이러한 요구가 비평가의 머리에는 아마 떠오르지 않았으리라는 의심이 든다. 왜냐하면, 그렇지 않다면, 그의 비평을 이런 점에 집중했을 것이고, 이 중요사에 관한 기도만 실재했더라도 존경을 받았을 것이다. 이런 일만 있으면, 우리는 다시 화해할 수 있다. 비평가는 자기의 형이상학에 깊이 파고 들어가는 사색을 해서 좋은 것이요, 아무도 그런 일에 방해하지 않는다. 단지 형이상학의 밖에 있는 것, 즉 「이성 중에 있는 형이상학의 근원」에 관해서는 그는 판단을 내릴 수 없[었]다. 그러나 [비평가에 대한] 나의 혐의에 근거가 없지 않다는 것을, 그가 「선천적 종합인식의 가능성」에는 한마디의 언급도 없다는 사실에서 나는 증시한다. 선천적 종합인식의 가능성이 진짜 과제다. 형이상학의 운명은 이 과제의 해결에 달려 있고 「비판」은 (또 이 「서설」도) 철저히 이 과제의 해결을 노리고 있는 것이다. 비평가가 부딪치게 된 관념론, 비평가도 걸려 있는 관념론은 상술한 과제를 해결하는 유일한 수단으로서만 [나의] 학설 중에 채용되었던 것이다(물론 관념론은 딴 근거에서도 시인되기는 하지마는). 따라서 이 과제는, 내가 「비판」에서 (「서론」에서도) 그 과제에 부여한 중요성을 가지지 않는다거나, 그 과제가 내가 파악한 현상설로써는 해결될 수 없다거나 혹은 딴 방식에서 해결될 수 있다거나 하는 말을 비평가는 했어야 할 일이다. 그러나 이에 관한 비평가의 언급을 나는 보지 않았다. 그렇고 보면, 비평가는 나의 저서를 전혀 이해하지 않았고, 또 형이상학 자신의 정신과 본질에 관해서 전혀 이해하지 않았을 것이다. 만일 ── 나는 오히려 이렇게 믿고 싶으나 ── 비평가의 성급이 많은 장애를 물리치고 나아가야 할 곤란에 견뎌내지 못했고, 이것이 그에게 제시된 책[비판]에 불리한 암영을 던졌으며, 이 책의 근본특징을 모르도록 한 것이라면, 별문제가 된다.

한 학보가 그 기고자를 비록 여하히 잘 선택하고 조심성 있게 구했더라도, 그것이 전에 얻은 명성(Ansehen)을 딴 분야에서와 마찬가지로 형이상학의 분야에서도 유지할 수 있는 데까지는 아직 도달해 있지 않다. 형이상학이 아닌 딴 학문과 지식은 자신의 척도를 가지고 있다. 수학은 그것을 자기 자신 속에, 역사와 신학은 세속의 책과 성경 중에, 자연과학과 약학은 수학과 경험 중에, 법학은 법전 중에, 그리고 취미의 문제조차 희랍·로마인이 남긴 수본 중에 각각 가지고 있다. 그러나 형이상학이란 것을 비평하기 위해서는 우선 그것의 척도부터 발견해야 한다(나는 이 척도와 그것의 사용을 규정하려고 시도하였다). 형이상학 방면의 책에 관해 판단을 내려야 할 때에, 이 척도가 발견되기까지 그동안 어떻게 해야 하는가? 만약 그 책이 독단론적이라면, 사람은 이것을 제멋대로 처리해도 좋다. 이런 책일 경우에는 오랫동안 누구도 타인에게 대가의 노릇을 할 수 없고, 딴 누구라도 나타나서 그에게 복수한다. 그러나 책이 「비판적」 방면의 것이요, 그러면서도 딴 책에 관해서가 아니라 이성 자신에 관한 비판이며, 따라서 그 판정의 척도가 이미 승인될 수 없고 비로소 발견되어야 한다면, 비록 그것에 대한 이의와 비난이 금지되지 않더라도, 근저에는 화해적 태도(Verträglichkeit)가 있어야 한다. 왜냐하면, 요구하는 것이 공통된 것이기 때문이요, 필요한 통찰이 없다는 점이 재판관처럼 판결을 내리는 권위를 허용할 수 없도록 하기 때문이다.

그러나 이러한 변명을 동시에 철학하는 일반인의 관심에 결부시키기 위해, 어떻게 하면 모든 형이상적 연구가 그것의 공통목적에 향하게 되는가의 방식을 결정하는 한 시안을 나는 제기한다. 그것은 일찍이 수학자들이 경쟁할 무렵에 자기 방법의 우수를 확정하고자 취해 온 것임에 틀림없다. 그것은 즉, 나의 비평가가 참으로 형이상적 명제·종합적이면서 또 개념에서 선천적으로 인식되는 명제 중의 어느 하나를, 가령 실체지속의 원칙이거나 세계 사상이 그 원인에 의해 반드시 결정되어 있다는 원칙 등의 가장 긴요한 명제들 중의 하나를 자기가 쓰는 방식에 의해, 당연하지마는 선천적인 근거에서 증명해 보라고 도전하는 일이다. 만일 비평가가 이 증명을 할 수 없다면(침묵은 그러나 고백이 되는 것이다), 그는 다음의 것을 인용해야 한다. 즉 이런 명제들의 절대필연적 확실성이 없다면 형이상학은 전무한 것이므로, 형이상학의 가능 여부는 무엇보다도 먼저 순수이성의 비판 중에서 결정되어야 한다는 것이다. 따라서 비평가는 「비판」의 내 원칙들이 정당한 것임을 승인하거나, 그렇지 않으면 내 원칙들이 타당하지 않음을 증명할 의무가 있다. 그러나 내가 미리 알고 있는 일이나, 비평가는 지금까지 안심하고 자기 원칙들의 확실성을 믿어왔음에도, 엄밀한 음미가 문제일 적에는 그가 형이상학의 전범위에서 대담한 태도로 나서도록 했던 유일의 원칙도 그는 발견하지 않았을 것이다. 이러하기에, 나는 경쟁에서 기대할 수 있는 가장 유리한 조건을 비평가에게 허여하고 싶다. 즉 증명의 책임(onus probandi)을 그에게서 떼어내어 나에게 맡기도록 하는 조건이다.

비평가는 이 「서론」과 「비판」(B.454−489)에서 8개의 명제를 발견한다. 즉 네 개 이율배반의 정립과 반정립이요, 그 어느 것이나 반드시 형이상학에 속하며, 형이상학은 그것을 승인하거나 반박하거나 해야 하는 것이다. (물론 이 8개 명제들 중에서 어느 때이건 어느 철학자에 의해서 승인되지 않은 것은 하나도 없다). 그런데 비평가는 이 8개 명제 중에서 어느 하나를 생각나는 대로 골라내어, 그것을 증명 없이 (나는 그 증명을 이미 선사했기 때문에 증명이 면제되지마는) 승인하되 이것도 단지 하나에만 한정하고 (시간의 낭비는 비평가에게나 또 나에게나 유익하지 않기에 말이다), 그 다음에 그 반대 명제에 관한 나의 증명을 공격하는 자유를 가진다. 그러나마 반대 명제에 관한 나의 증명을 구제할 수 있고, 이래서 어떠한 독단적 형이상학도 시인하지 않을 수 없는 원칙에 좇아, 그가 채택한 명제의 반대가 채택한 명제와 동등하게 명백히 증명될 수 있는 것을 표시할 수 있다면, 형이상학에는 유전적 결함이 있고, 이 결함은 형이상학의 탄생지, 즉 순수이성에까지 소급하지 않으면, 설명되지 않고 제거될 수도 없음이 확정되는 바이다. 그래서 나의 「비판」이 승인되어야 하거나 혹은 그 대신에 보다 더 나은 비판이 정립되어야 하고, 따라서 「비판」이 적어도 연구되어야 한다. 이것이 지금의 내가 요구하는 유일한 것이다. 이에 반해, 만일 내가 나의 증명을 구제할 수 없다면, 독단론적 원칙들에서 오는 선천적인 종합명제가 나의 반대자측에 확립한 것이 되고, 일반[통속] 형이상학에 대한 나의 고발은 부당한 것이었고, 그러므로 나의 「비판」에 대한 비평가의 비난을 (결코 그러한 결과로 되지는 않을 것이지마는) 정당한 것으로 인식할 것을 자청한다. 그러나 이렇게 되자면, 비평가는 익명을 내버리고 정체를 드러내는 것이 필요하다고 나는 생각한다. 왜냐하면, 그렇지 않으면 하나의 과제를 다루는 대신에, 익명이면서도 부질없이 참견하는 반대자에 의해 여러 과제에 걸쳐 내가 훼예포폄(毁譽褒貶)을 받는 것을 어떻게 막을 수 있겠는지, 나는 알 수 없기 때문이다.

「비판」을 연구한 다음에 판단하도록 「비판」을 연구할 것에 대한 제안

학계가 오랫동안 침묵으로써 「비판」에 경의를 표했으나, 학계의 이런 침묵에도 나는 감사할 의무가 있다. 무릇 침묵은 판단의 유예를 표시하는 것이요, 다음의 약간의 예상을 표시하는 것이다. 즉 이때까지 걸어오던 것들을 모두 버리고 당장에 순응할 수는 없는 새 길을 개척해 있는 저작 [비판] 중에는, 인간 인식의 중요했으되 지금은 사멸한 부분에 새로운 생명과 생산력을 얻게 하는 것이 아마 있을 것이라는 예상이다. 그래서 그 침묵은, 조급한 판단으로써 아직도 튼튼치 못한 접수(접붙인 가지)를 꺾어 죽이지 않는 조심성을 표시하는 것이다. 이러한 근거에서 늦어진 판단의 한 본보기를 나는 방금 고오타(Gotha) 학보에서[1] 보았다. 이 판단이 철저한 것임은 (나의 의심스러운 칭찬을 돌보지 않더라도) 내 저작의 제일원리에 속하는 부분을 알기 쉽게 또 거짓 없이 표시한 것에서, 모든 독자가 자연적으로 알게 될 것이다.

광대한 건축물[비판]은 한번 훑어봐서 그 전체가 평가될 수 없기 때문에, 내가 제안하거니와, 그런 건축물을 그 토대에서 하나하나 음미해야 하고 이런 경우에 이 「서론」을 대체의 설계로 사용해야 한다. 그리고 저 「비판」 자신은 이 설계도와 가끔 비교될 수 있는 것이다. 허영심은 보통 모든 자기의 산물을 중요시하는 망상이거니와, 나의 요구[제안]도 이처럼 중요시하는 나의 망상임에

1) 1782. 8. 24.일자 학보.

틀림없는 것을 근저에 가지는 것이라면, 그 요구는 불손한 것이고, 퉁명스럽게 거절당할 만하다. 전사변철학의 사정은 전멸하려는 그러한 지점에 있다. 그러나 인간의 이성은 소멸될 수 없는 애착심으로써 사변철학에 집착해 있다. 이 이성은 늘 속고 있는 바로 그 까닭에서, 지금 무관심으로 전변하려고 하나 이것은 도로다.

사색적인 현대에서, 공로 있는 많은 인사가 더욱더 계몽되어 가는 이성의 공통 관심사를 위해 협력하는 호기를 이용하지 않는다는 것은, 생각될 수 없다. 이용함으로써 목적에 도달한다는 희망이 약간 보이기만 한다면 말이다. 수학·자연과학·법률·예술·도덕까지도, 아직 마음을 완전하게 만족시키지는 않는다. 여전히 마음(Seele) 속에는, 순수한 사변이성을 위해 마련해 있는 하나의 여지가 있다. 이러한 여지의 빈터가 우리로 하여금 장난·요설·망상에 있어 겉으로 봐서는 일과 위안을 구하되, 사실은 이성의 괴로운 외침을 잊도록 하고자 기분 전환을 찾도록 하는 것이다. 이성은 자기의 본분에 따라, 자기에게 만족을 주는 그 어떤 것·한갓 딴 의도를 위하거나 애착심의 관심을 위해 분주하게 되지 않는 그 어떤 것을 요구한다. 그러므로 「그 자신으로 존립하는 이성」의 범위만을 다루는 고찰은, 바로 이 범위 안에서 다른 모든 지식들이, 아니 다른 모든 목적들조차도 서로 마주쳐서 하나의 전체로 결합해야 하기 때문에, 나의 근거 있는 추측에 의하면, [자립적 이성에 국한된] 고찰은 자기의 사상을 이처럼 확장하려고만 시도했던 사람들에게는 그 누구에게도 큰 매력을 일으키는 것이다. 아니, 다른 모든 이론적 지식보다도 더 큰 매력을 일으킨다고, 내가 말해서 좋다. 사람은 [자립적] 이성의 고찰 대신에 쉽사리 이론적 지식의 편을 취하지는 않을 것이다.

나는 이 「서론」을 연구에 대한 설계도와 길잡이로서 추천하고, 「비판」의 책 자신을 추천하지 않는다. 왜냐하면, 나는 「비판」의 내용·순서·서술 방식에 관해 또 그 각 명제를 제시하기 전에 정밀히 생각하고 검토하고자 치룬 신중성에 관해, 나는 지금도 아주 만족하고 있으나 (다만 전체뿐만 아니라 가끔 한 명제에 관해서도 그것의 근원에 내가 충분하게 만족하기 위해 몇 해 동안을 소요했다), 원리론의 몇몇 장, 가령 오성의 순수한 개념의 연역의 장이거나 순수이성의 오류추리의 장 같은 것의 논술에서는 나는 완전하게는 만족해 있지 않기 때문이다.

이런 장들에서의 그 어떤 장황이 판명성이 없도록 했으나, 그 대신 이 「서론」이 그런 장들에 관련해서 논술한 것을 검토의 근저로 삼을 수 있다.

독일인이, 끈덕진 성질과 지속적 근면이 요구되는 일에서는 딴 민족보다도 성공할 수 있다는 칭찬을 받고 있다. 만일 이런 의견이 근거가 있는 것이라면, 성공할 것을 의심할 여지가 거의 없는, 또 모든 사색적 인간이 다 같이 관심을 가졌지마는 이때까지 성공한 일이 없었던, 그런 한 가지 일을 완성시켜서 독일인에 관한 저 유리한 의견을 확증하는 기회가, 여기에 나타나 있다. 이런 일에 관계하는 「학」은 특히 특수한 종류의 것이라서 단박[일거]에 완성시킬 수 있기 때문이다. 이런 「학」은 앞으로 조금도 더 전진할 수 없는, 그 뒤의 발견으로 인해 불어지거나 변경될 수도 없는, 그런 항구적 상태에 도달할 수 있기 때문이다. (군데군데 보다 더 판명하게 함에서 생기는 수식, 즉 여러 가지 점에서 보태지는 유용 같은 것을, 나는 새 발견으로 인한 증거나 변경으로 생각하지 않는다). 이런 장점은 딴 학문이 가지지 않는 것이요, 또 가질 수도 없는 것이다. 왜냐하면, 딴 어떤 학문도 이 「학」만큼 완전히 고립하여 딴 능력에서 독립한, 딴 능력이 섞이지 않는 인식능력에 관계하는 것이 아니기 때문이다. 당대는 나의 이런 기대에 불리하지 않은 듯도 하다. 현재의 독일에서는 소위 실용적 학문 이외에, 필경 한갓 유희가 아니고 동시에 영속적 목적을 달성케 하는 사업도 되는, 그런 어떠한 「학」에 종사할 수 있는가가 거의 알려져 있지 않기 때문이다.

학자들의 노력이 어떻게 영속적 목적에 도달하는 데에 집결할 수 있을지, 이것에 대한 수단을 고안하는 것을 나는 딴 사람에게 위임하지 않을 수 없다. 그러나 그 누구에게 나의 명제를 한갓 준수하기만 할 것을 강요하는 것도, 혹은 준수할 것을 기망해서 자위하는 것도, 나의 생각하는 바가 아니다. 오히려 내 명제의 공격·반복·제한·혹은 확증·보완·확장 등이 수반할 것을 바라는 것은 당연한 일이다. 문제가 근본적으로 연구되기만 하면 그로 인해 지금은 틀림없이 꼭 나의 체계가 아니더라도 한 체계가 성립하는 것이요, 이것은 자손을 위한 유산이 될 수 있고, 자손은 유산에 대해 감사할 원인을 가질 것이다.

무엇보다도 먼저 「비판」의 원칙들이 공정하기만 하면, 그 어떤 종류의 형이상학이 이 원칙들에 좇아 기대될 수 있는가, 또 형이상학이 그 거짓 날개를 뽑아 없앰으로 해서 초라하고도 작은 형태로 되어 버려 좋은 것이 아니고, 어떻게 하면 다른 점에서 풍요하고 위엄 있게 보일 수 있는가, 이런 점들을 표시함은 너무나 장황한 일이겠다. 그러나 이런 개혁이 초래할 다른 큰 효익은 당장 눈에 띄는 것이다. 보통 이 형이상학은 순수오성의 근간개념들을 찾아서 이것들을 분석해서 판명하게 하고, 설명함에서 확정했음을 통해서 이미 이익을 낳아 있다. 이것으로 인해 보통의 형이상학은, 이성을 연마하게 되고, 이성이 나중에 어느 방향으로 나아가건 간에 좋다고 본다. 그러나 이성의 연마가 보통의 형이상학이 수행한 선의 전부였다. 왜냐하면, 보통 형이상학은 자신의 공적을 다음의 것에 의해 다시 헛되게 했기에 말이다. 즉 무모한 주장에서 자부심을, 교묘한 핑계와 발림에서 궤변을, 또 학교에서 조금 얻은 지식으로써 매우 곤란한 과제를 넘어가버리는 안이성에서 천박을 각각 조장했음에 의해서이다. 이 천박은, 형이상학이 한편에서 학문상의 용어를 약간 받아들이고 딴편에서 통속적 용어를 약간 받아들이는 선택의 자유를 가지고서, 만인에 대해 일체이면서 사실은 전무인 것에 상응해서 그만큼 더욱더 인심을 매혹하는 것이다. 반대로 「비판」은 우리의 판단에 표준을 주고, 이로 인해 지식과 사이비지식을 확실히 구별할 수 있다. 또 「비판」이 그것이 형이상학에서 완전하게 수행됨에 의해서 하나의 사고방식을 확립하고, 이 사고방식은 그것의 유익한 영향을 뒤에 그 외의 모든 이성사용에까지 연장하고 진정한 철학정신을 비로소 환기하는 것이다. 「비판」은 신학에 대해서 하는 공헌도 결코 폄가할 수 없다. 그것은 신학을 독단적 사변의 판단에서 독립시키고, 그리함으로써 신학을 반대자들의 모든 공격에서 완전히 안전하게 한다. 무릇 보통의 형이상학은 신학에 많은 원조를 약속했으나 나중에 이 약속을 수행하지 못했을 뿐더러, 사변적 교의학에게 원조를 청하여, 자기 자신의 적에게 무기를 주는 외의 아무 일도 하지 않았다. 공상에 탐닉하는 것은 학파적 형이상학 뒤에 숨어 있을 때가 아니면, 또 이것의 비호 아래서 흡사 이성을 가진 척하면서 함부로 날뛰는 것이 무방할 때가 아니면, 계몽된 시대에는 등장할 수 없다. 이런 공상에의 탐닉을 비판철학이 그 최후의 잠복처[학파적 형이상학]에서 쫓아낸다. 그리고 무엇보다도 먼저 형이상학의 교사에게 중요한 것은, 자기가 강술하는 것이 결국 「학」이요, 또 학을 통해 공공에게 참으로 기여하는 것이라고, 언젠가는 일반의 찬동을 얻어 말할 수 있는 일이다.

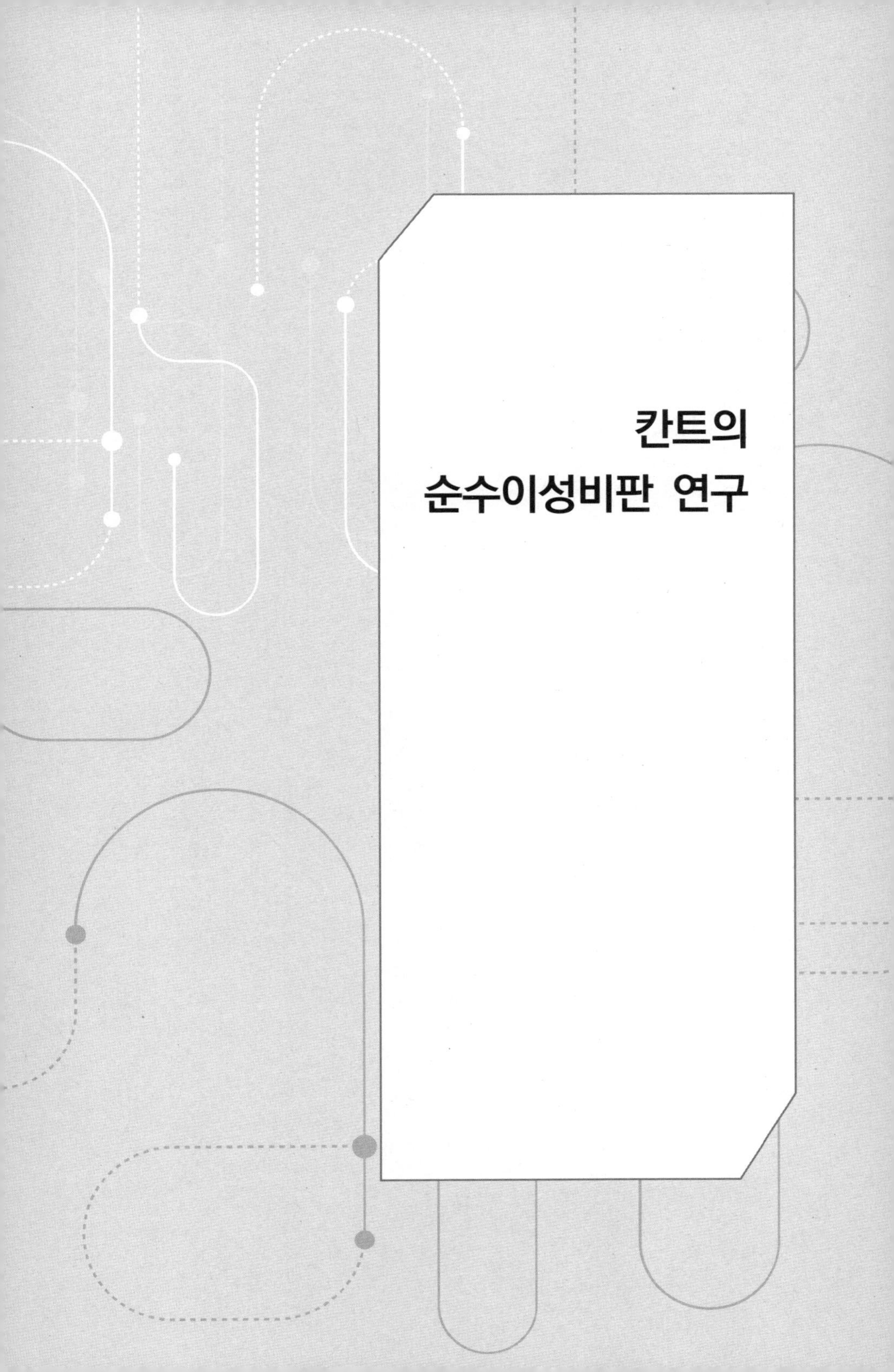

칸트의 순수이성비판 연구

제1장 「머리말과 들어가는 말」의 검토

제1절 초판의 머리말

초판 머리말의 내용은 네 가지로 해부될 수 있다. 첫째로 재래의 형이상학이 걸어온 흔적을 더듬어 본 것이다. 둘째는 재래 형이상학들에 대한 「순수이성비판」의 판결적 성격을 언명한 것이다. 셋째는 자기 논술이 확실하고 명석하다고 한 것이다. 넷째는 앞으로 낼 자연철학을 예고한 것이다.

1. 형이상학이 마주쳐 온 운명

「어떤 종류의 이성인식」이라는 초두의 말에서 벌써 형이상학적 주장을 암시하면서, 칸트는 그것이 조우해 온 기구한 운명을 회고하였다. 여기서 형이상학이란, 불멸의 영혼·독단적 유심론과 경험적 유물론의 대립, 하나님 존재 여부 등에 관한 논의를 말한다. 형이상학이 만학의 여왕이라고 불린 때가 있었으나, 적어도 근세에 와서 그것은 몰락일로의 신세가 되었다.

근세의 형이상학은 독단론자[1]의 전제주의에서 출발하여, 회의론자의 무정부상태로 들어갔다. 다음에 로크의 「인간오성론(1689)」이 나온 이후로 유목민과도 비슷하게 정착이 없었던 회의론자와도 결별해서, 형이상학은 외견상으로 한 결말을 지은 것 같았다. 그러나 로크는 형이상학에다 사실은 잘못되게도 경험론의 계보를 덮어 씌웠다. 이 잘못된 계보 때문에, 형이상학은 다시 대륙의 독단론[2]으로 되돌아갔고, 근래는 통속철학도처럼 형이상학에의 무관심주의가 대두했다. 이 무관심주의는 모든 학문에서의 혼돈과 암흑의 모체였으나, 동시에 장차 학문을 개조하려는 서곡이 되기도 했다.

1) 독단론자는 데카르트와 그 후계자들을, 회의론자는 흄 이외에 프랑스의 감각론적 유물론자 및 영국의 베이컨·홉스까지도 지시할 수 있을 것이다.

2) 이 독단론은 스피노자, 라이프니쯔의 철학 내지 스웨덴보르크(Swedenborg)의 신비사상을 지시할 수 있다. 또 무관심주의였던 통속철학의 대표자는, M. 멘델스존 같은 사람이다.

2. 이성의 자기 비판(재판소)

위의 서곡을 통해서 인간의 이성은 그 자신의 인식으로 나서기 시작했고, 그래서 이성의 자기 인식이 깨우쳐졌다. 이성의 자기인식을 알리는 재판소에 해당하는 것이, 다름 아닌 「순수이성비판」이다.

칸트는 이제야 획기적 의식에서 순수이성비판의 판결적 성격을 언명했다. 그것은 이성의 과오를 제거한 것이고, 이성의 문제들을 원리들에 따라서 완전히 분류한 것이다. 뿐더러 그것은 형이상학의 과제 해결에 있어서 주도면밀함을 노린 것이어서, 형이상학 해결의 열쇠가 되는 것이었다.

칸트는 영혼의 단순성이나 세계의 맨 시초 같은 것은 마술에라도 의거하지 않고는 증명되지 않는 것이라는 취지를 피력했다.

3. 논술의 확실성과 명석성

「순수이성비판」에서는 가설은 금매품이라고 말함에 의해서 칸트는 우선 자기 논술의 확실성을 표명했다. 오성을 사용할 무렵의 규칙과 한계를 규정하고자, 오성의 순수한 개념(즉 범주)의 연역이 중요하다는 말도 했다. 그리고 연역에 객관적 연역과 주관적 연역이 구별되기는 하지마는, 전자가 중요목적의 본질이 되는 것이다.[1] 객관적 연역은 대상에 관계하는 범주의 객관적 타당성을 증명하는 것이요, 주관적 연역은 「선천적 개념」[범주]들의 출생지인 오성능력 자신의 가능성과 그것의 인식 능력을 발견하는 것이다. 주관적 연역은 이를테면 주어진 결과를 생기게 한 원인을 탐구하는 것이요, 그런 한에서 가설에 유사한 것이 있으나, 사실은 그런 것이 아니었다. 주관적 연역은 「비판」 A.98 이하에서 삼중의 결합(495면 참조)으로 전개되어 있고, A.120 이하에서도 전개되어 있다(500면 참조). 주관적 연역이건[2] 객관적 연역이건 선험적인 것이다.

---

1) *K.d.r. V.* A.XVII (A=초판 면).

2) 주관적 연역은 진관이 절주화(혹은 개념화)하는 이를테면 상승과정을 다룬 것이요, 객관적 연역은 범주가 직관화하는 하강과정을 다룬 것이다. 형이상학적 연역은 범주들을 형식논리학의 판단 기능에서 이끌어내는 것을 말한다(B.159, 26 참조, B=재판 면). 경험적 연역은 로크와 흄처럼 감각이거나 인상을 근원적 경험으로 보고, 순수사고의 확실성을 인정하지 않으며, 개념이

다음에 논술의 명석성에 의해서 칸트는 전체의 개관과 체계의 구조를 밝히기를 노렸다고 한다. 이래서 순수이성비판에 의한 재산목록만이 진정한 소유물로서 남게 되고, 그러므로 후세 사람은 교원상의 방법에 있어서 형이상학의 일체 내용을 단지 잘 정돈하기만 하면 그만이게 되는 것이라 한다.

4. 자연철학 저술의 예고

이 초판 머리말에서 앞으로 형이상학의 체계로서 「자연의 형이상학」을 내겠다고 하였거니와, 이 책은 1786년에 자연과학의 형이상학적 기초 *Metaphysische Anfangsgründe der Naturwissenschaften*라는 서명으로 나왔다. 이 책은 운동학·역학·기계학·현상학의 4부로 되어 있다. 칸트는 자연의 형이상학만이 아니고 도덕의 형이상학도 1797년에 간행하였다. 이것은 법론의 형이상학적 기초와 덕론의 형이상학적 기초로 조직되었다.

그러나 「자연의 형이상학」의 체계 이전에 순수이론이성의 비판이, 「도덕의 형이상학」의 체계 이전에 실천이성비판이 ── 순수한 실천이성비판이 아니고 ── 선행해 있고, 이런 체계들 중에는 비판론적 철학방법이 활용되어 있다.

제2절 재판의 머리말

초판 머리말에서의 태도와는 전혀 다른 재판의 머리말에 대해서 H. 코헨은 말했다 :

> 재판의[1] 머리말은 어조가 초판과는 전혀 다르다. 초판의 머리말에서는 저자는 저자로서 말했으되 재판에서는 저자 자신이 독자로 되어 있다. 그러므로 재판의 머리말은 재판 고유의 실질적 내용을 포함하고, 또 방법론상으로 크게 진보하고 있다. 왜냐하면, 저자가 자저의 독자가 될 수 있기 위해서는 저자 자신이 발전하지 않을 수 없었기 때문이다. 이러한 머리말은 이상적인 머리말이다. 그것은 '*Faust*'

경험에서 얻어진 사실만을 밝히려고 하는 것이다.

1) H. Cohen, *Kommentar xu I. Kants K.d.r.V.*, 120, S.2.

의 헌사에 비교될 수 있고, 혹은 '*Faust*' 제2부 처음에 나오는 해돋이의 비유에 비교될 수 있는 것이다. 여기서 인생을 '채색한[1] 영상'에서 파악하였듯이, 재판의 머리말에서는 형이상학의 운명을 방법론상으로 확립하여 있다. 자세히 말하면 수학과 물리학의 방법론을 유추함에서 확립하여 있다.

「재판의 머리말」에 직접 접해 본 사람은 코헨의 말이 참으로 실감을 자아낼 것이로되, 덧붙여서, 우리는 그 「머리말」의 의미를 완전히 이해하는 사람은 동시에 칸트철학을 완전히 이해할 수 있는 사람이라고 말하고 싶다. 이만큼 그것은 함축성이 있는 것이다.

재판의 머리말의 사상행정을 분석하면 그것은 사대 부문으로 되어 있다고 할 수 있다. 첫째는 수학과 자연과학을 본받아 사고방식을 변혁함에 의해서 형이상학을 새로 형성해야 한다는 것이다. 여기서 새로 형성한다는 말은 일개학의 안전한 길(sicherer Gang einer Wissenschaft)(이 말이 머리말에서 17회 정도 나와 있다)로 나선다는 뜻이다. 둘째는 이른바 코페르니쿠스적 전향을 논한 것이요, 또 연달아 분석론과 변증론을 구별한다고 했다. 셋째는 새로운 형이상학 즉 비판적 형이상학의 성과를 다루었다. 비판적 형이상학은 경험에 대한 대상들의 총괄로서의 자연을 현실이라고 규정하고, 인식하는 선천적 능력으로써는 가능한 경험의 한계를 넘어설 수 없다고 한다. 넷째는 재판에서 수정한 내용과 이 수정의 취지를 다루었다.

1. 학의 안전한 길

칸트는 전래의 형이상학을, 학의 안전한 길을 개척한 세 학문, 즉 형식 논리학·수학·물리학과 비교하였다. 이때에 전래의 형이상학이 도대체 학으로서 가능했던 것인지, 아직도 의심스러웠다.

논리학에서 심리적인 것, 형이상학적인 것, 인성론적인 것들이 제거된다면, 그런 논리학은 이미 아리스토텔레스에 의해서 완성되었다고 칸트는 볼 수 있었다. 하기에, 칸트는 「논리학이 학의 안전한 길을 아주 먼 고대로부터 걸어

---

1) 'Am farbigen Abglanz' haben wir das Leben(*Faust*, 제2부 제1막, S.143. Goldmann사, Bd. 371).

왔다는 것은, 아리스토텔레스 이후로 일보의 후퇴도 아니 했다는 사정에서도 명백하다」[1]고 했다.

여기서 심리적인 것이란 로크가 관념의 기원을 감각과 반성의 두 창에서 설명한 것, 내지는 볼프가 정신을 인식력과 정의력으로 나눈 뒤에 전자를 다시 반성과 상상으로, 후자를 다시 의사와 감정으로 나눈 것을 지시하겠다. 형이상학적인 것이란, 「존재는 즉 지각」이라고 말한 버클리의 감각적 관념론을 지시하겠다. 혹은 그것은 수학의 공리와 내 자신의 존재와에 관한 직각적 의식·하나님 존재에 관한 논증적 지식·일상의 감각적 지식 등의 삼종 지식을 구별한 로크[2]의 사상 같은 것을 지시하겠다. 인성론적인 것은, 베이컨이 참 지식을 방해하는 것으로 본 종족[착각]의 우상·동굴[편견]의 우상·시장[언어]의 우상·극장[전통]의 우상 등을 지시하는 것이겠다. 이런 우상들은 넓은 의미에서 인성론적인 의견이겠다.

형식논리학이 아리스토텔레스에 있어서 거의 완성된 덕을 우리가 입은 것은, 그것이 사고와 인식의 모든 대상을 무시하고, 바른 사고의 형식적 규칙들만을 탐구한 사정 때문이다. A는 A이다(동일률), A는 비A가 아니다(모순율)와 같은 규칙들을 형식논리학이 확립했던 것이나, 이런 확립이 형식적인 까닭은, A 대신에 어떤 임의의 대상, 가령 사람·말·책상 같은 것을 가져다 놓아도 좋은 데에 있다.

형식논리학에 비해서 수학과 물리학은 진정하게, 즉 객관적으로 과학이라고 할 학문이다. 「이[3] 두 학문은 이성의 두 이론적(비실천적) 인식이요, 객관을 선천적으로 규정할 터의 학문이다.」이 두 학문에는 인식의 사실이 들어있다.

재판의 머리말은 이제야 학의 개념을 과학의 「방법론과 역사」에 즉해서 전개해 가고, 그러면서도 순수이성비판의 본론에서는 조감할 수 없을 만큼 명백하게 전개해 간다. 칸트는 확실한 인식의 개념을 수학과 물리학이라는 두 과학

---

1) *K.d.r.V.*, B.VIII.

2) *Cf.* We may allow three degrees of knowledge, viz. intuitive, demonstrative, and sensitive, in each of which there are degrees and ways of evidence and certainty (An Essay Concerning Human Understanding, 1961, Book 4. Chap. 2. p.144. Everyman's Lib. 984).

3) *K.d.r.V.*, B.X.

이 실현한 「학의 개념」에서 이끌어 내고자 한다.

애급인과는 달리 희랍인은 경탄할 만한 민족이었다. 이 민족 중의 한 지성인의 사고방식의 혁명은 수학으로 하여금 「학의 탄탄한 길」로 들어가도록 했다. 즉 처음으로 등변삼각형을 증명한 희랍인에게 광명이 나타났다. 「왜냐[1]하면 그는 도형에서의 직관 혹은 도형의 개념에서 도형의 성질을 알아보는 것이 아니라, 개념에 좇아 자신이 선천적으로 생각해 넣어(hineindenken) 표시하는 것에 의해서, 즉 [개념에 대응하는 직관을 선천적으로 표시하는] 구성(Konstruktion)에 의해서 도형을 산출해야 한다는 것을 발견했기 때문이다. 수학[유클리드 기하학]의 방법적인 선천적 기초개념은, 주관의 「생각해 넣는 작용」(das Hineindenken)에 의한 직관적인 표시, 즉 주관의 구성에 의한 도형 표시라고 칸트는 진술하였다.

물리학의 실험적 역사를 회고하더라도 사고방식의 혁명에 의해서 수학에서와 마찬가지의 사정이 있었음이 알려진다.

베이컨을 위시하여 갈릴레오·토리첼리·슈탈 등이 파악한 것은, 「이성[2]자신이 자기의 계획에 좇아 산출한 것만을 이성은 통찰한다는 것이었다.」

항구한 법칙에 따라 판단하는 원리들을 먼저 가지고서, 이성 자신의 물음에 자연이 대답하도록 하고, 이성이 자연편의 인도만을 받지 않아야 한다. 그러하지 않고 무계획적인 관찰을 할 적에는 이성이 요구하는 필연법칙의 획득을 기대할 수 없다. 이성은 자연인식의 경우에 한쪽 손에 현상이 그것[원리]에 일치함에서만 법칙으로 타당할 수 있는 원리를 가진다. 또 다른 쪽 손에는 원리들에 좇아 고안된 실험을 가지고서 이성은 자연으로 향한다. 이것은 자연에서 배우기 위한 것이요, 그러면서도 판관이 제출하는 물음에 답하도록 증인에게 강요하는 판관의 자격에서 자연에서 배우기 위한 것이다.

그러므로, 대상의 인식은 대상이 주관을 규정함에서 가능한 것이 아니요,

---

1) *Ibid.*, B.XII.

2) *Ibid.*, B.XII. 갈릴레오는 낙하의 법칙을, 그의 제자 토리첼리는 기압을 실증한 나머지 이른바 토리첼리의 진공을, 슈탈은 연소설을 각각 발견했다. 연소설에 의하면, 금속은 금속회(금속산화물)와 연소(phlogiston)의 합성물이다. 금속을 태워 연소가 일출하면 회가 된다. 반대로 금속회를 목탄과 함께 공기접촉을 막고 태우면 목탄속에 있던 연소가 금속회와 화합하여 금속이 재생된다고 생각했다. 이 대목의 원문은 금속의 산화와 환원을 다루었다. 슈탈의 연소설은 그 이후 백년여에 전복되었다.

반대로 주관이 단순히 대상을 규정함에서 가능한 것도 아니다. 실험적인 「물어넣음」에 기인하는 주관과 객관의 상호일치에 의해서 대상의 인식은 가능한 것이다.

2. 코페르니쿠스적 전향(철학적 사색의 혁명)

A. 우리는 모든 인식이 재래에는 대상에 준거한다고 가정되어 왔다. 그러나 대상에 준거한다는 전제 아래서는 개념에 의해 대상에 관한 인식을 확장하게 하는 것을 선천적으로 만들어 내려는 모든 기도는 무너지고 말았다. 이에 반해서 「대상이[1] 우리의 인식에 준거해야 한다」고 가정했을 때에 소기의 기도가 달성되어 대상이 우리에게 주어지기 전에 대상을 확장할 수 있다.

코페르니쿠스는 모든 별들이 관찰자의 주위를 돈다고 가정했을 때에 천체운동의 설명이 성공 못한 후로, 이제야 관찰자를 돌도록 하고 별들을 도리어 정지시켰을 때에, 설명이 더 잘 성공할 것이라는 기도를 하였다.

코페르니쿠스와 같은 방식의 기도가 대상의 직관에 관해서도 성공한다. 즉 우리의 직관작용이 대상의 성질에 준거하지 않고, 감관의 객체인 대상이 인간의 직관능력(작용)의 성질에 준거할 때에, 우리는 대상의 성질을 선천적으로 잘 알 가능성을 깨닫는다.

그런데 직관작용은 아직 인식이 아니다. 대상을 인식하자면 직관을 대상으로서의 어떤 것에 대해 관계를 짓게 하는 개념이 들어가야 하고, 이 개념에 의해서 대상이 규정되어야 한다. 그러나 이러한 규정을 수행하는 개념에 관해 두 가지 가정을 할 수 있다. 개념이 대상에 준거한다는 가정과 대상이 개념에 준거한다는 가정이 즉 그것이다. 전자에서 대상에 관한 선천적 인식을 얻지 못함은 직관의 경우와 마찬가지이다. 후자에서 대상은 그것이 경험적으로 나한테 주어지기 전에, 우리 측의 선천적인 개념에서 드러나고, 그렇기에 대상은 개념과 일치(übereinstimmen)하며, 대상에 관한 선천적 인식이 가능하게 된다. 사고방식이 변혁된 방법은 「우리[2] 자신이 사물 중에 집어넣는 것만을 우리는

1) *K.d.r.V.*, B.XVL
2) *Ibid.*, B.XVIII.

사물에 관해서 선천적으로 인식한다는 것이다.」

실험적 방법이건 코페르니쿠스적 전향이건 간에 물론 대상의 존재가 예상되어 있음을 잊어서는 안 된다. 칸트의 인식론을 흔히 구성주의라고 말하지마는, 이 구성주의는 대상의 존재를 단순히 이성에 의해서 구성하고 산출한다는 뜻이 아니다. 그런 뜻으로 생각한다면, 그것은 적지 않은 과오다. 칸트는 「표상[1] 자체가 존재상의 대상을 산출하지 않는다」고 명확히 말했다. 단지, 인식의 대상으로 존재하는 대상은 물자체가 아니라 「우리에 대한 대상」(Gegenstand für uns)이라고 한 것이다.

그러면, 우리에 대한(für uns) 대상이란 어떤 대상을 말하는 것인가?

1. 그것은 첫째로 우리 안에 (in uns) 있는 것이 아니다. 그러므로 우리의 외부에 있는 것이다. 우리의 외부에 있다고 해서 독자적인 것이 아니라 「우리에 대해 있는 것」이다.
2. 우리에 대한 대상이란, 우리 안에 있지 않으면서 동시에 우리에게 의식된 대상이다. 이런 의미에서 우리의 외부에 있으면서 우리 안에 있는 대상이다. 우리에 대한 대상은 바깥과 안의 두 계기를 포함하고 있다.

코페르니쿠스적 전향이라는 표현을 Paton은 다음과 같이 음미했다.

> 코페르니쿠스는 태양을 중심으로 하여 관찰자가 그 주위를 돈다고 했고, 칸트는 선험적 주관을 중심으로 하여 이것에 의해 인식의 대상이 구성된다고 했다. 그러므로 칸트의 인식론적 입장을 코페르니쿠스적 전향이라고 하는 말은 사실은 타당하지 않을지 모른다. 그러나 전자가 천체의 외면상(apparent)의 운동을 지구상 관찰자의 운동에 의해 설명했듯이, 후자도 실재의 외면상의 성질을 인식하는 자의 정신(즉 심성)에 의해 설명한 점에서 양자간에 유사한[2] 것이 있다. 이런 관점에서 칸트의 입장을 코페르니쿠스적 전향이라고 할 수 있는 것이다.

---

1) Vorstellung an sich selbst bringt nicht ihren Gegenstand dem Dasein nach hervor (*K.d.r.V.*, B.125).
2) Paton, *Kant's Metaphysic of Experience*, Vol. I. p. 75.

B. 칸트사상의 중심점에서 나타난 문제는 「어떻게 선천적인 인식이 가능하냐」(We ist apriorische Erkenntnis mölich?) 하는 것이다. 다시 말하면, 「선천적인 것」의 인식으로서의 형이상학이 칸트의 중심적인 관심사였다.

그런데 모든 인식이 대상에 준거하고 대상들의 개별적인 지각에만 의거한다면, 선천적인 인식은 가능하지 않다. 반대로 대상들이 인간이성의 인식능력[1]에 준거하고 대상들이 결국 우리에 대한 대상들임이, 학으로서 확립된 수학과 물리학에 의해서 확실한 것이라면, 형이상학도 가능한 것이다.

이래서 형이상학의 첫째 부문[분석론]은 산만한 개별적 경험(지각)에서가 아니라 「대상이 주어진 대상으로서 인식되는」[2] 학적 경험에 주목한다. 학적 경험에 있어서는 경험은 주관의 선천적 개념에 준거해서, 이런 개념들 중에서도 특히 인과개념에 준거해서 성립한다. 즉 「첫째[3] 부문의 형이상학은 선천적 개념들을 다루는 것이요, 이런 개념들에 대응하는 대상들은 선천적 개념들에 적합해서 경험 중에 주어질 수가 있다.」 사고방식의 변혁이 선천적인 인식의 가능성을 천명할 뿐더러, 경험에 대한 「대상들의 총괄로서의[4] 자연」의 밑바닥에 선천적인 법칙(원칙)이 있을 것도 천명한다. 형이상학의 첫째 부문은 필경 수학과 물리학(자연과학)의 형이상학이 되고, 학적인 경험의 형이상학이 되며, 방금 말한 의미의 자연을 문제로 삼는 것이다.

형이상학의 둘째 부문(변증론)은 「인식하는[5] 선천적 능력으로써는 가능한 경험의 한계를 넘어설 수 없다」는 것을 다룬다. 만약 우리가 우리의 인식능력으로써 학적 경험을 넘어서 물자체들[6]에 도달하려고 하며, 그로 인해서 무제

1) 이성의 인식능력에는 세 가지가 있다. 즉 시공 중에 주어진 것을 직관하는 능력으로서의 감성, 개념 능력으로서의 오성, 이념의 능력으로서의 협의의 이성이 즉 그것이다.
2) *K.d.r.V.*, B.XVII
3) *Ibid.*, B.XIX.
4) 인간처럼 감성적 직관을 가지되 원인과 결과라는 개념을 생각할 수 없는 존재를 상상해 본다면, 이런 존재에 대해서는 공간과 시간 중의 현상은 있을지라도 자연은 없을 것이다(A. Messer, *Kommentar zu Kants K.d.r.V.*, 1922. S.24).
5) *K.d.r.V.*, B.XIX
6) 형이상학의 첫째 부문의 성과가 물자체를 그것으로만(für sich) 실재시키기는 하되, 우리한테(von uns) 인식되지는 않는 것으로 실재케 한 데 있다고 한 말(B.XX)은 주목될 만하다. 물자체는 Ding an sich selbst 또는 Sache an sich selbst의 역어다.

약자(영혼·하나님 따위의 절대자)에 도달하려고 한다면, 이런 기도는 공허한 것이다. 이런 기도가 공허하다는 것을 사실은 형이상학의 첫째 부문이 반증하는 것이요, 간접적으로 증명하는 것이다. 그럼에도, 칸트 이전의 형이상학의 무제약자를 이론적으로 인식하려는 노력을 헛되게 하였다.

그러나 사고방식의 변혁이 무제약자를 이론적으로가 아니라 도덕적으로 인식할 수 있는 가능성을 모순 없이 남기고 있다. 즉 「사변적(이론적)이성이 초감성적인 분야에서 하는 모든 활약이 거부된 뒤에 역시 해볼 만한 기도가 우리에게 남아 있는데, 그것은 이성의 실천적인 인식 중에서 무제약자라는 초험적인 「이성의 개념」을 규정하는 자료를 발견하려는 것이다. 이리하여 형이상학의 소망대로 실천적 견지에서만 가능한 우리의 선천적인 인식에 의해서 「가능한 경험의 한계」를 넘어서는 데 성공하려는 것이다」.[1]

그러나 학적 경험의 피안에 초험적으로 있을 물자체들과 무제약자들을 이론적으로는 여전히 인식할 수가 없다. 여기서 칸트는 형이상학의 새로운 과제를 제시했다. 즉 그것은 초험자 속으로 헤맬 것이 아니라, 선천적인 인식요소들의 체계를 창작하는 것이었다. 이런 체계는 이성이 형성할 수 있는 일이다. 이래서 순수이성비판은 이런 체계가 어떻게 성립하는가를 지시하는 것이고, 이런 체계에 대한 윤곽을 그려내는 것으로 된다. 그것은 필경 하나의[2] 방법론(ein Traktat xon der Methode)이다. 즉 형이상학의 방법(Verfahren)에 관한 하나의 논문이요, 학의 체계 자신은 아니다.

칸트가 기획한 형이상학의 방법은 객관 자체에 준거하는 것이 아니다. 그것은 반대로 사고하는 이성이 자신에서 집어내는 선천적인 것을 객관에 부여하고자 한다. 이에, 이성이 그 사고를 위해서 「객관을 택하는[3] 방식이 다름」(직관적이냐 개념적이냐 추리적이냐 이론적이냐 실천적이냐)에 따라서 이성은 객관에서 독립한 인식 능력 자신을 측정하고, 「이성이 하는 자기 인식」의 원리들을 총망라한다. 이때에 형이상학은 학으로서의 안전한 길 위에 서게 되고, 이러한 형이상학의 후세에도 불변의 자본을 남길 수 있다. 기본학문으로서 완전해야

1) *K.d.r.V.*, B.XXI.
2) *Ibid.*, B.XXII.
3) *Ibid.*, B.XXIII. 여기서 객관이란 현상과 무제약자(영혼·선험적 자유·하나님)를 지시한다.

할 형이상학이 자신에 관해서 「아직도 해야 할 일이 있다면 사실은 아무런 것도 아니 한 것이 될 것이다」(B.XXIV 원래 라틴 구).

3. 비판적 형이상학의 성과

순수이성비판이 우리의 사변에 대해서 경험의 한계를 넘지 않도록 금지하는 것에서, 그것은 소극적인 효용이 있다. 그것은 종래의 형이상학이 자랑삼아 무제약자를 인식하는 데까지 소위 인식을 넓힌 것에 반대하여, 그런 인식을 좁힌 것이다. 그러나 물자체의 개념을 매개로 하여 윤리학을 가능하게 한 것은 순수이성비판의 적극적인 효용이다. 이래서 「도덕론도[1] 자기의 자리를 지키고 과학론도 자기의 자리를 지키는 것이다.」 인식을 확장한다면, 그것은 필경 「순수이성의[2] 실천적 확장」을 의미하는 것이다.

「물자체[3]로서 출현하는 것은, [범주율] 집어넣음(das Hineinlegen)이 없이도 주어졌고 존립한다고 표상된 대상에 대응(entsprechen)하는 것이다.」 그런데 이런 물자체는 학으로서의 경험을, 즉 자연의 실재화를 확증하거나 인증하게(Beglaubigung bringen) 하는 것이 아니라 전혀 딴 종류의 인식, 즉 순수이성의 실천적(도덕적) 사용을 확증하거나 인증하게 하는 것이다.

나는 마음(영혼)을 인식할 수 없다. 그럼에도 그것의 자유를 생각할 수는 있다. 그리고 자유를 생각함은 모순 없이 가능한 권한을 가질 뿐만 아니라, 이보다도 이상의 것이 요구된다. 그리고 「이보다도 이상의 것」(Dieses Mehrere)[4]은 이론적 인식의 원천 중에서 구해질 것이 아니고, 실천적 인식의 원천 중에서 있을 수 있다.

우리는 동일한 대상을 물자체로서 인식(erkennen)할 수는 없으나 적어도 생각(denken)할 수는 있어야 한다. 만약 그렇지 않다면, 거기에(da) 현상하고 있는 어떤 것이 없으면서 현상이 있다라는 모순된 명제가 생길 것이기에 말이다.[5] 그러나 거기에 현상하고 있는 물자체가 있겠다는 것은 인간에 대해서,

1) *Ibid.*, B.XXIX.
2) *Ibid.*, B.XXX.
3) Cohen H., *Kommentar zu I. Kants K.d.r.V.,* 1920. S. 5.
4) *K.d.r.V.*, B.XXVII. Anmerkung. 끝 대목.
5) *Ibid.*, B.XXVII.

영혼과 자유와의 대상에 대해서, 또 세계와 일종의 인과관계를 가지는 한에서의 하나님에 대해서 각각 적합하다.

이런 사상내용에 입각해서 칸트는 인간의 마음(영혼)에 관해서 「인간의 의지 자유」문제를 설명하였다. 의지 작용은 원인에 제약된 모든 자연현상들과 마찬가지로 자연과학적 심리학의 대상인 현상으로 간주되고, 그러므로 자연필연적인 것으로 간주된다. 자연과학적 심리학의 입장에 있어서는 자유가 없고 필연이다. 그러나 타면 도덕은 「가장 엄밀한[1] 의미의 자유」, 즉 비결정적 의미의 자유를 인간 의지의 특성으로서 전제하고 있다.

여기에 칸트가 「신앙에[2] 양보하기 위해서 지식을 제거해야 하였다」고 한 말의 소식도 알 수 있을 것이다. 제거되어야 할 지식은 물자체의 학적인 경험인식이다. 신앙은 수학적, 자연과학적인 경험인식이 아닌 실천적·도덕적인 신앙이요, 그러므로 「속성을 가진 실체」로서의 하나님과 영혼을 인식하는 것일 수 없다. 도덕적 신앙을 선험적[3] 방법론에서는 이성신앙(Vernunftglaube)이라고 언표했다.

이상에서 확립한 형이상학의 유산은 경신할 수 없는[4] 선사품이다. 그것은 소크라테스의 문답법이 대화 상대자의 무지를 폭로하는 반면에 도덕과 종교를 옹호한 것과 같은 값을 지닌 것이다. 왜냐하면, 그 유산은 학일반의 안전한 길에 의해서 이성을 계발한 것이기 때문이요, 독단론에 사로잡혀 궤변을 일삼는 청년이 시간을 낭비함을 막는 것이기 때문이다. 이래서 그것은 대중도 도덕(보편적 인간관심사)에 있어서 존경할 만하다는 것을 인정하게 하는 것이다.

「순수이성의 변증론도 형이상학 안에 발견될 것이다. 왜냐하면, 순수이성의 변증론은 순수이성에 대해서 자연적이기[5] 때문이다.」 이 짤막한 한 구는 자못 주목받을 만한 것이다. 여기서 순수이성의 변증론이라고 한 말은 가상비판의 논리학을 지시한 것이 아니라 가상을 추리하는 일 자신을 전개한 것이다. 이성이 영혼·하나님과 같은 무제약자를 인식하려고 할 적에 이성은 반드시 가상

1) *Vg. Ibid.*, B.XXVIII.
2) *Ibid.*, B.XXX
3) 선험적 방법론, 제2장 제3절, 의견 · 앎 · 신앙, B.848–B.859.
4) *Vg. Ibid.*, B.XXXI.
5) *Ibid.*, B.XXXL. 이 「자연적」은 불가피하다는 뜻이다.

속에 빠지게 되거니와, 이러한 빠짐은 이성 작용의 잘못된 법칙성에 유래한다. 「순수이성비판」 본문 중의 칸트의 변증론은 그 기본성격에 있어서 일종의 잘못된 사고법칙을 다룬 것이요, 이런 변증론을 토대로 해서 가상 비판의 주관적 논리학으로서의 변증론도 성립했다고 보아야 한다. 일종의 잘못된 사고법칙은 경험적 실재를 인식하게 하는 법칙이 되지 않고 착각의 법칙을 의미한다.

사물에는 합성된 것과 단일한 것이 있어서 전자는 멸망하지마는 후자는 불멸이다. 그런데 영혼은 단일한 실체이기 때문에 불멸이다(플라톤 또는 멘델스존설). 인과법칙이란 원래 연상, 즉 주관적 필연성이었던 것을 객관적 필연성으로 인정하게 된 것이요, 그로 인해서 심리적인 자유의지도 가능한 것이다(흄설). 가장 완전한 것이 존재하지 않음은 그 개념에 모순되기 때에 최고완전자로서의 하나님은 존재한다(데카르트 · 안셀름의 존재론적 혹은 실체적 증명). 이 세계과정에서는 우연적인 조화와 합목적성이 있고, 그러므로 이런 조화와 합목적성의 주행자인 하나님은 존재한다(뉴턴의 자연신학적 증명).[1] 세계현상의 원인을 소급적으로 추구하여 그 궁극 원인으로서 하나님은 존재한다(아리스토텔레스 · 스피노자 · 라이프니쯔의 우주론적 증명). ―― 그러나 영혼불멸에 관한 플라톤설 · 자유의지에 관한 흄설 · 하나님 존재에 관한 역사상의 세 가지 증명들은 그릇된 것이다.

이 세상에서 완전히 들어낼 수 없는 인간성의 소질을 저 세상에서라도 완전히 드러내야 하겠다는 정신이 영혼불멸, 즉 영생을 긍정한다. 애착심(자연적 욕구)에 대립하는 비심리적인 「의무」의식이 진정한 자유의지이다. 하나님은 대상적 존재로 증명될 것이 아니라, 도덕적 이성이 인간행위에 있어서 신앙해야 할 일이다. 개괄하여 보편적인 관심사에서, 즉 도덕적 견지에서 영생 · 자유 · 하나님이 인정되는 것이다. 그리고 이러한 비판적 형이상학에 의해서 관념론 · 유물론 · 운명론 · 무신론 · 자유사상적 무신앙 · 광신 · 미신 등이 근절될 수 있다. 일반적으로 학파[독단론 · 회의론 · 수동적 경험론 등]의 사변적인 거미줄(사변의 엉터리)은 찢어져야 한다. 정부는 학파의 전제를 지지하지 말고 이성의 활동을 약동케 하

1) 자연신학(Physiko－theologie)과 소질적 신학(natürliche Teologie)을 구별해야 한다. 칸트에 있어 전자는 이신론(Deismus)이요, 후자는 유신론(Theismus)에 통하는 것이다(또 B.659 참조).

는 비판의 자유를 옹호해야 한다. 이성이 자기능력이 없이 단지 개념에서 소위 철학적인 순수 인식을 얻었다고 선전하는 것은 독단론밖에 되지 않는다.

그러나 칸트는 Wolf만을 독단적인 철학자 중에서 비교적 가장 위대한 철학자, 독일에서 금일까지도 사라지지 않은 철저성의 정신을 수창한 철학자라고 단정하였다. 왜냐하면, 볼프[1]는 원리들의 법칙적인 확립·개념들의 명석한 규정·엄밀한 증명의 기도·추리에서의 대담한 비약의 방지 등에 의해서 우리가 학의 안전한 길을 잡을 수 있다는 실례를 최초로 보여준 사람이었기 때문이다. 이래서 볼프와 칸트 자신이 「유희가 아니라 노력을, 사견이 아니라 확실성을, 애설(명성욕)이 아니라 애지」를 추구한 자로 규정되었다.

4. 재판의 수정내용과 그 취지

초판의 난해한 표현과 모호한 대목을 재판에서 수정하려고 했다 하더라도 명제와 그것의 증명근거에 관해서 또 자기 계획의 형식과 완전성에 관해서 초판의 그것들을 변경할 것은 없었다고[2] 칸트는 말한다. 그리고 이런 일은 문제 자신의 성질에, 즉 순수한 사변이성 자신의 본성에 귀인하는 것이었다.

사변이성은 하나의 유기체와도 같아서 그 속의 각 기관은 부분에 해당하되, 이런 부분들은 유기체라는 전체를 위해서 있고, 반대로 유기체라는 전체는 부분적 기관을 위해서 있는 것이다. 그러므로 부분에서 전체(이 전체는 순수이성의 실천적 도덕적 사용까지 내포한다)에 이르는 전진에 있어서와, 반대로 전체에서 부분으로 되돌아가는 경우에 있어서, 사소한 부분을 변경해도 마찬가지로 유기체적 성질에 모순되는 결과로 되는 바이다.

1. 감성론의 부분적 첨삭 외에 「시공」관념의 선험적 구명을 신입
2. 「오성의 순수한 개념들의 선험적 연역」 중의 2절 3절 개작
3. 오성의 원칙에 관한 불충분한 증명의 보완, 「관념론 반박」 신입
4. 오류추리에 대한 논술의 개작과 단축

1) *K.d.r.V.*, B.XXXVI.
2) *Ibid.*, B.XXXVII.

이상의 재판이 증정보완한 것의 주요한 내용이라 하더라도, 그것은 초판의 내용을 더 잘 알기 쉽도록 하기 위한 것이다. 초판의 글이 삭제되는 적은 손실은 재판이 알기 쉽다는 점이 보상할 것이다. 비판의 「가시 많은 길」은 필경 순수이성의 학에 도달하는 길이 되는 것이지마는, 명민한 사람들은 이런 길에 통달하게 되었다는 것이 칸트의 주장이다. 재판의 머리말은 다음 구로서 끝맺어 있다.

> 이론에[1] 대해 위협을 준 훼예의 작용과 반작용도 시간이 지남에 따라 그 이론의 부정합을 탁마하기에 도움이 되고, 또 무사하고·달식이며·통속성을 가진 인사가 그런 이론을 연구한다면 그것은 이론에 필요한 걸 화려까지도 보내주는 데에 도움이 된다.

이상으로써 재판 머리말의 내용 분석을 끝맺기로 하고, 이제야 그 내용에 관한 우리 자신의 주관적인 개괄을 간결히 덧붙여 두기로 한다.

광막한 하나의 초원이 눈앞에 있다고 하자. 시인은 그 하나의 초원에 대해서도 시적 감정을 느껴 그것에서 그 어떤 절대자가 창조하신 오묘한 모습을 보려고 할 것이다. 실업가라면 광막한 초원을 보는 순간에 있어서도 그것을 활용해서 어떻게 치부할 수 없을 것인가를 궁리할지 모른다. 시인은 예술적 입장에 서서 대상을 아름답거나 혹은 숭고하다고 관조한다. 여기서는 대상에 대한 과학적인 고찰 같은 것에 관심이 없다. 실업가는 영리적 입장에 서서 자기의 목적에 대한 수단으로서 광막한 초원에 대하고 있다. 그러나 칸트는 수학적 또 자연과학적 입장에 일단 서서 그 초원을 반성하려고 한다. 특히 자연과학의 확실성을 얻기 위해서 그는 개별적인 산만한 지각에 그치지 않고 선천적인 직관 형식과 실체성·인과성 등의 범주를 적용해 보겠거니와, 이런 것을 적용해 본 결과 인간의 인식능력은 초원이라는 「현상」에만 타당하고 「초원 자체」의 인식에는 도달하지 못함이 밝혀졌다.

자연과학의 고찰방식을 칸트는 인간 자신에도 적용해 본다. 이때에 과학적·

1) *Ibid.*, B.XLIV.

심리적 고찰방식이 인간을 오로지 자연존재·자연적 과정의 산물로만 볼 것은 뻔한 일이었다. 따라서 그런 고찰방식의 대상으로 된 인간은 실험용의 토끼와 다를 것이 없고, 인격으로서의 품위는 몰각되어 있다.

내가 인격(Person)으로서 타인격과 교제할 적에는 타인은 나에 의해서 탐구되는 객관인 것이 아니라 자유로 의욕하고 행위하는 주체로서 타당하는 것이다. 이런 주체의 행동에 대해서 나의 도덕적인 찬부가 있고, 반대로 타인도 나의 행동에 대해서 도덕적인 찬부가 있을 것이 예상된다.

이래서 칸트는 객관으로서의 자타는 자연의 나라(Reich der Natur)에 속해 있고 주체로서의 자타는 자유의 나라(Reich der Freiheit)에 속해 있다는 결론에 도달한 것이다. 이상과 같은 개괄적인 진술에서 칸트 철학에서는 인간의 이원성과 인간의 두 가지 나라가 전제되어 있음도 알려질 성싶다. 자연존재와 도덕적 존재, 자연의 나라와 자유의 나라가 즉 그것이다. 「머리말」들이 비판철학에 대한 총설임에 대해서 다음의 들어가는 말(Einleitung)은 한 책 내용에 대한 실마리에 해당한다.

제3절 초판의 들어가는 말

초판의 들어가는 말은 1. 선험철학의 이념[상념] 2. 선험철학의 구분이라는 두 절로 되었고, 1 중에서 「분석적 판단과 종합적 판단의 구별」이라는 표제를 따로 내세워 있다. 그러나 1의 첫 단과 둘째 단 외에는 그 내용이 재판의 들어가는 말과 같다. 하기에 여기서는 이 두 단에 주의할 몇 가지의 낱말의 의미를 천명하면서 그 두 단[1]만을 검토하기로 한다. 나머지는 재판의 들어가는 말에 자연히 들어가는 것이 되기 때문이다.

1) 이 두 단에 나오는 오성과 이성은 동의어로 사용되었다. 즉 개념의 자발성이라는 뜻으로 쓰였다. 광의의 오성은 개념·판단·추리 등을 총칭한다.

1. 광협 두 가지 뜻의 경험(Erfahrung)

광의의 경험은 감관(오관)이 받는 후천적인 인상, 즉 감각적으로 주어진 것을 말한다. 「철학서론」 5절에서 경험을 지각들의 연속적 접합이라고 했을 적에 이것도 협의의 경험을 말했다. 광의의 경험은 감관의 인상을 받아들이는 공간 시간의 직관형식과 선천적인 인식능력으로서의 오성의 개념(가령 실체-개념)이 자신에서 내주는 것이 서로 합동해서 산출한 것을 말한다. 간단히 말하면 선천적인 「직관과 개념」이 다 들어간 것이 광의의 경험이요, 학적인 경험이다. 학적 경험이란 형식이 들어가서 누구나 반드시 동일한 현상을 보게 하는 것이다.

내가 지금 코스모스의 꽃잎을 눈앞에서 본다고 하자. 내가 보는 이 꽃잎의 백색과 내가 만져봐서 느끼는 이 꽃잎의 매끄러움은 감성적 인상이라는 재료(원료)다. 내가 나의 오성개념에 의해서 그 백색과 매끄러움을 꽃잎이라는 사물[실체]의 성질들이라고 사고함으로써 나는 비로소 대상을 인식한 것이다. 그 꽃잎에 앉아 있는 파리도 백색과 매끄러움이라는 감각적 인상을 경험한다고 「파리 아닌 인간인 내」가 판단할 수 있을지 모르되, 파리에게는 그런 성질들을 가진 사물이 현실로 있다고 판단되어 있지는 않을 게다. 사물[실체]·성질·현실성 같은 개념들은 감관에 의해서 인간에게 주어지는 것이 아니다. 개념들은 협의의 경험에서 발생하지 않고, 오성에서 발생한다.

> 경험은[1] 우리의 오성이 감성적 감각[인상]이라는 재료에 손질하여 만들어 낸 최초의 소산물이다. 이 때문에 경험은 우리에게 최초의 가르침이 된다.

이상의 인용 중의 처음의 경험은 광의의 경험을 의미하고, 두 번째의 경험은 협의의 그것을 의미한다. 아래 글 중의 「경험적」은 협의의 경험이다.

> 개념과[2] 판단은 경험적 인식(empirische Erkenntnis)이 줄 수 없는, 진정한 보편성과 엄밀한 필연성을 주장하도록 한다.

1) K.*d.r.V.*, A.1.
2) *Ibid.*, A.2.

감관의 인상(감각 · 협의의 경험)들은 대상(물자체)이 인간의 감관을 자극하는 데에 기인한다.

2. 선천적과 후천적의 구별

선천적(a priori)과 후천적(a posteriori)은 각각 원래 라틴어다. 선천적은 보다 더 이전 것(vom Früheren), 후천적은 보다 더 이후 것(vom Späteren)이라는 어의다. 그러므로 경험(지각)하기보다도 더 이전에 이미 아는 것 · 얻어있는 것은 선천적인 것이요, 경험(지각)한 이후에 아는 것 · 얻어 있는 것은 후천적인 것이다. 그러나, 어의 이상의 본의는 선천적은 사물을 그 원인 혹은 이유에서 인식하는 것이고, 후천적은 사물을 결과에서 인식하는 것임을 말한다(460면 참조). 칸트는 apriorisch라는 속어 형용사를 쓴 일이 없다.

또 선천적에 상대적으로 선천적인 것과 절대적으로 선천적인 것이 분간되고, 후자를 특히 순수하다(rein)고 한다. 그러나 칸트는 선천적과 순수를 한 단어에 함께 붙여서, 선천적인 순수인식이라고 했을 적도 있다.

그 외에 「초판의 들어가는 말」에서는 이성은 오성과 같은 뜻으로 사용되었으나, 이성은 원래는 형이상학적 추리들의 원천이 되는 능력이요, 오성은 「경험」에 있어서 감성과 구별되는 사고능력 · 판단능력을 말한 것이다.

이 초판의 들어가는 말의 첫 단과 둘째 단은, 재판의 들어가는 말에서는 1. (순수 인식과 경험적 인식의 구별)과 2. (우리는 어떤 종류의 선천적 인식을 소유하고 상식이라도 이런 인식을 결해 있지 않다)로 분류해서 세론하여 있다.

제4절 재판 들어가는 말

1. 순수인식과 경험적 인식

「우리는 모든 인식이 경험과 함께 출발한다 하더라도, 모든 인식이 경험에서 발생하지는 않는다」(B.1). 이 유명한 명제는, 시간적으로는 경험에 앞서 있는 인식이 없으나, 그렇다고 해서 확실한 인식이 경험 때문에 있는 것이 아니요, 논리적으로 경험에 기본해 있는 것도 아니라는 뜻이다(여기의 경험들은 감관의 인상을 말하는 협의의 용어). 그러므로 확실한 인식을 위해서는 직관형식과 개념이 들어가야 한다. 집의 토대 밑을 파면 집이 무너지는 일은 선천적으로 알려질 수 없다. 물체가 무겁다는 것, 물체를 밑받침하는 것이 없어지면 물체가 떨어진다는 것은 경험을 통해서 알려지기 때문이다. 따라서 인식은 경험과 함께 출발한다.

이 제1절의 맨 끝에서 칸트는 상대적으로 선천적(relatively appriori)인 인식과 절대적으로 선천적(absolutely apriori)인 인식을 실례로써 구별하였다. 가령 「모든 변화는 그 원인을 가진다」고 하는 명제는, 선천적인 명제이기는 하되 절대적으로 선천적인 명제는 아니라 했다. 변화는 경험에서 끌어내어서만 알 수 있기 때문이다. 절대적으로 선천적인 것이 순수한 것이다.

철학서론 2절 C.2에서 순수수학은 선천적[1]「순수」 인식만을 포함한다고 했다.

이래서 제1절의 제명을, 선천적 인식과 경험적 인식의 구별이라고 하지 않고 「순수 인식과 경험적 인식의 구별」이라고 하였다. 칸트가 자기의 저서명을 순수이성비판이라고 했을 적의 「순수」는 필경 선천적과 같은 뜻이 될 것이다.

2. 우리는 선천적 인식을 소유해 있다.

우리가 소유하는 선천적 인식의 두 가지 표징은 보편성과 필연성이다. 그리고 이 두 표징은 서로 불가분의 관계에 있다. 왜냐하면, 만약 A에서 B가 필연적으로 계기(후속 혹은 수반)한다면, 다시 말하면, 흄의 주장처럼 습관에서, 즉 주관적 필연성에서 제기하는 것이 아니라면(B.5), A가 생길 때는 언제나 B가 반드시 나타날 것이다. 만약 A에서 B가 반드시 계기하지 않는다면, 사람은 진정한(엄밀한) 보편성을 가지지 않을 것이요, 예외가 허용되겠다. 하기에, 필연성과 보편성은 불가분의 관계에 있다.

칸트에 의하면, 필연성과 보편성을 가지는 명제는 경험에서, 즉 감관지각과 내성을 포괄한 관찰에서 도출될 수 없는 것이다. [그러나 순수이성비판 본문에서

1) 선천적은 여기서 없어도 좋을 듯하다. 순수라는 말이 바로 다음에 있기에 말이다.

전개한 선천적 개념이 이런 의미의 보편성과 필연성을 우리에게 참으로 주는가의 여부는 딴 문제이다].

단지 이 2절에서 주목해야 할 것은 「모든 변화는 원인을 가져야 한다」고 하는 판단을 앞 1절(B.3)에서는 선천적이기는 하나 순수하지는 않은 명제라고 했으면서, 여기서는 선천적으로 순수한 판단의 예로 들어 있다는 점이다. 여기에 칸트의 부정합성이 나타나 있다.

「경험이 의거해서 진행하는바 규칙들이 항상 경험적이고, 그러므로 우연적이라면, 경험 자신의 확실성을 이끌어 올 수 없다」.[1] 그러므로 경험 자신이 확실성(Gewissheit)을 가져야 한다. 그런데 확실성은 필연성·보편성과 동의여야 하고, 따라서 경험 자신은 선천적인 것의 가치를 획득해야 한다. 이래서 「경험가능성」의 문제가 발생한다. 이것이 다름 아닌 「형이상학의 첫째 부문의 내용이 된다」.[2] 형이상학의 첫째 부문을 순수이성비판의 본문은 분석론 제하에서 다루었다.

이 절의 맨 끝에서 선천적 판단 외에 선천적 개념에도 언급하고 있다. 「빛(색)[3]·굳기·부드럽기·무게·불가침입성 등을 제거해도 물체가 차지한 공간을 없앨 수 없다」는 말에서 공간이 선천적인 직관 형식임을 칸트는 이미 암시했다. 또 「모든 객체의 경험적 개념에서 경험이 가르쳐 주는 모든 성질을 제거한다 해도, 그 객체가 실체라고 생각되고 혹은 실체에 속한 것(실체의 속성)으로 생각되는 성질을 객체에서 빼앗을 수 없다」는 말에서 선천적인 인식 능력 중에 자리를 잡고 있는 범주를 이미 암시하였다.

3. 선천적 인식의 가능성·원리·범위를 규정하는 학문

「형이상학의 둘째 부문」을 「순수이성비판」의 본문은 변증론이라고 했거니와, 이것에 상관하는 내용을 이 3절에서 다루었다. 즉 「이성 자신의 불가피한 과제는 하나님·[의지의] 자유·영혼불멸의 문제요, 온갖 태세를 갖추고 있는 학문의 궁극목적은 이 세 과제의 해결을 노리고 있는데, 이것에 관한 학이 형

1) *Cf. K.d.r.V.*, B.5.
2) Cohen, *Ibid.*, S. 10.
3) *K.d.r.V.*, B.6.

이상학이다」.[1] 그러나 이 과제의 해결을 위해서 오성이 어떻게 그러한 것들의 인식에 도달할 수 있느냐 또 이 선천적 인식들이 과연 타당하는 것이냐 하는 의문을 이때까지는 던져 본 일이 없었다.

수학이 경험에서 독립한 선천적 인식에 있어서 많은 성과를 보이고 있음이 사실이지만, 이런 수학도 대상과 인식을, 그것들이 선천적 직관중에 나타나게 되는 한에서 다루고 있는 사정을 간과해서는 안 된다.

수학처럼 확실한 학문이 되기 위해서는, 형이상학도 직관을 도외시해서는 안 될 일이다.

> 경쾌한[2] 비둘기가 공중을 자유롭게 헤치고 날아서 공기의 저항을 [즉 감성적 직관의 방해를] 느끼는 사이에 진공 중에서는 더 잘 날 줄로 생각한다. 이런 비둘기와도 흡사히 플라톤은 이념의 날개에 의탁해서 감성계를 떠나 순수오성의 진공중으로 뛰어들어가는 모험을 감행했다. 그러나 이런 일은 헛된 노력이었다.

왜 헛된 노력이었느냐 하면, 진공 중에 건물의 기초를 설립한 때문이요, 개념들을 그저 분석하는 데에만 그쳤기 때문이다. 다시 말하면, 직관을 도외시했기 때문이다.

개념의 분석이란, 개념 속에 이미 생각되었던 것을 천명한 것에 불과하고, 형식상으로 새 통찰인 것처럼 여겨지지마는, 내용상으로는 개념을 확장한 것이 못된다. 그러므로 비판적 이성은 주어진 개념(가령 영혼)에다, 전혀 딴 종류의 개념(가령 불멸)을 보태는 것과 같은 사취를 경계해야 한다.

4. 분석판단과 종합판단의 구별

A. 심리적 구별과 논리적 구별

분석판단과 종합판단의 구별은 칸트의 발명이요, 선행철학자는 그런 구별을 할줄 몰랐다고[3] 한다(칸트는 그런 구별을 로크에서 암시받은 자취가 철학서론, 3절

1) *Ibid.*, B.7.
2) Cf. Ibid., B.9.
3) A.C., Ewing, *A short Commentary on Kant's Critique of pure Reason*, 1967. p. 18.

에 보인다). 양자의 구별은 판단 작용에 관계하는 것이 아니고 판단된 것에 관계하고 있다. 그는 주어-술어형의 두 판단간의 차이에만 논급했고, 「소크라테스는 사람이다」라는 판단과 「만일 해가 비치면 따뜻해진다」라는 판단간의 차이, 혹은 「풀은 푸른색이다」라는 판단과 「a는 b보다 크다」라는 판단간의 차이에는 언급하지 않았다. 또 이런 판단들간의 차이가 그 목적하는 바에 왜 아무런 지장도 초래하지 않는가에 관하여 무슨 언질을 주지도 않았다. 「이런[1] 기이한 생각은 주로 주어-술어형의 명제와 관련했던 전통논리학의 대분류를 그가 그냥 받아들였다는 사실로써 설명됨직하다.」 또 판단은 일반적으로 주어와 술어를 가진다고 하는 근거 없는 가정을 한 뒤에, 칸트는 분석판단과 종합판단의 구별을 수행한 것이다.

그는 분석적과 종합적을 논리상 서로 모순되는 것으로 다루었다. 즉 모든 판단은 분석적이거나 혹은 종합적이요, 그러므로 어떤 판단도 분석적인 동시에 종합적일 수 없다고 보았다.

선천적 인식의 탐구에 있어서 분석적(설명적) 판단과 종합적(확장적) 판단을 구별함이 특히 중요하다.

1. 분석적 판단에 있어서는 술어는 동일성에 의해서 주어와 결합해 있다. 가령 물체 속에는 연장적인 것이 이미 포함되어 있다. 만약 물체가 비연장적이다라는 판단을 내가 내리고자 한다면, 나는 자기모순이 될 것이다. 그러므로 분석판단은 동일률 혹은 모순율에 의해서 타당한다. 선천적 분석판단은 동어반복(tautology)에 귀착한다고 할 수 있다. 또 분석적 판단은 새 지식을 줄 수 없는 것이다. 우리가 이미 알고 있는 것을 명시하는 데에 유용한 것이다. 이런 견지에서 분석적 판단은 「개념의 판단」이다.

> 불행하게도[2] 많은 철학자들이 분석적 명제의 두 가지 의미를 혼동하였던 것 같다. 즉 진리이기는 하나 새 지식을 주지 않는 것이라는 의미와, 자기모순이 없이는 부정될 수 없는 것이라는 의미와를 혼동하였다. 이래서 우리는 칸트 이전의 이성론자들이 모든 선천적인 명제들은 분석적이라고 주장했던 진술에 흔히 부닥친

1) S. Köner, *Kant*, 1966, p.23.
2) A.C. Ewing, *Ibid.*, p.21.

다 … 데카르트·스피노자·라이프니쯔·볼프 등은 선천적인 추리에 의해서 놀랄 만한 새 진리에, 가령 하나님에게 도달했다고 확실히 생각했다.

분석판단은 그 주어의 정의에 의해서 참인 판단이라고도 하나, 그렇다고 해서 그것을 정의와 전적으로 혼동해서는 안 된다. 정의는 대개는 민중이 실지로 낱말을 사용하는 방식을 표시하는 종합적·경험적 판단이요, 그렇지 않으면, 말들을 이러이러한 의미로 사용하자고[1] 하듯이 낱말을 충고적(hortative)으로 사용하고자 하는 작가의 의도요, 이때에는 정의는 판단이 아니다.

2. 새 지식을 주는 것이 종합판단(즉 대상의 판단)이요, 이것에는 후천적으로 성립하는 것과 선천적으로 타당할 경우가 구별된다.

㉠ 후천적으로 성립하는 종합적 판단의 실례는 칸트에 의하면 「모든 물체는 무겁다」는 것이다. 이 명제는 우선 종합적이다. 그 까닭은, 물체의 개념 안에는 연장성·불가침입성·형태 등의 표징이 있으나, 무게의 표징은 없는 데에 있다. 우리가 한 물체의 무게의 경중을 알자면, 우리는 그 전에 물체를 당겨본 사실이 있어야 하되, 연장됨이 없는 물체를 우리는 애초부터 생각할 수 없다. 물체는 무겁다는 명제는 이제야 연속하는 경험에서 타당하기에 이른다. 그것의 타당성은 경험이 물체의 무게를 어떤 사실적인 것으로서, 그런 한에서 우연적인 것으로서 나에게 표시하는 것에 의존한다.

모든 물체가 무겁다는 것을 협의의 경험에서 안다고 하더라도, 무겁다는 표징을 나는 물체에서 항상 동시에 생각하며, 그래서 그것은 물체-개념의 표징이 되어 있으며, 이런 때 이후부터는 모든 물체가 무겁다는 판단도 분석적이다. 따라서 판단이 분석적이냐 종합적이냐 하는 것의 한계를 일반적으로 명확히 그을 수 없다. 양자의 구별은 개별인이 물체라는 주어에서 동시에 무엇을 우연적으로 생각하느냐에 달려 있는 것이다.

이상과 같은 논의는 개별인의 사고과정을 심리적으로 고찰하는 데서 유래한 것이다. 이에 반해서 칸트는 이 4절에서 논리적=인식론적 고찰을 하고 있는 것이요, 이런 고찰은 무게라는 표징이 물체-개념에 속하지 않는다는 것을 전

---

1) Let us use the words to mean this. *Ibid.*, p. 19.

제하고 있다. 이러한 전제 아래서 물체가 무겁다는 판단이 종합판단으로 규정된다. 이런 판단을 현실로 하고 있는 개별인의 의식 중에 무엇이 등장하고 있느냐 하는 심리적인 문제는 칸트에 있어서는 전혀 고려 외의 것으로 남는 것이다.

후천적인 종합판단의 타당성은 경험에 의거하는 것을 우리는 보았거니와, 이 경험이 실로 무겁다라는 술어와 물체라는 개념과의 종합(Synthesis)[1]가능성이 정초된 것으로 여기도록 한다.

㉡ 선천적인 종합판단이 존재하고 그것의 타당성이 어떻게 이해될 수 있느냐 하는 것이, 「비판」 고유의 문제이다.

발생하는 일절은 그 원인을 가진다고 하는 명제는 선천적 종합판단이라고 칸트는 말했지마는, 어떤 의미에서 그러한 것인가?

발생하는 것이란 개념 중에서 나는 하나의 존재를 생각하기는 하되, 그런 개념 중에 원인의 개념은 전혀 포함되어 있지 않다. 그러므로 발생하는 일체는 원인을 가진다고 하는 명제는 분석적 명제가 아니라 종합적인 명제다. 그런데다가 이 명제는 「필연적으로 또 보편적」으로 타당한다. 따라서 선척적으로 타당한다. 이런 의미에서 그 명제는 선천적인 종합판단이다.

또 「철학서론 머리말」의 맨 끝 단에서 분석적 방법과 종합적 교법을 구별했을 적에 이것은 판단에 관한 구별이 아니다. 분석적은 수학과 자연과학의 사실(현실로 존재하는 이성의 지식)에서 출발하여 그것을 가능케 하는 조건과 원천을 추구하는 「철학서론」의 소급적·배진적 서술 입장을 말한 것이고, 종합적은 「순수이성비판」에서처럼 인식의 원리들을 이성에서의 근원적 맹아에서 전개하고 직관에서 증명하는 하강적·전진적 서술 입장을 지적한 것이다. 또 「순수이성비판」의 B.23에 나오는 「종합」도 여기서 설명한 종합적과 같은 뜻이다.

---

1) *K.d.r.V.*, B.12. 칸트는 분석적 판단이라도 종합을 내포한다고 나중(B.14)에 주장했으나 이런 Synthesis(종합)은, 종합적 판단과 분석적 판단을 구별해서 한 쪽을 종합적이라고 했을 적의 종합적을 명사화한 종합과 같은 뜻이 아니다. 그것은 「하나님은 존재한다」「세계는 시초가 있다」고 하는 판단처럼 주관적으로 종합(즉 설명)한 것을 말한다.

B. 선천적 종합판단에 관한 Körner의 견해

선천적이며 동시에 종합적인 판단이 있을 수 없다고 하는 반대가 있거니와, 칸트의 비평가나 일부의 주석가들이 이러한 반대는 필연적(necessary)이라는 용어가 적어도 두 개의 의미를 가지고 있다는 사실에 대해 당황했던 데에 유래한다. 즉 필연적이란 말은 협의에서는 분석적에 한해서 쓰이고, 광의에서는 모든 선천적 명제에 쓰이는 것이다. 특히 분석적 명제는 그것의 부정이 용어의 모순을 가져온다는 의미에 있어서만 필연적인 것이다.[1)]

비단 분석적 판단뿐만 아니라 모든 선천적 판단이 필연적이라고 봄에 의해서 칸트가 무엇을 의미했는가를 알기 위해서 「모든 변화는 원인을 갖는다」고 하는 선천적 종합판단을 「모든 사람은 3백세가 되기 전에 죽는다」[2)]는 후천적 종합판단과 비교하여 보자. 모든 변화는 원인을 갖는다는 것을 받아들일 경우에, 우리는 비록 특수 사건에서 원인을 발견하지 못하는 때가 있을지라도, 도대체 원인 없는 변화가 있을 수 있는 가능성을 우리는 제거한다. 그러나 모든 사람이 3백세가 되기 전에 죽는다고 할 때에는, 그 말은 사람이 그 이상 더 살 수 있는 가능성을 제거함을 의미하지 않는다. 그러므로 그 이상으로 사는 사람을 발견할 때에는 사람은 이 명제를 포기하려고 하고 있는 것이다. 즉 모든 변화는 원인을 갖는다라는 앞의 명제는 뒤 명제와는 달리 필연적이며 또 보편적인 것이다.

선천적 판단을 정의해서 말한 것은 아니지만, 어쨌든 칸트는 필연성과 엄격한 보편성이 서로 합해서나 혹은 각각 단독으로, 선천적 판단의 선천성을 알아보기에 충전한 검사의 몫을 할 수 있다고 칸트는 믿었다. 즉 첫째로[3)][직관을 무시하고] 사고만 함으로써 우리가 필연적이라고 사고하게 되는 명제에 부딪치면, 그런 명제는 선천적 판단이라고 했다. 둘째로 「어떤 판단이 엄밀한 보편성을 지닌다고 생각된다면, 즉 어떠한 예외의 가능성도 인정되지 않는다면, 그런 판단은 경험에서 이끌어내어져 있지 않고 절대로 선천적인 타당성을[4)] 가진다」

1) *Cf. K.d.r.V.*, B.189ff. 「모든 분석적 판단의 최상원칙」항.
2) S. Körner, *Kant.*, 1966. p. 24.
3) *Cf. K.d.r.V.*, B.3.
4) *Ibid.*, B.4.

고 하였다.

칸트가 모든 선천적 판단이 가지고 있다고 믿은 필연성은 분석적 판단에 있어서의 논리적 필연성이 아니다. 만약 선천적 판단의 필연성과 분석적 판단의 논리적 필연성이 같다고 하면, 칸트는 기본적 선에서 혼동을 일으킨 죄과를 져야 하겠다. 즉 그는, 선천적 종합명제라는 동일한 명사에서 그것이 논리적으로 필연적이라고 정의하고 동시에 논리적으로 필연적이 아니라고 정의하는 죄과를 발견했을 것이다.

모든 선천적 명제를(광의에서) 필연적이게끔 하는 것은 사실문제(matter of fact)에 대한 우리 사고에 있어서의 그 명제의 기능(function)이요, 특히 과학적 사고에 있어서의 그 명제의 기능인 것이다. 모든 선천적 명제가 어떻게 정밀하게 우리의 사고에 의해 전제되어 있다고 칸트가 생각했는가 하는 것은 몇마디로 설명될 수는 없다. 그러나 분석적 명제와 선천적 종합명제를 부정할 때에 우리의 사고가 어떻게 되겠냐고 자문해 보면, 분석적 명제와 선천적 종합명제가 우리의 사고 중에 전제된 방법을 개략적으로나마 알게 될 것이다.

모든 비오는 날은 습하다[1]라는 분석적 명제를 부정한다면, 어떤 비오는 날은 비가 오지 않는다(습하지 않다)는 명제는 신임할 수 없다. 그럼에도 이런 명제를 신임한다면 두 개의 서로 모순된 명제가 다 참이라는 말을 하게 되겠다. 그러나 이런 일은 우리의 일관된 사고 가능성을 박탈하는 것이다. 아니, 솔직히 말해서 우리의 사고를 불가능하게 하는 것이다.

선천적 종합명제의 부정은[2] 이보다는 덜 위험하다. 가령 모든 변화는 그 원인이 있다는 선천적 종합 명제를 부정할 때에, 우리는 그 명제 중의 원인 개념(즉 보편적 원인성)을 사용할 수 있는 가능성만을 상실하게 될 것이다. 그러나 물리적 대상에 대한 판단 중에는, 그것이 일단 선천적 종합판단으로 되고 보면 이런 판단을 부정함으로써 외계의 상식적 사고와 또 모든 과학적 사고를 할 수 없게 되는 판단이 있는 것이다.

그 어떤 분야에서 우리의 사고에 의해 전제된 선천적 종합판단은, 우리에게

1) Köner. *Ibid.*, p. 25.
2) Köner. *Ibid.*, Loc. eit.

명백해야 할 필요도 없고 또 그렇게 되기가 퍽 곤란한 것이 있다. 즉 어떤 선천적 종합 판단은 사고의 불변적 영역 속을 더듬을 때에 비로소 발견되는데, 이런 것의 탐구는 과오를 범하기 쉬운 것이다. 우리가 인간사상의 영원한 업적이라고 생각하는 것이, 단순히 잠정적인 것에 불과할 때도 있다. 다루고 있는 분야에서 사고의 불변적 전제라고 생각되었던 것이 사실은 상대적인 것일 수 있다. 그러므로 사람이란 절대적 선천적 종합명제와 상대적인 선천적 종합명제를 구별하기에 기울어지기도 하겠고, 또 절대적인 선천적 종합명제에 언급하지 않고 그런 명제가 전제된 분야만을 구명하기에 기울어질 수도 있겠다.

칸트는 자기가 제시한 선천적 종합판단 전부가 사실에 대한 모든 사고에 있어서 필연적이라고 믿었다. 그러나 그의 선천적 종합판단들의 어떤 것은, 오늘날은 기하학 전부에서가 아니라, 유클리드 기하학에 한해서만 절대적이고, 또 물리학 전부에서가 아니라 뉴턴 물리학에서만 절대적인[1] 것이다. 그럼에도, 칸트는 자기가 예거한 선천적 종합판단의 표가 완전한 것으로 믿었고, 자기가 열거하지 않은 것은 열거된 것으로부터 추리된다고 독단하였다.

칸트 시대 이후 그가 발견했던 선천적 종합판단을 가진 모든 학문의 부문들에 있어서 커다란 변화가 생겼다. 이런 변화를 염두에 둘 때에, 그런 판단 전부가 사실에 대한 모든 사고에 필요하다고는 아무도 기대하지 않을 것이다.

C. Locke의 영향과 Ayer의 비평

이 제4절의 비판적 분석을 끝맺는 마당에서, 두 가지를 더 붙여 둔다. 하나는 분석판단과 종합판단의 칸트적인 구별에 자극을 주지나 않았나(전술)하는 의문을 자아내는 진술이 Locke에 없지 않았다는 것이다. 또 하나는 당대의 Ayer가 분석판단(분석적 명제)과 종합판단(종합적 명제)을 어떻게 해석했느냐 하는 것이다.

로크는 무가치한 명제(trifling proposition)[2]로서 두 가지를 지적했다. 모든 순수한 동일명제(all purely identical proposition)와 복잡관념의 부분이 복잡관

1) Köner. *Ibid.*, p. 26.
2) Locke. *An Essay concerning Human Understanding*, p. 208. 및 p.313. 또 *Prolegomena*, §3.

념 전체의 술어인 명제[1])가 즉 그것이다. 전자에서의 명사는 우리가 이전에 확실하게 아는 것 외의 아무런 것도 명시하지 않는 것이다(보기: 있는 것은 있는 것이다. 영혼은 영혼이다). 후자는 정의의 한 부분이 정의되는 말의 술어로 되는 것이요, 유가 종의 술어로 되는 명제들이다(보기: 납은 금속이다). 로크의 무가치한 명제는 칸트의 분석판단에 해당하는 것이다.

또 로크가 동일한 주어(특히 실체) 내의 어표상의 공존이라고(보기: 황금은 녹아질 수 있다, 무겁다, 전성이 있다 등등) 한 것은 칸트의 후천적 종합명제에 해당하는 것이다.

Ayer[2])에 의하면 칸트는 분석적 명제와 종합적 명제를 구별하기 위해서 단지 하나의 기준을 주지 않고 두 가지의 별개 기준을 주었지마는, 이 두 기준은 동가가 아닌 것이다. 7+5=12의 명제가 종합적인 이유는 7+5의 주관적은 내포가 12의 주관적인 내포를 포함하지 않는다는 것이었으나, 「모든 물체는 연장적이라」는 것이 분석적 명제인 이유는 모순율에 의거하였다. 즉 그는 전자의 예문에 있어서는 심리적인 기준을 사용했고, 후자의 예문에 있어서는 논리적인 기준을 사용했으면서도 이 두 기준을 당연히 동가로 보았다. 그러나 사실은 전자의 기준에 따라 종합적인 명제가 후자의 기준에 따라 분석적인 일이 많이 있을 수 있다. 내포적으로는 누구에게나 같은 의미가 아닌 기호(symbol)들이 서로 동의일 수 있기 때문이다. 그가 참으로 확립하려고 한 것이 논리적 명제요, 심리적 명제가 아니었음은 명백하다(441면의 A, 심리적 구별과 논리적 구별 참조).

분석적 명제와 종합적 명제에 관한 칸트적 구별의 논리적인 의미를 보존할 수 있기 위해서, Ayer는 「한[3]) 명제는 그것의 타당성이 그것이 포함하는 기호의 정의에만 의존할 때는 분석적이요, 그것의 타당성이 경험의 사실에 의해서 결정될 때에는 종합적이라」고 규정해야 한다고 했다. 가령 「노예제도를 확립한 개미가 있다」고 하는 명제는 종합적이다. 왜냐하면 그 명제를 조직하는 기호의 정의를 고찰하는 일에만 의해서는 그것의 진위를 우리는 고할 수 없기

1) *Ibid.*, p. 211.
2) Ayer, *Language, Truth and Logic*, 1946. p. 78. Dover 사.
3) Ayer. *Ibid.*, p. 78.

때문이다. 「개미 중에는 기생적인 것이 있거나 혹은 그런 개미는 전혀 없거나 둘 중의 어느 것이다」라고 하는 명제는 분석적이다. 왜냐하면, 기생적인 개미가 있느냐 있지 않으냐 하는 것을 알기 위해서 관찰에 의뢰할 필요가 우리에게 없기 때문이다.

5. 수학과 물리학 중에 포함된 선천적 종합판단과 철학

A. 각종의 선천적 종합판단

제5절의 첫째 문장, 즉 「수학의 판단들은 전부가 종합적이다」라는 문장은, 같은 절에서 칸트가 기하학자가 전제하는 소수의 원칙은 분석적이요, 모순율에 의거해 있다고(B.16－17)한 말과 모순되고, 그의 지론을 표현한 것이 못된다. 그러므로 수학의 판단들은 전부 종합적이다라고 말할 것이 아니라 「수학의 판단들은 대다수가 종합적이다」라고 말해야 할 것이었다. 아니 엄밀하게는 「수학의 판단들은 대다수가 선천적이고 종합적이라」고 말할 것이었다. 왜냐하면, 종합적이 아니고 분석적인 수학 명제도 있기 때문이다. 칸트 자신이 분석적인 수학명제로서 a＝a, a＋b＞a와 같은 보기를 들고 있다. 그러나 이러한 분석명제는 사실은 동일명제처럼 방법상의 연쇄[1]를 위해서만 쓰이기 때문에 수학적 원리는 아니라는 말도 하고 있다.

7＋5＝12와 같은 산술판단이 종합적임을 표시함에 있어서 칸트는 7＋5는 7과 5가 한 수로 결합되어야 한다고 하는 개념임에 불과하고,[2] 그 한 수가 무엇인가에 대한 개념을 포함하지는 않는다고 하였다. 바꾸어 말하면 7＋5의 개념과 12의 개념은 동일일 수 없다는 것이다. 왜냐하면, 어떤 것이 12의 수라고 하는 말은 「7와 5」라는 서로 다른 두 수의 모임에 관한 말이 아니기 때문이요, 또 두 모임이 7＋5이다라고 하는 말은 그 두 모임이 결합되었을 적에 무엇이 생기는가를 말하는 것이 아니기 때문이다. 동등(＝)이라는 부호에 현혹되어서 우리가 「개념의 동일성」 대신에 양의 동등성이나 혹은 (두 개념이 지시

1) Kette der Methode (links in the chain of method), B.16－7.
2) 7과 5의 성질을 아무리 분석해도 12의 수가 나오지 않는다. 수는 후천적으로 있지 않고, 따라서 경험적이 아니다.

하는) 수의 동일성을 취해서는 안 된다. 하기에, 칸트는 「우리가 비교적 큰 수를 취해 볼 때에 이런 사정은 더욱더 판명해진다」[1]고 하였다.

계수에 있어서 손가락을 사용해야 한다고 그가 언급한 것은 산술이 경험적 지각에 의존함을 암시할지 모르되, 사실은 지각에의 의존을 말한 것이 아니라, 칸트는 산술이 순수직관에 의존한다고 생각한 것이다. 또 손가락의 사용은 단지 하나의 주석일 뿐이다.[2] 순수직관에 의존한다고 해서 수학에 논리가 참여하지 않는다는 뜻은 물론 아니다.

물리학에서 보여진 선천적 종합판단의 실례로서 칸트는 「물질계의 모든 변화에 있어서 물질의 양은 불변이다」「운동의 모든 전달에 있어서 작용과 반작용은 항상 서로 같다」라는 명제들을 들었다. 이런 실례들은 범주도 도식도 아니고, 범주에서 연역된다고 생각된 원리(prinzip)다.

전래의 철학은 그 목적상으로 「세계는 시초를 가져야 한다」와 같은 선천적 종합판단을 제시하고자 했다.

칸트는 필경 첫째로 우리가 선천적 종합판단을 실지로 가지고 있고, 순수수학과 자연과학에서 그런 판단이 타당하다고 생각했다는 것을 제기했다. 둘째로 그는 전래의 형이상학이 적어도 그런 판단을 제시하려는 노력을 했으나, 그 타당성 여부는 음미할 줄 몰랐다고 했다.

B. Martin이 본 기하학의 명제

기하학의 명제를 선천적 종합판단이라고 한 칸트의 입장을 Martin은 현대에서도 옹호하려고 한다.

「삼각형은 그 내각의 총화가 이직각인 것이다」와 같은 기하학의 명제를 라이프니쯔는 모순율에서만 증명될 수 있고, 「내각의 총화가 이직각인 것」이라는 서술-개념에 포함되어 있는 것이라고 했다. 그러나 칸트는 그 명제를 선천적인 종합명제라고 했다. 그런데 G. Martin은 「기하학의 판단이 종합판단이

---

1) *K.d.r.V.*, B.16.

2) 이 글과 관계없이 원서 B.17. 중의 「기하학의 절대 필연적 판단의 객어는 … [주어]개념에 직관을 매개로 해서 종속한다」라는 문장은, 「기하학자가 전제하는 소수의 원칙 … 운운」(오단초)의 앞에 가야 하는 것이다. K. Smith의 순수이성비판 영역에는 사실 앞에 가 있다.

라고 하는 테제에 있어서 기하학의 공리적 성격(der axiomatische Charaker)이 칸트에 의해 공식화되었다」[1]고 하였다.

공리적인 파악에 있어서는 삼각형에 관해서 내각의 총화는 두 직각과 같다라는 술어가 보태어질 수 있는 동시에, 내각의 총화는 두 직각보다도 크다거니 (구면에서의 삼각형의 총화는 사실 두 직각보다도 크다), 내각의 총화는 두 직각보다도 작다거니 하는 술어도 보태어질 수 있다. 처음의 공리에서 Euklid 기하학의 체계가, 둘째의 공리에서 Bolyai－lobatschefskij의 기하학 체계가, 셋째의 공리에서 Riemann의 기하학 체계가 각각 조립된다. 그리고 여기에 기하학적 사고의 자발성 혹은 공리적 사고의 자유도 저절로 알려지거니와, 둘째와 셋째의 체계는 다 비유클리드 체계다.

그러므로 유클리드 기하학만을 옹호한 듯한 칸트의 이설에서 비유클리드 기하학이 성립될 가능성도 이미 포함되어 있다. 왜냐하면, 칸트가 기하학의 판단이 종합판단이라고 함에 의해서 D. Hilbert와 마찬가지로 기하학의 공리주의적 체계를 이미 승인한 것이 되기 때문이다.

Martin에 의하면, 기하학적 판단의 종합적 성격은 공리적 성격에 지지되어 있다. 즉 기하학의 판단은 단순히 모순율에서 증명될 수 있는 것이 아니고, 또 유클리드 기하학의 판단 중에 있는 주어와 술어의 종합은 논리적으로 필연인 것도 아니며, 그런 판단 중의 주어는 딴 술어와도 결합할 수 있다고 하는 확신에서 칸트는 출발해 있다. 이런 한에서 기하학의 판단의 종합적 성격에 관한 칸트의 테제는 공리론 중에서 확증되어 있다고 말해도 좋다. 이래서 마르틴은 다음과 같이 말하였다 :

> 비유클리드 기하학에 대한 반대는 칸트의 입장에서 옳지 않다. [19세기의 칸트학도] Nelson, Meinecke, Natorp 등은 칸트적 전제 아래서 비유클리드 기하학을 상정함은 가능할 뿐만이 아니라 필연적이라고 단호하게 표시했다. 그리고 이러한 입장의 정당성은 의심할 수 없다.——비록 정밀한 연구는 금후로 기대해야 한다고 하더라도[2] 역시 그러하다.

1) G. Martin. I. *Kant*, 1960. S. 27.
2) Martin, *Ibid*., S. 27.

뿐더러 칸트의 이하와 같은 진술은 특히 유클리드 기하학이 공리적 성격 외에 구성적 성격도 가지는 것은 언명한 것이다.

「개념의[1] 객관적 실재성(즉 개념에 의해 생각되는 대상의 가능성)을 위해서는 논리적 조건만으로서는 불충분하다. 가령 두 직선에 둘러싸인 도형이라는 개념 자신 중에는 하등의 모순도 없다. 두 직선과 그것의 교차라는 개념은 도형의 부정을 포함하지 않기 때문이다. 도형이 불가능한 까닭은, 개념 자체에 기인하는 것이 아니라 공간에 있어서는 [도형]개념의 구성에 기인하기 때문이다. 다시 말하면 공간과 이것의 규정과의 조건에 기인하기 때문이다. 이 조건은 그것이 경험일반이 선천적인 형식을 포함하기 때문에, 그 자신 객관적 실재성을 가진다.

그러나 리만기하학에서는 두 직선에 둘러싸인 도형이 성립할 수 있는 것이고, 따라서 칸트는 비유클리드 기하학을 몰랐다는 주장이 나올 수도 있다.

그런데 마르틴은 칸트의 입장을 다음과 같이 변호하는 태도를 표명했다 :

직선의[2] 이각형이라는 수학적 존재에 칸트는 이의를 한다. 그것은 모순이 없기에 논리적으로는 가능하나 구성될 수는 없고 직각적으로 주어질 수 없다. 즉 비유클리드 기하학은 확실히 논리적으로 가능하나, 그것은 구성될 수는 없다. 그러므로 비유클리드 기하학은 칸트에게는 수학적 존재를 가지지 않는 것이요, 한갓 사유물에 불과한 것이다.

[칸트의 순수] 직관은[3] 모순 없이 가고적인 것으로서의 논리적 존재의 광대한 영역을 가구성적인 것으로서의 수학적 존재의 좁은 영역으로 제한하는 계기이다.

마르틴이 기하학의 공리적 성격·종합적 성격·구성적 성격을 천명하면서 칸트를 이상처럼 옹호하려고 한 것이, 과연 정당한 것이었나 하는 회의를 우리는 금할 수 없다.

칸트가 주장한 종합의 의미를 마르틴처럼 기하학적 사고의 자발성 혹은 공

1) K.d.r.V., B.268.
2) Martin. *Ibid.*, S. 33.
3) Maritn. *Ibid.*, S. 34.

리적 사고의 자유에서 주어와 술어를 종합하는 뜻으로 이해한 것에 대해서 반드시 이의가 생길 성싶다. 왜냐하면, 칸트의 종합은 선천적 직관이건 경험적 직관이건간에 직관에 호소한 것이었기 때문이다.

직관적 구성이 가능했기에, 칸트는 유클리드 기하학만이 수학적 존재를 가지는 것이고 비유클리드 기하학은 한갓 사유물에 불과하다고 본 것이라는 마르틴의 해석도 어딘지 칸트를 위한 강변이라는 인상을 준다. 그가 「유클리드 기하학이 [딴 두 비유클리드 기하학에 비해서] 탁월한 특색을 지닌다」[1]고 한 진술의 정당성에도 의심이 가는 것이다.

그러나 Max Apel도 비유클리드 기하학에 의해서 칸트의 입장이 반박되지 않는 것이라 했다. 그는 Poincaré가 주장한 유클리드 기하학의 (가장 또 영구히) 유리한 탁월성에 언급하면서 마르틴과 마찬가지로 칸트의 이설을 옹호하였다.[2]

6. 순수이성의 과제

칸트를 따르면, 선천적 종합판단이 어떻게 가능하냐 하는 것이 순수이성의 진정한 과제다. 이런 과제에 흄이 일찍이 접근한 일이 있으나, 그 과제를 전반적으로 달관하지는 못했고, 단지 「인과적 결합의 종합적 명제」[3]에 관계해서만 받아들였다. 그래서 선천적 종합판단은 가능하지 않고, 인과명제도 사실은 경험에 의존하며 우리가 인과명제에 젖어 있는 습관 때문에 그것이 필연성의 외관을 띤다고 주장했다. 이러한 흄의 의견은 지지될 수 없는 것이었다.

순수수학의 판단이 타당할 뿐만 아니라, 인과성·동일량인 물질의 지속성·작용과 반작용의 동등성 등의 명제에 보인 순수자연과학의 원칙들도 타당하는 것이다. 또 순수수학의 판단과 순수자연과학의 원칙은 이미 말했듯이 선천적 종합판단이었다. 여기에 칸트는, 이런 판단들이 과연(ob) 타당하느냐를 물은 것이 아니라, 단지 어떻게(wie) 그 타당성이 이해될 수 있느냐를 물은 것이다.

수학과 자연과학만큼 보편적 승인을 이때까지 얻어오지 못했던 형이상학에

1) Martin, *Ibid.*, S. 34.
2) Cf. Apel, *Kommentar zu Kants Prolegomena*, 1923. SS. 104–114. Meiner.
3) *K.d.r.V.*, B.20.

있어서는 사정은 전혀 다르다. 여기서는 칸트는 그 타당성을 전제하지 않고 형이상학의 사실을 전제하였다. 즉 형이상학에 관해서 그는 첫째로 어떤 내용의 형이상학적 문제들이 이성에서 발생하는 것이냐를 확립하려고 애썼다. 이래서 「자연적[1] 소질로서의 형이상학은 어떻게 가능하냐?」하는 의문을 제기했다. 칸트는 다음에 형이상학의 문제가 과연 또 어떠한 의미에서 해결될 수 있느냐를 이 6절에서 물었다. 그래서 이런 물음을 「학으로서의 [엄밀한] 형이상학이 어떻게 가능하냐[2]」라는 공식으로 제시하였다.

칸트의 진정한 관심이 이러한 설문이라고 우리는 인정해야 할 것이다. 그러나 이런 설문에 답하기 위해서 독단론을 배제하여 그는 우선 수학과 순수자연과학을 정확하게 탐구할 것을 기도했고, 그래서 그것들 안에 포함된 선천적인 인식을 우선 천명하려고 한 것이다.

수학에서의 선천적 종합판단은 어떻게 가능하냐에 답하는 것이 (순수이성비판의 본문 중의) 감성론이다. 자연과학에서 선천적 종합판단이 어떻게 가능하냐에 답하는 것이 분석론이다. 변증론은, 선천적 종합판단이 전래의 형이상학에서는 진실로는 가능하지 않았다는 것을 다룬 것이요, 그럼에도 그런 판단이 가능하다는 잘못된 추리가 어떻게 생겼느냐 하는 것을 폭로한 것이다.

전래의 형이상학이 만인에게 있었다고 말한 것은,[3] 현상의 인식이 아니라 물자체라고 증거 없이 진술한 것임을 의미한다. 이러한 형이상학은 선천적이 아닐 수 없다. 그런 것은 사물의 본질상 우리의 경험을 넘어 있기 때문이다. 전래의 형이상학을 포기함에 있어서 칸트는 비윤리적 전제들에 기본한 신학과 철학적 실재론을 배격하려고 한다. 그러나 그는 형이상학이라는 말을, 경험계에서 타당하는 일반 개념들을 다루는 학으로 가능할 수 있다는 의미에서, 사용하였다. 전래 형이상학의 논의와 선험적·인식론적 논의와 대조시켰을 적에, 칸트는 전자에 의해서 한갓 개념을 분석함에서만 그 실재를 주장한 것을 의미하였다.

---

1) *Ibid.*, B.22.
2) *Ibid.*, Loc. cit.
3) *Ibid.*, B.21.

7. 「순수이성비판」의 구상과 구분

A. 선험적(혹은 정험적)과 초험적(혹은 초절적)

「순수이성비판」은 순수이성의 체계, 즉 현실적 형이상학의 체계에 대한 예비요, 준비다. 이러한 비판의 고찰방식은 선험적이다. 과학의 인식은 각각 그 대상에, 가령 수학적 형상에나 혹은 자연으로 향해 있다. 그러나 선험적 인식은 인식능력 자체를 음미하는 것이다. 이런 한에서 선험적 인식은 인식의 이론이다.

인식은 마땅히 그 대상으로 향해가야 한다. 그렇지 못하다면, 인식은 종합적 인식이 되지 못할 것이다. 그러나 대상이 과학의 대상이라고 생각되는 한에서, 그것은 「선천적 종합인식」 중에 포함되어 있는 것이고, 그러므로 선천적 개념들, 즉 원리들에 의해서 인식되는 것이다. 뿐더러 이런 개념들이 인식과 대상들을 산출하기도 한다.

본절에서 칸트는 선험철학의 특색을 표시하는 「선험적」을 설명하였는데, 그것은 초판의 들어가는 말과 재판의 들어가는 말에서 다음과 같이 차이가 있다.

> 대상들을 다루는 것이 아니라 대상들 일반에 관한 우리의 선천적 개념들을 다루는 모든 인식을 선험적이라고 한다(초판=A.12).
> 대상들을 다루는 것이 아니라, 대상들 일반을 우리가 인식하는 방식을 ── 이것이 선천적으로 가능한 한에서 ── 다루는 모든 인식을 선험적이라고 한다(재판=B.26).

칸트의 용어에 있어서 선험적(transzendental)과 초험적(transzendent)이 구별되어야 한다. 이 두 단어는 다 라틴어 transcendere(초월한다)에서 유래했다. 선험적은 지정의에 관하여 외부의 감각과 내부의 심리를 방법적으로 일단 초월하되 필경 경험에 참여하여 경험을 확실하게 하는 것이다. 이에 대해서 초험적은 경험을 시종 초월하여 경험될 수 없는 것이요, 경험에서 단절된 것이다. 한자의 선과 초는 대동소이할 듯 하나, 선험적과 초험적의 뜻은 전혀 다르다. 뜻에서 보아 「선험적」보다도 「정험적」이라는 역어가 더 타당할지 모른다. 정험적은 경험을 확정한다는 의미다.

선험적의 의미는 다음과 같은 칸트의 진술에서 보다 더 명백히 드러나 있다.

> 모든[1] 선천적 인식을 선험적이라고 말할 것이 아니라, 어떤 표상들이(이것들이 직관들이건 개념들이건 간에) 선천적으로만 사용되거나 혹은 가능하다는 것과 또 어떻게 그러하냐 하는 것과를 우리가 인식하도록 하는 선천적 인식만을 선험적이라고 말해야 한다.

변증론에 나온 선험적은 선천적으로 작성하지 않을 수 없는 것(가상)이다.

B. 기관과 규준

칸트는 이 7절에서 그가 선험철학의 전체계를 주려고 하는 것이 아니고, 순수이성의 철학체계를 위한 기관을 예비했다는 것, 적어도 그런 체계를 위한 규준을 준비했다는 것을 강조하고 있다. 「비판」은 교의나 [적극적] 이설은 아직 아닌 것이다.

그런데 기관(Organon)과 규준(Kanon)의 의미에 관해 우리는 특별한 주의를 해야 한다(639면 참조).

기관의 말뜻은 도구요 「비판」에서는 인식의 도구를 지시하거니와, 원래는 Aristoteles의 논리학 책의 이름이다. 칸트는 순수이성의 기관을 「모든 선천적인 순수인식을 얻도록 하고 또 현실로 성립시킬 수 있는 원리들의 전체」[2]라고 규정했다. 이에 대해서 규준은 말뜻으로는 규구(Richtschnur) 혹은 기준(Kriterium)과 같은 것이요, 동일률·모순율 같은 형식적인 규칙을 의미하며, 실질적 내용에는 관계하지 않는 것이다. 「규준은[3] 혹종의 인식능력 일반을 바르게 사용하기 위한 선천적 원칙들의 총괄을 지시한다.」 칸트에 의하면, 동일률·모순율 등은 사고의 형식논리적 정당성을 음미하기 위한 규칙, 그러므로 진리의 소극적인 규준이기는 하되, 인식의 객관적 진리를 확립하기 위한 법칙은 아닌 것이요, 그러므로 대상 인식의 적극적인 기관이 되는 것은 아니다. 규준임

1) *K.d.r.V.*, B.80
2) *Ibid.*, B.24.
3) *Ibid.*, B.824.

에 불과한 것을 기관으로 오단하면, 독단적 형이상학이 출현한다. 칸트의 「분석론」에 나온 범주와 원칙 같은 것은 오성을 경험에다 적용하려 할 적의 규준이요, 따라서 초험적인 물자체계에 타당하는 것이 아니다. 아무튼 형이상학적 대상들을 인식하고 싶어하는 이성의 소질에 맹종해서, 규준을 형이상학적인 대상들을 인식하는 기관으로 이용한다면, 반드시 가상들을 산출하게 된다.

칸트는 이성의 실천적 사용에 관해서도 규준이라는 말을 제시했다. 그는 「도덕법[1]만이 순수이성의 실천적 사용에 속하고, 한 규준[이 됨]을 용인한다」고 했다.

「비판」의 선험철학 전부에 대한 관계를 다툼에 있어서 칸트는 도덕 외 최고원칙과 쾌·불쾌·욕망과 애착·자의 등의 개념도 돌보았다. 선험철학은 사변적 순수이성에 의한 세계지(철학)요, 사변적은 실천적인 것에서 구별된다. 「도덕의 최고원칙과 그 기본(즉 선악)개념은 선천적인 것이라」[2]고 말했을 때에, 벌써 칸트의 비판적 윤리사상 엿보이지만, 이런 것들이 「비판」의 선험철학에 들어가는 것은 아니다. 왜냐하면, 「비판」의 안목은 원래는 「분석론」에 있다고 말할 수 있기 때문이다.

C. 원리론과 방법론의 대별과 「공통의 뿌리」

본절의 큰 단에서 칸트는 「비판」이 원리론과 방법론으로 대별된다고 했다. 원리론은 선천적인 인식 요소(혹은 원소)들을 탐구해야 하는 것이고, 그것의 타당성을 이해케 해야 하는 것이다. 방법론은 「순수이성[3]의 완전한 체계를 위한 형식적 조건을 규정해야 한다.」 방법론은 그러므로 저 선천적인 인식 요소들이 어떻게 완결적 체계로 종합되는가를 지시해야 하는 것이다.

「비판」을 원리론과 방법론으로 구분한다고 한 뒤에, 칸트는 「인간의 인식에는 두 개의 줄기가 있고, 이 두 줄기는 아마도 하나의 공통적인, 그러나 우리에게 알려지지 않는 뿌리에서 발생하여 있겠는데, 두 줄기는 감성과 오성이다」(B.29)라고 하였다. 이 뿌리를 「비판」의 방법론에서는 두 개의 줄기에 대한

1) *Ibid.*, B.828.
2) *Ibid.*, B.28.
3) *Ibid.*, B.736.

「일반적 뿌리」[1]라고 표시했거니와, 그것은 요컨대 우리에게는 미지인 것이다. 이 알려지지 않은 뿌리를 아는 비결은 없는 것인가?

하나의 「공통적인 그러나 우리에게 알려지지 않는[2] 뿌리」가 무엇인가가 문제이다. 「우리는[3] 모든 선천적 인식의 밑바닥에 있는 인간 마음의 근본능력으로서, 순수한 구상력을 갖는다」 「구상력은[4] 마음의 필수적이면서도 맹목적인 기능이요, 이 기능 없이는 우리는 어떠한 인식도 가지지 않겠으되, 이런 사정을 드물게만 인식하고 있다.」이런 대목들을 인증하면서 Heidegger는 그 뿌리를 구상력이라고 주장했다. 그는 「선험적[5] 구상력이 두 극(감성과 오성)을 결부시키는 외적인 유대일 뿐만이 아니라 그것은 근원적으로 종합작용이다」고 하고 있다.

하이데거의 해석을 용인한다면, 선험적 구상력은 제3의[6] 근본능력(drittes Grundvermögen)인 것이 되고, 그것이 두 개의 줄기와 어떻게 조화할 수 있는가가 다시 문제되거니와, 사람은 본절에서 칸트가 「감성에 의해서 대상(즉 감각·직관·현상)이 주어지고 오성에 의해서 대상은 생각된다.」고 진술한 것에 주목해야 할 일이다. 「대상이 주어진다」고 하더라도 인간의 감성을 외계의 인상을 받아들이는 사진기의 건판처럼 보아서는 안 된다. 건판에 나타난 상이 그전에 렌즈를 통과해 있듯이 대상은 직관형식의 영향을 받아 있다. 「대상이 생각된다」는 말은 범주를 통해 대상이 동일한 대상성으로서 확인된다는 뜻이다.

「인간 인식의 대상들이 주어지도록만 하는 조건들은 인식의 대상들을 생각하도록 하는 조건들보다도 앞서 있기 때문에, 감성론은 원리론의 제1부에 속해야 한다」[7] —— 이 명제는 순수 감성의 조건들이 순수오성의 조건에 앞선다는 뜻이다. 이 선행(앞서는 것)은 어디에 유래하는 것인가? 그것은 직관이 사고에 대해서 일차적인 것이기 때문인가? 다시 말하면 사고가 직관에 예속하기

1) *Ibid.*, B.863.
2) *Ibid.*, B.29.
3) *Ibid.*, B.103.
4) *Ibid.*, A.124.
5) Heidegger, *Kants und das Problem der Metaphysik*, 1965. S. 126. Klostermann사
6) *Ibid.*, S. 124. §27.
7) *K.d.r.V.*, B.29.

때문인가? 혹은 그렇지 않고 「주어지는 일이 [공통적] 뿌리에 있어서는 생각되는 일과 동종인 한에서, 주어지는 일이 선험적·방법적으로는 생각되는 일과 동등한 의의를 가져야 한다는」[1]것인가? 이런 물음들에 대한 답은 「순수이성비판」의 본론의 연구에서 더욱더 모색되어야 할 일이다.

그러나 인상[감각]을 받아들이는 감성과 경험적 직관이라는 대상을 사고하는 오성 간에 우열이 없다(B.75)는 취지의 말에는 주목할 만하다.

1) Cohen, *Ibid.*, B.21.

제2장 감성의 직관

제1절 감성론에 대한 예비

1. 중요한 술어

쇼펜하우어는 칸트의 선험적 감성론만으로써 그의 이름을 영원히 전하기 족하다[1]고 하였다. 이런 극찬은 인식에 있어서 직관작용을 중시한 데서 유래했다고 하겠다.

아무튼 칸트의 감성론에서 보여진 중요한 술어의 의미부터 파악하기로 한다.

A. 에스테틱(Aesthetik)은 당연히 미학이라고 옮겨야 하되, 「비판」에 나온 그 말을 통례상 감성론이라고 옮긴다. 이런 역어는, 그 말이 희랍어 아이스테시스(aisthesis)에서 유래했고, 이 희랍어는 감관지각(sense－perception)의 뜻이었기 때문이다. 감성론은 미의 이론과는 관계가 없으며 지각의 이론을 전개한 것이요, 그러므로 지각론이라고 옮김이 오히려 더 타당할지 모른다.

순수이성비판이 나올 때까지도, 칸트는 미의 규칙을 학으로 높이려고 한 Baumgarten 같은 학도의 노력을 헛된 것이라고 보았다. 「왜냐하면, 미의 규칙이니 미의 표준이니 하는 것은 그것의 주요한 원천으로 보아서 [심리적] 경험에서 왔고 따라서 선천적인 일정한 법칙이 될 수 없기 때문이다」(B.36 원주 참조).

Aesthetik이라는 말을 초판에서는 진정한 학인 감성의 선천적 원리를 표시하기 위해서만 사용했다. 재판에 와서 「그 말을 반은 선험적 의미에서 반은 심리적 의미에서 사용함이 적당하다」고 하는 진술을 했다(B.36 원주). 그러나 칸트는 여전히 미적 의식을 비판하는 원리의 뜻으로는 사용함이 없다.

1) *Die Welt als Wille und Vorstellung* Bd. I. 1916. Hendel사 간. *Anhang Kritik der Kantishen Ph.*, S.27.

> 직관은 대상이 우리에게 주어지는 한에서만 생긴다(stattfinden). 그러나 이런 일은 적어도 우리 인간에게는 대상[물자체 아닌 현상 자체]이 어떤 방식에서 심성을 촉발함(affizieren)에 의해서만 가능하다(B.33)[촉발은 처음에 자아 자체를 자극하고, 다음에 경험적 자아를 자극한다는 이중촉발의 해석이 있다].

여기서 「적어도 우리 인간에게는」라는 구는 자못 주목할 만하다. 그것은 인간은 수용적·감성적 직관만이 가능하다는 것을 표명한 것이다. 인간 이상의 존재인 하나님의 직관은 촉발되는 감성의 수용작용 없이 대상을 창조할 수 있고, 그러므로 대상을 창조적으로 직관할 수 있을지 모른다. 인간 이하의 존재에도 감성적이 아닌 그 어떤 직관이 있을지 모른다. 그러나 인간 이상도 아니고 인간 이하도 아닌 인간만은 어디·어느 때의 대상에서 감성적으로 촉발되는 심성의 소유자인 것이다. 하기에, Heidegger도 말했다 :

> 유한한 인식은 비창조적 직관이다. 유한한 인식이 직접 그 개별성에 있어서 표현해야 할 것은, 아예 기존해야 한다. 유한한 직관은 그 자신에서 이미 존재하는 것으로서의 가직관적인 것에 의존하고 있다. 직관된 것은 이처럼 존재하는 것에서 도출되어 있다. 그러므로 이런 직관을 파생적 직관이라고도 말한다 … 모든 직관 자체가 수용적(hinnehmend)이 아니라 유한한 직관만이 수용적이다. 유한한 직관은 본질상 자신 중에서 직관되는 것에 관계하고 촉발된다.[1)]

B. 직관(Anschuung)은 주어진 대상에 직접적으로 관계하는 표상이다.

칸트의 직관은 추리에 의하지 않고 선천적으로 통찰한다는 뜻이 아니라, 「개별의 실재들을 알아챈다」(awareness of individual entities)는 뜻이다. 직관은 intuition 혹은 perception으로 영역된다. 어원상으로는 a looking at의 뜻이나 시각 외의 청각·촉각·후각·미각까지 포함한 것이다.

감성(Sinnlichikeit)은 심성[인간의 정신]을 촉발하는(affizieren) 대상을 통해서 표상을 받아들이는 능력을 의미한다. 감각(Empfindung)은 이처럼 촉발하는 대상이 우리에게 주는 결과이다. 자세히는 감각된 것(das Emfundene)과 심성이

---

1) Heidgger. *Ibid.*, SS.31－32.

감각하는 작용(das Empfinden)을 구별해야 한다.

경험적(empirisch)인 직관이란, 감각함을 통해서 대상에 관계하는 직관이다.

현상(Erschieinung)은 경험적 직관의 대상이기는 하되, 아직 개념, 즉 판단을 통해서 확정되지 않은 대상을 말한다. 어떤 잡음을 들었을 때에 그것이 무슨 잡음인지 아직 판단하지 못한 것이 현상이요, 「개가 짖는 소리다」라고 판단했을 때에 그것은 확정된 대상으로 된다.

현상의 질료(Materie)는 인간의 감각에 대응해 있는 것이다. 다시 말하면, 주관의 감각작용에 합치해 있는 것이요, 감각된 것이다. 가령 어떤 잡음이다.

현상의 형식(Form)은 감각된 것이 정돈(배열)되도록 하는 것이다. 즉 공간과 시간이다. 잡음이 어느 방향에서 온다고 내가 정돈하고 시간적으로 되풀이 한다고 파악하는 예와 같다. 감각된 것은 공간과 시간의 형식 안에 받아들여지기 때문에, 이 형식 자신은 심성에 먼저 구비되어 있어야 한다. 이런 한에 있어서, 공간과 시간은 선천적이요, 내지는 순수한 것이다. 그러므로 공간과 시간은 경험적 직관에 대립해서 순수한 직관이라고 할 수 있다. 한 물체의 불가침입성·굳기·빛 등이 감각되지마는, 내가 이런 경험적 직관을 포기하더라도, 공간적인 것(das Räumliche)은 남는다. 이 공간적인 것은 연장성과 형태요, 즉 순수직관이다. 심성에 먼저 구비되어 있다는 것은 어떤 감각된 것에 앞서서 공간표상이 있는 듯이 알아서는 안 된다. 시간표상이 선천적이라고 하는 것은 그것들이 시간적으로 감각들에 앞서 있다는 뜻이 아니다. 그것들은 감각 자신이 아니요, 그런 한에서 인식론적으로 감각들에서 독립이라는 뜻이다.

C. 선천적은 네 가지 뜻이 있고, 이 네 가지 뜻은 서로 분리되어 있지 않다.

1. 그것은 특수한 감각[내감까지 포함]에서 파생하지 않은 것을 말한다.

2. 그것은 우리의 모든 경험 이전에 소질로서 이미 전제되어 있는 것을 지시한다. 그러므로 시공 표상은 본유적이다.1)

3. 그것은 지각에 있어서 우리 자신이 보탠 것, 준 것을 지시한다(시공의 주체성이란 곧 시공이 선천적임을 말한다)

---

1) Messer는 「공간표상과 시간표상이 본유적(angeboren)인 것은, 오성의 개념들이 이미 확보된 소유가 아니라 싹틀 수 있는 것이요, 장차 발전하는 소질인 것과 흡사하다」고 했다(*Kommentar zu Kants K.d.r.V.*, 1922. S.45). 또, Ewing, *Ibid.*, p.29. 또, 실천이성비판 역 159면 참조.

4. 「선천적 판단」이라고 할 적의 선천적은 논리적 필연성을 의미한다. 그러나 공간과 시간의 선천적 직관이란, 판단할 적의 논리적인 필연성이라는 의미에서 선천적이라고 한 것은 아니다. 직관이 논리적 필연성 자신의 원천이라는 사실을 지시했다. 그러므로 특히 그런 선천적 직관에서, 칸트는 기하학적 명제를 선천적이라고 했다. 공간과 시간 중의 경험적 직관은 전체로서 그것들 자신의 부분을 선천적으로 규정하고, 따라서 자신들 안에 들어오는 일절을 규정하는 것이다.

> 내가 한 물체의 표상에서 오성이 사고하는 것, 즉 실체 · 힘 · 가분성을 분리하고 그와 동시에 감각에 귀속하는 것, 즉 불가침입성 · 굳기 · 색채를 분리할 때에도 이 경험적 직관 외에 연장과 형태 같은 것이 남는다. 이런 [공간적인] 것은 순수직관에 속하고 순수직관은 감성의 형식으로서 심리속에 선천적으로 있다(B.35).

이 대목에서 경험적 · 질료적 요소로서 불가침입성 · 굳기 · 색채 등을 들었고, 순수한 형식적 요소로서 첫째로 연장과 형태와 나란히 감성적 직관형식을 들었고 둘째로 오성의 형식으로서 실체 · 힘 · 가분성 등을 들었다. 이런 요소들이 한 물체의 표상을 해부해서 구별되는 바이다. 그러나 불가침입성은 감각적인 것이기보다도 공간에 귀속시켜야 할 것 같다(철학서론 13절 주2에는 Locke의 제1성질들의 예로 들어 있고, 온도 · 색채 · 맛 같은 제2성질에서 구별했다). 또 힘은 인과범주에 귀착하고 가분성은 직관의 공리에 귀착하는[1] 것이다.

2. 공간 · 시간에 관한 「전비판기」 사상의 발전

> 공간과 시간이란 무엇인가? 그것들은 현실로 존재하는 것인가? 그것들은 확실히 사물의 한갓 규정이거나 혹은 사물들의 관계들(Verhältnisse)일 뿐이로되, 직관되지 않는 물자체에도 속하는 규정이거나 관계인가? 그렇지 않고 공간과 시간은 직관의 형식에만 속하고, 따라서 인간 심성의 주관적 성질일 뿐이라서, 이 주관적 성질 없이는 공간과 시간이라는 술어는 사물에 부여될 수 없는 것인가(B.37−8).

1) Vaihinger H., *Kommentar zu Kants K.d.r.V.*, 1921. Ⅱ. S. 108.

여기서 공간과 시간의 본성이 네 가지 가능성──실재하는 실체, 물자체를 규정하는 속성, 물자체의 관계, 직관형식으로서의 인간의 주관적 성질──중의 어느 것일 수 있을 것을 칸트는 설문했다.

A. 공간과 시간을 현실적 존재, 즉 실체라고 규정한 것은 근세의 뉴턴이거니와, 이러한 규정은 고대의 원자론자들, 가령 에피쿠로스로까지 소급해서 발견될 수 있다. 공간와 시간이 실체라는 견해는 우주개벽설(Kosmogonie)과 연관이 있다. 우주개벽설은 공간과 시간이 이미 존재하고, 이처럼 기존하는 공간과 시간속에 만상은 그것이 창조될 당시에 밀려들어가게 되었다고 보는 것이다.

원자론에 좇아 원자와 그 형태가 우선 공간 중에 있다고 하면, 모든 실체적인 것이 공간 중에 있게 된다. 그러나 사실 그렇다면 「공간의 공간」이 다시 있어야 하는 이상, 이런 공간은 무한히 확대해 가고, 공간 자체도 그것이 다시 공간 중에 있을 경우에만 현실적일 수 있을 것이나, 이런 일은 사실은 무의미하다. 시간에 관해서도 거의 마찬가지의 논의가 성립하다. 하기에 칸트는 실체적 「공간과 시간」을 풍자적으로 다음과 같이 반박했다.

> [공간과 시간의 절대적 실재성을 주장하는] 사람들은 영원·무한·자립인 두 가지 불가해한 것(공간과 시간)을 상정해야 하고, 이런 불가해한 것은(아무런 현실적인 것이 아니면서) 모든 현실적인 것을 포괄하기 위해서 있는 것이 된다(B.56).

공간과 시간이 실체로 보아지면, 이 양자는 영원하고 무한한 것이 되고, 그렇고 보면 제1의적(primär)으로 영원하고 무한한 실체적 존재인 하나님과 병립해서 또 두 개의 영원하고 무한한 실체가 있는 것이 되며, 이런 일은 유일한 영원자·무한자만을 인정하는 기독교의 교의적 근거에서 보아도 불가능한 일이다.

B. 공간과 시간이 실체가 아니라면 실체의 규정, 즉 속성일 가능성을 S. Clarke(1675–1729)가 시사하였으나, 이러한 시사는 사실은 뉴턴의 입장을 추종하고 변호한 것이다.

> 뉴턴은 물리학적 근거에서 공간의 절대적 실재성을 생각해야 했다. 그런데 실체로서의 공간의 존재규정이 불가능하게 되었다면──그러면서도 공간의 절대적 실

재성을 견지하려고 하면 —— 공간을 속성으로서 확립(ansetzen)하는 일만이 남는다. 그런데 공간과 시간은 영원·무한이기 때문에, 그것들은 자체상 영원·무한인 실체의 속성일 수 있을 뿐이요, 따라서 공간과 시간은 하나님의 속성일 수 있을 뿐이다.[1)]

칸트도 비판 전기에는 공간과 시간이 실체의 속성이라는 견해를 가진 때가 있었으나, 순수이성비판에서 그런 견해를 수정하였다.

C. 공간과 시간이 이제야 관계일 가능성이 있다 하더라도 관계에는 자체상 성립할 수 있는 객관적 관계와 우리의 심성에서 유래하는 주체적 관계가 구별된다. 일찍이는 Aristoteles가 그것을 객관적 관계로 파악하였다.

그런데 Leibniz는 수학과 마찬가지로 기하학을 관계(Relation)의 이론이라고 했다. 뿐더러 관계들을 실재적 관계·선험적 관계·이유적 관계들로 분류한 뒤에,[2)] 이 중의 실재적 관계를 실은 배척하였다. 다시 말하면 객관적 관계를 부정했다.

관계란 그 두 기초를 결합하는 것이나, 궁극적 밑받침(Fundierung)에 있어서 두 실체를 결합하는 것이다. 그러므로 실재적 관계가 만약 있다고 하면, 「그것은 한쪽 다리는 한 실체에 두고, 딴쪽 다리는 딴 실체에 두는 실재와[3)] 같겠고」, 관계의 이러한 중간적 존재는 불가능하다. 따라서 그런 관계는 자립적 존재물이 아니요, 한갓 질서(ordines)다. 오직 단자들만이 각 단자가 물자체(res per se)라는 특수한 의미에서, 실재적이다. 하기에 공간과 시간은 오히려 단자들의 질서적 관련이요, 질서적 체계다. 이러한 것으로서의 공간과 시간은 [대상적] 사물(Ding)이 아니요, 표상이며, 실재적 존재가 아니라 관념적 존재(ideals Sein)다. 그리고 공간과 시간이 관계로서 표상이라고 하는 사고는 필경

---

1) Martin G., I. *Kant.* S.22. 1960. Köln.
2) 실재적 관계는, 그런 기초에서 실재적 구별을 하게 되는 관계다. 가령 한 사물과 딴 사물을 구별하는 예와 같다. 이유적 관계는, 그것의 존재가 단지 표상 중에만 성립하는 관계다. 선험적 관계는 그런 기초에서 실재적으로 구별되어 있지는 않으나, 그렇다고 해서 표상 중에만 성립하지도 않는 관계다. 그러나 선험적 관계는 어떤 방식에서는 실재적 관계요, 딴 방식에서는 이유적 관계라고 규정될 수 있다(Martin, *Ibid.*, S.23.)
3) Martin. *Ibid.*, S.23. 또 *Cf.* S.11.

신적인 사고이다.[1] 이러한 견해의 라이프니쯔에 의해서도 공간과 시간의 객관적(실재적) 관계는 성립하지 않았다.

D. 공간과 시간이 실체일 수 없고 실체의 속성일 수도 없으며, 또 Leibniz에 의해서 객관적 관계가 아니라면, 결국 인가의 심성에 유래하는 주관적 관계, 즉 직관의 형식이라고 규정될 가능성만이 남는 것이다. 이래서 칸트는 1770년의 「가감계와 가상계의 형식과 원리에 관하여」(De mundi sensibils atque intelliigibilis forma et principiis)라는 라틴어 취직논문의 제3장 15절 D.에서 벌써 공간을 (시간도 거의 마찬가지로) 다음과 같이 설명하였다.

> 공간이란 객관적 또 실재적인 존재가 아니다. 실체도 아니고 그 속성도 아니며 관계도 아니며, 불변의 법칙에 의해서 마음의 성질에서 생기는 주관적·관념적 존재다.[2]

그러나 이 취직논문에서 오성을, 감관의 대상이 될 수 없는 존재 자체·물자체를 직접 표상하는 주관적 능력이라고 말한 점에서 칸트는 아직도 독단적 형이상학의 계기를 남기고 있었다.

제2절 공간론

1.「공간」관념의 형이상학적 또 선험적 구명

A. 형이상학적 구명의 내용

「공간 관념의 형이상학적 구명」이라는 대목 중의 1과 2는 공간-표상이 경험적이 아니고 선천적이라는 것을, 또 3과 4는 공간-표상이 개념이 아니라

1) 칸트도 비판 전기의 저작인 「형이상학적 인식 제일원리의 신석」, 13절, 1755, 및 절대공간의 심외자존을 주장하는 「공간 중의 위치 차이의 제1근거」, 1768에서 Leibniz와 Newton의 영향을 받아 공간과 시간을 신의 사고에 돌려보낸 흔적이 있다.

2) *Kants Werke*, Akademie-Textausgabe Ⅱ. Vorkritische Schriften Ⅱ. 1968. S.403. Gruyter, 이 논문은 5장 30절로 된 전부 34면의 짧은 것이나 주목할 만한 것이다.

직관인 것을 증시하려고 한 것이다.

① 공간-표상은 외적 경험에서 추상한 개념이 아니다. 개별적으로 지각한 나무에서 나무의 보편적 개념을 추출할 수 있다. 그러나 가령 내가 개별 공간이나 공간 중의 대상을 지각할 때에 나는 이런 공간과 이런 대상에서 일절을 포괄하는 하나의 공간-표상을 귀납해서 얻는 것이 아니다. 포괄적인 공간-표상을 먼저 전제하고 있고, 개별 공간을 그런 공간-표상의 한 부분이라고 표상하며, 개별 대상을 포괄적 공간 안에 있다고 표상한다. 그러므로 공간-표상은 선천적이다.

② 공간-표상은 외부적인 지각에 대해서 필수적으로 먼저 있어야 한다. 왜냐하면, 개별 공간 안에 아무것도 없다고 생각할 수는 있으나, 공간-표상이 없고서는 외적 현상도 직관될 수 없기 때문이다. 그러므로 공간-표상은 경험 이후에 비로소 있는 것이 아니라 선천적으로 있는 것이다.

③ 칸트는 직관과 개념을 구별해서, 전자는 대상에 직접 관계하고 개별적이지마는, 후자는 여러 사물들에 공통적인 특징을 통해서 대상에 간접적으로 관계한다고 한다. 그러므로 공간-표상은 직관이요, 자세히 말하면 순수직관이다. 이런 직관을 포괄적인 하나의 공간만이 할 수 있는 것이다.

④ 개별 공간을 말할 때에, 우리는 나무라는 종류 개념 아래 들어가는 감나무·밤나무의 종을 말할 때처럼, 류-공간의 종이나 예를 의미하는 것이 아니다. 개별 공간은 이미 주어진 무한대의 한 전체 공간의 부분임을 지시한다. 이러하기 때문에도 공간-표상은 개념이 아니라 직관이다.

사람은 칸트적인 공간을 유클리드적 공간이라고 해석하고, 당대 기하학의 비유클리드적 공간을 내세운다. 그래서 이 비유클리드 공간에 의하면 공간은 여러 종을 내포하는 종류개념이라고 한다. 그러나 이러한 비유클리드 공간과 그 속의 형상에 관해서 직관적 표상이 만들어질 수 없는 것만은 사실이다(450면 B. Martin이 본 기하학 명제 참조).

B. 러셀의 비판

① 공간-표상이 선천적이라는 주장은, 못들이 이미 박혀 있는데 외투 보관실 사동이 제 마음대로 외투를 이 못 저 못에 정돈한다는 말과 흡사하다. 그러

나 「지각의 대상들을 정리할 경우에 나로 하여금 언제나 내가 정리하는 대로 정리하게 하고 이와 다르게 정리하지 않게 하는 것이 무엇인가?」라는 문제이다. 사람의 눈이 그의 입 위에 있고 입 아래에 있다고 보지 않는 까닭은 무엇인가? 칸트에 의하면 눈과 입은 물자체로서 존재하고 나의 개별 지각(표상)을 일으키는 것이지만, 그런[1] 눈과 입에는 내 지각 중에 있는 공간적 배치에 일치하는 것이 없다. 이런 사정을 색채에 대한 물리적 학설과 대조해 보자. 우리의 지각들이 색채를 가지는 의미에서, 색채가 물질 중에 있다고 우리는 상정하지 않고, 서로 다른 색채가 다른 광파(wave length)에 대응한다고 생각한다. 그런데 칸트가 봐서는 이 광파는 공간과 시간을 포함하고 있다. 그러므로 광파가 우리 지각의 원인이 될 수 없는 것이 된다. 타방 만약 우리 지각의 공간과 시간이, 물리학이 가정하듯이 물질계에서 대응하는 상대방을 가지는 것이라면, 기하학도 이러한 상대방에 적용될 수 있는 것이요, 칸트가 공간표상이 선천적·주관적이라고 한 주장은 실패로 돌아간다. 칸트는 심성이 감각의 재료를 정돈한다고 했지마는, 그는 심성이 정돈하는 대로만 정돈하고 다르게 정돈하지는 않는 까닭을 해명해 주는 것이 필요하다고 생각하지는 않았다.

② 칸트는 사물이 없는 공간을 상상할 수 있으나 공간표상 없이는 아무것도 상상할 수 없다고 말했다. 그러나 진지한 주장은, 사람이 무엇을 상상(imagine)할 수 있다거니 없다거니 하는 그런 것에 의거할 수는 없을 것이다. 이래서 러셀은 공간 속에 아무것도 들어 있지 않다는 상상을 강력히 부정한다. 우리는 캄캄한 구름 낀 밤하늘을 쳐다본다고 상상할 수 있다. 그러나 이때에도 우리는 공간 속에 있는 것이요, 그러면서 눈으로 볼 수 없는 구름을 상상한다. 칸트의 공간은 뉴턴의 그것처럼 절대적인 것이요, 관계의 체계임에 불과한 것이 아니다. 그러나 절대적 공간이 어떻게 상상될 수 있는 것인가!

③ 칸트가 공간표상이 개념이 아니라 직관이라고 한 주장의 핵심은 공간자체의 수다성을 부정한 것이다. 즉 우리가 「공간들」이라고 하는 것은 「하나의 공간」이라는 일반개념의 실례도 아니고 한 집합체의 부분들도 아니라는 뜻이다. 칸트가 말한 「공간들」의 논리적 지위가 어떤 것임을 모르되, 공간들[부분

1) B. Russell, *A History of western Philosophy*, 1945, Simon and Schuster, p. 715ff.

들]은 논리적으로 공간[전체]에 종속하는 것이 된다. 그러나 공간을 관계적이라고 보는 현대인에게 이런 종속의 주장은 불가능한 것이다. 왜냐하면, 공간도 공간들도 실체적인 것으로서 존속할 수 없기 때문이다.

④ 공간은 주어진 무한히 큰 것으로 상상되고 또는 표상된다고 칸트는 말한다. 그러나 무한히 큰 것이 어떻게 주어질 수 있는지 알기 어렵다. 주어진 공간의 부분은 지각의 대상들이 집합된 부분이요, 그 외의 부분에 대해서는 단지 운동 가능성을 느낄 뿐이라고 하는 말이 타당하다. 현대의 천문학자들은 공간이 무한한 것이 아니라 지구의 표면처럼 돌고 도는 것이라고 한다.

끝으로 비견에 의하면, 주어진 무한량으로서의 공간의 전체성-형식에 의해 성질적 관계가 제거되고 잡다는 등질화한다고 말할 수 있다. 그리고 개별의 잡다에 대응하는 공간적 규정으로서 점이 성립한다. 또 공간의 전체성은 시간관계 중에서 잡다를 병립적인 잡다이도록 하는 것이다.

C. 공간관념의 선험적[인식론적] 구명

칸트의 이 선험적 구명은 유클리드 기하학에서 유래한다. 유클리드 기하학의 명제는 종합적이기는 하되, 다시 말해서 논리로부터 귀납되는 것은 아니지만, 선천적으로 알려지는 것이다. 아니, 모든 순수수학의 명제들은 선천적 종합판단들이다. 형이상학적 구명에 의해 공간-표상이 선천적인 것이었다. 그런데 선험적 구명은, 공간 표상의 선천성을 통해 기하학의 선천적 종합판단(인식)이 어떻게 가능한가 하는 것을 증시하려는 것이다.

철학적 인식이 「개념에 의한 이성의 인식」임에 대해 기하학의 인식은 개념의 구성에 의한 이성의 인식이다. 개념을 구성한다(einen Begriff konstruieren)는 것은 개념에 대응하는 직관을 선천적으로 그려낸다는 뜻이다(B.741). 내가 삼각형의 개념에 대응하는 대상을, 순수직관에서 구상하건 혹은 종이 같은 경험적 직관에서 구상하건 간에 구상함에서 그려내지마는, 그 어느 경우에도 그 어떤 경험에서 삼각형의 표본을 빌려옴이 없이 전혀 선천적으로 그려낸다. 이것이 「삼각형을 구성한다는 것」의 뜻이다. 그려진 개별의 삼각형은 경험적이나, 그러나 그것은 삼각형 개념의 보편성을 훼손함이 없이 그 개념을 표시하는 것이다. 왜냐하면, 이 경험적 직관에서의 크기 · 갓(변) · 모(각)와 같은 규정과는 관계가 없는「개념 구성의 작용」만이 주시되고, 그 개념을 변화시키지 않는「삼각형의 대소의 차이」는 도외시되기 때문이다(B.742).

우리가 경험적 직관을 통해서 후천적 종합판단이 이해되듯이, 기하학의 선천적 종합판단은 우리가「선천적 직관 즉 공간-표상」을 가짐을 통해서 설명된다. 공간-표상은 객체들에서 촉발되는 주관의 형식적 성질 외의 딴 것이 아니다. 그것은 삼각들을「서로의 병립」 중에서 체험하게 하는 이를테면「마음의 기관」(ein Organ der Seele)이다.[1)]

칸트의 공간-관념의 선험적 구명에 대해 러셀은 다음과 같이 비판했다.

기하학은 두 가지 상이한 연구를 합쳐서 부르는 명칭이다.[2)] 한편, 순수기하학은 공리에서 연역하여 귀결을 끌어내고 그 공리의「진실」 여부는 묻지 않는다. 이것은 논리학에서 생기지 않는 것을 전혀 포함하지 않는 것이다. 그러므로 종합적이 아니고 기하학 교재에서 쓰이는「그림」 같은 것이 필요 없다. 한편, 물리학의 분과로서의 기하학은 일반 상대성이론에 나타나는 것으로서, 경험과학(empirical science)이다. 여기서 공리는 측정에서 귀납되고 유클리드 기하학과는 다르다. 이상과 같은 두 가지 기하학 중에서, 그 하나는 선천적이지만 종합적이 아니고, 또 하나는 종합적이기는 하지마는, 선천적은 아니다. 이로써 칸트의 선험적 구명은 반박된 것이다.

2. 공간관념에서 생기는 결론

아무튼 칸트에 의하면, 공간은 물자체들의 성질도 아니고 물자체들간의 관계도 아니며 더구나 물자체는 아니다. 사실이 이러하고 보면, 우리는 경험을 통해서만 공간을 알 수 있을 것이요, 경험에서 독립해서 타당하는「공간의 선천적 직관」을 가질 수 없을 것이다.

그러나 선천적 인식을 설명할 무렵의 코페르니쿠스적인 혁명이 여기에서 드러난다. 즉 우리는「자체상 존재하는 공간적인 것」에 준거하지 않고, 공간적이라고 표시되는 일절이 공간화하는 우리의 심력에 준거한다는 혁명적 사상이다.

1) A. Messer, *Ibid.*, S.48.
2) Russell, *Ibid.*, p.716.

이에, 공간은 물자체가 아니고 형식으로서 인간 자신에 귀속하고, 인간 감성의 한 보편적인 합법칙성으로서 인간 자신에 귀속하는 것이다. 이때의 감성은 수용성이요, 다시 말하면 감각의 감수성임을 의미한다.

개별 사물이 이런 모습·저런 모습으로 제시되고 혹은 먼 곳이라고 하는 공간적 관계에서 제시된다는 것은 물론 어떤 경험적인 것이다. 그리고 이런 경험적인 것을 넘어서[1] 물자체에 도달하는 것을 우리는 알 수 없다. 그러나 공간 중의 상이한 전객체는 공간성의 동일한 법칙들에 종속한다는 것, 기하학의 명제들이 이러한 공간성에 타당한다는 것, 이것은 공간-표상의 선천적 성격에 의해서만 설명될 수 있다. 경험적은 공간은 선천적인 공간표상에서 파생된 것이 아니다. 그러나 선천적 공간표상에 일치한다. 「선천적」인 것이 경험적인 것의 최상 법칙이다.

이래서 공간 자체는 없고 공간표상만이 있다. 그러나 공간은 상상된 것이 아니라 경험적 실재성을 가진다. 즉 외적 경험의 만물에 대해 객관적으로 적용한다. 외적인 경험은 우리의 자연에 대한 의식에 귀속하거니와, 전공간도 우리의 자연에 대한 의식에 귀속한다. 공간은 물자체가 아니요, 우리의 의식에서 해방되어 절대적으로 존재하지 않으며, 그런 한에서 관념적이요, 의식내용(표상)이다. 이런 사정이 칸트의 공간에 관한 인식론적 고찰에서 드러난다. 공간형식은 경험적으로는 실재성이로되, [물자체에서 보면] 관념성이다.

실지적 생활과 개별 과학에 있어서, 사물들의 공간적 성질과 관계를 마치 「사물들 자체」에 귀속시키듯이, 우리도 공간적 성질과 관계를 [현상적] 사물들 자체에 종래와 다름없이 귀속시킬 수 있다. 그러나 오직 인식론적 고찰에서만 진정한 사태가 천명될 따름이다.

공간적인 것은 본래는 우리의 의식에 귀속하되, 그것이 그 어떤 대상적인 것으로 표시되는 것처럼, 색채·소리·맛 등의 감성적 성질들도 사실은 의식에 귀속하되 대상적인 것으로 표시된다. 그러나 이러한 감성적 성질들은 경험적

1) 실재론적 칸트 해석가들은 물자체들의 존재를 칸트가 전제하고 있다고 본다. 즉 감성적으로 주어진 이상의 근저에 실재 자체가 있고, 경험적 자아의 근저에 자아 자체가 있다고 본다. 그러나 관념론적 칸트 해석가들은 물자체를 독단론적 전비판기 사상의 잔해라고 보고, 그것은 하나의 이념이요, 의식에서 독립한 실재는 아니라고 한다.

으로 주어진 감각들이요, 선천적 직관이 아니다. 그러므로 감성적 성질들은 「선천적 종합판단」이 어떻게 가능하냐 하는 「비판」문제의 해결에 기여함이 없다. 우리의 공간표상이 선천적 성질임을 통찰하는 것이 문제 해결에 중대한 기여를 하는 것이다. 이것이 칸트의 귀결적 사상이었다.

제3절 시간론

1. 「시간」관념의 형이상학적 또 선험적 구명

A. 구명의 내용

칸트는 시간의 형이상학적 구명에서 시간이 선천적 직관임을 중시했고, 시간의 선험적 구명에서 시간이 선천적 종합판단을 가능하게 한다는 것을 중시했다. 어떻게 가능하게 하는가에 대한 답은 시간의 형이상학적 구명 중의 3항에서 얻어올 수 있었다. 여기서 「시간은 일차원만을 가진다고 하며, 또 서로 다른 시간들은 동시적으로 있지 않고 계기적으로 있다」고 한 시간의 공리들이 선천적 종합판단이라고 이미 지적되었다.

형이상학적 구명 중의 4항과 5항에서 칸트는 산수가 선천적 종합명제들임을 설명하려고 했다. 즉, 기하학이 공간의 선천적 직관을 사용해서 그 속의 형상을 선천적으로 구성하듯이, 산수는 시간의 선천적 직관을 사용해서 수를 구성하는 것이다. 「철학자론」 10절에서는 수학은 수의 개념까지도 단위를 시간 중에서 차례로 보탬으로써 성립한다고 했다.

운동하는 물체를 공간과 시간 중에서 구성함에 의해서, 순수 역학은 선천적인 운동론을 설명하는 것이다(B.49). 그러나 순수 역학이 전적으로 순수한 것은 아니다. 그것은 공간 중에서 움직이는 것을 전제하기 때문이다. 움직이는 것이 있다는 것을 우리는 경험에 의해서만 안다(B.58).

기하학 · 산수 · 역학(운동론) 중에 있는 선천적 인식은 사고방식의 혁명에 의해 이해된다. 즉 이러한 학문들은 그 객체들이 물자체로서 존재한다고 하지 않고, 우리의 순수한 공간표상과 시간표상에 적합해서 객체 자신을 산출하고 있는 것이다.

B. 러셀의 비평

칸트에 의하면 객관적인 시간 관계는 시간의 주관적 형식이 그 근저에 있기(zum Grunde liegen) 때문에 규정되는 것이다.

뇌성(우뢰소리)을 지각하기 전에 나는 번갯불을[1] 지각한다. 물자체 A가 번갯불의 지각을 나에게 일으켰고, 물자체 B가 뇌성의 지각을 일으켰으나, 물자체로서의 A는 물자체로서의 B보다도 먼저 있지는 않았을 것이다. 왜냐하면, 칸트에 의하면 시간이란 지각 표상들의 [주관적] 관계 속에만 존재하는 것이기 때문이다. 그렇다면 두 개의 무시간적인 사물 A와 B가 어째서 서로 다른 시간에 결과들을 산출하는 것인가? 만일 칸트의 사상이 옳다면, 시간의 선후 순서는 마음대로 할 수 있을 것이다. 그래서 A가 일으킨 지각이 B가 일으킨 지각보다 앞서 있다는 사실에 대응하는 A와 B간의 선후 관계도 없게 될 것이다.

남이[2] 하는 말을 내가 듣고 대답하며, 남이 이 답을 듣는다고 하자. 이때에 그가 하는 말과, 나의 답을 그가 듣는 것은 다 나에게 지각되지 않은 세계에 있는 것이요, 이 세계에서 그의 묻는 말은 답하는 말에 앞서 있다. 뿐더러 물리의 객관적 세계에서 그의 물음이 내가 듣는 것보다 앞서 있다. 지각의 주관적 세계에서 내가 듣는 것은 내가 답하는 것에 앞선다. 또 물리의 객관적 세계에서는 나의 답이 그가 듣는 것에 앞선다. 이상의 모든 명제에서 앞선다(precede)는 관계는 동일하지 않을 수 없다. 그러므로 우리가 지각하는 공간이 주관적이라는 말이 중요하다 하더라도, 지각하는 시간이 주관적이라는 말은 의미가 없는 것이다.

시간이 일반개념이 아니요, 여러 시간들은 동일한 시간의 부분들이라고 한 칸트의 진술(B.47, 4항 참조)에 대해서 비견을 덧붙여 둔다. 빛이 이 빛 저 빛에 통하는 일반 개념이듯이, 시간도 이 변화 저 변화의 경과성에 통하는 일반 개념일 수 있다. 여러 시간들은 동일한 시간의 부분이라는 주장이 참이기는 하

1) Russell, *Ibid.*, p.715.
2) Russell, *Ibid.*, p.717.

나, 이 경우의 동일한 시간은 지구운행상의 시간이다. 여러 시간들은 동일한 지구회전 시간상의 상이한 위치이다. 그러므로 여러 시간들이 동일한 시간의 부분이라 하더라도 그런 시간이 변화의 경과성에 대한 명칭인 한에서 시간이 일반 개념인 것을 방해하는 것은 아니다.

2. 시간관념에서 생기는 결론

칸트에 의하면, 공간이 외감의 형식, 즉 외감의 가장 보편적인 합법칙성인 것처럼, 시간은 우리 내감의 형식이다. 다시 말하면, 우리의 모든 심적 체험은 내관할 적에 계기 중에서 현상하는 것이다. 그런데 외물의 지각은 필경 역시 체험이기 때문에, 시간은 「내감과 외감」의 전현상의 형식이다.

시간표상도 공간표상처럼 물자체가 아니다. 시간은 인간적 직관의 조건(형식)으로서 주관적이나 동시에 객관적이기도 하다. 우리가 직관하는 모든 객체는 시간 중에서 나타나기 때문이다.

모든 선천적인 것은 주관에서 유래하고 물자체에서 유래하지 않으며, 그럼에도 객관적으로 타당한다. 왜냐하면, 모든 선천적인 것은 주관에 대해 객관들 자체를 직관·구성·규정하는 정신적 도구이기 때문이다. 칸트는 순수한 주관주의에 빠졌고, 모든 객관적 타당성을 제거했다는 비난이 늘 되풀이 된다. 그러나 칸트야말로 인식의 객관적 타당성, 즉 대상에 대한 타당성을 명시한 한 사람이다. 「주관적」은 칸트에 있어 자의나 개인차를 의미하지 않고 「인식이 합법칙적이게 된다는 것」을 의미한다. 따라서 그의 주관적인 것은 객관적인 것에 대립한 「단순한 주관적인 것」이 아니라 객관적인 것을 동시에 포함해 있는 것이다. 이런 의미에서 그는, 시공의 선험적 관념성(주관성)이 그것의 경험적 실재성(객관적 타당성)을 배제하지 않고 내포한다는 것을 강조하였다.

그는 시간의 주관성이 감각의 뒤바꿈(사기)과 동일시하는 것이 아님을 역설했다. 감각의 사기는 색채 같은 것이 그 어떤 객관적인 것이라고, 즉 어떤 절대적인 현존이라고 말하는 점에 성립한다. 감각들의 주관성은 선험적 인식을 불가능하게 하는 것이고, 그러므로 선험적 고찰에는 무의미한 것이다(B.52 참조).

공간과 시간에 관해 우리의 보충적 설명을 첨가한다.

잡다는 시간-형식에 있어서는 부침거래하는 것으로서 일차원적 질서에 의해 통일되어 있다. 이런 질서는 직선에 비유될 수 있다. 그러나 기하학의 직선은 넓이와 폭이 없는 것인 만큼, 시간적 직선을 기하학의 직선과 문자 그대로 동일시할 수는 없다. 오직 넓이가 없는 일차원인 관점에서 잡다의 시간적 질서와 같다고 보아진다. 잡다의 상호관련은 시간형식에 있어서는 완료되어 있지 않고 일양적인 생산이 진행한다. 시간-형식의 일은 요소[원리]이기는 하나, 완료를 본 이후의 「1」이 아니라 미완료의 무한한 계열 중의 1이다. 종결의 완료가 떠오르지 않는 한에서 직선적 진행은 고정된 관계를 포함할 수 없고, 따라서 시간-형식 중의 잡다는 유동적이다.

잡다가 공간-형식 중에 들어올 때에, 그 부침거래의 완료와 한계가 떠오를 수 있다. 요소들의 전체성을 생각함으로써, 시간의 예료적 활동을 일단 막을 수 있고, 전진과 회고의 관계 외에 보다 더 복잡한 관계를 알 수 있다. 공간은 시간과 달라서 전체성과 깊은 관계가 있는 것이다. 잡다는 공간 이전에는 계기(후속)의 관계에만 있었고 「잡다들 서로」의 위치는 알려지지 않았다. 그러나 공간적 전체성의 사상이 계기하는 내용들의 상대성을 벗어나서 그것들의 한계 위치를 알려주는 동시에, 잡다들을 고정시키는 것이다. 이래서 전체성 아래 있는 잡다(혹은 요소)들은 공간 중의 한 점으로 의식되고 선의 한 요소로 의식된다.

공간을 주어진 무한량이요, 개별 공간들을 그것의 제한이라고 했을 때에, 칸트는 공간-형식에 의해서 성질적 관계를 제거해서 잡다성을 등질화한 것이요, 각 잡다에 대응하는 점을 성립시킨 것이다. 그리고 삼차원의 입체적 공간에 의해 물체의 공간적 관계를 확립한 것이다(B.58 참조).

3. 증명과 구별된 해명

여기서, 질료적 관념론[가령 버클리의 독단적 관념론]이 퍼져서, 칸트는 자기의 「공간의 관념성」설에 대해서보다도 「시간의 관념성」설에 대해서 비난이 격심하다고 설명한다. 질료적 관념론은, 외부의 공간 중에 대상들이 존재한다는 것은 의심스럽고 증명할 수 없으며 불가능하되, 시간은 심적 체험으로서 절대적으로 실재한다고 주장하는 것이다. 또 하나의 질료적 관념론(데카르트의 개연적 관념론)에 의하면, 공간과 그 안의 사물들은 한갓 가상과 같았고, 상상과 구별되는 표징이 의심스럽다고 했다.

그러나 칸트는 질료적 관념론 일반에 반대해서, 그것과 자신의 선험적 관념론을 엄밀히 구별해야 한다고 했다. 이 점에 관해 「철학서론」에서 다음과 같이 말했다.

> 현상들은 경험에서 그 [법칙적] 연결에 의해서만 현상들로 보아지기 때문에, 질료적 관념론은 제거된다. [현상적] 물체가 외부(공간 중)에 있다는 것은, 내 자신이 내감의 표상에 따라 (즉 시간중에) 있다는 것과 동일하게 확실한 경험이다…. 「내가 있다」는 명제에서의 자아는 내적 직관(즉 시간 내)의 대상을 의미할 뿐만이 아니라 의식의 주체도 의미한다. 이와 마찬가지로 물체는 외적 직관일 뿐더러 물자체이기도 하다.… 나의 형식적(선험적) 관념론은 질료적 관념론을 참으로 지양한다. 공간이 내 감성의 형식임에 틀림없다면, 공간은 내 속에 있는 표상으로서, 나 자신과 동일하게 현실적이다(철학서론, 49절).

「비판」 중의 관념론 반박(B.275)에서 데카르트가 확신했던 우리의 내적 경험도 외적 경험을 전제해서만 가능하다는 사실을 우리가 증명할 수 있기 때문에, 우리는 외물에 관해 상상 아닌 경험을 가진다고[1] 했다.

칸트의 선험적 관념론은 물체적 사물은 우리 자신의 심적 체험과 마찬가지로 확실히 존재한다고 하는 것이다. 외계는 내계와 마차가지로 가상이 아닌 것이다. 그러나 외계와 내계는 다 물자체가 아니고 현상이요, 이 현상은 가상과 동일시한 것이 아니다. 시공의 「선험적 관념성」설은 경험-인식의 확실성에 저촉하는 것이 아니다. 왜냐하면, 우리가 시공에 관계해서 확립하는 것은, 시공이 물자체에 속하건 반대로 인간의 직관형식에 속하건 간에 자못 확실한 것이기에 말이다. 인간이 인간적(감성적)인 직관방식을 벗어날 수 없음은 인간이 그 자신의 살갗을 벗어날 수 없음과 같다. 그러나 시공의 절대적 실재성을 인정한다면—— 이때에 시공을 뉴턴처럼 물자체로서 실체적이라고 생각하건, 라이프니쯔처럼 실체의 속성(즉 성질 또는 관계로서의 물자체에 고착한 것)이라고 생각하건 간에—— 그것은 경험 자신의 원리(시공의 선천적 직관성)에 모순되는 것이다(B.56).

---

1) 이 점에 연관하여, 「철학서론」 13절 주석3에서 꿈과 진리[확실한 경험]를 구별한 것과 「비판」 둘째 유추, B.247에 나온 꿈과 경험과의 구별 참조.

제4절 선험적 감성론에 대한 일반적 주석

① 우리가 주관을 제거한다고 생각하거나 감성적 지각능력의 성질만이라도 제거한다고 생각하면, 공간도 시간도 없는 것이다. 공간과 시간은 우리에서 독립해서 있는 절대적인 것이 아니기에 말이다. 칸트의 이런 결론은 보통의 소박한 견해에 날카롭게 대립해 있으나, 여기에 바로 「사고방식의 혁명」이 나타나 있다. 물론 칸트의 이설은 공간과 시간이 우리의 두뇌 안에만 있다는 뜻이 아니다. 우리는 신체와 두뇌를 우리가 표상한 공간 중에 집어넣어야 하고 공간에도 시간적 지속을 주어야 한다. 그리고 칸트에 좇아 시공을 우리의 심성(의식)에 귀속시키고, 그런 한에서 주관에 귀속시킨다 하더라도, 우리가 시공을 어떤 객관적인 것으로 체험한다는 것, 즉 (자아라는 의미의) 주관과는 다른 것으로 체험한다는 것을 칸트가 부정한 것은 아니다.

개똥벌레처럼 스스로 앎 없이 빛을 발산하는 존재가 있다고 생각해 보자. 모든 대상이 개똥벌레에게는 조명되어 나타날 것이요, 대상의 이런 밝음은 그의 조력 없이 객관적으로 주어진 것으로 보일 것이다. 이와도 흡사히 시공적 산물은 인간에게는 무의식적으로 생기고 만인에게 동일한 법칙성에 따라 생기는 것이다. 그래서 시공적 관계와 성질은 어떤 객관적인 것으로 우리에게 드러난다. 또 실지 생활과 개별 과학에 있어서 우리는 이런 견해에 안주한다. 오직 인식론적 반성만이 시공이 자존적인 것이 아니라 우리의 정신에 귀속한다고 한다. 정신에 귀속한다고 하여서만, 수학의 선천적 종합판단의 가능성이 설명될 수 있다.

인간이 감성의 두 가지 형식(합법칙성)으로서 공간과 시간을 가진다는 것은, 귀납된 사실이 아니다. 그러나 감성 없이 인식하는 존재 혹은 인간적 감성과 다른 성질의 감성을 가지고 인식하는 존재를 생각할 수는 있다.

볼프와 라이프니쯔는 오성과 감성은 다 물자체를 인식하되, 전자는 그것을 명석하게, 후자는 불명석하게 인식한다고 했지마는, 칸트는 이런 설을 거부한다. 이런 설은 무교양인은 법에 관해 어두운 개념을 가지되 법철학자는 밝은 법개념을 가진다는 말과 흡사하기 때문이다(B.61). 칸트에 의하면, 우리의 감성은 물자체를 불명석하게 인식하는 것이 아니라 물자체를 인식함이 전혀 없는 것이다. 그러나 오성은 오직 감성의 감각들만을 설명(deuten)할 수 있고 물자체들을 파악할 수 없으며 그것의 현상들만 파악할 수 있다.

우리는 물자체와 현상의 구별을 현상의 내부에서도 도모할 수 있다. 가령 무지개를 현상이라 하고 여우비를 물자체라고 하는 예와 같다(B.63). 그러나 이런 구별을 선험적 입장의 구별과 혼동해서는 안 된다. 선험적 입자에서는, 여우비·둥근 물방울·그것들이 떨어지는 공간들은 모두 현상이요, 그것들의 근저에 있는 선험적 객관은 우리에게 알려지지 않는다고 한다(이하의 ②, ③, ④는 「재판」에서 추가한 것의 내용 검토이다).

② 공간과 시간의 관념성(주관성)을 지지하고자 칸트는 공간-표상이 병재의 관계를, 시간-표상이 계기의 관계를 각각 포함하고, 한갓 이런 관계를 통해서는 물자체는 인식되지 않는다는 것을 강조한다.

외감과 내감도 물자체를 인식할 수 없다. 내감에서 활동하는 자아는 자아자체가 아니고 자아의 현상이다. 외감이 미지의 물자체에서 촉발되듯이, 내감 내지 심리는 미지의 자아자체의 활동에 촉발되고, 내관할 무렵에 지각하는 외양의 심적 체험으로 채워져 있다. 내감에 의거하지 않고서 활동적 자아(즉 통각)를 직접 안다는 것은, 「자아에 관한 단순한 표상」이요, 이런 표상은 자아자체의 인식을 주지 않는다.

현상을 가상과 혼동해서는 안 된다. 시공적인 것은 자체상의 절대적 현존이 아니라 주관의 직관방식에 주어진 대상들의 관계 중에만 존립하는 것이다. 칸트는 이런 직관방식이 모든 주관에서 동일하다는 것을 암묵 중에 전제하고, 그러므로 물자체에서 유래하는 감관인상(즉 감각)의 시공화가 합법칙적으로 수행된다고 본다.

쇼펜하우어처럼 현상계를 몽환계와 동일하다고 한다면, 이것은 칸트의 본의에 어긋난 것이다. 또 모든 시공적 대상들의 주관적(직관형식에 제약되었음) 이설은 대상들의 객관성과 경험적 실재성을 해소하는 것이 아니다. 칸트는 대상들이 물자체들이 아님을 확립했을 뿐이다. 그렇지 않다면, 대상들에 관한 「선천적 종합판단」이 불가능했을 것이다.

시공-표상에다 객관적(비경험적) 실재성을 부여한다면, 간단히 말해 시공을 물자체로 간주한다면, 이런 일은 배리에 빠지는 것이다. 시공은 실체도 혹은 실체의 속성도 될 수 없기 때문이다. 시공은 자존적인 실재가 아니다. 그럼에도 물체계의 존재와 인간 자신의 존재가 시공이라는 불가해한 것의 자존적 실재에서 표상될 수 있다고 한다면, 버클리가 물체계의 관해 생각했듯이, 우리는 그런 시공 속에 들어가 있는 것을 오히려 가상이라고 설명하기에 이를 것이다. 그러나 칸트는 버클리의 질료적 관념론을 거부한 것은 전술한 바와 같다(475면 참조).

④ 하나님이 시공 속에 있는 것이 아니라고 생각한다면, 이것은 시공이(하나님까지 포함한) 일절 존재를 직관하는 조건이 아니라고 하는 견해에 찬동한 것이다. 이런 말은 물자체로서의 실재는 시공의 형식 없이 존재하고, 반대로 시공의 형식은 오로지 인간적 직관방식의 주관적 형식인 것을 지시한 것이다.

인간적 직관방식이 감성적이라고 하는 것은 인간의 직관방식이 물자체의 존재의 의존(촉발)된다는 것을 의미할 따름이다.

감성적 직관방식은 만인에 보편타당하다(아니 인간 외의 존재에게도 있을 수 있다). 그러나 그것은 역시 파생적 직관(intuitus derivativus)이다. 이것이 대립하는 것이 근원적(비감성적 · 지성적) 직관이요, 이런 직관은 보이는 대상을 애용하지 않고 자신이 산출하는 것이다. 근원적 직관(intuitus originarius)은 근원존재인 하나님만이 할 수 있는 창조에 해당하는 것이다.

좌우간, 인간의 직관형식(직관방식)은 다양을 내포하되, 형식적 직관은 표상들을 통일하는 것이다. 또 순수직관은 직관형식인 것 이상이라서, 삼각형을 구성할 무렵에서처럼, 오성의 작용도 들어가 있는 것이다(632면 참조).

제3장 「오성의 개념작용」 분석

제1절 선험적 논리학의 이념

1. 논리학 일반

우리는 이때까지 우리 정신 (즉 심성)의 인식원천 중의 하나인 감성을 고찰했다. 감성은 인상의 수용성이었고, 인상을 통해 지각의 대상이 우리에게 주어졌다. 우리는 이제야 둘째의 인식원천인 오성으로 넘어간다. 오성은 피동적으로 받아들이는 능력이 아니라 선천적·자발적인 능력이다. 감성의 표상들은 직관들이었으나, 오성의 표상들은 개념들이다. 직관들은 그것만으로는 우리 심성의 규정, 즉 의식내용들일 뿐이다. 이런 직관들은 그것에 오성의 개념 [사고]작용이 들어가서 참으로 「우리에 대한」 표상들로 된다.

직관과 개념은 각각 단독으로는 인식이 아니고, 단지 인식의 원소일 뿐이다. 양자가 합쳐져서 하나의 현실적 인식을 형성한다. 내용이 없는 사고(직관이 없는 개념)들은 공허하고, 개념들이 없는 [경험적] 직관들은 맹목이다(즉, 이런 직관들은 아무런 확정된 대상도 제시하지 않는다). 가령 경험적 직관인 소음 같은 것은 설명될 수 없는 것이요, 무의미한 것이다. 개념이 들어가서 비로소 자동차의 소음이었다고 판단되고 이해된다.

감성론은 감성의 법리들에 관한 학이었다. 이와 병립해서 오성의 법리들에 관한 학으로서 논리학이 이제부터 등장한다.

일반논리학은 사고의 법칙들을 다루는 것이로되, 이런 법칙들은 사고의 모든 표상에 대해 타당하다. 그러나 혹종의 대상들에만 제한되어 타당하는 사고법칙이 특수논리학이다. 이래서 우리는 가령 역사의 논리학, 생물의 논리학 등을 말할 수 있다. 이런 특수논리학은 그런 학문들의 연구에 대한 예비적 기관이나, 기관 자신은 역사학과 생물학이 성립한 후에 발생할 수 있는 것이다. 기관은 개별과학의 확실한 지식에 도달케 하는 방법에 해당한다.

일반논리학이 오로지 사고의 형식적·보편적 법칙만을 고찰하고, 사고하는 개인과 이 개인의 경험적 개성을 도외시 하는 한에서, 그것은 순수(선천적)한 일반논리학이요, 순수한 일반논리학은 올바른 사고의 규준(Kanon)이다. 순수한 일반논리학의 법칙이, 경험적 심리학이 연구하는 심리적 개인의 사고에 적용된다면, 그것은 응용논리학, 즉 상식의 세척제가 되고, 이 세척제가 경험적 심리의 결함있는 비법칙적 사고를 시정한다. 그러나 응용논리학은 오성일반의 규준이 아니다. 올바른 사고의 규준은 순수한 일반논리학 중에 있는 것이요, 이런 규준은 특수과학의 기관(Organon)과는 다른 것이다(B.78). 다시 말하면 개별과학의 지식을 얻는 방법을 지시하는 것도 아니다. 왜냐하면, 순수 일반논리학은 일반(형식)논리학의 적용으로서, 개별과학자들의 대상의 특수성을 도외시하기 때문이다. 이상에서 말한 것을 정리하면 다음과 같다.

일반논리학 ┬ 순수한 일반논리학 = 규준
　　　　　　└ 응용적 일반논리학 = 상식의 세척제

특수논리학 ─ 가령 역사나 생물학의 사고 법칙을 다스리는 것 = 개별과학들의 기관

칸트는 선천적으로 타당하는 순수(형식)논리학이 경험에서 얻어온 것이 아니고, 그러므로 경험적 심리학에서 독립인 것을 강조하고 있다. 순수(일반)논리학은 인간의 마음 중에 부침하는 심리적인 사상을 무시하고, 단지 개념내용들의 의미와 연관만을 탐구한다.

순수 논리학자가 사고내용을 현실적으로 사고하더라도, 이런 일이 순수논리학의 '입장'을 벗어나 있는 것은 아니다. 만인이 죽는다는 명제가 타당하다면 내 자신도 죽는다는 명제가 타당하다. 첫째 명제(판단)의 의미 중에 둘째 명제가 동시에 내포되어 있고, 이것은 첫째에서 절로 결과한다. 이것은 선천적으로 타당하는 순수논리학이 확립하는 것이요, 거기에는 심리적인 관찰이 무의미하다. 그러나 순수손리학이 확립한 정당한 사고의 법칙들을 내가 특성있는 현실적 인간들이 따라야 할 규범으로 제시하려는 한다면, 이미 언급한 응용논리학에 있어서 경험적 심리학과 상의해야 한다.

2. 선험적 논리학

순수논리학은 일반적으로 사고의 대상들을 도외시한다. 그런데 대상에 관한 그 어떤 선천적 개념이 있을 수 있다(대상에 관한 선천적 직관으로서 공간과 시간

이 있었듯이). 이런 선천적 개념들의 근원·범위·객관적 타당성을 탐구하는 것이 선험적 논리학의 과제가 된다. 선험적(transzendental)은 선천적으로 가능한 한 대상들 일반을 인식하는 방식을 일반적으로 연구하는 입장이기 때문이다(B.84와 455면 참조). 선험적은 「선천적」의 인식론적 탐구다.

3. 일반논리학의 구분

일반논리학이 사고의 최상법칙과 사고의 최후 원리를 밝히는 것인 한에서 그것은 분석론을 의미한다. 판단이 진리여야 한다면 그것은 일반논리학의 사고법칙에 어긋나서는 안 된다. 그러한 법칙은 진리의 불가결적 조건이다(B.84).

일반논리학은 판단과 판단들의 연결이 형식상으로 정당하냐의 여부를 말할 뿐이다. 「모든 말이 갈색이다. 이것은 말이다. 그러므로 이것은 갈색이다」와 같은 추리는 일반논리학의 형식에서 보아 이의될 것이 없다. 그러나 그런 추리가, 그것이 내용상(질료상)으로 진리인 것은 아니다. 즉 그런 추리에서 질료적 진리의 일반적 특징이 지적된 것은 아니다(B.83). 진리가 판단[사고]과 그 대상과의 일치에 성립하는 것이라면, 참된 판단은 그 대상을 딴 대상에서 구별하는 질료를 포함해야 하는 것이다. 그러나 참된 판단들의 일반적 특징에 있어서는 대상들의 여러 차이는 무시되어 왔다. 그러므로, 이런 경우에 진리란 무엇인가 하는 고래의 물음에(이 물음 속에 진리의 일반적 기준이 물어져 있는 한에서) 답할 수 없거나, 단지 궤변이 있을 뿐이다. 즉, A가 사는 곳이 어디냐고 물으면 B가 사는 곳이라고 답하고, B가 사는 곳이 어디냐 하면 A가 사는 곳이라고 답하는 궤변과 같다.

[순수]일반논리학의 법칙을 준수해도 그런 일은 우리 사고의 형식적 정당성만을 보증하고, 우리 사고의 내용적(질료적) 정당성을 보증하지 않는다. 이 때문에, 순수 일반논리학만으로써 대상들을 판단할 수 없고, 그것과는 다른 길에서 대상들에 관한 인식을 얻어야 한다.

그럼에도 순수 일반논리학이 요혹함이 있어서, 그 형식적 법칙을 우리는 기관인 것으로 오용하려고 한다. 다시 말하면 대상들에 관한 주장을 끌어내는 도구로서 오용하려고 한다. 거짓되게도 자립적인 인식원천이라고 이해된 이런 논리학을 칸트는 변증론이라고 했다. 변증론은 가상(Schein)의 논리학이요, 궤변술이며, 이것은 무근거의 어떤 결론을 내리기는 하나, 사실은 진리를 말소하는(anstreichen) 것이다. 변증론은 형식논리학의 「일반적 관점」 혹은 장소론(이 원어 Topik의 어의는 증명의 기저적 장소를 지시한다)을 악용한 것이다(B.86). 철학의 이름 아래서 사람을 이런 궤변적인 사기로 인도하지 말아야 한다. 아무튼 일반논리학에도 변증론과 분석론의 두 부문이 있다.

4. 선험적 논리학의 구분

직관이 없으면 대상은 우리에게 주어져 있지 않다. 직관의 순수형식(합법칙성)이 공간과 시간임을 선험적 감성론이 이미 지적하였다.

개념이 없으면 대상은 사고될 수 없다. 분석론은 이제야 대상의 순수개념들, 즉 범주들을 구명하려고 한다. 그런 한에서 분석론은 선험적 논리학의 제일문으로서 「진리의 논리학」이다. 그것은 가상의 논리학이 아니다.

선험적 논리학의 제2문으로 분석론 다음에 변증론이 나타난다. 이것은 경험의 경계를 넘은 영역에서, 즉 우리의 뜻대로 직관할 수 없다는 영역에서 형이상학적인 듯한 인식을 위해 오성의 개념들을 함부로 사용하는 것을 비판하는 것이다. 따라서 변증론은 재래의 독단적(무비판적) 형이상학의 체계적인 비판이게 된다. 독단적 형이상학은, 인식이 개념과 직관을 다 가져야 한다는 칸트의 원칙에 위배한 것이었다. 그것은 오성의 개념들을 우리의 경험 범위인 자연을 넘어서, 즉 초자연적(hyperphysisch)으로 사용한 데서 발생한 것이다. 그것은 오성만으로써(바꾸어 말하면 감성적 직관 없이) 선천적 종합판단을 내리는 것을 헛되게 자부했다. 하기에, 허용될 수 없는 일이었다.

제2절 「개념들의 분석론」의 과제

칸트는 오성의 선천적인 개념들, 즉 범주들을 방침없이 주워모으려고 하지 않고, 그 어떤 이념[원리]에서 범주들을 체계적으로 이끌어낼 것을 도모했다. 이래서만 범주들의 완전 무루(無漏)가 보증되는 것이었다.

선험적 감성론에서 공간과 시간의 순수직관이 선천적 종합판단들을 가능하게 하였듯이, 오성의 선천적인 개념들, 즉 범주들이 말하자면 선천적 종합판단들을 가능하게 하는 것이다. 이러한 선천적 종합판단들이 칸트에 의하면 「순수오성의 원칙들」이다. 이래서 칸트는 분석론은 개념들의 논구와 원칙들의 논구로 나뉜다.

사고 분석론의 과제는 주어진·알려진 개념들의 내용을 분석하는 것이 아니요, 이런 개념들의 특징을 밝히는 것이 아니다. 그것은, 선천적 개념들의 출생지인 오성 중에서 그런 개념들을 탐구해서, 오성능력의 순수한 사용 자신을 밝히는 것이다. 그래서 오성이라는 말에서 우리가 일반적으로 이해해야 하는 것을 명시하는 것이다(B.91).

감성·오성·이성 등의 표현을 보통은 자명한 것으로 전제하고, 설명을 필요로 하지 않는 것으로 전제한다. 그러나 그런 표현들이 일상생활과 학문에 사용될 때 사실은 여러 뜻을 가진다. 그러므로 칸트가 이런 표현들에 어떤 뜻을 부여했느냐 하는 것에 냉정하게 주목하는 것이, 「비판」의 이해를 위하여 중요하다.

오성은 기술했듯이 감성적 직관 중에서 주어진 것을 대상(객관)으로 「생각」하는 능력, 즉 객관화하는 능력이다. 이런 한에서 오성은 대상-의식이다. 칸트는 여기서 이런 오성능력의 분해를 다룬다(B.90). 그래서 대상의 가장 보편적인 원소를, 이를테면 대상의 구성소들을, 명시하려고 한다. 그런데 「범주」(Kategorie)들이 이런 구성소로 생각되는 것이다. 그런 중에서도 이 「분석론」에서 칸트가 착안한 대상은 자연인 것이다. 가령 실체와 원인이라는 개념들이 범주들이라고 밝혀졌을 때에, 그것은 이런 개념들이 없으면 우린 일반적으로 자연이라는 대상을 생각할 수 없다는 것을 의미한다. 즉 그런 개념들이 없으면, 우리에 대해 자연은 없는 것이 되고, 자연의 사물들도 경험들도 없는 것이 된다.

그러나, 쇼펜하우어는 오성이 공간 시간 중의 「현상들」에 대해 어떻게 관계하는가가 칸트에서 명석하게 파악되어 있지 않다고 했다(681면 참조). 그래서 쇼펜하우어는 오성에서 사실은 직관만이 작용하고, 인과관계도 직각적이며, 이성에서 비로소 개념적 인식이 출현한다고 보았다. 그에 의하면, 짐승들도 직감적인 오성(지능)을 가지고 있다. 이러하고 보면 그의 오성은 칸트의 감성에 해당하고, 그의 이성이 비로소 칸트의 「사고」하는 오성에 해당한다고 말할 수 있다.

제3절 「오성의 순수개념」(범주)을 발견하는 실마리

칸트는 감성의 선천적인 연구[혹은 공간과 시간의 연구]를 각각 형이상학적 구명과 선험적 구명으로 나누었고, 형이상학적 구명은 선천적인 것을 발견해야 하였다. 오성의 선천적인 연구에 있어서 저 형이상학적인 구명에 해당하는 것이, 이 실마리의 대목이다. 실마리라고 한 것은 칸트가 하나의 원리에서 오성의 개념들을 체계적으로 전개하려고 했기 때문이다(B.159면에서). 이 「실마리」를 지적해서, 형이상학적 연역이라고 설명했다. 분석론에서 선험적 연역이라고 한 것은, 감성론의 선험적 구명에 해당하는 말이다.

1. 논리적 사용일반[매우 중요한 대목]

오성이 여기서는 판단하는 능력으로 규정되었다(B.94). 따라서 판단은 오성의 기능(활동)이다. 그것은 서로 다른 표상들을 하나의 공통적 표상으로 하나의 개념이 들어 있고, 이 개념은 많은 표상들에 타당한다. 눈에 보이는 어떤 것에 대해 물체라고 내가 판단한다면, 물체라는 개념은 많은 딴 물체에도 타당하고 또 지금 보이는 물체에도 타당하다. 단지 지금 주어진 직관은 직접 대상에 관계할 뿐이다. 물체의 개념은 지금 주어진 직관에서 말하자면 구체적으로 드러나 있다. 일반적으로는 개념은 대상에 간접적으로 관계해 있다. 즉 직관을 매개로 해서 대상에 관계해 있다.

직관에서 대상은 아직 규정되고 있지 않다. 그것은 「이해」되지 않은 현상이다. 개념을 통해서 대상은 비로소 규정되고 인식된다.

인식은 판단에서 수행되고, 판단은 오성의 본질적인 작용이기 때문에, 판단의 종류들을 체계적으로 개관할 적에 우리는 오성의 기능들을 완전히 발견할 수 있다. 이처럼 주장하는 것이 칸트의 논지이다.

2. 판단에서의 오성의 논리적 기능

칸트가 산 당대의 논리학은 분량·성질·관계·양상의 네 항목에 좇아 판단들을 분류했는데, 이런 전래의 분류를 그도 결국 확실한 것으로서 채택했다.

다소의 변경이 있었으나 이것은 중요하지 않은 일이었다.

각 판단은 네 항목의 관점에서 규정될 수 있다. 「이 새는 희다」라는 판단은 분량상으로 단칭이요, 성질상으로는 긍정이며, 관계상으로는 정언적이요, 양상으로는 실연적이다.

양상에서 보여진 판단은 판단의 내용에는 간섭하지 않고 「사고일반에 관계해 있는 연어(Kopula)의 가치」만을 논술한 것이다(B.100). 즉 연어 ist는 가능적이거나 실연적이거나 필연적이거나이다. 그 어느 것인가에 따라 논리적 가치가 다르다. 사실인 것의 인식보다도 혹은 가능성의 인식보다도 논리적 필연성의 인식이 더 가치 있다고 보통 말한다(다음의 판단표 겸 범주표를 참조).

1. 분량	2. 성질	3. 관계	4. 양상
전칭판단: 모든 A는 B다. →단일성	긍정판단: A는 B이다. →실재성	정언판단: A는 B다. →실체와 우유성	개연판단: A는 B일 수 있다.→가능과 불가능
특칭판단: 약간의 A는 B다.→수다성	부정판단: A는 B가 아니다.→부정성	가언판단: A가 B면, C는 D다.→원인과 결과	실연판단: A는 B다. →현존성과 비존재
단칭판단: 이 A는 B다. →전체성	무한판단: A는 非B다. →위한성	선언판단: A는 B거나 C이다. →능동과 수동의 상호성	필연판단: A는 B여야 한다.→필연과 우연

3. 「오성의 순수한 개념」 즉 범주

일반논리학은 주어진 표상들에서 개념들을 분석적으로 형성하고자 한다. 가령, 내 앞에 있는 신문지의 표상에서 나는 흰(백), 부드러움, 장방형, 한 장(1매)의 종이 등의 개념들을, 분석을 통해 얻을 수 있고, 이때에 추상(추출)을 행해 있기도 하다.

그러나 인식의 「대상들 일반」을 무시하지 않는 선험적 논리학은 「자연」이라는 포괄적 대상에 관한 사상을 해부하고, 이러한 대상의 구성 요소들을 다루는 것이다. 이런 선험적 논리학은 우선 시공 중에 주어진 다양을 전제한다. 다음에 이런 다양이 그 어떤 방식에서 통과되고 받아들여지며 결합되기 위해, 선험적 논리학은 오성의 자발성이 참가해 있음을 알린다. 오성의 본질적인 기능인 자발적인 활동을 칸트는 종합(Synthesis)이라고 하였다(B.102).

기본에 두고 있는 이 종합의 의미를 통찰하기 위해서, 단지 감성만을 구비한 존재를 생각해 보자. 이런 존재는 시공에서 개관할 수 없는 인상(감각)들의 다양성을 경험할 것이나, 그러나 인상들을 분류하고 정돈하는 작용은 없을 것이다. 그런 존재는 인상들을 [동일한] 사물-실체의 속성들이라고 생각하지 않을 것이요, 혹은 원인에서 서로 연결해 있는 것으로 보지도 않을 것이며, 무질서한 혼돈으로서만 드러낼 것이다. 그리고 이러한 혼돈은 무의미에서 자연, 질서있는 세계, 아니 일반적으로 대상을 표상할 수 없다. 그러나 우리의 회상이 소급해가는 한에서, 이런 혼돈이 인간에게는 사실은 없다. 이런 사정은 구상력[1]의 작용으로서의 종합이 일찍부터 무의식적(맹목적)으로 인간에게 있었다는 것을 증명한다. 그러므로 인간은 감각들의 혼돈에서 질서 있는 현실, 즉 자연을 형성한다. 사람은 이제야 자연-대상이라는 합법칙성을 명백히 인식해야 한다. 따라서 무의식적으로 수행된 오성의 기능을 말하자면 개념화해야 하는 것이다.

종합의 종류들이 오성의 개별적 개념들, 즉 범주들을 산출한다. 신문지의 흰(백)·부드러움·장방형과 같은 여러 주어진 직관을 내가 신문지라는 한 사물의 속성으로서 개괄할 때에, 이것이 종합의 한 방법이요, 「속성을 가진 사물」이라는 범주(즉 실체와 우유성의 범주)가 이런 종합에 일치해 있는 것이다. 이런 특정방식의 종합적 작용이 「속성을 가진 사물」이라는 말로 표현된다. 칸트는 이런 점을 십진법(Dekadik, dekadisches Zahlensystem)의 종합에 의해 설명하고 있다. 십진법은 열이 될 적마다 다시 하나의 통일로 개괄하는 것을 말한다. 그것은 「속성들을 가진 사물」의 통일과 마찬가지로, 오성이 고유하는 자발적인 종합에 의존하고 있다. 이 두 경우에 경험 중에 후천적으로 주어지는 것의 단순한 수용이 문제인 것이 아니라, 경험에서 독립한 선천적·창조적인 수행이 문제인 것이다. 이래서 순수한 종합은 선천적인 종합적 통일이라는 근거에 기본한다는 진술[2]이 생겼다.

오성이 감각적-직관적으로 주어진 것을 대상들로 개괄하게 되는 종합의 방식들(즉 오성의 개념들)이 본질에 있어서는 판단들의 방식과 같은 것임을 발견

1) 구상력이 칸트에서는 공상보다도 광의인 것이다. 「무의식적으로 수행되는 시공적 창조물」도 그는 구상력에 귀속시켰다. 511면 주 참조.
2) Reine Synthesis beruht auf Grunde der synthetischen Eingeit a priori (B.104)

했다고 칸트는 믿는다. 이래서 판단의 체계가 범주표 작성의 실마리로 된다. 그는 하나의 원리에서(즉 오성의 본질적 작용인 판단의 개념에서) 범주들을 유도하였다. 따라서 범주들이 완전매거가 보증되었다.

칸트는 최고개념으로서 범주의 발견을 최초로 시도한 아리스토텔레스를 설문하였다. 이는 범주들을 방침없이 (단편적으로)추구했기 때문이었다. 아리스토텔레스는 열 개의 범주를 들었다. 실체·분량·성질·관계·장소·능동·수동·시간·위치·부속 등.

칸트는 참으로 최고의 개념들을 확립하는 일에 종사했다. 그것들을 순수감성의 형식으로서의 공간·시간과 관계시킨다면, 일련의 선천적 개념들이 다시 더 파생할 것이다. 그리고 이처럼 파생케 하는 데에 유조한 것이 형이상학의 기본 과목인 보편적 존재이론으로서의 「존재론(Ontologie) 교본들」이다. 왜냐하면, 범주와 그것에서 파생될 수 있는 개념들이 동시에 모든 현실적 존재자의 가장 보편적 규정을 포함하겠기 때문이다.

칸트는 「비판」에서 범주들이 체계적인 장소론(Topik)을 제시하는 것으로 만족하였다. 다시 말하면 각 근간개념(범주들)이 네 항목 중의 어느 것에 귀속하는가를 제시하는 것으로 만족했다. 그는 파생개념들의 완전한 전시는, 「완전한 선험철학」, 즉 순수이성의 체계가 할 일이라고 했다. 그러나 「비판」에서 제시된 12개의 범주가 그 이상도, 그 이하도 될 수 없는 완전무결한 것인지는 별문제이다.

4. 수학적 범주와 역학적 범주

분량과 성질의 범주들이 개괄되어 「수학적 범주」에 귀속한다. 이런 범주들은, 직관이 대상의 양과 질에 관해 우리에게 교시하는 한에서 직관의 대상에 상관한다(B.110). 광도와 온도(열)와 같은 성질은 도를 가지기 때문에 그것에 수학이 적용될 수 있고, 그러므로 이런 부류의 성질은 수학적 범주속에 들어가는 바이다.

「역학적 범주」는 서로 관계하는 대상들의 실재에 상관한다. 이런 사정을 관계의 범주들이 지시한다. 이때에 주의할 점은, 대상(Gegenstand)이라는 말이 사물(실체)이라는 말보다도 더 보편적인 의미를 가진다는 것이다. 즉 대상이란 우리가 생각할 수 있는 일체를 표시하고 그러므로 속성들도 표시하는 것이다. 역학적 범주가 상관관계(Korrelat)를 가진다는 것은, 그런 범주들이 원인과 결과, 필연과 우연처럼 짝을 짓고 있다는 것을 말하고자 한 것이다.

분량 · 성질 · 관계 · 양상의 항목들은 각각 다시 세 가지 범주를 내포하지마는, 선천적인 전분류는 보통은 이분법에 의거해 있다(죽는다에 대해 죽지 않는다고 하듯이). 아무튼 칸트가 세 가지 범주를 내포시킨 것에 이미 헤겔적 변증법의 삼분법이 들어가 있다는 해석은 또한 널리 알려진 사실이다.

수의 개념이 전체성(Allheit)의 범주에 속한다는 것은, 1을 제외하고서는 명수가 그 안에 포함된 모든 단위들을 하나의 보다 더 높은 통일들로 개괄하는 것이라는 사정에서 설명되는 것이다.

그러나 우리가 단일성과 수다성의 개념을 가지는 데에서는, (전체성이라는) 수의 개념이 불가능하다. 왜냐하면, 가령 무한계열의 단위들이라는 수는 여기서는 거시될 수 없기 때문이다(B.111 참조).

5. 각 존재는 하나요, 참이며 선하다는 명제

칸트가 살았던 당시에는 형이상학의 교본 중에 중세의 스콜라 철학에서 유래한 명제 : 각 존재는 하나요, 참이며 선(완전)하다는 명제가 들어 있었다. 그러나 하나 · 참 · 선의 개념들은 대상에 관한 필연적 규정이 아니요(즉 칸트적 범주표에 들어가는 것이 아니요), 현상과 물자체를 구별하지도 않는 사물일반을 인식하려는 논리적 요구를 표현한 것이다(B.114).

칸트에 의하면, 이런 개념들을 올바르게 사용하려고 한다면, 다음과 같은 해석이 필요하였다.

a. 하나(통일)　　대상의 전체 인식을 위해서는 희곡 · 강연 · 설화 등의 주제의 통일처럼 인식의 대상들을 결합하는 통일이 있어야 한다는 뜻이다. 즉, 성질적 단일성 같은 개념의 통일이 있어야 한다는 뜻이다.

b. 참(진리)　　객관의 모든 인식에는 귀결(결론)이 진리여야 한다. 주어진 개념에서 많은 참된 결론이 얻어지면 질수록, 그런 개념은 객관적 진리(진리 자신과의 일치와 경험과의 일치)를 가지는 증거가 된다. 이것은 공통적 근거(이유)로서의 한 개념이 지니는 표징의 성질적 수다성이라고 말할 수 있다.

c. 선(완전) 객관의 모든 인식에는 완전성이 있어야 한다. 이것은 b.와는 반대로 표징의 수다성(다양성)이 개념의 통일에 귀환하여, 주어진 개념과 일치하고 딴 개념과는 일치하지 않는 점에 성립한다. 그러므로 성질적 완전성이라고 할 것이다.

이래서 단일·진리·완전의 선험적(초험적) 개념들은, 칸트의 범주표를 보완하는 것으로 보아질 것이 아니라, 인식이 자기 자신과 일치하기 위해 따르는 논리적 규칙에 도달하는 수단임에 불과하다(B.116 참조). 칸트는 이런 개념들을 필경 외적 대상에 관계하는 범주로 보지 않고 대상들의 인식에 대한 형식 논리적 요구를 표시한 것이라고 본 것이다.

제4절 오성의 순순한 개념의 연역

1. 선험적 연역일반의 원리

연역은 원래 법학의 용어로서 권리의 증명(기득권한의 유효성증명)을 의미하되, 「비판」에서는 객관적 타당성의 증명을 의미한다. 선험적 연역은 그러므로 선천적으로 사용되기로 정해져 있는 범주들이 (그것들의 선천성, 즉 경험에서의 독립성에도 불구하고) 어떻게 객관에 관계할 수 있느냐(B.117) 또 객관에 대해 타당할 수 있느냐 하는 것을 증명한다는 뜻이다.

선험적 연역과 구별되는 경험적(경험에서 유래하는) 연역은, 한 개념이 경험과 반성을 통해 어떻게 사실적으로 얻어지느냐 하는 것을 설명하는 것이다. 그것은 개념의 객관적 타당성에 관한 것이 아니라 개념의 사실에 관한 것이요, 심리학에 속하며 인식론(선험철학)에 속하는 것이 아니다.

선천적인 인식 원리(즉 감성의 순수형식과 범주)들의 경험적 연역은 불가능하다. 그것들은 순수한 것이라서 경험에서 빌려온 것이 아니기 때문이다. 정신이 감관의 인상에 자극되어 그 자신의 자발성과 창조력에 의해 이런 선천적 원리들이 작용하기 때문에, 우리는 선천적 원리들이 작용하는 기인[1]만을 더듬어

1) 재판의 들어가는 말(B.1)에서 「우리의 모든 인식이 경험과 함께 생기기는 해도, 그렇다고 해서

볼 수 있다.

이러한 심리적·발생적(즉 심리적 발전에 관한) 탐구는 로크가 그것을 기도한 일이 있었으나, 그런 탐구에 의해서 선험적 연역(개념의 객관적 타당성의 증명)이 주어지지는 않는다. 심리적(당시의 용어로 생리적)인 도출은 사실의 문제(quaestionem facti)에만 상관하고, 권리의 문제, 즉 타당성의 문제에는 상관하지 않는다(B.119).

「철학서론」 40절에서 범주의 연역은 「수학과 자연과학의 가능근거」를 따지는 의미에서 형이상학을 따지는 것이 권리문제로서 제기되어 있다. 이래서 자연 「철학」을 자연 「과학」에서 분리시켰다.

이제야 칸트는 범주들의 선험적 연역의 필연성과 곤란성을 지적한다.

감성의 순수형식의 선험적 연역은 범주의 선험적 연역과 같은 정도로 필연적이 아니었다. 왜냐하면, 수학적 인식의 대상들을 감성의 순수형식에 의거해서 우리가 선천적으로 구성(직관에 선천적으로 드러낸다는 뜻)했고 형식들의 타당성이 그 대상들 중에서 명증되었기 때문이다.

범주는 오성에 귀속하고, 오성은 직관능력이 아니다. 그러므로 범주에 대해서는 사람은 선천적인 직관 중에서 객관을 제시(vorzeigen)할 수 없다——모든 경험에 앞서서 범주가 하는 종합은 사실은 이 객관에 의거하고(B.120) 이 객관에 의해 경험에서 독립해서 범주가 하는 결합기능이 대상적(객관적)으로 타당함이 증명되는 것이지만. 뿐더러 범주는 감성의 제한에 구속되어 있지 않다. 다시 말하면 사람은 비감성적(순 정신적)으로도 실체와 원인을 형이상학에서 생각해내기도 했다. 아니, 사람은 공간이 우리의 감성에 독립하여 절대적·비상대적으로 실재하는 것이라는 주장도 있었기(뉴턴처럼) 때문에, 칸트는 공간의 선험적 연역도(또 비슷한 근거에서 시간의 선험적 연역도) 필요하다고 생각했고, 그래서 감성론에서 그런 선험적 연역을 이미 했던 바다. 이에, 범주의 연역 역시 절대불가결한 것이다.

범주의 연역이 특별히 어렵다고 하는 것은, 시공 중의 감성적 대상이——모든 사고를 도외시하고서——직관의 대상들도 과연 줄 수 있는가라는 점에

모든 인식이 바로 경험에서 발현하지는 않는다」고 말한 것을 상기하라.

기인한다(B.122 참조).

우리는 비공간적인 것과 비시간적인 것을 일반적으로 직관할 수 없다. 그러므로 직관 중에서 주어져 있는 일체는 감성의 순수한 형식들에 일치해야 한다. 즉 공간적-시간적이어야 하고, 적어도 시간적이어야 한다. 그러나 현상들은, 우리가 그것들을 개념, 즉 범주 안에 파악하지 않고서는 우리에게 주어져 있을 수 없다. 그러므로 대상이 범주에 일치하는지, 혹은 반대로 범주가 대상에 타당하는지, 즉 객관적으로 타당하는지를 우선 짐작할 수 없다. 이런 난문을 해결하는 것이 선험적 연역의 과제이다.

2. 선험적 연역으로 건너감[중요한 대목]

표상과 대상과의 일치가(즉 표상의 대상에 대한 타당성이) 우리에게 이해되는 경우가 두 가지 있다.

1. 대상이 표상을 산출하는 경우와,
2. 반대로 표상이 대상을 산출하는 경우다.

첫 번째 경우는 우리에서 떨어져 나간다. 왜냐하면, 표상은 전혀 경험적이요, 대상을 경험하는 것에 의존하기 때문이다. 두 번째 경우는 다시 세분된다.

a. 표상이 존재에 관한 대상을 산출할 수 있다. 이런 일은 표상이 의욕의 목적적 표상일 때에 생긴다. 기계나 예술품의 창작 계획을 생각해 보면, 이런 계획이 그 기계나 예술품을 산출하는 원인이 된다. 우리의 선험적 탐구는 이러한 창작을 다루지 않고 「대상의 인식」을 다룬다. 그렇기에 이 첫째 경우는 떨어져 나간다.

b. 표상이 「그 무엇을 대상으로 인식하는 것」만을 가능케 하는 경우다. 이것이, 우리가 범주라고 표시한 표상에 적중한다. 이러 표상은 대상에 관한 가장 보편적 개념이다. 그런 개념이 없고서는 우리는 대상 일반(Gegenstandüberhaupt)을 생각할 수 없다. 그런 개념이 없고서는 우리에게 「엄밀한 의미의 대상」(즉 대상성)이 있을 수 없고, 학적 경험(자연의 과학적 인식)의 의미에서의 경험도 있을 수 없다. 따라서 범주는, 일반적으로 학적 경험을 가능케 하는 선천적 조건에 귀속하고, 그러므로 범주는 경험적 대상성에 대해 타당한다. 즉 객관적 타

당성을 가진다.

이런 사상에 있어서 칸트는 이하 제5절 Ⅰ과 Ⅱ에서 (494면과 498면 참조) 폭넓게 전개한 연역의 본질적 내용을 이미 언명한 것이다.

이상과 같은 이해로부터, 칸트가 가끔 직관의 대상들이라고 한 말이 편의적 표현이었음이 알려진다. 왜냐하면, 엄밀하게는 직관에 주어진 시공적 현상들은 아직 학적 경험이라는 의미의 대상들이 아니기에 말이다.

칸트가 경험이라는 말을 전술했듯이 두 가지 뜻에서 사용하였다.

첫째로 그 말은 감각을 의미하고, 감성의 형식인 시공의 규정을 받지 않은 것이다. 경험이 이런 의미였다면, 그것은 현실적인 인식이 아니요, 범주는 이런 경험의 선천적 조건이 되는 것은 아니다. 이런 경험은 오로지 감성의 문제이기 때문이다. 둘째로, 경험은 학적 경험을 의미하고, 이때에 칸트는 본질적으로 자연의 과학적인 인식을 생각하고 있다. 여기에는 첫째 의미의 경험이 들어있으나. 거기에다 범주를 다시 보태었다. 범주를 통해서만 우리는 감각들을, 즉 시공 중에 직관적으로 주어진 것을 대상이라고 생각할 수 있다. 하기에 범주를 통해서만 우리에 대한 「경험의 대상」이 있고, 대상적[객관적]으로 타당하는 인식이 있다(범주들은 동일한 의식이 활동하는 방식 · 형식 · 규칙이다).

이런 점을 상세히 전개하는 것이, 후속하는 「연역」의 과제이다. 그것은 전「비판」의 주요부분이다. 연역에 칸트는 특별한 중요성을 부여했고, 재판에서 완전히 개작하였다. 표상, 즉 범주가 대상에 준거하지 않고, 반대로 대상이 범주에 준거한다는 사상으로 일관되어 있는 한에서, 연역에서 칸트의 사고방식의 혁명(Revolution der Denkart)이 특히 명백히 드러나 있다고 할 것이다. 범주야말로 일반적으로 대상을 사고하는 것을 가능하게 하는 것이요, 그런 한에서 범주는 대상을 물자체(Ding an sich)로서가 아니라 우리에 대한 사물(Ding für uns)로서 규정할 수 있도록 하는 것이다. 칸트에 의하면 이론적 인식에서는 우리는 일반적으로 물자체를 다루지 않는다. 이것은 우리에게 전혀 미지로 남는 것이다.

로크와 흄은 오성의 순수한 개념을[지각적] 경험에서 도출하려고 했으나, 그 때에는 그런 개념이 어떻게 선천적 종합판단을 가능하게 하는가가 설명될 수 없을 것이다. 우리는 [선천적 종합판단]을 순수수학과 선천적 자연과학에서 가지고 있다. 그렇고 보면, 이 두 학문이 과학으로서 타당하고 있는 사실을 통해서, 로크와 흄이 개념[범주]을 경험에서 도출하려고 한 시도는 반박되는 것이다(B.128).

칸트의 이런 소론은 순수수학과 자연과학의 타당성을 확실한 그 어떤 것으로 전제하고 있음을 명분하는 것이다.

3. 「일반」이라는 용어

끝으로 「비판」에서 나오는 일반(überhaupt)이라는 부사의 뜻에 주의해야 한다. 이 말은 「über(상)+Haupt(두)」로 된 것이요, 한 뭉치로 산다(überhaupt kaufen)고 하듯이 전체를 지시하는 것이나, 적어도 세 가지의 의미 구별이 있다. 첫째는 개별을 무시한 전체, 즉 추상적 보편을 의미한다. 「일반적으로 고찰하면」(überhaupt betrachtet)이라는 용례에서와 같다. 둘째로 특수를 부정하지 않은 전체를, 즉 구체적 보편을 의미한다. 「동양일반, 특히 한국에서」(in Orient überhaupt, besonders Korea)라는 용례에서와 같다. 셋째로 「특히」라는 뜻도 있고, 이런 뜻이 「특히 최근 3일간 병이었다」(Ich bin krank, uberhaupt seit drei Tage)고 하는 용례에 나타나 있다. 「비판」에서 직관 일반, 대상 일반, 경험 일반이라고 했을 때에 구체적 보편의 뜻이 압도적이다. 그러나 사물 일반(Ding überhaupt)이라고 할 적에는 인간의 감성적 직관방식을 무시한 의미에서 추상적 보편을 지시한 것이요, 이로부터 필경 물자체와 현상을 구별하지 않는 뜻도 되는 것이다(B.XXVII 참조).

제5절 초판의 연역

I. 경험을 가능하게 하는 선천적 근거

각지의 종합, 재생의 종합, 재인의 종합의 삼자를 준별하지 말아야 한다. 한 가지 종합 대신에 칸트가 세 가지 종합을 주장했다고 결론해서는 안 될 일이다. 그 세 가지 종합은 명확히 구별되는 작용으로 보아질 것이 아니고, 한 가지 종합의 서로 다른 계기들로 보아져야 하는[1] 것이다. 우리가 오히려 중요시할 것은, 오성의 종합과 구상력(즉, 대상이 지금 있지 않건만은 대상을 직관에 표시하는 능력. B.151 참조)의 종합간의 구별이다.

우리는 시간에서 다양을 깨닫는다고 칸트가 주장한 것은 정당했다. 그러나 주관이 하는 종합[결합]이 없고서는 다양은 다양으로서 표상(의식)되지 않는 것이다. 다양을 의식하기 위해서 먼저 삼중의 종합이 요구된다.

1. 직관에서의 각지

직관 a, b, c를 의식하기 위해서 처음에 a를 다음에 b를 그 다음에 c를 생각하는 것은 불충분하다. 우리는 a, b, c를 개괄해서 함께 의식해야 한다. 이것이 직관에서의 각지(Apprehension)라는 종합이다. 즉 다양한 것을 훑어본 다음에, 훑어본 것을 결합하는 것이 「각지의 종합」이다(A.99).

2. 구상에서의 재생

b에 도달한 시간에 의해서 내가 a를 잊었다면, 나는 각지의 종합을 할 수 없었을 것이다. 여기에 구상에서의 재생의 종합이 먼저 있어야 하는 것이다.

재생의 종합을 심리적인 연생과 동일시해서는 안 된다. 재생의 종합이 먼저 있고서 비로소 「경험적인 구상력」(즉 연상)이 성립할 수 있고, 재생의 경험적인 종합도 성립할 수 있다.

주사가 지금은 붉지만은, 그것이 갑자기 검어지게 되거나 혹은 보다 가벼워지게 되거나 반대로 보다 더 무거워지게 되거나 하지 않는 것으로 보는 것은 주사의 현상들 자신이 종속해 있는 「구상에서의 재생의 종합」을 전제로 해서 가능한 것이다.

3. 개념에서의 재인

「개념에서의 재인의 종합」의 본성에 관한 칸트의 서술은 그다지 명석하지

1) A.C. Ewing, *A Short Commentary on Kant's Critique of pure Reason*, 1967, p.75.

않다. a의 재생은 그것만으로써는 불충분하다. 왜냐하면, 재생된 a는 그것 전에 각지된 a와 같다는 것을 우리가 재인해야 하기 때문이다. 이제야 칸트는, 우리가 a, b, c를 함께 의식하자면, 우리는 그 a, b, c가 하나의 전체를 형성하는 것을 먼저 의식해 있어야 한다고 말한다(A.103). 이러한 의식(깨달음)이 먼저 있고서 a, b, c가 하나의[전체적] 객관에 속하게 되고 혹은 계산적 사고의 동일한 종합적 과정에 속하게 된다. 그러므로 수의 인식 같은 것이 개념의 재인작용이요, 「수의 개념은 종합의 통일 의식 중에 존립하는 것이다」(A103).

개념의 재인이 없으면 구상에서의 재생도 불가능할 것이다. 왜냐하면, 기억의 회상은 연상의 기초가 되는 [연쇄의] 어떤 딴 고리를 요구하고, 재인작용은, 그것이 한갓 「친근감」 이상인 위치에 있는 것이라면, 재인된 것이 어떤 종류의 사물인가의 확실한 개념을 요구하는 것이기 때문이다.

> 인상의 순차적인 계기에 있어 시간을 구별하지 않는다면, 다양은 다양이라고 표상될 수 없겠다. 왜냐하면 각 표상은 한 순간에 포함된 것인 한에서, 어느 표상이건 틀림없이 절대적인 「하나」일 수 있기에 말이다(A.99).

이 인용구를 볼 때에 한 순간에 포함되어 있다고 상정된 미분화의 하나를 칸트는 의식하고 있었다고 하겠다. 그 어떤 사물의 의식은 종합을 예상하고, 종합이 없자면 이 미분의 하나도 생기지 않았기 때문이다. 이에 대해 페이톤은 다음과 같이 말했다 :

> 각 순간에 있어서 우리한테는 하나의 미분된 감관 - 인상이 주어져 있다는 것을 칸트가 위의 서술에서 의미했다면, 또 우리가 미분된 원자적인 감관 - 인상들을, 다양한 직관으로 연결하는 것을 계속한다는 것을 의미했다면, 칸트는 명백히 오류를 범한 것이다. 그러나 우리가 그의 견해를, 분석에 의해 도달한 한계를 표시하는 것으로 본다면, 그의 견해는 자못 찬동 받을 만한 것이다.[1)]

1) H.J. Paton, *Kant's Metaphyics of Experience*, Vol. Ⅰ, p. 358, 1951, London, Allen und Unwin.

엄밀히 동시존재의 두 감각을 가질 수 없다는 견해를 칸트가 밝힌다 하더라도, 우리가 미분화된 하나하나의 감각들을 고립적으로 의식한다는 것을 그가 주장한 것은 아니다. 그는 명백히 「내가 다양의 경험적 의식을 동시적으로 할 수 있느냐 혹은 계시적으로 할 수 있느냐 하는 것은 그때그때의 사정, 즉 경험적 조건에 의존한다」고 말했다(B.139).

칸트는 세 방면의 종합을, 특수 사물들을 인식하는 중에서뿐 아니라, 우리의 선천적인 순수직관 중에서도 전제하고 있다. 이것은, 모든 현상이 종합에 종속한다는 것이 「시공의식」중에 전제되어 있기 때문이다. 그는 간혹 선천적 감성의 다양이라는 말도 하였는데(B.102), 이런 다양의 내용적 요소는 작은 지속들과 연장들일 것이다.

칸트의 논의에 많은 비판이 있다 하더라도, 인식을 내포한 경험에 관해서 다음의 점에서만은 일치가 있어야 할 것이다.

a. 우리는 사고의 연결된 한 대상에 있어서 서로 다른 요소들의 종합을 발견하고 또 항상 발견해야 한다. 우리는 절대적으로 단순, 고립된 것을 의식하지 않기 때문이다.

b. 현재의 지각들을 보충하는 것으로서 기억의 현존을 발견하고 또 항상 발견해야 한다. 가장 단순한 지각판단도 이전에 있었던 것과의 비교와 연결을 포함하기 때문이다.

c. 보편적 개념들의 현존을 발견하고 또 항상 발견해야 한다. 왜냐하면, 특수한 것 혹은 특수한 것의 몇몇 특징을 어떤 방법에서건 간에 분류함이 없고서는, 특수한 것을 알아채지 않기 때문이다.

우리가 대상을 인식해 있다는 것은, 필경 다음과 같은 뜻이다.

> 대상이란, 우리의 인식[방식]이 닥치는 대로 혹은 기분적으로 규정되는 것에 반대하는 것으로 간주되고, 우리의 인식이 어떤 선천적인 방식에서 규정되도록 하는 것으로 간주된다. 인식이 대상에 관계함에 의해서, 인식은 「대상과의 관계에 있어서」 반드시 대상과 일치해야 하기 때문이다. 즉 대상의 개념을 형성하는 통일을 가져야 하기 때문이다(A.104-5).

삼중의 종합이 만인의 인식적 경험 중에 현존한다는 것은 사실이다. 칸트 이전에는 정신을 통한 지각적 경험에 준 영향을 올바르게 인정하지 않았다. 그러나 칸트에 이르러서 정신을 통한 해석의 영향은 이제야 거의 보편적으로 애용된 「철학의 다반사」로 되고 말았다. 정신의 활동을 강조한 칸트의 영향은 정합설(coherence theory), 프래그마티즘, 이탈리아의 신리상주의, 지각에 관한 형식의 비행동주의의 심리학 등에서 볼 수 있다.[1] 아무튼 선험적 대상(X)은 물자체가 아니라 비감성적 「대상일반」을 지시한다.

4. 범주 자신의 가능성에 대한 설명

여기서 다른 것을 세 가지로 따져 볼 수 있다. 첫째는, 가능한 경험일반의 선천적 조건이 동시에 경험의 대상 가능성의 조건이라는 것이다. 둘째는 다양에 관한 연상 가능성의 근거는 다양의 친화성(Affinität)에 있고, 또 현상들의 전상적인 친화성을 가능케 하는 근거는 선험적 통각(transzendentale Apperzeption)에 있다는 것이다. 셋째는, 자연이란 이상하게 들릴지 모르나, 선험적 통각의 주관적 근거에 의거한다는 것이다. 선험적 통각에 의거해서 자연의 합법칙적인 필연적 통일이 비로소 가능하다.

II. 대상일반에 대한 오성의 관계와 대상의 선천적인 인식 가능성

여기의 연역은 객관적 연역과 주관적 연역의 두 부분으로 나누어져 있다. 첫째의 객관적 연역(A.115 ③에서 A.119 ⑥까지)은 순수오성의 대상에 언급했고, 이 언급이 중요한 목적이라고 칸트는 말했다(A.XVI 참조). 둘째의 주관적 연역(A.120 ⑦에서 A.128 ⑧까지)은 순수오성 자신·그것의 가능성·그것이 의거하는 인식능력 등을 탐구하려고 한 것이다.

그러나 객관적 연역과 주관적 연역의 두 부분을 엄격히 분리할 수 없는 것이다. 중요한 인식론적 진리가 심리주의적 형식 중에 표현됨이 흔하기 때문이다. 재판의 연역은 주관적 연역을 결해 있다. 이윙(Ewing)은 재판의 연역만을

1) Ewing, *Ibid*, p.78. 정합설의 대표자는 Leibniz, Spinoza, Hegel과 Neurath, Hempel 등의 논리적 실증주의자요, 이탈리아의 신이상주의자는 Alfonso Testa, A. Chiapelli 같은 사람이다.

읽고서는 선험적 연역의 타당한 사상을 얻을 수 없다고 하였다. 그것이 주관적 연역을 결해 있기 때문이다.[1] 또 칸트가 「범주가 선험적 연역으로 건너감」(B.124면에서 126면까지)에서 자기가 진술한 것만으로 객관적 연역은 족하다고 한 말(A.xvii)도 상기할 만하다.

하이데거는 객관적 연역을 그 서술이 순수오성에서 시작하여 그 본성을 개명함을 통해서 시간에 가장 내면적으로 의존함을 표시한 것이라고 한다. 즉, 객관적 연역은 오성에서 출발하여 아래로 직관으로 내려가는 것이나, 주관적 연역은 직관에서 출발해서 순수오성에 올라가는 것이다.[2]

1. 객관적 연역[하강적 연역]

순수통각(선험적 통각)의 종합적 통일은 통일을 전제하는 것이고 혹은 통일을 내포하는 것이다. 그리고 통일이 선천적으로 필연일 것이라면, 종합도 선천적 종합이다. 그러므로 통각의 선험적 통일은 구상력(Einbildungskraft)의 순수종합에 연결한다. 그러나 구상력의 생산적 종합만이 선천적으로 성립할 수 있다. 생산적 구상력만이 재생된 표상과 현재의 표상을 결합할 수 있다.

구상력의 종합에 연결하는 통각의 통일이 다름 아닌 오성이듯이, 구상력의 선험적 종합에 연결하는 통각의 통일이 순수한 오성이다.

모든 종합은 구상력의 적용에 기인하므로, 선험적 통각은 반드시 순수 구상력과 연결을 가진다. 순수 구상력은 필연적 · 선천적으로 조소하는(bilden) 작용이요, 이런 의미에서 생산적이다. 구상력의 순수한(생산적) 종합의 필연적 통일이라는 원리는 통각에 앞서서 모든 인식을, 특히 [학적] 경험을 가능하게 하는 근거이다(A.118). 하이데거에 의하면 여기에 선험적 통각과 순수 구상력과의 구조적 통일성의 성격이 명시되어 있다.[3]

순수종합은 선천적으로 결합해야 한다. 그런데 미리(im vorhinein) 순수하게 수용하면서 내놓는 보편적 직관이 「시간」이다. 그러므로 순수 구상력은 본질적으로 시간에 관계하고, 이래서만 선험적 통각과 시간과의 매개자(Mittlerin)일

1) Ewing, *Ibid.*, p.70.
2) M. und das Problem der Metaphysik, S.75., 1965, Klostermann 사.
3) Heidegger, *Ibid.*, SS. 78－79.

수 있다.

2. 주관적 연역[상승적 연역]

아래로부터, 즉 경험적[직관적]인 것에서 출발함에 의해, 오성이 범주를 매개로 해서 현상에 필연적으로 관계한다는 것을 증시하는 것이, 주관적 연역이다(A.120－A.128).

> 각종 지각들은 심성 중에서 흩어져서 낱낱으로 발견되기 때문에, 지각들의 결합이 필요하다. 그러하되 감관 자신 중의 지각은 이런 결합을 내놓을 수 없다(A.120).

결합을 내놓는 것은 구상력이다. 구상력이 직관의 다양을 하나의 심상(형상)으로 만들어야 한다. 환언하면 인상들을 각지해야 한다. 구상력의 각지작용에 의해서 유한자가 존재자(마주치는 인상)들을 동시적 전체(totum simul)로서 소유할 수 있다. 이러 구상력은 연상(규칙에 따른 주관적·경험적 근거)에서 구별되어야 한다.

현상들을 죄다 연상하고 연결하는 객관적 근거가 현상들의 친화적(Affinität)이거니와, 이런 친화성은 생산적 구상력의 선험적 기능에 의해서만 가능하다. 이런 의미에서 칸트는 말했다 :

> 하나의 의식(근원적 통각)에 있어서의 모든 경험적 의식의 객관적 통일은 모든 가능한 지각의 필수조건이다. 하기에, 만상의 원근을 불문으로 한 만상의 친화성은 규칙에 선천적으로 의거해 있는 구상력에서의 종합의 필연적 결과이다(A.123).

감성과 오성이라는 두 극단은 구상력의 선험적 기능을 매개로 해서 필연적으로 결합한다. 첫째의 객관적 연역과 둘째의 주관적 연역에 관한 해설을 이상으로써 일단 끝맺기로 한다.

우리가 자연이라고 하는 현상들에서의 질서와 합규칙성은 우리 심성의 본성이 그것들에 집어넣은(hineinbringen) 것이다. 자연의 통일은 현상들을 연결하는 필연적(선천적으로 확실한) 통일이다. 그리고 이런 통일은 우리 심성의 인식

원천 중에 있는 것이다. 이러하기에 종합적 통일이 선천적으로 확립될 수 있다. 따라서 자연은 선험적 통각의 통일 중에서만 가능하다. 즉 오성은 그 자신 자연법칙의 원천이요, 자연의 형식적 통일의 원천이다.

「오성의 순수한 개념에 관한 우리의 연역이 정당하고 또 유일의 가능한 연역인 점의 요약」이라는 표제(A.128)에서 칸트는 인식의 대상이 물자체가 아님을 다시 강조했다. 그것이 물자체라면, 우리는 선천적 개념의 출처를 모른다. 개념을 객관에서 취해온다면, 그런 개념은 경험적이고 선천적이 아니다. 그러나 현상을 문제 삼는다면, 어떤 선천적 개념이 대상의 경험적 인식에 앞서서 있을 수 있고, 또 필연적이다. 현상으로서의 대상은 우리 감성 안에만 있고, 또 동일한 자아(선험적 통각)가 그런 대상들의 일관된 통일을 규정하고 있기 때문이다.

3. 하이데거의 해석

하이데거에 의하면, 직관과 사고와의 종합이 진리적 종합(veritative Synthesis)이요, 혹은 현진적(wahrmachend) 종합이며, 이런 종합에서 존재적(ontisch) 인식이 성립한다. 진리적 종합을 반성하면, 거기서 술어적 종합(prädikative Synthesis), 즉 범주적 종합이 발견된다. 이것은, 판단들을 통일의 기능들로 보는 데서 알려지는 것이다. 그러나, 판단작용을 문법상으로 주어와 술어의 결합이라고 본다면, 명제적 종합(apopantische Synthesis)이 생각된다. 이에, 첫째의 진리적 종합에는 둘째의 술어적 종합과 셋째의 명제적 종합이 동시에 포함되어 있다(*Ibid*, S.34).

그러나 하이데거의 본래의 문제는 순수 진리적 종합(존재론적 인식)이요, 이것은 순수 보편적 직관(시간, 혹은 직관의 개관작용 synopsis)과 순수사고(순수 술어적·반성적 종합 혹은 오성의 개념들)가 어떻게 근원적으로 결합하는가를 다루는 것이다(*Ibid*, S.61).

하이데거는 칸트의 세 겹(삼중)의 종합의 본질이 단순히 인식의 구조를 분석한 것이 아니라, 존재론적 인식을 논한 것이라 했다. 그리고 존재론적 인식은 초월(Transzendenz)을 형성하는 것이고, 순수 도식에 의해 미리 파악되는 지평을 명시하는 것이다(*Ibid*, S.117).

인식이 객관적 실재성을 가지려고 하면, 그것은 대상과 관계해야 하고 이때에 대상이 어떤 방식에서건 주어져 있어야 한다. 그러므로 인식작용은 타자인 대상으로 나아가야(hinausgehen) 한다. 이것이 그의 초월이다. 타자로 나아가는 초월이 칸트의 종합이요, 이런 종합에 세 가지 단계가 있는 것이 되거니와, 그런 중에서도 초월을 형성하는 중심은 하이데거에서는 선험적 구상력이다. 왜냐하면, 감성은 수용적이고 오성은 자발적임에 대해 선험적 구상력은 수용성과 자발성을 다 지녀서 양자를 매개하는 구실을 하기 때문이다.

가능한 경험일반의 선천적 조건이 동시에 경험의 대상 가능의 조건이다[A.111]. 경험일반의 가능 조건이 동시에 경험의 대상 가능의 조건이다(B.197). ―― 이런 명제들에서 동시에(zugleich)라는 말은 초월의 전구조의 본질적 통일을 나타내는 것이다. 그리고 이 통일은 지향적 대립화 자신이 대상성일반의 지평을 형성하는 데에 존립하는 것이다. 그러므로 유한한 인식에서 선행적·필연적으로 나아간다는 것(des Hinausgehen)은 항시적인 넘어섬(초립, ein Hinaustehen)을 의미한다. 넘어서는 중에서 하나의 지평을 미리 형성하고 하나의 지평을 미리 보지하는 것이다. 초월은 그 자신에 있어서 탈목적이요, 지평적이다(Heidegger, *Ibid*., S.111).

제6절 재판의 연역

1. 종합일반의 가능성(§ 15)

감성에서는 인상들의 다양이 우리에게 주어져 있다. 우리에 대한 인상들이 각종 방식에서 대상들로 종합되는 것은 오성의 (의식적인 혹은 무의식적인) 종합[결합작용]에 의거하는 것이다.

그러나 모든 결합은 통일에의 결합이다. 모든 종합에 있어 종합이 도달할 통일이 먼저 머리에 떠올라야 한다. 통일은 결합작용에서 말하자면 저절로 생기는 것이 아니다. 나는 네 개의 점이 정방형의 네 구석 점으로, 두 대각선 의 네 종점으로, 혹은 그 외의 또 다른 것으로 결합한다고 생각할 수 있다. 이러한 모든 결합(종합)에 있어서 선천적 통일이 먼저 전제된다는 것은, 이런 통일이 단일성 범주(486면 표 참조)보다도 더 보편적임을 표시하는 것이다.

이 가장 보편적 통일은, 우리가 일반적으로 오성을 가진다는 것에 대한 선천적인 전제이다. 오성은 실은 판단하는 능력이기에 말이다. 모든 판단은 종합하는 것이지만, 가장 보편적 통일은 판단이 하는 모든 종합의 근저에 있는 순수한 통각이다.

2. 통각의 근원적인 「종합적 통일」(§ 16)

이 최상의 통일은 어떠한 것인가? 그것은 자아 외의 다른 것이 아니다. 내가 생각한다고 하는 의식은 나의 모든 표상들에 수반될 수 있어야 하기에 말이다(B.132). 우리가 사고의 대상들에 침잠해 있어서 우리 자신이 말하자면 그 대상들을 망각하기 때문에, 「내가 생각한다」는 의식이 반드시 현존하는 것이 아리더라도, 그런 의식은 모든 표상들에 수반될 수 있어야 한다.

자아의 표상(혹은 내가 생각한다는 표상)은 그저 주어진 것이 아니라, 이를테면 늘 다시 생산되어야 하는 것이다. 그런 한에서 자아의 표상은 자발성의 작용(Actus)이다. 칸트는 이런 표상을 「순수한 통각」「근원적 통각」 혹은 「자발성의 선험적 통일」이라고 명명했다.

각종 표상들에 수반되어 있는 경험적 의식은 그 자신 산만한 것이고, 주관의 동일성과는 관계가 없다(B.133). ——이런 진술은 어떠한 뜻을 표시하는 것인가? 그것은, 경험에 주어진 각종의 것이 의식화한다고 해서, 그것이 곧 「각종 의식작용들이 하나의 자아에 귀속하는 것으로 체험된다」는 것을 의미하지 않는다는 뜻이다. 각종 작용들을 말하자면 고립일 수 있고, 원자화되어 있을 수 있다. 내가 이런 작용들을 하나의 의식(ein Bewusstsein)에 결합할 수 있음에 의해서만, 이런 표상들에 있어서의 의식의 동일성 자신을 내가 표상할 수 있다. 즉 모든 표상들이 나의 동일한 자아에 속하는 것으로 내가 파악할 수 있고, 표상들을 분석해 볼 무렵에 이 자아를 모든 표상들에서 다시 발견할 수 있다. 그러 한에서 [자기의식]의 분석적(추상적) 통일은 종합적 통일을 전제하고서만 가능하다.

내가 한 주어진 복합에서 붉음이라는 한 표징을 분석해서 한 일반개념을 형성할 적에도, 이러한 분석은 그런 복합을 무의식적으로 복합으로서 생산한 종합을 전제해서만 가능하다. 그러므로 통각의 종합적 통일은 전논리학과 전선험철학의 최상 전제요, 오성 자신이기도 하다(B.134 원주). 모든 인식작용은 감성 중의 다양이 주어진 표상들이 오성에 의해 사고되고 개념화되며 통각화되는 데에(즉 통각의 통일 아래로 포섭되는 데에 B.135) 존립하는 것이다.

통각의 필연적 통일이라는 원칙 자신은 확실히 동일적이요, 따라서 분석적 명제다(B.135). 왜냐하면, 이 원칙은 모든 내 표상들이 내 것임을 의미하는 것이기 때문이다. 즉 사고하는 자아는 언제나 자아와 동일하되, 이 원칙은 직관 중에 주어진 일체를 자아의 동일한 통일에 도달하도록 하는(무의식적) 종합에 의존한다는 것을 의미하기 때문이다. 이로 인해서 모든 표상들이 내 표상들로 되고, 그런 한에서 하나의 표상을 형성한다. 다시 말하면, 모든 표상들은 함께 묶어져서 하나의 포괄적인 대상의식, 세계의식 혹은 자연의식에 도달한다.

3. 종합적 통일의 원칙(§ 17)

감성적 직관의 다양은 모두 시공의 형식에 낙착하였다(감성론). 그런데 분석론은, 그런 다양이 또한 「통각의 통일」에 낙착한다는 것을 증명한다. 다시 말하면 동일한 자아라는 하나의 의식에 항상 귀속한다는 것을 증명한다. 우리가 하나의 공간과 하나의 시간을 의식하고 있다는 것도 감성에만 의해서는 불가능하고, 필경 오성의 종합에 의거해 있는 것이다(감성론은 오성의 이런 종합을 아직 돌볼 수 없었을 뿐이다). 우리는 많은 표상들이 (즉, 서로 다른 공간과 시간 중에 있는 표상들이) 하나의 표상 (즉 포괄적인 공간이라는 의상과 일체를 포섭하는 시간이라는 의상) 중에 포함되어 있다고 생각했다(B.137 원주). 그럼에도 직관들은 각각 그 대상을 가지기 때문에, 그것들은 역시 시공의 표상들이었다. 그러나 개념들에 있어서는 「붉다」고 하는 것에 관한 동일한 의식이 [많은 가능한 붉은 물체에 관한 표상처럼] 많은 표상들 중에 포함되어 있는 것이라고 생각된다.

칸트가 오성의 특징을 종합이요, 통각이며, 동일한 자아의식을 산출하는 힘이라고 말한 뒤에, 그는 다시 일보 더 전진하였다. 즉 그는 의식의 자아면에서 그 대상면으로 눈을 돌렸다. 이래서 오성을 「인식의 능력」이라고 했다(B.137). 모든 인식은 그 대상들을 가진다. 희다 · 단단하다 · 향기롭다의 감각들을 감관을 달리하고 그것들을 경험하는 각인의 감각의식임에 그치며 장미꽃이라는 하나의 통일적 물체로 되지는 않는다. 그런데 객관이란, 주어진 직관의 다양이 개념화해서 종합되어 있는 것이다(B.137).[1] 주어진 시각인상·촉각인상·후각 인상의 잡다가 장미꽃이라는 개념에 의해서 결합해서 하나의 객관이 되는 예와 같다. 객관성은 감각(인상)들을 모아서만 성립하는 것이 아니다. 감각들을 모아도 감각들일 뿐이다. 결합(종합)이 먼저 있어야 한다. 그러므로 모든 결합은 이미 말했듯이 의식의 통일을 전제하고 있다. 의식의 통일을 전제함은 주관(자아의식)에 대해서 타당할 뿐더러 객관성(대상의식 혹은 대상성)에 대해서도 타당하다. 통각의 종합이 없으면, 「우리에 대한」 대상들도 없을 것이요, 따라서 우리 표상의 객관들에 대한 관계도, 우리 표상의 객관적 타당성도, 인식도, 인식능력으로서의 오성도 죄다 없을 것이다.

이에, 선험적 감성론에서의 수학적 인식의 설명이 완전하지 않았음이 알려진다. 거기서는 감성만을 다뤘고 오성을 다루지 않았기 때문에, 수학적 객관의 현존재가 단순히 전제되었다. 그런데 가장 단순한 수학적 객관, 가령 선의 근저에도 이미 오성의 종합이 있는 것임이 이제야 드러난다. 왜냐하면, 하나의 선을 인식하자면, 나는 적어도 사상 중에서 선을 그러보아야[형상화해야] 하고, 내지는 어떤 주어진 것을 통일적 수이라고 파악해야 한다. 즉 통각해야(apperzipieren)한다.

오성의 종합은 객관들을 인식하기 위해서만 필요한 것이 아니다. 객관들이란, 우리 정신의 보탬없이 마치 물자체들인 듯이, 단순히 주어져 있는 것이 아니라, 객관들을 종합에 의해서 주어진 직관적인 것에서부터 산출되어야 하는 것이기 때문이다.

여기서 「직관적 오성」이 가구임을 칸트는 다시 강조한다. 직관적 오성은 감성에 의해 주어진 직관들을 결합해야 하는 것이 아니고, 직관들 자신을 창조해 내는 오성이다. 이런 오성은 감성에서 독립한 인식능력이요, 완전히 자발적인 직관의 능력이다.[2] 즉 그것은 B.72에서 지성적 직관이라고 한 것[하나님]에 해당한다. 직관적 오성은 인간의 오성처럼 주어진 직관들을 종합할 필요가 없는

1) Objekt ist das, in dessen Begriff das Mannigfaltige einer gegebenen Anschanung vereinigt ist.
2) *Kritik der Urteiskraft*, 77절 Vorländer 판, S. 272. 참조.

것이다. 직관적으로 주어진 일체 객관이 통일의 원천으로서의 「직관적 오성」 자신에서 발생하겠기 때문이다.

4. 자기의식의 객관적 통일(§ 18)

통각의 선험적 통일, 즉 「오성의 본질을 이루어 있는 종합」이 직관적으로 주어진 다양을 종합해서 「객관들」로 확정되기 때문에, 그것의 통일은 객관적인 것이요, 인식론인 것이라고 할 수 있다.

그러나 「통각의 통일」은 그것의 주관적 대상(측면)을 자기의식의 통일 중에서 가진다(500면 참조).

자기의식의 통일은 내감의 규정이요, 이런 규정을 통해서 직관의 다양은 객관적인 종합을 위해 경험적으로 주어진다. 다양이란 여기서는 심적인 체험내용들이다. 오성의 종합을 통해서만 체험 내용들은 나의 체험내용들로 통합되고, 또 오성의 종합을 통해서만, 모든 체험들에 질서를 주는 시간이 유일한 것으로 생각된다. 내감 중에(즉 자기관찰에), 주어져 있는 다양이 동시적으로 의식되는가 혹은 계시적로 의식되는가, 또 이때에 내가 무엇을 결합하는가, 가령 어떠한 특징을 내가 그 한 사물에 부여하는가, ―― 이런 것들은 그때그때의 경험적 사정의 의존하고 필연적·보편적 타당성이 없다. 그러나 이런 경험적인 종합들을 가능하게 하는 것은, 통각의 근원적인 선험적(선천적) 통일이다. 이 점은, 경험적으로 주어지는 시공적 성질과 관계들에 대한 지각이, 선천적인 시공 형식의 전제 아래서만 가능한 것과 흡사하다.

5. 판단의 보다 더 깊은 파악(§ 19)

통각의 객관적 통일(객관들을 산출하는 오성의 종합)을 동찰함으로써, 판단의 본질에 대한 보다 더 깊은 파악이 결과하는 것이다.

일반논리학은 판단을 두 개념간의 관계의 표상이라고 보통 정의하지마는, 이 관계가 무엇인가 하는 것은 확정되지 않고 있다.

이른바 두 개념[여기서는 일반적으로 표상이] 재생적 구상력의 법칙에 따라(즉 기억 중의 우연적 결합에 의거해서, 혹은 앞 4에서 말했듯이 표상들을 연상함을 통해) 사실상 연합할(zusammenkommen) 수 있다. 그러나 이것이 곧 판단인 것은 아니다. 판단의 진짜 의미는, 그 표상들이[정확히는 표상들 중에서 표상된 것이] 대상 자신에 공속한다는(zusammengehoren) 것이요, 따라서 객관적으로 공속한다는 것이다. 이런 현지에서 「판단이란 주어진 인식들을 통각의 객관적 통일에 이르도록 하는 방식이다」(B.141). 이것은 판단에 대한 하나의 새로운 정의이다.

연어 ist는 표상들의 객관적 통일을 표시하고, 주관적 통일에서 [즉 두 개의 의상이 그저 내 의식 중에 심리적으로 공재한다는 사실에서] 구별되는 것이다. 「물체는 무겁다」라는 판단을 내릴 적에, 그것은 나의 심리적 체험을 진술하고자 하는 것이 아니다. 그것을 내가 한 물체를 운반할 때에 체험하는 무거움을 뜻하는 것이 아니다. 판단의 의미는, 물체편이 무겁다는 것이다. 판단은 주관과 「주관의 체험으로서 그 의상들」에 관한 진술이 아니라, 객관에 관한 것의 진술이다.

내 손에 있는 물체에서 무겁다는 감각을 느꼈다 하더라도, 그것은 「무겁다는 감각」일 뿐이요, 우연적인 것이다. 그것은 경험적 직관에 [혹은 지각판단에] 의존해 있다. 그러나 나의 경험에 기본해서 물체가 무겁다는 판단을 내릴 적에는, 이것은 물체와 무거움의 객관적 공속성(무게를 가진 대상)을 진술한 것이다. 칸트가 딴 곳에서 경험판단[1]이라고 말할 것을 지시한다. 그리고 이런 진술은 통각의 객관적 통일에 의거해서만 가능하며, 대상들과 그것들의 공속을 사고하는 우리의 능력[선험적 통각]에 의거해서만 가능한다.

6. 감성적 직관과 범주(§ 20~21~22)

「비판」의 20(B.143)절에서 순수이성비판 초판에는 없었던 의식일반(Bewusstsein überhaupt)이라는 단어가 처음으로 또 단지 한 번 쓰였다.

우리는 범주를 (또 그것에서 파생한 개념을) 매개해서만 많은 대상들을 생각(사고)할 수 있다. 그러나 이때에 이런 대상들이 과연 현실로 있는 것인지를 모른다. 따라서 우리는 단지 오성과 그것의 범주들을 통해서만 대상들을 인식할 수 있다.

---

1) 「철학서론」 18절, 20절에서 경험판단을 지각판단으로부터 구별하였다.

B.144에서 칸트는 범주가 사물의 인식을 위해서만 쓰이는 것을 강조했다. 그는 현실적(wirklich) 대상들의 파악을 「인식」이라고 한다. 그러므로 순수 수학은 그것만으로써 아직「인식」을 주지는 않는 것이다. 우리 자신이 구성(konstruieren)하는 수학의 객관에는 아무런 현실성이 없다. 직접 감각을 통해서 시간에서 표상되는 것[질료]만이 현실적(현상적)이다(B.147). 수학의 명제가 현실적 사물에 적용되는 한에서만, 그것은 「인식」이다.

이에 감각을 통해 시공에서 주어진 것에 적용됨에 의해서만, 즉 하나의 경험적 직관을 통해서만, 범주는 우리에게 인식을 준다. 경험적 인식만이 객관적 경험이기 때문에, 범주는 가능한 경험(Erfahrung)의 대상들에 적용될 수 있을 뿐이다.

7. 감성적 직관과 비감성적 직관(§ 23)

우리의 감성적 직관의 순수형식(공간과 시간)이 활용되는 범위보다 더 광범하게 범주 자체는 활용될 수 있을 성싶다. 왜냐하면 범주 자체는, 감성적 직관이 인간의 감성적 직관과 같건 안 같건 간에, 모든 감성적-작관적 대상들에 적용될 수 있기에 말이다. 그러나 우리는 인간의 감성적 직관에만 제한되어 있고, 인간과 다른 종류의 감성적 직관을 아는 바 없다. 그러므로 우리는 범주를 사실상 인간의 감관에 주어진 것에만 활용할 수 있다. 허구의 비감성적(인성적, 신적인) 직관의 객관들을 우리는 우리의 감성적 직관이 아닌 것으로만 규정할 수 있고, 그런 객관들의 실재 여부는 우리에게 확실하지 않다.

8. 범주의 적용(형상과 도식) (§ 24)

오성의 본질[근본기능]은 다양을 결합하는 종합이다. 이러하기 때문에 모든 범주들은 이러한 결합의 종류들을 개념적으로 표현한 것이다. 범주는 그것만을 생각하면 순수히 지성적(intellektual)이다. 그것이 앞으로 알겠듯이 선천적 종합판단을 가능하게 하는 한에서, 그것은 동시에 선험적(transzendental)이다. 선천적 종합판단을 가능하게 하기 위해서, 그것은[앞 6과 7에서 말했듯이] 감성적 직관에 주어진 것에만 관계해야 한다. 이러한 관계에 있어서 우리는 우선 감각에 의해 경험적으로 주어진 것을 도외시하는 시공이라는 형식만을 돌볼 수 있다. 아니, 칸트는 오직 내감과 그것의 형식인 시간만을 돌본다고 하였다(B.150). 외감의 모든 표상, 즉 심리적 체험으로서의 모든 감성적 지각은 내감에 귀속하고, 시간은 공간보다 더 포괄적인 의미를 가지기에 말이다. 이래서 「자발성으로서의 오성은 주어진 표상들의 다양을 통해 (즉 다양에 기본해서) 통각의 종합적 통일에 적합한 내감을 규정할 수 있고, 감성적 직관의 다양을 종합하는 통일하는 것을 선천적으로 사고할 수 있다」는 명제들에 도달한다(B.150).

오성의 종합은 그것만을 생각하면 순수 지성적인 어떤 것이다. 그러나 타면, 그것은 포괄적인 감성적 형식, 즉 시간에 대하는 관계에 의해서 감성적인 소여에 대해 의의가 있는 것이요, 그런 까닭에 객관적 실재성을 얻는 것이다. 다시 말하면 오성의 종합이 객관적으로 타당한 인식을 가능하게 한다(522면 도식론 참조).

칸트는 이제야 감성적 직관에 관계하는 오성의 종합에 「형상적」(심상적) 종합이라는 표현을 사용한다. 이것은 지성적 종합(synthesis intellectualis)에서 구별되는 것이다. 지성적 종합은 결합할 다양을 역시 직관에 힘입어야 할 것이나, 이런 직관을 돌보는 일이 없는 것이다. 그것은 감성적인 직관이 아닌 것으로만 규정된다. 따라서 지성적 종합은 감성에 관계함이 없이 범주 중에서 생각되기만 하는 종합인 것이다(그러므로 허구의 지성적 직관도 있을는지 모른다).

형식(Figr, Bild)과 도식(Schema)을 구별해야 한다. 형상은 감성적 직관(그려진 삼각형)과 경험적 소여(가령 개)의 구별 형태가 구상된 것이요, 구상력의 경험적 능력의 소산이다. 이에 대해 도식은 순수한 선천적 구상력의 소산이요, 형상을 가능케 하는 약도[1]와 같은 것이다. 이 감성적 개념(공간적 도형)의 도식 외에, 오성의 순수개념을 그림으로 그려내는(darstellen) 도식이 있겠으나, 이것은 형상화할 수 없는 기호에 해당한다(B.181 참조).

아무튼 형상적 종합(말하자면 유형)은 이제야 구상력의 선험적 종합이라고 규정된다. 여기서 구상력을 「직관 중에서 대상이 지금 있지 않건만은 대상을

1) 삼각형이라는 「순수 감성적 개념」(보편개념)을 공간에서 형상화한 것인 한에서 삼각형 일반의 유형에 맞추어져 있는 것을 말한다.

표시하는 능력」(B.151)이라고 정의해 있다. 이런 구상력은 오성과 감성의 공동작용(Zusammenwirken)인 것이다. 그러므로 그것은 생산적(produktiv)인 것이요, 재생적(reproduktiv)인 것이 아니며, 기억과는 구별해야 한다. 기억이 하는 결합은 「경험적」법칙에 종속해 있고, 이것은 심리학이 연구하는 것이요, 인식론이나 선험철학이 연구하는 것이 아니다.

B.51~B.53에서 우리는 「우리 자체」를 인식할 수 없고, 내감이 우리 오성의 자발성에 의해 촉발되는 한에서 내감 중의 자기만을 인식할 수 있다고 하였다. 그런데 기술한 이러한 사상이 지금에 있어서 한층 더 깊이 이해되는 바이다(B.153).

자발성의 오성[혹은 종합적 통각]은 내감에서 준별되어야 한다. 내감[1]이란 내부지각과 내부관찰과의 다양이 주어져 있다는 것을 의미할 뿐이다. 그러나 그 다양한 것을 결합하는 것은 오성에서 유래한다. 오성이 내감에 작용하는 한에서, 우리는 오성을 생산적 구상력이라고 한다. 생산적인 구상력이 자발적으로 선을 그어보는 일이 없고서는, 우리는 구상력에서 선을 표상할 수 없다. 계기하는 것들을 종합하는 계기의 개념조차 내감을 통해 단순히 주어지는 것이 아니라, 오성의 종합적 작용에 의해 산출된 것이다.

우리는 내감 중에 현상하는 자기만은 인식하고, 「우리 자체」를 인식함이 없다는 칸트의 사상을 우리는 명백하게 이해할 수 있고 시인할 수 있다. 우리는 공간을 외감의 형식으로 인식했고, 그 결과 공간 중의 소여는 물자체가 아니라 현상임을 결론했다. 감성론에서 말했듯이, 시간도 물자체가 아니라 내감의 형식일 뿐이라면, 시간 중에 주어진 심적인 것도 자아 자체가 아니라 자아의 현상일 뿐이요, 우리 내부의 무의식적 능동적 존재에 의해 촉발되는 것만을 제시하는 것이다(B.156). 모든 주의작용도 우리 자체의 자발적 능동적 측면에 의해 우리의 내부지각에 주어인 심적 사상(즉 내감)이 촉발된 것을 폭로하는 것이다.

---

1) 내감의 내를 공간적이라고 해석해서는 안 된다. 심적인 것을 우리는 피부 안에서나 뇌수 속에서 지각하는 것이 아니다. 그 내는 심적인 것이 체험적인 주관에게 직접 주어져 있다는 것을 의미한다.

9. 자기의식과 자기인식(§ 25)

통각의 종합에 관한 이상과 같은 확립이 자아 자체의 인식을 준다고 하는 사견이 나설지 모른다. 그러나 이러한 사견은 「순수 사고」에서 생긴 것이다. 선험논리학의 초두(B.74)에서 말했듯이, 모든 인식은 「사고와 직관」을 요구한다. 그러므로 나의 종합적 통각의 의식에 의해 「내가 존재한다」는 것이 확실하나, 그런 자아존재가 내가 존재하는 그대로의 (we ich bin) 자아인지는 확실하지 않다(B.158).

필경, 나의 자발성, 즉 통각의 종합적 능력의 의식이 나를 지성자(예지자)라고 말하는(B.158 원주) 자격을 칸트는 허용하고 있다. 나를 심리적으로 인식하자면, 나는 「체험 - 지각과 관찰」의 내감 중에 주어진 것, 즉 직관적인 것에 의뢰해야 한다. 내가 이런 직관적인 것을 개념[범주]에 의해 규정함에 의해, 나는 자아 자체를 인식하지 않고 자아 자체의 현상만을 인식한다. 자기의식이 곧 자기인식인 것은 아니다. 「비판」의 22 - 25(이 책의 6,7,8,9)까지는 그 이전의 것에 대한 계와 같은 것이다.

10. 범주 사용가능성의 선험적 연역(§ 26)

이 10은 사상 과정에 있어서 앞의 6의 처음에 연속해서 연역을 전개했다. 여기서 칸트는, 시공적인 형식이 없는 「감성적 직관일반」(überhaupt)이 인간의 감성적 직관을 도외시하는 것이라고 했고, 또 (지성적 직관을 내포하는 의미의) 「직관일반」도 인간의 감성적 직관을 도외시한 것이라고 하였다. 직관일반이란, 다양이 경험적 직관에 주어지는 방식을 무시하는 것이다. 이에 다양이 경험적 직관에 주어지는 방식을 고찰해서 인간의 경험적 직관의 통일이란 범주가 직관일반의 다양에 대해 지정(vorschreiben) 하는 통일인 것을 천명했다(B.144). 이 무렵에 우리의 경험적 직관들을 개관하여 통일을 창립하는 것이 「각지의 종합」이었다(A.99 참조). 그리고 어떻게 직관들의 총괄이 생기는가 하는 것은 구상력[1]의 작용임에 틀림없다. 다시 말하면, 감성 중에 주어진 직관적인 것에

1) 구상력이 지각 중에 뿐만 아니라 기억표상과 공상표상 중에도 활동하고 있는 한에서, 그것은 하

적용된 「각지의 종합」 작용임에 틀림없다. 따라서 사물이나 경과를 지각하는 데에는 이미 「각지의 종합」이 들어가 있다.

하나의 포괄적 공간으로서의 공간과 하나의 포괄적인 시간으로서의 시간을 오성의 종합에 의해서만 생각될 수 있다. 시공을 오로지 감성의 형식이라고만 파악하는 한에서, 그것은 아직도 통일적인 총괄을 포함하지 않은 것이다. 마찬가지로 개별적인, 그것만으로 통일을 형성하고 있는 시공의 모든 관념은 따라서 공간을 메꾸어 있는 물체들의 관념과 시간을 메꾸어 있는 사물들의 관념 및 사상들의 시간적 관계의 관념 등등은, 오성(통각)의 종합에 의해서만 가능하다. 그리고 오성이 종합하는 방식들은 범주들 중에서 개념적으로 공식화해 있다. 그러므로 모든 지각을 가능하게 하는 모든 종합에 의해서만 가능하다. 그리고 오성이 종합하는 방식들은 범주들 중에서 개념적으로 공식화해 있다. 그러므로 모든 지각을 가능하게 하는 모든 종합은 범주에 종속해 있다. (현실의 인식이라는 의미의) 우리의 경험은 지각들의 결합에 의존해 있기 때문에, 범주가 그런 경험을 가능하게 하고, 이와 동시에 그것의 타당성이 설명될 수 있다. 즉 모든 지각의 근저에 있는 범주의 종합이 비로소 우리에 대한 지각-대상들을 생산(schaffen)하고, 이 때문에 범주는 경험의 모든 대상에 선천적으로 타당한다(B.161).

공간 중의 한 통일적 사물로서의 「집」의 지각은, 내가 종합에 기본해서 하나의 공간과 「하나의 공간적 사물로서의 직관 중에 주어진 다양」과를 각지하지 않는다면 불가능할 것이다. 이때에 작용하고 있는 종합의 방식은 분량의 범주에서 개념적으로 파악되어 있다. 이것은 물론 집의 양적 파악만을 생각해서 한 말이다. 실체의 범주를 매개로 해서 그 집을 단독으로 존속하는 것으로 파악할 수도 있다. 자적의 이념[이것을 칸트는 범주로 보지 않았지만] 아래서 그 집을 파악할 수도 있다.

또 인과의 범주에 의해서, 액체의 물과 고체의 물이라는 두 가지의 각지된 상태는 시간 관계에서 객관적으로 규정된 것으로 파악된다. 이때에, 찾아온 추위가 물이 어는 것의 원인적 조건이라고 동시에 생각되어 있다.

나의 포괄적인 능력이다. 그러므로 각지의 종합도 구상력에 포괄될 수 있다.

「비판」 26의 끝(B.163)에서 칸트는 선험적 연역을 개괄해 있다. 우리는 선천적 종합판단들이 어떻게 가능한가라는 「비판」의 기본문제를 다시 회상해야 한다. 그런데 이 기본문제는, 우리가 자연법칙(가령 인과법칙)을 선천적으로 인식함이 어떻게 가능한가 하는 형태로 파악되는 것이다. 왜냐하면, 자연법칙이 선천적 종합판단 중에 공식화해 있기 때문이다.

만약 우리가 자연법칙을 [질료적] 자연에서 이끌어낸다면, 자연법칙은 경험적 자연에 의거해 있고, 따라서 엄밀한 필연성과 보편타당성이 없을 것이며, 선천적으로 타당하지 않을 것이다.

그러므로 자연은 반대로 이 선천적 종합판단에 준거해야 한다. 그러나 이런 일이 어떻게 가능한가? 이런 일이 어떻게 이해될 수 있는가? 이 수수께기를 우리는 풀어보아야 한다.

현상들이 시공이라는 인간 감성의 형식과 일치해야 하는 것처럼, 현상들의 법칙은 오성의 종합형식, 즉 범주와 합치해야 한다. 현상이건 그것의 법칙이 건간에 다 물자체가 아니기에 말이다. 그것들은 절대적으로 존재하는 것이 아니라 주관에 상대해서만 있는 것이요, 주관에 내속해 있는 것이다. 현상들은 인간의 감성 중에서만 가능하고, 그러므로 이 감성의 형식에 종속한다. 그리고 자연법칙은 현상들의 합규칙적인 결합 외의 딴 것이 아니다. 우리에게 결합된 것으로 제시되는 것은, 인간 오성의 종합에 의해 결합된 것이요, 따라서 이 종합의 법칙(방식 · 형식이라고 말해도 좋다)에 종속하다. 즉 범주에 종속한다.

이에, 순수한(선천적) 자연인식은, 우리가 자연을 합법칙적으로 결합된 현상들 자신의 총괄로서 산출함에 의해서만 가능하다. 이런 사정은 물론 「형식상으로 보아진 자연」, 즉 자연의 보편적 법칙성에 대해서만 타당한다. 전기나 화학적 결합에 관한 개별적 자연법칙을 우리는 경험을 통한 현상에 즉해서 또 그런 현상과 함께 알 수 있다. 이런 특수한 자연법칙들이 죄다 지극히 보편적 자연법칙에 종속하되, 특수한 자연법칙은 보편적 자연법칙에서 선천적으로 산출될 수 없다. 이와 마찬가지로 「내용적으로 보아진 자연」, 즉 질료적으로 각종인 현상들의 총괄은 오직 현상을 통해서만 주어져 있다. 이런 자연이 우리에게 주어져 있다는 것은, 우리의 감성이 절대적으로 자존하는 것에 의해(이것을 우리는 이론적으로 인식할 수 없고, 그것에 대해 물자체니[1] 물자체들이니 하는 표현이 과연 적당한지도 말할 수 없지만) 촉발된다는 것으로 환원한다. 절대적인 자존체를 우리가 「생각」할 수는 있으나, 「인식」할 수는 없다. 인식에는 직관이 필요하기 때문이다. 그럼에도 현상들의 총괄이 자존체의 총괄과 일치하지 않음이 확실하다는 것, 현실 자체는 우리에게 인식된 현실보다도 더 풍부하다는 것, 이런 사정이 신앙에 대해 여지를 주고, 이 신앙은 우리의 도덕의식, 즉 의욕하는 면의 자아에 의거해 있는 것이다.

제7절 연역의 성과(§27)

1. 범주와 생물발생설

순수직관과 범주라는 선천적 인식요소(원리)들은 경험에서 독립하여 타당하는 것이로되, 주어진 현상의 한계를 넘어서서는 아무런 인식도 가능하게 하지 않고, 오로지 「경험의 인식」에만 쓰인다.

무릇 범주가 경험에서 유래하느냐, 혹은 범주측이 경험(아니 경험의 대상)을 가능하게 하느냐? 칸트는 이들 중의 택일을 독자 앞에 제시하여 필경 「사고방식의 코페르니쿠스적 혁명」에 도달했다.

전자일 때는 범주는 선천적으로 타당하지 않는다. 이때에는 순수 자연과학이 없는 것이 되고, 인과명제와 같은 보편적·필연적으로 타당하는 명제도 없는 것이 된다. 그러나 칸트가 봐서 사실은 이런 명제는 확립된 것이요, 가장 중요한 전제들의 하나이기 때문에, 둘째 경우가 타당하는 것이다. 즉 범주가 경험의 대상으로서의 자연을 우리에 대해(fur uns) —— 물자체에 대해서가 아니라 —— 산출하는 한에서, 범주가 학적인 경험을 가능하게 하는 것이다. 범주가 경험에서

1) 칸트가, 대상이 주관을 촉발한다고(B.53, 7. 해명) 전제할 때에, 관념론적 칸트해석은 대상을 물자체에 관계시키는 것이 아니라 주관이 「촉발된다」는 말은 실재하는 물자체의 가정을 의미하지 않는다. 만약 그러하다면, 원인의 범주가 물자체에 관계하는 것이 되겠고, 물자체가 인식되는 것이 되겠기에 말이다. 촉발된다는 말은 오히려 직관에 대한 또 하나의 표현일 것이다. 그것은, 의식이 어떻게 감성적으로 대상에 관계하는가의 방식을 표시하는 것이다.

유래한다는 것은, 생물이 무기체에서 우연히 발생했다고 하는 자연발생(generatio aequivoca)설에 유사하다. 그러나 범주가 경험을 가능하게 한다는 것은 이미 존재한 생물의 발생을 주장한 생물발생설(ein System der Epigenesis)에 유사하다 (462면 주 참조).

우리의 선천적 인식요소가 자연과의 일치를 설명하고자 제삼의 길로서 예조설(Praformationssystem)이 나올 수 있으나, 이것을 칸트는 거부한다. 예조설에 따르면, 하나님이 우리의 사고가 자연 자신과 일치하도록 이미 마련했다는 것이다. 이 무렵에는 인식하는 주관과 이것에서 독립하여 절대적으로 자존하는 객관과의 이원성이 남겠으나, 이것이야말로 칸트가 극복하려고 한 것이다. 예조설을 승인한다면, 내가 객관 내지 객관적 사태를 생각하는 것은 나의 유기체적 소질 때문이라고만 말할 수 있겠지만, 사실은 객관이란 것이 나의 생리적 사고와는 전혀 다른 상태에 있을 수 있다. 그러나, 주관과 객관간의 상상된 간격을 메꾸는 것이, 즉 그 이원성을 말하자면 없애는 것이, 다름 아닌 칸트의 근본사상이다.

객관적인 것은 확장된 주관적인 것의 한 영역이다. 즉 자연이란 실은 정신의 내용이고 정신의 산물이 된다는 뜻이다. 이와 함께 인식하는 정신으로서의 주관적인 것도 단순히 개별적 주관이라는 성격을 상실한다. 인식대상(특히 자연)의 영역인 객관적인 것은 물자체로서 주관과는 절대로 다른 것이 아니고, 주관에게 영원히 낯선 것이 아니다. 그런 대상개념은 다음의 통찰에 의해 극복된다. 즉 객관적 타당성이라는 가치의 판단이 있어서, 이 판단은 한갓 주관적으로 타당하는 판단과는 다르다는 통찰이다. 나(주관)와 대상(객관)이라는 소박한 이원론적 대립을 벗어나고, 주관적으로 타당하는 판단과 객관적으로 타당하는 판단을 구별하는 것에 도달한다.

2. 선험적 연역에 대한 네 가지 해석 유형

야스퍼스는 칸트의 선험적 연역에 관한 네 가지 해석 유형[1])을 구별했다.

1. 첫째는 심리학적(혹은 인간학주의적) 해석이다. 이 해석에 의하면, 감각으

1) Jaspers, *Kant*(In Drei Gründer des Philosophierens) 1963. SS. 222-224. Piper판.

로 의식되는 것에 대해서 종합화하는 오성이 반응(reagieren)하는 특성이 인간 유기체에 원래 있는 것이요, 오성의 이러한 기능이 창조한 것이 인간 의식이 만든 상으로서의 외계인 것이다. 이것이 선험적 연역에 관한 Fries, F.A. Lange, Herbart 등의 경험심리학적 입장의 기본 사상이다. 그러나 지각도 포함한 경험적 심리 자신이 이미 선험적 통각 혹은 의식일반에 제약되어 있다는 것을 모르고 있는 것이다.

2. 감각은 자발적인 오성에 대립하는 것이 아니다. 형식이 포섭하는 질료다. 대상들의 구조는 「형식과 질료」의 관계 중에 있는 것이다. 형식과 질료라는 표현 외의 표현은 심리학적인 혹은 형이상학적인 일탈을 범한 것이다. 대상이란 타당적 형식(비감성적인 것)과 이것에 포섭되는 질료의 종합체인 것이다. 이런 해석은 Lask가 대표하는 논리주의적인 해석이다. 이런 해석에서는 심리적인 반응도 형이상학적인 물자체도 필요 없게 되고 논리적인 것이 대상을 전적으로 지배한다고 본다.

3. 오성은 그것의 투기(Entwurf)에 의해 경험 중에서 인식하는 것만을 선취한다. 따라서 오성 자신이 형식상으로 작성한 것을 인식에서 오성은 재발자할 뿐이다. 이런 해석에서는 오성이 생각한 투기를 경험 중에서 음미·거부·확증하는 경험인식의 방법을 대상적 존재의 본질로 삼고 또 모든 사고할 수 있는 것의 본질로 삼는다. 이런 입장을 Cassirer가 대표하고 방법주의적·실험주의적·실증주의적이라고 말해서 좋다. 즉 자연과학의 방법을 그것의 전제에 의해서 정당화되는 인식론에 활용했다는 것이다.

4. 넷째는 형이상학적 해석이다. 물자체가 선험적 통각(혹은 의식일반)에 작용하고, 양자의 협동에서 우리의 경험적(empirisch) 의식 중에 현상이 생긴다고 한다. 이것은 Schopenhauer와 Paulse의 입장이다. 전자는 표상으로서의 세계는 몽환이요, 물자체는 의지라고 했고, 후자는 물자체를 대상화하였다.

이상의 네 가지 해석 외에도 칸트의 선험적 연역을 변증법적·목적론적으로 해석한 Kroner를 들 수도 있겠다. 야스퍼스는 연역 중의 선험적인 것에의 비약 사상을 지적한 동시에 이상의 네 가지 해석은 모두 「오직 철학적 수행에서 초월하면서 통찰될 수 있는 것을, 객관으로서 유한화하는 것」[1]에 공통의 오류에 빠져 있다고 했다. 여기서 초월한다는 말은, 야스퍼스의 포괄자(das Umgreifende)에 준거해서 그것의 여러 양식인 사물들을 파악한 후에 파악된 것을 넘어가는 것을 지시하는 것이다.

비견에 의하면, 칸트의 주관이 한갓 개인적인 것이 아니라, 모든 경험의 기초인 보편적 주관(의식일반)이기에 선험적 관념론이 성립한다. 그러나 그의 사상이 주관에 관한 물자체의 실재를 인정하고 있는 한에서 (물론 인식의 한계의 식으로서), 현상론이 아닌 실재론에 요소도 남겨 있다.

우리는 칸트적 인식론의 요령을 약기한다.

1. 칸트 이전의 인식론은 경험론이거나 이성론이거나 이 둘 중의 하나였다. 칸트에 와서 양자를 종합해서, 지각적 경험에서 출발하면서도 그것으로 끝나지 않고 선험적 통각을 확립하였다.

2. 모사설을 극복했다. 희랍의 인식론과 중세의 그것은 대개가 모사설이었고, 근세의 이상론과 경험론에도 모사적 주장의 잔재가 있었다. 즉 이성적 주관에 이성적 세계가 대응하는 것으로 보았고, 경험적 주관에 경험적 세계가 대응하는 것으로 보았다. 이래서 이성적 통일과 경험적 통일이 평행한 셈이었다. 그러나 비판철학도는 이런 평행을 인정치 않고 객관성은 사실은 「하나」라고 규정한 것이다. 왜냐하면, 객관성은 시공의 두 직관형식과 오성의 형식(십이의 범주)이 구성한 것이기 때문이다. 이런 형식들은 주관편에 있는 것이다.

3. 인식의 범위를 현상계에만 제한하였고, 따라서 인식의 유한성을 강조했으며, 물자체(보통 말로 실재자신)는 인식의 피안에 있는 것이요, 있을지 모르나 불가지라고 했다. 인식의 견지에서 물자체에 대해서는 일종의 불가지론(agnosticism)에 가담하였다. 현상계만을 인식할 수 있는 과학적 세계는 일정한 약속적 방법에 따라 추상적 개념과 추상적 법칙으로써 조직된 세계요, 물자체계가 아니며, 현상으로 드러난 것만을 알리는 것이다.

4. 주관에 의해 가공되지 않은 생의 질료는 있을 수 없다고 한 것이다. 신칸

1) as Objet zu verendlichen, was nur im philosophischen Villzug transzendierend einsichtig, werden kann (Jaspers, *Ibid.*, SS. 224–225)

트 학파의 논리주의(Logismus)에 이르러서는 경험적 질료를 부인했을 뿐더러, 물자체 같은 것도 부인하고서, 초월적 당위·초월적 가치·「판단하는 의식일반」 같은 논리적·인식론적 주관만을 강조하기에 이르렀다.

3. 비판론적 입장(칸트)과 현상학적 입장(훗설)의 비교

A. 차이의 측면들

1. 칸트는 인식론에서 「사실 문제」와 「권리 문제」를 구별한다. 사실에 있어서는 참된 사상이건 거짓된 사상이건간에 동일하지마는, 많은 사상들 중에서 하나만을 진리로서 규정하게 하는 것은, 칸트에 의하면, 그런 사상 자신이 소유하는 진리의 권리(가치)에 기인한다. 사실 자체로(zer Sacheselbst)를 표방하는 훗설은 사실의 문제에 관심이 집중한다 할 수 있다. 그러나 이 경우에도 그저 사실(matter of fact)에가 아니라 사실의 본질에 주목하는 것이며, 이 본질이 곧 가치(당위)하고 주장하는 것은 아니다.

2. 칸트도 직관의 독립적 구실을 인정하되, 그것은 필경 사고에 종속하는 듯 하고, 보편적 인식을 참으로 뒷받침하는 것은 사고·판단·범주로 귀착한다. 이래서 신칸트 학파는 직관의 형식도 사고의 산물로 규정했다. 그러나 훗설에 의하면, 이른바 해명함(Klärung)에 있어서 최후의 결정자는 명증(Evidenz)이요, 이 명증은 사물의 본질을 직관하는 데에 있는 것이다. 본질직관(Ideation)은 물론 감성적 직관인 것은 아니지마는 역시 일종의 직관 작용이다. 그것은 본질을 여실하게(originar) 주는 작용이다.

3. 칸트는 인식이란 직관 형식과 사고 형식이 질료에 작용해서 보편타당한 대상을 구성하는 것이라고 한다. 이런 관점에서 주관주의 인식론이요, 주관의 인식 작용에 중점을 두는 것이다. 훗설은, 사상적(주관적) 구성없는 순수한 기술이 인식작용이라고 한다. 그는 근원적 현상 [본질]을 직관해서 발견된 것을 분석하고 기술하려는 객관주의의 인식론자다. 그러므로 이른바 지향적(Intenrionalitat)에 있어서 의식작용과 의식의 대상이 상관적으로 동시에 주어져 있되, 「의미와 본질」이라는 대상편, 즉 객관편에 중점이 있게 된다.

4. 칸트는 직관의 형식과 범주의 형식이 다 선천적이라고 했지마는 이 「선천적」은 수적·작용적으로 빈약하다. 삶에 있어서 의무 의식의 선천성도 강조

했지마는, 도덕적 심정일변도의 인상을 주는 것이다. 훗설은 이를테면 문호를 개방해서 각종각양의 선천적을 보여주었다. 색일반의 본질, 음일반의 본질, 공간형태일반의 본질을 말함에서 드러난 여러 선천적과 같다. 이처럼 대상일반에서 구별된 내용적 본질들을 얻는 방법을 유화(내용적 일반화)라고 했다.

B. 차이에 대한 반박적 음미

1. 칸트가 「밑받침」혹은 「뒷받침」을 내세웠다고 해서 직관적 명증을 전혀 무시한 것이 아니다. 또 훗설이 「해명」을 내세웠다 하더라도 사고의 활동을 반드시 정지시켰다고만 볼 것은 아니다.

2. 칸트가 사고·판단·범주에 우위를 두었다고 해도 감성적 직관의 독립성을 인정한 것을 잊을 수 없다. 「본질 직관」의 우위를 주장한 훗설도 특수체험인 사고를 시인하고 있다.

3. 칸트가 과학(수학과 자연과학)의 사실에서 출발한 점에서, 그에게도 구성에만 그치지 않은 분석적·기술적 측면이 있었다. 훗설이 순수한 기술의 객관주의였다 하더라도, 기술에 개념적 용어가 참가하는 한에서 역시 사고적 구성이 작용해 있다. 지향성에서의 의식의 대상도 주관편의 순수의식에 의한 구성이라고 볼 수도 있다.

4. 칸트의 사고가 심리적인 것이 아닌 이상, 거기에도 객관주의의 측면이 있다. 반대로 훗설의 현상학적 환원이 순수주관성, 내재화하는 것인 한, 여기에도 주관주의가 있는 것이다. 칸트의 선천적을 빈약한 것으로만 판정할 수 없다. 그것은 질료에 반드시 상관하는 것이요, 따라서 과학의 진보와 함께 질료(내용)가 증가하는 한에서, N. 하르트만에서 보듯이 범주도 증가할 수 있었고 빈약화를 벗어났다(훗설이 의식의 본성을 지향적이라고 한 점에서 물론 객관주의의 면도 보존되어 있다).

5. 칸트는 감성과 오성의 두 줄기에 공통적이로되, 알려지지는 않은 구상력이라는 뿌리의 소업(Kunst)을 인정했거니와, 후기사상의 훗설은 작동하고 있는 지향성(fungierende Intentionalitat) 혹은 수동적 종합(passive Synthesis)이라는 개념을 제시했고, 이것은 현재적 의식작용 이전의 구성, 즉 세계의 선구성(Vokonstitution)에 해당하는 것이다. 이런 측면에서 우리는 후기의 훗설이 칸

트로 접근했음을 볼 수도 있다. 훗설의 지향적 감정은 주관의 상태인 것이 아니라, 그 무엇에의 지향을 내포하는 구조를 지닌 감정이요, 이런 지향성 중에서 가치는 선천적 명증적으로 주어진다.

6. 칸트가 선천적=형식적, 후천적=질료적이라고 본 것은 이의가 가능하다. 선천적인 것이 반드시 형식적인 것이 아니요, 후천적인 것이 반드시 질료적인 것도 아니기에 말이다. 「선천적=보편적, 후천적=비보편타당적」임은 사실이다. 그러나, 보편성 자신은 형식적인 것이 아니라, 보편적인 것의 내부(가령 기하학의 체계 속)에서 각양의 타당범위를 가지는 법칙들이 있다.

보다 더 보편적인 것은, 보다 더 특수적인 것에 대해 형식적이요, 후자는 전자에 대해 질료적이다.

제4장 오성의 원칙들

제1절 선험적 판단력 일반

「어떻게 선천적 종합판단이 가능하냐」하는 「비판」의 주요 문제를 우리는 또다시 상기해야 한다. 선천적인 종합판단들이 모여져 순수자연과학을 이루고 있는데, 이런 선천적 종합판단들을 칸트는 원칙들이라고 표시한다. 원칙(Grundsatz)들은 범주들로부터 도출된다. 모든 변화는 그 원인을 갖는다는 원칙이 인과성의 범주에서 발생하는 것과 같다. 제3장 개념의 분석론은 범주들의 형이상학적 연역(범주들의 발견)과 선험적 연역(범주들의 객관적 타당성의 증명)에 종사했거니와, 이제부터 우리는 원칙들을 전개하고 또 그것들의 타당성을 증명하고자 한다.

범주는 현상에 적용되는 것임을 원칙이 가르쳐 주기 때문에, 원칙은 우리의 판단력에 대한 규준이다. 그러므로 원칙의 분석론은 선험적 판단력에 관한 이설이라고 말할 수도 있다.

가장 광의의 오성(Verstand)은 개념의 능력(협의의 오성) · 판단력 · 추리능력으로 분류되고 따라서 이 세 가지를 총칭할 수도 있다. 추리 능력만을 따로 이성이라고도 하지마는 이것은 협의의 이성이고, 광의의 이성(Vernunft)은 감성과 오성을 포괄한 전인식능력을 의미한다. 추리의 형식들로부터 칸트는 이성의 이념(Vernunftidee)들을 도출해서 이 이념들을 변증론에서 연구했다. 아무튼 오성과 이성에 관한 그 광의와 협의를 알아두는 것이 「비판」의 이해에 중요하다.

「판단력 일반」을 논하는 서두에서 칸트는 섬세한 심리학자로 등장하고 있다. 전공 학문 내의 보편적 규칙들을 잘 알고 있다는 의미에서 풍부한 지식을 가진 사람도 판단력이 결핍해 있는 수가 흔하다. 그러므로 유식하면서도 천치일 수 있다. 판단력이란, 그 어떤 구체적인 것을 이미 알려진 법칙의 사례로 인식하는 힘을 말한다(B.172). 따라서 사례는, 그것에 의해 판단력을 연마하기 위해 자못 중대한 것이다. 물론 사례가 엄밀히 규칙의 한계 내에 들어가지 않는 일, 즉 규칙에 꼭 맞지 않는 일도 가끔 있기는 하다.

선험철학의 규칙(즉 원칙)을 들 수 있을 뿐더러 규칙이 적용될 경우를 선천적으로 들 수도 있다(B.175)고 했지마는, 이런 진술은 다음의 제2절에서 구명할 범주들의 도식들을 의미한다. 도식은 동시에 그것 아래서만 오성의 순수개념이 사용될 수 있는 감성적 조건이 되는 것이다(B.175, ④).

오성이 규칙의 능력이라면, 판단력은 사례를 규칙에 포섭하는 능력이다.

제2절 오성의 순수개념의 도식성

범주가 경험적 직관에 적용될 때에만, 내지는 경험적 직관이 범주에 포섭될 때에만, 범주는 인식을 가져오는 것이다.

이런 포섭은 동종성을 전제한다. 가령 접시가 둥근 것과 동종적인 것은 같다. 이러하기 때문에, 접시는 둥글다고 표시될 수도 있다.

인간이 인식할 경우에는 순지성적인 범주와 감성적 소여를 매개하는 것이 필요하다. 그런데 이런 매개에 알맞은 것이 시간이다. 시간은 범주처럼 순수한 것인 동시에, 직관적인 것의 형식으로서 경험적인 모든 소여에 포함되어 있다. 이에, 판단력이 범주를 감성적인 소여에 적용할 때에, 판단력이 준거하는 조건을 시간에서 빌려올 수 있다. 이런 시간이 도식의 근원이다.

도식은 개념에 형상을 주는(즉 개념을 감성화하는) 구상력의 방법에 관한 표상이라고 칸트는 말했다(B.180). 이에, 점들을 차례로 찍는 방법의 표상이 수-개념의 도식에 해당한다. 다섯 개의 점은 5라는 수의 한 형상이다. 그러나 도식은 사실은 형상보다도 더 보편적 표상이다. 왜냐하면, 도식의 방법은, 백의 수를 감성화하건 천의 수를 감성화하건 간에 동일하기에 말이다. 그러므로 도식은 이를테면 보편적 규칙이요, 이 보편적 규칙에 좇아서 무수한 동류의 형상이(많은 삼각형, 많은 사변형처럼) 만들어질 수 있다.

가령 실체-범주의 도식은 실재적인 것이 시간 중에서 지속함이다(B.183).

지속적인 것의 형상은 다종다양일 수 있고, 이런 사정은 경험이 우리에게 가르쳐 주는 바와 같다. 실체-범주에 대해서 그렇듯이, 그 외의 모든 범주들에 대해서도 시간은 도식들을 만들 수 있게 하는 것이요, 그로 인해 지성적 범주와 감성적 소여간의 중매자가 될 수 있다[B.1777의 제3자란 시간이다].

도식들이 이처럼 오성과 감성간에 가교함에 의해서, 그것들은 또한 판단력에 대해 오성의 개념들이 현실적 인식에 기여할 수 있게 하는 조건을 들기도 한다. 도식이야말로 감성적 소여에 대하는 관계를 명시해 주는 것이다. 도식이 비로소 범주에 의미를 주어, 경험적 객관에 상관하도록 하는 것이다.

도식은 범주와 그것의 근본에 있는 근원적 통각간의 관계를 명시하는 (herstellen) 것이다. 이 말은, 타면에서 보아, 도식이 감성적 소여를 통각에 종속시킬 수 있게 한다는 뜻이다. 이런 종속으로 인해 「현상들이 경험에서의 일관된 종합에 적합할 수 있게 된다」(B.185 끝)[이 대독의 가능적 경험전체는 선천적 종합원칙들의 전체이다].

경험적 직관에 주어진 형상이 곧 도식인 것은 아니다. 그러나 도식 자신은 공간 중의 도형으로서의 도식(약도)과 범주의 도식(기호)로 구별된다. 약도는 가령 삼각형이라는 순수감성적 개념을 형상화한 것이요, 그런 한에서 삼각형 일반의 「유형」이라고 볼 수 있다. 범주의 도식, 즉 기호는 원래 형상으로 될 수 없는 것이요, 구상력의 선험적 소산이다(509면 참조).

순수 직관은 공간과 시간이요, 공간적 순수직관은 시간적 순수직관에 귀착하기 때문에, 범주를 시간에 결합시킬 때에, 범주의 도식이 생긴다고 할 수 있다. 이래서 분량·성질·관계·양상의 범주가 시점과 상관함으로써 시간계열·시간내용·시간순서·시간총괄 등의 도식이 생기는 것이다.

<table>
<tr><th>범주</th><th>도식</th><td rowspan="2">시점 ㄱ ㄴ ㄷ ㄹ
┼────┼────┼────┼→

시점 ㄱ에서 ㄴ으로, ㄴ에서 ㄷ으로, 또 ㄹ로 이행하는 것
ㄱ에서 가수의 소리가 높고, ㄴ에서는 낮은 것
ㄱ은 ㄴ보다도 먼저요, ㄷ은 ㄴ보다도 뒤인 것
현상들이 시간경과 중에서 서로 달리 총괄된다는 것</td></tr>
<tr><td>분량…
성질…
관계…
양상…</td><td>… 시간계열 …
… 시간내용 …
… 시간순서 …
… 시간총괄 …</td></tr>
</table>

그러나 선험적 진리(즉 선험적인 입장의 진리)는, 개별경험들의 모든 가능한 경험의 전체에 대한 관계 중에 있다. 선험적 입장에 있어서는 물자체는 단적으

로 미지인 그 어떤 것, 불가인식인 그 어떤 것으로 드러나기 때문에, 선험적 입장에서는 진리는 인식과 (물자체로서의) 대상과의 일치를 의미하지 않는다. 한 판단의 진리를 판단이 가능한 경험 전체 중에 배치되는 데에 있고, 그런 한에서 객관적 타당성의 성격을 띠는 데에 있다(B.85 참조).

한편, 도식은 실재화한다. 즉 범주를 경험적 실재에 관계하도록 한다. 딴편에서, 도식은 범주를 이 실재에, 즉 감성적 현상에 대해서만 사용하도록 제한(즉 구속)한다. 그러므로 사람은 도식을 대상의 감성화한 개념, 즉 「범주에 합치한」 현상(Phanomenon)이라고 파악할 수 있다(B.186).

이래서 수는 현상의 분량이요, (시간 중의) 감각은 현상의 실재성이며, 사물들의 항존과 지속은 실체의 현상이요, 영원, 즉 모든 시간에 걸친 대상의 현존은 현상의 필연성이게 된다(B.186). 이것은 도식작용에 입각해서 한 말이다.

제한하는 조건으로서의 도식을 제법 한다면, 그것은 도식을 통해 제한된 개념들을 [경험 밖으로] 확장하는 것이 되고, 이런 확장은 인식을 풍부화하지 못하는 것이다. 왜냐하면, 확장할 적에 개념에 대한 직관이 없고, 따라서 개념은 공허한 것이 되고 말기 때문이다.

제3절 순수오성의 원칙들의 체계에 대한 예비

이제부터 우리는 분석론의 목표를 달성해야 한다. 다시 말하면, 순수자연과학을 제시하는바, 선천적 종합판단들 전부를 전개해야 한다. 그러나 선천적 종합판단들의 본질을 완전히 명시하기 이전에 칸트는 그것과는 다른 분석적 판단에 다시 한 번 먼저 언급하였다.

1. 모든 분석적 판단의 최상원칙

모든 분석적 판단의 최상법칙은 모순율이다. 이것은 어떤 사물에고 그것에 모순되는 객어가 귀속될 수 없다는 법칙이다(B.190). 이 명제에는 모든 종합적 판단에도 타당하되, 오직 「불가결의 조건」으로서 타당한다. 즉 그것이 없으면 종합판단의 타당성도 없게 되는 그런 조건이다.

그러나 모순율은 그것만으로는 종합적 판단이 진리인 것의 충분한 표징이 되지는 않는다. 가령 대지가 황금으로 되었다고 하는 명제는 모순율에 상치하지는 않더라도 참된 종합적 판단은 아니다.

모순율은 「무엇이 있으며 동시에 없다는 것은 불가능하다」라고 공식화되거니와, 이런 공식화는 진리의 적극적 인식에는 적합지 않은 것이다. 무식자는 배움이 없다라는 분석적 명제는 모순율에서 직접 명백하되, 시간조건에 관계하는 도식과는 아무런 관계도 없다.

2. 모든 종합적 판단의 최상원칙

이 원칙은 「모든 대상은 가능한 한 경험에 있어서 직관의 다양을 종합적으로 통일하는 필연적 조건들에 종속한다」라고 표시되는 것이다(B.197). 여기서 조건들이란 것은 a. 공간·시간이라는 직관의 형식 b. 범주들과 그것들의 통일인 선험적 통각 c. 시간 중에서 하는 구상력의 종합을 통한 범주들의 도식화 등등을 의미한다. 주관의 형식·도식·범주·통각 등이 학적 경험을 가능하게 하는 조건들이다. 이런 조건들이 본질상의 경험을 형성하고, 대상들에 대한 그것들의 타당성을 설명하도록 하는 것이다. 왜냐하면, 조건들을 통해서 (가장 보편적으로 존립하는) 경험의 대상들이 우리에 대해 있게 되기 때문이다. 이래서 「경험일반을 가능케 하는 조건들이 동시에 경험의 대상들을 가능케 하는 조건들이 되는 것이다」(B.197). 이 명제는 A.III에도 나왔던 것이다.

3. 순수오성의 종합적 원칙 전체의 체계

모든 자연법칙은 오성의 종합적 원칙들의 지배를 받고, 원칙들의 매개로 자연법칙들이 구체적 현상들에 적용된다. 범주의 도식화에 의해 이미 트인 길을 더 전진하는 것이 자연법칙이다. 순지성적 범주의 감성적 소여에 대한 적용을 속행하는 것이 자연법칙이다. 그리고 원칙들은, 개별의 도식들 중에 포함되어 있는 것을, 현상들의 법칙으로 말하자면 끌어올리는 것이다. 따라서 실체의 도식은 시간 중에서의 실재의 지속성이요, 실체 지속의 원칙은 현상의 상태는 변역(wechseln)해도 물질은 지속한다는 것을 의미한다. 이에 그 양은 언제나 동일한 실재가 시간 중에 지속한다는 것은, 법칙으로 승격한 원칙이다. 여러 원칙들은 범주들을 현상들에 적용한 것일 뿐이기 때문에, 원칙들의 체계가 범주들의 체계에 대응할 것은 명백하다.

원칙들은 크게 네 가지이다. 즉 직관의 공리 · 지각의 예료 · 경험의 유추 · 경험적 사고일반의 요청들이다. 앞 둘은 수학적으로 경험에 적용되는 의미에서 수학적 원칙이고, 뒤의 둘은 역학적으로 경험에 적용되는 의미에서 역학적 원칙이다. 그러나 수학적 원칙이 수학 고유의 원칙이라는 뜻이 아니고, 역학적 원칙이 물리학 고유의 원칙이라는 뜻이 아니다. 그것들은 자신을 가능하게 하는 기초인 내감과 상관하는 순수오성의 원칙들인 것이다.

제4절 수학적 원칙

수학적 원칙들은 수학이 현상들에 적용될 수 있는 까닭을 인식케 하는 것이다. 따라서 그것은, 우리의 자연과학이 어째서 수학적 과학이 되며 어째서 정밀과학이 되는가를 이해시키는 것이다. 그것은, 시공 중에 직관적으로 주어진 양에 관계하기에, 직관적(intuitio)인 확실성을 가질 수 있다(B.201).

또 그것은 절대로 확실한(apodiktisch) 것이다(B.199). 따라서 모든 현상에 대해 무조건 필연성이다. 현상들은 외연량이건 내포량이건 다 양적으로 구성될 수 있기 때문에 수학적 원칙들은 구성적 원칙이기도 하다.

1. 직관의 공리들

첫째의 원칙은, 모든 직관은 외연량(연장적량, 즉 외형적)이라고 하는 것(즉 직관의 공리에 관한 원칙)이요, 부분의 표상이 전체의 표상을 가능하게 한다는 뜻이다(B.203). 다시 말하면, 부분의 표상이 논리적으로 전체의 표상에 선행한다는 뜻이다. 이런 진리는 공간과 시간의 표상에 타당한다.

따라서 직관의 모든 공리들은[1] 모든 직관은 외연량이라는 원칙에 귀착한

1) 단일 · 수다 · 전체의 각 범주에 상응해서 공리가 성립하기에 공리들이라고 했다. 몇 줄 아래에서 지각의 예료들이라고 했을 때에도 실체 · 부정 · 제한의 각 범주에 상응해서 예료를 전개하기 때문이다. 그러나 여기의 외연량은 분량의 세 범주와 직접적 관계는 없다.

다. 다시 말하면, 직관에 의해 타당한 것이 분명한, 그러므로 증명을 필요로 하지 않는, 분량에 관한 모든 명제가 동원칙에 귀착한다.

2. 지각의 예료들

「지각의 예료들」이라는 원칙은, 모든 현상에게 감각작용의 대상인 실재적인 것은 내포량, 즉 도를 가진다고 하는 것이다. 이 원칙 중의 예료, 즉 예취(Vorwegnahme)라는 말은 매우 함축적인 의미를 지닌다. 원래는 모든 선천적 종합명제를 예료라고 칭할 수 있다. 왜냐하면, 그것은 모든 현상에 타당하는 것을 [개별적] 경험에서 독립해서 발언하고, 선천적으로 예취하기 때문이다. 그러나 이 둘째 원칙들에서 예취한다는 것은 자못 기이한 감을 줄 것이다. 왜냐하면, 예취는 감각들에 관계하는 것이지만, 감각들은 선천적인 것이 아니라 후천적으로만 주어질 수 있는 것이기 때문이다.

칸트는 개별인의 심적 체험으로서의 감각(Empfindung)과 실재를 구별했다. 실재는 「대상에서 감각에 대응하는 것이요」(초판), 혹은 「감각의 대상」이다(재판). 실재성의 범주에 의해서 주관적으로 감각된 것이 객관화하고 대상으로 생각된다. 그리고 칸트는 이런 대상을 다시 내포량이라는 개념에 의해서 수학적으로 규정하였으나, 이런 일은 실은 미적분의 적용에서 생기는 일이다. 내포량은 외연량처럼 부분들이 집합해서 전체로 되는 것이 아니라 통일적 전체로서만 각지될 수 있다(B.210). 가령 우리는 어떤 음의 강도를 약한 음들의 합성이라고 체험하는 것이 아니라 어떤 단일한 것으로 체험한다. 현재 순간의 내포적 감각과 영점의 감각간에 무한히 많은 중간 감각이 들어간다고 생각함에 의해서, 수다의 개념을 적용시킬 수 있지마는, 이런 일은 가구에 속하는 일이다.

이런 관계에서 보아 공간과 시간은 연속적 양 혹은 유전적 양이라는 특징을 지닌다. 부분들로서의 점들이 합해져서 시공이 있는 것이 아니라, 점들은 시공의 극한들일 뿐이다. 이래서 공허한 공간과 공허한 시간을 우리는 지각할 수도 없고 귀납할 수도 없다라는 중대한 통찰이 결과한다(B.214). 우리가 공허한 시공을 물론 허구할 수는 있다.

제5절 역학적 원칙

1. 경험의 유추

역학적 원칙 중의 첫째 것을 칸트는 「경험의 유추」라고 명명했다. 유추는 현상들 간의 비례적 관계를 지시한다. 이 원칙은 「만상은 상호관계에 있어서 필연적 결합에 종속한다」라고 하는 것이다. 그것은 개별 현상들의 필연적인 그 어떤 성질을 규정하는 것이 아니요, 이러한, 이 원칙은 개별 현상들을 구성하는 것이 아니다. 수학적 원칙처럼 개별 현상의 구조 자신에 상관하지 않는다. 그것은 시간의 3 양상(지속·계기·동시존재)에 준해 현상간의 관계를 천명한다. 이에 동원칙은 주어진 현상에서 딴 현상을 추구하는 것을 교도하는 것이다. 따라서 그것은 통제적 원칙이요, 구성력인 원칙이 아니다.[1)]

칸트는 유추가 모든 종합판단과 마찬가지로 오성을 선험적으로 사용하는 원칙이 아니라 오성을 경험적으로 사용하는 원칙인 것을 강조한다(B.223). 여기의 「선험적」은 경험의 한계를 넘는다는 뜻으로 보아야 할 것이요, 그러므로 초험적이라고 했어야 할 일이다. 그리고 선험적을 초험적 의미로 사용하는 것은 범주를 오용한 것이 되겠고, 이런 사용은 비판을 통해서 제어되지 않는 판단력의 과실이라 하겠다(B.352). 우리가 경험-한계를 원칙적으로 존중하지 않고 범주와 원칙들을 경험-한계의 피안에 적용하려고 한다면 그것이 초험적 사용이 된다. 칸트 이전의 형이상학이 이런 초험적 원칙을 가졌었다. 그런데 칸트에 와서 범주와 원칙이 내재적이어야 할 것을 강조했다. 즉 그것들이 경험의 한계 내에서만 인식을 주는 것임을 강조하였다.

직관의 공리와 지각의 예과라는 두 원칙도 결국 「경험의 유추」 원칙에 귀착하는 것이로되, 유추의 원칙은 다시 세 가지로 세별된다. 실체 지속의 원칙·인과적 후속의 원칙·상호작용의 원칙이, 즉 그것이다. 이 세 원칙은, 뉴턴의

1) 변증론에서 칸트가 구성적을 광의에서 사용한 것을 주목해야 한다. 이 말은 원칙론에서는 개별 현상 내지 개별의 지질대상에만 제한되었으나, 변증론에서는 경험의 전대상, 즉 자연에 관계하게 되었다. 「경험의 유추」 원칙을 포함한 전원칙이 자연을 구성하고 따라서 구성적 의미를 가져야 한다. 그러나 절대자에 상관하는 이성-이념들은 통제적 의미를 가진다.

제1법칙(관성의 법칙), 제2법칙(운동량의 법칙), 제3법칙(작용·반작용의 법칙)에 각각 해당하고, 개괄해서 뉴턴의 운동법칙에 대응해 있다.

A. 실체지속의 원칙

「실체 지속의 원칙」의 증명을 두 번 되풀이했는데(B.225－227까지 참조), 그 핵심 사상은 경험－인식을 가능케 하기 위해서 현상들의 시간적 관계가 규정되어야 한다는 것이다. 공허한 시간은 지각될 수 없으므로, 현상들 중에서 그 기체가 발견되어야 한다. 그러나 이 기체를 시간이 일반적으로 표상하는 것이요, 기체에 즉해서 현상들의 변역이나 혹은 동시적 존재가 지각되는 것이다. 모든 실재의 기체(어의는 무엇의 밑에 있는 것)가 바로 실체다. 이 실체는 현상들이 아무리 변역해도 동일한 것이다. 그러므로 실체의 양은 증감이 없다.

「실체는 지속적이다」라는 말은 사실은 동어반복이다. 그것은 같은 것을 두 번 말한 것이다. 실체가 바로 지속적인 것이기 때문이다. 그러나 「실체 지속」의 원칙의 의미는 모든 현상들 중에 그 어떤 지속적인 것이 있어야 한다는 것이다. 여기에 이 원칙이 하나의 종합적 명제임이 명백히 드러난다. 현상들이라는 개념 중에는 지속적이라는 개념은 없기에 말이다. 또 이 종합적 명제가 선천적이어야 함은, 그것이 경험－인식을 가능하게 한다는 것에서 증명된다. 즉 그 명제는 모든 가파악적 대상들에 타당한다.

이 「선천적 종합명제」의 타당성은 고래로 본능적으로 전제되어 왔다. 이런 전제에서 희랍 철인은 없음에서 생길 수 없고, 있음이 없음으로 될 수 없다」(B.229)고 추론하였다. 만약 실체적인 것이 새로 발생하거나 혹은 실체들이 소멸한다면, 경험은 불가능할 것이다. 자연과학이 실체적인 것을 어떻게 더 자세히 규정하느냐, 즉 이것을 재래 모양으로 물질(질료)과 힘(세력)이라고 규정하느냐, 혹은 에너지론자처럼 물질이란 세력불멸에 의해서만 생긴 것이요, 따라서 물질이란 세력의 외현일 뿐인 것인가——이런 문제는 선험철학이 대답할 것이 아닌 경험적인 문제이다.

칸트의 실체－원칙이 세계창조설에 반대하는 것이라고 할지 모르나, 이 창조설은 물자체에 상관하는 것이요, 칸트의 원칙처럼 현상들에 상관하는 것이 아니다. 경험의 내부에서는 「창조」가 관여하지 않는다(B.229).

사람은 실체의 규정을, 즉 그것이 실존하는 특수 방식을 우유성[속성]이라고 하고, 이 우유성은 실체에 부속한다고 말한다. 이런 말투는 오해를 낳기 쉽고, 우연성을 실체에서 이를테면 분리하여 우유성만을 단독으로 인식할 수 있는 것이 된다. 그러나 실체의 현존은 우유성의 거시를 통해서만 적극적으로 규정될 수 있다는 것을 칸트는 강조한다(B.230).

B. 인과적 후속(계기)의 원칙

인과적 계기의 원칙(둘째 유추)에 대한 증명도, 그 명제가 현상에 타당할 때에만 현상에 관한 경험-인식이 가능하다는 것을 주장했다. 순 주관적 표상이라고 보아진다면 현상들은 임의의 귀결을 제공할 수 있고 혹은 간격도 제공할 수 있다. 그러나 현상들의 경험-인식이 가능할 것이라면, 현상간에 객관적 관계가 존립하고 확립될 수 있다는 원칙이 선천적으로 타당해야 한다. 즉 객관에 있어서 한 상태가 딴 상대에 선행한다는 원칙, 그러면서도 규칙(혹은 법칙)에 좇아 선행한다는 원칙이 타당해야 한다.

이래서 우리의 표상(현상) —— 이것만이 우리에게 주어져 있다 —— 이 내부에서 주관적인 것과 객관적인 것을 구별하는, 다시 말하면, 우리의 표상과 그것의 대상인 현상을 구별하는 권리와 필연성이 생긴다. 표상에다 대상적(객관적) 성격을 주는 것은 표상들이 계기할 적의 규칙(법칙)뿐이다. 사실상 우리는 우리의 표상(즉 현상)을 넘어서 물자체에 달하지 않는다. 그러나 표상들의 후속(계기)이 법칙적이라고(개별 주관들의 자의나 우연적 상태에서 독립적이라는 의미에서) 생각함에 의해서 우리는 객관적인 것을 산출한다. 그러므로 여기서 (경험적) 진리라는 전래의 개념[모사설]으로부터 우리는 전향할 수 있고, 진리는 인식과 그 대상과의 일치라고 표시할 수 있다. 이때에 우리가 표상의 주관적인 후속을 표상의 객관적인, 즉 합법칙적인 후속에[1] 맞춘다(anpassen)면, 우리는 진리에 도달하는 것이다(하기에 진리가 표상과 물자체와의 일치를 이제부터는 의미할 수 없다(B.82. 또 B.186-B.187 참조).

---

1) 오성의 규칙은 선천적으로 참일 뿐만 아니라 모든 진리(우리의 인식과 대상과의 일치)의 원천이기도 하다. 오성의 규칙은 모든 인식이 개괄로서의 경험, 객체들이 우리에게 주어질 경험을 가능하게 하는 근거를 포함하기 때문이다(B.296).

이런 서술은, 오성이 비로소 객관과 객관적인 것 일반을 우리에 대해 만든다는 것을 의미한다. 왜냐하면, 오성이 합법칙적 종합의 사상을 산출하기 때문이다. 합법칙적 결합에서 오성이 (주관적 체험으로 파악된 것인) 우리의 표상과 객관과의 일치를 가능하게 하고, 그러므로 오성이 진리의 원천이다.

객관(객관적인 것)은 우리의 표상과는 다른 물자체가 아니라, 우리 표상(현상) 중의 합규칙성(합법칙성)이다(B.235－237 참조). 이 명제가 「비판」의 전본질적 사상을 포함하고 있다. 이 대목에서 **집**의 인식과 **배**의 인식에 관해 실증하여 왔다. 물자체로서의 객관이 우리 표상들의 순서를 규정하는 것이 아니라, 우리 표상들의 순서가 객관을 규정하고, 우리가 객관이라는 말에서 지시하는 것을 형성하는 것이다(667면 참조).

힘에서 체험하는 일절을 우리는 보통 본능적으로 원인으로 옮겨 보지마는 이런 처리는 칸트의 인과개념에서 멀어져 있다는 것을 주의해야 한다. 그의 인과개념은 오로지 현상들의 합법칙적인 후속만을 표현한다. 그의 인과개념에서는 원래 역학적인 인과성이 아니라 순계기적인 인과성이 문제였다.

인과개념의 이런 파악에 반대하는 사려가 나타나서, 결과들은 원인들과 이따금 동시적인 것이라고 말할 수 있다. 그러나 시간 순서는 어디까지나 일정한 계기인 것을 칸트는 고집했다. 이불에다 공을 가져다 놓으면 보조개가 생기지마는 공을 가져다 놓은 뒤에 보조개가 생긴 것은 아니다. 원인의 시초와 결과간의 시간은 이 경우에 사라져 없어진 것과 같은 극소한 것이라서 공과 보조개의 양자가 거의 동시적일 수 있다(B.248). 따라서 양자간에 인과개념을 적용할 수 없다고 할지 모른다. 그러나 보조개의 원인을 따진다면, 그것은 「공」인 것이 아니라 가져다 놓는 일의, 생기일 것이요, 이런 생기 이후에 보조개가 나타난 것이다.

실체의 범주를 인과성의 범주와 결합함에 의해서 사람은 비로소 한갓 계기적인 인과성을 넘어가게 되는 것이다(B.250). 실체에서 활동이나 혹은 힘의 소재가 상각되고, 활동이나 힘이 현상들의 변역을 환기함을 안다. 이상적 실체라고 했을 때에 (B.227과 B.252), 칸트는 순지성적 실체개념이 아니라 도식화한 실체개념, 즉 현상의 형식인 시간에 관계한 실체개념을[1] 다루었다.

1) B.258에서 현상들로서의 실체들, B.321에서 현상적 객체, B.320과 B.329에서 현상적 실재, 현

첫째 유추에서와(B.229) 마찬가지로 여기서는 「없음으로부터의 출현」이라는 의미의 창조를 부인했다. 창조의 가능성만으로 벌써 경험의 통일을 폐기하기 때문이었다(B.251).

변역 아닌 모든 변화가 연속적임을 칸트는 증명하였다(B.253–B.256). 이때에 오성은 경험적 통각의 통일을 매개로 해서 시간 중에 있는 현상들의 위치를 규정할 수 있기 위한 선천적 조건이 되는 것이다.

c. 상호작용의 원칙

셋째 유추인 「상호작용의 원칙」(법칙)의 증명은 시간 자신은 지각될 수 없다는 사상에 의거해 있다. 따라서 동일한 시간의 다양한 존재를 객관적인 것으로 표상하기 위해서는 우리는 오성의 상호작용의 개념을 사용하는 것이다. 이 원칙의 증명도 재판에서는 역시 두 번(B.257과 B.258–B.260)하였다.

그 원칙 없이는 대상들의 경험 자체가 불가능할 그런 원칙은 경험의 대상들에 관해서 필연적이다(B.260) ── 이런 명제가 두 번째 증명에서 보인다. 이 명제는, 「여러 원칙들의 증명이 그 원칙들을 가능한 경험의 조건으로서 증시하려는 사상에 항상 의거한다」는 것을 다시 명백히 표시하는 것이다. 원칙들이 경험 중의 객관적인 것을 가능하게 하는 한에서, 원칙들이 우리에 대한 대상을 산출하는 한에서, 원칙들은 사실 가능한 경험의 조건인 것이다. 왜냐하면, 객관적인 것, 즉 대상적인 것은 다름 아닌 합법칙적인 것이기에 말이다. 그러나 원칙들은 합법칙적인 것을 가장 추상적으로 공식화한 것이다. 이런 원칙들 자신은 범주들에 기본해 있고, 이 범주들은 더 소급해보면 근원적 통각의 종합에 기본해 있다. 따라서 근원적 통각의 종합이 경험을 가능하게 한다. 그것이 경험의 대상, 즉 자연(B.263)을 무의식적으로 구성하기 때문이다. 그리고 이때의 대상은 인식하는 정신에서 독립해서 자존하는 물자체가 아니다. 이런 점을 이해함으로써, 인식의 의미에 관한, 즉 인식의 그 대상에 대한 관계에 관한, 칸트가 초래한 「사고방식의 혁명」을 우리가 이해하는 바이다(424면 2.A 참조).

상호작용이라는 의미의 상호성이 없으면, 공간 중의 동시존재라는 의미의

상으로서의 실재 혹은 현상 중의 실재라고 한 말을 참조하라.

상호성이 경험적으로 인식될 수 없다. 공허한(절대적) 시간과 미찬가지로, 공허한(절대적) 공간도 우리에게는 지각될 수 없고, 따라서 인식될 수 없다. 그러므로 우리의 인식은 절대적인 유일시간 혹은 절대적인 유일공간에 관계할 수 없다. 우리가 운동이 관계해 있는 경험적 소여를 항상 사용하는 것은 좌표에 대한 관계 중에서 운동들을 규정하기 위해서는 동등하게 직선적으로 운동하는 좌표에 대한 관계 중에서 끝까지 규정을 관철할 것을 아인슈타인의 특수적 상대성이론도 가르쳐 주고 있다. 특수 상대성이론을 보완한 그의 일반상대성이론도 칸트의 근본 사상과 모순되지 않는다. 유추들은 모든 현상들의 연결에서의 자연통일을 어떤 지표 아래서 표시하는 것이다. 지표는 시간의 「통각의 통일」에 대한 관계이다.

칸트의 유추는, 현대적으로 표시하면, 함수의 관계 $y=f(x)$라는 뜻이다.

I	X Y Z
1	x^1 y^1 z^1
2	x^2 y^2 z^2
3	x^3 y^3 z^3
↓	↓ ↓ ↓

X와 Y와 Z가 있어서 X가 x^1 x^2 x^3 등의 값을 가짐에 따라, Y도 y^1 y^2 y^3의 값을 취하고 혹은 Z도 z^1 z^2 z^3의 값을 취한다. 즉 X의 값에 비례해서 YZ의 값이 정해지는 관계가 유추이다. 압력(?) X와 온도 Y와 부피 Z라는 세 인자간에 수량적 관계에 있을 때에, X와 Y의 값이 변화함을 따라서 Z의 값도 변하는 것도 함수의 관계이다.

2. 경험적 사고일반의 요청

「경험적 사고일반의 요청」의 원칙은 직관의 공리 · 지각의 예료 · 경험의 유추와 별종의 것이 아니라, 그것들을 총괄한 것이라고 볼 수 있다. 이 원칙은 다시 세 가지로 나눈다.

1. 경험의 형식적 조건(직관과 개념에 관한)과 일치하는 것은 가능적이다.
2. 경험의 질료적 조건(감각)과 관련하는 것은 현실적이다.
3. 경험의 일반적 조건[유추의 원칙]에 의해 현실적인 것과의 관련이 규정되어 있는 것은 필연적이다. 즉 필연적으로 실재한다.

1. 중의 직관은 시공의 직관형식이라고 했어야 할 것이요, 개념은 범주의 뜻이다. 또 요청에 대해서는 그것이 증명 이전의 영역에 속하기 때문에 요청에

는 증명이 아니라 「비판」에서 진술했듯이 「해명」이 필요하였다.

경험적 사고일반의 요청이라고 명명한 까닭을 칸트는 B.285에서 상세히 설명했다. 요청에서 가능성·현실성·필연성의 경험적 사용이 문제이다. 경험적 사용은 마땅히 존중되어야 한다. 「그 어떤 것」의 개념이 아무런 모순도 없는 「그런 것」이 순 (형식)논리적으로 가능하기에 말이다. 그러나 그런 것이 경험적으로 가능하기 위해서는 그것은 경험의 형식적 조건(직관과 개념에 관한)과 일치해야 한다. 다시 말하면 그것은 시공 중으로 들어가고 또 범주 중으로 들어가서 파악되어야 한다.

그 무엇이 「가능적」이라고 언명할 권리를 우리가 가질 것이라면, 경험이 그것의 실례를 제공하거나 그것이 경험 자신의 선천적 조건에 귀속해야 한다. 이런 사정에서 보아 칸트는 예언, 천리안 및 독심술 등이 불가능한 것이라고 했다(B.270). 이런 일들은 경험과 기지의 경험적 법칙과에 근거한 것이 아니기에, 불가능한 일이다(B.270). 만약 경험이 풍부하게 이런 영적 힘들의 가정을 옹호하는 것이라면, 이것에 대한 선천적인 이의가 있을 수 없을 것이다.

현실성의 요청에 관해, 감각과 지각(이것은 서로 관계해 있는 질료적 감각들이지만) 뿐만 아니라, 감각들의 합법칙적인 연관까지도 현실성의 특징과 함께 있다는 것에 주의해야 한다(B.142 끝 참조).

우리는 지각들에 기본해서, 우리 자신이 직접 지각하지 않는 것(자기적 물질 즉 자기의 현상을 설명할 터의 것)을 가설적으로 현실적이라고 인정할 수 있다(B.273). 감각이 현실적인 것의 특징이라면, 공간·시간·범주에 의해 우리가 구성하는 외계는 현실[현상]이요, 상상이 아니다.

제6절 관념론 반박

재판에서 보인 이 제하에서 선험적 관념론을 질료적 관념론에서 구별하였다. 그리고 데카르트의 개연적 관념론과 버클리의 독단적 관념론이 질료적 관념론에 들어가는 것이다. 이 반박의 근본사상은 다음과 같다.

나는 자신의 체험을 시간적으로 그 계속과 결과에 좇아 확실하게 인식할 수 있다. 이것을 위해서 지속적인 것을 필요로 하고, 이 지속적인 것을 외계의 지각만이 나에게 제공한다. 내 자신에 관한 경험-인식이라는 의미의 내적 경험은 외적 경험을 통해서만 가능한다. 내 존재의 의식은 외적 경험이 없어도 물론 가능하다. 그러나 자아의 직접적 인식은 자아의 경험-인식은 아니다(506면). 왜냐하면, 그것은 자기활동으로 사고하는 자아에 관한 순지성적 표상일 뿐이요, 직관은 아니기 때문이다(B.278). 「인식」이라고 한다면 그것은 개념과 직관을 다 지녀야 하는 것이다.

셋째의 「필연성의 요청」에서 순 논리적(형식적) 필연성이 아니라 질료적 필연성을 다루었기 때문에, 필연성은 그저 개념에 의해서가 아니고 지각과 보편적 경험-법칙에 기본해서만 해명될 수 있다. 자세히 말하면 그 무엇을 필연적인 것으로 해명할 수 있도록 하는 것은 오로지 인과법칙뿐이다. 이 인과법칙에서는 인과성의 원칙(둘째의 유추)만 아니라 경험적으로 확실한[특수한] 자연법칙도 생각되어야 한다.

따라서 결과만을 우리는 필연적이라고 인식한다. 그러나 지면, 일어나는 일절은 가언적으로 필연(즉 필연이라고 전제된다)이라고 말할 수 있다. 왜냐하면, 인과성은 어떤 한 주어진 존재에서 한 다른 것의 존재를 추리하는 유일한 범주이기에 말이다(B.280).

이상의 서술로써, 우리가 오랫동안 본능적으로 도달했던 다음의 명제들이 확립된 것으로 인식된다. 즉 세계에 우연은 없다(원인 없는 생기가 없다). 운명이 없다(맹목적 필연성이 없고, 원인에서 설명될 수 있는 필연만이 있다)는 명제들이다. 이와 마찬가지로 이미 말한(527면 참조) 연속적 양의 사상에서 다음과 같은 연속성의 원리가 생긴다. 즉 자연에는 비약이 없고 또 간격(빈틈)이 없다는 원리다. 그리고 자연의 외부에(경험의 한계 외에) 빈틈(공허한 공간)이 있나 없나의 문제는 변증론에 의해 다루어질 것이다(이상의 네 명제는 관계·양상·성질·분량상에서 한 말).

제7절 일반적 주석

재판에서 추가한 이 주석은 범주만으로는 선천적 종합판단을 가능하게 할 수 없다는 것을 다시 한 번 강조한 것이다. 그래서 범주는 주어진 직관에서 인식을 만들어내고 주어진 직관을 필요로 하는 사고형식일 뿐이라고 한다.

「모든 우연적인 것은 그 원인이 있어야 한다는 명제는 직관이 없어도 순개념에서 타당한다고 보아진다」——이런 명제를 생각했을 적에, 그 우연이 원인에서 결과된 것임을 의미하는 것에 주의하지 않은 것이다. 결과에는 그 원인이 있다는 것은 분석적 명제요, 종합적 명제가 아니며 인식이 아니다(B.290).

범주의 객관적 실재성(타당성)을 증시하자면, 직관일반뿐만 아니라 외적직관을 필요로 한다(B.291). 이로부터 우리는 외적 직관의 도움을 받아서만 우리 자신도 (현상적으로) 인식할 수 있다는 사리가 동시에 결과한다. 이 사상은 질료적 관념론 반박(475면)에서 이미 보였던 것이다.

「원칙들의 체계」를 다룬 3의 가장 중대한 개괄적인 귀결은 다음과 같다. 그것은 오로지 경험-인식을 가능하게 하는 의미를 가진다는 것이다(즉 원칙들이 경험-인식의 선천적인 조건이라는 것이다). 타면, 원칙의 가능성(타당성)은 경험에만 의존한다는 것이다. 경험에 관계함이 없이는, 원칙은 타당성을 가지지 않는다(그러므로 원칙은 물자체에는 타당하지 않는 것이기도 하다).

이래서 우리는 이제야 경험-인식의 본질을 통찰하였다. 우리가 경험-인식을 형성하는 요소를 확립했기 때문이다. 이 요소는 한쪽에서는 선천적으로 타당하는 직관형식(공간과 시간)과 범주이지만, 딴쪽에서는 후천적으로 주어진 감각의 질료이다.

칸트가 심리학에 들어 있는 각종 용어를 사용하기는 했지마는, 그의 탐구목표가 심리적인 것이 아니라는 것도 이제야 명백히 알려진다. 확실히 경험-인식은 구별의 현실적 개인들에서 실현된다. 그리고 심리학이 이런 실현의 심적 전제와 심적인 발전을 탐구할 수 있고 또 탐구해야 한다. 이런 맥락에서 칸트가 선천적이라고 말한 요소들이 심리학적 관점에서 어떠한 특징을 가질 것인가 하는 문제도, 경험-인식의 실현이 던질 줄로 안다. 선천적 요소가 정신에서 독립한 인자(즉 감성의 촉발)를 통해 생긴 감각이라고 설명될 수 없다면, 그 요소는 정신에서 유래하는 것이 아닐 수 없다. 그러면 그 요소는 본유적(angeboren)이냐, (본유적이라면) 이미 확보된 것이냐 혹은 싹 틀 소질이냐 하는 것이, 의미있는 물음이 된다. 칸트는 이 문제를 공명할 무렵에 그 요소는 싹 틀 소질이라고 단정하였다. 이래서 본유적 소질에 기인해서 인식능력은 (감성적 지각을 기연으로 해서) 자기 자신에서 「선천적인 것」을 내놓게 된다(B.34 참조).

그러나 심리적-발생적인 모든 문제들은 (즉 심적인 발전에 관한 모든 문제들은) 칸트에서 어디까지든지 제2선에 있는 것이다. 그의 흥미는 인식론적 문제들에 있다. 즉 인식의 본질과 인식이 타당하는 「범위와 근거들」에 대한 문제들이다. 이즈음에 그에게 명백해 진 것은, 경험-인식만이 우리가 도달할 수 있는 인식이라는 것이요, 또 경험에서 독립하여 (선천적으로) 타당하다는 인식 원리들은 경험-인식을 가능하게 하는 의미만을 가진다는 것이며 바로 이 점에서 선천적 인식 요소[원리]의 타당성이 확실하다는 것이다.

따라서 칸트의 탐구는 현실적 개인들을 고려한 것이 아니고, 이들의 심적생활의 특수성을 고려하는 것을 넘어서 있다.

그가 의식(즉 심성)을 말할 때, 그는 자기 개인의 의식도 갑의 의식도 혹은 을의 의식도 지시하는 것이 아니고, 의식일반(Bewußtsein überhaupt)을 지시했던 것이다.[1] 의식일반은 그 어떤 현실적인 것을 의미하지 않고 가구된 규범적 의식(Normalbweußtsein)을 의미하는 것이다. 규범적 의식이 확립하는 것은 경험-인식을 획득하고자 하는 모든 현실적 개인 의식에 대해서 물론 타당하는 것이다.

1) 507면(B.14.), 또 철학서론 20절 참조.

제5장 현상체(감성체)와 가상체(오성체)의 구별

제1절 플라톤적 구별을 부정함(범주의 초험적 사용금지)

현상체와 가상체의 논의는 칸트의 현상론적(즉 비판적) 관념론이 플라톤의 실재론적 관념론에 항거한 것이라고 볼 수 있고, 관념론의 이 최초 건설자에 대한 칸트의 비판적인 논구라고 할 수 있는 것이다.

플라톤은, 상식이 보통 실세계라고 생각하는 물체계의 피안에 참으로 실재하는 세계, 즉 이념(이데아)의 세계를 세웠다. 특수한 나무와 인간 등의 유형적인 사물은 그에 의하면, 참으로 실재하는 것일 수 없었다. 그것은 부단히 생멸하는 과정 중에 휩쓸려 있는 것이었다. 그러나 타면, 그런 개별 사물이 변화하는 중에서도 그 보편적 형식, 즉 범형만은 지속하고 있고, 이것은 오성을 통해 생각되는 것이다. 이에 반해 감관에 의해 표상되는 세계는 순수한 본질의 잠시적인 형상이요, 가상이다. 플라톤이 이처럼 감성계와 가상계를 구별한 것은 정당하였다.

칸트에 있어서도 물체가 절대적으로 실재하는 것이 아니라, 경험적 현상이라고 봤고 이것이 모든 건전한 철학의 시초였다. 그러나, 가상계를 오성이 인식하는 참대상이라고 생각한 것은 플라톤의 오류였다. 인간의 오성은 감성계에만 적응하는 것이기 때문이다.

현상체와 가상체를 구별하는 작업은, 그것의 내용상 선험적 판증론의 서두에서 했어야 할 일이었다.

오성이 그 원칙들을 경험에서 얻어오지 않고 자기 자신에서 길어내었다 하더라도, 그 원칙들은 경험적인 사용 외의 딴 사용이 없다는 사상을 이 대목에서 칸트는 또다시 전개한다. 원칙들은 경험의 이를테면 뼈대(도식)이다. 그리고 이 뼈대의 전충은 감각에서 유래한다(궁극은 우리의 감성을 촉발하는 물자체에서 유래한다고 말할 수 있을 것이다).

칸트가 이런 사상을 되풀이해서 강조한 것은, 그의 인격의 철저성과 지극한 양심성의 소치였을 뿐만 아니라, 그런 사상이 당시에는 아주 새 사상이었던 때문이다. 당시에 선천적 형이상학으로 기울어지는 경향이 강했던 처지였기에, 칸트는 범주는 경험-인식에만 쓰인다는 명제를 전력을 다해서 주장하여야 했다. 오성사용의 한계를 규정한 것은 칸트에게는 자기 탐구의 매우 중대한 감과로 생각되었다. 소여가 없고 경험적 직관이 없는 모든 선천적인 것은 객관적 타당성을 가지지 않고, 이 소여와 결탁해서 경험-인식을 초래한다는 주장을 칸트는 지치는 일이 없이 첨예화했다. 그에 의하면 개별 범주가 감성화되지 않고 그것에 대응(일치)하는 객관이 직관에 명시될 수 없을 때에는, 개별 범주는 아무런 의미도 없는 것이다(B.229). 이로부터 「도식」론의 의의가 드러난다. 도식론은 지성적 범주가 시간적인 도식에 의해서 어떻게 감각에 관계하게 되는가를 가르친 것이다.

고대의 존재론은 모든 존재자의 (따라서 물자체들의) 최보편적인 성질들과, (상호)관계에 대한 선천적 인식을 약속했지마는, 칸트는 자기의 분석론으로써 고대의 존재론을 대신하였다. 분석론은 현상들을 해명(즉, 해석)하는 원칙들을 (B.303) 전개하되, 물자체들의 제막을 전망케 하지는 않는 것이다. 왜냐하면, 범주가 도식에 의해 감성의 형식과 관계맺지 않으면, 그것은 선험적 의미가 있을 따름이요, 선험적(인식론적)으로 사용되지 않기 때문이다(B.305). 범주는 선험적 고찰을 위해 중요하기는 하나, 「물 일반과 물자체들」에는 적용될 수 없는 것이다. 그것은 오직 감성적 소야에만 적용될 수 있고 따라서 경험적으로만 사용되며 현상에만 적용되는 것이다.

현상(Erscheinung)의 개념은, 자신은 현상이 아니면서 현상하기만 하는 그 무엇(물자체)을 지적하는 사상이, 현상의 개념 중에 이미 들어 있다. 이래서 우리는 현상체들(Phänomena)과 가상체들(Noumena)을 구별한다. 가상체는 사물을 현상하게 하는 것을 의미할 것이로되, 우리가 그런 가상체의 성질 자체(즉 물자체)를 직관하는 방식은 도외시되고 있는 것이다. 이와 함께, 가상체는, 우리 감관의 객관이 아닌 사물이라(B.306)고도 표시될 수 있다(하나님과 불멸의 영혼 같은 것처럼).

현상체와 가상체의 구별에 근거해서 「범주가 감성적 경험을 넘어서 오성에 의해 생각되기만 하는 존재(Verstandeswesen, 오성체)에 적용될 수 있을 것」을 사념해 볼 수는 있다. 그러나 이런 존재는 규정 없는 「그 어떤 것 일반」임에 불과하고(B.307), 인식은 아니다.

이에, 우리에게는 소극적 의미의 가상체만이 있다. 가상체라는 말에서 우리는 감성적 직관이 아닌 한의 사물을 이해한다. 그러므로, 이런 가상체가 인식되는 것이 아니고, 그것이 실재할 가능성조차도 알 수 없다. 인식을 위해서는 언제나 직관이 또한 있어야 하기 때문이다. 그러나 우리는 비감성적(지성적) 직관을 소유하지 않는다. 우리가 이러한 직관의 객관, 즉 적극적 의미의 가상체를 생각한다면, 이런 짓은 순가구이다.

감성적 존재(현상체)에 오성적 존재(물자체)가 대응한다는 것, 또 우리의 감성적 직관 능력이 관계하지 않는 오성적 존재가 있을 것을, 칸트는 확실히 고지하고 있다. 이로써 그는 (소극적 의미의) 가상체 - 개념에다, 감성의 불손을 제한하기 위해 「한계개념」이라는 의미를 부여했다(B.311). 한계개념이, 항상 감성적 직관에 속박된 우리의 인식이 현실을 전체적으로 파헤친다는 우리의 상상을 막는 것이다. 이래서 칸트의 「비판」은 전 세계관을 자연과학에만 의존시킬 수 있다고 믿는 「자연주의의 세계관」에 국한하는 것도 원칙적으로 극복하고 있다. 칸트가 그 본질과 한계를 탐구한 경험 —— 인식은 자연 —— 인식과 일치하고 있으나, 그러나, 자연 - 인식에 한계가 있음을 그는 강조했다. 즉 칸트에게는 자연의 나라와 또 자연의 나라를 넘어서 자유의 나라가 있는 것이었다. 이 나라를 그는 '도덕철학 원론'과 '실천이성비판'에서 증시하였다.

감관과 동시에 「우리의 인식 일반」이 접근할 수 없는 물자체에 대해서 칸트는 가상적(intelligibel)[1]이라는 표현을 도입한다. 칸트에 의하면, 이제야 우리의 경험 - 인식이 접근할 수 있는 현상계는 감관에 직접 주어진 것을 포함할 뿐더러, 감성적 인상에 기본해서 현실화할 사태라고 생각되는 것도 포함한다. 따라서 자연 - 인식은 별이 반짝이는 하늘의 관찰만을 진술하는 이른바 이론적 천문학뿐만 아니라, 코페르니크스설이나 뉴턴의 만유인력법칙에 기본해서 현실적 사태를 발견하는 (이로부터 직관적으로 주어진, 아니 주어진 듯한 천체의 운동을 설명하지만) 관상적 천문학도 소유한다(B.313). 칸트는 관상적 천문학이 탐

1) inteligibel(가상적)은 intellektuell(지성적)과 대조된다(B.313 원주). 전자는 지성(intellket)의 작용이 생각할 수 있는 대상적인 것이다. intelligibel이 유래한 intelligere 라틴어는 통찰한다, 인식한다의 어의이다. 가상적의 원어는 오히려 가인식적이라는 말뜻이다.

구하는 현상계를 「가상적」이라고 말하는 것을 거부하고, 그런 현실계기 현상계에 속한다고 한다. 가상적이라는 말은 오성계(물자체)에 속하고, 이 세계를 우리는 인식할 수 없다고 한다. 지성이 생각할 수 있기만 한 것은, 단지 가상적인 것이고, 감성적인 것이(감성이 지각할 수 있는 것이) 아닌 것이며, 비현상체(non-phenomenon)라는 소극적 의의만을 가지는 것이다.

우리는 칸트의 입장에서 다음과 같이 말해서 좋다. 감관은 대상을 그것이 현상하는 그대로 우리에게 표상하고, 오성은 대상들을 그것이 있는 그대로 표시한다(B.314). 그러나 「대상들이 있는 그대로」를 대상들 자체(an sich) 그대로(물자체들)라고 이해해서는 안 되고, 경험의 대상들로서의 대상들이 현상들의 철저한 연관 중에서 표상되어야 하는 것으로 이해해야 하며, 따라서 오성에 의해 생각될 수만 있는 합법칙적인 연관 중에서 표상되어야 하는 것으로 이해해야 한다. 그러므로 이런 대상들은 개인의 단지 우연적 입지(Standort)에 대해서 있는 것이 아니라 「의식일반」에 대해서 있는 것이다.

재판에서 삭제한 초판의 글(A.249–A.253)에서, 다음에 예시처럼, 칸트는 물자체를 선험적 객관(초험적 대상)이라고 표현하고 있다.

> 선험적 객관은 알려지지 않는 x를 의미하며, 이런 x를 알 수 없다. 그것은 통각의 통일의[1] 대응자(Korrelatim)로서 감성적 직관에 있어서 다양의 통일에만 유용할 수 있을 뿐, 감성적인 소여(주어진 것)에서 분리할 수 없다(A.250).
> 현상일반을 상관시키는 객관이 선험적 대상이요, 이것은 「어떤 것 일반」이라는 무규정의 사상이다. 이것을 가상체라고 부를 수 없다. 이런 대상에 관해서는 감성적 직관일반의 대상이라고 말하는 이외의 딴 개념을 가지지 않는다(A.253).

1) 칸트는 그의 한 유고(opus postumum)에서 선험적 대상을 물자체로 보았고, 이것을 현상과는 다른 대응물(Gegenstück)이 아니라, 동일한 것을 다른 관점에서 본 것이라는 취지를 말하기도 했다. 이에, 선험적 대상을 대상일반 혹은 대상성으로 해석하기도 한다.

제2절 반성개념의 모호성(다의성)
-오성의 경험적 사용과 선험적 [초험적]사용을 혼동함에 생기는-

이 부록은 라이프니쯔의 형이상학적 존재론을 「비판철학」에 입각해서 검토한 내용을 진술한 것이다. 볼프(C. Wolf) 철학을 표준으로 삼았던 라이프니쯔가, 감각에 존재하지 않았던 것이 지성 중에는 하나도 없다고 말한 로크에 대해, 「지성 자신을 제외하고」라는 단서를 붙였던 것은, 그가 이성론자임을 증명하는 것이다.

> 반성이란 대상에 관한 개념을 직접 얻고자 대상 자신을 연구하는 것이 아니라, 그 개념을 얻을 수 있는 주관적 조건을 발견하고자 먼저 대비해 있는 의식(심성) 상태이다. 반성이란, 주어진 표상들이 우리의 서로 다른 인식원천에 대하는 관계를 의식함이다. 이런 의식(즉 반성)을 통해서만 표상들의 상호관계가 바르게 규정될 수 있다(B.316).

반성의 뜻을 이상과 같이 설명한 다음에, 칸트는 선험적 반성(transzendentale Überlegung)에 관해, 표상들을 순수한 오성에 속하는 것으로 서로 비교하느냐, 혹은 감성적 직관에 속하는 것으로 서로 비교하느냐 하는 것은 식별하는 것이라고 설명했다(B.317).

칸트가 반성 내지 선험적 반성을 논의한 까닭은, 라이프니쯔·볼프 철학이 감성과 지성의 구별을 순 (형식)논리적인 것으로 보아서 우리 인식의 본성과 원천에 관한 연구가 잘못되었고 모호했던 데에 있다. 라이프니쯔는 감성과 지성의 구별을 불판명이냐 판명이냐 하는 표상의 판명 정도에 두었으나, 칸트는 「양자의 구별이 인식의 원천과 내용에 관해 있는 것이라」고 했다(B.62). 칸트에 의하면, 감성은 라이프니쯔의 주장처럼 물자체(단자)를 불판명하게 아는 것이 아니라, 전혀 인식하지 못하는 것이었다. 또 지성(칸트의 오성)이 물자체를 판명하게 인식하는 것이 아니라 지성이더라도 물자체를 인식하지 못하는 것이다.

라이프니쯔의 단자론(Monadologie)은 개개의 단자는 자립적인 실체요, 다른 단자에 반발하는 표상력을 지닌 것이라고 했다. 그리고 각 객체의 본질인 단자는 표상력의 판명 정도에 의해서만 차이가 있다. 물질적 단자는 불판명한 표상력을 지녔을 뿐이지만, 인간의 정신적 단자는 매우 판명한 표상력을 지닌 것이었다. 서로 반발하는 표상력을 가진 단자들간에 충돌이 없는 것은 하나님에 의한 예정된 조화 때문이었다. 단자는 실체요, 단자간에 충돌이 없다고 한 라이프니쯔에 대해 칸트는 인식론적 비판을 편 것이다.

아무튼 의식상태에 있어서 「표상들 서로」의 관계는 다음과 같다.

표상들은 서로 일양성(즉 동일성)의 관계거나 차이성의 관계다. 전자에서 많은 표상들을 하나의 개념 아래다 두는 일양성(Einerleiheit)의 반성개념이 작용하고, 그것에는 전칭판단이 들어 있다. 후자에서 차이성(Verschiedenheit)의 반성개념이 작용하고, 그것은 특칭판단이 들어 있다. 다음에 표상들은 실존성으로서 서로 일치하는 관계거나 서로 모순되고 대립하는 관계이다. 전자에서 일치성의 반성개념이 작용하고 그것은 긍정판단들로 된다. 후자에서 모순성의 반대개념이 작용하고 그것은 부정판단들로 된다. 셋째로 표상들은 서로 내적관계이거나 혹은 외적관계이다. 끝으로 표상들은 질료와 형식의 관계, 다른 말로 한다면, 피규정적인 것과 규정과의 관계일 수도 있다.

이런 관계들은 표상들이 오성에 속하느냐 감성에 속하느냐에 따라서 다른 것이로되, 라이프니쯔는 이런 구별을 하지 않았다. 즉 선험적(인식론적) 반성이 없었다. 칸트는 이상의 네 쌍의 반성개념을 순차로 좀 자세히 검토하였다.

1. [분량의 범주로서의] 일양성과 차이성

일정한 양과 질을 갖고 있는 물방울은 오성에 대해서는 동일한 존재이되 감성에 대해서는 물방울이 장소가 다름을 따라 달리 현실화할 수 있다. 다른 장소에 있어서의 동일한 듯한 물방울의 차이성은 순수 오성에 의해서 한갓 개념적으로 파악될 수는 없고, 감성적인 직관을 통해서만 확정될 수 있다.

그럼에도 라이프니쯔는 「개념」상으로 구별할 수 없는 것은 서로 동일한 것이라고 하였다. 이런 주장은 개념의 영역에서만 타당하는 무차별 동일성의 명제(Satz von der Identität des Nichtzuuntercheisenden)에서 유래하였다(이 명제는 충족이유률의 한 변모인 것이다). 이 명제를 정립한 까닭은, 라이프니쯔가 인식의 내용과 원천을 돌보는 선험적 반성이 없이, 인식의 소위 판명성과 불판명성만을 내세웠던 [형식] 논리적 반성에 있었다. 그는 감성적 인식을 불판명한 것, 지성적 인식을 판명한 것이라고 했을 뿐이다. 즉 그는 오성의 본질적 개념[형식논리적 동일성]들에 타당하는 것을 감성적 표상들에 전용(ubertragen)해서 인식 원천으로서의 「오성과 감성」을 올바르게 식별하지 않았다. 그 결과로 감성적 인식과 오성적 인식(오히려 초험적 인식)을 혼동하게 되었다. 판명한 표상과 불판명한 대상과의 구별은 칸트에 의하면, [형식]논리적인 것이요, 인식의 내용에 대해서는 별 의의가 없는 것이었다(B.61－2 참조).

두 가지의 유사한 물방울의 표상은 개념적으로는 동일하고 일양이지마는, 직관적으로는 서로 차이성이 있으며, 그러면서도 서로 유사함을 방해하지 않는 것이었다.

2. [성질의 범주로서의] 일치성과 모순성

마찬가지로 개념의 세계에 있어서는 긍정으로서의 실재성의 성질을 포기할 수 없고, 형식 논리적인 모순만이 포기된다. 그러나 직관의 세계에 있어서는 형식논리적인 모순을 내포하면서 실재성의 성질을 가질 수가 있다. 가령 동일한 직선 위에서 서로 반대 방향으로 운동하는 「두 가지 힘」과도 같다. 고통의 표상과 만족의 표상도 서로 모순되면서 양자가 서로 실재할 수 있다.

3. [관계의 범주로서의] 내적인 것과 외적인 것

순수한 오성의 대상은, 그것과는 다른 현실적 존재에 대한 「관계」를 가지지 않는 것이요, 그런 한에서 「내적인 것」이다. 우리는 내감이 표시하는 것 외의 내적 성질을 가지지 않는다. 공간 중에 현상하는 실체 따라서 감성적으로 표상되는 실체(물체)의 내적인 것은 단지 관계들의 총괄(ein Inberiff von lauter Relationen)일 뿐이다. 자세히 말하면, 당 물체의 물질적인 「부분들 서로」의 관계와 딴 물체의 부분들에 대한 관계와의 총괄인 것이다. 왜냐하면, 물질에 관해서 우리가 말할 수 있는 것은, 그 물질이 인력과 동시에 배척력을(이것에 불가침입성이 의존하거니와) 전제한다는 것뿐이기 때문이다. 인력도 배척력도 「관계」인 것이다. 그러나 직관을 전제하지 않는 순수한 오성은 고립적인 어떤 것이라서 「타자에 관계해 있지 않은」 내적인 것을 자신의 대상들에 부여한다.

라이프니쯔는 물체를 잘못되게도 가상체[모나드]라고 생각하였기 때문에, 타자와 관계가 없는 「내적인 것」을 물체에 귀속시켰고, 그 대신 내감(우리의 사고 의식현상)이 제공하는 것만을 발견하였다. 이래서 그는 물체도 단자(표상력이 있는 존재)로 되었다는 설에 도달했다.

라이프니쯔도 「수·단위·분수는 관계의 성질을 갖는다. 모든 단적 결정은 관계다. 그러므로 수학은 관계의 학이다」라고 하였다. 그러나 그에 있어서 참 존재는 단자였기 때문에 이른바 「관계」는 칸트 모양으로 현상적 실재가 되지 못하고, 그것이 비록 있다하더라도 단자들을결합하는 사고(오성) 중에 관념적으로만 있는 것이었다. 단자(표상력이 있는 단순한 단위체)만을 실체라고 했기 때문에, 라이프니쯔는 외적 직관을 무시한 독단론적 주지론에 빠진 것이다.

4. [양상의 범주로서의] 질료와 형식

질료(Materie)와 형식(Form)이라는 두 반성 —— 개념은 이상의 모든 반성개념들의 근저가 되어 있는 것이므로 그만치 오성의 모든 사용과 불가분적으로 결합하고 있는 것이다.

질료인 「그 무엇이」이 주어져 있어서 그것이 오성에 의해서 규정된다는 것, 즉 형식을 보유한다는 것은, 오성에게 자명한 일이다. 이래서 라이프니쯔는 우선 단자를 질료하고 상정하였고, 공간을 단자들의 관계라고 보았으며, 시간을 단자의 규정 (내적 상태 또는 표상력)들의 결합이라고 보았다. 이런 사상은, 만약 오성이 물자체들을 인식하고 또 시공이 물자체들의 규정이라고 한에서, 옳다고도 하겠다. 그러나 사실은 공간이 물자체의 규정일 수 없는 한에서, 오성은 물자체를 단자라고 인식할 수 없는 것이다.

칸트가 선험적 감성론에서 지적했듯이, 시공이 직관의 형식일 따름이라면 인간적 감성의 주관적 성질로서의 시공은 모든 질료의 전제가 되는 것이다. 즉, 시공의 형식은 모든 내용적인 것에 선행하는 것이다. 여기서 내용적인 것이란, 우리 인간에 대해서는 라이프니쯔의 견해처럼, 단자에서 성립하는 것이 아니라, 감각들에 기본한다. 필경 칸트에 의하면, 라이프니쯔의 단자론의 오류는, 현상들을 지성화한(intellktuieren) 점에 있다. 혹은 단자라는 가상체를 현상체에 적용한 데에 있다. 다시 말하면, 오성과는 다른 감성적 직관의 조건을 무시한 데에 있다.

제3절 반성개념의 모호성에 대한 주석

모든 개념이 술어로서, 판단을 가능하게 하는 한에서, 그런 개념을 논리적 위치를 갖게 되도, 이런 위치에 기본해서 아리스토텔레스는 열 가지 범주(실체·양·질·관계·하처·하시·상태·소지·능력·피동)를 들었다. 그의 범주는, 칸트처럼 선험적인 인식형식인 것이 아니라 존재자에 관해 가능한 규정의 종류들, 주워모은 것이다(B.107). 아리스토텔레스는 범주론을 논리적 위치(Topik, 희랍어 Topos에서 생긴 말)론이라고 했거니와, 이런 관점에 따라서 우리가 임의의 활동 등을 언표할 적에, 여러 판단이 생긴다. 따라서 논리적 위치에서 보아진 모든 개념들은, 이를테면 판단들을 위한 기반적 장소(Ort)들이라고 할 수가 있다.

칸트는 표상들이 차지하는 위치(장소)에 관해서, 그것들이 감성적 개념이냐(감관의 지각들을 추상화해서 언어진 개념이냐) 혹은 오성의 순수한 개념(범주)에 귀속하느냐 하는 것을 따졌고, 이런 견지에서 아리스토텔레스의 위치론에 대해서 칸트는 선험적 위치(transzendentaler Ort)론을 제기하였다.

개념(표상)들이 현상체에 상관하느냐 가상체에 속하느냐 하는 것을 따짐없이, 순 논리적으로 서로 비교될 수가 있다. 그러나 개념들에 의해서 적어도 대상을 정하려고 하는 한에서, 칸트의 선험적 위치론(선험적 논리학)은 현상체와 가상체를 분간하지 않는 것, 현상들과 순수한 오성의 대상(물자체)들을 뒤섞는 것을 경계한다. 이런 견지에서 반성개념의 모호성을 경계한 것이다.

반성-개념들은 현상에 상관하는「오성의 순수한 개념」의 밖에 있고, 이런 의미에서「순수한 오성」에 속한다.

표상이 감성에 속한다면, 그것은 경험적으로 사용된 것이다. 표상이 오성에만 속하고 감성 속에 속하지 않는다면, 그것은 초절적으로 사용된 것이요, 따라서 물자체에 관해서 사용된 것이며,「인식」은 불가능한 것이다.

그럼에도 불구하고, 라이프니쯔는 직관적인 것이 주어지게 하는 감성과 직관적인 표상을 다시 사고하는 오성과의 본질적 차이를 인식하지 않았다. 그는 감성에 있어서 「불판명하고 혼란되게」 표상하는 오성을 보았고, 또 우리의 모든 표상들이 「물자체」에 관계한다고 하였다. 이래서 현상, 즉 감성적 현상을 지성(오성)에 귀속시켰다. 한편 로크는 개념의 경험적 발생(Noogonie, 어의는 정신의 발생)을 주장해서 오성-개념도 감성에 유래한 표상으로 보았다. 자세히 말하면 감상적 표상인 인상에서 추출된 것으로 보았다. 감성에 존재하지 않았던 것은 지성에는 하나도 없다고 로크가 한 말에 대해 「지성을 제외하고」라는 단서를 라이프니쯔가 덧붙였다는 것은, 앞에서 말한 바도 있다.

이성론자인 라이프니쯔가 오성만을 인식의 원천으로 본 데 대해서 경험론자인 로크는 산만한 개별 경험(Empirie)만을 인식의 원천으로 보았다. 칸트는 이러한 양극단을 조정하려고 한 것이다. 그래서 오성이건 감성이건 단독으로 인식을 공급하는 것이 아니요, 양자가 결합해서(결코 혼합하는 것이 아니다) 확실한 인식을 보증하는 것이라고 했다.

칸트는 다음과 같이 연달아서 라이프니쯔를 비판하였다.

1. 라이프니쯔는 물일반(Dinge überhaupt)의 개념에 타당한다는 무차별 동일서의 원칙[명제]을 「감관의 대상들」에조차 적용하였다. 그러나, 「물자체 그것」으로서의 한 물방울에 관해서 그 모든 내적 규정[질료]을 우리가 안다면, 어느 물방울도 그 개념이 일반적으로 일치하는 한에서 딴 물방울과 같다고 할 것이다. 하지만, 물방울이 공간 중의 현상인 한에서 그것은 한갓 오성 중에만 있는 것이 아니라, 외적 직관 중에 엄연히 있는 것이다. 그리고 자연적 장소의 상이성은 그것만으로써 「현상으로서 대상」의 수다성과 차이성을 가능하게 할 뿐만이 아니라 필연되도록 하는 것이다.

2. 「긍정으로서의 실재성」들은 개념상으로는 서로 모순되지 않는다. 그러나 실재성들은 감성적 경험이 지시하는 바와 같이 서로 반대되고 모순될 수가 있다(482면 참조). 순 개념상의 모순은, 부정이 「배정 중에서 정립된 것」을 무효하게 하는 한에서, 부정을 통해서만 가능하다.

라이프니쯔학도는 화악에 있어서 참으로 현실적인 것을 보지 않았고, 그저 논리적으로 부정, 즉 결핍만을 보았다. 그들은 화악을 결조물의 제한성의 결과라고 했다. 화악에 관한 이런 낙관적인 해석은 잘못이었다.

반대로 칸트는 화악에 있어서 어떤 현실적인 것을 인정했을 뿐더러, 동시에 무가치도 인정하였다.

3. 라이프니쯔의 단자론에 의하면, 단일한 실체(단자)들이 물체들의 「내적인 것」의 기초이다. 그리고 이런 실체의 상태의 내적인 것을, 장소·형태·접촉, 혹은 운동 등일 수는 없다. 그러므로, 우리 자신의 내감에 속하는 상태(표상들의 상태) 이외의 내적 상태를 단자에 부여할 수가 없다. 이런 단자는 전우주의 원질(Grundstoff)이요, 그것의 활동력을 표상 중에만 존립시키고, 따라서 단자 자신이 활동적인 것이다. 그러므로 그는 실체간의 상호성(단자간의 교호작용)·또는 활동적 결합을 불가능하고, 삼라만상에 영향을 주는 제3의 원인(하나님)이 그런 실체들의 상태가 서로 조화하도록 했다고 말했다. 이것이 라이프니쯔의 예정조화설이다. 이런 예정조화설이 외적 직관을 무시한 주지적 관념론임은 전술한 바와 같다.

4. 공간 시간이라는 감성형식을 라이프니쯔가 지성화한 것은 잘못이었다. 내가 만역 한갓 오성에 의해서 물체의 외적 관계를 표상하자면, 그것은 물체의 상호작용의 개념에 의해서만 가능하다. 또 내가 동일물의 한 상태와 다른 상태를 연결해야 한다면, 그것은 인과의 순서에 있어서만 가능하다. 그런데 라이프니쯔는 공간을 실체의 상호성에 있어서의 어떤 순서로 생각했고, 시간을 실체의 상태들의 역학적 계기라고 생각했다. 그리고 시공이 가지는바, (물체와는 다른) 특성을 시공개념의 혼란성(불판명성)에 돌렸다. 그 결과로 역학적 관계의 한갓 형식인 시공이 물자체[단자적 실체]들에 선행하는 특수한 직관이라고 했고, 물자체들을 결합하는 가상적 형식(intelligible From)이라고 했다. 그럼에도 라이프니쯔는 또한 시공 개념을 단자들의 변양으로서의 현상들에 타당시키기도 했다. 왜냐하면, 그는 대상들이 경험적 표상조차도 오성에 구했고, 감관은 오성의 표상을 불판명하게 한다고 했기 때문이다.

라이프니쯔의 시공론을 이상과 같이 거론한 뒤에 칸트는, 「시공은 물자체들의 규정이 아니라 현상들의 규정이다. 물자체들이 무엇인가 하는 것을 나는 아는 바 없고, 또 알 필요도 없다. 왜냐하면, 물체는 그 현상 외에서 나에게 나타날 수 없는 것이기 때문이다.」(B.333)라고 비판했다.

「우리는 물의 내적인 것을 통찰하지 않는다」라는 탄식에 대한 칸트의 거부를 우리는 아래와 같이 파악할 수 있다.

「사과」의 내적인 것을 알자면, 우리는 사과를 베어 쪼개야 하고, 이렇게 함으로써 그것은 외적인 것으로 된다. 물질에 관해서는 일반적으로 절대로 내적인 것이 없고, 「상대적으로 내적인 것」만이 있으며, 그러므로 물질에 관해서 우리는 오직 관계(Verhältnis)들만을 인식할 수 있다. 「물체는 필경 관계들이요, 적어도 병존하는 부분들의 관계들일 따름이다.」(B.339) 따라서 물체의 「절대로 내적인 것」이라는 개념은 한갓 환영(Grille)이요, 그런 개념에 대한 문제는, 경험-인식의 입장에서 볼 적에, 하나의 가상적 문제(Schein-problem)이다.

현상들의 관찰과 분석은 자연의 내부로 들어간다. 그러나 이러한 탐구가 시간과 함께 어디까지 진행하느냐 하는 것은 아무도 알 수가 없다. 이러하여 「상대적인으로 내적인 것」이 우리에 대해서(für uns) 외적인 것으로 된다.

물의 내적인 것에 관한 문제가 물자체(선험적 객체)를 의미한다면, 이 문제는 우리는 영원히 대답할 수가 없다. 우리의 마음 안에는, 인간 감성의 근원에 관한 비밀이 있다. 인간 감성의 선험적 객체에(이 객체는 현상들의 비감성적 원인이거니와) 대한 관계를 우리는 탐구할 수가 없다. 왜냐하면, 우리 자신의 자아라도 「자아 자체」로서 인식함이 없고, 내감의 현상으로서 인식하기 때문이다. 물자체(가상체)를 인식하자면, 우리는 인간이 가지지 않는 특수한 직관, 즉 지성적 직관을 소유해야 한다. 감성적 직관의 대상을 다루는 것이냐 혹은 지성적 직관의 대상을 다루는 것이냐 하는 것을 규정함이 없이, 대상을 논의한다는 것은 불충분할 뿐더러, 모순적이기도 하다.

제4절 편유편무율의 오용

칸트에 의하면 라이프니쯔는 편유편무율을 오용한 것이다. 편유편무율은 「한 개념에 일반적으로 귀속하는 것은 그 개개체에도 귀속한다」(모든 사람의 이성적 동물이면 금군도 이성적 동물이라고 하듯이), 혹은 「한 개념에 일반적으로 모순되는 것은 개개체에도 모순된다」(모든 사람이 직물이라고 하는 것이 모순이라면,

금군도 직물이라고 하는 것은 모순이라고 하듯이)라고 하는 것이다. 그런데 라이프니쯔는 이 편유편무율을 잘못 변경하여 「하나의 보편적 개념 속에 포함되지 않는 것은 그 개념에 귀속하는 특수 개념 속에도 포함됨이 없다 」라고 하였다(인간의 개념에 비이성적 성질이 포함되지 않기 때문에, 금군에게도 비이성적 성질이 없다고 하듯이).

공간 일입방피이트의 개념은 언제나 그 자신과 동일하다. 그러나, 그렇다고 해서 그 개념에 귀속하는 일체가 차이성이 없는 것은 아니다. 두 개의 입방피이트는 공간 중에서의 그 장소에 의해서만 구별되고, A장소의 입방피이트와 B장소의 입방피이트는 다르다. 그러나 「무차별 동일성의 원리」는 이런 차이성을 몰각하였다.

운동력의 개념 중에는 아무런 모순도 없다. 그러나 운동력의 개념에 귀속하는 객체들 중에는, 직관적으로 주어지는 「두 가지 힘의 반대적 운동방향」처럼, 모순이 있을 수 있다. 이러한 모순은 형식 논리적인 것이 아니요, 혹은 개념적인 것이 아니다. 두 가지 힘이 서로 반대방향이라면, 순긍정적인 것에서 정지할 수 있고, 따라서 두 가지 힘의 작용이 없어진다.

어떤 사물이건 그것에 절대로 내적인 것(표상력)이 없다면, 한갓 개념에서 사물을 표상할 수 없다. 그러나 감성적 직관에 대해서는 물질적인 것에 즉해서 「상대적으로 내적인 것」만이 존재하고, 이 상대적으로 내적인 것은 인식의 경우에 외적인 것으로 드러나며, 순 관계들로 드러나는 바이다. 왜냐하면, 물체들을 「그 부분들 서로의 관계」에 의해서만 우리는 규정할 수 있기 때문이다.

이래서 「물이 전혀 관계들에서 성립한다고 하는 주장이 듣는 사람에게 의외의 감을 줄 것이로되, 이런 관계들이 타당하는 물체는 한갓 현상이며, 물자체(선험적 객체)의 감관들에 대한 관계 중에 존립하는 것이다」(B.341)

물체적인 전자연이 우리의 인식에 대해서 관계들 중에 존립한다고 하는 서술, 따라서 그런 한에서 상대적이라고 하는 서술은, 아인슈타인의 상대론이 칸트의 사상 체계 안에 삽입될 수 있다는 것을 지시하는 것이다.

가상체 대상(intelligibler Gegenstand)이라는 말이, 감성의 도식들이 없이 순범주에 의해서만 사고되는 것을 의미한다면, 그것은 불가능하다. 그러나 그것이 비감성적 직관의 대상을 의미한다면 소극적 의미의 가상체는 허용된다. 이에 비해 물자체는 적극적 의미를 가지는 그 어떤 것이다.

물자체는 우리 인간에게 직관될 수 없고, 그러므로 그것에 칸트의 범주는 타당할 수 없다. 가상적 대상의 개념은, 개연적이요, 한계개념이다.

우리의 인식을 현상에만 국한하는 것을 강조하고자, 우리가 「대상 자체」, 즉 현상의 원인(B.334)인 것을 생각한다고 칸트가 덧붙였을 적에, 그가 범주를 물자체에 불가적용이라고 주장한 동시에 그는 또한 원인을 물자체에 적용한 것이다. 그리고 원인-범주의 물자체에 대한 적용이 물자체의 직관이 없기 때문에 아무런 인식도 주지 않는 것인 한에서, 현실적 모순은 없는 것이다. 따라서, 「가상적 대상이 우리 안에[즉 우리 정신의 무의식적인 것 속에] 또는 우리의 바깥에 발견되느냐, 그것이 우리의 감성과 함께 제거되는 것인가, 혹은 감성을 제거해도 그것이 남아 있는 것이냐 하는 문제들은, 우리에게는 알려져 있지 않다.」(B.345)

이 주석의 끝에서 칸트는 대상일반(Gegenstand überhaupt)이라는 가장 보편적 개념을 고찰했다(「일반」이라는 용어에 관해 494면 참조). 「대상일반」이란, 그 무엇(Etwas)일 수도 있고 없음(Nichts)일 수도 있는 것이로되, 이런 대상일반에 관계하는 개념은 범주뿐이다. 그러기 때문에, 대상이 그 무엇인 것이냐 무인 것이냐 하는 것의 식별은 범주의 순서와 지시에 좇아서 진행되는 것이다.

1. 전체·수다·군일의 개념에 대립하는 개념은 전무의 개념이다. 개념에 아무런 직관도 대응하지 않는 「개념」의 대상이란 무(無)다. 즉 가공의 상상이다.
2. 실재성이란 「그 무엇인」 것이고, 부정성이란 무(無), 즉 대상을 결한 개념이며, 가령 그림자·한기와 같은 「결성적 무(無)」다. 한 개념의 공허한 대상이다.
3. 실체가 없는 직관의 한갓 형식은, 그 자신 아무런 대상도 아니요, 「현상으로서의 대상」의 한갓 형식적 조건이다. 가령 순수공간·순수시간과 같은 것이다. 이런 것들은 직관의 형식으로서는 「그 무엇」이지마는, 그 자신은 직관되는 대상이 아니다.
4. 「자기 모순적인 개념」의 대상은 「없음」이요, 「불가해한 것」이다. 「두 변

으로 된 직선의 도형」의 개념과 같다.

「그 무엇」에 대한 없음에는 결국 네 가지의 다른 의미가 있는 것이다.

1. 대상이 없는, 공허한 개념으로서의 무(관념적, 가공의 상상물).
2. 한 개념에 대한 공허한 대상으로서의 무[그림자, 한기].
3. 대상이 없는, 공허한 직관으로서의 무[순수한 공간, 순수한 시간].
4. 개념이 없는, 공허한 대상으로서의 무[무의미한 개념].

가상체는 우리의 인식에 대해서는 「없음」이요, 관념물(ens rationis)이기는 하나 무의미한 개념은 아니다.

「내적 규정들을 가지는 물체」에 관해서 칸트는 「영혼」의 오류추리(제7장)에서 다시 검토하였다.

제6장 선험적 변증론(착오)

제1절 선험적 가상

유한과 무한, 현상과 물자체를 종합하려고 하는 데에서 선험적 가상이 생긴다.

선험적(초험적) 가상(der Schein)은 「개연성과 현상」에서 구별되는 것이다. 그가 변증론을 「가상의 논리학」이라고 규정했을 때에 그는 경험적 가상을 (가령 막 떠오를 때의 달이 하늘 가운데에 달보다도 크게 보이듯이, B.354) 의미한 것이 아니다. 선험적 가상을 의미했다. 선험적 가상은 긴말할 것 없이 사이비의 원칙에 자리잡고 있는데, 가령 세계는 시간상 시원이 반드시 있다고 하는 명제(원칙)와 같은 것이다. 이런 선험적 가상은, 어떤 두 개념을 결합(세계－시초)하는 주관적 필연성에 기인하는 원칙을, 물자체의 규정이라고 생각하는 데에 성립한다. 인간에게는, 이런 원칙을 경험의 한계를 넘어서 사용하는 자연적 경향이 있다. 경험의 한계 내라는 제한을 철폐하는, 아니 그것을 넘어설 것을 명령하는 원칙이 초험적이다(B.353). 반대로 가능한 경험이라는 제한 안에서만 적용되는 원칙이 내재적 원칙이다.[1)]

칸트는 여기서 선험적과 초험적이 다르다는 것을 강조하고 있다.

선험적은 「인식론적」과 같은 뜻이다. 즉 선험적은 선천적 인식에 제한된 것을 지시한다. 그러나 「선험적」의 의미를 확대해서 다음과 같이 사용한 예도 있다. 즉 「대상일반에 대한 공간의 사용은 선험적이나, 공간의 사용이 감관의 대상들에만 국한되어 있다면 그것은 경험적(현상적)이다」(B.81)라고. 공간을 「대상 일반」에 적용하는 것뿐만 아니라 그 외의 선천적 요소를 이것에 적용하여, 선험적 적용이라고 표시해서, 이것을 경험적 적용에 대립시킨 것은 한두 번이 아니다. 「대상 일반」에의 적용은 물자체에의 적용도 내포하기 때문에, 공간의 이러한 선험적 사용은 잘못 사용한 것이다(B.352). 이런 선험적 사용은 경험적

1) 칸트는 고래의 초험적 형이상학을 파괴했으나, 내재적 형이상학의 강요를 기획하였다. 즉 경험 내부에서만 인식을 가능하게 하는 선천적 원칙들의 체계를 소묘했다.

사용에, 따라서 내재적 사용에 대립하는 것이고, 따라서 선험적과 초험적이 동의인 것이 되고 말 것이다. 독어 transzendental(선험적)과 transzendent(초험적)은 원래 다 초월한다는 뜻의 라틴어[1] transcendere에서 유래한 것이다(455면 참조).

가상에는 논리적 가상·경험적 가상·선험적 가상 셋을 구별할 수 있다. 앞 두 사람은 소멸할 수 있으나 최후의 것은 불가피한 것이요, 그만큼 선험적 변증론이 경계하고자 한 것이다.

선험적 변증론의 과제는, 초험적 판단이 지니는 「객관적 타당성의 가상」을 발견하여, 이 가상이 우리를 기만하는 것을 폭로하고, 가상을 방지하는 일이다. 이 가상은 자연스러운 착각(Il-lusion)이요, 그러므로 불가피하고 불가절인 착각이되, 이런 착각은 이성의 비판을 통해서 제법될 수 있다.

제2절 선험적 가상의 자리로서의 순수이성

1. 이성일반

칸트는 이성을 협의로 사용해서 그것을 「원리들의 능력」이라고 하고, 규칙들의 능력인 오성에서 구별했다. 「원리에 의한 인식」은 매개념에 의해, 특수를 보편 중에서 인식하는 것이다. 그러므로 삼단논법이 원리에 의한 인식으로 간주된다. 모든 사람이 죽는다는 보편적인 대전제에서 출발하여, 이것에서 매개념 「인간」을 통과해서 (즉 금군은 사람이다라는 소전제를 통해), 그러므로 금군은 죽는다라는 결론을 내리는 예와 같다.

오성이 선천적 보편 (일반) 명제를 제공하고, 그것이 대전제로 쓰일 수 있는 한에서, 그런 보편명제를 원리라고 할 수 있다. 그러나 순수오성의 원칙들, 가령 인과명제와 실체명제 등은 그 자신 「개념에 의한 인식」이 아니다.

그 무엇이 생기는 것에 관한 개념(오히려 이념)으로부터 곧 그것의 원인에

1) B.397과 철학서론 33절에서 범주의 초험적 사용을 그 선험적 사용과 혼동했다. 변증론에서 선험적 심리학도 「초험적」 심리학이라고 표시했어야 할 일이다.

대한(종합)인식이 산출될 수 없다. 만약 한갓 개념에서 원인이 도출된다면 인과명제는 분석명제(개념의 판단)일 것이요, 선천적 종합판단(대상의 판단)이 아닐 것이다. 선천적 종합판단이기 때문에, 인과명제는 「가능한 경험의 조건으로서」의 그 타당성이 지정될 수 있다.

그러나 「개념에 의한 종합적 인식들」을 칸트는 단적으로 원리(이념)들이라고 하였고, 이것 외의 모든 전칭명제는 상대적(비교적) 의미에서 원리라고 하였다. 오성은 사실은 진정한 원리, 즉 절대적 원리를 제공할 수 없다. 칸트에 의하면, 이성만이 오성의 규칙들을 통일하는 원리들에 종속시키는 능력을 가지는 것이다(B.359).

2. 이성의 논리적 사용

추리에 있어 보통은 보편적인 것에서 구체적인 것으로 내려가는 행정을 생각한다. 그러나 이성은 이것과 반대의 길을 개척할 수도 있다. 즉 주어진 판단을 결론의 명제로 상정하고, 그것 안에 포함된 주장이 보편적 규칙의 한 예로 생각될 수 없는가를 물을 수 있다. 그리고 이 보편적 규칙을 그보다도 더 보편적인 규칙에서 생긴 결론의 명제로 파악할 수 있어서, 이런 보다 더 보편적인 규칙을 추구한다. 이래서 이성은, 오성의 자못 다양한 인식을 최소수의 원리로 개관할 수 있고, 그로 인해 최고의 통일을 추구할 수 있다(B.361).

3. 이성의 순수사용

위에서 말한 이성의 방법을, 오성의 제약된 인식에 대해 무제약자를 발견하여, 제약된 인식의 통일을 완성하려는 것이라고 공식적으로 말할 수 있다(B.364). 이러한 공식적 준칙은 오성의 규칙과 개념들을 절약하려는 (그것들을 가능한 최소자로 환원하려는 의미에서) 주관적 법칙이다(B.362). 그러나 이 주관적 법칙이 객관적으로도 타당하는 것인가, 즉 객관적 현실 중에도 통일성이 과연 지배하고 있는가 하는 의문이 생긴다. 그런데 칸트에 의하면, 이성 자신이 「우리에 대해 객관적인과 것」을 산출하는 것이다. 다시 말하면 이 객관적인 것은 합규칙성 혹은 합법칙성과 동일한 것이다. 그러므로 저 의문은 「이성자체가, 즉 순수이성이 선천적 종합원칙과 규칙들을 과연 포함하는 것인가 (포함한다면 여기에 이성의 대상이 존립할 것이지만) 또 이러한 포함 중에 과연 원리들이 존립하는 것인가?」하는 것을 의미한다(B.363).

이런 의문에 답함에 있어 다음의 것을 주의해야 한다.

첫째로, 이성은 오성처럼 직접 직관적 소여에 관계해서 이것을 대상화하는 것이 아니고, 오성과 그 판단들에만 관계하는 점이다. 둘째로, 이성의 주관적(논리적) 원칙은 오성의 제약된 인식에 대해 무제약자를 발견하는 일이요, 이로써 오성의 소급적 통일이 완성된다는 점이다(이 정성은 보다 더 보편적인 대전제, 그러므로 보다 더 소수의 대전제에로 소급한 것을 의미한다). 그러므로 주관적-논리적 준칙에, 선천적 종합판단으로서의 객관적-선험적 원칙이 일치할 것이다. 즉 객관적-선험적 원칙은 「제약된 것이 주어져 있으면, 서로 종속하게 된 제약들의 전계열(이것은 따라서 무제약인 것이지만)도 주어져 있다는 말이 된다. 그리고 어떤 일은 대상과 그것의 연결 중에 포함되어있다(B.364).

그러나 여기서의 원칙은 초험적이 되겠다. 이런 원칙은 현상들의 둘레를, 즉 경험을 넘어서는 것을 명령한다. 경험 중에는 무제약자는 발견되지 않기에 무제약자는 이성의 대상이다. 그래서 순수이성의 초험적 원칙이 과연 객관적으로 타당하는가 혹은 그것은 오히려 요강이기보다는 애원이 아닌가, 즉 정당한 요구이기보다도 잠입한 요구가 아닌가 하는 의문이 생긴다. 이 의문에는 답하는 것이 선험적 변증론의 과제이다.

제3절 이성의 순수 개념들

오성의 개념들은 모든 경험적 지성적 형식이기 때문에, 그것들은 항상 경험에 타당하는 것으로 나타난다.

이성의 개념[1]들은 이러하지 않는다. 이성의 개념들은 무제약자, 즉 「경험할 수 없는 그 어떤 것」에 관계하기 때문이다. 여기에 범주들에서 구별하여 이성

1) 이성의 개념은 이념(무제약자)이요, 초험계·물자체계에 있는 것이나, 요성의 개념은 범주로서 경험계·현상계에만 작용하는 것이다.

의 개념들을 이념들이라고 표시하는 소이가 있다.

칸트는 여기서 파악(Begreifen)과 이해(Verstehen)를 대립시켜 있다. 사물이 어떻게 진행하는지를 완전히 통찰하지 않은 사람은 그 사물을 「파악」하지 않은 것이라는 관용어로 18세기 당시에 있었다. 파악이란 「그 무엇을 선천적으로 규정하는 것(주는 것)을[1] 의미한다. 단적인 파악은 모든 경험적 조건 없이 안다는 것이다. 이에 [지각의]이해는 오성이 하는 통찰이요, 범주의 작용이다. 칸트는 그의 논리학에서도 인식의 일곱 단계 중에서 이해와 파악을 구별했다.[2]

> 첫째로 그 무엇을 표상한다. 둘째로 지각한다(의식적으로 표상하는 것이다). 셋째로 상이한 것을 식별한다(동물도 식별한다). 넷째는 의식적으로 식별하는 것이다. 다섯째가 오성의 개념으로써 인식하는 「이해」의 단계이다. 영구운동론을 이해하는 것과 같다. 이해는 「파악」과 다르다. 여섯째가 그 무엇을 이성에 의해 통찰하는 단계다. 최후가 파악이다. 이것은 우리의 의도에 대해 충족한 것, 즉 상대적이요, 절대적으로는 우리는 아무것도 「파악」함이 없다.

필경 이성의 개념들은 반성에서 얻어진 것이 아니라 추리에서 얻어진 개념이다(B.367).

1. 이념일반

이념이라는 단어를 활용함에 있어 칸트는 플라톤과 연결했다. 플라톤은 이 단어에서 「그것에 합치하는 것이 경험에는 주어질 수 없는 그 어떤 것」을 (B.370) 표시하였다. 이념들은 그에는 사물 자신의 원형들이었다. 그는 이념들을 특히 실천적 영역에서 발견했다. 즉 우리의 자유의지에 의해 실현될 것 중에서 발견했다. 자유의지는 그 특유의 이성인식의 인도를 받는 것이다. 즉 덕

---

1) Heimsoeth, *Transzwndentale Dialektik*, I. S.29. 참조. 또 칸트의 이해는 현대의 해석학적 이해와는 관계가 없는 용어이다.
2) *Logik*, Einl., Ⅷ. S.65(Akademie판)

과 같은 유가치한 것에(이것은 마땅히 있어야 하는 것이지만), 인도된다. 이 가치-개념들이 실천이성의 이념들이다. 칸트도 가치-개념들을 타당한 것으로 시인했다. 그러나 칸트는 사변적·이론적 영역에서는, 즉 현실적인 것의 인식에서는 플라톤을 추종하지 않았다. 그는 이념들의 신비적 연역에서도 플라톤을 추종하지 않았다. 즉 이념들을 이를테면 실체화한 (다시 말하면 현실적·자립적 존재이도록 한) 과정에서도 플라톤을 추종하지 않았다(B.372 원주). 플라톤은 이념들이 초천상의 장소에 실재한다고 가르쳤다. 즉 영혼들의 전생이 이념들을 체관한다고 하였다. 그리고 영혼이 이념들을 아는 것이, 그것이 육체 속에 감금됨에 의해 흐리게 되었고, 그러므로 현생에서 이념들을 알도록 다시 깨우쳐야 한다고 하였다.

칸트는 플라톤의 「이념」이라는 언어가 사물의 본성에 합치해서 보다 더 온당하게 해석될 수 있을 것으로(B.372 원주) 보았다. 나토르프(Natorp)도 칸트와 의견을 같이해서, 이념은 피안에 있는 본질성이 아니라 합법칙성에 관한 사상[1])이라고 했다. 합법칙성의 사상에 의해 비로소 우리는 감관에 주어진 무규정의 현상들이 객관적으로 실재하는 세계로 규정된 것이라고 생각하는 바이다. 이런 해석은 플라톤의 이념을 칸트의 해석으로 접근시킨 것이라고 할 수 있다.

칸트는 플라톤이 '공화국'을 공상이라고 비난한 J.J. Brucker(1696-1770, 철학사가)에 반대해서 '공화국'을 옹호하였다. 이런 태도는, 플라톤의 실천적-윤리적 이상주의에 대한 칸트의 근본 신념을 전적으로 표현한 것이다. 칸트에 의하면, 실행난이라는 자못 빈곤하고도 해로운 구실 아래서 이념들을 무용한 것으로 배제하는 것은(B.373), 가치 있는 것으로서 우리에게 반짝이는 이념들에 대한 배신인 것이다. 「경험에 모순된다는 것을 속되게 빙자하는 일만큼 해롭고도 철인답지 못한 일은 없다.」

이념이 극한(가장 완전한 것)을 원형으로서 제시해도, 그것이 완전히 실현될 수는 없다. 이념과 그것의 실현간에 있는 간격이 아무리 크더라도, 우리는 그것

1) P. Natorp는 이념들에 관한 전래의 형이상학적 해석을 논리적 해석으로 억제하고자 했다. 그의 명저 *Platos Ideenlehre* 참조.

을 확정할 수 없고 확정해야 할 것도 아니다. 모든 거시된 한계를 넘어가야 하는 것이 자유이기 때문이다(B.374). ―― 이런 견해에서 칸트는 「무제약자와 자유」의 이념이 실천적·윤리적 영역에서 권능이 있음을 숨김없이 인정한 것이다.

플라톤은 생물과 자연이 전체적으로 신적인 세계창시자의 이념들에서 발생했다고 했지마는, 이 점에 관한 그의 노력을 칸트는 존경할 만하고, 추후할 만하다고 보았다. 즉 세계질서의 자연적인 것을, 이념의 모사로 보는 것에서 출발하여, 목적(즉 이념)들에 의해 세계질서의 총기획적인 결합으로 올라갔던, 철인 플라톤의 정신적 비약을 칸트는 칭찬하였다(B.375). 비판철학은 플라톤의 과장된 표현을 덜어버리는 동시에 이 고대철인의 근본사상을 「판단력 비판」 중에서 부연하였다. 「판단력 비판」은 미와 숭고를 다룬 것 외에 유기적인 것과 세계 전체 일반의 목적론을 연구한 것이다. 칸트는 플라톤의 이념설의 의의가 도덕·입법·종교를 옹호한 데에 있음을 제한 없이 인정했다. 그리고 이 세 영역에 있어서의 이념들이 미의 진짜 경험을 비로소 가능하게 하는 것이었다. 도덕적 선은 우리의 힘이 보탬이 없이 경험 중에 주어진 것이 아니요, 물자체도 아닌 것이며, 이념들이 인도를 받는 인간의 자유의지에 의해 실현되는 것이다. 따라서 경험이 이념들의 원천인 것이 아니라, 반대로 이념들과 그것들에 따르는 행동이 도덕적 선을 경험 중에서 발견할 수 있도록 하는 것이다.

이상과 같은 견해에서 칸트는 모든 자연주의 윤리사상을 반복했다. 이것은, 경험 중에 주어진 자연에서 도덕의 원칙을 어떻게든지 도출하려고 하였기 때문이다. 자연주의 윤리에 칸트는 다음과 같은 신념을 대치시켰다.

> 도덕법에 관해서는 경험은 유감스럽게도 가상의 어머니이다. 내가 해야 할 일[당위]에 관한 법칙을 [경험적으로] 행해지는 일에서 이끌어내고, 혹은 이것에 의해 제한하려고 하는 것은 가장 배척해야 할 일이다(B.375).

유기적 자연과 세계 전체와의 목적론적 평가를 위해 이념들의 의의가 여하히 크다 하더라도, 윤리학·법철학·종교철학에 대해 이념들의 의의가 여하히 기본적이라 하더라도, 이념들이 과연 순이론적 (즉 목적을 무시한) 자연고찰에서 객관적으로 타당하는 것인지, 또 (만약 타당한다면) 이념들의 타당성이 범주들의 타당성에 비해 어떠한 태도를 취하는 것인지, 이런 문제가 해결된 것은 아니다. 이 문제를 구명하기 전에, 칸트는 이념이라는 말을 플라톤이 시초에 사용한 의미에서, 즉 경험 가능성을 넘어선 「이성의 개념」이라는 의미에서, 사용할 것을 철학에 뜻이 있는 만인에게(B.376) 간청했다.

칸트가 산 당시에는 경험론자 로크를 본받아서 이념(관념)이라는 말이 모든 표상일반에 대해(따라서 가령 푸르다·뜨겁다와 같은 감관에 대해서도) 오용되었다. 이 절의 맨 끝에서 칸트는 표상[1] 일반을 분류하였고, 이성의 개념에도 그 안에서의 위치를 주고 있다(B.377 참조). 여기서 단지 특징들(비물질성·불후성·자기동일성·관념성)에서만 한 개념(가령, 불멸의 영혼)을 추리해서 세운 것이 이념(경험할 수 없는 것)이라고 했다.

2. 선험적 이념들

범주를 판단의 형식에서 도출했듯이, 칸트는 선험적 이념들을 추리의 형식에서 도출하였다. 대전제가 정언판단(A는 B다), 가언판단(A가 있으면 B가 있다), 혹은 선언판단(A는 B이거나 C이다)임을 따라, [일반]논리학은 추리형식을 셋으로 구별한다. 이런 추리형식에 의해 우리는 무제약자를 소급적으로 탐구할 수 있다. 그러므로 세 형식의 무제약자(절대자)가 있게 된다. 절대적 주관[영혼], 절대적으로 시초인 제약 [유심론의 전제 혹은 유물론의 전제], 절대적으로 완전한 한 체계(이것은 모든 가능한 구분지를 포괄하는 하나님이라는 무제약자)가, 즉 그것이다.

범주와는 달리 선험적 이념들에 있어서는 그것에 일치(대응)하는 대상을 경험 중에 나타낼 수 없다. 즉 그 어떤 선행사건(Vorgang)에 관해 그것이 한 원인이라고 내가 말할 수는 있으나, 그것이 최후의(무제약적·절대적) 원인이라고 주장할 수는 없다. 모든 사건에 대해 나는 경험-인식에서 원인인 제약들에 다시 소급해 가야 하기 때문이다. 비록 이념들의 객관적 사용(대상적인 것에의 사용)이 초험적이라 하더라도, 다시 말하면 경험의 한계를 넘었다 하더라도,

---

1) 표상이란 오관에 직접 관계함이 없이 각종 사물의 모습을 중심에 떠오르도록 하는 것이요, 영어로는 관념(idea) 혹은 심상(image)이라고 한다.

이념들은 자의에서 안출된 것이 아니라 이성 자신이 본성에 의해 과해져 있는 것이다(B.384). 이념은 오성을 이론적으로 사용하는 입장, 즉 경험-인식의 입장에서 보면, 확실히 이념일 뿐이다. 그렇다고 해서 무용의 것이요, 허무한 것이라고 보아서는 안 된다(B.385). 그것이 아무런 객관도 인식시키지 않더라도, 그것은 오성의 객관들을 탐구할 무렵의 규준으로 쓰일 수 있다. 이런 이념들은 이론적 영역(자연 의식)에서 의욕·행위·신앙의 실천적 영역으로 넘어가는 데에 가교노릇을 할 수도 있다.

선험적 이념들을 제시한 첫머리에서 추리의 형식들에서 무제약자의 사상이 어떻게 전개되는가를 표시한 것에 칸트는 다시 주목한다. 이래서(전제 삼단논법을 통해서) 「제약된 것」에서 제약들로 올라갈[1] 무렵에, 제약들의 전체성은 주어져 있을 것이라는 전제가 박두하되, 제약된 것으로 내려갈 경우에는, 이러한 진행이 내려가는 방향(a parte posteriori)에서 어디까지 도달하는지, 또 이런 계열의 전체성이 일반적으로 과연 가능한 것인지, 이 점에 관해 이성이 무관심일 수 있음을, 칸트는 강조했다.

3. 선험적 이념들의 체계

칸트 이전의 초험적 형이상학은 존재론·영혼론(심리학)·우주론으로 나누어졌다. 그런데 존재론에서 칸트가 시인할 수 있었던 것은 이미 분석론에세 제시되었다(현상체와 가상체의 구별, 5장). 영혼(마음)·세계·하나님에 대한 고래의 형이상학을 검토하는 것이 변증론의 내용이다. 고래의 형이상학이나 당대의 형이상학이 순수이성에 의해, 즉 선천적으로, 「현실의 절대적 존립」(물자체들)을 인식하려고 했기 때문에, 칸트는 이런 형이상학을 이성적(rational)[2] 혹은 초험적 형이상학이라고 표시하였다.

삼단논법의 세 형식에서 전개된 세 이념을 칸트는 이제야 형이상학의 상술

1) 정언추리와 선언추리에서도 그 대전제의 주어는 제약이라고 파악될 수 있다. 「A는 B다」고 하는 것은 「A가 있을 때에, B가 있다」와 동의다. 「A는 B이거나 C이다」라는 것은, 「A가 있다면 B가 있거나 C가 있거나이다」와 동의다.

2) 변증론에서 이성적은 초험적(transzwndent)과 동의로 쓰인 때가 많다. 「이성적」보다 합리적 내지 사변적이라는 표현이 더 적절할지 모른다(또 554면 역주 참조).

의 세 분과의 대상과 동일시하려고 노력한다. 절대적 주관의 이념은 사고하는 주관(마음, 영혼)의 절대적 통일과 동일하다. 무조건적 제약의 이념은 현상의 제약들 계열의 절대적 통일(즉 세계)과 동일하다. 절대로 완전한 체계라는 이념은 사고 일반의 전대상의 제약이 지니는 절대적 통일(즉 모든 존재자의 본질로서의 하느님)과 동일하다. 「이성의 순수한 개념들」의 그 어떤 특수 종류가 세 이념에 각각 귀속하느냐 하는 것을 칸트는 이제야 다루고자 하였다.

이념들의 객관적 타당성의 변호, 즉 이념들의 객관적(선험적) 연역은 불가능하다. 이념들은 그것들에 합치해서 주어질 수 있는 객관에 대한 관계를 가지지 않기에 말이다(B.393). 그러나 칸트는 이념들을 인간 이성의 본성에서 주관적으로 이끌어 낼 수 있었다. 즉 삼단논법의 세 형식에서 도출할 수 있었다. 주관적인 도출(subjektive Ableitung)이라고 했지마는, 그것은 심리학적인 것이 아니고 형식논리학의 추리를 출발점으로 해 있는 것이다.

세 이념은 「관계」의 세 범주에 상관하여 있다. 즉 속성과 자존성(실체와 우유성), 인과성과 의존성(원인과 결과), 상호성의 세 범주이다(B.106). 이념들은 절대화한 [관계의] 세 범주이다. 즉 절대적 실체(마음), 원인들의 절대적 총괄(세계), 상호작용을 하는 존재자의 절대적 전체(모든 존재자의 본질로서의 하나님)를 의미한다. 칸트는 마음론에서 그 불멸의 문제를, 세계론에서 자유의 문제를 상세히 구명했다. 그러므로 「형이상학 탐구의 본래의 목적은 하느님 · 자유 · 영생의 세 이념만을 가진다」(B.395 원주)고 하였다.

세 이념이 발생되는 삼단논법은 변증적 · 기만적인 것이다. 다시 말하면 이성 자신의 궤변이다. 그러나 가장 현명한 사람도 이런 궤변에서 해방되지 못한다. 이런 기만을 폭로하려는 것이 「비판」의 의도요, 또 업적이다. 이하에서 칸트는 세 가지 이성추리(삼단논법)의 기본 특징을 소묘했고, 그것에 마음(즉 영혼)에 관한 오류추리, 세계에 관한 이율배반, 하나님이라는 「순수이성의 이상」이라는 명칭을 부여했다. 또 여기의 하나님이, 소펜하우어가 오해했듯이, 반드시 기독교적 의미의 하나님만을 의미하는 것은 아니다.

제7장 이성의 오류추리

제1절 이성적 심리학의 장소론

7장은 이성적(합리적) 심리학을 비판한 것이다. 이성적 심리학은 필경 오류추리(논과라고도 한다)에 귀속한다. 그것은 「자아」개념의 단순성에서 자아자신의 단순성과 불멸성을 추리하는 것이다. 단순하기 때문에 당연히 불멸이라고 한다. 여기서의 자아는 사고의 주체로서의 자아를 의미한다.

이상적(혹은 순수한) 심리학은 오로지 「내가 생각한다」라는 의식에만 기본해 있다. 다시 말하면, 오로지 근원적 통각의 의식에만 기본해 있는 것이다. 그리고 근원적 통각은 모든 범주들의 근저에 있는 것이요, 오성 자신과 동일한 것이다. 그런데 사람은 근원적 통각의 의식이 내감에 주어진 그 어떤 것이요, 내적 경험이라고 억측한다. 따라서 그것이 순수한 의식이 아니라 경험적 의식이라고 억측한다. 그러나 실은 근원적 통각이 비로소 외내의 경험을 가능케 하는 것이다. 그러므로 내적 경험일반[사고하는 자아, 즉 영혼]이 있다고 하는 이성적 심리학의 주장은 경험적(empirisch) 인식이라고 말할 수 없고, 「경험적인 것 일반」을 그것이 초험적임에도 불구하고 인식한다는 주장으로 된다(B.401). 이 합리적 심리학에서는 보편적 자아의식(내가 생각한다는 의식 혹은 통각의 의식)에다 쾌·불쾌와 같은 내부지각이 만약 조금이라도 보태지면, 그로 인해 이미 경험적인 심리학이 되고 마는 것이다. 따라서 이성적 심리학의 내부에서는 사고한다는 자아와 관계를 맺고 있는 것은 초험적 객어뿐이요, 경험적 객어가 아니다.

칸트는 초험적 객어들을 범주표에서 빌려와서, 그래서 이성적 심리학의 장소론(Topik)으로 삼았다. 이것은 이성적 심리학의 기본사상의 개관에 해당한다.

1. 마음(영혼)은 실체(관계－범주)다. 그러면서도 그것은, 공간적인 것을 따라서 질료적인 것을 모르는 내감의 대상으로서, 비물질적인 실체다.
2. 마음은 단순한 것(성질－범주)이요, 그러므로 파멸할 수 없는 것이며 부후적이다(573면 참조).

3. 마음은 수적으로 동일하다(분량－범주). 다시 말하면, 그것은 시간과 체험이 아무리 변역해도 하나의 인격이다.
4. 마음은 물체와의 상호관계가 있고 특히 자기 자신의 신체와 관계한다(양상－범주). 즉 마음은 신체적 생명의 원천이요. 생명성의 원천이다.

1과 3까지는 마음의 정신성을 말한 것이요, 정신성을 통해서 생명성이 제한되어 있다. 즉 신체를 살리는 원리로서의 마음이, 신체를 해체시키지 않고 도리어 마음에 불사성이 있다(불사성은 2에서도 주장되었다).

이상의 특성들이 있다고 한 마음은 자아라는 내용이 공허한 표상인 것 외의 아무것도 아니다. 「자아의식」의 공허와 무규정성을 지극히 강조하기 위해서 칸트는 그것은 한 개념이다라는 말조차 할 수 없다고 하고, 다음과 같이 진술하였다.

> 자아, 피아 혹은 생각하는 그것(사물)에 의해 표상되는 것은, 사고작용 [원어 Gedanke는 Denkakt의 뜻]의 선험적 주관 $=x$[1] 임에 틀림없다. 선험적 주관은 그것의 객어인 사고작용에 의해서만 인식된다.

우리가 자신의 자아의식을 모든 생각하는 존재에 옮겨 넣는다는 것은, 우리가 우리의 자아의식에 기본해서만 그런 존재[원어는 대상]를 표상할 수 있음에 기인한다. 자아의식을 딴 사고적 존재에 옮겨 넣을 때에, 「내가 생각한다」는 명제를 데카르트가 사용한 것처럼 그 명제를 사용하는 것은 아니다.

「내가 생각하니 내가 존재한다」라는 데카르트의 명제는 자기의식 중에 자신의 현실성의 의식도 직접 포함되어 있다는 뜻이었다. 이런 뜻은 언제나 자신의 자아의식에 대해서만 타당한다. 그러나 「내가 사고한다」는 것을 타자에게 옮겨 넣을 때에는, 이러한 이입은 확실하지 않고, 개연적일 뿐이다. 그러므로 만약 타자에 그 자아의식이 있다고 한다면, 타자의 마음이 실체성·단순성 등의 특성도 가지는 것이라고 우리는 말하고자 한다.

사람이 심리학의 근저에 자아의식 이상의 것에 둔다면, 즉 내감 중에 주어

---

1) 이 선험적 주관은 물자체로서 현상에의 대응물(Gegenstück)이라고 보아진다.

져 있는 현상을 둔다면, 거기서 내감에 대한 일종의 자연학이 생기고, 이것은 외감에 기본한 외적 자연의 경험과학과 화합하는 것이다(칸트는 대개는 이 외적 자연에 관한 경험과학만을 돌보았다). 자연학으로서의 심리학은 경험적이요, 이성적이 아니다. 이에, 경험적 심리학을 문제로 삼지 않고, 여러 입언(A.348)을 하는 이성적(초험적) 심리학은 오류추리에 빠지지 않을 수 없다.

제2절 초판의 오류추리론

1. 실체성의 오류추리

실체란, 그 표상이 우리 판단의 절대적 주어인 것이다[대전제]. 그런데 생각하는 존재로서의 나는 모든 판단의 절대적 주어다[소전제]. 그러므로, 이러한 나는 실체다[결론].

이 삼단논법에서 매개념은 「절대적 주어」라는 단어다. 그런데 「절대적 주어」의 의미가 대전제에서는 판단의 대상인 실재적인 것을 말했고, 소전제에서는 단지 논리적인 조건을 말했다. 즉 양전제에서 매개념의 의미가 다르다. 그러므로 결론의 오류는 「매개념 다의의 오류」에 기인하는 것이다.

그러나 마음「영혼」의 개념이 이념에서의 실체만을 말하고, 실재적인 실체를 말하는 것이 아니라면, 마음은 실체이다라는 명제는 승인될 수 있다(A.351).

2. 단순성의 오류추리

그 작용이 많은 사물의 경합으로 보아질 수 없는 사물은 단순하다[대전제]. 그런데 「생각하는 나」는 이런 사물이다.[소전제]. 그러므로 나는 단순하다[결론]

마음(영혼)이 단순하지 않은 것이라면, 그것은 여러 사고적 주체로써 합성되어 있는 것일 게다. 그리고 많은 사고적 주체가 조리있는 사상을 성립시키기 위해 합동하는 것은, 마치 한 물체의 운동이 그 물체이 모든 부분적 운동의 합성인 것과 유사할 것이다. 그러나 각종 사고 주체에서의 각종 표상이 사상을 형성할 수 없는 것은, 개개의 단어 자신이 시구 전체를 이룰 수 없는 것과 같다. 그런데 사고의 통일성은 영혼의 통일성을 증시하는것이요, 이때에 「단순한 표상이라서 분해될 수 없는 것」은 사상 자신이 아니라, 모든 사고에 수반해야 하는 「내가 생각한다」고 하는 것이다. 자아는 단순한 표상일 뿐인데도, 이성적 심리학은 이런 단순한 표상을 단순한 실체로 전환해 버렸다. 오류이다. 그러나 단순하다는 자아는 사실은 직관이 있는 대상이 아니요, 그러므로 인식될 수 없는 것이요, 그러하기에 단순한 실체일 수는 없는 것이다(A.352 참조).

이성적 심리학은, 단순한 것은 불가분할적이요, 물체는 불가할적이라고 함에 의해서 마음은 비물체적인 것이라고 한다. 그러나 마음의 단순성은 상술했듯이 실은 증명할 수 없었던 것이다. 또 비록 그 증명이 가능했다 하더라도, 마음과 물체의 구별을 확언할 수 없었을 것이다. 선험적 감성론은, 물체가 우리 외감의 현상이요, 물자체가 아니라고 했고(A.357), 따라서 마음은 공간적으로 직관될 수 없는 점에서 물체와는 다른 것이었다. 그러나 이러한 구별은 인간의 표상방법에만 관한 문제요, 물체와 마음을 본질적으로 구별한 것은 되지 않는다. 가분할적과 불가분할적이라는 특징이 물심의 본질적 구별이 될 수가 없는 것이다. 「우리의 감관을 촉발해서 감관이 공간·물질·형체 등의 표상을 가지도록 하는 그 어떤 것, 즉 가상체로 보아진 그 어떤 것(선험적 대상)이 동시에 사고내용의 주체일 수는 있다」(A.358). 그러나 그렇다고 해서 마음이 단순한 것이라고 증명할 수 없고, 비록 증명했다 하더라도 그것이 물심의 본질적 구별이 되는 것이 아니다.

물질이 만약 물자체라고 한다면, 합성된 것으로서의 물질은 단순한 것으로서의 마음[영혼]에서 구별되겠다. 그러나 물질이란, 실은 외적 현상이요, 이런 현상의 기체는 도저히 인식될 수 없다. 그러하되, 나는 이 기체자체가 단순한 것이라고 상정할 수 있고, 따라서 외감에서 연장체로서 드러나는 실체에 사고가 외재한다고 상정할 수 있다(A.359 끝). 그리고 이때의 사고는 자기 자신의 내감을 통해서 의식을 가지면서 표상되는 것이다. 이러한 가설[상정]을 허용하지 않는다면, 마음이 물질과 같은 것인지 아닌지의 물음은, 물음 자체가 적절하지 않다. 왜냐하면, 물자체는 그것의 상태인 것의 규정인 현상과는 다른 것이라고 밖에 말할 수 없기 때문이다(A.360).

이에, 단순한 의식이 우리 주관의 단순한 성질을 알리는 것은 아니다. 사람이 소위 단순한 의식에 의해 우리 주관을 「합성된 것으로서의 물질」에서 구별하려고 하는 한에서 그러하다(A.360 참조).

3. 인격성(동일성)의 오류추리

서로 다른 시간에 있어서도 자기동일성을 의식하고 있는 것이 인격(Person)이다[대전제]. 마음은 이런 자기동일성을 의식하고 있다[소전제]. 그러므로 마음은 인격이다[결론].

내가 외적 대상을 경험에 의해 인식하려고 하면, 나는 그것 외의 일체가 규정으로서, 그것에 관계하는 주체로서의 현상 중의 지속성과, 변역하는 시간중의 주체의 지속성에 주목할 것이다. 그러므로 나는 나의 모든 계시적(sukzessiv) 규정을 모든 시간에 있어서 수적으로 동일한 자기에게 관계시킬 것이다. 따라서 인격성의 명제는 시간에 있어서의 자학을 표시한 것이요, 추론된 인식인 것은 아니다. 인격성의 명제는, 전시간이 개별적 단일성[통일체]으로서의 자아 속에 있다고 말하는 것과 같고, 혹은 나는 모든 시간에 걸쳐서 수적인 동일성을 갖고서 존재한다고 말하는 것과 같은 것이다(A.362).

인격의 동일성이 내 자신의 의식에서는 필연적으로 발견된다. 그러나 나의 외부에 있는 관찰자는 나의 시간 중에서(in der Zeit) 고찰한다. 하기에 그는 내 자신의 의식의 동일성에서 내 자체의 객관적인 지속성을 추리하는 것은 아닐 것이다. 즉 내 자학의 동일성은 「나의 사고 내용」과 「사고내용들의 결합」과의 형식적인 조건일 뿐이요, 내 주관[마음]의 수적·실재적 동일성을 증명하는 것은 아니다(A.363). 개별적·경험적 의식은 부단히 부침하고 유전하는 것이어서, 실재적 동일성을 말할 수 없기에 말이다. 자학의 한갓 통일성에서 직관되는 대상의 인식이 생기는 것은 아니다.

그러나 마음의 일체성·단순성·인격성 등의 술어를 그것이 주관의 한갓 논리적 통일을 지시하는 것(분석판단)인 한, 보류될 수 있는 것이다. 특히 「인격성의 개념은 실천적 사용을 위해서 필요한 것이다.」(A.366). 그러나 그런 술어들이 실재하는 것으로 인식되는 것은 아니다.

4. (외적 관계의) 관념성의 오류추리

> 사물의 존재가 주어진 지학의 원인이라고 추론될 수 있다면, 그런 사물의 실재는 의심스럽다[대전제]. 그런데 외적 현상 전체의 존재는 직접으로 지각될 수 없고, 주어진 지각의 원인으로서 추리될 수만 있다[소전제]. 그러므로 외감의 전대상의 실재는 의심스럽다[결론].

이런 결론에서 「마음(영혼)의 현존」만이 가장 확실하다는 귀결이 생기고 외물의 현재는 관념성이라서 불확실하다고 한다.

외물이 우리의 표상에서 독립해서 실재하는 물자체라고 하는 것이 선험적(초험적) 실재론이다. 그런 물자체의 인식이 의심스럽다고 하는 것이 경험적 관념론이다. 그런데 이 양자를 다 부정하는 것이 곧 관념성의 오류추리를 폭로하는 것이 된다. 칸트는 자기의 선험적 관념론으로써 관념성의 오류추리를 폭로하였다.

그리고 선험적 관념론자는 경험적 실재론자요(A.371), 따라서 이원론자다(A.370). 그러나 선험적 관념론과 경험적 실재론은 원래는 동일한 입장을 서로 다른 측면에서 설명했을 뿐인 것이다. 물체란 것은 외적 현상(즉 공간·시간·범주 등의 형식에 제약된 것)이요, 물자체는 이런 형식 속에 들어오지 않는다고 하는 것이 선험적 관념론이다. 각종 형태·모든 변화에도 불구하고 외물, 즉 물질은 현상임에 틀림없고, 우리 안의 표상인 한에서, 그것은 직접 지각되고 직접 확실하며, 외물의 현실성을 직접 의식한다. ── 이것이 경험적 실재론이다. 그러므로 외적 현상의 현존은 내적 현상의 현재와 마찬가지로 확실하고, 물체의 현존은 마음의 현상의 현재와 마찬가지로 확실하다. 이런 주장이, 이성적[1] 심리학의 관념론에 대립한 칸트의 이원론(A.367)이다. 이 이원론은 물적 현상과 심적 현상을 표상의 두 종류로서 구별하는 의미에서도 이원론이다. 그리고

---

1) 이성적 심리학의 오류추리의 폭로와 관념론 반박(B.274 이하)과는 관계가 깊다. 오류추리의 네 가지 삼단논법은 독단적 형이상학의 유형적 주장을 표시한 것이요, 라이프니쯔, 볼프, 데카르트, 흄 이 칸트가 제시한 삼단논법 그대로 추론한 것은 아니다.

이 이원론은 「일종의 선험적(초험적) 이원론」과는 다른 것이다(A.389 참조).

물질의 현존을 부정하는 독단적 관념론(버클리)과 물질 현존의 증명을 할 수 없다고 하는 회의적 관념론(흄)도 「선험적 감성론」에서 명시한 선험적 관념론에 의해 극복되는 것이다(A.379).

5. 순수심리학의 개괄적 고찰

항존하는 것으로 보고 싶어 하는 「단순한 나」는 의식의 순형식이요, 그러므로 학문으로서의 이성적 심리학은 성립하지 않는다(A.382). 그러나 나의 사고적 존재의 지속적 본성을 사변적 근거 외의 딴(도덕적) 근거에서 얻어 올 수 있다(A.383).

이성적 심리학의 고유 목표는 세 가지였다.

1. 현세에서의 마음과 신체와의 상호작용의 문제.
2. 이런 상호작용의 시초의 문제(인간이 탄생한 때와 탄생하기 전의 마음의 문제).
3. 이런 상호작용의 종국의 문제(즉 영혼불멸의 문제).

이런 문제들에 있다고 믿어지는 난점은, 세인이 망상에 사로잡혀 사고내용(관념)으로서 있는 것을 실체화(hypostasieren)하는 데서 유래한다.

칸트에 의하면, 물체(따라서 신체)는 대상자체인 것이 아니다. 알려지지 않은(선험적) 대상의 현상이다. 물체의 운동은 알려지지 않은 이 원인의 결과인 것이 아니라 우리의 감관에 영향을 준 현상이다. 그러므로 물체와 운동은 우리의 외부에 있는 「그 어떤 것이 아니라, 우리 내부의 표상이다. 이래서 문제는 「인간 감성의 표상들이 어떻게 또 어떠한 원인에서 연결되어 외적 직관이라고 불려지는 표상이 경험적 법칙에 준거해서, 우리의 외부대상이라고 표상될 수 있느냐 하는 것이다(A.387).

다음에 칸트는 독단적 이의·비판적 이의·회의적 이의 등을 구별했다. 독단적 이의는 상대(이성적 심리학)가 주장하는 명제 자신에 덮어 놓고 반대하는 것이다. 비판적 이의는 명제의 증명만을 공격하는 것이다(칸트의 입장). 회의적 이의는 명제와 반대명제의 양측이 독단적인 것으로 보아, 대상에 관한 판단을 일체 쳐부수는 것이다(A.388).

「일종의 선험적 이원론」은 우리의 「생각하는 주관」이 신체와 상호작용을 하고, 또 우리에서 독립해서 자존하는 대상이라고 하는 것이다. 여기서는 인식론적 반성이 없이, 상호작용에 관해 궤변을 농하고 있다. 이런 궤변으로서 자연적(physisch) 영향설·예정조화설·초자연적 협력설이 구별되어 있다(A.390).

마음과 물질과의 상호작용에 관한 첫째 설은 상식적 견해이다. 나중의 두설은 이 상식적 견해에 이의해서, 물질이 그것과는 이종적인 마음에 영향을 줄 수 없다고 하고, 제3자(하나님)를 개입시켜, 양자간의 교호작용 아닌 대응과 조화(A.391)를 설정한 것이다. 생각하는 실체와 연장을 갖는 실체간에 성립한다고 칭하는 (데카르트 식의) 상호작용은, 양자가 실체 아닌 현상이라고 하는 칸트의 비판적 견해에 따르면 「조잡한 이원론을 근저에 두고 있는 것」(A.392)이다. 칸트는 심신의 관계를 **현상론적 평행**이라고 보았다.

인간이 탄생하기 전의 혹은 죽은 후의 「생각하는 자연」(영혼)에 관한 주장은 아무도 그 근거를 사변적 원리로부터 댈 수 없는 것이다. 왜냐하면 사람이 자기가 생각한 것을 실물로 삼고(Man macht seine Gedanken zu Sachen. A.395), 생각한 것을 실체화하고 있기 때문이다. 이런 실체화로 인해 물심의 상호관계를 긍정하건 부정하건 간에 공상적인 학문이 생길 뿐이다. 「비판」은 경험의 해안을 고수해서 기슭이 없는 대해로 함부로 들어가지 말라고 하고 있다(A.396).

순수이성의 전변증적 사용에는 1. 사고내용 일반의 조건들의 종합, 2. 경험적 사고의 조건들의 종합, 3. 순수 사고의 조건들의 종합의 세 가지가 있는데, 오류추리에서는 이 셋 중의 1을 다룬 것이다. 여기서의 종합은 실은 사고내용과 주관과의 종합이었음에 불구하고, 객관과의 종합이라고 생각된 것이다. 그래서 범하게 된 오류는 내용에 의해서가 아니라(변증적 추리는 이절의 내용, 즉 객관을 도외시한 것이다), 형식에서만 있었던 것이요, 그러므로 오류 추리라고 말하게 되었다(A.398).

이성적 심리학은 「생각하는 자아」(영혼)에 관해서 그것이 실체요, 단순한 것이며 모든 시간에 걸쳐 수적으로 동일한 것이요, 그것 외의 일체 존재가 그것에서 추론되는, 일절 존재의 상관자(korrelatum)라고 한다. 그러나 이렇다는 「생각하는 자아」에 관해서 사실은 다음과 같은 말을 할 수 있을 뿐이다. 즉,

생각하는 자아는 범주에 의해 자신을 인식하는 것이 아니라, 범주들을 인식하는 것이요, 범주들을 통해 일체의 대상을 인식하는 것이며, 따라서 자아 자신의 작용[통각의 절대적 통일]을 통해서 일체 대상을 인식한다는 말이다(A.402). 「사고하는 자아」는 규정하는 자아(bestimmendes Selbst)로서 전제된 것임에도 불구하고, 그것을 규정되는 자아(bestimmbares Selbst)인 것[대상적 존재 혹은 실체적 통각]으로 착각하는 데에 오류가 생긴 것이다.

마음의 실체성에 관한 추리가, 그것이 형식상 대전제·소전제를 가지기는 했으되, 내용적으로 오류였다면, 그것이 논리학상 「매개념 다의의 오류」에 빠져 있었음을 칸트는 다시 한 번 강조했다(A.402 끝 참조). 마음의 단순성에 관한 추리에서도, 그 대전제에서의 「사물들의 연합이 아닌 것은 감성적 직관이 없는 모나드와 같은 개념이었음에 대해, 소전제에서의 「생각하는 나」[인간영혼]는 마치 모든 내적 경험의 실체인 듯이 오용되어 있다.

아무튼 재판에서 오류추리론은 초판의 것을 단축해서 작개된 것이다.

제3절 재판의 오류추리론

인식이라고 하면 사고와 직관이 다 있어야 한다. 그런데 사고하는 자기(통각)와 그것의[1] 양상에 대한 직접적 의식은, 자기의 자기에 대한 직관이 없고 따라서 인식인 것은 아니다. 왜냐하면, 규정하는 자아(적극적으로 사고하는 자기)에 의해 촉발되는 내감 (규정되는 자기)은 경험적 소여에 귀속하되, 이것을 이성적 심리학이 이용함이 없기 때문이다. 순지성(Intelligenz)으로서의 자아와 내적 직관의 객관으로서의 자아를 이상과 같이 준별하는 것은 재판 연역론(B.156)과 관념론 반박(B.278)에 이미 나타나 있다.

이러한 일반적 주의 다음에 칸트는 이성적 심리학에 대한 비판적 숙려를 전개한다.

① **실체성에 관해서** 사고작용을 하는 자아가 사고하는 주관이라는

1) 실체라고나, 단순한 것이라거니, 수적으로 동일하다거니, 불사라거니 하는 표현을 말한다.

말은 내가 「인식의 객관」으로서의 실체임을 의미하지 않는다. 실체-범주의 적용을 위해서 나는 직관 중에서 지속적인 것을 필요로 하되, 이것은 오직 외감에서만 나에게 주어져 있고 사고작용 중에서는 발견되지 않는 것이다.

② **비물질성에 관해서** 자아가 단순한 주관(수다한 주관이 아니라)이라는 것이 내가 단순한 실체임을 의미하지 않는다. 직관이 있어야만 실체-범주의 적용이 정당화된다. 그러나 이성적 심리학은 그 어떤 경험적인 것으로서의 직관에 관계함이 없다.

③ **인격성에 관해서** 「표상들이 아무리 변역해도 동일한 자아」라는 의식은 직관이 아니다. 따라서 그런 의식이 실체-범주의 적용을 변호하는 것이 아니다.

④ **불사성에 관해서** 나는 내 자아와 그 외의 모든 타물를 구별할 수 있고, 그러므로 내 자신의 신체와도 구별할 수 있으나, 그러나 이런 구별이 나의 생명적 신체가 없어도 자아가 실재할 수 있고, 불사인 것을 증명하지 않는다.

이성적 심리학의 기본이설은 「생각하는 모든 존재는 이런 존재로서 단순한 실체이다」라는 선천적 종합판단(B.410)으로 요약된다. 그러나 이런 판단이 분석론에서 증시하였던 원칙과 동일한 것은 아니다. 이성적 심리학의 선천적 종합판단은 경험을 가능케 하는 것이 아니요, 「경험의 객관」들에 관계하지도 않고, 경험 중의 소여가 아닌 그 어떤 것, 즉 물자체(자아자체)에 상관하고 있기 때문이다.

영혼은 물체와는 달리, 항재적 대상으로서 직관 중에 주어져 있지는 않다.

> 생각하는 주관은 실체(대전제)다. 생각하는 존재는 주관이다(소전제). 그러므로 생각하는 존재는 실체다(결론, B410-411 참조).

소위 선천적 종합명제를 증명하고자, 이성적 심리학은 위와 같은 논식을 내건 것이 된다. 그러나 소전제의 주관(통각)과 내부지각의 객관[실재]으로서의 대전제의 주관(실체)은 의미가 사실은 다른 것이다. 전자의 자아는 직관 중의 소여가 아닌 논리적 주관이기 때문에 실체범주를 그것에 적용할 권리가 없는 것이다. 내부지각의 객관으로서 주관[자아자체]에 대해서도 역시 실체범주의 적용이 허용되지 않는다. 내적 직관에서는 외적 직관에서처럼 지속적인 것이 없기 때문이다. 필경 위의 삼단논법은 「매개적 다의의 오류」에 빠져 있다.

제4절 멘델스존의 마음(영혼)-존속증명의 반박

마음(영혼) 불멸에 대한 전통적 증명들은 마음의 단순성을 자칭하는 데서 출발하여 그것의 불가분할·불해소를 주장했고, 나아가서 불파멸을 추론했다. 통속 철학자 멘델스존은 그의 저서 「잔치」(*Phädon*)에서 마음이 소산(Verschwinden)에 의해서 절감(Vernichtung)할 수 없다는 것을 증명하고자 했다. 왜냐하면, 마음의 소산은 마음이 차츰차츰 감소되어 없어져 버린다는 것, 따라서 부분들의 수다를 포함한다는 것을 (이것은 마음의 단순성에 위배되지만) 전제하기 때문이다 (그러나 영혼은 실은 부분들의 수다가 아니다. 영혼이 소멸한다면, 그것은 갑자기 생길 것이나, 이런 일은 그것이 있었던 시간과 없었던 시간을 구별할 수 없음을 의미하고, 따라서 불가능하다. 하기에 영혼은 실체로서 불가성이다).

칸트는 멘델스존에 항거해서, 마음이 단순하다는 것을 허용한다면, 그것은 내연량을 배제하되 내포량을 배제하는 것은 아니요, 이런 한에서, 마음은 그 힘이 점차로 줄어드는 쇠핍(Elangueszenz)에 의해서 소멸할 것이라고 했다 (B.414).

다음에 칸트는 이성적 심리학의 근본이설인 B.402의 1, 2, 3, 4의 명제들이 B.274에서 이미 반박한 질료적 관념론에도 도달할 것, 적어도 데카르트의 개연적 관념론에 도달할 것을 증시하고자 했다(B.416 이하). 즉 마음들은 실체적 존재로서 전혀 자립적이겠으나, 이실적 외계가 외계에 관한 마음의 표상에 과연 일치하는가 하는 것은 역시 의문으로 남겠다고 하였다. 칸트에 의하면, 외계의 현실적 존재는 우리 자신의 심적 체험과 꼭 같이 확실한 것이다. 왜냐하면, 우리는 후자를 전자와의 관계에서만 인식할 수 있고, 그러면서도 양자가 다 이상일 뿐이기 때문이다.

이성적 심리학은 실체에서, 따라서 관계 범주에서 출발하고, 「모든 사고하는 존재는 실체이다」라는 종합적 명제에 의존해 있다. 그러나 칸트는[1] 자아의 현재성에서 출발하고 따라서 양상-범주에서 출발하여 분석적 방법을 취할 것을 천하였다(B.418). 사고하는 자아가 단순한 주관으로서 규정되어야 함에 의해서 —— 그것의 본질인 통각은 통일화작용이기에 —— 모든 유물론이 반박된다. 그러나 마음을 정신적 실체로 보는 유심론도 격퇴되어야 한다. 왜냐하면 내적 직관에는 실체-범주를 마음에 적용함을 정당화하는 지속적인 것이 없기에 말이다. 따라서 문제는, 우리의 마음은 어떤 성질을 가지느냐 하는 것이요, 사후에도 과연 존속하겠는가 하는 것이지만, 이 문제에 대답은 이론적으로 여전히 불가능하다. 이에, 교의(과학)로서의 이성적 심리학은 성립하지 않고, 그것은 훈련으로서만 존재한다. 이 훈련이 이성을 제어해서 이성이 마음 없는 유물론에도 또 유심론의 열광에도 빠지지 않도록 한다(B.421).

제5절 마음-이념의 이율배반

칸트의 이런 견해에서 마음-이념의 이율배반이 벌써 등장했다고 볼 수 있다. 아니, 마음-이념의 이율배반을 실증하는 대목이 있기도 하다:

> 유물론자는 자기 [주장]의 가능성을 위해서 이성론자[유심론자]와 마찬가지로 경험을 인증할 수 없다고 하더라도 통각의 형식적 통일을 보존함으로써 그도 이성론자와 동등하게 대담히 그의 원칙을 이성론자와는 정반대로 사용할 만한 권리가 왜 없을 것인가?(B.418 원주).

가상인 마음-이념을 주장하는 이성적 심리학이 유심론의 정립이라고 한다면, 형이상학으로 화한 의미의 경험적 심리학은 유물론의 반정립에 해당한다. 양자가 모두 동일한 선험적인 정언추리에서 생겼으나, 전자는 마음은 실체이요, 단순하며 불감이라고 독단하고, 후자는 마음이란 경험적 실체요, 합성체이

---

1) 나는 생각하면서 실존하다는 것은 경험적이라고 했다(B.420, B.422 원주, 또 B.428).

며 불감이 아니라고 상정한다. 다음에 정립과 반정립의 각자 증명을 우리가 한 번 시작해 보기로 한다. [반정립에 관해 앞 4절 참조].

정립(유심론)의 증명[간접증명]	반정립(유물론)의 증명[간접증명]
경험계에는 단순한 실재가 없다 (B.419－420)(대전제).	단순한 실체는 자기 안에 어떠한 다(多)도 포함할 수 없고, 따라서 도(度)(내포량)도 없다 (B.416 원주) (대전제).
통각은 그 어떤 실재요, 그것의 단순성은 그것이 가능하다는 것 중에 이미 포함되어 있다(소전제).	통각(의식)은 항상 도(度)를 갖고, 이것은 증감이 있다(소전제).
그러므로 통각은 경험계에 존재하지 않는다. 따라서 사고하는 주관으로서의 나 자신의 해명을 유물론이 할 수 없고, 유심론에 귀착한다(결론).	그러므로 통각은 단순한 실체가 아니요, 사고하는 주관으로서의 나 자신의 해명을 유심론이 할 수 없다. 즉 유물론에 귀착한다(결론).

칸트에 의하면, 이성적 심리학이 순수하게 지성적 표상인 자아를 자아에 관한 직관과 혼동했고, 억측한 이 직관에 실체－범주를 적용함이 정당하다고 믿은 것이, 그것의 근본 과오였다. 그러나 범주와 시간(또 공간)이 비로소 만드는 자아는 현상일 뿐이요, 자아자체는 이 사고형식과 직관형식에 들어와서 파악될 수는 없다.

마음의 실체성과 그것과 함께 불멸성을 증명할 수 없다는 것을 명시한 칸트는, 마음의 실체성과 불멸성을 반박할 수도 없다는 것도 지정했다. 우리가 실천적 의식의 원칙에서 (즉, 우리가 영생을 도덕적 필연이라고 생각하기 때문에) 마음의 영생이 존재함을 믿을 때에, 이론적(사변적) 이성측이 그런 믿음을 조금도 방해할 것이 아니었다.

실천적(즉 의욕하고 행위하는) 존재로서의 우리는 목적설정에 있어서 경험이 자연의 내부에서 현실로 제공하는 것에 속박되어 있지 않다. 우리에게는 특히 도덕적 개선의 세계라는 이념이 떠 있고, 이 세계에 대해 예비하는 의무를 우리는 느끼고 있다. 우리가 도처의 「산 자연」에서 합목적성을 전제해서 좋다면, 보다 더 좋은 피안에 대한 충동이 무목적인 것이 아니라 그것이 어느 때이건 충족될 것임을 상정할 수 있는 것이다(합목적성에 관해서는 「판단력 비판」에서 여섯 가지로 분간되어 있다).

제6절 끝맺는 말과 우주론으로 넘어감

A. 칸트는 또 한 번 이성적 심리학의 근본 과오를 새 정식에서 연술한다. 즉 이성적 심리학은 순지성(예지)으로서의 「자아의 추상적 개념」과 육체에서 떼어진 실체로서 실재하는 자아와 뒤섞고 있는 것이다. 간단히 말해서 한갓 개념과 현실적 존재와 혼동하고 있는 것이다.

그렇고 보면 심적인 것과 물체적인 것과의 관계가 수수께끼인 것으로 보아진다. 전자는 비공간적이요, 후자는 공간적이기에 말이다. 양자에 관해 그 현상만을 다루어야 하는 것을 우리는 고려해야 한다. 그러나 물질적 신체의 현상의 근저에 물자체로서 있는 것은, 심적인 것인 자아의 근저에 있는 물자체와 아마 이종이 아닐 것이라(B.428)는 진술을 칸트는 남겨 있다.

B. 나는 나 자신에게 현상일 뿐이다라는 최후 명제는, 「통각(다양을 결합하는 자발성)으로서의 자아」 의식이 자아의 이상만을 우리에게 주는 것이 아닌 한에서 제한받아야 한다고, 칸트는 믿었다. 현상을 통해서 내가 나를 물자체로 인식하는 것이 아님은 물론이다. 만약 나를 물자체로서 인식하려면 지성적 직관이 필요할 것이다. 여기에 칸트는 다음과 같은 핑계에 도달했다. 즉 자아의식을 통해서 나에게 표시되는 나는 물자체 나도 아니요, 이상적 나도 아니며, 직관하는 방식을 [감상적 직관인가 혹은 지성적 직관인가를] 도외시하는 각 객관일반인 것으로만 나를 생각한다는 핑계였다(B.429). 그런데, 내가 이러한 자발적 자아(통각)를 사상의 주관으로 혹은 사고의 근거라고 표시한다면, 이런 말들은 실체와 원인 등과 같은 것임을 의미하지 않는다. 왜냐하면 범주가 자발적인 자아에 뿌리박고 있어서 그것은 내감 중의 현상에만 적용되기 때문이다.

자아를 이상으로서도 또 물자체로서도 내포하지 않는 이 독특한 자아의식의 특징을 지시하기 위해서 칸트는 다음과 같은 설명에 도달하였다. 즉 단지 생각할 무렵의 의식에 있어서는 나는 존재자체(das Wesen selbst)이되, 자아의식에 의해서는 이런 존재 자체를 사고하기 위한 것[직관]이 주어져 있지 않다는 설명이다. 그러나 내가 사고하는 존재 자체임에 의해서, 나는 완전히 또 영속적으로 내 사고의 객관만을 의식하고 있지는 않고, 나는 명백히 나 자신을 사고

하고 있는 것으로 직접 체험하고 있다. 그러나 칸트는 이 직접적인 앎(체험)을 직관이라고도 인식이라고도 말하려 하지 않았다.

이제야 칸트는 자기의 윤리학에 대한 전망을 보내주고 있다. 우리 자신의 생존에 관해서 우리가 전혀 선천적으로 입법적이라고 전제하고 또 이러한 생존을 결정적으로 전제하는 것,――이런 것에 대한 기연을 우리는 우리의 도덕의식에서 발견한다. 도덕의식 중에 감성적으로 주어져 있지 않은 가상적인(물론 생각된) 세계가 우리 앞에 떠오른다. 그러나 우리의 감성적으로만 철저히 규정될 수 있는 생존을 저 가상계에 관계해서 규정할 수 있고 또 규정해야 하는, 내적 능력이 우리의 자유이다(B.430). 이 말은, 자연적 존재이기도 한 우리는 우리의 자유를 통해 실현되어야 할 이상적인 도덕세계의 시민이 되도록 우리를 교육해야 한다는 뜻이다. 그러하되, 도덕적 이상의 의식과 우리의 자유와는 「물자체로서의 우리 마음(영혼)」의 이론적인 인식을 보내주는 것은 아니었다.

자아는 선험적 연역, 경험적 사고일반의 요청, 관념론 반박, 오류추리 등에서 뜻이 다르다.

1. 자아는 감관에 의해서는 포착될 수 없다. 그러므로 감성적 표상이 아니다.
2. 자아는 사유에서 생기는 개념이 아니다. 개념은 많은 표상들로부터 공통적인 것을 추출해서 얻어진다. 그러나 자아는 유일인 것이요, 지성적 개념이 아니다.
3. 자아는 감성적 개념도 아니다. 감성적 개념이란 원래 불가능한 말이다. 감성만으로서는 개념이 생기지 않기에 말이다.
4. 자아주체는 순수한 지적표상(지적직관)의 대상(물자체)일 뿐이다. 그것은 인식될 수 없고 자아의식으로서 작용만 하고 있다.

제8장 순수이성의 이율배반

이성적[초험적] 심리학의 비판은, 그것이 기만적 추리에 의존하고, 현실적 인식을 주지 않는 것이라는 귀결에 도달했다. 그러나 물자체로서의 마음이 물질로 파악되어야 하느냐 혹은 정신으로 파악되어야 하느냐의 물음에 있어서 유심론(Pmeumatismus)편이 유리하다는 것이 드러났다(B.433). 우주론적 이념들의 비판에 있어서는 영혼론을 다룰 때와는 사정이 전혀 다르다. 여기서는 순수이성의 대립성(정립과 반정립의 대립)이 아주 자연스럽게 드러난다. 이 대립성 때문에, 모순되는 두 주장 중의 어느 편에 사람은 독단적으로 가담해야 하거나 그렇지 않으면 진리의 인식에 절망하는 회의론에 도달한다. 정립과 반정립의 양 편이 건전한 철학의 죽음을 의미하되, 독단론적인 만용이 아름답다고 할 점도 있다. 그러나 이 만용은 순수이성의 안락사(고통 없는 죽음)이다.

이율배반의 반정립은 고대의 플라톤주의에 유래하고, 칸트 이전의 근세 대륙 이성론자(가령 라이프니쯔)에도 있었던, 독단론 내지 유심론을 지시한다. 그것의 주장 내용을 정리하면 :

1. (분량) 세계에는 공간적·시간적으로 기시(한계)가 있다[하나님의 세계 창조].
2. (성질) 세계 중의 일절은 단순한 것(즉 분할할 수 없는 것)으로 되어 있다.
3. (관계) 세계에는 자유에 의한 원인성이 있다.
4. (양상) 세계 원인들의 계열에 있어서, 그 어떤 심연적 존재가 있다.

이율배반의 반정립측은 고대의 에피쿠로스주의에 유래하고, 칸트 이전의 영국 경험론자(가령 로크)에도 있었던 수동적 경험론 내지 유물론을 지시한다. 그것의 주장 내용을 정리하면 :

1. (분량) 세계에는 공간적·시간적으로 무한하다[하나님의 세계 창조 부인].
2. (성질) 세계에는 단순한 것이 없고, 모두가 합성(복합)적이다.
3. (관계) 세계 중에 발생하는 사상은 자유가 없고, 일절이 심연이다.
4. (양상) 세계 원인들의 계열에 있어서 필연적인 것이 없고, 일절은 우연이다.

B.434에서 보인 세계개념(현상들의 종합에 있어서의 절대적 전체성)을 B.867에 나온 철학의 세간적 개념과 혼동하지 말 것이다. 원어는 모두 Wellt-begriff 이다.

이율배반은 정립과 반정립의 항쟁을 지시한 것이다. 이 항쟁은 전래 형이상학과 자연학의 세계관적 대립을 공식화한 것으로 볼 수도 있다. 전래 형이상학의 우주론은 세계의 한계가 있고, 세계가 단순한 단자(모나드)에서 되었다고 했다. 딴편, 전래의 자연학은 공간의 무한한 연장과 물질의 무한한 가분할성을 주장했다. 칸트는 1789. 9. 21 일부의 가르베(Garve)에서 보낸 서한에서, 「나의 출발점은 하나님의 현존이나 영생의 연구가 아니라, 순수이성의 이율배반이다」고[1] 고백했다. 그리고 이율배반을 해결한 열쇠가 1769년에 대광으로 나타났던 선험적 관념론(즉 경험론 실재론)이었다(이하 6절 참조).

제1절 우주론적 이념들의 체계

이성이 주어진 「제약된 것」에 대해 제약들의 절대 완전성을 요구함에 의해서, 이성은 오성의 개념[범주]들을 가능한 경험으로 제한하는 것에서 해방시킨다. 요구된 제약들이 과연 경험 중에 주어져 있는가 하는 것이 이성에게 중대한 것이 아니다. 이성은 절대적 완전성이 자체적으로 실재하는 것이라고 전제한다. 이래서 「이성의 개념들」, 즉 이념들은 내용상으로 모든 제한에서 해방된 범주들로 되는 것이다. 다시 말하면 절대적으로 세워진 범주들이요, 무제약자로 확장된 범주들이다(B.436).

축차로 종속된 제약들이 계열을 연결하는 범주들만이 이제 말한 절대화에 알맞은 것이다. 요구된 완전성(전체성)은 실은 항상 제약들의 이미 경과한 부분에만 관계한다. 장차 후속할 부분은 「주어질 수 있는 것」일 뿐이요, 아직 주어진 것은 아니다.

제약들의 절대적 전체성의 이념이, 시간에 적용되고 보면, 오로지 지나간

1) 원어 dabilis(라틴어)의 어의는 주어질 수 있음(gebbar)이요, 따라서 가능한 것이다(B.438).

시간에만 관계한다. 공간은 시간처럼 계열을 이루지 않는다(B.439). 그러나 모든 국한된 공간이 자신을 또 국한하는 외부의 딴 공간들을 전제하는 한에서, 우리는 그런 공간을 「제약된 것」으로 보아야 한다. 그러므로 한계에서 한계로의 진행 내지는 공간에서 공간으로의 진행이 가능하고, 이런 공간에 전체성의 이념이 적용될 수 있다. 이처럼 완전한 시간, 완전한 공간의 고찰은 분량의 범주(개념)에 속하는 것이다.

성질의 세 범주 중에서도 여기서는 실재성의 범주만이 돌보아진다. 공간 중의 실재성, 즉 물질에 관해서는, 물질의 공간들이 그것의 내적 제약들로 간주된다. 따라서 물질의 부단한 분할을 계속하는 일이 생각된다. 원자를 분할하면 프로톤·에렉톤이 생각되는 것과 같다. 절대적 전체성은 이러한 분할 진행의 완전성에 있을 것이다.

관계의 세 범주 중에서 인과성의 범주만이 절대적 완결에 상관한다. 실체의 범주도 상호성의 범주도 절대적 완결에 알맞지 않다. 이 두 범주는 인과성으로 종속하는 「제약들의 계열」을 다루는 것이 아니기 때문이다. 즉 우유성(속성)은 실체(물체)에 인과적으로 결합해 있는 것이 아니라, 실재하는 우유성들의 종류만이 실체에 종속해 있다고 보아진다. 그리고 상호성(상호작용) 중의 실체들은 계기 없는 집합일 뿐이요, 서로 병립한 항들의 수다성일 뿐이다. 상호성의 실체들은 전계열을 대표하는 항으로서의 지표를 가지지 않는 것이다(B.441). 따라서 원인들의 전체성을 물을 수 있는 인과성의 범주만이 남게 된다.

양상의 범주들 중에서 가능적인 것(우연적인 것)의 범주만이 제약들의 계열에 관여하고, 이 범주에 무제약적 필연의 이념이 대응한다.

상술한 분량·성질·관계·양상의 범주들의 길잡이에 의해, 칸트는 우주론적 이념들의 완전한 체계가 있다고 믿었다. 그리고 이 이념들이 요구하는 완전성의 종류는 다음과 같았다.

1. 합성의 절대적 완전성(완결성)
2. 분할의 절대적 완전성
3. 현상들의 발생의 절대적 완전성
4. 현상 중에 존재하는 가변적 우연적인 것의 의존성의 절대적 완전성

각종의 완전성으로서의 우주적 이념들은 현상들에만 관계하는 것이고 물자체와 관계가 있는 것이 아니다(이 점은 뒤에 나올 신학적 이념도 마찬가지이다).

범주의 네 항목에 준한 각종 계열의 절대적 전체성을 추구할 무렵에 이성은 원래 무제약자를 추구하고 있다. 그런데 이 무제약자는 계열의 전체 중에 성립한다고 생각되고 따라서 전체계열 중의 각 항은 예외없이 제약되어 있다고 생각되거나, 그렇지 않으면 무제약자는 계열의 한 항(즉 최초항 혹은 최상항)이라고 생각되고, 이러한 한 항은 나머지 항들을 제약하되 자신은 전혀 무제적인 것이거나다(B.445.) 첫째 경우는[1] 계열 전체가 완전히 주어져 있는 것으로 생각하는 것이나, 계열에서의 경험적 배진(상승 혹은 전진)이 실은 완성되어 있지 않고, 한계가 없으며, 무한하게 진행할 수 있는 것이다. 둘째 경우에는, 계열의 최초항이 있는 것이 되고, 이 최초항은 1. 세계의 시간적 시초와 공간적인 한계에 해당하고 2. 세계 전체를 형성하는 최초의 단순한 부분(원자 혹은 심적 모나드)도 되며, 3. 원인의 절대적인 자발성(즉 의지의 자유)도 되며, 4. 자연의 절대적(비의존적) 필연성에 해당하기도 한다. 이 둘째 경우의 관점에서, 최초항이 있다고 주장하는 것이 정립이요, 첫째 경우의 관점을 옹호해서 최초항이 없다고 말하는 것이 반정립이다. 그러나 이런 반정립도[2] 계열 전체가 주어져 있다는 것을 독단적으로 전제하고 그것을 추구하는 것이다.

이 대목에서 칸트는 세계와 자연이 같은 뜻이 아니라는 말도 하고 있다. 세계는 모든 현상들의 수학적 전체요, 자연[3]은 모든 형상들의 역학적 전체다.

1) 첫째 경우는, 제약과 제약된 것과의 관계를 전체와 부분의 관계로 보아, 부분이 존립하려면 전체가 절대자로서 먼저 있어야 한다는 식의 전혀 논리적 고찰을 말한 것이다. 둘째 경우도 한갓 논리적으로 절대자, 즉 계열의 최초항이 있어야 한다고 하는 것이다. 그러나 그런 논리적인 절대자가 현상들과 관계를 맺고 있을 것에 주목한다면, 이율배반에서 칸트는 그저 형식적 절대자를 고찰한 것이 아니다(B.445 원주 참조).

2) 가령 세계에 시초가 없다고 하는 반정립은 배진을 부정적(indefinitum)으로 계속해야 한다는 주장이요, 세계에 시초가 있다고 하는 정립은 결국 세계가 무한한(infinitum) 영원에서 유래했다고 사변적으로 독단하는 말이 된다. 또 598면 이하에서 부정적 배진과 무한적 배진을 구별한 것에 주의하라.

3) 자연은 자존적(질료적)인 것[현상]이다. 다시 말하면 내용적으로 규정될 자연적 전체다. 그러나 가령 불의 자연이라고 말한 것처럼 한 사물에 자연이라는 말을 부여했을 때에 그 말은 형용사적(형식적)인 의미를 가진 것이다(B.446 원주 참조).

전자에서는 현상들이 양적 면에서와 수적인 성질의 면에서 고찰된 것이요, 후자에서는 현상들이 그 현존의 면과 작용의 면에서 고찰된 것이다.

우주론적 이념들은 현상들에 관계하는 것이고, 그런 한에서 그것들은 초험적이 아니다. 그러나 그 이념들이 현상에는 주어져 있을 수 없는, 현상(제약)들의 전체성을 표시하는 한에서, 그것들은 초험적인 것으로 된다.

제2절 순수이성의 배반론

계열의 한 항, 즉 최초항을 무제약자(이념)로 보는 것이 정립(이성적 통일)이요, 이것은 오성에 대해서 과대하다. 제약들의 가능적 전체를 무제약자(이념)로 보는 것이 반정립(오성적 통일)이요, 이것은 이성에 대해서 과소한 것이다(B.450). 이처럼 정립과 반정립이 대립해 있다.

독단적(dogmatisch)은 비판적에 반대되는 말이기는 하나, 주장적·교훈적이라는 뜻도 있다. 독단적은 희랍어 Dogma(정리의 뜻)에서 유래했다.

정설(Thetik)의 어원은 희랍어 'the'이요, 정립(Thesis)·명제(Satz)와 같은 뜻이다. 이런 정설은 정리들의 체계를 표시한다. 배반(Antithetik)은 긍정적인 정설의 체계에 반대해서 제기된 부정적 주장들을 의미한다. 그러나 칸트는 배반이라는 말로써 정립과 반정립의 양자를 표시하고자 했다. 이 양자가 다 이성에서 자연적으로 발생하는 것이었다. 여기서 이성의 이율배반[1]이 성립하고, 이성 내부의 대립성이 성립한다.

이율배반은 수천년 이래 형이상학에 등장한 항쟁이다. 칸트는 이 항쟁의 대상이 한갓 착각이요, 잘못된 문제가 아닌가를 탐구하려고 했고, 이런 탐구를 회의적 방법이라고 명명했다. 회의적 방법은 회의론에서 준별해야 한다. 후자는 기술상·학문상의 무지주의이다(B.451). 다시 말하면 모든 인식능력에 관해 회의하는 것을 기술과 학문으로 삼고 있는 것이다. 그러나 칸트의 회의적 방법

1) 헤겔은 칸트의 이율배반론을 근대철학에 들어가게 한 중요한 이행이라고 단정했으면서도, 인식이 유한적 범주 외의 사고형식을 가지지 않는다고 전제한 것을 비난했다(그의 대론이학 1. Bd. 2. Absch. die Grôsse, Anm. 2. S.216 Suhkramp사 참조).

은 인식능력을 전제한 것이다. 또 형이상학적 우주론에서 일견 끝이 없었던 필연적 논쟁의 근원이었던 오해를 발견함에 의해서, 확실성에 도달하려는 것이다. 그는, 자기의 회의적 방법이 「비판」이 예비작업으로서 소유하는 선험철학에서만 적용될 수 있으나, 수학·실험적 자연과학·도덕철학에서는 적용될 수 없다고 주의하였다.

칸트는 이하에서 정립·반정립의 주장을 각각 제시하고, 그것을 각각 증명하며, 증명 다음에 또 긴 주선을 본문으로서 붙이는 서술 방식을 취하고 있다.

1. 첫째 모순(이율배반)

칸트는 양편이 자신들을 (넷째 모순의 정립 편의 직접적 증명만을 제외하고) 각각 간접적으로 증명하도록 하였다. 즉 칸트는 증명될 명제의 반대를 취해서 이것이 불가능하다고 함으로써 애초 명제가 옳다고 주장하도록 했다.

정립의 증명: 세계에 시간적 시초가 없다면, 현재까지 무한한 시간이 경과한 것이 된다. 그러하면 과거의 각 주어진 시간에 영원이 이미 경과했으면서도 각 현재 시간에 연결했다는 모순된 말로 된다. 그러므로 무한한 과거에 시간적 시초가 있어야 한다. 공간에 관해서도 같은 논법으로 한계가 있어야 한다.

반정립의 첫째 부분(시간의 무시초)의 증명은 공허한 시간에서 사물이 발생함이 불가능하든 데 있다. 왜냐하면, 「공허한 시간의 그 어떤 부분도 다른 부분에 앞서서, 비존재의 조건 대신에 존재(신발성)의 조건을 가지지 않기 때문이다.」 이런 진술의 의미는, 공허한 시간의 부분이 딴 시간 부분에 앞서는 것을 전제하지 않는다는 뜻이다.

반정립의 둘째 부분(공간의 무「한계」)의 증명에서 칸트는 공간 자체(공허한 공간)는 현실적인 것이 아니라고 한 명제를 활용하고 있다. 이 명제는 감성론(475면, 3. 해명)에서 나왔던 것이기도 하다. 공간은 대상인 것이 아니라 가능적 대상들의 형식이다(B.459). 그러므로 절대적으로 공허한 공간으로서의 공간은, 현실의 말이 없고서 말의 형태만이 실재하지 않듯이, 실재하지 않는 것이다. 오직 세계의 내부에서 「상대적으로 공허한」 공간들을 말할 수 있고, 이런 공간들은 현상들에 의해 한계지어져 있다. 세계 전체를 한계짓는 공허한 공간은 밑받침 없는 가구인 것이다(공허한 시간에 대해서도 사정은 같다).

이상의 말을 받아들인다면, 세계 자신이 시초가 없고, 공간적 한계가 없으며, 시공을 부정적으로 소급하는 반정립에 사람은 찬동할 것이다.

이러한 결론을 회피하려는 둔사가 가능하다. 즉 사람이 (특히 반정립이 관계하는) 감성계 대신에 일종의 가상계를 생각하고, 연장의 한계 대신에 제한을 생각하는 둔사이다(B.461). 한계는 일정한 장소 외에서 그 장소를 싸는 공간을 전제하되, 제한은 이런 한계를 필요로 하지 않는 것이다, 절대 완전량에 대한 단순한 부정인 것이다(철학서론 57절 참조). 한계와 제한은 이처럼 구별되며, 한계의 전제가 중요하다.

우리는 가상계를 제한인 것으로 생각할 수는 있으나, 한계지어진 것으로 생각할 수는 없다. 한계지어진 것이라면, 우리는 그것을 시공 중에서 생각하는 바요, 사실은 현상계를 생각하고 있다. (현상계)만이 현실로 주어져 있고 이런 현상계를 우리는 이율배반에서 다루어야 한다. 그러나 그것은 공허한 공간과 공허한 시간에 의해 한계지어져 있을 수 없다. 공허한 시공이란 불가해한 것이다. 따라서 현상계는 시공적으로 부정인 것이라고 생각되어야 한다.

반대로 세계가 시공상으로 한계 내에 싸여 있다(B.456 끝)고 주장하는 정립편의 주장도 칸트는 기술처럼 증명했다.

2. 둘째 모순

정립은 세계를 건축한 최초의 질로서 모나드가 있음을 증명한 것이고, 반정립은 모나드를 인정하지 않고, 어디까지나 건축의 질을 분할할 수 있음을 증명한 것이다. 가장 단순한 단위를 긍정하는 증명과 부정하는 증명의 대립이라고 볼 수도 있다.

정립의 주석에서 칸트는 합성적 전체(Kompositum)와 통일적 전체(Totum)를 구별했다. 전자는 실체적인 성질의 부분들로 된 전체다. 다시 말하면 각각 단독으로 존립할 수 있는 부분들(모나드)로 된 전체다. 후자는, 우리가 개별 공간들을 하나의 포괄적인 공간 내에서만 생각할 수 있듯이, [아예] 전체 중에서만 가능한 부분들로 된 것이다. 하나의 포괄적 공간은 관념 중에서만 있는 것이요, 부분들로 된 현실 중에 있는 것이 아니다.

정립에 의하면, 합성적 실체들은 단순한 부분들로써 되었다고 하지만, 이른바 단순한 부분들이란 아주 좋게 말해서 원자들이다. 그러나 원자라는 말은 분자의 부분들로 쓰이고 따라서, 「경험과학」의 내부에서 그 어떤 의미가 있는 것이므로, 칸트는 「세계가 단순한 부분으로 되었다」는 일반적 테제를 단자론(Monadologie)의 근본명제라고 표시하고자 했다. 그리고 칸트에 의하면, 모나드란 말이 사용되었을 무렵에, 그 말은 그것이 합성물의 부분인 한에서 단순한 것을 라이프니쯔가 생각했던 것이 아니라, 직접 단순한 실체로서 주어져 있는 그런 것을 생각하였다(라이프니쯔가 자아에 관한 모나드를 전제했던 것과 같이).

반정립의 주석에서 칸트는 단자론의 추종자들을 물러서도록 했다. 왜냐하면 이들은 현실적으로 단순한 수학적 점들 이외에 역시 단순하기는 하되(합성적이 아니고 불가분할적이기는 하되), 부분들이 모여서 공간을 메꾸는 물리적 점들을 생각했기에 말이다(B.469).

칸트는 여기서 철학이 수학과 싸우는 사정을 지시했다. 싸우는 까닭은 철학이 이 문제에서는 현상만을 중요시한다든 것을 잊고 있는 데에 있다. 현상은 직관에 주어져 있는 것이요, 따라서 직관의 단순한 부분들, 즉 저 물리적 점들도 직관 중에 주어져 있어야 할 것이로되, 이런 일이 사실은 불가능하다. 왜냐하면 모든 직관은 시공 중에 있는 것이나, 직관 자신에 관해서는 그 최후의 단순한 부분들이 나타나지 않기 때문이다.

순 오성적으로는 모든 합성물에 대한 단순한 부분들이 생각된다. 그러나 우리의 문제에 있어서는 현상에서의 실체적 전체가 중요한 것이다. 이런 전체에 관해서는 순사자가 결정하는 것이 아니라, 직관이 돌봐져야 한다.

3. 셋째 모순

인과성이 일반적으로 과연 타당하는 것인가, 그렇지 않은 것인가가 논쟁점인 것이 아니라, 일체가 자연원인성에 의해 생기느냐 혹은 그것 외에 자유에 의한 원인도 있느냐 하는 것이 논쟁점이다.

자유를 주장하는 정립의 증명은 말한다: 자연원인성만이 지배한다면 이차의 시초·타자에 종속한 시초·선행 원인에 제약된 시초만이 있을 것이다. 그러므로 원인의 완료가 없겠고, 하기에 원인을 일으키는 절대적인 자발성이 상정되어야 하며 자유 원인의 존재가 상정되어야 한다고.

반정립의 증명은, 자유의 전제는 무법칙성의 전체와 같은 것임에 중점을 두는 것이다. 법칙이 예외없이 타당하지 않는다면, 자연이 없는 것이 되고, 자연에 대한 경험-인식도 없는 것이 된다. 하기에, 자유는 경험 중에서 발견될 수 없는 것이고, 그것은 공허한 사고의 산물로 되는 것이다(B.475).

정립의 주석에서 칸트는 「자유의 선험적 이념」은 자유라고 하는 심리적 개념과는 단연 다르다고 하였다. 후자는 대부분 경험적이다(B.476). 자유의 개념이, 그 무엇이 자유요, 또 그 무엇에서 자유인 것을 지적함에 의해 비로소 확정적 의미를 획득하기 때문에 자유-개념은 여러 의미를 상정할 수 있다. 인간의 행동이 자신의 의욕에서 생겼고 타인의 의욕에서 생기지 않았을 때에, 심리학은 그런 행동을 자유라 할 수 있다. 사람의 의욕이 정상상태의 자신의 욕망에서 생긴 한에서, 그것은 병적 상태에서나 혹은 비정상적 정욕에서 독립하여 성립할 것이요, 그러므로 이런 의욕은 자유라고 할 수 있다. 그러나, 심리학적 견지의 이런 자유는, 모든 사상이 그러므로 또한 심리적 사상이, 자연원인성 아래 있다는 전제와 전적으로 조화할 수 있는 것이다. 심리적 자유를 결정론자도 긍정하거니와, 결정론자는 바로 다음과 같은 반정립을 대변하는 자이다. 즉, 자유란 것을 없는 것이고, 세계에서의 만상은 자연의 법칙에 따라서만 생긴다. 그러므로 의욕도 자연법칙적으로 필연이다(결정되어 있다)라고.

칸트가 정립측이 주장하는 것으로 본 것은, 자연원인성과 결합하는 결정론의 심리적 자유가 아니라, 자연원인성과 결합할 수 없는 「비결정적 자유」[즉 선험적 자유]다.[1] 이 자유는 칸트에 의하면, 우리에게 하나의 수수께끼다. 우리는 이런 것 [비결정적 자유]의 실재에 의해 딴 실재[결과]가 생기는 일의 가능성을 도저히 이해함이 없다고 한 칸트의 주의는 정당하였다(B.476). 이 주의는 「비판」의 정해를 위해 매우 의의있는 것이다. 칸트에 따르면 확실히 인과명제는 딴 선천적 원칙들과 마찬가지로 가능적 경험의 조건이요, 그것은 경험의 본질에 속하며, 또 경험이 조건이 타당할 때에만 경험-인식이 가능하고 가해적이다. 그러나 원인명제를 포함한 선천적 원칙들 자신이 어떻게 가능한가 하는

1) 비결정적 자유는 행위의 귀실을 변호하기 위해, 도덕적 근거에서 허용될 수 없다고 칸트는 생각하기도 했다. 그는 사람이 의자에서 일어서는 동작을 비결정적 자유가 결과한 예로 들고 있다 (B.478 참조).

것을 우리는 통찰할 수 없다. 전「비판」의 중심인 선천적 종합판단은 동일률처럼 자명적 원칙(공리)이 아니다. 그것들이 자명적으로 도출될 수 없고 또 한층 더 보편적 명제에서 합리적으로 도출될 수도 없는 것인 한에서, 그것들은 말하자면 비합리적인「어떤 사실적인 것」이다. 선천적 종합판단들은, 그것들이 포함한 범주들처럼, 근원적 통각에 종속하여 있고 이를테면 근원적 통각의 작용방식을 정당화한 것이다. 그러나 이 통각에서 형식 논리적으로 도출된 것은 아니다.

반정립의 주석은 결정론 까닭에 비결정론 자유를 부정하는 자는 자연전제(Physiokratie)만을 옹호하는 자라고 했다(B.477). 즉 반정립은 선험적(인식론적)인 고려에서 자연의 유일지배, 다시 말하면, 자연원인성만의 지배를 주장하는 것이다.

이런 입장은「비록 비결정적 자유가 허용된다 하더라도 그것은 오로지 세계의 외부에서만 상정된다」고 언명한다. 왜냐하면, 세계의 내부에서 자유원인(가령 자유에서 의욕하는 인간)을 가정한다면,「자연」이라고 일컫는 현상들의 엄밀한 합법칙적인 연관이 소멸하고 이것과 함께 경험과 꿈을 구별하는 경험적 진리성의 표징도 소멸하기 때문이다(B.479). 현상이 기지의 자연법칙 아래 들어가서 정돈된다는 것은 (이와 동시에 현상이 감각되거나 감각과의 관련 아래 선다는 것은), 자연법칙의 현실적인 특징을 표시하는 것이요, 가능성·현실성(진리)·꿈 등을 서로 구별하는 결과를 가져오는 것이다.

4. 넷째 모순

정립의 증명에 대한 주석은「선천적과 그것이 경험에 앞서 있음」을 이해하는 데에 자못 도움이 된다.

> 시간은 변화를 가능하게 하는 형식적 조건으로서 객관적[인식론적]으로는 변화에 앞서 있다(vorhergehen). 그러나 주관적[심리적]으로는, 즉 의식의 현실성에 있어서는 시간이라는 표상은 그 외의 단 표상과 마찬가지로 지각의 기연에 의해서만 주어져 있다(B.481 원주).

「앞서 있다」는 말은 시간의 선천적을 의미한다. 시간이 없으면 변화를 생각할 수 없다. 때문에, 변화는 시간-개념을 전제한다. 그러나, 선천적인 시간은 지각을 기연으로 해서 주어져 있는 것이다. 일반적으로 선천적 요소는 선천적 성격을 가지고 있고, 논리적으로 선행하고 있으며, 경험의 조건이요, 경험을 구성하는 요소이다. 그러나 이런 요소는 의식에 상관해서 드디어 의식화하는 것과 매우 잘 일치하는 것이다.

정립의 주석에서, 세계에 귀속하는 절대필연자[하나님]에 대한 우주론적 증명과 「모든 존재일반의 최상존재」라는 이념에서 하는 증명을 칸트는 구별하였다. 그러나 그는 「제9장 순수이성의 현상」에서 하나님을 존재론적으로 증명할 무렵에 비로소 참으로 초험적 철학을 다루었다(B.484). 이 넷째 모순에서 칸트가 비판하고 있는 우주론은 현상의 영역을 고수하고, 그로 인해 현상의 절대적인 완료성을 주어진 것으로 보는 것이 실패로 돌아가고 만다고 했다. 우리가 경험적으로 규정하는 원인들의 계열과 그러므로 현상들의 계열과를 포기하고 절대적인 필연원인을(B.486) 종미로서 생각할 때에, 그것은 비약이요, 현상적인 것에서 가상적인 것으로 넘어가는 것이 된다. 넷째 모순은 우연적인 것이 제일원인에 의해 필연화한다는 것이요, 셋째 모순과 동의이어다.

제3절 항쟁에서의 이성의 관심

칸트는 우주론적인 정립과 반정립을 무미건조한 네 쌍의 대조적 표식에서 연술하였고 증명하였다. 그는 정립과 반정립의 문제가 인간의 심성을 가장 깊이 사로잡는 것이요, 그것의 해결을 위해 수학자가 그의 전학문을 희생시키고 싶어하는 문제임을 다시 강조했다(B.492). 이성의 이 이율배반의 근원을 그가 파헤치기 이전에, 그 어느 편에라도 가담해야 한다면, 어느 편에 가장 즐겨 들고 싶을가 하는 것을 고찰하였다. 네 쌍의 이율배반에 있어서 사실은 파가 문제되고 있음은 명백하다. 모든 정립의 기초에는 [고대와 대륙의] 독단론이 있고, 모든 반정립의 기초에는 [고대와 영국의] 경험론이 있기에 말이다. 정립들은 경험의 영역을 넘어서 가상계(물자체계)로 들어가고, 그런 한에서 독단적(무비판적) 태도이다. 반정립들은 원칙상 경험의 영역 내에 머물고 경험 외의 것을 모르며 따라서 경험론적이다. 그래서 독단론적인 정립을 반박한다. 이런 반박은 정립이 경험을 불가능하게 하거나 혹은 경험을 통해 정립이 확인될 수 없다는 사상에 의한 것이다.

그러나 자못 중대한 근거가 정립 측의 주장을 인정할 것을 추천하는 것이다.

1. 세계가 시초를 갖고, 마음이 단순한 것이며, 내 의지가 자유이고, 신적인 근원존재가 있다고 하는 명제들은 도덕과 종교의 필연적 주초로서 타당하고, 따라서 우리의 실천적 관심에 일치한다.
2. 정립이 「제약된 것」의 끝없는 계열을 벗어나서 무제약자에 도달한다는 것에, 우리의 사변적 관심도 우위를 인정한다.
3. 무제약자에 이르기까지 행진해서 결말을 보는 것은, 상식에게도 분명한 일이다. 그러므로 정립은 통속성이라는 장점을 가진다.

반정립에 대해서는 어떠한 관심이 붙여지는 것인가?

1. 반정립에는 첫째로 실천적 관심이 없다. 하나님·의지의 자유·마음의 불멸성 등이 없을 때에, 도덕적 이념과 원칙이 그 모든 타당성을 상실한다(B.496). 하나님이 없고 마음의 불멸이 없다 하더라도, 칸트의 윤리적 저술에서는, 도덕적 규범만은 그 타당성을 유지하는 것이라고 말했고, 의지의 자유가 모든 도덕의 필연적 전제라고 언명하였다. 거기다가, 그는 도덕적 인간은 그 어떤 내면적 불가피성에서 「하나님과 마음의 불멸」의 존재를 믿을 것이라는 사상을 고집하였다.

2. 사변적(이론적) 견지에서 보면, 반정립의 경험론이 우월한 것으로 지목된다. 경험론은 끝까지 「확호하고도 명백한 인식」의 영역 안에 있고, 이런 인식에 있어서 경험론은 자체로서의 그때그때의 대상(물자체가 아니라)뿐만이 아니라 서로 관계해 있는 대상도 반드시 직관 중에 제시할 수 있다(B.496). 그렇지 않으면 경험론은 직관적 소여의 유추에 의해 그때그때의 대상을 표상할 수 있다. 따라서 경험론자는 그저 생각하고 공상하는 대신에 현실로 관찰하고, 자연법칙에 좇아 탐구하는 것을 고수한다(B.497). 경험 - 한계의 피안에 있는 사물에 대한 통찰과 앎을 과시하는 호기심과 주제넘음을 제거하는 데에 경험론자

가 만족한다면, 그의 입장은 마땅히 시인될 수 있다. 그래서 경험론자는 자유를 단지 전제할 수 있고 하나님과 내세를 다만 신앙할 수 있을 것을 우리에게 허여할 것이다.

그러나 경험론의 대표자 자신이 대개는 비판없는 독단론에 빠져서, 감성적 직관의 한계를 넘어선 일절, 따라서 경험의 한계를 넘어선 일절을 어느 새에 부정한다. 이로 인해서 그 대표자들은 이성의 실천적(도덕적-종교적) 관심에 상환할 수 없는 손실을 끼친다(B.499).

역사상 독단론(정립)의 대표자는 플라톤이요, 경험론(반정립)의 대표자는 에피쿠로스이다. 그리고 에피쿠로스는 경험론의 비판 없는 독단론적 형식에 빠지지 않고, 자기의 원칙들을 이성의 사변적 사용의 준칙(탐구의 지도이념)으로만 삼았을 가능성이 있다(B.499 원주)(칸트는 나중에 이런 준칙을 통제적 준칙이라고 했다).

3. 반정립에는 인기가 없다. 이것은 반정립의 경험론이 이론적 관점에서 상식을 존중하지 않는 심리적 근거 때문이다(그러나 실천적-도덕적 영역에서 칸트는 상식을 매우 높이 평가하였다).

제4절 순수이성의 선험적 과제들

자연과학은 현상들의 설명에 종사하는 것인데, 현상의 형식(공간·시간·범주)들은 우리의 정신에서 유래하고 현상의 내용은 (즉, 감각 중에 드러나는 것은) 정신 외의 인자, 즉 물자체로 돌려보내져야 한다. 그리고 우리의 정신 외의 물자체는 우리에게 전혀 미지이기 때문에, 자연과학이라도 많은 문제를 미결로 남기고 있음이 알려진다.

선험철학에서는 사정이 다르다. 여기서는 우리는 정신 외의 대상을 직접 다루지 않고 우리 자신이 산출한 개념만을 다룬다. 문제는 개념들에 관계해서 우리에게 박두하기 때문에, 그것에 대한 답도 할 수 있기 마련이다. 그러나 우주론적 문제에 있어서만은, 선험철학은 개념에 관계할 뿐만 아니라 「대상」에도 관계하는 문제들을 해결할 수 있다. 왜냐하면, 여기서는 대상이 경험적으로 주어져 있어야 하고, 문제는 대상이 그 이념에 적합하는 데에만 상관하기 때문이다(B.506).

문제가 우주론이 아니고 마음(영혼)이나 하나님과 같은 초험적 대상과 관계할 때에는, 그런 문제는 무의미하다는 답을 우리는 할 수 있다. 그 대상이 경험적으로 주어져 있기 않기에 말이다. 따라서 여기서는 「답이 없는 것이 또한 답이 된다」(B.507 원주).

우주론적 문제들이 발생하는 까닭은, 우리가 현상들의 종합에 관한 절대적 완전성의 이념을 파악하려는 데에 있다. 그러므로 이 문제들에 대한 답은 [정립과 반정립중의] 어느 것이 이 이념에 대한 진정한 의미인가를 명시함으로써 가능하지 않을 수 없다.

선험철학과 유사하게, 순수수학과 순수도덕철학도 자신들의 외부에 귀속하는 문제들을 사실적으로 해결하지는 못했다 하더라도, 적어도 원칙적으로는 해결할 수 있어야 했다. 그렇지 않으면 문제 해결의 부가능성이 명백히 인식되어야 했다. 이러했기에, 람베르트는 원주에 대해 직경의 관계, 즉 원주율을 유리수나 혹은 무리수로 정확히 표시하는 문제의 해결이 불가능하다는 것을 명백히 하였다. 도덕철학에서도 같은 사정이 타당하다. 왜냐하면, 도덕적 개념(선·악 개념)과 도덕의 법칙들은 경험에서 얻는 것이 아니라 우리 자신의 이성에 유래하는 것이기 때문이다(B.508 참조).

하기에, 우리의 이성이 좁게 제한되었다고 하는, 겸손한 듯한 구실로써, 우주론적 문제의 해결을 우리는 도피할 수 없다(B.509). 이 문제는 오직 우리의 사상 외의 아무 곳에서도 주어질 수 없는 전체성, 즉 현상들을 종합하는 「단적으로 무조건적인 전체성」에 관한 것이기 때문이다. 현상에서는 언제나 오직 비교적(상대적) 전체만이 주어져 있고 절대적 전체는 주어져 있지 않다. 이 전체가 세계의 공간적·시간적 양에 관한 것이건, 분할(단순한 구성부분)에 관한 것이건, 자연의 발생에 관한 것이건, 모든 존재자의 본질(필연적인 하나님)에 관한 것이건 간에.

그러므로 절대적 전체성의 이념을 경험적으로 주어진 것, 즉 경험법칙에 좇아 인식될 객관이라고 잘못 생각하게 하는 혼동을 우리는 피해야 한다(B.512).

이상으로써 칸트는 우주론적 문제의 진정한 뿌리를 다음과 같이 시사한다.

절대적 전체성의 이념을 주어진 객관의 개념으로 파악하는 것은 오류요, 그런 이념은 과해진 것(ein Aufgegbenes)의 개념, 즉 추구해야 할 목표로 보아져야 한다. 따라서 우주론적 문제의 비판적 해결은 객관적으로 생기는 것이 아니다. 다시 말하면 그 어떤 대상들의 탐구에서 생기는 것이 아니다. 절대적 전체성은 대상으로서 우리에게 주어져 있지 않고, 문제가 연원해 있는 인식의 기저를 발견함에서 주어져 있다. 바꾸어 말하면, 문제가 전체성이라는 한 인식원리(이념)에서 생긴다는 것을 지시함에서, 절대적 전체성이 주어져 있는 셈이라는 뜻이다.

제5절 우주론적 문제들의 회의적 표시

칸트가 우주론적 문제의 해결로 들어가기 이전에, 그는 문제에 대한 긍정적 답이건 부정적 답이건 간에 양쪽이 다 넌센스(무의미)한 것으로 된다는 것을 간단히 지시한다. 이런 까닭에, 설문 자체에 결함이 있지나 않나 하는 것을 우리가 탐구하도록 한다. 칸트는 이런 회의적(비판적) 태도를 세척제(순수화하는 약제)라고 말한다(B.514).

이 절에서 다음과 같은 기본적 명제에 마주친다. 즉 가능한 경험만이, 우리의 개념들에 실재성(객관적 타당성)을 줄 수 있다는 명제이다. 이런 일이 없으면, 일절의 개념은 한갓 이념이요, 진리성(현실성)이 없고 대상에 관계하지 않는 것이다(B.517).

개념과 이념과의 준별이 우주론적 가상-문제들의 원천이 어디에 있는가를 추측하도록 한다. 즉 전체성의 이념이 경험-대상에 관계하는 개념이라고 잘못 생각하고 있다.

제6절 선험적 관념론(우주론적 변증론 해결의 열쇠)

칸트는 우주론적 문제의 해결을 선험적 관념론에서 발견했다. 선험적(형식적) 관념론은 내외의 지각에서 우리에게 주어져 있는 것은 모두 현상이라는 성격을 가진다고 한다. 이 선험적 관념론은 선험적 실재론과 질료적 관념론에서 구별되어야 한다. 전자는 현상들이 자체적으로 존립하는 사물[물자체]이라고 하는 것이다. 후자는 물적 세계의 존재를 의심하거나 부정하는 것이다.

「경험의 대상들」이라는 개념이 이런 양자에서 구별해서 해석될 때에, 그것은 의의 있는 개념이 된다. 그것은 인간의 지각에 주어져 있는 것뿐만 아니라, 그것으로 인해 경험의 가능적 전진 중에서 우리가 발견할 수 있는 것도 포함된다. 「경험적 진행의 법칙에 좇아 지각과 연결해 있는 일절은 현실적이다」라고, 「현실적」을 칸트가 정의했던 일을 우리는 상기할 필요가 있다(B.246).

> 지각에 앞서서 현상을 실물이라고 하는 말은, 우리가 경험의 진행 중에서 이런 지각에 반드시 마주친다는 의미가 아니라면, 전혀 무의미하다(B.521).

이 글이 물자체가 있다고 말하는 것이라면, 현상 자체가 우리의 「감관과 가능적 경험」에 대한 관계없이 실재한다고 말할 수 있겠다. 그러나 공간과 시간 중의 현상이 중대한 것이요, 이 양자는 물자체의 규정이 아니라, 다만 우리 감성의 규정이다. 인식론적으로 고찰된 대상(Gegenstand)은 현상(표상)들의 법칙적 연결 이외의 딴 것이 아니라고 한 것은(B.522), 「비판」의 전이해를 위해서도 매우 중요한 사상이다. 여기서 「대상」이란 소박실재론(동시의 상식)이 말하는 가공됨이 없는 사물이 아니요, 물자체도 아니다. 칸트는 물자체를 물론 부정하지 않았다. 그것이, 우리 표상들의 비감성적 원인으로서 우리에게 알려져 있지 않은 것을 강조했을 뿐이다. 우리는 공간과 시간 중에서만 직관할 수 있기 때문이다.

그러나 다음의 구절은, 그의 사상에서 만약 물자체를 완전히 제거하고 그에게 순 관념론자의 낙인을 찍을 때에, 그를 올바르게 해석하는 것이 못됨을 드러낸다.

> 우리는 현상일반의 가상적 원인을 선험적[초험적] 객관이라고 부를 수 있다. 이것은 한갓 수용성으로서의 감성에 대응하는 것을 우리가 가지기 위해서이다. 우리는 우리의 가능한 지각들의 모든 범위와 연관을 이 선험적 객관에 귀속시킬 수 있고,

이 선험적 객관은 일체의 경험에 앞서서 자체적으로 주어져 있다고 말할 수 있다 (B.522－B.523) [이 선험 객관은 물자체가 아닌 대상일반일 것이다].

시간은 물자체에 타당하지 않기 때문에, 여기의 「앞서서」는 시간적 의미를 가지지 않고 사태적 전제를 의미하는 것이다. 즉 물자체는 경험 가능성의 전제(조건)인 동시에 선천적 형식(공간·시간·범주)들의 전제이기도 하다. 감각들이 형식들과 합해져서 비로소 경험의 대상들을 가능하게 하고, 그로 인해 「경험 자신」을 가능하게 하지마는, 이런 감각들은 물자체에 기인하는 것이기 때문이다.[1] 칸트는 이처럼 감각들을 일으키는 것이 물자체라고 확언했고, 우리의 감각능력(감성)을 수용성이라고 특징지었다. 이런 감각과 지각에서 직접 체험된 본질이 물자체를 강요한 바이다. 감각과 지각에서 그것이 푸르다든지 달다든지 하는 내용 이상의 것을 사람은 체험하는 것이다. 그것들은, 우리와는 달리 있는 또 우리에게 독립해 있는 원자로서의 물자체가 우리에게 준 것이라는 각인, 즉 우리에게 강요한 것이라는 각인을 지니고 있다.

사람이 직접 표상하지 못하는 한의 과거를 이를테면 데려오기 위해서 칸트는 물자체를 사용하기도 했다. 지나간 현실이 오로지 우리의 상기표상 중에만 존재하는 것은 자연스럽기에 말이다. 이에 「과거의 현실적 사물은 경험의 선험적 대상 중에 주어져 있다」고 말할 수 있다(B.523). 이 대목에서 칸트가 다음과 같은 말을 덧붙인 것도 당연하다.

과거의 현실적 사물은 나에게 대해 단지 대상들이요, 과거 시간에 있어서 현실적이다. 그러나 이런 일은, 경험적 법칙에 좇은 가능한 지각들의 배진적 계열이(그것이 역사를 길잡이로 하건 인과의 발자취에 의하건 간에), 약언하면, 세계경과가 현재 시간의 조건으로서의 과법의 시간계열에 도달하는 것을 내가 표상하는 한에서, 현실적이다. 이때에 과거의 (흘러간) 시간계열은 가능한 경험이 연관 중에서만 현실적인 것으로 표상되고, 그것 자체로 현실적이라고 표상되지는 않는다(B.523).

1) 물자체의 실재를 칸트는 철학서론(*Prolegomena*)에서 강조하고 있다. 그러나 관념론적 칸트 해석가는 물자체에서 또 선험적 객관에서 단지 이념(인식이 접근할 영원한 과제)만을 보고 있다. 또 선험적 객관(대상일반)과 선험적 주관을 대조해 볼 지어다.

다름 아닌 경험 내용만이 현실적이라고 표시될 수 있다. 왜냐하면, 현실성-범주는 (그 외의 딴 범주와 마찬가지로) 경험의 내부에서만 인식을 주기 때문이다.[1)]

내가 물자체를 생각할 권리가 있다고 해서, 이 물자체를 모든 시간·모든 공간에 걸쳐 실재하는 「감관의 모든 대상들」의 총괄과 동일시해서는 안 된다. 이 총괄의 표상은 가능한 경험의 절대적 완전성이라는 사상일 따름이다(B.524). 즉 완성된 경험이라는 이념이요, 객관으로서 완전히 주어져 있지는 않으나, 영원히 해결되지는 않는 과제라는 이념이다.

제7절 자기모순의 비판적 해결

칸트는 여기서 우주론적 이율배반이 기인하는 「매개념 다의의 오류」를 지적하고 있다.

> 「제약된 것」이 주어져 있으면, 모든 제약들의 전계열도 주어져 있다(대전제).
> 그런데 감관의 대상들은 제약된 것으로서 주어져 있다(소전제).
> 그러므로 모든 제약들의 전계열은 주어져 있다(B.525).

대전제와 소전제는 각각 그것만으로 보면 타당하다. 그러나 이 가언 삼단논법의 매개념인 「제약된 것으로 주어진 것」은 양의로 쓰였다. 대전제의 그 개념은 물자체들에 대해서만 타당하고, 소전제에서의 그 개념은 현상으로서 타당하다. 그러므로 결론에서 제약들의 전계열이 주어져 있다고 말할 수 없고, 제약으로 배진함이 과해져 있다고 말할 수 있다. 제약들의 배진을 우리가 사실상 완수하는 때에 비로소 감관의 대상들이 주어져 있을 것이다. 제약된 것으로서 주어졌다(als bedingt gegeben)는 말로써 대전제에서는 물자체를 의미하고 소전제에서는 현상들을 의미하는 한에서, 같은 말을 양의로 잘못 사용한 것이

1) 이런 관점에서, 「공간에서 경험을 진행시키면 지금 보고 있는 별보다도 아주 몇 백배나 더 멀리 있는 별을 볼 수 있다고 하건, 이런 별을 앞으로 볼 수 없더라도 그런 별이 아마 발견되어야 하겠다고 하건간에 결국 같은 말을 한 것이다」고(B.524) 말한 것은, 매우 교훈적이다.

다. 물자체들인바, 제약들의 절대적 전체성을 나는 확실히 생각할 수 있다. 계열 중의 전항은(시간 조건 없이) 주어져 있기 때문이다. 그러나 현상들인바, 제약들의 절대적 전체성을 나는 생각할 수 없다. 왜냐하면, 나는 시간 중에서 순차적으로만 현상들에 도달할 수 있기 때문이다. 즉 「계기적 배진에 의해서만」 도달할 수 있다(B.529). 이 배진은 그것을 사실상(경험적으로) 수행함으로써만 주어져 있게 되는 것이요, 이념 중에서 그것을 단지 생각함으로써 주어지는 것은 아니다. 따라서 정립측과 반정립 측이다. 「매개념다의의 오류」를 범했고, 그러므로 양쪽이 다 거부될 수 있는 것이다. 비록 증명근거(논거)가 거부됐더라도, 주장된 것이 정당할 수는 있겠다. 이에, 양쪽이 다 무의미한 것을 논쟁하고 있음이 증명되었을 때에만, 항쟁은 근본적으로 종결을 볼 수 있다.

모순되는 두 가지 주장 중의 하나가 정당해야 하는 법은 없다. 양쪽이 다 부가허용의 전제를 하였을 때에는 양쪽 명제가 다 거짓일 수 있다.

양쪽 명제가 다 거짓일 수 있다는 것을 제논(Zenon)이 이미 예감했다.

하기에, 세계는 유한하거나 혹은 무한하거나다라는 두 명제를 제시한다면, 양쪽이 다 거짓일 수 있다. 이때에 나는 세계가 물자체로서 양적으로 규정되어 있다는 것을 전제하고 있지만 이런 전제는 불가허용의 전재였다. 물자체로서의 세계에다 나는 범주를 적용할 수 없고, 따라서 분량의 범주도 적용할 수 없기에 말이다. 세계가 사실은 물자체로서 주어져 있지 않을 것이요, 그러므로 양적으로 무한한 것으로도 유한한 것으로도 주어져 있지 않을 것이며, 이때에는 양쪽이 다 거짓일 수 있다. 칸트는 양쪽이 다 거짓일 수 있는 두 명제의 대립을 변증적 대당이라고 했다(B.532)[그러나 형식논리학에서의 모순대당은 분석적 대당이다].

순수이성의 네 쌍의 이율배반은 변증적 대당 중에 존립해 있는 것이다. 이율배반의 기본에 있는 불가허용의 전제는 물자체들의 제약으로서만 타당하는 절대적 전체성의 이념을, 표상 중에서만 실재하는 현상들에 적용한 그런 전제이다(B.534).

선험적 감성론은 우리에게 주어진 시공적 세계가 관념적(ideal)이요, 그러므로 단지 현상 중에서만 존립한다고 했지마는, 이런 감성론의 근본설의 간접적 증명이 이 이율배반에서 드러난 것이다. 만약 세계가 자체상 자존하는 전체라면, 그것은 유한하거나 혹은 무한할 것이다. 그런데 첫째 이율배반에 있어서 정립과 반정립의 양편이 다 증명되었고 내지는 반박되었다.

여기에, 세계가 물자체이다라는 전제는 거짓임이 결과한다.

오성의 모순대당은 진리의 규준이요, A판단(전칭긍정)과 O판단(특칭긍정) 중에서 한쪽이 참이면(혹은 거짓이면) 딴쪽은 반드시 거짓(혹은 참)이다. 양쪽이다 참인 법이 없다. 가령 모든 물체가 냄새가 있다는 명제가 거짓이라면 약간의 물체는 냄새가 없다는 명제는 참이다.

이성의 모순대당은 진리의 가상(사이비 진리)이다. 이 가상은 양쪽 판단이다 거짓인 형식에서 드러나기도 하고, 다 참인 형식으로 드러나기도 한다. 전자가 양력론자(양도론자)이요,「유한도 아니요, 비유한도 아니라」는 논법이다. 후자가 이율배반(양가론법)이요, 「유한이기도 하고(정립), 비유한이기도 하다(반정립)」는 논법이다.

이율배반의 형식을 여기에 재론할 필요가 없기에, 여기서는 양도론자의 형식만을 들어 보기로 한다.

> 만일 세계가 자체상으로 실재하는 전체라면, 세계는 유한하거나 무한하거나다(대전제). 그런데 세계는 유한한 것도 아니요, 혹은 무한한 것도 아니다(소전제). 그러므로 세계는 자체상 실재하는 전체가 아니다(B.534 참조).

제8절 우주론적 이념들에 관한 순수이성의 통제적 원리

전체성의 이념은 주어진 것이 아니라 과해진 것이다. 그것은, 전체성이 객관에서 현실적인 것으로 사고될 수 있다는 공리가 아니다. 이 과제는 제약들의 계열에 있어서의 배진을——제약들이 마치 완결해야 하는 듯이——계속하는 오성을 위해 의의있는 것이다. 이에, 전체성이라는 「이성의 이념」에서 하나의 규칙이 생긴다. 이 규칙은 제약들의 계열에서의 지속적 배진을 명령하는 것이요, 배진에 있어서 소위 단적인 무제약자로 머물러 있는 것을 허용하지 않는다(B.537). 이런 규칙에 의해 객관에서 「그 어떤 것」이 자체상 주어진 것으로 예료(예취)되지 않으며, 이 규칙은 가능한 경험의 제약으로서 경험의 대상들을 구성(구성하는 것은 공간·시간·범주들이지만)하는 것이 아니다. 그것은 구성적 원리가 아니라 통제적 원리다. 하기에, 선험적[초험적]인 사취에 의해 목표설정의 과제로서, 그러므로 규칙으로서 쓰일 「전체성의 이념」에다, 객관적 실재성을 허여해서는 안 된다. 다시 말하면, 전체성의 이념을 현상들의 주어진 전체라는 개념으로 보아서는 안 된다.

이런 규칙은 객관이 무엇인가 하는 것에 관한 지시가 아니라, 완결적 객관의 개념에 도달하기 위해서 경험적 배진이 어떻게 하여져야 하는가에 관한 지시이다(B.538).

전체, 즉 시초가 만약 경험적으로 주어져 있다면, 전체의 내적 제약들(전체를 조직하는 부분들)의 계열에 있어서 무한한(infinitum) 소급이 가능하다. 그러나 전체가 아니라 계열의 한 항만이 주어져 있으면, 계열의 보다 더 높은 제약들로 배진함이 부정적(indefinitum)[1]으로 가능하다는 말만을 할 수 있다(B.541). 그러나 무한한 배진과 부정적 배진 중의 어느 경우에도 제약들의 계열이 객관 중에서 무한한 것으로 주어진 것이라는 전제는 없다(B.542). 배진에서 우리는 물자체를 다루지 않고 현상을 다루기 때문이다.

제9절 모든 우주론적 이념들에 관해 이성의 통제적 원리를 경험적으로 사용하는 일

이제부터는 이성의 자기모순처럼 보이는 것의 적극적 의미가 열려진다. [소급의] 원칙이 절대적 완전성을 물자체들에서 현상들로 옮겨 놓았던 한에서, 그것은 변증적(기만적)이었다. 그러나 동일한 원칙이, 우리의 오성을 현상들의 영역에서 최대로 확장해서 사용하려는 요구라고 파악될 때에는, 그것은 교훈적인 (유효한) 적극적 규칙인 것으로 확인된다(B.544 참조). 이런 원칙이 비록 물

1) 「부정적으로」라는 말은 실지로 부단의 소급적 탐구를 하게 하는 것이다. 반정립측은 물론이요, 정립측도 무한성의 피안에 있을 최초항이 현실적 소여가 아닌 한, 부정적 추구가 과제로 된다.

자체에 관해 「그 어떤 발언」을 하더라도 (즉 물자체들이 절대적 완전성 중에서 실재한다고 하더라도) 그것은 인식하려는 우리에 대해 그 인식을 더욱더 확장하고 심화하려는 요구를 의미할 뿐인 것이다.

Ⅰ. 수학적 이율배반

1. 합성의 전체성에 관한 해결

절대적 완전성의 이념이 우리가 현상을 탐구할 적의 통제적 원리(즉 항상 더 전진하는 규칙)만을 낳는 근거임을 칸트는 여기서 다시 한 번 간단히 언명했다. 이 근거는 「무제약적인 제약(이런 제약이 동시에 우리 탐구의 절대적 한계일 것이지만)에 대한 경험은 불가능하다. 왜냐하면, 한갓 허무, 즉 절대적 공허에 대한 지각은 있을 수 없기 때문이다」라고 표시되는 것이다.

따라서 모든 제약측이 경험적으로는 제약된 것이라고 보아져야 하고, 이로부터 나는 항상 더 배진해서 계열 중의 보다 더 고차의 항을 물어가야 한다는 규칙이 생긴다. 이 항이 경험에 의해 나에게 알려지건 안 알려지건 간에 물어가야 한다(B.545).

그런데 첫째 이율배반에 관해, 시공상으로 세계 전체의 무제약적 양으로의 배진이 무한한 배진이라고 보아질 것인가 혹은 단지 부정적으로 계속하는 배진이라고만 보아질 것인가 하는 것이 결정되어야 한다.

내가 만약 무한한 배진을 주장한다면, 항들을 사실상으로 확립하기 전에 항들의 계열을 나는 사고 중에서 예취하겠고, 경험적 탐구가 항들을 그때그때에 통과할 수 없을 만큼 대단한 수의 항들을 나는 표상하겠다. 그러나 이러한 가정을 할 정당성이 나에게는 없다. 그런 계열의 전체성이 직관에 의해 나에게 주어져 있지 않기 때문이다. 그러므로 우리는 세계의 양에 관해 무한한 배진을 주장할 수 없고, 부정적 배진만을 주장할 수 있다. 부정적 배진에 의해, 우리 탐구의 행로가 여하히 멀더라도 우리는 절대적 한계를 인정해서는 안 된다. 부정적 배진은 객관(즉 세계 전체)의 양 자신에 관해 아무런 말도 하지 않는 것이다.

이에, 세계(우리의 경험-인식의 현상 즉 객관)는 시간상으로 맨 시초가 없고 공간상으로 최후의 한계가 없다는 명제가 타당한다. 그러나 세계의 탐구를 위해서는「우리는 한 주어진 항에서 —— 자신의 경험에 의해서나 역사의 인도에 따르거나 결과와 그 원인과의 사슬에 의해 —— 항상 보다 더 먼 항으로 배진해야 한다」는 규칙이 타당한다. 이런 규칙으로써 항들의 성질이 규정된 것은 아니다. 하기에, 우리가 최초의 한 인간 부부에서 유래하는 경우가 있을 수 있고, 그 다음에 이런 부부가 다시 딴 종류의 존재에서 파생했다고 가정할 수도 있다. 우리는 또 우리의 사실적 지각에 관해서는 너무나 빈약한 항들에 도달할 수도 있겠다. 그러나 우리는 이런 항들을 현실적으로 지각한 항들의 유추에 좇아 표상하는 것이다. 그러므로 우리는 이런 항들을「가능한 경험」에 귀속한다고 보아야 한다. 우리가 그런 항들을 지완의 보조수단에 의해 아마 어느 때이건 자신 지각할 수 있을 것을 우리가 기대할 때에 더구나 그러하다. 세계는 시공상으로 유한하지도, 무한하지도 않은 제3의 경우가 가능하고, 이 경우는 세계는 소정의 크기가 없는 것이라고 말한다.

2. 분할의 전체성에 관한 해결

전체가 직관 중에서 주어져 있다면, 그 전체의 제약으로서의 그 부분들도 다 그 안에 동시에 주어져 있다고 말할 수 있다. 분할, 즉「제약된 것에서 제약으로 배진함」은 무한한 진행이다. 그러나 무한하게 분할될 수 있는 전체에 관해서, 그것이 무한히 많은 부분들로 되어 있다(즉 무한한 부분들이 주어져 있다)고 말하는 것이 정당하지 않다(B.552). 전체의 직관 중에서 완전한 분할은 포함되어 있지 않기에 말이다. 완전한 분할은 사실적인 분해를 통해서 비로소 실현되는 것이다. 그러므로 모든 공간과 모든 물체(또는 물질적 실체)는 무한히(부정적으로) 분할될 수 있으나, 그렇다고 해서 무한히 많은 부분들로 성립해 있다고 말할 수는 없다(B.553).

이상과 같은 말은, 내가 무기적 물체를 (또 공간 자신을) 연속량(quantum continuum)이라고 파악하는 한에서 타당한다. 연속량으로서의 물체에 있어서는 부분들은 분할을 통해서만 발생한다. 그러나 물체가 그 내부에서 항들을 가진다고 가정할 근거가 있다면, 따라서 물체가 유기체 모양으로 분리량(quantum discretum)으로 되었다면, 이런 물체 내의 항들의 수는 정하여져 있고, 경험만이 항(부분)들의 수가 어느 정도인가를 확정할 수 있다(B.555).

그러나 물질의 외연적 부분들이 불가분할적일 수 있을 가능성, 혹은 물질의 부분들이 힘(이것은 일정한 공간을 점령하지는 않더라도 통제작용이 있다)의 중심이 될 가능성을 칸트는 몰랐다[1](부분이 전체에 선행하는 방식이 연속량이요, 그 반대가 분리량이다). [부분이 전체에 선행하는 방식이 연속량이요, 그 반대가 분리량이다]

3. 수학적 이율배반과 역학적 이율배반의 차이

이상에서 말한 두 수학적 이율배반에 있어서는 모든 항들은 동종적이었다. 거기서는 오로지 계열의 양만이 문제였고, 분량-범주 아래서 총괄되는 것은 동종적이라고 보아졌다.

이하에서 말한 두 역학적 이율배반에서는 이종적인 것이 결합될 수 있다. 원인과 결과, 또 필연적인 것과 우연적인 것은 이종적인 것일 수 있기에 말이다.

수학적 이율배반과 역학적 이율배반의 중대한 차이는 다음과 같은 점에서 대립된다. 즉 전자에서는, 이념(무제약자)이 제약된 것들의 계열의 일부가 되고 동종적인 것이기 때문에, 정립과 반정립이 다 배척되어야 한다. 그러나 후자에서는 정립은 물자체에 타당하고 반정립은 현상에 타당할 가능성이 있고, 이런 의미에서 정립과 반정립의 양쪽이 다 참일 수 있다는 것이다.

II. 역학적 이율배반

1. 세계사건을 그 원인에서 도출할 적에 전체성에 관한 해결

일어나는 만사는 시간상 선행하는 원인이 있고, 이 원인은 또 그 이전의 원인이 있어서 원인이 무한하게 연속한다는 것은, 경험-인식에서 선천적으로 타당한다. 그러나 원인으로의 소급에 있어 「인과관계 중의 제약들의 절대적

1) Smith N.K., *A Commenmtary to Kant's Critique of pure Reason*, p. 509, 1962, Humanities 사.

전체성을 끌어낼 수는 없다. 그러므로 절대자로 나아가는 경향의 이성은 「자유인 원인」을 만든다. 이것은 자연원인처럼 그 자신 또다시 원인을 가지지 않고 자기에서(자발적으로), 즉 작용을 개시하는 것이다(B.561).

실천적 자유(결의의 자유)는 도덕적 판정과 책임화에서 전제되는 것이지마는, 이런 실천적 자유라는 개념은 위에서 말한 자유의 선험적 이념[자유의 원인]에 기인해 있다. 이 대목(B.562 이하)에서 선험적 자유가 폐기되면, 동시에 모든, 실천적 자유도 폐기되는 것이라고 했다.

> 임의적인 Willkür(결의)는 Wille(의지)와 관계가 있는 것이다. 그러나 「의지」에는 임의적이라는 부차적 의미가 없다. 패토로기슈(pathologisch)는 병적인 것이 아니라 수동적(leidend)이란 뜻이요, 따라서 감성의 영향을 받는 것이다. 「감성의 동인」이란, 목마름·배고픔·성적 충동 같은 감성적 충동을 지시할 뿐만 아니라 권력욕·명예욕·지식욕 같은 정신적 충동도 지시한다. 우리의 지원없이 비결의적으로 우리 안에 생기는 모든 충동과 욕망이 「실천적 의미의 감성」에 귀속한다. 이런 감성의 목표는 물질적(감성적)인 것이기도 하고 정신적인 것이기도 하다. 감성에 대립한 것이 본래의 의욕(Wollen), 즉 칸트의 결의요, 우리는 이것은 자아에서 나오는 것으로 체험하고, 그것에 대해 책임을 지게 된다.

결의가 수동적으로(즉 감성의 충동에 의해) 강제받을 때에, 그런 결의를 칸트는 동물적 의지라고 했다. 의지가 감성적 충동의 영향을 받되(즉 촉발되기는 하되), 감성적 충동에서 독립하여 결의하는 능력이 「의지」에 내재한다면, 이런 의지가 자유이다(B.562).

자연원인성만이 지배한다면, 실천적-도덕적 의미는 「자유」의지는 없을 것이다. 그 때에는 그 무슨 일이 발생하지 않았으나 발생했어야 할 일이라고 하는 말도 할 수 없을 것이다. 모든 발생이 필연적이었기에 말이다.

자유의 문제는 인식론적(선험적) 문제다. 자유는 심리학에 접촉하여, 심리학적 의미의 자유도 말할 수 있기 때문에, 우리는 심리적 자유와 실천적 자유를 우선 구별해야 한다. 그러나 인식론적인 자유의 문제는 심리학적인(칸트가 말한 생리학적인) 것이 아니다. 심리학은 내감에 주어진 것에 관한 자연과학으로서 자연원인성의 예외없는 타당을 선천적으로 전제하고 있는 것이다. 하기에, 심리학적 고찰에서는 자유의 문제는 아예 이미 해결된 것이다. 즉 심리학적 고찰은 선험적(비결정적) 자유와, 따라서 선험적 자유에 의존하는 실천적 자유를 아예 거부하는 것이다. 그것은 결정론적 의미의 자유만을 말하고, 결정론적 의미는 자연원인성의 타당성과 결합할 수 있는 것이다.

여기에 「감성론」에서 물자체와 현상을 구별했던 것의 커다란 의의가 드러난다. 현상이 물자체라고 한다면, 자유는 구제될 수 없다(B.564). 만약 우리의 경험 - 인식이(이것은 칸트에 의하면 본질상 자연과학과 심리학에 일치하는 것이지만), 현실자체(Wirklichkeit an sich)라면, 즉 전자가 후자를 완전히 천명하고 후자의 전 깊이를 천명하는 것이라면, 우리는 한갓 자연존재요, 실천적 자유에 대한 여지가 전혀 없을 것이다. 모든 생기와 의지의 결단이 빈틈없이 자연원인성에서 설명될 수 있고 따라서 의지의 모든 결단이 자연필연적인 것이기 때문이다. 자연이라는 직물에는 만상의 일관된 [필연적]연결을 예외없이 가능하게 하는 자연법칙이 내재한다. 그리고 우리가 현상의 실재성을 고집하려고 할 때에, 즉 현상이 물자체라는 의미의 실재성이라고 설명하려고 할 때에, 자연법칙은 모든 자유를 반드시 뒤엎고 말 것이다(B.565).

현상이 한갓 표상이라면, 이런 현상은 현상이 아닌 그 근거를, 즉 가상적 원인을 가진다. 그리고 이 가상적 원인은 그것의 작용성만은 현상에 의해 규정되지 않는 것이다. 그러나 그것의 결과는 현상에 귀속하고, 딴 현상들과 마찬가지로 자연인과성의 법칙에 좇아 결합할 수 있다. 그러므로 자연과학적·심리학적 고찰에 대해서는 의지작용(Willensakt)도 원인에 의해 제약된 것으로 생각되고, 그런 한에서 필연적·결정적인 것으로 생각되지마는, 그것의 가상적 원인에 관해서는 자유라고 생각된다. 우리 안의 이 가상적인 것은(이를테면 자아자체는) 「자유의 원인」이라고 보아지기 때문이다.

자유와 필연의 구별은 전혀 추상적으로 진술될 때에는 극단으로 까다롭고 불명한 것으로 여겨진다. 그러나 양자를 다음과 같이 구별하면 그것은 명백한 것이라고 칸트는 서언했다.

A. 자유에 의한 원인성이 가능하다
-자연 필연성이라는 보편적 법칙과 조화해서-

서언대로 칸트는 자유와 필연을 구별하는 실지적 설명에 착수하였다.

만상의 근저에는 물자체, 그 어떤 가상적(본유적)인 것, 선험적 [초험적]대상이 있다. 그리고 이런 선험적 대상은 현상하는 성질 이외에, 현상이 아닌 원인성도 가지는 것이다. 이런 원인성은 인식의 권내에 들어오지 않으나, 이런 원인성의 결과는 현상 중에 보이는 바이다(B.567).

우리는 이중적 인과개념을 검토할 줄 알아야 한다. 계기적 인과성과 역학적[1] 인과성이 즉 그것이다. 도식화된 인과개념은 선천적으로 경험에 귀속하는 것이지마는, 그것은 현상들의 합규칙적인 계기 이상의 것이 아니다. 한 현상은 본래 딴 현상의 결과요, 딴 현상의 산물이며, 딴 현상에 의해 존재하게 된 것임은 말할 필요도 없다. 그러나 이런 방식의 현상들이 물자체의 작용(B.566)에 의해 생산될 수 있고, 물자체에는 역학적 원인성이 부여될 수 있으며, 계기적 원인성(Sukzessionskausalität)은 가상적(본유적)인 것에는 적용될 수 없다. 가상적인 것은 시간형식에 종속하지 않고, 그러므로 가상적인 것에는 인과-범주를 적용하는 도식, 즉 다양한 것의 합규칙적인 계기가 결해 있다. 그러하되, 물자체의 역학적 원인성에 의해 산출된 현상들은 현상들의 일정한 합규칙적 계기 속에 편입할 수 있고, 그러므로 자연인과성에 따라 심리학적으로도 설명될 수 있다.

그런데 모든 작용적(기동적) 원인은 하나의 성격을 가진다. 즉 그 원인성의 법칙을 가진다. 때문에, 우리는 감성계의 주관(즉 내감 중에 현상하는 자아)에 경험적 성격(empirischer Charakter)과 가상적 성격(intelligibler Charakter)이 겹쳐 있다. 전자로 인해 자아가 현상으로 드러나되, 후자는 물자체 혹은 자아 자체로서의 자아의 역학적 원인성의 법칙임을 의미한다.

1) 역학적 인과성이라는 말을 칸트 자신이 사용한 것이 아니나, 이런 표현이 계기적 인과성에서 구별하는 데에 적절하다. B.815에 역학적 자연법칙이라는 용어가 보이나, 이때의 「역학적」은 계기적과 같은 뜻이다.

자아 자체와 그의 가상적 성격을 우리는 직관하지는 않는다. 그러므로 그런 것을 직접 아는 일이 없다. 그러나 우리는 가상적 성격을 경험적 성격에 대응(entsprechend)해서 생각할 수 있다. 왜냐하면 경험적 성격은 가상적 성격의 현상이라고 보아질 수 있기 때문이다.

자연과학적-심리학적 고찰은 경험적 성격만을 돌볼 수 있을 것이요, 경험적 성격에서 모든 결의를 증명할 수 있을 것이다. 그러므로 가상적 성격은 자연과학적-심리학적 고찰 중에는 말하자면 존재하지 않을 것이다. 그러나 인간과 그 행위와의 도덕적 평가의 근저에는 자연과학적 고찰과는 다른 고찰에 대한 여지가 남아 있고, 이 딴 고찰은 활동적 존재로서의 자연 자체에 준거하며, 자연 자체가 활동하는 법칙, 즉 가상적 성격에 준거한다. 가상적 성격은 현상(Phänomenon)이 아니요, 물자체에 속하는 것으로서 가상체(Noumenon)이기 때문에, 우리가 그것을 인식하는 것이 아니고 「일반적 이해」만 하지마는 (B.569), 「자아 자체와 그것의 가상적 성격은 시간과 이상계에 속하지 않는 것으로서 자연필연성에 의존하지 않고 자유」라고 말할 수는 있다. 또 이런 성격은 감성계에서 생기도록 하는 결과를 스스로 개시하는 것이요, 그러므로 그것은 제일의 절대적 원인을 표시하는 것이며, 이 제일원인의 작용성의 측면은 시간적으로 선행하는 원인에 제약되어 있지 않은 것이다. 가상체는 시간이 없는 가상적인 영역에 속해 있기 때문이다.

이래서 셋째 이율배반의 칸트적 고찰은 다음과 같은 것을 지시하는 결과에 도달했다. 즉, 비결정적 자유를 긍정하는 정립과 비결정적 자유를 부정하고 자연원인성만을 시인하는 반정립이 다 정당할 수 있다는 결과이다. 전자는 물자체에 대해서 정당한 것이고 후자는 현상에 대해 정당한 것이다. 이에, 동일한 행위가 고찰의 입장에 따라 자유일 수도 있고, 자연필연적일 수 있다(비자유라고 보아질 수 있다). 이런 해석을 통해서 칸트는 비결정론과 결정론을 융합시키려고 한 것이다.

B. 보편적 자연필연성과 조화된 자유의 해명

칸트는 다시 한 번 자유문제의 해결에 관한 상세한 해명이 필요하다고 생각했다. 이래서 가상적 성격의 비결정적 자유를 인정함이 자연인과성의 파괴로 파악되지 않을 것을 그는 우리에게 명심시켰다. 우리는 오류추리론에 나왔던 선험적 실재론의 기만에 추종해서는 안 된다(B.571). 즉 선험적 실재성(물자체)을 무제약적 원인으로서 경험적 제약들의 계열 안에 집어넣어서도 안 된다. 그렇게 한다면, 자연도 자유도 없어지고 말 것이다. 자연에는 무제약적 제약이 차지할 자리가 없는 것이다. 무제약적 제약으로서의 가상적 원인은 자연원인이 될 수 없는 것이다.

사람은 두 가지 원인성을 혼동하지 말아야 한다. 그래서 동일한 행위를 두 가지 원인성, 즉 가상적 원인성과 경험적 인과성의 견지에서 고찰할 것을 도모해야 한다. 이런 도모를 달성케 하는 것은, 경험적 인과성을 가상적 원인성의 결과로 보는 일이다(B.572). 원인성의 법칙은 특별한 종류의 원인에 관련해 있는 것이요, 이로 인한 개별의 작용적(기동적) 원인을 칸트는 성격이라고 명명하였다(B.567) 그리고 이런 사상을 표현하고자, 그는 가상적 성격을 경험적 성격의 원인이라고 진술하였다(B.567). 그리고 가상적인 것은 물자체계에 속하고 현상계에 속하지는 않기 때문에, 가상적 성격은 경험적인 성격이 아니라 경험적 성격의 비경험적 초험적 원인이라고 말하였다(B.574).

칸트는 가상적 성격이 경험적 성격의 원인이라는 사상을 이 「해명」 대목에서 여러 가지 표현법으로 되풀이 해서 진술하고 있다. 이런 원인 관계는 물론 현상들간에서 생각되는 시간적-경험적인 원인관계가 아니라, 일반적으로 물자체와 현상간에 상정할 수 있는 무시간적인 관계이다. 그러므로 경험적 성격을 가상적 성격의 감성적 기호라고 했고(B.574), 가상적 성격의 감성적 도식이라고도 했다(B.581). 여기서 도식이라고 한 말은 참으로 적절하다. 왜냐하면, 성격은 행동의 규칙이요, 또 도식은 순개념적인 그 어떤 것, 즉 가상적인 것을 감성화하는 일반적 방식의 표상이기 때문이다(B.180).

경험적 성격의 가상적 성격에 대한 관계가 도식의 개념에 대한 관계가 같고 또 현상의 물자체에 대한 관계와 같을 때에, 과연 모든 현상들이 가상적 성격에 또 더 나아가서 자유에 구속해야 하느냐 하는 물음이 박두한다. 칸트도 이런 물음을 생각했던 것 같다. 인간에서도 그 외의 자연물에도 경험적 성격이 우선 있음을 인용한다. 그는 경험적 성격이 그 가상적 성격에 대응해 있다는 명제를 공언하지는 않았으나, 이런 명제가 그의 근본사상에서 생기는 것이다.[1] 칸트가 이런 명제를 공언하지 않은 근거는 인간과 뭇 자연물간의 구별을 강조하는 일이 중요했던 데에 있다. 즉 「생명없는 자연 혹은 동물적 생명을 갖는 자연에 있어서는 그 어떠한 능력도 감성적 제약을 받는 것으로 생각하는 이외의 딴 근거가 없는 것이었다(B.574). 인간만이 흑종의 능력 (즉 반정립의 오성과 정립의 이성)에 관해서 전혀 가상적 대상이었다. 그리고 이 가상적 대상의 작용은 감성의 수용성으로 간주될 수 없는 것이었다」(B.575).

연달아서 칸트는 인간의 자유문제를 위해서, 그의 윤리적 저작에서 실천이성이라고 말한 능력을 특별히 고찰하고 있다. 실천이성은 현상계, 즉 자연 중에 주어져 있는 사물의 질서를 따르는 것이 아니라, 완전한 자발성으로서 이념에 따라 독자의 질서를 형성하는 것이다(B.576). 가령 정의·성실 등의 이념에서 명령이 우리 앞에 울려와서 우리에게 당위를 과한다. 이 당위는 전자연에서 명령이 아닌 경우에는 나타나지 않는 일종의 필연이다(B.575). 당위는 자연의 경과에만 착안하는 사람에게는 (즉 자연탐구자와 심리학자에게는) 전혀 무의미하다. 당위의 도덕적 필연성은 자연필연성과는 본질적으로 다른 것이요, 윤리적 규범들, 즉 도덕법은 자연법칙이 아니다.

실천이성의 능력이 인간과 그 외의 자연존재를 구별하는 것이요, 그것이 완전한 자발성·무제약적 원인성이라는 의미의 자유를 인간이 소유하는 권한을 인간에게 주는 것이다.

그러나 인간은 이 이성능력에 관한 인식에 있어서 전혀 가상적 대상이다(B.575). 이런 한에서 인간은 자신을 내감에 매개된 현상이라고 인식하지 않고, 순 통각(B.574)을 통한 현상이라고 자신을 인식한다.

이상의 견해에 반대되는 새로운 사려가 우리에게 나타날 것이다. 즉 첫째로 「모든 인식은 개념과 직관으로 성립하고 따라서 오성과 감성이 인식에서 합력

1) 쇠·석회·사탕과 같은 물질에 물을 부을 때에, 그것들의 반응이 다르다는 것에서 우리는 각종의 경험적 성격을 귀결짓는다. 그러나 현상이 일반적으로 가상적인 것, 물자체에 의존한다면, 각종의 경험적 성격에 각종의 가상적 성격이 대응하지 않을 수 없다. 칸트는 그의 종교론에서 인간적 자연에 동물성·인간성(동물성+이성)·인격성의 세 소질을 말했다.

한다」고 한 칸트의 근본이론에 대한 사려이다. 그러나 이 「해명」에서는 오로지 오성에만 (이것의 핵심은 통각이다) 의존해야 하는 인식이 주장되었다. 이런 일의 난점은 이성적 심리학의 비판에 관한 많은 세설에 대해서도 성립한다. (오류추리의 해소를 끝맺는 576면 참조). 이런 주장에 대해 「순통각에 의한 자아의 자기파악은 자아 - 인식과 심리학적 인식이라는 의미에서는 「인식이 아니라」는 답이 칸트의 입장에서 나올 것이다. 하지만, 통각은 단지 보편적 사고일 뿐이요, 그것에서 규정성이 전혀 없다. 그러므로 절대적 자발성으로서의 비결정적 자유는 필경 그 어떤 신비적인 것에 불과하다. 그러나 그도 말했듯이, 「이성」[가상적 성격]이 왜 그 원인성에 의해서 생긴 현상[경험적 성격]들을 지금과는 달리 규정하지 않았던가」 하는 물음에는 대답할 수 없었다(B.584).

「가상적 원인으로서의 실천이성이, 행위를 자유로 다시 말하면 감성에 의존하지 않도록 규정할 수 있다는 것과 이런 방식에서 실천이성이 현상들의 감성적 - 무제약적 제약일 수 있다는 것」을 우리는 확실히 주장할 수 있다. 그러나 「왜 가상적 성격이 현재 사정 아래서 바로 이런 현상들, 즉 이런 경험적 성격을 보내주느냐」 하는 물음에 답할 능력이 인간 이성에는 없다(B.585).

이하과 같은 견해에 합치해서, 자유문제의 전구명으로써 그가 비결정적 자유가 실재한다는 것을 증명하려고 하지 않았고, 이런 자유의 무능성조차 증명하려고 하지 않았다는 것을 칸트는 고백했다.

이러한 고백은 자유문제의 전구명이 목적이 없는 것이 아니냐 하는 의심을 환기할 수 있을 것이다. 그러나 자유문제의 구명에 있어서 연구할 문제는 그것의 논리적 가능성이 아니라 경험적 가능성이요, 다시 말하면 경험내부에서의 실재적 근거(B.586)로서의 가능성이다. 그리고 이런 가능성에 대해서는 「직관과 개념에 관해 경험의 형식적 조건과 일치하는 것[현상]은 가능적이다」라는 명제가 타당한다(B.265). 그러나 자유는 가상적(초험적) 능력으로서 「시간이 없는 것」일 터이기 때문에, 그것은 시간적(경험적)인 의미에서는 불가능하다. 이러하되 자유는 칸트에 의하면 논리적으로 가능한 것이다. 그것은 모순없이 그의 철학체계 안에 삽입되는 것이다. 즉 자연이 자유에 원인성과 적어도 모순되지 않는다는 것, 이것이 그가 수행할 수 있었던 유일한 일이었고, 그의 유일무이한 관심사였다」(B.586 끝).

그러나 칸트가 이러한 겸손한 목표를 과연 사실상 달성한 것인지는 문제이다. 하기에, 그의 자유문제 해결의 시도에 관해서 우리에게 두 번째의 사려가 나타난다. 인간의 전행동이 심리학으로 설명될 수 있는 근원인 경험적 성격은 가상적 성격의 결과·현상·도식이었다(532). 그러나 이제 와서는 가상적 성격이 실천이성을 소유하는 한에서만, 따라서 있어야 할 것이 이념에 의해 감성적 충동에서 독립하여 결행하는 능력을 소유하는 한에서만, 인간 내지는 그의 가상적 성격에 자유가 부여되는 것이라는 칸트의 말을 듣게 되었다. 하지만 인간은 감성적 충동에 규정되는 능력 또 좋지 않은 교육과 나쁜 교우(B.582)에서 규정되는 능력도 의심할 것 없이 소유하고 있다. 그리고 이런 것들의 영향에 어떻게 반응하는가의 방식을 사람은 인간의 경험적 성격에 돌릴 것이다. 이런 조치가 정당한 것이라면, 경험적 성격의 유래를, 자유를 지닌 한의 가상적 성격에만 단적으로 돌려보낼 수 없는 것이다. 무릇 실천이성만이 실로 자유인 것이다. 그러나, 수치에 대해 무감각적인 천생의 사악(B.582)과 같은 「경험적 성격의 어떤 성소들」은 실천이성의 현상 혹은 도식이라고 파악될 수 없는 것이다.[1)]

여기에 경험적 성격의 전부가 아니라, 그 일부만이 가상적 성격과 그 자유(즉 이성)에 돌려보내질 수 있겠다는 [칸트의] 핑계가 드러난다. 이 핑계의 내용은 다음과 같다.

> 우리의 부책은 경험적 성격에만 관계시킬 수 있다. 부책 중의 얼마 정도가 자유에 의한 순수한 결과이고 얼마 정도가 한갓 자연(기질)의 탓인지, 아무도 천명할 수 없고, 그러므로 부책의 정도를 아무도 완전히 공정하게 판정할 수 없다(B.579 원주).

이상에 인용된 대목은 경험적 성격을 단적으로 가상적 성격의 결과라고 말한 딴 대목(606면)과 조화할 수 없는 것으로 생각된다. 더구나 「이성의 원인성은 (감성적 동기를 가진) 경쟁작용과 같은 것으로 보아지지 않고 그 자체가 완전한 것이라고 보아진다(B.583)」고 한 말과 특히 조화할 수 없을 듯하다.

---

1) 난점은 (실천) 이성은 전혀 가상적 대상이요(B.575), 현상이 아니라(B.581)고 한 말 중에도 있다.

2. 현상일반의 의존의 전체성에 관한 해결

셋째 이율배반과 이 넷째 이율배반과의 차이가 무엇인가를 칸트는 우선 지적했다. 전자는, 우리가 과연 무제약적 원인성을 상정할 수 있는가를 다루었으되, 후자는 과연 한 실체의 무제약적 현재를 상정할 수 있는가를 다룬 것이다. 여기서도 한 본질[신]의 무제약적 현재를 증명하려는 것이 아니요, 경험 내부에서의 「실재 가능성」을 증명하려고 한 것도 아니다(B.590).

우연적 사물들을 자체적으로 다루어야 한다면, 그런 사물들이 결국은 하나의 무제약적 필연존재로 돌려보내져야 할 것이다. 그러나, 우리의 인식은 현상에만, 따라서 표상에만 제한되어 있고, 표상들의 우연성 자신은 다만 현상(Phänomen)임에 불과하기 때문에, 이런 돌려보냄에 있어 경험에 「제약된 것」의 계열에 따라 우연적인 것의 계열을 버릴 수 없다(B.591). 그러나 「모든 자연물과 이것의 경험적인 일절 제약과를 꿰뚫고 있는 우연성이, 가상적이되 필연적 제약[하나님]을 임의로 전제하는 것과 충분히 양립할 수 있다」(B.590).

이래서 셋째 이율배반에서 정립과 반정립이 다 참일 수 있었듯이, 넷째 이율배반에서도 정립과 반정립이 다 참일 수 있다. 즉 정립은 가상적인 것, 물자체에 관해서 참이고, 반정립은 현상계의 감성적·경험적인 것에 관해서 참이다.

이성은 경험적 사용의 길을 걷는 법이나, 선험적(초험적) 사용에 있어서는 특수한(즉 통제적 이념의) 길을 걷는다(B.591). 이 중 뒤 명제에 있어서 칸트는 넷째 이율배반의 정립을 적용할 것을 시사하였다. 이때에 우리는 한 목적(하나님)을 무제약적 필연이라고 볼 수도 있다.

「순수이성의 전이율배반을 끝맺는 말」이라는 표제에서 다룬 것은 사실은 셋째와 넷째의 이율배반만을 끝맺는 감을 주고 있다.

이념이 감성적 제약들의 절대적 전체성에만 관계하는 한에서, 그것은 우주론적이다. 그러나 이념이 감성계의 외부에 있을 무제약자를 지향할 때에, 그것은 초험적이게 된다(B.593). 넷째 이율배반의 정립에서 무제약적 필연존재가 물자체로 주장된 한에서, 그 정립은 이미 초험적인 것이다.

셋째 이율배반의 정립에서 사물 그것(Ding selbst, 즉 자유 원인으로서의 원인)이 (현상하는) 제약들의 계열 안에 들어갔고, 사물 그것의 원인성만이 가상적인 것이라고 생각되었다. 이에 대해서 무제약적 필연존재는 초세계적 실재(ens extramundanum)로서 감성계의 계열의 외부에서 생각되어야 하는 것이겠다(B.589). 그러나 감성계에서는 아무리 소급해도 우연적인 것의 계열만이 발견된다.

이 단적인 필연존재(B.595)의 개념의 다음의「순수이성의 이상」장에서 자세히 연구된다. 이 장은 이성적[사변적] 신학의 비판을 내포하는 것이다.

제9장 이성의 이상

제1절 이상일반

오성의 개념(범주)들은 현상들에 적용되고 따라서 구체적으로 표시될 수 있다. 그러나 이성의 개념(이념)들에서는 구체적 표시가 불가능하다. 이념들은 현상, 즉 경험에 주어져 있지 않은 「절대적 완결성」을 지향하기 때문이다. 이상에서는 구체적인 표시가 이념에서보다도 더 불가능하다. 이상은 이념에 의해서만 규정될 수 있는 개체거나, 이미 규정된 개체[신]를 표시하기에 말이다 (B.576).

칸트가 이상을 개체적 사물이라고 표시했거니와, 그 까닭은 무엇인가? 경험계의 사물은 그 속성이건 그 존재이건 다 상대적이다. 그리고 상대적인 것은 유한한 것이요, 절대적 존재가 아니다. 그러나 우리가 절대적 존재를 생각할 때에, 그것의 개념 중에는 존재를 표시하는 전속성이 포함되어 있을 것이다. 그러나 존재의 전속성을 포함하는 것이 경험계에는 없기 때문에 역시 이념이다. 절대적 존재의 이념은 만상[일절 속성]의 총화요, 만유[일절 수량]의 총량이며, 그러므로 절대적·필연적 존재이다. 이런 이념은 영혼의 이념들이나 이율배반의 이념들과는 달리, 보편성이 없고 개체성이 아닐 수 없다. 그것은 속성들의 총화를 필요로 하고, 속성들이 많아짐을 따라 외연성(보편성)은 아주 감소되어 외포성만을 지닌다. 이에 개체적 사물로 되는 것이다. 이런 개체로 나타난 이념을 칸트는 이상이라고 표시한 것이다.

우리는 완전한 인간성의 이념을 말할 수 있다. 이때에는 우리는 그 목적들에 완전히 일치한 인간성의 본질적 성질만을 생각해 있는 것이다. 완전무결한 인간성을 그저 생각하는 것에 그치지 않고, 그런 인간성이 철저히 체득되어 있는 것이 이상이다. 이런 이상도 플라톤은 신적 오성의 이념이라는 말로써 표시했다(또 서로 대립하는 이데아 중에서 선의 이데아가 최고였다).

인간의 이념들과 이상들은, 세계를 창조했다고 하는 플라톤의 데미우르고스 (Demiurgos)처럼 창조력을 가지지 않는다. 다시 말하면 그것들이 그런 내용을 단순히 직관으로서 산출하는 것이 아니다. 그러나 인간의 이념과 이상들은 의지와 생활을 규정하는 의미에서 실천력을 가지는 것이다. 다시 말하면 그것들은 통제원리들로서 우리의 행위를 지도할 수 있는 것이다(B.597).

이런 통제 원리에 들어가는 것으로 도덕적 개념을 지적할 수 있다. 그런데 도덕 개념의 근저에 쾌나 불쾌와 같은 경험적 감정이 있는 한에서, 그런 도덕 개념이 「이성의 순수한 개념」(이념)이 될 수 없다. 그러나 도덕적 이성은 우리의 법칙없는 자유를 제한한다. 가령 이성이 정의의 이념을 산출함에 의해 우리의 자유가 타인의 자유와 공존할 수 있도록 우리의 자유를 제한한다. 이래서만 완전무결한 덕과 지혜라는 이념도 생기게 된다. 스토아 학도의 현인은 지혜의 이념에 전적으로 규정된 개체 인간을 말했거니와, 이런 현인이 한 이상이다. 이상들은 현실적인 것이 될 수 없고, 따라서 현상 중에 (또 소설 중에도) 완전히 드러날 수 없으나, 그러나 이성의 필연적인 표준(Richtmass)이 되는 것이다. 이상들은, 우리가 자기를 그것과 비교하여 그것에 의해 평가하고 개선하려 하되 달성될 수는 없는 원형(Urbild)이다.

우리가 순개념적·비직관적으로만 생각할 수 있는 「이성의 이상들」과 구상력의 이상들을, 칸트는 구별하고 있다(B.598).

동일한 흑판에 「다르기는 하나 서로 닮은」 얼굴들이 그려져 있다고 생각해 보라. 이때에 서로 다른 경험들의 중간에 이를테면 불안정인 얼굴의 도형이 나타날 것이나, 이런 도형의 규칙은 지적될 수 없다. 이것이 구상력[혹은 감성]의 이상들이다. 화가와 관상가들은 그들의 머릿속에 이와 같은 구상력의 이상들이 있다고 주장한다. 여기서는 구상력의 이상들을 다루는 것이 아니라, 이성의 이상을 다루는 바이다. 이성의 이상들은 원리들에 의해 시종 일관해서 규정할 수 있는 대상들을 지향하고 있는 것이다.

제2절 선험적 이상(선험적 원형)

한 사물을 완전히 인식하자면, 사람은 「일반적으로 가능한 것 전부」를 인식해야 하고, 이로 인해서 그 한 사물이 긍정되고 혹은 부정된다(B.601). 따라서 다만 한 사물의 완전한 인식을 위해서도 말하자면 만물일반의 가능한 전술어들의 총괄이 필요하다(B.600). 이런 총괄이 전실재, 즉 만유(omnitudo realitatis)라는 이념이다. 그런데 모든 가능한 대립된 술어들 중에서 하나의 술어, 즉 단적으로 「있다고 함」에 귀속하는 술어를 소유하는바, 단일존재(하나의 물자체)를 우리가 생각한다면, 이것이 인간이성이 느낄 수 있는 유일의 진정한 이상이다(B.604). 왜냐하면, 이 경우에만 하나의 보편적 이념이 한 개체 중에 실재하는 것이라고 생각되기 때문이다(이에, 앞에서 이상은 개체적인 이념이라고 했던 말의 뜻이 이해될 것이다).

만유에 대한 관계에 의해 대상들의 완전한 인식을 돌보는 선험적 고찰을 형식논리학의 모순율과 혼동해서는 안 된다. 모순율은, 모순대당의 두 술어를 가지는 모든 주어는 그런 술어들 중의 하나만을 소유한다는 명제이다. 이러한 모순율은 인식의 모든 내용을 도외시한 것이고, 그러므로 대상들 전부의 인식을 도외시한 것이다(B.599).

임의의 대상들의 「완전한」 규정에 있어 우리가 선험적 이상을 끌어당김에 의해서, 우리는 선언적 삼단논법이 취하는 태도와 유사한 태도를 취한다. 직관할 수 있는 모든 소여, 즉 모든 실재성을 한번 생각해 볼 때에, 가령 다음과 같은 선언적 삼단논법이 생긴다.

> 완전하게 인식될 수 있는 한 대상 A는 생명이 있거나 없거나다(대전제), 그런데 A는 생명이 있는 것이다(소전제). 그러므로 A는 생명이 없는 것이 아니다.

만유의 총괄인 이상은 만유의 원형이라고 생각되고, 개별 만물들은 그것의 불완전한 모형들이며, 일체를 포괄하는 가장 실재적인 존재(ens realissimum)의 제한들이다. 이러한 이상은 근원적 존재(ens originarium)요, 최고존재(ens summmum)며, 일체 존재자의 존재(ens entium 혹은, 만유의 본질)라고 표현해도 좋다(B.607). 만유의 원형인 근원적 존재는 파생적 존재들을 집합시켜된 것으로 볼 수 없다. 이러하기에 근원적 존재를 단순하게 만유의 총괄이라고만 표현할 것이 아니라 실은 전현실의(또 인간의 감성과 그것의 전현상의) 근저 혹은 근거라고 표현해야 한다(B.607).

우리는 이때까지 이성의 이상, 즉 「일체 존재자의 존재」를 생각하기만 했다. 그러나 이성의 이상을 실체화해서, 현실적 존재라고 생각한다면, 우리가 생각했던 것은 사실은 하나님인 것이다.

현상의 실체화와 인격화가 여하히 자연적이고 숙지된 일이라 하더라도, 그처럼 실체화하고 인격화할 권리가 인정되어 있지는 않다.

이상의 실체화와 인격화에 어떻게 도달하는 것인가? 우리에게 알려지는 모든 대상은 경험의 합법칙적인 맥락 중에서만 주어져 있다. 그런 한에서 모든 경험적 실재성의 총괄, 즉 전경험이, 개별대상을 가능케 하는 조건이다[이런 말은, 경험일반이 없으면, 우리는 삼라만상도 모를 것이라는 뜻이다]. 경험되는 사물들(현상들)이 모든 경험적 실재성의 총괄을 전제한다고 하는 것은 현상들에 대해서만 타당하는 것이로되, 이런 타당성이 자연스러운 착각에 의해(B.610), 모든 사물들 일반·물자체들로 옮겨져서, 현상들의 전제, 즉 근거로서 사람이 모든 실재성의 총괄자, 모든 존재자의 존재[본질], 즉 하나님을 생각하게 된 것이다. 이 무렵에 경험의 총괄은 집합적 통일로서의 전체성 중에 주어져 있는 것이 아니라, 사실은 개별적인 통일로서의 그 부분들 중에서만 주어져 있다는 것을 우리가 간과하고 있다. 뿐더러, 개별적으로 경험된 사물들로 성립하는 집합적 통일이 「단일 개체」와 혼동되고, 이 단일 개체가 드디어는 물자체로, 아니, 하나의 예지자(하나님)로 잘못 파악되어 있는 바다.

이 제2절의 원주(B.600)에서 보편성과 전체성을 구별했다. 모든 개념은 추상적 보편성(Allgemeinheit, universalitas)의 성격을 가지며, 여기서는 형식논리학의 배중률이 그렇듯이 두 술어의 분석적 대당(모순적 대립)이 문제이다.[1)]

전체성(Allheit, universitas)은 부정하고 배제하기 이전의, 또 도에 있어 제한하기 이전의 모든 가능한 사태소여(Sachdata)의 완전한 총괄이요, 개관할 수 없을 만큼 내용이 다양한 사태의 종합을 의미한다. 하나님이 「있다」고 함과 「없다」고 함은 제약들을 종합하는 절대적 전체성에 관한 말이요, 한 체계 중의 부분들을 선언적으로 종합하는 전체성이다.

---

1) 분석적 대당에 대해 변증적 대당은 정립과 반정립이 다 거짓인 것이요, 제3자가 가능한 것이다(B.531). 또 H. Heimsoeth, Transzendentale Dialektik Ⅲ; *Ein Kommentar zu Kants K.d.r.V.* Gruyter, 1969. S.429. 참조.

제3절 사변이성이 최고존재의 실재를 추리하는 논거

「모든 존재자의 존재」를 현실적이라고 생각하도록 하는 것은, 주어진 「제약된 것」에 대해서 필연적으로 존재하는 무제약자를 추구하려는 요구이다. 최고존재라는 존재는 대개는 무제약적 - 필연적 존재와 같은 것으로 되기에 적합한 것이다. 그것은 만유의 총괄로서 그 외의 딴 모든 것에 대해서 충족을 주는 제약이다(B.615). 하기에 최고존재는 이상일 뿐만 아니라 필연적으로 실재해야 한다고 잘못 추리한다.

그러나 그 실재성이 제한되어 있는 존재가 ── 가령 에피크로스의 원자, 라이프니쯔의 모나드, 유일신이 아닌 다신이 ── 무제약적 - 필연적으로 실재할 수 있다고 하는 사상적 진행을 비난을 받아야 한다(B.616 참조).

물론 상식이 무제약적이 필연자에다 최상의 제일 원인성뿐만 아니라, 최고의 충족적 원인성도 부여하려는 경향이 있다(B.618). 즉 제한된 존재들의 수다성을 무조건적 필연적으로 실재하는 것으로 보지 않고, 경험적 현실의 첫째 원인들로 보지도 않고서, 유일한 존재[하나님]를 무조건적 필연적 존재 또는 첫째 원인성으로 보려는 경향이 있다. 이 때의 단일한 존재는 동시에 「가장 실재적인 존재」(das allerrealiste, ens realissimum)로 파악된 것이다. 단일의 최고존재에 대한 자연스러운 욕망은 다신을 숭배하는 민족들에 있어서도 대개는 일신을 최고신으로 보는 점에서도 드러나 있다(B.618). 그리고 이 일신은 대개는 실천적·도덕적 법칙에 힘과 영향을 주는 존재로 보아지고 있다.

사변적 이성이 하는 하나님 실재의 증명방식에 다음과 같이 세 종류만이 가능하다.

1. 전혀 선천적으로 하나님의 개념에서 출발하여 그것의 실재를 추리하는 것(존재론적 증명).
2. 그 어떤 임의의 존재에서 출발하여 무제약적 필연존재로서의 하나님의 실재를 추리하는 것(우주론적 증명).
3. 현상계의 특수한 성질, 즉 합목적성에서 출발하여, 이것의 창시자로서의 하나님을 추리하는 것(자연신학적 증명, 이것은 목적론적 증명이라고도 한다).

2와 3에서 1의 증명방식이[1] 남몰래 협력하고 있고, 그러므로 칸트는 1의 검토부터 개시하였다.

제4절 존재론적 증명의 불가능성

절대적인 필연존재를 많이 운운해 왔지마는, 이 개념에 의해 우리가 과연 무엇을 생각하는지 혹은 생각하지 않는지를 명시하지 않았다(B.621). 이렇게 보면 절대적인 필연존재란 공허한 말일 것이다. 그 무엇을 필연이라고 통찰하기 위해서는 그것을 필연이도록 하는 제약(조건)이 우리에게 필요하기에 말이다. 무제약이라는 말이 모든 제약들을 물리치는 것인 바에, 즉 오성이 부단히 무제약자를 추구하는 처지에, 그 어떤 것이 필연적으로 남아 있다는 말인가?

단적으로 필연인 것, 즉 무제약적으로 필연인 것을 위해 든 실례들은 사실은 단지 판단들에서 취해온 것이다(가령 수학적 명제들이였다). 그러나 판단들의 무제약적 필연성은 현존하는 사물들의 절대적 필연성이 아니다(B.622). 삼각형은 필연적으로 세모를 가진다는 명제는, 문제되는바, 세 모[각]가 무제약인 필연존재라는 뜻이 아니라, 삼각형이 존재한다는 「제약」 아래서 세모가 반드시 있다는 뜻이다. 단지 세 모서리와 세 변(이것들은 현존하는 것)뿐만 아니라 세모 또한 삼각형의 본질에 속한다. 그럼에도 사람은 본질필연성과 현존필연성을 혼동하였다. 즉 사람은 「무제약적 필연」의 개념에서 그 현존의 필연을 생각하였다. 하기에, 무제약적 필연의 본질에 현존이 반드시 들어가 있는 바다. 그러나 현존[실존]은 사고필연적 성질이 아니요, 그러므로 내가[삼각형에서] 그 현존을 부정해도 논리적(내적)인 모순은 없다(B.623).

「가장 실재적인 [완전한] 존재」만은 비현존이라고 생각되어서는 안 된다고 사람이 주장한다. 가장 실재적인 존재라는 개념이 벌써 그 현존을 내포해 있기 때문이다. 이에 만약 현존을 부정한다면, 그것은 가장 실재적인 존재라는 개념

1) 이것은 칸트에 의하면 선천적이기 때문에 선험적(가인식적)인 것이기도 하다.

자신에 모순된다고 한다.[1)]

이런 주장은 존재와 현존을 혼동하고 있는 것이다. 가장 실재적인 존재는 내가 생각하고 있는 것의 본질, 즉 정립한 것의 본질을 표시한다. 그러나 사고된 대상이 무엇이건 간에, 그것이 과연 현존하기도 하는 것인가 하는 물음은 언제나 여전히 문제로 남는다. 그 무엇에 대한 사고가 있다 하더라도 내가 사고하는 사물이 현존하는 것은 아니기에 말이다. 그 무엇이 현존한다고 내가 말한다면, 이런 말은 항상 종합적(경험적) 판단이다. 그 무엇의 현존을 사고상으로 부정하더라도 내적 모순은 생기지 않는다. 분석적 판단의 주어 안에 있는 한 술어를 내가 부정할 때만 분석적 판단 내부에서 모순이 생기는 것이다.

내가 하나님의 내용 혹은 본질이라고 생각하는 것은 하나님이 있다고 하는 나의 판단에 의해 아주 조금이라도 부른 것이 아니다. 그러므로 하나님의 현존이 하나님이라는 본질(혹은 개념)에서 모순율에 좇아 도출될 수 없다. 현존이 본질 중에 있는 것이 아니기 때문이다.

「가장 실재적인 존재」라는 개념을 생각할 때에, 그 존재가 현존하기도 한다는 것을 확립하기 위해서는 그 개념의 외부로 나가야(herausgehen)[2)]한다(B.629 참조). 감성적 대상에 있어서 이처럼 외부에 나가게 되는 것은, 내가 감성적 대상들을 지각하기 때문이요, 감성적 대상들이 경험적 법칙에 따라 지각과 연결하기 때문이다. 그러나 「가장 실재적인 존재」라는 개념은 순수사고의 객관일 뿐이요, 이런 객관을 향해서 그것의 현존을 인식하는 수단이 전혀 없다(B.629). 순수사고의 객관은 전혀 선천적으로 인식되어야 하되, 현존을 우리는 경험을 통해서만 확립할 수 있기 때문이다.

「가장 실재적인 존재」라는 개념에 결합해 있다고 우리가 생각하는 실재성은 종별적으로 (생각하는 것과는 달리, 즉 선험적으로) 주어져 있지 않고, 비록 [물자체로서] 주어져 있다 하더라도 우리는 그것을 판단할 수 없다(B.630).

---

1) 존재론적 증명을 삼단논법식으로 표시하면, 「가장 실재적인(완전한) 존재는 실존하지 않을 수 없다(대전제). 그런데 하나님은 가장 실재적(완전한) 존재다(소전제). 그러므로 하나님은 실존한다(결론)」라고 될 것이다.

2) 외부로 나와야 한다는 말은 「경험」해야 한다는 뜻이다. 경험하지 않는다면 재산목록의 숫자에 아무리 영을 첨가해도 내 재산이 현실적으로 불어나는 것이 없음과 같다.

제5절 우주론적 증명의 불가능성

1. 복면한 존재론적 증명

존재론적 증명이 최상의 실재(가장 실재적 존재)에서 그 실존의 절대적 필연성을 추리한 것이라면 우주론적 증명은 절대적 필연성의 실존에서 최고의 실재를 추리하는 것이다.

사람은 세계의 우연성에서 출발하여 일견 절대적 필연적으로 현존하는 자(der Existierende)에 도달한다. 이런 현존자는 존재론적 증명이 하듯이 선천적으로 도입되는 것이 아니다. 경험의 대상에서, 즉 세계 혹은 우주에서 출발하여, 그것의 외견상의 우연성에서[1] 절대필연적 존재의 현존을 추리하고, 이것을 가장 실재적인 존재 혹은 최상존재와 동등한 것으로 설정한다. 이 무렵에 최고실재의 존재라는 개념이 절대필연의 현존이라는 개념을 완전히 만족시킨다는 것, 다시 말해 전자에서 후자가 추리된다는 것을[2] 전제한다.

이로 인해 우주론적 증명 중에 존재론적 증명이 「논증의 핵심」(nervus probandi)으로서 사실상 포함되어 있음을 명백하게 알 수 있다.

그럼에도 우주론적 증명이 존재론적 증명과는 다른 것으로 보아진다면, 우주론적 증명은 논점부적중의 오류(ignoratio elenci)를 범한 것이다. 다시 말하면, 논증되어야 할 것을 논증하지 못하고 전제 중에 독단적으로 채택해있기 때문에 논점에 적중하지 못한 것이다. 그리고 근본 전제로서 도취한 것은 존재론적 증명이다.

이성의 본질(사명)은 인간의 사상(즉 개념·사견·주장)을 변명해 줄 수 있는 점에 그 특징이 있다 그리고 그 사상들이 타당하는 한에서 객관적 근거에서 변명한 것이고, 그 사상들이 타당하지 않고 가상인 한에서 주관적 근거에서 변

---

1) 우주론적 증명은 만약 그 무엇이 실재한다면, 절대필연적 존재도 실재해야 한다(대전제). 그런데 세계는 우연적이나마 실재한다(소전제). 그러므로 절대필연적 존재도 실재한다(결론)고 추리하는 것이다(B.632 끝).

2) 모든 단적으로 필연인 존재는 가장 실재적인 존재다. 이것은 단순환위하면, 「가장 실재적인 존재는 그 어떤 것이건 단적으로 필연인 존재다」.이것이 우주론적 증명의 근본 전제다.

명한 바이다. 후자의 경우에는 어떻게 그러한 잘못된 파악에 도달했는가 하는 것을 우리는 밝혀야 한다. 우주론적 증명은 필경 남몰래(Verstechter Weise) 존재론적 증명을 그 근저에 두고 있는 것이다(B.637).

2. 하나님 이념의 이율배반

「변증적 가상의 발견과 설명」이라는 표제에서 다룬 내용은 다음과 같다.

우주론적 증명의 핵심은 「일반적으로 그 무엇이 실재한다고 한다면, 절대필연적 존재도 있어야 한다」고 하는 것이다(이것은 이율배반의 일종의 정립에 해당한다). 그러나 우리는 규정된 그 어떤 사물도 자체상 필연적이라고 생각할 수 없다(B.643 참조)(이것은 이율배반의 일종의 반정립에 해당한다). 여기서는 실재하는 것의 제약들을 부정적으로 소급하려고 한다.

정립과 반정립의 외견상 모순은 다음과 같은 인식에 의해 해소된다. 즉 필연성은 (또 우연성은) 「사물들 자체」에 관계하지 않고 단지 사고된 것(즉 이념)이라는 인식이다. 필연적 실재자의 이념에 일치하는 규칙은 1. 선천적으로 완성된 설명에 도달하기까지는 (설명은 쉬지 않고 필연성을 인식시키는 것이기에) 설명을 중지하지 않는다는 것이다. 2. 경험적인 것을 무제약적 필연으로 상정하지 않는다는 규칙이다(B.446 끝). 이 중의 둘째 규칙(원칙)에서 절대필연적인 것을 세계의 외부에 상정하지 않을 수 없는 사정이 생긴다(B.645). 하기에, 세계의 현상들을 항상 소급해서 있을 제약들로부터 도출함에 있어 우리는 설정된 이념에 의해 방해받을 것이 없다. 아니, 이념은 이런 도출의 완성을 부단히 추구하도록 우리를 자극하는 것이다.

따라서 「절대적 필연과 최고존재」의 이념(내지 이상)의 진정한 의의는 통제적(발견적) 원리, 즉 우리의 경험적 탐구를 지도하는 사상으로 간주된다. 그러나 이런 이념을 구성적 원리, 즉 현실적 존재(하나님)라고 파악한다면, 이것은 명백히 뒤바꿈에 연유한 것이다.

제6절 자연신학적(목적론적) 증명의 불가능성

이 증명은 세계의 다양성·질서·합목적성·아름다움 등을 경험함에서 하나님을 그런 특정 경험의 원인이라고 개진하는 것이다. 칸트는 이 증명을 존경할 만한 것·가장 고래의 것·가장 명결한 것·상식에 가장 적합한 것이라고 했다(B.651). 치밀한 사변, 즉 까다롭고 추상적인 사변이 자연 신학적 증명을 의심하더라도 그런 의심은 실은 무력한 것으로 생각한다. 자연의 기적과 세계 건축의 장엄을 별견하기만 해도 그것은 이성을 자극해서 하나의 최상·무제약의 창조자에 도달하게끔 하는 것이다(B.652).

그러나 자연신학적 증명도 절대필연적(무조건적) 확실성을 주는 것은 아니다. 자연신학적 증명이 어떤 개연성을 가지느냐 안 가지냐에 관해서 칸트는 자세한 탐구를 하지 않았다.

자연신학적 증명도 필경 하나님의 존재론적 증명의 조력을 요구하지 않을 수 없다. 하나님이 과연 존재하는 것이라면, 그것의 존재론적 증명이 하나님의 현존을 가능케 하는 유일의 증명근거가 될 것이다.

그 많은 자연적 조직이 지니는 합목적성과 조화성(B.655)에서 그것의 지성적(intelligent)인 창시자로서의 하나님을 추리하려고 하는 것이 자연신학적 증명이다. 이런 태도는, 인간의 생산물들이 합목적적인 데서 그것의 지성적인 창시자로서의 인간을 추리할 수 있다는 말과 흡사하다.

자유로 활동하는 자연(freiwirkende Natur)이 비로소 모든 기술과 아마도 이성까지도 가능하게 하겠으나(B.654), 이러한 합목적성 자신을 산출할 수는 없다. 그러나 이러한 「자유로 활동하는 자연」이 자연신학적 증명에서 은연히 전제되어 있다. 이러한 전제는 이의의 여지가 있는 것이다.

인간의 기술과의 유추에 좇아 하나님이 추리되는 것이라면, 그로 인해 기껏해야 세계건축사가 ── 이것은 자기가 처리하는 재료의 합목적성에 대한 적합 여부에 의해서 항상 많은 제한을 받는 것이다 ── 해명되기는 하나, 세계창조자가 해명되는 것은 아니다. 왜냐하면, 인간적 기예가는 주어진 재료에 그러면서도 자기에 맞지 않는 재료에 얽매여 있기 때문이다.

결국 세계의 도처에서 보이는 질서와 합목적성에서 출발하여, 그것에 적응(비례)하는 원인[세계건축사]의 현존을 추리할 수 있다(B.655 끝). 그런데 이 질서와 합목적성은 단적으로 완전하지는 않다. 이에, 자못 유능하고 현명한 세계건축사를 추리할 수 있다. 그러나 이런 세계건축사라는 개념은 명확한 것이 아니고 하나님의 개념과 동일하지 않다. 하나님을 추리하자면, 우리는 첫째로 세계 중의 합목적성을 그 어떤 우연적인 것으로 간주하고, 이로부터 단적으로 필연적인 존재를 추리하며, 그 다음에 이 단적인 필연 존재를 가장 실재적인 존재 즉 최고존재와 합일화시켜야 한다. 따라서 자연 신학적 증명은 사실상으로 우주론적 증명과 존재론적 증명을 남몰래 원용하고 있는 것이다.

제7절 모든 신학의 비판

(1) 신학은 한갓 이성에 기본한 신학, 즉 이성적 신학이거나 계시에 기본한 신학, 즉 계시적 신학이거나다. 전자는 선험적(초험적) 신학이요, 이신론에 도달한다. 후자는 소질적(natürlich)인 신학이요, 유신론이 대표한다(B.71 소질적 신학 참조).

이성적 신학은 순 선천적인 개념에 의해 하나님의 존재를 생각하는 것이요, 이때에 생각된 하나님은 근원적 존재·가장 실재적인 존재(모든 실재의 포괄자)·일체 존재의 존재자라는 뜻이다(615면 참조). 계시적 신학은 예지라는 경험-개념에 힘업어 하나님을 오성과 자유에 의해 사물의 창조자일 터의 최고 존재라고 규정한다. 그러므로 이신론자는 하나님이 있을 것으로 믿으나, 유신론자만은 산 하나님을 믿는다. 즉 최고예지(summa intelligentia 최고 오성)를 믿는다(B.661).

(2) 칸트는 있는 것을 대상으로 삼는 이론적 인식과 있어야 할 것에 상관하는 실천적 인식을 구별했다.

우리의 행위를 위한 법칙인 실천법칙이 있다는 것을 칸트는 여기서 시사하고 있다. 실천법칙이란 단적으로 필연적인 것이요, 절대적으로 있어야 하는 것이다.

칸트가 도덕법에 관해서 표시하고자 하는 것은, 그것이 그 구속력(B.662)을 가능하게 하는 근거로서 하나님의 현존을 전제(요청, 요구)한다는 것이다. 도덕법의 구속력에 관한 한, 도덕적인 것은 하나님다운 입법자가 없어도 자체상 우리에게 의무를 지우는 것이다. 아무튼 하나님의 현존을 요청함에서 우리의 행위를 인도하는 실천적 신앙만이 생기는 것이요, 이론적 인식이 생기는 것은 아니다(칸트는 「비판」에서 하나님 현존의 요청을 세론하지는 않았다).

(3) 칸트는 이론적 인식의 내부에서 사변적 인식과 자연 인식을 구별한다. 전자는 대상 혹은 대상의 개념에 관계하기도 하되, 경험 중에서 그것에 도달할 수 없는 것이다. 후자만이 경험-대상(경험 중에 주어진 것)에 관계해서 참으로 인식을 성립시키는 것이다.

이상의 개념-규정을 한 뒤에, 칸트는 그의 「비판」의 성과로서, 「이성의 사변적 사용에 의해서는 하나님의 현존이 증명되지 않는다」는 원칙을 제기했다. 이성의 원리들을 적용해도 역시 그런 증명에 도달하지는 않는다. 이래서 이성적 신학이 남는 것이요, 이것은 도덕법에 기본해서 하나님의 현존을 요청할 뿐인 것이다.

모든 사변적 신학을 불가능한 것이라고 하는 성과를 위해서, 칸트는 특히 「모든 선천적인 종합판단들은 내재적으로만 타당한다. 즉 경험의 영역에서만 타당한다」는 명제를(이것은 분석론에서 증명된 것이지마는) 끌어댔다. 한갓 이념들에서는, 그것들로써 표시된 객관이 과연 실존하는 것인지 언제나 문제로 남는 것이다.

이상과 같은 천명에서, 감성론과 분석론에서 탐구한 것이 자체목적이 아니었다는 것도 알려진다. 즉 경험의 이론(Theorie der Erfahrung)을 제시하는 것이 진정한 목표가 아니었다는 생각이 칸트에게 있었던 것이다(경험 이론의 제시는 사실상 부차적 성과였다). 진정한 목표는 전래의 초험적 형이상학, 특히 사변적 신학을 비판으로 판결하는 일이었다. 「변증론」의 커다란 범위와 그 상세한 내용이 이런 비판적 판결을 명백히 알리고 있는 것이다.

사변적 길에서 최고존재의 현존이 증명될 수 없다 하더라도, 사람이 최고 존재의 현존을 반박할 수 있는 것도 아니다. 따라서 거부된 앎 대신에 요청의 길에 서있는 「도덕적 신학」에 의해서 하나님의 신앙이 정당화할 수 있는 것이다.

제8절 선험적 변증론 부론

1. 동종성·차이성·친화성 이념들의 통제적 사용

변증론이 한 일은 고래의 초험적 형이상학을 비판해서 부정한 것이다. 그러나 이 부록에서 칸트는 부정적인 변증론 이외에 적극적인 보완을 보태고 있다. 그는 한 전제의 인도를 받고 있는데, 이 전제는 「우리가 갖춘 힘의 본성 중에 기본한 것은 모두 합목적적이 아닐 수 없다」(B.671)는 것이다. 절대자에게로 지향하는 이념들이 실은 초험적인 본질성의 개념들이라고 파악되었을 때에, 그것은 오해였고 판단력의 결핍이었다. 그러나 내재적으로 사용되는 이념들, 즉 경험의 내부에 자신을 고수시키는 이념들은 적극적인 의미를 가질 가능성이 여전히 있는 것이다. 만약 이성의 이념들이 객체에 직접 관계하지 않고 오성의 결합하는 작용에 관계하는 것이 인식된다면, 그런 이념들은 사실 적극적 의미를 가지는 것이다. 인과적 관계의 확립과 같은 개별적 결합들을 생산하는 것은 「오성」이 하는 일로 간주되지만, 타방이 오성의 종합[결합]들을 하나의 통일적 전체로 합일케 하는 것은 「이성」의 과제로 간주될 수 있다. 이성의 이념들은 절대적인 전체성을 지향하고 있는 것이다. 오성은 오로지, 개별적, 즉 부분적 통일만을 산출하되, 이성의 이념들의 인도가 비로소 집합적, 즉 전체 통일의 목표를 오성에다 정립한다(B.672).

이념들은 대상들을 표시 내지 창조하지 않는다. 대상들을 표시 내지 창조하는 것은 범주들이 하는 일이다. 이념들은 대상들을 「구성」하지 않는다. 즉 구성적으로 사용되지 않고 통제적·인도적으로 사용된다. 이념들은, 오성의 계열들이 완성될 무렵에 귀합할, 이를테면 목표점을 표시한다. 이 목표는 물론 현실적인 것이 아니고, 단지 생각된 것이요 가구된 것이다. 그것은 상상된 초점(focus imaginarius, gedachter Brennpunkt)이요, 이런 초점에서 한 가닥의 빛들이 오는 것으로 생각된다.

이성은 오성의 인식들에 체계적인 성격을 집어넣는다. 즉 지식재료의 우연적 집합들을 연관적 전체가 되도록 정돈할 것을 우리에게 과한다. 칸트는 이념들의 내재적 사용을 화학에서의 한 보기에서 설명하였다. 칸트가 살았던 당신의 화학은 모든 재료들을 흙·소금·연소물·물·공기 등으로 분류함에 의해서, 주어진 각종의 재료들을 체계화하는 경향이었다. 이 무렵에 이런 근본요소들은 소멸하지 않고, 따라서 완전히 순수하게도 경험 중에서 발견되지는 않는다는 것에 사람이 동의했다. 그러므로 가령 「순수한」(이를테면 절대적인) 공기와 같은 개념의 형성에 있어서 절대자라는 이성의 이념이 동시에 작용했던 것이다.

통일있는 체계적 연관의 전제는 우리 인식의 최대가능한 통일화를 요구하는 주관적-논리적 원리가 아니라, 이성의 선험적(초험적) 원칙이다(B.676). 이 선험적 원칙에 의해 개체들 자체가 지니는 것으로서의 체계적 통일이 필연적인 것이라고 선천적으로 가정된다(B.679).

이러한 선험적 전제는 개별사물들은 천차만별이지마는 과·류·족 등으로 정돈된다는 미더운 가정 중에 발견된다. 또 시원 혹은 원리는 필요없이 다수로 해서는 안 된다(entia [principia] praeter non esse multiplicanda)는 주지의 규칙 중에 발견된다(B.680).

소여의 차이성이 대단해서 유사성과 류가 일반적으로 확립될 수 없을 정도라면, 인간 중의 「개념과 오성」은 일반적으로 작용할 수 없을 것이다. 하기에 유사성과 통일성이 대상들에서 전제되어야 한다. ―― 칸트의 이러한 주석은, 오성이 자연에다 법칙들을 지정한다라는 「분석론」의 확립이, 모든 유사성과 통일성이(이것이 없으면 보편적 합법칙성도 없을 것이지마는) 이를테면 오성의 자유 창조인 것으로 이해되어서는 안 된다는 것을 밝힌 것이다. 소여에서의 일치가 (이런 일치는 그 자신 다시 물자체로 귀환하는 것이지마는) 친화성과 통일성을 위해 필요한 것이다. 그런 일치가 없으면 보편적인 개념과 법칙이 없을 것이요, 오성도 없을 것이다.

주관적-논리적인 동시에 객관적-선험적이 「동종성의 원리」는 특수화의 원리에 대립해 있다(B.683 참조). 즉 탐구에 있어 다른 것들 중에서 항상 다시 일치하는 것(최후에는 동일성)을 발견하려고 하는 통제적 이념이 우리를 지도할 뿐만 아니라(기지가 가볍게 동일성을 발견하려고 하지마는), 류의 내부에서 서로 다른 종을 확립하려고 하는 항상 새로운 차이성 역시 우리를 지도하는 것이다. 차이성 중에서 민감성이거나 식별 능력이 알려진다(B.682). 이 특수화의 법칙은 존재하는 것의 다양은 이유없이 감해져서는 안 된다(entium vaietates non temere ease minuendas)고 표현되는 것이다(B.684). 그것은 차이성을 경솔하게 과소평가해서는 안 된다는 뜻이다. 그러므로 (일반개념에서 생각되는 객체들이 외연으로서의) 종이, 또다시 아종을 가진다는 것을 전제하지 않을 수 없다. 자연 중의 이 차이성은 일치성과 마찬가지로 우리의 오성을 반전(적용)시키기 위한 전제이다.

동종성(동질성)과 차이성(다양성·특수성)이 통제적 이념이지마는, 이것과 병립해서 이성은 친화성(친근성·연속성)의 원리를, 오성이 탐구할 적의 셋째의 지도적 사상으로서 오성에게 보내준다. 친화성의 원리는 「차이성이 단계적으로 증가함에 의해 각자의 한 종에서 각자의 딴 종으로 연속적으로 전이함을 가정할 것을 명령하는 것이다(B.685 끝). 이 원칙은, 형식들 사이에는 공허가 없다(non datur vacuum formarum)라고 하는 것이나(535면 참조), 뒤집어 말하면 형식들간에는 연속이 있다(datur continum formarum)는 뜻으로 된다(B.687).

여기서 주관적-논리적 원리는 종개념들이 연속한다는 것이요, 객관적-선험적 원리는 대상들에서 이런 연속성을 상정하는 것으로되, 이 경우에 전자가 후자를 전제하고 있는 것이다. 「형식상의 연속성」 이념에 직접 적합하는(kongruieren) 것이, 물론 경험 중에서 지적될 수는 없다(B.689). 자연 중의 종들은 사실상 구분되어 있고, 불연속량(분리량)으로 되어 있기 때문이다. 또 진정한 연속성은 중간항들의 무한성을 낳을 것이다. 끝으로 연속성의 원리는 특정의 유사성을 제공하지 않고, 특정의 유사성을 추구할 것만을 우리에게 요구한다(또 601면 참조).

이에 과학적 체계를 건설할 무렵에 오성과 이성이 협동한다. 이성은 오성의 인식들을 전제하고, 다양성(특수화)·유사성(동종성)·통일성(연속성) 등의 통제적 이념에 의해 오성의 인식들을 정돈하며 확대한다. 이런 이념들에서 발생하는 원리들은 순수오성의 원칙들과 마찬가지로 선천적 종합명제이되, 이런 이념들의 객관적 타당성은 미확정적이다. 그것들은 발견[탐구]으로 인도하는 원칙(heuristischer Grundsatz)들로서 매우 유용한 것이나, 그러나 순수오성의 원칙들의 연역에서 가능했던 바와 같은 선험적 연역에 의해서 그 이념들의 객관적 타당성이 증명될 수는 없다(B.692).

이성의 세 개의 통제적 이념들은 오성에 대해 말하자면 체계의 도식을 그려

보이는 것이요, 그런 한에서 그것들은 감성적 도식들의 유사물을 주는 것이다. 감성적 도식들은 「오성의 개념」(범주)들이 감각들에 적용되는 방식을 오성에게 거시하였던 것이다(B.179 참조). 그러나 통제적 이념들의 객관적 타당성은 증명될 수 없기 때문에, 그것들을 원리들이라고 하기보다도 준칙, 즉 주관적 원칙이라고 말해야 할 것이다. 개별의 탐구자들은 그들의 지배적 관심에 따라 다양성의 이념에 혹은 통일성의 이념에 더 중점을 둘 것이다. 서로 동등한 권리가 있는 서로 보완하는 주관적 탐구규칙이 중대하고, 객관적 통찰(B.696 끝)이 중대하지 않다. 이 점을 의식하고 있기만 하면, 무용의 많은 분쟁이 회피되는 것이다.

2. 변증론의 궁극의도(마치 ~듯한 고찰)

이념들이 객관적 타당성을 가질 것이라면, 이념들의 연역이 —— 비록 범주의 연역과는 다른 방식의 연역이더라도 —— 가능하지 않을 수 없다. 이런 연역을 지금 해보아야 하겠다. 이 무렵에 주의해야 할 것은, 이념들이(범주들처럼) 대상들을 표시·규정하지 않고 인도적 관점들만을 지시한다는 것이며, 이런 관점들에서 우리가 경험-대상들의 성질과 결합을 추구해야 한다는 것이다. 이에 이념들은, 우리의 경험-인식을 풍부하게 하고 체계화하기 위해서 불가결의 「인도적 사상」임이 확증된다. 바로 이 점에 선험적 연역이 성립한다. 다시 말하면 이념들의 객관적 타당성의 증명이 성립한다.

우리는 영혼(마음)의 이념과 하나님의 이념을 객관적인 것·실체적인 것이라고도 상정할 수 있다. 다시 말하면 현실적 존재의 개념이라고도 상정할 수 있다[1]. 영혼과 하나님의 개념들은 내적인 모순을 포함하지 않기 때문이다(B.701). 그러나 이런 논리적인 가능성으로써 영혼과 하나님이 현실로 존재한다는 주장을 하기에 족한 것은 아니다. 그러므로 영혼과 하나님은 현실적 사물의 유사물이라고만 생각되는 것이다. 즉 우리는 자체상으로 있는 것을 이해하지 않으나, 그것의 현상들에 대한 관계를, 현상들간의 관계의 유사성에 좇아 이해한다(B.72).

1) 우주론적 이념에 있어서 이런 상정을 하면 이율배반에 빠진다(B.701).

이에, 이성의 법칙에 의해 만물의 원인인 현실적 실체라는 방식의 하나님을 우리가 생각하되, 이 무렵에 이런 하나님의 최고 완전성의 내적 가능성이거나 혹은 하나님 현존의 필연성을 조금도 이해함이 없다(B.703). 하기에, 하나님과 또 영혼이 단적으로, 즉 절대 자체적으로 존재한다고 상정할 권리가 나에게 없기는 하나, 그러나 그것들을 「상대적으로, 즉 경험의 체계적이며 완전한 통일(B.705)로 최대한 접근하기 위해서 경험에 상관해서」 생각할 권리는 나에게 있다. 이즈음에 나는, 세계 전체의 최대의 체계적인 통일에 대한, 그 자신 나에게는 알려져 있지 않은 한 존재의 관계만을 생각한다. 내가 이런 관계를 하나님의 피조물이라고 본다면, 경험 중에 주어진 세계의 통일성과 체계적인 연관은 나에게 보다 더 잘 인식될 수 있다. 또 내가 마음의 현상들을 그것이 마치 하나의 단순한 비물질인 영혼의 외리들인듯이 본다면, 이런 일은 「마음의 체계적인 인식」을 요구하는 것이다.

그러므로 우리는 하나님과 영혼을 실재로서·실체로서·원인으로서 작용한다고 표시할 필요가 없다. 그 두 개념은, 물자체가 아니라 경험적 소여에 적용되어서만 인식을 낳기 때문이다. 선험적 변증론의 성과는 다음과 같다. 즉 이성은, 그것이 이념들을 생각할 때에 「물자체」를 다루지 않고 자신에서 산출된 인도사상을 다루고 있고, 그러므로 자신 외의 것을 다루고 있지 않다는 것이다(B.708). 이성의 의미는, 오성(내지의 경험)의 인식들을 체계적인 통일로 통합하는 데에 있다. 이성이 이 체계적 통일을 생각하기 위해서는, 이성은 동시에 한 대상을 자기의 이념에 주지 않을 수 없다(B.709). 그러나 이 대상 자체가 어떠한 성질의 것인가는 여전히 미결인 것이다. 이 대상은 「인도적 이념, 즉 통제적 원리」의 도식(B.701)으로서, 어떤 직관화를 위해서만 쓰인다.

영혼의 이념이 가지는 의미는 다음과 같다. 즉 모든 의식 내용을 유일한 주관에 속하는 것으로 보고, 가능한 한의 모든 힘들을 유일한 근본력에서 파생한 것으로 보며, 의식내용의 모든 변역을 유일의 동일한 지속체의 상태에 속하는 것으로 보고, 그리함으로써 공간 중의 모든 현상(사고의 모든 내용)을 사고의 작용(의식 경과)에서 구별하는 것이다(B.711). 이로 인해 영혼 자체가 「인식」되는 것은 아니다. 또 영혼의 발생·파괴·재생에 관해 확립(증명)될 수 없는 가설이 허용되는 것도 아니다.

세계의 이념이 가지는 의미는 다음과 같다. 즉 우리는 세계의 이념에서 자연에서의 제약들의 절대적 완전성을 생각한다는 것이다. 이 완전성은 경험 중에서는 도저히 주어질 수 없으나, 그것은 주어진 현상들을 설명할 무렵에 계열 자체가 마치 무한한 듯이(als ob) 부단히 계열을 소급해 가는 규칙(Regel)의 구실을 한다. 자유로 행위하는 인간을 도덕적으로 평가할 무렵에처럼, 우리가 이성 자신을 원인이라고 한다면, 우리는 현상들의 계열을 (즉 행위와 그것의 근저에 있는 의지 과정들을), 가상적 원인에 의해 마치 단적으로 개시되는 듯이 간주하기에 이른다(B.713).

셋째 이념의 대상인 하나님도 우리가 이론적-과학적 인식의 분야 내에 체재하는 한에서, 우리는 하나님을 자체적으로 현존한다고 전제하지 않는다. 하느님의 이념은 세계의 온갖 내용을, 그것이 일체를 충족시키는 원인으로서의 유일한 존재에서 마치 발생한 듯이, 그러면서도 최고 이성의 목적적 의도에서 발생한 듯이(B.715), 통일적·체계적으로 우리가 보도록 독촉하는 것이다. 자연 중의 일체는 합목적적인 조직을 가졌다고 단순하게 주장할 권리를 이때까지의 고찰이 우리에게 주지 않았다. 그러나 자연을 어디까지나 마치 합목적적 성질을 가진 듯이 보는 것은, 우리의 자연 인식과 자연 연관들의 인식을 촉진하는 것이다.

따라서 이념들은 통제적 원리들(한갓 인도적 사상)로서 활용하는 것은 허용되는 것이고, 과학적 탐구에 유효한 것이다. 이념들을 통제적으로 사용하는 것으로 제한하는 것에 의지하지 않고, 그것들을 구성적인 것으로 보고, 물자체들을 상징한 것으로 본다면, 이런 간주는 심한 오류에 빠진 것이다.

첫째의 과오(오류)는 태만한 이성(ignava ratio)이다(B.717). 자연의 조직을 기계적으로 설명하려고 하지 않고, 어떤 합목적적 자연조직을 단순하게 하나님의 목적적 결의로 안이하게 환원하는 성벽이 있거니와, 이러한 성벽에 특히 「태만한 이성」이 드러난다.

둘째의 과오는 전도된 이성(perversa ratio)이다(B.720). 왜냐하면 통일적(합목적적)인 연관을 세계의 도처에서 탐구하고자 세계를 합목적적으로 창조한 하나의 이념에 의해 인도되는 대신에, 전도된 이성은 이러한 하나님을 단순하게 실존하다고 전제하고, 사물들에 합목적성이 있음을 강요하는 주장을 하기 때문이다. 이런 과오에 있어서는 먼저 증명되어야 할 것을 단순하게 전제하고 있고, 또 합목적성과 그로 인한 체계적 통일이 사물들 자신에 원래는 무연이고 우연이건마는(B.721) 이제야 인위적으로 강요된 것으로 보게 되는 바다.

「변증론」을 끝맺음에 있어, 칸트는 이율배반에 관해 순수이성이 제출하는 모든 문제는 단적으로 대답을 얻어야 한다고 했다(B.723). 그리고 이 답은 하나님의 이념에 관한 답과도 관계가 있다. 첫째 문제는 현세와 구별되는 그 어떤 것이 있느냐 하는 것이지마는, 이런 것이 있다고 답해야 한다. 세계란 현상들의 총괄일 뿐이요, 그러므로 자체적으로 실존하는 그 근거를 가져야 하기에 말이다.

세계의 이러한 근저가 실체인가 최고의 실재성인가 혹은 필연적인가 하는 것이 둘째 문제로되, 이 문제에 대한 답은 부정적이어야 한다. 실체니 실재성이니 필연적이니 하는 개념들은 현상들에만 적용되고 물자체들에는 적용되는 것이 아니기에 말이다.

셋째 문제는, 경험-관계들의 유추에 의해 세계의 근저와 세계와의 관계를 우리가 생각해서는 안 되느냐 하는 것이지마는, 이런 관계를 생각해야 한다고 답한다. 이 점은 예술품의 그것의 지성적인 창작자와 관계가 있는 것과 흡사하다. 그러나 세계의 근저와 세계와의 관계에 있어서는, 우리가 미지의 세계 근저를 자체상 예지로서 인식하지 않는다는 것만을 우리는 어디까지나 의식하고 있어야 한다.

이상의 진술에서 다음의 것이 결과한다. 즉 우리는 감성·오성·이성에서 각각 시공의 순수직관·범주·이념 등의 선천적인 인식 원소(원리)를 가진다. 이런 인식 원리들은 경험에서 독립해서 타당하고, 얼른 봐서 모든 경험의 한계를 경시하는 것으로 여겨진다(B.731). 그러나 이 원소들은 우리의 경험을 가능한 경험의 분야를 넘어가게 하는 것이 아니다. 이 점을 최후로 확립하는 작업 중에 칸트는 철학의 중요한 의무를 보았다. 이러한 의무가 장래의 잘못을 막기 위해 이행되어야 했다(B.732).

제10장 선험적 방법론

우리는 이제까지 이성의 순수한 인식의 건축에 대한 재료들을 개산(durchmustern)하여 왔다. 그러나 이제부터는 그런 건축에 대한 설계가 세워져야 한다. 즉 순수이성의 완전한 체계에 대한 형식적 조건들을 규정하여야 한다. 이것이 「선험적 방법론」의 과제다(B.735).

「방법론」에서 칸트는 과학적 인식의 방법적 원리들을 제시하려고 한 것이 아니다. 이것은 「원칙론」에서 이미 수행하였다. 그는,[1] 「선험적 원리론에서 얻은 이성비판적 인식들을 보편적-철학적으로 적용하는 방법을 생각해 낸 것이다.」 이런 방법론은 이성의 「훈련, 규준, 건축술, 역사」를 다룬 부문들로 나누나, 내용상으로는 변증론의 연장인 인상을 준다.

제1절 순수이성의 훈련

1. 독단적 사용에서의 이성의 훈련 [수학과 철학의 분별]

훈련이란, 어떤 규칙들에 위반하려는 경향을 제한하고 절멸하도록 강제하는 것을 의미한다. 이성은 그것의 경험적 사용과 수학적 사용에 있어서 훈련을 필요로 하지 않는다. 왜냐하면 전자에서는 경험적 직관이, 후자에서는 순수한 직관이, 이성의 오용을 막기 때문이다. 그러나 이성의 개념(이념)들이 모든 직관을 넘어서서 사용되는 경우에는 훈련이 필요하다.

수학은 경험의 힘을 빌림이 없이 순수한 선험적 길에 의해서 이성적 인식(지식)의 확장에 대한 빛나는 실례를 제공하고 있다. 철학도 수학처럼 행복할 수 있기를 사람은 바란다. 그래서 독단적 방법은, 절대 확실성에 도달하는 수학적 방법이, 철학에서도 마찬가지로 타당하겠다고 한다. 그러나 수학적 방법과 철학적 방법이 과연 같은 것일까 하는 의문이 생긴다.

---

1) Delekat F., *Immanuel Kant*, S.235. 1969, Quelle & Meyer.

이 경우에 수학적 인식과 철학적 인식의 본질적 차이에 주목해야 한다. 후자는 개념들에 의한 이성의 인식(Vernunfterkenntnis aus Begriffen)이며, 전자는 개념들의 구성(Konstruktion)에 의한 이성의 인식이다. 여기서 구성한다는 말은 개념에 대응하는 직관을 선천적으로 그려 낸다는 뜻이다. 수학에서는 양만이 구성된다. 다시 말하면 양만이 경험에서 독립하여 선천적으로 직관 중에 나타난다. 그러나 수학은 질을 다룰 수 없다. 질(감각)은 경험적 직관을 통해서만 주어지며, 구성될 수 없기 때문이다.

철학자는 수학적 개념(가령 삼각형의 개념)을 그저 분절함으로써 아무런 새것도 얻지 않는다. 그러나 수학자는 개념의 대상을 직관적으로 구성함에 의해서 새 것을 안다. 여기서는 철학자가 「개념의 분석」을 통해서 가져오는 분석적 명제가 중대한 것이 아니라 「선천적인 종합명제」가 중대하다. 그리고 이 후자를 위해서 「순수 직관」에 의한 구성이 필요하다.

이러한 차이의 근거는 다음의 점에 있다. 즉, 수학적 개념은 그 자신 「순수한 직관」을 내포하기에, 그 대상의 구성과 이 대상과의 종합적 명제를 가능하게 한다. 한편, 철학적 개념은 직관할 수 있는 것과의 결합방식만을 내포한다. 속성들을 가진 직관의 개념이나 인과의 개념이, 그 자신은 직관이 없으나 직관적으로 주어진 것을 종합하도록 하는 형식(Form)만을 포함하는 것과 같다. 여기서는 직관적인 것은 수학적 개념에서와 같이 개념 속에 있지 않고, 경험 중에서 비로소 주어지는 것이다. 「분석론」의 성과에 의하면 개념과 직관이 합해져서 종합적 인식을 갖게 된다. 따라서 직관이 없는 철학적 개념들은, 이것들만으로는 종합적 인식을 줄 수가 없다.

순수한 철학적 개념은 수학과 마찬가지의 일을 하고 싶은 유혹을 느낀다. 그러나 수학적 방법의 모방이 철학에서는(Spinoza에서 있었듯이) 허용되지 않는다. 개념 분석만을 일삼는 철학자는, 수학의 철저성이 의거하는 정의·공리·명시적인 논증을 이용할 수가 없기 때문이다.

A. 정의　　　　철학의 내부에서는 경험적 개념이건 선천적 개념이건 「정의」될 수가 없다. 왜냐하면, 그런 개념들의 본질적 표징을 참으로 다 인식했다고 우리가 확신할 수 없기 때문이다. 임의로 생각해낸 개념을 정의할 수 있으나, 그런 개념에 대상이 과연 대응하는지 아는 바 없다. 따라서 엄밀한 의미에

서 정의할 수 있는 개념은, 수학적 개념에서 보듯이, 개념의 대상을 선천적-직관적으로 우리가 「구성」할 수 있는 것뿐이다.

그러므로 수학만이 정의에서 출발할 수 있다. 여기서는 개념이 정의(일점에서 동거리에 있는 곡선)에 의해서 비로소 주어지기 때문이다. 이에 대해서 철학에 있어서는 정의는 부단히 맺어가야 하는 성과이다.

수학에서는 정의는 필연적이다. 즉 존재에(ad esse) 필요하다. 철학에서는 정의는 보다 더 나은 존재에(ad mdlius ease) 필요하다. 즉 부단히 희망적인 것이다(B.760). 수학적 정의는 오류를 범함이 없다. 정의를 통해서 개념 내지 그 대상이 비로소 만들어지고, 정의는 후자들과 일치하기 때문이다. 이에 대해서 철학에서의 정의는 오류를 범할 수 있다. 여기서는 정의는 본질적 표징보다도 많기도 하고 적기도 하기 때문이다.

B. 공리 공리는 그것이 직접 확실한 이상, 선천적 종합원칙이다. 수학은 공리를 제시할 수 있다. 수학은, 개념을 직관 중에 구성함에 의해서 선천적 종합명제를 언표할 수 있고, 이런 명제는 직관 중에서 직접적으로 확증된다. 그러나 이런 직관이 철학적 종합 원칙에는 없다. 「생기는 만상은 한 원인이 있다」와 같은 철학적 종합원칙은 직관없는 개념들만으로써 성립하기 때문이다. 그러므로 철학적 종합원칙은 선험적 영역(타당성의 증명)이 필요하였다(개념의 분석론 참조).

C. [명시적] 논증 논증은 그것이 직관적인 한에서, 절대로 확실한(apodiktisch) 증명이다. 직관이 없는 선천적 개념으로부터서는 직관적 확실성(명증)이 발현할 수 없다. 지각적 경험에 기본해서 하는 증명은 절대 필연적인 확실성을 주지 않는다. 그런 증명은 단지 사실로 있는 것과 있었던 것만을 밝히되, 있지 않을 수 없는 필연성을 밝히지는 않기 때문이다. 이에, 수학만이 명시적 논증을 포함하는 것이다. 그것은 선천적인 구성에 의해서 순수직관 중에서 확실성을 산출하기 때문이다(B.763).

절대 필연적 명제가 「개념에서의 직접적(직관 없는)인 종합」에 의존하는 한에서, 그것은 정설(Dogma)이다. 절대 필연적 명제가 「개념의 직관적 구성」에 의존하는 한에서, 그것은 정리(Mathema)이다. 그러나, 만상유인과 같은 명제는 그것이 비로소 경험을 가능케 하는 것인 한, 정설이 아니라 원칙이다. 그러므로 진짜 철학에서 독단적 방법은 부적당한 것이다.

2. 논쟁적(이율배반적) 사용에서의 훈련(중립적 태도)

이율배반에 있어서는 순수이성의 명제들을 독단적으로 부정하는 데에 이성은 항쟁해야 한다. 여기서 칸트는 「계몽사조」가 요구할 수 있었던, 사상의 자유표명과 자유토의를 옹호하고자 했다. 그러므로 정립과 반정립이 서로 논쟁할 경우에는 인간적 표준에 따른(kat anthropon) 변명이 문제고, 진리의(관념적인) 표준에 따르는 (kat aletheian) 변명을 문제 삼는 것이 아니다. 순수이성의 명제들에 있어 각자의 독단론적 주장이 진짜로는 증명될 수 없는 것이었지만, 논쟁적 이성은 그런 주장이 반박될 수도 없다는 것을 지적하는 것이다.

순수이성의 이율배반은 오해에 의존하였다. 그러나 이런 오해는 「하나님과 비물질적 영혼」의 존재에 관한 논쟁에는 없었다. 여기서는 증명도 반증도 불가능했고, 따라서 엄밀한 의미에서는 이율배반이 성립하지 않았다. 앎의 주장을 버려야 하는 이 영역에서 신앙의 권리가 나설 따름이다. 신앙과 도덕에 대한 잘못된 관심에 있어서는 철학적 사고의 자유가 제한 받을 수 없다. 사람은 사이비의 근거와 의심스러운 가치를 증명함에 의해서 공공적 복리의 초석(die Grundfeste der öffentlichen Wohlfahrt)으로서의 신앙을 밑받침할 것이 아니다(B.777). 좋은 일이라도 정당하게 변호되어야 한다(B.778).

하나님과 불멸의 영혼에 관한 순수이성의 논쟁은 본래는 있을 수 없는 것이었다. 왜냐하면 그런 논쟁에 있어서는 그(이념) 대상이 현실로 존재하나 안 하나 하는 것을 도출할 수 없는 「이념」들을 문제로 삼았기 때문이다.

비판이 없을 경우에 이성은 이를테면 자연 상태 속에 있다. 이성이 독단적 태도를 취하는 한에서 분쟁은 계속한다. 법이 지배하지 않고 폭력이 지배하는 상태로 보아진 자연 상태는, Hobbes 이래로 존속하여 왔다. 그러나 「이성의 비판」이 비로소 자연상태가 아닌 평화를 창립할 수가 있다.

비판적 이성은 그 자신 보편적인 인간이성(여기서는 만인이 투표권을 갖고 있다) 외의 어떠한 재판관도 인정하지 않는다. 그러므로, 보편적 인간 이성은 「사상의 자유 표현」을 억압하지 않는 것이다.

학원의 청년은 부정적인, 분열케만 하는 독단론의 독물에 대항해서 비판적 사고의 적시적인 도입을 통해서 보호를 받음이 있어야 한다.

순수이성의 분야에서는 진정한 논쟁은 없는 것이다. 양 파가 다 그림자와 격투하는 엉터리 격검가와 같기 때문이다. 마찬가지로, 순수이성의 회의론적인 사용도 있을 수 없다. 이성의 회의론적 사용은 모든 분쟁에 당면해서 한갓 중립성의 원칙에만 도달하고 있는 것이다(B.784). 자기 모순을 일으킨 순수이성에 대해, 회의론으로 그치는 것에 칸트는 만족할 수 없었다.

「비판적 방법」에 도달하지 못하고 회의론자로 남아 있었던 흄은 자기의 의심을 이성의 결함 많은 독단적 시론에만 제한하였다. 그는, 인과원칙성의 타당성을 주관적 필연성(습관 내지는 보편적 유용성)이라고 했고, 순경험적인 것을 초월한 이성의 모든 월권이 무의미하다고 추론하였다(B.788).

여기에서 인과명제의 타당성을 선천적으로 인식할 수 있다고 하는 「선험적 논리학」이 다시 대두한다. 선험적 논리학에 의하면 그 명제의 타당성을 우리는 한 생기의 개념내용과 그 원인을 분석함을 통해서가 아니라 「가능한 경험」과의 종합적 연관 중에서 인식했다.

흄은 결합(종합)개념들의 모든 종류를 체계적으로 개관하지 못했다. 그의 회의론은 단적으로 개별적인 것과 우연적인 것에만 의존했고, 체계적·원리적인 고려에 의존하지는 않았다. 회의론은 유년기의 독단론을 검열한 공적은 있으나 장년기의 성숙한 판단력에는 아직 도달하지 못한 것이다. 그러므로 그것은 제한과 한계를 구별할 줄도 몰랐다(B.789).

회의론자 흄은, 그가 오성의 근거 있는 요구(인과성 명제와 실체성 명제 중에 포함되어 있는 것)와 이성의 변증적 월권(하나님과 불멸의 영혼의 주장) 사이에 아무런 구별도 할 줄 몰랐다(B.796). 회의론에서 구별된 칸트의 회의적 방법(skeptisches Verfahren)만이 합법적인 소유를 이성에게 보증하기 위한 예습이 되는 것이다(B.797).

3. 가설(통제적 사용)에서의 훈련

이 3은 이성의 통제적 사용에 대한 훈련을 말한 것이다. 「비판」은 경험의 도움이 없이, 이성의 순 사변에 의해서는 아무런 인식에도 도달할 수 없다는 것을 가르쳐 주었다. 그러면, 경험의 권외에서 가설을 세울 분야는 열려 있지 않은 것인가? 가설적으로 상정된 대상이 확실히 가능할 수 있다. 그러나 우리가 이런 대상을 현실로 주어진 것에 대한 설명근거라고 한다면, 우리는 그런 대상의 실재를 단지 억측하고 있을 뿐이다. 이에, 이 경우에 「경험적으로 지적될 수 없는 새로운 성질」의 대상을 생각해 내서는 안 된다. 즉 감성 없이 직관하는 오성을 생각해 내서는 안 된다(B.799). 왜냐하면, 그런 수작은 가공적 망상으로 만족하는 것을 의미하기 때문이다.

「하나님과 영혼이라는 이념」의 대상은 가공물이며, 그것의 가능성은 증명될 수가 없다. 그러므로, 이런 가공물을 현실적 현상의 설명을 위해서 가설적으로 전제할 수는 없다. 이러한 초험적(transzendent)인 설명 근거를 준비하는 것은 편의할지 모르나, 그것은 현실적 인식을 촉진하는 것이 아니며, 이런 인식에 도달하려는 노력을 중절케 하는 것이다.

가설의 원리는 이성을 만족시키는 데에만 유용하고, 대상에 관한 오성의 사용을 촉진하는 데는 유용하지 않다. 자연에 있어서의 질서와 합목적성은 무한히 완전한 신적 창시자에 의해서 설명될 수 있으나, 그러나 세계에는 불완전성(이례)과 화악도 있고, 이것을 설명하기 위해서는 딴 새 보조적 가설이 필요하게 된다. 하지만 이런 필요성은 신적 창시자라는 근원적 가설에 위반하는 것이다. 「단순한 불멸적 영혼」의 가설도, 그것이 물질의 증감에 비슷한 심적 관념이 출몰하고 부침하는 현상과 조화하려면, 역시 새로운 보조적 가설을 필요로 한다.

하나님과 영혼을 경험의 구체적 사실로 설명하고자 가설하지 않고, 만약 선천적으로 증명하려고 한다면, 그런 증명은 참으로 절대적으로 확실한 것이다. 선천적인 증명을 개연인 것으로 하는 것의 무의미는, 기하학의 명제를 개연적인 것으로 증명하려는 것이 무의미한 것과 같기 때문이다. 모든 경험에서 유리된 이성은 모든 것을 선천적으로 필연적이라고 인식하기에 할 수 있다고 하거나, 그렇지 않으면 아무것도 인식할 수 없다고 해야 할 것이다(B.803).

가설은 순수이성의 분야에 있어서는 무기로서만 허용된다. 그러면서도 이 무기는 이성의 실천적인 사용에 의존하는 권리를 변호하기 위해서 허용된다. 사변적인 이성에 가설의 충분한 증명 근거가 없기에, 하나님과 불멸의 영혼을 예상할 권리가 없다. 그런 권리는 순수한 실천이성만이 가지는 것이다.

칸트는 여기서 벌써 실천이성비판에 나온 요청설을 암시하였다. 즉 우리의 도덕적 의식이 정의가 세계과정을 지배하기 위해서, 하나님과 불멸의 영혼과의 존립을 요청한다는 것이다. 도덕적 인간은 이런 요청[신념]을 버릴 수가 없다. 이때는 신념을 「소유하는 자의 입장이 더 좋은 바이다」(meliorest conditio possidentis). 도덕적 인간은 이성적 신앙을 소유하고 있고, 도덕적 인간에의 반대자는 이런 신앙을 반박하는 사명을 가진다. 그런데 이성적 신앙에 대한 적을 배척하고자, 가설이 또 생기는 것이다. 이것은 적 쪽의 결함 있는 견식을 증명하기 위한 것이다. 이성적 신앙에 대한 의혹을 배척하기 위한 가설은 개연적 판단이요, 이 개연적 판단은 반박도 증명도 불가능하다. 따라서 개인의 억견은 아니지만 생길 수 있는 의혹에 대항해서, 내심의 평화를 위해서라도 가설은 없을 수 없는 것이다(B.810).

4. 증명에서의 훈련

한갓 개념의 분석 이상으로 대상에 관한 선천적 종합명제를 제시하자면, 길잡이가 필요하다. 길잡이의 역을 하는 것은, 수학에서는 선천적 직관이되, 선험적 인식에 있어서는(이성이 문제인 한에서) 가능적 경험이다. 따라서 결합하는 개념(범주) 없이는, 경험 자신이 불가능하고 경험의 대상도 불가능하다는 것을 증명해야 한다. 그러나 이런 증명 방식은 이념의 경우에 있어서는 불가능하다. 가령 영혼이 단순한(분할할 수 없고, 파괴할 수 없는) 사고적 실체라고 지시하는 것이 불가능한 것과 같다.

자아 또는 「통각의 통일」이라는 단순한 표상이, 사고만이 포함되어 있는 「영혼의 실체」를 인식할 수 있는 것이 아니다(오류추리에서 상론했듯이).

따라서 우선, 선험적 증명을 행하게 하는 원칙들을 명백히 하는 일 없이, 아무런 선험적 증명도 기도해서는 안 된다. 현상계에만 타당하는 「순수오성의 원칙들의 체계」로써 이념들의 대상들이 실재하는 것이라고 증명할 수가 없다. 이런 대상들은 모든 경험의 피안에 있기 때문이다. 순수이성에서 생긴 원칙들은 대상들을 인식하고자 구성적으로 사용될 수 없고 오직 「통제적」으로만 사용될 수 있다. 다시 말하면, 경험적 인식의 체계적 건설에의 인도로서만 사용될 수가 있는 것이다.

둘째로, 오성원칙의 증명들은 모든 선험적 명제에 대해서 유일한 증명들」로 인정될 수 있다는 특색을 지닌다. 셋째로, 그것은 논리학에서 말하는 간접적 증명[귀류법]이어서는 안 되고, 정당함을 직접 표시하는 명시적(ostensiv)인 증명이어야 한다(B.817). 오직 후자만이 진리를 확신하게 할 뿐만 아니라, 진리 확신의 근원을 통찰하도록 하기 때문이다.

주관적인 것과 객관적인 것을 혼동하여 주관적 계기를 대상과 뒤바꿀(unterschieben) 수 없는, 그런 학문(이념들을 다루는 학문)에서만 간접적(apagogisch) 증명방식이 인용된다. 뒤바꿈(Subreption)은 수학에서는 불가능하고, 자연과학에서는 주도한 사려에 의해서 대개는 막을 수있다.

이념들을 다루는 영역에 있어서는 그러한 「뒤바꿈」이 불가피하다. 그러나 간접적 증명이 사실은 불합당한 것임은 명백하다. 가령 하나님 존재에 관한 사변적 증명에 반대하고자, 하나님의 무조건적 필연적 존재성을 이해할 수 없다고 반박한다고 하자. 이런 간접적 증명은 우리의 주관적인 불가능성을 하나님 존재의 객관적인 불가능성이라고 잘못 생각하는 것이다.

또 첫째의 이율배반(공간이 무한하다, 무한하지 않다)에 있어서 정립이건 반정립이건, 다 선험적 가상에 속아서 대상에 관해서 불가능한 개념[이념]을 근저에 두고 있다. 즉 물자체로서 전체성 중에 주어져 있을 「감성계라는 개념」을 근저에 두고 있는 것이다. 이 경우에는 「존재하지 않음은 아무런 성질도 가지지 않는다」(B.821)는 명제가 타당하다.

아무튼 이념적 대상에 관한 긍정적 주장이건 부정적 주장이건, 어느 것이나 부당한 것이다.

형이상학의 여러 문제에 있어서 간접적 증명방식을 사용하려는 사람에게, 우리는 귀중한 「시간이 이러한 변명자(간접적 증명)를 필요로 하지 않는다」라고 소리치지 않을 수 없다.

제2절 순수이성의 규준

규준(Kanon)이란, 인식능력 일반을 바르게 사용하기 위한 선천적인 원칙들의 총괄이다(B.824). 인식능력을 바르게 사용할 수 없는 곳에서는 규준이란 존재하지 않는다. 「분석론」은 순수한 오성의 규준이었다. 왜냐하면, 분석론은, 오성에서 발현하는 범주와 선천적 종합판단은 경험적 인식을 가능하게 하기에 유용하다는 것을 지적했기 때문이다. 또 규준은 기관이 아니다.

그러나 선험적 변증론은, 순수이성의 종합적 인식이 이성의 사변적 사용(이론적이기는 하나 경험에서 벗어난 사용)에 있어서는 불가능하다는 것을 지시하여 주었다. 따라서 이성의 사변적인 사용의 규준이란 존재하지 않는다.

규준은, 또 이성의 실천적 사용을 위해서만 존재한다. 이성의 실천적인 사용에 있어서는 인식의 목표는 「있어야 할 것」에 관계한다. 이에 대해 이성의 이론적인 사용은 경험적이건 사변적이건 「있는 것」을 인식하고자 한다.

1. 이성의 순수한 사용의 최후목적

이성의 사변의 도착하는 궁극적 의도는, 의지의 자유, 불멸의 영혼, 하나님의 존재라는 세 가지 문제의 해결에 상관한다(B.826).

우리의 경험(이론적 인식)을 위해서는 이상의 세 문제의 해결이 아무런 의미도 가지지 않는다. 오직 실천적인 것을 위해서만, 저런 해결이 중대하다. 무릇 자유에 의해서 가능한 것은 모두 실천적이다(Praktisch ist alles, was durch Freiheit möglich ist). 따라서 우리의 소위무위의 전영역이 실천적이다. 의지가 자유요, 하나님과 사후 세계가 사실 있다면, 우리의 실천적인 목표는 「당위」(das, was zu tun sei)를 인식하는 일이다. 이런 견지에서 자연의 최후 목적은 도덕적인 것은 지향하는 것이 아닐 수 없다.

자유의 개념은 실천적 의미에서만 바르게 사용되는 것이다. 자유는, 행동에 있어서 감성적 충동에서 독립하여, 이성에서만 표상되는 동인(Bewegursache)이 우리를 규정할 수 있는 점에서 존립한다. 이러한 결의는 동물적 결의가 아니라 「자유」결의이다. 이런 의미의 실천적 자유[비동물적인 결의]는 수수께끼가 아니라, 경험을 통해서 증명될 수가 있는 것이다.

이성의 훈계(Vorschrift)가 보다 더 소급적 원인에 의존하고 있는가, 그런 한에서 자연인과성 아래 서 있는가? 혹은 이성이 선험적 자유(transzendentale Freiheit)를 가지는가? 즉 원인에서 완전히 독립하여 현상의 비인과적인 계열을

「개시」하는 능력(원인의 절대적 자발성)이 있는가?——이런 문제는 단지 사변적 문제요, 실천적 사용의 이성 앞에 제시될 것이 아니다. 내가 해야 할 것의 인식에 대해서 사변적 문제는 무관심이기에 말이다.

이래서 실천적 사용에 있어서의 순수이성의 규준에서 다루어져야 할 문제는, 어떤 의미에서 하나님과 내세가 있는 것이냐 하는 문제이다.

2. 최고선의 이상

여기서 칸트는 우선 이성의 세 가지 관심을 들었다.

1. 내가 무엇을 알 수 있느냐?
2. 내가 무엇을 해야 하느냐?
3. 내가 무엇을 바래서 좋은가?

그런데, 최고선의 이상은 셋째의 관심과 관계가 있는 것이다.

「최고선의 이상」이란, 도덕적으로 최완전한 의지가 최고의 정복과 결합하여 파생적 최고선(höchstes abgeleitete Gut)의 원인이 되는, 최고이성(신)의 이념을 의미한다. 파생적 최고선은 인간이 그의 도덕성에 비례해서 누려야 할 행복의 상태를 지시한다. 이런 상태는 미래의 세계로 보아지는 것이며, 파생적 최고선의 세계는 이성의 실천적 필연적 이념이다. 하나님이 없고, 이승에서 보지는 않으나 바라는 세계(저승)가 없다면, 도덕성의 훌륭한 이념은 동의와 찬탄의 대상이 될지언정, 기도와 실행의 동기가 될 수는 없을 것이다.

선천적으로 타당하는 도덕법은 무상명령을 내린다. 그것은 우리의 행복을 전제해서 명령하는 것이 아니다. 피세의 행복에 의한 보상을 생각해서 도덕적 행위를 한다면, 그런 짓은 도덕적 심정일 수 없다(B.841). 도덕성은 우리의 최상선이다. 그러나 최상선이 곧 완전선은 아니며, 따라서 최고선은 아니다. 최고선은 도덕성에 비례하는 행복도 함께 누려야 한다. 단지 사심에서 그래야 하는 것이 아니라, 공평무사한 이성의 판단에서 그래야 한다.

이래서 가장 완전하고, 가장 이성적인 근본적 존재, 즉 하느님의 존재에 대한 신념은, 덕에는 그 보수가 반드시 따를 것이라는 우리의 도덕적 요구에 기본하고 있다. 즉 도덕적 신학은, 순사변적 신학이 말할 수 없는 하나님의 현존을 확신한다.

도덕적 개념이 세련되어, 이것에 의거해서 목적들의 체계적 통일이 통찰되지 않았던 한에서, 자연의 지식과 제학문에서의 이성이 현저하게 개발되었더라도, 정당한 하나님-개념에 도달하지 못했음을 인간이성의 역사도 알려주고 있다(B.845 끝).

실천이성이, 먼저 하나님 —— 개념을 세우고, 이로부터 도덕법을 이끌어내서는 안 될 일이다. 우리의 도덕의식에서 출발하고 도덕법에 적합한 뒤에 하나님 —— 개념을 형성해야 한다. 하나님의 계명이기 때문에, 우리가 도덕적인 책임이 있는 것이 아니라, 먼저 우리의 내심이 하나님의 계명을 지켜야 하는 책임을 느끼기 때문에 도덕적인 것이 하나님의 계명이 되는 것이다.

그러므로, 도덕적 신학은 초월자를 이론적-사변적으로 인식하는 데 유용한 것이 아니라, 그것은 실천적-내재적으로만 사용되는 것이다. 초험적 신학이 아닌 도덕적 신학이, 우리의 도덕적 사명을 세계에 실현할 것을 지시하는 것이다. 도덕적 신학이 유일의 가장 완전하고도 이성적 근원존재의 개념에 도달한다(B.842).

3. 억견·앎·신앙

의견이, 이성을 가진 한의 만인에게 타당할 경우에, 그것을 정견(혹은 확신)이라고 칭한다. 의견이 단지 주관의 특수한 성질에 기본하여 있다면, 그것을 아견(혹은 자신)이라고 칭한다. 이것은 개인적 타당성만을 지닌다.

정견의 경우에는 판단들의 일치하는 근거가, 주관들이 서로 다름에도 불구하고, 객체(공통의 근거)에 의존하고 있다는 추측이 타당한 것이다. 「제3자[객체]와 일치하는 것들은 그들끼리도 일치한다」(Was mit einem Dritten übereinstimmt, stimmt auch unter sich überein)고 형식논리학도 말하고 있다.

정견과 아견은 개인적 의식 안에 있어서는 구별될 수가 없다. 왜냐하면, 의견은 정견과 아견에 있어서 마찬가지로 의식의 현상에만 착안하고 있기 때문이다. 그러나 나의 근거들이 타인에게 정견을 갖게 하는 작용을 하지 않을 때에, 아견만이 문제되어 있다는 추측에, 나는 도달한다. 아니 아견이 어떠한 주관적인 원인에 기인하는가를 내가 발견할 때에, 나는 아견임을 확인하게 될 것이다.

정견인 한의 의견은, 세 단계를 가진다. 억견(Meinen) · 신앙(Glauben) · 앎(Wissen)이 즉 그것이다. 억견은 주관적으로도 객관적으로도 불가분한 의견이다. 의견이 주관적으로 충분하되, 객관적으로는 불가분하다고 한다면, 그것이 신앙이다. 그리고 주관적으로도 객관적으로도 가분한 의견이 앎이다.

이성의 선험적[인식론적] 사용에 있어서는 억견은 거의 없다. 거기서는 모든 것이 선천적으로 인식되기 때문에 인식은 보편타당해야 하고, 「앎」이 되고, 그렇지 않으면 앎이 전혀 없는 것이다. 그러나 선험적 변증론에서는 우리는 이론적 의미의 「앎」에 도달하지는 않는다. 이론적으로 불가분한 의견은 실천적 견지에서 신앙이라고 불린다. 실천적 의도는 숙련의 의도이거나 도덕적 의도이거나이다. 전자에서, 위급한 환자에게 의사 아닌 사람이 어떤 조치를 하거나, 「내기」를 하는 경우처럼 실용적 신앙(B.852-3)이 생기고, 도덕적 의도에서 도덕적 신앙이 생긴다.

물론 이론적 문제들에 있어서도 교선적 신앙(B.853)이라고 부를 수 있을 만치, 굳센 의견이 있다. 가령 최고 예지(하나님)가 자연 중의 만상을 현명한 목적에 좇아서 배치했다고 하는 전제가 자연을 탐구하는 데에 유효할 것이요, 그러므로 하나님이 존재한다는 억견을 가질 뿐더러, 그러한 신앙마저 가져도 좋을 것이다. 그러나 이것은 교선적 신앙에 속하며, 도덕적 신앙은 못된다. 혹은 자연에서 출발하는 자연신학(Physikotheologie)에 속하며, 도덕의식에 기인한 도덕적 신학은 못된다.

교선적 신앙은 흔들리기가 쉽지만, 도덕적 신앙은 그렇지 않다. 후자에 있어서는 도덕법에의 복종이라는 목적이 확평해서 흔들림이 없다. 따라서 이런 목적을 타당하게 하는 조건마저 확립하지 않을 수 없다. 즉 하나님과 내세가 있다는 조건마저 확립하지 않을 수 없다. 이런 조건에 대한 신앙이 없다면, 나의 도덕적인 원칙들은 무너지고 말 것이다. 그러나 내가 내 자신의 눈에 타기할 만한 자로 보이지 않는 한에서, 나는 도덕적 원칙을 거부할 수는 없다.

제3절 순수이성의 건축술

여기서 건축술이란 학적 체계를 세우는 방법을 의미한다. 체계적 통일이 지식의 한갓 집합(Aggregat)에다 학적성격을 부여하는 것이다. 학적 체계의 이념은 생명 있는 유기체와도 같은 것이다(건축술적은 B.375면에도 보인다).

이념은 그것을 실현하자면 도식(약도)이 필요하다. 학적 체계에 도식은 「이념에 좇아서」 전체를 부분들로 분류해야 하고, 따라서 선천적인 윤곽을 포함해야 한다. 이런 도식은 처음에는 흔히 이념에 합치하지 않지마는, 학문이 발달하는 도중에 점차로 그 이념에 일치하기에 이른다.

칸트에 의하면, 인간의 인식능력의 일반적이 뿌리는 두 개의 가지로 나눈다(B.863 끝). 즉 이성적인 가지와 경험적인 가지가 그것이다. 전자는 상위의 인식능력 전반이요, 다시 말하면 이성이다.

인식의 내용을 도외시해서 인식하는 사람의 입장에서 볼 적에, 모든 인식은 역사적(historisch)이거나 혹은 이성적(원리적)이다(B.864).

역사적 인식은 주어진 것으로부터 인식하는 것(cognitio ex datis)이다. 외부에 주어진 재료를(직접적 경험에 의하건 이야기에 의하건) 소유하는 사람은, 단지 역사적 지식을 얻고 있을 뿐이다. 소위 「체계적」이더라도, 그것이 외부에서 주어진 것인 한, 한갓 역사적 지식임에 불과하다.

이에 대해서, 이성적 인식은 원리에 기본한 인식(cognition ex principiis)이다. 다시 말하면, 최고의 개념과 원칙에 의거해서 하는 인식이다. 최고의 개념과 원칙을 자신의 이성에서 캐어내는 사람은, 그때그때의 문제에 대해서 자주적 판단을 가진 사람이다. 이런 사람만이 비판적 능력이 있는 자요, 역사적인 것을 받아들이지 않고 버리기도 한다.

이성의 인식 자체는 「개념에서의 인식」과 「개념의 구성에서의 인식」으로 세별된다. 전자는 철학적 인식이며, 후자는 수학적 인식이다.

철학적 인식 체계가 원래는 철학이다. 이런 철학은 객관적(내용적)으로 본다면, 하나의 이념이다. 철학을 연구하는 사람이 체계를 세우려는 모든 기도는, 이 이념을 최대로 완전하게 실현할 것을 노리는 바이다. 또 「가능적 학문의 이념」으로서의 철학은 학습될 수가 없는 것이다. 학습될 수 있는 것은, 철학적 사색(philosophieren)뿐이다.

철학의 순학술적 개념(Schulbegriff)과 세간적 개념(Weltbegriff)이 구별되어야 한다(B.866). 후자에 따르면, 철학은 모든 인식의, 인간이성의 본질적 목적(도덕적 목적)에 대한 관계를 다루는 것이요, 만인의 관심사다. 이러한 철학의 대표자는 이상의 교사, 즉 철인이다. 수학자·과학자·논리학자들은 세간적 개념의 철학에 봉사해야 하는 이성기술자요, 그런 한에서 부분에 종사하는 자며, 전체에 도달해 있지 못한 자다. 일반적으로 기술적(technisch) 통일과 건기획적(architektonisch) 통일을 구별해야 한다. 이성의 절대목적(Endzweck)이 인간의 「전사명」이요(B.868), 이런 절대 목적에 관한 철학이 도덕철학이다(철학의 순학술적 개념은 지식의 체계적 통일만 노리는 일종의 기술을 말한다).

인간이성의 입법으로서의 철학은 자연과 자유와의 두 가지 대상을 가진다. 자연에 자연법칙이 타당하고, 자유에는 도덕법이 타당하다. 자연철학은 존재하는 것에 관계하고, 도덕철학은 존재해야 할 것에 관계한다.

모든 철학은 순수한 이성에 의한 인식이거나 혹은 경험적(후천적) 원리에 기본한 인식이다. 전자는, 또다시 이성능력을 그것의 선천적 요소에 관해서 연구하는 예비(Propädeutik), 즉 비판(Kritik)이거나 혹은 순수이성의 체계, 즉 형이상학이거나다. 그리고 형이상학은 자연의 형이상학이거나 도덕의 형이상학이거나다.

「순수이성이 자연학」이라고 했을 적의 자연학의 독어 Physiologie는 문자대로는 생리학이라고 할 것이나, 이 말은 phusis(자연)의 logos를 묻는 학문, 즉 형이상학을 의미한다. 이런 용법은 아리스토텔레스의 Physik 「4,203b」에 이미 나타나 있다. B.873에 나오는 Physiologie는 모두 형이상학의 뜻이요, 모든 주어진 객관들을 선천적 원리에만 따라 다루는 것이다.

형이상학의 이념은 사변적 인간이성이 오랜 그 역사를 가졌듯이, 오랜 것이다. 과학적 방법으로 사변하건, 통속적 방법으로 사변하건 간에, 이성은 오랫동안 사변하여 온 것이다. 그러나 이때까지는, 선천적인 것과 후천적인 것과를 엄밀히 분별하지 않았다. 이러한 분별을 체계적으로 한 최초의 사람이, 칸트 자신이었다고 그는 주장했다.

「선천적」과 「후천적」을 논리적으로 구별하는 칸트의 입장은, 이성의 진화가 실용적(pragmatic)이고, 이성의 기능이 생활기술의 촉진에 있으며, 혹은 환경에 대한 공격의 지도 중에 있다고 한 A. N. Whitehead(1861~1947) 같은 현대 철학자의 입장과 대조적이다. 그러나 이런 사정이 전자의 논리적 입장이 후자의 경험적 입장을 배척했다는 것을 의미하지는 않는다. 우리가 주목할 것은, 문제의 제출방식의 차이이다. [권리문제와 사실문제의 차이이다].

B.869에서 B.875까지에서 인식[지식]의 종류를 분류하면 다음 표와 같다.

<table>
<tr><td colspan="10">인식 (세간적 개념의 철학)</td></tr>
<tr><td colspan="2">역사적 혹은 경험적</td><td colspan="8">이성적(원리적)</td></tr>
<tr><td rowspan="2">경험적 자연학</td><td rowspan="2">경험적 인간학</td><td rowspan="4">수학 (개념의 구성에 기본한)</td><td colspan="7">철학(개념에만 기본한)=최광의 형이상학</td></tr>
<tr><td rowspan="3">예비 (비판)</td><td colspan="6">순수이성의 체계(실천적·사변적)=최광의 형이상학</td></tr>
<tr><td colspan="2" rowspan="2"></td><td rowspan="2">도덕의 형이상학</td><td colspan="5">자연의 형이상학=협의의 형이상학</td></tr>
<tr><td rowspan="3">순수이성의 선험학 (존재론)</td><td colspan="4">순수이성의 자연학</td></tr>
<tr><td colspan="5" rowspan="2"></td><td colspan="2">내재적</td><td colspan="2">초험적</td></tr>
<tr><td>이성적 물리학</td><td>이성적 심리학</td><td>이성적 우주론</td><td>이성적 신학</td></tr>
</table>

[주] 세간적 개념의 철학이란, 만인의 관심을 가지는 의미의 철학이라는 뜻이다. 이성적 심리학을 내재적이라고 표시한 것은 「변증론」에서의 그 용법과 일치하지 않는다.

제4절 순수이성의 역사

칸트는 형이상학의 역사적 방향과 변천을 삼중의 견지에서 분류하였다.

1. 대상에 관해서, 감각적 철학자와 지성적 철학자가 구별된다. 감각론자인 에피쿠로스에 따르면 감관만이 진리와 실재를 인식하는 것이나, 이성론자인 플라톤에 따르면, 오성만이 진리와 실재를 인식하는 것이다. 전자는 진정한 대상은 감성적이라고 한 것이요, 후자는 진정한 대상은 가상적(intelligibel)이라고 한 것이다(B.882).

2. 인식의 근원에 관해서, 아리스토텔레스 같은 경험론자는 인식은 경험에

서 유래한다고 했고, 플라톤 같은 지성론자(Noologist)는 인식이 이성에서 유래한다고 했다.

3. 방법에 관해서, 자연과학 부문에 있어서 자연론적 방법과 학적인 방법이 구별된다. 순수이성의 자연론자는 과학 없는 상식에 호소하여 수학보다도 눈대중을 원칙으로 삼는다. 그는 이론을 무시하고, 이성을 미워한다. 학적인 통찰의 결여에서 자연론자가 되기도 한다. 자연론자들의 표어는 「내가 아는 것으로써 족하다. 따라서 아르케실라스(Arcesilas)처럼 회의론자가 되기를 원치 않거니와 근심 많은 솔론(Solon)처럼 현명하게 되기도 원치 않는다」라고 하는 것이다. 이런 진술은 칸트가 무지의 자연주의를 풍자한 것이요, 또 해학으로써 응수한 것이다. 이에 대해서 학적 방법을 준수한 사람은 볼프처럼 독단적(주장적)이었거나 혹은 흄처럼 회의적이었다.

이래서 끝으로 남는 것이 비판적 방법(kritische Methode)이다. 비판적 방법을 선양하고자, 「비판」의 결구에서 칸트는 다음과 같이 말했다 :

> 독자가 이 비판의 길을 나와 함께 편력하는 호의와 인내를 가졌다면, 그리고 이 좁은 길은 대로로 만들고자 자기의 힘을 기여할 것을 아끼지 않는다면, 독자는 많은 세기가 걸렸어도 성취하지 못했던 일이 현세기가 지나가기 전에 달성되지나 않나 하는 것을 판단할 수 있을 것이다.

4. 비판적 방법의 본령이 실천이성 우위의 사상을 주장하는 데에 있다는 것이, 이론이성의 비판에서도 이미 나타나 있고, 선험적 방법론의 가장 중요한 의도도 그러한 주장에 귀착한다는 것을 우리는 잊을 수 없다. 「왜냐하면 모든 관심은 결국 실천적이요, 사변이성의 관심조차도 제약된 것임에 불과하며, 실천적 사용에 있어서만 완전한 것이기 때문이다」(*K.d.p.V.*, S.140. Vorländer 판).

제11장 쇼펜하우어의 「칸트 실천이성비판」의 비판

머리말

쇼펜하우어(Arthur Schopenhauer, 1788~1860)를 사변의 구세주라고 찬한 사람이 있는가 하면, 정반대로 그를 철학자이기보다도 재기에 찬 문장가라고 평한 사람이 있다. 인생에 대한 그의 이설은 소극적인 염세론이요, 해설론이었으나, 그의 생활은 적극적 정렬로 가득 차 있었다. 이설과 생활간에 이러한 모순이 있었을 뿐만이 아니다. 그의 체계적 형이상학 자체의 구조에도 전후에 당착을 내포하고 있다. 비합리적 의지만이 유일의 형이상학 실재라고 주장했으면서도 그에 있어서 제2차적인 지성이 이러한 의지에 대해 동시에 부정을 선언할 수도 있었기 때문이다. 이처럼 모순된 면에 주목해서 E.하르트만(Eduard von Hartmann, 1842~1906)이 쇼펜하우어와 헤겔의 종합을 기도한 것은 널리 알려져 있다.

졸론의 의도는 쇼펜하우어가 「칸트의 순수이성비판」을 비판한 내용을 비판적으로 고찰하는 데에 있다. 이때의 주된 자료는 그의 주저 「의지와 표상으로서의 세계」(*die Welt als Wille und Vorstellung*, 1818) 초판의 끝에 붙인[1] 「칸트철학 비판」(*Kritik der Kantischen Philosophie*)이라는 논고이다. 그의 칸트 철학에 대한 비판은 방금 말한 주저의 제1권, 학위론자인 「충족이유율의 네 가지 뿌리」(*Über die vierfache Wurzel des Satzes vom zureichenden Grunde*, 1813), 윤리학의 두 근본문제(*Die beiden Grundprobleme der Ethik*, 1840, 이 중의 특히 die Grundlage der Moral 편) 및 보통 「쇼펜하우어의 인생론」이라고 옮겨지는 *Parerga und Paralipomena*(1851, 직역하면 추가와 보설) 등에 산재해 있다. 그러나 이처럼 산재해 있는 대목에 관해서는 순수이성비판을 고찰하는 데에 필요한 한에서만 참고하려고 했다.

1) 끝에 붙였다고 해서 흔히 있는 계륵적 부록으로 경시될 것이 아니다. 주저의 본문 자신이 이 부록을 참고할 것을 늘 지시하고 있다.

일반적으로 A가 B를 비판한 내용을 검토하려고 하면, 그런 내용의 검토 이전에 A와 B의 양쪽 주장을 잘 알고 있어야 할 것이다. 이런 사정이, 그저 A만 비판하거나, 혹은 그저 B만을 비판하는 일보다도 더한 난관에 봉착하게 한다. 쇼펜하우어가 칸트의 「제일비판」을 비판한 내용을 검토하려고 할 무렵에도 이러한 난관이 없지 않은 것이다. 이런 난관에 봉착하지 않으려면 칸트와 쇼펜하우어의 철학사상에 관한 지식이 예비되어 있음을 전제하게 될 것이다. ― 이것이 머리말에서 해두고 싶은 첫째 말이다.

독일 고전철학의 대성자 헤겔에 대해 마르크스가 반론한 것은 잘 알려져 있다. 그러나 그 헤겔에 대해 마찬가지로 맹렬한 반론을 편 쇼펜하우어에 대해서는 그다지 돌봐져 있지 않다.

헤겔에 있어서는 의식(정신)이 존재를 결정하는 것이었으나, 쇼펜하우어와 마르크스에 있어서는 공통되게 존재가 의식을 결정하는 것이었다. 물론 쇼펜하우어의 사고는 철학적 경향을 띠고 있어서, 인생과 자연의 최후의 결정인자인 존재를 개별인에게도 작용하는 형이상적 의지라고 언명했다. 이에 대해 마르크스는 결정인자인 존재를 물질적인 생산관계라고 했고, 정신은 물질적 생산관계의 부산물이라고 했다. 이런 차이에도 불구하고 양자에는 넓은 공통성이 인정된다. 즉 전자에 의하면, 지성은 의지의 활동에 봉사하는 환각을 산출하는 것이었으나, 후자에 있어서는 이때까지의 예술·종교·철학은 모두가 이데올로기요, 진리의 내실이 없으며 그때그때 지배계급의 경제적·사회적·정치적 우위를 정당화하는 목적만을 가지는 것이었다. 그러나 양자가 다 실재적(real)인 하부구조 위에 비실재적인 이데올로기의 상부구조가 세워져 있다.[1] 다시 말하면, 쇼펜하우어는 형이상적 의지라는 존재에 지배되는 정신을 제시했고, 마르크스는 계급적 관심의 지배를 받는 정신을 제시했다. ―― 이것이 머리말에서 두 번째로 해 두고 싶은 말이다.

지면이 제한된 관계로 쇼펜하우어가 전개한 「칸트철학 비판」의 전부를 여기서 검토하지 못했다. 더구나 칸트적 윤리학에 대한 중요한 비판을 제외하지 않

1) Landmann M., *philosophische Anthropologie*. S.107.1969.Berlin, Sammlung Göschen, Bd 156/156a.

을 수 없었다. 이래서 주로 칸트의 이론철학(즉 제일비판)을 비판한 내용을 고찰하는 것에 국한되었다.

제일비판을 비판함에 있어서 쇼펜하우어는 자신의 독자적인 인식 기초인 충족이유율에 의거해 있다. 이 충족이유율은 존재·생성·행위·인식에 관여하는 이유의 원리를 밝힌 것이지마는, 그 내용에 관해서는 650면에 붙인 주를 미리 참조해 두기 바란다.

제1절 칸트의 공적과 결함

1. 세 가지 공적

위대한 사상가의 저작 중에서 결점과 오류를 지적하기는 쉬워도 그 저작의 가치를 명백하고도 완전하게 전개해 보이기는 어렵다. 칸트의 저작은 저작 자신이 그 작자를 칭찬하고 있는 것이요, 그 문자에서가 아니라 그것의 정신에 있어서 언제까지나 이 지상에 살아남는 것이다. 이러한 취지의 서두 말 이후에 쇼펜하우어는 칸트철학의 공적을 세 가지로 들었다.

① 그의 첫째 공적은 현상을 물자체에서 구별한 점에 있다. 이런 구별은 사물과 인간 사이에는 지성이 개재해서 사물은 「그것 자체대로」 인식될 수 없음이 증명되는 데서 유래한다. 로크는 사물의 소리·냄새·색채·굳기·부드럽기·미끄럽기 등의 제2차적 성질(secondary quality)들은 감관의 감촉에 기인하여 물자체에 귀속하지 않되, 연장·형능·고정성·수·가동성 등의 제1차적 성질(primary quality)들만이 물자체에 귀속하는 것이라 했다. 그러나 칸트는 제2차적 성질과 제1차적 성질이 죄다 「물자체의 현상」이라고 했다. 그리고 이러한 까닭은 물자체의 현상을 확립하는 조건이 쇼펜하우어에 의하면 공간·시간·인과성이라는 지성의 선천적 형식들인 데에 있었다. 지성의 형식들이 직접 작용해서 감각이 직관으로 확립된다. 아무튼 로크가 감관이 현상에 관계하는 부분만을 물자체에서 떼어냈음에 대해 칸트는 뇌수의 기능까지도 물자체에서 떼어내는 현상이라고 했다. 쇼펜하우어에 의하면, 파라문교의 Veda 성전도 이런 현상을 환영(Maja)이라고 가르쳐 주었다.

② 현상들은, 충족이유율[1]에 제약된 「표상으로서의 세계」요, 물자체란 사실은 의지인 것이다. 그러나 칸트는 이런 인식에는 아직 도달하지 못했다. 그는 특히 의지 중에서 직접 물자체를 인식할 줄 몰랐다. 그러나 그는 인간 행위의 도덕적 의의를 현상의 법칙에서 독립한 것이라고 설명함으로써 물자체가 실은 의지라고 인식하기에 이르는 통로를 마련해 주었다. 이런 통로를 마련해 준 점에 칸트철학의 둘째 공적이 있다.

물자체로서의 쇼펜하우어의 의지는 의식된 욕구 정도의 것이 아니요, 만유의 본질 자체며, 비이성적·무의식적·맹목적인 것이다. 그것은 무기계에서는 자연력, 유기계에서는 동식물의 종, 인간에서는 경험적 성격이나 획득성격에서 구별된 가연적(본유적) 성격 등으로 활동하는 이데아(이념)이다. 이런 이데아가 객관화한 무기계·유기계·인간계에는 서로 구별하게 하는 단계가 있는 것이나, 의지 자체에는 질적 차이가 없는 것이다.

③ 칸트철학은 셋째로 스콜라철학을 완전히 무너뜨린 공적을 남겼다. 스콜라철학은 아우구스틴에서 출발하여 칸트의 직전에서 끝나는 시기에 유행한 철학을 말한다. 그것은 철학을 지배한 국교의 후견역을 했던 것이다. 칸트 앞에 데카르트의 사색이 스콜라철학을 무너뜨리는 데에 이바지하기는 했으나, 그의 사색도 칸트의 엄밀한 사색에 비하면 아직도 빈약했던 것이다. 전자가 뛰기는 했어도 역시 풀 속에서 옛 노래를 부르는 매미에 유사하다면 후자는 완전히 날아간 매미와 같아서 사변적 신학과 그것에 연관한 이성적(초험적) 심리학에 치명상을 주었다. 하나님과 영혼의 실재론은 칸트에 의해 증명될 수 없는 것으

1) 충족이유율(der Satz vom Zureichenden Grunde)에 네 가지 형태가 있다. 첫째는 자연과학적 인식에 있어서의 인과성의 법칙이다. 이 법칙에서 타성의 법칙과 실체지속의 법칙이 등장한다. 둘째가 논리학에 있어서의 인식의 이유이다. 이것의 과제는 개념과 개념을 결합하는 판단작용에 있다. 어떤 판단이 인식이라고 한다면 그것의 충분한 이유가 있어야 한다는 뜻이다. 셋째가 수학에서의 직관적 존재가 가져야 하는 이유이다. 이런 이유는 위치적 공간, 계속적 시간으로서 작용하는 것이고, 공간과 시간의 부분들은 위치와 계속에 관계해서 규정된다. 넷째는 행위에 있어서의 동기 혹은 내감이라는 이유이다. 동기는 시간에서 현상하고 공간에서 현상하지 않는 것이나, 그것이 행위가 외현하는 조건인 한에서 그것은 원인의 일종이다. 동기화(Motivation)의 법칙은 안에서 보아진 인과성이다. 쇼펜하우어의 논문: 충족이유율의 네 가지 뿌리는 간단히 말하면 논리적인 인식의 이유, 시공 중에서의 존재의 이유, 현상의 생성이유, 행위 발생의 이유를 지적한 것이요, 「쇼펜하우어 철학체계의 인식론적 기초」를 제시한 것이다.

로 이제야 완전히 뒤엎어졌다.

칸트 이전의 실재론은 현상의 법칙을 절대적 법칙, 즉 물자체에도 타당하는 법칙으로 보았고, 윤리도 이런 현상의 법칙에 준해서 다루었다. 그래서 그 실재론철학은 윤리를 행복론, 세계창조자의 의지, 혹은 완전성의 개념에 기본시켰다. 그러나 완전하게 된다는 것은 그것 이전에 주어진 그 어떤 개념에 상응(일치)한다는 뜻이요, 이런 개념 없이는 완전 여부는 미지수요, 따라서 무내용인 것이다. 하기에 이 무렵에 인간성의 개념 같은 것을 암암리에 전제해서 완전한 인간성에 도달하려는 노력을 도덕의 원리로 삼는다 하더라도, 그것은 「인간이 그가 되어 있어야 할 것으로 되어야 한다」는 식의 말이 될 뿐이요, 이런 주장은 아무런 내용도 없는 것이다. 이에 대해 칸트는 전술했듯이 행위에다 윤리적인 의의를 부여하여 그것을 현상과 그 법칙에서 준별했고, 현상과 그 법칙은 영속성과 본질이 없는 허망한 것이라고 보아야 한다고 한 것이다.

칸트철학에는 이상과 같은 세 가지 공적만이 있는 것이 아니라, 그의 순수이성비판은 다음과 같은 결점과 오류도 드러냈다.

2. 형식상의 두 가지 결점

① 칸트의 문체는 탁월한 정신, 확호한 독자성, 비범한 사고력을 표시해있고, 개괄해서 빛나는 건조(glänzende Trockenheit)라고 할 수 있다. 그러나 전반적으로는 불명석하고 불확실하며 난삽한 용어가 많음을 부정할 수 없다. 가령 통각의 선험적인 종합적 통일(transzendentale synthetische Einheit der Apperzeption), 종합의 통일(Einheit der Synthesis)과 같은 표현들이 난삽한 용어다. 이런 말들은 쇼펜하우어에 의하면 합일(Vereinigung)이라고 하면 족했을 것이었다.

② 순수이성비판의 구조는 웅대한 소외성, 단순성, 솔직성이 없고, 고딕건축양식을 연상케 한다. 칸트의 서술은 고딕 양식의 교회당에서 보듯 잡색의 수다를 좋아하고, 이것을 안배하여, 이런 안배 밑에 또 안배하는 것을 일삼은 격이다. 이런 관점에서 그 책은 균제성으로 가득 차 있는 것이다.

칸트는 공간과 시간을 따로 논했고 그것들을 메꾸어 있는 직관세계 전체를

「감성의 조건 아래서 대상들이 우리에게 주어진다」(B.30, B.74 또는 657면 참조)는 정도의 말로써 끝맺었다. 다음에 그의 철학 전체의 논리적 기초인 판단표가 세 식 네 쌍으로 구분되었고(486면 참조), 이런 판단표에서 역시 균제적으로 자연과학의 보편적 원칙표(직관의 공리·지각의 예료들·경험의 유추·경험적 사고일반의 요청 등)를 도출하였다. 특히 「경험의 유추」와 「경험적 사고일반의 요청」은 각각 다시 세 개의 가지를 내어 있다.

범주를 감성에 적용함에서 오성 중에 경험과 그 선천적 원칙들이 생겼다. 그리고 무제약자를 추구하려는 추리에다 관계의 세 범주를 또 적용함에서 이성의 이념들이 생겼다. 즉 「관계의 세 범주」로부터 추리의 대전제가 세 종류만이 생겼고, 이 셋이 각각 계란처럼 이념을 까낸 것이다. 이래서 정언적 추리에서 영혼-이념이, 가언적 추리에서 세계-이념이, 선언적 추리에서 하나님-이념을 까냈다. 그리고 세계-이념에 범주표가 다시 한 번 더 균제적으로 사용되어, 네 쌍에서 네 개의 정립과 반정립이 각각 생긴 것이다. 여기서 균제성을 애호하는 순수이성비판의 형식적 결점이 드러나 있다.

3. 내용상의 두 가지 오류

① 칸트는 직관적 인식(anschauliche Erkenntnis)과 추상적, 즉 개념적 인식(abstrakte oder begriffliche Erkenntnis)을 명백히 구별하지 않았다.[1] 그는 이 양자를 거짓되게 뒤섞었고 때로는 양자를 거짓되게 대립시켜서 구제될 수 없는 혼란을 일으켰다. 그는 수학에서만 직각적 인식(intuitive Erkenntnis)을 관찰했고, 현상계에도 타당하는 보다 더 광범한 직관적 인식을 보지 못한 채로 소위 오성의 추상적 사고작용을 설교하였다. 이래서 「감성에 의해 대상들이 우리에게 주어지고 오성에 의해 대상들이 사고된다」고 말하였다.[2] 그러나 사실상 그러하다고 하면, 오성없는 직관세계가 따로 있는 것이 되며, 오성을 직관적 인식에서 분리한 것이 되는 것이다.

쇼펜하우어에 의하면, 감성과 오성은 원래 동시에(zur Zeit) 하나의 객관을

1) Schopenhauer, *Kritik der Kantischen Philosophie*, S.19. 1916. Hendel 사 (*Die Welt als Witle und Vorstellung*, Bd. I. Anhang 중).

2) *Ibid.*, S. 29

포착할 수 있기 때문에, 「직각적 인식은 항상 개별 경우에만[1] 타당한다」. 오성의 작용은 인과를 직관하는 작용 하나뿐이다. 칸트처럼 오성에서 12개의 범주작용이 있는 것이 아니다. 오성에는 사고작용이 아니라 원인과 결과의 관계를 직관하는 작용만이 있을 뿐이다. 이성에 이르러서 비로소 개념을 형성하는 작용이 있다.[2] 그리고 개념을 형성하는 이성의 작용만이 인간에게 고유한 것이요, 직각하는 오성의 작용은 동물에도 있다. 눈·귀·손이 감각하는 것은 직관이 아니라 한갓 소여요, 오성이 작용해서 결과[감각]에서 원인으로 소급함으로써 세계가 공간 중에서 넓이를 가진 직관으로서 있는 것이요, 그 형태를 바꾸어지나 물질상으로는 불변인 것으로 있는 것이다. 오성은 그 유일의 인과인식 작용에 의해 무의미한 감각을 일거에 직관으로 변하게 한다. 이에, 이런 오성을 쇼펜하우어는 지성(der Intellekt)의 한 형식이라고 명명했다(그의 지성에는 인과성, 공간, 시간 등의 형식이 있다).

쇼펜하우어는 오성(지성)과 이성에 관해 다음과 같은 견해를 표명했다.

> 모든 동물이 오성을 가진다는 것은 직관의 지적 성격(die Intellektualität)에서 당연히 결과한다. 모든 동물은 그 최하등의 것에 이르기까지 오성, 즉 인과성의 인식을 가지지 않을 수 없다. 왜냐하면, 오성이 없는 감각은 무용한 선물일 뿐더러 자연의 잔혹한 선물이기에 말이다. 스스로 오성을 지닌 사람이라면 누구라도 고등동물의 오성도 의심하지 않을 것이다. 인과성에 관한 동물의 인식은 사실 선천적으로 생겼고 습관에서 생긴 것이 아니다. 아직 어린 개라도 결과를 예측하기 때문에, 책상에서 뛰어내리지 않는다.[3]
>
> 인간의 오성과 이성의 구별은 명백한 것이나, 최하등의 오성과 인간의 오성간에는 정도의 차만이 있다.[4]
>
> 칸트는 인과율이 반성 중에서만 있고, 따라서 추상적인 명확한 개념인식 중에서만 있으며 또 여기서만 가능하다고 보았기 때문에, 인과율의 적용이 모든 반성에 선

1) *Die Welt als Wille und Vorstellung*, Bd. I. 12절, S. 58, Hendel 사. 이하 주저로 약칭함.
2) 주저, 8절, S.42
3) *Ueber die vier fache Wurzel des Satzes wom zureichenden Grunde*, S.97, 1970. F. Meiner 사. *philosophische Bibliothek*, Bd.249. 이하에서 이유율로 약칭함.
4) 이유율, S.98.

> 행한다는 것을 전혀 예감하지 않았다. 그러나 인과율의 적용이 반성에 선행한다는 것은 명백한 사실이다.[1]

쇼펜하우어를 따르면, 추상적 개념들이 그저 의식되어 있는 것 중에 사고가 존립하는 것이 아니라, 두 가지 개념(혹은 그 이상의 개념)을 결합시키거나 분리시키는 데에 사고가 존립한다. 이에, 판단이란 명확하게 생각되고 언표된 개념관계(Begriffsverhältnis)를 의미한다. 판단이 인식으로 되자면 그 이유가 있어야 하고, 논리적 인식의 이유를 알리는 것이 이성의 가장 탁월한 기능이다. 그럼에도 칸트는 오성에 그런 사고기능이 있는 듯이 말했다. 동물에도 있는 오성에는 사실은 그런 기능이 없고, 그것의 인과성 인식은 어디까지나 직관적인 것이다.

칸트는 이성은 추리하는 능력(B.386)이요, 판단은 오성이 하는 일이라고 했다(B.94). 이런 말의 취지는 판단의 이유가 경험적·선험적 혹은 초논리적[2]인 한에서 판단은 오성이 하는 일이나, 판단의 이유가 논리적이요, 그것이 추리적이라면 오성보다도 탁월한 인식능력인 이성이 작용한다는 뜻일 것이다. 오성을 사고 능력이라고 한 것은 칸트의 큰 오류였다.

칸트는 이성을 이론이성과 실천이성으로 구별해서 실천이성을 유덕(tugendhaft)한 행위의 원천으로 삼았으나, 이것도 오류였다. 스콜라철학도는 실천이성이라는 말에서 현명한 이성을 의미했다. 유덕(가령 대도인 것)과 현명(마키아벨리적 정책)은 동일한 것이 아니다.

② 칸트는 순수이성비판 초판에서 그의 관념론을 명쾌하게 드러내어 모순이 없고, 제합적이었다. 그런데 그 재판의 관념론 반박(B.274 이하)에서 물자체를 우리 감각의 원인이라고 함으로써 또한 모순을 범했다.

> 내가 사고하는 주관을 제거하면, 전물체계가 사라지지 않을 수 없다. 전물체계는 우리 주관 중에서의 현상이요, 주관의 표상방식 외의 것이 아니다(A.383).

---

1) 이유율, S.103.
2) 이성 중에 있는 일절 사고의 형식적 조건(가령 동일률, 모순율, 배중률 등)을 판단의 이유로 삼는 것이 초논리적(metalogisch)이요, 이런 진리는 초논리적인 진리이다(이유율, 33절, S.135 참조).

초판의 이런 서술에서 관념론이 명쾌하게 드러나 있다. 그런데 재판에서는 다음과 같이 수정했다.

> 지속체[물체]의 [경험적] 지각은 [경험적인] 우리 바깥의 사물에 의해서만 가능하고 외적 사물의 한갓 [경험적 주관의] 표상에 의해 가능하지 않다. 따라서 시간에서의 내 존재의 규정은 내가 나의 외부에서 지각하는 현실적 사물의 존재에 의해서만 가능하다(B.275).

이러한 수정 때문에 재판은 「왜곡되고, 훼손되고, 모순된 책이 되었고, … 독자는 불구화한, 상해받은 불순화한 글을 읽어야 했다」.[1] 재판으로 인해 초판이 입은 손실은 한쪽 다리를 무단히 절단하여 목제의 의족으로 한 것이다. 쇼펜하우어와 의견을 같이해서 피셔(K. Fischer)도 「관념론 반박」은 근본적인 오류요, 명백한 궤변이며 혼잡스러운 요설이라고 했다.[2]

쇼펜하우어에 의하면, 물자체는 사물의 외적 원인으로서 있는 것이 아니라 맹목적인 의지주체로서, 주어진 현상에 대해서 승인되는 것이다.

이상의 제1절에서 우리는 순수이성비판의 전반적인 장단을 쇼펜하우어에 좇아 개괄적으로 먼저 알아보았다. 이하에서는 순수이성비판의 각 부문에 관해서 쇼펜하우어가 개별적으로 비판한 내용을 고찰하기로 한다.

---

1) 주저, Anhang, S.33.
2) Fischer K., *Geschichte der neuern philosophie*, Bd. 4: Immanuel Kant und seine Lehre, Teil I. 1928. S.641.
초판에서는 외물이 우리의 표상에 의존한다고 했고, 재판에서는 외물(외적 사물)이 우리의 표상에서 독립해서 있다고 했다. 이것이 모순이라고 쇼펜하우어와 피셔가 공격한 것이다. 그러나 표상에 의존한다고 했을 적의 표상을 선험적·초개인적 주관으로 해석하고, 표상에서 독립해 있다고 했을 적의 표상을 경험적·개인적 주관으로 해석한다면 초판과 재판의 칸트의 논술이 반드시 서로 모순된다고만 단언할 것이 아니다. 또 B.275의 「우리 바깥의 사물」이란 물자체를 의미하는 것이 아니다.

제2절 칸트의 잘못된 인식이론
-오성의 잘못된 규정에 연유하는-

순수이성비판의 선험적 감성론에서 우리 인식의 일부가 선천적으로 의식되어 있는 사실을 칸트는 증명하였다. 그러나 이런 사실을 증명하는 것은 칸트의 감성이 아니라, 실은 공간·시간·인과성 등을 일거에 의식하는 지성의 형식이요, 지성의 작용이다. 선천적(a priori)이란 경험의 길에 의해 얻어진 것이 아니고, 따라서 외부에서 지성 안에 들어온 것이 아님을 의미한다. 그러므로 선천적 인식과 인간 지성 고유의 형식은 동일한 사태에 대한 두 가지 표현일 뿐이다.

아무튼 선험적 감성론은 쇼펜하우어에 의하면 공적이 대단한 것이고, 그것만으로써 칸트의 이름을 영원히 전하기에 족한 것이다. 이래서 쇼펜하우어는 칸트의 감성론에 관해 단지 다소의 보완만을 하려고 하였다.

모든 기하학적 인식은 선천적 직관에 기인하기 때문에 그것은 직접적 명증을 가진다(B.120)고 했으면서도, 칸트는 유클리드적 증명법을 포기하지 않고 있다.

유클리드의 증명법은 진리가 논리적으로 주어질 수 있는 인식 이유만을 모순율에 의거해서 제시했을 뿐, 존재의 이유까지 제시하지는 못한 것이다. 「인식의 이유」는 지식이 「그러하다는 것」을 알릴 따름이요, 그것이 「왜 그러하냐」 하는 것을 알려주지는 않는 것이다. 그러나 「존재의 이유」는 직관에서만 알려질 뿐더러 그것은 공간과 시간의 부분들이 직관적으로 서로 연결해 있는 까닭도 직접 알려주는 것이다.[1]

> 우리의 인식은 심성의 두 근본원천에서 발생한다. 하나의 원천은 표상을 받아들이는 능력, 즉 인상의 수용성이다. 또 하나의 원천은 표상을 통해 대상을 인식하는 능력, 즉 자발성이다. 전자에 의해 대상이 우리에게 주어지고 후자에 의해 대상이 생각(사고)된다(B.74).

1) 주저, 15절, S.76.

이런 진술은 잘못된 것이다. 왜냐하면, 사실 그렇다면, 인상에 대해서만 수용성이 있고 이것만이 주어진 것이며 그것이 벌써 표상이고 하나의 대상이 되겠기에 말이다. 그러나 인상이란 실은 감관에서의 감각일 뿐이다. 지성 작용의 참여가 비로소 감각을 표상으로 변하게 하고, 이런 표상이 경험적 시공 중의 대상으로서 존재하는 것이다. 그리고 이런 표상과 대상과는 물자체를 도외시하는 한에서 구별될 수 없고, 동일한 것이다. 지성이 하는 작업은 이상으로써 완결하는 것이고, 칸트처럼 따로 오성의 사고를 필요로 하지 않는 것이다.

개념에는 물론 자발성이 있다. 그러나 개념이 등장하면 직관적 인식은 이미 전혀 폐기되었고 별종의 표상, 즉 추상적 개념이 의식된다. 그리고 추상적 개념에 도달케 하는 것은 이성이 하는 작업이다. 이성은 그 사고의 내용들을 사고에 선행한 직관에서 얻어올 수 있고, 또는 사고를 딴 개념과 비교하는 데서 얻어 올 수 있다. 사정이 이러한 것인 데도 칸트는 사고를 직관 속에 집어넣어 직관적 인식과 추상적 인식을 혼동하기 시작했다.

만약 사고를 직관 속에 집어넣으면, 쇼펜하우어에 의하면, 사고의 대상은 개개의 실재적인 객관이 되고 그러므로 사고는 벌써 그 「보편성과 추상화」의 성격을 상실한다. 이에, 칸트는 직관작용을 또다시 사고 속에 집어넣게 되었다. 이처럼 쇼펜하우어는 칸트를 비판하였다.

그의 인식이론 전체가 직관적 표상과 추상적 표상을 혼합해서 양자의 중간물에 도달해 있다. 이 중간물(Mittelding)을 칸트는 오성과 그 범주들을 통한 인식의 대상이라고 표시했고, 이런 인식을 경험(Erfahrung)이라고 하였으나, 오성의 대상에 관해서 칸트 자신이 명백한 것을 생각했다고 말할 수 없다. 이런 견지에서 선험적 논리학 전체가 모순에 차 있는 것이다.

오성의 인식은 직관적이 아니고 논증적(B.93)이다. 오성은 판단하는 능력이다(B.94). 판단은 대상에 관한 표상의 표상(간접적 인식)이다(B.93). 오성은 사고하는 능력이요, 사고한다는 것은 개념에 의한 인식이다(B.93). 오성의 범주들은 대상이 직관에서 주어지기 위한 조건을 주지 않고(B.122), 직관은 사고의 기능을 필요로 하지 않는다(B.123).

이상의 인용을 참조하면 직관적 세계는 오성이 없더라도 현존하는 것이 되고, 직관적 세계는 설명할 필요 없이 우리 두뇌에 들어오는 것이 되건만, 칸트는 직관은 주어져 있다는 정도의 서술만 가끔 했고 그 이상의 설명이 없었다.

또 이상에서 인용된 글은 선험적 논리학에서 오성·범주·경험 가능성 등에 관해 칸트가 다음과 같이 말한 교설과 자못 모순된다.

> 오성은 그 개념들에 의해 직관일반 중의 다양을 종합적으로 통일한다 … 오성의 개념들은 선천적으로 대상에 상관한다(B.105). 선천적 개념은 경험을 가능하게 하는 조건이다. 경험에서 발견되는 직관의 조건이건 사고의 조건이건간에 그렇다(B.126). 오성이 경험의 창립자다(B.127). 우리 (오성) 자신이 결합함이 없고서는 그 어떤 것이 객관에 결합된 것으로 우리는 표상할 수 없다(B.130). 오성은 선천적으로 결합하는 능력이요, 주어진 표상들의 다양을 통각의 통일 아래 포섭하는 능력이다(B.135).

쇼펜하우어에 의하면, 칸트의 이상에서의 용어법으로 보아 선험적 통각은 개념을 사고하는 것이 아니라 직관(Anschauung)이라고 파악된다. 하기에 오성은 모든 직관을 가능케 하는 최상원칙에 참여해 있기도 하는 것이다(B.136 참조). 칸트는 우리의 감관에 나타나는 대상이라면 그 어떠한 대상도 범주에 의해 선천적으로 인식할 수 있고(B.159), 범주는 현상에다, 따라서 만상의 총괄로서의 자연에다, 선천적 법칙을 지정하는 것이라(B.163)고 했다. 그런데 자연이란 필경 하나의 직관적인 것이요, 추상체가 아니다. 이 때문에 오성은 사실은 직관의 능력이 아닐 수 없다. 선험적 연역의 요약(B.168)에서 오성의 개념은 경험을 가능케 하는 원리요, 이런 경험은 시공 중의 현상에 대한 규정일반이라고 했지마는, 여기의 현상은 필경 직관 중에 있는 것이다. 현상들의 결과요, 상태들의 동시존재인바, 자연은 순전히 직관적인 것이요, 결코 추상적으로 사고된 것이 아니다.

칸트는 직관은 객관에 의해 오성에 주어진다(B.145)고 했거니와, 여기의 객관은 직관과 다르고 개념인 것도 아닌 것이며, 주관 없이도 객관일 수 있는 절대적 객관을 가정한 것으로 생각된다. 이 객관은 직관된 객관(das angeschaute Objekt)

이 아니라 직관에 대응하는 「그 어떤 것」으로 개념에 의해 직관에 「사고해서 보탠」(hinzudenken) 것이요, 그 결과로 직관이 경험으로 된다고 하는 것이 칸트의 사상이다.

그러나 쇼펜하우어는 개념은 직관에서 그 가치와 진리를 얻는 것이라고 주장한다. 칸트는 「그 무엇을 직관하도록 하지 않더라도 대상일반으로서 생각하도록 하는 조건으로서 선천적 개념이 먼저 있어야 한다」(B.125)고 했지만, 이런 견해는 원천적인 오류였다. 왜냐하면 대상은 언제나 직관에 대해서만 있고 또 직관 중에서만 있기 때문이다. 직관은 감관에 의해 감관이 없을 경우에는 구상력에 의해 수행될 수 있다. 그러나 사고되는 것은 보편적 개념이요 이처럼 사고되는 것이 직관에 실재성을 부여하는 것은 아니다. 직관은 실재성의 자격이 있는 한에서(경험적 실재성인 한에서), 자기 자신에 의해 실재성을 가지는 것이다. 개개 사물은 직관과 사고를 구별하는 칸트의 사상처럼 때로는 직관의 대상이요, 때로는 사고의 대상인 것이 아니라, 언제나 직관의 대상인 것이다. 우리의 경험적 직관은 그것이 인과관계(Kausalnexus)에서 생긴 것이기 때문에 그대로 바로 객관적인 것이다. 인과관계의 인식이야말로 오성의 유일한 기능이다. 그러므로 「직관은 실로 지성적(intellektual)이다」.[1] 칸트의 오성은 선천적 개념작용이었으나, 쇼펜하우어의 지성은 개념작용을 지닌다고 한 칸트의 오성을 반박하였다.

칸트는 표상·표상의 대상·물자체의 세 가지를 구별하였다. 표상은 감성이 다루는 것이고, 감성은 감각 외의 시공의 순수직관형식도 포함한다. 표상의 대상은 오성이 다루는 것이고, 이 오성은 12개의 범주를 그것에 사고해 보탠다. 그리고 물자체는 모든 가인식적인 것의 피안에 있는 것이다(A.108-9 참조). 그러나, 쇼펜하우어는 표상과 표상의 대상과를 구별할 근거가 없다고 한다.[2] 표상의 대상이라는 중간물을 삽입한 것이 칸트가 여러 오류를 범한 원천이었다. 칸트에 의하면, 범주(선천적 개념)는 직관에 아무런 기여함이 없는 것이고, 물자체에 적용되는 것이 아니요, 그런 범주를 통해 단지 「표상의 대상」을 우리는 사고할 뿐이며, 표상을 경험으로 변하게 할 뿐이다. 그러나 오성에는 실은 단지

1) 주저 Anhang, S.34. 직관에 바로 지성이 참가해 있다는 뜻에서 지성적이라고 하였다.
2) *ibid.*, S.35.

인과성을 선천적으로 직관하는 기능이 있을 따름이요, 이 기능이 경험적 감각을 그 원인에 관계시키며, 원인 때문에 시공 중의 물질적 객관이 나타나지마는, 이 객관은 여전히 표상인 것이다. 물질의 본질은 작용(Wirken) 중에 있고 물질을 철두철미 인과적 성질이다. 인과성은 조건으로서 이미 경험적 직관 속에 들어가 있고, 그러므로 지성이 경험적 직관을 가능하게 하는 것이다. 인과성 외의 칸트의 11개 범주는 맹목창(blindes Fenster)들이요,[1] 유석무실한 것이다.

범주의 연역은 초판의 것이 재판의 그것보다도 간단하고 솔직하다. 그러나 거기서 재인(Rekognition)·재생(Reproduktion)·연상(혹은 연결 Assoziation A.121-2)·각지(Apprehension)·통각의 선험적 통일(transzendentale Einheit der Apperzeption) 같은 말이 염증이 날 만큼 되풀이 되었으나 그 어느 말도 명석한 것이 못된다.

삼차원의 공간과 시간은 통괄한 것(continua)이요, 그것들의 각 부분은 원래는 서로 분리된 것이 아니라 결합해 있는 것이며, 그 속에 드러나는(즉 주어지는) 것도 모두 원래가 연속한 것이다. 그러므로 다양을 새삼스럽게 결합할 필요가 없다.

직관의 다양의 합일(Vereinigung des Mannigfaltigen der Anschauung)이라는 것을, 내가 한 객관에 대한 감관의 여러 인상들을 이 한 객관에 관계시키는 것이라고 해석해 보자. 이때에 가령 우리는 한 개의 종을 직관해서 내 눈에는 황색으로, 내 손에는 단단한 것으로, 내 귀에는 그 소리가 울리는 것으로 각각 느끼면서 동일한 종이라고 인식한다고 말할 것이다. 그러나 이런 인식은 사실은 오성의 유일한 기능인 인과관계의 선천적 인식의 결과인 것이다. 인과관계에 의해 나는 나의 감각기관에 대한 여러 영향들이 결국 공통된 한 원인, 즉 한 개 종의 성질들이라고 인식하기에 이른다. 그래서 영향(감각)들이 다종이고 다수이지마는 나의 지성은 원인의 단일성(Einheit)을, 객관이라고 각지하고, 이 객관은 직관적으로 드러난다. 이런 견지에서 「사물일반 선천적·종합적 인식은 지각이 후천적으로 줄 수 있는 것을 종합하는 규칙만을 줄 수 있다」(B.748)고 칸트가 진술한 것은 정당한 것이었다.

---

1) *ibid.*, S. 35. 맹목창은 창 같기는 하나, 창살과 유리 대신에 벽돌로 된 것이다.

선험적 감성론이 수학의 선천적 기초를 증시하였듯이 선험적 논리학도 그 선천적 기초가 있을 줄로 알고, 칸트는 선험적 감성론에 대한 균제적인 대폭으로서 선험적 논리학이라는 제2층을 건축하고자 그것의 전제를 발견하려고 했다. 이런 전제가 판단표에서 도출된 그의 범주표였다.

우리의 경험적 직관작용과 경험적 사고 사이를 매개하는 작용이 있음을 칸트는 깨달았다. 이것은 암흑 중을 걸으면서 이따금 길 옆의 벽을 찾는 것과 같은 것이었다. 이때에 우리는 일시적으로 직관으로 되돌아가서 개념에 대립하는 직관을 공상(Phantasie) 중에 환기하지마는, 이런 직관이 개념에 완전히 적합할 수는 없고, 개념의 일시적 대표물(Repräsentum)일 뿐이다. 이런 대표물이 공상의 완전한 상과는 다른 도식(ein Schema)이로되, 칸트는 이것을 구상력의 약도(Monogram)와 같은 것이라 했다(B.181). 도식이 경험적 직관과 추상적 사고간에 개재하듯이 선천적 오성의 순수개념들의 도식들이 감성의 직관능력과 오성의 선천적 사고능력간에도 개재한다고 한다. 그러나 칸트의 도식론은 그 문의가 매우 불명하고 독자에게 아무런 계발도 주지 않는 것이다. 그것은 건축적 균제를 애호하는 칸트의 성벽을 폭로하는 것밖에 되지 않는다.

내가 생각한다고 하는 것은 나의 모든 표상에 수반될 수 있어야 한다. (muss können, B.134) —— 이 명제는 의문과 필연이 하나로 된 점에서 참으로 기이한 것이다. 그것은 통각의 종합적 통일을 칸트가 설명한 셈이나, 참으로 기이한 표현이다. 그것은 표상이 곧 사고라는 뜻은 아닐 게다. 만약 표상이 곧 사고라는 뜻이라면, 남는 것은 추상적 개념뿐이요 반성과 의지를 떠난 순수한 직관은 없어지고 말 것이다. 그러나 실은 순수한 직관이 심미적인 것의 직관으로서 엄연히 있는 것이요, 이것은 플라톤의 이데아를 심오하게 파악하는 것을 의미한다(이 책 479면 참조).

칸트가 통각의 종합적 통일이라고 한 것은, 우리의 모든 표상을 하나의 공에 비유한다면 이 공의 연장이 없는 중심이요, 모든 반경이 이 중심에 모여 오는 것이다. 쇼펜하우어에 의하면 이 중심이 다름 아닌 인식의 주관이요, 모든 표상들은 이 중심에 「상관해 있는 것」(Korrelat)[1]이다.

1) *ibid.*, S.44.

제3절 「판단과 원칙」론의 검토

1. 「판단과 원칙」론의 시정

판단표는 칸트의 사고이론의 근저에 또 그의 철학 전체의 근저에 두어진 것이요, 직관적 인식과의 관계를 무시한다면 그것만으로써 대체로 정당하다.

그러나 오성과 이성과의 본질에 관해, 칸트는 명석하고 일의적인 규정을 하지 않았기 때문에 쇼펜하우어가 직관적 인식에 참여하는 인과성-범주만을 받아들인 것은 전술한 바와 같다(660면).

칸트는 판단론에서 간접적 인식·반성적 인식에서 출발하였으되, 쇼펜하우어는 직접적 인식·직관적 인식에서 출발한다. 이것이 양자의 본질적 차이이다. 이 점에 관해서 쇼펜하우어는, 칸트는 말하자면 탑의 높이를 그 그림자로써 측정한 사람이고 자기 자신은 탑의 높이를 직접 측정한 사람이라고 하였다.

이성, 즉 반성적 인식 전체는 그것이 추상적 개념이라는 유일의 형식만을 가지는 것이요, 이러한 이성은 이미 말했듯이 인간에게만 있고 동물에는 없다. 그러나 이성이 없더라도 동물에도 직관적 세계는 존립하고, 동물의 직관적 세계는 인간의 직관세계와는 다를지 모른다.

개념들을 결합해서 판단을 내리는 데에는 법칙적인 형식들이 있고, 이런 형식들은 귀납법에 의해 발견되어 판단표를 이루고 있는 것이다. 그리고 오성의 유일한 기능인 인과성에 관한 직접적 인식을 제외한 법칙적인 형식들이 동일률·모순율·배중률·충족이유율이라는 네 개의 초론이적(metalogisch)인 원리와 편무편유율에서 발생하는 것인 한에서는, 그것들은 이성에서 직접 도출된 것으로 보아진다. 그러므로 판단표에서 범주표를 유도하고 범주들이 경험에 관계하게 되는 방식을 증명한다고 하는 칸트의 연역의 시도는 근거 없는 것이었고, 무의미한 것이었다. 오성(쇼펜하우어의 지성)의 형식은 인과성의 직접적 인식으로부터서만 도출되어야 하는 것이다.

① 판단의 양은 개념 자신의 본질에서 생기고, 그것의 근거는 어디까지나 이성에 있는 것이다. 칸트가 전칭판단·특칭판단 외에 단칭판단을 제시하고 이것을 특별한 범주라고 한 것은 무의미한 일이었다. 단칭판단은 추상적 인식에

서 직관적 인식으로 나아가는 경계를 표시했을 뿐이다.

② 판단의 질도 이성의 영역 내부에 있는 것이요, 직관을 가능케 하는 오성의 법칙을 반영하는 것이 아니다. 칸트가 긍정판단·부정판단 외에 무한판단[1]을 들었으나 이것 역시 맹목창의 하나요, 그의 균제적 건축벽의 소산이다.

③ 관계라는 개념 아래 세 가지의 다른 판단 성질을 집어넣었다.

ㄱ. 가언판단은 우리의 일절 인식의 보편적 형식, 즉 충족이유율을 추상적으로 표현한 것이다. 충족이유율은 네 가지의 다른 내용을 가지며(650면 주 참조), 각 내용은 서로 다른 인식력에서 생겼고 또 서로 다른 표상이 관계한다.

ㄴ. 정언판단의 형식은 진정한 의미에서 판단일반의 형식이다. 판단한다는 것은 엄밀히 말해서 개념들의 범위가 결합하는 것이거나 결합할 수 없는 것이거나를 생각하는 것이기 때문이다. 정언판단의 보다 더 자세한 규정이 긍정판단과 부정판단이다. 이런 긍정과 부정을 또 더 자세히 규정한 것이 전칭판단·특칭판단이로되, 칸트는 이런 설명을 하지 않았다. 정언판단은 동일률과 모순율을 초논리적 원리로서 가지고 있다. 실체와 우유성과의 인식이란 사실은 원인과 결과에 대한 오성(지성)의 인식이다.

ㄷ. 선언판단은 배중률에서 나왔고, 그러므로 역시 오성이 아닌 이성의 소유물이다. 이 판단에서 칸트는 상호성의 범주를 도출했으나 이것 역시 건축술적 규제에 대한 칸트의 애호에서 나온 것이다. 논리학이 순환논법을 배척하듯이 형이상학에서 상호성의 개념을 추방해야 한다. 상호성이란 사실은 A상태와 B상태가 서로 원인이 되고 서로 결과가 되어 있는 것에 불과하다.

아리스토텔레스도 진정한 의미의 상호성을 부인하고 있다. 그의 형이상학 5권 2장에서 「서로 원인이 되고 있는 것도 있다. 가령 체조는 체력의 원인이요, 체력은 체조의 원인이다. 그러나 동일한 방식에서 원인인 것이 아니라 한쪽은 사상의 종말인 것이요, 딴편은 그 사상의 시초에 있는 것이다」라고 말했다.

④ 양상의 범주들은 그것들이 도출된 원판단형식에 사실로 일치하는 점에서 딴 범주들보다도 장점이 있다. 가능성·현실성(현존성)·필연성의 개념들이 개

1) 무한판단은 긍정판단과 부정판단을 종합한 성질이 있는데, 그것을 쇼펜하우어가 부인한 것은 비단 칸트에만 반대한 것이 아니라 헤겔의 변증법에도 반대한 것이다.

연·실연·필연의 판단 형식을 일으키는 것은 사실이다. 그러나 그러한 개념들이 오성의 특별한 인식형식이라고 칸트가 말한 것은 옳지 않다. 필연(성)의 인식은 직접 충족이유율에서 유래하고, 우연성·가능성·불가능성·현실성 등은 필연성에다 반성이 보태져서 비로소 생긴다. 그러므로 이런 개념들은 오성이라는 하나의 정신력에서 생긴 것이 아니라 추상적 인식과 직관적 인식과의 갈등에서 생겼다.

필연과 「이유에서의 귀결」과는 교환개념이요, 전혀 동일하다. 필연에는 물리적 필연·논리적 필연(분석적 판단에서의), 수학적 필연(시공에서의 존재의 이유에 의한), 실천적[동기적] 필연(정언적 명령이 아니라 경험적 성격에 따른) 등이 있다. 필연은 그것이 이유에 연유하기 때문에 절대적 필연은 없다.

필연의 정반대인 우연은 이유가 아닌 그 무엇에 대한 관계에서 우연이요, 그러므로 역시 절대적 우연은 없다. 칸트는 「모든 우연적인 것은 원인을 갖는다 … 우연적인 것은 그것의 비존재가 가능한 것이다」라고(B.301) 말했지마는, 이것은 참으로 모순된 진술이다. 원인을 가지는 것의 비존재란 불가능한 것이기 때문이다. 가능·현실·필연의 세 개념에 오성의 세 가지 특별기능을 상정한 것도 칸트의 균제 애호성의 소치다.

「범주를 정의한다는 것은 우리가 그것을 의욕했더라도 불가능했을 것이라」(A.241)고 한 말에는 칸트 자신이 그의 범주 이론에 관한 논거가 없음을 의식한 인상까지 준다. 그럼에도 칸트는 범주표가 모든 형이상학적 고찰로 인도하는, 또 모든 과학적 고찰로 인도하는 실이 될 것이라고 했다(철학서론, 39절).

자연과학의 보편적 원칙표에서, 판단의 양은 모든 직관이 외연량을 가진다는 것과 유관하다고 했고, 판단의 질은 모든 감각이 어떤 도를 가진다는 것과 유관하다고 했다. 그러나 전자는 공간이 우리의 외적 직관형식인 것에 기인하고 후자는 경험적·주관적인 지각이 우리 감각기관의 성질을 고찰한 데서 생긴 것이다.

「영혼-이념론에서도 칸트는 범주표를 활용했다. 그는 질의 범주에서 마음(영혼)의 단순성(Einfachheit)을 들었으나 이것이야말로 양적 특성이요, 판단에서의 긍정·부정과는 관계가 없는 것이다. 양은 마음의 단일성(Einheit)으로써 메꾸어 있으나, 단일성은 사실은 단순성 중에 포함되어 있는 것이다. 양상의 범주가 영혼-이념론에 강제적으로 사용되어 그는 마음이 있을 수 있는 (가능적) 대상에 관계한다고 했지마는, 이런 관계(Verhältnis)는 양상의 부문에가 아니라 관계(Relation)의 부문[범주]에 들어갔어야 할 것이다. 관계의 부문에 마음이라는 실체의 개념이 자리잡고 있다.

2. 실체(물질)의 특속성

칸트는 현상은 변역해도 실체(물질)는 특속한다라는 형이상학적인 원칙을 「자존성(Subsistenz)과 속성」의 범주에서 이끌어내었으나, 이것은 무리였다.

왜냐하면, 이 범주는 정언적 판단의 형식에서만 알려지고 순논리적인 형식이기 때문이다. 뿐더러 그 형이상학적 원칙을 증명하는 데에 그것의 기원이 오성과 범주에 있다고 한 말을 칸트는 무시하고, 이제야 시간의 순수직관에서 이끌어내었다. 이런 증명도 부당한 것이다. 순수한 시간 중에 동시성과 특속이 있다고 하는 주장은 잘못이다. 이 두 표상은 공간이 시간과 결합해서 비로소 생긴다(동시존재라는 표상은 그저 시간 중에서만 있는 것이 아니라 반분은 공간을 약속하는 표상이다). 아무리 변역해도 시간 자신은 항존한다(bleiben)는 말도 거짓이다. 시간 자신은 오히려 흐르는 것(das Fliessende)이다. 동시존재를 시간의 한 양상이라(B.219)고 한 말도 잘못이었다.

「동시존재는 시간의 양상이 아니다. 시간 자체에서는 그 어떠한 부분도 동시적이 아니고 선후적이다」(B.226)라고 한 말은 옳았다. 사실 동시존재에는 시간들이 있는 그만큼 공간이 들어 있다. 두 사물의 동시에 있으면서 하나가 아니라면, 그 두 사물은 다른 공간에 있는 것이기에 말이다. 또 한 사물의 두 가지 상태가 동시에 있다고 하면(쇠의 빛과 열처럼), 이 두 가지 상태는 한 사물의 두 가지의 동시적 작용이요, 따라서 시간의 지배를 받지 않는 물질을 전제해 있고, 이 물질은 역시 공간을 전제해 있는 것이다.

실체(즉 물질)가 지속한다고 하는 인식은 일체의 의심을 초월해 있고, 따라서 경험에 유래할 수 없는 것이다. 이런 인식의 기원은 무엇인가? 일체가 생멸하는 원리, 즉 우리가 선천적으로 의식하는 인과성의 법칙은 본질상 변화에, 즉 물질의 계기적 상태에만 상관하고, 따라서 사물의 형식에 제한되어 있으며, 물질 자신은 인과성의 지배를 받지 않고 그것만은 생멸에 복종하지 않으며, 과거에서 미래까지 항존하는 만물의 근본으로서 존립하는 것이다. 또 물질의 본질은 공간과 시간의 결합 중에 있고, 이런 결합은 인과성의 표상을 매개해서만 있으며, 그러므로 주관의 지성에 대해서만 있다. 하기에 물질은 작용하는 것으로만 인식된다. 즉 인과성으로서만 인식되는 것이다. 물질에서는 존재와 작용(wirken)과는 하나인 것이요, 이 점을 현실성(Wirklichkeit)이라는 말이 표시해 있다. 물질은 공간과 시간이라는 두 인자에서 생긴 것으로 자신 안에 상반된 두 인자의 성질을 보유해 있어야 하지만, 두 인자의 상반을 제거하고 공동존립을 이해하도록 하는 것이 인과성의 표상이다. 오성(지성)의 능력은 원인과 결과를 인식하는 데에만 있다. 따라서 오성에 대해서는 물질에 있어서 속성의 변역으로 나타나는 시간의 부단한 흐름이, 실체의 지속으로 표시되는 공간의 확호한 부동성과 합일한다. 왜냐하면 속성과 마찬가지로 만약 실체도 소멸한다면 현상은 공간에서 떨어져나가 시간에만 귀속하는 것이 되고, 경험 세계는 물질의 절멸에 의해서 해소해버리겠기 때문이다. 하기에 칸트가 공간을 무시하고 시간 자신만이 항존한다고 한 것은 명백히 거짓이다.

칸트는 인과성법칙의 선천성과 필연성을 현상들의 시간계열에서만 증명하고 있다 :

> 모든 경험적 인식은 구상력에 의한 다양의 종합을 포함하고 이 종합은 언제나 연속적이다 … 그런데 구상력에서의 후속은 그 무엇이 선행하고 그 무엇이 뒤에 생겨야만 하는가의 순서에 관해서 규정되어 있지[확실하지]않다 … 그러나 이 종합이 「주어진 현상의 다양의」 각지라는 종합이라면, 순서는 객관에서 결정되어 있다…이 순서에 일치해서 그 어떤 것이 필연적으로 선행해야 한다(B.246).

이상의 인용문에서 알려지듯이, 칸트는 시간계열(전후)에서만 인과성법칙의 필연을 증명하였다. 그러나 쇼펜하우어에 의하면, 이런 증명은 부당하다. 시간과 함께 공간도 들어가야 하기 때문이다.

칸트에 의하면 「집」의 각 부분을 「위에서 아래로」 지각할 수도 있고, 「아래서 위로」 지각할 수도 있다. 이때에 연속을 정하는 것은 주체적이고 객관에 기본한 것이 아니나, 강물을 따라 내려가는 배를 볼 때에 배의 위치의 연속(계기)

에 관한 지각은 객관적이어서 변경할 수 없다(B.238 참조)고 했다. 그러나 쇼펜하우어에 의하면 이 두 경우의 각각에 있어서 두 물체가 서로 타자에 대해 그 위치도 바꾸고 있음을 알아야 하는 것이다. 집의 경우에는 집의 각 부분에 대해 그것을 보는 사람의 신체, 특히 눈의 위치가 연속적으로 변한다. 배의 경우에는 배의 위치가 강물의 흐름에 대해 역시 연속적으로 변하고 있다.[1] 그러므로 두 경우는 서로 다른 것이 아니라 모두[객관적] 사상(Begebenheit)이다.

상호성의 범주를 부정한 쇼펜하우어가 칸트의 「상호성의 법칙에 따른 동시존재의 원칙」에 대한 증명을 무의미하다고 할 것은 뻔한 일이다.

3. 현상체와 가상체의 구별

「모든 대상일반을 현상체와 가상체로 구별하는 근거」라는 장에서 칸트는 기괴한 주장을 하였다 :

> 사고(추상적 개념) 없이는 대상이 인식될 수 없다. [경험적] 직관은 사고가 아니기 때문에, 아무런 인식작용도 아니요, 감성의 한갓 촉발이며 한갓 감각이다. 또 직관은 개념이 없으면 전혀 공허하나, 개념은 직관이 없더라도 그 어떤 것이다(b.309 참조).

그러나 진리는 이런 주장과는 정반대다. 왜냐하면 개념은 직관적 표상에 대한 그 관계에서만 의의와 내용을 가질 수 있고, 개념은 직관적 표상에서 추출(추상)된 것이기 때문이다. 개념에서 직관의 토대가 없어지면, 그것은 공허하고 무의미한 것이다. 직관은 그 자신이 직접적이고 또 거대한 의의를 가지는 것이다. [의지로서의] 물자체가 객관으로 나타나는 것은 직관 중에서이다.

칸트는 라이프니쯔가 일절을 추상적 표상이도록 했고 로크는 일체를 직관적 표상이도록 했다고 비난했다.

이 양자는 사실 그런 과오를 범했다. 그러나 칸트 자신은 직관적인 것과 추상적인 것을 혼합해서 이상한 잡종을 낳은 점에 있어서 제3의 과오를 범한 사

1) 이유율, 23절, SS.109~110.

람이다. 다음과 같은 명제 중에서 우리는 칸트의 전오류를 알 수 있다.

> 내가 [범주에 의한] 모든 사고를 경험적 인식에서 제거한다면, 대상을 인식함이 도무지 없다. 순전한 직관작용은 아무런 것도 사고하지 않기 때문이다. 감성이 촉발된다 하더라도, 그런 일로 해서 감성의 표상이 객관과 조금이라도 관계가 있는 것은 아니다(B.309).

라이프니쯔 철학을 비판한 반성개념의 모호성(다의성)이라는 대목에서 칸트는 어떤 개념도 네 가지 관점에서 반성하여 각 개념이 어느 인식능력에 속하는가를 정할 것이라고 했다. 그러나 이 네 가지 관점이란 임의로 범주의 네 강목의 명칭에 대응시킨 것이요, 네 가지 관점 외의 「열 가지」관점을 더 보태도 좋을지 모른다.

「인간의 감성적 직관과는 별종이면서도 범주가 적용될 수 있는 직관이 있을지 모르는데, 이러한 가정된 직관의 대상이 가연체(Noumenon)요, 우리에 의해 사고되었을 뿐인 것이다. 그러나 이런 사고에 의의를 부여할 직관이 없기 때문에 그러한 사고의 대상은 전혀 불확실한 가능성일 따름이다」 —— 이것이 반성개념의 모호성이라는 대목의 전결론이다.

칸트는 범주를 직관적 표상[경험적 인식]의 조건인 것으로 제시했으나(B.309) 이 결론에서는 범주를 추상적 사고의 기능인 것으로 제시하였다. 이 점도 모순이거니와, 만약 범주가 추상적 사고의 기능이라는 것이 칸트의 진의였다면, 선험적 논리학의 모두에서 사고의 여러 작용을 그처럼 여러 가지로 분류하기에 앞서, 사고와 직관을 준별하여 그 어느 인식이 직관을 보내주고 사고중에서 그 어떤 새 인식이 보태지는가를 표시했어야 할 일이다. 이렇게 했더라면, 직관과 사고와의 무의미한 중간물을 논할 필요도 없을 것이다.

칸트가 간과한 추상적 인식과 직관적 인식의 차이야말로 고대 철학자가 현상체(Phaenomenon)와 가상체라고 표현하였던 것이요, 양자가 대립하고 양자간에 공통점이 없었기 때문에 고대 철학자들을 번민케 했던 것이다. 칸트는 이런 사태를 무시하고, 마치 그 두 말이 원주인이 없었던 것처럼 그 두 말을 자기의 것으로 해서 현상과 물자체라고 표시하였다.

오성이 사고하는 형식들이라고 본 칸트의 최보편개념(즉 범주)들을 부정한 뒤에, 쇼펜하우어는 사고에 대한 자신의 견해를 다음과 같이 적극적으로 피력했다.

① 사고는 판단들로써 성립하고, 판단들은 사고의 전직물을 짜있는 실들과 같은 것이다. 동사를 사용할 적마다 인간의 사고가 활약하고 있는 것이다.

② 문법의 품사들은 사고형식들의 도구요, 의복이다. 이 의복은 사고 형식의 체격에 맞아야 한다. 그리고 각국어의 서로 다른 어형과 문법은 동일한 사상의(이것은 사고의 형식에서 메낼 수 없는 것이지만) 외장임에 불과하다.

③ 칸트의 판단의 논리표에는 균제와 범주표를 위해 맹목창들이 들어 있기 때문에, 이런 것들을 제거해야 하고, 판단표 강목의 순서도 칸트처럼 분량·성질·관계·양상이라고 할 것이 아니라, 성질·분량·양상·관계라고 고쳐야 한다. 이처럼 고쳐서 쇼펜하우어는 다음과 같이 설명했다.

ㄱ. 성질은 긍정(결합)하거나 부정(분리)할 뿐이요, 이것에 계사가[1] 쓰인다.

ㄴ. 분량은 전칭과 특칭뿐이다. 이 두 형식은 주사에 달려 있다.

ㄷ. 양상은 필연적 현실적 우연적의 세 형식을 가진다. 이런 양상을 표시하고자 계사가 쓰인다.

이상의 세 사고형식은 논리학의 모순율과 동일률에서 나오는 것이다.

ㄹ. 관계의 논리는 이유율과 배중률에서 생기는 것이요, 관계의 판단은 이미 성립한 판단들을 다시 판단하는 경우에만 나타난다. 이 경우에 한 판단은 딴 판단과 가언적으로 결합하거나 혹은 선언적으로 양판단이 서로 배제하는 관계에 있다. 계사가 이런 관계를 표시한다.

제4절 마음(영혼)·세계·하나님에 관한 궤변

칸트에 의하면 순수수학과 순수자연과학을 가능케 하는 선천적 인식은 규칙(Regel)만을 주는 것이었으나, 변증론에서 작용하는 이성은 원리(Prinzip)들의

1) 주저, *Anhang*, S.75 ff.

능력이요, 이 원리들은 「한갓 개념으로부터 인식하면서도 종합적」이어야 하는 것이다. 그러나 이러한 일은 원래 불가능하다. 개념으로부터서는 분석적 판단만이 생기기 때문이다. 두 개념이 종합적이면서도 선천적으로 결합하자면 제3자, 즉 경험의 형식적 가능에 관한 순수직관의 중개가 있어야 한다. 이 점은 후천적 종합판단이 경험적 직관을 필요로 하는 것과 유사하다. 그런데 우리가 선천적으로 의식하는 것은, 쇼펜하우어에 의하면 네 가지 형태의 충족이유율뿐이요, 이 이유율에 내용을 줌으로써 생기는 판단만이 선천적 종합판단일 수 있는 것이다.

「제약된 것」이 주어져 있으면, 그것에 대한 제약들의 전체도 주어져 있어야 하고, 따라서 이런 전체를 전체이도록 하는 유일의 기초인 무제약자도 주어져 있어야 한다. ―― 변증론의 이러한 주장은 제약된 것과 제약들의 연쇄가 무한히 상승하는 것이라고 보는 것이다. 그러나 쇼펜하우어의 충족이유율은 그런 연쇄, 즉 계열의 완결을 요구하는 것이 아니다.

무제약자로서의 절대자는 사실은 물질이다. 물질 자체에는 생멸이 없고, 그것은 「자체적으로 있으며 또 자체적으로 이해되는」(quod per se est et per seconcipitur) 것이다. 일체가 물질의 품에서 나와 물질의 품으로 돌아가는 것이다.

그러므로 파라문교와 불교는 무제약적 원인(절대 시초)의 가정을 허하지 않았고, 「서로 제약하는」 현상들의 계열을 무한히 소급해 갈 것만을 가르쳐 주었다.

칸트는 우리가 이미 아는 모든 특수 진리를 보편적 진리에 포섭하려고 하기 때문에, 무제약자를 주관적으로 반드시 추구하지 않을 수 없게 된다고 했다 (B.364). 그러나 우리가 무제약자를 탐구하는 것은 사실은 달관(Übersicht)을 통해 우리의 인식을 단순화하기 위해 합목적적으로 이성을 사용하는 것을 의미한다. 이런 이성은 현재의 노예인 동물로부터 사려깊고 언어를 가지며 사고하는 인간을 구별케 하는 추상적·보편적 인식의 능력이다.[1)]

칸트가 삼종의 추리에서 마음(영혼)·세계(객관 자체 혹은 전체성)·하나님이

1) 주저, *Anhang*, S.81.

라는 세 무제약자를 끌어낸 것은 기독교의 영향 아래 있는 철학의 소치였다. 그런 무제약자들은 원래 계시(유신론적 신앙)를 믿는 이성에 의해 산출된 것이요, 고대 민족·유럽 외의 민족·최고의 희랍 철학자들에게는 없었던 것이다. 그러므로 가령 인도인의 범(das Brahm)과 지나인의 천(das Tien)을 기독교의 신(Gott)과 동일시해서는 안 된다. 특히 불교에는 유신론이 전혀 없다.

이론이성의 필연적 산물인 이념(Ideal)이라는 명칭을 칸트는 플라톤에서 탈취했으나 이것은 매우 불행한 일이었다. 플라톤은 그 말에서 불멸의 형태(umvergängliche Gestalt)를 표시했고, 이런 불멸의 형태가 시공에서 다양화하고, 개별의 무수한 가멸적인 것이 되며, 불완전하게 자신을 구체화하는 것이었다. 따라서 그것은 직관적인(anschaulich) 것이었다. 그러나 칸트는 그 말을 직관할 수 없고 추상적 사고도 그것에 완전히는 도달할 수 없는 것이라는 의미로 사용했다.

1. 영혼 - 실체의 반박방식

이성적[초험적] 심리학의 반박은 초판이 재판보다 상세하고 근본적이다. 사람은 무제약자를 실체라는 개념에 적용함에 의해서 오류추리를 범하고, 이 오류추리에서 영혼이라는 개념이 생겼다고 칸트는 말한다.

영혼 - 개념의 기원이 그 어떤 것을 모든 술어의 최후 주어로 전제하는 데에 있다면, 인간에게만 그런 영혼이 있는 것이 아니라, 무생물에도 있을 것이다. 무생물도 그 모든 술어의 최후 주어를 요구하겠기에 말이다. 칸트는 「주어로서만 존재하고 술어로서는 존재할 수 없는 것[영혼]은 객관적 실재를 수반하지 않는다」고 했다(B.412). 그러면 주어인 동시에 술어인 것이 실재하느냐 하면, 이런 것은 하나도 없다. 주어니, 술어니 하는 것은 논리학에서 「추상적 개념들 서로」의 관계를 표시한 것일 뿐이다. 주어는 술어에 대한 것이요, 술어는 주어에 대한 것이다. 그런데 직관세계에서 주어의 대표자는 실체요, 술어의 대표자는 속성이다. 그러므로 직관 세계에서 실체로서만 존재하고 속성으로서 존재하지 않는 것은 다름 아닌 물질이다. 즉 물질이야말로 경험적으로 주어진 모든 만물의 모든 술어들의 최후 주어이다. 이런 사정은 인간·동물·식물·돌 같은 무기물 등에 대해서 일양적으로 타당한다. 물질이 실체라는 개념의 원형

(Prototypus)이다.

주어와 술어가 실체와 속성에 대하는 관계는, 형식논리적 인식의 충족이유율이 과학적 인식에서의 인과성의 법칙에 대하는 관계와 흡사하다. 주어와 술어는 순논리적 규정이요, 추상적 개념들임에 대해, 실체와 속성은 직관적 세계에 속하고 또 지성에서 그것을 각지하는 것에 속하는 것이다. 그럼에도 칸트는 이런 사정을 몰랐다(칸트의 철학서론, 46절 참조). 이래서 그는 마음(영혼)의 개념을 모든 술어의 최후 절대적인 주어에서 도출했고, 정언적 추리의 형식에서 도출했다.

신체와 마음이라는 상이한 두 실체를 상정하고 대립시킨 것은 사실은 객관적인 것과 주관적인 것의 대립이다. 인간은 객관적으로는 연장을 가진 물체적 존재다. 그러나 주관적으로는 인간은 모든 직관형식에서 벗어나서 의욕하고·표상하는 존재이다. 칸트는 객관을 지배하는 형식인 충족이유율을 객관이 아닌 것에, 즉 「의욕과 인식」의 주체에 적용함에 의해서, 마음이라는 개념을 형성했고, 이것을 이념이라고 한 것이다. 그는 인식·사고·의욕을 결과로 보았고 그 원인을 추구했으나 실체를 원인으로 볼 수는 없었다. 하기에 신체와 다른 원인인 마음을 실체화했고, 이로 인해 물질이 아닌 단순한 불멸불후의 존재라는 개념을 발생시켰다. 이런 처리는 칸트·볼프·플라톤(이의 Phädros 참조)에 있어서 공통적이었다. 그러나 이런 처리에는 다음과 같은 지교(Kunstgriff)가 들어 있다.

직관적·실재적 세계와 함께 물질의 표상도 주어져 있다. 물질의 표상이 생기는 것은, 인과성의 법칙이 시간과 공간을 결합시키는 때문이요(579면 실체의 특속성 참조), 이 경우에 시간이 참여해서 물질상태의 번역이 드러나고, 공간이 참여해서 물질의 지속이 드러난다. 그런데 실체라고 하면 그것은 물질을 매우 추상화해서, 연장·부가침입성·가분할성 같은 특성을 포기하고 지속성의 술어만을 남긴 종개념(Genus)이 된 것이다. 그러므로 실체 개념의 내포는 물질 개념의 내포보다 적다. 그러나 물질은 실체 개념의 유일한 참 종개념이요, 따라서 실체 개념을 실체화·실증화하는 것이다.

이성이 추상작용을 함에 의해 보통의 경우에는 고차의 개념을 산출하려는 목적이 있고, 이 고차의 개념에서 많은 종개념[불위개념]을 생각해 내려고 한다. 그러나 실체 개념의 경우에는 그럴 수가 없기 때문에 지속적 물질이라는 종개념 외의 다른 종개념, 즉 비물질·단순·불멸불후의 마음-개념을 잘못 집어넣은 것이다.

실체 개념은 비물질적인 「마음」의 개념을 절취(erschleichen)하는 데 수단이 되기 위해서 만들어진 것이요,[1] 그러므로 그것은 오성의 한 범주도, 한 기능도 될 수 없는 것이다. 그것의 유일한 참 내포는 물질-개념 중에 있고, 이것 외에는 공허한 것이다. 이상이, 마음-실체에 대한 칸트와는 다른 쇼펜하우어식의 반박 방식이다.

2. 이율배반 중의 반정립 옹호

객과 자체로서의 세계 전체에 관해 독단론적 표상들의 계열을 다룰 때에, 이율배반이 생긴다. 이런 계열은 가장 작은 원자-한계와 가장 큰 「시공 중의 세계 전체-한계」 사이에 생각되는 것이다.

칸트에 의하면 이 독단론적 표상들은 가언적 추리의 형식에서 생기는 것이나, 쇼펜하우어는 꼭 그렇다고 말할 필요가 없다고 한다. 왜냐하면 가언판단의 형식은 충족이유율에서 얻어지는 것이로되, 이 충족이유율을 사려없이 무제약자에 적용한 뒤에 이 이유율을 제멋대로 포기한 데서 세계-이념이 생겼기 때문이다. 충족이유율은 객관의 계열 전체가 인식 주관에 의존해 있다고 주장하고, 따라서 그것은 인식 주관의 객관(표상)에만 타당하며, 이런 객관들의 시공적 위치를 규정하는 것이다.

칸트는 첫째로 시공에서의 한계에 관한 세계-이념을 양의 범주에 의해 규정하고 있으나, 이런 이념이 양의 범주와 공통된 것은 판단에서의 주어의 외연을 우연적으로 양이라는 말로 표시한 점에서 뿐이다. 칸트의 첫째의 이율배반은 세계의 연장성에 관한 초험적 교의에서 유래한 것이다. 물질에 관한 초험적 이념, 즉 둘째 이율배반을 칸트는 질(긍정과 부정)의 범주와 결합했으나, 이것은 더구나 부당했다. 물질의 기계적 가분할성은 그것의 양에 관계하고 질과는 관계가 없기에 말이다. 또 가분할성에 관한 세계-이념은 직관적 존재의 충족

1) *Ibid.*, S.88.

이유율에 의한 귀결이 아님에도 칸트는 「가언적 판단형식의 내용으로서의 이충족이유율」에서 생기는 것이라고 말한 셈이다. 부분(모나드로서의 제약)의 전체(제약된 것)에 대한 관계는 오히려 모순율에 기본해 있을 것이다. 왜냐하면 전체와 부분은 서로 불가분적인 하나요, 양자의 분리는 자의적인 일이기에 말이다. 모순율에 의하면 부분이 사고에서 제거되면 전체도 없어지는 것이요, 그 반대도 마찬가지인 것이다. 관계의 범주에 대응시킨 셋째의 이율배반은 세계의 제일(최상)원인에 관한 이념을 다룬 것이나 이 이념은 우연적인 것이 제일원인에 의해 필연이 된다는 점에서 사실은 양상의 범주에 들어가도 좋았을 일이다. 아무튼 관계의 항목에 셋째의 이율배반으로서 자유의 개념이 나타나 있다. 셋째의 이율배반과 넷째의 이율배반은 근본적으로는 동의이어다. 네 쌍의 이율배반 제시에 있어서도 칸트의 균제 애호벽이 또 나타나 있다.

그는 이율배반 전체가 의전이라고 생각했고 또 주장했다. 그러나 반정립편이 필연적·선천적으로 확실한·가장 보편적이 자연법칙에 기본한 것이요, 이에 대해 정립편은 주관적 근거만을 가지며 궤변적 개인의 약점에 기인한 것이다. 이래서 쇼펜하우어는 정립들의 증명이 궤변이요, 반정립들의 증명이 정당하며,[1] 객관적 근거가 있다고 하였다.

제1모순[이율배반]: 시초가 없는 계열의 종말이란, 그 계열의 무시초성을 파탄시킴이 없이 사고될 수 있다. 그것은 반대로 무한한 계열의 시초가 생각될 수 있다는 뜻과 같다. 이에 반정립이 세계의 제변화는 배진적(rückwärts)으로 제변화의 무제한의 계열(끝이 없는 연속)을 반드시 전제한다는 것을 논증한 것은 정당했다. 인과의 계열이 언젠가는 절대적 정지상태로 끝날 것이 가능함을 우리가 생각할 수 있으나, 절대적 시초의 가능(즉 칸트의 정립측의 주장)은 생각될 수 없다. 시간에서의 세계의 한계라는 상정이 이성의 필연적인 사상이 아님을 Veda도 설파하고 있다.

메워진 시간이 그것에 선행한 공허한 시간을 한계지을 수 없고, 어떠한 변화도 최초의 변화일 수 없다는 것을 확실하나, 메워진 공간이 그것 옆의 공허한 공간을 가질 수 없다는 것은 확실하지 않다. 그런 한에서 공간의 한계에 관

1) *Ibid.*, S.91.

해서는 선천적 결정을 할 수 없다. 그러므로 정립측의 주장처럼 세계의 공간적 한계가 있다고 생각하기는 어렵다. 왜냐하면 공간 자신이 필연적으로 무한하고 따라서 이런 공간 속의 한계지어진 유한한 세계는 무한히 작은 양으로 되기 때문이다. 고대의 Metrodros도 무한한 공간 중에는 무한히 많은 세계가 있다고 가르쳤다. 세계의 공간적 한계에 관한 반정립측의 주장에 대한 칸트의 논증도 이와 동일한 취지이다. 뿐더러 「천체의 자연사와 이론」 제2편 7장에서도 칸트는 세계가 공간적으로 무한하다는 것을 객관적 견지에서 논술했다.

제2모순: 정립은 「합성된 실체들은 모두 단순한 부분들로 되어 있다」고 했지마는, 합성이라는 말부터가 임의의 가정이다. 단순한 것에 대립하는 것은 합성(복합)한 것이 아니라 연장에 있는 것이요, 부분들이 있는 것·부분으로 나눌 수 있는 것이다. 「단순한 부분들로 되어 있다」는 말은 부분이 전체에 선행하여 있고, 이런 부분들이 모여서 전체가 생겼다는 것을 이미 독단한 것이다. 그러나 부분과 전체간에는 본질적으로 시간관계는 없고 양자가 서로 제약하는 것이며 그런 한에서 동시에 있는 것이다. 즉 양자가 현실로 있는 한에서만 공간적으로 연장이 있다는 것이 성립한다. 하기에 칸트도 「공간은 합성물(Compositum)이 아니라 전체(Totum)」라고 하였다(B.466). 이런 사정은 지각될 수 있는 공간일 뿐인 물질에 대해서도 타당한다.

반정립은 물질의 무한한 가분할성을 주장한 것이요, 이런 주장은 물질로 메워진 공간에서 선천적으로 또 모순 없이 나오는 것이요, 이의가 있을 수 없다. 「자연과학의 형이상학적 제일근거, 1786」에서 칸트는 물질은 무한히 분할될 수 있다는 결정적 진리를 제시하였다. 원자라는 것은 이성의 필연적 사상이 아니라, 물체의 비중이 상이한 것을 설명하기 위한 하나의 가설임에 불과하다.

제3모순: 정립은 원인들의 계열의 유한성을 증명하려는 것이요, 이런 증명은 충족적(zureichend)인 한 원인[선험적 자유]이 있어서 그것이 계기하는 상태[결과]를 낳도록 하는 제약들은 전부 포함하는 데 성립한다고 칸트는 말한 것이다. 이 논증은 원인인 상태 중에 함께 있는 여러 경험적 규정들의 완전성을 그런 상태 자신을 현실화하는 원인들의 계열의 완전성으로 뒤바꾼(unterschieben) 것이다. 여기의 전체성(Vollständigkeit)은 완결성(Geschlossenheit)이고, 완결성은 유한성을 전제하며, 그러므로 계열을 종결짓는 무제약적인 제일 원인을 추리하는 것이다. 정립의 주에서 칸트는 의자에서 일어서는 것을 무제약적 시초의 예로(B.478) 들었으나, 이런 예를 드는 것을 사실은 부끄럽게 여겨야 했을 일이다. 쇼펜하우어에 의하면 의자에서 일어서는 것은 그 동기가 있는 것이요, 무제약적이 아니다. 그럼에도 칸트는 동기 없이 일어서는 일이, 원인 없이 구르는 공처럼 있다고 한 것이다. 반정립의 칸트의 증명에 찬동하지 않을 수 없다.

제4모순: 이것은 이미 말했듯이 제3모순과 동의이어다. 여러 제약된 것은 완전한 무제약자로서 종결하는 「제약들의 계열」을 전제한다고 칸트는 주장하였지만, 이것은 부당전제(petitio principii)이다.

칸트의 이율배반론은 그의 철학사상의 딴 부분만큼 반대를 받지 않고 오히려 널리 승인을 받아 있는 부분이다.

「이성의 우주론적 자기모순의 비판적 해결」에서 칸트는 제1모순과 제2모순은 다 부당하지마는 제3모순과 제4모순은 다 정당하다고 말함에 의해서 이율배반의 논쟁을 결말지으려고 했다. 그러나 그의 소위 비판적 해결에 의해서 실은 반정립을 확증한 것이다.

무한의 계열이라는 개념은, 이런 계열이 완전히 주어져 있다는 것과는 정반대이다. 무한의 계열은 그것이 어디까지나 관통해 있다는 것과 관계해서 비로소 있는 것이요, 이 시종일관성과 관계없이 있는 것이 아님이 「무한한 계열」의 본질적인 점이다. 이에 반해서 일정한 한계를 전제하는 정립의 입장에는 자립하는 전체의 전제가 들어 있다. 반정립은 이런 전제에 반대한다. 왜냐하면, 이 전제가 충족이유율의 인도에 좇아 주장한바 계열의 무한성은 배진(소급)이 수행되는 한에서만 있을 수 있기 때문이다. 객관일반이 직관을 전제하듯이, 제약들의 무제한의 연쇄로 보아지는 객관도 이것에 필연적으로 일치하는 인식방식(연쇄의 고리들의 부단한 추구)을 직관 중에 전제한다. 하기에 칸트는 「세계의 크기의 무한성은 배진에 의해서만 있고, 배진 이전에는 없다」는 진리를 말했다. 그리고 정립 중에가 아니라 반정립 중에 이런 진리가 들어 있는 것이다. 무한한 것은 완전히 주어져 있을 수 없고, 무제한의 계열도 그것이 무제한(endlos)으로 연속하는 한에서 있을 수 없으며, 또 한계가 없는 것은 하나의 전체가 될 수도 없다. 완결한 계열의 전제에 관해서 그것이 정립과 반정립의 양측을 다 오도했다고 칸트가 주장했지마는, 잘못된 전제는 사실은 정립에만 있는 것이다. 아리스토텔레스도 이율배반을 이미 다루어서, 진리는 반정립편에 있다고 한 셈이다(그의 물리학, 제3권, 5장과 6장 참조).

칸트는 정립과 반정립이 다 부당(거짓)하다는 양도론법의 소전제에서, 필경 선험적 감성론에서 확립한 현상의 선험적 관념성(transwendentale Idealität)을 선험적 변증론에서 고수하고자 했다. 그 무렵에 양도론법의 대전제는 「만일 세계가 자체상으로 실재하는 전체라면, 세계는 유한하거나 무한하거나이다」(B.534)라고 하는 것이 된다. 그러나 이런 대전제 자신이 잘못된 것이다. 자체상으로 실재하는 전체란 것은 원래 무한일 수 없는 것이다. 그러므로 칸트의 선험적 관념성의 인식론적 입장은 다음과 같은 논법에서 고수되어야 한다 :

> 세계에서의 근거와 귀결의 계열들이 전혀 종말이 없는 것이라면, 세계란 표상에서 독립하여 주어진 전체일 수 없다. 왜냐하면, 이런 전체는 항상 일정한 한계를 전제하고 반대로 무한의 계열은 무한한 배진을 전제하기 때문이다.[1]

계열의 무한성이 전제되는 것은 근거와 귀결과의 형식에 의해 결정되어 있고, 근거와 귀결과의 형식은 주관의 인식방식에 의해 결정되어야 한다. 하기에, 인식되는 세계는 주관의 표상 중에만 있는 것이다.

3. 셋째 이율배반에 나타난 자유

자유의 이념을 다룬 한에서 칸트가 셋째 이율배반을 해결한 태도는 특별히 고찰될 만한 가치가 있다.

> 자연개념은 그것의 대상들을 직관에 있어서 표상하지마는 대상들을 물자체들로서가 아니라 한갓 현상들로서 표상하는 데 반하여, 자유개념은 그것의 객체에 있어서 물자체를 표상할 수 있지마는 그것을 직관에 있어서 표상할 수는 없다(판단력비판 서론 Ⅱ. SS. 10－11. Vorländer 판).

이 인용문에서 자연개념에 대조시켜 자유개념이 제시되어 있다. 「그것의 객

1) *Ibid.*, S.89.

체」란 쇼펜하우어에 의하면 의지라고 해석되는 것이다.[1] 그러나 쇼펜하우어는 칸트처럼 인간의 자유 개념만을 다루지 않고 모든 현상일반에 관해서, 모든 현상의 본질 자체는 절대로 자유인 것이요, 다름 아닌 의지라고 하였다. 그리고 이런 견해가 공간·시간·인과성이 관념성이라는 칸트의 이설과 합동해서 풍부한 성과를 가져오는 것이었다.

칸트는 물자체를 명석하게 유도해 내지 않았다. 동시적 세계의 근거, 다시 말하면 가상적 원인으로서 물자체를 추론했을 뿐이다. 그는 다만 객관의 현상의 방식만이 주관의 인식형식에 제약되어 있고, 이 인식형식은 선천적으로 의식에 나타난다고 했으며, 후천적으로 인식되는 것은 이미 물자체가 직접 작용한(wirken) 때문이요, 이런 물자체는 인간에게 선천적으로 주어진 형식을 경유해서만 현상으로 된다고 했다. 그러나 쇼펜하우어에 의하면, 물자체가 상정되어야 한다면, 그것은 도저히 인식의 객관일 수는 없고 표상(인식과 인식되는 것)과는 전혀 다른 영역에 있어야 할 것이요, 따라서 객관들을 결합하는 법칙(충족이유율)에 의해 추론될 것이 아니다. 하기에 쇼펜하우어는 물자체를 직접 증시해서, 그것을 현상의 즉자태(das Ansich)로서 만물의 의지라고 하였다.

인간의 의식 중에서 자유의 개념이 생겨나는 것도 자기 의지의 직접[2] 인식에서이다. 이런 의지야말로 세계의 창조자요, 물자체이며 충족이유율에서 독립한 것이요, 자유이며 전능인 것이다. 이런 주장은 의지자체에 대해서만 타당하고, 의지의 현상인 개체에는 타당하지 않는다. 의지와 의지의 현상을 혼동해서는 안 된다. 스피노자가 던져진 돌이 의식을 가졌더라면 그것은 자유의지에서 날았을 것이라고 한 말은 옳다. 돌이라도 그 즉자태는 자유의지이기 때문이다. 그러나 현상으로서의 돌은 결정되어 있는 것이다.

자유의 개념이 만인의 의식에 직접 생기는 것을 간과하고 칸트는 자유 개념의 기원을 까다롭게 설명했다. 그는 「자유의 선험적 이념에 자유의 실천적[결의적] 개념이 기인해 있다」(B.561)고 했고, 「실천이성비판」의 6절에서 무상명령이 자유의 실천적 개념을 전제한다고 했다. 이런 말들은 다 옳지 않다. 의지

1) *Ibid.*, S.99.
2) 「직접」이라는 말은 「인간의 신체 각 부분의 운동에 대응해서」라는 듯이다. 주저, 20절, S.11에서 생식기는 성욕의 객관화라고 했다(그러나 성적 기관의 의식이 성욕이라고 했어야 할 것이다).

는 그것의 현상으로서의 개인의 개별 행위에 객관화하는 것이기에 말이다.

셋째 이율배반의 해결에 있어서 칸트가 경험적 성격과 가상적 성격과의 대립을 해명(B.567 이하)한 것은, 사람이 한 말 중에서 가장 탁월한 것이다. 그러나 현상에서 그것의 가상적 근거로서 추론된다는 물자체는 사실은 인간의 의지다(칸트는 의지가 아니라 무상명령에 의거하는 이성이라고 잘못 말했지마는). 가상적 성격과 경험적 성격이 구별된다 하더라도, 인간의 행위는 그 동기에서 필연적으로 결정되어 있기 때문에 그 외적 행위에 수반하는 공죄는 행위 당자에 있게 된다. 이것이 쇼펜하우어의 주장이다.

물자체를 의지라고 함에서 「삶에의 의지」(Wille zum Leben)를 인식하는 길도 열려진다. 그리고 이 길은 그것이 비록 유추에 의한다 하더라도 모든 현상의 즉자태라고 서술되었어야 할 것이며, 따라서 생명이 없는 자연과 동물적 자연에도 감성적으로 제약된 것 이외의 능력[자연에서의 의지]이 있음을 인정할 수 있는 것이다.

인간의 경험적 성격은 자연에서의 모든 원인의 성격과 마찬가지로 불변적으로 규정되어 있고, 이런 성격에서는 여러 외적 영향의 정도에 따라 그 행위도 필연적이다. 그러므로 비록 선험적 자유가(의지 자체가 그 현상의 연관의 법칙에서 독립인 것이) 있다 하더라도 누구라도 일련의 [외적] 행위들을 자신에서 시작하는 능력(das Vermögen, eine Reihe von Handlungen von selbst zu beginnen)[1]을 가지는 것이 아니다. 그런데 셋째 이율배반의 정립은 이런 능력을 주장하였다. 그러나 그런 자유에는 원인성이 없다. 자유인 것은 자연 혹은 현상 외에 있는 의지뿐이기에 말이다. 세계 자신은 의지에서만 설명되어야 하고, 인과성에서 설명될 것이 아니다. 그러나 세계 내에서는(in der Welt) 인과성이 설명의 유일 원리요, 일체가 자연법칙에 의해 생긴다. 그러므로 반정립칙의 주장이 정당하다

4. 무신론

이제야 칸트는 하나님을 「모든 실재의 총괄」 또는 「가장 실재적인 존재」

1) *Ibid.*, S.105.

(ens realissimum)라는 개념으로 표시하면서 하나님에 관한 중세 이후의 존재론적 증명, 우주론적 증명, 자연신학적 증명을 모조리 반박했다. 그는 철학에서 유신론을 정당하게도 제거했다. 사실 고대에서는 존재해 있는 물질에다 형태를 주는 제작자(demiourgos)로서의 하나님을 추측했을 뿐이다. 또 칸트가 사변신학들을 비판한 직접적 동기는 흄(Hume)이 통속신학을 비판한 것에 자극받은 데에 있었다. 이처럼 주장한 쇼펜하우어는 칸트가 실인생과 통속신학에 착안했더라면 뇌격적(keraunologisch) 증명이라고 할 것을 하나 더 보탰어야 할 것이라고 하였다. 이것은 불가측의 불길한 자연력에 대한 인간의 무력과 공포의식에 기인한 것이요, 흄이 이런 증명을 반박한 선구자였다.

쇼펜하우어에 의하면, 칸트가 나오기 전까지, 세계는 맹목적 우연의 소작이라는 유물론과 그 외부에서 질서를 주는 이지 합목적적으로 세계를 만들었다는 유신론간에 딜레마(Dilemma)가 있었다. 그러나 칸트 철학이 현상과 물자체를 구별한 이후로 유신론이 무너진 동시에 비판 없는 유물론도 사라지게 된 것이다.

쇼펜하우어는 칸트가 마음 · 세계 · 하나님의 세 선험적(오히려 초험적) 이념이 자연에 관한 지식의 진보를 위한 통제적 원리로서 유가치하다고 말한 것을 야유했다. 통제 원리의 전제는 자연과학자의 과학적 탐구를 방해 · 억제하는 것이기 때문이었다.

맺는말

1. 쇼펜하우어 자신의 백미는 「세계를 자아의 표상」이라고 인식한 면보다도 만유의 본질 자체를 의지라고 달관한 그의 형이상학에 있다. 그의 의지가 성적 욕망의 각종 형태의 특징을 띠고 있는 한에서 프로이트(E. Freud)의 리비도(인간 중의 제1동인, primum movens)에 통하는 것이 있다. 또 칸트에서 다의였던 물자체를 간단히 의지라고만 단언한 점에서 쇼펜하우어가 극구 공격한 피히테(Fichte)의 주의철학과 도리어 일맥상통하는 것이다. —— 비록 의지의 도출방식이 양자에 있어서 상이했다 하더라도.

2. 쇼펜하우어는 인식이론에 있어서 인과성을 제외한 칸트의 11개 범주를 맹목창이라고 하고, 그 인과성도 선천적인 인식형식이기는 하나 결코 사고된 것이 아니라 공간 · 시간과 함께 직관적 인식에 참여하는 지성이라고 했다. 이 점이 직관하는 감성과 사고하는 오성을 준별한 뒤에 양자의 합작을 논의한 칸트의 인식이론과의 중요한 차이점이다. 이처럼 상이한 인식이론의 기초는 물론 쇼펜하우어의 독창적인 충족이유율에 의거한 것이다.

3. 그의 「의지」는 지성을 실체상으로 이종인 것으로 산출한 것이기는 하나, 지성을 의지의 사환으로 삼았다. 지성은 의지가 부닥쳐 있는 환경을 조명하는 것이고, 높은 단계의 의지의 생존경쟁을 도우는 일을 제외하고는 의지의 한갓 대변자인 위치만 차지하는 것이다. 지성의 역할은 기껏해야 맹목적인 「의지」와 유화해서 의지를 달래는(진정시키는) 데에 있음에 불과했다.

4. 쇼펜하우어에 있어서 의지는 자유였고 절대적이며 전능이었다. 그러나 의지의 자유는 행위 중에 있는 것이 아니라, 존재(Sein) 중에 있었고, 작용(operari) 중에 있는 것이 아니라, 존재(esse) 중에 있었다. 인간은 경험적 성격을 가지며, 그의 행위는 결정적 동기의 지배를 받는 것이라서 필연적이다. 그러나 존재의 의지는 근원적 · 형이상학적으로 자유다. 그러므로 그에 있어서는 양심의 가책 · 양심의 회한도 그의 존재에 상관해 있었고 행위에 상관하는 것이 아니었다.

5. 직관적 인식과 개념적 인식을 명확히 구별하지 않고 혼동케 했다고 하는 쇼펜하우어의 비판이 과연 받아들여질지 의심스럽다. 인과성의 범주만을 인정하고, 이것이 사고작용이 아니라, 쇼펜하우어의 말처럼 지성의 한 직관작용일지 모른다. 칸트의 오성이 과연 감각들의 시공적 계기에 질서만을 주는 직관적인 것인지, 반대로 현상(쇼펜하우어의 표상)을 생산하는 자발적인 것인지 확실하지 않은 점이 사실 있다. 그러나 쇼펜하우어의 주장이 곧 칸트의 인식론에 대한 완전한 비판이 되는 것은 아닐 것이다. 칸트가 감성과 오성의 매개자인 생산적 구상력에서 역시 일종의 직관작용을 인정해 있는 데에도, 쇼펜하우어는 이런 생산적 구상력 내지 도식론을 너무나 가볍게 다루어서 「중간력을 논할 필요가 없었다」는 정도의 말을 하였을 뿐이다(668면).

역자 약력

최재희

1914년 경북 출생
경성대학교 법문학부 철학과 졸업
고려대학교 교수, 서울대 도서관장 등 역임
철학박사(서울대)
대한민국 학술원상 수상(1973)
서울대학교 인문대학 철학과 교수
서울대 명예교수

저서
논리학원론 · 철학원론 · 윤리학원론 · 학생과 사상 ·
헤겔의 철학사상 · 사상철학 · 칸트 · 서양윤리사상사 ·
휴머니스트의 인간상 · 역사 철학 등

역서
자유주의론 · 칸트의 「수수이성비판」 · 하이데거의 「휴머니즘론」 등 기타

보정판
실천이성비판

초판발행 1975년 6월 25일
보정판 발행 2018년 11월 30일

지은이 Immanuel Kant
옮긴이 최재희
펴낸이 안종만

편 집 전채린
기획/마케팅 임재무
표지디자인 권효진
제 작 우인도 · 고철민

펴낸곳 (주) 박영사
서울특별시 종로구 새문안로3길 36, 1601
등록 1959. 3. 11. 제300-1959-1호(倫)
전 화 02)733-6771
f a x 02)736-4818
e-mail pys@pybook.co.kr
homepage www.pybook.co.kr
ISBN 979-11-303-0616-2 93190

정 가 35,000원